EBS
교육방송교재

인터넷 강의
검스타트
www.gumstart.co.kr

기출을 보면 합격이 보인다!

2025 고졸 검정고시

기출문제집

2020 ~ 2024
기출문제 수록

KB028141

검정고시 합격을 위한 최적의 교재!

- 최신 기출문제 해설강의 무료
- 5개년(2020~2024) 기출문제 100% 수록

신지원

시험 안내

고졸 검정고시는 부득이한 이유로 정규 고등학교 과정을 마치지 못한 사람들을 대상으로 실시하는 국가 자격 시험으로, 고졸 검정고시에 합격한 자는 고등학교를 졸업한 자와 동등한 자격을 인정받습니다.

※ 자세한 사항은 각 시 · 도별 공고문을 참고하십시오.

❶ 시행 기관

- 시 · 도 교육청 : 시행 공고, 원서 교부 및 접수, 시험 실시, 채점, 합격자 발표
- 한국교육과정평가원(KICE) : 문제 출제, 인쇄 및 배포

❷ 시험 일정*

구분	공고 기간	접수 기간	시험일	합격자 발표
제1회	1월 말 ~ 2월 초	2월 초 ~ 중순	4월 초 · 중순	5월 초 · 중순
제2회	5월 말 ~ 6월 초	6월 초 ~ 중순	8월 초 · 중순	8월 하순

※ 상기 일정은 시 · 도 교육청 협의에 따라 변경될 수 있습니다. 반드시 해당 시험 공고문을 참조하세요.

❸ 시험 과목 및 시간표

구분	1교시	2교시	3교시	4교시		5교시	6교시	7교시
시간	09:00~ 09:40	10:00~ 10:40	11:00~ 11:40	12:00~ 12:30	중식 12:30~ 13:30	13:40~ 14:10	14:30~ 15:00	15:20~ 15:50
	40분	40분	40분	30분		30분	30분	30분
시험 과목	국어	수학	영어	사회		과학	한국사	선택 과목

※ 필수 과목 : 국어, 수학, 영어, 사회, 과학, 한국사(6과목)

※ 7교시 선택 과목은 '도덕, 기술 · 가정, 체육, 음악, 미술' 중 1과목(따라서 총 7과목 응시)

❹ 출제 형식 및 배점

- 문항 형식 : 객관식 4지 택 1형
- 출제 문항 수 및 배점

구분	문항 수	배점
고졸	각 과목별 25문항(단, 수학은 20문항)	각 과목별 1문항당 4점(단, 수학은 1문항당 5점)

❺ 합격자 결정 및 취소

- 고시 합격 ➜ 각 과목을 100점 만점으로 하여 결시 없이 평균 60점 이상을 취득한 자(과락제 폐지)
- 과목 합격 ➜ 과목당 60점 이상 취득한 과목
- 합격 취소 ➜ 응시 자격에 결격이 있는 자, 제출 서류를 위조 또는 변조한 자, 부정행위자

❻ 응시 자격 및 제한

◆ 응시자격 및 응시과목

<table>
<tr><th>응시자격</th><th>응시과목</th></tr>
<tr><td>중학교 졸업자</td><td rowspan="4">• 국어, 수학, 영어, 사회, 과학, 한국사【필수 : 6과목】
• 도덕, 기술 · 가정, 체육, 음악, 미술【선택 : 1과목】</td></tr>
<tr><td>중학교 졸업학력 검정고시 합격자</td></tr>
<tr><td>초 · 중등교육법시행령 제97조 · 제101조 및 제102조 해당자</td></tr>
<tr><td>보호소년 등의 처우에 관한 법률 시행령 제69조 제3호의 규정에 의한 자</td></tr>
<tr><td>3년제 고등기술학교 및 고등학교에 준하는 각종학교 졸업자 또는 졸업예정자</td><td rowspan="2">국어, 수학, 영어
【총 3과목】</td></tr>
<tr><td>3년제 직업훈련과정의 수료자</td></tr>
<tr><td>3년제 고등기술학교 및 고등학교에 준하는 각종학교 졸업자 또는 졸업예정자, 3년제 직업훈련과정의 수료자 해당자로서 '89.11.22 이후 국가기술자격법에 의한 기능사 이상의 자격 취득자</td><td>국어, 수학 또는 영어
【총 2과목】</td></tr>
<tr><td>3년제 고등기술학교 및 고등학교에 준하는 각종학교 졸업자 또는 졸업예정자, 3년제 직업훈련과정의 수료자 해당자로서 '89.11.21 이전 국가기술자격법에 의한 기능사 이상의 자격 취득자</td><td>수학 또는 영어
【총 1과목】</td></tr>
<tr><td>만 18세 이후에 평생교육법 제23조 제2항에 따라 평가인정한 학습과정 중 고시과목에 관련된 과정을 교육부장관이 정하는 바에 따라 과목당 90시간 이상 이수한자</td><td>국어, 수학, 영어【3과목】와 미이수 과목</td></tr>
</table>

◆ 응시 자격 제한

- 고등학교 또는 초 · 중등교육법 시행령 제98조 제1항 제2호의 학교를 졸업한 자 또는 재학 중인 자(휴학 중인 자 포함)
- 공고일 이후 중학교 또는 초 · 중등교육법 시행령 제97조 제1항 제2호의 학교를 졸업한 자
- 고시에 관하여 부정행위를 한 자로서 2년이 경과되지 아니한 자
- 고등학교 또는 초 · 중등교육법 시행령 제98조 제1항 제2호의 학교에서 퇴학된 사람으로서 퇴학일부터 공고일까지의 기간이 6개월이 되지 않은 사람(다만, 장애인복지법에 제32조에 따라 등록한 장애인으로서 신체적 · 정신적 장애로 학업을 계속하는 것이 불가능하여 퇴학된 사람은 제외)

❼ 제출 서류

◆ 응시자 전원 제출 서류(공통)

- 응시원서(소정 서식) 1부(현장 접수 시, 온라인 접수 시는 전자파일 형식의 사진 1매만 필요)
- 동일한 사진 2매(탈모 상반신, 3.5㎝×4.5㎝, 응시원서 제출 전 3개월 이내 촬영)
- 본인의 해당 최종학력증명서 1부(아래 해당 서류 중 한 가지)
  - 중졸 검정고시 합격자 : 합격증서 사본(원본 지참)
  - 고등학교 재학 중 중퇴자 : 제적증명서
  - 중학교 졸업 후 상급학교 미진학자 : 상급학교 진학 여부가 표시된 '검정고시용' 중학교 졸업(졸업 예정)증명서, 미진학사실확인서

◆ 과목 면제 대상자 추가 제출 서류

- 과목합격증명서 또는 성적증명서, 평생학습이력증명서 등(이상 해당자만 제출)

◆ 장애인 시험 시간 연장 및 편의 제공 대상자 제출 서류

- 복지카드 또는 장애인등록증 사본(원본 지참), 장애인 편의 제공 신청서

8 출제 수준, 세부 출제 기준 및 방향

◆ 출제 수준

- 고등학교 졸업 정도의 지식과 그 응용 능력을 측정할 수 있는 수준

◆ 세부 출제 기준 및 방향

- 각 교과의 검정(또는 인정) 교과서를 활용하는 출제 방식
  - 가급적 최소 3종 이상의 교과서에서 공통으로 다루고 있는 내용으로 출제
    (단, 국어와 영어 지문의 경우 공통으로 다루고 있는 교과서 종수와 관계없으며, 교과서 외 지문도 활용 가능)
- 문제은행(기출문항 포함) 출제 방식을 학교 급별로 차등 적용
  - 초졸 : 50% 내외, 중졸 : 30% 내외, 고졸 : 적용하지 않음.
- 출제 난이도 : 최근 5년간 평균 합격률을 고려하여 적정 난이도 유지

9 응시자 시험 당일 준비물

◆ 중졸 및 고졸

(필수) 수험표, 신분증, 컴퓨터용 수성사인펜
(선택) 아날로그 손목시계, 수정 테이프, 도시락

※ 수험표 분실자는 응시원서에 부착한 동일한 사진 1매를 지참하고 시험 당일 08시 20분까지 해당 고사장 시험 본부에서 수험표를 재교부 받을 수 있다.

※ 시험 당일 고사장에는 차량을 주차할 수 없으므로 대중교통을 이용해야 한다.

10 고졸 검정고시 교과별 출제 대상 과목

구분	교과(고시 과목)	출제범위(과목)
필수	국어	국어
	수학	수학
	영어	영어
	사회	통합사회
	과학	통합과학
	한국사	한국사
선택	도덕	생활과 윤리
	기술 · 가정	기술 · 가정
	체육	체육
	음악	음악
	미술	미술

나이스 검정고시 서비스 ×

http://kged.sen.go.kr

검정고시 온라인 원서 접수, 이렇게 해요!

※ 사전 준비 : 본인의 '공동인증서' 발급 받기

1. 온라인 접수 기간에 시 · 도 교육청의 검정고시 서비스 사이트에 접속

http://kged.sen.go.kr

2. 검정고시 전체 서비스 메인 화면에서, 화면 왼쪽의 **검정고시 온라인 접수** 클릭

3. 왼편의 검정고시 온라인 접수에서 해당하는 '시 · 도 교육청'을 선택하여 이동

4. 상단의 〈온라인 원서 접수〉 메뉴에서 본인이 희망하는 자격의 검정고시 선택
   ☞ 해당 자격의 **원서 접수하기** 버튼을 클릭하면 '온라인 원서 접수 페이지'로 이동

5. 성명과 주민등록번호(또는 외국인등록번호)를 입력하고, 원서 접수 허위 사실 기재에 관한 안내 및 서약서와 개인식별번호 처리 동의에 체크(✓)한 뒤, **인증서 로그인**을 클릭한 후 본인의 공동인증서를 통해 로그인

6. 응시자 정보 → 학력 과목 정보 → 고사장 선택 → 접수 완료 순으로 작성
   (1) 응시자 정보에서 본인의 기본 신상 정보와 검정고시 응시 기본 정보를 입력한 후 **저장** 버튼을 클릭하여 저장 (*표시는 필수 입력 항목으로, 미입력 시 다음 순서로 진행되지 않음) → **다음** 버튼 클릭
   - 사진 파일은 100kb 크기 미만의 jpg와 gif 파일만 저장 가능

   (2) 학력 과목 정보에서 응시자 본인의 학력 정보와 과목 응시 정보를 등록, 관련된 서류를 첨부한 후 **저장** 버튼을 클릭하여 저장 → **다음** 버튼 클릭
   (3) 고사장 선택에서 금회차의 고사장이 조회되며, 고사장별 수용 인원이 도달할 때까지 응시자가 신청할 수 있음 → **다음** 버튼 클릭
   ※ 고사장을 변경할 시에는 상단의 〈원서 조회〉 메뉴에서 '3. 고사장 선택 입력 단계 화면'에서 수정
   (4) 접수 완료에서 이전 단계에서 등록했던 주요 항목을 다시 한번 확인한 후, **제출** 버튼을 클릭하여, 최종적으로 원서 제출
   ※ 입력을 완료하였으나 제출을 하지 않을 경우 오프라인으로 재접수를 해야만 응시 가능
   ※ 제출 완료한 응시원서에 수정이 필요한 경우, 〈수정후제출〉 버튼을 클릭하여 수정

7. 상단의 〈원서 조회〉 메뉴를 통해 본인이 응시한 검정고시 원서 조회 가능(공동인증서로 로그인)

8. 상단의 〈수험표 출력〉 메뉴에서 수험표 출력 가능(해당 자격의 '**수험표 출력하기**' 버튼 클릭)
   ※ 식별이 가능하도록 가급적 컬러프린터로 출력하여 시험 당일 소지할 것

이 책의 구성과 특징

최근 5개년 기출 분석

단원별 출제 빈도, 원그래프로 제시!

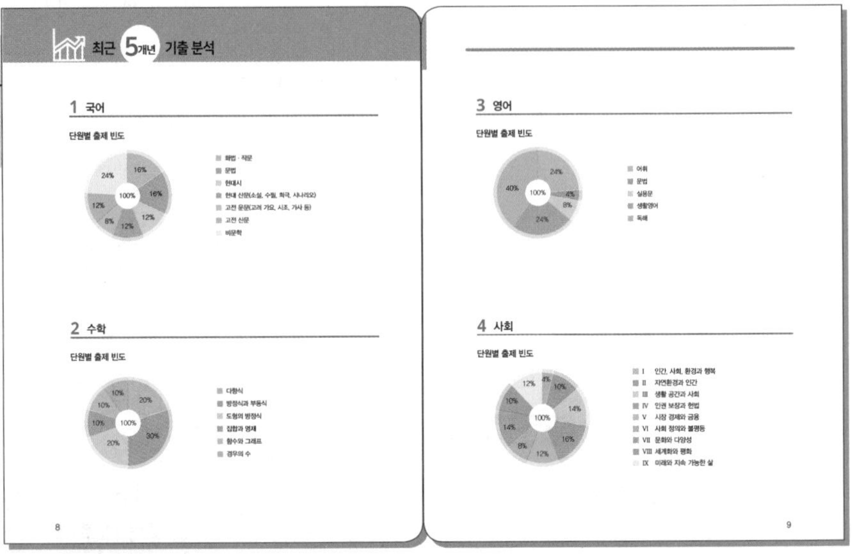

- 최근 5개년 기출문제를 면밀하게 분석하여 단원별 출제 빈도를 한눈에 알 수 있도록 원그래프로 제시
- 유의 사항 : 기출 분석에 따른 학습 포인트는 과목별 개념서 또는 핵심총정리를 참고할 것

최근 5개년 기출문제 수록

기출을 보면 합격이 보인다.

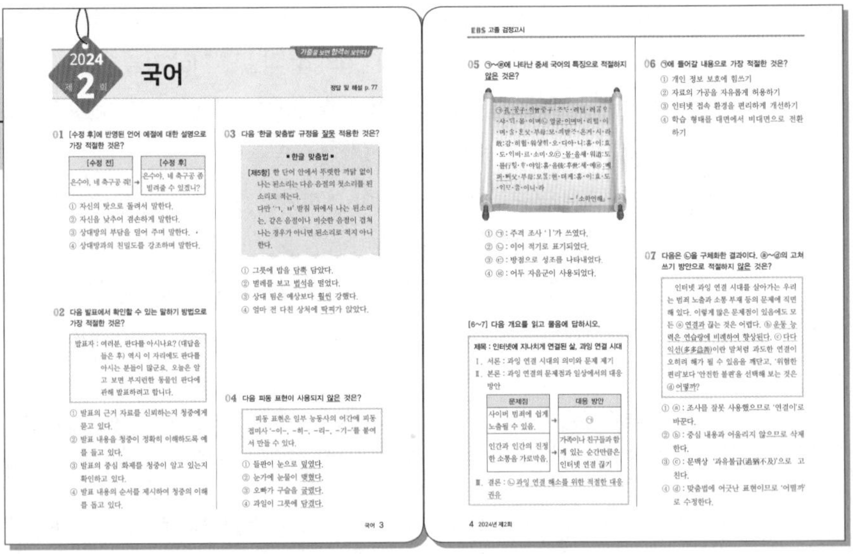

- 최근 5개년(2020년~2024년) 실제 기출문제 수록
- 필수 6개 과목(국어, 수학, 영어, 사회, 과학, 한국사)과 선택 1과목(도덕)으로 구성

친절하고 상세한 해설

정답으로 직행하는 명쾌하고 알찬 해설 수록!

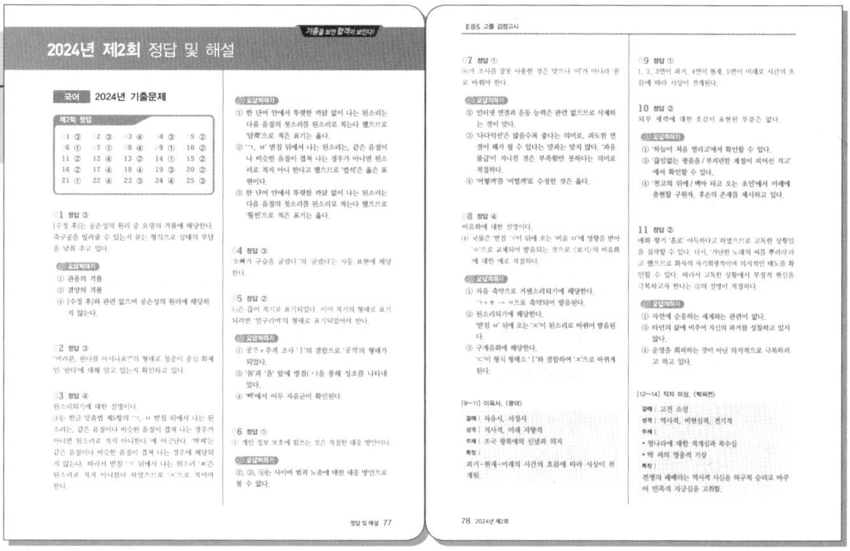

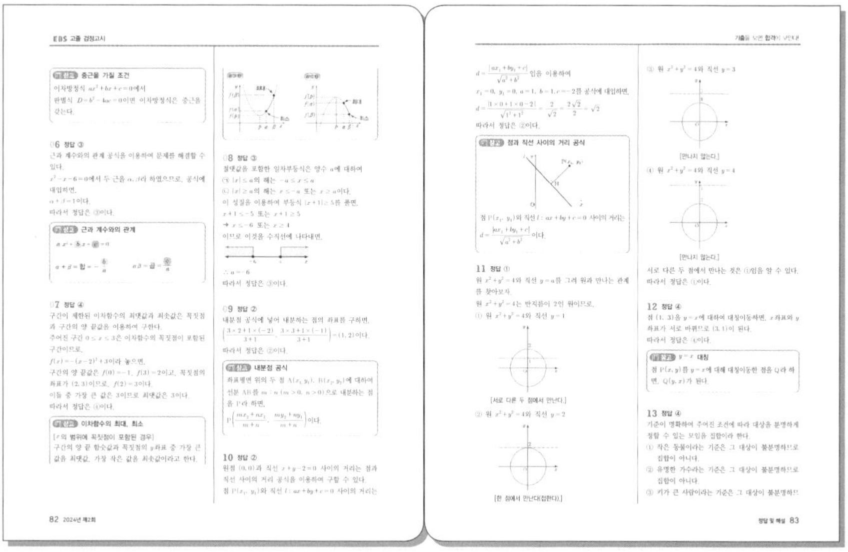

- 정답이 왜 정답인지, 오답이 왜 오답인지를 정확하게 알 수 있도록 명쾌하게 해설
- 중요하거나 이해가 잘 안 될 수 있는 부분은 선생님이 알아서 콕, 더 상세하게 해설

최근 5개년 기출 분석

1 국어

단원별 출제 빈도

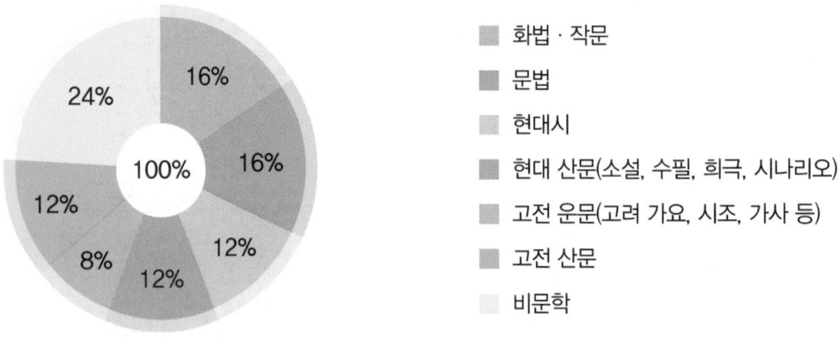

2 수학

단원별 출제 빈도

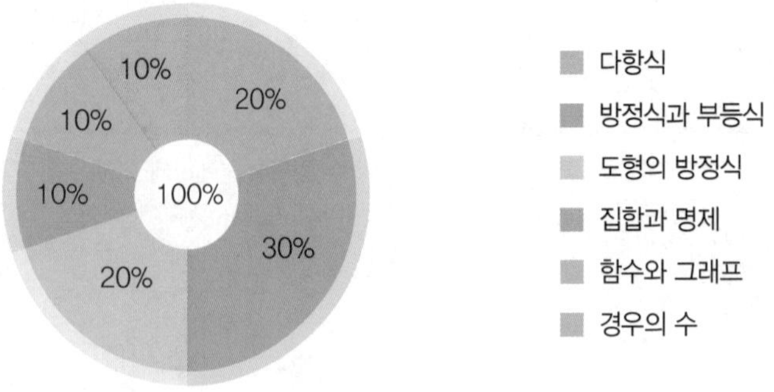

3 영어

단원별 출제 빈도

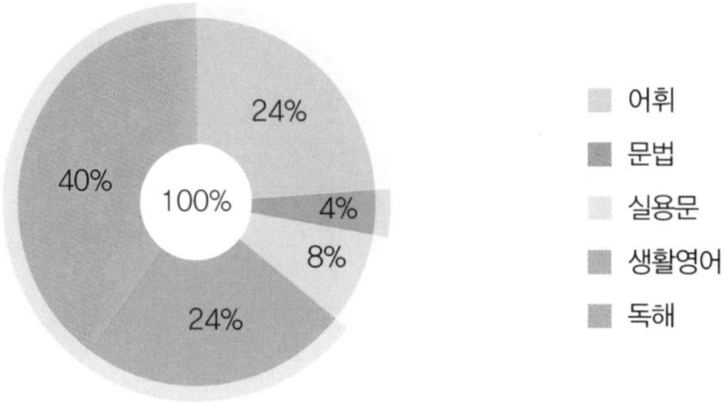

4 사회

단원별 출제 빈도

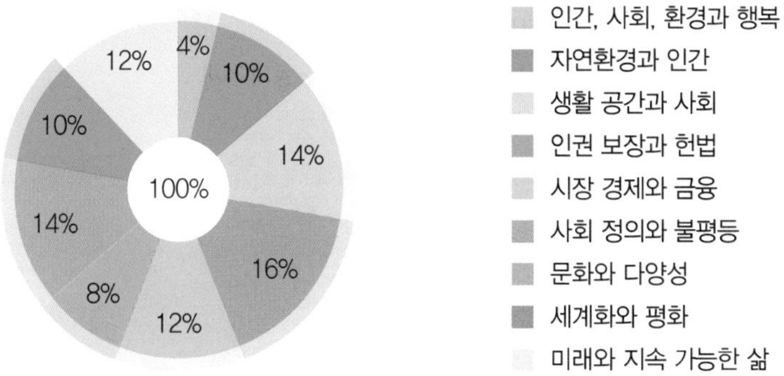

5 과학

단원별 출제 빈도

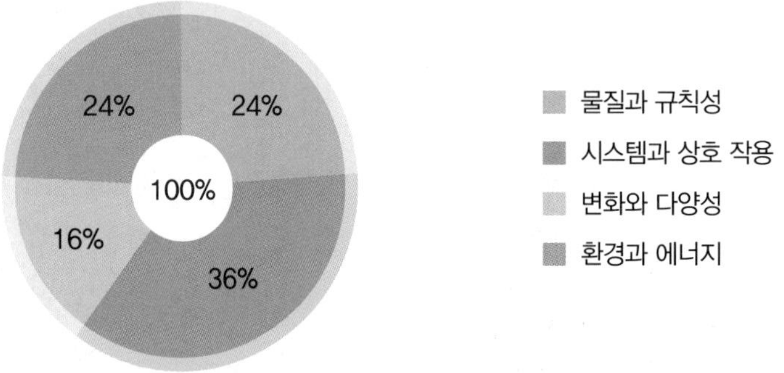

6 한국사

단원별 출제 빈도

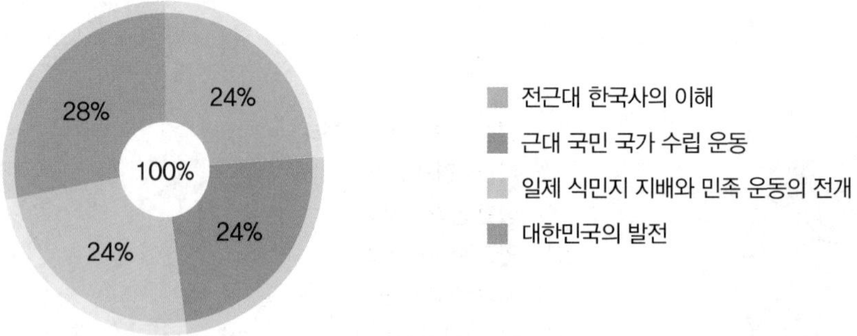

7 도덕

단원별 출제 빈도

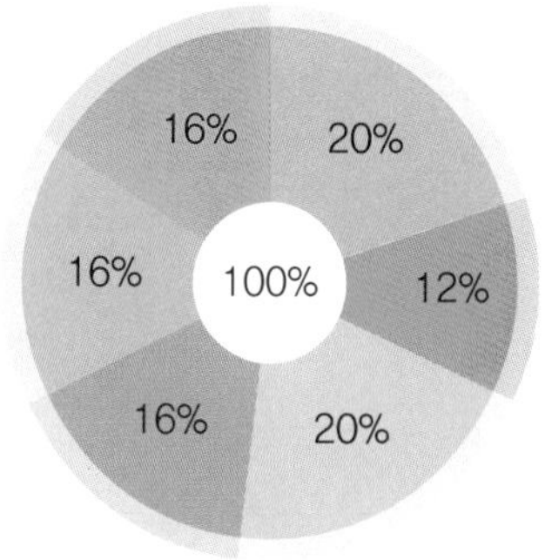

- 현대의 삶과 실천 윤리
- 생명과 윤리
- 사회와 윤리
- 과학과 윤리
- 문화와 윤리
- 평화와 공존의 윤리

차례

100% 합격을 위한 나만의 학습 계획

◆『고졸 검정고시 기출문제집』 학습 진도표

구분		진도 체크(✓)*			구분		진도 체크(✓)*		
		1회	2회	3회			1회	2회	3회
2024 제2회 기출문제	국어				**2024** 제1회 기출문제	국어			
	수학					수학			
	영어					영어			
	사회					사회			
	과학					과학			
	한국사					한국사			
	도덕					도덕			
2023 제2회 기출문제	국어				**2023** 제1회 기출문제	국어			
	수학					수학			
	영어					영어			
	사회					사회			
	과학					과학			
	한국사					한국사			
	도덕					도덕			
2022 제2회 기출문제	국어				**2022** 제1회 기출문제	국어			
	수학					수학			
	영어					영어			
	사회					사회			
	과학					과학			
	한국사					한국사			
	도덕					도덕			
2021 제2회 기출문제	국어				**2021** 제1회 기출문제	국어			
	수학					수학			
	영어					영어			
	사회					사회			
	과학					과학			
	한국사					한국사			
	도덕					도덕			

구분		진도 체크(✓)*			구분		진도 체크(✓)*		
		1회	2회	3회			1회	2회	3회
2020 제2회 기출문제	국어				**2020** 제1회 기출문제	국어			
	수학					수학			
	영어					영어			
	사회					사회			
	과학					과학			
	한국사					한국사			
	도덕					도덕			

*1회는 첫 모의 평가 시, 2회는 복습 시(두 번째 모의 평가 시,) 3회는 최종 점검 시(최종 모의 평가 시) 표시해 주세요(평가 회차 사이에 시간적 간격을 넉넉하게 둘 것, 적어도 한 달 이상). **평가 점수**를 적으셔도 좋습니다.

※ 당부 사항

복습을 위해 적어도 첫 번째와 두 번째 모의 평가 시까지는 문제지에 정답을 표시하지 말고 본 교재 끝에 첨부한 OMR 체크 카드를 사용하시기 바랍니다(컴퓨터용 수성사인펜 사용). 또 모의 평가를 할 때는 시험 시간은 물론 과목 순서까지 실제 시험과 같은 조건을 갖추어 놓고 치를 것을 권합니다. 그래야 실전 감각을 더 키울 수 있습니다. 모름지기 실전에 앞서 모의 평가는 많이 치를수록 좋습니다.

◆ 시리즈 전체 공부 순서

Type 1 ① 과목별 개념서 ➜ ② 핵심 총정리(개념서 학습 정리용으로 활용) ➜ ③ 기출문제집 ➜ ④ 실전 모의고사 ➜ ⑤ 과목별 개념서 혹은 핵심 총정리로 최종 정리 [권장]

Type 2 ① 핵심 총정리(예습용으로 활용) ➜ ② 과목별 개념서 ➜ ③ 기출문제집 ➜ ④ 실전 모의고사 ➜ ⑤ 과목별 개념서 혹은 핵심 총정리로 최종 정리 [하위권 수험생]

Type 3 ① 기출문제집 ➜ ② 과목별 개념서 ➜ ③ 핵심 총정리 ➜ ④ 실전 모의고사 ➜ ⑤ 과목별 개념서 혹은 핵심 총정리로 최종 정리 [상위권 수험생]

고졸 검정고시

기출문제집

EBS 교육방송교재 고졸 검정고시

기출을 보면 합격이 보인다!

2024 기출문제

- ☑ 국어
- ☑ 수학
- ☑ 영어
- ☑ 사회
- ☑ 과학
- ☑ 한국사
- ☑ 도덕

EBS 교육방송교재

고졸 검정고시 기출문제집

2024 제2회 국어

정답 및 해설 p. 77

01 [수정 후]에 반영된 언어 예절에 대한 설명으로 가장 적절한 것은?

[수정 전]		[수정 후]
은수야, 네 축구공 줘!	→	은수야, 네 축구공 좀 빌려줄 수 있겠니?

① 자신의 탓으로 돌려서 말한다.
② 자신을 낮추어 겸손하게 말한다.
③ 상대방의 부담을 덜어 주며 말한다.
④ 상대방과의 친밀도를 강조하며 말한다.

02 다음 발표에서 확인할 수 있는 말하기 방법으로 가장 적절한 것은?

> 발표자 : 여러분, 판다를 아시나요? (대답을 들은 후) 역시 이 자리에도 판다를 아시는 분들이 많군요. 오늘은 알고 보면 부지런한 동물인 판다에 관해 발표하려고 합니다.

① 발표의 근거 자료를 신뢰하는지 청중에게 묻고 있다.
② 발표 내용을 청중이 정확히 이해하도록 예를 들고 있다.
③ 발표의 중심 화제를 청중이 알고 있는지 확인하고 있다.
④ 발표 내용의 순서를 제시하여 청중의 이해를 돕고 있다.

03 다음 '한글 맞춤법' 규정을 잘못 적용한 것은?

> ■ 한글 맞춤법 ■
>
> **[제5항]** 한 단어 안에서 뚜렷한 까닭 없이 나는 된소리는 다음 음절의 첫소리를 된소리로 적는다.
> 다만 'ㄱ, ㅂ' 받침 뒤에서 나는 된소리는, 같은 음절이나 비슷한 음절이 겹쳐 나는 경우가 아니면 된소리로 적지 아니한다.

① 그릇에 밥을 담뿍 담았다.
② 벌레를 보고 법석을 떨었다.
③ 상대 팀은 예상보다 훨씬 강했다.
④ 얼마 전 다친 상처에 딱찌가 앉았다.

04 다음 피동 표현이 사용되지 않은 것은?

> 피동 표현은 일부 능동사의 어간에 피동 접미사 '-이-, -히-, -리-, -기-'를 붙여서 만들 수 있다.

① 들판이 눈으로 덮였다.
② 눈가에 눈물이 맺혔다.
③ 오빠가 구슬을 굴렸다.
④ 과일이 그릇에 담겼다.

05 ㉠~㉣에 나타난 중세 국어의 특징으로 적절하지 않은 것은?

> ㉠ 孔·공子·ᄌᆡ曾증子·ᄌᆞᄃᆞ·려닐·러ᄀᆞᆯᄋᆞ
> ·샤·ᄃᆡ·몸·이며㉡ 얼굴·이며머·리털·이
> ·며·ᄉᆞᆯ·ᄒᆞᆫ父·부母:모·ᄭᅴ받ᄌᆞ·온거·시·라
> 敢:감·히헐·워샹ᄒᆡ·오·디아·니:홈·이:효
> ·도·ᄋᆡ비·르·소미·오㉢ ·몸·을셰·워道:도
> ·를行ᄒᆡᆼ·ᄒᆞ·야일:홈·을後:후世:셰·예㉣ :베
> 퍼·ᄡᅥ父·부母:모ᄅᆞᆯ:현·뎌케:홈·이:효·도
> ·ᄋᆡᄆᆞ·ᄎᆞᆷ·이니·라
>
> –『소학언해』–

① ㉠ : 주격 조사 'ㅣ'가 쓰였다.
② ㉡ : 이어 적기로 표기되었다.
③ ㉢ : 방점으로 성조를 나타내었다.
④ ㉣ : 어두 자음군이 사용되었다.

[6~7] 다음 개요를 읽고 물음에 답하시오.

제목 : 인터넷에 지나치게 연결된 삶, 과잉 연결 시대

Ⅰ. 서론 : 과잉 연결 시대의 의미와 문제 제기
Ⅱ. 본론 : 과잉 연결의 문제점과 일상에서의 대응 방안

문제점		대응 방안
사이버 범죄에 쉽게 노출될 수 있음.	→	㉠
인간과 인간의 진정한 소통을 가로막음.	→	가족이나 친구들과 함께 있는 순간만큼은 인터넷 연결 끊기

Ⅲ. 결론 : ㉡ 과잉 연결 해소를 위한 적절한 대응 권유

06 ㉠에 들어갈 내용으로 가장 적절한 것은?

① 개인 정보 보호에 힘쓰기
② 자료의 가공을 자유롭게 허용하기
③ 인터넷 접속 환경을 편리하게 개선하기
④ 학습 형태를 대면에서 비대면으로 전환하기

07 다음은 ㉡을 구체화한 결과이다. ⓐ~ⓓ의 고쳐 쓰기 방안으로 적절하지 않은 것은?

> 인터넷 과잉 연결 시대를 살아가는 우리는 범죄 노출과 소통 부재 등의 문제에 직면해 있다. 이렇게 많은 문제점이 있음에도 모든 ⓐ 연결과 끊는 것은 어렵다. ⓑ 운동 능력은 연습량에 비례하여 향상된다. ⓒ 다다익선(多多益善)이란 말처럼 과도한 연결이 오히려 해가 될 수 있음을 깨닫고, '위험한 편리'보다 '안전한 불편'을 선택해 보는 것은 ⓓ 어떻까?

① ⓐ : 조사를 잘못 사용했으므로 '연결이'로 바꾼다.
② ⓑ : 중심 내용과 어울리지 않으므로 삭제한다.
③ ⓒ : 문맥상 '과유불급(過猶不及)'으로 고친다.
④ ⓓ : 맞춤법에 어긋난 표현이므로 '어떨까'로 수정한다.

08 다음에서 설명하고 있는 음운 변동이 적용된 것은?

> 'ㄱ, ㄷ, ㅂ'이 뒤에 오는 비음'ㄴ, ㅁ'의 영향을 받아 각각 비음'ㅇ, ㄴ, ㅁ'으로 교체되어 발음되는 현상

① 축하[추카] ② 밥집[밥찝]
③ 굳이[구지] ④ 국물[궁물]

[9~11] 다음 글을 읽고 물음에 답하시오.

까마득한 날에
하늘이 처음 열리고
어데 닭 우는 소리 들렸으랴

모든 산맥들이
바다를 연모(戀慕)해 휘달릴 때도
차마 이곳을 범하던 못하였으리라

끊임없는 광음(光陰)[1]을
부지런한 계절이 피어선 지고
큰 강물이 비로소 길을 열었다

지금 눈 나리고 ┐
매화 향기 홀로 아득하니 [A]
내 여기 가난한 노래의 씨를 뿌려라 ┘

다시 천고(千古)[2]의 뒤에
백마 타고 오는 초인(超人)[3]이 있어
이 광야에서 목 놓아 부르게 하리라

– 이육사, 「광야」 –

1) 광음(光陰) : 햇빛과 그늘, 즉 낮과 밤이라는 뜻으로 시간이나 세월을 이르는 말.
2) 천고(千古) : 아주 오랜 세월.
3) 초인(超人) : 보통 사람으로는 생각할 수 없을 만큼 뛰어난 능력을 가진 사람.

09 윗글에 대한 설명으로 가장 적절한 것은?

① 시간의 흐름에 따라 시상을 전개하고 있다.
② 음성 상징어를 활용해 리듬감을 형성하고 있다.
③ 반어적 표현을 통해 시적 상황을 부각하고 있다.
④ 미완의 문장 종결을 통해 시적 여운을 주고 있다.

10 각 연의 내용으로 적절하지 <u>않은</u> 것은?

① 1연에서는 새로운 세상이 열리는 모습을 그리고 있다.
② 2연에서는 외부 세력에 대한 호감을 드러내고 있다.
③ 3연에서는 끊이지 않는 세월의 흐름을 보여 주고 있다.
④ 5연에서는 미래에 출현할 존재를 제시하고 있다.

11 [A]에서 알 수 있는 화자의 태도로 가장 적절한 것은?

① 인간이 자연에 순응하는 세계를 지향하고자 한다.
② 고독한 상황에서 부정적 현실을 극복하고자 한다.
③ 타인의 삶에 비추어 자신의 과거를 성찰하고자 한다.
④ 주어진 환경 속에서 자신의 운명을 회피하고자 한다.

[12~14] 다음 글을 읽고 물음에 답하시오.

박 씨가 구슬발을 드리우고 부채를 쥐고 불을 붙이니, 불길이 오랑캐 진영을 덮쳐 오랑캐 장졸이 대열을 잃고 타 죽고 밟혀 죽으며 남은 군사는 살기를 도모하여 다 도망하는지라. 용골대가 할 수 없어,

"이미 화친을 받았으니 대공을 세웠거늘, 부질없이 ㉠ 조그만 계집을 시험하다가 공연히 장졸만 다 죽였으니, 어찌 분하고 한스럽지 않으리오."

하고 회군하여 나설 제, ㉡ 왕대비와 세자, 대군이며 장안 미색을 데리고 가는지라.

박 씨가 시비 계화를 시켜 외치기를,

"무지한 오랑캐야, 너희 왕 놈이 무식하여 은혜지국(恩惠之國)[1]을 침범하였거니와, 우리 왕대비는 데려가지 못하리라. 만일 그런 뜻을 두면 너희들은 본국에 돌아가지 못하리라."

(중략)

박 씨가 또 계화를 시켜 외치기를,

"너희가 일양 그리하려거든 내 재주를 구경하라."

하더니, 이윽고 공중으로 두 줄기 무지개가 일어나며, 모진 비가 천지를 뒤덮게 오며, 음풍이 일어나며, 백설이 날리며, 얼음이 얼어 오랑캐 군중의 말발이 땅에 붙어 한 걸음도 옮기지 못하는지라. 그제야 오랑캐 장수들이 황겁하여 아무리 생각하여도 모두 함몰할지라. 마지못하여 오랑캐 장수들이 투구를 벗고 창을 버려, 피화당 앞에 나아가 꿇어 애걸하기를,

"오늘날 이미 화친(和親)[2]을 받았으나 왕대비는 아니 모셔 갈 것이니, ㉢ 박 부인 덕택에 살려 주옵소서."

하고 여러 가지로 사정을 말하여 애걸하거늘, 박 씨가 주렴 안에서 꾸짖기를,

"너희들을 씨 없이 죽일 것이로되, 천시(天時)[3]를 생각하고 용서하거니와, 너희 놈이 본디 간사하여 넘치는 죄를 지었으나 이번은 아는 일이 있어 살려 보내나니, 조심하여 들어가며, 우리 세자, 대군을 부디 태평히 모셔 가라. 만일 그렇지 아니하면 ㉣ 내 오랑캐를 씨도 없이 멸하리라."

– 작자 미상, 「박씨전」 –

1) 은혜지국(恩惠之國) : 은혜나 혜택을 베푼 나라.
2) 화친(和親) : 나라와 나라 사이에 다툼 없이 가까이 지냄.
3) 천시(天時) : 하늘의 도움이 있는 시기.

12 윗글에 대한 설명으로 가장 적절한 것은?

① 1인칭 주인공 시점에서 사건을 서술한다.
② 속담을 활용하여 인물의 심리를 묘사한다.
③ 인간을 위기에서 구하는 동물이 나타난다.
④ 초월적 능력을 발휘하는 인물이 등장한다.

13 ㉠~㉣ 중 가리키는 대상이 나머지와 다른 것은?

① ㉠ ② ㉡
③ ㉢ ④ ㉣

14 윗글에서 알 수 있는 내용으로 적절하지 않은 것은?

① '박 씨'는 오랑캐의 용맹함을 두려워하고 있다.
② '박 씨'는 오랑캐가 큰 죄를 지었다고 말하고 있다.
③ '박 씨'는 '계화'를 통해 자신의 의사를 전달하고 있다.
④ '박 씨'는 오랑캐에게 세자와 대군을 잘 모셔 가라고 말하고 있다.

[15~16] 다음 글을 읽고 물음에 답하시오.

두터비 파리를 물고 두험[1] 우희 치다라 안자
것넌산 바라보니 백송골(白松骨)[2]이 떠 잇거늘 가슴이 금즉하여 풀덕 뛰여 내닷다가 두험 아래 쟛바지거고
모쳐라[3] 날낸 낼싀만졍[4] 에헐질 번 하괘라[5]

– 작자 미상 –

1) 두험 : 풀, 짚 또는 가축의 배설물 따위를 썩힌 거름.
2) 백송골(白松骨) : 흰 송골매.
3) 모쳐라 : 마침.
4) 낼싀만졍 : 나이기에 망정이지.
5) 에헐질 번 하괘라 : 멍이 들 뻔하였구나.

15 윗글에 대한 설명으로 가장 적절한 것은?

① 10구체 형식을 갖추고 있다.
② 중장이 다른 장에 비해 길다.
③ 동일한 후렴구가 반복되고 있다.
④ 수미상관 구조로 이루어져 있다.

16 윗글의 표현상 특징에 대한 설명으로 가장 적절한 것은?

① 공감각적 심상을 통해 주제를 부각하고 있다.
② 해학적인 표현을 통해 대상을 희화화하고 있다.
③ 색채 이미지의 대비를 통해 계절감을 드러내고 있다.
④ 명령형 종결 표현을 통해 화자의 의지를 강조하고 있다.

[17~19] 다음 글을 읽고 물음에 답하시오.

[앞부분 줄거리] 실제 나이는 열여섯 살이지만 선천성 조로증으로 신체 나이가 여든 살이 넘은 소년 '아름'은 이제 서른세 살이 된 젊은 부모 '대수', '미라'와 함께 살아가고 있다. 이들은 '아름'의 치료비를 마련하려고, '아름'의 사연을 소개하는 텔레비전 방송에 출연한다.

S#17 아름이의 방(낮~해 질 녘)

아빠의 과거를 생각하며 글을 쓰던 아름이. 갑자기 얼굴이 일그러진다. 밀려오는 심장의 통증. 대수가 눈치챌까 봐 힘겹게 걸어가 방문을 닫고는, 약통에서 진통제를 꺼내 먹고 진정하려 한다. 식은 땀이 흐르고, 그렇게 괴로워하다가 약에 취해 꾸부린 채 까무룩 잠이 드는 아름이.

컷 투(cut to).[1] 시간 경과.

바닥에 엎드린 채 잠든 아름이의 주름진 손가락이 보인다. 어느새 불그스레 희미해진 햇살이 작은 창으로 길게 스며들고 있다. 그때 '띵' 전자 우편 수신을 알리는 소리. 잠에서 깨는 아름이.

접속해 보면 편지함에 ㉠ 편지 한 통이 와 있다. 보낸 사람 이름은 '이서하', 제목은 '아름에게'. 아름이, 고개를 갸웃거리며 편지를 열어 보면 편지 내용이 화면에 채워진다.

안녕? 나는 이서하라고 해. 열여섯 살, 너랑 같은 나이야.
네 전자 우편 주소는 방송국을 통해 겨우 받아 냈어.
아마 나도 아픈 아이란 걸 알고 알려 준 것 같아.
방송을 본 후 너와 친구가 될 수 있을 것 같다는 생각이 들었어.
물론 아름이 너만큼은 아니겠지만, 일 분이 영원처럼 느껴지는 시간에 대해, 나도 조금은 알고 있거든. 행운을 빌어.

아름 : 이서하?

두근두근, 갑자기 가슴이 뛰고, 목이 바짝바짝 타면서, 온몸에 열기가 느껴지는 아름이.

S#18 아름이의 방, 집 앞 골목길(낮~밤)

서하(소리) : (귀여운 말투로) 안녕? 나는 이서하라고 해. 너랑 같은 나이야.

환청으로 아름이의 귓가에 자꾸만 반복되는 서하의 목소리. 아름이, 책상 앞에 앉았지만 집중이 되질 않는다. 그렇게 날이 바뀌어도 떠나질 않는 환청.

컷 투(cut to). 침대에 누워 있는 아름이. 밤이 되어도 귓가에서 떠나질 않는 서하의 목소리.

서하(소리) : (농염한 말투로) 안녕? 나는 이서하라고 해. 너랑 같은 나이야.

침대에서 벌떡 일어나는 아름이. 눈 밑에 눈 그늘이 내려와 있고 좀처럼 잠이 올 것 같지 않다.

컷 투(cut to). 집 앞 골목길의 아름이. 계속해서 귓가에 맴도는 목소리.

서하(소리) : (청순한 말투로) 안녕? 나는 이서하라고 해. 너랑 같은 나이야.

– 김애란 원작, 최민석 외 각본, 「두근두근 내 인생」 –

1) 컷 투(cut to) : 한 장면에서 다른 장면으로 전환할 때 컷으로 바꾸는 촬영 기법.

17 **윗글에 대한 설명으로 가장 적절한 것은?**

① 무대 위에서 사건이 전개되고 있다.
② 장과 막을 구성단위로 사용하고 있다.
③ 등장인물이 관객과 직접 소통하고 있다.
④ 촬영을 고려한 전문 용어를 사용하고 있다.

18 **㉠의 기능으로 가장 적절한 것은?**

① '아름'에게 경제적 어려움을 느끼게 한다.
② '아름'에게 투병 생활의 고통을 느끼게 한다.
③ '아름'에게 죽음에 대한 두려움을 느끼게 한다.
④ '아름'에게 또래 아이에 대한 설렘을 느끼게 한다.

19 **윗글에서 알 수 있는 내용으로 적절하지 <u>않은</u> 것은?**

① '아름'은 심장 통증으로 고통받고 있다.
② '서하'는 '아름'이 출연한 방송을 보았다.
③ '서하'는 집에 직접 찾아와서 '아름'을 만났다.
④ '아름'은 '대수'에게 걱정을 끼치지 않으려고 한다.

[20~22] 다음 글을 읽고 물음에 답하시오.

생명 과학이나 생명 공학 연구 활동에 종사하는 대부분의 과학자들은 인간 배아[1] 복제를 포함한 배아 연구를 정부가 규제하는 것은 과학자들의 연구 자유를 ㉠ 침해하는 행위라고 주장한다. 과학의 발전은 인위적으로 막아서는 안 되며, 과학자의 자유로운 연구를 보장해야 한다는 논리이다. ㉮ 이와 같은 입장에서는 인간 배아 복제를 지속적으로 연구해 그 기술을 발전시키고 응용하면 암과 같은 난치병을 치료할 수 있으며, 우리나라의 과학 기술 경쟁력을 높일 수 있다고 주장한다. 그런데 이러한 주장을 비판하는 입장에서는 인간 배아 복제를 ㉡ 초래할 수 있는 연구에 엄격한 사회적 규제를 가해야 한다고 주장한다. 이들은 인간 배아 복제가 엄연한 생명체인 배아를 조작하고 실험하고 죽이는 일련의 비도덕적 행위를 수반하므로 연구의 자유라는 ㉢ 미명하에 허용될 수 없는 일이라고 본다. 아울러 이들은 만약 인간 배아 복제를 허용하게 된다면 이는 곧 인간 개체 복제, 즉 인간 복제로 나아가게 되는 길을 열어 주게 될 것이므로 사전에 강력하게 규제할 필요가 있다고 주장한다.

이상에서 살펴본 바와 같이 생명 복제를 둘러싼 논쟁의 이면에는 연구의 자유를 어떻게 볼 것인가 하는 ㉣ 쟁점이 자리하고 있다. 이처럼 과학 연구의 자유와 한계를 어디까지로 설정할 것인가 하는 문제는 과학 연구에서 매우 중요한 논란거리가 되어 왔다.

– 이영희, 「과학 연구의 자유와 규제」 –

1) 배아 : 단세포인 수정란이 다세포가 되기 위하여 연속적으로 분열하는 체세포 분열의 과정을 시작한 이후의 개체.

20 윗글에 대한 설명으로 가장 적절한 것은?

① 구체적인 통계 자료를 활용하고 있다.
② 화제에 대한 상반된 입장을 제시하고 있다.
③ 질문을 통해 독자의 호기심을 유발하고 있다.
④ 대상과 관련한 개인적인 경험을 제시하고 있다.

21 ㉮에 해당하는 내용으로 가장 적절한 것은?

① 과학 발전을 인위적으로 막아서는 안 된다.
② 과학자의 연구 자유는 과학 발전과 관련이 없다.
③ 배아 복제 연구는 엄격한 사회적 규제가 필요하다.
④ 배아 복제 연구는 난치병 치료에 도움이 되지 않는다.

22 ㉠~㉣의 사전적 의미로 적절하지 <u>않은</u> 것은?

① ㉠ : 침범하여 해를 끼침.
② ㉡ : 일의 결과로서 어떤 현상을 생겨나게 함.
③ ㉢ : 그럴듯하게 내세운 명목이나 명칭.
④ ㉣ : 어떤 일을 서로 양보하여 협의함.

[23~25] 다음 글을 읽고 물음에 답하시오.

실학자들은 천주교와 함께 유입된 서양화를 대상의 '참다운 형상'을 묘사하는 데 적합한 화법으로 여겨 적극적으로 받아들였다. 그런데 서양화법에 매료되었던 실학자들의 태도를 보면, 한 가지 특이한 사실이 발견된다.

박지원, 박제가, 홍대용과 같은 이용후생 학파(북학파)는 주로 서양화의 회화적 표현에 관심이 많았다. 이에 반해 이익이나 정약용 같은 경세치용 학파는 회화의 원리나 그림을 그릴 때 사용되는 기구에 더 많은 주의를 기울였다. 그들의 학문적 지향이 다르듯, 서양화법에 대한 인식 또한 특정 방면으로 나타나는 것이 흥미롭다.

조선 후기 실학자들의 관심을 받으며 유입된 서양화법은 다양한 분야의 그림에 영향을 끼쳤다. (㉠) 서양화법의 유행은 그리 오래 지속되지 않았다. 그 까닭은 무엇일까? 아마도 '눈'에 보이는 현상보다 '정신'을 중요시한 동양화의 전통이 강하게 작용했기 때문이라고 여겨진다.

[A] 예로부터 동양에서는 눈에 보이는 사실을 그대로 옮겨 그리기보다 '마음'으로 해석하여 표현하고자 했다. 그 결과 동양의 화가들은 먹과 선을 위주로 대상의 의미와 느낌을 전달하는 데 주력했다. 반면 서양에서는 눈에 보이는 것을 그대로 화폭에 담으려고 원근법과 화려한 색을 사용하여 사실적인 표현을 추구했다. 동양화와 서양화에 나타나는 이 같은 차이는 정신적인 것을 추구하는 동양인과 눈에 보이는 현상에 집중하는 서양인의 삶에 대한 태도의 차이에서 비롯된 것으로 보인다. 세상을 바라보는 인식과 태도의 차이가 결과적으로 그만큼 다른 회화적 표현을 낳았던 듯하다.

– 김정숙 외, 「실학, 조선의 르네상스를 열다」 –

23 윗글의 내용과 일치하는 것은?

① 서양화법의 유행은 조선 시대 전반에 걸쳐 지속되었다.
② 이용후생 학파는 회화에 사용되는 기구에 관심이 많았다.
③ 이용후생 학파와 경세치용 학파는 학문적 지향이 달랐다.
④ 서양의 화가들은 먹과 선을 통해 대상의 의미를 드러내고자 했다.

24 ㉠에 들어갈 말로 가장 적절한 것은?

① 그러면 ② 따라서
③ 이처럼 ④ 하지만

25 [A]에 대한 설명으로 가장 적절한 것은?

① 동양화와 서양화의 개념을 정의하고 있다.
② 동양화와 서양화의 공통점을 분석하고 있다.
③ 동양화와 서양화의 회화적 표현이 서로 다른 이유를 제시하고 있다.
④ 동양화와 서양화의 작가에 대한 잘못된 통념을 반박하고 있다.

2024 제 2 회

수학

01 두 다항식 $A=2x^3+3x$, $B=3x+2$에 대하여 $A-B$는?

① $2x^3-2$　② $2x^3+2$
③ $2x^3-x$　④ $2x^3+x$

02 등식 x^3-3x^2+a가 $x-2$로 나누어떨어질 때, 상수 a의 값은?

① 1　② 2
③ 3　④ 4

03 다항식 x^3-3^3을 인수분해한 식이 $(x-3)(x^2+ax+9)$일 때, 상수 a의 값은?

① 1　② 3
③ 5　④ 7

04 복소수 $5-3i$의 켤레복소수가 $5+ai$일 때, 실수 a의 값은? (단, $i=\sqrt{-1}$)

① 1　② 3
③ 5　④ 7

05 이차방정식 $x^2-2x+a=0$이 중근을 가질 때, 상수 a의 값은?

① 1　② 2
③ 3　④ 4

06 이차방정식 $x^2-x-6=0$의 서로 다른 두 실근을 α, β라고 할 때, $\alpha+\beta$의 값은?

① -6　② -1
③ 1　④ 6

07 $0\leq x\leq 3$일 때, 이차함수 $y=-(x-2)^2+3$의 최댓값은?

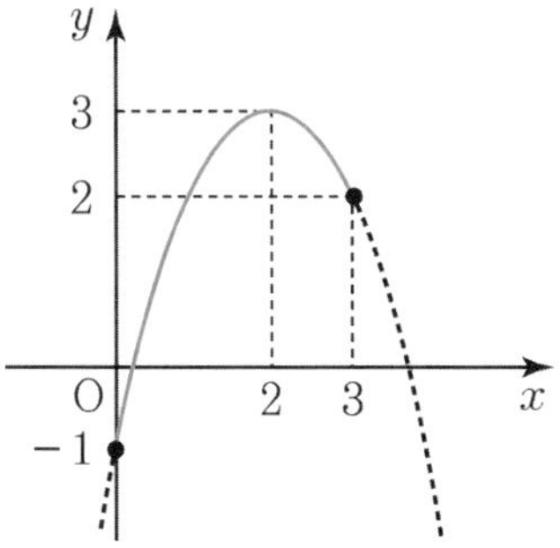

① -1　② 0
③ 2　④ 3

08 그림은 부등식 $|x+1| \geq 5$의 해를 수직선 위에 나타낸 것이다. 상수 a의 값은?

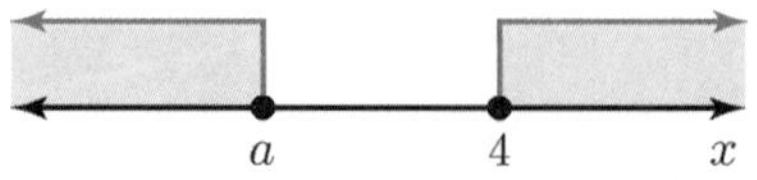

① -8　　② -7
③ -6　　④ -5

09 좌표평면 위의 점 A$(-2,\ -1)$, B$(2,\ 3)$에 대하여 선분 AB를 $3:1$로 내분하는 점의 좌표는?

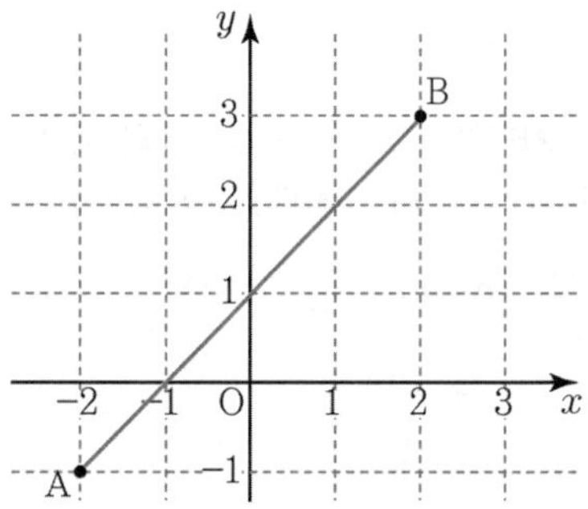

① $(-1,\ 0)$　　② $(1,\ 2)$
③ $(1,\ 3)$　　④ $(2,\ 1)$

10 원점과 직선 $x+y-2=0$ 사이의 거리는?

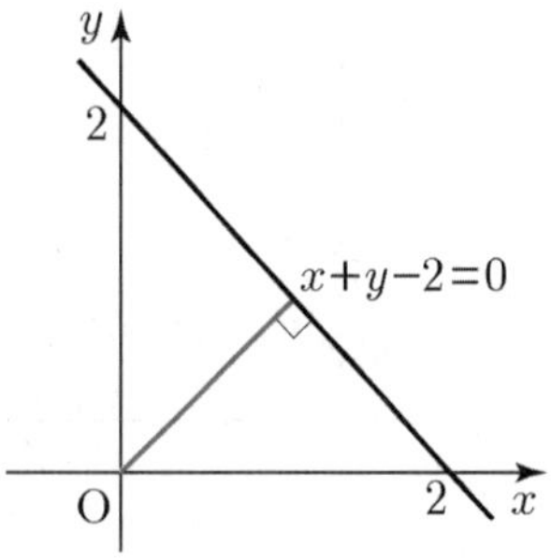

① 1　　② $\sqrt{2}$
③ $\sqrt{3}$　　④ 2

11 자연수 a에 대하여 직선 $y=a$와 원 $x^2+y^2=4$가 서로 다른 두 점에서 만날 때, a의 값은?

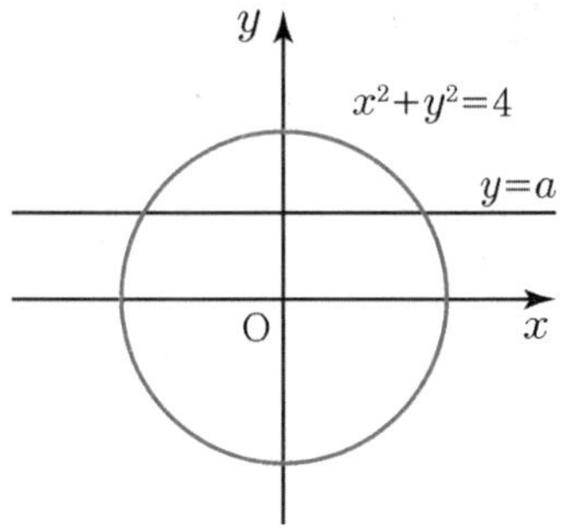

① 1　　② 2
③ 3　　④ 4

12 좌표평면 위의 점 $(1,\ 3)$을 직선 $y=x$에 대하여 대칭이동한 점의 좌표는?

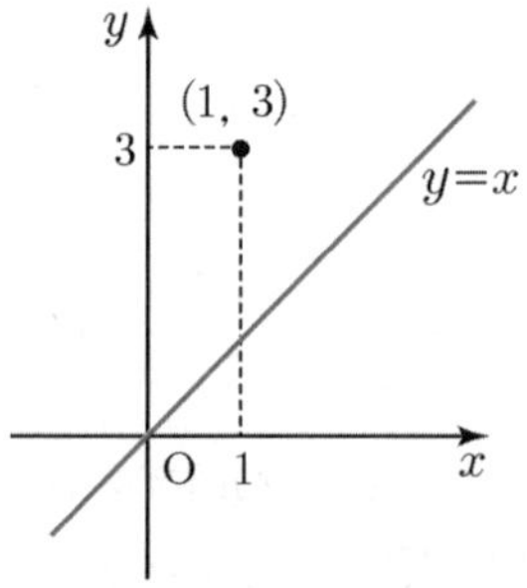

① $(-1,\ -3)$　　② $(-1,\ 3)$
③ $(3,\ -1)$　　④ $(3,\ 1)$

13 다음 중 집합인 것은?

① 작은 동물의 모임
② 유명한 가수의 모임
③ 키가 큰 사람의 모임
④ 7 이하의 자연수의 모임

14 두 집합 $A=\{2,\ 4,\ 6,\ 8\}$, $B=\{6,\ 7,\ 8\}$에 대하여 $A-B$는?

① $\{2,\ 4\}$　② $\{2,\ 6\}$
③ $\{4,\ 8\}$　④ $\{6,\ 8\}$

15 두 조건 '$p: x-2=0$', '$q: x^2-a=0$'에 대하여 p가 q이기 위한 충분조건이 되도록 하는 상수 a의 값은?

① 1　② 2
③ 3　④ 4

16 두 함수 $f: X \to Y$, $g: Y \to Z$가 그림과 같을 때, $(g \circ f)(1)$의 값은?

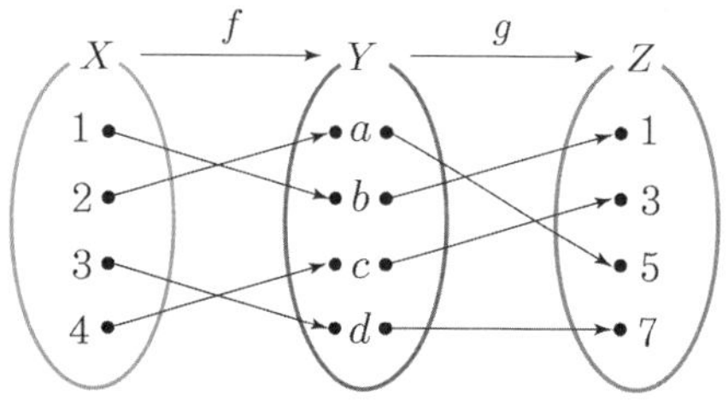

① 1　② 3
③ 5　④ 7

17 함수 $f(x)=2x+1$에 대하여 $f^{-1}(5)$의 값은? (단, f^{-1}는 f의 역함수이다.)

① 1　② 2
③ 3　④ 4

18 무리함수 $y=\sqrt{x-2}+4$의 그래프는 무리함수 $y=\sqrt{x}$의 그래프를 x축의 방향으로 a만큼, y축의 방향으로 b만큼 평행이동한 것이다. 두 상수 a, b에 대하여 $a+b$의 값은?

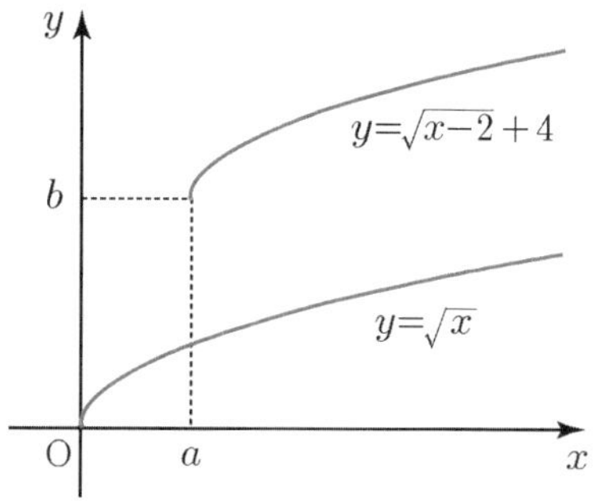

① 2　② 4
③ 6　④ 8

19 그림과 같이 한국 문화를 알리는 4종류의 카드가 각각 한 장씩 있다. 이 중에서 서로 다른 3장의 카드를 택하여 일렬로 나열하는 경우의 수는?

① 12　② 16
③ 20　④ 24

20 그림은 유네스코에 등재된 우리나라 세계 기록 유산 중 5개를 나타낸 것이다. 이 중에서 서로 다른 2개의 세계 기록 유산을 선택하는 경우의 수는?

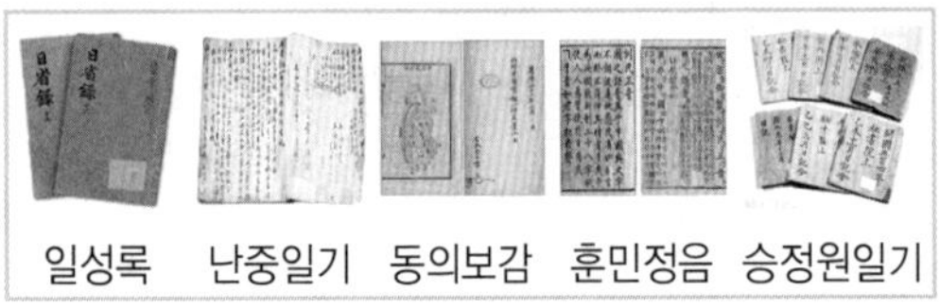

① 6　② 8
③ 10　④ 12

2024 제 2 회

영어

[1~3] 다음 밑줄 친 부분의 뜻으로 가장 적절한 것을 고르시오.

01

I am lucky to have the opportunity to learn from him.

① 갈등 ② 기회
③ 법칙 ④ 인기

02

Many people are aware of the health risks of energy drinks.

① 걷다 ② 놓다
③ 묻다 ④ 알다

03

Our trip to the beach was canceled due to the storm.

① 게다가 ② 대신에
③ 때문에 ④ 반면에

04 다음 밑줄 친 두 단어의 의미 관계와 다른 것은?

Every flower in the garden is beautiful, but I really love this red rose.

① color – gray ② sport – basketball
③ north – south ④ language – English

05 다음 마술 공연 안내문에서 언급되지 않은 것은?

The Great Magic Show

Come and be amazed!

- **Date** : August 17th, 2 p.m.-5 p.m.
- **Location** : The Grand Hotel
- **Tickets** : 20,000 won

* *There is a parking area behind the hotel.*

① 관람 장소 ② 관람 연령
③ 티켓 가격 ④ 주차 정보

[6~8] 다음 빈칸에 공통으로 들어갈 말로 가장 적절한 것을 고르시오.

06

- We will ______ ice cream for dessert.
- Please put the books in alphabetical ______.

① drive ② order
③ respect ④ work

07

- She believes ______ she can pass the exam.
- He bought a car ______ is quiet and fast.

① that ② what
③ where ④ why

08

- France is famous ___ the Eiffel Tower.
- He called his friends and asked ___ help.

① for ② of
③ on ④ out

09 다음 대화에서 밑줄 친 표현의 의미로 가장 적절한 것은?

A : Ah! There's a spider as big as my hand!
B : As big as your hand? Really?
A : Yes, it's huge!
B : Let me check. <u>Seeing is believing</u>.

① 남의 것이 더 좋아 보인다.
② 눈으로 확인해야 믿을 수 있다.
③ 겉모습만으로 판단해서는 안 된다.
④ 눈에서 멀어지면 마음도 멀어진다.

10 다음 대화에서 알 수 있는 A의 심정으로 가장 적절한 것은?

A : Finally, I booked tickets to see my favorite band!
B : That's awesome! When is the concert?
A : It's on Friday. I can't wait to see them perform live.
B : You're so lucky. Enjoy it!

① 미안하다 ② 속상하다
③ 창피하다 ④ 행복하다

11 다음 대화가 이루어지는 장소로 가장 적절한 것은?

A : Can you show me some short hairstyles?
B : Sure. Here are some pictures. Do you like any of them?
A : I like this one. Can you cut my hair like this?
B : Absolutely, we can start right away.

① 식당 ② 약국
③ 미용실 ④ 세탁소

12 다음 글에서 밑줄 친 <u>It</u>이 가리키는 것으로 가장 적절한 것은?

Exercise can help you maintain a healthy weight. It burns calories and builds muscle, which is important for overall health. <u>It</u> will also help you feel more energetic and productive so you can focus on your work. By staying active, you can prevent many health problems.

① exercise ② heart
③ problem ④ stay

[13~14] 다음 대화의 빈칸에 들어갈 말로 가장 적절한 것을 고르시오.

13

A : ____________________________?
B : Not too often, maybe once a week. How about you?
A : I eat out almost every day. It's easier with my schedule.
B : Yes, I understand.

① Are there any restaurants around here
② What kind of food do you eat
③ Where can I get easy recipes
④ How often do you eat out

14

A : How can I improve my communication skills?
B : One way is to ________________.

① eat more fruit and vegetables
② buy baking soda for your mom
③ wear gloves to keep your hands warm
④ practice speaking with people regularly

15 다음 대화의 주제로 가장 적절한 것은?

A : Do you know the benefits of drinking tea?
B : Sure. It can help you relax and reduce stress. Do you like to drink tea?
A : Yes, I do. I heard it can also help with digestion.

① 차 재배의 어려움
② 차를 우려내는 방법
③ 차를 마시는 것의 장점
④ 국가별 차의 종류와 특징

16 다음 글을 쓴 목적으로 가장 적절한 것은?

I live downstairs and have been hearing a lot of noise from your apartment lately. I can't sleep at night. Please keep the noise levels down, especially during the late hours. This would be greatly appreciated.

① 거절하려고　　② 동의하려고
③ 사과하려고　　④ 요청하려고

17 다음 동아리 안내문의 내용과 일치하지 <u>않는</u> 것은?

BREAKDANCING CLUB

Join us to learn some moves!

- Tuesdays at 5:00 p.m. in Margaret Hall
- No dance experience is required.
- Bring your sneakers.
- For more information, email us at dancer@email.com

① 매주 화요일에 참여할 수 있다.
② 댄스 경험이 없어도 참여 가능하다.
③ 동아리 가입 시 운동화가 제공된다.
④ 이메일로 추가 문의를 할 수 있다.

18 다음 Paradise Resort에 대한 설명과 일치하지 않는 것은?

Paradise Resort is located in Thailand. The resort is next to the ocean, so you can enjoy swimming and fishing. Also, there are many diving spots where you can observe colorful marine life. The resort has restaurants where you can enjoy various dishes from around the world. Come visit us in paradise!

① 태국에 위치해 있다.
② 수영과 낚시를 즐길 수 있다.
③ 다이빙은 안전상의 이유로 금지된다.
④ 세계 여러 나라의 음식을 먹을 수 있다.

19 다음 글의 주제로 가장 적절한 것은?

Let me give you some tips that could make you look taller. First, avoid loose clothes. Many of you might prefer big and oversized clothes, but they can make you appear short. Second, wear similar colors. Wearing different colors divides your body and can cause you to look shorter.

① 옷을 저렴하게 구입하는 방법
② 키가 커 보이게 옷을 입는 방법
③ 신체 치수를 정확히 측정하는 방법
④ 나에게 어울리는 색상을 찾는 방법

[20~21] 다음 글의 빈칸에 들어갈 말로 가장 적절한 것을 고르시오.

20

Film-making can be ________ because it requires careful planning and teamwork. Finding the right locations, making schedules with actors, and managing a budget are all difficult tasks. Weather and technical issues during filming can also cause delays.

① challenging ② selfish
③ independent ④ wearable

21

What is a 3D printer? It's like a normal printer but a little ________. First, we don't put in ink but other materials like plastic or metal. Next, using software, we don't print out paper but real-life products like toys and even houses. Isn't that amazing?

① common ② different
③ frequent ④ wrong

22 글의 흐름으로 보아 다음 문장이 들어가기에 가장 적절한 곳은?

However, heavy snow fell unexpectedly.

On New Year's Day, my friend and I planned to climb a mountain near my town. (①) It stopped us from going up the mountain because it could have been dangerous. (②) As a result, we stayed indoors. (③) We were very disappointed but we hope to try again. (④)

23 다음 글의 바로 뒤에 이어질 내용으로 가장 적절한 것은?

Today, pets such as dogs, cats, and rabbits hold a special place in their owners' hearts. Many people spend a lot of time with their pets. Some people spend much money on them. Pets can mean a lot to their owners. Here are some reasons why.

① 반려동물을 입양할 때 유의할 점
② 반려동물이 주인들에게 중요한 이유
③ 가정에서 키울 수 있는 반려동물의 종류
④ 반려동물을 건강하게 키울 수 있는 방법

[24~25] 다음 글을 읽고 물음에 답하시오.

Humans are social beings. We cannot live alone and need support from others. We should try to do things in cooperation. When we work as a team, we can be more successful. Helen Keller once said, "Alone we can do so little; together we can do so much." None of us is as smart as all of us. When we keep this in mind, I'm sure that we will ________ a better society.

24 윗글의 빈칸에 들어갈 말로 가장 적절한 것은?

① build ② forget
③ submit ④ trick

25 윗글의 주제로 가장 적절한 것은?

① 협력의 중요성
② 사회적 약자의 의미
③ 목표 설정의 필요성
④ 계획적인 생활의 장점

2024 제2회 사회

01 ㉠에 들어갈 내용으로 가장 적절한 것은?

> **학습 주제 : [㉠]의 필요성과 사례**
> - 필요성 : 시민의 권리를 능동적으로 행사하여 민주주의를 실현함으로써 시민으로서의 행복감을 높이기 위함.
> - 사례 : 민원 제기, 청원 운동, 집회 참가 등

① 편익　② 시민 참여
③ 규모의 경제　④ 불완전 경쟁

02 ㉠에 들어갈 용어로 옳은 것은?

> 근대에 들어와 인간이라면 누구나 기본적 권리를 누릴 수 있다는 사상이 확산되었다. 이를 바탕으로 프랑스에서도 시민 혁명이 일어나 '인간과 시민의 권리 선언(1789)'을 통해 천부 [㉠]을 명시적으로 언급함으로써 [㉠] 확립의 계기를 마련하였다.

① 억압　② 인권
③ 종전　④ 채권

03 ㉠, ㉡에 들어갈 내용으로 옳은 것은?

> 우리나라 헌법에서는 권력 분립의 원리를 실현하기 위해 [㉠]은 국회에, [㉡]은 정부에, 사법권은 법원에 속한다고 규정하고 있다.

	㉠	㉡
①	건강권	주거권
②	입법권	행정권
③	참정권	사회권
④	청구권	단결권

04 ㉠에 들어갈 내용으로 가장 적절한 것은?

> 시민 스스로 법을 지키려는 자세인 [㉠]은 사회적 측면에서도 매우 중요하다. 구성원들의 [㉠]이 잘 확립되어야 정의 실현 및 사회 질서 유지가 가능하기 때문이다.

① 유동성　② 기회비용
③ 준법 의식　④ 인플레이션

05 다음에서 설명하는 경제 주체는?

> - 조세 정책을 세워 소득 불평등을 완화한다.
> - 공정 거래 위원회를 통해 불공정 거래 행위를 규제한다.

① 정부　② 기업가
③ 노동자　④ 소비자

06 다음에서 설명하는 것은?

> 특정 국가 간에 무역 특혜를 부여하기 위해 관세나 무역 장벽을 완화하거나 제거하기로 맺은 약정

① 브렉시트(Brexit)
② 님비(NIMBY) 현상
③ 누리 소통망(SNS)
④ 자유 무역 협정(FTA)

07 다음 주장이 반영된 자본주의 체제는?

> 대공황을 극복하기 위해서는 정부가 지출을 확대하여 실업자를 구제하는 등 적극적으로 시장에 개입해야 한다.

① 연고주의 ② 상업 자본주의
③ 수정 자본주의 ④ 자유 방임주의

08 ㉠에 들어갈 용어로 가장 적절한 것은?

> "계란을 한 바구니에 담지 말라."라는 격언은 투자의 위험을 줄이기 위해 다양한 금융 자산으로 [㉠]을/를 구성해 분산 투자를 해야 함을 의미한다.

① 빨대 효과 ② 외부 효과
③ 포트폴리오 ④ 사이버 불링

09 다음에서 설명하는 용어는?

> 사회 구성원 전체의 이익이 개인의 이익과 조화를 이룸으로써 공동체 모두에게 유익한 것

① 공동선 ② 희소성
③ 무임승차 ④ 인간 소외

10 사회 복지 제도 중 사회 보험의 사례를 〈보기〉에서 고른 것은?

> **보기**
> ㄱ. 국민연금 ㄴ. 고용 보험
> ㄷ. 돌봄 서비스 ㄹ. 재개발 사업

① ㄱ, ㄴ ② ㄱ, ㄹ
③ ㄴ, ㄷ ④ ㄷ, ㄹ

11 다음에서 설명하는 문화 변동 양상은?

> 기존의 문화 요소와 다른 사회로부터 전파된 문화 요소가 함께 공존하는 현상

① 발견 ② 소멸
③ 문화 동화 ④ 문화 병존

12 ㉠, ㉡에 들어갈 문화 이해 태도로 옳은 것은?

> • (㉠)는 다른 문화를 더 우월한 것으로 믿고 자신의 문화를 무시하거나 낮게 평가하는 태도이다.
> • (㉡)는 문화의 우열을 가릴 수 없다고 보며, 해당 사회의 환경과 역사적 맥락 속에서 문화를 바라보는 태도이다.

	㉠	㉡
①	문화 사대주의	문화 상대주의
②	문화 사대주의	자문화 중심주의
③	자문화 중심주의	문화 사대주의
④	자문화 중심주의	문화 상대주의

13 ㉠에 들어갈 내용으로 옳은 것은?

> ○○국 △△신문 0000년 0월 0일
>
> **다문화 정책이 나아갈 방향**
>
> 현재 다문화 정책은 다양한 문화를 우리 사회의 주류 문화에 동화시키려는 (㉠) 이론을 바탕으로 하고 있다. 앞으로는 다양한 인종과 문화가 어울릴 수 있는 샐러드 볼 이론을 바탕으로 하는 정책이 필요할 것이다.

① 효용　② 용광로
③ 유리 천장　④ 로컬 푸드

14 한대 기후 지역의 전통 생활 모습으로 옳지 <u>않은</u> 것은?

① 순록 유목을 한다.
② 오아시스 주변에서 농업을 한다.
③ 폐쇄적인 가옥 구조가 나타난다.
④ 동물의 털가죽으로 의복을 만든다.

15 다음에서 설명하는 자연재해로 옳은 것은?

> • 분류 : 기후적 요인에 의한 자연재해
> • 영향 : 교통 혼란, 비닐하우스나 축사 등의 붕괴
> • 대책 : 자가용 이용 자제, 신속한 제설 작업

① 가뭄　② 지진
③ 폭설　④ 화산

16 국제 환경 문제 해결을 위한 협약으로 옳지 <u>않은</u> 것은?

① 교토 의정서　② 차티스트 운동
③ 몬트리올 의정서　④ 사막화 방지 협약

17 도시화가 가져온 변화로 옳은 것은?

① 열섬 현상이 사라졌다.
② 직업의 다양성이 증가하였다.
③ 도시의 인공 건축물이 감소하였다.
④ 공업 중심의 사회에서 농업 중심의 사회로 변화하였다.

18 다음에서 설명하는 용어는?

> 한 여성이 가임 기간(15~49세) 동안 낳을 것으로 예상되는 평균 출생아 수를 말한다.

① 고령화 ② 인구 구조
③ 인구 이동 ④ 합계 출산율

19 지도에 표시된 (가) 문화권에 대한 설명으로 옳은 것은?

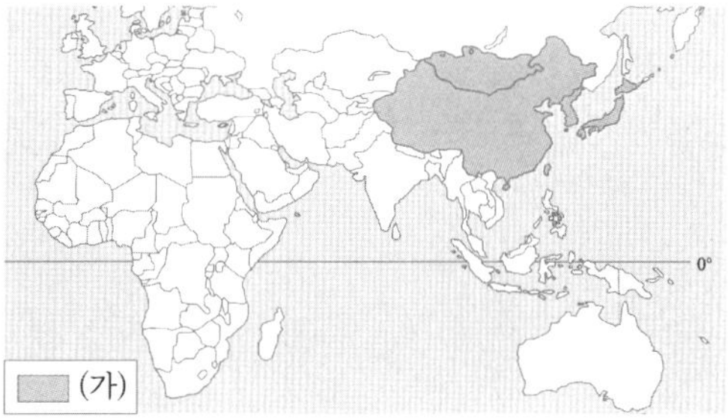

① 불교 문화가 나타난다.
② 고대 유럽 문명의 발원지이다.
③ 대표적인 원주민은 마오리족이다.
④ 사하라 사막 이남의 아프리카 지역이다.

20 이슬람교에 대한 설명으로 옳은 것은?

① 다신교이다.
② 소를 신성한 동물로 여긴다.
③ 돼지고기 먹는 것을 금기시한다.
④ 갠지스강에서 종교 의식으로 목욕을 한다.

21 인간과 자연의 공존을 위한 노력으로 옳지 <u>않은</u> 것은?

① 지속 가능한 발전을 추구한다.
② 생태 통로를 만들어 동물을 보호한다.
③ 인간의 이익을 위해 자연을 훼손한다.
④ 생태계 구성원으로서 환경친화적 가치관을 가진다.

22 다음에서 강조하는 세계화의 문제점으로 가장 적절한 것은?

> 세계화가 진행되면서 각 사회가 가지고 있는 고유한 문화가 사라질 수 있습니다. 예컨대 영어 사용이 확산되면서 영어를 제외한 다른 언어들이 소멸될 위기에 처해 있습니다.

① 저출산 ② 플랜테이션
③ 공간적 분업 ④ 문화의 획일화

23 다음에서 설명하는 국제기구에 해당하는 것은?

> - 국제 비정부 기구이다.
> - 전쟁・기아・질병・자연재해 등으로 고통받는 세계 각 지역의 주민들을 구호하기 위해 설립한 단체이다.

① 국제 통화 기금(IMF)
② 세계 무역 기구(WTO)
③ 국경 없는 의사회(MSF)
④ 경제 협력 개발 기구(OECD)

24 **㉠에 들어갈 내용으로 가장 적절한 것은?**

> **정보화에 따른 문제점 : ㉠**
> - 개인의 행동이나 기록이 정보화 기기에 노출되는 빈도가 늘어남.
> - 폐회로 텔레비전(CCTV)의 발전으로 개인이 감시나 통제를 받을 수 있음.

① 환경 난민　② 사생활 침해
③ 자원 민족주의　④ 산아 제한 정책

25 **밑줄 친 ㉠, ㉡에 대한 설명으로 옳은 것은?**

> 오늘날 주로 사용되는 에너지 자원에는 ㉠ <u>석유</u>, ㉡ <u>천연가스</u> 등이 있다.

① ㉠은 고생대 지층에만 매장되어 있다.
② ㉠은 연소하면서 오염 물질을 배출하지 않는다.
③ ㉡은 18세기 산업 혁명의 주요 동력원이 되었다.
④ ㉠은 ㉡보다 현재 세계에서 소비량이 더 많다.

2024 제 2 회

과학

01 다음 설명에 해당하는 발전 방식은?

> 태양 전지를 사용하여 태양의 빛에너지를 전기 에너지로 직접 전환하며, 일조량에 따라 전력 생산량이 달라질 수 있다.

① 수력 발전　② 조력 발전
③ 파력 발전　④ 태양광 발전

02 그림과 같이 마찰이 없는 수평면에서 질량이 2kg인 물체가 6m/s의 일정한 속력으로 운동할 때 이 물체의 운동량(kg·m/s)의 크기는?

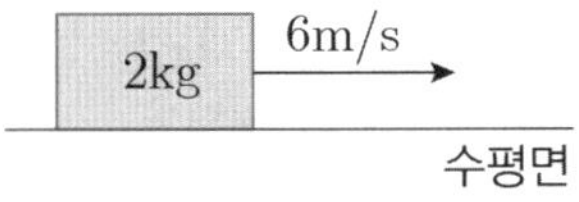

① 12　② 15
③ 18　④ 21

03 다음 설명에서 ㉠에 공통으로 해당하는 것은?

> - 코일 근처에서 자석을 움직이면 코일에 전류가 유도되는데 이러한 현상을 [㉠](이)라 한다.
> - 변압기는 [㉠]을/를 이용하여 전압을 변화시키는 장치로, 각 코일에 걸린 전압은 코일의 감은 수에 비례한다.

① 열효율　② 핵발전
③ 전자기 유도　④ 초전도 현상

04 그림은 수평 방향으로 던진 공의 위치를 일정한 시간 간격으로 나타낸 것이다. A와 B 지점에서의 물리량이 같은 것만을 〈보기〉에서 모두 고른 것은? (단, 중력 가속도는 $10m/s^2$이고, 공기 저항은 무시한다.)

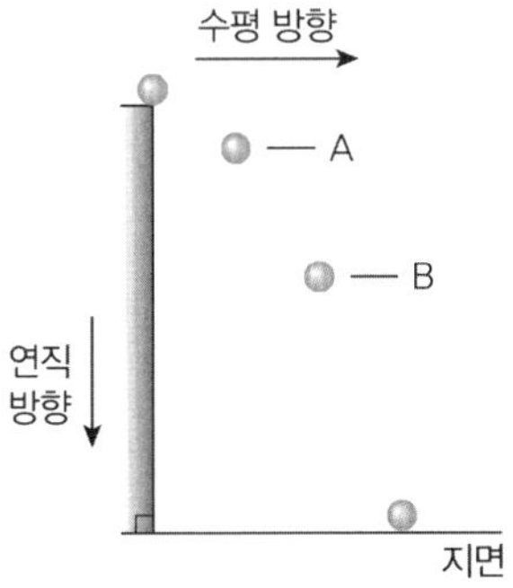

> **보기**
> ㄱ. 공의 수평 방향 속력
> ㄴ. 공의 연직 방향 속력
> ㄷ. 공에 작용하는 힘의 크기

① ㄴ　② ㄷ
③ ㄱ, ㄴ　④ ㄱ, ㄷ

05 어떤 열기관이 75J의 열에너지를 공급받아 외부에 15J의 일을 하고 60J의 열에너지를 방출할 때 이 열기관의 열효율은?

① 10%　② 15%
③ 20%　④ 25%

06 다음은 그래핀에 대한 설명이다. ㉠에 해당하는 것은?

> • 전기 전도성이 뛰어나다.
> • [㉠] 원자가 육각형 모양으로 배열된 평면 구조이다.

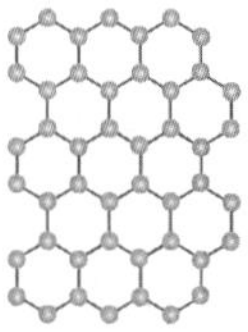

① 규소　　② 산소
③ 질소　　④ 탄소

07 다음은 원자의 전자 배치를 나타낸 것이다. 13족 원소는?

①
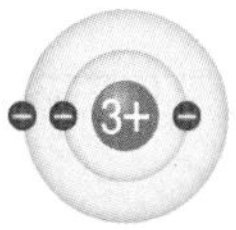

②
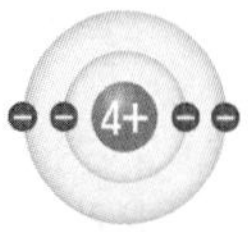

③
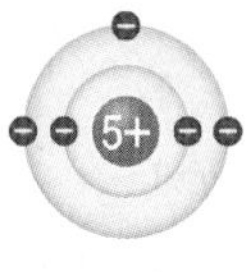

④
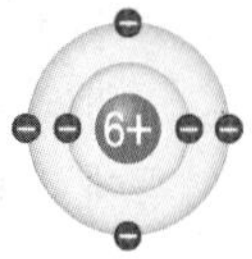

08 그림은 주기율표의 일부를 나타낸 것이다. 원소 (가)~(라) 중 가장 바깥 전자 껍질의 전자 수가 8개이고 반응성이 거의 없는 것은?

주기＼족	1	2	…	16	17	18
1						
2				(가)		(나)
3	(다)				(라)	

① (가)　　② (나)
③ (다)　　④ (라)

09 이온 결합 물질에 대한 설명으로 옳은 것만을 〈보기〉에서 모두 고른 것은?

> **보기**
> ㄱ. 산소 기체(O_2)가 해당한다.
> ㄴ. 수용액 상태에서 전류가 흐른다.
> ㄷ. 양이온과 음이온의 정전기적 인력에 의해 생성된다.

① ㄱ　　② ㄴ
③ ㄱ, ㄷ　　④ ㄴ, ㄷ

10 다음 중 물에 녹아 염기성을 나타내는 물질은?

① HCl　　② $Ca(OH)_2$
③ H_2SO_4　　④ CH_3COOH

11 그림은 수산화 나트륨(NaOH) 수용액에 A 수용액을 넣어 중화 반응시키는 과정을 나타낸 것이다. A에 해당하는 것은?

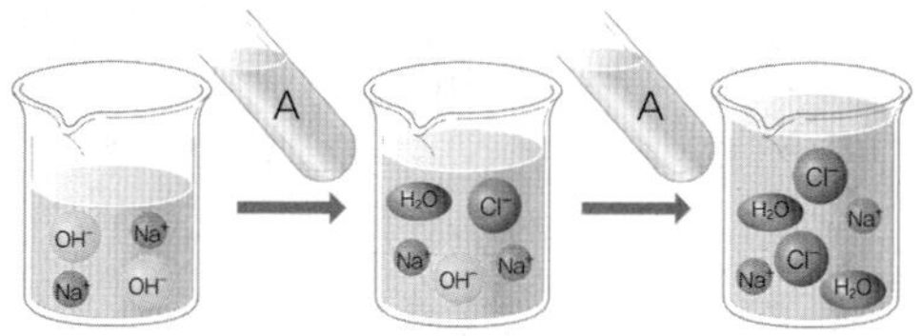

① HCl　　② HNO_3
③ H_2CO_3　　④ H_2SO_4

12 다음 화학 반응에서의 반응 물질 중 산화되는 것은?

$$2CuO + C \rightarrow 2Cu + CO_2$$

산화 구리(Ⅱ)　탄소　구리　이산화 탄소

① CuO　　② C
③ Cu　　④ CO_2

13 다음 설명에서 ㉠에 해당하는 것은?

> 같은 종의 무당벌레 개체군에서 겉날개의 색과 반점 무늬가 개체마다 달라지면 [㉠] 이/가 증가한다.

① 생물 대멸종 ② 외래종 도입
③ 서식지 단편화 ④ 유전적 다양성

14 다음 설명에 해당하는 물질은?

> • 핵산을 구성하는 기본 단위체이다.
> • 염기 및 당과 인산으로 구성되어 있다.

① 지질 ② 포도당
③ 아미노산 ④ 뉴클레오타이드

15 그림은 세포 내 유전 정보의 흐름을 나타낸 것이다. ㉠, ㉡에 해당하는 것은?

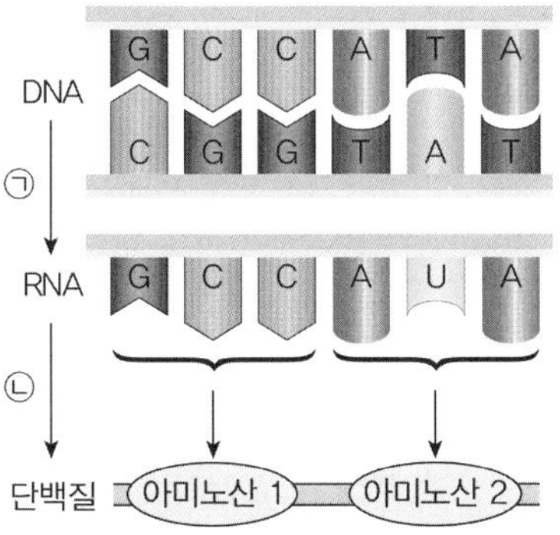

	㉠	㉡
①	번역	전사
②	전도	번역
③	전사	번역
④	전사	전도

16 그림은 세포막의 구조와 세포막을 통한 물질 A와 B의 이동을 나타낸 것이다. 이에 대한 설명으로 옳은 것만을 〈보기〉에서 모두 고른 것은?

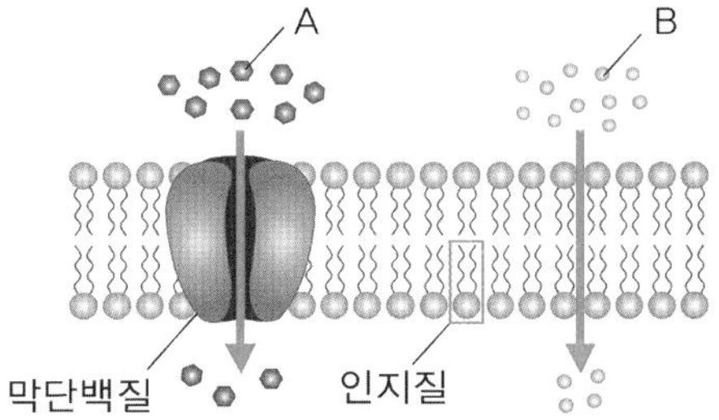

> **보기**
> ㄱ. A는 막단백질을 통해 이동한다.
> ㄴ. B는 인지질 사이로 확산한다.
> ㄷ. 세포막은 막단백질로만 구성되어 있다.

① ㄱ ② ㄷ
③ ㄱ, ㄴ ④ ㄴ, ㄷ

17 다음 설명에서 ㉠에 해당하는 것은?

> 항생제를 반복적으로 사용하다 보면 세균 집단 내에 항생제 내성 세균의 비율이 증가하게 된다. 이러한 현상은 다윈의 [㉠] (으)로 설명할 수 있다.

① 자연 선택 ② 생태계 평형
③ 생태 피라미드 ④ 생명 중심 원리

18 **다음 설명에서 밑줄 친 ㉠, ㉡이 해당되는 생태계 구성 요소는?**

> 한 그루의 ㉠ 참나무를 관찰했더니 ㉡ 햇빛을 강하게 받은 잎이 약하게 받은 잎보다 두꺼운 것이 확인되었다.

	㉠	㉡
①	생산자	분해자
②	생산자	비생물적 요인
③	소비자	분해자
④	소비자	비생물적 요인

19 **그림은 어떤 안정된 생태계의 개체 수 피라미드를 나타낸 것이다. 이 생태계에 대한 설명으로 옳은 것만을 〈보기〉에서 모두 고른 것은?**

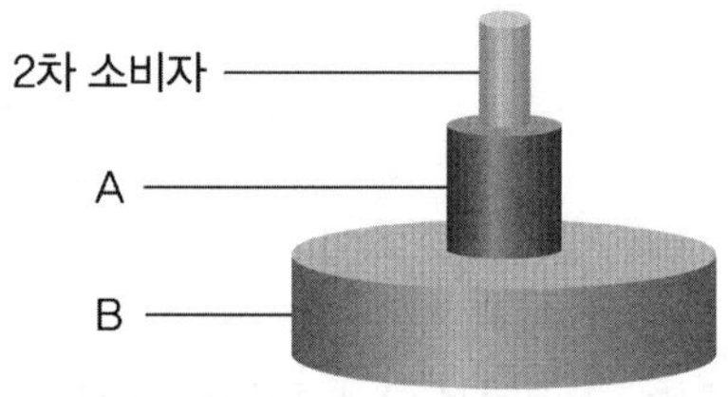

보기

ㄱ. A는 1차 소비자이다.
ㄴ. 참새는 B에 해당한다.
ㄷ. 상위 영양 단계로 갈수록 개체 수는 증가한다.

① ㄱ ② ㄷ
③ ㄱ, ㄴ ④ ㄴ, ㄷ

20 **다음 설명에서 ㉠에 공통으로 해당하는 것은?**

> • 지구의 지각을 구성하는 암석은 주로 규소와 [㉠]이/가 결합한 규산염 광물로 이루어져 있다.
> • [㉠]은/는 사람을 구성하는 원소 중 가장 많은 질량을 차지한다.

① 수소 ② 탄소
③ 산소 ④ 칼슘

21 **다음 설명에서 ㉠, ㉡에 해당하는 것은?**

> 태양 중심부에서는 [㉠] 원자핵 4개가 융합하여 [㉡] 원자핵 1개로 변환되는 수소 핵융합 반응이 일어난다.

	㉠	㉡
①	수소	철
②	수소	헬륨
③	헬륨	철
④	헬륨	수소

22 그림은 어느 해역의 깊이에 따른 수온 변화를 나타낸 것이다. 층 A~C에 대한 설명으로 옳은 것만을 〈보기〉에서 모두 고른 것은?

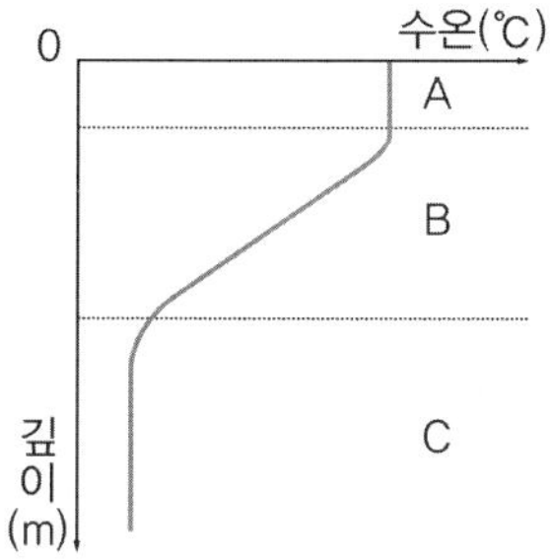

보기

ㄱ. A에서는 기권과 상호 작용이 일어난다.
ㄴ. B에서는 깊어질수록 수온이 높아진다.
ㄷ. C는 수온 약층이다.

① ㄱ ② ㄴ
③ ㄱ, ㄷ ④ ㄴ, ㄷ

23 그림의 A, B는 판의 경계를 나타낸 것이다. 이에 대한 설명으로 옳은 것만을 〈보기〉에서 모두 고른 것은?

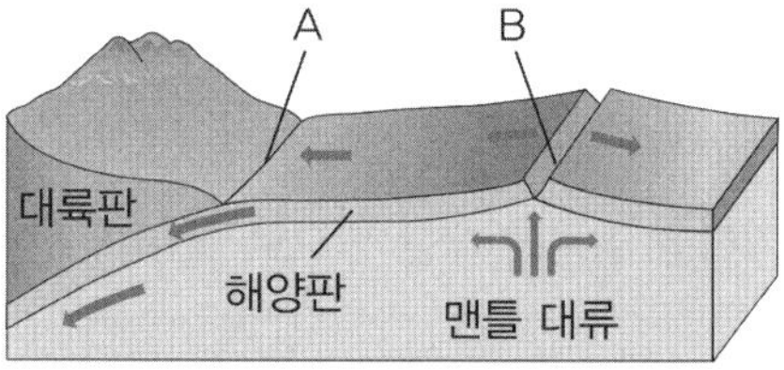

보기

ㄱ. A는 발산형 경계이다.
ㄴ. B에서는 판이 생성된다.
ㄷ. A, B에서는 모두 해구가 발달한다.

① ㄱ ② ㄴ
③ ㄱ, ㄷ ④ ㄴ, ㄷ

24 그림은 서로 다른 지질 시대 A~C의 표준 화석을 나타낸 것이다. 오래된 시대부터 순서대로 나열한 것은?

시대	A	B	C
표준 화석	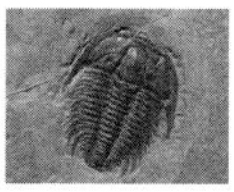 삼엽충	 암모나이트	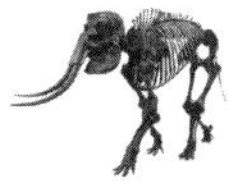 매머드

① A−B−C ② A−C−B
③ B−A−C ④ C−A−B

25 다음 현상을 일으키는 지구 시스템의 주된 에너지원은?

- 지진과 화산 활동을 일으킨다.
- 맨틀 대류를 일으켜 판을 이동시킨다.

① 조력 에너지
② 풍력 에너지
③ 바이오 에너지
④ 지구 내부 에너지

2024 제2회 한국사

01 다음 설명에 해당하는 시대는?

> • 농경과 목축을 시작하여 식량을 생산함.
> • 대표적인 유물은 빗살무늬 토기임.

① 구석기 시대　② 신석기 시대
③ 청동기 시대　④ 철기 시대

02 ㉠에 들어갈 국왕으로 옳은 것은?

① 세종　② 공민왕
③ 광해군　④ 진흥왕

03 다음에서 설명하는 불교의 종파는?

> • 경전 공부보다 참선 수행을 강조함.
> • 호족 세력의 적극적인 후원을 받음.
> • 대표적인 사원으로 '9산선문'이 있음.

① 서학　② 선종
③ 대종교　④ 천도교

04 ㉠에 들어갈 내용으로 옳은 것은?

> 인종은 묘청, 정지상 등 서경 세력을 등용하였다. 이들은 칭제 건원과 금국 정벌, [㉠] 등을 주장하였다. 이들의 주장이 좌절되자 묘청은 반란을 일으켰다.

① 개항 반대
② 녹읍 폐지
③ 서경 천도
④ 반민족 행위자 처벌

05 다음 질문에 대한 답으로 옳은 것은?

① 택리지　② 삼국유사
③ 홍길동전　④ 대동여지도

06 ㉠에 들어갈 내용으로 옳은 것은?

【수행 평가 계획서】

주제 : 정조의 개혁 정치

- 1모둠 : 영조의 탕평책 계승
- 2모둠 : ㉠

① 규장각 설치
② 유신 헌법 제정
③ 수선사 결사 결성
④ 통리기무아문 설치

07 다음에서 설명하는 정책은?

- 배경 : 방납의 폐단
- 내용 : 공납을 토산물 대신 쌀, 옷감, 동전 등으로 납부
- 결과 : 공인의 등장, 상품 화폐 경제의 발달

① 대동법 ② 양천제
③ 전시과 ④ 호포제

08 다음에서 설명하는 나라는?

- 제너럴 셔먼호 사건을 구실로 신미양요를 일으킴.
- 서구 열강 중 최초로 조선과 근대적 조약을 체결함.

① 독일 ② 미국
③ 영국 ④ 베트남

09 밑줄 친 '개혁 정강'의 내용으로 옳은 것은?

1884년 급진 개화파는 우정총국 개국 축하연을 이용하여 갑신정변을 일으켰다. 이들은 개혁 정강을 마련하여 근대적 개혁을 추진하려 했으나, 청군의 개입으로 실패하였다.

① 율령 반포
② 모내기법 보급
③ 정동행성 설치
④ 인민 평등권 보장

10 다음에서 ㉠ 시기에 들어갈 사건은?

◈ 일제의 국권 침탈 과정 ◈

1904년 러 · 일 전쟁 발발	→	㉠	→	1910년 한국 병합 조약 체결

① 붕당 형성 ② 예송 논쟁
③ 무신 정권 수립 ④ 을사늑약 체결

11 다음에서 설명하는 단체는?

- 1907년 안창호, 양기탁 등이 비밀 결사로 조직함.
- 실력 양성을 도모하고 국외 독립운동 기지를 건설함.

① 별기군 ② 비변사
③ 승정원 ④ 신민회

12 다음에서 설명하는 인물은?

■ 한국사 인물 카드 ■

- 별칭 : 녹두 장군
- 주요 활동 : 동학 농민 운동 주도
- 사망 : 우금치 전투 이후 체포되어 1895년 처형

① 이황　　② 강감찬
③ 전봉준　　④ 을지문덕

13 ㉠에 들어갈 내용으로 옳은 것은?

2차 갑오개혁 시기에 [㉠]이/가 반포되었다. 이로 인해 소학교, 외국어 학교, 사범 학교 등 많은 관립 학교가 세워지며 근대적 교육 제도가 마련되었다.

① 교육입국 조서
② 신라 촌락 문서
③ 조선 혁명 선언
④ 7·4 남북 공동 성명

14 ㉠에 들어갈 내용으로 옳은 것은?

한국사 묻고 답하기

질문 [㉠]에 대해 알려 주세요.
ㄴ 답변 일제가 1910년 대한 제국을 강제로 병합하고 설치한 식민 통치의 최고 기구예요.

① 삼별초　　② 도병마사
③ 제가 회의　　④ 조선 총독부

15 ㉠에 들어갈 인물로 옳은 것은?

〈조별 과제 : 민족주의 사학자와 저서 알아보기〉
- 1조 : 박은식 – 한국통사, 한국독립운동지혈사
- 2조 : [㉠] – 조선사연구초, 조선상고사

① 궁예　　② 신채호
③ 이성계　　④ 정약용

16 교사의 질문에 대한 답으로 옳지 않은 것은?

1919년 3월 1일 시작된 거국적인 만세 운동이 국내외에 끼친 영향에 대해 말해 볼까요?

① 강화도 조약이 체결되었어요.
② 대한민국 임시 정부가 수립되었어요.
③ 중국의 5·4 운동에 영향을 주었어요.
④ 일제가 통치 방식을 이른바 문화 통치로 바꿨어요.

17 ㉠에 들어갈 민족 운동은?

> 1931년 동아일보는 문맹 퇴치와 미신 타파를 목표로 농촌 계몽 운동을 전개하였다. 이 운동은 러시아어로 '민중 속으로'라는 뜻의 [㉠]으로 불리기도 하였다.

① 북벌 운동　② 새마을 운동
③ 브나로드 운동　④ 금 모으기 운동

18 ㉠에 해당하는 단체는?

* 연표로 보는 [㉠]의 활동

1919	1923	1924
김원봉을 중심으로 만주 지역에서 결성	김상옥, 종로 경찰서에 폭탄 투척	김지섭, 일본 왕궁에 폭탄 투척

① 의열단
② 보안회
③ 황국 협회
④ 통일 주체 국민 회의

19 다음 설명에 해당하는 것은?

> - 제1차 미·소 공동 위원회 결렬 이후 중도 좌파 여운형, 중도 우파 김규식을 중심으로 한반도 통일 정부 수립을 목적으로 추진
> - 냉전 체제가 격화되고 여운형이 암살당하면서 약화

① 형평 운동　② 위정척사 운동
③ 좌우 합작 운동　④ 국채 보상 운동

20 ㉠에 들어갈 내용으로 옳은 것은?

> 1941년 대한민국 임시 정부는 조소앙의 [㉠]를 기초로 하여 건국 강령을 발표하였다. [㉠]는 정치, 경제, 교육에서의 균등을 바탕으로 개인과 개인, 민족과 민족, 국가와 국가 간의 균등을 추구하자는 주장이다.

① 삼균주의　② 돈오점수
③ 시무 28조　④ 최혜국 대우

21 밑줄 친 '전쟁'으로 옳은 것은?

> 전쟁이 교착 상태에 빠지자, 소련은 국제 연합에 정전을 제안하였다. 정전 협상은 군사 분계선, 포로 송환 문제 등으로 2년여 동안이나 이어졌고, 마침내 1953년 7월 27일 판문점에서 정전 협정이 체결되었다.

① 임오군란　② 임진왜란
③ 6·25 전쟁　④ 청산리 대첩

22 ㉠에 들어갈 내용으로 옳은 것은?

① 사창제
② 진대법
③ 친명배금 정책
④ 경제 개발 5개년 계획

23 ㉠에 들어갈 내용으로 옳은 것은?

> **〈1980년대 대한민국의 민주주의 발전〉**
> 5·18 민주화 운동 → [㉠] → 대통령 직선제 개헌

① 아관파천
② 5·10 총선거
③ 6월 민주 항쟁
④ 모스크바 3국 외상 회의

24 다음 설명에 해당하는 제도는?

> • 김영삼 정부에서 투명한 금융 거래 정착과 부당한 정치 자금 거래 근절 등을 목적으로 시행
> • 금융 거래에서 실제 이름을 사용해야 하는 제도

① 농지 개혁
② 노비안검법
③ 금융 실명제
④ 황국 신민화 정책

25 ㉠에 들어갈 내용으로 옳은 것은?

> **제1조** 남과 북은 서로 상대방의 체제를 인정하고 존중한다.
> **제9조** 남과 북은 상대방에 대하여 무력을 사용하지 않으며 상대방을 무력으로 침략하지 아니한다.
> – [㉠](1991) –

① 과전법　② 전주 화약
③ 국가 총동원법　④ 남북 기본 합의서

2024 제 2 회

기출을 보면 합격이 보인다!

도덕

01 다음에서 설명하는 윤리학은?

> 주제 : ○○ 윤리학
> - 의미 : 현실의 구체적인 문제 원인을 분석하고 타당한 해결책을 제시하는 것을 목표로 하는 윤리학
> - 예 : 생명 윤리, 정보 윤리 등
>
> ⋮

① 실천 윤리학　② 기술 윤리학
③ 이론 윤리학　④ 메타 윤리학

02 환경 윤리 영역의 쟁점에 해당하는 것은?

① 안락사를 인정할 수 있는가?
② 성적 욕망과 사랑의 차이는 무엇인가?
③ 자연은 개발의 대상인가, 보존의 대상인가?
④ 통일이 지향해야 할 윤리적 가치는 무엇인가?

03 다음에서 소개하는 윤리 사상가는?

> ◈ 도덕 인물 카드 ◈
>
> 
>
> - 사단(四端)에 근거한 성선설을 주장함.
> - 일정한 생업[恒産]이 있어야 바른 마음[恒心]을 지킬 수 있다고 주장함.

① 노자　② 맹자
③ 순자　④ 묵자

04 다음 설명에 해당하는 윤리 이론은?

> - 도덕과 입법의 원리로 최대 다수의 최대 행복을 주장함.
> - 쾌락은 선이고 고통은 악이며, 행복이 삶의 목적이라고 봄.

① 의무론　② 덕 윤리
③ 공리주의　④ 진화 윤리

05 (가)에 들어갈 용어로 적절한 것은?

> **탐구 주제 : 〈 (가) 〉에 대한 다양한 관점**
> - 장자 : 기(氣)가 흩어지는 것으로 자연적이고 필연적인 과정
> - 플라톤 : 영혼이 육체로부터 해방되어 이데아 세계로 들어가는 것
> - 에피쿠로스 : 인간을 구성하던 원자가 흩어져 개별 원자로 돌아가는 것

① 죽음　② 행복
③ 성찰　④ 희망

06 다음 설명에 해당하는 것은?

> • 좌망(坐忘)과 심재(心齋)를 통해 이를 수 있음.
> • 세상 만물을 차별하지 않고 한결같이 보는 상태

① 제물(齊物) ② 오륜(五倫)
③ 효제(孝悌) ④ 충서(忠恕)

07 다음 설명에 해당하는 사상가는?

> • 주장 : "너의 행위의 결과가 인류의 존속 가능성을 파괴하지 않도록 행위하라."
> • 특징 : 인간과 자연, 미래 세대에 대한 책임 윤리를 강조함.

① 밀 ② 벤담
③ 요나스 ④ 베이컨

08 ㉠에 들어갈 내용으로 가장 적절한 것은?

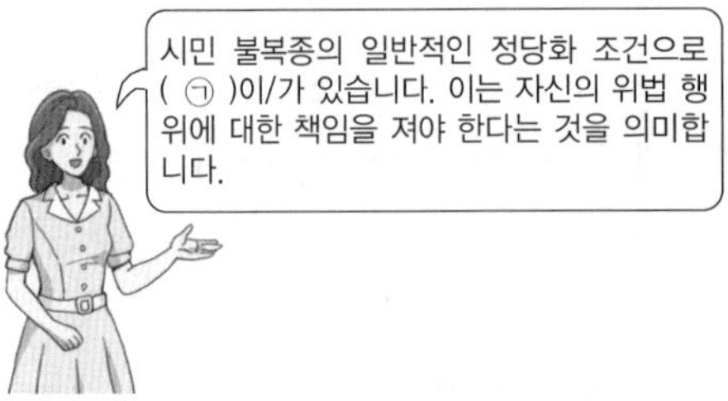

① 익명성 ② 비폭력성
③ 처벌 감수 ④ 공동선 추구

09 ㉠에 공통으로 들어갈 용어로 적절한 것은?

> 프롬(Fromm, E.)은 "(㉠)은/는 자유의 소산이지 결코 지배의 소산이 아닙니다. (㉠)이/가 지배의 관계로 타락하지 않기 위해서는 존경이 필요합니다."라고 주장하였다.

① 애국 ② 사랑
③ 정의 ④ 책임

10 B에 들어갈 내용으로 가장 적절한 것은?

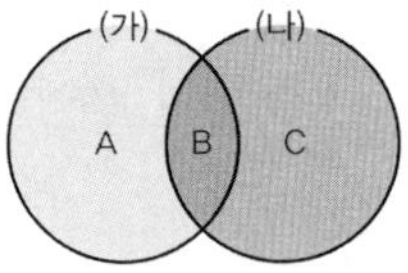

(가) : 인간 중심주의
(나) : 동물 중심주의

① 인간은 도덕적 고려의 대상이다.
② 모든 생명체는 도덕적 지위를 갖는다.
③ 생태계 전체가 도덕 공동체의 범위이다.
④ 생태계의 안정을 위해 각 생명체의 희생을 강요한다.

11 다음 설명에 해당하는 직업 윤리 의식은?

> 프랑스 종교 개혁자 칼뱅(Calvin, J.)은 직업을 '신으로부터 부름을 받은 자기 몫의 일'이라고 주장하면서 자신의 직업에 충실히 종사하는 것이 바로 신의 명령에 따르는 것이라고 말했다.

① 소명 의식 ② 경로 사상
③ 장인 정신 ④ 특권 의식

12 교사의 질문에 대한 대답으로 적절하지 <u>않은</u> 것은?

> 과학 기술자가 지녀야 할 윤리적 책임에 대해 말해 볼까요? — 교사
>
> 학생 1: 연구 결과가 인간의 존엄성을 침해해야 합니다.
>
> 학생 2: 과학 기술의 부작용을 충분히 검토해야 합니다.
>
> 학생 3: 자신이 연구하는 정보나 자료를 위조해서는 안 됩니다.
>
> 학생 4: 다른 연구자들이 신뢰할 수 있는 검증 절차를 활용해야 합니다.

① 학생 1　　② 학생 2
③ 학생 3　　④ 학생 4

13 다음에서 설명하는 국가 권위의 정당화 근거는?

> 생명과 자유, 재산을 보장받기 위해 개인 간 합의를 통해 국가를 수립함.

① 겸애　　② 중용
③ 상업화　　④ 사회 계약

14 다음에서 설명하는 윤리적 문제로 가장 적절한 것은?

> **도 덕 신 문**　　2024년 ○월 ○일
>
> A 국가 사람들이 비만으로 건강을 해치고 있는 반면, B 국가에는 굶주림으로 고통받는 사람들이 있다. A 국가와는 다르게 B 국가에서는 심각한 영양실조와 기아가 대물림되는 악순환이 반복된다.

① 동물 복지 문제
② 식량 불평등 문제
③ 사이버 폭력 문제
④ 사생활 침해 문제

15 예술에 대한 도덕주의 입장에서 A, B에 들어갈 대답으로 옳은 것은?

질문	대답
예술의 미적 가치만을 추구해야 하는가?	A
예술은 사회의 도덕적 성숙에 기여해야 하는가?	B

	①	②	③	④
A	예	예	아니요	아니요
B	예	아니요	예	아니요

16 갈퉁(Galtung, J.)의 평화에 대한 내용 중 (가), (나)에 해당하는 용어는?

(가)	전쟁, 테러, 범죄, 폭행 등과 같은 직접적 폭력이 없는 상태
(나)	직접적 폭력은 물론 가난, 차별 등 구조적·문화적 폭력도 사라져 인간다운 삶을 누릴 수 있는 상태

	(가)	(나)
①	적극적 평화	종교적 평화
②	소극적 평화	적극적 평화
③	종교적 평화	소극적 평화
④	종교적 평화	적극적 평화

17 **롤스(Rawls, J.)의 정의관에 대한 설명으로 옳지 않은 것은?**

① 절차가 공정하면 그 결과도 공정하다.
② 모든 사람은 기본적 자유에서 평등한 권리를 지닌다.
③ 무지의 베일을 쓴 개인들은 차등의 원칙에 합의할 수 있다.
④ 국가는 개인의 소유권만을 보호하는 역할을 수행해야 한다.

18 **다음에서 처벌에 대한 응보주의적 관점에만 '✔'를 표시한 학생은?**

관점 \ 학생	A	B	C	D
• 범죄 행위에 상응하는 형벌을 내려야 한다.	✔			✔
• 자신의 행위에 책임질 수 있는 자율적 주체를 전제로 한다.		✔		✔
• 범죄 강도와 상관없이 범죄 예방의 가장 효과적인 방법은 종신 노역형이다.	✔	✔	✔	

① A　　② B
③ C　　④ D

19 **㉠에 들어갈 용어로 적절한 것은?**

> 매체가 발달한 현대 사회에서는 정보를 교환하고 처리하는 과정에서 사적인 정보가 노출될 수 있다. 이를 방지하기 위해 개인 정보를 언제, 누구에게, 어느 범위까지 알리고 또한 이용하도록 할 것인지를 통제하는 정보의 (㉠)이 강조되고 있다.

① 조작권　　② 거주권
③ 선거권　　④ 자기 결정권

20 **다음 설명에 해당하는 용어는?**

> 통일 과정과 통일 이후 남북한 격차를 해소하기 위해 부담해야 할 비용

① 통일 비용　　② 경쟁 비용
③ 기회 비용　　④ 통일 편익

21 **다음은 서술형 평가 문제와 학생 답안이다. 밑줄 친 ㉠~㉣ 중 옳지 않은 것은?**

> 문제 : 사회 윤리에 대한 니부어(Niebuhr, R.)의 기본 입장을 서술하시오.
>
> 〈학생 답안〉
> 니부어는 ㉠ 개인의 도덕성과 집단의 도덕성을 구분하며, ㉡ 집단의 도덕성은 개인의 도덕성보다 현저히 떨어진다는 점을 주장하였다. 즉, ㉢ 개인이 양심적이고 도덕적일지라도 사회는 이기적이며 비도덕적일 수 있다. 따라서 ㉣ 사회 문제 해결을 위해서는 제도의 개선보다 개인의 도덕성 함양이 필요하다.

① ㉠　　② ㉡
③ ㉢　　④ ㉣

22 (가), (나)에 들어갈 내용으로 적절하지 <u>않은</u> 것은?

〈소수자 우대 정책의 윤리적 쟁점〉

찬성 논거	반대 논거
(가)	(나)
⋮	⋮

① (가) : 사회적 약자를 배려할 수 있다.
② (가) : 부당한 차별을 극대화할 수 있다.
③ (나) : 역차별로 새로운 사회 갈등을 유발할 수 있다.
④ (나) : 개인의 노력과 성취에 따른 업적을 간과할 수 있다.

23 하버마스(Habermas, J.)의 이상적 담화 상황의 조건에 대해 적절하게 말하지 <u>않은</u> 학생은?

① 학생 1 ② 학생 2
③ 학생 3 ④ 학생 4

24 종교 간 갈등 해결을 위한 자세로 적절하지 <u>않은</u> 것은?

① 타 종교에 대한 관용의 태도를 지닌다.
② 힘의 논리에 따라 종교 간의 질서를 확립한다.
③ 종교 간의 차이를 이유로 타인을 억압하지 않는다.
④ 종교 간의 대화를 통해 타 종교에 대한 이해를 높인다.

25 공직자가 지녀야 할 바람직한 태도만을 〈보기〉에서 모두 고른 것은?

보기

ㄱ. 정직과 성실　ㄴ. 봉사와 책임
ㄷ. 청탁과 비리　ㄹ. 청렴과 연대 의식

① ㄱ ② ㄴ, ㄷ
③ ㄷ, ㄹ ④ ㄱ, ㄴ, ㄹ

memo

2024 제1회

국어

정답 및 해설 p. 108

01 ㉠에 들어갈 내용으로 가장 적절한 것은?

언어적 표현		비언어적 표현		의미
힘내! 할 수 있을 거야!	+	등을 토닥이며	➜	격려 표현
그렇군요. 저도 그렇게 생각해요.	+	㉠	➜	동의 표현

① 고개를 끄덕이며
② 무섭게 인상 쓰며
③ 양손을 내저으며
④ 차갑게 등을 돌리며

02 다음 대화에서 직원의 말하기에 나타난 문제점으로 적절한 것은?

> 손님 : 두 명 자리 있나요?
> 직원 : 죄송합니다. 30분 정도 웨이팅하셔야 해요. 오늘 메뉴가 저희 셰프님 시그니처 메뉴라서요. 괜찮으시면 왼쪽 웨이팅 룸으로 에스코트해 드릴까요?

① 외국어를 지나치게 많이 사용했다.
② 이해하기 어려운 줄임말을 사용했다.
③ 기분을 상하게 하는 비속어를 사용했다.
④ 상황에 맞지 않는 관용 표현을 사용했다.

03 다음 '표준 발음법' 규정이 적용되지 않는 것은?

> ■ 표준 발음법 ■
>
> **[제23항]** 받침 'ㄱ(ㄲ, ㅋ, ㄳ, ㄺ), ㄷ(ㅅ, ㅆ, ㅈ, ㅊ, ㅌ), ㅂ(ㅍ, ㄼ, ㄿ, ㅄ)' 뒤에 연결되는 'ㄱ, ㄷ, ㅂ, ㅅ, ㅈ'은 된소리로 발음한다.

① 굳다　　② 낙지
③ 답사　　④ 볶음

04 다음을 참고하여 예문의 밑줄 친 부분에 사용된 상대 높임을 바르게 연결한 것은?

> 말하는 이가 듣는 이를 높이거나 낮추어 표현하는 방식을 상대 높임법이라고 한다. 상대 높임법은 대체로 문장을 끝맺는 종결 어미로 높임을 실현한다. 종결 어미에는 격식체와 비격식체가 있으며 다음과 같이 나누어진다.

격식체	하십시오체 / 하오체 / 하게체 / 해라체
비격식체	해요체 / 해체

	예문	상대 높임
①	할머니께서 진지를 드셨어요.	하십시오체
②	어머니께서도 공원에 가신대.	하오체
③	선생님께 먼저 과일을 드리시게.	하게체
④	아버지를 모시고 큰댁에 다녀왔습니다.	해요체

05 ㉠~㉣을 '한글 맞춤법'에 맞게 고친 것은?

> ㉠ 며칠 뒤에 공장 문이 ㉡ 닫힐 것이라는 소문이 ㉢ 금세 ㉣ 붉어져 나왔다.

① ㉠ : 몇일　　② ㉡ : 닺힐
③ ㉢ : 금새　　④ ㉣ : 불거져

[6~7] (나)는 (가)를 토대로 작성한 글이다. 물음에 답하시오.

(가) 초대 글 개요
Ⅰ. 서두 : ㉠ 계절을 소재로 글을 시작함.
Ⅱ. 본문
1. 축제 안내
가. ㉡ 축제 날짜 및 장소를 밝힘.
나. ㉢ 다채로운 행사가 준비되어 있음을 강조함.
2. 초대의 말
가. 축제에 초대하는 내용을 정중하게 표현함.
나. ㉣ 방문객에게는 작은 기념품을 증정함을 알림.
Ⅲ. 맺음말 : 축제에 참여하여 즐거운 시간을 보내기를 바라는 내용을 강조함.

(나) 모시는 글
따사로운 햇볕이 반가운 듯 나무들도 꽃망울을 터뜨리며 완연한 봄이 되었음을 알립니다. 더불어 설레는 마음으로 시작했던 새 학기도 어느덧 한 달이 지났습니다.
○○고등학교는 개교 50주년을 맞이하였습니다. 이를 기념하기 위하여 공연과 전시, 체험 활동 등 다채로운 행사가 가득한 축제를 정성껏 준비하였습니다.
여러 가지 일로 바쁘시겠지만 학교 축제에 참석하셔서 자리를 빛내 주시기 바랍니다. 잠시나마 일상의 스트레스를 날려 버릴 수 있는 즐거운 시간을 보내실 수 있도록 노력하겠습니다. 참석하시는 분들께는 작은 기념품도 증정할 예정입니다.
(　　　　㉮　　　　) 감사합니다.

06 (가)의 ㉠~㉣ 중 (나)에 반영되지 않은 것은?

① ㉠　　② ㉡
③ ㉢　　④ ㉣

07 ㉮에 들어갈 내용을 〈조건〉에 따라 작성한 것으로 가장 적절한 것은?

> 조건
> - 비유법을 활용할 것
> - 청유형 문장을 통해 참여를 촉구할 것

① 이번 축제가 우리 사이의 오작교가 되길 바랍니다.
② 이번 축제에서 친구와 행복한 추억을 만들어 봅시다.
③ 활짝 핀 봄꽃처럼 환한 미소가 가득한 축제를 함께 즐겨봅시다.
④ 봄바람이 꽃망울을 열 듯 여러분의 마음을 열 수 있는 축제를 만들겠습니다.

08 ㉠~㉣에 나타난 중세 국어의 특징으로 적절하지 않은 것은?

[훈민정음 언해]

㉠ 나·랏:말ᄊᆞ·미中듕國·귁·에달·아文문字·ᄍᆞᆼ·와·로서르ᄉᆞᄆᆞᆺ·디아·니ᄒᆞᆯ·ᄊᆡ·이런젼·ᄎᆞ·로어·린百·ᄇᆡᆨ姓·셩·이㉡ 니르·고·져·ᄒᆞᇙ·배이·셔·도㉢ ᄆᆞ·ᄎᆞᆷ:내제㉣ ·ᄠᅳ·들시·러펴·디:몯ᄒᆞᇙ·노·미하·니·라

–『월인석보(月印釋譜)』–

① ㉠ : ‘ㆍ(아래 아)’가 사용되었다.
② ㉡ : 두음 법칙을 지켜서 표기하였다.
③ ㉢ : 소리의 높낮이를 방점으로 표시하였다.
④ ㉣ : 이어 적기로 표기하였다.

[9~10] 다음 글을 읽고 물음에 답하시오.

이화(梨花)[1]에 월백(月白)하고 은한(銀漢)[2]이 삼경(三更)[3]인 제
일지[4]춘심(一枝春心)을 자규(子規)[5]야 알랴마는
다정(多情)도 병인 양하여 잠 못 들어 하노라.

– 이조년 –

1) 이화 : 배꽃.
2) 은한 : 은하수.
3) 삼경 : 밤 열한 시에서 새벽 한 시 사이.
4) 일지 : 하나의 나뭇가지.
5) 자규 : 두견새.

09 윗글에 대한 설명으로 적절하지 않은 것은?

① 4음보의 율격이 드러나고 있다.
② 후렴구가 반복적으로 나타나고 있다.
③ 색채 이미지를 사용하여 표현하고 있다.
④ 초장, 중장, 종장의 형태로 이루어져 있다.

10 윗글의 화자에 대한 설명으로 가장 적절한 것은?

① 봄밤에 느끼는 애상적인 정서를 드러내고 있다.
② 자신의 운명을 거부하려는 태도를 나타내고 있다.
③ 이상적인 세계를 동경하는 마음을 나타내고 있다.
④ 과거를 회상하며 후회하는 감정을 드러내고 있다.

[11~13] 다음 글을 읽고 물음에 답하시오.

이장은 민 씨를 흘기듯 노려보았다.

“왜, 농민보고 농민 궐기 대회[1] 꼭 나오라 캤는데, 뭐가 잘못됐나.”

민 씨는 자신도 모르게 따지는 어조가 되었다.

“군 전체가 모두 모여도 몇 명 안 되었다면서요. 그런 자리에 황만근 씨가 꼭 가야 합니까. 아니, 황만근 씨만 가야 할 이유라도 있습니까. 따로 황만근 씨한테 부탁을 할 정도로.”

“이 사람이 뭐라 카는 기라. 이장이 동민한테 농가 부채[2] 탕감[3] 촉구 전국 농민 총궐기 대회가 있다, 꼭 참석해서 우리의 입장을 밝히자 카는데 뭐가 잘못됐단 말이라.”

“잘못이라는 게 아니고요, 다른 사람들은 다 돌아왔는데 왜 황만근 씨만 못 오고 있나 하는 겁니다.”

“내가 아나. 읍에 가 보이 장날이더라고. 보나 마나 어데서 술 처먹고 주질러 앉았을 끼라. 백 리 길을 깅운기를 끌고 갔으이 시간도 마이 걸릴 끼고.”

다른 사람들은 말이 없었고 민 씨와 이장만이 공을 주고 받는 꼴이 되어 버렸다.

“글세, 그 자리에 꼭 황만근 씨만 경운기를 끌고 갔어야 했느냐 이 말입니다. 그것도 고장 난 경

운기를."

"깅운기를 끌고 오라는 기 내 말이라? 투쟁 방침이 그렇다카이. 깅운기도 그렇지, 고장은 무신 고장, ㉠ 만그이가 그걸 하루 이틀 몰았나. 남들이 못 몬다 뿌이지."

"그럼 이장님은 왜 경운기를 안 타고 가고 트럭을 타고 가셨나요. 이장님부터 솔선수범을 해야지 다른 동민들이 따라 할 텐데, 지금 거꾸로 되었잖습니까."

"내사 민사무소[4]에서 인원 점검하고 다른 이장들하고 의논도 해야 되고 울매나 ㉡ 바쁜 사람인데 깅운기를 타고 언제 가고 말고 자빠졌나. 다른 동네 이장들도 민소 앞에서 모이 가이고 트럭 타고 갔는 거를. 진짜로 깅운기를 끌고 갔으마 군 대회에는 늦어도 한참 늦었지. 군청에 갔는데 비가 와 가이고 온 사람도 및 없더마. 소리마 및 분 지르고 왔지. 군청까지 깅운기를 타고 갈 수나 있던가. 국도에 차들이 미치괘이맨구로 쌩쌩 달리는데 받히만 우얘라고. 다른 동네서는 자가용으로 간 사람도 쌨어."

"그러니까 국도를 갈 때는 여러 사람이 한꺼번에 경운기를 여러 대 끌고 가자는 거였잖습니까. 시위도 하고 의지도 보여 준다면서요. 허허, 나 참."

"아침부터 바쁜 사람 불러내 놓더이, 사람 말을 알아듣도 못하고 엉뚱한 소리만 해 싸. 누구맨구로 반동가리가 났나."

기어이 민 씨는 버럭 소리를 지르고야 말았다.

"반편은 누가 반편입니까. 이장이니 지도자니 하는 사람들이 모여서 방침을 정했으면 그대로 해야지, 양복 입고 자가용 타고 간 사람은 오고, 방침대로 ㉢ 경운기 타고 간 사람은 오지도 않고, 이게 무슨 경우냐구요."

"이 자슥이 뉘 앞에서 눈까리를 똑바로 뜨고 소리를 빽빽 질러 쌓노. 도시에서 쫄딱 망해 가이고 귀농을 했시모 얌전하게 납작 엎드려 있어도 동네 사람 시키 줄까 말까 한데, 뭐라꼬? 내가 만그이 이미냐, 애비냐. ㉣ 나이 오십 다 된 기 어데를 가든동 오든동 지가 알아서 해야지, 목사리 끌고 따라다니까?"

– 성석제, 「황만근은 이렇게 말했다」 –

1) 궐기 대회 : 어떤 문제의 해결책을 촉구하기 위하여 뜻있는 사람들이 함께 일어나 행동하는 모임.
2) 부채 : 남에게 빚을 짐. 또는 그 빚.
3) 탕감 : 빚이나 요금, 세금 따위의 물어야 할 것을 덜어 줌.
4) 민사무소 : '면사무소'의 방언(경상).

11 윗글에 대한 설명으로 가장 적절한 것은?

① 대화를 통해 인물 간의 갈등을 드러내고 있다.
② 서술자가 직접 경험한 사실을 객관적으로 제시하고 있다.
③ 자연물에 인격을 부여하여 인물의 심리를 보여주고 있다.
④ 과거와 현재를 교차하며 인물의 성격 변화를 보여주고 있다.

12 윗글에서 알 수 있는 내용을 〈보기〉에서 골라 바르게 묶은 것은?

보기
ㄱ. 대규모 토지 거래가 활발하게 이루어졌다.
ㄴ. 도시에서 농촌으로 귀농하는 사람이 있었다.
ㄷ. 산업화로 인해 농촌의 상권이 급격히 발달하였다.
ㄹ. 농촌 사회의 부채 문제 때문에 궐기 대회가 열렸다.

① ㄱ, ㄴ　② ㄴ, ㄷ
③ ㄴ, ㄹ　④ ㄷ, ㄹ

13 ㉠~㉣ 중 지칭하는 대상이 나머지와 다른 것은?

① ㉠ ② ㉡
③ ㉢ ④ ㉣

[14~16] 다음 글을 읽고 물음에 답하시오.

"백탑(白塔)이 현신함을 아뢰옵니다."

태복은 정 진사의 마두[1]다. 산모롱이에 가려 백탑은 아직 보이지 않는다. 재빨리 말을 채찍질했다. 수십 걸음도 못가서 모롱이를 막 벗어나자 눈앞이 어른어른하면서 갑자기 한 무더기의 검은 공들이 오르락내리락한다. 나는 오늘에야 알았다. 인생이란 본시 어디에도 의탁할 곳 없이 다만 하늘을 이고 땅을 밟은 채 떠도는 존재일 뿐이라는 사실을. 말을 세우고 사방을 돌아보다가, 나도 모르는 사이에 손을 들어 이마에 얹고 이렇게 외쳤다.

"훌륭한 울음터로다! 크게 한번 통곡할 만한 곳이로구나!"

정 진사가 묻는다.

"하늘과 땅 사이의 툭 트인 경계를 보고 별안간 통곡을 생각하시다니, 무슨 말씀이신지?"

"그렇지, 그렇고말고! 아니지, 아니고말고. 천고의 영웅은 울기를 잘했고, 천하의 미인은 눈물이 많았다네. 하지만 그들은 몇 줄기 소리 없는 눈물을 옷깃에 떨굴 정도였기에, 그들의 울음소리가 천지에 가득 차서 쇠나 돌에서 나오는 듯했다는 말은 들어 본 적이 없다네. 사람들은 다만 칠정(七情) 가운데서 오직 슬플 때만 우는 줄로 알 뿐, 칠정 모두가 울음을 자아낸다는 것은 모르지. 기쁨[喜]이 사무쳐도 울게 되고, 노여움[怒]이 사무쳐도 울게 되고, 즐거움[樂]이 사무쳐도 울게 되고, 사랑함[愛]이 사무쳐도 울게 되고, 욕심[欲]이 사무쳐도 울게 되는 것이야. 근심으로 답답한 걸 풀어 버리는 데에는 소리보다 더 효과가 빠른 게 없지.

울음이란 천지간에서 우레와도 같은 것일세. ㉮ 지극한 정(情)이 발현되어 나오는 것이 저절로 이치에 딱 맞는다면 울음이나 웃음이나 무에 다르겠는가. ㉠ 사람의 감정이 이러한 극치를 겪지 못하다 보니 교묘하게 칠정을 늘어놓고는 슬픔에다 울음을 짝지은 것일 뿐이야. 이 때문에 상을 당했을 때 ㉡ 처음엔 억지로 '아이고' 따위의 소리를 울부짖지. 그러면서 ㉢ 참된 칠정에서 우러나오는 지극한 소리는 억눌러 버리니 그것이 저 천지 사이에 서리고 엉기어 꽉 뭉쳐 있게 되는 것일세. 일찍이 가생(賈生)[2]은 울 곳을 얻지 못하고, ㉣ 결국 참다못해 별안간 선실(宣室)[3]을 향하여 한마디 길게 울부짖었다네. 그러니 이를 듣는 사람들이 어찌 놀라고 괴이하게 여기지 않았겠는가."

– 박지원, 「아, 참 좋은 울음터로구나!」 –

1) 마두(馬頭) : 역마(驛馬)에 관한 일을 맡아보던 사람.
2) 가생 : 가의(賈誼). 한나라 문제에게 등용되었으나 뜻을 이루지 못하고 쫓겨났다. 장사왕과 양왕의 대부로 있으면서 당시 정치적 폐단에 대한 상소문을 올린 것으로 유명하다.
3) 선실 : 임금이 제사 지내기 위해 목욕재계를 하는 곳.

14 윗글에 대한 설명으로 적절하지 않은 것은?

① 특정 행동에 대한 통념을 반박하고 있다.
② 특정 행동과 관련한 내용을 나열하여 설명하고 있다.
③ 특정 장소에서 글쓴이가 깨달은 바를 드러내고 있다.
④ 특정 계절에 대한 글쓴이의 인식 변화를 보여주고 있다.

15 ㉠~㉣ 중 ㉮의 의미와 가장 유사한 것은?

① ㉠ ② ㉡
③ ㉢ ④ ㉣

16 윗글에 드러난 글쓴이의 생각으로 가장 적절한 것은?

① 근심을 풀기 위해 울수록 근심은 더 커진다.
② 인간의 칠정이 사무치면 울음과 연결될 수 있다.
③ 웃음과 울음은 원인이 되는 감정이 같을 수 없다.
④ 감정의 극치를 경험한 사람은 울음을 참아 낼 수 있다.

[17~19] 다음 글을 읽고 물음에 답하시오.

> 내가 ㉠ 그의 이름을 불러 주기 전에는
> 그는 다만
> 하나의 ㉡ 몸짓에 지나지 않았다.
>
> 내가 그의 이름을 ㉢ 불러 주었을 때
> 그는 나에게로 와서
> ㉣ 꽃이 되었다. [A]
>
> 내가 그의 이름을 불러 준 것처럼
> 나의 이 빛깔과 향기에 알맞은
> 누가 나의 이름을 불러다오.
> 그에게로 가서 나도
> 그의 꽃이 되고 싶다.
>
> 우리들은 모두
> 무엇이 되고 싶다.
> 너는 나에게 나는 너에게
> 잊혀지지 않는 하나의 눈짓이 되고 싶다.
>
> – 김춘수, 「꽃」 –

17 윗글의 표현상 특징으로 가장 적절한 것은?

① 유사한 시구를 반복하여 운율을 형성하고 있다.
② 반어적 표현을 사용하여 화자의 소망을 드러내고 있다.
③ 명사형으로 종결하여 화자의 단호한 의지를 강조하고 있다.
④ 촉각적 이미지를 활용하여 시적 대상을 생생하게 표현하고 있다.

18 윗글의 화자가 추구하는 삶의 모습과 가장 가까운 것은?

① 외부 세계와 단절된 삶
② 미래를 예측하여 대비하는 삶
③ 타인과 진정한 관계를 맺는 삶
④ 타인에게 의지하지 않는 독립적인 삶

19 〈보기〉는 [A]를 재구성한 것이다. [A]의 ㉠~㉣과 〈보기〉의 밑줄 친 부분을 대응시켰을 때, 적절하지 않은 것은?

> **보기**
> 내가 구슬을 꿰기 전에는
> 그것은 다만
> 하나의 돌멩이에 지나지 않았다.
>
> 내가 구슬을 엮어 주었을 때
> 그것은 나에게로 와서
> 보배가 되었다.

	[A]		〈보기〉
①	㉠	……	꿰기 전
②	㉡	……	돌멩이
③	㉢	……	엮어 주었을 때
④	㉣	……	보배

[20~22] 다음 글을 읽고 물음에 답하시오.

주어진 자료들을 대표하는 값으로 가장 유명하고 많이 활용되는 것이 평균이다. 한 집단을 평가할 때 또는 다른 집단과 비교할 때 평균은 유용한 수단이 된다. 그러나 평균이 대상을 잘 반영하는 대푯값이라고 판단하기 위해서는 전체 자료의 다양한 변수와 ㉠ 양상을 먼저 검토하는 것이 필요하다. 이런 점을 고려하지 않고 평균을 대푯값으로 삼으면 사실을 잘못 이해할 수 있다.

우리나라는 사계절이 뚜렷한 나라이다. 겨울에는 영하 10도 이하가 되기도 하고, 여름에는 30도 이상의 고온이 여러 날 ㉡ 지속되기도 한다. 이 때문에 우리나라 사람들은 계절별로 많은 옷을 가지고 있어야 한다. 그에 반해 미국의 하와이 지역은 월별 평균 기온이 연간 거의 변동 없이 유지된다. 그래서 보통의 경우는 반팔 옷으로 대부분의 시간을 지낼 수 있다. 만일 미국 하와이 지역의 사람이 우리나라의 연평균 기온이 12.5도라는 말만을 들었다면 어떤 생각을 할까? 자신이 사는 지역에 비해 일 년 내내 추운 곳이라고 생각하지는 않을까?

그렇다면 월별 평균 기온만으로 충분할까? 그렇지 않을 수 있다. 우리나라에서는 환절기에 감기 환자가 많아진다. 그 이유는 낮과 밤의 기온 차인 일교차가 심하기 때문이다. 그래서 우리가 보통 여행을 갈 때도 해당 지역, 해당 기간의 평균 기온만이 아니라 하루의 최고와 최저 기온을 알아야 한다. 즉 자료의 범위를 정해 다양한 요소를 ㉢ 고려할 수 있어야 하는 것이다.

평균은 편리한 방법으로 다양하게 사용될 수 있지만, 대푯값으로 잘못 사용되면 사실을 정확하게 판단하지 못하게 만들 가능성이 매우 높다. 현대 사회는 점점 더 많은 변수들에 의해 ㉣ 다변화되는 양상을 보이고 있다. ㉮ 이는 평균의 시대가 가고 있음을 나타낸다. 따라서 평균값을 이용하기에 적절한 상황과 적절하지 않은 상황을 파악하고, 전체 자료를 세분화하여 이해하고 분석하려는 태도를 지니는 것이 매우 중요하다.

- 최제호, 「'평균'의 시대가 가고 있다」 -

20 윗글의 내용 전개 방식으로 가장 적절한 것은?

① 구체적인 사례를 제시하고 있다.
② 다양한 해결 방안을 비교하고 있다.
③ 전문가들의 서로 다른 견해를 인용하고 있다.
④ 문제가 해결된 이후의 상황을 가정하여 설명하고 있다.

21 ㉮의 이유로 가장 적절한 것은?

① 평균이 집단 간의 비교에 가장 유용해서
② 평균이 편리하고 다양하게 사용되는 경우가 있어서
③ 평균이 전체 자료를 세분화하여 이해하는 데 유용해서
④ 평균이 다양한 특성을 반영하지 못하는 경우가 있어서

22 ㉠~㉣의 사전적 의미로 적절하지 <u>않은</u> 것은?

① ㉠ : 사물이나 현상의 모양이나 상태
② ㉡ : 어떤 상태가 오래 계속됨.
③ ㉢ : 생각하고 헤아려 봄.
④ ㉣ : 하나로 됨. 또는 그렇게 만듦.

[23~25] 다음 글을 읽고 물음에 답하시오.

도서관에서 책을 쉽게 찾으려면 먼저 컴퓨터로 책을 검색해야 한다. (㉠) 컴퓨터는 청구 기호를 알려줄 뿐 책을 직접 찾아 주지는 않는다. 청구 기호를 들고 책을 찾는 것은 사람의 몫이다.

청구 기호가 '410.912 ㅈ794ㅅ'인 책이 필요하다면 먼저 410번대의 책이 있는 책장을 찾아야 한다. 옆면에 400~413.8이라고 적힌 책장을 발견했다면 410.912에 해당하는 책은 이 책장의 오른쪽에 있을 가능성이 높다. 왜냐하면 분류 기호가 낮은 책부터 왼쪽에서 오른쪽 방향으로 책을 꽂기 때문이다. 또 맨 위층에 있는 책일수록 분류 기호가 낮고 아래로 갈수록 커진다.

어410.8 ㄱ391ㅅ -1=2

어 ——— 별치 기호
410.8 ——— 분류 기호
ㄱ391ㅅ ——— 도서 기호
-1=2 ——— 부가 기호

▲ 도서 청구 기호의 구성

분류 기호가 비슷한 책 사이에서는 숫자의 크기를 비교하자. 410.9가 있다면 그 오른쪽에 410.911이 있고, 410.912는 더 오른쪽에 있다. 모든 숫자가 같다면 도서 기호의 문자는 국어사전에서처럼 'ㄱ, ㄴ, ㄷ……' 또는 'ㅏ, ㅐ, ㅑ, ㅒ……' 순으로 비교하면 된다.

청구 기호 앞에 한글이나 영어 알파벳이 붙어 있는 경우가 있는데 이것을 '별치 기호'라고 한다. 이는 책의 특성이나 이용 목적에 따라 별도의 장소에 책을 보관한다는 뜻이다. 예를 들어, '어'라고 적힌 책은 일반 자료실이 아닌 어린이 자료실에 가야 찾을 수 있다.

한 명의 저자가 같은 제목의 책을 연속물로 내는 경우는 '-' 기호를, 도서관에서 같은 책을 여러 권 보관한다면 '=' 기호를 써서 분류하기도 한다. '-1=2'라는 표시는 연속물의 제1권이며, 같은 책을 적어도 두 권을 보관하고 있는데 그중 둘째 책이라는 뜻이다. 때로는 책이 나온 해를 표현하기 위해 '2011' 같은 연도를 붙이기도 한다.

– 이재웅, 「도서 분류의 원리」 –

23 ㉠에 들어갈 말로 가장 적절한 것은?

① 그래서　② 그런데
③ 이처럼　④ 왜냐하면

24 윗글을 읽고 이해한 내용으로 적절하지 <u>않은</u> 것은?

① 책이 나온 연도를 청구 기호에 붙이기도 하는구나.
② 별치 기호가 있으면 별도의 장소에서 찾아야 하는구나.
③ 같은 책장의 아래층에 있는 책은 위층에 있는 책보다 분류 기호가 낮겠구나.
④ 도서 기호는 국어사전에서처럼 자음 또는 모음 순으로 비교하면 되는구나.

25 윗글의 내용을 바탕으로 〈보기〉의 책을 아래 책장에 꽂으려고 할 때 적절한 위치는?

보기

〈청구 기호〉 315.741 ㅂ123ㅌ

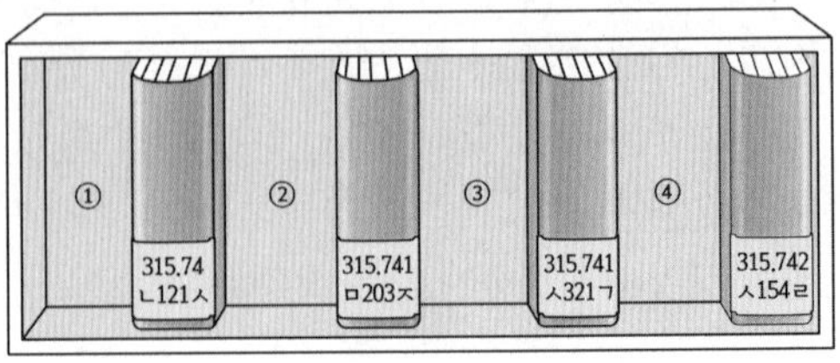

2024 제 1 회

수학

01 두 다항식 $A=3x^2+x$, $B=x^2+3x$에 대하여 $A+B$는?

① $4x^2-4x$ ② $4x^2-2x$
③ $4x^2+2x$ ④ $4x^2+4x$

02 등식 $x^2+x+3=x^2+ax+b$가 x에 대한 항등식일 때, 두 상수 a, b에 대하여 $a+b$의 값은?

① 2 ② 4
③ 6 ④ 8

03 다항식 x^3+2x^2+2를 $x-1$로 나누었을 때, 나머지는?

① 1 ② 3
③ 5 ④ 7

04 다항식 x^3+3x^2+3x+1을 인수분해한 식이 $(x+a)^3$일 때, 상수 a의 값은?

① -2 ② -1
③ 1 ④ 2

05 복소수 $4+3i$의 켤레복소수가 $a+bi$일 때, 두 실수 a, b에 대하여 $a+b$의 값은? (단, $i=\sqrt{-1}$)

① 1 ② 2
③ 3 ④ 4

06 두 수 1, 3을 근으로 하고 x^2의 계수가 1인 이차방정식이 $x^2-ax+3=0$일 때, 상수 a의 값은?

① 1 ② 2
③ 3 ④ 4

07 $-1\le x\le 1$일 때, 이차함수 $y=x^2+4x+1$의 최솟값은?

① -2
② -1
③ 0
④ 1

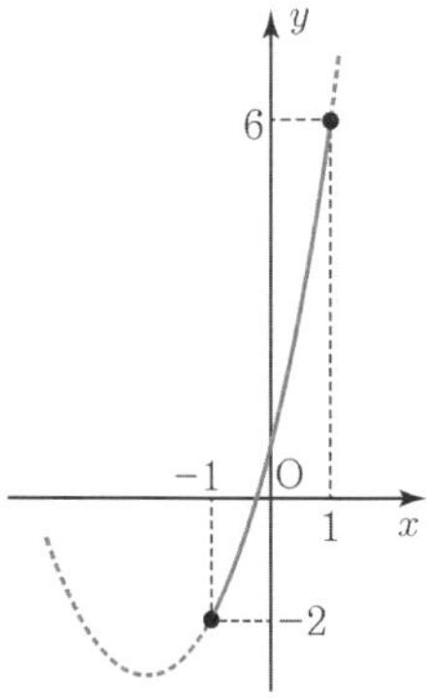

08 사차방정식 $x^4+2x-a=0$의 한 근이 1일 때, 상수 a의 값은?

① -1 ② 1
③ 3 ④ 5

09 연립방정식 $\begin{cases} 2x+y=8 \\ x^2-y^2=a \end{cases}$의 해가 $x=3,\ y=b$일 때, 두 상수 $a,\ b$에 대하여 $a+b$의 값은?

① 5 ② 7
③ 9 ④ 11

10 이차부등식 $(x-2)(x-4)\le 0$의 해는?

① $x\le 2$ ② $x\ge 4$
③ $2\le x\le 4$ ④ $x\le 2$ 또는 $x\ge 4$

11 수직선 위의 두 점 A(1), B(6)에 대하여 선분 AB를 2 : 3으로 내분하는 점 P의 좌표는?

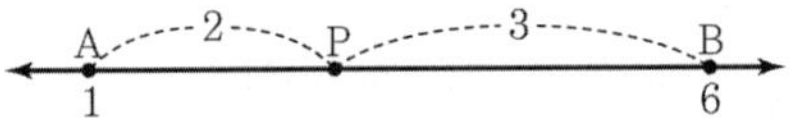

① 3 ② $\frac{7}{2}$
③ 4 ④ $\frac{9}{2}$

12 직선 $y=x-3$에 평행하고, 점 (0, 4)를 지나는 직선의 방정식은?

① $y=-x+2$ ② $y=-x+4$
③ $y=x+2$ ④ $y=x+4$

13 중심의 좌표가 $(-2,\ 2)$이고 x축과 y축에 동시에 접하는 원의 방정식은?

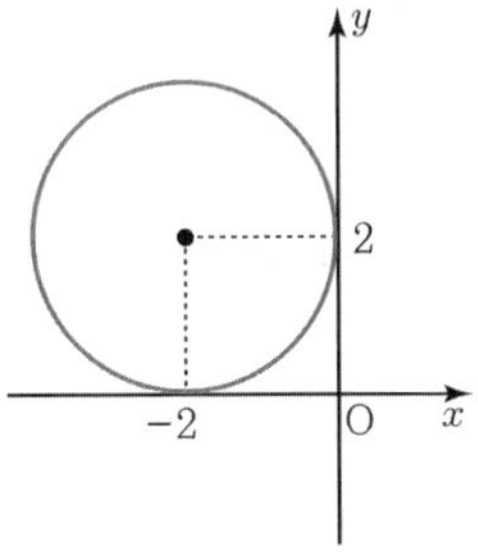

① $(x-2)^2+(y-2)^2=4$
② $(x+2)^2+(y-2)^2=4$
③ $(x-2)^2+(y+2)^2=4$
④ $(x+2)^2+(y+2)^2=4$

14 좌표평면 위의 점 $(3,\ -2)$를 원점에 대하여 대칭이동한 점의 좌표는?

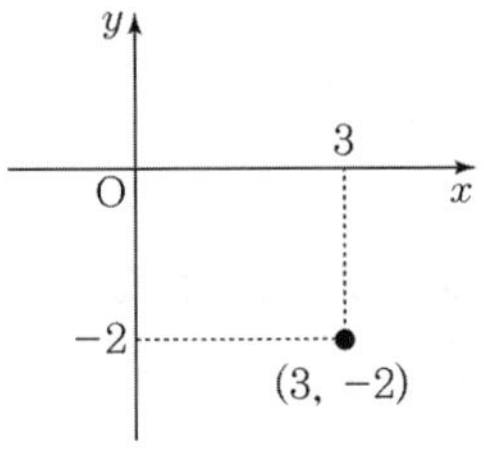

① $(-3,\ 2)$ ② $(-2,\ 3)$
③ $(2,\ -3)$ ④ $(3,\ 2)$

15 두 집합 $A=\{1,\ 2,\ 3,\ 4\}$, $B=\{3,\ 4\}$에 대하여 $A-B$는?

① $\{1\}$ ② $\{1,\ 2\}$
③ $\{3,\ 4\}$ ④ $\{1,\ 2,\ 3\}$

16 전체집합이 $U=\{x \mid x$는 9 이하의 자연수$\}$일 때, 다음 조건의 진리집합은?

x는 3의 배수이다.

① $\{1,\ 3,\ 5\}$　② $\{3,\ 6,\ 9\}$
③ $\{1,\ 3,\ 5,\ 7\}$　④ $\{2,\ 4,\ 6,\ 8\}$

17 두 함수 $f: X \to Y$, $g: Y \to Z$가 그림과 같을 때, $(g \circ f)(2)$의 값은?

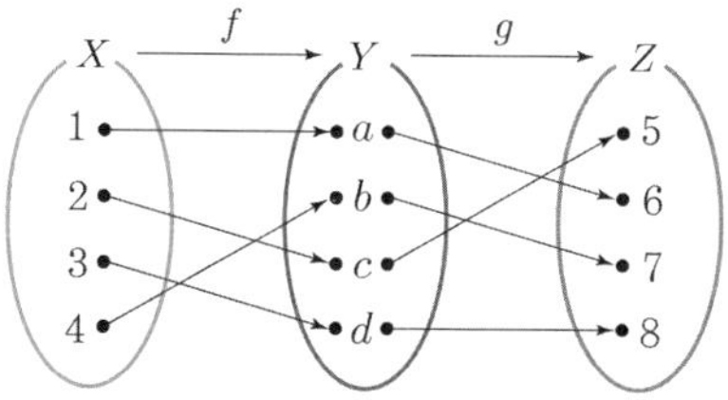

① 5　② 6
③ 7　④ 8

18 유리함수 $y=\dfrac{1}{x-2}+3$의 그래프는 유리함수 $y=\dfrac{1}{x}$의 그래프를 x축의 방향으로 a만큼, y축의 방향으로 b만큼 평행이동한 것이다. 두 상수 a, b에 대하여 $a+b$의 값은?

① 3　② 4
③ 5　④ 6

19 그림과 같이 입체도형을 그린 4개의 포스터가 있다. 이 중에서 서로 다른 2개의 포스터를 택하여 출입문의 상단과 하단에 각각 붙이는 경우의 수는?

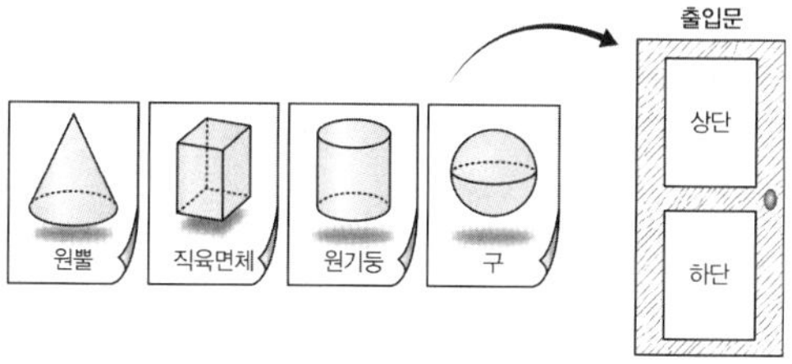

① 12　② 13
③ 14　④ 15

20 그림과 같이 4종류의 수학 수행 과제가 있다. 이 중에서 서로 다른 3종류의 수학 수행 과제를 선택하는 경우의 수는?

① 1　② 2
③ 3　④ 4

2024 제1회 영어

[1~3] 다음 밑줄 친 부분의 뜻으로 가장 적절한 것을 고르시오.

01

> I will call the restaurant and make a reservation.

① 변경　② 예약
③ 취소　④ 칭찬

02

> You need to keep in mind, "Slow and steady wins the race."

① 명심하다　② 사용하다
③ 정돈하다　④ 참여하다

03

> Do not use your cellphone while you are driving.

① 대신에　② 동안에
③ 만약에　④ 처음에

04 다음 밑줄 친 두 단어의 의미 관계와 다른 것은?

> It's easy to say you'll do something, but difficult to actually do it.

① heavy – light
② noisy – silent
③ painful – painless
④ rapid – quick

05 다음 콘서트 안내문에서 언급되지 않은 것은?

> **Fundraising Concert**
>
> • When : April 17th, 6 – 9 p.m.
> • Where : Lobby of Children's Hospital
> • Light snacks will be offered.
>
> 
>
> *All funds will be donated to Children's Hospital.*

① 날짜　② 장소
③ 출연진　④ 기금 용도

[6~8] 다음 빈칸에 공통으로 들어갈 말로 가장 적절한 것을 고르시오.

06

> • Could you ______ my bag for me?
> • My school will ______ a music festival next month.

① hold　② like
③ meet　④ walk

07

> • I don't know ______ he is honest or not.
> • You will miss the bus ______ you don't leave now.

① if　② that
③ what　④ which

08

- About 60 to 70% of your body consists _______ water.
- The garden is full _______ beautiful flowers.

① for ② in
③ of ④ to

09 다음 대화에서 밑줄 친 표현의 의미로 가장 적절한 것은?

A : I'm having a hard time right now.
B : Don't worry. I'm here for you, no matter what.
A : Thank you. Your support means everything to me.
B : Anytime. <u>A friend in need is a friend indeed</u>.

① 진정한 배움에는 지름길이 없다.
② 몸이 건강해야 마음도 건강하다.
③ 필요할 때 있는 친구가 진정한 친구다.
④ 사귀는 친구를 보면 그 사람을 알 수 있다.

10 다음 대화에서 알 수 있는 B의 심정으로 가장 적절한 것은?

A : I've been waiting for 30 minutes. What happened?
B : Sorry, but I thought we were meeting at 2 o'clock.
A : No, that's the time the baseball game starts, so we were supposed to meet 30 minutes earlier.
B : Oh, I totally forgot. I'm sorry for keeping you waiting.

① 미안하다 ② 안심하다
③ 지루하다 ④ 행복하다

11 다음 대화가 이루어지는 장소로 가장 적절한 것은?

A : Did you get our tickets? Where are our seats?
B : Let me see. J11 and J12.
A : Great. Let's buy some snacks before we go in.
B : That sounds good.

① 병원 ② 약국
③ 은행 ④ 영화관

12 다음 글에서 밑줄 친 them이 가리키는 것으로 가장 적절한 것은?

> Studies have shown that flowers have positive effects on our moods. Participants reported feeling less depressed and anxious after receiving <u>them</u>. In addition, they showed a higher sense of enjoyment and overall satisfaction.

① flowers ② moods
③ participants ④ studies

[13~14] 다음 대화의 빈칸에 들어갈 말로 가장 적절한 것을 고르시오.

13

> A : The speech contest is tomorrow. I have cold feet.
> B : Sorry, ________________________?
> A : I have cold feet. I'm nervous about tomorrow.
> B : Oh, I see. Don't worry. I'm sure that you will do well.

① how would you like it
② would you say that again
③ what is the weather like today
④ where should I go for the contest

14

> A : What do you like most about Korea?
> B : ________________________________.

① That is what lots of people think
② That's because I prefer tea to coffee
③ I like the food delivery service most
④ I'm not satisfied with the monitor you chose

15 다음 대화의 주제로 가장 적절한 것은?

> A : My lower back hurts a lot these days.
> B : I think you should do something before it gets worse.
> A : Do you have any tips to reduce the pain?
> B : Well, sit in a chair, not on the floor. And try to walk and stretch gently often.

① 의자를 고르는 방법
② 바닥을 청소하는 방법
③ 바른 자세로 걷는 방법
④ 허리 통증을 줄이는 방법

16 다음 글을 쓴 목적으로 가장 적절한 것은?

I'm worried about not having confidence in myself. My friends always seem to know what they're doing, but I'm never sure I'm doing the right thing. I want to build my confidence. I wonder whether you could give me some solutions to my problem. I hope you can help.

① 책을 추천하려고
② 방송을 홍보하려고
③ 조언을 구하려고
④ 초대를 수락하려고

17 다음 배드민턴장에 대한 안내문의 내용과 일치하지 않는 것은?

Central Badminton Center

Open Times:
- Monday to Friday, 10 a.m. to 9 p.m.

We provide:
- lessons for beginners only
- free parking for up to 4 hours a day

Proper shoes and clothes are required.

① 평일 오전 10시부터 오후 9시까지 운영한다.
② 상급자를 위한 수업이 준비되어 있다.
③ 하루 4시간까지 무료 주차가 가능하다.
④ 적절한 신발과 옷이 필요하다.

18 다음 rice에 대한 설명과 일치하지 <u>않는</u> 것은?

Rice is one of the major crops in the world. Since its introduction and cultivation, rice has been the main food for most Asians. In fact, Asian countries produce and consume the most rice worldwide. These days, countries in Africa have also increased their rice consumption.

① 세계의 주요 작물 중 하나이다.
② 대부분의 아시아 사람들의 주식이다.
③ 아시아 국가에서 가장 많이 생산한다.
④ 아프리카 국가에서 소비가 감소하고 있다.

19 다음 글의 주제로 가장 적절한 것은?

When you go abroad, you may find yourself in a place where the people, language, and customs are different from your own. Learning about cultural differences can be a useful experience. It can help you understand the local people better. It could also help you understand yourself and your own culture more.

① 사람들과 소통하는 방법
② 지역 문화 보존의 필요성
③ 해외여행을 할 때 주의할 점
④ 문화적 차이를 배우는 것의 유용성

[20~21] 다음 글의 빈칸에 들어갈 말로 가장 적절한 것을 고르시오.

20

Eating dinner lasts a long time in France because it is meant to be enjoyed with family and friends. French people don't ________ this process. Trying to finish dinner quickly can be interpreted as a sign of being impolite.

① enjoy　② rush
③ serve　④ warn

21

In life, it's important to take ________ for any choices that you make. If the result of your choice isn't what you wanted, don't blame others for it. Being in charge of your choices will help you learn from the results.

① conflict　② desire
③ help　④ responsibility

22 글의 흐름으로 보아 다음 문장이 들어가기에 가장 적절한 곳은?

On the other hand, there is a big advantage to it.

Taking online classes can be good and bad. (①) If you take classes online, you may worry about the lack of face-to-face communication. (②) Taking courses online makes it difficult to create strong relationships with your teachers and classmates. (③) You are free to take online classes anywhere, anytime. (④) By simply turning on your computer, you can start studying.

23 다음 글의 바로 뒤에 이어질 내용으로 가장 적절한 것은?

Walking dogs is a common activity in the park. But with more people doing this, problems are arising in the park. To avoid these issues, please follow these guidelines when you walk your dog.

① 반려견을 키우면 좋은 점
② 반려견 산책 시 지켜야 할 사항
③ 반려견 관련 산업의 발전 가능성
④ 반려견이 아이들 정서에 미치는 영향

[24~25] 다음 글을 읽고 물음에 답하시오.

Have you noticed that shoes and socks are displayed together? They are items strategically placed with each other. Once you've already decided to buy a pair of shoes, why not buy a pair of socks, too? Remember that the placement of items in a store is not ________. It seems that arranging items gives suggestions to customers, in a way that is not obvious, while they shop.

24 윗글의 빈칸에 들어갈 말로 가장 적절한 것은?

① accurate　② enough
③ positive　④ random

25 윗글의 주제로 가장 적절한 것은?

① 소비자 교육의 효과
② 상품 가격 결정의 원리
③ 전략적 상품 진열 방식
④ 매체 속 다양한 광고의 유형

2024 제 1 회

사회

01 질 높은 정주 환경을 조성하기 위한 조건으로 적절한 것을 〈보기〉에서 고른 것은?

보기
ㄱ. 깨끗한 자연환경
ㄴ. 안락한 주거 환경
ㄷ. 생활 시설의 부족
ㄹ. 빈부 격차의 심화

① ㄱ, ㄴ ② ㄱ, ㄷ
③ ㄴ, ㄷ ④ ㄷ, ㄹ

02 인권의 특성에 대한 설명으로 적절한 것을 〈보기〉에서 고른 것은?

보기
ㄱ. 누구나 침범할 수 있는 권리이다.
ㄴ. 타인에게 양도할 수 있는 권리이다.
ㄷ. 인간이 태어나면서부터 가지는 천부적 권리이다.
ㄹ. 인간이라면 누구나 누릴 수 있는 기본적 권리이다.

① ㄱ, ㄴ ② ㄱ, ㄷ
③ ㄴ, ㄷ ④ ㄷ, ㄹ

03 다음에서 설명하는 기본권은?

- 국가의 의사 결정 과정에 참여할 수 있는 권리이다.
- 선거권, 공무 담임권, 국민 투표권 등이 있다.

① 사회권 ② 평등권
③ 청구권 ④ 참정권

04 다음에서 설명하는 경제 체제로 적절한 것은?

- 시장에서의 자유로운 경쟁을 통해 상품의 생산, 교환, 분배, 소비가 이루어진다.
- 개인이 재산을 자유롭게 획득하고 사용할 수 있는 사유 재산 제도를 바탕으로 한다.

① 법치주의 ② 자본주의
③ 공동체주의 ④ 자문화 중심주의

05 ㉠에 들어갈 내용으로 알맞은 것은?

헌법 제37조 ② 국민의 모든 자유와 권리는 국가 안전 보장·질서 유지 또는 (㉠)을/를 위하여 필요한 경우에 한하여 법률로써 제한할 수 있으며, 제한하는 경우에도 자유와 권리의 본질적인 내용을 침해할 수 없다.

① 기후 변화 ② 공공복리
③ 문화 동화 ④ 비폭력성

06 ㉠, ㉡에 들어갈 사회 복지 제도는?

> • (㉠)은/는 일정 수준의 소득이 있는 개인과 정부, 기업이 보험료를 분담하여 구성원의 사회적 위험에 대비하는 제도이다. 그 예로 국민 건강 보험이 있다.
> • (㉡)은/는 저소득 계층이 최소한의 삶을 꾸릴 수 있도록 국가가 전액 지원하여 돕는 제도이다. 그 예로 국민 기초 생활 보장 제도가 있다.

	㉠	㉡
①	사회 보험	공공 부조
②	공공 부조	사회 보험
③	개인 보험	공공 부조
④	공공 부조	개인 보험

07 시장 실패에 대한 사례로 가장 적절한 것은?

① 자원이 효율적으로 배분된다.
② 공공재의 공급 부족 문제가 발생한다.
③ 생산량이 증가할수록 단위당 생산 비용이 감소한다.
④ 소비자가 윤리적인 가치 판단을 하고 상품을 소비한다.

08 편익에 대한 설명으로 적절한 것을 〈보기〉에서 고른 것은?

> **보기**
> ㄱ. 선택을 통해 얻게 되는 이익이다.
> ㄴ. 경기 침체와 동시에 물가가 상승하는 현상이다.
> ㄷ. 대가를 지급하고 난 뒤 회수할 수 없는 비용이다.
> ㄹ. 금전적인 이익뿐 아니라 비금전적인 것도 포함한다.

① ㄱ, ㄴ　② ㄱ, ㄹ
③ ㄴ, ㄷ　④ ㄷ, ㄹ

09 ㉠에 들어갈 내용으로 옳은 것은?

> • 노동조합을 통해 사용자와 자주적으로 교섭할 수 있는 권리이다.
> • **헌법 제33조** ① 근로자는 근로 조건의 향상을 위하여 자주적인 단결권·(㉠) 및 단체 행동권을 가진다.

① 문화권　② 자유권
③ 행복 추구권　④ 단체 교섭권

10 바람직한 생애 주기별 금융 설계에 대한 설명으로 가장 적절한 것은?

① 현재의 소득만을 고려한다.
② 생애 주기 전체를 고려하여 설계한다.
③ 중·장년기에는 저축하지 않고 소득의 전액을 지출한다.
④ 생애 주기의 각 단계에 따라 필요한 자금의 크기는 같다고 본다.

11 다음에서 설명하는 문화 변동의 요인은?

- 문화 변동의 내재적 변동 요인이다.
- 이미 존재하고 있었지만 알려지지 않은 문화 요소를 찾아낸 것이다.

① 발견 ② 전파
③ 비교 우위 ④ 절대 우위

12 다음 퀴즈에 대한 정답으로 옳은 것은?

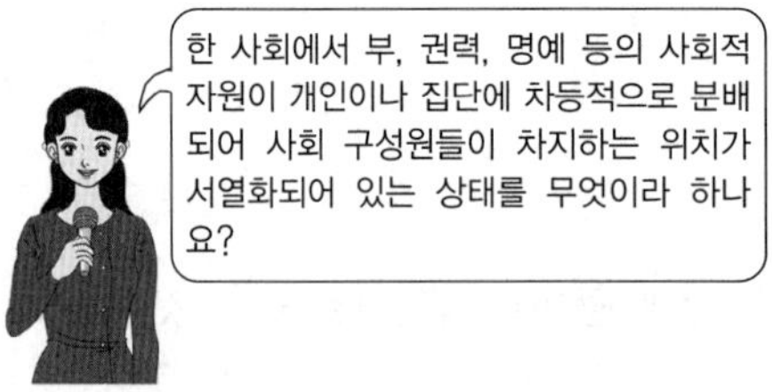

① 사회 불평등 ② 소비자 주권
③ 문화 상대주의 ④ 스태그플레이션

13 ㉠에 들어갈 내용으로 적절한 것은?

수업 주제 : 분배적 정의의 실질적 기준
- 분배적 정의의 실질적 기준 : (㉠), 업적, 능력
- (㉠)에 따른 분배의 의미 : 인간다운 삶을 보장하기 위해 기본적인 욕구를 충족할 수 있도록 분배하는 것이다. 사회적 약자를 위해 더 많은 재화를 사용할 수 있다.

① 담합 ② 독점
③ 필요 ④ 특화

14 다음에 해당하는 기후 지역으로 옳은 것은?

- 분포 지역 : 북극해 연안
- 전통 산업 : 사냥 · 어로 · 순록 유목
- 전통 의복 : 동물의 가죽이나 털로 만든 두꺼운 옷

① 열대 기후 지역 ② 건조 기후 지역
③ 온대 기후 지역 ④ 한대 기후 지역

15 ㉠에 들어갈 내용으로 가장 적절한 것은?

사막화
- 의미 : 사막 주변 지역이 사막으로 변화하는 현상
- 사례 지역 : 사하라 사막 이남의 사헬 지대
- 원인 : (㉠)

① 녹지 확대 ② 인구 감소
③ 과도한 목축 ④ 일조량 부족

16 다음에서 설명하는 자연관은?

- 인간을 자연보다 우월한 존재로 여기고, 인간의 이익이나 행복을 먼저 고려하는 관점이다.
- 산업화 · 도시화 과정에서 발생한 환경 파괴의 주된 요인으로 지적받기도 한다.

① 문화 사대주의 ② 생태 중심주의
③ 인간 중심주의 ④ 직접 민주주의

17 ㉠, ㉡에 해당하는 종교는?

- (㉠) : 주로 인도에서 신봉하는 다신교로, 소를 신성시한다.
- (㉡) : 성지인 메카를 향해 기도하며, 돼지고기와 술을 금기시한다.

	㉠	㉡
①	불교	힌두교
②	이슬람교	힌두교
③	불교	이슬람교
④	힌두교	이슬람교

18 저출산 문제 해결 방안으로 적절한 것을 〈보기〉에서 고른 것은?

보기
ㄱ. 보육 시설 확충
ㄴ. 산아 제한 정책 실시
ㄷ. 출산 장려금 지원
ㄹ. 개발 제한 구역 확대

① ㄱ, ㄷ　② ㄱ, ㄹ
③ ㄴ, ㄷ　④ ㄴ, ㄹ

19 교통 · 통신의 발달이 가져온 변화로 가장 적절한 것은?

① 시공간의 제약이 크게 줄었다.
② 지역 간의 교류가 단절되었다.
③ 경제 활동의 범위가 축소되었다.
④ 다른 지역과의 접근성이 낮아졌다.

20 다음에서 설명하는 용어는?

기업의 규모가 커지면, 일반적으로 본사나 연구소는 자본과 기술 확보가 유리한 대도시에, 제품을 생산하는 공장은 저임금 노동력이 풍부한 지역에 각각 설립하게 된다.

① 공정 무역　② 공간적 분업
③ 탄소 발자국　④ 지리적 표시제

21 ㉠에 들어갈 내용으로 옳은 것은?

학습 주제 : (㉠)의 문제점
- 개인 정보 유출로 인한 사생활 침해
- 프로그램 불법 복제 같은 사이버 범죄 증가

① 교외화　② 정보화
③ 님비 현상　④ 열섬 현상

22 다음에서 설명하는 문화권을 지도의 A~D에서 고른 것은?

> 리오그란데강 이남 지역으로, 남부 유럽의 문화가 전파되어 주로 에스파냐어와 포르투갈어를 사용하고 가톨릭을 믿는다. 원주민(인디오)과 아프리카인, 유럽인의 문화가 혼재되어 나타난다.

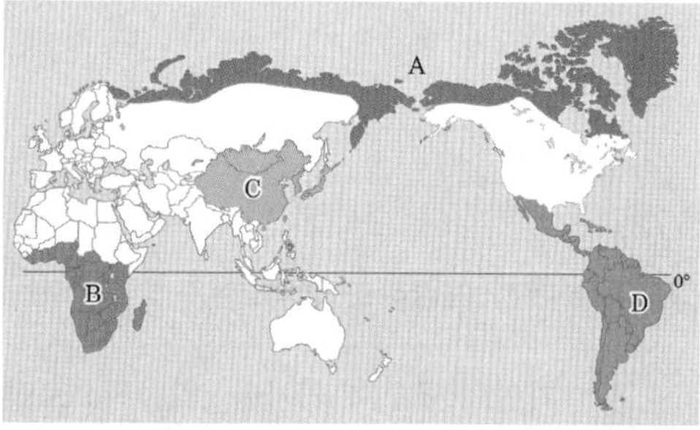

① A ② B
③ C ④ D

23 다음에서 설명하는 용어는?

> 일정한 지역 안의 인구를 성별, 연령별 등의 기준으로 나누어 본 것으로, 해당 지역의 사회·경제적 특성을 파악하는 데 유용하다.

① 인구 절벽 ② 인구 과잉
③ 인구 구조 ④ 인구 이동

24 다음에 대해 설명한 내용으로 가장 적절한 것은?

> • 그린피스(Greenpeace)
> • 국경 없는 의사회(MSF)

① 국제 비정부 기구이다.
② 자국의 이익 실현을 최우선으로 한다.
③ 국제 분쟁 지역에 평화 유지군을 파견한다.
④ 국가를 회원으로 하는 정부 간 국제기구이다.

25 ㉠에 들어갈 내용으로 옳은 것은?

> 자원의 특징 중 하나로 언젠가는 고갈된다는 성질을 자원의 (㉠)이라고 한다.

① 도시성 ② 동질성
③ 유한성 ④ 편리성

과학

01 다음에서 설명하는 발전 방식은?

- 파도 상황에 따라 전력 생산량이 일정하지 않다.
- 파도의 운동 에너지를 전기 에너지로 전환한다.

① 파력 발전　② 화력 발전
③ 원자력 발전　④ 태양광 발전

02 그림은 전기 에너지의 생산과 수송 과정을 나타낸 것이다. 이에 대한 설명으로 옳은 것만을 〈보기〉에서 모두 고른 것은?

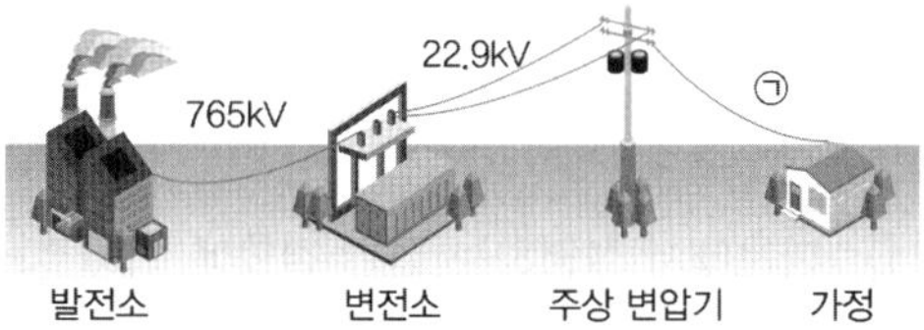

보기

ㄱ. 발전소에서 전기 에너지를 생산한다.
ㄴ. ㉠에 해당하는 전압은 22.9kV보다 작다.
ㄷ. 수송 과정에서 손실되는 전기 에너지는 없다.

① ㄱ　② ㄷ
③ ㄱ, ㄴ　④ ㄴ, ㄷ

03 표는 같은 직선상에서 운동하는 물체 A~D의 처음 운동량과 나중 운동량을 나타낸 것이다. 물체 A~D 중 받은 충격량의 크기가 가장 큰 것은?

운동량(kg · m/s) \ 물체	처음 운동량	나중 운동량
A	2	5
B	3	7
C	3	8
D	4	10

① A　② B
③ C　④ D

04 그림은 고열원에서 100J의 열에너지를 공급받아 W의 일을 하는 열기관을 나타낸 것이다. 열기관에서 저열원으로 50J의 열에너지를 방출할 때, 열기관이 한 일 W의 양은?

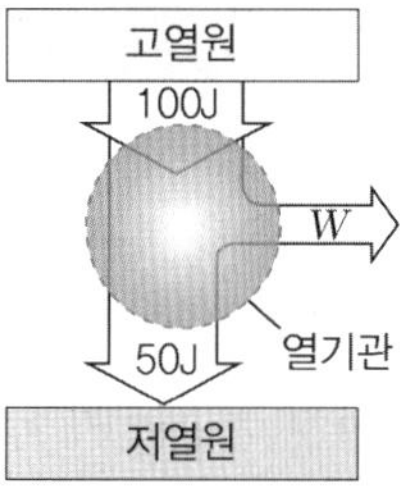

① 30J　② 40J
③ 50J　④ 60J

05 다음은 태양 내부에서 일어나는 반응에 대한 설명이다. ㉠에 해당하는 원소는?

> 고온・고압인 태양에서 수소 원자핵이 융합하여 [㉠] 원자핵이 생성되는 동안 줄어든 질량이 에너지로 전환된다.

① 질소 ② 칼슘
③ 헬륨 ④ 나트륨

06 그림은 자유 낙하하는 물체의 위치를 일정한 시간 간격으로 나타낸 것이다. A~D 지점 중 물체의 속도가 가장 빠른 지점은? (단, 중력 가속도는 $10 m/s^2$이고, 공기 저항은 무시한다.)

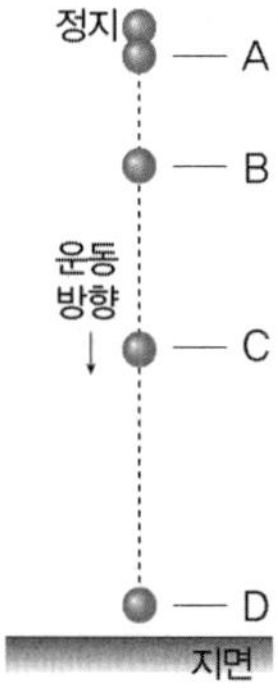

① A ② B
③ C ④ D

07 그림과 같이 자석을 코일 속에 넣을 때 발생하는 유도 전류의 방향을 변화시킬 수 있는 요인으로 옳은 것만을 〈보기〉에서 모두 고른 것은?

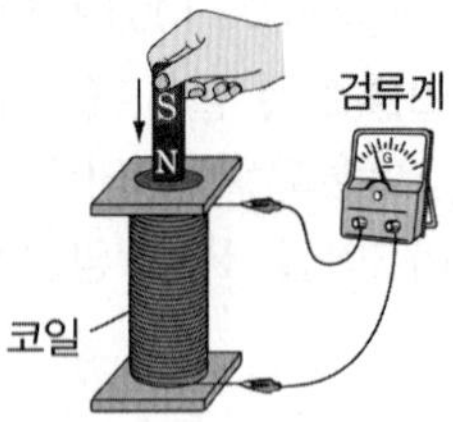

보기
ㄱ. 자석의 극을 바꾼다.
ㄴ. 자석을 더 빠르게 넣는다.
ㄷ. 더 강한 자석을 사용한다.

① ㄱ ② ㄷ
③ ㄱ, ㄴ ④ ㄱ, ㄷ

08 그림은 주기율표의 일부를 나타낸 것이다. 임의의 원소 A~D 중 원자가 전자 수가 가장 큰 원소는?

주기 \ 족	1	2	16	17	18
1					
2	A		B		
3	C			D	

① A ② B
③ C ④ D

09 그림은 나트륨 이온의 생성 과정을 모형으로 나타낸 것이다. 나트륨 원자가 잃은 전자의 개수는?

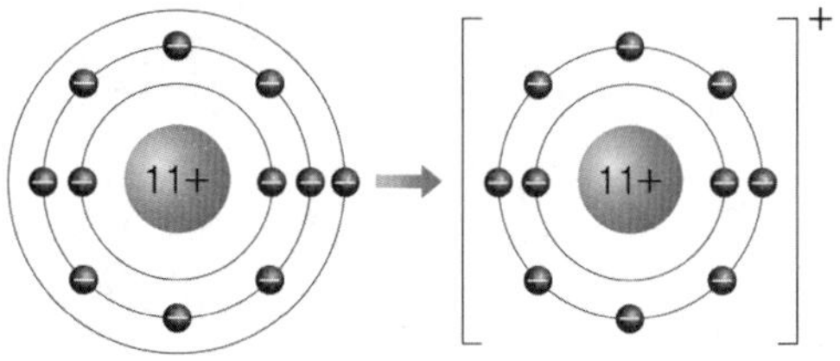

① 1개 ② 2개
③ 3개 ④ 4개

10 다음에서 설명하는 화학 결합에 의해 형성된 물질은?

> • 금속 원소와 비금속 원소 사이에서 형성된다.
> • 양이온과 음이온의 정전기적 인력에 의해 형성된다.

① 은(Ag) ② 구리(Cu)
③ 산소(O_2) ④ 염화 나트륨(NaCl)

11 다음 중 산화 환원 반응의 사례가 <u>아닌</u> 것은?

① 도시가스를 연소시킨다.
② 철이 공기 중에서 붉게 녹슨다.
③ 산성화된 토양에 석회 가루를 뿌린다.
④ 사과를 깎아 놓으면 산소와 반응하여 색이 변한다.

12 그림은 묽은 염산과 묽은 황산의 이온화된 모습을 나타낸 것이다. 두 수용액에 공통적으로 존재하는 ㉠에 해당하는 이온은? (단, •, □, ○는 서로 다른 이온이다.)

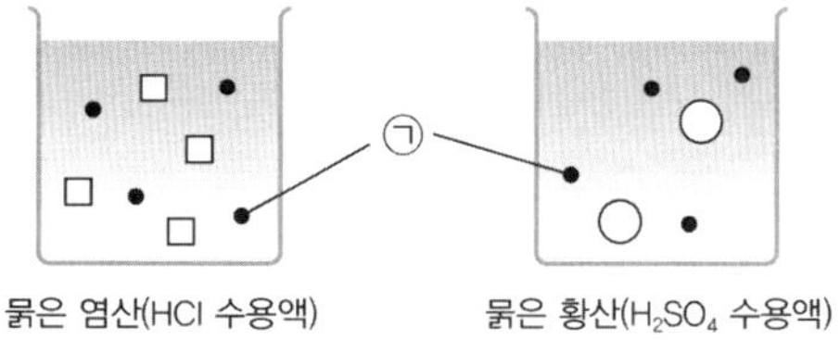

① 산화 이온(O^{2-})　　② 수소 이온(H^+)
③ 염화 이온(Cl^-)　　④ 황산 이온(SO_4^{2-})

13 그림은 단위체의 결합으로 물질 A가 만들어지는 과정을 나타낸 것이다. A에 해당하는 물질은?

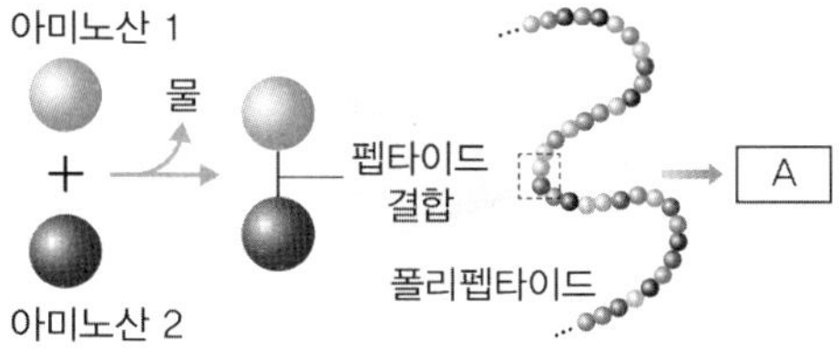

① 핵산　　② 단백질
③ 포도당　　④ 글리코젠

14 그림은 서로 다른 지역에 서식하는 여우의 형태를 나타낸 것이다. 이러한 여우의 형태 차이에 영향을 주는 환경 요인은?

① 물　　② 산소
③ 온도　　④ 토양

15 다음은 안정된 생태계의 개체 수 피라미드에서 생태계 평형이 깨진 후 평형을 회복하는 과정의 일부를 설명한 것이다. ㉠과 ㉡에 들어갈 말로 옳게 짝지어진 것은?

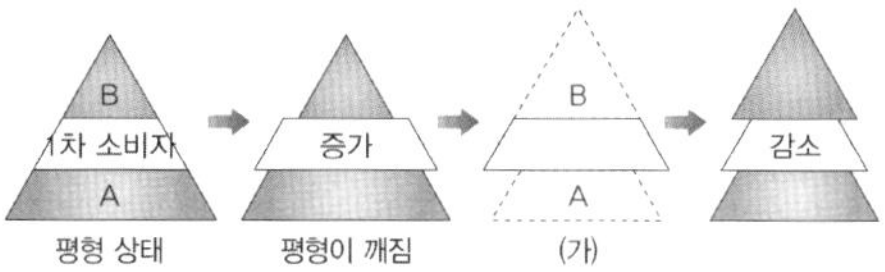

(가)에서 A의 개체 수는 [㉠]하고 B의 개체 수는 [㉡]한다.

	㉠	㉡
①	감소	감소
②	감소	증가
③	증가	감소
④	증가	증가

16 다음은 생명 시스템 유지에 필요한 물질에 대한 설명이다. ㉠에 해당하는 것은?

> • 만일 [㉠]이/가 없다면 음식을 먹어도 영양소를 소화, 흡수할 수 없다.
> • 생명체는 물질대사를 하며, 물질대사에는 [㉠]이/가 관여한다.

① 녹말 ② 효소
③ 인지질 ④ 셀룰로스

17 그림은 DNA에서 RNA가 전사되는 과정을 나타낸 것이다. ㉠에 해당하는 염기는? (단, 돌연변이는 없다.)

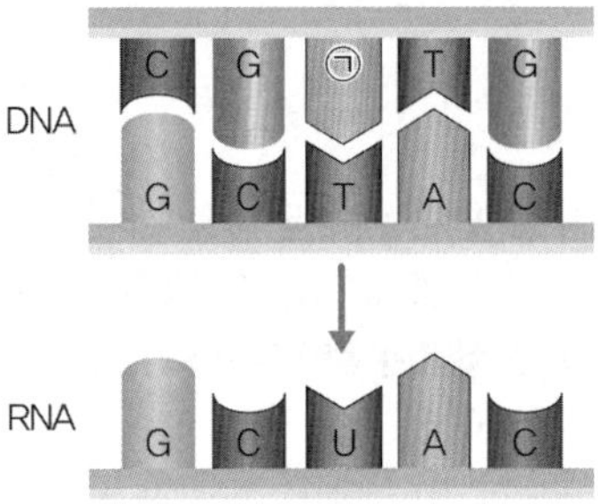

① A ② T
③ G ④ C

18 세포막을 경계로 세포 안팎에 농도가 다른 용액이 있을 때, 물 분자가 세포막을 통해 농도가 낮은 곳에서 높은 곳으로 이동하는 현상은?

① 삼투 ② 호흡
③ 광합성 ④ 이화 작용

19 다음 설명에 해당하는 것은?

> • 일정 지역에 서식하는 생물종의 다양한 정도이다.
> • 서식하는 생물종이 많고 그 분포가 고르게 나타날수록 높다.

① 개체 ② 군집
③ 개체군 ④ 종 다양성

20 화산 활동과 관련된 설명으로 옳은 것만을 〈보기〉에서 모두 고른 것은?

> **보기**
> ㄱ. 화산 활동은 태양 에너지에 의해 일어난다.
> ㄴ. 대규모의 화산 폭발은 주변의 지형을 변화시킨다.
> ㄷ. 화산 활동은 온천, 지열 발전 등과 같이 이롭게 활용되기도 한다.

① ㄱ ② ㄷ
③ ㄱ, ㄴ ④ ㄴ, ㄷ

21 다음은 규산염 사면체에 대한 설명이다. ㉠에 해당하는 것은?

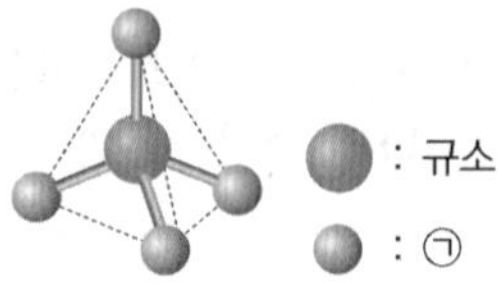

> 규산염 광물을 구성하는 기본 구조는 규소 원자 1개와 [㉠] 원자 4개가 공유 결합을 이룬 사면체이다.

① 산소 ② 질소
③ 탄소 ④ 마그네슘

22 그림은 지구 시스템을 이루는 각 권의 상호 작용을 나타낸 것이다. 해저 지진 활동으로 인해 지진 해일이 발생하는 것에 해당하는 상호 작용은?

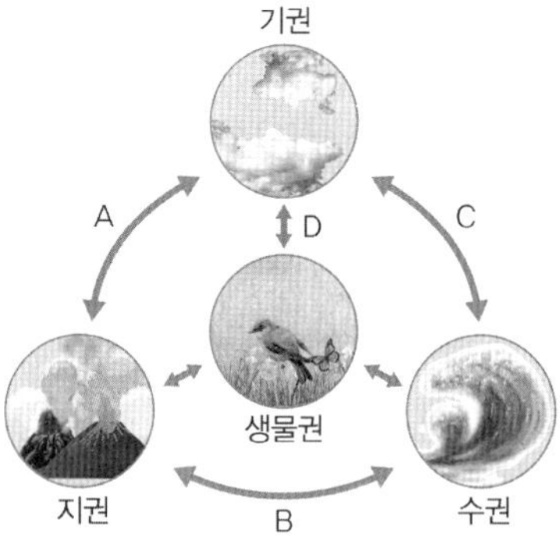

① A ② B
③ C ④ D

23 다음 설명에 해당하는 현상은?

> 화석 연료 등의 사용으로 온실 기체의 농도가 크게 증가하여 지구의 평균 기온이 상승하는 현상이다.

① 황사 ② 사막화
③ 엘니뇨 ④ 지구 온난화

24 그림은 판의 이동과 맨틀 대류를 나타낸 것이다. A~D 중 발산형 경계에 해당하는 것은?

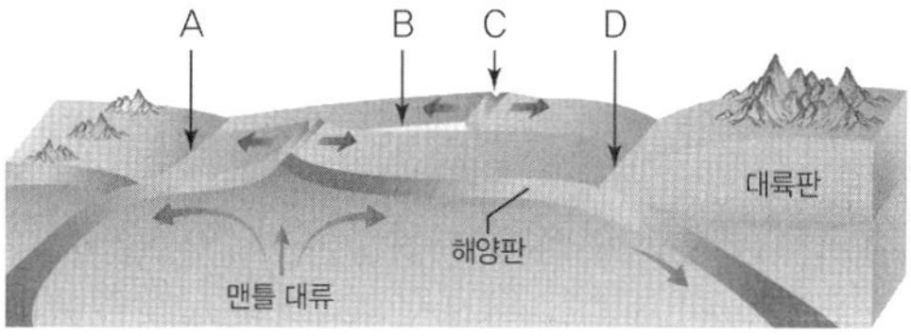

① A ② B
③ C ④ D

25 그림은 지질 시대 동안 생물 과의 수 변화와 대멸종 시기를 나타낸 것이다. A에서 멸종한 생물은?

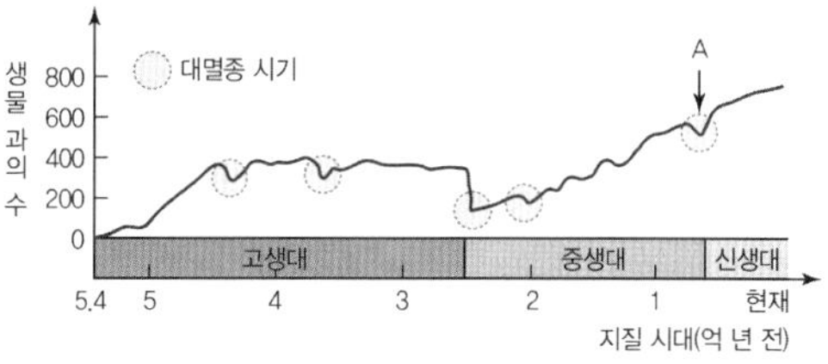

① 공룡 ② 매머드
③ 삼엽충 ④ 화폐석

2024 제1회

한국사

01 다음에서 설명하는 유물은?

> 경기 연천 전곡리에서 발견된 구석기 시대의 대표적인 유물로 주로 사냥을 하거나 가죽을 벗기는 등의 용도로 사용하였다.

① 해국도지 ② 주먹 도끼
③ 수월관음도 ④ 임신서기석

02 ㉠에 들어갈 내용으로 옳은 것은?

① 거란 ② 미국
③ 영국 ④ 일본

03 ㉠에 해당하는 인물은?

> 고려 무신 집권기 보조 국사 ㉠ 은/는 세속화된 불교를 개혁하기 위해 정혜쌍수와 돈오점수를 내세우며 수선사를 중심으로 결사 운동을 펼쳤다.

① 지눌 ② 원효
③ 이순신 ④ 장수왕

04 ㉠에 들어갈 내용으로 옳은 것은?

〈동학 농민 운동의 전개 과정〉

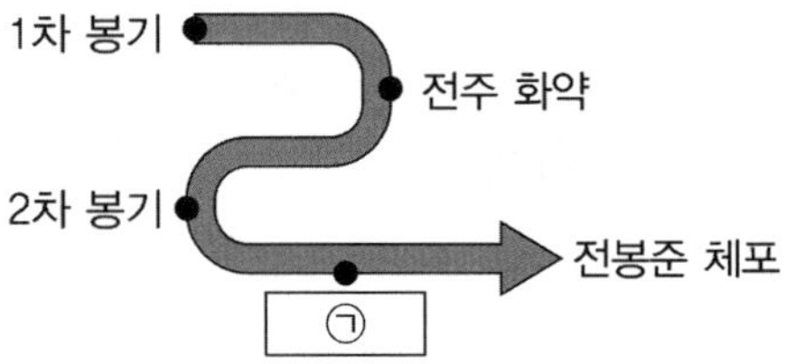

① 국학 설치 ② 사비 천도
③ 우금치 전투 ④ 고구려 멸망

05 ㉠에 들어갈 내용으로 옳은 것은?

> 〈세도 정치 시기의 ㉠ 〉
> - 원인 : 정치 기강이 문란해져 관원의 부패가 심해짐.
> - 결과 : 전정 · 군정 · 환곡의 부담으로 백성들의 삶이 매우 힘들어짐.

① 회사령 ② 삼정 문란
③ 발췌 개헌 ④ 정읍 발언

06 자료와 관련한 정책으로 옳은 것은?

> 유생들이 반발하자 흥선 대원군이 크게 노하여 "이곳은 존경받는 선현을 제사하는 곳인데 지금은 붕당의 근거지로 도둑의 소굴이 되지 않았더냐."라고 말하였다.

① 서원 철폐
② 녹읍 설치
③ 교정도감 폐지
④ 동・서 대비원 설치

07 다음에서 설명하는 정치 세력은?

> • 인물 : 김옥균, 박영효, 김윤식, 김홍집
> • 특징 : 서양의 근대적 제도와 과학 기술을 수용하고자 함.

① 호족　　② 무신
③ 개화파　　④ 오경박사

08 다음에서 설명하는 유물은?

■ 역사 유물 카드 ■

• 출토지 : 충남 부여 능산리
• 용도 : 종교 행사 등에서 향을 피움.
• 특징 : 불교와 도교 세계를 함께 표현함.

① 택리지　　② 상평통보
③ 곤여만국전도　　④ 백제 금동 대향로

09 다음 정책을 펼친 조선의 국왕은?

> • 임진왜란 이후 피해 극복을 위해 노력함.
> • 명과 후금의 싸움에 말려들지 않고 실리를 취하려 함.

① 광해군　　② 혜공왕
③ 법흥왕　　④ 고국천왕

10 다음 질문에 대한 답으로 옳은 것은?

한국사 골든벨

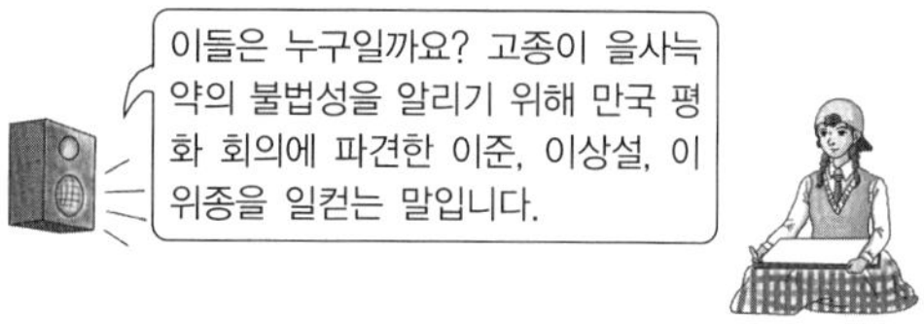

① 중추원　　② 도병마사
③ 중서문하성　　④ 헤이그 특사

11 ㉠에 들어갈 내용으로 옳은 것은?

> 1920년대 농민들은 소작료 인하, 소작권 이동 반대 등을 요구하는 쟁의를 벌였다. 특히 [　㉠　]은/는 소작료를 낮추는 데 성공하여 전국의 농민 운동을 자극하였다.

① 6・3 시위　　② 이자겸의 난
③ 강조의 정변　　④ 암태도 소작 쟁의

12 다음에서 설명하는 신문은?

> • 순 한글, 국한문, 영문 세 종류로 발행
> • 영국인 베델이 발행인으로 참여한 일간 신문

① 독사신론　　② 동경대전
③ 대한매일신보　　④ 조선왕조실록

13 다음 설명에 해당하는 일제의 식민 지배 방식은?

> 3·1 운동을 계기로 일제는 무단 통치로는 한국을 지배하기 어렵다고 판단하여 한글 신문의 발행을 허용하는 등 문화적 제도의 혁신을 내세웠다.

① 기인 제도　　② 문화 통치
③ 대통령 중심제　　④ 친명 배금 정책

14 다음에서 설명하는 인물은?

출생	1902. 3. 15.
직업	이화 학당 학생
활동	3·1 운동이 일어나자 천안에서 만세 운동 주도
특징	서대문 형무소에서 사망

① 김흠돌　　② 나운규
③ 유관순　　④ 윤원형

15 ㉠에 들어갈 내용으로 옳은 것은?

> 개항 이후 일본으로 곡물 수출이 늘어나자 곡물 가격이 오르고 사람들의 피해가 커졌다. 이에 일부 지방관들은 [㉠]을/를 선포하여 곡물 유출을 막고자 하였다.

① 방곡령　　② 봉사 10조
③ 교육 입국 조서　　④ 좌우 합작 7원칙

16 다음 설명에 해당하는 활동으로 옳은 것은?

> • 파견 목적 : 독립 투쟁을 위한 국내 침투
> • 파견 요원 : 미국 전략 정보국(OSS)의 훈련을 마친 한국 광복군

① 위화도 회군　　② YH 무역 사건
③ 국내 진공 작전　　④ 서경 천도 운동

17 ㉠에 들어갈 내용으로 옳은 것은?

> **한국사 묻고 답하기**
>
> 질문 모스크바 3국 외상 회의에서 결정된 내용에 대해 알려 주세요.
>
> ↳ 답변 임시 민주 정부의 수립과 이를 위한 미·소 공동 위원회 설치, 최대 5년간의 [㉠] 실시 등이 결정되었어요.

① 신탁 통치　　② 제가 회의
③ 나·제 동맹　　④ 독서삼품과

18 다음에서 설명하는 기구는?

- 1948년 10월에 설치
- 반민족 행위자 조사 및 처벌을 위한 기구

① 정당성
② 식목도감
③ 건국 준비 위원회
④ 반민족 행위 특별 조사 위원회

19 ㉠에 들어갈 내용으로 옳은 것은?

〈역사의 한 장면〉

이 사진은 1920년대 조선 물산 장려회의 거리 행진 모습입니다. 행진에 참여한 사람들은 '㉠'라는/이라는 구호를 외쳤습니다.

① 선 건설 후 통일
② 유신 헌법 철폐하라
③ 조선 사람 조선 것
④ 근로 기준법 준수하라

20 ㉠에 들어갈 내용으로 옳은 것은?

【수행 평가 보고서】

- 주제 : 4·19 혁명
- 조사 내용
  - 배경 : 3·15 부정 선거
  - 전개 : 전국적으로 시위 발생, ㉠

① 집강소 설치
② 기묘사화 발생
③ 노비안검법 실시
④ 이승만 대통령의 하야

21 ㉠에 들어갈 내용으로 옳은 것은?

〈6·25 전쟁의 전개 과정〉

㉠ → 인천 상륙 작전 → 1·4 후퇴 → 정전 협정

① 자유시 참변　② 미쓰야 협정
③ 별기군 창설　④ 북한군의 남침

22 다음에서 설명하는 정부는?

- 대북 화해 협력 정책(햇볕 정책) 추진
- 남북 정상 회담 개최와 6·15 남북 공동 선언 발표

① 장면 내각　② 김대중 정부
③ 노태우 정부　④ 이명박 정부

23 다음에서 설명하는 사건은?

> 전두환 등 신군부 세력이 불법적으로 병력을 동원하여 계엄 사령관을 비롯한 군의 주요 지휘관들을 몰아내고 군권을 장악하였다.

① 3포 왜란
② 거문도 사건
③ 12·12 군사 반란
④ 임술 농민 봉기

24 밑줄 친 ㉠에 해당하는 운동은?

① 형평 운동
② 금 모으기 운동
③ 교조 신원 운동
④ 문자 보급 운동

25 ㉠에 들어갈 내용으로 옳은 것은?

> **〈박정희 정부 시기의 경제 상황〉**
> - 경제 개발 5개년 계획 추진
> - ㉠

① 원산 총파업
② 상평창 설치
③ 당백전 발행
④ 경부 고속 국도 건설

2024 제 1 회

도덕

01 다음 설명에 해당하는 용어는?

> 윤리적 문제 상황에서 두 가지 이상의 도덕 원칙 사이에 갈등과 충돌이 전개되는 상황

① 딜레마　② 이데아
③ 가상 현실　④ 정언 명령

02 (가)에 들어갈 윤리 사상은?

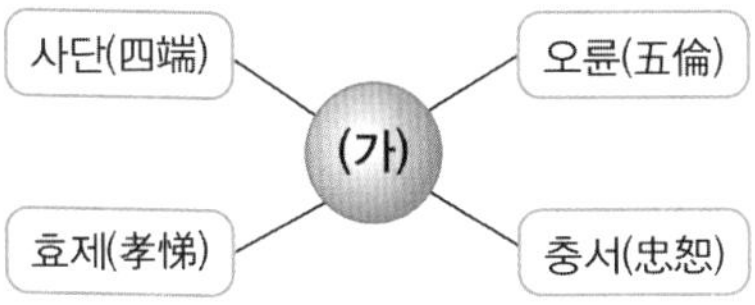

① 도가　② 불교
③ 법가　④ 유교

03 다음 주제들을 다루는 실천 윤리 분야로 가장 적절한 것은?

> • 통일이 지향해야 할 윤리적 가치는 무엇인가?
> • 국제 사회의 각종 분쟁을 해결하기 위한 방안은 무엇인가?

① 성 윤리　② 평화 윤리
③ 직업 윤리　④ 생명 윤리

04 다음 설명에 해당하는 도덕 원리 검사 방법은?

> 도덕 원리를 모든 사람에게 적용했을 때 나타나는 결과에 문제가 없는지 확인하는 방법

① 포섭 검사　② 기술 영향 검사
③ 사실 판단 검사　④ 보편화 결과 검사

05 다음에서 설명하는 사회 갈등의 종류는?

> **도 덕 신 문**　2024년 ○월 ○일
>
> 급속한 사회 변화에 따라 연령 및 시대별 경험의 차이로 인한 갈등이 심화되고 있다. 기술이나 규범의 변화에 빠르게 적응하는 이들과 상대적으로 그렇지 못한 이들 사이의 갈등이 커지고 있는 것이다.

① 지역 갈등　② 남녀 갈등
③ 노사 갈등　④ 세대 갈등

06 바람직한 토론 자세로 적절하지 <u>않은</u> 것은?

① 토론의 규칙과 절차를 준수한다.
② 논리적으로 타당한 근거를 제시한다.
③ 자기 생각의 오류 가능성을 배제한다.
④ 타인의 의견과 인격을 존중하는 태도를 갖는다.

07 다음에서 소개하는 윤리 사상가는?

◈ 도덕 인물 카드 ◈

- 이익 평등 고려의 원칙을 근거로 동물 해방론을 주장함.
- 공리주의 관점에서 해외 원조의 필요성을 강조함.
- 대표 저서 : 『동물 해방』, 『실천 윤리학』

① 싱어　② 칸트
③ 슈바이처　④ 아리스토텔레스

08 공리주의 입장에 대한 비판점으로 가장 적절한 것은?

① 행위의 결과보다 동기를 중시한다.
② 의무 의식과 선의지를 과도하게 강조한다.
③ 소수의 권리와 이익이 훼손될 우려가 있다.
④ 사회 전체의 행복보다 개인의 행복을 우선한다.

09 ㉠에 들어갈 용어로 가장 적절한 것은?

탐구 주제 : 〈　㉠　〉
- 필요성 : 인간의 욕망은 무한하고 재화는 한정되어 있기 때문임.
- 핵심 질문 : 재화를 누구에게 얼마만큼 나눌 것인가?

① 규범적 정의　② 교정적 정의
③ 분배적 정의　④ 형벌적 정의

10 프롬(Fromm, E.)의 진정한 사랑에 대한 설명으로 옳지 않은 것은?

① 상대를 지배하고 소유하는 것
② 상대의 독특한 개성을 이해하는 것
③ 상대의 요구에 책임 있게 반응하는 것
④ 상대의 생명과 성장에 적극적인 관심을 갖는 것

11 ㉠에 들어갈 용어로 적절한 것은?

① 공정 무역　② 생명 공학
③ 사이버 범죄　④ 시민 불복종

12 생명 복제를 반대하는 입장의 대답으로 옳은 것은?

질문	대답
생명 복제는 생명의 존엄성을 훼손하는가?	A
생명 복제는 자연의 질서에 어긋나는 행위인가?	B

	①	②	③	④
A	예	예	아니오	아니오
B	예	아니오	예	아니오

13 공직자가 지녀야 할 덕목에 해당하지 않는 것은?

① 성실 ② 부패
③ 정직 ④ 책임

14 과학 기술자가 지녀야 할 윤리적 자세를 〈보기〉에서 고른 것은?

보기

ㄱ. 다양한 자료들을 표절한다.
ㄴ. 연구 결과를 위조하거나 변조한다.
ㄷ. 인류의 삶의 질 향상을 위해 노력한다.
ㄹ. 과학 기술의 위험성과 부작용을 충분히 검토한다.

① ㄱ, ㄴ ② ㄱ, ㄷ
③ ㄴ, ㄹ ④ ㄷ, ㄹ

15 다음 내용과 같은 주장을 한 사상가는?

① 벤담 ② 칸트
③ 니부어 ④ 베카리아

16 바람직한 통일 한국의 모습으로 적절하지 않은 것은?

① 대립하는 무력 국가
② 자유로운 민주 국가
③ 창조적인 문화 국가
④ 정의로운 복지 국가

17 B에 들어갈 내용으로 가장 적절한 것은?

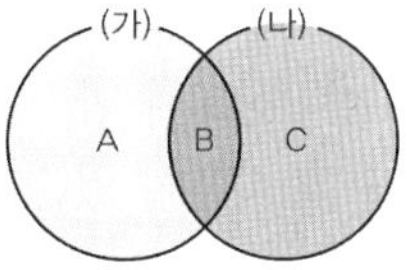

(가) : 동물 중심주의
(나) : 생명 중심주의

① 동물을 인간만을 위한 수단으로 여긴다.
② 도덕적 고려의 범위에 동물이 포함된다.
③ 인간만이 도덕적 지위를 지닌다고 본다.
④ 무생물을 도덕적 고려의 대상으로 여긴다.

18 다음 내용에 해당하는 윤리 문제는?

정식으로 음반을 구입하지 않고 인터넷에서 불법으로 노래 파일을 내려 받는 행위

① 정보 격차 ② 저작권 침해
③ 보이스 피싱 ④ 사이버 따돌림

19 (가), (나)에 들어갈 내용으로 적절하지 않은 것은?

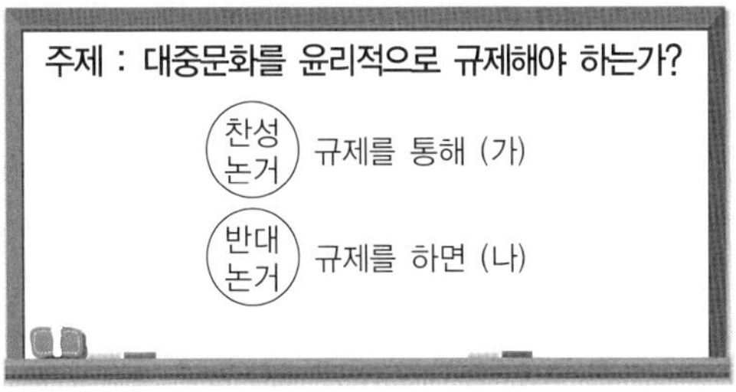

① (가) : 성 상품화를 예방할 수 있다.
② (가) : 청소년을 폭력적 문화로부터 보호할 수 있다.
③ (나) : 다양한 문화가 폭넓게 창조된다.
④ (나) : 창작자의 표현할 자유와 권리가 침해된다.

20 다음 설명에 해당하는 것은?

> • 이주민의 고유한 문화와 자율성을 존중하여 문화 다양성을 실현하고자 함.
> • 대표적으로 샐러드 볼 이론이 있음.

① 동화주의 ② 다문화주의
③ 문화 사대주의 ④ 자문화 중심주의

21 다음은 서술형 평가 문제와 학생 답안이다. 밑줄 친 ㉠~㉣ 중 옳지 않은 것은?

> **문제 : 의복 문화와 관련된 윤리적 문제와 바람직한 자세를 서술하시오.**
>
> ⟨학생 답안⟩
> 윤리적 문제로 ㉠ 유행에 무비판적으로 동조하는 유행 추구 현상과 ㉡ 무분별한 명품 소비로 사치 풍조를 조장하는 명품 선호 현상이 있다. 따라서 ㉢ 타인의 신념에 따라 수동적인 소비를 실천하고, ㉣ 환경을 고려하여 과도한 욕망을 절제할 필요가 있다.

① ㉠ ② ㉡
③ ㉢ ④ ㉣

22 다음 설명에 해당하는 것은?

> 상호 무관심한 사람들이 무지의 베일하에서 합의를 통해 정의의 원칙을 도출하는 가상적 상황

① 판옵티콘 ② 윤리적 공백
③ 원초적 입장 ④ 공유지의 비극

23 다음에서 예술과 윤리의 관계에 대한 학생의 입장은?

① 도덕주의 ② 자유주의
③ 예술 지상주의 ④ 현실 지상주의

24 ㉠에 들어갈 용어로 가장 적절한 것은?

> 요나스(Jonas, H.)는 "너의 행위의 결과가 인류의 존속 가능성을 파괴하지 않도록 행위하라."라고 주장하면서 (㉠)를 고려하는 책임 윤리를 강조한다.

① 과거 세대 ② 부모 세대
③ 기성 세대 ④ 미래 세대

25 다음에서 해외 원조에 대한 노직(Nozick, R.)의 관점에만 '✔'를 표시한 학생은?

관점 \ 학생	A	B	C	D
• 해외 원조는 자발적 선택이다.	✔			✔
• 해외 원조는 윤리적 의무이다.		✔		
• 해외 원조는 질서 정연한 사회가 되도록 돕는 것이다.			✔	✔

① A ② B
③ C ④ D

2024년 제2회 정답 및 해설

국어 2024년 기출문제

제2회 정답

01 ③	02 ③	03 ④	04 ③	05 ②
06 ①	07 ①	08 ④	09 ①	10 ②
11 ②	12 ④	13 ②	14 ①	15 ②
16 ②	17 ④	18 ④	19 ③	20 ②
21 ①	22 ④	23 ③	24 ④	25 ③

01 정답 ③

[수정 후]는 공손성의 원리 중 요령의 격률에 해당한다. 축구공을 빌려줄 수 있는지 묻는 형식으로 상대의 부담을 낮춰 주고 있다.

오답피하기

① 관용의 격률
② 겸양의 격률
④ [수정 후]와 관련 없으며 공손성의 원리에 해당하지 않는다.

02 정답 ③

"여러분, 판다를 아시나요?"의 형태로 청중이 중심 화제인 '판다'에 대해 알고 있는지 확인하고 있다.

03 정답 ④

된소리되기에 대한 설명이다.
④는 한글 맞춤법 제5항의 'ㄱ, ㅂ 받침 뒤에서 나는 된소리는, 같은 음절이나 비슷한 음절이 겹쳐 나는 경우가 아니면 된소리로 적지 아니한다.'에 어긋난다. '딱찌'는 같은 음절이나 비슷한 음절이 겹쳐 나는 경우에 해당되지 않는다. 따라서 받침 'ㄱ' 뒤에서 나는 된소리 'ㅉ'은 된소리로 적지 아니한다 하였으므로 'ㅈ'으로 적어야 한다.

오답피하기

① 한 단어 안에서 뚜렷한 까닭 없이 나는 된소리는 다음 음절의 첫소리를 된소리로 적는다 했으므로 '담뿍'으로 적은 표기는 옳다.
② 'ㄱ, ㅂ' 받침 뒤에서 나는 된소리는, 같은 음절이나 비슷한 음절이 겹쳐 나는 경우가 아니면 된소리로 적지 아니 한다고 했으므로 '법석'은 옳은 표현이다.
③ 한 단어 안에서 뚜렷한 까닭 없이 나는 된소리는 다음 음절의 첫소리를 된소리로 적는다 했으므로 '훨씬'으로 적은 표기는 옳다.

04 정답 ③

'오빠가 구슬을 굴렸다.'의 '굴렸다'는 사동 표현에 해당한다.

05 정답 ②

ⓒ은 끊어 적기로 표기되었다. 이어 적기의 형태로 표기되려면 '얼구리며'의 형태로 표기되었어야 한다.

오답피하기

① 공ᄌᆞ+주격 조사 'ㅣ'의 결합으로 '공ᄌᆡ'의 형태가 되었다.
③ '몸'과 '을' 앞에 방점(·)을 통해 성조를 나타내었다.
④ 'ᄢᅥ'에서 어두 자음군이 확인된다.

06 정답 ①

① 개인 정보 보호에 힘쓰는 것은 적절한 대응 방안이다.

오답피하기

②, ③, ④는 사이버 범죄 노출에 대한 대응 방안으로 볼 수 없다.

07 정답 ①

ⓐ가 조사를 잘못 사용한 것은 맞으나 '이'가 아니라 '을'로 바꿔야 한다.

오답피하기

② 인터넷 연결과 운동 능력은 관련 없으므로 삭제하는 것이 맞다.
③ '다다익선'은 많을수록 좋다는 의미로, 과도한 연결이 해가 될 수 있다는 말과는 맞지 않다. '과유불급'이 지나친 것은 부족함만 못하다는 의미로 적절하다.
④ '어떻까'를 '어떨까'로 수정한 것은 옳다.

08 정답 ④

비음화에 대한 설명이다.

④ 국물은 '받침 ㄱ'이 뒤에 오는 '비음 ㅁ'에 영향을 받아 'ㅇ'으로 교체되어 발음되는 것으로 〈보기〉의 비음화에 대한 예로 적절하다.

오답피하기

① 자음 축약으로 거센소리되기에 해당한다.
ㄱ+ㅎ → ㅋ으로 축약되어 발음된다.
② 된소리되기에 해당한다.
'받침 ㅂ' 뒤에 오는 'ㅈ'이 된소리로 바뀌어 발음된다.
③ 구개음화에 해당한다.
'ㄷ'이 형식 형태소 'ㅣ'와 결합하여 'ㅈ'으로 바뀌게 된다.

[9~11] 이육사, 〈광야〉

갈래 | 자유시, 서정시
성격 | 지사적, 미래 지향적
주제 | 조국 광복에의 신념과 의지
특징 |
과거-현재-미래의 시간의 흐름에 따라 시상이 전개됨.

09 정답 ①

1, 2, 3연이 과거, 4연이 현재, 5연이 미래로 시간의 흐름에 따라 시상이 전개된다.

10 정답 ②

외부 세력에 대한 호감이 표현된 부분은 없다.

오답피하기

① '하늘이 처음 열리고'에서 확인할 수 있다.
③ '끊임없는 광음을 / 부지런한 계절이 피어선 지고'에서 확인할 수 있다.
④ '천고의 뒤에 / 백마 타고 오는 초인'에서 미래에 출현할 구원자, 후손의 존재를 제시하고 있다.

11 정답 ②

매화 향기 '홀로' 아득하다고 하였으므로 고독한 상황임을 짐작할 수 있다. 다시, '가난한 노래의 씨를 뿌려라'라고 했으므로 화자의 자기희생적이며 의지적인 태도를 확인할 수 있다. 따라서 고독한 상황에서 부정적 현실을 극복하고자 한다는 ②의 설명이 적절하다.

오답피하기

① 자연에 순응하는 세계와는 관련이 없다.
③ 타인의 삶에 비추어 자신의 과거를 성찰하고 있지 않다.
④ 운명을 회피하는 것이 아닌 의지적으로 극복하려고 하고 있다.

[12~14] 작자 미상, 〈박씨전〉

갈래 | 고전 소설
성격 | 역사적, 비현실적, 전기적
주제 |
• 청나라에 대한 적개심과 복수심
• 박 씨의 영웅적 기상
특징 |
전쟁의 패배라는 역사적 사실을 허구적 승리로 바꾸어 민족적 자긍심을 고취함.

12 정답 ④
'박 씨가 구슬발을 드리우고 부채를 쥐고 불을 붙이니, 불길이 오랑캐 진영을 덮쳐'에서 박 씨가 초월적 능력을 갖고 있음이 나타난다. 따라서 초월적 능력을 발휘하는 인물이 등장한다는 ④가 정답이다.

오답피하기
① 전지적 작가 시점이다.
② 속담을 활용한 부분이 없다.
③ 인간을 위기에서 구하는 동물이 등장하고 있지 않다.

13 정답 ②
㉡은 왕대비이고, ㉠, ㉢, ㉣은 모두 박 씨를 지칭한다.

14 정답 ①
초월적 능력으로 오랑캐를 물리치고 있다. 또한 시비 계화를 시켜 오랑캐들을 꾸짖고 있으므로 박 씨가 오랑캐의 용맹함을 두려워하고 있다는 설명은 옳지 않다.

오답피하기
② "너희 놈이 본디 간사하여 넘치는 죄를 지었으나"에 나타난다.
③ '박 씨가 또 계화를 시켜 외치기를'에 나타난다.
④ "우리 세자, 대군을 부디 태평히 모셔 가라."라는 부분에서 나타난다.

[15~16] 작자 미상, 〈두터비 파리를 물고〉

갈래 | 사설시조
성격 | 풍자적, 우의적, 해학적
주제 | 탐관오리의 횡포와 허장성세 풍자
특징 |
- 대상을 희화화함.
- 두꺼비를 통한 우의적 표현으로 탐관오리를 풍자하고 있음.

15 정답 ②
사설시조의 특징으로 중장이 다른 장에 비해 길다.

오답피하기
① 10구체 향가에 대한 설명이다.
③ 민요, 고려가요의 특징이다.
④ 수미상관 구조가 나타나지 않는다.

16 정답 ②
중장에 백송골을 보고 놀란 두터비가 '두험 아래 잣바지'는 부분에서 해학성이 나타난다. 또한 종장의 '날낸 낼싀만졍 에헐질 번 하괘라'라는 두터비의 말을 통해 자기 합리화, 허장성세의 두터비를 희화화하여 제시하고 있다.

[17~19] 김애란 원작, 최민석 외 각본, 〈두근두근 내 인생〉

갈래 | 시나리오
성격 | 서정적, 감성적
주제 | 조로증에 걸린 소년의 삶과 가족 간의 사랑
특징 |
- 난치병에 걸린 소년의 삶을 무겁지 않은 따뜻한 분위기로 전달함.
- 주인공이 삶의 순간에 느끼는 섬세한 감정들을 잘 드러냄.

17 정답 ④
S#, 컷 투(cut to) 등의 시나리오 용어가 사용되었다.

오답피하기
①, ②는 연극의 대본인 희곡의 특징이다.
③ 등장인물이 관객과 직접 소통하고 있는 부분은 찾아볼 수 없다.

18 정답 ④
아름은 '열여섯 살 같은 나이의 이서하'라는 또래 아이의 편지를 받고 '두근두근, 갑자기 가슴이 뛰고, 목이 바짝바짝 타면서, 온몸에 열기가 느껴지'며 설렘을 느끼고 있다.

19 정답 ③

'서하'가 집에 직접 찾아와서 '아름'을 만난 적은 없다.

오답피하기

① S#17 '밀려오는 심장의 통증'에서 확인할 수 있다.
② '서하'가 보낸 편지의 내용에서 확인할 수 있다.
④ S#17 '대수가 눈치챌까 봐 힘겹게 걸어가 방문을 닫고는'에서 확인할 수 있다.

20 정답 ②

인간 배아 복제를 포함한 정부의 배아 연구 규제에 대한 반대 입장과 이러한 주장에 대한 비판적 입장이 제시되었다. 따라서 화제에 대한 상반된 입장을 제시하고 있다는 ②가 정답이다.

21 정답 ①

㉮는 과학의 발전은 인위적으로 막아서는 안 되며, 과학자의 자유로운 연구를 보장해야 한다는 입장을 말한다. 따라서 과학 발전을 인위적으로 막아서는 안 된다는 ①이 정답이다.

오답피하기

② 과학자의 연구 자유가 과학 기술을 발전시킬 수 있고 우리나라의 과학 기술 경쟁력을 높일 수 있다는 내용이 본문에 언급되어 있다.
③ ㉮와 반대되는 입장의 주장이다.
④ 배아 복제 연구가 난치병 치료에 도움이 된다고 언급되어 있다.

22 정답 ④

- **쟁점** : 서로 다투는 중심이 되는 점
- 어떤 일을 서로 양보하여 협의하는 것은 '타협'이다.

23 정답 ③

두 번째 문단 '그들의 학문적 지향이 다르듯'에 언급되어 있다.

오답피하기

① 서양화법의 유행은 그리 오래 지속되지 않았다는 내용이 세 번째 문단에 나와 있다.
② 이용후생 학파는 서양화의 회화적 표현에 관심이 많았다는 내용이 두 번째 문단에 나와 있다. 회화에 사용되는 기구에 관심이 많았던 것은 경세치용 학파이다.
④ 네 번째 문단 '동양의 화가들은 먹과 선을 위주로 대상의 의미와 느낌을 전달하는 데 주력했다.'고 되어 있다. 따라서 서양의 화가들이 먹과 선을 통해 대상의 의미를 드러내고자 했다는 설명은 옳지 않다.

24 정답 ④

앞 문장과 뒤에 오는 문장의 내용이 상반되는 사실을 나타내기 때문에 '하지만'이 적절하다.

오답피하기

① 앞의 내용이 뒤의 내용의 조건이 될 때 쓰는 접속 부사
② 앞에서 말한 일이 뒤에서 말할 일의 원인, 이유, 근거가 됨을 나타내는 접속 부사
③ 눈앞의 사람이나 사물의 모양이나 상태를 가리키거나, 앞 내용의 양상을 받아 뒤의 문장을 이끄는 말이다.

25 정답 ③

[A]의 마지막 문장 '세상을 바라보는 인식과 태도의 차이가 결과적으로 그만큼 다른 회화적 표현을 낳았던 듯하다.'에서 알 수 있다.

수학 2024년 기출문제

제2회 정답

01 ①	02 ④	03 ②	04 ②	05 ①
06 ③	07 ④	08 ③	09 ②	10 ②
11 ①	12 ④	13 ④	14 ①	15 ④
16 ①	17 ②	18 ③	19 ④	20 ③

01 정답 ①

$A=2x^3+3x$, $B=3x+2$이므로

$A-B=(2x^3+3x)-(3x+2)$ ← 괄호 풀기

$=2x^3+3x-3x-2$ ← 동류항끼리 정리

$=2x^3+(3-3)x-2$ ← 동류항끼리 계산

$=2x^3-2$

따라서 정답은 ①이다.

오답피하기

$A-B$를 계산할 때,

$A-B=(2x^3+3x)-(3x+2)=2x^3+3x-3x-2$

와 같이 B식의 전체 부호를 바꿔야 한다.

$A-B=(2x^3+3x)-(3x+2)=2x^3+3x-3x+2$

처럼 분배법칙을 사용하지 않아 오답을 구할 수 있으니 주의하자.

02 정답 ④

다항식 x^3-3x^2+a를 $P(x)$라 하면,

$P(x)=x^3-3x^2+a$이다.

$P(x)$가 $x-2$로 나누어떨어지므로, 인수정리에 의해 $P(2)=0$이다.

➜ $P(2)=2^3-3\times2^2+a=0$

➜ $8-3\times4+a=0$

➜ $8-12+a=0$ ➜ $-4+a=0$ ➜ $a=4$

따라서 정답은 ④이다.

오답피하기

$P(2)=2^3-3\times2^2+a=0$을 계산할 때에 혼합계산 순서에 맞게 제곱 → 곱셈 → 앞에서부터 계산하도록 한다.

03 정답 ②

인수분해 공식 $x^3-y^3=(x-y)(x^2+xy+y^2)$을 이용하기 위해 y의 자리에 3을 대입하여 표현하면,

$x^3-3^3=(x-3)(x^2+3x+3^2)$이 된다.

우변을 정리하여 식을 간단히 하면,

$x^3-3^3=(x-3)(x^2+3x+9)$이다.

그러므로 $a=3$임을 알 수 있다.

따라서 정답은 ②이다.

04 정답 ②

켤레복소수는 허수부분의 부호를 반대로 바꾼 수를 말한다.

복소수 $5-3i$의 실수부분은 5, 허수부분은 -3이므로, $5-3i$의 허수부분의 부호를 반대로 바꾸어 켤레복소수를 구하면, $5+3i$가 된다.

$\therefore a=3$

따라서 정답은 ②이다.

참고 켤레복소수

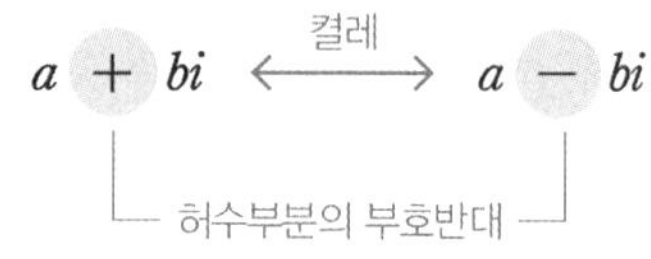

05 정답 ①

이차방정식이 중근을 갖기 위한 조건은 판별식

$D=b^2-4ac=0$이므로,

$D=(-2)^2-4\times1\times a=0$

➜ $4-4a=0$ ➜ $-4a=-4$ ➜ $a=1$

따라서 정답은 ①이다.

> **참고** 중근을 가질 조건
>
> 이차방정식 $ax^2+bx+c=0$에서
> 판별식 $D=b^2-4ac=0$이면 이차방정식은 중근을 갖는다.

06 정답 ③

근과 계수와의 관계 공식을 이용하여 문제를 해결할 수 있다.

$x^2-x-6=0$에서 두 근을 α, β라 하였으므로, 공식에 대입하면,

$\alpha+\beta=1$이다.

따라서 정답은 ③이다.

> **참고** 근과 계수와의 관계
>
> $a\,x^2+b\,x+c=0$
>
> $\alpha+\beta=$ 합 $=-\dfrac{b}{a}$ $\qquad$ $\alpha\beta=$ 곱 $=\dfrac{c}{a}$

07 정답 ④

구간이 제한된 이차함수의 최댓값과 최솟값은 꼭짓점과 구간의 양 끝값을 이용하여 구한다.

주어진 구간 $0 \le x \le 3$은 이차함수의 꼭짓점이 포함된 구간이므로,

$f(x)=-(x-2)^2+3$이라 놓으면,

구간의 양 끝값은 $f(0)=-1$, $f(3)=2$이고, 꼭짓점의 좌표가 $(2, 3)$이므로, $f(2)=3$이다.

이들 중 가장 큰 값은 3이므로 최댓값은 3이다.

따라서 정답은 ④이다.

> **참고** 이차함수의 최대, 최소
>
> [x의 범위에 꼭짓점이 포함된 경우]
> 구간의 양 끝 함숫값과 꼭짓점의 y좌표 중 가장 큰 값을 최댓값, 가장 작은 값을 최솟값이라고 한다.

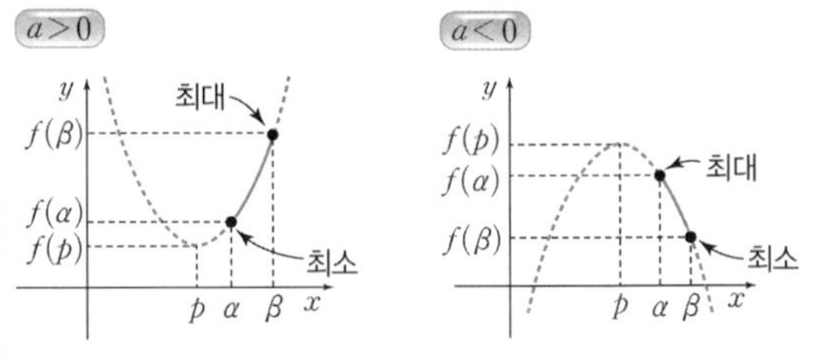

08 정답 ③

절댓값을 포함한 일차부등식은 양수 a에 대하여

㉠ $|x| \le a$의 해는 $-a \le x \le a$

㉡ $|x| \ge a$의 해는 $x \le -a$ 또는 $x \ge a$이다.

이 성질을 이용하여 부등식 $|x+1| \ge 5$를 풀면,

$x+1 \le -5$ 또는 $x+1 \ge 5$

➜ $x \le -6$ 또는 $x \ge 4$

이므로 이것을 수직선에 나타내면,

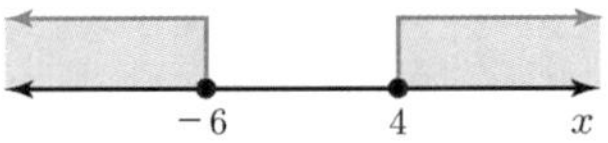

$\therefore a=-6$

따라서 정답은 ③이다.

09 정답 ②

내분점 공식에 넣어 내분하는 점의 좌표를 구하면,

$\left(\dfrac{3\times2+1\times(-2)}{3+1}, \dfrac{3\times3+1\times(-1)}{3+1}\right)=(1, 2)$이다.

따라서 정답은 ②이다.

> **참고** 내분점 공식
>
> 좌표평면 위의 두 점 $A(x_1, y_1)$, $B(x_2, y_2)$에 대하여 선분 AB를 $m:n$ $(m>0,\ n>0)$으로 내분하는 점을 P라 하면,
>
> $P\left(\dfrac{mx_2+nx_1}{m+n}, \dfrac{my_2+ny_1}{m+n}\right)$이다.

10 정답 ②

원점 $(0, 0)$과 직선 $x+y-2=0$ 사이의 거리는 점과 직선 사이의 거리 공식을 이용하여 구할 수 있다.

점 $P(x_1,\ y_1)$와 직선 $l:\ ax+by+c=0$ 사이의 거리는

$d=\dfrac{|ax_1+by_1+c|}{\sqrt{a^2+b^2}}$ 임을 이용하여

$x_1=0,\ y_1=0,\ a=1,\ b=1, c=-2$를 공식에 대입하면,

$d=\dfrac{|1\times0+1\times0-2|}{\sqrt{1^2+1^2}}=\dfrac{2}{\sqrt{2}}=\dfrac{2\sqrt{2}}{2}=\sqrt{2}$

따라서 정답은 ②이다.

> **참고** **점과 직선 사이의 거리 공식**
>
> 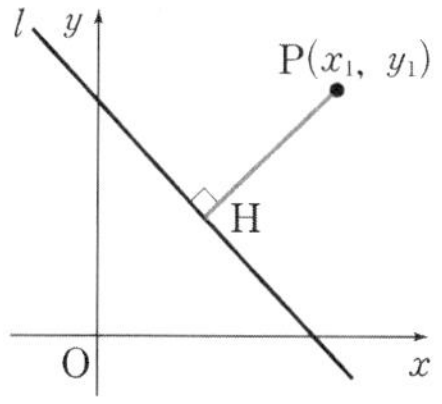
>
>
> 점 $P(x_1,\ y_1)$와 직선 $l: ax+by+c=0$ 사이의 거리는
>
> $d=\dfrac{|ax_1+by_1+c|}{\sqrt{a^2+b^2}}$ 이다.

11 정답 ①

원 $x^2+y^2=4$와 직선 $y=a$를 그려 원과 만나는 관계를 찾아보자.

원 $x^2+y^2=4$는 반지름이 2인 원이므로,

① 원 $x^2+y^2=4$와 직선 $y=1$

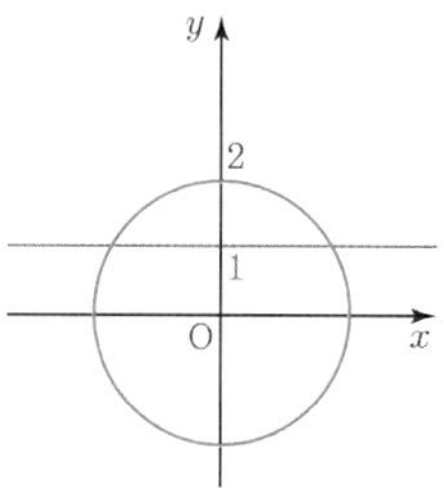

[서로 다른 두 점에서 만난다.]

② 원 $x^2+y^2=4$와 직선 $y=2$

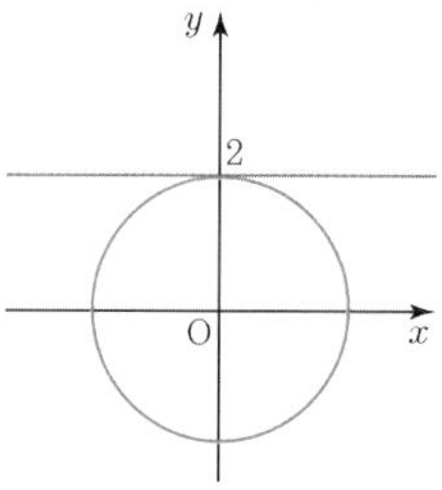

[한 점에서 만난다(접한다).]

③ 원 $x^2+y^2=4$와 직선 $y=3$

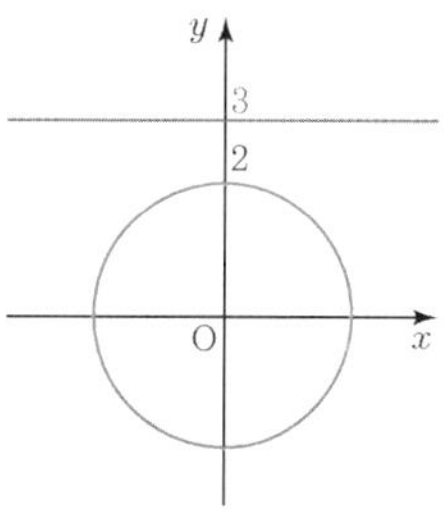

[만나지 않는다.]

④ 원 $x^2+y^2=4$와 직선 $y=4$

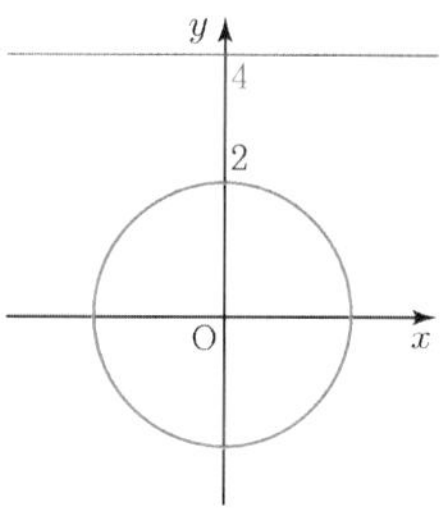

[만나지 않는다.]

서로 다른 두 점에서 만나는 것은 ①임을 알 수 있다.
따라서 정답은 ①이다.

12 정답 ④

점 $(1,\ 3)$을 $y=x$에 대하여 대칭이동하면, x좌표와 y좌표가 서로 바뀌므로 $(3, 1)$이 된다.
따라서 정답은 ④이다.

> **참고** $y=x$ **대칭**
>
> 점 $P(x, y)$를 $y=x$에 대해 대칭이동한 점을 Q라 하면, $Q(y, x)$가 된다.

13 정답 ④

기준이 명확하여 주어진 조건에 따라 대상을 분명하게 정할 수 있는 모임을 집합이라 한다.

① 작은 동물이라는 기준은 그 대상이 불분명하므로 집합이 아니다.

② 유명한 가수라는 기준은 그 대상이 불분명하므로 집합이 아니다.

③ 키가 큰 사람이라는 기준은 그 대상이 불분명하므

로 집합이 아니다.

④ 7 이하의 자연수는 1, 2, 3, 4, 5, 6, 7로 그 대상이 분명하다. 그러므로 집합이라 할 수 있다.

따라서 정답은 ④이다.

14 정답 ①

$A-B=\{x \mid x\in A, x\notin B\}$이다.

즉, A에는 포함되고, B에는 포함되지 않는 원소를 구하면 된다. 집합 A의 원소 2, 4, 6, 8 중 B와 공통인 교집합의 원소는 6, 8이므로 $A-B=\{2, 4\}$이다.

따라서 정답은 ①이다.

참고 차집합

집합 A에는 속하지만 집합 B에는 속하지 않는 모든 원소로 이루어진 집합($A-B$=집합A의 원소 중 A에만 속하는 원소들로 이루어진 집합)

➜ 기호 : $A-B$

➜ $A-B=\{x|x\in A$ 그리고 $x\notin B\}$이다.

➜ $A-B=A\cap B^C$

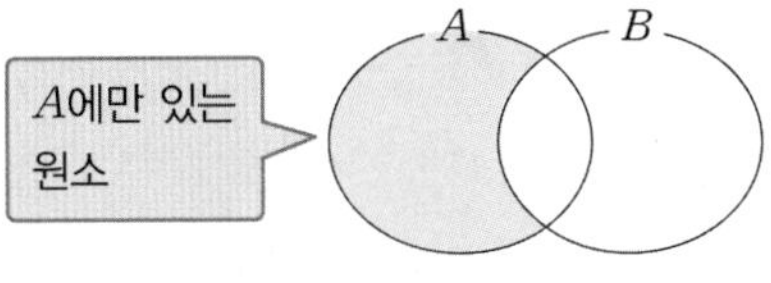

15 정답 ④

p가 q이기 위한 충분조건이 되기 위해서는

명제 $p\rightarrow q$가 참이어야 하므로,

조건 p : $x=2$를 조건 q: $x^2-a=0$에 대입하였을 때 참이 되어야 한다.

$2^2-a=0$ ➜ $4-a=0$ ➜ $a=4$

따라서 정답은 ④이다.

참고

명제 $p\rightarrow q$가 참일 때, p는 q이기 위한 충분조건, q는 p이기 위한 필요조건이라 한다.

16 정답 ①

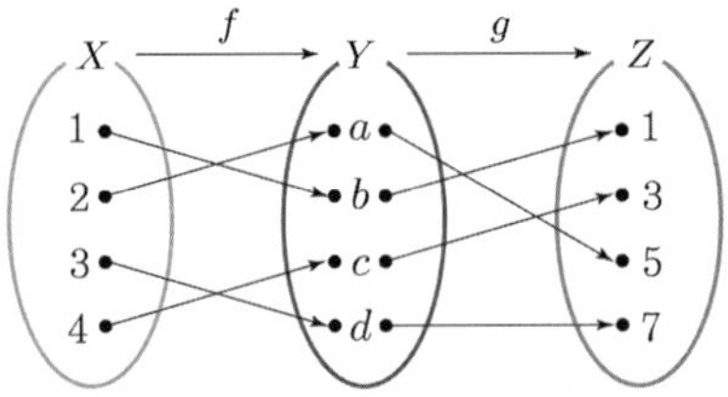

$(g\circ f)(1)=g(f(1))$과 같다.

위의 그림을 보고 $f(1)$을 먼저 구하면, b가 됨을 알 수 있으므로, $(g\circ f)(1)=g(f(1))=g(b)$

$g(b)$ 역시 위의 그림을 보면 1이 된다.

그러므로 $(g\circ f)(1)=g(f(1))=g(b)=1$

따라서 정답은 ①이다.

17 정답 ②

$f^{-1}(5)=k$라 놓으면 $f(k)=5$이다.

$f(k)=2k+1=5$이므로,

$2k=4$ ➜ $k=2$

$\therefore f^{-1}(5)=2$

따라서 정답은 ②이다.

| 다른 풀이 |

역함수를 직접 구해서 푸는 방법도 있다.

$y=2x+1$의 역함수는 x, y를 바꾸는 것이므로

$x=2y+1$, 이 식을 y에 대하여 정리하면,

$2y+1=x$ ➜ $2y=x-1$ ➜ $y=\frac{1}{2}x-\frac{1}{2}$이 된다.

그러므로 $f^{-1}(x)=\frac{1}{2}x-\frac{1}{2}$

$f^{-1}(5)=\frac{1}{2}\times5-\frac{1}{2}=\frac{5-1}{2}=\frac{4}{2}=2$

참고 역함수의 성질

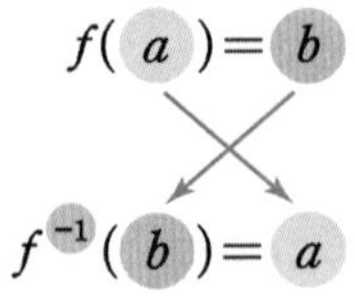

18 정답 ③

무리함수 $y=\sqrt{x-2}+4$의 그래프는 함수 $y=\sqrt{x}$의 그래프를 x축의 방향으로 2만큼, y축의 방향으로 4만큼 평행이동한 것이다.

그러므로 $a=2, b=4$이고, $a+b=6$이다.

따라서 정답은 ③이다.

오답피하기

$y=\sqrt{x}$의 그래프를 x축의 방향으로 $-a$만큼, y축의 방향으로 b만큼 평행이동하여 $y=\sqrt{x-a}+b$가 된다고 실수하기 쉬우니 주의해야 한다.

19 정답 ④

4개의 카드 중 3개를 골라 일렬로 나열하는 경우의 수는 4가지 중 3가지를 순열로 택하는 경우의 수와 같으므로

${}_4P_3=4\times3\times2=24$가지이다.

따라서 정답은 ④이다.

20 정답 ③

5종류의 세계 기록 유산 중에서 서로 다른 2종류의 세계 기록 유산을 선택하는 경우의 수는

$\frac{5\times4}{2\times1}=10$으로, 10가지이다.

[이때, 2×1로 나누는 이유는 세계 기록 유산 2가지를 선택하였을 때, 순서가 바뀌어도 같은 결과로 보기 때문이다. 예 난중일기, 훈민정음 = 훈민정음, 난중일기]

따라서 정답은 ③이다.

| 다른 풀이 |

5종류의 세계 기록 유산 중에서 서로 다른 2종류의 세계 기록 유산을 선택하는 경우의 수는 선택하는 순서가 바뀌어도 같은 결과이기 때문에 조합을 이용하여 구할 수 있다.

따라서 ${}_5C_2=\frac{5\times4}{2!}=\frac{5\times4}{2\times1}=10$으로, 경우의 수는 10가지이다.

영어 2024년 기출문제

제2회 정답

01 ②	02 ④	03 ③	04 ③	05 ②
06 ②	07 ①	08 ①	09 ②	10 ④
11 ③	12 ①	13 ④	14 ④	15 ③
16 ④	17 ③	18 ③	19 ②	20 ①
21 ②	22 ①	23 ②	24 ①	25 ①

01 정답 ②

해석 나는 그에게 배울 수 있는 기회를 가지게 되어 행운이다.

해설 opportunity 기회

① 갈등 conflict

③ 법칙 law, rule

④ 인기 popularity

02 정답 ④

해석 많은 사람들이 에너지 음료의 건강상의 위험에 대해 알고 있다.

해설 be aware of ~을 알다, 인지하다

① 걷다 walk

② 놓다 put, place

③ 묻다 ask

어휘 • health 건강

• risk 위험

03 정답 ③

해석 해변으로 가는 우리의 여행은 폭풍우 때문에 취소되었다.

해설 due to [전] ~ 때문에

① 게다가 moreover, besides, furthermore

② 대신에 instead, instead of

④ 반면에 on the other hand, whereas, while

04 정답 ③

해석 정원의 모든 꽃들이 아름답지만, 저는 이 빨간 장미를 정말 좋아합니다.

해설 flower – rose [꽃 – 장미 '전체와 부분'의 관계]

③은 북쪽 – 남쪽 '반의어 관계', ①, ②, ④는 '전체–부분'의 관계이다.
① 색깔 – 회색 ② 스포츠 – 농구 ④ 언어 – 영어

05 정답 ②

해석 위대한 마술쇼
오면 정말 놀라움에 감탄할 것입니다!
• 날짜 : 8월 17일, 오후 2~5시
• 위치 : The Grand 호텔
• 티켓 : 2만 원
* 호텔 뒤에 주차 공간이 있습니다.

해설 관람 연령에 대한 언급은 없다.

어휘 • be amazed 놀라다
• date 날짜
• location 위치
• there be ~가 있다
• parking 주차
• area 구역, 지역

06 정답 ②

해석 • 디저트로 아이스크림을 주문하겠습니다.
• 책들을 알파벳 순서대로 넣어 주세요.

해설 order 〔다의어〕 1. 주문하다 2. 순서 3. 질서
① drive 운전하다, 몰다
③ respect 존경하다
④ work 일, 작품, 작동하다

07 정답 ①

해석 • 그녀는 시험에 합격할 수 있다고 믿는다.
• 그는 조용하고 빠른 차를 구매했다.

해설

(1) 접속사 that : 'she can pass the exam' 문장 앞에 붙어 문장을 명사절로 만드는 접속사 that
⇨ 그녀는(주어) 믿는다(동사) 시험에 합격할 수 있다고(목절어–명사절)

(2) 관계대명사 that : 선행사 a car을 수식하는 문장을 이끄는 관계대명사 which를 대신하여 that이 쓰인 형태. 관계대명사 뒤에 주어가 생략되고 바로 동사(is)가 나온 걸로 보아 '주격 관계대명사'임을 알 수 있다.
⇨ 그는(주어) 조용하고 빠른 차를(목적어) 구매했다(동사).

어휘 • believe 믿다
• pass 통과하다
• exam 시험
• quiet 조용한
• fast 빠른

08 정답 ①

해석 • 프랑스는 에펠 탑으로 유명하다.
• 그는 친구들에게 전화를 걸어 도움을 청했다.

해설 be famous for ~로 유명하다
ask for ~을 요청하다

어휘 Eiffel Tower 에펠 탑

09 정답 ②

해석 A : 아! 내 손만 한 거미가 있네!
B : 손만 한 거야? 정말?
A : 응, 엄청 커!
B : 어디 보자. 보는 게 믿는 것이다(백문이 불여일견이다).

해설 Seeing is believing. 백 번 듣는 것보다 한 번 보는 게 낫다.

어휘 • as big as …만큼 큰
• huge 거대한
• let me check 확인해 보자, 어디 보자

10 정답 ④

해석 A : 드디어, 내가 좋아하는 밴드를 보기 위해 티켓을 예매했어요!
B : 대단하네요! 콘서트는 언제 하나요?
A : 금요일이에요. 그들이 라이브로 공연하는 것을 빨리 보고 싶어요.
B : 정말 운이 좋네요. 즐기세요!

해설 A의 마지막 말로 보아 신나고 행복한 심정을 느낄 수 있다.
I can't wait to V : V가 기다려지다

(can't wait라고 해서 실제로 '기다릴 수 없다'라는 의미가 아닌 것에 주의한다.)

어휘 • finally 마침내
• awesome 굉장한, 대단한
• perform 공연하다

11 정답 ③

해석 A : 짧은 머리 스타일 좀 보여 주시겠어요?
B : 네. 여기 사진 몇 장이 있습니다. 마음에 드는 것이 있으신가요?
A : 이거 마음에 드네요. 제 머리를 이렇게 잘라 주실 수 있나요?
B : 물론이죠, 바로 시작할 수 있어요.

해설 헤어스타일을 고르고 머리를 자르는 것과 같은 표현으로 보아 ③ 미용실임을 알 수 있다.

어휘 • here are 여기 ~가 있다
• like [전] ~와 같이
• absolutely 전적으로, 틀림없이
• right away 바로, 즉시

12 정답 ①

해석 운동은 건강한 몸무게를 유지할 수 있습니다. 운동은 칼로리를 태우고 근육을 키우는데, 이것은 전반적인 건강에 중요합니다. 이것은 또한 당신이 더 에너지가 넘치고 생산적인 상태라고 느끼게 만들어 일에 더 집중할 수 있게 도울 것입니다. 활동적인 상태를 유지함으로써 많은 건강 문제를 예방할 수 있습니다.

해설 건강한 삶과 에너지 있는 일상에 도움을 주는 이것(it)은 처음에 언급한 '① exercise 운동'임을 알 수 있다.
② heart 심장
③ problem 문제
④ stay 유지하다, 머무름

어휘 • exercise 운동
• maintain 유지하다
• healthy 건강한
• weight 무게
• burn 태우다
• muscle 근육
• overall 전반적인
• energetic 에너지 넘치는
• productive 생산적인
• active 활기찬, 능동적인
• prevent 예방하다, 막다

13 정답 ④

해석 A : 얼마나 자주 외식을 하니?
B : 자주는 아니고 일주일에 한 번 정도. 너는 어때?
A : 거의 매일 외식을 해. 이것이 내 스케줄상 더 쉽거든.
B : 응, 알겠어.

해설 빈칸의 질문 뒤로 B가 자주하지 않고(not often) 일주일에 한 번(once a week) '빈도'를 대답하고 있으므로 '빈도'를 묻는 질문 ④ How often do you eat out '얼마나 자주 외식하니'가 알맞다.
① 이 근처에 식당이 있니
② 어떤 종류의 음식을 먹니
③ 쉬운 요리법은 어디서 구할 수 있니

어휘 • often 자주
• once a week 일주일에 한 번
• eat out 외식하다
• almost 거의
• easier 더 쉬운

14 정답 ④

해석 A : 내 의사소통 능력을 어떻게 향상시킬 수 있을까?
B : 한 가지 방법은 ____________ 것이다.

해설 의사소통의 능력을 개선하는 방법은 ④ 정기적으로 사람들과 말하는 것을 연습하는 것(practice speaking with people regularly)이 알맞다.
① 과일과 야채를 더 먹다
② 엄마를 위해 베이킹 소다를 사다
③ 손을 따뜻하게 하기 위해 장갑을 끼다

어휘 • improve 개선하다, 향상시키다
• communication 의사소통
• skill 능력, 기술
• practice 연습하다
• regularly 규칙적으로, 정기적으로

15 **정답** ③

해석 A : 차를 마시는 것의 이점들을 알고 있나요?
B : 물론이죠. 긴장을 풀고 스트레스를 줄이는 데 도움을 줄 수 있어요. 차 마시는 거 좋아하세요?
A : 네, 좋아해요. 소화에도 도움이 된다고 들었어요.

해설 긴장을 풀고, 스트레스를 완화하고, 소화에도 좋은 차 마시기의 이점에 대해 이야기하고 있다. 대화의 주제로 ③ 차를 마시는 것의 장점이 알맞다.

어휘
• benefit 이점
• sure 확신하는, (대화) 물론이지
• relax 긴장을 풀다
• reduce 줄이다
• digestion 소화

16 **정답** ④

해석 저는 아래층에 살고 있는데 최근에 귀하의 아파트에서 많은 소음을 듣고 있습니다. 밤에 잠을 잘 수가 없습니다. 특히 늦은 시간에는 소음 정도를 낮춰 주세요. 그렇게 해 주시면 정말 감사하겠습니다.

해설 소음으로 밤에 잠을 잘 수가 없어서 소음을 낮춰 달라는 말(please keep ~)로 보아 ④ 요청하고 있다는 것을 알 수 있다.

어휘
• downstairs 아래층의
• noise 소음
• lately 최근에
• level 정도, 수준
• especially 특히
• during ~ 동안
• greatly 아주
• appreciate 감사하다

17 **정답** ③

해석 브레이크댄싱 클럽
저희와 함께 몇 가지 동작을 배워 보세요!
• Margaret 홀에서 매주 화요일 오후 5시
• 춤 경험은 요구되지 않습니다(춤 경험이 없어도 됩니다).
• 운동화를 가져오세요.
• 더 많은 정보를 원하시면 dancer@email.com으로 이메일 보내 주세요.

해설 운동화는 개인이 가져와야 한다.

어휘
• learn 배우다
• move 움직임, 동작
• experience 경험
• require 요구하다(be required 요구되다)
• bring 가져오다
• sneakers 운동화
• information 정보
• email 이메일 보내다

18 **정답** ③

해석 파라다이스 리조트는 태국에 위치하고 있습니다. 리조트는 바다 옆에 있어 수영과 낚시를 즐길 수 있습니다. 또한 다채로운 해양 생물을 관찰할 수 있는 다이빙 장소도 많습니다. 리조트에는 세계 각국의 다양한 요리를 즐길 수 있는 레스토랑이 있습니다. 파라다이스로 놀러 와요!

해설 다이빙 장소가 많다는 내용이 있으므로 '③ 다이빙은 안전상의 이유로 금지된다.'는 일치하지 않는다.

어휘
• resort 리조트
• be located in ~에 위치해 있다
• ocean 해양
• fishing 낚시
• dive 잠수하다
• spot 장소, 지점
• observe 관찰하다
• colorful 다채로운
• marine 해양의
• various 다양한
• dish 요리
• paradise 낙원

19 **정답** ②

해석 키가 더 커 보일 수 있는 팁을 알려 드릴게요. 먼저 헐렁한 옷은 피하세요. 많은 분들이 큰 옷을 선호하시겠지만, 그 옷들은 여러분의 키를 작아 보이게 할 수 있습니다. 두 번째로, 비슷한 색깔을 입으세요. 다른 색깔을 입는 것은 여러분의 몸을 분리시켜 키가 작아 보이게 할 수 있습니다.

해설 키가 커 보일 수 있는 '옷 입기' 방법을 소개하고 있으므로 이 글의 주제는 '② 키가 커 보이게 옷을 입는 방법'이다.

어휘
- tip 조언
- avoid 피하다
- loose 헐렁한
- clothes 옷
- prefer 선호하다
- appear ~하게 보이다
- similar 비슷한
- divide 분리하다
- cause 야기하다, 발생시키다

20 정답 ①

해석 영화 제작은 신중한 계획과 팀워크를 요구하기 때문에 어려울 수 있다. 적절한 장소를 찾고, 배우들과 일정을 잡고, 예산을 관리하는 것은 모두 어려운 일이다. 촬영 중 날씨와 기술적인 문제도 지연의 원인이 될 수 있다.

해설 Film-making은 difficult tasks(어려운 과업들)을 포함하며 careful(신중한) 계획과 팀워크가 요구되기 때문에 '① challenging(어려운)'이 알맞다.

② selfish 이기적인
③ independent 독립적인
④ wearable 착용할 수 있는

어휘
- film 영화를 찍다, 영화
- require 요구하다
- plan 계획하다
- find 찾다
- location 장소
- manage 관리하다
- budget 예산
- technical 기술적인
- cause 야기하다, 발생시키다
- delay 지연

21 정답 ②

해석 3D 프린터란 무엇일까요? 그것은 보통의 프린터와 비슷하지만 조금 다릅니다. 첫째, 잉크는 넣지 않고 플라스틱이나 금속 같은 다른 재료를 넣습니다. 다음으로 소프트웨어를 사용하여 종이를 출력하는 것이 아니라 장난감, 심지어 집과 같은 실제 제품을 출력합니다. 대단하지 않습니까?

해설 보통 주제 문장 뒤에 'First~', 'Next(Second)~'의 주제를 뒷받침하는 구체적인 내용이 이어진다. 'First~', 'Next~'로 일반 프린터와 3D 프린터의 차이점이 예시로 열거되고 있으므로 주제 문장의 빈칸에는 보통의 프린터와 비슷하지만 조금 '② different(다른)'가 알맞다.

① common 흔한
③ frequent 빈번한
④ wrong 잘못된

어휘
- printer 프린터기
- normal 보통의
- put in 넣다
- material 재료
- plastic 플라스틱
- metal 금속
- software 소프트웨어
- not A but B A가 아니라 B
- print out 출력하다
- product 상품
- amazing 놀라운

22 정답 ①

해석 새해 첫날, 친구와 저는 마을 근처에 있는 산을 오르기로 계획했습니다. (① 그런데 예상치 못하게 폭설이 내렸습니다.) 폭설 때문에 우리는 산에 오르지 못했습니다. 위험할 수도 있었기 때문입니다. (②) 결과적으로, 우리는 실내에 머물렀습니다. (③) 우리는 매우 실망했지만 다시 도전하기를 바라고 있습니다. (④)

해설 제시된 문장은 상반되는 내용을 연결하는 역접 연결사 However(그러나)로 문장이 시작되며 '예상 밖의 폭설'(heavy snow fell unexpectedly)이 언급되어 있다. 그러므로 산행을 계획했다는 문장과 산에 오르지 못했다는 문장 사이인 ①에 문장이 들어가는 것이 가장 적절하다.

어휘 • heavy snow 폭설
• unexpectedly 예상 밖에
• climb 오르다
• stop A from B A가 B하지 못하게 막다
• could have v-ed ~할(일) 수도 있었다
• as a result 그 결과, 결과적으로
• stay 머무르다
• indoor 실내에
• disappointed 실망한

23 정답 ②

해석 오늘날, 개, 고양이, 토끼와 같은 반려동물들은 주인의 마음속에 특별한 자리를 차지하고 있습니다. 많은 사람들이 반려동물과 많은 시간을 보냅니다. 어떤 사람들은 그들에게 많은 돈을 씁니다. 반려동물은 주인에게 큰 의미가 있을 수 있습니다. 여기에 몇 가지 이유가 있습니다.

해설 마지막 문장에서 '반려동물은 주인에게 큰 의미가 있으며, 여기에 몇 가지 이유가 있다'는 말로 보아 ② 반려동물이 주인들에게 중요한 이유의 내용이 이어질 것을 알 수 있다.

어휘 • such as ~와 같은
• hold 지니다, 보유하다
• place 장소
• owner 주인
• spend 시간/돈을 소비하다
• mean 의미하다
• here are 여기에 ~가 있다
• reason 이유

24 정답 ①

해석 인간은 사회적 존재입니다. 우리는 혼자 살 수 없고 다른 사람들의 지원이 필요합니다. 우리는 협력해서 일을 해야 합니다. 우리가 팀으로 일할 때, 우리는 더 성공할 수 있습니다. 헬렌켈러(Helen Keller)는 "혼자서는 아주 적은 일을 할 수 있습니다. 함께라면 아주 많은 일을 할 수 있습니다."라고 말한 적이 있습니다. 우리 중 누구도 우리 모두만큼 똑똑하지 않습니다. 이 점을 염두에 둘 때, 저는 우리가 더 나은 사회를 만들 것이라고 확신합니다.

해설 인간은 사회적 존재(social being)라고 말하며 혼자가 아니라 함께 협력(cooperation)하는 것에 이점(more successful, can do so much)을 강조하고 있다. 이를 명심한다면 더 나은 사회를 '만들 수 있다(build 건설하다, 만들다)'고 말하는 것이 문맥상 가장 알맞다.
② forget 잊다
③ submit 제출하다
④ trick 속이다, 속임수를 쓰다

어휘 • social 사회적인
• being 존재
• support 도움, 지지
• in cooperation 협력하여
• successful 성공적인
• keep ~ in mind ~를 명심하다
• society 사회

25 정답 ①

해설 alone(혼자)보다는 'we'(우리), –social being(사회적 존재), support from others(다른 이들로부터의 지지), in cooperation(협력하여), as a team 팀으로서)를 강조하며 협력의 중요성을 말하고 있다.

사회 2024년 기출문제

제2회 정답

01 ②	02 ②	03 ②	04 ③	05 ①
06 ④	07 ③	08 ③	09 ①	10 ①
11 ④	12 ①	13 ②	14 ②	15 ③
16 ②	17 ②	18 ④	19 ①	20 ③
21 ③	22 ④	23 ③	24 ②	25 ④

01 정답 ②

행복한 삶을 실현하기 위해서는 질 높은 정주 환경의 조성, 경제적 안정, 민주주의의 발전 및 도덕적 실천이 필요하다. 민원 제기, 청원 운동, 집회 참가 등의 시민 참여를 통해 시민의 권리를 능동적으로 행사하여 민주주의를 실현함으로써 시민으로서의 행복감을 높인다.

오답피하기

① 편익이란 어떤 대안을 선택함에 따라 얻을 수 있는 만족이나 이득이다.
③ 규모의 경제는 생산량이 늘어남에 따라 제품 단위당 평균 생산비가 하락하는 것을 말한다.
④ 완전 경쟁의 조건을 만족하지 않는 공급자가 1명인 독점과 공급자가 소수인 과점 현상을 불완전 경쟁이라 한다.

02 정답 ②

인권은 인간 존엄성을 유지하며 살아갈 수 있도록 모든 사람이 누려야 하는 기본적인 권리이다. 영국 명예혁명, 미국의 독립 혁명, 프랑스 혁명을 통해 인권을 강조하는 선언들이 발표되고 자유권, 평등권, 참정권의 등장으로 인권이 신장되었다.

오답피하기

③ 종전은 전쟁이 끝난 상태를 말한다.
④ 채권은 정부, 기업 등이 필요한 자금을 빌리면서 발행하는 증서이다.

03 정답 ②

인권 보장을 위한 제도로 권력 분립은 국가 권력을 입법부, 사법부, 행정부로 나누어 서로 견제하고, 균형을 이루게 하는 제도이다. 국회에는 입법권, 정부는 행정권, 법원은 사법권을 가진다.

04 정답 ③

준법 의식은 권리와 이익 보호, 공동선 실현을 위해 사회 구성원들이 법을 지키고자 하는 자세이다.

오답피하기

① 유동성은 필요할 때 쉽게 현금으로 전환할 수 있는 정도이다.
② 기회비용은 어떤 것을 선택함으로써 포기한 것들 가운데 가장 가치가 큰 것으로 명시적 비용과 암묵적 비용을 합한 값이다.
④ 인플레이션은 화폐 가치가 하락하여 물가가 상승하는 경제 현상이다.

05 정답 ①

시장의 경제 주체인 정부는 빈부 격차 문제 개선, 외부 효과 개선, 공공재 생산, 공정한 경쟁 촉진 등의 역할을 담당한다. 정부는 빈부 격차 문제는 사회 보장 제도, 누진세를 통해 소득 재분배 정책을 강화하며, 독과점과 같은 불공정 거래 행위를 규제하여 공정한 경쟁을 유도한다.

06 정답 ④

자유 무역 협정(FTA)은 개별 국가끼리 상품이나 서비스의 자유로운 이동을 위해 물품의 관세를 낮추거나 무관세로 상품과 서비스의 수출입 거래가 이루어지도록 하는 협정이다.

오답피하기

① 브렉시트(Brexit)는 영국의 유럽 연합 탈퇴를 뜻하는 단어이다.
② 님비(NIMBY)는 자신이 속한 지역에 혐오 시설 설치를 반대하는 지역 이기주의 현상이다.

③ 누리 소통망(SNS)은 네트워크를 바탕으로 다른 사람과 교류할 수 있는 응용 프로그램을 관리하는 서비스이다.

07 정답 ③

1929년 대공황으로 기업이 도산하고 실업자가 증가하는 시장 실패로 정부의 시장 개입이 필요하다는 케인스의 경제 이론을 수정 자본주의라 한다. 미국은 수정 자본주의를 바탕으로 뉴딜 정책을 실시하였다.

08 정답 ③

일반적으로 투자 수익이 크면 투자 위험도 커지므로 주식, 채권 등 여러 종류의 금융 자산에 투자하는 포트폴리오 투자(분산 투자)가 필요하다.

오답피하기

① 빨대 효과란 교통이 편리한 지역이 상대적으로 교통이 불편한 지역의 경제력을 흡수하는 현상이다.
② 외부 효과는 경제 주체가 경제 활동을 하는 과정에서 의도치 않게 타인에게 이익을 주거나 피해를 입히고도 대가를 치르지 않는 현상이다.
④ 사이버 불링은 사이버 공간에서 특정인을 집단적으로 따돌리거나 욕설, 험담 따위로 집요하게 괴롭히는 행위이다.

09 정답 ①

공동선이란 공동체 구성원 모두에게 이익이 되거나 공동체의 발전을 이루게 하는 것이다. 사회 통합을 위해 개인선과 공동선을 조화하여 사회 갈등을 최소화해야 한다.

오답피하기

② 희소성은 자원은 유한하지만 인간의 욕구는 무한하기 때문에 발생한다.
③ 무임승차는 대가를 치르지 않고 승차하는 행위를 말한다.
④ 인간 소외는 인간이 본래 가지고 있는 인간성을 박탈당하는 현상이다.

10 정답 ①

사회 복지 제도는 누구나 경험할 수 있는 다양한 사회적 위험에서 벗어나 최소한의 인간다운 삶을 살 수 있도록 지원하는 제도이다.

- 사회 보험 제도는 개인과 정부, 기업이 보험료를 분담하여 사회적 위험에 대비하는 제도로 국민 건강 보험, 고용 보험, 국민연금, 산업 재해 보상 보험이 있다.
- 공공 부조는 국가가 전액 지원하여 저소득 계층의 최저 생활을 보장하는 제도로 국민 기초 생활 보장 제도, 기초 연금, 의료 급여 등이 있다.
- 사회 서비스는 도움이 필요한 모든 국민을 대상으로 다양한 서비스 혜택을 지원하는 제도로 노인 돌봄 서비스, 가사·간병 서비스 등이 있다.

11 정답 ④

문화 변동 양상으로 문화 동화, 문화 병존, 문화 융합이 있다. 기존의 문화 요소와 다른 사회로부터 전파된 문화 요소가 함께 공존하는 현상을 문화 병존이라 한다.

오답피하기

① 발견은 문화 변동의 내재적 요인으로 찾아내지 못하였거나 아직 알려지지 아니한 사물이나 현상을 찾아낸 것을 말한다.
③ 문화 동화는 기존의 문화 요소가 다른 사회의 문화 요소로 흡수되어 정체성을 상실하는 현상이다.

12 정답 ①

문화를 이해하는 태도는 문화 사대주의, 문화 상대주의, 자문화 중심주의가 있다.

- 문화 사대주의는 다른 사회의 문화가 우월하며 자신의 문화를 열등하다고 여기는 태도이다.
- 문화 상대주의는 다른 사회 문화를 해당 사회의 맥락에서 이해하는 태도이다.
- 자문화 중심주의는 자기 사회의 문화는 우수하며 다른 사회 문화는 열등하다고 여기는 태도이다.

13 정답 ②
다양한 문화를 우리 사회의 주류 문화에 동화시키려는 이론을 용광로 이론이라 한다. 용광로 이론은 문화적 동질성, 사회 통합에 유리하지만 다양성을 무시하는 단점이 있다.

오답피하기
③ 유리 천장은 충분한 능력을 갖춘 사람이 직장 내 성 차별이나 인종 차별 등의 이유로 고위직을 맡지 못하는 상황을 의미한다.
④ 로컬 푸드는 장거리 운송을 거치지 않은, 가까운 지역에서 생산되는 농산물을 의미한다.

14 정답 ②
한대 기후는 일 년 내내 기온이 낮은 지역으로 툰드라 기후와 빙설 기후로 나뉜다. 보온을 위해 동물의 가죽과 털로 만든 두꺼운 옷을 입고 날고기·날생선, 저장 음식을 섭취한다. 가옥 구조는 이글루와 폐쇄적 구조가 나타난다.

15 정답 ③
자연재해는 기상 재해와 지형 재해로 구분한다. 기상 재해는 홍수·가뭄·폭설·열대성 저기압·황사 등이며, 지형 재해는 화산 활동·지진이 있다. 폭설은 많은 눈이 단시간에 집중해서 내리는 현상으로 교통 혼잡, 비닐하우스 붕괴 등의 영향을 준다.

오답피하기
① 가뭄은 기상 재해이며 오랫동안 비가 내리지 않아 발생한다.
② 지진은 지형 재해이며 땅이 갈라지고 흔들리면서 건축물과 도로 등이 붕괴된다.
④ 화산은 지형 재해이며 용암, 화산 가스, 화산재 등에 의한 피해가 발생한다.

16 정답 ②
차티스트 운동은 영국 노동자들이 보통 선거권을 획득을 위한 사회 운동이다.

오답피하기
① 교토 의정서는 지구 온난화를 해결하기 위한 국제 협약이다.
③ 몬트리올 의정서는 오존층 파괴 문제를 해결하기 위한 국제 협약이다.
④ 사막화 방지 협약은 사헬 지대, 사막 주변에 나타나는 사막화 현상을 막기 위한 국제 협약이다.

17 정답 ②
도시화는 한 국가 내에서 도시 거주 인구 비율이 높아지고 도시적 생활 양식과 도시적 경관이 확대되는 현상이다. 2·3차 산업의 발달로 인해 직업이 분화되고 전문성이 증가하며 특히 도시 거주민의 직업이 다양하게 나타난다.

오답피하기
① 도시는 인공열 증가로 기온이 주변 지역보다 높아지는 열섬 현상이 나타난다.
③ 도시의 인공 건축물이 증가하였다.
④ 농업 중심의 사회에서 공업 중심의 사회로 변화하였다.

18 정답 ④
제시된 내용은 합계 출산율이다.

오답피하기
① 고령화 현상은 총인구 중에서 65세 이상 노년층 인구가 차지하는 비율이 높아지는 현상이다.
② 인구 구조는 남성과 여성의 인구, 연령별 기준 등으로 집계하여 분류한 인구 피라미드이다.

19 정답 ①

한국, 중국, 일본은 동아시아 문화권이다. 동아시아 문화권은 유교와 불교 문화가 발달하였고 젓가락과 한자를 공통으로 사용한다.

오답피하기

③ 뉴질랜드의 원주민이 마오리족이다.
④ 사하라 사막 이남의 아프리카 지역은 아프리카 문화권이다.

20 정답 ③

이슬람교는 유일신 알라를 믿는 종교로 예배 장소인 모스크가 있고 돼지고기와 술을 금기시한다. 여성들은 얼굴과 몸을 가리는 부르카, 히잡, 차도르 등을 입는다.
①, ②, ④는 힌두교에 대한 설명이다.

21 정답 ③

인간과 자연의 공존을 위한 관점으로 생태 중심주의가 있다. 자연 그 자체의 가치를 인정하고 무생물을 포함한 자연 자체를 도덕적 고려 대상으로 여기는 관점으로 ①, ②, ④가 해당한다.
③ 인간의 이익을 위해 자연을 훼손하는 것은 인간 중심주의 관점이다.

22 정답 ④

전 세계의 문화가 비슷해져 가는 현상을 문화의 획일화라고 한다. 이를 해결하기 위한 방안으로 자문화의 정체성을 유지하며 외래 문화를 능동적으로 수용해야 한다.

오답피하기

① 저출산은 초혼 연령 상승, 출산에 대한 가치관 변화 등의 원인으로 발생한다.
② 플랜테이션은 선진국의 자본과 기술, 원주민의 노동력을 바탕으로 열대 기후에서 이루어지는 농업 방식이다.
③ 다국적 기업은 이윤을 극대화하기 위해 본사, 연구소, 공장 등의 입지를 세계적인 범위에서 공간적 분업을 한다.

23 정답 ③

비정부 기구(NGO)는 지역, 국가, 국제적으로 조직된 자발적인 비영리 시민 단체로 국경 없는 의사회(MSF), 그린피스(Greenpeace), 국제 사면 위원회(AI)가 있다.
①, ②, ④는 국제 정부 기구이다.

24 정답 ②

정보화 사회란 과학 기술의 발달로 컴퓨터, 인터넷, 인공위성 등을 이용한 정보 수집이 가능해지고, 지식과 정보가 부의 원천이 되는 사회를 말한다.
정보화에 따른 문제점으로 인터넷 중독, 사이버 범죄, 사생활 침해, 정보 격차 등이 있다.
개인 정보 유출, CCTV의 발전으로 개인이 감시나 통제를 받을 수 있는 것은 사생활 침해에 해당한다.

오답피하기

① 환경 난민은 기후 변화 등 환경 파괴가 원인으로 생존을 위협받아 본래 있던 지역에서 이주한 사람들을 말한다.
③ 자원 민족주의는 천연자원을 소유한 국가가 자국의 이익을 위해 정치적으로 이용하는 현상이다.
④ 산아 제한 정책은 아이를 덜 낳도록 유도하는 것이다.

25 정답 ④

세계의 화석 에너지 사용량은 석유 > 석탄 > 천연가스 순이다.

오답피하기

① ㉠은 신생대 지층 배사 구조에 매장되어 있다.
② ㉡은 화석 연료로 탄소 등의 오염 물질이 배출된다.
③ 18세기 산업 혁명의 주요 동력원은 석탄이다.

과학 2024년 기출문제

제2회 정답

01 ④	02 ①	03 ③	04 ④	05 ③
06 ④	07 ③	08 ②	09 ④	10 ②
11 ①	12 ②	13 ④	14 ④	15 ③
16 ③	17 ①	18 ②	19 ①	20 ③
21 ②	22 ①	23 ②	24 ①	25 ④

01 정답 ④

태양광 발전은 태양의 빛에너지를 반도체로 만든 태양 전지를 이용하여 전기 에너지로 전환한다. 자원 고갈의 염려가 없고 공해가 없는 청정 에너지이지만 계절과 일조량에 따라 전력 생산량 및 발전 시간이 제한적인 단점이 있다.

02 정답 ①

운동량은 운동하는 물체의 운동 정도를 나타내는 물리량으로 '운동량(kg·m/s)=질량(kg)×속도(m/s)'로 계산한다. 따라서 이 물체의 운동량은 2kg×6m/s=12kg·m/s이다.

03 정답 ③

전자기 유도는 코일 근처에서 자석을 움직이거나 자석 근처에서 코일을 움직일 때 코일에 전류가 흐르는 현상으로 이를 이용하여 변압기의 전압을 변화시키거나 발전기에서 전기 에너지를 생산한다.

04 정답 ④

수평 방향으로 던진 공의 운동은 수평 방향으로는 등속 운동, 연직 방향으로는 자유 낙하 운동을 한다. 따라서 A와 B 지점의 수평 방향 속력은 같고 연직 방향의 속력은 더 많이 자유 낙하한 B의 속력이 더 빠르다. 자유 낙하 운동은 물체가 중력만을 받아 낙하하는 운동이므로 A와 B 지점 공에 작용하는 힘은 중력만 작용하고 두 힘의 크기는 중력으로 같다.

05 정답 ③

열기관은 연료를 연소시켜 발생한 열에너지를 일로 전환하는 장치로 열효율은 공급한 열량 중 열기관이 한 일의 비율을 말한다. '열효율$=\frac{\text{열기관이 한 일}}{\text{공급된 열량}}\times 100$'이므로 이 열기관의 열효율은 $\frac{15\text{J}}{75\text{J}}\times 100=20\%$가 된다.

06 정답 ④

그래핀은 탄소 원자가 육각형 벌집 모양의 구조를 이룬 것으로 열과 전기 전도성이 크고 강철보다 강한 특징을 가지고 있다. 또한 투명하면서 유연성이 있어 휘어지는 디스플레이나 의복형 컴퓨터, 야간 투시용 콘택트렌즈 등에 사용할 수 있다.

07 정답 ③

13족 원소는 가장 바깥 전자 껍질의 전자 수가 3개이다.

오답피하기

① 가장 바깥 전자 껍질의 전자 수가 1개이므로 1족 원소
② 가장 바깥 전자 껍질의 전자 수가 2개이므로 2족 원소
④ 가장 바깥 전자 껍질의 전자 수가 4개이므로 14족 원소

08 정답 ②

가장 바깥 전자 껍질의 전자 수가 8개인 원소는 1주기 헬륨을 제외한 18족 원소가 해당한다.
(나)는 2주기 18족 원소이므로 가장 바깥 전자 껍질의 전자 수가 8개이다.

오답피하기

(가)는 16족 원소로 가장 바깥 전자 껍질의 전자 수는 6개, (다)는 1족 원소로 가장 바깥 전자 껍질의 전자 수는 1개, (라)는 17족 원소로 가장 바깥 전자 껍질의 전자 수는 7개이다.

09 정답 ④
이온 결합은 금속 원소와 비금속 원소가 각각 양이온과 음이온이 된 후 정전기적 인력에 의해 형성된 결합으로 고체 상태에서는 전류가 흐르지 않지만 액체 상태나 물에 녹은 수용액 상태에서는 전류가 흐른다.

오답피하기
ㄱ. 산소 기체는 전자 쌍을 공유하는 공유 결합 물질이다.

10 정답 ②
물에 녹아 수산화 이온(OH^-)을 내놓는 물질을 염기라 하고 수산화 이온(OH^-)에 의하여 나타나는 성질이 염기성이다. $Ca(OH)_2$는 물에 녹아 수산화 이온(OH^-)을 내놓으므로 염기이다.

수산화 칼슘	$Ca(OH)_2 \rightarrow Ca^{2+} + 2OH^-$

오답피하기
HCl, H_2SO_4, CH_3COOH는 모두 물에 녹아 수소 이온(H^+)을 내놓아 산성을 나타낸다.

11 정답 ①
A 수용액이 추가되면서 물과 함께 반응하지 않고 남는 이온에 염화 이온(Cl^-)이 있는 것을 통해 A는 HCl임을 알 수 있다. 염산(HCl)이 물에 녹아 내놓은 수소 이온(H^+)은 수산화 이온(OH^-)과 반응해 물을 만들고 염화 이온(Cl^-)은 반응하지 않고 수용액 안에 남아 있다.

12 정답 ②
산화 반응은 물질이 산소를 얻거나 전자를 잃는 반응으로 반응 물질 중 탄소(C)는 산소를 얻어 이산화 탄소(CO_2)가 되므로 산화되었다.

13 정답 ④
유전적 다양성은 같은 종 사이에서 나타나는 다양한 형질의 차이를 의미한다. 같은 종의 얼룩말의 줄무늬의 차이, 무당벌레의 겉날개 무늬와 색 등이 유전적 다양성의 예시가 된다.

14 정답 ④
뉴클레오타이드는 핵산(DNA, RNA)의 단위체로, 인산 : 당 : 염기 = 1 : 1 : 1로 결합되어 있다.

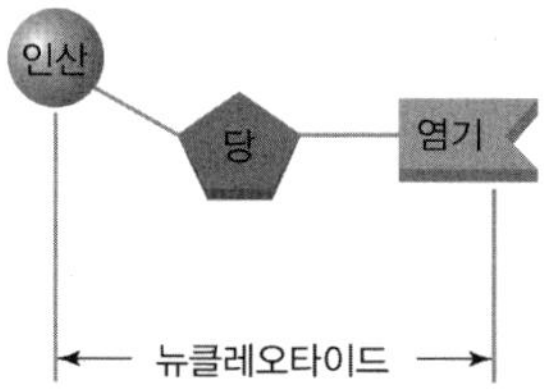

15 정답 ③
- 전사는 DNA의 유전 정보를 RNA로 전달하는 과정을 말하고 핵 안에서 일어난다.
- 번역은 RNA에 유전 정보에 따라 단백질이 합성되는 과정으로 세포질에서 일어난다.

16 정답 ③
확산은 입자가 스스로 운동하여 농도가 높은 쪽에서 낮은 쪽으로 퍼져 나가는 현상으로 인지질 2중층을 직접 통과하는 확산과 막단백질을 통한 확산으로 구분할 수 있다.

오답피하기
ㄷ. 세포막은 인지질과 막단백질로 이루어져 있다.

17 정답 ①
다윈의 '자연 선택'은 다양한 변이를 가진 개체들 간에 생존 경쟁이 일어나고 해당 환경에 유리한 형질을 가진 개체의 비율이 높아짐을 설명하는 이론으로 항생제를 지속적으로 사용하는 환경에서는 항생제 내성 세균이 자연 선택되어 항생제 내성 세균 집단이 주를 이루게 된다.

18 정답 ②

- 생산자는 빛에너지를 이용하여 광합성을 통해 스스로 양분을 합성할 수 있는 무리로 참나무와 같은 식물 외에 식물 플랑크톤 등이 해당한다.
- 비생물적 요인은 생물을 둘러싸고 있는 모든 환경 요인으로 빛, 온도, 물, 토양, 공기 등이 있다.

19 정답 ①

생태 피라미드는 먹이 사슬에서 각 영양 단계에 속하는 생물의 에너지양, 개체 수를 상위 영양 단계로 쌓아 올린 것이다. A는 2차 소비자보다 하위 영양 단계로 1차 소비자이고, B는 1차 소비자보다 하위 영양 단계인 생산자이다.

오답피하기

ㄴ. 참새는 스스로 양분을 합성할 수 없으므로 생산자(B)에 해당하지 않는다.

ㄷ. 상위 영양 단계로 갈수록 개체 수는 줄어드는 피라미드 형태로 나타난다.

20 정답 ③

- 지각을 구성하는 암석을 이루는 광물의 대부분이 규소와 산소를 주성분으로 하는 규산염 광물이다.
- 사람의 몸은 탄소와 산소의 비율이 높다. 이처럼 지각과 생명체에 공통으로 산소가 많다.

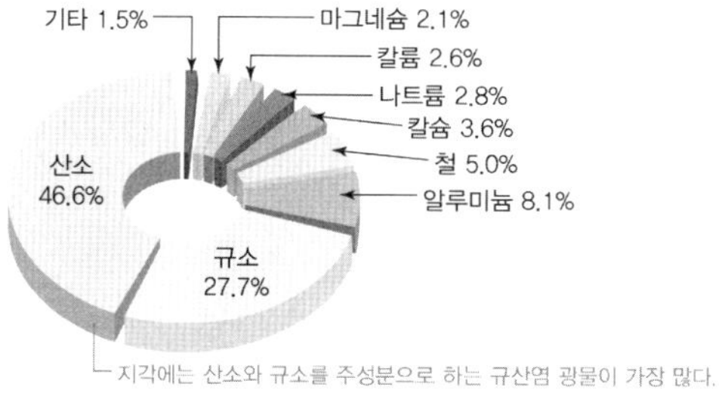

▲ 지각을 구성하는 원소의 비율

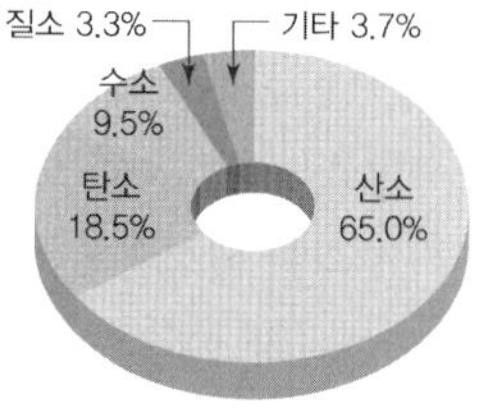

▲ 사람을 구성하는 원소의 비율

21 정답 ②

태양의 중심부에서는 수소 원자핵 4개가 융합하여 1개의 헬륨 원자핵이 형성되는 수소 핵융합 반응이 일어난다.

$$4H \longrightarrow He + \text{에너지}$$

22 정답 ①

A층은 바람의 혼합 작용으로 깊이에 관계없이 수온이 거의 일정한 혼합층, B층은 태양 에너지 도달량이 감소하여 수온이 급격하게 낮아지는 수온 약층, C층은 태양 에너지가 거의 도달하지 않아 수온 변화가 거의 나타나지 않는 심해층이다.

ㄱ. 혼합층(A)의 수온이 일정한 것은 바람(기권)의 작용이므로 기권과 수권의 상호 작용을 확인할 수 있다.

23 정답 ②

A는 수렴형 경계의 대표적 지형인 해구로, 발산형 경계에서는 나타나지 않는다.

B는 발산형 경계의 대표적 지형인 해령이다. 수렴형 경계는 맨틀이 하강하여 판이 소멸되고 발산형 경계는 맨틀이 상승하여 판의 생성이 있다.

24 정답 ①

지질 시대는 고생대 – 중생대 – 신생대 순으로 오래되었고 삼엽충(A)은 고생대, 암모나이트(B)는 중생대, 매머드(C)는 신생대의 표준 화석이다.

25 정답 ④

지구 시스템의 에너지원은 태양 에너지, 지구 내부 에너지, 조력 에너지가 있다. 이 중 지구 내부 에너지는 맨틀 대류를 일으켜 지진, 화산 활동과 같은 지각 변동을 일으킨다.

한국사 2024년 기출문제

제2회 정답

01 ②	02 ④	03 ②	04 ③	05 ②
06 ①	07 ①	08 ②	09 ④	10 ④
11 ④	12 ③	13 ①	14 ④	15 ②
16 ①	17 ③	18 ①	19 ③	20 ①
21 ③	22 ④	23 ③	24 ③	25 ④

01 정답 ②

신석기 시대에 이르러 농경과 목축을 처음 시작하고 토기를 제작하였다. 빗살무늬 토기는 우리나라의 신석기 시대를 대표하는 토기로 한반도 곳곳에서 발견된다.

02 정답 ④

신라는 6세기 진흥왕 때 처음으로 한강 유역에 진출하였고, 대가야를 복속하였으며, 함경도 일대까지 진출하였다. 이는 신라 역사상 가장 넓은 영토에 해당한다. 진흥왕은 이렇게 확보한 영토를 순시하며 4곳에 왕의 행차를 기념하는 순수비를 건립하였다.

오답피하기

① 조선 세종은 훈민정음을 창제하고, 의정부 서사제를 실시하였다.
② 고려 공민왕은 적극적인 반원 정책을 추진해 변발을 금지하고 원의 쌍성총관부가 관리하던 우리 영토를 수복하였다.
③ 조선 광해군은 명과 후금 사이에서 중립 외교를 실시하였다.

03 정답 ②

불교에는 경전을 중시하는 교종과 참선을 강조하는 선종이 있다. 통일 신라 중기까지는 교종이 우세했으나, 신라 말 호족들이 선종을 적극적으로 후원하여 선종이 9개의 세력(선종 9산)으로 확대되었다.

오답피하기

① 조선 사람들은 천주교를 서학(서양의 학문)이라 불렀다.
③ 대종교는 나철이 창시한 종교로, 단군 신앙을 바탕으로 한다. 일제 강점기에 만주 지역의 독립군들 사이에서 크게 유행하였다.
④ 동학은 3대 교주 손병희 때 천도교로 이름을 변경하였다.

04 정답 ③

고려 중기에 이르러 개경 문벌 귀족이 정치적, 경제적, 사회적 특권을 장악하였다. 이에 지방 세력의 반발이 컸는데 특히 묘청, 정지상 등 서경 세력은 인종에게 서경(평양) 천도와 금나라 정벌 등의 개혁을 요구하였다. 왕이 처음에는 이들의 요구에 응했으나, 결국 개경파의 반대에 천도를 중단하였다. 그러자 서경파는 반란을 일으켰다. 이 과정을 묘청의 서경 천도 운동이라 한다.

오답피하기

① 조선 후기에 최익현 등 위정척사파(기존의 성리학 질서를 수호하려는 입장)는 개항과 개화를 반대하였다.
② 녹읍은 신라의 토지 제도로, 진골의 경제적 기반이 되었다. 통일 신라 신문왕은 왕권 강화를 위해 녹읍을 폐지하고, 관료전을 지급하였다.
④ 반민족 행위자는 친일파를 의미한다. 대한민국 정부 수립 직후에 제헌 국회는 이들을 처벌하기 위해 반민족 행위자 처벌법을 제정하였다.

05 정답 ②

승려 일연은 『삼국유사』를 집필하여 불교의 입장에서 고대사를 정리하였다. 신이사관(신비롭고 이상한 일이 일어날 수 있다는 역사적 관점)에 바탕을 두었기 때문에, 『삼국사기』에 수록되지 않은 단군 신화와 다양한 설화 등이 담겨 있다.

오답피하기

① 이중환의 『택리지』는 조선 후기의 대표적인 지리서로, 이중환이 전국을 다니며 파악한 내용을 지리, 생리, 인심, 산수 등의 주제로 정리하였다.
③ 허균의 「홍길동전」은 최초의 한글 소설로, 조선 중기에 집필되었다.
④ 김정호의 「대동여지도」는 조선 후기에 제작된 전국 지도로, 매우 정밀한 것이 특징이다.

06 정답 ①

영조와 정조는 18세기에 탕평 정치를 통해 붕당 간 대립을 완화하고 왕권을 안정시키고자 하였다. 정조는 이를 위해 궁궐 내에 규장각을 설치하고 초계문신제를 실시하여 지지 세력을 키웠다.

오답피하기

② 박정희는 1972년 유신 헌법을 제정하여 강력한 대통령제를 실시하였다.
③ 고려 후기의 승려인 지눌은 당시 불교계의 타락을 비판하며 불교 개혁 단체인 수선사를 조직하였다. 이것이 확장되어 순천에 송광사를 건립하였다.
④ 통리기무아문은 고종이 개화 정책을 총괄하기 위해 설립한 행정 기관이다.

07 정답 ①

방납이란 현물 납부가 부담스러운 백성들이 관리나 상인에게 대리 납부를 부탁한 뒤 수수료를 지불하는 방식을 말한다. 16세기에 이르러 방납은 일반적인 방식이 되었다. 하지만 방납에 따른 수수료가 점차 비싸지자 이를 개선해야 한다는 목소리가 높아졌다. 광해군은 기존의 현물 납부를 중단하고, 쌀이나 옷감, 동전 등으로 납부하는 대동법을 제정하여 이 문제를 시정하였다.

오답피하기

② 조선의 신분제는 양인(양반, 중인, 상민 등 자유민)과 천인(노비, 백정 등 비자유민)으로 구분할 수 있는데 이를 양천제라 한다.
③ 전시과는 고려의 토지 제도로, 관리들을 18등급으로 나누어 전지(세금 징수가 가능한 토지)와 시지(땔감을 구할 수 있는 산지)를 지급하였다.
④ 흥선 대원군은 군포 납부를 면제받았던 양반에게도 군포를 징수하였다. 이것이 호포제이다.

08 정답 ②

미국은 제너럴 셔먼호 사건을 계기로 조선에 개항을 요구하며 강화도를 침략하였다. 이를 신미양요라 한다. 하지만 이때는 조선이 강력하게 저항하여 미국은 뜻을 이루지 못했다.
이후 강화도 조약으로 일본에 문호를 개방한 조선은 2차 개방국으로 미국을 선택하였다(조·미 수호 통상 조약).

오답피하기

① 독일은 한국사에서 오페르트 도굴 사건(오페르트는 독일 출신 상인)과 부들러의 중립국 주장 등과 관련 있다.
③ 영국은 1885년에 러시아 견제를 이유로 거문도를 불법 점령하였다.
④ 대한민국은 미국을 지원하기 위해 1965년부터 약 10년간 베트남에 군대를 파병하였다.

09 정답 ④

제시문은 1884년에 일어난 갑신정변에 관한 내용이다. 김옥균, 박영효 등의 급진 개화파는 정변 다음 날 '청 사대 중단, 인민 평등권 보장(신분제 폐지)' 등을 포함한 개혁 정강을 발표하며 근대 국가 건설을 시도하였다.

오답피하기

① 율령이란 고대 국가의 법률 체계로, 고구려는 소수림왕 때, 신라는 법흥왕 때 마련되었다.
② 조선 후기 농민들은 농업 생산력 향상을 위해 적극적으로 모내기법을 도입하였다. 이로써 모내기법이 전국적으로 확산되었다.
③ 정동행성은 원나라가 일본 원정을 위해 고려에 설치한 연락 기관이다.

10 정답 ④

일제는 청·일 전쟁과 러·일 전쟁의 승리로 각각 청나라와 러시아를 한반도에서 몰아낼 수 있었다. 한반도 지배에 대한 걸림돌이 없자, 일제는 1905년 을사늑약을 강요하였고, 1910년에는 국권을 빼앗아갔다.

오답피하기

① 붕당은 조선 사대부 사이에 형성된 일종의 정치적·학문적 파벌로, 선조 시기에 동인, 서인으로 나눈 것에서 시작하였다.
② 예송은 조선 현종 때 자의 대비가 상복을 입는 기간을 둘러싼 예법 논쟁으로, 서인과 남인이 대립하였다.
③ 고려 중기에 무신들은 오랜 정치적 차별에 반발하여 무신 정변을 일으켰다. 이때부터 약 100년간 무신이 집권하는 무신 정권이 유지되었다.

11 정답 ④

신민회는 1907~1911년에 활동한 애국 계몽 운동 단체로, 기존의 단체와 달리 비밀 결사로 운영되었다. 신민회 회원은 학교 설립, 산업체 운영, 대한매일신보 발행 등을 통해 우리 민족의 실력 양성을 도모하였다.

오답피하기

① 별기군은 고종이 개화기 초기에 마련한 신식 군대로, 일본 교관을 초빙하여 훈련을 받았다.
② 비변사는 왜란 이후 조선 최고의 정치 기구로 성장하였고, 흥선 대원군 시기에 혁파되었다.
③ 승정원은 조선의 정치 기구로, 왕의 비서실 역할을 담당하였다.

12 **정답 ③**

전봉준은 1894년에 고부 군수의 폭정에 저항하여 고부 농민 봉기를 일으켰고, 같은 해에 동학 교도들을 규합하여 동학 농민 운동을 이끌었다.

오답피하기

① 이황은 이이와 더불어 조선의 대표적인 성리학자이다.
② 강감찬은 고려 초기의 관리로, 거란의 3차 침입을 귀주 대첩에서 무찔렀다.
④ 을지문덕은 고구려의 군인으로, 수나라의 침입을 살수 대첩으로 무찔렀다.

13 **정답 ①**

고종은 제2차 갑오개혁 때 교육입국 조서를 발표하여 근대 교육의 중요성을 강조하였다. 이에 따라 소학교(현재의 초등학교)가 설립되고, 교사 양성을 위해 사범 학교가 마련되었다.

오답피하기

② 촌락 문서는 통일 신라 때 작성된 문서로, 촌주가 해당 지역의 토지, 인구, 가축, 과실나무 등을 조사한 내용이 기록되어 있다.
③ 신채호는 의열단의 활동 방향, 목표 등을 담아 조선 혁명 선언을 작성하였다.
④ 박정희 정부는 1972년에 북한과 합의한 통일의 3대 원칙(자주, 평화, 민족 대단결)을 담아 7·4 남북 공동 성명을 발표하였다.

14 **정답 ④**

일제는 조선 통치를 위해 통감부(1906~1910.8)와 총독부(1910.8~1945)를 운영하였다.

오답피하기

① 삼별초는 무신 최우가 설립한 군사 기구로, 대몽 항쟁 때 가장 마지막까지 저항한 것으로 유명하다.
② 도병마사는 고려의 군사 회의 기구로, 국방 문제가 발생했을 시에 중서문하성과 중추원의 고위 관료들이 모여 회의를 진행하였다.
③ 제가 회의는 고구려 귀족 회의이다.

15 **정답 ②**

일제 강점기에 활동한 역사학자 중 민족주의 사관을 가진 인물로는 박은식, 신채호, 정인보 등이 있다. 이 중 신채호는 고대사 연구에 집중하며 『조선사연구초』 등을 집필하였다.

오답피하기

① 궁예는 후고구려를 건국하였다.
③ 이성계는 고려 말 왜구를 격퇴하며 명성을 쌓았고, 위화도 회군으로 정치 권력을 획득하였다. 이후 정도전 등 급진파 사대부의 추대를 받아 조선의 초대 왕에 올랐다.
④ 정약용은 조선 후기의 실학자로, 토지 개혁에 관심이 많았으며, 실학을 집대성하였다.

16 **정답 ①**

제시된 내용은 1919년에 일어난 3·1 운동을 의미한다. 지도부도 없는 상황에서 전국적으로 만세 운동이 수개월에 걸쳐 일어난 것은 우리 민족에게 독립운동에 대한 자신감을 불러 일으켰다. 이에 자극받은 독립운동가들은 그해 9월 중국 상하이에서 대한민국 임시 정부를 수립하였다.
① 강화도 조약은 1876년에 체결되었다.

오답피하기

③ 3·1 운동 소식을 들은 중국 대학생들은 일제 타도를 외치며 같은 해 5월에 5·4 운동을 일으켰다.
④ 일제는 3·1 운동을 계기로 무단 통치가 한계에 달했음을 인식하고, 문화 통치로 변경하였다.

17 정답 ③

일제 강점기에 신문사를 중심으로 문맹 퇴치 운동이 일어났다. 조선일보의 '문자 보급 운동'과 동아일보의 '브나로드 운동'이 대표적이다.

오답피하기

① 북벌은 조선 효종이 병자호란에 대한 앙갚음을 위해 추진한 대외 정책이다.
② 박정희 정부는 1970년부터 농촌 재건 운동인 새마을 운동을 전개하였다.
④ 1997년 외환 위기로 한국 경제가 어려움에 처하자, 시민들은 자발적으로 금 모으기 운동을 전개하였다. 이렇게 모은 금을 팔아 달러를 확보하였다.

18 정답 ①

의열단 단원으로는 김원봉, 김익상, 김상옥, 김지섭, 나석주 등이 있다. 이들은 일제의 식민 통치 기관, 통치자, 친일파 등을 암살하고 파괴하는 활동을 전개하였다.

오답피하기

② 보안회는 일제의 황무지 개간권 요구를 저지하기 위해 1904년에 조직되었다.
③ 황국 협회는 보부상 단체로, 독립 협회와 갈등을 빚었다.
④ 통일 주체 국민 회의는 사실상 대통령을 선출하는 조직으로, 1970년대 유신 체제 때 등장하여 전두환 정권 초기에 폐지되었다.

19 정답 ③

1945년 8월에 광복을 맞이했으나, 정부 수립을 둘러싼 좌익과 우익의 대립이 심화되고, 한반도에 자신들에게 유리한 정부를 수립하려는 미국과 소련의 간섭도 매우 강했다.
이러한 상황에서 북한은 김일성을 앞세워 공산화를 진행하였고, 남한에서는 단독 정부 수립을 요구하는 이승만의 정읍 발언이 나왔다.
여운형, 김규식 등 중도 세력은 남북 분단을 막기 위해 좌우 합작 운동을 1946~1947년에 걸쳐 전개하였다.

오답피하기

① 백정 출신들은 사회적 차별에 저항하여 1920년대에 진주에서 형평 운동을 시작하였다.
② 위정척사 운동은 성리학적 질서를 지키려는 보수적 유생들에 의해 전개되었다.
④ 국채 보상 운동은 1907년에 대구에서 시작되었다.

20 정답 ①

조소앙의 삼균주의는 정치, 경제, 교육에서의 평등을 주장하는 사상으로, 1941년에 발표된 대한민국 임시 정부의 건국 강령에 반영되었다.

오답피하기

② 지눌은 '단번의 깨달음과 꾸준한 수행'을 강조하는 돈오점수를 주장하였다. 이는 한국 선종의 수행 방법 중 하나이다.
③ 고려 초기의 관리 최승로는 성종에게 시무 28조라는 개혁안을 올렸다.
④ 최혜국 대우는 해당 조약의 상대국에서 최고의 권리를 약속한다는 것으로, 우리나라는 조·미 수호 통상 조약에서 최초로 명시하였다.

21 정답 ③

6・25 전쟁은 1950년에 발발하여 1953년에 종료되었다.

오답피하기

① 임오군란은 1882년에 구식 군인들이 개화 정책에 반발하여 일으킨 군사 충돌이다.
② 임진왜란은 조선 선조 때인 1592년에 발발하였다.
④ 청산리 대첩은 봉오동 전투와 더불어 1920년에 일어났다.

22 정답 ④

4・19 혁명 직후에 출범한 장면 정부는 우리나라 최초의 의원 내각제 정부이며, 경제 개발 5개년 계획을 최초로 마련하였다.

오답피하기

① 흥선 대원군은 환곡의 문란이 심각하자, 각 마을에서 곡식 대여를 담당하는 사창제를 실시하였다.
② 진대법은 고구려 고국천왕 때 마련된 빈민 구제 방안이다.
③ 조선 인조는 광해군의 중립 외교를 중단하고, 후금을 배척하는 친명배금 정책을 추진하였다. 이는 정묘호란이 일어나는 빌미가 되었다.

23 정답 ③

전두환과 신군부가 12・12 사태로 권력을 장악하자, 다음 해인 1980년 광주 시민들은 5・18 민주화 운동으로 신군부에 저항하였다. 신군부는 계엄군을 투입해 이를 진압하였고, 이후 전두환은 대통령에 올라 1980년부터 1988년 2월까지 재임하였다. 전두환 정부 마지막 해인 1987년에 대통령 직선제로의 개헌을 요구하는 시민 운동이 전국에서 일어났는데, 이를 6월 민주 항쟁이라 부른다.

오답피하기

① 아관파천은 고종이 경복궁을 나와 러시아 공사관으로 이주한 1896년의 사건이다.
② 우리 민족은 1948년에 최초로 선거를 통해 국회의원을 선출하였다. 이를 5・10 총선거라 한다.
④ 1945년에 열린 모스크바 3국 외상 회의에서 신탁 통치가 결정되었다.

24 정답 ③

김영삼 정부는 금융 거래 시 가명과 차명을 금지시키는 금융 실명제를 실시하였다.

오답피하기

① 이승만 정부는 농지 개혁을 통해 소작농이 자작농으로 성장할 수 있도록 하였다.
② 고려 광종은 호족이 불법적으로 노비로 만든 사람들을 조사하여 원래의 신분을 되찾게 하였다.
④ 일제는 1930년대 후반부터 황국 신민화 정책을 추진하여 한국인의 정체성을 파괴하였다.

25 정답 ④

노태우 정부는 북한과의 오랜 협상 끝에 1991년 남북 기본 합의서를 작성하였다. 여기에는 '상호 체제 인정, 상호 불가침(무력 사용 금지)' 등이 명시되어 있다.

오답피하기

① 과전법은 고려 말인 1391년에 제정되어 조선 초기까지 유지된 토지 제도이다. 전현직 관리에게 경기도의 수조권을 보장하는 것이 특징이다.
② 전주 화약은 1894년 동학 농민군과 정부 사이에 체결된 합의안이다.
③ 일제는 중・일 전쟁이 발발하자 전쟁에 필요한 인력과 물자를 동원하기 위해 1938년에 국가 총동원법을 제정하였다.

도덕 2024년 기출문제

제2회 정답

01 ①	02 ③	03 ②	04 ③	05 ①
06 ①	07 ③	08 ③	09 ②	10 ①
11 ①	12 ①	13 ④	14 ②	15 ③
16 ②	17 ④	18 ④	19 ④	20 ①
21 ④	22 ②	23 ④	24 ②	25 ④

01 정답 ①

실천 윤리학은 현대 사회가 당면한 다양한 윤리 문제를 해결하기 위한 근거와 방안을 제시해 준다.

오답피하기

② **기술 윤리학** : 도덕 현상과 문제의 명확한 기술, 기술된 현상들 간의 인과 관계를 설명하는 데 관심을 두는 학문

③ **이론 윤리학** : 윤리적 판단과 행위 원리를 탐구하고 이에 대한 정당화에 초점을 두는 학문

④ **메타 윤리학** : 도덕적 언어의 의미 분석과 논리 분석에 관심을 두는 학문

02 정답 ③

환경 윤리 영역에서는 자연을 바라보는 동서양의 관점과 오늘날 나타나는 다양한 환경 문제를 다룬다. 환경 문제의 주요 쟁점으로는 기후 변화 문제, 미래 세대에 대한 책임 문제, 생태계의 지속 가능성 문제 등이 있다.

오답피하기

① 생명 윤리, ② 성과 가족 윤리, ④ 평화 윤리

03 정답 ②

제시된 사단, 성선설, 직업 윤리의 내용을 바탕으로 맹자라는 것을 알 수 있다.

- **맹자의 사단** : 모든 인간이 본래부터 가지고 있는 선천적인 것으로, 남을 불쌍히 여기는 마음[측은지심(惻隱之心)], 옳지 못한 일을 부끄러워하고 미워하는 마음[수오지심(羞惡之心)], 양보하고 공경하는 마음[사양지심(辭讓之心)], 옳고 그름을 구별하는 마음[시비지심(是非之心)]이다.

오답피하기

① 도교, ③ 성악설, ④ 겸애 사상과 관련 있다.

04 정답 ③

공리주의에서는 쾌락이나 행복을 가져다주는 행위는 선하고 옳은 행위이며, 행복을 감소시키거나 고통을 가져오는 행위는 악하고 그른 행위라고 보았다.

오답피하기

④ **진화 윤리** : 진화 이론이 윤리나 도덕에 대한 우리의 이해에 어떻게 관련될 수 있는지를 탐구하는 영역

05 정답 ①

장자, 플라톤, 에피쿠로스의 죽음에 대한 관점을 통해서 죽음을 부정하고 두려워할 것이 아니라 죽음을 깊이 성찰하여 자신의 유한한 삶을 깨닫고 더욱 의미 있게 살도록 노력해야 한다.

06 정답 ①

노자는 억지로 하지 않고 자연스러운 도(道)의 흐름에 맡기는 무위자연(無爲自然)의 삶을 강조하였다. 장자는 소요와 제물을 통해 인간의 자연성을 회복하고 진정한 행복에 이르는 길을 제시하였다.

- **소요(逍遙)** : 자유롭게 이리저리 거닐며 돌아다닌다는 뜻으로 어떤 것에도 얽매이지 않는 자유로움을 뜻함.
- **제물(齊物)** : 도(道)의 관점에서 만물을 평등하게 바라본다는 의미

07 정답 ③

요나스는 과학 기술에 대한 윤리적 규제를 강조하면서, 미래 세대와 자연에 대한 인간의 책임을 주장하였다.

오답피하기

① 질적 공리주의, ② 양적 공리주의, ④ 경험주의, 인간 중심주의 등과 관련 있다.

08 정답 ③

시민 불복종의 정당화 조건은 첫째, 기존 사회 질서와 전체 법질서에 대한 존중이 있어야 한다. 둘째, 정의롭지 못한 법과 제도를 바꾸기 위해 시도할 수 있는 합법적인 수단이 없을 때 최후의 수단으로만 고려되어야 한다. 셋째, 개인 또는 특정 집단의 목적을 성취하기 위한 것이 아니라 정의, 자유, 인권 등 보편적인 목적을 추구하는 공적인 행위여야 한다. 넷째, 비폭력적이어야 한다. 다섯째, 시민 불복종에 따른 처벌을 감수해야 한다.

09 정답 ②

독일의 심리학자 프롬은 사랑이 보호, 책임, 존경, 이해의 요소를 포함한다고 보았다. 그는 사랑하는 사람을 보호하는 것, 사랑하는 사람의 요구를 배려하면서 자신의 행동에 책임을 지는 것, 사랑하는 사람을 있는 그대로 받아들이며 존경하는 것, 사랑하는 사람을 올바로 이해하는 것이 진정한 사랑의 모습이라고 주장하였다.

10 정답 ①

(가) 인간 중심주의는 도덕적 고려 대상을 인간으로 한정하고, (나) 동물 중심주의는 도덕적 고려 대상을 인간과 동물로 한정한다. 따라서 공통점은 인간을 도덕적 고려 대상으로 바라보는 것이다.

오답피하기

② 생명 중심주의, ③ 생태 중심주의, ④ 환경 파시즘

11 정답 ①

칼뱅(Calvin, J.)은 근면 성실하고 검소한 생활과 직업의 성공이 신(神)에 의한 구원의 현세적 징표가 된다는 직업 소명설을 주장하였다.

오답피하기

② **경로 사상** : 노인을 공경하는 생각

③ **장인 정신** : 한 가지 기술에 통달할 만큼 오랫동안 전념하고 작은 부분까지 심혈을 기울이고자 노력하는 정신

④ **특권 의식** : 사회 · 정치 · 경제적으로 특별한 권리를 누리고자 하는 태도

12 정답 ①

현대 사회에서 과학 기술은 정치적, 경제적 목적과 밀접하게 관련되어 있으므로 과학 기술자는 자신의 연구 성과물을 왜 개발하는지, 어떻게 활용될 수 있는지 신중하게 생각해 보아야 한다. 만약 어떤 연구 성과물이 인류에게 해악을 끼칠 위험성을 지니고 있다면 과학 기술자는 사회적 책임을 인식하고 연구를 중단해야 한다.

13 정답 ④

사회 계약론은 사상가에 따라 국가의 역할에 대한 의견이 조금씩 다르지만 공통적으로 국가가 시민의 생명과 재산, 자유 등 기본권을 보호할 의무가 있다고 보았다.

오답피하기

① **겸애** : 차별 없는 사랑을 의미한다(묵자).

② **중용** : 많음과 적음의 어느 쪽에도 치우치지 않는 적당함을 취하는 용기(아리스토텔레스)

14 정답 ②

일부 지역 사람들이 비만으로 건강을 해치고 있는 반면 다른 지역에서는 굶주림으로 고통받는 사람들이 있다. 이러한 지역에서는 심각한 영양실조와 기아가 대물림되는 악순환을 만들어 낸다. 매년 지구 곳곳에서 영양실조에 걸린 수백만 명의 산모가 수백만 명의 건강하지 않은 아이들을 낳고 있다. 따라서 절제의 미덕을 살려, 적당한 섭취를 생활화하는 음식 문화를 만들어 나갈 필요가 있다.

15 정답 ③
도덕주의 관점에서 예술은 도덕적 선을 지향하는 것이 바람직하고, 예술 작품에 대해서는 적절한 윤리적 규제가 필요하다.

16 정답 ②
갈퉁(Galtung, J.)은 평화를 물리적 폭력은 물론 폭력을 자행하게 만드는 구조적 폭력과 이를 뒷받침하는 문화적 폭력까지 없는 상태로 정의하였다. 여기에서 평화는 정의와 인간 존엄성, 삶의 질에 바탕을 둔 넓은 의미를 갖는다.
〈폭력의 종류〉
- **물리적 폭력** : 폭행 · 구타 · 고문 · 테러 · 전쟁 등 직접적이고 의도적인 폭력
- **구조적 폭력** : 사회 제도나 관습, 정치, 법률 등에서 생기는 간접적, 정신적이고 의도되지 않은 폭력
- **문화적 폭력** : 종교 · 언어 · 예술 등을 통해서 직접적 폭력 행위와 구조적 폭력을 용인하고 정당화하는 기능을 수행하는 상징적인 폭력

17 정답 ④
롤스는 공정한 분배 절차를 통해 합의한 원칙에 따른 결과는 정의롭다고 보았고, 최소 수혜자에게 최대 이익이 되는 분배의 원칙을 강조하였다.
- **무지의 베일** : 개인의 사회적 지위, 계층상의 위치, 소질과 능력, 지능, 체력, 심지어 가치관, 심리적 성향에 관해서도 모르게 하는 것으로, 자연적 · 사회적 우연성을 배제하기 위한 것이다.

18 정답 ④
응보주의 관점에서는 자신의 행위에 책임을 질 수 있는 자율적인 주체를 전제한다. 자율적인 행위자가 타인에게 해를 가하거나 공익을 침해했다면 그에 상응하는 처벌을 받아야 한다. 이때 가해자가 받는 고통은 잘못된 행위에 합당한 대가이므로 정의에 부합하고, 처벌이 위법 행위에 대한 '응분의 대가'로 시행될 때 사회 정의는 실현된다.

19 정답 ④
정보의 자기 결정권이란, 정보 주체가 자신에 관한 정보를 보호받기 위하여 자신에 관한 정보의 공개와 이용에 관하여 자율적으로 결정하고 관리할 수 있는 권리이다.

20 정답 ①
통일 비용은 남북통일에 소요되는 비용으로 남북한의 서로 다른 체제와 제도, 양식 등을 통합하고 정비하는 과정에서 지출되는 비용을 의미한다. 구체적으로 정치, 행정 제도, 금융, 화폐 등을 통합하는 데 쓰이는 비용, 통일로 발생할 치안, 구호, 사회 갈등과 같은 사회 문제 처리 비용, 도로 · 전기 · 수도 등 공공재 구축 비용 등이 이에 포함된다.

오답피하기
④ **통일 편익** : 통일로 얻을 수 있는 편리함과 이익을 뜻한다.

21 정답 ④
니부어는 개인의 도덕성과 개인이 모인 집단의 도덕성을 구분하며, 집단이 개인에 비해 이기심을 조절하고 억제하는 힘이 현저히 떨어진다는 점을 지적하였다. 그리고 한 사회가 도덕적인 사회로 나아가기 위해서는 개인의 도덕성 함양과 함께 사회의 도덕성을 고양해야 한다고 주장하였다.
④ 개인의 도덕성 함양과 더불어 사회 구조와 제도를 바로잡는 노력을 강조한다.

22 정답 ②
우대 정책은 과거 오랜 기간 부당한 차별로 고통받아 온 사회 약자의 삶을 보장해 주기 위한 사회 제도로, 이들의 차별에 대한 윤리적 반성에서 시작되어 지속적으로 발전해 왔다.
〈찬성 입장〉
- 과거 부당한 차별을 보상
- 사회 갈등 완화, 사회 전체의 이익 극대화
- 자연적, 사회적 운으로 발생한 불평등을 시정하여 기회의 평등 보장

〈반대 입장〉
• 특정 집단에 부당한 특혜
• 소수 집단에 부정적 낙인
• 과거의 피해와 현재의 보상 간 불일치 문제
• 역차별로 새로운 사회 갈등 유발

23 정답 ④
하버마스는 시민 모두가 사회적 소통과 담론의 과정에 자유롭게 참여할 자격과 권리가 있음을 인정하는 태도를 가져야 한다고 주장하고 이상적 대화 상황의 조건으로 이해 가능성, 정당성, 진리성, 진실성을 제시하였다.

24 정답 ②
종교 간의 공존을 위해서는 타 종교에 대한 자율성을 인정하고 이해하는 태도를 지녀야 한다. 종교 간 갈등은 단기간에 해결되기 어렵기 때문에 사랑과 자비, 평등과 평화와 같은 보편적 가치를 바탕으로 서로 대화하고 협력하고자 하는 종교 간의 노력을 기울여야 한다.

25 정답 ④
공직자는 직무와 관련하여 공적인 일을 사적인 일보다 우선시하는 봉공의 자세가 필요하다. 그런 의미에서 가난할지라도 도덕적 의리를 버리지 않았던 청백리 정신은 오늘날 공직자가 본받아야 할 직업 윤리이다. 또한 연고주의와 같이 불공정한 관행과 불합리한 제도를 개선하고, 내부 고발을 보호할 수 있는 제도를 확립해야 한다.

2024년 제1회 정답 및 해설

국어 2024년 기출문제

제1회 정답

01 ①	02 ①	03 ④	04 ③	05 ④
06 ②	07 ③	08 ②	09 ②	10 ①
11 ①	12 ③	13 ②	14 ④	15 ④
16 ②	17 ①	18 ③	19 ①	20 ①
21 ④	22 ④	23 ②	24 ③	25 ③

01 정답 ①

상대방의 의견에 공감하고 그 의견과 자신의 의견이 같음을 드러내는 비언어적 표현은 고개를 끄덕이는 것이다.

02 정답 ①

웨이팅, 셰프, 시그니처 메뉴 등의 불필요한 외국어가 사용되었다.

03 정답 ④

된소리되기에 대한 설명이다. '볶음'은 연음되어 [보끔]으로 발음되는 것뿐이며 음운 변동 현상이 일어나지 않는다. 받침 'ㄲ' 뒤에 'ㄱ, ㄷ, ㅂ, ㅅ, ㅈ' 중 하나가 와야 하는데 '볶음'은 앞말은 'ㄲ'으로 끝났으나 뒤에 오는 음운이 조건에 해당하지 않는다.

04 정답 ③

오답피하기

① 비격식체 중 해요체에 해당한다.
② 비격식체 중 해체에 해당한다.
④ 격식체 중 하십시오체에 해당한다.

05 정답 ④

'불거지다'는 '어떤 사물이나 현상이 두드러지게 커지거나 갑자기 생겨나다'의 뜻을 가진 동사이다. 보기의 설명은 '소문이 갑자기 생겨나다'의 의미를 갖고 있으므로 '불거져'로 표기하는 것이 옳다.

06 정답 ②

오답피하기

① 첫 부분 '따사로운 햇볕이 반가운 듯 나무들도 꽃망울을 터뜨리며 완연한 봄이 되었음을 알립니다.'에 반영되어 있다.
③ 두 번째 문단 '공연과 전시, 체험 활동 등 다채로운 행사가 가득한 축제를 정성껏 준비하였습니다.'에 제시되어 있다.
④ 세 번째 문단 마지막 부분 '참석하시는 분들께는 작은 기념품도 증정할 예정입니다.'에 제시되어 있다.

07 정답 ③

오답피하기

① '오작교'라는 비유적 표현은 사용되었으나 '바랍니다.'는 평서형으로 청유형 문장이 아니다.
② '봅시다'라는 청유형은 사용되었으나 비유법이 사용된 부분이 없다.
④ '꽃망울을 열 듯'이라는 비유법은 사용되었으나 청유형 문장이 사용되지 않았다.

08 정답 ②

두음법칙이 지켜졌다면 '이르고져'의 형태가 되었어야 하므로 이는 틀린 설명이다.

[9~10] 이조년, 〈이화에 월백하고〉

갈래 | 평시조, 서정시
성격 | 감각적, 애상적, 다정가
주제 | 봄날 밤에 느끼는 애상적인 정서
특징 |
시각적 심상과 청각적 심상의 조화를 통한 감각적 표현이 뛰어남.

09 정답 ②

후렴구가 반복적으로 나타나는 것은 고려가요나 민요의 특징이다. 그러므로 시조인 이 글에 대한 설명으로 적절하지 않다.

오답피하기

①, ④ 이 글은 시조로 초장, 중장, 종장으로 구성되어 있으며 4음보율이 나타난다.
③ 이화, 월백, 은한에서 시각적 심상이 나타난다.

10 정답 ①

'이화'에서 계절적 배경인 '봄'이 확인된다. 또한 종장 '다정도 병인 양'에서 애상적인 정한이 느껴지므로 정답은 ①이 된다.

[11~13] 성석제, 〈황만근은 이렇게 말했다〉

갈래 | 단편 소설, 농촌 소설
성격 | 해학적, 풍자적, 향토적
주제 | 황만근의 생애와 그의 행적
특징 |
• 바보형의 우직한 인물을 통해 이기적인 세태를 비판함.
• '전(傳)'의 양식을 창조적으로 재구성함.

11 정답 ①

이장과 민 씨의 대화를 통해 갈등이 드러나고 있다.

오답피하기

② 이 글은 전지적 작가 시점으로 객관적인 시선을 갖고 있는 민 씨를 통해 '황만근'의 생애를 추적하는 내용이다. 서술자가 직접 경험한 사실이라는 설명은 옳지 않다.
③, ④에 해당하는 부분은 찾을 수 없다.

12 정답 ③

ㄴ. 이장의 말 중 '도시에서 쫄딱 망해 가이고 귀농을 했시모'에서 짐작할 수 있다.
ㄹ. 이장의 말 중 '이장이 동민한테 농가 부채 탕감 촉구 전국 농민 총궐기 대회가 있다'라고 한 부분에서 확인할 수 있다.

13 정답 ②

㉡의 대상은 이장이다.
㉠, ㉢, ㉣은 모두 황만근을 지칭하는 표현이다.

[14~16] 박지원, 〈아, 참 좋은 울음터로구나!〉

갈래 | 한문 수필, 중수필, 기행 수필
성격 | 체험적, 논리적, 설득적, 사색적, 교훈적
주제 | ① 광활한 요동 벌판을 보며 느낀 감회
② 새로운 세계를 만나는 기쁨
특징 |
• 묻고 답하는 구성 방식을 취함.
• 작가의 창의적 발상이 돋보임.
• 적절한 비유와 구체적인 예시로 대상을 실감나게 표현하여 설득력을 높임.

14 정답 ④

특정 계절에 대한 언급이나 이에 대한 인식의 변화는 나타나 있지 않다.

오답피하기

① '사람들은 다만 칠정 가운데서 오직 슬플 때만 우는 줄로 알 뿐, 칠정 모두가 울음을 자아낸다는 것은 모르지.'라며 '울음'에 대한 통념을 반박하고 있다.
② '울음'에 대한 내용을 나열하여 설명하고 있다.
③ '요동 벌판'에서 글쓴이가 깨달은 바를 드러내고 있다.

15 정답 ④
지극한 정(情)이 발현되어 나오는 것을 찾아야 하는데 ㉣에 가생이 참다못해 선실을 향하여 울부짖었다고 했으니 가장 유사한 의미라고 볼 수 있다.

오답피하기
① 사람의 감정이 극치를 경험하지 못하였다고 말하고 있다. 따라서 '지극한 정(情)'과 관련된 내용으로 볼 수 없다.
② '억지로' 내는 소리는 지극한 정(情)의 발현과 관련 없다.
③ '지극한 소리를 억눌러'라고 했으니 지극한 정(情)의 발현으로 볼 수 없다.

16 정답 ②
오답피하기
① '답답한 걸 풀어 버리는 데에는 소리보다 더 효과가 빠른 게 없지. 울음이란 천지간에서 우레와도 같은 것일세.'라며 울음의 가치를 언급하고 있다. 따라서 근심을 풀기 위해 울수록 근심은 더 커진다는 설명은 옳지 않다.
③ '지극한 정이 발현되어 나오는 것이 저절로 이치에 딱 맞는다면 울음이나 웃음이나 무에 다르겠는가'라며 웃음과 울음이 다를 바가 없음을 말하고 있다.
④ '기쁨이 사무쳐도 울게 되고, 노여움이 사무쳐도 울게 되고, 즐거움이 사무쳐도 울게 되고, 사랑함이 사무쳐도 울게 되고, 욕심이 사무쳐도 울게 되는 것이야.'라고 했으므로 감정의 극치를 경험한 사람이 울음을 참아낼 수 있다는 설명은 적절하지 않다.

[17~19] 김춘수, 〈꽃〉

갈래 | 자유시, 서정시
성격 | 관념적, 주지적, 상징적
주제 | 존재의 본질 구현에 대한 소망

특징 |
• 간절한 어조를 사용하여 소망을 드러냄.
• 존재의 의미를 점층적으로 심화, 확대함.
• 사물에 대한 인식론과 존재론을 배경으로 함.

17 정답 ①
'~되고 싶다.'의 시구를 반복하여 운율을 형성하고 있다.

18 정답 ③
이 시에서 처음에 '그'는 무의미한 존재에 지나지 않았지만, 화자가 '그'에게 이름을 불러 줌으로써 '그'는 화자에게 의미 있는 존재인 '꽃'이 되었다. '나' 역시 '나'의 본질에 맞게 이름이 불림으로써 의미 있는 존재가 되어 서로가 서로에게 의미 있는 존재가 되는 진정한 관계를 맺게 된다. 이처럼 이 작품은 의미 있는 존재들 사이의 진정한 관계를 맺는 과정을 보여주고 있다.

19 정답 ①
'꽤기 전'에 대응되는 것은 '불러주기 전'이다.

20 정답 ①
우리나라와 미국 하와이 지역의 사례를 비교하고, 환절기에 일교차에 대한 예를 들고 있다.

21 정답 ④
네 번째 문단에 '현대 사회는 점점 더 많은 변수들에 의해 다변화되는 양상을 보이고 있다.'고 되어 있다. 또한 '평균은 대푯값으로 잘못 사용되면 사실을 정확하게 판단하지 못하게 만들 가능성이 높다'고 나와 있다.

오답피하기
①, ② 평균의 긍정적 기능에 대한 설명으로 ㉮ 평균의 시대가 가고 있음을 나타낸다는 설명과는 차이가 있다.
③ 이는 평균에 대한 설명이 아니다.

22 정답 ④

다변화 : 일의 방법이나 모양이 다양하고 복잡해짐.

23 정답 ②

도서관에서 책을 쉽게 찾으려면 컴퓨터로 책을 검색해야 한다는 문장과 뒤에 이어지는 문장이 컴퓨터는 책을 직접 찾아주지는 않는다는 내용이므로 적절한 접속어는 앞말과 뒷말이 상반되는 내용을 이끌 때 쓰는 '그런데'가 적절하다.

오답피하기

① 그래서 : 앞의 내용이 뒤의 내용의 원인이나 근거, 조건 따위가 될 때 쓰는 접속 부사
③ 이처럼 : 눈앞의 사람이나 사물이 모양이나 상태를 가리키거나, 앞 내용의 양상을 받아 뒤의 문장을 이끄는 말
④ 왜냐하면 : 뒷 문장이 앞 문장의 원인이 될 때 쓰는 말

24 정답 ③

두 번째 문단에 '맨 위층에 있는 책일수록 분류 기호가 낮고 아래로 갈수록 커진다.'라고 나와 있다. 따라서 아래층에 있는 책은 위층에 있는 책보다 분류 기호가 크다.

오답피하기

① 다섯 번째 문단 '때로는 책이 나온 해를 표현하기 위해 2011 같은 연도를 붙이기도 한다.'에서 알 수 있다.
② 네 번째 문단에 별치 기호는 '책의 특성이나 이용 목적에 따라 별도의 장소에 책을 보관한다는 뜻이다.'라고 되어 있으므로 별도의 장소에서 찾아야 한다는 설명은 옳다.
④ 세 번째 문단 '모든 숫자가 같다면 도서 기호의 문자는 국어사전'처럼 비교하면 된다는 내용이 나와 있다.

25 정답 ③

분류 기호가 같은 두 번째, 세 번째 책 중 'ㅂ'으로 시작하는 책을 꽂으려면 'ㅁ'과 'ㅅ' 사이에 해당하므로 정답은 ③이 된다.

수학 2024년 기출문제

제1회 정답

01 ④	02 ②	03 ③	04 ③	05 ①
06 ④	07 ①	08 ③	09 ②	10 ③
11 ①	12 ④	13 ②	14 ①	15 ②
16 ②	17 ①	18 ③	19 ①	20 ④

01 정답 ④

| 풀이 |

$A=3x^2+x$, $B=x^2+3x$이므로

$A+B=(3x^2+x)+(x^2+3x)$ ← 괄호 풀기

$=3x^2+x+x^2+3x$ ← 동류항끼리 정리

$=(3+1)x^2+(1+3)x$ ← 동류항끼리 계산

$=4x^2+4x$

따라서 정답은 ④이다.

> **참고**
>
> 다항식의 덧셈과 뺄셈은 동류항끼리 계산한다.
> 이때, 동류항의 계산은 계수끼리 분배법칙을 이용하여 다음과 같이 계산한다.
>
> 계수끼리 계산
>
> $3x^2-2x^2=3\times x^2-2\times x^2=(3-2)\times x^2$
>
> 동류항끼리!
>
> $=1x^2=x^2$

02 정답 ②

| 풀이 |

x에 대한 항등식이므로 동류항의 계수가 같음을 이용하여 a, b의 값을 구할 수 있다.

좌변의 일차항의 계수는 1이고 우변의 일차항의 계수는 a이므로, $a=1$이다.

또한 상수항을 비교하면, 좌변의 상수항은 3이고 우변의 상수항은 b이므로, $b=3$이다.

그러므로 $a+b=1+3=4$이다.

따라서 정답은 ②이다.

> **참고**
>
> 항등식은 좌변과 우변이 항상 같은 식으로,
> $ax^2+bx+c=dx^2+ex+f$가 x에 대한 항등식이면,
> $a=d$, $b=e$, $c=f$이다.

03 정답 ③

| 풀이 |

다항식 x^3+2x^2+2를 $P(x)$라 하면,

$P(x)=x^3+2x^2+2$이다.

$P(x)$를 $x-1$로 나눈 나머지는 나머지 정리에 의해 (나머지)$R=P(1)$이다.

→ $P(1)=1^3+2\times1^2+2=1+2+2=5$

따라서 정답은 ③이다.

> **참고**
>
> 다항식 $P(x)$를
>
> $x-a$로 나눈 나머지는 $P(a)$와 같다.
>
> 나누는 식 $x-a=0$이 되는 x의 값 $x=a$를 대입한다.

04 정답 ③

| 풀이 |

인수분해 공식 $x^3+3x^2y+3xy^2+y^3=(x+y)^3$을 이용하기 위해 y의 자리에 1을 대입하여 표현하면,

$x^3+3x^2\times1+3x\times(1)^2+(1)^3=(x+1)^3$이 된다.

좌변을 정리하여 식을 간단히 하면,

$x^3+3x^2+3x+1=(x+1)^3$이다.

그러므로 $a=1$임을 알 수 있다.

따라서 정답은 ③이다.

05 정답 ①

| 풀이 |

켤레복소수는 허수부분의 부호를 반대로 바꾼 수를 말한다.

복소수 $4+3i$의 실수부분은 4, 허수부분은 3이므로, $4+3i$의 허수부분의 부호를 반대로 바꾸어 켤레복소수를 구하면, $4-3i$가 된다.

$\therefore a=4,\ b=-3 \rightarrow a+b=4+(-3)=1$

따라서 정답은 ①이다.

> **참고 켤레복소수**
>
> 
>

06 정답 ④

| 풀이 |

근과 계수와의 관계 공식을 이용하여 문제를 해결할 수 있다.

$x^2-ax+3=0$에서 두 근을 α, β라 놓고, 이것을 공식에 대입하면,

$\alpha+\beta=a$, $\alpha\beta=3$이다.

두 근이 1과 3이므로 대입하면,

$1+3=a \rightarrow a=4$

따라서 정답은 ④이다.

> **참고 근과 계수와의 관계**
>
> $ax^2+bx+c=0$
>
> $\alpha+\beta=\text{합}=-\dfrac{b}{a},\quad \alpha\beta=\text{곱}=\dfrac{c}{a}$

07 정답 ①

| 풀이 |

구간이 제한된 이차함수의 최댓값과 최솟값은 꼭짓점과 구간의 양 끝값을 이용하여 구한다.

주어진 구간 $-1 \le x \le 1$은 이차함수의 꼭짓점이 포함되지 않는 구간이므로,

구간의 양 끝값만을 비교하면 된다.

$f(x)=x^2+4x+1\ (-1 \le x \le 1)$이라 놓으면,

구간의 양 끝값은 $f(-1)=-2$, $f(1)=6$이고

이들 중 가장 작은 값은 -2이므로 최솟값은 -2이다.

따라서 정답은 ①이다.

> **참고 이차함수의 최대, 최소**
>
> [x의 범위에 꼭짓점이 포함되지 않은 경우]
>
> 구간의 양 끝 함수값 중 가장 큰 값을 최댓값, 가장 작은 값을 최솟값이라고 한다.
>
> 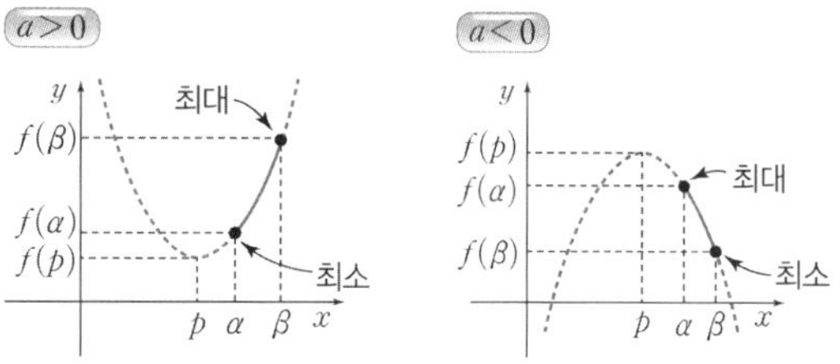
>

08 정답 ③

| 풀이 |

방정식의 근은 식에 대입하면 식을 참이 되게 하는 값이므로

$x^4+2x-a=0$에 $x=1$을 대입하면,

식이 참이 되어 a의 값을 구할 수 있다.

$1^4+2\times1-a=0 \rightarrow 1+2-a=0 \rightarrow a=3$

따라서 정답은 ③이다.

09 정답 ②

| 풀이 |

연립방정식의 해는 두 식을 동시에 만족시키는 미지수의 값이므로 식에 대입하면 두 식 모두 참이 된다.

$\begin{cases} 2x+y=8 & \cdots\cdots ㉠ \\ x^2-y^2=a & \cdots\cdots ㉡ \end{cases}$이라 놓고,

$x=3$, $y=b$를 두 식에 각각 대입하면,

㉠ : $2x+y=8 \rightarrow 6+b=8$이므로 $b=2$

㉡ : $x^2-y^2=a \rightarrow 3^2-b^2=a$이므로 위에서 구한 b의 값을 식에 대입하면,

$3^2-2^2=a \rightarrow 9-4=a \rightarrow a=5$

∴ $a+b=5+2=7$

따라서 정답은 ②이다.

> **참고 연립방정식의 해**
> 두 개 이상의 식을 동시에 만족시키는 x, y의 값 또는 그 순서쌍 (x, y)

10 정답 ③

| 풀이 |

이차부등식 $(x-a)(x-b) \le 0$의 해는 $a<b$일 때, $a \le x \le b$이다.

주어진 이차부등식은 $(x-2)(x-4) \le 0$이므로, $a=2, b=4$이다.

그러므로 해는 $2 \le x \le 4$가 된다.

따라서 정답은 ③이다.

(만약, $b<a$인 경우는 $b \le x \le a$이고, $a=4, b=2$가 된다. 그러나 해를 구하면 $2 \le x \le 4$로 같기 때문에 둘 중 한 가지로 놓고 풀어도 관계없다.)

참고 이차부등식의 해

$a<b$일 때,	그림	해
$(x-a)(x-b)<0$	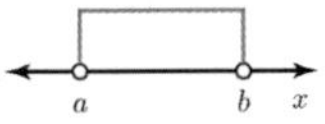	$a<x<b$
$(x-a)(x-b) \le 0$	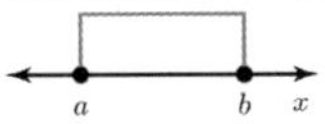	$a \le x \le b$
$(x-a)(x-b)>0$	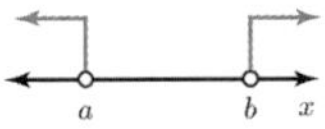	$x<a$ 또는 $x>b$
$(x-a)(x-b) \ge 0$	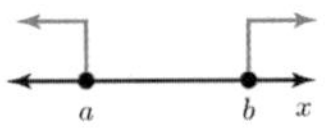	$x \le a$ 또는 $x \ge b$

11 정답 ①

| 풀이 |

내분점 공식에 넣어 내분하는 점의 좌표를 구하면,

$\frac{2\times6+3\times1}{2+3}=\frac{15}{5}=3$이다.

따라서 정답은 ①이다.

> **참고 내분점 공식**
> 수직선 위의 두 점 $A(x_1)$, $B(x_2)$에 대하여 선분 AB를 $m:n(m>0,\ n>0)$으로 내분하는 점을 P라 하면, $P\left(\frac{mx_2+nx_1}{m+n}\right)$이다.

12 정답 ④

| 풀이 |

직선 $y=x-3$에 평행하므로, 기울기가 1이고,

점 $(0,\ 4)$를 지나므로 y절편이 4인 직선의 방정식이다.

기울기가 a이고, y절편이 b인 직선의 방정식은 $y=ax+b$임을 이용하여 식을 구하면,

$y=x+4$이다.

따라서 정답은 ④이다.

> **참고**
> ■ 평행한 두 직선
> 두 직선 $y=mx+n, y=m'x+n'$이 평행하면, $m=m'$, $n \ne n'$이다.
> ■ 기울기와 y절편이 주어진 직선의 방정식
> $y=ax+b$
> (a: 기울기, b: y절편)

13 정답 ②

| 풀이 |

중심이 점 $(-2, 2)$이고 x축과 y축에 동시에 접하므로 반지름의 길이가 2이다.

중심이 (a, b)이고, 반지름의 길이가 r인 원의 방정식이 $(x-a)^2+(y-b)^2=r^2$과 같음을 이용하면,

$(x+2)^2+(y-2)^2=2^2$

즉, $(x+2)^2+(y-2)^2=4$가 된다.

따라서 정답은 ②이다.

참고 **원의 방정식 표준형**

중심의 좌표가 (a, b)이고 반지름의 길이가 r인 원의 방정식은 ➜ $(x-a)^2+(y-b)^2=r^2$

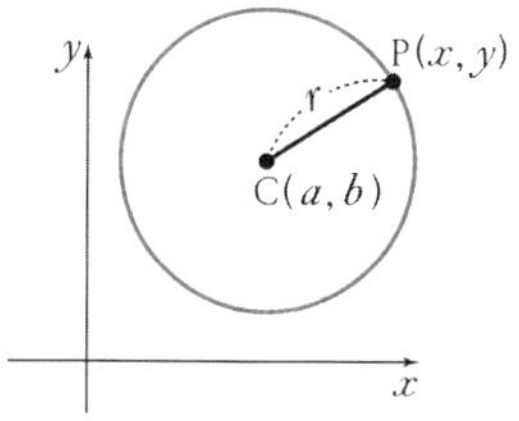

14 정답 ①

| 풀이 |

점 $(3,\ -2)$를 원점에 대하여 대칭이동하면, x좌표와 y좌표의 부호가 모두 반대로 바뀌므로 $(-3,\ 2)$가 된다. 따라서 정답은 ①이다.

참고 **원점 대칭**

점 $\mathrm{P}(x, y)$를 원점에 대해 대칭이동한 점을 Q라 하면, $\mathrm{Q}(-x, -y)$가 된다.

15 정답 ②

| 풀이 |

$A-B=\{x \mid x \in A, x \notin B\}$이다.

즉, A에는 포함되고, B에는 포함되지 않는 원소를 구하면 된다. 집합 A의 원소 1, 2, 3, 4 중 B와 공통인 교집합의 원소는 3, 4이므로 $A-B=\{1, 2\}$이다.

따라서 정답은 ②이다.

참고 **차집합**

집합 A에는 속하지만 집합 B에는 속하지 않는 모든 원소로 이루어진 집합($A-B$=집합A의 원소 중 A에만 속하는 원소들로 이루어진 집합)

➜ 기호 : $A-B$

➜ $A-B=\{x|x \in A$ 그리고 $x \notin B\}$이다.

➜ $A-B=A \cap B^C$

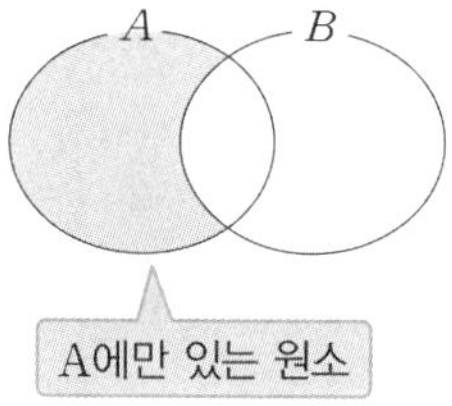

16 정답 ②

| 풀이 |

진리집합이란 전체집합 U의 원소 중에서 주어진 조건이 참이 되게 하는 모든 원소의 집합을 뜻한다.

즉, 전체집합 $U=\{1,\ 2,\ 3,\ 4,\ 5,\ 6,\ 7,\ 8,\ 9\}$의 원소 중에서 「3의 배수」라는 조건을 참이 되게 하는 모든 원소의 집합이므로, 주어진 조건의 진리집합은 $\{3,\ 6,\ 9\}$이다.

따라서 정답은 ②이다.

참고

진리집합이란 전체집합 U의 원소 중에서 어떤 조건이 참이 되게 하는 모든 원소의 집합이다.

예 $U=\{1,\ 2,\ 3,\ 4,\ 5,\ 6\}$에 대하여 조건 : "$x$는 홀수이다."의 진리집합은 $\{1,\ 3,\ 5\}$이다.

17 정답 ①

| 풀이 |

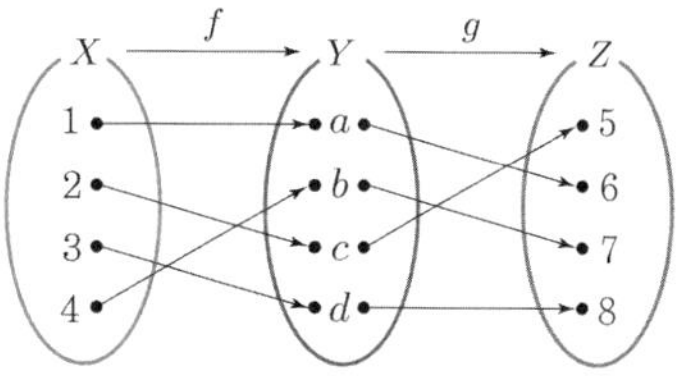

$(g \circ f)(2)=g(f(2))$와 같다.

위의 그림을 보고 $f(2)$를 먼저 구하면, c가 됨을 알 수 있으므로, $(g \circ f)(2)=g(f(2))=g(c)$

$g(c)$ 역시 위의 그림을 보면 5가 된다.

그러므로 $(g \circ f)(2)=g(f(2))=g(c)=5$

따라서 정답은 ①이다.

18 정답 ③

| 풀이 |

$y=\frac{1}{x-2}+3$의 점근선은 $x=2$, $y=3$이고,

$y=\frac{1}{x}$의 점근선은 $x=0$, $y=0$이므로

유리함수 $y=\frac{1}{x}$의 그래프를 x축의 방향으로 2만큼, y축의 방향으로 3만큼 평행이동한 그래프는

$y=\frac{1}{x-2}+3$임을 알 수 있다.

$\therefore a=2,\ b=3 \rightarrow a+b=2+3=5$

따라서 정답은 ③이다.

| 다른 풀이 |

도형의 평행이동을 이용하여 유리함수 $y=\frac{1}{x}$을 x축의 방향으로 a만큼, y축의 방향으로 b만큼 평행이동하면, $y=\frac{1}{x-a}+b$가 되고, 주어진 식은 $y=\frac{1}{x-2}+3$이므로, $a=2$, $b=3$임을 알 수 있다.

19 정답 ①

| 풀이 |

4개의 포스터 중 2개를 골라 출입문의 상단과 하단에 각각 붙이는 경우의 수는

4가지 중 2가지를 순열로 택하는 경우의 수와 같으므로 ${}_4P_2=4\times3=12$가지이다.

따라서 정답은 ①이다.

20 정답 ④

| 풀이 |

4종류의 수행 과제 중에서 서로 다른 3종류의 수행 과제를 선택하는 경우의 수는

$\frac{4\times3\times2}{3\times2\times1}=4$로, 4가지이다.

[이때, $3\times2\times1$로 나누는 이유는 수행 과제를 3가지 선택하였을 때, 순서가 바뀌어도 같은 결과로 보기 때문이다. 예 일기, 신문, 보고서=보고서, 일기, 신문=일기, 보고서, 신문 등]

따라서 정답은 ④이다.

| 다른 풀이 |

4종류의 수행 과제 중에서 서로 다른 3종류의 수행 과제를 선택하는 경우의 수는 수행 과제를 선택하는 순서가 바뀌어도 같은 결과이기 때문에 조합을 이용하여 구할 수 있다.

따라서 ${}_4C_3=\frac{4\times3\times2}{3!}=\frac{4\times3\times2}{3\times2\times1}=4$로, 경우의 수는 4가지이다.

영어 2024년 기출문제

제1회 정답

01	②	02	①	03	②	04	④	05	③
06	①	07	①	08	③	09	③	10	①
11	④	12	①	13	②	14	③	15	④
16	③	17	②	18	④	19	④	20	②
21	④	22	③	23	②	24	④	25	③

01 정답 ②

해석 저는 레스토랑에 전화해서 예약을 할 것입니다.

해설 reservation 예약

① 변경 change

③ 취소 cancellation

④ 칭찬 praise

02 정답 ①

해석 "느리고 꾸준한 것이 경주에서 이긴다."는 것을 명심할 필요가 있다.

해설 keep in mind 명심하다

② 사용하다 use

③ 정돈하다 tidy up

④ 참여하다 participate in, join

어휘 • steady 꾸준한

03 정답 ②

해석 운전 중에는 휴대전화를 사용하지 마십시오.

해설 운전하는 동안 : while [접] ~ 동안에, ~ 반면에

① 대신에 instead, instead of

③ 만약에 if

④ 처음에 at first

04 정답 ④

해석 뭔가를 할 거라고 말하기는 쉽지만, 실제로 하기는 어렵다.

해설 easy – difficult [반의어 관계]

④ rapid 빠른 – quick 신속한 [유의어 관계]

① heavy 무거운 – light 가벼운 [반의어 관계]

② noisy 시끄러운 – silent 조용한 [반의어 관계]

③ painful 고통스러운 – painless 고통이 없는 [반의어 관계]

05 정답 ③

해석 모금 콘서트

• 언제 : 4월 17일, 저녁 6~9시

• 어디서 : Chidren's Hospital의 로비

• 가벼운 간식이 제공될 예정입니다.

모든 모금액은 Chidren's Hospital에 기부될 것입니다.

해설 출연진에 대한 언급은 없다.

어휘 • light 가벼운

• offer 제공하다

• donate 기부하다

06 정답 ①

해석 • 내 가방 좀 들어 줄래?

• 우리 학교는 다음 주에 음악 축제를 개최합니다.

해설 가방을 들다, 축제를 개최하다 〔hold 1. 들다 2. 개최하다〕

어휘 • like 좋아하다

• meet 만나다

• walk 걷다

07 정답 ①

해석 • 나는 그가 정직한지 아닌지 모르겠다.

• 너는 지금 떠나지 않으면 버스를 놓칠 것이다.

해설 if는 부사절(조건절)을 이끌어 '만약 ~한다면'으로 해석되며, 명사절을 이끌어 '~인지 아닌지'로 해석될 수 있다.

어휘 • honest 정직한

• miss 놓치다

• leave 떠나다

08 정답 ③

해석 • 너의 몸의 대략 60~70%가 물로 구성되어 있다.
• 정원은 아름다운 꽃으로 가득 차 있다.

해설 consist of ~로 구성되어 있다
be full of ~로 가득 차다

어휘 • about 대략

09 정답 ③

해석 A : 나 지금 너무 힘든 시간을 보내고 있어.
B : 걱정하지 마. 무슨 일이 있어도 널 위해 여기 있을 거야.
A : 고마워. 너의 응원이 나에게 전부를 의미해.
B : 천만에. 어려울 때 친구가 진짜 친구야.

해설 in need 어려움에 처한, indeed 정말, 진정한
어려운 상황에 처했을 때(필요할 때) 옆에 있어 주는 친구가 진정한 친구라는 의미이다.

어휘 • have a hard time 힘든 시간을 보내다
• no matter what 무엇이더라도
• support 응원, 지지

10 정답 ①

해석 A : 30분이나 기다렸는데 어떻게 된 거야?
B : 미안해, 근데 나 2시에 만난다고 생각했었어.
A : 아니, 그 시간은 야구 경기가 시작되는 시간이고, 그래서 우리는 30분 일찍 만나기로 했던 거야.
B : 아, 깜빡했다. 기다리게 해서 미안해.

해설 마지막 말에 I'm sorry로 보아 미안함을 알 수 있다.

어휘 • happen 발생하다
• be supposed to ~하기로 되어 있다
• totally 완전히

11 정답 ④

해석 A : 너 우리 티켓 구했어? 우리 자리가 어디야?
B : 어디 보자. J11, J12.
A : 좋아. 들어가기 전에 간식을 좀 사자.
B : 좋은 생각이야.

해설 좌석 번호를 묻고 간식을 사자는 말을 통해 영화관임을 알 수 있다.

어휘 • seat 좌석

12 정답 ①

해석 연구에 따르면 꽃은 우리의 기분에 긍정적인 영향을 미친다고 합니다. 참가자들은 꽃을 받은 후 우울감과 불안감이 덜하다고 보고했습니다. 또한, 그들은 더 높은 즐거움과 전반적인 만족감을 보여주었습니다.

해설 꽃이 기분에 긍정적인 영향을 미친다는 연구의 결과가 있으므로 참가자들이 우울감과 불안감이 덜해지는 것(기분이 긍정적인 영향)은 꽃을 받고 나서이다.

어휘 • study 연구
• show 보여주다
• positive 긍정적인
• effect 효과
• mood 기분
• participant 참가자
• report 보고하다
• depressed 우울한
• anxious 불안한
• receive 받다
• In addition 게다가
• sense 감각
• overall 전반적인
• satisfaction 만족감
• moods 기분
• participants 참가자
• studies 연구

13 정답 ②

해석 A : 말하기 대회가 내일이에요. 저 발이 너무 차가워요.
B : 죄송한데, 다시 한번 말해주시겠어요?
A : 저 발이 너무 차갑다고요. 내일이 너무 긴장돼요.
B : 아, 그렇군요. 걱정 마세요. 분명 잘할 거예요.

해설 빈칸의 질문 뒤로 A가 같은 말을 반복하고 있으므로 다시 말해달라는 요청의 ②가 알맞다.
① 기분이 어떻겠니?, 어떻게 해 드릴까요?
③ 오늘 날씨는 어떤가요?

④ 대회는 어디로 가야 하나요?

어휘 • feet 발
• nervous 긴장한
• sure 확신하는

14 정답 ③

해석 A : 한국의 어떤 점을 가장 좋아하시나요?

해설 한국의 좋은 점을 말하는 ③이 알맞다.
① 그것이 많은 사람들이 생각하는 것이다.
② 커피보다 차를 더 좋아하기 때문입니다.
④ 당신이 선택한 모니터가 만족스럽지 않습니다.

어휘 • lots of 많은
• prefer A to B B보다 A를 선호하다
• delivery 배달
• be satisfied with ~에 만족하지 않다

15 정답 ④

해석 A : 요즘 허리 아랫부분이 너무 아파요.
B : 더 악화되기 전에 어떻게 해야 할 것 같아요.
A : 통증을 줄일 수 있는 방법이 있나요?
B : 글쎄요, 바닥 말고 의자에 앉으세요. 그리고 부드럽게 걷고 스트레칭을 자주 해보세요.

해설 허리가 아픈 사람 A가 통증을 줄일 수 있는 방법을 묻고 B는 그에 대한 답변을 하고 있으므로 대화의 주제는 ④가 알맞다.

어휘 • lower 더 낮은 쪽의
• hurt 아프다
• should ~해야 한다
• get worse 악화되다
• tip 방법
• reduce 줄이다
• floor 바닥
• stretch 스트레칭하다

16 정답 ③

해석 저는 제 자신에 대한 자신감이 없는 것이 걱정돼요. 친구들은 항상 자신들이 무엇을 하고 있는지 알고 있는 것처럼 보이지만, 저는 제가 옳은 일을 하고 있는지 확신이 서지 않아요. 저는 자신감을 키우고 싶어요. 제 문제에 대한 해결책을 좀 알려주실 수 있는지 궁금합니다. 저는 당신이 도와줄 수 있기를 바랍니다.

해설 '문제에 대한 해결책을 좀 알려주실 수 있는지 궁금하다.'는 말로 보아 ③ 조언을 구하고 있다는 것을 알 수 있다.

어휘 • confidence 자신감
• seem to ~인 것 같다
• wonder 궁금하다
• whether ~인지 아닌지
• solution 해결책

17 정답 ②

해석 Central 배드민턴 센터
오픈 시간
• 월요일~금요일, 오전 10시~밤 9시
우리가 제공하는 것
• 초급자들만을 위한 수업
• 하루에 4시간까지 무료 주차
적절한 신발과 옷이 필요합니다.

해설 초급자들만을 위한 수업만 개설되고 상급자를 위한 수업은 없다.

어휘 • provide 제공하다
• beginner 초급자
• up to ~까지
• proper 적절한
• require 요구하다, 필요로 하다

18 정답 ④

해석 쌀은 세계의 주요 농작물 중 하나입니다. 쌀이 도입되고 재배된 이후로, 대부분의 아시아인들의 주식이 되었습니다. 사실, 아시아 국가들이 전 세계적으로 쌀을 가장 많이 생산하고 소비합니다. 요즘, 아프리카 국가들도 쌀 소비가 늘고 있습니다.

해설 아프리카 국가에서 소비가 감소하지 않고 증가(increase)하고 있다.
① 세계의 주요 작물 중 하나이다.
Rice is one of the major crops in the world.

② 대부분의 아시아 사람들의 주식이다.
Rice has been the main food for most Asians.
③ 아시아 국가에서 가장 많이 생산한다.
Asian countries produce the most rice worldwide.

어휘
• crops 농작물
• cultivation 경작, 재배
• consume 소비하다, 먹다, 마시다
• consumption 소비, 소모

19 정답 ④

해석 외국에 가면 사람, 언어, 관습이 자신과 다른 곳에 있는 자신을 발견할 수 있습니다. 문화적 차이에 대해 배우는 것은 유용한 경험이 될 수 있습니다. 그것은 당신이 현지인들을 더 잘 이해하도록 도울 수 있습니다. 그것은 또한 당신 자신과 당신 자신의 문화를 더 이해하도록 도울 수 있습니다.

해설 외국에 나가서 겪는 문화적 차이를 배우는 것이 현지인을 이해하고 더 나아가 자신의 문화까지 이해할 수 있는 유용한 경험이 된다고 말하고 있으므로 글의 주제는 ④ 문화적 차이를 배우는 것의 유용성이다.

어휘
• abroad 해외에, 해외로
• custom 관습
• different from ~와 다른
• own 자신의
• cultural 문화적인
• difference 차이점
• useful 유용한
• local 현지의

20 정답 ②

해석 프랑스에서 저녁을 먹는 것은 가족, 친구들과 함께 즐기기 위한 것이기 때문에 오래 지속된다. 프랑스 사람들은 이 과정을 서두르지 않는다. 저녁을 빨리 끝내려고 하는 것은 예의가 없다는 뜻으로 해석될 수 있다.

해설 프랑스에서는 저녁을 오래 지속해서(last a long time) 먹는다고 했으므로 이 과정을 서두르지 (rush) 않는 것이 내용의 흐름에 알맞다.

어휘
• last [동] 계속되다, 오래가다
• be meant to ~하기로 되어있다
• process 과정
• interpret 해석하다, 이해하다
• sign 의미, 징후
• impolite 무례한, 예의 없는
• enjoy 즐기다
• serve (음식을) 제공하다
• warn 경고하다

21 정답 ④

해석 인생에서, 여러분이 한 어떤 선택에 대해서도 책임을 지는 것이 중요합니다. 만약 여러분의 선택의 결과가 여러분이 원했던 것이 아니라면, 그것 때문에 다른 사람들을 비난하지 마세요. 여러분의 선택을 책임지는 것은 여러분이 그 결과로부터 배우는 데 도움이 될 것입니다.

해설 당신이 했던 선택의 결과로 다른 사람을 비난하지 말아야 하며, 그 결과를 통해 당신은 배울 수 있다는 내용이다. 이를 통해 선택에 '책임'을 지는 것이 중요하다는 것을 말하고 있음을 알 수 있다.

어휘
• important 중요한
• result 결과
• blame 비난하다
• in charge of ~을 맡고 있는, 책임을 지는
• learn 배우다
• conflict 갈등
• desire 욕구, 갈망
• help 도움

22 정답 ③

해석 온라인 수업을 듣는 것은 좋을 수도 있고 나쁠 수도 있습니다. (①) 만약 여러분이 온라인 수업을 듣는다면, 여러분은 대면 의사소통의 부족에 대해 걱정할 수 있습니다. (②) 온라인 수업을 듣는 것은 여러분의 선생님들, 반 친구들과 강한 관계를 만드는 것을 어렵게 만듭니다. (③ 반면에, 그것에는 큰 장점이 있습니다.)

여러분은 언제, 어디서든 자유롭게 온라인 수업을 들을 수 있습니다. (④) 컴퓨터를 켜기만 하면, 여러분은 공부를 시작할 수 있습니다.

해설 제시된 문장은 상반되는 내용을 연결하는 역접 연결사 On the other hand(반면에)로 문장이 시작되며 '장점'(advantage)이 언급되어 있다. 그러므로 온라인 수업의 단점(대면 소통 부족, 관계 만들기의 어려움)을 말하는 문장들이 끝나는 부분인 (③)에 들어가는 것이 올바르다.

어휘
- advantage 장점
- lack 부족
- face-to-face 대면
- communication 소통
- course 강좌
- relationship 관계
- be free to 자유롭게 ~하다
- turn on 켜다

23 정답 ②

해석 개를 산책시키는 것은 공원에서 흔한 활동입니다. 그러나 더 많은 사람들이 이렇게 하면서 공원에서 문제가 발생하고 있습니다. 이러한 문제를 피하기 위해 개를 산책시킬 때 이러한 지침을 따르십시오.

해설 마지막 문장에서 이러한 지침을 따르라고 했으므로 이어지는 문장에서는 이러한 지침들에 대한 설명이 이어질 것임을 알 수 있다.

어휘
- walk 산책시키다
- common 흔한
- activity 활동
- with+목적어+Ving 목적어가 V 한 채로/하면서
- arise 발생하다, 생기다
- avoid 피하다
- issue 쟁점
- follow 따르다
- guidline 지침

24 정답 ④

해석 여러분은 신발과 양말이 함께 진열되어 있다는 것을 알아차렸나요? 그것들은 전략적으로 서로 함께 배치되는 물품들입니다. 일단 신발을 사기로 결정했다면, 양말도 한 켤레 사는 것은 어떠세요? 가게에 물품을 배치하는 것은 무작위가 아니라는 것을 기억하세요. 물품을 배치하는 것은 고객들이 쇼핑을 하는 동안, 명확하지 않은 방식으로, 제안을 하는 것처럼 보입니다.

해설 가게의 물품 배치(arranging)는 판매를 늘리기 위한 전략적 제안(suggestion)이다. 신발과 양말이 함께 진열되어 있는 것이 무작위(④ random)가 아니라 전략적인 진열이라는 예를 제시하고 있다.

어휘
- notice 알아차리다
- display 진열하다
- item 물품
- strategically 전략적으로
- place 배치하다
- each other 서로
- once [접] 일단 ~하면
- a pair of 한 쌍의 ~
- arrange 배열하다
- suggestion 제안
- customer 고객
- obvious 명백한
- while [접] ~ 반면에, ~ 동안에
- accurate 정확한
- enough 충분한
- positive 긍정적인

25 정답 ③

해설 상품을 진열하는 것은 판매를 위한 전략이라는 주제이다.

사회 2024년 기출문제

제1회 정답

01	①	02	④	03	④	04	②	05	②
06	①	07	②	08	②	09	④	10	②
11	①	12	①	13	③	14	④	15	③
16	③	17	④	18	①	19	①	20	②
21	②	22	④	23	③	24	①	25	③

01 정답 ①

행복한 삶을 실현하기 위한 조건으로 질 높은 정주 환경, 경제적 안정, 민주주의 실현, 도덕적 실천과 성찰하는 삶 등이 있다.

정주 환경이란 좁은 의미로는 주거지를 넓은 의미로는 일상생활 전 영역을 말한다. 질 높은 정주 환경을 갖추기 위해서는 깨끗한 자연환경과, 안락한 주거 환경, 문화・예술・체육・복지 시설 등의 사회적 환경이 필요하다.

02 정답 ④

인권의 특성으로 태어나면서 하늘로부터 부여받는 자연적 권리인 천부성, 나이・사회적 신분 등과 관계없이 모든 인간이 누려야 할 권리인 보편성, 타인이 함부로 빼앗거나 양도할 수 없는 권리인 불가침성, 영원히 보장되는 권리인 항구성이 있다.

오답피하기

ㄱ, ㄴ. 인권은 타인이 침범할 수 없으며 양도할 수 없는 불가침성의 권리이다.

03 정답 ④

우리나라 헌법상의 기본권 중 참정권은 국가의 의사 결정 과정에 참여할 수 있는 능동적 권리로 선거권, 공무담임권, 국민 투표권 등이 있다.

오답피하기

① 사회권은 국가에 대하여 인간다운 생활의 보장을 요구할 수 있는 권리이다.
② 평등권은 다른 기본권 보장의 전제 조건으로 성별, 종교, 사회적 신분 등에 의해 불합리한 차별을 받지 않을 권리이다.
③ 청구권은 다른 기본권을 보장하기 위한 수단적 권리로 국가에 대해 일정한 행위를 청구할 수 있는 권리이다.

04 정답 ②

자본주의는 사유 재산 제도를 바탕으로 자유로운 경제 활동이 보장되는 시장 경제 체제이다.

오답피하기

① 법치주의는 국가 운영을 국회가 정한 법률에 근거하여 수행한다.
③ 공동체주의는 인간의 삶이 공동체에 있음을 강조하는 사상이다.
④ 자문화 중심주의는 자기 사회의 문화는 우수하며 다른 사회 문화는 열등하다고 여기는 태도이다.

05 정답 ②

㉠은 공공복리이다. 기본권을 헌법으로 보장하지만 국가 안전 보장, 질서유지, 공공복리를 위하여 필요한 경우 국회에서 제정한 법률로써 기본권 제한이 가능하다. 하지만 기본권을 제한하는 경우에도 자유와 권리의 본질적인 내용은 침해할 수 없다.

오답피하기

③ 문화 동화란 기존의 문화 요소가 다른 사회의 문화 요소로 흡수되어 정체성을 상실하는 현상이다.

06 정답 ①
사회 복지 제도의 유형에는 사회 보험, 공공 부조, 사회 서비스가 있다.
사회 보험은 개인과 정부, 기업이 보험료를 분담하여 사회적 위험에 대비하는 제도로 국민 건강 보험, 고용 보험, 국민연금, 산업 재해 보상 보험 등이 있다.
공공 부조는 국가가 전액 지원하여 저소득 계층의 최저 생활을 보장하는 제도로 국민 기초 생활 보장 제도가 대표적이다. 사회 서비스는 도움이 필요한 전 국민 대상으로 다양한 서비스 혜택을 지원하는 제도로 노인 돌봄 서비스 등이 있다.

07 정답 ②
시장 실패의 사례로 독과점 문제, 공공재 공급 부족, 외부 효과 등이 있다. 공공재는 대가를 지불하지 않은 사람도 사용할 수 있는 무임승차 문제로 시장에서 충분히 공급되지 못하여 공공재 부족 문제가 발생한다.

오답피하기
③ 생산량이 증가할수록 단위당 생산비용이 감소하는 규모의 경제는 시장 실패의 사례가 될 수 없다.
④ 소비자가 윤리적인 가치 판단을 하고 상품을 소비하는 것은 윤리적 소비이다.

08 정답 ②
편익은 어떤 대안을 선택함에 따라 얻을 수 있는 만족이나 이득을 의미한다.

오답피하기
ㄴ. 경기 침체와 동시에 물가가 상승하는 현상은 스태그플레이션이다. 스태그플레이션은 석유 가격 상승에 의한 석유 공급 부족으로 발생한 경기 침체로, 정부의 개입으로 적절한 대응이 어려웠으며, 이로 인하여 정부 기능의 한계에 대한 문제가 제기되며 신자유주의가 등장하게 되었다.
ㄷ. 매몰 비용은 이미 지불하여 회수할 수 없는 비용으로 어떤 선택을 함에 있어 고려해서는 안 되는 비용이다.

09 정답 ④
근로 3권은 헌법에서 보장하는 노동자의 권리이다. 노동조합을 결성할 수 있는 권리를 단결권, 노동조합이 사용자와 교섭할 수 있는 권리를 단체 교섭권, 파업 등의 쟁의 행위를 할 수 있는 권리를 단체 행동권이라 한다.

10 정답 ②
생애 주기별 금융 설계가 필요한 이유는 평균 수명 연장에 따른 삶의 대비가 필요하기 때문이다. 금융 설계의 원칙은 현재의 소득만을 기준으로 하는 것이 아니라, 전 생애 동안의 예상 소득을 기준으로 장기적 관점에서 소비와 저축을 결정해야 한다.

오답피하기
④ 생애 주기의 발달 과업에 따라 필요한 자금의 크기는 다르다.

11 정답 ①
문화 변동 요인 : 내재적 요인, 외재적 요인
- 내재적 요인으로는 기존에 존재하지 않았던 새로운 문화 요소를 만들어내는 발명과 기존에 존재하고 있었지만 알려지지 않았던 것을 찾아내는 발견이 있다.
- 외재적 요인으로는 직접 전파, 간접 전파, 자극 전파가 있다.

오답피하기
③ 무역 상대국에 비해 상대적으로 더 작은 기회비용으로 상품을 생산할 수 있을 때 비교 우위를 가진다고 한다.
④ 무역 상대국에 비해 낮은 생산비로 생산할 수 있을 때 그 상품에 대해 절대 우위를 가진다고 한다.

12 정답 ①
제시된 내용은 사회 불평등의 의미에 해당한다. 사회 불평등은 모든 사회에서 보편적으로 나타나는 현상이지만, 사회나 시대에 따라 불평등의 기준이 다양하게 나타난다.

오답피하기

② 시장의 가격 결정이나 기업의 생산에 영향을 끼침으로써 시장에서 자원 분배의 방향을 결정하는 것을 소비자 주권이라 한다.

③ 문화 상대주의는 다른 사회의 문화를 해당 사회의 맥락에서 이해하는 태도이다.

13 정답 ③

- **분배적 정의** : 사회적 지위와 권리, 재화와 서비스 등 사회적·경제적 가치를 공정하게 분배하는 것과 관련된 정의이다.
- **분배적 정의 기준** : 업적, 능력, 필요 등 다양한 실질적 기준이 존재한다. ㉠에 따른 분배는 인간다운 삶을 보장하기 위한 필요에 따른 분배에 해당한다.

오답피하기

① 담합은 유사한 제품을 생산하는 기업끼리 가격, 판매 지역 등에 관한 협정을 맺어 서로 경쟁을 제한하는 것을 말한다.

④ 특화는 자신이 갖고 있는 생산 요소를 특정 재화나 서비스 생산에 집중함으로써 생산성을 높이는 것을 말한다.

14 정답 ④

한대 기후 지역은 일 년 내내 기온이 낮아 보온을 위해 동물의 가죽과 털로 만든 두꺼운 옷을 입는다. 순록 유목을 하며 날생선, 육류와 저장 음식을 먹는다. 가옥은 폐쇄적 가옥 구조가 나타나며 대표적인 가옥으로는 이글루가 있다.

15 정답 ③

사막화는 사막 주변에 장기간 가뭄, 인간의 과도한 목축과 개간으로 나타나는 환경 문제이다. 사막화로 식량 생산 감소, 황사 현상이 심화되며 대표적인 발생 지역은 사헬 지대이다.

16 정답 ③

자연을 바라보는 대표적인 관점으로 인간 중심주의와 생태 중심주의가 있다.

인간 중심주의는 인간을 다른 자연적 존재들보다 가치 있는 존재로 여기고, 인간과 자연의 관계에서 인간의 이익이나 행복을 먼저 고려하는 관점이다. 인간 중심주의는 과학 기술의 발전과 경제 성장을 이루는 데 도움을 주었지만 환경오염 등과 같은 환경 위기를 초래하였다는 비판도 받는다.

오답피하기

② 생태 중심주의는 자연 그 자체의 가치를 인정하고 무생물을 포함한 자연 전체를 도덕적 고려 대상으로 여기는 관점이다. 레오폴드의 대지 윤리가 대표적인 생태 중심주의 자연관이다.

17 정답 ④

- 힌두교는 다신교이며 소를 신성시 한다. 힌두교의 성지는 갠지스강이다.
- 이슬람교는 돼지고기와 술을 금기하며 여성들은 얼굴과 몸을 가리는 베일을 착용한다. 이슬람교의 성지는 메카이다.

18 정답 ①

- **저출산의 원인** : 초혼 연령 상승, 결혼 및 출산에 대한 가치관 변화 등
- **저출산의 문제점** : 생산 연령 인구 감소에 따른 노동력 부족, 잠재 성장률 하락 등
- **해결 방안** : 보육 시설 확충, 출산 장려금 지원 등 사회적 지원 강화

19 정답 ①

교통·통신 발달에 따라 생활 공간이 확대되고 시공간적 제약이 완화되어 지구촌 사회가 형성되었다. 또한 경제 활동 범위와 여가 공간이 확대되어 다양한 문화 체험 기회가 증가하였다.

20 정답 ②

다국적 기업은 기업의 이윤 극대화를 위해 본사, 연구소, 생산 공장 등을 세계적 범위로 공간적 분업을 실시한다. 본사는 주로 본국의 대도시나 세계 도시에 입지를 하며, 연구소는 대학가 근처, 생산 공장은 저렴한 노동력이 풍부한 개발 도상국이나 시장 개척을 위해 선진국에 입지한다.

오답피하기

① 공정 무역은 개발 도상국에서 생산하는 제품에 정당한 가격을 지급하여 생산자가 경제적으로 자립할 수 있도록 해주는 무역 방식이다.
③ 탄소 발자국은 일상생활에서 만들어 내는 탄소의 양을 말한다.
④ 지리적 표시제는 농산물 및 그 가공품의 특징이 지리적 특성에 기인하는 경우 그 지역의 특산품임을 인증하는 제도이다.

21 정답 ②

제시된 개인 정보 유출, 사생활 침해, 사이버 범죄 등은 정보화 사회의 문제점이다. 정보화 사회란 지식과 정보가 부의 원천이 되는 사회로 인터넷 중독, 사이버 범죄, 사생활 침해, 정보 격차 등의 문제가 나타난다.

오답피하기

① 교외화란 중심도시가 가지고 있는 여러 기능이 주변지역으로 확산되는 현상이다.
③ 님비 현상은 자신이 속한 지역에 이익이 되지 않는 일을 반대하는 지역 이기주의의 예이다.
④ 열섬 현상은 도시 내 콘크리트나 아스팔트로 포장된 면적 증가, 인공열 증가로 도시의 평균 기온이 주변 지역보다 높아지는 현상이다.

22 정답 ④

세계 문화권은 유럽 문화권, 건조 문화권, 아프리카 문화권, 아시아 문화권, 아메리카 문화권, 오세아니아 문화권으로 구분한다. 아메리카는 리오그란데강을 기준으로 북쪽은 앵글로 아메리카, 남쪽은 라틴 아메리카로 구분한다. 에스파냐어와 포르투갈어를 사용하고 가톨릭을 믿는 문화권은 라틴 아메리카인 D이다.

23 정답 ③

인구 구조는 피라미드형, 종형, 방추형, 표주박형, 별형으로 구분한다. 인구 구조를 통해 해당 지역의 사회·경제적 특성을 파악할 수 있다.

오답피하기

① 인구 절벽이란 인구가 급격히 줄어들어 인구 분포가 마치 절벽이 깎인 것처럼 분포된다는 의미이다.
② 인구 과잉이란 한 지역에 인구가 적정 수준을 넘어서 초과한 상태를 말한다.

24 정답 ①

그린피스(Greenpeace)와 국경없는 의사회(MSF)는 비정부 기구(NGO)이다. 개인이나 민간단체 주도로 만들어진 국제 사회 행위 주체로 환경 보호, 인권 보장 등을 위해 노력하고 있다.

오답피하기

③ 국제 연합(UN)은 정부 간 국제기구로 평화 유지군을 파견한다.
④ 국가를 회원으로 하는 정부 간 국제기구로 국제 연합(UN), 세계 보건 기구(WHO), 국제 통화 기금(IMF) 등이 있다.

25 정답 ③

자원은 유한성, 편재성, 가변성의 특징을 가진다. 유한성은 자원의 매장량이 한정되어 있어 언젠가 고갈되고, 편재성은 자원이 특정 지역에 편중되어 분포하며, 가변성은 기술·경제·문화적 조건 등에 따라 자원의 의미와 가치가 달라짐을 의미한다.

과학 2024년 기출문제

제1회 정답

01 ①	02 ③	03 ④	04 ③	05 ③
06 ④	07 ①	08 ④	09 ①	10 ④
11 ③	12 ②	13 ②	14 ③	15 ②
16 ②	17 ①	18 ①	19 ④	20 ④
21 ①	22 ②	23 ④	24 ③	25 ①

01 정답 ①

파력 발전은 파도가 칠 때 해수면의 움직임을 이용하여 전기 에너지를 생산하는 발전 방식으로 파도 상황에 따라 전력 생산량이 일정하지 않다.

02 정답 ③

ㄱ. 발전소에서 전기 에너지를 생산한다.

ㄴ. 손실 전력을 줄이기 위해 발전소에서 생산한 전력은 초고압 변전소에서 전압을 높여 송전한 후 여러 변전소나 주상 변압기를 거치며 전압을 낮춰 공급된다.

오답피하기

ㄷ. 발전소에서 생산한 전력을 공장이나 빌딩, 가정 등으로 수송하는 과정에서 저항에 의해 손실되는 전기 에너지를 손실 전력이라고 한다.

03 정답 ④

물체가 받은 충격량은 운동량의 변화량과 같다.

운동량의 변화량 = 나중 운동량 − 처음 운동량이므로 충격량의 크기는 A : 3N·s, B : 4N·s, C : 5N·s, D : 6N·s로 D의 충격량이 가장 크다.

04 정답 ③

열기관은 연료를 연소시켜 발생한 열에너지를 일로 전환하는 장치로 열기관이 한 일의 양은 '고열원에서 공급한 열에너지 − 저열원으로 빠져나간 열에너지'로 구할 수 있다.

열기관이 한 일 = 100J − 50J = 50J

05 정답 ③

태양 내부에서는 수소 원자핵 4개가 융합하여 1개의 헬륨 원자핵으로 변하는 수소핵 융합 반응이 일어난다. 이 과정에서 질량 결손이 생기고 감소된 질량이 에너지로 전환된다.

06 정답 ④

자유 낙하 운동은 공기의 저항을 무시할 때 물체가 중력만 받아 낙하하는 운동으로, 운동 방향과 중력의 방향이 같아 1초당 10m/s씩 점점 속력이 증가하는 운동을 한다. 따라서 낙하 시간이 가장 긴 D의 속도가 가장 빠르다.

07 정답 ①

전자기 유도는 코일 근처에서 자석을 움직이거나 자석 근처에서 코일을 움직일 때 코일에 전류가 흐르는 현상으로 자석의 극을 바꾸거나 자석이 움직이는 방향을 바꾸면 유도 전류의 방향이 변한다.

오답피하기

ㄴ, ㄷ 자석을 빨리 움직일수록, 자석의 세기가 셀수록, 코일을 감은 수가 많을수록 유도 전류가 세게 흐른다.

08 정답 ④

원자가 전자는 원자의 전자 배치에서 가장 바깥 전자 껍질에 들어 있는 전자로, 화학 결합에 참여할 수 있는 전자를 말한다. 원자가 전자 수는 주기율표 족의 일의 자리 수와 같으므로 1족 원소인 A, C는 1개, 16족 원소인 B는 6개, 17족 원소인 D는 7개의 원자가 전자를 갖는다. 단, 18족 원소는 화학 반응에 참여하는 전자가 없으므로 원자가 전자 수는 0이다.

09 정답 ①

원자가 전자를 잃으면 양이온이 된다. 양이온의 이온식을 쓸 때 원소 기호 오른쪽 위에 잃어버린 전자의 수와 '+'를 붙여 나타낸다(단, 1은 생략). 나트륨 이온은 Na^+이므로 나트륨 원자가 잃은 전자의 개수는 1개이다.

10 정답 ④

이온 결합은 금속 원소와 비금속 원소가 각각 양이온과 음이온이 된 후 정전기적 인력에 의해 형성된 결합으로 염화나트륨(NaCl)이 가장 대표적인 이온 결합 물질이다.

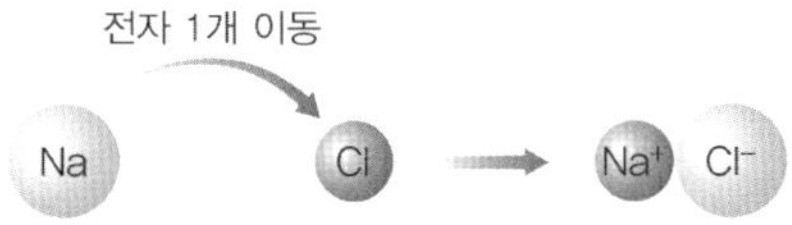

11 정답 ③

산화 환원 반응은 물질이 산소나 전자를 잃거나 얻어서 형성되는 반응으로 연소 반응, 철이 녹스는 반응, 사과의 갈변 현상이 대표적인 예이다.

오답피하기

③ 산성화된 토양에 석회 가루를 뿌리는 것은 산과 염기의 중화 반응이다.

12 정답 ②

묽은 염산(HCl)과 묽은 황산(H_2SO_4)은 산으로 물에 녹아 수소 이온(H^+)을 내놓아 산성을 나타낸다.

염산	$HCl \rightarrow H^+ + Cl^-$
황산	$H_2SO_4 \rightarrow 2H^+ + SO_4^{2-}$

13 정답 ②

아미노산은 단백질의 단위체다. 아미노산은 펩타이드 결합을 통해 폴리펩타이드를 형성하고, 폴리펩타이드가 입체 구조를 형성하여 단백질이 만들어진다.

14 정답 ③

생생물은 환경에 적응하여 몸의 형태나 구조의 차이가 생기는데 여우의 형태는 온도에 따른 차이이다. 추운 지방에 사는 동물일수록 깃털이나 털이 발달되어 있고, 피하지방층이 두꺼우며, 몸 말단부의 크기가 작아 열 방출이 잘 되지 않고, 더운 지방에 사는 동물은 몸집이 작고 말단부가 커서 열을 잘 방출한다.

15 정답 ②

1차 소비자의 수가 증가하면 1차 소비자의 먹이인 생산자(A)의 개체 수는 감소하고, 1차 소비자를 먹이로 하는 2차 소비자(B)의 개체 수는 증가한다.

16 정답 ②

소화 효소에 의해 음식물을 흡수할 수 있는 크기로 분해할 수 있다.
물질대사는 생명체 내에서 일어나는 화학 반응으로 생체 촉매인 효소가 필요하다.

17 정답 ①

DNA는 2중 나선 구조로 2가닥의 염기는 A(아데닌)-T(타이민) / G(구아닌)-C(사이토신)과 같이 상보 결합하고 있다. ㉠은 T(타이민)과 상보 결합을 하고 있으므로 A(아데닌)이다.

참고

DNA의 이중 나선 중 한쪽 가닥을 바탕으로 상보적 서열을 갖는 RNA가 합성되는 것을 전사라고 한다.

DNA 염기	A	G	C	T
↓ (전사)	↓	↓	↓	↓
RNA 염기	U	C	G	A

18 정답 ①

삼투는 세포막을 경계로 농도가 낮은 용액에서 농도가 높은 용액으로 물이 이동하는 현상이다.

19 정답 ④

종 다양성은 일정한 지역에 얼마나 많은 생물종이 고르게 분포하며 살고 있는지를 의미한다.
생물종이 많을수록, 종의 분포 비율이 균등할수록 종 다양성이 높다.

20 정답 ④

ㄴ. 화산 폭발에 의해 기후 변화, 지형의 변화, 생태계 변화 등이 일어날 수 있다.

ㄷ. 화산 활동은 분출된 화산재에 의해 토양이 비옥해지는 것, 화산 활동을 활용하여 관광지로 활용하는 것, 지열을 활용하여 난방과 전기 에너지를 생산하는 것과 같은 이로운 점이 있다.

오답피하기

ㄱ. 화산 활동과 같은 지각 변동은 지구 내부 에너지에 의해 지각 변동이 일어난다.

21 정답 ①

규산염 사면체는 규소 1개를 중심으로 산소 4개가 공유결합한 사면체로, 규산염 사면체를 기본 골격으로 이루어진 광물을 규산염 광물이라고 한다.

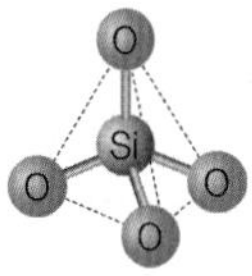

22 정답 ②

지진 해일은 지권에서 일어난 지진에 의해 수권에 속하는 바다에서 해일이 발생한 것으로 지권과 수권의 상호작용이다.

23 정답 ④

지구 온난화는 이산화 탄소, 수증기, 메테인과 같은 대기 중 온실 기체의 양이 증가하면서 온실 효과가 강화되어 지구 평균 기온이 상승하는 현상을 말한다.

오답피하기

① **황사** : 사막에서 발생하는 모래 폭풍과 흙먼지
② **사막화** : 사막 주변 지역의 토지가 자연적·인위적 원인으로 황폐해지면서 사막이 점차 넓어지는 현상
③ **엘니뇨** : 평상시보다 무역풍이 약해지면서 페루 연안의 수온이 상승하는 현상

24 정답 ③

A, D : 해구(수렴형 경계)
B : 변환 단층(보존형 경계)
C : 해령(발산형 경계)
발산형 경계는 맨틀이 상승하면서 판과 판이 멀어지는 경계이다.

25 정답 ①

A 시기는 중생대의 대멸종을 뜻하므로 중생대 생물인 공룡이 해당한다.

오답피하기

매머드, 화폐석은 신생대, 삼엽충은 고생대의 표준화석이다.

한국사 2024년 기출문제

제1회 정답

01 ②	02 ①	03 ①	04 ③	05 ②
06 ①	07 ③	08 ④	09 ①	10 ④
11 ④	12 ③	13 ②	14 ③	15 ①
16 ③	17 ①	18 ④	19 ③	20 ④
21 ④	22 ②	23 ③	24 ②	25 ④

01 정답 ②

② 제시된 사진은 주먹 도끼로, 구석기 시대의 대표적인 뗀석기이다. 경기도 연천 전곡리에서 동아시아 최초로 발견되었다.

오답피하기

① 『해국도지』는 개화기에 청에서 들여온 책으로, 초기 개화파 인사들에게 크게 영향을 주었다.
③ 고려 시대에 제작된 대표적인 불화이다.
④ 임신서기석에는 신라에 유학이 전래되었음을 암시하는 구절이 기록되어 있다.

02 정답 ①

고려는 거란과 총 3차례 전쟁을 치렀다. 서희는 1차 전쟁에서 외교 담판으로 공을 세웠고, 강감찬은 3차 전쟁에서 귀주성 전투를 승리로 이끌었다(귀주 대첩).

03 정답 ①

지눌은 고려 중기의 승려로, 불교계의 세속화를 비판하며 수선사라는 단체를 조직하였다. 또한 선종을 중심으로 교종을 통합한 조계종을 이끌었다.

오답피하기

② 원효는 신라가 삼국을 통일하는 시기의 승려이다. 당시 불교는 삼국에 따라 특징이 달랐는데, 원효는 화쟁 사상을 주장하며 불교 통합을 시도하였다. 또한 이전까지의 불교가 귀족 중심이었던 점을 극복하기 위해서, "나무아미타불"을 외우면 누구나 극락왕생할 수 있다는 아미타 신앙을 보급해 불교를 평민층까지 보급하였다.
④ 장수왕은 고구려 5세기의 왕으로, 한강 일대까지 영토를 확장시켰다.

04 정답 ③

동학 농민 봉기의 대표적인 전투로는 황토현 전투, 황룡촌 전투, 우금치 전투 등이 있다. 농민군은 황토현 전투와 황룡촌 전투에서 정부군을 격퇴하고 승리했으나, 우금치 전투에서는 일본군에 패배하였다.

오답피하기

① 국학은 통일 신라 신문왕이 설립한 유학 교육 기관이다.
② 백제 성왕은 웅진에서 사비(현재의 충남 부여군)로 천도하였다.
④ 고구려는 668년에 신라와 당의 공격을 받아 멸망하였다.

05 정답 ②

19세기에는 세도 정치로 인해 정치가 타락하고 민생이 피폐해졌다. 특히 탐관오리로 인해 삼정의 문란이 심각하였다. 궁핍해진 농민들은 홍경래의 난과 임술 농민 봉기에 대거 참여하였다.

오답피하기

① 일제는 1910년대에 회사령을 실시해 회사 설립시 총독의 허가를 받도록 하였다.
③ 이승만 정부는 1952년에 대통령 선출 방식을 간선제에서 직선제로 변경하는 발췌 개헌을 통과시켰다.
④ 이승만은 1946년 정읍에서 남한 단독 정부 수립을 최초로 주장하였다.

06 정답 ①

흥선 대원군은 서원 철폐와 호포제 실시로 양반과 갈등을 빚었다. 양반은 그들의 자식을 서원에 입학시켜 면역

(군대 면제) 특혜를 누렸고, 흥선 대원군은 서원을 붕당의 근거지로 여겼기 때문에 크게 갈등하였다.

오답피하기

② 녹읍은 신라의 토지로, 귀족의 경제적 기반이었다. 통일 직후 신문왕이 폐지하였으나 경덕왕 시기에 다시 부활하였다.
③ 교정도감은 고려 최씨 정권의 최고 정치 기구로, 최충헌이 설립하였다.
④ 동서 대비원은 고려의 의료 기관으로 수도 개경에 설치되었다.

07 정답 ③

개화파는 서구 문물의 수용을 주장하는 세력으로, 고종의 개항·개화 정책을 지지하였다.

오답피하기

① 통일 신라 말기에 지방을 기반으로 성장한 독자적인 세력가를 호족이라 부른다. 궁예, 견훤, 왕건이 대표적이다.
④ 오경박사는 백제의 관직으로, 유학에 능통한 사람을 오경박사에 임명했다.

08 정답 ④

제시된 문화재는 백제 금동 대향로로, 백제의 마지막 도읍지였던 사비성 일대에서 발견되었다. 향로의 상단부는 도교의 세계관을 반영하였고, 하단부는 연꽃을 통해 불교의 세계관을 표현하였다.

오답피하기

① 『택리지』는 조선 후기 국학자인 이중환이 전국 각지를 분석한 지리서이다.
② 상평통보는 조선 후기에 전국적으로 유통된 화폐이다.
③ 「곤여만국전도」는 서양 선교사 마테오 리치가 제작한 세계지도로, 조선 후기에 국내에 들어왔다.

09 정답 ①

광해군은 내부적으로는 왜란으로 인해 피폐해진 국내 상황을 수습하고, 외부적으로는 중국의 명과 후금 사이에서 중립 외교 정책을 추진하였다.

10 정답 ④

고종은 을사조약의 부당성을 알리기 위해 1907년 이준, 이상설, 이위종을 특사로 임명해 네덜란드 헤이그에서 열리는 만국 평화 회의에 파견하였다.

오답피하기

① 중추원은 고려에서 군사 기밀과 왕명 출납을 담당하던 기구였으며, 개화기에는 독립협회가 대한제국과의 협의를 통해 설립하려 했던 의회이다.
② 도병마사는 식목도감과 더불어 고려의 귀족 회의 기구이다.
③ 중서문하성은 고려 최고의 정치 기구로, 조선의 의정부처럼 국정을 총괄하였다.

11 정답 ④

1920년대에는 소작 쟁의와 노동 운동이 활발하게 일어났다. 소작인(농민)들은 과도한 소작료 부담을 낮춰줄 것, 소작권의 잦은 이동 반대 등을 요구하며 지주를 상대로 소작 쟁의를 전개하였다. 대표적인 사례로는 1923년에 일어난 암태도 소작 쟁의가 있다.

오답피하기

① 박정희 정부가 일본과 국교 수교를 시도하자, 학생과 시민들은 이를 졸속적인 협상으로 보고 반대 운동을 전개하였다(6·3 시위).
② 이자겸은 고려 중기 때의 대표적인 문벌 귀족으로, 왕과 갈등을 빚자 반란을 일으켰다. 이 사건은 문벌 귀족 사회가 동요하는 계기가 되었다.
③ 강조는 고려의 무장으로, 목종을 폐위하고 현종을 옹립하였다. 이를 강조의 정변이라 한다. 한편 거란은 이 사건을 계기로 고려를 침입하였다(고려-거란 2차 전쟁).

12 정답 ③
양기탁과 베델은 대한매일신보를 발행하여 반일 기사를 대거 수록했다. 개화기를 대표하는 신문이다.

오답피하기
① 「독사신론」은 신채호의 역사 논문으로, 그는 이 글에서 우리 역사의 정통성과 독자성을 강조하였다.
② 『동경대전』은 동학의 경전으로, 동학의 2대 교주인 최시형이 집필했다.
④ 조선은 왕이 사망하면 실록청을 설치하여, 사관이 왕 생전에 기록한 각종 자료를 기반으로 실록을 편찬하였다.

13 정답 ②
일제는 1910년대 강압적인 무단 통치를 실시하였으나 1919년 3·1 운동으로 한계에 봉착하였다. 그 후 문화 통치로 변경하였다.

오답피하기
① 고려 태조는 기인 제도(호족의 아들을 일정 기간 동안 수도에 머물게 함)를 통해 호족을 통제하였다.
④ 인조와 서인 정권은 친명 배금 정책을 추진하며, 광해군의 중립 외교 정책을 중단시켰다.

14 정답 ③
이화 학당의 학생 유관순은 3·1 운동이 일어나자 고향인 천안으로 내려가 만세 시위 운동을 이끌었다.

오답피하기
① 김흠돌은 통일 신라 신문왕의 왕권 강화에 반발하여 군사를 일으켰으나 패하였다.
② 나운규는 1920년대에 영화 '아리랑'을 제작했다.
④ 윤원형은 조선의 외척으로, 명종 때 또 다른 외척 윤임과 대립하며 을사사화를 유발했다.

15 정답 ①
개화기 때 일본으로의 곡식 유출로 국내 식량 사정이 악화되자, 지방관들은 방곡령을 선포해 곡식 수출을 일시적으로 제한했다.

오답피하기
② 봉사 10조는 고려 무인 최충헌이 왕에게 올린 개혁안이다.
③ 교육 입국 조서는 고종이 2차 갑오개혁 때 발표한 선언문으로, 근대 교육 발전을 표명하였다.
④ 1946년 여운형과 김규식 등의 중도 세력은 통일 정부 수립을 위해 좌우 합작 운동을 시작하였다. 이 과정에서 좌우 합작 7원칙이 발표되었다.

16 정답 ③
한국 광복군은 미군으로부터 특수 훈련을 받아 국내 진공 작전을 준비했다. 하지만 작전 수행을 불과 며칠 앞두고 일제가 연합군에 항복하면서 작전은 중단되었다.

오답피하기
① 위화도 회군은 요동 정벌에 나선 이성계가 우왕의 명령을 거부하고, 압록강에서 군사를 돌린 사건이다. 이 사건을 계기로 이성계는 우왕과 최영을 제거하고 사실상 고려 정치의 실권을 장악하게 되었다.
② YH 무역 사건은 1979년에 박정희 유신 체제가 붕괴되는 결정적인 계기가 되었다.
④ 고려 중기에 묘청, 정지상 등은 서경 천도, 독자적인 연호 사용, 금 사대 중지 등을 요구하였다.

17 정답 ①
광복 직후 미국, 영국, 소련은 모스크바 3국 외상 회의를 열어 한반도 문제를 논의하였다. 여기서 '임시 정부 수립, 정부 수립을 위한 미-소 공동 위원회 설치, 최대 5년의 신탁 통치'가 결정되었다. 이후 미국과 소련은 2차례에 걸쳐 공동 위원회를 개최했으나 의견차로 결렬되었다.

오답피하기

② 제가 회의는 고구려의 귀족 회의이다.
③ 5세기(433년)에 신라와 백제는 고구려를 견제하기 위해 군사 동맹을 맺었다.
④ 독서삼품과는 통일신라의 원성왕 때 시행한 제도로, 국학 학생 중 우수한 학생을 3등급으로 분류해 관리로 등용하였다.

18 정답 ④

1948년에서 1950년까지 활동한 제헌 국회는 친일파 청산과 농지 개혁을 위한 관련 법을 제정하였다. 전자가 반민족 행위 처벌법으로, 이를 집행하기 위해 반민족 행위 특별 조사 위원회(반민 특위)를 운영하였다.

오답피하기

① 정당성은 발해의 최고 정치 기구로, 수상인 대내상이 이끌었다.
② 식목도감은 도병마사와 더불어 고려의 귀족 회의 기구이다.
③ 광복 직후 여운형 등은 국내 치안 안정과 국가 수립을 위한 준비 작업을 위해 조선 건국 준비 위원회를 조직하였다.

19 정답 ③

1920년대 초 물산 장려 운동이 일어나 국산품 애용을 호소하였다. '조선 사람 조선 것', '우리가 만든 것, 우리가 입고 쓰자'라는 구호를 내세웠다.

오답피하기

① 박정희는 5·16 군사 정변 직후 경제 건설과 반공을 최우선 과제로 내세웠다. 이로 인해 1960년대에는 '선 건설, 후 통일'이 기본적인 통일 원칙이었다.
④ 전태일은 노동 여건 개선을 요구하며 노동 운동을 전개하였다. 당시 우리나라는 수출 지향 경제 정책을 추진하였기 때문에 노동자의 저임금과 장시간 노동이 만연하였다. 이러한 상황을 개선하기 위해 박정희 대통령에게 편지를 보냈고, 근로 기준법 준수를 외치며 분신 자살하였다.

20 정답 ④

이승만 정부는 부통령 후보자 이기붕의 당선을 위해 선거에 개입했다. 이를 3·15 부정 선거라고 한다. 이에 전국에서 학생과 시민들이 이승만 정부 퇴진을 요구하며 4·19 혁명에 참여하였다. 결국 시위가 시작된 지 일주일 만에 이승만 대통령은 스스로 대통령직에서 물러났다.

오답피하기

① 집강소는 동학 농민 운동 때 개혁을 위해 농민군이 전라도 일대에 설치한 자치 기구이다.
② 조광조는 조선 중종 때 기묘사화로 숙청되었다.
③ 노비안검법은 고려 광종 때 시행된 정책으로, 호족이 보유한 노비를 조사한 후 억울하게 노비가 된 자들을 풀어주었다.

21 정답 ④

6·25 전쟁은 북한의 남침으로 시작되어 전쟁 초반에 대한민국은 부산 일대까지 후퇴하는 위기를 겪었다. 하지만 국군과 유엔군의 인천 상륙 작전 성공으로 반격의 기회를 얻었다.

오답피하기

① 1920년 청산리 대첩에서 대승을 거둔 독립군은 간도 참변과 자유시 참변으로 큰 피해를 입었다.
② 일제는 1925년에 만주 군벌과 미쓰야 협정을 맺었다. 만주 군벌이 한국 독립군을 체포해 일제에 넘길 경우 일정 금액을 지급하기로 약속하였다. 이로 인해 만주에서 독립군 활동이 위기를 맞았다.
③ 별기군은 강화도 조약 이후 설립한 근대적 군대이다. 이들의 등장으로 기존 군인에 대한 처우가 열악해지자 임오군란이 일어났다.

22 정답 ②

김대중 정부는 최초로 남북 정상 회담을 개최하고, 그 성과를 담아 6·15 남북 공동 선언을 발표하였다.

23 정답 ③

전두환과 신군부는 박정희 대통령이 피살(10·26 사태)되자 같은 해 12월 군사 반란을 일으켰다(12·12 군사 반란).

오답피하기

① 3포 왜란은 조선 중종 때 3포에 머물던 왜인들이 일으킨 소요 사태로, 이 사건을 계기로 비변사가 설립되었다.

② 영국은 러시아 견제를 위해 1885년 거문도를 불법으로 점령하였다.

④ 1862년 진주를 시작으로 전국에서 삼정의 문란에 저항하여 봉기하였다. 이를 임술 농민 봉기라 부른다.

24 정답 ②

외환 위기가 발생하자, 우리 정부는 IMF로부터 긴급 자금을 빌렸다. 국민들은 빠른 경제 회복을 위해 적극적으로 금 모으기 운동에 참여하였고, 정부와 기업, 노동자는 강력한 구조 조정으로 기업 경쟁력을 강화하였다.

오답피하기

① 형평 운동은 백정 출신들이 사회적 차별 폐지를 요구하며 일으킨 평등 운동으로, 1920년대 초 진주에서 일어났다.

③ 동학 교도들은 교조 최제우의 억울함을 밝혀달라고 요구하며 1892년에 교조 신원 운동을 일으켰다. 이후 동학은 교세를 확장하여 동학 농민 운동을 이끌었다.

④ 문자 보급 운동은 1920년대 말 조선일보가 주도한 문맹 퇴치 운동이다.

25 정답 ④

박정희 정부는 1962년부터 경제 개발 5개년 계획을 추진했으며, 1970년에는 서울과 부산을 연결하는 경부 고속국도를 건설하였다.

오답피하기

① 원산 지역 노동자들은 1929년 총파업을 전개하며, 임금 차별과 장시간 노동 등에 항의하였다.

② 상평창은 고려와 조선의 물가 관리 기구이다.

③ 당백전은 흥선 대원군이 발행한 고액 화폐로, 경복궁 중건에 필요한 자금을 마련하기 위해 주조했다.

도덕 2024년 기출문제

제1회 정답

01 ①	02 ④	03 ②	04 ④	05 ④
06 ③	07 ①	08 ③	09 ③	10 ①
11 ④	12 ①	13 ②	14 ④	15 ③
16 ①	17 ②	18 ②	19 ③	20 ②
21 ③	22 ③	23 ①	24 ④	25 ①

01 정답 ①

딜레마 : 선택해야 할 길은 두 가지 가운데 하나로 정해져 있는데, 그 어느 쪽을 선택하여도 바람직하지 못한 결과가 나오게 되는 곤란한 상황

오답피하기

② **이데아** : 플라톤 철학의 중심 개념, 모든 존재와 인식의 근거가 되는 항구적이며 초월적인 실재

④ **정언 명령** : 마땅히 해야 할 행위를 무조건적 명령의 형태로 지시하는 것

02 정답 ④

제시된 효제, 충서, 사단, 오륜은 모두 유교에서 강조하는 정신을 의미한다.

- **효제** : 부모에게 효도하고 형제자매 간에 우애 있게 지내는 것으로 인의 근본이다.
- **충서** : 속임이나 꾸밈없이 온 정성을 다하고 다른 사람의 마음을 헤아려 자기가 하고 싶지 않은 일을 남에게 시키지 않는 것으로, 인의 구체적인 실현 방법이다.
- **맹자의 사단(四端)** : 모든 인간이 본래부터 가지고 있는 선천적인 것으로, 남을 불쌍히 여기는 마음[측은지심(惻隱之心)], 옳지 못한 일을 부끄러워하고 미워하는 마음[수오지심(羞惡之心)], 양보하고 공경하는 마음[사양지심(辭讓之心)], 옳고 그름을 구별하는 마음[시비지심(是非之心)]이다.
- **오륜** : 유교에서 말하는 5가지 기본적 실천덕목

03 정답 ②

제시된 내용은 실천 윤리학의 영역과 주제에서 평화 윤리에 대한 설명이다.

04 정답 ④

보편화 결과 검사는 도덕 원리를 모든 사람에게 적용했을 때 나타나는 결과에 문제가 없는지 확인하는 방법이다.

오답피하기

① **포섭 검사** : 어떤 도덕 원리가 넓은 범위의 상위 원리에 포함되는지 검사하는 것

② **기술 영향 평가** : 새로운 과학기술의 발전이 다른 분야에 미치는 영향을 사전에 평가하고 그 결과를 정책에 반영하는 방법

05 정답 ④

제시문은 연령과 시대별 경험의 차이로 어느 사회에서나 나타나는 보편적인 현상인 세대 갈등에 대한 설명이다.

06 정답 ③

바람직한 토론을 위해서는 누구나 소통과 담론에 참여할 수 있는 권리가 있음을 인정하고 대화의 상대방을 존중하며, 진실한 대화를 위해 노력해야 한다. 또한 자신의 오류 가능성을 인정해야 한다.

07 정답 ①

벤담의 주장을 이어받은 싱어는 동물이 쾌고 감수 능력을 갖고 있으므로 동물의 이익도 평등하게 고려되어야 한다고 주장한다.

08 정답 ③

공리주의는 쾌락을 삶의 목적으로 설정하여 내면적 동기를 소홀히 할 수 있고, 다수의 이익을 추구하다 보면 소수의 권리를 침해할 수 있다. 또한 유용성을 계산할 때 고려의 범위를 설정하면서 차별을 받는 존재가 발생할 수 있다.

09 정답 ③
분배적 정의는 각자가 자신의 몫을 누릴 수 있게 하는 것으로 여러 가지 사회적·경제적 가치를 공정하게 분배함으로써 실현된다.

오답피하기
② **교정적 정의** : 잘못이 있을 때는 공정하게 처벌하고 피해가 발생했을 때는 합당하게 배상하여 정의를 실현하는 것
④ **형벌적 정의** : 범죄자의 행위에 상응하는 처벌을 하는 것

10 정답 ①
독일의 심리학자 프롬은 사랑이 보호, 책임, 존경, 이해의 요소를 포함한다고 보았다. 그는 사랑하는 사람을 보호하는 것, 사랑하는 사람의 요구를 배려하면서 자신의 행동에 책임을 지는 것, 사랑하는 사람을 있는 그대로 받아들이며 존경하는 것, 사랑하는 사람을 올바로 이해하는 것이 진정한 사랑의 모습이라고 주장하였다.

11 정답 ④
시민 불복종은 시민 참여의 한 형태로, 정의롭지 못한 법을 개정하거나 정부 정책을 변혁하려는 목적으로 행하는 의도적인 위법 행위이다. 사례에는 여성의 참정권 획득을 위한 미국과 영국의 시민 운동, 베트남 전쟁 반대 운동, 간디의 비폭력 불복종 운동, 마틴 루서 킹의 흑인 민권 운동 등이 있다.

12 정답 ①
생명 복제는 생명의 존엄성과 자연의 고유한 질서를 해칠 수 있다는 문제점이 있다. 따라서 윤리적 쟁점을 올바르게 이해하고 생명을 책임 있게 다루려는 자세를 가져야 한다.

13 정답 ②
공직자는 국민 삶의 질 향상, 국가 유지 및 발전에 중요한 역할을 담당한다. 따라서 공직자는 높은 수준의 직업 윤리를 지킴으로써 자신이 맡은 바 사회적 의무를 다해야 한다.

14 정답 ④
과학 기술 연구자는 연구 과정에서 비윤리적인 행위를 하지 말아야 한다. 왜냐하면 연구 결과물을 거짓으로 만들어 내는 날조, 연구 재료와 절차 등을 조작하는 변조, 타인의 생각과 결과 등을 자신의 것으로 속이는 표절 등의 행위는 아무리 사소한 것일지라도 비윤리적인 행위일 뿐만 아니라 사회적으로도 큰 피해를 주기 때문이다.

15 정답 ③
사회 윤리를 강조한 니부어는 도덕적인 개인이라도 비도덕적인 사회에서는 비도덕적인 행동을 하기 쉽다고 보았다. 이에 그는 정의를 사회의 도덕적 이상으로 제시하며 사회 구조나 제도의 도덕성에 관하여 관심을 기울일 필요가 있다고 주장하였다.

16 정답 ①
통일 한국이 지향해야 할 가치에는 평화, 자유, 인권, 정의 등이 있다.

17 정답 ②
생명 중심주의는 도덕적 고려의 범위를 생명체에까지 확대하여 모든 생명의 소중함을 일깨워 주었다. 따라서 동물 중심주의와의 공통점은 생명이 있는 동물이 도덕적 고려의 범위에 포함된다는 것이다.

오답피하기
①, ③ 인간 중심주의, ④ 생태 중심주의

18 정답 ②
저작권 침해란 저작권법에 의해 배타적으로 보호되는 저작물을 무단으로 이용하여 저작권자의 권리를 침해하는 행위를 말한다. 예를 들면 소프트웨어를 허락 없이 복제하거나 인터넷에서 기사·사진·영상·음원 등의 자료를 무단으로 내려받는 행위가 이에 해당한다.

오답피하기
① **정보 격차** : 교육, 소득 수준, 성별, 지역 등의 차이로 정보에 대한 접근과 이용이 차별되고, 그 결

과 경제적 · 사회적 불균형이 발생하는 현상
④ **사이버 따돌림** : 인터넷, 휴대 전화 등 정보 통신 기기를 이용해 특정인과 관련된 개인 정보 또는 허위 사실을 유포해 지속적 · 반복적으로 공격을 가하는 행위, 또는 온라인 그룹에서 고의로 특정인을 배제하여 상대방이 고통을 느끼도록 하는 행위

19 정답 ③
대중문화에 대한 윤리적 규제
- **찬성 입장** : 성 상품화 예방, 대중의 정서에 미칠 부정적 영향 방지
- **반대 입장** : 대중문화의 자율성 및 표현의 자유 침해, 다양한 대중문화를 즐길 대중의 권리 침해

20 정답 ②
다문화주의는 이주민의 고유한 문화와 자율성을 존중하여 문화 다양성을 실현하려는 입장이다. 샐러드 볼 이론은 한 국가 또는 사회 안에 있는 다양한 문화를 평등하게 인정한다. 이 때문에 각 재료의 특성이 살아 있는 샐러드처럼 다양한 문화가 각각의 정체성을 유지하면서 조화를 이룰 수 있다는 장점이 있다.

오답피하기
① **동화주의** : 이주민 문화를 주류 문화에 적응 · 통합시키려는 입장

21 정답 ③
의복과 관련된 윤리적 문제 : 유행 추구 현상
- **긍정적 입장** : 개인의 선택권 존중, 개성의 표현, 새로운 가치관 형성의 계기
- **부정적 입장** : 기업 판매 전략, 몰개성화 초래, 자원 낭비와 환경 문제 등

22 정답 ③
롤스는 원초적 입장으로부터 도출된 정의의 원칙을 따를 때 공정한 분배가 실현될 수 있다고 보았다. 원초적 입장의 당사자들은 무지의 베일을 쓰고 지위나 계층, 능력 등 자신뿐만 아니라 타인의 우연적인 조건들을 알 수 없다. 따라서 당사자들은 기본적 자유를 평등하게 갖고, 가장 불우한 처지에 놓인 사람에게 최대한의 이익을 주는 분배 방식에 합의하게 된다.

오답피하기
① **판옵티콘** : 영국의 철학자 제러미 벤담이 죄수를 효과적으로 감시할 목적으로 고안한 원형 감옥
② **윤리적 공백** : 급격한 과학 기술의 발전으로 파생되는 윤리적 문제를 기존의 윤리가 해결해 주지 못하는 데서 발생하는 공백
④ **공유지의 비극** : 공공자원을 구성원의 자율에 맡길 경우 자원이 고갈될 위험에 처할 수 있다는 것을 설명하는 이론

23 정답 ①
도덕주의는 미적 가치와 윤리적 가치의 관련성을 강조한다. 이 입장에서는 예술이 올바른 품성을 기르고 도덕적 교훈이나 모범을 제공하는 것이라고 보며, 예술의 사회성을 강조하는 '참여 예술론'을 지지한다.

24 정답 ④
요나스는 과학 기술 시대에 걸맞는 책임 윤리를 새롭게 확립해야 한다고 주장하였다. 그는 책임의 범위를 현세대로 한정하는 기존의 전통적 윤리관으로는 과학 기술 시대에 발생할 수 있는 문제를 해결하는 데 한계가 있다고 보았다. 오늘날 과학 기술이 자연을 통째로 파괴할 수 있을 만한 힘을 갖게 됨에 따라 윤리적 책임의 범위를 자연은 물론 미래 세대로까지 확장해야 할 필요가 있다는 것이다.

25 정답 ①
노직에 따르면 개인은 정당한 절차를 통해 취득한 재산에 관한 배타적이고 절대적 소유권을 가진다. 따라서 자신의 부를 어떻게 이용할 것인지는 전적으로 개인의 자유이기 때문에 해외 원조나 기부를 실천해야 할 윤리적 의무는 존재하지 않는다.

EBS 교육방송교재 고졸 검정고시

기출을 보면 합격이 보인다!

2023 기출문제

- ☑ 국어
- ☑ 수학
- ☑ 영어
- ☑ 사회
- ☑ 과학
- ☑ 한국사
- ☑ 도덕

EBS 교육방송교재

고졸 검정고시 기출문제집

2023 제 2 회 국어

정답 및 해설 p. 78

01 **다음 대화에 나타난 특징으로 가장 적절한 것은?**

1) 이데마(edema) : 부종, 몸이 붓는 증상
2) 만니톨(mannitol) : 부종의 치료에 이용되는 약제
3) 엔시드(ensid) : 진통제, 통증 완화제

① 신조어를 사용하고 있다.
② 전문어를 사용하고 있다.
③ 지역 방언을 사용하고 있다.
④ 관용 표현을 사용하고 있다.

02 **수정 후에 반영된 언어 예절에 대한 설명으로 가장 적절한 것은?**

[수정 전] 선생님께서 주신 자료가 너무 어려워서 그러는데, 혹시 쉬운 자료가 있을까요?

↓

[수정 후] 선생님께서 주신 자료를 제가 잘 이해하지 못해서 그러는데, 혹시 쉬운 자료가 있을까요?

① 상대를 칭찬하며 말한다.
② 자신의 탓으로 돌려 말한다.
③ 상대의 의견에 동의하며 말한다.
④ 자신의 능력을 과시하며 말한다.

03 **다음을 참고할 때 음운 변동에 관한 설명으로 적절한 것은?**

■ 자음 체계표(일부) ■

조음 위치 / 조음 방법	두 입술	윗잇몸	여린입천장
파열음	ㅂ	ㄷ	ㄱ
비음	ㅁ	ㄴ	ㅇ
유음		ㄹ	

① 심리[심니] : 앞 자음 'ㅁ'이 뒤 자음 'ㄹ'과 조음 방법이 같아짐.
② 종로[종노] : 앞 자음 'ㅇ'이 뒤 자음 'ㄹ'과 조음 위치가 같아짐.
③ 신라[실라] : 앞 자음 'ㄴ'이 뒤 자음 'ㄹ'과 조음 방법이 같아짐.
④ 국물[궁물] : 앞 자음 'ㄱ'이 뒤 자음 'ㅁ'과 조음 위치가 같아짐.

04 다음 한글 맞춤법 규정을 잘못 적용한 것은?

> ■ 한글 맞춤법 ■
>
> **【제15항】** 용언의 어간과 어미는 구별하여 적는다.
>
> **[붙임 1]** 두 개의 용언이 어울려 한 개의 용언이 될 적에, 앞말의 본뜻이 유지되고 있는 것은 그 원형을 밝히어 적고, 그 본뜻에서 멀어진 것은 밝히어 적지 아니한다.

① 인구가 늘어나다
② 갯벌이 드러나다
③ 집으로 돌아가다
④ 단추가 떠러지다

05 다음을 참고할 때 〈보기〉의 ㉠에 들어갈 말로 가장 적절한 것은?

> 다른 사람의 말을 직접 인용할 때는 인용할 내용에 큰따옴표가 붙고 조사 '라고'가 사용된다. 간접 인용할 때는 인용할 내용에 조사 '고'가 붙고, 경우에 따라 인용문의 인칭 대명사, 종결 어미가 바뀐다.

> 보기
>
> **직접 인용 표현**
>
> 친구가 나에게 "너의 취미가 뭐야?"라고 물었다.
>
> ↓
>
> **간접 인용 표현**
>
> 친구가 나에게 (　㉠　) 물었다.

① 나의 취미가 뭐냐고
② 그의 취미가 뭐냐고
③ 나의 취미가 뭐냐라고
④ 그의 취미가 뭐냐라고

06 ㉠에 들어갈 내용으로 가장 적절한 것은?

> **주제 : 의약품 개발을 위한 동물 실험 반대**
>
> Ⅰ. 서론 : 동물 실험에 대한 문제 제기
>
> Ⅱ. 본론 : 동물 실험을 반대하는 근거
>
> 1. 동물 실험은 비윤리적이라는 점에서 문제가 있다.
> 2. 동물 실험 결과를 인간에게 그대로 적용할 수 없다.
> 3. 　㉠　
>
> Ⅲ. 결론 : 동물 실험이 금지되어야 함을 강조

① 동물 실험을 대체할 실험 방안이 있다.
② 동물 실험이 인간에게 가져다주는 이익이 크다.
③ 동물 실험이 동물 학대를 의미하는 것은 아니다.
④ 동물 실험으로 의약품 개발 비용을 절감할 수 있다.

07 ㉠~㉣을 고쳐 쓴 것으로 적절하지 <u>않은</u> 것은?

> 메모는 기억을 ㉠ <u>유지되는</u> 가장 좋은 방법이다. ㉡ <u>충분한 수면은 기억력 향상에 도움을 준다.</u> 여러 가지 생각이 동시에 떠오르거나 기발한 생각이 스쳐 갈 때 이를 메모해 두면 유용하다. 과거에는 메모가 필요한 순간에 메모지나 필기구가 ㉢ <u>없더라도</u> 불편한 경우가 종종 있었다. ㉣ <u>그리고</u> 지금은 휴대 전화의 기능을 활용하여 전보다 쉽게 메모할 수 있게 되었다.

① ㉠ : '기억을'과 호응하도록 '유지하는'으로 수정한다.
② ㉡ : 통일성을 해치는 문장이므로 삭제한다.
③ ㉢ : 문맥을 고려하여 '없어서'로 고친다.
④ ㉣ : 잘못된 접속어를 사용했으므로 '따라서'로 바꾼다.

08 ㉠~㉣에 나타난 중세 국어의 특징으로 적절하지 <u>않은</u> 것은?

> 불·휘㉠<u>기·픈</u>남·ᄀᆞᆫ㉡<u>ᄇᆞᄅᆞ·매</u>아·니
> :뮐·ᄊᆡ
> 곶:됴·코 여·름·하ᄂᆞ·니
> :ᄉᆡ·미 기·픈㉢<u>·므·른</u>·ᄀᆞᄆᆞ·래 아·
> 니그·츨·ᄊᆡ
> ㉣<u>:내·히</u> 이·러바·ᄅᆞ·래·가ᄂᆞ·니
>
> –「용비어천가」 제2장 –

① ㉠ : 소리 나는 대로 표기하고 있다.
② ㉡ : 현재 쓰이지 않는 모음이 있었다.
③ ㉢ : 모음 조화를 지키고 있다.
④ ㉣ : 주격 조사 '히'가 사용되었다.

[9~11] 다음 글을 읽고 물음에 답하시오.

> 나 보기가 역겨워
> 가실 때에는
> 말없이 고이 보내 드리우리다.
>
> 영변(寧邊)에 약산(藥山)
> 진달래꽃
> 아름 따다 가실 길에 뿌리우리다.
>
> 가시는 걸음걸음
> 놓인 그 꽃을
> ㉠ <u>사뿐히 즈려밟고 가시옵소서</u>.
>
> 나 보기가 역겨워
> 가실 때에는
> 죽어도 아니 눈물 흘리우리다.
>
> – 김소월, 「진달래꽃」 –

09 윗글의 표현상 특징으로 적절하지 <u>않은</u> 것은?

① 설의법을 사용하여 주제 의식을 강조하고 있다.
② 유사한 종결 어미를 반복해 리듬감을 형성하고 있다.
③ 반어적 표현을 활용하여 화자의 감정을 강조하고 있다.
④ 수미상관 구조를 통해 형태적 안정감을 형성하고 있다.

10 ㉠에 나타난 화자의 정서로 가장 적절한 것은?

① 고향에 대한 그리움
② 무기력한 삶에 대한 후회
③ 임을 향한 헌신적인 사랑
④ 정처 없이 떠도는 삶의 비애

11 윗글과 〈보기〉에 공통으로 나타나는 우리나라 시가 문학의 특징으로 가장 적절한 것은?

보기

아리랑 아리랑 아라리요
아리랑 고개로 넘어간다
나를 버리고 가시는 임은
십 리도 못 가서 발병 난다

– 경기 민요 「아리랑」 –

① 3음보 율격을 지닌다.
② 자연 친화적 태도를 보인다.
③ 절기에 따른 풍속을 노래한다.
④ 마지막 구절 첫머리에 감탄사를 쓴다.

[12~13] 다음 글을 읽고 물음에 답하시오.

십 년을 경영하여 초려 삼간 지어 내니
나 한 간 달 한 간에 청풍 한 간 맛져 두고
[강산]은 들일 듸 업스니 둘러 두고 보리라

– 송순 –

12 윗글의 화자에 대한 설명으로 가장 적절한 것은?

① 세속적 삶을 지향하고 있다.
② 멀리 있는 임금을 걱정하고 있다.
③ 자연 속에서 소박하게 살고 있다.
④ 후학 양성에 대한 포부를 밝히고 있다.

13 ㉠~㉣ 중 윗글의 [강산]과 의미가 가장 유사한 것은?

㉠ <u>잔</u> 들고 혼자 앉아 먼 ㉡ <u>뫼</u>를 바라보니
그리던 ㉢ <u>님</u>이 오다 반가움이 이러하랴
㉣ <u>말씀</u>도 웃음도 아녀도 못내 좋아하노라

– 윤선도, 「만흥」 –

① ㉠　　② ㉡
③ ㉢　　④ ㉣

[14~16] 다음 글을 읽고 물음에 답하시오.

"김병국 부친 되십니다."

중위가 나를 소개했다. 그리고 덧붙여, 내가 예편된 대위 출신으로 육이오 전쟁에 참전한 상이용사라고 말했다.

"그렇습니까. 반갑습니다. 저는 윤영구라 합니다. 앉으시지요."

윤 소령이 나를 회의용 책상으로 안내해 간이 철제 의자를 권했다. ㉠ 그는 호인다운 인상에 목소리가 시원시원하여, 중위의, 파견 대장은 인간적이란 말에 한결 신뢰감을 주었다.

"불비한 자식을 둬서 죄, 죄송합니다. 자식 놈과 얘기해 보셨다면 아, 알겠지만 천성이 착한 놈입니다."

의자에 앉으며 내가 말했다.

"어젯밤 마침 제가 부대에서 숙식할 일이 있어 장시간 ㉡ 그 친구와 얘기를 나눠 봤지요. 똑똑한 젊은이더군요."

"요즘 제 딴에는 뭐 조류와 환경 오염 실태를 여, 연구 한답시고……. 모르긴 하지만 그 일 때문에 시, 심려를 끼치지 않았나 하는데요?"

"그렇습니다. 그러나 자제분은 군 통제 구역 출입이 어떤 처벌을 받는지 알 텐데도 무모한 행동을 했어요. 설령 하는 일이 정당하다면 사전에 부대 양해나 협조부터 요청해야지요."

(중략)

[A] 윤 소령은 당번병을 불러 김병국 군을 데려오라고 말했다. 한참 뒤, 사병과 함께 병국이 파견 대장실로 들어왔다. 땟국 앉은 꾀죄죄한 그의 몰골이 중병 환자 같았다. 점퍼와 검정 바지도 펄투성이여서 하수도 공사를 하다 나온 듯했다. 병국은 움푹 꺼진 동태 눈으로 나를 보았다.

"㉢ 이 녀석아, 넌 도대체 어, 어떻게 돼먹은 놈이냐! 통금 시간에 허가증 없이 해안 일대에 모, 못 다니는 줄 뻔히 알면서."

내가 노기를 띠고 아들에게 소리쳤다.

"본의는 아니었어요. 사흘 사이 동진강 하구 삼각주에서 갑자기 새들이 집단으로 죽기에 그 이유를 좀 알아보려던 게……."

병국이 머리를 떨구었다.

"그래도 변명은!"

"고정하십시오. 자제분 의도나 진심은 충분히 파악했으니깐요."

윤 소령이 말했다.

병국은 간밤에 쓴 진술서에 손도장을 찍고, 각서 한 장을 썼다. 내가 그 각서에 연대 보증을 섬으로써 우리 부자가 파견대 정문을 나서기는 정오가 가까울 무렵이었다. 부대에서 나올 때 집으로 찾아왔던 중위가 병국이 사물을 인계했다. 닭털 침낭과 등산 배낭, 이인용 천막, 그리고 걸레 조각처럼 늘어진 바다오리와 꼬마물떼새 시신이 각 열 구씩이었다.

"죽은 새는 뭘 하게?"

웅포리 쪽으로 걸으며 내가 물었다.

"해부를 해서 사인을 캐 보려구요."

"폐, 폐수 탓일까?"

"글쎄요……."

"㉣ 너도 시장할 테니 아바이집으로 가서 저, 점심 요기나 하자."

나는 웅포리 정 마담을 만나 이잣돈을 받아 오라던 아내 말을 떠올렸다. 병국이는 식사 따위에 관심이 없어 보였다.

"아버지, 아무래도 새를 독살하는 치들이 있는 것 같아요."

"그걸 어떻게 아니?"

"갑자기 떼죽음당하는 게 이상하잖아요? 물론 전에도 새나 물고기가 떼죽음하는 경우가 있었지만, 이번은 뭔가 다른 것 같아요."

"물 탓이야. 이제 동진강은 강물이 아니고 도, 독물이야. 조만간 이곳에서 새떼가 자취를 감추고 말 게야."

- 김원일, 「도요새에 관한 명상」 -

14 윗글을 읽고 이해한 것으로 가장 적절한 것은?

① '나'는 '병국'의 일에 무관심하다.
② '병국'은 '윤 소령'의 입장을 동정한다.
③ '나'는 '윤 소령'의 행동에 실망감을 느낀다.
④ '병국'은 새들의 떼죽음에 의혹을 품고 있다.

15 [A]에 대한 설명으로 가장 적절한 것은?

① 과거 회상을 통해 사건의 원인을 밝히고 있다.
② 외양 묘사를 통해 인물의 처지를 보여 주고 있다.
③ 이국적 소재를 활용하여 인물의 상황을 강조하고 있다.
④ 장면의 빈번한 전환으로 갈등의 심화를 보여 주고 있다.

16 ㉠~㉣ 중 가리키는 대상이 <u>다른</u> 것은?

① ㉠ ② ㉡
③ ㉢ ④ ㉣

[17~19] 다음 글을 읽고 물음에 답하시오.

[앞부분 줄거리] 명나라 때 홍무와 부인 양씨는 뒤늦게 계월을 낳아, 남자 옷을 입혀 기른다. 난을 피하다가 부모와 헤어진 계월을 여공이 구해 평국이라는 이름을 지어 주고, 아들 보국과 함께 곽 도사에게 수학하게 한다. 평국은 보국과 함께 과거에 급제하고, 서달의 난이 일어나자 출전하여 공을 세운다. 그 후 평국은 병이 들어 어의에게 진맥을 받고 난 뒤 여자임이 밝혀진다.

계월이 천자께 ㉠ <u>상소</u>를 올리자 임금께서 보셨는데 상소의 내용은 다음과 같았다.

'한림학사 겸 대원수 좌승상 청주후 평국은 머리를 조아려 백 번 절하고 아뢰옵나이다. 신첩이 다섯 살이 되기 전에 장사랑의 난에 부모를 잃었사옵니다. 그리고 도적 맹길의 환을 만나 물속의 외로운 넋이 될 뻔한 것을 여공의 덕으로 살아났사옵니다. 오직 한 가지 생각을 했으니, 곧 여자의 행실을 해서는 규중에서 늙어 부모의 해골을 찾지 못할 것이라는 점입니다. 그래서 여자의 행실을 버리고 남자의 옷을 입어 황상을 속이옵고 조정에 들었사오니 신첩의 죄는 만 번을 죽어도 아깝지 않습니다. 이에 감히 아뢰어 죄를 기다리옵고 내려 주셨던 유지(諭旨)[1]와 인수(印綬)[2]를 올리옵나이다. 임금을 속인 죄를 물어 신첩을 속히 처참하옵소서.'

천자께서 글을 보시고 용상(龍床)을 치며 말씀하셨다.

"평국을 누가 여자로 보았으리오? 고금에 없는 일이로다. 천하가 비록 넓으나 문무(文武)를 다 갖추어 갈충보국(竭忠報國)[3]하고, 충성과 효도를 다하며 조정 밖으로 나가서는 장수가 되고 들어와서는 재상이 될 만한 재주를 가진 이는 남자 중에도 없을 것이로다. 평국이 비록 여자지만 그 벼슬을 어찌 거두겠는가?"

[중간 줄거리] 천자의 중매로 계월과 보국은 혼인을 하게 된다. 혼인 후 계월은 규중에서 지내다가 오랑캐를 진압하라는 천자의 명을 받는다.

평국이 엎드려 아뢰었다.

"신첩이 외람되게 폐하를 속이고 공후의 작록을

받아 영화로이 지낸 것도 황공했사온데 폐하께서는 죄를 용서해 주시고 신첩을 매우 사랑하셨사옵니다. 신첩이 비록 어리석으나 힘을 다해 성은을 만분의 일이나 갚으려 하오니 폐하께서는 근심하지 마옵소서."

천자께서 이에 크게 기뻐하시고 즉시 수많은 군사와 말을 징발해 주셨다. 그리고 벼슬을 높여 평국을 대원수로 삼으시니 원수가 사은숙배(謝恩肅拜)하고 위의를 갖추어 친히 붓을 잡아 보국에게 전령(傳令)을 내렸다.

"적병의 형세가 급하니 중군장은 급히 대령하여 군령을 어기지 마라."

보국이 전령을 보고 분함을 이기지 못해 부모에게 말했다.

"계월이 또 소자를 중군장으로 부리려 하오니 이런 일이 어디에 있사옵니까?"

여공이 말했다.

"전날 내가 너에게 무엇이라 일렀더냐? 계월이를 괄시하다가 이런 일을 당했으니 어찌 계월이가 그르다고 하겠느냐? 나랏일이 더할 수 없이 중요하니 어쩔 수 없구나."

– 작자 미상, 『홍계월전』 –

1) 유지(諭旨) : 임금이 신하에게 내리던 글
2) 인수(印綬) : 벼슬에 임명될 때 임금에게 받는 도장을 몸에 차기 위한 끈
3) 갈충보국(竭忠報國) : 충성을 다해 나라의 은혜를 갚음.

17 윗글에 대한 설명으로 가장 적절한 것은?

① 인물의 말을 통해 대상을 평가하고 있다.
② 다른 사물에 빗대어 대상을 비판하고 있다.
③ 계절의 변화를 통해 비극적 상황을 강조하고 있다.
④ 꿈과 현실을 교차하여 인물의 과거를 보여주고 있다.

18 윗글의 인물에 대한 설명으로 가장 적절한 것은?

① 천자는 '여공'을 중군장으로 삼고자 한다.
② '평국'은 천자로부터 능력을 인정받고 있다.
③ '보국'은 대원수인 '계월'의 권위를 인정하고 있다.
④ '여공'은 '계월'이 아닌 '보국'의 편을 들어주고 있다.

19 ㉠의 중심 내용으로 가장 적절한 것은?

① 자신의 혼인을 부탁하고 있다.
② 천자를 속인 죄에 대해 벌을 청하고 있다.
③ 벼슬을 거두지 말아 달라고 간청하고 있다.
④ 여성에 대한 차별을 없애 달라고 요구하고 있다.

[20~22] 다음 글을 읽고 물음에 답하시오.

부탄의 마을 치몽은 한눈에 봐도 가난한 마을이다. 전기가 들어오지 않는 마을답게 변변한 세간도 없다. 그러나 매 순간 몸과 마음을 다해 손님을 접대한다. 활쏘기를 구경하려고 걸음을 멈추면 집으로 뛰어 들어가 돗자리를 꺼내 온다. 논두렁 길을 걷다 보면 어린 소년이 뛰어와 옷 속에 품은 달걀을 수줍게 내민다. 이 동네 사람들은 행복해 보일 뿐만 아니라 우리를 행복하게 해 주기 위해서는 무엇이든 할 준비가 되어 있는 것 같았다. 가진 게 별로 없는데도 아무렇지 않아 보였으며 빈한한 살림마저도 기꺼이 나누며 살아가는 듯했다.

또한 치몽에서는 늘 몸을 움직여야만 한다. 집 바깥에 있는 화장실에 가기 위해서도, 공동 수돗가에서 물을 받기 위해서도 움직여야만 한다. 빨래는 당연히 손으로 해야 하고, 쌀도 키로 골라야 하며, 곡물은 맷돌을 돌려 갈아야 한다. 난방이 되지 않아 실내에서는 옷을 두껍게 입어야만 하며, 생활에 필요한 모든 것은 몸을 써야만 얻을 수 있다. 그런데 그 불편함이 이상하게도 살아 있음을 실감케 한다. 일상의 모든 자질구레한 일에 몸을 써야만 하는 이 나라 사람들에게 부탄 정부가 2005년에 노골적으로 물었다. "당신은 행복합니까?"라고. 그 질문에 단지 3.3퍼센트만이 행복하지 않다고 대답했다고 한다. 이들의 이러한 모습을 보면 몸이 편한 것과 행복은 별 상관이 없는 것 같다는 생각이 들곤 한다.

㉠ <u>이 나라에서의 삶</u>은 그야말로 사는 것이다. 텔레비전으로 보고, 인터넷으로 검색하고, 카메라로 찍는 삶이 아니라 몸을 움직여 직접 만들고 경험하는 삶이다. 그러다 보니 부탄에서 일과 놀이는 [㉡]으로 연결되어 있다. 그들은 노는 듯 일하고 일하듯 논다. 진정한 호모 루덴스[1]다. 이런 그들에게 놀이는 돈을 지불해야 얻을 수 있는 상품이 아니다. 이 나라 사람들은 아직 노동하기 위해 살지는 않는다.

– 김남희, 「왜 당신의 시간을 즐기지 않나요」 –

1) 호모 루덴스(Homo ludens) : '노는 인간' 또는 '유희하는 인간'이라는 뜻으로 역사학자 하위징아(Huizinga, J.)가 제창한 개념

20 윗글의 서술상 특징으로 적절한 것을 〈보기〉에서 고른 것은?

보기
ㄱ. 구체적인 예를 들고 있다.
ㄴ. 비슷한 상황을 열거하고 있다.
ㄷ. 상대의 주장을 반박하고 있다.
ㄹ. 새로운 이론을 제시하고 있다.

① ㄱ, ㄴ ② ㄱ, ㄷ
③ ㄴ, ㄹ ④ ㄷ, ㄹ

21 ㉠과 가장 거리가 <u>먼</u> 것은?

① 불편해도 살아 있음을 느끼는 삶
② 대중 매체를 통해 놀이를 즐기는 삶
③ 몸을 움직여 직접 만들고 경험하는 삶
④ 가진 것이 별로 없어도 나누며 사는 삶

22 ㉡에 들어갈 말로 가장 적절한 것은?

① 대립적 ② 일시적
③ 유기적 ④ 수동적

[23~25] 다음 글을 읽고 물음에 답하시오.

라면이 국수나 우동과 다른 점은 면을 한 번 튀겨서 익혔다는 것이다. 그래서 끓이지 않고도 먹을 수 있고, 끓여서 먹더라도 금방 익혀 먹을 수 있다. 심지어 컵라면은 지속적으로 끓일 필요도 없고 단지 끓는 물을 붓기만 해도 먹을 수 있다. 그런데 왜 하필 3분을 기다려야 하는 걸까? 컵라면을 먹을 때마다 3분이 얼마나 긴 시간인지를 새삼 깨닫는다.

컵라면의 면발은 봉지 라면에 비해 더 가늘거나 납작하다. 면발의 표면적을 넓혀 뜨거운 물에 더 많이 닿게 하기 위해서다. 그리고 컵라면의 면을 꺼내 보면 ㉠ 위쪽은 면이 꽉 짜여 빽빽하지만, 아래쪽은 면이 성글게 엉켜 있다. 이는 중량을 줄이기 위해서가 아니고 따뜻한 물은 위로, 차가운 물은 아래로 내려가는 대류 현상 때문이다. 컵라면 용기에 물을 부으면 위쪽보다는 아래쪽이 덜 식는다. 따라서 뜨거운 물이 위로 올라가려고 하는데 이때 면이 아래쪽부터 빽빽하게 들어차 있으면 물의 대류 현상에 방해가 된다. 위아래의 밀집도가 다른 컵라면의 면발 형태는 뜨거운 물의 대류 현상을 원활하게 하여 물을 계속 끓이지 않아도 면이 고르게 익도록 하는 과학의 산물이다.

컵라면 면발에는 화학적 비밀도 있다. 봉지 라면과 비교했을 때 컵라면 면발에는 밀가루 그 자체보다 정제된 전분이 더 많이 들어가 있다. 라면은 밀가루로 만든 면을 기름에 튀겨 전분을 알파화[1]한 것이다. 하지만 밀가루에는 전분 외에 단백질을 포함한 다른 성분도 들어 있다. 면에 이런 성분을 빼고 순수한 전분의 비율을 높이면 그만큼 알파화가 많이 일어나므로, 뜨거운 물을 부었을 때 복원되는 시간도 빨라진다. 전분을 많이 넣을수록 면이 불어나는 시간이 빨라져 더 빨리 먹을 수 있게 되는 것이다. 하지만 전분이 너무 많이 들어가면 면발이 익는 시간이 빨라지는 만큼 불어 터지는 속도도 빨라져 컵라면을 다 먹기도 전에 곤죽이 되고 만다.

– 이은희, 「라면의 과학」 –

1) 알파화 : 물과 열을 가해 전분을 익혀 먹기 쉽게 만드는 과정이나 상태

23 윗글에 반영된 글쓰기 계획으로 적절하지 않은 것은?

① 과학 용어를 사용하여 설명해야지.
② 대상과 관련된 경험을 제시해야지.
③ 다른 대상과 대조하여 설명해야지.
④ 구체적인 통계 자료를 활용해야지.

24 윗글을 통해 알 수 있는 내용으로 가장 적절한 것은?

① 컵라면의 면발은 단백질과 전분으로만 이루어져 있다.
② 국수나 우동의 면발은 모두 한 번 튀겨서 익힌 것이다.
③ 면발이 납작해지면 뜨거운 물에 닿는 표면적이 넓어진다.
④ 면에 전분 외에 다른 성분의 비율을 높이면 알파화가 많이 일어난다.

25 ㉠의 이유로 가장 적절한 것은?

① 대류 현상을 방해하기 위해서
② 전분의 비율을 낮추기 위해서
③ 컵라면의 중량을 줄이기 위해서
④ 면이 고르게 익도록 하기 위해서

기출을 보면 합격이 보인다!

2023 제2회

수학

01 두 다항식 $A=2x^2+x$, $B=x^2-1$에 대하여 $A+2B$는?

① $4x^2+x+2$ ② $4x^2-x+2$
③ $4x^2+x-2$ ④ $4x^2-x-2$

02 등식 $(x-2)^2=x^2-4x+a$가 x에 대한 항등식일 때, 상수 a의 값은?

① 2 ② 4
③ 6 ④ 8

03 다항식 x^3-3x+7을 $x-1$로 나누었을 때, 나머지는?

① 5 ② 6
③ 7 ④ 8

04 다항식 $x^3+9x^2+27x+27$을 인수분해한 식이 $(x+a)^3$일 때, 상수 a의 값은?

① 1 ② 2
③ 3 ④ 4

05 $i(2+i)=a+2i$일 때, 실수 a의 값은? (단, $i=\sqrt{-1}$)

① -3 ② -1
③ 1 ④ 3

06 두 수 2, 4를 근으로 하고 x^2의 계수가 1인 이차방정식이 $x^2-6x+a=0$일 때, 상수 a의 값은?

① 2 ② 4
③ 6 ④ 8

07 $0\le x\le 3$일 때, 이차함수 $y=-x^2+4x+1$의 최댓값은?

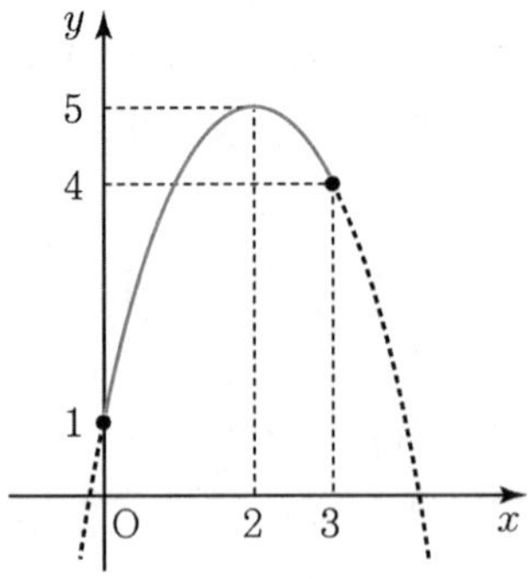

① 2 ② 3
③ 4 ④ 5

08 사차방정식 $x^4-3x^2+a=0$의 한 근이 2일 때, 상수 a의 값은?

① -4 ② -1
③ 2 ④ 5

09 연립방정식 $\begin{cases} x+2y=10 \\ x^2+y^2=a \end{cases}$의 해가 $x=2$, $y=b$일 때, 두 상수 a, b에 대하여 $a+b$의 값은?

① 15 ② 18
③ 21 ④ 24

10 이차부등식 $(x+1)(x-4)\leq 0$의 해는?

① $x\geq -1$
② $x\leq 4$
③ $-1\leq x\leq 4$
④ $x\leq -1$ 또는 $x\geq 4$

11 좌표평면 위의 두 점 $\mathrm{A}(-1,\ 1)$, $\mathrm{B}(2,\ 4)$에 대하여 선분 AB를 $1:2$로 내분하는 점의 좌표는?

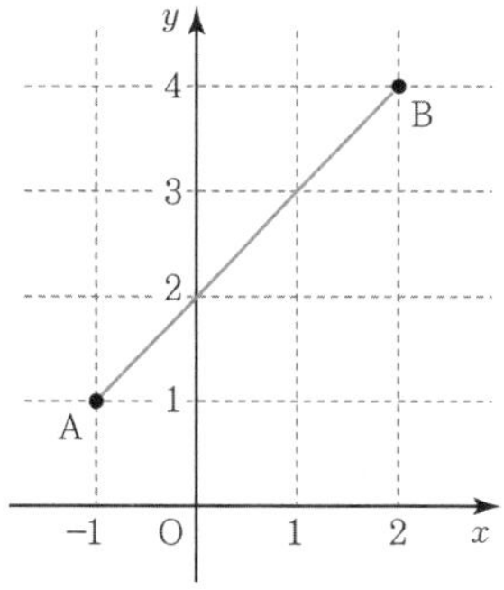

① $(-2,\ 0)$ ② $(0,\ -2)$
③ $(0,\ 2)$ ④ $(2,\ 0)$

12 직선 $y=x+2$에 수직이고, 점 $(4,\ 0)$을 지나는 직선의 방정식은?

① $y=-x+3$ ② $y=-x+4$
③ $y=x-3$ ④ $y=x-4$

13 중심의 좌표가 $(3,\ 1)$이고 x축에 접하는 원의 방정식은?

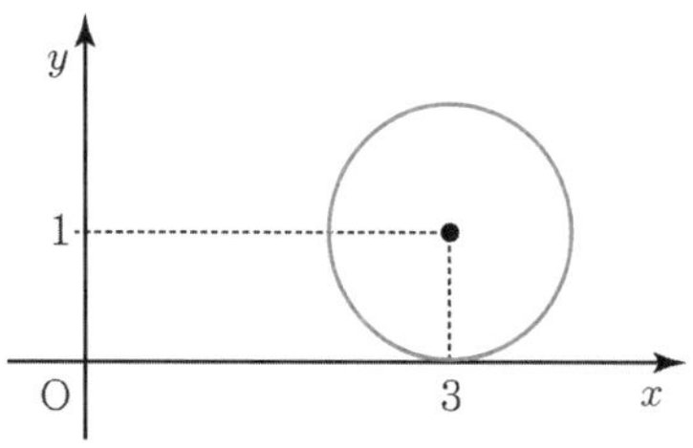

① $(x-3)^2+(y-1)^2=1$
② $(x-3)^2+(y-1)^2=9$
③ $(x-1)^2+(y-3)^2=1$
④ $(x-1)^2+(y-3)^2=9$

14 좌표평면 위의 점 $(2,\ 3)$을 직선 $y=x$에 대하여 대칭이동한 점의 좌표는?

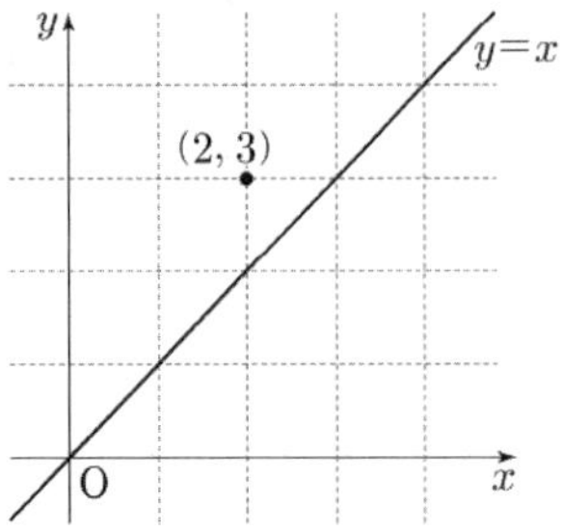

① $(-2,\ -3)$
② $(-2,\ 3)$
③ $(3,\ -2)$
④ $(3,\ 2)$

15 두 집합 $A=\{1,\ 3,\ 6\}$, $B=\{3,\ 5,\ 6\}$에 대하여 $A\cap B$는?

① $\{1,\ 3\}$ ② $\{1,\ 5\}$
③ $\{3,\ 6\}$ ④ $\{5,\ 6\}$

16 전체집합이 $U=\{1,\ 2,\ 3,\ 4,\ 5,\ 6\}$일 때, 다음 조건의 진리집합은?

x는 짝수이다.

① $\{1,\ 3,\ 5\}$ ② $\{2,\ 4,\ 6\}$
③ $\{3,\ 4,\ 5\}$ ④ $\{4,\ 5,\ 6\}$

17 함수 $f:X\rightarrow Y$가 그림과 같을 때, $f^{-1}(c)$의 값은? (단, f^{-1}는 f의 역함수이다.)

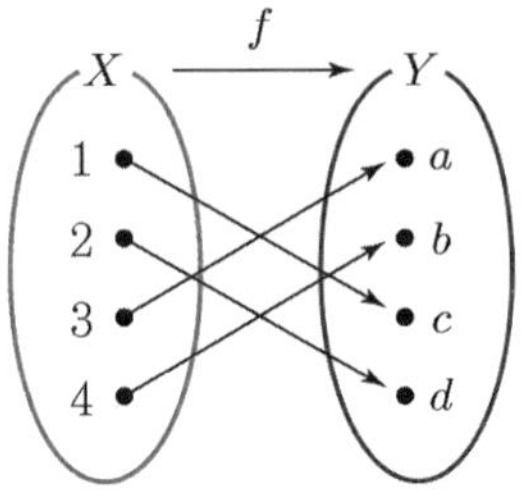

① 1 ② 2
③ 3 ④ 4

18 무리함수 $y=\sqrt{x-a}+b$의 그래프는 무리함수 $y=\sqrt{x}$의 그래프를 x축의 방향으로 1만큼, y축의 방향으로 4만큼 평행이동한 것이다. 두 상수 a, b에 대하여 $a+b$의 값은?

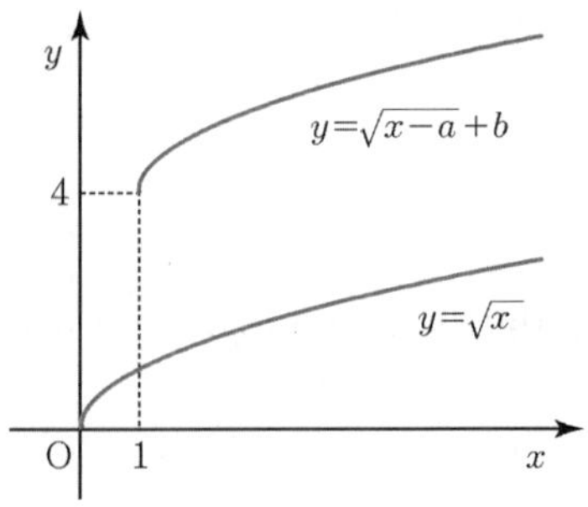

① 4 ② 5
③ 6 ④ 7

19 그림과 같이 등산로의 입구에서 쉼터까지 가는 길은 4가지, 쉼터에서 전망대까지 가는 길은 2가지가 있다. 입구에서 쉼터를 거쳐 전망대까지 길을 따라 가는 경우의 수는? (단, 같은 지점은 두 번 이상 지나지 않는다.)

① 5　　② 6
③ 7　　④ 8

20 그림과 같이 6종류의 과일이 있다. 이 중에서 서로 다른 2종류의 과일을 선택하는 경우의 수는?

① 15　　② 18
③ 21　　④ 24

2023 제 2 회 영어

[1~3] 다음 밑줄 친 부분의 뜻으로 가장 적절한 것을 고르시오.

01

Reading books is a great way to gain knowledge.

① 균형 ② 목표
③ 우정 ④ 지식

02

She is never going to give up her dream even if she meets difficulties.

① 서두르다 ② 자랑하다
③ 포기하다 ④ 화해하다

03

Many animals like to play with toys. For example, dogs enjoy playing with balls.

① 갑자기 ② 반면에
③ 예를 들면 ④ 결론적으로

04 다음 밑줄 친 두 단어의 의미 관계와 다른 것은?

Spring is my favorite season because of the beautiful flowers and warm weather.

① apple – fruit
② nurse – job
③ triangle – shape
④ shoulder – country

05 다음 광고문에서 언급되지 않은 것은?

Cheese Fair

- Date : September 10th (Sunday), 2023
- Activities :
  - Tasting various kinds of cheese
  - Baking cheese cakes
- Entrance Fee : 10,000 won

① 날짜 ② 장소
③ 활동 내용 ④ 입장료

[6~8] 다음 빈칸에 공통으로 들어갈 말로 가장 적절한 것을 고르시오.

06

- Are you ready to _________ your project to the class?
- Stop worrying about the past and live in the _________.

① grow ② lose
③ forget ④ present

07

- John, _________ many countries are there in Asia?
- He doesn't know _________ far it is from here.

① how ② when
③ where ④ which

08

- He needs to focus _________ studying instead of playing games.
- Bring a jacket which is easy to put _________ and take off.

① as ② of
③ on ④ like

09 다음 대화에서 밑줄 친 표현의 의미로 가장 적절한 것은?

A : How would you describe your personality, Sumi?
B : I tend to be cautious. I try to follow the saying, "<u>Look before you leap</u>."
A : Oh, you think carefully before you do something.

① 많으면 많을수록 좋다.
② 남이 가진 것이 더 좋아 보인다.
③ 행동하기 전에 신중하게 생각해라.
④ 오늘 할 일을 내일로 미루지 마라.

10 다음 대화에서 알 수 있는 A의 심정으로 가장 적절한 것은?

A : I'd like to return these headphones.
B : Why? Is there a problem?
A : I'm not satisfied with the sound. It's not loud enough.

① 감사 ② 불만
③ 안도 ④ 행복

11 다음 대화가 이루어지는 장소로 가장 적절한 것은?

A : There are so many people in this restaurant!
B : Right. This place is well known for its pizza.
A : Yeah. Let's order some.

① 식당 ② 은행
③ 문구점 ④ 소방서

12 다음 글에서 밑줄 친 it이 가리키는 것으로 가장 적절한 것은?

> These days I'm reading a book, *Greek and Roman Myths*. The book is so interesting and encourages imagination. Moreover, it gives me more understanding about western arts because the myths are a source of western culture.

① book ② pencil
③ language ④ password

[13~14] 다음 대화의 빈칸에 들어갈 말로 가장 적절한 것을 고르시오.

13

> A : ____________________, cycling or walking?
> B : I like cycling rather than walking.
> A : Why do you like it?
> B : Because I think cycling burns more calories.

① Where can I rent a car
② When does the show start
③ Why do you want to learn English
④ Which type of exercise do you prefer

14

> A : How can we show respect to others?
> B : I believe we should ____________.
> A: That's why you are a good listener.

① watch a movie
② exchange this bag
③ turn left at the next street
④ listen carefully when others speak

15 다음 대화의 주제로 가장 적절한 것은?

> A : Whenever I see koalas in trees, I wonder why they hug trees like that.
> B : Koalas hug trees to cool themselves down.
> A : Oh, that makes sense. Australia has a very hot climate.

① 코알라의 사회성
② 코알라 연구의 어려움
③ 코알라가 나무를 껴안고 있는 이유
④ 코알라처럼 나뭇잎을 먹는 동물들의 종류

16 다음 글을 쓴 목적으로 가장 적절한 것은?

> I'm writing this e-mail to confirm my reservation. I booked a family room at your hotel for two nights. We're two adults and one child. We will arrive in the afternoon on December 22nd. I look forward to your reply.

① 확인하려고 ② 안내하려고
③ 소개하려고 ④ 홍보하려고

17 다음 경기 안내문의 내용과 일치하지 않는 것은?

Tennis Competition

- Only beginners can participate.
- We will start at 10:00 a.m. and finish at 5:00 p.m.
- Lunch will not be served.
- If it rains, the competition will be canceled.

① 초보자만 참여할 수 있다.
② 오전 10시에 시작해서 오후 5시에 끝난다.
③ 점심은 제공되지 않는다.
④ 비가 와도 경기는 진행된다.

18 다음 Santa Fun Run에 대한 설명과 일치하지 않는 것은?

The Santa Fun Run is held every December. Participants wear Santa costumes and run 5 km. They run to raise money for sick children. You can see Santas of all ages walking and running around.

① 매년 12월에 열린다.
② 참가자들은 산타 복장을 입는다.
③ 멸종 위기 동물을 돕기 위해 모금을 한다.
④ 모든 연령대의 산타를 볼 수 있다.

19 다음 글의 주제로 가장 적절한 것은?

Do you suffer from feelings of loneliness? In such cases, it may be helpful to share your feelings with a parent, a teacher or a counselor. It is also important for you to take positive actions to overcome your negative feelings.

① 인터넷의 역할
② 여름 피서지 추천
③ 외로움에 대처하는 방법
④ 청소년의 다양한 취미 활동 소개

[20~21] 다음 글의 빈칸에 들어갈 말로 가장 적절한 것을 고르시오.

20

For most people, the best ________ for sleeping is on your back. If you sleep on your back, you will have less neck and back pain. That's because your neck and spine will be straight when you are sleeping.

① letter ② position
③ emotion ④ population

21

> Here are several steps to ________ your problems. First, you need to find various solutions by gathering all the necessary information. Second, choose the best possible solution and then put it into action. At the end, evaluate the result. I'm sure these steps will help you.

① solve ② dance
③ donate ④ promise

22 글의 흐름으로 보아 다음 문장이 들어가기에 가장 적절한 곳은?

> Instead, we start with a casual conversation about less serious things like the weather or traffic.

> When you first meet someone, how do you start a conversation? (①) We don't usually tell each other our life stories at the beginning. (②) This casual conversation is referred to as small talk. (③) It helps us feel comfortable and get to know each other better. (④) It's a good way to break the ice.

23 다음 글의 바로 뒤에 이어질 내용으로 가장 적절한 것은?

> English proverbs may seem strange to non-native speakers and can be very hard for them to learn and remember. One strategy for remembering English proverbs more easily is to learn about their origins. Let's look at some examples.

① 꽃말의 어원에 관한 예시
② 영어 속담의 기원에 관한 예시
③ 긍정적인 마음가짐에 대한 예시
④ 친환경적인 생활 습관에 대한 예시

[24~25] 다음 글을 읽고 물음에 답하시오.

> A book review is a reader's opinion about a book. When you write a review, begin with a brief summary or description of the book. Then state your ________ of it, whether you liked it or not and why.

24 윗글의 빈칸에 들어갈 말로 가장 적절한 것은?

① flight ② opinion
③ gesture ④ architecture

25 윗글의 주제로 가장 적절한 것은?

① 창의력의 중요성
② 진로 탐색의 필요성
③ 온라인 수업의 장점
④ 독서 감상문 쓰는 법

2023 제 2 회

사회

01 다음에서 강조하는 행복한 삶을 실현하기 위한 조건으로 가장 적절한 것은?

> 남을 돕고 남과 더불어 살아가려는 노력은 다른 사람을 행복하게 만들 뿐만 아니라 자신에게도 진정한 행복감을 가져다준다. 내적으로 성찰하고 옳은 일을 실천하는 것을 통해 개인은 만족감과 행복감을 얻을 수 있다.

① 경제 성장
② 기업가 정신
③ 도덕적 실천
④ 낙후된 주거 환경

02 ㉠에 들어갈 내용으로 옳은 것은?

> 우리나라가 시행하고 있는 (㉠)로 사회 보험과 공공 부조, 사회 서비스를 들 수 있다. 이러한 제도의 시행을 통해 사회 계층의 양극화를 완화하고 인간의 존엄성을 보장할 수 있다.

① 선거 제도
② 권력 분립 제도
③ 사회 복지 제도
④ 헌법 소원 심판 제도

03 ㉠에 들어갈 내용으로 가장 적절한 것은?

> **학습 주제 : (㉠)의 의미와 목적**
> - 의미 : 국민의 기본권을 제한하거나 국민에게 의무를 부과할 때에는 의회에서 제정된 법률에 근거해야 함.
> - 목적 : 통치자의 자의적 지배 방지, 국민의 자유와 권리 보장

① 법치주의　　② 인권 침해
③ 준법 의식　　④ 시민 불복종

04 다음에서 설명하는 자산 관리의 원칙은?

> 모든 금융 상품은 정도의 차이가 있을 뿐 원금을 보전하는 데 위험이 따른다. 따라서 금융 상품을 선택할 때에는 투자한 자산의 가치가 온전하게 보전될 수 있는 가능성의 정도를 고려해야 한다.

① 공익성　　② 안전성
③ 접근성　　④ 정당성

05 문화 변동의 내재적 요인으로 옳은 것을 〈보기〉에서 고른 것은?

보기	
ㄱ. 발견	ㄴ. 발명
ㄷ. 문화 동화	ㄹ. 문화 전파

① ㄱ, ㄴ ② ㄱ, ㄹ
③ ㄴ, ㄷ ④ ㄷ, ㄹ

06 사회적 소수자에 대한 설명으로 가장 적절한 것은?

① 사회에서 항상 평등하게 대우받는다.
② 인종이라는 단일 기준에 의해 규정된다.
③ 우리 사회에서 장애인, 이주 외국인만 해당된다.
④ 자신들이 차별받는 집단의 구성원이라는 인식이 존재한다.

07 다음에서 설명하는 근로자의 권리는?

> 근로자들이 근로 조건의 향상을 위하여 자주적으로 노동조합이나 그 밖의 단결체를 조직·운영하거나 그에 가입하여 활동할 수 있는 권리이다.

① 단결권 ② 선거권
③ 청구권 ④ 환경권

08 시장 실패의 사례로 적절하지 않은 것은?

① 불완전 경쟁 ② 보편 윤리 확산
③ 외부 효과 발생 ④ 공공재의 공급 부족

09 ㉠에 들어갈 내용으로 가장 적절한 것은?

> 자문화 중심주의는 자기 문화를 기준으로 다른 문화를 부정적으로 평가하고, 문화 사대주의는 다른 문화를 우월한 것으로 믿고 자기 문화를 낮게 평가한다. 즉, 자문화 중심주의와 문화 사대주의는 문화의 상대성을 인정하지 않고 (㉠)는 공통점이 있다.

① 다양한 문화의 공존을 추구한다
② 문화의 우열을 가릴 수 없다고 본다
③ 특정 문화를 기준으로 다른 문화를 평가한다
④ 각 문화가 해당 사회의 맥락에서 갖는 고유한 의미를 존중한다

10 다음 헌법 조항의 의의로 가장 적절한 것은?

> **헌법 제37조** ② 국민의 모든 자유와 권리는 국가 안전 보장·질서 유지 또는 공공복리를 위하여 필요한 경우에 한하여 법률로써 제한할 수 있으며, 제한하는 경우에도 자유와 권리의 본질적인 내용을 침해할 수 없다.

① 대도시권 형성
② 직업 분화 촉진
③ 윤리적 소비 실천
④ 국민의 기본권 보장

11 ㉠에 들어갈 내용으로 가장 적절한 것은?

□□신문 ○○○○년 ○월 ○일

세계화, 어떻게 바라보아야 할까

세계화에 따라 자유 무역이 확대되면서 높은 기술력과 자본을 가진 선진국과 상대적으로 경쟁력을 갖추지 못한 개발 도상국 간의 경제적 차이로 국가 간 (㉠)이/가 초래될 수 있다.

① 사생활 침해
② 인터넷 중독
③ 빈부 격차 심화
④ 문화 다양성 보장

12 다음 설명에 해당하는 것은?

- 국제 사회의 행위 주체에 해당함.
- 대표적인 예로 주권 국가들을 구성원으로 하는 국제 연합(UN), 세계 무역 기구(WTO)가 있음.

① 국가
② 다국적 기업
③ 자유 무역 협정
④ 정부 간 국제기구

13 다음 설명에 해당하는 것은?

- 의미 : 새로운 정보 기술에 접근할 수 있는 능력을 보유한 자와 그렇지 못한 자 사이에 발생하는 경제적·사회적 격차
- 해결 방안 : 정보 소외 계층에게 장비와 소프트웨어 제공 및 정보 활용 교육 실시

① 정보 격차 ② 규모의 경제
③ 문화의 획일화 ④ 지역 이기주의

14 건조 기후 지역의 전통 생활 모습으로 옳은 것을 〈보기〉에서 고른 것은?

보기
ㄱ. 순록 유목
ㄴ. 고상식 가옥
ㄷ. 오아시스 농업
ㄹ. 지붕이 평평한 흙벽돌집

① ㄱ, ㄴ ② ㄱ, ㄷ
③ ㄴ, ㄹ ④ ㄷ, ㄹ

15 다음에서 설명하는 자연재해는?

주로 여름철 장마와 태풍의 영향으로 집중 호우 시 발생한다. 피해를 줄이기 위해서 제방 건설, 댐과 저수지 건설, 삼림 조성 등의 대책을 수립하고 시행해야 한다. 또한 예보와 경보 체계를 구축하고 지속적인 하천 관리가 필요하다.

① 가뭄 ② 지진
③ 홍수 ④ 화산

16 다음 설명에 해당하는 용어로 가장 적절한 것은?

- 한 국가 내에서 도시에 거주하는 사람들과 도시 수가 증가하면서 도시적 생활 양식과 도시 경관이 확대되는 현상
- 영향 : 인공 건축물 증가, 지표의 포장 면적 증가

① 도시화 ② 남초 현상
③ 유리 천장 ④ 지리적 표시제

17 다음에서 설명하는 용어로 가장 적절한 것은?

인간이 만든 시설물에 의해 야생 동물들의 서식지가 분리되는 것을 막기 위해 인공적으로 만든 길

① 열섬 ② 생태 통로
③ 외래 하천 ④ 업사이클링

18 힌두교에 대한 설명으로 옳은 것을 〈보기〉에서 고른 것은?

보기

ㄱ. 메카를 성지로 한다.
ㄴ. 인도의 주요 종교이다.
ㄷ. 무함마드를 유일신으로 믿는다.
ㄹ. 소를 신성시하여 소고기 식용을 금기시한다.

① ㄱ, ㄷ ② ㄱ, ㄹ
③ ㄴ, ㄷ ④ ㄴ, ㄹ

19 다음 설명에 해당하는 것은?

석유 자원의 수출을 통하여 자국의 경제적 이익을 추구하기 위해 결성된 것으로, 원유의 생산량과 공급량을 조절함으로써 세계 경제에 큰 영향을 끼치고 있다.

① 브렉시트(Brexit)
② 공적 개발 원조(ODA)
③ 국제 통화 기금(IMF)
④ 석유 수출국 기구(OPEC)

20 다음 설명에 해당하는 지역으로 옳은 것은?

중국의 남쪽에 위치한 바다로, 중국, 타이완, 베트남, 필리핀, 말레이시아 및 브루나이 등 여섯 나라로 둘러싸인 해역을 말한다. 다량의 원유와 천연가스가 매장되어 있는 것으로 추정되고 있어 영유권 갈등이 발생하고 있다.

① 북극해
② 남중국해
③ 카스피해
④ 쿠릴 열도

21 다음에서 설명하는 문화권을 지도의 A~D에서 고른 것은?

> 사하라 사막 이남의 중·남부 아프리카 일대로, 열대 기후 지역이 넓게 분포한다. 토속 종교의 영향이 남아 있으며, 부족 단위의 공동체 생활을 하는 주민이 많다.

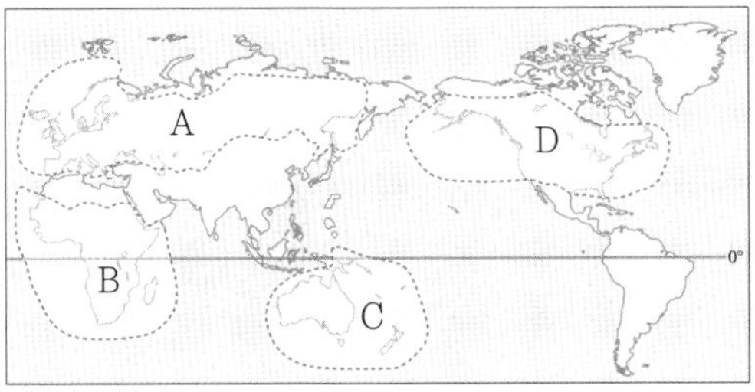

① A ② B
③ C ④ D

22 다음에서 설명하는 용어로 가장 적절한 것은?

> • 의미 : 느림의 삶을 추구하는 국제 도시 브랜드
> • 지정 조건 : 지역의 정체성을 드러낼 수 있는 유·무형의 자산 필요

① 슬로시티
② 플랜테이션
③ 환경 파시즘
④ 차티스트 운동

23 고령화에 대한 대책으로 적절한 것을 <보기>에서 고른 것은?

> **보기**
> ㄱ. 의무 투표제 시행
> ㄴ. 노인 복지 시설 확충
> ㄷ. 노인 연금 제도 확대
> ㄹ. 산아 제한 정책 시행

① ㄱ, ㄴ ② ㄱ, ㄹ
③ ㄴ, ㄷ ④ ㄷ, ㄹ

24 ㉠에 들어갈 용어로 옳은 것은?

> • 개념 : (㉠)
> • 의미 : 개발 도상국에서 생산하는 제품에 정당한 가격을 지급하여 생산자가 경제적으로 자립할 수 있도록 해 주는 무역 방식

① 과점 ② 독점
③ 공정 무역 ④ 거점 개발

25 다음 설명에 해당하는 것은?

> 정부가 사업장을 대상으로 온실가스 배출 허용량을 정해 주고, 할당 범위 내에서 여분 또는 부족분에 대한 사업장 간 거래를 허용하는 제도이다.

① 전자 상거래
② 쓰레기 종량제
③ 빈 병 보증금제
④ 온실가스 배출권 거래제

2023 제2회 과학

01 다음 중 밀물과 썰물에 의한 해수면의 높이차인 조차를 이용하여 전기 에너지를 생산하는 발전 방식은?

① 핵발전 ② 조력 발전
③ 풍력 발전 ④ 화력 발전

02 그림과 같이 물체에 한 방향으로 10N의 힘이 5초 동안 작용했을 때 이 힘에 의해 물체가 받은 충격량의 크기는?

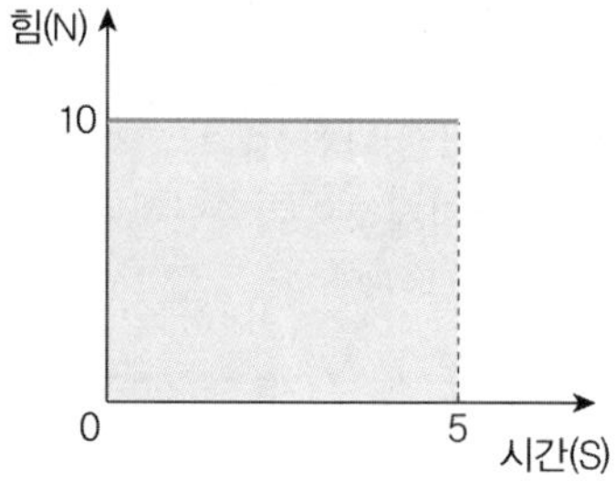

① 12N · s ② 30N · s
③ 50N · s ④ 80N · s

03 그림과 같이 막대자석을 코일 속에 넣었다 뺐다 하면 코일의 도선에 전류가 유도되어 검류계의 바늘이 움직인다. 이 현상은?

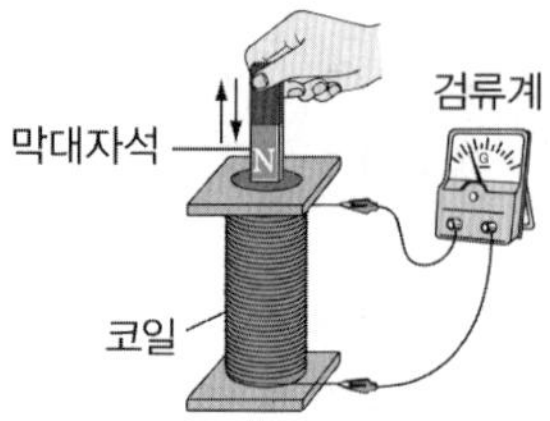

① 대류 ② 삼투
③ 초전도 ④ 전자기 유도

04 그림과 같이 공이 자유 낙하하는 동안 시간에 따른 속력의 그래프로 옳은 것은? (단, 공기 저항은 무시한다.)

①
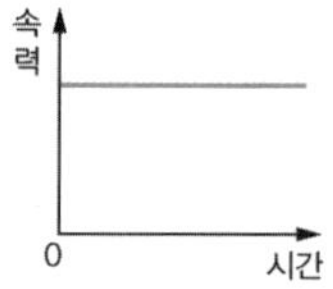

②
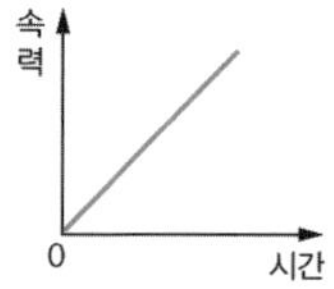

③
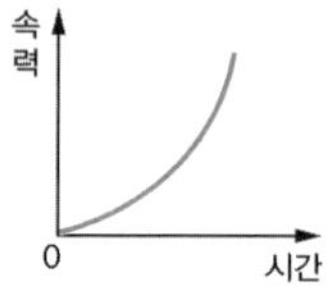

④
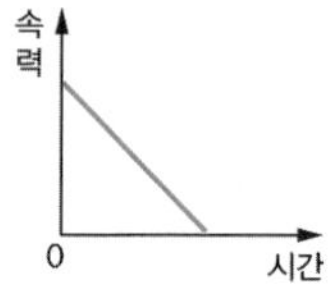

05 그림은 고열원에서 1000J의 열에너지를 흡수하여 일 W를 하고 저열원으로 600J의 열에너지를 방출하는 열기관의 1회 순환 과정을 나타낸 것이다. 이 열기관의 열효율은?

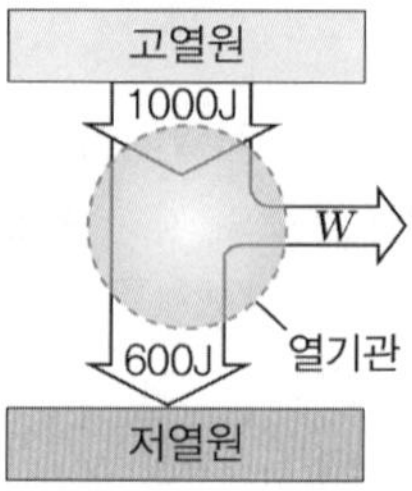

① 20% ② 40%
③ 80% ④ 100%

06 신재생 에너지에 대한 설명으로 옳은 것만을 〈보기〉에서 모두 고른 것은?

> **보기**
> ㄱ. 화석 연료보다 친환경적이다.
> ㄴ. 태양광 에너지는 신재생 에너지의 한 종류이다.
> ㄷ. 인류 문명의 지속 가능한 발전을 위해 신재생 에너지 개발이 필요하다.

① ㄱ, ㄴ ② ㄱ, ㄷ
③ ㄴ, ㄷ ④ ㄱ, ㄴ, ㄷ

07 다음 원자의 전자 배치 중 원자가 전자가 4개인 것은?

①
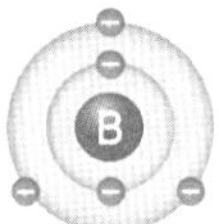

②
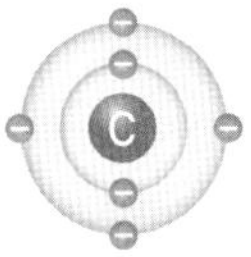

③
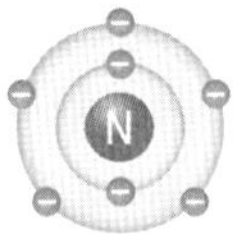

④
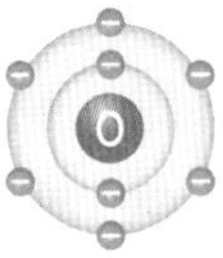

08 다음 중 그림과 같이 양이온과 음이온의 정전기적 인력에 의해 형성된 이온 결합 물질은?

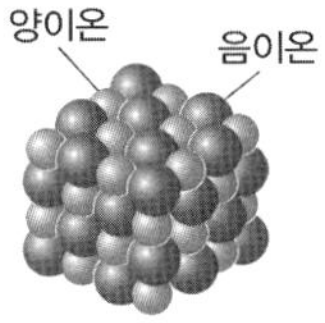

① 철(Fe)
② 구리(Cu)
③ 마그네슘(Mg)
④ 염화 나트륨(NaCl)

09 그림은 주기율표의 일부를 나타낸 것이다. 임의의 원소 A~D 중 원자 번호가 가장 큰 것은?

주기 \ 족	1	2		17	18
1	A				
2		B		C	
3					D

① A ② B
③ C ④ D

10 그림은 메테인(CH_4)의 분자 구조 모형을 나타낸 것이다. 메테인을 구성하는 탄소(C) 원자와 수소(H) 원자의 개수비는?

	C		H
①	1	:	2
②	1	:	3
③	1	:	4
④	2	:	3

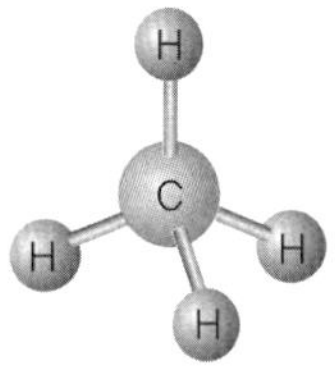

11 다음은 철의 제련 과정에서 일어나는 산화 환원 반응의 화학 반응식이다. 이 반응에서 산소를 잃어 환원되는 반응 물질은?

Fe_2O_3	+	$3CO$	→	$2Fe$	+	$3CO_2$
산화 철(Ⅲ)		일산화 탄소		철		이산화 탄소

① Fe_2O_3 ② CO
③ Fe ④ CO_2

12 그림은 묽은 염산(HCl)과 수산화 나트륨(NaOH) 수용액의 중화 반응 모형을 나타낸 것이다. 이온 ㉠은?

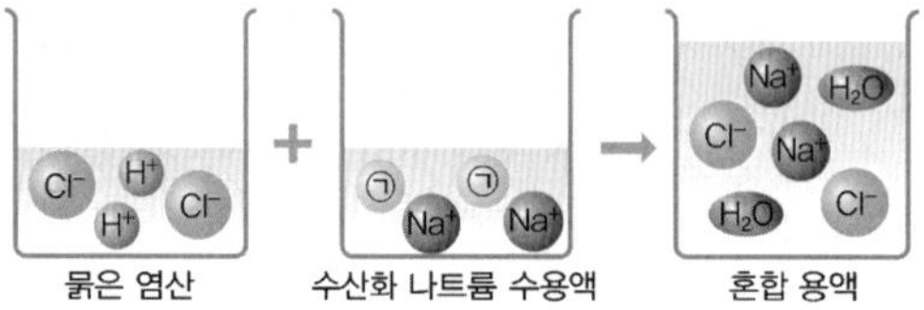

① OH^- ② Br^-
③ Cl^- ④ F

13 다음 중 세포에서 유전 정보를 저장하거나 전달하는 물질은?

① 물 ② 지질
③ 핵산 ④ 탄수화물

14 그림은 어떤 동물 세포의 구조를 나타낸 것이다. A~D 중 세포 호흡이 일어나 생명 활동에 필요한 에너지를 생산하는 세포 소기관은?

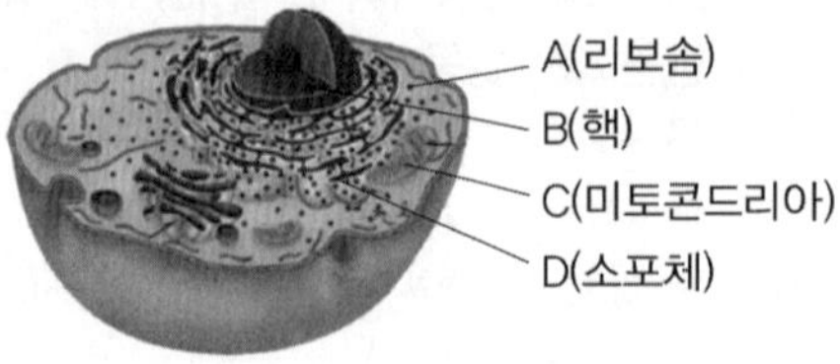

① A ② B
③ C ④ D

15 다음은 세포막을 경계로 물질이 이동하는 방법을 설명한 것이다. ㉠에 해당하는 것은?

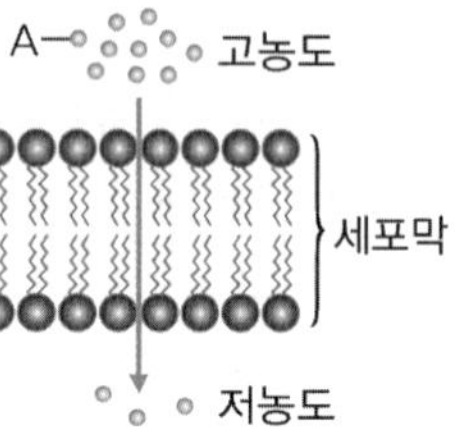

• 물질 A는 세포막을 통해 농도가 높은 쪽에서 낮은 쪽으로 [㉠] 된다.

① 확산 ② 합성
③ 이화 ④ 복제

16 그림은 과산화 수소의 분해 반응에서 효소인 카탈레이스가 있을 때와 없을 때의 에너지 변화를 나타낸 것이다. 이 반응에서 효소가 있을 때의 활성화 에너지는?

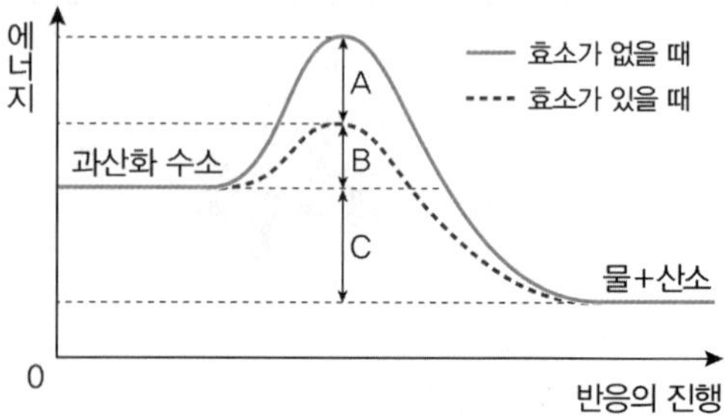

① A ② B
③ A+B ④ B+C

17 그림은 세포 내 유전 정보의 흐름 중 일부를 나타낸 것이다. 과정 (가)와 염기 ㉠은?

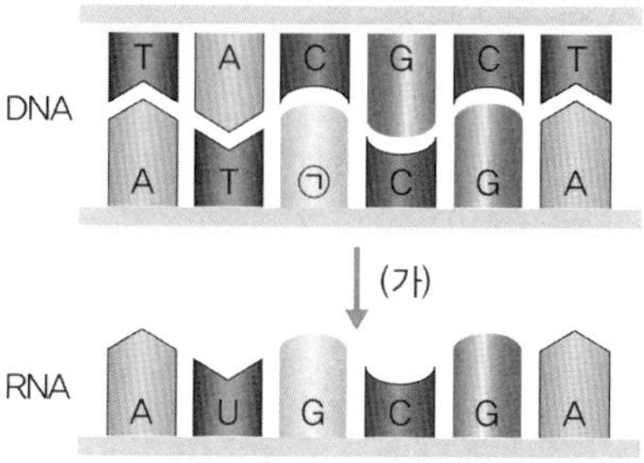

	(가)	㉠
①	전사	A
②	전사	G
③	번역	C
④	번역	T

18 그림은 생태계 평형이 유지되고 있는 생태계에서의 먹이 그물을 나타낸 것이다. 이 먹이 그물에서 개체 수가 가장 많은 생물은?

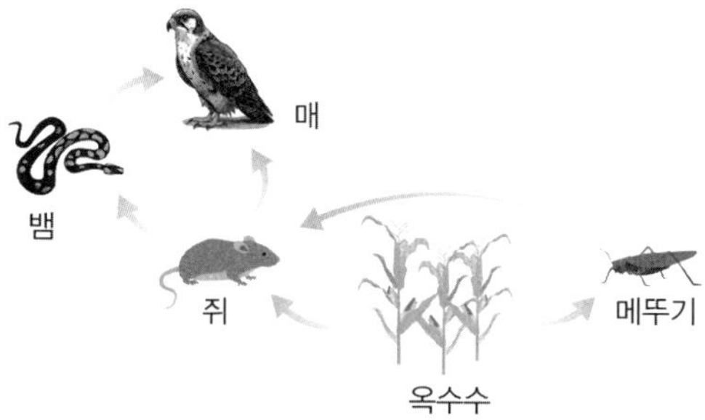

① 뱀　② 쥐
③ 메뚜기　④ 옥수수

19 다음 설명의 ㉠에 해당하는 것은?

> [㉠]은 생태계 내에 존재하는 생물의 다양한 정도를 의미하며 유전적 다양성, 종 다양성, 생태계 다양성을 포함한다.

① 초원　② 개체군
③ 외래종　④ 생물 다양성

20 그림은 빅뱅 우주론을 모형으로 나타낸 것이다. 빅뱅 이후 시간의 흐름에 따라 증가하는 물리량으로 옳은 것만을 〈보기〉에서 모두 고른 것은?

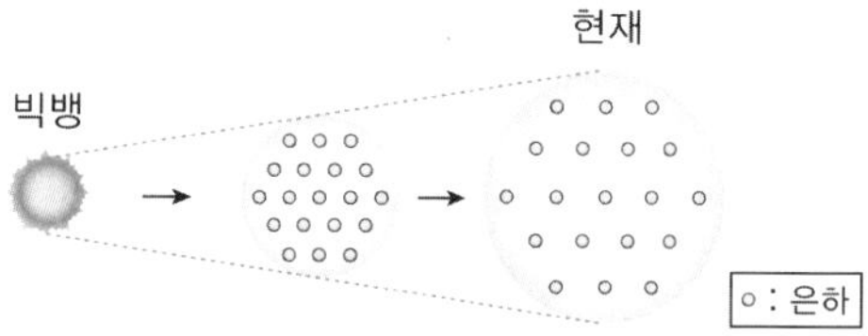

> **보기**
> ㄱ. 우주의 크기
> ㄴ. 우주의 평균 밀도
> ㄷ. 우주의 평균 온도

① ㄱ　② ㄷ
③ ㄱ, ㄴ　④ ㄴ, ㄷ

21 다음 중 지구에서 온실 효과를 일으키는 기체가 아닌 것은?

① 헬륨　② 메테인
③ 수증기　④ 이산화 탄소

22 그림은 질량이 서로 다른 2개의 별 중심부에서 모든 핵융합 반응이 끝난 직후 내부 구조의 일부를 각각 나타낸 것이다. 지점 A~D 중 가장 무거운 원소가 생성된 곳은?

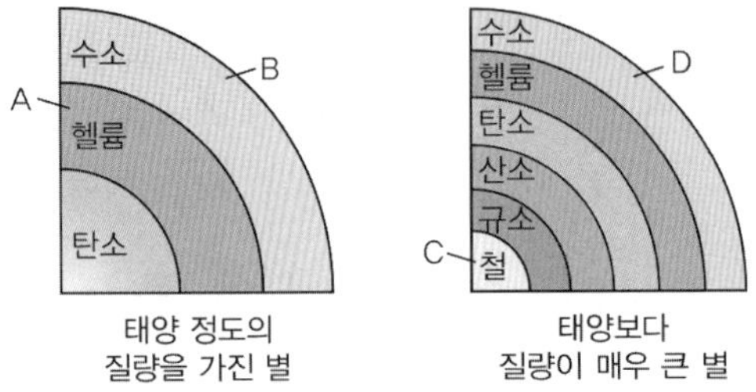

① A ② B
③ C ④ D

23 다음 설명에 해당하는 지형은?

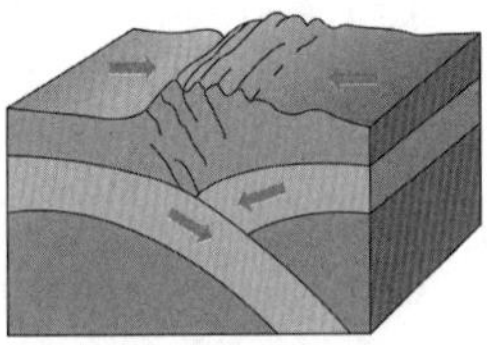

- 두 판이 충돌하면서 높이 솟아올라 형성된 거대한 산맥이다.
- 수렴형 경계가 존재하는 지역에서 발달할 수 있다.

① 해령 ② 열곡
③ 습곡 산맥 ④ 변환 단층

24 다음 중 대기 중의 이산화 탄소가 바닷물에 녹아 들어가는 과정에서 상호 작용하는 지구 시스템의 구성 요소는?

① 기권과 수권 ② 지권과 수권
③ 기권과 생물권 ④ 지권과 생물권

25 다음 설명에 해당하는 지질 시대는?

매머드

- 지질 시대 중 기간이 가장 짧다.
- 매머드와 같은 포유류가 매우 번성하였고 인류의 조상이 출현하였다.

① 선캄브리아 시대
② 고생대
③ 중생대
④ 신생대

2023 제2회

한국사

01 다음 설명에 해당하는 시대는?

- 빈부의 차이와 계급의 분화가 발생함.
- 대표적인 유물은 비파형 동검임.
- 우리 역사 최초의 국가인 고조선이 건국됨.

① 구석기 시대 ② 신석기 시대
③ 청동기 시대 ④ 철기 시대

02 ㉠에 들어갈 신라의 왕으로 옳은 것은?

〈 ㉠ 의 정책〉
- 국학 설립
- 9주 5소경 체제 정비
- 관료전 지급 및 녹읍 폐지

① 신문왕 ② 장수왕
③ 근초고왕 ④ 광개토 대왕

03 다음에서 설명하는 역사서는?

- 김부식이 왕명을 받아 편찬함.
- 현존하는 우리나라 역사서 중 가장 오래됨.

① 경국대전 ② 삼국사기
③ 조선책략 ④ 팔만대장경

04 ㉠에 들어갈 정책으로 옳은 것은?

〈공민왕의 반원 정책〉
- 친원 세력 제거
- 정동행성 이문소 폐지
- ㉠

① 장용영 설치
② 금관가야 정복
③ 쌍성총관부 공격
④ 치안 유지법 제정

05 다음에서 설명하는 제도는?

조선은 이상적인 유교 정치 구현을 위해 노력하였다. 특히 세종은 왕권과 신권의 조화를 추구하여 군사 업무, 특정 인사 등을 제외한 대부분의 일들을 의정부에서 논의하여 보고하도록 하였다.

① 골품제
② 6조 직계제
③ 헌병 경찰제
④ 의정부 서사제

06 다음에서 설명하는 근대적 교육 기관은?

> 개항 이후 근대적 교육의 필요성이 확대되었다. 이에 1883년 근대 학문과 외국어를 가르치는 최초의 근대적 교육 기관이 함경도 덕원 주민들에 의해 세워졌다.

① 태학 ② 국자감
③ 성균관 ④ 원산 학사

07 ㉠에 들어갈 내용으로 옳은 것은?

> 한국사 용어 검색 [㉠]
> 검색 결과
> 조선 후기 순조, 헌종, 철종 3대 60여 년 동안 왕의 외척 가문인 안동 김씨, 풍양 조씨 등의 소수 가문이 권력을 장악한 정치 형태이다.

① 도병마사 ② 세도 정치
③ 무신 정권 ④ 동북공정

08 밑줄 친 '운동'에 해당하는 것은?

> 일본의 차관이 도입되면서 대한 제국의 빚은 1,300만 원에 이르게 되었다. 이에 1907년 대구에서 성금을 모아 빚을 갚자는 <u>운동</u>이 시작되었고, 대한매일신보 등 언론사가 후원하면서 전국으로 확산되었다.

① 형평 운동 ② 북벌 운동
③ 국채 보상 운동 ④ 서경 천도 운동

09 ㉠에 들어갈 내용으로 옳은 것은?

> 일본은 [㉠] 체결에 따라 대한 제국의 외교권을 빼앗고 통감부를 설치하였다. 초대 통감으로 부임한 이토 히로부미는 대한 제국의 내정 전반을 간섭하기 시작하였다.

① 을사늑약 ② 헌의 6조
③ 남북 협상 ④ 간도 협약

10 을미개혁의 내용으로 옳은 것을 〈보기〉에서 고른 것은?

> **보기**
> ㄱ. 단발령 시행 ㄴ. 태양력 사용
> ㄷ. 노비안검법 실시 ㄹ. 독서삼품과 실시

① ㄱ, ㄴ ② ㄱ, ㄹ
③ ㄴ, ㄷ ④ ㄷ, ㄹ

11 ㉠에 들어갈 인물로 옳은 것은?

> **【수행 평가 계획서】**
> • 주제 : [㉠]의 통상 수교 거부 정책
> • 조사할 내용 : 병인양요, 신미양요, 척화비

① 서희 ② 안향
③ 정약용 ④ 흥선 대원군

12 ㉠에 들어갈 내용으로 옳은 것은?

① 아관 파천　　② 위화도 회군
③ 국내 진공 작전　　④ 3·15 부정 선거

13 밑줄 친 '기구'에 해당하는 것은?

> 1880년대 조선 정부는 개화 정책을 총괄하기 위한 <u>기구</u>를 설치하였다. 그 아래에 실무를 담당하는 12사를 두어 외교, 통상, 재정 등의 업무를 맡게 하였다. 또한 군사 제도를 개편하고 신식 군대인 별기군을 창설하였다.

① 집현전　　② 교정도감
③ 통리기무아문　　④ 동양 척식 주식회사

14 ㉠에 들어갈 내용으로 옳은 것은?

> 1910년대 일제는 한국의 산업 성장을 방해하기 위한 정책을 실시하였다. 특히 회사를 설립할 때는 조선 총독의 허가를 받도록 하는 [㉠]을 공포하여 한국인의 회사 설립을 억제하려 하였다.

① 회사령　　② 균역법
③ 공명첩　　④ 대동법

15 다음에서 설명하는 무장 독립 투쟁은?

> 1920년 김좌진이 이끄는 북로 군정서와 홍범도의 대한 독립군을 중심으로 한 독립군 연합 부대는 백운평과 어랑촌 등지에서 일본군을 크게 격파하였다.

① 병자호란　　② 청산리 대첩
③ 한산도 대첩　　④ 황토현 전투

16 다음 질문에 대한 답으로 옳은 것은?

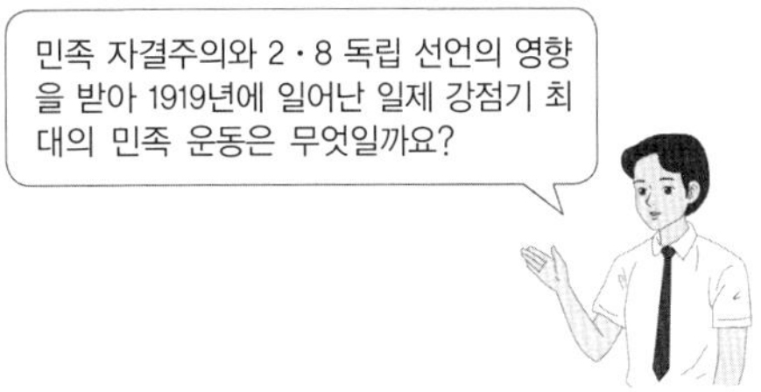

① 3·1 운동　　② 제주 4·3 사건
③ 금 모으기 운동　　④ 부·마 민주 항쟁

17 다음에서 설명하는 민족 운동은?

> 일제는 한국인에게 고등 교육의 기회를 거의 주지 않았다. 이에 이상재를 중심으로 고등 교육 기관을 설립하자는 취지 아래, '한 민족 1천만이 한 사람이 1원씩'이라는 구호를 내세우며 모금 운동을 펼쳤다.

① 만민 공동회
② 서울 진공 작전
③ 토지 조사 사업
④ 민립 대학 설립 운동

18 ㉠에 들어갈 내용으로 옳은 것은?

【모스크바 3국 외상 회의 결정 내용 요약문】

1. 한국의 독립을 위하여 임시 민주 정부를 수립한다.
2. 임시 정부 수립을 위하여 미국과 소련은 [㉠]를 설치하고 한국의 정당 및 사회단체와 협의한다.

① 신간회
② 조선 형평사
③ 국민 대표 회의
④ 미・소 공동 위원회

19 다음에서 설명하는 일제의 식민 지배 방식은?

일제는 침략 전쟁을 확대하면서 한국인을 전쟁에 동원하고자 하였다. 이에 황국 신민 서사 암송, 궁성 요배, 신사 참배를 강요하고 한국인의 성과 이름도 일본식으로 바꾸게 하였다.

① 호포제
② 금융 실명제
③ 민족 말살 통치
④ 4・13 호헌 조치

20 다음에서 설명하는 인물은?

◈ 한국사 인물 카드 ◈

- 생몰 연도 : 1876년~1949년
- 주요 활동
  - 한인 애국단 조직
  - 대한민국 임시 정부 주석 역임
- 주요 저서 : 『백범일지』

① 궁예
② 김구
③ 박제가
④ 연개소문

21 ㉠에 들어갈 내용으로 옳은 것은?

일제의 식민 지배에 협력했던 민족 반역자를 청산하는 것은 민족정기를 바로잡기 위해 필요한 일이었다. 이에 1948년 제헌 국회는 국민적 여론과 제헌 헌법에 따라 [㉠]을/를 제정하였다.

① 시무 28조
② 미쓰야 협정
③ 남북 기본 합의서
④ 반민족 행위 처벌법

22 다음에서 설명하는 사건은?

① 갑신정변
② 교조 신원 운동
③ 물산 장려 운동
④ 5·18 민주화 운동

23 ㉠에 들어갈 전쟁으로 옳은 것은?

〈 ㉠ 의 전개 과정 〉

북한군의 남침
↓
인천 상륙 작전
↓
1·4 후퇴
↓
정전 협정

① 임진왜란
② 귀주 대첩
③ 6·25 전쟁
④ 쌍성보 전투

24 박정희 정부 시기에 있었던 사실로 옳은 것을 〈보기〉에서 고른 것은?

보기

ㄱ. 베트남 파병
ㄴ. 전주 화약 체결
ㄷ. 유신 헌법 제정
ㄹ. 서울 올림픽 개최

① ㄱ, ㄴ ② ㄱ, ㄷ
③ ㄴ, ㄹ ④ ㄷ, ㄹ

25 ㉠에 들어갈 지역으로 옳은 것은?

- 1905년 러·일 전쟁 중에 일본은 ㉠ 를 자국의 영토로 불법 편입하였다.
- 연합국 최고 사령관 각서 제677호에 ㉠ 가 한국 영토로 표기되어 있다.

① 독도 ② 강화도
③ 제주도 ④ 거문도

2023 제2회

도덕

01 다음 설명에 해당하는 윤리학은?

> 인간이 어떻게 행위를 해야 하는가에 대한 보편적 원리의 정립을 주된 목표로 하는 윤리학

① 진화 윤리학　② 기술 윤리학
③ 규범 윤리학　④ 메타 윤리학

02 다음 설명에 해당하는 이상적 인간은?

> 유교에서 제시한 도덕적 수양과 사회적 실천을 통해 이상적 인격에 도달한 사람

① 군자　② 보살
③ 진인　④ 철인

03 ㉠에 들어갈 용어는?

㉠
- 가상 공간에서 타인에게 정신적, 물질적 피해를 주는 행위
- 익명성을 악용한 비윤리적 행위로 심각한 문제가 되고 있음.
- 유형 : 악성 댓글, 허위 사실 유포, 해킹 등

① 기후 정의　② 절대 빈곤
③ 사이버 폭력　④ 윤리적 소비

04 윤리적 성찰의 방법으로 적절하지 <u>않은</u> 것은?

① 언행을 신중하게 하고 몸가짐을 바르게 한다.
② 다른 사람을 돕는 데 진심을 다했는지 살핀다.
③ 자신의 생각이나 상식을 반성적으로 검토한다.
④ 권위가 있는 이론은 비판 없이 무조건 수용한다.

05 다음 설명에 해당하는 윤리적 관점은?

> • 아리스토텔레스의 사상적 전통을 따라 도덕 법칙이나 원리보다 행위자의 품성과 덕성을 중시함.
> • 행위자의 성품을 먼저 평가하고, 이를 근거로 행위의 옳고 그름을 판단해야 한다고 보는 관점임.

① 덕 윤리
② 담론 윤리
③ 의무론 윤리
④ 공리주의 윤리

06 다음은 서술형 평가 문제와 답안이다. 밑줄 친 ㉠~㉣ 중 옳지 않은 것은?

> **문제 : 정보의 생산자들이 지녀야 할 윤리적 자세에 대해 서술하시오.**
>
> 〈답안〉
> 정보 생산자들은 ㉠ 사실 그대로 전달하는 진실한 태도를 지녀야 한다. ㉡ 정보를 자의적으로 해석하거나 왜곡하지 않아야 하고, ㉢ 관련된 내용에 대한 객관성과 공정성을 추구해야 한다. 또한 ㉣ 개인의 사생활, 인격권을 침해해서라도 알 권리만을 우선해야 한다.

① ㉠　② ㉡
③ ㉢　④ ㉣

07 가족 간의 바람직한 윤리적 자세로 적절하지 않은 것은?

① 형제자매는 서로 우애 있게 지내야 한다.
② 부모와 자녀는 상호 간에 사랑을 실천해야 한다.
③ 가족 구성원 간에 신뢰를 회복하도록 노력해야 한다.
④ 전통 가족 윤리는 시대정신에 맞더라도 거부해야 한다.

08 ㉠에 들어갈 용어로 가장 적절한 것은?

> 싱어(Singer, P.)는 (㉠)을 갖고 있는 동물의 이익도 평등하게 고려되어야 한다고 주장한다.

① 정보 처리 능력
② 쾌고 감수 능력
③ 도덕적 탐구 능력
④ 비판적 사고 능력

09 다음에서 소개하는 윤리 사상가는?

> ◈ 도덕 인물 카드 ◈
>
> 
>
> • 고대 그리스의 철학자
> • 소크라테스의 제자로 이데아론을 주장함.
> • 대표 저서 : 『국가』

① 로크　② 베이컨
③ 플라톤　④ 엘리아데

10 다음 설명에 해당하는 것은?

> • 남녀 모두의 인권을 동등하게 보장함.
> • 성별에 따라 서로 차별하지 않고 동등하게 대우함.

① 성폭력　② 양성평등
③ 인종 차별　④ 지역 갈등

11 다음 설명에 해당하는 개념은?

> • 의미 : 행위의 결과와 상관없이 행위 자체가 옳기 때문에 무조건 수행해야 하는 도덕적 명령
> • 예 : "네 의지의 준칙이 언제나 동시에 보편적 입법의 원리가 되도록 행위하라."

① 가치 전도　　② 정언 명령
③ 책임 전가　　④ 가언 명령

12 (가), (나)에 들어갈 내용으로 적절하지 <u>않은</u> 것은?

> **주제 : 안락사를 허용해야 하는가?**
> 찬성 논거 반대 논거
> (가)　(나)
> ⋮　⋮

① (가) : 인간답게 죽을 권리는 없다.
② (가) : 경제적 고통을 덜어 줄 수 있다.
③ (나) : 사회에 생명 경시 풍조가 확산된다.
④ (나) : 죽음은 인간이 선택할 수 있는 대상이 아니다.

13 다음 설명에 해당하는 직업 윤리 의식은?

> 공직자뿐만 아니라 직업 생활의 전반에서 중요한 의식으로 성품과 품행이 맑고 깨끗하여 탐욕을 부리지 않는 것을 의미한다.

① 경쟁 의식　　② 패배 의식
③ 청렴 의식　　④ 특권 의식

14 다음에서 설명하는 윤리에 대한 관점은?

> • 보편적으로 타당한 도덕 원칙은 없다고 봄.
> • 윤리를 문화의 산물로 보고, 각 사회마다 마땅히 따라야 할 규범이 다를 수 있다고 봄.

① 윤리적 상대주의　　② 윤리적 이기주의
③ 윤리적 절대주의　　④ 윤리적 의무주의

15 다음에서 바람직한 문화적 정체성을 유지하기 위한 관점에만 '✔'를 표시한 학생은?

관점 \ 학생	A	B	C	D
• 자신의 주관이나 문화적 정체성을 버린다.	✔	✔		✔
• 사회 질서를 파괴하지 않는 범위에서 관용을 베푼다.	✔		✔	✔
• 문화의 다양성을 수용하면서도 보편적 규범을 따른다.		✔	✔	✔

① A　　② B
③ C　　④ D

16 다음 내용과 관련된 사상은?

> • 불교에서 서로 다른 종파들 간 대립과 갈등을 더 높은 차원에서 극복하고자 함.
> • 특수하고 상대적인 각자의 입장에서 벗어나 대승적으로 융합해야 함을 강조함.

① 묵자의 겸애 사상
② 공자의 덕치 사상
③ 노자의 무위 사상
④ 원효의 화쟁 사상

17 부정부패 행위가 사회에 미치는 영향을 〈보기〉에서 고른 것은?

보기

ㄱ. 국외 자본의 국내 투자가 활발해진다.
ㄴ. 개인의 권리가 부당하게 침해받을 수 있다.
ㄷ. 사회적 비용의 낭비로 사회 발전을 저해할 수 있다.
ㄹ. 국민 간 위화감을 완화하여 사회 통합을 용이하게 한다.

① ㄱ, ㄴ　　② ㄱ, ㄹ
③ ㄴ, ㄷ　　④ ㄷ, ㄹ

18 그림의 내용과 같은 주장을 한 사상가는?

① 홉스　　② 노직
③ 벤담　　④ 왈처

19 유전자 치료에 대한 찬성 근거로 가장 적절한 것은?

① 유전적 질병으로 인한 고통을 해소한다.
② 인간의 유전적 다양성이 상실될 수 있다.
③ 의학적으로 불확실하고 임상적으로 위험하다.
④ 유전 정보 활용으로 사생활 침해 문제가 발생한다.

20 ㉠에 들어갈 용어는?

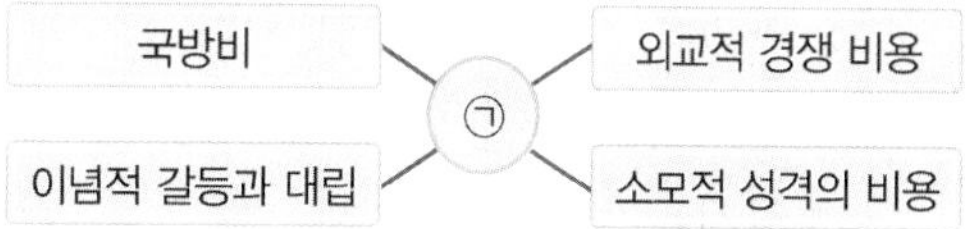

① 기본 소득　　② 분단 비용
③ 과시 소비　　④ 통일 편익

21 다음 설명에 해당하는 것은?

> 차별받아 온 사람들에게 고용이나 교육 등 다양한 측면에서 직간접적으로 혜택을 제공함으로써 사회적 이익의 공정한 분배를 실현하려는 제도

① 청탁 금지법
② 생물 다양성 협약
③ 지속 가능한 개발
④ 소수자 우대 정책

22 다음 대화에서 학생이 주장하는 국제 관계에 대한 관점은?

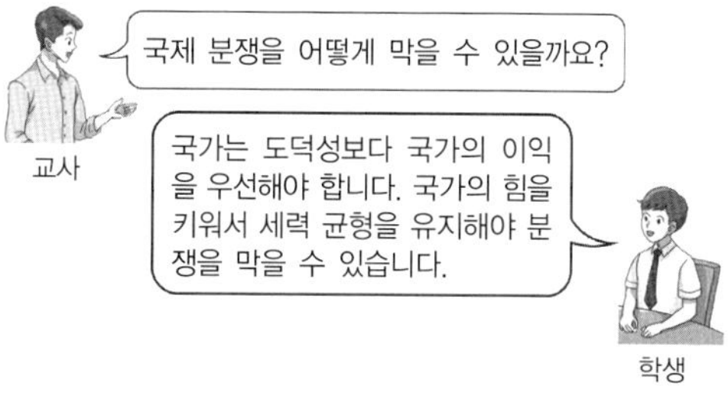

① 현실주의　　② 구성주의
③ 이상주의　　④ 도덕주의

23 시민 불복종의 특징으로 볼 수 없는 것은?

① 폭력을 사용해서는 안 된다.
② 최후의 수단이 되어야 한다.
③ 공개적인 활동을 통해 공동선을 지향해야 한다.
④ 기존 사회 질서와 헌법 체계 전체를 부정해야 한다.

24 ㉠에 들어갈 용어로 가장 적절한 것은?

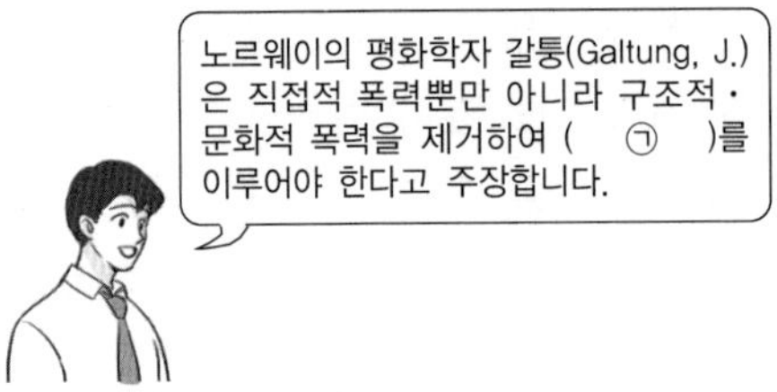

① 일시적 평화　② 적극적 평화
③ 소극적 평화　④ 특수적 평화

25 다음에서 설명하는 자연을 바라보는 관점은?

- 무생물을 포함한 생태계 전체를 도덕적 고려의 대상으로 보는 입장
- 생태계 전체의 선을 위하여 개별 구성원을 희생시킬 수 있다는 한계를 지님.

① 인간 중심주의
② 동물 중심주의
③ 생명 중심주의
④ 생태 중심주의

2023 제1회 국어

정답 및 해설 p. 105

01 다음에 대한 설명으로 가장 적절한 것은?

> '부추'를 강원, 경북, 충북에서는 '분추'라고 부르고 일부 경상, 전남에서는 '솔'이라고 한다. 일부 충청에서는 '졸'이라고 부르며 경상, 전북, 충청에서는 '정구지'라고 부르기도 한다.

① 세대에 따라 사용하는 어휘가 다르다.
② 성별에 따라 사용하는 어휘가 다르다.
③ 지역에 따라 같은 대상을 다르게 표현한다.
④ 직업에 따라 같은 대상을 다르게 표현한다.

02 다음 속담에서 강조하는 우리말의 담화 관습으로 가장 적절한 것은?

> • 발 없는 말이 천 리 간다.
> • 화살은 쏘고 주워도, 말은 하고 못 줍는다.
> • 가루는 칠수록 고와지고, 말은 할수록 거칠어진다.

① 말은 신중하게 해야 한다.
② 하고 싶은 말은 참지 않아야 한다.
③ 상대방의 말은 귀 기울여 들어야 한다.
④ 질문에 답할 때에는 신속하게 해야 한다.

03 피동 표현이 사용되지 <u>않은</u> 것은?

① 동생이 엄마에게 업혔다.
② 아이가 모기에게 물렸다.
③ 토끼가 사냥꾼에게 잡혔다.
④ 그가 친구에게 사실을 밝혔다.

04 다음 규정에 맞게 발음하지 <u>않은</u> 것은?

> ▪ **표준 발음법** ▪
>
> **[제14항]** 겹받침이 모음으로 시작된 조사나 어미, 접미사와 결합되는 경우에는, 뒤엣것만을 뒤 음절 첫소리로 옮겨 발음한다.(이 경우, 'ㅅ'은 된소리로 발음함.)

① <u>값을</u> 깎지 마세요. → [갑쓸]
② <u>넋이</u> 나간 표정이다. → [넉씨]
③ <u>닭을</u> 키운 적이 있다. → [다글]
④ <u>앉아</u> 있기가 힘들다. → [안자]

05 다음 높임법이 나타난 문장이 <u>아닌</u> 것은?

> 객체 높임법은 목적어나 부사어가 지시하는 대상, 즉 서술의 객체를 높이는 방법이다.

① 나는 어머니를 모시고 집에 갔다.
② 선생님께서는 우리를 사랑하신다.
③ 자세한 내용은 아버지께 여쭤 보세요.
④ 주말에는 할아버지를 찾아뵙고 싶습니다.

[6~7] (나)는 (가)를 토대로 작성한 글이다. 물음에 답하시오.

(가) **작문 상황**
- 작문 과제: ○○고등학교의 문제점을 찾아 해결 방안을 제안하는 건의문 쓰기
- 예상 독자: ○○고등학교 교장 선생님

(나) **글의 초고**

교장 선생님께

안녕하세요? 저는 1학년 김△△입니다.

우리 학교는 주변 상권과 거리가 먼 곳에 위치하고 있어 학생들의 학교 매점 이용률이 매우 높습니다. 그런데 최근 저를 비롯해 매점에서 식품을 사 ㉠ 먹을 학생들이 배탈 난 일이 있었습니다. ㉡ 저희 아버지께서도 위장염으로 오랫동안 고생을 하고 계십니다. 이러다 보니 매점에서 판매하는 식품의 안전이 염려되어 한 가지 건의를 ㉢ 들이려고 합니다.

학교 매점에서 유해·불량 식품을 판매하지 않도록 '교내 식품 안전 지킴이' 제도를 도입해 주세요. 어린이 식생활 안전 관리 특별법에 의하면 초·중·고교 매점은 학생들에게 안전하고 영양가 있는 식품을 공급하도록 노력해야 합니다. ㉣ 하지만 우리 학교 매점에서는 그러한 노력을 소홀히 하고 있습니다.

학부모와 학생으로 구성된 '교내 식품 안전 지킴이' 제도를 도입하여 학생들에게 식품 안전 기초 교육을 실시하고 매점에서 유해·불량 식품을 판매하지 않도록 감독한다면, 학생들이 안전한 먹거리를 섭취하고 바람직한 식습관을 형성할 수 있을 것입니다.

다시 한번 '교내 식품 안전 지킴이' 제도를 도입해 주시기를 당부드립니다. 감사합니다.

1학년 김△△ 올림

06 다음 중 (나)에 반영된 내용이 아닌 것은?

① 자신의 경험과 관련지어 문제 상황을 드러낸다.

② 예상 독자가 수행할 수 있는 해결 방안을 제시한다.

③ 건의 내용이 받아들여졌을 때 예상되는 효과를 제시한다.

④ 주장을 뒷받침하기 위해 구체적인 설문 조사 결과를 제시한다.

07 ㉠~㉣을 고쳐 쓰기 위한 방안으로 적절하지 않은 것은?

① ㉠: 시간 표현이 잘못되었으므로 '먹은'으로 고친다.

② ㉡: 글의 통일성을 해치는 문장이므로 삭제한다.

③ ㉢: 맞춤법에 어긋나므로 '드리려고'로 수정한다.

④ ㉣: 잘못된 접속어를 사용했으므로 '그래서'로 바꾼다.

08 ㉠~㉣에 나타난 중세 국어의 특징으로 적절하지 않은 것은?

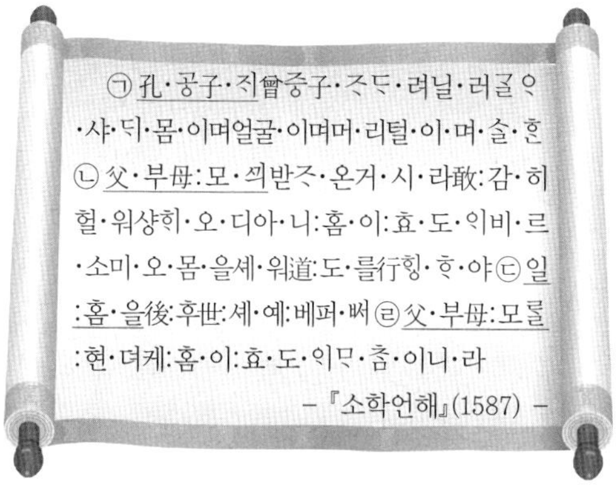

① ㉠ : 모음 뒤에서 주격 조사 'ㅣ'가 사용되었다.
② ㉡ : 어두 자음군이 사용되었다.
③ ㉢ : 이어 적기로 표기되었다.
④ ㉣ : 조사가 모음 조화에 따라 표기되었다.

[9~11] 다음을 읽고 물음에 답하시오.

㉠ 매운 계절(季節)의 채찍에 갈겨
마침내 ㉡ 북방(北方)으로 휩쓸려 오다.

하늘도 그만 지쳐 끝난 ㉢ 고원(高原)
서릿발 칼날진 그 위에 서다.

어데다 무릎을 꿇어야 하나?
한 발 재겨 디딜 곳조차 없다.

이러매 눈 감아 생각해 볼밖에
겨울은 강철로 된 ㉣ 무지개인가 보다.

- 이육사, 「절정」 -

09 ㉠~㉣ 중 시적 의미가 가장 이질적인 것은?

① ㉠
② ㉡
③ ㉢
④ ㉣

10 윗글의 표현상 특징으로 적절한 것은?

① 동일한 구절을 반복하여 주제를 강조하고 있다.
② 상징적 표현을 사용하여 화자의 상황을 부각하고 있다.
③ 의인법을 활용하여 시적 대상과의 친밀감을 드러내고 있다.
④ 수미 상관을 활용하여 화자의 암울한 처지를 강조하고 있다.

11 다음을 참고할 때, 시인이 윗글을 통해 드러내려고 한 가치로 가장 적절한 것은?

이육사는 조선은행 대구 지점 폭발물 사건에 연루되어 수감 생활을 하는 등 열일곱 차례 옥고를 치른 항일 운동가였다.

① 편리성과 효율성을 중요시하는 자세
② 자연과 인간이 공존해야 한다는 신념
③ 운명에 순응하며 현실에 만족하는 태도
④ 극한의 상황에서도 꺾이지 않는 항일 의지

[12~14] 다음 글을 읽고 물음에 답하시오.

[앞부분의 줄거리] 1930년대의 어느 농촌, 스물여섯 살 '나'는 성례를 시켜 주겠다는 장인의 말에 데릴사위로 들어와 새경 한 푼 받지 못한 채 일을 한다. 하지만 장인은 성례를 계속 미루며, '나'를 머슴처럼 부려 먹기만 한다. 억울한 '나'는 장인과 함께 구장에게 가서 의견을 묻기로 한다.

구장님도 내 이야기를 자세히 듣더니 퍽 딱한 모양이었다. 하기야 구장님뿐만 아니라 누구든지 다 그럴 게다. ㉠ 길게 길러 둔 새끼손톱으로 코를 후벼서 저리 탁 튀기며

"그럼 봉필 씨! 얼른 성롈 시켜 주구려, 그렇게까지 제가 하구 싶다는 걸……."

하고 내 짐작대로 말했다. 그러나 이 말에 장인님이 삿대질로 눈을 부라리고

"아, 성례구 뭐구 기집애년이 미처 자라야 할 게 아닌가?"

하니까 고만 멀쑤룩해서 입맛만 쩍쩍 다실 뿐이 아닌가…….

"㉡ 그것두 그래!"

"그래, 거진 사 년 동안에도 안 자랐다니 그 킨 은제 자라지유? 다 그만두구 사경[1] 내슈……."

"글쎄, 이 자식아! 내가 크질 말라구 그랬니, 왜 날 보구 떼나?"

"㉢ 빙모님은 참새만 한 것이 그럼 어떻게 앨 낳지유?(사실 장모님은 점순이보다도 귓배기 하나가 적다.)"

그러나 이 말에는 별반 신통한 귀정[2]을 얻지 못하고 도루 논으로 돌아와서 모를 부었다. 왜냐면, 장인님이 뭐라구 귓속말로 수군수군하고 간 뒤다. 구장님이 날 위해서 조용히 데리구 아래와 같이 일러 주었기 때문이다. (㉣ 뭉태의 말은 구장님이 장인님에게 땅 두 마지기 얻어 부치니까 그래 꾀였다고 하지만 난 그렇게 생각 않는다.)

(가) "자네 말두 하기야 옳지. 암, 나이 찼으니까 아들이 급하다는 게 잘못된 말은 아니야. 하지만 농사가 한창 바쁠 때 일을 안 한다든가 집으로 달아난다든가 하면 손해죄루 그것두 징역을 가거든! (여기에 그만 정신이 번쩍 났다.) 왜 요전에 삼포 말서 산에 불 좀 놓았다구 징역 간 거 못 봤나. 제 산에 불을 놓아두 징역을 가는 이땐데 남의 농사를 버려 주니 죄가 얼마나 더 중한가. 그리고 자넨 정장[3]을(사경 받으러 정장 가겠다 했다.) 간대지만, 그러면 괜스레 죌 들쓰고 들어가는 걸세. 또, 결혼두 그렇지. 법률에 성년이란 게 있는데 스물하나가 돼야지 비로소 결혼을 할 수가 있는 걸세. 자넨 물론 아들이 늦을 걸 염려하지만, 점순이로 말하면 인제 겨우 열여섯이 아닌가. 그렇지만 아까 빙장님의 말씀이 올 갈에는 열 일을 제치고라두 성례를 시켜 주겠다 하시니 좀 고마울 겐가. 빨리 가서 모 붓든 거나 마저 붓게. 군소리 말구 어서 가."

– 김유정, 「봄 · 봄」 –

1) 사경 : 새경. 머슴이 주인에게서 일한 대가로 받는 돈이나 물건
2) 귀정 : 그릇되었던 일이 바른길로 돌아옴.
3) 정장 : 소송을 제기하기 위해 소장(訴狀)을 관청에 냄.

12 윗글의 특징으로 적절하지 않은 것은?

① 주로 인물의 대화를 통해 사건이 전개되고 있다.
② 작품 밖의 서술자가 인물의 심리를 묘사하고 있다.
③ 어리숙한 인물의 언행을 통해 해학성을 드러내고 있다.
④ 농촌을 배경으로 설정해 당시의 생활상을 그리고 있다.

13 (가)에 나타난 구장의 설득 방법으로 적절하지 않은 것은?

① '나'의 잘못을 언급하며 대화를 시작하고 있다.
② 징역 간다는 말로 '나'에게 겁을 주고 있다.
③ 결혼에 대한 법률적 근거를 제시하고 있다.
④ 성례의 가능성을 제시하며 '나'를 회유하고 있다.

14 ㉠~㉣에 대한 설명으로 적절하지 않은 것은?

① ㉠ : 무관심한 '구장'의 모습을 희화화하고 있다.
② ㉡ : '구장'의 우유부단한 성격을 드러내고 있다.
③ ㉢ : '나'는 장인의 말에 근거를 들어 대응하고 있다.
④ ㉣ : '나'는 '뭉태'의 말에 전적으로 동의하고 있다.

[15~16] 다음 글을 읽고 물음에 답하시오.

> 속세에 묻힌 분들, 이내 생애 어떠한가.
> 옛사람 풍류에 미칠까 못 미칠까.
> 이 세상 남자 몸이 나만 한 이 많건마는
> 자연에 묻혀 산다고 즐거움을 모르겠는가.
> 초가집 몇 칸을 푸른 시내 앞에 두고
> 송죽 울창한 곳에 풍월주인 되었구나.
> 엊그제 겨울 지나 새 봄이 돌아오니
> 복숭아꽃, 살구꽃은 석양에 피어 있고
> 푸른 버들, 향긋한 풀은 가랑비에 푸르도다.
> 칼로 재단했는가, 붓으로 그려 냈는가.
> 조물주의 솜씨가 사물마다 신비롭구나.
> 수풀에 우는 새는 봄 흥취에 겨워 소리마다 교태로다.
> 물아일체이니 흥이야 다를쏘냐.
>
> – 정극인, 「상춘곡」 –

15 윗글에서 확인할 수 있는 가사의 특징으로 알맞은 것은?

① 4음보의 율격이 주로 나타난다.
② 후렴구를 사용하여 연을 나눈다.
③ 4구체, 8구체, 10구체의 형식이 있다.
④ 초장, 중장, 종장의 3장으로 구성된다.

16 윗글의 화자에 대한 설명으로 적절하지 않은 것은?

① 세속적 공간을 떠나 자연에 묻혀 살고 있다.
② 옛사람의 풍류와 비교하며 자부심을 드러내고 있다.
③ 큰 고을의 주인이 되어 임금의 은혜에 감사하고 있다.
④ 아름다운 봄의 풍경을 감상하며 흥취를 느끼고 있다.

[17~19] 다음 글을 읽고 물음에 답하시오.

(가) 좌수(座首) 별감(別監) 넋을 잃고 이방, 호방 혼을 잃고 나졸들이 분주하네. 모든 수령 도망갈 제 거동 보소. 인궤[1] 잃고 강정 들고, 병부(兵符)[2] 잃고 송편 들고, 탕건[3] 잃고 용수[4] 쓰고, 갓 잃고 소반 쓰고. 칼집 쥐고 오줌 누기. 부서지는 것은 거문고요 깨지는 것은 북과 장고라. 본관 사또가 똥을 싸고 멍석 구멍 생쥐 눈 뜨듯 하고, 안으로 들어가서,

"어, 추워라. 문 들어온다 바람 닫아라. 물 마르다 목 들여라."

〈중략〉

어사또 분부하되,

"너 같은 년이 수절한다고 관장(官長)[5]에게 포악하였으니 살기를 바랄쏘냐. 죽어 마땅하되 내 수청도 거역할까?"

춘향이 기가 막혀,

"내려오는 관장마다 모두 명관(名官)이로구나. 어사또 들으시오. 층암절벽(層巖絕壁) 높은 바위가 바람 분들 무너지며, 청송녹죽(青松綠竹) 푸른 나무가 눈이 온들 변하리까. 그런 분부 마옵시고 어서 바삐 죽여 주오." 하며,

"향단아, 서방님 어디 계신가 보아라. 어젯밤에 옥 문간에 와 계실 제 천만당부 하였더니 어디를 가셨는지 나 죽는 줄 모르는가."

어사또 분부하되, "얼굴 들어 나를 보라."

하시니 춘향이 고개 들어 위를 살펴보니, 걸인으로 왔던 낭군이 분명히 어사또가 되어 앉았구나. 반웃음 반울음에,

"얼씨구나, 좋을시고 어사 낭군 좋을시고. 남원 읍내 가을이 들어 떨어지게 되었더니, 객사에 봄이 들어 이화춘풍(李花春風) 날 살린다. 꿈이냐 생시냐? 꿈을 깰까 염려로다."

– 작자 미상, 「춘향전」 –

1) 인궤 : 관아에서 쓰는 각종 도장을 넣어 두던 상자
2) 병부(兵符) : 군대를 동원하는 표지로 쓰던 동글납작한 나무패
3) 탕건 : 벼슬아치가 갓 아래 받쳐 쓰던 관(冠)의 하나
4) 용수 : 죄수의 얼굴을 보지 못하도록 머리에 씌우는 둥근 통 같은 기구
5) 관장(官長) : 관가의 장(長). 고을의 원을 높여 이르던 말

17 윗글에 대한 설명으로 알맞은 것은?

① 판소리로 공연되기도 하였다.
② 궁중에서 발생하여 민간으로 유입되었다.
③ 조선 시대 양반 계층에 한하여 향유되었다.
④ 우리 문자가 없었던 시기라 한자로 기록되었다.

18 (가)에 대한 설명으로 적절하지 않은 것은?

① 유사한 문장 구조를 반복하여 운율감을 드러내고 있다.
② 음성 상징어를 활용하여 긴박한 상황을 나타내고 있다.
③ 비유적 표현을 사용하여 인물의 행동을 보여 주고 있다.
④ 단어의 위치를 의도적으로 뒤바꾸어 웃음을 유발하고 있다.

19 윗글에서 확인할 수 있는 내용으로 알맞은 것은?

① '춘향'은 '어사또'의 수청 제안을 거절했다.
② '어사또'는 지난밤에 옥 문간에서 '걸인'을 만났다.
③ '춘향'은 내려오는 관장을 모두 긍정적으로 평가했다.
④ '향단'은 '어사또'의 정체를 알고 기쁨의 눈물을 흘렸다.

[20~22] 다음 글을 읽고 물음에 답하시오.

(가) 현대인의 삶의 질이 점차 향상됨에 따라 도시공원에 대한 관심도 함께 높아지고 있다. 도시공원은 자연 경관을 보호하고, 사람들의 건강과 휴양, 정서 생활을 위하여 도시나 근교에 만든 공원을 말한다. 또한 도시공원은 휴식을 취할 수 있는 공간인 동시에 여러 사람과 만날 수 있는 소통의 장이기도 하다.

(나) 도시공원은 사람들이 선호하는 도시 시설 가운데 하나이지만 노인, 어린이, 장애인, 임산부 등 사회적 약자에게는 '그림의 떡'인 경우가 많다. 사회적 약자들은 그들의 신체적 제약으로 인해 도시공원에 접근하거나 이를 이용하기에 열악한 상황에 놓여 있기 때문이다.

(다) 우선, 도시공원이 대중교통을 이용해서 가기 어려운 위치에 있는 경우가 많다. 또한 공원에 간다 하더라도 사회적 약자를 미처 배려하지 못한 시설물이 대부분이다. 동선이 복잡하거나 안내 표시가 없어서 불편을 겪는 경우도 있다. 이런 물리적·사회적 문제점들로 인해 실제 공원을 ㉠ 찾는 사회적 약자는 처음 공원 설치 시 기대했던 인원보다 매우 적은 편이다.

(라) 도시공원은 일반인뿐 아니라 사회적 약자들도 동등하게 이용할 수 있는 공간이어야 한다. 이를 위해서는 ㉮ 사회적 약자를 배려한 도시공원 계획이 우선적으로 마련되어야 한다. 사회적 약자에게 필요한 것은 아무리 작은 쌈지 공원[1]이라도 편안하게 접근하여 여러 사람과 소통하거나 쉴 수 있도록 조성된 공간이다.

- 이훈길, 「도시를 걷다」 -

1) 쌈지 공원 : 빌딩 사이의 자투리땅에 조성한 공원

20 (가)~(라)의 중심 내용으로 적절하지 <u>않은</u> 것은?

① (가) : 도시공원의 정의와 기능
② (나) : 사회적 약자가 선호하는 도시 시설
③ (다) : 사회적 약자의 도시공원 이용이 어려운 이유
④ (라) : 바람직한 도시공원의 요건

21 밑줄 친 부분이 ㉠과 가장 유사한 의미로 쓰인 것은?

① 국산품을 <u>찾는</u> 손님이 많다.
② 산을 <u>찾는</u> 사람들이 늘고 있다.
③ 떨어진 바늘을 <u>찾는</u> 일은 어렵다.
④ 마음의 안정을 <u>찾는</u> 것이 좋겠다.

22 윗글을 고려하여 떠올린 ㉮의 구체적인 방안으로 적절하지 <u>않은</u> 것은?

① 공원 내에서 이동하기 쉽도록 동선을 설계한다.
② 공원 내에 바닥 조명을 설치하여 방향 유도 체계를 만든다.
③ 공원 내에 사회적 약자와 일반인의 공간을 분리하여 설계한다.
④ 대중교통을 이용해서 접근하기 쉬운 곳에 공원을 배치한다.

[23~25] 다음 글을 읽고 물음에 답하시오.

니체는 '망각은 새로운 것을 ㉠ 수용하게 하는 적극적이고 능동적인 힘'이라고 말했다. 잊어버린다는 사실은 과거에 ㉡ 구속되지 않고 현재를 살아가게 하는 원동력이 된다는 것이다. 그런데 자연스레 잊혀야 할 일들이 도무지 잊히지 않아 괴로워하는 사람들이 있다. 그들은 인터넷에 남아 있는 잊고 싶은 과거의 흔적이나 뜻하지 않게 퍼진 사진 때문에 고통받고 있다.

이러한 현실을 고려하여 '잊힐 권리'의 법적 보장 문제가 논의될 필요가 있다. '잊힐 권리'란 인터넷에 공개된 이용자 정보에 대해 당사자가 검색되는 것을 원하지 않을 경우, 해당 포털 사이트에 검색 결과의 삭제를 요구할 수 있는 권리를 말한다. ㉢ 노출되길 원하지 않았던 정보가 인터넷에 유출되어 정신적 피해를 입고 있는 사람들에게는 자신의 정보가 올라간 사이트를 찾아다니며 일일이 삭제 요청을 하는 것 외에는 대응 수단이 없다. 그러나 이런 방식에는 분명 한계가 있으므로 법적으로 ㉣ 확실하게 잊힐 권리를 보장해야 한다. 해당 정보가 단순한 개인 정보라면 사생활을 보호하기 위해서라도 그 정보의 삭제를 요청할 수 있는 권리를 지켜 주어야 한다.

㉮ 잊힐 권리의 보장으로 '알 권리'라고 하는 또 다른 권리가 침해된다고 주장하는 사람들도 있다. 잊힐 권리를 보장하게 되면 법적인 권력이나 자본을 소유한 사람들에게 악용될 소지가 크다는 것이다. 그러나 더욱 바람직하고 건강한 사회를 만들기 위해 잊힐 권리의 법적 보장에 대해 꼭 한번 고민해 볼 필요가 있다.

– 윤용아, 「잊힐 권리와 알 권리」 –

23 윗글을 읽은 후, 타인과 소통하며 이해를 확장하기 위해 한 활동으로 적절하지 않은 것은?

① 이 글에 나타난 '잊힐 권리'에 대한 핵심 내용을 요약한다.

② 친구들과 함께 '잊힐 권리'의 필요성을 주제로 토의를 진행한다.

③ 전문가를 대상으로 '잊힐 권리'의 법적 보장에 대한 인터뷰를 실시한다.

④ 인터넷 게시판에서 '잊힐 권리'의 법적 보장을 논제로 한 토론에 참여한다.

24 ㉮가 제시할 근거로 가장 적절한 것은?

① '알 권리'를 인정하면 사생활을 보호할 수 있기 때문이다.

② '알 권리'를 인정하면 망각이 쉽게 일어날 수 있기 때문이다.

③ '잊힐 권리'를 인정하면 정보 비공개로 인해 공익이 저해될 수 있기 때문이다.

④ '잊힐 권리'를 인정하면 정보 유출로 인한 고통이 늘어날 수 있기 때문이다.

25 ㉠~㉣을 고유어로 바꾸고자 할 때, 적절하지 않은 것은?

① ㉠ : 받아들이게

② ㉡ : 얽매이지

③ ㉢ : 드러나길

④ ㉣ : 올바르게

2023 제 1 회 수학

01 두 다항식 $A = x^2 + 2x$, $B = 2x^2 - x$에 대하여 $A + B$는?

① $x^2 - x$　② $x^2 + x$
③ $3x^2 - x$　④ $3x^2 + x$

02 등식 $x^2 + ax + 3 = x^2 + 5x + b$가 x에 대한 항등식일 때, 두 상수 a, b에 대하여 $a - b$의 값은?

① 2　② 4
③ 6　④ 8

03 다항식 $2x^3 + 3x^2 - 1$을 $x - 1$로 나누었을 때, 나머지는?

① 2　② 3
③ 4　④ 5

04 다항식 $x^3 - 6x^2 + 12x - 8$을 인수분해한 식이 $(x-a)^3$일 때, 상수 a의 값은?

① 1　② 2
③ 3　④ 4

05 복소수 $5 + 4i$의 켤레복소수가 $a + bi$일 때, 두 실수 a, b에 대하여 $a + b$의 값은? (단, $i = \sqrt{-1}$)

① 1　② 3
③ 5　④ 7

06 두 수 3, 4를 근으로 하고 x^2의 계수가 1인 이차방정식이 $x^2 - 7x + a = 0$일 때, 상수 a의 값은?

① 3　② 6
③ 9　④ 12

07 $-3 \leq x \leq 0$일 때, 이차함수 $y = x^2 + 2x - 1$의 최솟값은?

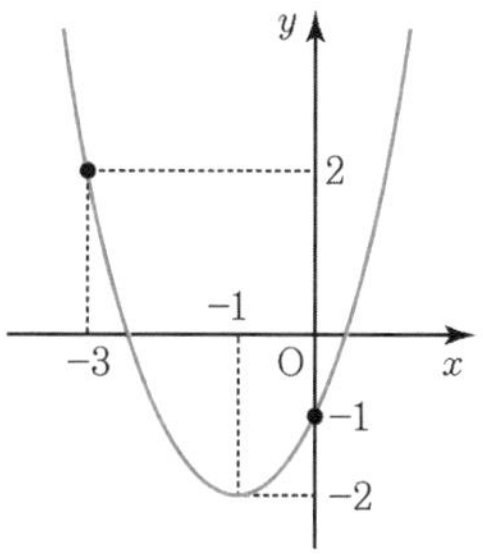

① -2
② -1
③ 1
④ 2

08 사차방정식 $x^4+2x^2+a=0$의 한 근이 1일 때, 상수 a의 값은?

① -3　② -1
③ 1　④ 3

09 연립방정식 $\begin{cases} x+y=6 \\ xy=a \end{cases}$의 해가 $x=4$, $y=b$일 때, 두 상수 a, b에 대하여 $a+b$의 값은?

① 9　② 10
③ 11　④ 12

10 이차부등식 $(x+3)(x-2)\geq 0$의 해는?

① $x\geq -3$
② $-3\leq x\leq 2$
③ $x\geq 2$
④ $x\leq -3$ 또는 $x\geq 2$

11 수직선 위의 두 점 A(1), B(5)에 대하여 선분 AB를 3 : 1로 내분하는 점 P의 좌표는?

① 3　② $\frac{7}{2}$
③ 4　④ $\frac{9}{2}$

12 점 $(-2,\ 1)$을 지나고 기울기가 3인 직선의 방정식은?

① $y=-3x+1$　② $y=-3x+7$
③ $y=3x+1$　④ $y=3x+7$

13 중심의 좌표가 $(2,\ 1)$이고 y축에 접하는 원의 방정식은?

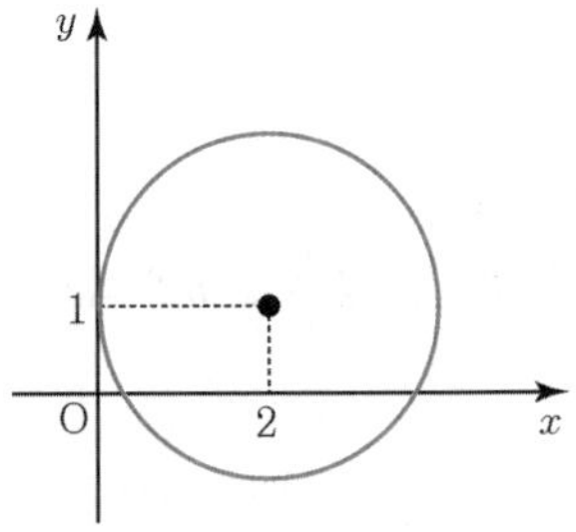

① $(x-2)^2+(y-1)^2=1$
② $(x-2)^2+(y-1)^2=4$
③ $(x-1)^2+(y-2)^2=1$
④ $(x-1)^2+(y-2)^2=4$

14 좌표평면 위의 점 $(2,\ 4)$를 y축에 대하여 대칭이동한 점의 좌표는?

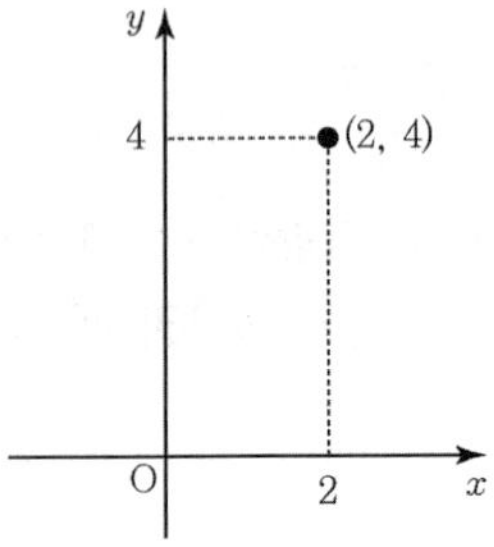

① $(-2,\ -4)$
② $(-2,\ 4)$
③ $(4,\ -2)$
④ $(4,\ 2)$

15 두 집합 $A=\{1,\ a-1,\ 5\}$, $B=\{1,\ 3,\ a+1\}$에 대하여 $A=B$일 때, 상수 a의 값은?

① 3　　② 4
③ 5　　④ 6

16 명제 '평행사변형이면 사다리꼴이다.'의 대우는?

① 사다리꼴이면 평행사변형이다.
② 평행사변형이면 사다리꼴이 아니다.
③ 사다리꼴이 아니면 평행사변형이 아니다.
④ 평행사변형이 아니면 사다리꼴이 아니다.

17 두 함수 $f: X \to Y$, $g: Y \to Z$가 그림과 같을 때, $(g \circ f)(3)$의 값은?

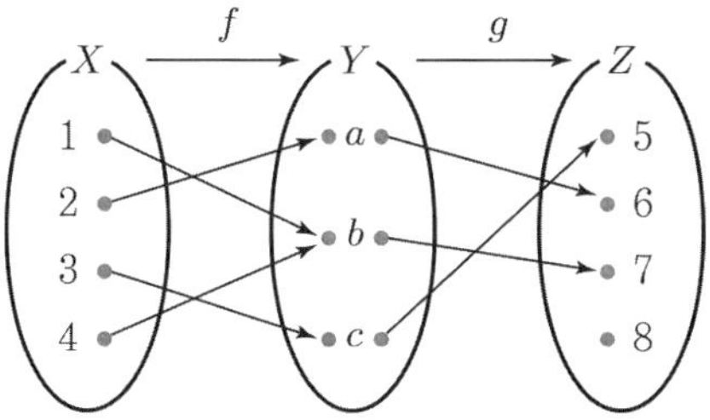

① 5　　② 6
③ 7　　④ 8

18 유리함수 $y=\dfrac{1}{x-2}-1$의 그래프는 유리함수 $y=\dfrac{1}{x}$의 그래프를 x축의 방향으로 a만큼, y축의 방향으로 b만큼 평행이동한 것이다. 두 상수 a, b에 대하여 $a+b$의 값은?

① -1　　② 1
③ 3　　④ 5

19 그림과 같이 3명의 수학자 사진이 있다. 이 중에서 서로 다른 2명의 사진을 택하여 수학 신문의 1면과 2면에 각각 싣는 경우의 수는?

① 4　　② 5
③ 6　　④ 7

20 그림과 같이 수학 진로 선택 과목이 있다. 이 중에서 서로 다른 2과목을 선택하는 경우의 수는?

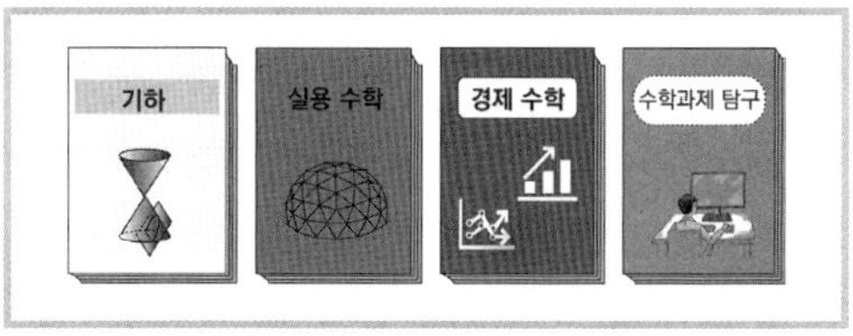

① 3　　② 4
③ 5　　④ 6

2023 제1회 영어

[1~3] 다음 밑줄 친 부분의 뜻으로 가장 적절한 것을 고르시오.

01

It is my <u>duty</u> to take out the trash at home on Sundays.

① 갈등 ② 노력
③ 의무 ④ 자유

02

People need to <u>depend on</u> each other when working as a team.

① 찾다 ② 내리다
③ 의존하다 ④ 비난하다

03

I have met a lot of nice people, <u>thanks to</u> you.

① 덕분에 ② 대신에
③ 불구하고 ④ 제외하고

04 다음 밑줄 친 두 단어의 의미 관계와 <u>다른</u> 것은?

A <u>polite</u> gesture in one country may be a <u>rude</u> one in another.

① smart – wise
② right – wrong
③ safe – dangerous
④ same – different

05 다음 행사 광고문에서 언급되지 <u>않은</u> 것은?

K-POP CONCERT 2023

Eight World-famous K-Pop Groups Are Performing!

Date : June 8th (Thursday), 2023
Location : World Cup Stadium
Time : 7:30 p.m. – 9:30 p.m.

① 날짜 ② 장소
③ 시간 ④ 입장료

[6~8] 다음 빈칸에 공통으로 들어갈 말로 가장 적절한 것을 고르시오.

06

- We had to ______ up in order to get a better view.
- I can't ______ people who don't follow rules in public.

① fail ② begin
③ stand ④ remind

07

- Jinsu, ______ museum will you visit tomorrow?
- A dictionary is a book ______ has explanations of words.

① how ② which
③ when ④ where

08

> • My tastes are different ______ yours.
> • English words come ______ a wide variety of sources.

① for　② off
③ from　④ about

09 다음 대화에서 밑줄 친 표현의 의미로 가장 적절한 것은?

> A : Look, Junho. I finally got an A on my math exam!
> B : You really did well on your exam. What's your secret?
> A : I've been studying math everyday, staying up late even on weekends.
> B : You are a good example of '<u>no pain, no gain</u>.'

① 철이 뜨거울 때 내려쳐라.
② 수고 없이 얻는 것은 없다.
③ 시간은 화살처럼 빨리 지나간다.
④ 필요할 때 친구가 진정한 친구이다.

10 다음 대화에서 알 수 있는 B의 심정으로 가장 적절한 것은?

> A : It's raining cats and dogs.
> B : Raining cats and dogs? Can you tell me what it means?
> A : It means it's raining very heavily.
> B : Really? I'm interested in the origin of the expression.

① 불안　② 슬픔
③ 흥미　④ 실망

11 다음 대화가 이루어지는 장소로 가장 적절한 것은?

> A : Good morning, how may I help you?
> B : Wow, it smells really good in here.
> A : Yes, the bread just came out of the oven.
> B : I'll take this freshly baked one.

① 제과점　② 세탁소
③ 수영장　④ 미용실

12 다음 글에서 밑줄 친 It이 가리키는 것으로 가장 적절한 것은?

> Smiling reduces stress and lowers blood pressure, contributing to our physical well-being. It also increases the amount of feel-good hormones in the same way that good exercise does. And most of all, a smile influences how other people relate to us.

① friend ② smiling
③ country ④ exercising

[13~14] 다음 대화의 빈칸에 들어갈 말로 가장 적절한 것을 고르시오.

13

> A : Matt, ____________________?
> B : How about the N Seoul Tower? We can see the whole city from the tower.
> A : After that, let's walk along the Seoul City Wall.
> B : Perfect! Now, let's go explore Seoul.

① where shall we go first
② what do you do for a living
③ how often do you come here
④ why do you want to be an actor

14

> A : What should I do to make more friends?
> B : It's important to ____________________.

① get angry easily
② cancel your order now
③ check your reservation
④ be nice to people around you

15 다음 대화의 주제로 가장 적절한 것은?

> A : Can you share any shopping tips?
> B : Sure. First of all, always keep your budget in mind.
> A : That's a good point. What else?
> B : Also, don't buy things just because they're on sale.
> A : Thanks! Those are great tips.

① 현명하게 쇼핑하는 방법
② 일기를 써야 하는 이유
③ 건축 시 기둥의 중요성
④ 계단을 이용할 때의 장점

16 다음 글을 쓴 목적으로 가장 적절한 것은?

> Many people have difficulty finding someone for advice. You may have some personal problems and don't want to talk to your parents or friends about them. Why don't you join our online support group? We are here to help you.

① 거절하려고　　② 권유하려고
③ 비판하려고　　④ 사과하려고

17 다음 기타 판매 광고문의 내용과 일치하지 않는 것은?

> ***For Sale***
> - Features : It's a guitar with six strings.
> - Condition : It's used but in good condition.
> - Price : $150 (original price : $350)
> - Contact : If you have any questions, call me at 014-4365-8704.

① 줄이 여섯 개 있는 기타이다.
② 새것이라 완벽한 상태이다.
③ 150달러에 판매된다.
④ 전화로 문의 가능하다.

18 다음 Earth Hour campaign에 대한 설명과 일치하지 않는 것은?

> Why don't we join the Earth Hour campaign? It started in Sydney, Australia, in 2007. These days, more than 7,000 cities around the world are participating. Earth Hour takes place on the last Saturday of March. On that day people turn off the lights from 8:30 p.m. to 9:30 p.m.

① 호주 시드니에서 시작했다.
② 칠천 개 이상의 도시가 참여한다.
③ 3월 마지막 주 토요일에 열린다.
④ 사람들은 그날 하루 종일 전등을 끈다.

19 다음 글의 주제로 가장 적절한 것은?

> Recent research shows how successful people spend time in the morning. They wake up early and enjoy some quiet time. They exercise regularly. In addition, they make a list of things they should do that day. Little habits can make a big difference towards being successful.

① 인간의 기본적인 욕구와 특성
② 운동 전 스트레칭이 중요한 이유
③ 합창에서 반드시 지켜야 할 규칙
④ 성공한 사람들의 아침 시간 활용 방법

[20~21] 다음 글의 빈칸에 들어갈 말로 가장 적절한 것을 고르시오.

20

People who improve themselves try to understand what they did wrong, so they can do better the next time. The process of learning from mistakes makes them smarter. For them, every __________ is a step towards getting better.

① love ② nation
③ village ④ mistake

21

I'd like to have a parrot as a __________. Let me tell you why. First, a parrot can repeat my words. If I say "Hello" to it, it will say "Hello" to me. Next, it has gorgeous, colorful feathers, so just looking at it will make me happy. Last, parrots live longer than most other animals kept at home.

① pet ② word
③ color ④ plant

22 글의 흐름으로 보아 다음 문장이 들어가기에 가장 적절한 곳은?

However, despite its usefulness, plastic pollutes the environment severely.

Plastic is a very useful material. (①) Its usefulness comes from the fact that plastic is cheap, lightweight, and strong. (②) For example, plastic remains in landfills for hundreds or even thousands of years, resulting in soil pollution. (③) The best solution to this problem is to create eco-friendly alternatives to plastic. (④)

23 다음 글의 바로 뒤에 이어질 내용으로 가장 적절한 것은?

Beans have been with us for thousands of years. They are easy to grow everywhere. More importantly, they are high in protein and low in fat. These factors make beans one of the world's greatest superfoods. Now, let's learn how beans are cooked in a variety of ways around the world.

① 콩 재배의 역사
② 콩의 수확 시기
③ 콩 섭취의 부작용
④ 콩의 다양한 요리법

[24~25] 다음 글을 읽고 물음에 답하시오.

Volunteering gives you a healthy mind. According to one survey, 96% of volunteers report feeling happier after doing it. If you help others in the community, you will feel better about yourself. It can also motivate you to live with more energy that can help you in your ordinary daily life. Therefore, you will have a more __________ view of life.

24 윗글의 빈칸에 들어갈 말로 가장 적절한 것은?

① shy
② useless
③ unhappy
④ positive

25 윗글의 주제로 가장 적절한 것은?

① 외로움의 유용함
② 달 연구의 어려움
③ 자원봉사가 주는 이점
④ 온라인 수업 도구의 다양성

2023 제 1 회 사회

01 ㉠에 들어갈 내용으로 옳은 것은?

> 우리나라 법 체계에서 (㉠)은/는 국가의 통치 조직과 운영 원리 및 국민의 기본적 인권을 규정한 최고의 법이다.

① 명령 ② 법률
③ 조례 ④ 헌법

02 다음 설명에 해당하는 기본권은?

> 다른 기본권이 침해되었을 때, 이를 구제하도록 요구할 수 있는 권리이다. 청원권 등이 이에 해당한다.

① 자유권 ② 참정권
③ 청구권 ④ 평등권

03 ㉠에 들어갈 용어로 옳은 것은?

> (㉠)은/는 인간이라면 누구나 누릴 수 있는 기본적인 권리이다. 모든 사람이 차별 없이 누리는 보편성, 사람이라면 누구나 태어나면서부터 가지는 천부성, 박탈당하지 않고 영구히 보장되는 항구성, 누구도 침범할 수 없는 불가침성을 특성으로 한다.

① 능력 ② 의무
③ 인권 ④ 정의

04 다음 설명에 해당하는 것은?

> • 선택을 통해 얻게 되는 이익이다.
> • 물질적이고 금전적인 이익뿐 아니라 즐거움이나 성취감 같은 비금전적인 것도 포함한다.

① 편익 ② 희소성
③ 금융 자산 ④ 암묵적 비용

05 다음 설명에 해당하지 <u>않는</u> 것은?

> • 정부를 구성 단위로 하는 국제 사회의 행위 주체이다.
> • 국가들 사이의 이해관계를 조정하거나 국가 간 분쟁을 중재한다.

① 유럽 연합(EU)
② 다문화 사회
③ 세계 무역 기구(WTO)
④ 경제 협력 개발 기구(OECD)

06 ㉠에 들어갈 용어로 가장 적절한 것은?

> **탐구 활동 보고서**
> 주제 : ㉠
> • 정의 : 시장에서 자원의 배분이 효율적으로 이루어지지 못하는 상태
> • 사례 : 독과점 문제 발생, 외부 효과의 발생, 공공재의 공급 부족

① 남초 현상　② 시장 실패
③ 규모의 경제　④ 소비자 주권

07 다음 헌법 조항에 나타난 제도로 가장 적절한 것은?

> 제40조 입법권은 국회에 속한다.
> 제66조 ④ 행정권은 대통령을 수반으로 하는 정부에 속한다.
> 제101조 ① 사법권은 법관으로 구성된 법원에 속한다.

① 권력 분립 제도
② 사회 보장 제도
③ 위헌 법률 심판
④ 헌법 소원 심판

08 다음에서 설명하는 것은?

> • 의미 : 국가가 생활 유지 능력이 없거나 생활이 어려운 국민의 최저 생활을 보장하고 자립을 지원하는 제도
> • 종류 : 국민 기초 생활 보장 제도 등

① 공공 부조　② 재무 설계
③ 정주 환경　④ 지리적 표시제

09 다음에서 설명하는 자산 관리의 원칙은?

> • 원금에 비해 얻을 수 있는 이익의 정도
> • 금융 상품의 가격 상승이나 이자 수익을 기대할 수 있는 정도

① 다양성　② 수익성
③ 유동성　④ 편재성

10 문화를 우열 관계로 인식하는 태도로 옳은 것을 〈보기〉에서 고른 것은?

> **보기**
> ㄱ. 문화 상대주의　ㄴ. 자유 방임주의
> ㄷ. 문화 사대주의　ㄹ. 자문화 중심주의

① ㄱ, ㄴ　② ㄱ, ㄹ
③ ㄴ, ㄷ　④ ㄷ, ㄹ

11 ㉠에 들어갈 내용으로 가장 적절한 것은?

> **학습 주제 : (㉠)의 사례 조사하기**
> • 사례1 : 이산화탄소 배출을 줄이기 위해 지역 농산물을 구매한다.
> • 사례2 : 생산자들에게 정당한 몫을 주는 공정 무역 커피를 구매한다.

① 뉴딜 정책　② 유리 천장
③ 윤리적 소비　④ 샐러드 볼 이론

12 다음에서 설명하는 것은?

> 두 차례의 세계 대전을 겪은 뒤, 국제 연합(UN) 총회에서 인류가 당연히 누려야 할 권리를 규정하고 인권 보장의 국제적 기준을 제시한 선언이다.

① 권리 장전 ② 바이마르 헌법
③ 세계 인권 선언 ④ 미국 독립 선언

13 다음에 해당하는 문화 변동 양상은?

> 한 문화가 다른 문화에 흡수되어 소멸하는 현상

① 문화 갈등 ② 문화 성찰
③ 문화 병존 ④ 문화 동화

14 한대 기후의 특성에 따른 생활 모습으로 옳은 것을 〈보기〉에서 고른 것은?

> 보기
> ㄱ. 순록 유목
> ㄴ. 이동식 화전 농업
> ㄷ. 가축의 털로 만든 옷
> ㄹ. 통풍을 위한 큰 창문

① ㄱ, ㄴ ② ㄱ, ㄷ
③ ㄴ, ㄹ ④ ㄷ, ㄹ

15 다음에서 설명하는 자연재해는?

> • 분류 : 지형적 요인에 의한 자연재해
> • 원인 : 급격한 지각 변동
> • 현상 : 높은 파도가 빠른 속도로 해안으로 밀려옴.

① 가뭄 ② 폭설
③ 지진 해일 ④ 열대 저기압

16 ㉠, ㉡에 해당하는 화석 연료로 옳은 것은?

> • (㉠) : 18세기 산업 혁명기에 증기기관의 연료로 사용
> • (㉡) : 현재 세계에서 가장 소비량이 많은 에너지 자원

	㉠	㉡
①	석유	천연가스
②	석유	석탄
③	석탄	천연가스
④	석탄	석유

17 ㉠에 들어갈 내용으로 가장 적절한 것은?

> 이슬람교 문화의 특징
> • 금기 음식 : 돼지고기, 술
> • 전통 의상 : ㉠

① 게르 ② 판초
③ 부르카 ④ 마타도르

18 **다음에서 설명하는 것은?**

> - 대도시의 기능과 영향력이 주변 지역으로 확대되면서 형성되는 생활권이다.
> - 집과 직장의 거리가 멀어지는 사람들이 많아진다.

① 대도시권
② 누리 소통망(SNS)
③ 커뮤니티 매핑
④ 지리 정보 시스템(GIS)

19 **㉠에 들어갈 내용으로 옳은 것은?**

> **(㉠)의 원인**
> - 도시의 아스팔트 도로와 콘크리트 구조물의 증가
> - 도시 내부의 인공 열 발생

① 슬럼　　② 열섬 현상
③ 빨대 효과　　④ 제노포비아

20 **인구 분포에 영향을 미치는 사회적 요인으로 옳은 것은?**

① 사막　　② 온화한 기후
③ 험준한 산지　　④ 풍부한 일자리

21 **다음에 해당하는 분쟁 지역을 지도의 A~D에서 고른 것은?**

> 카슈미르 지역에서 발생한 인도와 파키스탄의 분쟁

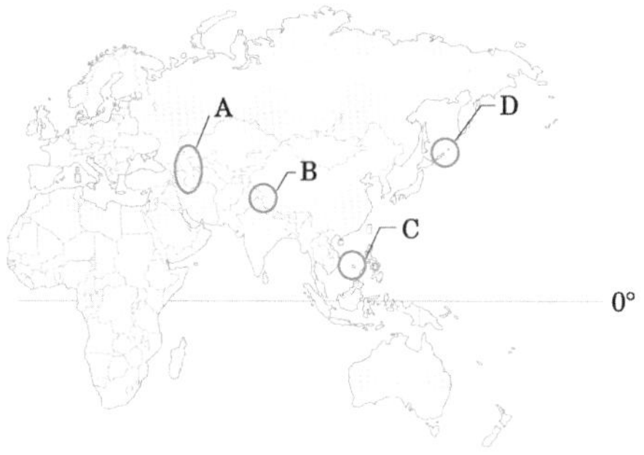

① A　　② B
③ C　　④ D

22 **정보화로 인한 생활 양식의 변화로 적절하지 않은 것은?**

① 시공간의 제약이 완전히 사라졌다.
② 원격 진료나 원격 교육이 가능해졌다.
③ 전자 상거래를 통해 물건을 구매할 수 있게 되었다.
④ 가상공간을 통해 개인의 정치적 의견을 토론할 수 있게 되었다.

23 산업화가 가져온 변화로 옳은 것을 〈보기〉에서 고른 것은?

보기

ㄱ. 녹지 면적 증가
ㄴ. 농업 중심 사회 형성
ㄷ. 직업의 다양성 증가
ㄹ. 도시화의 촉진

① ㄱ, ㄴ ② ㄱ, ㄷ
③ ㄴ, ㄹ ④ ㄷ, ㄹ

24 다음에서 설명하는 것은?

각종 개발 사업이 시행되기 전에 환경에 미치게 될 영향을 예측하고 평가하여 환경 오염을 줄이려는 방안을 마련하는 제도이다.

① 용광로 정책
② 공적 개발 원조
③ 환경 영향 평가
④ 핵 확산 금지 조약

25 ㉠에 들어갈 내용으로 옳은 것은?

〈환경 문제 해결을 위한 노력〉

1. 환경 보호를 위한 국제 비정부 기구의 노력
   - 주요 활동 : 환경 오염 유발 행위 감시 활동
   - 단체 : ㉠

① 그린피스(Greenpeace)
② 브렉시트(Brexit)
③ 국제통화기금(IMF)
④ 세계 보건 기구(WHO)

2023 제 1 회

과학

01 그림은 핵분열 반응을 나타낸 것이다. 다음 중 이 반응을 이용하는 핵발전의 연료에 해당하는 것은?

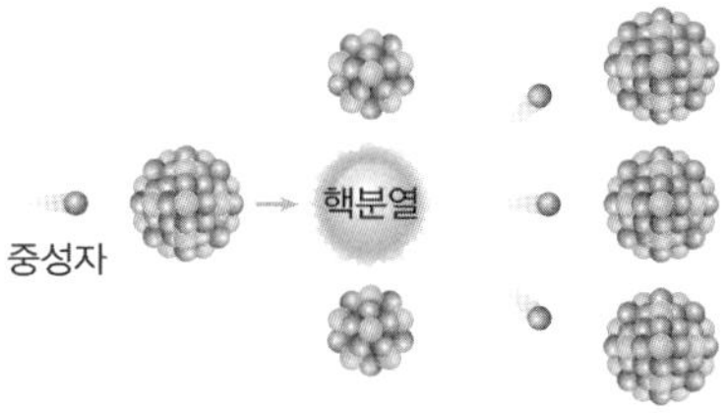

① 바람 ② 석탄
③ 수소 ④ 우라늄

02 열효율이 20%인 열기관에 공급된 열에너지가 100 J일 때 이 열기관이 한 일은?

① 10 J ② 20 J
③ 30 J ④ 40 J

03 그림은 자유 낙하하는 물체를 같은 시간 간격으로 나타낸 것이다. 구간 A~C에서 물체의 운동에 대한 설명으로 옳은 것은? (단, 공기 저항은 무시한다.)

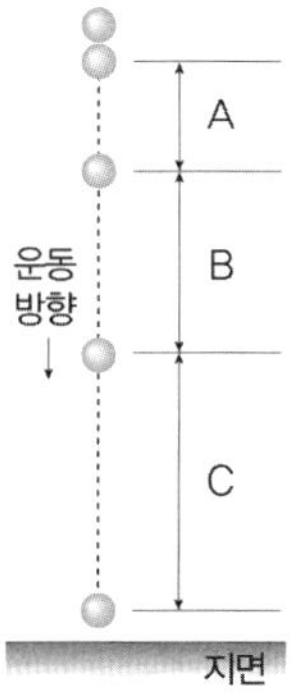

① A에서 가속도는 0이다.
② B에서 속도는 일정하다.
③ C에서 물체에 작용하는 힘은 0이다.
④ A와 B에서 물체에 작용하는 힘의 방향은 같다.

04 그림은 질량이 다른 두 물체 A, B가 수평면에서 각각 일정한 속도로 운동하고 있는 모습을 나타낸 것이다. 두 물체의 운동량의 크기가 같을 때 B의 속도 v는?

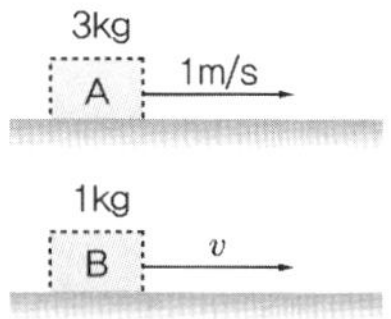

① 3m/s
② 5m/s
③ 7m/s
④ 9m/s

05 다음 설명에 해당하는 신소재는?

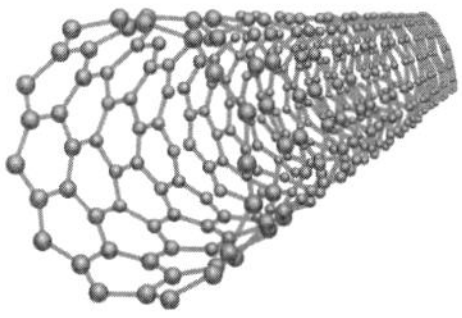

- 그래핀이 튜브 형태로 결합된 구조이다.
- 구리보다 열전도율이 뛰어나다.

① 고무 ② 유리
③ 나무 ④ 탄소 나노 튜브

06 설탕과 염화 나트륨(NaCl)에 대한 설명으로 옳은 것만을 〈보기〉에서 모두 고른 것은?

보기

ㄱ. 설탕은 이온 결합 물질이다.
ㄴ. 설탕을 물에 녹이면 대부분 이온이 된다.
ㄷ. NaCl은 수용액 상태에서 전기가 통한다.

① ㄱ ② ㄷ
③ ㄱ, ㄴ ④ ㄴ, ㄷ

07 그림은 전기 에너지의 생산과 수송 과정을 나타낸 것이다. 이에 대한 설명으로 옳지 <u>않은</u> 것은?

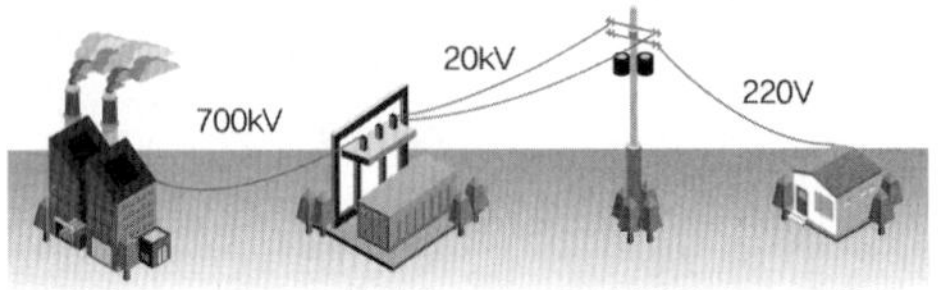

① 발전소는 전기 에너지를 생산하는 곳이다.
② 변전소는 전압을 바꾸는 역할을 한다.
③ 전력 수송 과정에서 전력 손실은 발생하지 않는다.
④ 주상 변압기는 전압을 220V로 낮춰 가정으로 전기 에너지를 공급한다.

08 그림은 산소와 네온 원자의 전자 배치를 나타낸 것이다. 산소 원자가 안정한 원소인 네온과 같은 전자 배치를 하기 위해 얻어야 하는 전자의 개수는?

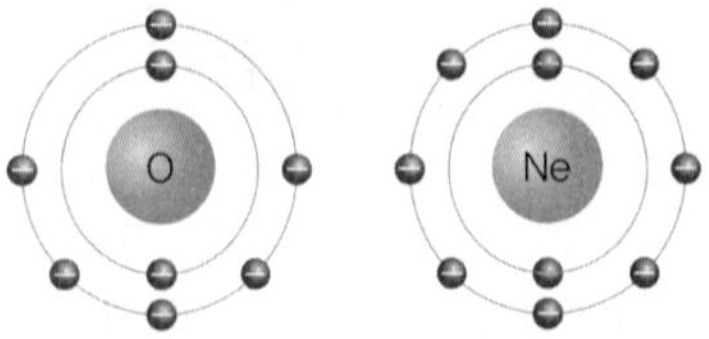

① 1개 ② 2개
③ 3개 ④ 4개

09 다음 설명의 ㉠에 해당하는 것은?

질산 은($AgNO_3$) 수용액에 구리(Cu) 선을 넣어 두면 구리는 전자를 잃어 구리 이온(Cu^{2+})으로 산화되고, 은 이온(Ag^+)은 전자를 얻어 은(Ag)으로 [㉠]된다.

① 산화 ② 연소
③ 중화 ④ 환원

10 수산화 나트륨(NaOH) 수용액은 붉은색 리트머스 종이를 푸른색으로 변하게 하는 성질이 있다. 다음 물질의 수용액 중 이와 같은 성질을 나타내는 것은?

① HCl ② KOH
③ HNO_3 ④ H_2SO_4

11 다음 화학 반응식에서 수소 이온(H^+)과 수산화 이온(OH^-)이 반응하는 개수비는?

$$H^+ + OH^- \rightarrow H_2O$$

	H^+		OH^-
①	1	:	1
②	1	:	2
③	2	:	1
④	3	:	2

12 그림은 단백질의 형성 과정을 나타낸 것이다. 단백질을 구성하는 단위체 A는?

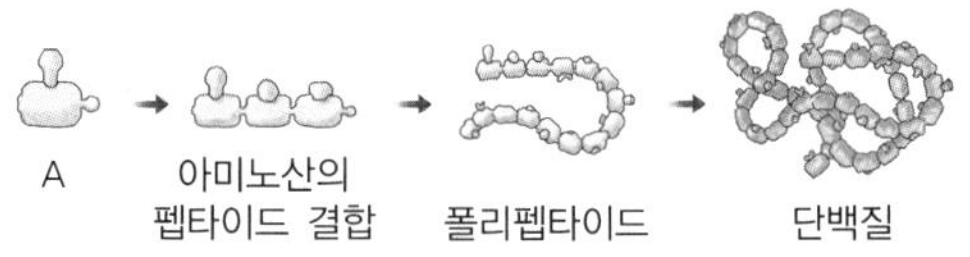

① 녹말 ② 핵산
③ 포도당 ④ 아미노산

13 다음 설명의 ㉠에 해당하는 것은?

> 한 생물종 내에서도 개체마다 유전자가 달라 다양한 형질이 나타난다. 하나의 종에서 나타나는 유전자의 다양한 정도를 [㉠] 이라고 한다.

① 군집 ② 개체군
③ 유전적 다양성 ④ 생태계 다양성

14 다음 중 생물이 생명 유지를 위해 생명체 내에서 물질을 분해하거나 합성하는 모든 화학 반응을 무엇이라고 하는가?

① 삼투 ② 연소
③ 확산 ④ 물질대사

15 그림과 같이 광합성이 일어나는 식물의 세포 소기관은?

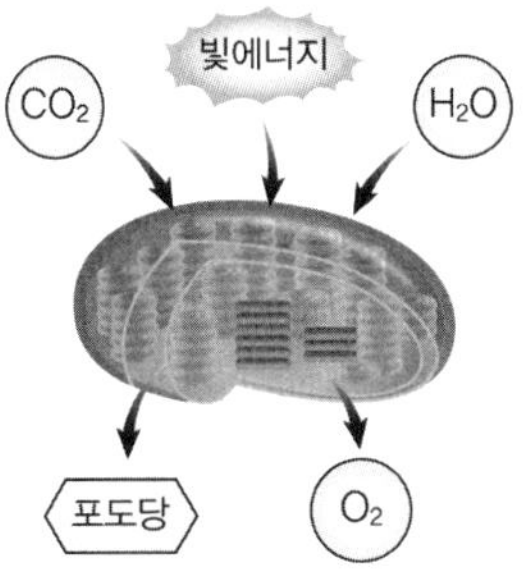

① 핵
② 엽록체
③ 세포막
④ 미토콘드리아

16 그림은 세포 내 유전 정보의 흐름을 나타낸 것이다. ㉠과 ㉡에 해당하는 물질은?

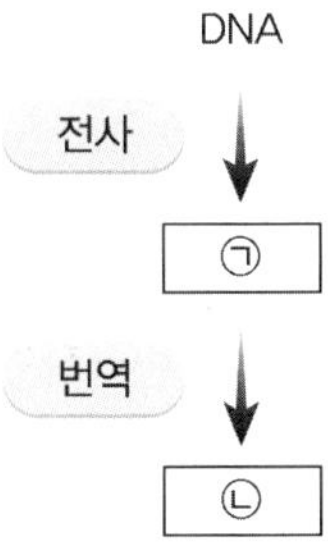

	㉠	㉡
①	단백질	단백질
②	단백질	RNA
③	RNA	단백질
④	RNA	RNA

17 다음 설명에 해당하는 것은?

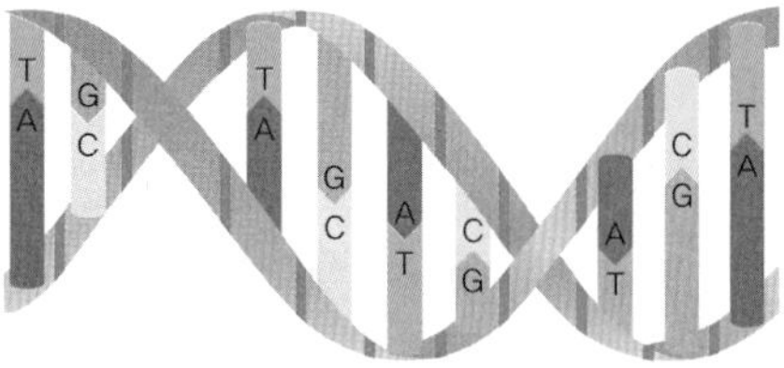

- 이중 나선 구조이다.
- A, G, C, T의 염기 서열로 유전 정보를 저장한다.

① 지방　② 효소
③ 단백질　④ DNA

18 그림은 생태계의 구성 요소 중 생물적 요인을 나타낸 것이다. A에 해당하는 생물은?

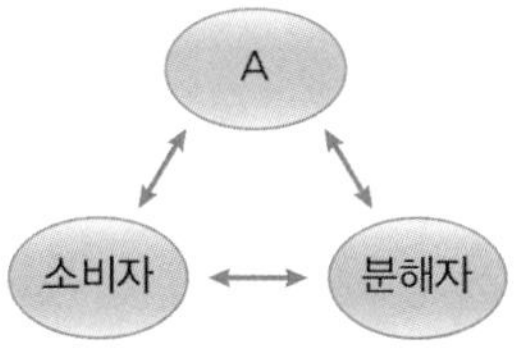

① 벼　② 토끼
③ 독수리　④ 곰팡이

19 그림은 어느 지질 시대의 표준 화석을 나타낸 것이다. 이 생물이 번성하였던 지질 시대는?

공룡

① 신생대　② 중생대
③ 고생대　④ 선캄브리아 시대

20 그림은 지구 내부의 층상 구조를 나타낸 것이다. A~D는 각각 지각, 맨틀, 외핵, 내핵 중 하나이다. 액체 상태인 층은?

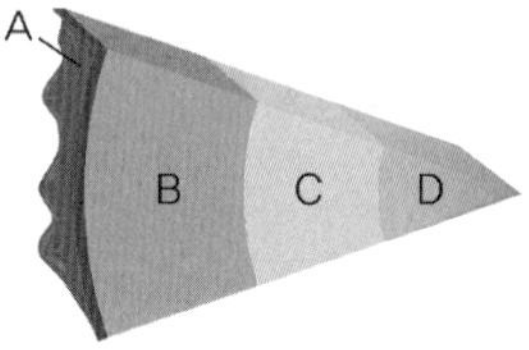

① A　② B
③ C　④ D

21 다음 판의 경계에 발달하는 지형은?

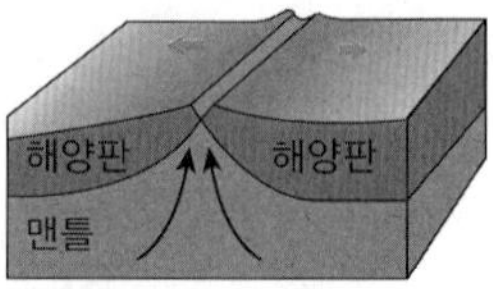

- 발산형 경계이다.
- 맨틀 대류 상승부이다.
- 판이 생성되는 곳이다.

① 해령　② 해구
③ 호상 열도　④ 변환 단층

22 그림은 지구 시스템을 이루는 각 권의 상호 작용을 나타낸 것이다. A~D 중 화산 활동에 의한 화산 가스가 대기 중에 방출되는 것에 해당하는 상호 작용은?

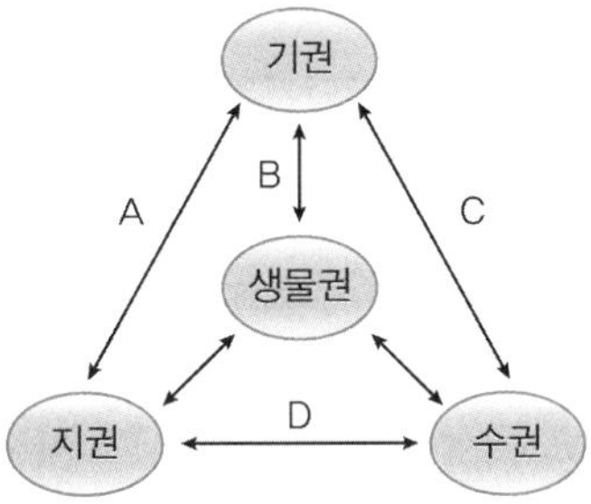

① A　② B
③ C　④ D

23 다음 설명의 ㉠에 해당하는 것은?

> 태평양의 적도 부근에서 부는 무역풍이 몇 년에 한 번씩 약해지면서 남적도 해류의 흐름이 느려져서, 동태평양 적도 해역의 표층 수온이 평상시보다 높아진다. 이러한 현상을 [㉠]라고 한다.

① 사막화　② 산사태
③ 엘니뇨　④ 한파

24 그림은 수소 기체 방전관에서 나온 빛의 방출 스펙트럼을 분광기를 이용하여 맨눈으로 관찰한 것을 나타낸 것이다. 이에 대한 설명으로 옳은 것만을 〈보기〉에서 모두 고른 것은?

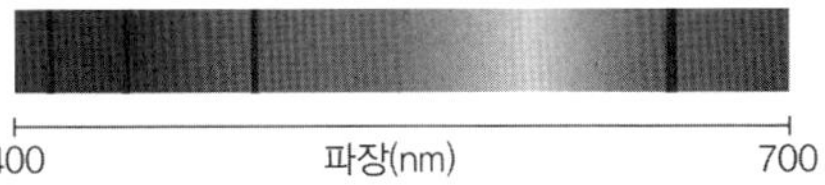

> **보기**
> ㄱ. 선 스펙트럼이다.
> ㄴ. 가시광선 영역에 속한다.
> ㄷ. 헬륨의 스펙트럼도 같은 위치에 선이 나타난다.

① ㄱ　② ㄷ
③ ㄱ, ㄴ　④ ㄴ, ㄷ

25 그림은 질량이 태양 정도인 별의 중심부에서 핵융합 반응이 모두 끝났을 때의 내부 구조를 나타낸 것이다. ㉠에 해당하는 원소는?

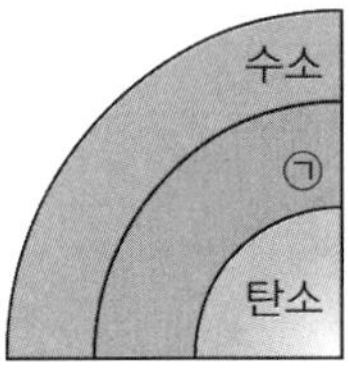

① 헬륨　② 산소
③ 철　④ 우라늄

2023 제 1 회 한국사

01 ㉠에 들어갈 유물로 옳은 것은?

> **〈신석기 시대 생활 체험하기〉**
> - 장소 : 서울 강동구 암사동 선사 유적지
> - 체험 활동
>   - 가락바퀴를 이용하여 실 뽑기
>   - [㉠] 모형 만들기

① 상평통보
② 비파형 동검
③ 빗살무늬 토기
④ 불국사 3층 석탑

02 ㉠에 들어갈 내용으로 옳은 것은?

> **〈법흥왕의 업적〉**
> - 불교 공인
> - 금관가야 정복
> - [㉠]

① 율령 반포
② 훈민정음 창제
③ 사심관 제도 실시
④ 전민변정도감 설치

03 다음 설명에 해당하는 문서는?

> 일본 도다이사 쇼소인에서 발견된 문서이다. 이 문서에는 서원경(충북 청주)에 속한 촌락을 비롯한 4개 촌락의 인구 수, 토지의 종류와 크기, 소와 말의 수 등이 기록되어 있어 당시의 경제 상황을 알 수 있다.

① 공명첩
② 시무 28조
③ 영남 만인소
④ 신라 촌락 문서

04 ㉠에 들어갈 내용으로 옳은 것은?

> **《삼국 통일 과정》**
> 백제 멸망 → 고구려 멸망 → [㉠] → 삼국 통일

① 귀주 대첩
② 매소성 전투
③ 봉오동 전투
④ 한산도 대첩

05 두 학생의 대화 내용에 해당하는 인물은?

① 김구 ② 의천
③ 안중근 ④ 전태일

06 다음 내용이 원인이 되어 일어난 사건은?

- 명성 황후 시해 사건
- 단발령 실시

① 갑신정변 ② 병자호란
③ 을미의병 ④ 무신 정변

07 ㉠에 들어갈 내용으로 옳은 것은?

〈수행 평가 계획서〉
- 주제 : 고려 광종의 정책
- 조사할 내용 : ㉠, 과거제 등

① 신문지법
② 노비안검법
③ 치안 유지법
④ 국가 총동원법

08 다음 사건이 일어난 시기에 대한 설명으로 옳은 것은?

- 홍경래의 난(1811)
- 임술 농민 봉기(1862)

① 권문세족이 농장을 확대하였다.
② 세도 가문이 권력을 독점하였다.
③ 진골 귀족들이 왕위 쟁탈전을 벌였다.
④ 일제가 황국 신민화 정책을 추진하였다.

09 ㉠에 들어갈 내용으로 가장 적절한 것은?

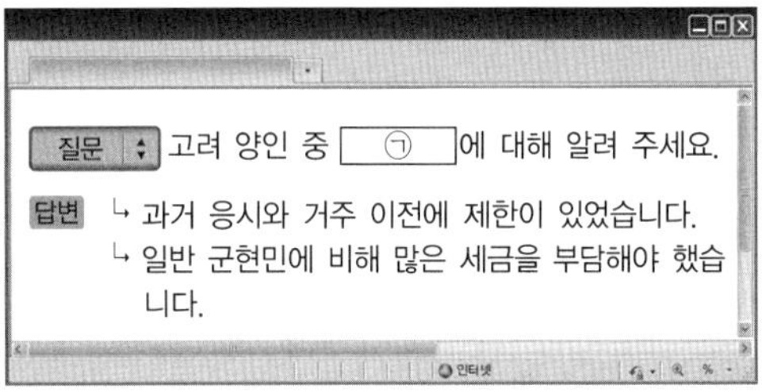

① 노비 ② 향리
③ 하급 장교 ④ 향·소·부곡민

10 다음에서 설명하는 조선의 교육 기관은?

- 사림의 주도로 설립되기 시작함.
- 지방 양반의 권위를 강화하는 역할을 함.
- 선현에 대한 제사와 학문 연구 및 교육을 담당함.

① 서원 ② 광혜원
③ 우정총국 ④ 경성 제국 대학

11 ㉠에 들어갈 용어로 옳은 것은?

> 조선에서는 사헌부, 사간원, 홍문관의 [㉠]을/를 두어 정사를 비판하고 관리의 비리를 감찰하게 하여 권력의 독점과 부정을 방지하였다.

① 3사　② 비변사
③ 식목도감　④ 군국기무처

12 ㉠에 들어갈 내용으로 옳은 것은?

> 1866년 프랑스는 병인박해를 구실로 강화도를 공격하였다. 이에 맞서 양헌수 부대가 정족산성에서 승리하여 프랑스군이 철수하였다. 이 과정에서 조선은 [㉠]

① 쌍성총관부를 탈환하였다.
② 나・제 동맹을 결성하였다.
③ 백두산정계비를 건립하였다.
④ 외규장각 도서를 약탈당하였다.

13 다음 질문에 대한 학생의 답으로 옳은 것은?

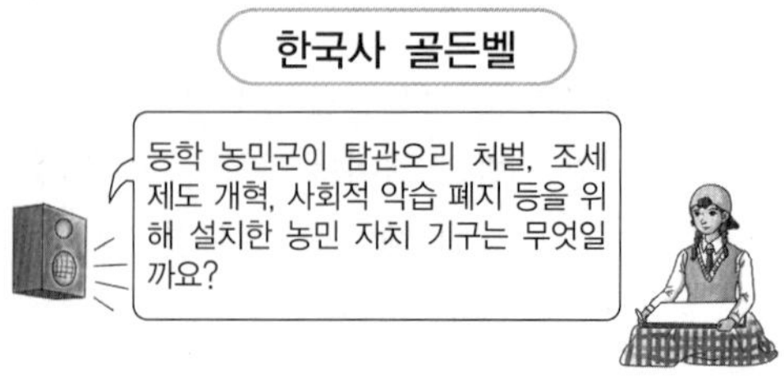

① 집강소　② 성균관
③ 국문 연구소　④ 조선 총독부

14 다음에서 설명하는 민족 운동은?

> • 준비 과정에서 민족주의 세력과 사회주의 세력이 연대함.
> • 1926년 순종의 장례일에 맞추어 시위를 전개함.

① 새마을 운동
② 서경 천도 운동
③ 6・10 만세 운동
④ 5・18 민주화 운동

15 ㉠에 들어갈 내용으로 옳은 것은?

> 한국사 묻고 답하기
> 질문 1910년대 일제의 무단 통치에 대해 알려 주세요.
> ↳ 답변 교사도 제복을 입고 칼을 차게 했어요.
> ↳ 답변 [㉠]

① 골품제를 실시했어요.
② 삼청 교육대를 설치했어요.
③ 사사오입 개헌을 단행했어요.
④ 헌병 경찰 제도를 실시했어요.

16 ㉠에 들어갈 인물로 옳은 것은?

> 1932년 일제는 훙커우 공원에서 상하이 사변의 승리를 축하하는 기념식을 열었다. 이때 [㉠]이 폭탄을 던져 일본의 군 장성과 고관들을 처단하였다. 이를 계기로 중국 국민당 정부는 한국 독립운동을 적극 지원하게 되었다.

① 일연　② 김유신
③ 윤봉길　④ 정약용

17 다음에서 설명하는 일제의 식민지 지배 정책은?

> - 배경 : 제1차 세계 대전 이후 일본에서 쌀값이 폭등함.
> - 전개 : 일제가 한국을 식량 공급지화함.
> - 결과 : 한국의 식량 사정이 악화되고 농민의 부담이 증가함.

① 대동법
② 탕평책
③ 의정부 서사제
④ 산미 증식 계획

18 ㉠에 들어갈 내용으로 옳은 것은?

> ■ 역사 인물 카드 ■
>
> 
>
> 방정환
>
> - 생몰 연도 : 1899년~1931년
> - 주요 활동
>   - 천도교 소년회를 조직함.
>   - [㉠]

① 현량과를 시행함.
② 『삼국사기』를 저술함.
③ 어린이날 제정을 주도함.
④ 이토 히로부미를 처단함.

19 밑줄 친 ㉠에 해당하는 민주화 운동은?

> 1987년 전두환 대통령의 4·13 호헌 조치에 맞서 시민들은 ㉠ 호헌 철폐와 독재 타도를 외치며 전국적으로 시위를 전개하였다. 결국 전두환 정부는 국민의 요구에 굴복하여 대통령 직선제 개헌안을 수용하였다.

① 3·1 운동
② 6월 민주 항쟁
③ 국채 보상 운동
④ 금 모으기 운동

20 ㉠에 들어갈 내용으로 옳은 것은?

> 1945년 개최된 [㉠]에서 한국의 임시 민주 정부 수립, 이를 위한 미・소 공동 위원회 설치, 신탁 통치 실시 등이 결정되었다.

① 신민회
② 화백 회의
③ 조선 물산 장려회
④ 모스크바 3국 외상 회의

21 다음 전쟁의 결과로 옳지 <u>않은</u> 것은?

> 1950년 6월 25일, 북한의 남침으로 발발하였다. 이후 인천 상륙 작전, 1・4 후퇴를 거쳐 38도선 일대에서 공방전이 지속되다가 1953년 7월 27일 정전 협정이 체결되었다.

① 강화도 조약이 체결되었다.
② 남북 분단이 고착화되었다.
③ 많은 군인과 민간인이 희생되었다.
④ 이산가족과 전쟁고아가 발생하였다.

22 ㉠에 들어갈 내용으로 옳은 것은?

> **〈박정희 정부의 정책〉**
> - 베트남 파병
> - 7・4 남북 공동 성명 발표
> - ㉠

① 별기군 창설
② 유신 헌법 제정
③ 독서삼품과 실시
④ 한・일 월드컵 대회 개최

23 다음에서 설명하는 정부는?

> - 삼백 산업 발달
> - 3・15 부정 선거 자행

① 이승만 정부　② 노태우 정부
③ 김대중 정부　④ 이명박 정부

24 다음에서 설명하는 군사 조직은?

> - 1940년에 대한민국 임시 정부가 창설함.
> - 총사령관에 지청천, 참모장에 이범석이 취임함.
> - 미국 전략 정보국(OSS)과 협력하여 국내 진공 작전을 계획함.

① 별무반　② 삼별초
③ 장용영　④ 한국 광복군

25 ㉠에 들어갈 내용으로 옳은 것은?

> **〈김영삼 정부 시기의 경제 상황〉**
> - [㉠]
> - 경제 협력 개발 기구(OECD) 가입
> - 외환 위기 발생

① 당백전 발행
② 방곡령 선포
③ 진대법 실시
④ 금융 실명제 실시

2023 제 1 회 도덕

01 다음 설명에 해당하는 윤리학은?

> 도덕적 언어의 의미 분석과 도덕적 추론의 정당성을 검증하기 위한 논리 분석을 주된 목표로 하는 윤리학

① 메타 윤리학　② 실천 윤리학
③ 신경 윤리학　④ 기술 윤리학

02 다음에서 소개하는 윤리 사상가는?

◈ 도덕 인물 카드 ◈

- 중국 춘추 시대 사상가
- 도가 사상의 창시자로 무위자연을 강조함.
- 『도덕경』에 그의 사상이 잘 나타남.

① 묵자　② 노자
③ 순자　④ 맹자

03 도덕적 탐구에 대한 설명으로 옳지 <u>않은</u> 것은?

① 도덕 판단이나 행위의 정당화에 중점을 둔다.
② 도덕적 사고를 통해 이루어지는 지적 활동이다.
③ 도덕적 탐구에는 도덕적 추론 능력이 필요하다.
④ 도덕적 탐구 과정에서는 정서적 측면을 배제해야 한다.

04 다음 설명에 해당하는 것은?

> - 세상 모든 존재는 서로 의지한다는 불교의 근본 교리
> - 모든 존재와 현상은 여러 가지 원인[因]과 조건[緣], 즉 인연에 의해 생겨남.

① 심재(心齋)　② 연기(緣起)
③ 오륜(五倫)　④ 정명(正名)

05 ㉠에 들어갈 사상은?

㉠
- '최대 다수의 최대 행복'의 원리를 강조함.
- '어떤 규칙이 최대의 유용성을 낳는가?'를 중시함.
- 행위 공리주의의 한계를 극복하기 위해 등장함.

① 의무론
② 덕 윤리
③ 자연법 윤리
④ 규칙 공리주의

06 다음에서 설명하는 자연관으로 옳은 것은?

> • 과학적 지식을 활용하여 인간이 자연을 정복해야 한다.
> • 자연은 단순한 기계로서 도덕적 고려 대상에서 제외된다.

① 인간 중심주의 ② 동물 중심주의
③ 생명 중심주의 ④ 생태 중심주의

07 다음 설명에 해당하는 것은?

> 정의롭지 못한 법과 정책을 변화시키려는 목적을 가지고 의도적으로 법을 위반하는 행위

① 공정 무역 ② 시민 불복종
③ 합리적 소비 ④ 주민 투표제

08 다음은 서술형 평가 문제와 답안이다. 밑줄 친 ㉠~㉣ 중 옳지 않은 것은?

> **문제 : 과학 기술자의 사회적 책임에 대해 설명하시오.**
>
> 〈답안〉
> 과학 기술자는 ㉠ 인류 복지 향상을 위해 사회적 책임을 다해야 한다. ㉡ 자신의 연구 결과가 사회에 미칠 영향력을 인식해야 하고, ㉢ 자신만의 이익을 위해 연구 결과를 조작해야 한다. 또한 ㉣ 연구 활동이 인간 존엄성을 해치지 않는지 항상 성찰해야 한다.

① ㉠ ② ㉡
③ ㉢ ④ ㉣

09 대중문화의 건전한 발전을 위한 자세로 옳은 것은?

① 획일화된 문화 상품을 생산해야 한다.
② 대중문화를 무비판적으로 수용해야 한다.
③ 거대 자본으로 대중문화를 지배해야 한다.
④ 주체적인 자세로 대중문화를 감상해야 한다.

10 평화적인 남북통일 실현을 위해 가져야 할 올바른 자세를 〈보기〉에서 고른 것은?

> **보기**
> ㄱ. 군사비 증강에 집중하여 무력 통일을 도모한다.
> ㄴ. 통일 시기와 과정은 민주적 절차에 따라 추진한다.
> ㄷ. 남북 교류와 협력을 통해 서로 간에 신뢰를 형성한다.
> ㄹ. 통일 기반 조성을 위한 노력보다 체제 통합을 우선한다.

① ㄱ, ㄴ ② ㄱ, ㄹ
③ ㄴ, ㄷ ④ ㄷ, ㄹ

11 부부간의 바람직한 윤리적 자세로 옳지 않은 것은?

① 부부는 서로 신의를 지켜야 한다.
② 부부는 동등한 존재임을 인식해야 한다.
③ 부부는 상대방을 존중하고 배려해야 한다.
④ 부부는 고정된 성 역할을 절대시해야 한다.

12 ㉠에 들어갈 내용으로 가장 적절한 것은?

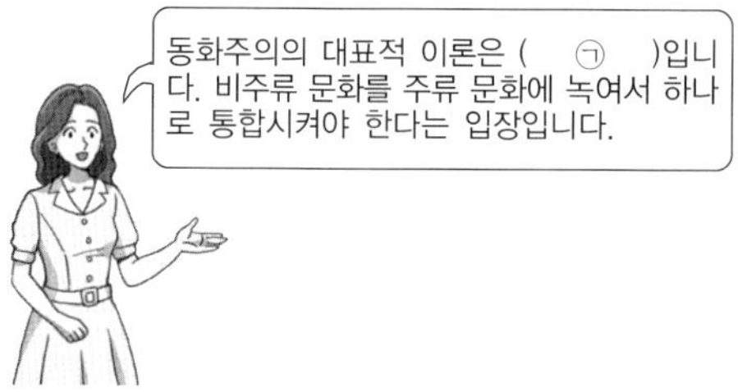

① 용광로 이론 ② 모자이크 이론
③ 샐러드 볼 이론 ④ 국수 대접 이론

13 다음에서 롤스(Rawls, J.)의 관점에만 '✔'를 표시한 학생은?

관점 \ 학생	A	B	C	D
분배 절차가 공정하면 분배 결과도 공정하다.		✔		✔
재산이 많을수록 기본적 자유를 더 많이 가져야 한다.	✔		✔	
사회적 약자에게 경제적 이익을 분배해서는 안 된다.		✔	✔	

① A ② B
③ C ④ D

14 칸트(Kant, I.)의 도덕 법칙에 대한 설명으로 옳은 것을 〈보기〉에서 고른 것은?

보기

ㄱ. 보편화가 가능해야 한다.
ㄴ. 정언 명령의 형식이어야 한다.
ㄷ. 인간 존엄성과는 무관해야 한다.
ㄹ. 행위의 동기보다 결과를 중시해야 한다.

① ㄱ, ㄴ ② ㄱ, ㄷ
③ ㄴ, ㄹ ④ ㄷ, ㄹ

15 인공 임신 중절에 대한 반대 근거로 적절하지 <u>않은</u> 것은?

① 태아는 생명권을 지닌다.
② 태아는 생명이 있는 인간이다.
③ 태아에 대한 소유권은 임신한 여성에게 있다.
④ 태아는 인간으로 발달할 잠재성을 지니고 있다.

16 다음 중 윤리적 소비를 실천한 학생은?

① 학생 1 ② 학생 2
③ 학생 3 ④ 학생 4

17 예술에 대한 도덕주의 입장으로 옳은 것을 〈보기〉에서 고른 것은?

보기
ㄱ. 예술의 자율성만을 강조해야 한다.
ㄴ. 예술에 대한 윤리적 규제가 필요하다.
ㄷ. 미적 가치를 제외한 모든 가치를 부정해야 한다.
ㄹ. 예술의 목적은 도덕적 교훈을 제공하는 것이다.

① ㄱ, ㄴ　　② ㄱ, ㄷ
③ ㄴ, ㄹ　　④ ㄷ, ㄹ

18 바람직한 의사소통을 위해 갖춰야 할 태도로 옳은 것은?

① 대화의 상대방을 무시하는 태도
② 타인의 주장을 거짓으로 간주하는 태도
③ 진실한 마음으로 상대를 속이지 않는 태도
④ 자신의 오류 가능성을 인정하지 않는 태도

19 전문직 종사자가 지녀야 할 윤리적 자세로 옳은 것은?

① 높은 수준의 직업적 양심과 책임 의식을 지녀야 한다.
② 직무의 공공성보다는 개인적 이익만을 중시해야 한다.
③ 전문성 함양보다 독점적 지위 보장을 우선시해야 한다.
④ 전문 지식을 통해 얻은 뇌물은 정당함을 알아야 한다.

20 교사의 질문에 대한 대답으로 적절하지 <u>않은</u> 것은?

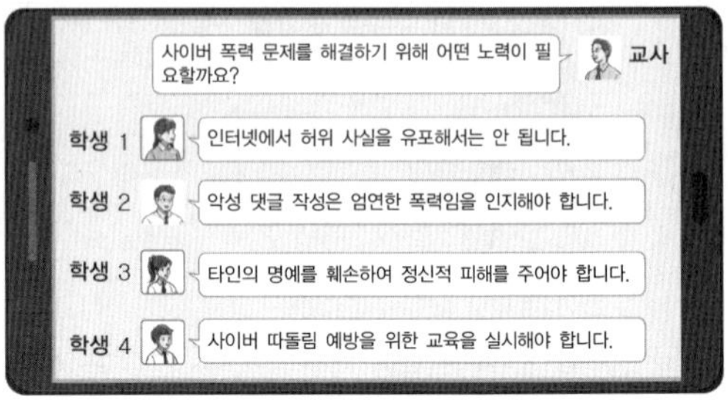

① 학생 1　　② 학생 2
③ 학생 3　　④ 학생 4

21 다음 설명에 해당하는 형벌에 대한 관점은?

형벌의 목적은 범죄 예방을 통해 사회 전체의 이익을 증대시키는 것이다.

① 국수주의　　② 공리주의
③ 이기주의　　④ 신비주의

22 다음 설명에 해당하는 개념은?

- 의미 : 자신의 인간관, 가치관, 세계관 등을 전체적으로 검토하고 반성하는 과정
- 방법 : 증자의 일일삼성(一日三省), 이황의 경(敬) 등

① 인종 차별　　② 부패 의식
③ 윤리적 성찰　　④ 유전자 조작

23 **㉠, ㉡에 들어갈 사랑과 성에 대한 관점으로 옳은 것은?**

(㉠)	결혼이라는 합법적 테두리 내에서 이루어진 성적 관계만이 정당하다.
(㉡)	타인에게 피해를 주지 않고 성인이 자발적으로 동의한다면 사랑 없는 성적 관계도 가능하다.

	㉠	㉡
①	중도주의	보수주의
②	보수주의	자유주의
③	자유주의	중도주의
④	보수주의	중도주의

24 **기후 변화에 따른 문제점이 <u>아닌</u> 것은?**

① 생태계 교란
② 새로운 질병의 유행
③ 자연재해의 증가
④ 인류의 안전한 삶 보장

25 **다음 내용에 해당하는 국제 관계에 대한 입장은?**

- 국가는 이성적 존재이기 때문에 국제 분쟁은 국제법, 국제기구 등 제도의 개선으로 해결할 수 있다고 봄.
- 대표적 사상가 : 칸트

① 이상주의　② 제국주의
③ 현실주의　④ 지역주의

2023년 제2회 정답 및 해설

국어 2023년 기출문제

제2회 정답

01 ②	02 ②	03 ③	04 ④	05 ①
06 ①	07 ④	08 ④	09 ①	10 ③
11 ①	12 ③	13 ②	14 ④	15 ②
16 ①	17 ①	18 ②	19 ②	20 ①
21 ②	22 ③	23 ④	24 ③	25 ④

01 정답 ②

제시된 대화는 직업에 따른 사회적 방언으로 의료 직종에서 사용하는 전문 용어에 해당한다.

02 정답 ②

공손성의 원리 중 관용의 격률에 해당한다. "제가 잘 이해하지 못해서"라며 자신의 탓으로 돌려 자신의 부담을 높여 공손성을 극대화하고 있다.

03 정답 ③

신라[실라] : 유음화. 앞 자음 'ㄴ'이 뒤 자음 'ㄹ'에 영향을 받아 동일한 자음인 'ㄹ'로 바뀜. 비음인 'ㄴ'이 유음으로 바뀌며 조음 방법이 같아지게 되었다. 'ㄴ'과 'ㄹ'의 조음 위치는 모두 잇몸소리로 조음 위치에 따른 변화는 없다.

오답피하기

① 심리[심니] : 비음화. 뒤 자음 'ㄹ'이 앞 자음 'ㅁ'에 영향을 받아 'ㄴ'으로 바뀜. 'ㄹ'과 'ㄴ'은 모두 잇몸소리로 조음 위치의 변화는 없고 조음 방법만 바뀜.

② 종로[종노] : 비음화. 뒤 자음 'ㄹ'이 앞 자음 'ㅇ'에 영향을 받아 'ㄴ'으로 바뀜. 조음 위치의 변화는 없고 조음 방법만 바뀜.

④ 국물[궁물] : 비음화. 앞 자음 'ㄱ'이 뒤 자음 'ㅁ'에 영향을 받아 'ㅇ'으로 바뀜. 'ㄱ'과 'ㅇ'은 모두 여린입천장소리로 조음 위치의 변화는 없고 조음 방법만 바뀜.

04 정답 ④

④ 떨어지다 : '떨다'의 본뜻이 유지되고 있으므로 한글 맞춤법 제15항에 따라 원형을 밝혀 적어야 한다. 그러나 앞말의 원형을 밝혀 적고 있지 않으므로 한글 맞춤법 규정에 어긋난다.

오답피하기

① 늘어나다 : '늘다'의 본뜻이 유지되고 있으므로 원형을 밝혀 적는다.

② 드러나다 : '들다'의 본뜻이 멀어졌으므로 원형을 밝혀 적지 않는다.

③ 돌아가다 : '돌다'의 본뜻이 유지되고 있으므로 원형을 밝혀 적는다.

05 정답 ①

직접 인용의 인칭 대명사는 간접 인용에서 화자의 시점을 기준으로 바뀌므로 '너'는 '나'로 바뀌어야 한다. 또한 인용할 내용에 조사 '고'를 붙인다. 따라서 '나의 취미가 뭐냐고'로 표현해야 한다.

06 정답 ①

㉠에는 동물 실험을 반대하는 근거가 들어가야 한다. 동물 실험을 대체할 실험 방안이 있다면 굳이 동물 실험을 할 이유가 없으므로 적절한 근거에 해당한다.

오답피하기

②, ④는 오히려 동물 실험을 해야 하는 근거에 해당한다.

③의 동물 실험이 동물 학대가 아니라는 내용은 동물 실험을 반대하는 근거가 될 수 없다. 또한 학대가 아니니 동물 실험을 계속해도 된다는 주장의 근거로 사용될 수도 있다.

07 정답 ④

㉣ : 이어지는 문장이 과거와는 다른 지금의 상황을 나타내는 것으로 '그러나' 따위의 접속어를 사용해야 한다.

08 정답 ④

> 불·휘 ㉠ <u>기·픈</u> 남·ᄀᆞᆫ ㉡ <u>ᄇᆞᄅᆞ·매</u> 아·니 :뮐·ᄊᆡ
> 곶:됴·코 여·름·하ᄂᆞ·니
> :ᄉᆡ·미 기·픈 ㉢ <u>·므·른</u> ·ᄀᆞᄆᆞ·래 아·니 그·츨·ᄊᆡ
> ㉣ <u>:내·히</u> 이·러 바·ᄅᆞ·래 ·가ᄂᆞ·니
>
> – 「용비어천가」 제2장 –
>
> **현대어 풀이**
> 뿌리가 깊은 나무는 바람에 아니 움직이므로,
> 꽃이 좋아지고 열매가 많아지니
> 샘이 깊은 물은 가뭄에 아니 그치므로,
> 내가 이루어져서 바다에 가느니

㉣ : 내ㅎ(시내)+이(주격 조사)가 이어적기로 표기된 것으로 주격 조사는 '이'가 사용되었다.

오답피하기

① '깊은'을 소리 나는 대로 이어적기로 표기한 것이다.
② 'ᄇᆞᄅᆞᆷ+애'를 이어적기 한 것으로 현재 쓰이지 않는 ᆞ(아래아)가 사용되었다.
③ '믈+은'으로 음성 모음 '믈' 뒤에 음성 모음의 조사 '은'이 사용되어 모음조화가 지켜졌다.

⟨9~11⟩ 김소월, ⟨진달래꽃⟩

갈래 | 자유시, 서정시
성격 | 전통적, 애상적, 민요적
주제 | 이별의 정한
특징 |
- 1연과 4연이 수미상관을 이룸.
- 전통적 정서를 7·5조 3음보의 민요적 율격에 담아 표현함.
- 이별의 상황을 가정함.

09 정답 ①

설의법이 사용된 부분은 없다.

오답피하기

② '–우리다'의 반복을 통해 리듬감을 형성하고 있다.
③ '죽어도 아니 눈물 흘리우리다'에서 반어적 표현을 통해 화자의 슬픔을 강조하고 있음을 확인할 수 있다.
④ 1연과 4연의 대응인 수미상관 구조가 나타난다.

10 정답 ③

자신의 분신인 '꽃'을 밟고 가라는 화자의 말을 통해 자기 희생의 헌신적 사랑을 확인할 수 있다.

11 정답 ①

「진달래꽃」과 ⟨보기⟩ 모두 3음보의 민요적 율격을 갖고 있다.

오답피하기

② 자연 친화적 태도는 「진달래꽃」과 ⟨보기⟩ 모두 나타나 있지 않다.
③ 「동동」, 「농가월령가」 등 월령체에서 보이는 특징으로 「진달래꽃」과 ⟨보기⟩ 모두 해당하는 부분이 없다.
④ 10구체 향가, 시조에서 나타나는 특징으로 민요인 ⟨보기⟩와 「진달래꽃」 모두 이와 같은 특성이 나타나 있지 않다.

⟨12~13⟩ 송순, ⟨십 년을 경영하여⟩

갈래 | 평시조
성격 | 풍류적, 자연 친화적
주제 | 자연에 대한 사랑과 안분지족의 삶
특징 |
- 근경에서 원경으로의 시상 전개
- 의인법과 비유적 표현을 사용하여 자연과 물아일체의 삶을 나타냄.
- 안빈낙도의 태도가 나타남.

12 정답 ③

③ '초려 삼간'에서 안빈낙도의 삶을 짐작할 수 있다.

오답피하기

① 자연 속의 소박한 삶을 지향하고 있으므로 세속적 삶을 지향한다는 설명은 옳지 않다.
② 임금에 대한 걱정은 나타나 있지 않다.
④ 후학을 양성하겠다는 내용은 나타나 있지 않다.

13 정답 ②

화자는 술잔을 들고 '뫼'를 바라보니, 그리워하던 님이 온다 하여도 반가움이 이 정도는 아닐거라 말하고 있다. '뫼'가 말씀도, 웃음도 아니하지만 마냥 좋다며 '뫼'에 대한 사랑을 보여 주고 있다. '뫼'는 현대어 '산'으로 자연을 나타내는 소재이다. 따라서 '강산'과 의미가 가장 유사한 것은 ㉡이다.

〈14~16〉 김원일, 〈도요새에 관한 명상〉

갈래 | 중편 소설, 환경 소설
성격 | 비판적, 사실적, 생태적
주제 | 비극적 역사 현실과 산업화의 폐해에 따른 인간성 회복
특징 |
- 전체 4부로 각 부분마다 서술 시점이 다름.
- 당대 사회의 문제점을 다양하게 보여 줌.
- 도요새와 같은 매개물을 활용하여 인물의 성격과 심리를 효과적으로 제시함.

14 정답 ④

"갑자기 떼죽음당하는 게 이상하잖아요? 물론 전에도 새나 물고기가 떼죽음하는 경우가 있었지만, 이번은 뭔가 다른 것 같아요."라는 말에서 '병국'이 새들의 떼죽음에 의혹을 품고 있음을 알 수 있다.

오답피하기

① '나'는 "죽은 새는 뭘 하게?", "폐, 폐수 탓일까?"라며 '병국'의 일에 관심을 기울이고 있다.
② '병국'이 '윤 소령'의 입장을 동정하는 부분은 없다.
③ '나'가 '윤 소령'의 행동에 실망감을 느끼는 부분은 나와 있지 않다.

15 정답 ②

'병국'의 꾀죄죄한 몰골에 대한 묘사를 통해 '병국'의 처지를 나타내 주고 있다.

오답피하기

①, ③, ④ 모두 [A]에 나와 있지 않다.

16 정답 ①

㉠은 윤 소령, ㉡, ㉢, ㉣은 모두 '병국'을 의미한다.

〈17~19〉 작자 미상, 〈홍계월전〉

갈래 | 국문 소설, 영웅 소설, 군담 소설
성격 | 전기적, 영웅적
주제 | 여성인 홍계월의 영웅적 활약상
시점 | 전지적 작가 시점
특징 |
- 영웅의 일대기적 구조를 지님.
- 남장 화소가 사용됨.
- 여성이 남자보다 우월한 능력을 가진 영웅으로 등장함.

17 정답 ①

'천자'는 "문무를 다 갖추어 갈충보국하고, 충성과 효도를 다하며 조정 밖으로 나가서는 장수가 되고 들어와서는 재상이 될 만한 재주를 가진 이는 남자 중에도 없을 것이로다."라며 '평국'을 평가하고 있다. 따라서 인물(천자)의 통해 대상(평국)을 평가하고 있다는 설명은 적절하다.

오답피하기

②, ③, ④ 모두 본문에서 확인할 수 없다.

18 정답 ②

'천자'는 '평국'이 여자임을 알게 된 후에도 재주와 공을 높이 평가하며 벼슬을 거두지 않았다. 후에 오랑캐가 침입하자 '평국'을 대원수로 삼는다. 이를 통해 '평국'이 '천자'로부터 능력을 인정받고 있음을 알 수 있다.

오답피하기

① '평국'이 '보국'을 중군장으로 삼고자 한 것이다.
③ '보국'은 '평국'(계월)의 전령을 받고 분함을 이기지 못했다. 따라서 '계월'의 권위를 인정하고 있다는 설명은 옳지 않다.
④ '여공'은 '보국'이 '계월'을 괄시하다가 이런 일을 당했으니 계월이가 그르다고 할 수 없다 말했다. 따라서 '여공'이 '보국'의 편을 들어 주고 있다는 설명은 옳지 않다.

19 정답 ②

'상소'에는 '계월'이 남장을 하게 된 이유가 제시되어 있다. 또한 남장을 하고 황상을 속이고 조정에 든 죄를 아뢰며 그 벌을 달라 청하고 있다.

오답피하기

①, ③, ④의 내용 모두 상소에 언급되어 있지 않다.

20 정답 ①

부탄의 마을 치몽에 사는 사람들이 몸과 마음을 다해 손님을 접대하는 예를 구체적으로 제시하고 있다. 또한 생활에 필요한 일들을 하기 위해 몸을 쓰며 사는 일들을 열거하고 있다. 상대의 주장을 반박하거나 새로운 이론이 제시된 바가 없으므로 정답은 ㄱ, ㄴ이다.

21 정답 ②

세 번째 문단 '㉠이 나라에서의 삶은 ~ 텔레비전으로 보고, 인터넷으로 검색하고, 카메라로 찍는 삶이 아니라 몸을 움직여 직접 만들고 경험하는 삶이다.'라는 부분을 통해 ㉠과 가장 거리가 먼 것은 ② 대중 매체를 통해 놀이를 즐기는 삶이다.

오답피하기

① 두 번째 문단 '그런데 그 불편함이 이상하게도 살아 있음을 실감케 한다.'는 부분이 있다.
③ 두 번째 문단 '또한 치몽에서는 늘 몸을 움직여야만 한다.~ 생활에 필요한 모든 것은 몸을 써야만 얻을 수 있다.'는 부분이 있다.
④ 첫 번째 문단 '가진 게 별로 없는데도 아무렇지 않아 보였으며 빈한한 살림마저도 기꺼이 나누며 살아가는 듯했다.'는 부분이 있다.

22 정답 ③

일과 놀이가 떨어져 있지 않고 연결되어 있음을 나타내고 있다. 따라서 이에 해당하는 말은 '유기적'이다. 유기적이란, '생물체처럼 전체를 구성하고 있는 각 부분이 서로 밀접하게 관련을 가지고 있어서 떼어 낼 수 없는 것'을 의미한다.

오답피하기

① 대립적 : 의견이나 처지, 속성 따위가 서로 반대되거나 모순되는 것
② 일시적 : 짧은 한때의 것
④ 수동적 : 스스로 움직이지 않고 다른 것의 작용을 받아 움직이는 것

23 정답 ④

구체적인 통계 자료가 사용된 부분은 없다.

오답피하기

① '알파화'라는 과학 용어가 사용되었다.
② 컵라면에 물을 붓고 기다려 본 경험이 제시되어 있다.
③ 컵라면과 봉지 라면을 대조하여 설명하고 있다.

24 정답 ③

두 번째 문단에 '컵라면의 면발은 봉지 라면에 비해 더 가늘거나 납작하다. 면발의 표면적을 넓혀 뜨거운 물에

더 많이 닿게 하기 위해서다.'라는 문장이 있다. 따라서 ③의 설명은 옳다.

오답피하기

① 세 번째 문단에 컵라면의 면발에는 밀가루 그 자체보다 정제된 전분이 더 많이 들어 있다고 되어 있다. 밀가루에는 전분 외에 단백질을 포함한 다른 성분도 들어 있으나 면에 이런 성분을 '빼고' 순수한 전분의 비율을 높여 뜨거운 물을 부었을 때 복원되는 시간을 빠르게 한다는 내용을 통해, 컵라면의 면발은 단백질과 전분으로만 이루어져 있다는 설명이 옳지 않음을 알 수 있다.

② 첫 번째 문단에 '라면이 국수나 우동과 다른 점은 면을 한 번 튀겨서 익혔다는 것이다'라는 문장을 통해 국수나 우동의 면발이 튀기지 않았음을 알 수 있다.

④ 세 번째 문단에 '순수한 전분의 비율을 높이면 그만큼 알파화가 많이 일어나므로'라는 문장을 통해 ④의 설명이 옳지 않음을 알 수 있다.

25 정답 ④

두 번째 문단에 '면이 아래쪽부터 빽빽하게 들어차 있으면 물의 대류 현상에 방해가 된다. 위아래의 밀집도가 다른 컵라면의 면발 형태는 뜨거운 물이 대류 현상을 원활하게 하여 물을 계속 끓이지 않아도 면이 고르게 익도록 하는 과학의 산물이다.'라는 문장을 확인할 수 있다.

오답피하기

① 대류 현상을 방해하지 않기 위해 아래쪽을 성글게 한 것이다.

② 전분의 비율과는 관계가 없다.

③ 중량을 줄이기 위한 것이 아님을 두 번째 문단에서 밝히고 있다.

수학 2023년 기출문제

제2회 정답

01 ③	02 ②	03 ①	04 ③	05 ②
06 ④	07 ④	08 ①	09 ④	10 ③
11 ③	12 ②	13 ①	14 ④	15 ③
16 ②	17 ①	18 ②	19 ④	20 ①

01 정답 ③

| 풀이 |

$A=2x^2+x$, $B=x^2-1$이므로

$A+2B=(2x^2+x)+2(x^2-1)$

$=2x^2+x+2x^2-2$ ← 괄호풀기

$=(2+2)x^2+x-2$ ← 동류항끼리 정리

$=4x^2+x-2$ ← 동류항끼리 계산

따라서 정답은 ③이다.

참고

다항식의 덧셈과 뺄셈은 동류항끼리 계산한다.
이때, 동류항의 계산은 계수끼리 분배법칙을 이용하여 다음과 같이 계산한다.

계수끼리 계산

$$3x^2-2x^2=3\times x^2-2\times x^2=(3-2)\times x^2$$

동류항끼리!

$$=1x^2=x^2$$

02 정답 ②

| 풀이 |

x에 대한 항등식이므로 동류항끼리 같음을 이용하여 a의 값을 구할 수 있다.

좌변을 전개하면, x^2-4x+4이다.

이때, 좌변의 상수항은 4이고 우변의 상수항은 a이므로, $a=4$이다.

따라서 정답은 ②이다.

참고

항등식은 좌변과 우변이 항상 같은 식으로,
$ax^2+bx+c=dx^2+ex+f$가 x에 대한 항등식이면,
$a=d$, $b=e$, $c=f$이다.

03 정답 ①

| 풀이 |

다항식 x^3-3x+7을 $P(x)$라 하면,
$P(x)=x^3-3x+7$이다.
$P(x)$를 $x-1$로 나눈 나머지는 나머지 정리에 의해 (나머지)$R=P(1)$이다.
→ $P(1)=1^3-3\times1+7=1-3+7=5$
따라서 정답은 ①이다.

참고

다항식 $P(x)$를

$x-a$로 나눈 나머지는 $P(a)$와 같다.

나누는 식 $x-a=0$이 되는
x의 값 $x=a$를 대입한다.

04 정답 ③

| 풀이 |

인수분해 공식 $x^3+3x^2y+3xy^2+y^3=(x+y)^3$을 이용하기 위해 y의 자리에 3을 대입하여 표현하면,
$x^3+3x^2\times3+3x\times(3)^2+(3)^3=(x+3)^3$이 된다.
좌변을 정리하여 식을 간단히 하면,
$x^3+9x^2+27x+27=(x+3)^3$이다.
그러므로 $a=3$임을 알 수 있다.
따라서 정답은 ③이다.

05 정답 ②

| 풀이 |

좌변을 분배법칙을 이용하여 전개하면,
$i(2+i)=2i+i^2$이고,
$i^2=-1$이므로,
$i(2+i)=2i+i^2=2i-1=-1+2i$ 이다.
복소수 상등을 이용하여, 실수부분과 허수부분을 비교하면, 좌변의 실수부분은 -1, 우변의 실수부분은 a이므로, 복소수가 같기 위해서는 $a=-1$임을 알 수 있다.
따라서 정답은 ②이다.

06 정답 ④

| 풀이 |

근과 계수와의 관계 공식을 이용하여 문제를 해결할 수 있다.
$x^2-6x+a=0$에서 두 근이 2, 4이고, 이것을 공식에 대입하면,
$\alpha+\beta=2+4=6$, $\alpha\beta=2\times4=8=a$이다.
$\therefore a=8$
따라서 정답은 ④이다.

참고 근과 계수와의 관계

$ax^2+bx+c=0$

$\alpha+\beta=$ 합 $=-\dfrac{b}{a}$, $\alpha\beta=$ 곱 $=\dfrac{c}{a}$

07 정답 ④

| 풀이 |

구간이 제한된 이차함수의 최댓값과 최솟값은 꼭짓점과 구간의 양 끝값을 이용하여 구한다.
$f(x)=-x^2+4x+1$ $(0\le x\le3)$이라 놓으면,
구간의 양 끝값은 $f(0)=1$, $f(3)=4$이고, 꼭짓점의 좌표가 $(2, 5)$이므로, $f(2)=5$이다.
이들 중 가장 큰 값은 5이므로 최댓값은 5이다.
따라서 정답은 ④이다.

참고 이차함수의 최대, 최소

[x의 범위에 꼭짓점이 포함된 경우]
구간의 양 끝 함숫값과 꼭짓점의 y좌표 중 가장 큰 값을 최댓값, 가장 작은 값을 최솟값이라고 한다.

$a>0$

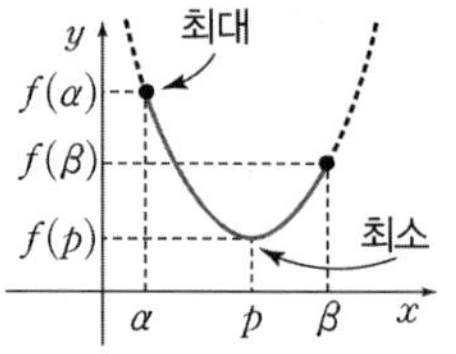

$a<0$

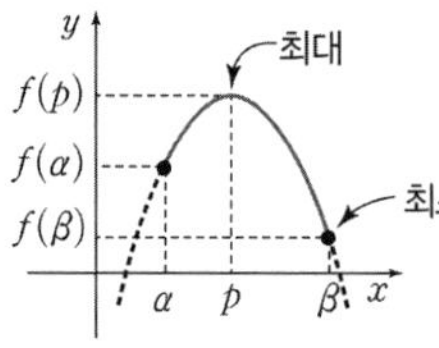

08 정답 ①

| 풀이 |

방정식의 근은 식에 대입하면 식을 참이 되게 하는 값이므로

$x^4-3x^2+a=0$에 $x=2$를 대입하면, 식이 참이 되어 a의 값을 구할 수 있다.

$2^4-3\times2^2+a=0$ ➜ $16-12+a=0$ ➜ $4+a=0$
➜ $a=-4$

따라서 정답은 ①이다.

참고 방정식의 해

등식을 참이 되게 하는 미지수의 값

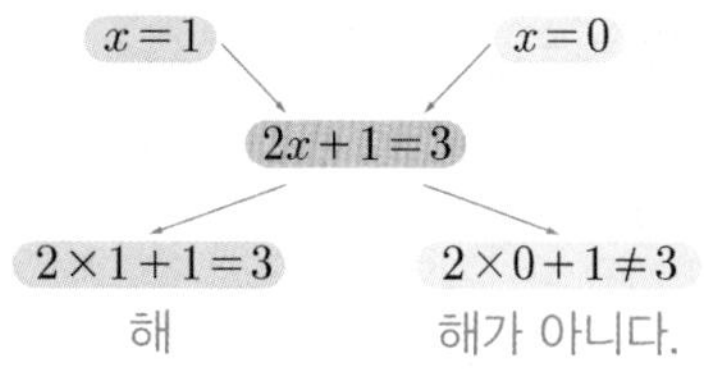

09 정답 ④

| 풀이 |

연립방정식의 해는 두 식을 동시에 만족시키는 미지수의 값이므로 식에 대입하면 두 식 모두 참이 된다.

$\begin{cases} x+2y=10 & \cdots\cdots ㉠ \\ x^2+y^2=a & \cdots\cdots ㉡ \end{cases}$이라 놓고, $x=2$, $y=b$를 두 식에 각각 대입하면,

㉠ $x+2y=10$ ➜ $2+2b=10$이므로 $b=4$

㉡ $x^2+y^2=a$ ➜ $2^2+b^2=a$이므로 위에서 구한 b의 값을 식에 대입하면,
$2^2+4^2=a$ ➜ $4+16=a$ ➜ $a=20$

$\therefore a+b=20+4=24$

따라서 정답은 ④이다.

참고 연립방정식의 해

두 개 이상의 식을 동시에 만족시키는 x, y의 값 또는 그 순서쌍 (x, y)

10 정답 ③

| 풀이 |

이차부등식 $(x-a)(x-b)\le0$의 해는
$a<b$일 때, $a\le x\le b$이다.
주어진 이차부등식은 $(x+1)(x-4)\le0$이므로,
$a=-1$, $b=4$이다.
그러므로 해는 $-1\le x\le4$가 된다.
따라서 정답은 ③이다.
(만약, $b<a$인 경우는 $b\le x\le a$이고, $a=4$, $b=-1$이 된다. 그러나 해를 구하면 $-1\le x\le4$로 같기 때문에 둘 중 한 가지로 놓고 풀어도 관계없다.)

참고

$a<b$일 때,	그림	해
$(x-a)(x-b)<0$	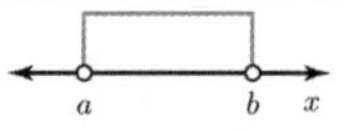	$a<x<b$
$(x-a)(x-b)\le0$	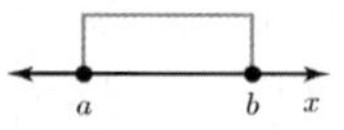	$a\le x\le b$
$(x-a)(x-b)>0$	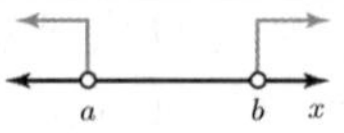	$x<a$ 또는 $x>b$
$(x-a)(x-b)\ge0$		$x\le a$ 또는 $x\ge b$

11 정답 ③

| 풀이 |

내분점 공식에 넣어 내분하는 점의 좌표를 구하면,

$\left(\dfrac{1\times2+2\times(-1)}{1+2},\ \dfrac{1\times4+2\times1}{1+2}\right)=\left(\dfrac{0}{3},\ \dfrac{6}{3}\right)=(0,\ 2)$

이다.

따라서 정답은 ③이다.

참고 내분점 공식

좌표평면 위의 두 점 $\mathrm{A}(x_1,\ y_1)$, $\mathrm{B}(x_2,\ y_2)$에 대하여 선분 AB를 $m:n\ (m>0,\ n>0)$으로 내분하는 점을 P라 하면, $\mathrm{P}\left(\dfrac{mx_2+nx_1}{m+n},\ \dfrac{my_2+ny_1}{m+n}\right)$이다.

12 정답 ②

| 풀이 |

수직인 두 직선의 기울기의 곱이 -1임을 이용하면,

직선 $y=x+2$에 수직인 직선의 기울기는 -1이다.

이때, 기울기가 a이고 y절편이 b인 직선의 방정식은 $y=ax+b$임을 이용하여 식을 구하면,

$y=-x+b$이다.

이 직선은 점 $(4,\ 0)$을 지나므로 식에 대입하면,

$0=-4+b$ ➔ $b=4$

그러므로 직선의 방정식은 $y=-x+4$이다.

따라서 정답은 ②이다.

참고

- 수직인 두 직선
  두 직선 $y=mx+n$, $y=m'x+n'$이 수직일 때, 기울기의 곱 $m\times m'=-1$이다.
- 기울기와 y절편이 주어진 직선의 방정식

  $y=a\,x+\,b$
  ↑ 기울기 ↑ y절편

13 정답 ①

| 풀이 |

중심이 점 $(3,\ 1)$이고 x축에 접하므로 반지름의 길이가 1이다.

중심이 $(a,\ b)$이고 반지름의 길이가 r인 원의 방정식이 $(x-a)^2+(y-b)^2=r^2$과 같음을 이용하면,

$(x-3)^2+(y-1)^2=1^2$, 즉 $(x-3)^2+(y-1)^2=1$이다.

따라서 정답은 ①이다.

오답피하기

원의 반지름을 3으로 착각하여 ②로 답을 구하기 쉬우니 그림에서 반지름이 정확히 얼마인지를 구하여 실수하지 않도록 한다.

참고 원의 방정식 표준형

중심의 좌표가 $(a,\ b)$이고 반지름의 길이가 r인 원의 방정식은 ➔ $(x-a)^2+(y-b)^2=r^2$

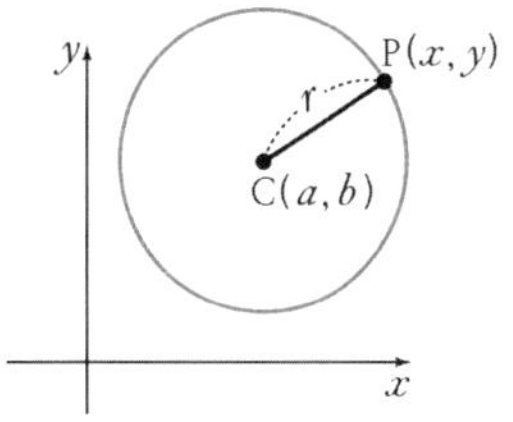

14 정답 ④

| 풀이 |

점 $(2,\ 3)$을 $y=x$에 대하여 대칭이동하면, x좌표와 y좌표가 서로 바뀌므로 $(3,\ 2)$가 된다.

따라서 정답은 ④이다.

참고 $y=x$ 대칭

점 $\mathrm{P}(x,\ y)$를 $y=x$에 대해 대칭이동한 점을 Q라 하면, $\mathrm{Q}(y,\ x)$가 된다.

15 정답 ③

| 풀이 |

$A\cap B$는 집합 A와 B의 공통원소를 원소로 하는 집합이다.

두 집합의 공통원소를 찾으면, 3, 6이므로,

$A\cap B=\{3,\ 6\}$이다.

따라서 정답은 ③이다.

16 정답 ②

| 풀이 |

진리집합이란 전체집합 U의 원소 중에서 주어진 조건이 참이 되게 하는 모든 원소의 집합을 뜻한다.

즉, 전체집합 $U=\{1,\ 2,\ 3,\ 4,\ 5,\ 6\}$의 원소 중에서 「짝수」라는 조건을 참이 되게 하는 모든 원소의 집합이므로, 주어진 조건의 진리집합은 $\{2,\ 4,\ 6\}$이다.

따라서 정답은 ②이다.

참고

진리집합이란 전체집합 U의 원소 중에서 어떤 조건이 참이 되게 하는 모든 원소의 집합이다.

예 $U=\{1,\ 2,\ 3,\ 4,\ 5,\ 6\}$에 대하여 조건 : "$x$는 홀수이다."의 진리집합은 $\{1,\ 3,\ 5\}$이다.

17 정답 ①

| 풀이 |

$f^{-1}(c)=k$라 놓고, 역함수의 성질을 이용하면,

$f^{-1}(c)=k$이면 $f(k)=c$이다.

$f:X\rightarrow Y$에서 1에 대응하는 Y의 원소가 c이므로 $k=1$이다.

그러므로 $f^{-1}(c)=1$이 된다.

따라서 정답은 ①이다.

참고

역함수의 정의에 의해 다음이 성립한다.

$f(a)=b$ ➜ $f^{-1}(b)=a$

18 정답 ②

| 풀이 |

무리함수 $y=\sqrt{x-a}+b$의 그래프는 $y=\sqrt{x}$의 그래프를 x축의 방향으로 a만큼, y축의 방향으로 b만큼 평행이동한 그래프이다. 그러므로 $a=1,\ b=4$임을 알 수 있다.

$\therefore\ a+b=1+4=5$

따라서 정답은 ②이다.

참고 $y=\sqrt{x}$ 와 $y=\sqrt{x-m}+n$

$y=\sqrt{x}$	➜	$y=\sqrt{x-m}+n$
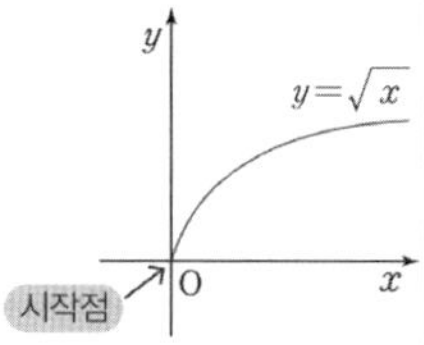	$x\rightarrow m$ $y\rightarrow n$ 만큼 평행 이동	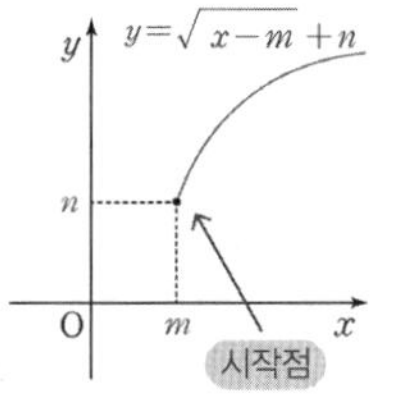
정의역 : $\{x\mid x\geq 0\}$ 치역 : $\{y\mid y\geq 0\}$ 시작점 : $(0,\ 0)$		정의역 : $\{x\mid x\geq m\}$ 치역 : $\{y\mid y\geq n\}$ 시작점 : $(m,\ n)$

19 정답 ④

| 풀이 |

입구에서 쉼터까지 가는 방법이 4가지이고, 쉼터에서 전망대로 가는 방법이 2가지이므로 곱의 법칙을 이용하여 경우의 수를 구하면, $4\times 2=8$이다.

따라서 정답은 ④이다.

참고 **곱의 법칙**

사건 A, B가 동시에 일어나는 경우의 수[곱의 법칙] :

사건 A와 사건 B가 동시에 일어날 때

➜ 경우의 수 : $m\times n$

20 정답 ①

| 풀이 |

6종류의 과일 중에서 서로 다른 2종류의 과일을 선택하는 경우의 수는

$\frac{6\times5}{2\times1}=15$로, 15가지이다.

[이때, 2×1로 나누는 이유는 과일을 2종류 선택하였을 때, 순서가 바뀌어도 같은 결과로 보기 때문이다.]

예 [바나나, 귤] = [귤, 바나나]

따라서 정답은 ①이다.

| 다른 풀이 |

6종류의 과일 중에서 서로 다른 2종류의 과일을 선택하는 경우의 수는 과일을 선택하는 순서가 바뀌어도 같은 결과이기 때문에 조합을 이용하여 구할 수 있다.

따라서 ${}_6C_2=\frac{6\times5}{2!}=\frac{6\times5}{2\times1}=15$로, 경우의 수는 15가지이다.

영어 2023년 기출문제

제2회 정답

01 ④	02 ③	03 ③	04 ④	05 ②
06 ④	07 ①	08 ③	09 ③	10 ②
11 ①	12 ①	13 ④	14 ④	15 ③
16 ①	17 ④	18 ③	19 ③	20 ②
21 ①	22 ②	23 ②	24 ②	25 ④

01 정답 ④

해석 독서는 지식을 얻는 훌륭한 방법이다.

어휘 • knowledge 지식
• way 방법
• gain 얻다

02 정답 ③

해석 비록 어려움을 만날지라도 그녀는 그녀의 꿈을 포기하지 않을 것이다.

어휘 • give up 포기하다
• difficulty 어려움

03 정답 ③

해석 많은 동물들이 장난감을 가지고 놀기를 좋아한다. 예를 들면, 개는 공을 가지고 노는 것을 즐긴다.

어휘 • for example 예를 들면
• toy 장난감

04 정답 ④

해석 아름다운 꽃과 따뜻한 날씨 때문에 봄은 내가 가장 좋아하는 계절이다.

해설 봄은 계절에 속하는 관계이다.
① 사과 - 과일, ② 간호사 - 직업, ③ 삼각형 - 모양
④ 어깨와 국가는 그런 관계가 아니다.

05 정답 ②

해석 치즈 박람회
• 날짜 : 2023년 9월 10일(일요일)

• 활동 : 다양한 치즈 맛보기, 치즈 케이크 굽기
• 입장료 : 10,000원

해설 장소는 언급되지 않았다.

어휘
• fair 박람회
• activity 활동
• taste 맛을 보다
• various 다양한
• bake 굽다
• entrance fee 입장료

06 정답 ④

해석 • 네 과제를 반 친구들에게 발표할 준비가 되었니?
• 과거에 대한 걱정은 멈추고 현재를 살아라.

해설 공통으로 들어갈 present는 동사로 발표하다, 제공하다 의미와 명사로 현재, 그리고 선물의 의미가 있다.

어휘
• project 과제, 프로젝트
• past 과거

07 정답 ①

해석 • 존, 아시아에 몇 개국이 있니?
• 그는 그곳이 여기서 얼마나 멀리 떨어져 있는지 모른다.

해설 how many 개수와 how far 거리를 묻는 표현으로 how가 공통으로 알맞다.

08 정답 ③

해석 • 그는 게임을 하는 대신 공부에 집중할 필요가 있다.
• 입고 벗기 쉬운 재킷을 가져와.

어휘
• focus on ~에 집중하다
• put on 입다
• take off 벗다
• instead of ~ 대신에

09 정답 ③

해석 A : 수미야, 넌 네 성격을 어떻게 설명할래?
B : 난 신중한 경향이 있어. "뛰기 전에 봐라."라는 속담을 따르려고 노력해.
A : 오, 넌 뭔가를 하기 전에 신중하게 생각하는구나.

해설 '뛰기 전에 보라'는 속담은 행동하기 전에 신중하게 생각하라는 의미이다.

어휘
• describe 묘사하다, 설명하다
• personality 성격
• tend to ~하는 경향이 있다
• cautious 신중한, 조심하는
• follow 따르다
• leap 껑충 뛰다

10 정답 ②

해석 A : 이 헤드폰을 반품하고 싶어요.
B : 왜요? 문제가 있나요?
A : 소리가 만족스럽지 못해요. 소리가 충분히 크지 않아요.

해설 소리가 작아 헤드폰을 반품하고 싶다는 소비자 불만의 대화이다.

어휘
• return 돌려주다, 반품하다
• be satisfied with ~에 만족하다
• loud 시끄러운, 큰 소리의

11 정답 ①

해석 A : 이 식당에 사람이 정말 많다!
B : 맞아. 이곳은 피자로 유명해.
A : 그래. 주문하자.

해설 피자가 유명한 식당에서 이루어지는 대화이다.

어휘
• restaurant 식당
• be well known for ~로 유명하다
• order 주문하다

12 정답 ①

해석 요즘 난 그리스 로마 신화라는 책을 읽고 있다. 그 책은 너무 재미있고 상상력을 자극한다. 게다가 그 책은 나에게 서양 예술에 관한 더 많은 이해력을 주는데 왜냐하면 신화는 서양 문화의 근원이기 때문이다.
② 연필, ③ 언어, ④ 암호

어휘
• myth 신화
• encourage imagination 상상력을 자극하다
• western art 서양 예술
• source 근원, 원천
• culture 문화

13 정답 ④

해석 A : 자전거 타기와 걷기 중 어느 운동을 더 좋아하니?
B : 걷기보다 자전거 타기가 더 좋아.

A : 왜 그것이 좋아?
B : 왜냐하면 자전거 타기가 더 많은 열량을 소비한다고 생각하기 때문이지.
① 어디서 차를 빌리니
② 언제 그 쇼가 시작하니
③ 왜 영어를 배우고 싶니

어휘 • cycling 자전거 타기
• walking 걷기
• rather than ~보다 오히려
• burn calories 열량을 소비하다

14 정답 ④

해석 A : 우리가 다른 사람에 대한 존중심을 어떻게 보여줄 수 있을까?
B : 난 우리가 다른 사람들이 말할 때 주의 깊게 들어줘야 한다고 믿어.
A : 그것이 네가 잘 들어주는 이유구나.
① 영화를 보다
② 이 가방을 교환하다
③ 다음 도로에서 좌회전하다

어휘 • respect 존경, 존중
• others 다른 사람들
• good listener (집중해서) 잘 들어주는 사람
• exchange 교환하다

15 정답 ③

해석 A : 내가 나무에 있는 코알라를 볼 때마다, 그들은 왜 저렇게 나무를 껴안고 있는지 궁금해.
B : 코알라는 자신을 식히기 위해서 나무를 껴안지.
A : 오, 그거 말이 된다. 호주는 매우 더운 기후니까.

해설 코알라가 몸을 식히기 위해 나무를 껴안는 주제로 대화를 하고 있다.

어휘 • whenever ~할 때마다
• wonder 궁금해하다
• hug 껴안다
• cool down 식히다
• make sense 말이 되다, 이해되다
• climate 기후

16 정답 ①

해석 난 내 예약 확인을 위해 이 이메일을 씁니다. 이틀 밤을 당신 호텔에 패밀리룸 예약을 했어요. 우리는 어른 두 명과 아이 한 명입니다. 12월 22일 오후에 도착이고요. 답장 기다리고 있겠습니다.

해설 호텔 예약 확인을 위한 글이다.

어휘 • confirm 확인하다
• reservation 예약
• book 예약하다
• adult 어른
• look forward to ~을 기대하다
• reply 답장

17 정답 ④

해석 테니스 경기
• 오직 초보자만 참가할 수 있음.
• 오전 10시에 시작해서 오후 5시에 끝남.
• 점심은 제공되지 않음.
• 만약 비가 오면, 그 경기는 취소될 것임.

해설 비가 오면 경기는 취소되므로 ④가 일치하지 않는다.

어휘 • competition 경기
• beginner 초보자
• participate 참가하다
• serve 제공하다
• cancel 취소하다

18 정답 ③

해석 산타 재미 달리기는 12월마다 열린다. 참가자들은 산타 복장을 하고 5km를 달린다. 그들은 아픈 아이들을 위한 모금을 위해 달린다. 당신은 모든 연령대의 산타가 걷고 달리는 것을 볼 수 있다.

해설 멸종 위기 동물이 아닌 아픈 아이들을 위한 모금 행사이다.

어휘 • be held 열리다
• participant 참가자
• costume 복장
• raise money 돈을 모금하다
• age 나이

19 **정답** ③

해석 당신은 외로운 감정으로 고생을 하고 있나요? 그런 경우에는, 당신의 감정을 부모님, 선생님 또는 상담선생님과 공유하는 것이 도움이 될 수도 있습니다. 또한 당신이 부정적인 감정을 극복하기 위해 적극적인 조치를 취하는 것이 중요합니다.

어휘
- suffer from ~로 고생하다
- loneliness 외로움
- share 공유하다
- counselor 상담 선생님
- take actions 조치를 취하다
- positive 긍정적인, 적극적인
- overcome 극복하다
- negative 부정적인, 소극적인

20 **정답** ②

해석 대부분의 사람들은, 자는 가장 좋은 자세는 등으로 자는 것이다. 만약 당신이 등으로 누워 자면, 당신은 목과 등(허리) 통증이 더 적어질 것이다. 그것은 당신이 잘 때 목과 척추가 일직선이 되기 때문이다.
① 글자, 편지, ② 자세, ③ 감정, ④ 인구

어휘
- back 등, 허리
- pain 고통
- spine 척추
- straight 일직선의

21 **정답** ①

해석 여기에 당신의 문제를 해결하는 몇 가지 단계가 있다. 첫째, 모든 필요한 정보를 모아서 다양한 해결책을 찾을 필요가 있다. 둘째, 가능한 가장 좋은 해결책을 찾아 실행에 옮겨라. 마지막으로, 결과를 평가해라. 이 단계들이 당신에게 도움이 될 것이라 난 확신한다.
① 풀다, 해결하다, ② 춤을 추다, ③ 기부하다, ④ 약속하다

어휘
- several 몇몇의
- step 단계
- various 다양한
- solution 해결책
- gather 모으다
- information 정보
- choose 고르다
- put into action 실행하다
- evaluate 평가하다
- result 결과

22 **정답** ②

해석 우리가 처음 누군가를 만날 때, 대화를 어떻게 시작하는가? 처음에는 보통 우리가 서로에게 우리 삶의 이야기를 하지는 않는다. (대신에, 우리는 날씨와 교통 같은 덜 심각한 것들에 관한 가벼운 대화를 가지고 시작한다.) 이런 가벼운 대화는 스몰토크라고 불린다. 스몰토크는 편안하게 느끼며 서로를 더 잘 알 수 있게 도와준다. 서먹한 분위기를 없애는 좋은 방법이다.

어휘
- instead 대신에
- casual 가벼운, 격식을 차리지 않는
- conversation 대화
- serious 심각한, 진지한
- traffic 교통
- be referred to as ~라고 불리다
- small talk 가벼운 대화, 스몰토크
- comfortable 편안한
- get to ~하게 되다
- break the ice 서먹한 분위기를 없애다

23 **정답** ②

해석 영어 속담은 비영어권 사용자에게는 이상하게 보일 수 있고 그들이 배우고 기억하기 매우 어려울 수 있다. 영어 속담을 더 쉽게 기억하는 한 가지 전략은 속담 기원에 관해 배우는 것이다. 몇 가지 예를 보자.

해설 마지막 부분에서 영어 속담 기원에 관해 배우는 이야기를 하고 몇 가지 예를 보자고 했으므로 ②가 이어지는 것이 적절하다.

어휘
- proverb 속담
- seem ~인 것 같다, ~처럼 보이다
- strange 이상한
- non-native speaker (이 글에서는) 비영어권 사용자
- strategy 전략

• origin 기원
• example 사례, 예시

24 정답 ②

해석 독서 감상문(북리뷰, 서평)은 책에 관한 독자의 의견이다. 당신이 감상문(논평, 리뷰, 비평)을 쓸 때, 그 책의 짧은 요약 또는 설명으로 시작해라. 그러고 나서 그 책이 좋은지 아닌지 그리고 왜 좋은지 당신의 의견을 말해라.

어휘 • book review 독서 감상문, 서평
• opinion 의견
• brief 간결한, 짧은
• summary 요약
• description 묘사, 설명
• state 말하다

25 정답 ④

해설 독서 감상문 쓰는 법에 관한 글이다.

사회 2023년 기출문제

제2회 정답

01 ③	02 ③	03 ①	04 ②	05 ①
06 ④	07 ①	08 ②	09 ③	10 ④
11 ③	12 ④	13 ①	14 ④	15 ③
16 ①	17 ②	18 ④	19 ④	20 ②
21 ②	22 ①	23 ③	24 ③	25 ④

01 정답 ③

행복한 삶을 실현하기 위한 조건으로 질 높은 정주 환경의 조성, 경제적 안정, 민주주의의 발전 및 도덕적 실천이 필요하다. 내적으로 성찰하고 옳은 일을 실천하는 것을 통해 개인은 만족감과 행복감을 얻을 수 있다는 제시된 내용을 통해 행복한 삶을 실천하기 위해 도덕적 실천이 필요함을 강조하고 있다.

02 정답 ③

사회 복지 제도는 인간다운 삶을 살 수 있도록 지원하는 제도이다.

• 사회 보험은 건강 보험, 고용 보험, 국민연금 등이 있다.
• 공공 부조는 국가가 전액 지원하여 저소득 계층의 최저 생활을 보장하는 제도로 기초 연금, 기초 생활 보장 제도 등이 있다.
• 사회 서비스는 모든 국민을 대상으로 다양한 서비스 혜택을 지원하는 제도로 노인 돌봄 서비스 등이 있다.

오답피하기

④ 헌법 소원 심판 제도는 공권력의 행사 또는 불행사, 헌법에 위배되는 법률 탓에 기본권을 침해받은 자가 직접 헌법 재판소에 그 권리를 구제해 주도록 청구하는 제도이다.

03 정답 ①

국가 운영은 국회가 제정한 법률에 근거하여 수행되어야 한다는 것이 법치주의이다. 통치자의 자의적 지배가 아닌 법에 의한 통치는 국민의 인권을 보장하기 위한 제도적 장치이다.

오답피하기

④ 시민 불복종은 정의롭지 못한 법이나 정책을 변혁시키려는 목적으로 행하는 의도적인 위법 행위이다.

04 정답 ②

자산 관리의 원칙 : 안전성, 수익성, 유동성

- 안전성 : 금융 상품의 원금과 이자가 보전될 수 있는 정도이다.
- 수익성 : 금융 상품의 가격 상승이나 이자 수익을 기대할 수 있는 정도이다.
- 유동성 : 필요할 때 쉽게 현금으로 전환할 수 있는 정도이다.

05 정답 ①

문화 변동의 내재적 요인으로는 기존에 존재하지 않았던 새로운 문화 요소를 만들어 내는 발명과 기존에 존재하고 있었지만 알려지지 않았던 것을 찾아내는 발견이 있다. 외재적 요인으로는 직접 전파, 간접 전파, 자극 전파가 있다.

오답피하기

ㄷ. 문화 동화는 기존의 문화 요소가 다른 사회의 문화 요소에 흡수되어 정체성을 상실하는 현상이다.

06 정답 ④

사회적 소수자는 신체적 또는 문화적 특징 때문에 사회의 다른 구성원에게 차별을 받기 쉬우며, 차별받는 집단에 속해 있다는 의식을 가진 사람들을 말한다. 장애인, 이주 외국인, 노인, 북한 이탈 주민 등이 대표적인 사회적 소수자이다.

07 정답 ①

근로자의 권리인 노동 3권은 단결권, 단체 교섭권, 단체 행동권이다.

- 단결권은 노동조합을 결성할 수 있는 권리이다.
- 단체 교섭권은 노동조합이 사용자와 교섭할 수 있는 권리이다.
- 단체 행동권은 파업, 태업 등의 쟁의 행위를 할 수 있는 권리이다.

08 정답 ②

시장 실패란 시장에서 자원이 효율적으로 배분되지 않는 현상으로 독과점, 공공재 공급 부족, 외부 효과가 있다.

오답피하기

① 독점이나 과점 같은 불완전한 경쟁이 존재하면 시장 실패가 나타날 수 있다.

09 정답 ③

자문화 중심주의와 문화 사대주의는 문화를 맥락을 고려한 이해의 대상이 아닌 특정 문화를 기준으로 다른 문화를 평가한다.

오답피하기

①, ②, ④는 문화 상대주의의 특징으로 볼 수 있다.

10 정답 ④

제시된 헌법 제37조 2항은 기본권 제한의 목적과 한계를 나타낸다. 기본권 제한을 헌법에 명시한 것은 국가에 의해 자의적으로 기본권을 제한함으로써 국민의 기본권이 침해되는 것을 막기 위한 방안이다.

11 정답 ③

세계화에 따른 문제점으로 전 세계의 문화가 비슷해져 가는 문화의 획일화와 국가 간의 빈부 격차가 있다. 자유 무역의 확대로 기술과 자본이 풍부한 선진국과 기업은 경쟁에서 유리한 반면, 상대적으로 경쟁력을 키우지 못한 개발 도상국과 기업은 경쟁에서 불리해짐에 따라 자본이 선진국에 집중하여 선진국과 개발 도상국의 소득 격차가 확대된다.

12 정답 ④
국제 사회의 행위 주체는 국가, 국제기구, 비정부 기구, 다국적 기업, 영향력이 강한 개인 등이 있다. 주권 국가를 구성원으로 하는 국제 사회의 행위 주체는 정부 간 국제기구이다.

13 정답 ①
정보화에 따른 문제점으로 정보 격차가 있다. 정보의 소유 정도에 따라 지역·계층 간의 격차가 발생한다. 이를 해결하기 위한 방안으로 정보 소외 지역과 계층에 컴퓨터를 보급하고 컴퓨터 활용 교육 프로그램 지원 등을 해야 한다,

14 정답 ④
건조 기후 지역의 전통 생활 모습은 모래 바람을 막기 위해 온몸을 감싸는 옷을 입고, 오아시스 농업과 관개 농업, 유목을 한다. 초원에서는 이동식 가옥인 게르가 나타나며 사막에는 평평한 지붕, 작은 창문, 두꺼운 벽의 흙집을 짓는다.

오답피하기
ㄱ. 순록 유목은 한대 기후의 특징이다.
ㄴ. 고상식 가옥은 열대 기후와 한대 기후에서 나타난다.

15 정답 ③
홍수는 태풍이나 집중 호우 등 일시적으로 많은 비가 내릴 때 발생한다.

16 정답 ①
도시화는 한 국가 내에서 도시 거주 인구 비율이 높아지고 도시적 생활 양식과 도시적 경관이 확대되는 현상이다. 산업화가 진행되면서 촌락에서 도시로의 인구 이동이 활발해져 도시화의 가속화에 영향을 준다. 도시화 과정에서 인공 건축물 증가, 지표의 포장 면적이 증가한다.

오답피하기
② 한 집단 내에서 남성의 수가 여성의 수보다 많은 상태를 남초 현상이라 한다.
③ 유리 천장 지수는 직장 내 여성 차별 수준을 평가해 발표하는 지수이다. 지수가 낮을수록 직장 내 여성 차별이 심하다는 뜻이다.
④ 지리적 표시제는 농산물 및 그 가공품의 특징이 지리적 특성에 기인하는 경우 그 지역의 특산품임을 인증하는 제도이다.

17 정답 ②
새로운 도로, 교통 시설 건설로 동식물의 서식 환경의 일부가 변형되고 단절되는 것을 막기 위해 인공적으로 만들어 주는 길을 생태 통로라 한다.

오답피하기
① 열섬 현상은 도시 내 콘크리트나 아스팔트로 포장된 면적 증가, 인공열 증가로 도시의 평균 기온이 주변 지역보다 높아지는 현상이다.
③ 외래 하천은 습윤 지역에서 발원하여 사막을 관통하여 흐르는 하천이다.
④ 업사이클링은 '새활용'이란 뜻으로 버려지던 제품에 새로운 가치를 더해 전혀 다른 제품으로 생산하는 것을 말한다.

18 정답 ④
힌두교는 인도의 민족 종교이다. 소를 신성시하며 갠지스강에서 종교의식으로 목욕을 한다.

오답피하기
ㄱ, ㄷ은 이슬람교에 대한 설명이다.

19 정답 ④
제시된 내용의 설명은 석유 수출국 기구(OPEC)이다. 이들은 석유의 생산량과 공급량을 조절함으로써 세계 경제에 큰 영향을 끼치며 자국의 이익을 위해 정치적으로 이

용하기도 하는 자원 민족주의 현상이 나타나기도 한다.

오답피하기

① 브렉시트(Brexit)는 영국의 유럽 연합 탈퇴를 뜻하는 단어이다.
② 공적 개발 원조(ODA)는 선진국에서 개발 도상국이나 국제기관에 하는 원조이다.
③ 국제 통화 기금(IMF)은 세계 무역 안정을 목적으로 설립한 국제 금융 기구이다.

20 정답 ②

남중국해의 분쟁 지역은 시사 군도와 난사 군도가 있다. 난사 군도는 중국, 필리핀, 베트남, 말레이시아, 브루나이, 타이완이 다량의 원유와 천연가스가 매장되어 있어 영유권을 주장하고 있다.

오답피하기

① 북극해는 매장되어 있는 지하자원을 둘러싸고 러시아, 캐나다, 미국, 덴마크, 노르웨이의 분쟁이 일어나는 지역이다.
③ 카스피해에 매장되어 있는 지하자원을 둘러싸고 호수로 봐야 하는지 바다로 봐야하는지를 자국의 이익에 따라 주장하는 나라들 간의 갈등 지역이다.
④ 쿠릴 열도는 러시아와 일본 간의 영토 분쟁 지역이다.

21 정답 ②

사하라 사막 이남 지역은 아프리카 문화권으로 대부분 열대 기후가 나타난다. 유럽 식민 지배의 영향으로 부족과 국경이 불일치하여 지역 분쟁이 자주 발생한다.

오답피하기

① A는 유럽 문화권이다.
③ C는 오세아니아 문화권이다.
④ D는 아메리카 문화권이다.

22 정답 ①

슬로 시티란 느림의 철학을 바탕으로 자연 생태 환경과 전통문화를 지키는 삶을 추구하는 도시이다.

오답피하기

③ 환경 파시즘은 생태계 전체를 위해 개체를 희생할 수 있다고 보는 생태 중심주의의 한 입장을 비판하는 용어이다.
④ 차티스트운동은 영국 노동자들이 선거권을 획득하기 위해 요구한 사회 운동이다.

23 정답 ③

고령화 사회에 대한 대책으로 노인 연금 제도 및 사회 보장 제도 강화, 일자리 확대와 정년 연장, 노인 복지 시설 확충 등이 있다.

오답피하기

ㄹ. 산아 제한 정책 시행은 고령화 사회를 촉진한다.

24 정답 ③

공정 무역이란 개발 도상국에서 생산하는 제품에 정당한 가격을 지급하여, 생산자가 경제적으로 자립할 수 있도록 해 주는 무역 방식이다.

오답피하기

④ 거점개발은 국가에서 성장 가능성이 높은 지역을 선정하여 집중 개발하는 방식이다.

25 정답 ④

제시된 내용은 환경 문제를 해결하기 위한 온실가스 배출권 거래제도이다. 정부에서 기업에 온실가스 배출 허용량을 정해 주고, 기업에서는 그 범위 내에서 온실가스를 사용해야 한다. 남거나 부족한 배출권은 시장에서 거래할 수 있다.

과학 2023년 기출문제

제2회 정답

01 ②	02 ③	03 ④	04 ②	05 ②
06 ④	07 ②	08 ④	09 ④	10 ③
11 ①	12 ①	13 ③	14 ③	15 ①
16 ②	17 ②	18 ④	19 ④	20 ①
21 ①	22 ③	23 ③	24 ①	25 ④

01 정답 ②

조력 발전은 밀물과 썰물에 의해 생기는 해수면의 높이 차를 이용해 전기를 생산하는 발전 방식이다.

오답피하기

① **핵발전** : 핵분열을 통해 발생하는 에너지로 전기 에너지를 생산

③ **풍력 발전** : 바람의 운동 에너지를 이용하여 전기 에너지를 생산

④ **화력 발전** : 화석 연료의 화학 에너지를 이용하여 전기 에너지를 생산

02 정답 ③

시간에 따른 힘 그래프에서 아랫부분의 넓이는 충격량의 크기와 같다. 따라서 10N×5s=50N·s가 물체가 받은 충격량이다.

03 정답 ④

전자기 유도는 코일을 통과하는 자기장의 변화가 생기면 코일에 전류가 흐르는 현상으로 이때 흐르는 전류를 유도 전류라고 한다.

오답피하기

① **대류** : 입자가 직접 이동하여 열을 전달하는 방법

② **삼투** : 물이 농도가 낮은 쪽에서 농도가 높은 쪽으로 이동하는 현상

③ **초전도** : 임계 온도 이하에서 전기 저항이 0이 되는 현상

04 정답 ②

공기 저항이 없는 조건에서 물체를 가만히 떨어뜨리면 물체는 중력만을 받아 자유 낙하 운동한다. 자유 낙하 운동은 물체 운동 방향과 같은 방향으로 일정한 크기의 중력을 받아 속력이 일정하게 증가하는 등가속도 운동을 한다.

05 정답 ②

열기관의 열효율은 열기관에 공급한 열량 대비 열기관이 한 일을 나타낸 것으로 1000J의 열에너지를 흡수하여 저열원으로 600J이 빠져나갔으므로 열기관이 한 일의 양은 400J이다. 따라서 이 열기관의 열효율=

$$\frac{\text{열기관이 한 일}}{\text{공급한 열량}} \times 100 = \frac{400\text{J}}{1000\text{J}} \times 100 = 40\%$$이다.

06 정답 ④

신재생 에너지는 신에너지와 재생 에너지를 포함한 것으로 신에너지는 기존에 사용하지 않거나 새로운 방식으로 사용하는 에너지를 말하고, 재생 에너지는 재생 가능한 에너지를 뜻한다.

ㄱ. 신재생 에너지는 화석 연료보다 환경 오염의 위험이 적어 친환경적이다.

ㄴ. 태양광 에너지는 신재생 에너지 중 재생 에너지에 속한다.

ㄷ. 지속 가능한 발전이란 미래 세대가 그들의 필요를 충족할 수 있는 능력을 손상시키지 않는 범위에서 현재 세대의 필요를 충족하는 발전으로 화석 연료 사용으로 인해 지구 온난화 등의 여러 환경 문제가 발생하는 것을 막기 위해 신재생 에너지의 개발이 필요하다.

07 정답 ②

원자가 전자란 원자에서 바깥쪽 껍질에 존재하며 화학 반응에 참여하는 전자를 말한다.

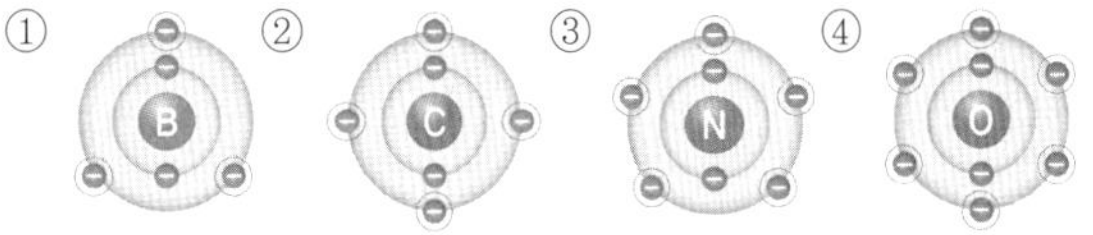

원자가 전자 수 3개 / 원자가 전자 수 4개 / 원자가 전자 수 5개 / 원자가 전자 수 6개

08 정답 ④

양이온과 음이온의 정전기적 인력에 의한 결합은 이온 결합이다. 염화 나트륨은 나트륨 이온(Na^+)과 염화 이온(Cl^-)이 이온 결합하여 만들어진 이온 결합물질이다.

오답피하기

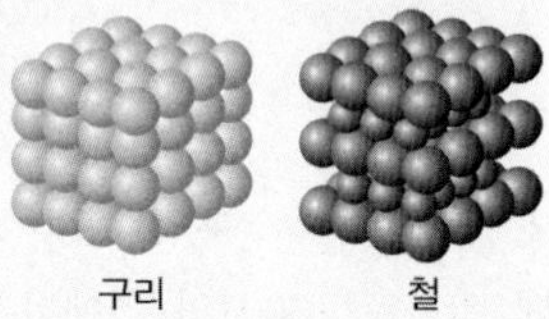

철, 구리, 마그네슘과 같은 원자는 독립적으로 존재하지 못하고 이웃 원자들과 연속적으로 결합되어 있어, 철은 Fe, 구리는 Cu, 마그네슘은 Mg와 같이 원소 기호로 나타낸다.

09 정답 ④

현대의 주기율표는 원자 번호 순서대로 원자를 배열하고, 비슷한 성질이 나타나면 같은 세로줄에 놓아 나타낸다. 따라서 가장 뒤쪽에 배치된 D가 원자 번호가 가장 크다.

원자 번호 : $A < B < C < D$

10 정답 ③

메테인은 탄소 원자 1개와 수소 원자 4개가 모여 이루어진 분자이다.

11 정답 ①

산화는 산소를 얻거나 전자를 잃는 것, 환원은 산소를 잃거나 전자를 얻는 것을 뜻한다. 또한 화학 반응식에서 반응 물질은 화학 반응식의 화살표에서 왼편에 놓인 산화 철(Ⅲ)과 일산화 탄소이다. 산화 철(Ⅲ)과 일산화 탄소 중 산화 철(Ⅲ)은 산소를 잃고 철이 되었으므로, 산소를 잃어 환원되었고, 일산화 탄소는 산소를 얻어 이산화 탄소가 되었으므로 산화되었다.

12 정답 ①

중화 반응은 산의 수소 이온(H^+)과 염기의 수산화 이온(OH^-)이 반응하여 물(H_2O)을 생성하는 반응으로 묽은 염산의 수소 이온(H^+)과 수산화 나트륨의 수산화 이온(OH^-)이 반응하여 물(H_2O)이 만들어진다. 따라서 수산화 나트륨 수용액 안에는 수산화 이온(OH^-)이 존재해야 한다.

13 정답 ③

핵산은 DNA와 RNA로 구분할 수 있다. DNA는 유전 정보를 저장하고 RNA는 유전 정보를 전달하고 단백질을 합성하는 데 관여한다.

14 정답 ③

세포 호흡은 영양소를 이용하여 에너지를 생성하는 것으로 주로 미토콘드리아에서 일어난다.

오답피하기

① **리보솜** : 단백질이 합성되는 장소
② **핵** : 유전 물질인 DNA가 있어 세포의 생명 활동을 조절함.
③ **소포체** : 리보솜에서 합성된 단백질을 골지체나 세포의 다른 부위로 운반

15 정답 ①

세포막을 경계로 물질이 이동하는 방법 중 하나인 확산은 물질이 농도가 높은 쪽에서 낮은 쪽으로 퍼져 나가는 현상이다.

16 정답 ②

활성화 에너지는 화학 반응이 일어나는 데 필요한 최소한의 에너지로 생체 촉매인 효소는 활성화 에너지를 감소시켜 반응 속도를 증가시킨다.

- $A+B$: 효소가 없을 때 활성화 에너지
- B : 효소가 있을 때 활성화 에너지
- C : 반응열 ➜ 반응물과 생성물의 에너지 차이로 효소의 유무와 관계없이 일정함.

17 정답 ②
DNA는 이중 나선 구조로 염기가 상보적으로 결합되어 있다. ㉠은 C(사이토신)과 결합되어 있으므로 ㉠은 G(구아닌)임을 알 수 있다. 또한 DNA 염기 서열에 상보적인 염기 서열인 RNA가 합성되는 것을 (가) 전사라고 한다.

18 정답 ④
생태계 평형이 유지되고 있는 생태계에서 생산자인 옥수수의 개체 수가 가장 많고 상위 영양 단계로 갈수록 개체 수가 줄어든다.

19 정답 ④
생물 다양성은 생태계 내에 존재하는 생물의 다양성을 의미한다. 생물 다양성은 같은 종 사이에서 유전자의 차이로 나타나는 형질의 다양함을 의미하는 유전적 다양성, 일정한 지역에 얼마나 많은 생물종이 고르게 분포하며 살고 있는지를 의미하는 종 다양성, 생물 서식지의 다양한 정도를 의미하는 생태계 다양성으로 구분할 수 있다.

20 정답 ①
빅뱅 우주론은 약 138억 년 전 대폭발이 일어나 우주가 탄생한 후 계속 팽창하여 현재와 같은 우주를 이루었다는 우주론으로, 질량의 변화가 없는 상태에서 우주의 부피가 증가하기 때문에 우주의 크기는 증가하고 평균 밀도와 평균 온도는 낮아진다.

21 정답 ①
온실 기체는 지구 복사 에너지를 흡수하여 온실 효과를 일으키는 기체로 이산화 탄소, 수증기, 메테인, 오존 등이 해당한다. 헬륨은 온실 기체가 아니다.

22 정답 ③
별의 진화 과정에서 별의 질량에 따라 중심부에서 만들어지는 원소는 달라진다. 태양 정도의 질량을 가진 별보다 태양보다 질량이 매우 큰 별의 중심부에서 더 무거운 원소가 생성되며 별의 바깥쪽보다 별의 중심부로 갈수록 원소는 더 무거워진다. 따라서 태양보다 질량이 매우 큰 별의 중심부에 위치한 C가 가장 무거운 원소가 생성되는 장소이다.

23 정답 ③
수렴형 경계 중 대륙판과 대륙판이 가까워지는 충돌형 경계에서는 습곡 산맥이 형성될 수 있다. 히말라야 산맥이 가장 대표적이다.

오답피하기

① **해령**, ② **열곡** : 발산형 경계에서 나타나는 지형으로 판과 판이 멀어질 때 형성된다.
④ **변환 단층** : 보존형 경계에서 나타나는 지형이다.

24 정답 ①
기권에 속한 이산화 탄소가 수권에 해당하는 바닷물에 녹아 들어갔으므로 기권과 수권의 상호 작용으로 볼 수 있다.

25 정답 ④
매머드는 신생대 표준 화석이다. 신생대는 지질 시대 중 기간이 가장 짧다.

한국사 2023년 기출문제

제2회 정답

01 ③	02 ①	03 ②	04 ③	05 ④
06 ④	07 ②	08 ③	09 ①	10 ①
11 ④	12 ④	13 ③	14 ①	15 ②
16 ①	17 ④	18 ④	19 ③	20 ②
21 ④	22 ④	23 ③	24 ②	25 ①

01 정답 ③

신석기 시대까지는 평등 사회였으나, 청동기를 사용하는 세력이 지배층을 형성하며 계급이 발생하였다. 고조선 시대에 제작된 고인돌에서는 이 시기에 제작된 비파형 동검, 거친무늬 거울 등이 발견된다.

02 정답 ①

통일 신라의 신문왕은 진골을 견제하기 위해 국학을 설립해 6두품을 교육시켰으며, 녹읍을 폐지하고 관료전을 지급하였다. 또한 통일로 넓어진 영토를 효율적으로 다스리기 위해 전국을 9주로 나누고, 주요 도시에는 5소경을 설치하였다.

03 정답 ②

고려 인종은 김부식에게 고대 역사서를 편찬하라고 명령하였다. 이에 김부식은 고구려, 백제, 신라의 역사를 정리하여 『삼국사기』를 집필하였다. 이 책은 현존하는 우리나라 역사서 중 가장 오래되었으며, 이 책 이전에 편찬된 역사서는 각종 전쟁을 거치는 과정에서 소실되었다.

오답피하기

① 『경국대전』은 조선 성종 때 완성된 법전이다.
③ 『조선책략』은 중국인 외교관 황준헌이 조선과 미국의 수교를 주선한 글이다.
④ 팔만대장경은 고려 최우 때 몽골 격퇴를 기원하며 제작되었다.

04 정답 ③

공민왕은 원(몽골족)이 쇠락하는 틈을 타 반원 정책을 추진하였다. 기철과 같은 친원 세력을 숙청하고, 고려 내정을 간섭하는 정동행성을 폐지하였다. 또한 원이 직접 지배하던 철령 이북의 땅을 되찾기 위해 쌍성총관부를 공격하였다.

오답피하기

① 장용영은 조선 정조가 설립한 국왕 친위 부대이다.
② 신라 법흥왕은 금관가야를 정복하였다.
④ 일제는 사회주의 세력이 확산되는 것을 막기 위해 1925년에 치안 유지법을 제정하였다.

05 정답 ④

조선 초에 실시된 국정 운영 방식은 6조 직계제와 의정부 서사제로 나뉜다. 태종과 세조는 왕이 6조를 직접 챙기며 국정을 이끈 '6조 직계제'를 실시한 반면, 세종과 성종은 의정부의 권한을 강화한 '의정부 서사제'를 시행하였다. 의정부 서사제에서 왕은 군사권과 인사권은 장악하고, 나머지 상당수의 업무는 의정부에 일임하였다. 이를 통해 왕권과 신권이 조화를 이룰 수 있었다.

06 정답 ④

개화기에 설립된 근대적 교육 기관으로는 원산 학사, 육영 공원, 배재 학당, 이화 학당 등이 있다. 이 중 가장 오래된 학교는 원산 학사로, 근대적 교육의 필요성을 절감한 원산 지역 주민들에 의해 설립되었다. 참고로 정부가 설립한 근대 교육 기관은 육영 공원이 대표적이다.

오답피하기

① 태학은 고구려 소수림왕 때 수도에 세운 교육 기관이다.
② 국자감은 고려 최고의 교육 기관이다.
③ 성균관은 조선 최고의 교육 기관이다.

07 정답 ②

정조 사망 후 순조와 헌종이 어린 나이에 즉위하자 안동 김씨, 풍양 조씨 등 외척 가문이 정치력을 장악했다. 이를 세도 정치라 부른다.

오답피하기

① 도병마사는 군사 문제가 발생했을 때 고위 관리들이 모여 논의하던 고려의 국방 회의 기구이다.
④ 동북공정은 중국이 만주의 동북 3성 지역을 연구한 프로젝트로, '하나의 중국'을 뒷받침하려는 정치적 의도에서 추진되었다. 동북 3성에 위치했던 고구려와 발해를 중국의 지방 정권이라고 주장하고 있다.

08 정답 ③

을사늑약 체결 후 대한 제국의 국채가 빠르게 늘어났다. 표면적으로는 근대 시설 마련에 필요한 경비가 부족해 돈을 빌렸으나, 실상은 일본이 대한 제국을 경제적으로 예속하기 위해 채무를 단기간에 늘린 것이다. 이에 대구에서 국민 성금을 모아 국채를 갚자는 국채 보상 운동이 시작되었다.

오답피하기

① 백정 출신에게 여전히 사회적 차별이 지속되자 평등 사회 구현을 내세운 형평 운동이 진주에서 일어났다.
② 병자호란 후 효종과 서인 정권은 청에 대한 복수를 준비하며 군사력을 강화시켰다. 이를 북벌 운동이라 한다.
④ 고려 중기에 묘청과 서경 출신자들은 개경 중심의 문벌 귀족 사회에 반대하며 서경 천도를 시도하였다. 이를 서경 천도 운동이라 한다.

09 정답 ①

일제는 1904년에 러・일 전쟁을 일으켜 한반도에서 러시아를 몰아내고, 1905년에 대한 제국과 을사늑약을 맺었다. 내정 간섭을 위해 통감부를 설치하고, 대한 제국의 외교 업무를 일본이 대신 맡도록 하여 외교권을 빼앗아 갔다.

오답피하기

② 헌의 6조는 1898년 관민 공동회에서 채택된 합의안이다.
③ 김구과 김규식은 남한 단독 선거를 막기 위해 1948년 봄 북한으로 건너가 김일성 등과 만났다. 이를 남북 협상이라 한다.
④ 일제는 1909년에 중국과 간도 협약을 맺어 간도를 중국에 넘겼다.

10 정답 ①

일제는 1895년에 을미개혁을 추진하여, 태양력을 시행하고, 단발령을 내렸으며, 우편 사무를 재개하였다.

오답피하기

ㄷ. 고려 광종은 호족이 불법적으로 소유한 노비를 조사하여 양인으로 풀어 주었다(노비안검법).
ㄹ. 통일 신라의 원성왕은 국학의 졸업생을 대상으로 유학 능력을 평가한 후 관리로 채용하였다(독서삼품과).

11 정답 ④

흥선 대원군이 집권한 19세기 중반에 서구 열강은 더 넓은 시장을 찾아 동아시아에 접근했다. 이들은 개항을 요구하며 군사적 위협도 서슴지 않았다. 흥선 대원군은 개항과 통상 거부 중 후자를 선택했으며, 이 과정에서 병인양요와 신미양요가 일어났다.

오답피하기

① 서희는 고려 초 인물로, 거란의 1차 침입을 외교 담판으로 물리쳤다.
② 안향은 고려 말 인물로, 성리학을 우리나라에 최초로 소개하였다.
③ 정약용은 조선 후기 인물로, 『목민심서』・『경세유표』 등의 저서를 남겼다. 그는 토지 개혁이 시급하다고 여겨, 정전제와 여전제를 주장하였다.

12 정답 ④

이승만과 자유당은 1960년에 열린 제4대 대통령, 부통령 선거에서 자유당 후보를 당선시키기 위해서 각종 부정 행위를 저질렀다. 이승만과 이기붕이 당선된 이 선거가 바로 3·15 부정 선거이다. 이는 시민의 즉각적인 반발로 이어져, 같은 해 4월 전국적에서 정권 퇴진 운동이 일어났다(4·19 혁명).

13 정답 ③

고종은 강화도 조약(1876) 체결 직후인 1880년에 개화 정책을 전담할 조직으로 통리기무아문을 설치하였다.

14 정답 ①

일제는 1910년 회사령을 제정하여, 한반도에서 회사를 설립할 때는 반드시 총독의 사전 허가를 받도록 하였다. 이는 한국인의 회사 설립을 방해하여 민족 자본이 형성될 기회를 막기 위한 목적에서 제정되었다.

오답피하기

② 균역법은 조선 영조가 군포 부담을 기존 2필에서 1필로 줄여 준 제도이다.

③ 공명첩은 이름이 적혀 있지 않은 관리 임명장으로, 국가에 기부금(곡식 또는 돈)을 내는 사람이 있으면 즉석에서 그의 이름을 써서 관직을 내렸다. 왜란으로 국가 재정이 어려워지자 공명첩을 대량으로 팔았고, 이는 양반 수가 급증하는 이유가 되었다.

15 정답 ②

1920년은 봉오동 전투와 청산리 대첩이 있었던 해이다. 봉오동 전투에서 패한 일본군은 독립군을 추격하기 위해 2만여 명의 군인을 투입하였다. 하지만 김좌진이 이끄는 북로 군정서와 홍범도가 이끄는 대한 독립군 등은 백두산 인근의 청산리에서 싸워 대승을 거두었다.

오답피하기

④ 동학 농민군은 황토현 전투와 황룡촌 전투에서 정부군을 격파하고 전주성을 함락하였다.

16 정답 ①

3·1 운동은 일제 강점기에 일어난 독립운동 가운데 가장 많은 사람이 참여하였다.

오답피하기

② 1948년 5·10 총선거를 앞두고 제주도에서는 남한 단독 선거에 반대하는 좌익 세력이 봉기를 일으켰다. 이를 진압하는 과정에서 좌익뿐만 아니라 무고한 민간인 수만여 명이 죽거나 실종되었다. 이를 제주 4·3 사건이라 부른다.

④ 박정희 정부의 마지막 해인 1979년에 부산과 마산에서 반정부 시위가 일어났다(부·마 민주 항쟁). 시위 진압 방식을 둘러싼 정권 내부의 의견 충돌로 박정희 대통령이 암살되었다. YH 무역 사건과 더불어 유신 체제 붕괴에 결정적인 계기가 된 사건이다.

17 정답 ④

일제의 차별 교육으로 인해 1920년대 초 한반도에는 종합 대학이 없었다. 이에 민족 지도자들은 모금 운동을 전개하여 우리 손으로 대학을 설립하고자 하였다(민립 대학 설립 운동).

18 정답 ④

광복 직후 미국, 영국, 소련은 모스크바 3국 외상 회의를 열어 한반도 문제를 논의하였다. 여기서 '임시 정부 수립, 정부 수립을 위한 미·소 공동 위원회 설치, 최대 5년의 신탁 통치'가 결정되었다. 이후 미국과 소련은 2차례에 걸쳐 공동 위원회를 개최했으나 의견차로 결렬되었다.

오답피하기

③ 국민 대표 회의는 임시 정부의 활동 방향과 재정비를 논의하기 위해 1923년에 열렸다.

19 정답 ③
일제의 통치 방식은 1910년대의 무단 통치, 1920년대의 문화 통치(민족 분열 통치), 1930년대의 민족 말살 통치 순으로 전환되었다.

오답피하기
① 흥선 대원군은 기존에 평민에게만 징수하던 군포를 양반에게까지 확대시켰다(호포제).
④ 전두환 정권은 대통령 직선제를 요구하는 시민의 목소리를 무시하고, 기존 헌법을 개정하지 않겠다는 의지를 담아 4·13 호헌 조치를 발표하였다. 이에 분노한 시민들은 1876년 6월에 전국적인 민주화 운동에 참여하였다(6월 민주 항쟁).

20 정답 ②
김구는 대한민국 임시 정부가 국민 대표 회의 이후 동지들의 이탈로 위기에 처하자, 1931년 한인 애국단을 조직하여 의거 활동을 일으켰다.

오답피하기
③ 박제가는 조선 후기 실학자 중 상공업과 청 무역을 강조했던 인물이다.
④ 연개소문은 고구려 말기의 군인이자 정치인으로, 정변을 일으켜 스스로 대막리지에 올랐다. 당 태종의 침입에 맞서 고구려를 지켜냈으나, 그가 사망한 지 얼마 되지 않아 고구려는 나·당 연합군에 의해 멸망하였다.

21 정답 ④
1948년에서 1950년까지 활동한 제헌 국회는 친일파 청산과 농지 개혁을 위한 관련 법을 제정하였다. 전자가 반민족 행위 처벌법이고, 후자가 농지 개혁법이다.

오답피하기
① 시무 28조는 고려 초기의 정치인 최승로가 성종에게 올린 개혁안이다.
② 일제는 1925년에 만주 군벌과 미쓰야 협정을 맺었다. 만주 군벌이 한국 독립군을 체포해 일제에 넘길 경우 일정 금액을 지급하기로 약속하였다. 이로 인해 만주에서 독립군 활동이 위기를 맞았다.
③ 노태우 정부는 1991년에 북한과 남북 기본 합의서에 합의하였다. 상호 체제 인정, 상호 불가침 등을 주요 내용으로 한다.

22 정답 ④
1980년 5월 18일부터 27일까지 광주를 중심으로 신군부의 부당한 독재에 항거해 5·18 민주화 운동이 일어났다. 당시의 사진, 기록과 증언, 국가의 피해자 보상 자료 등은 유네스코 세계 기록 유산으로 지정되었다.

23 정답 ③
6·25 전쟁은 북한의 남침으로 시작되어 전쟁 초반에 대한민국은 부산 일대까지 후퇴하는 위기를 겪었다. 하지만 국군과 유엔군의 인천 상륙 작전 성공으로 반격의 기회를 얻었다.

24 정답 ②
박정희 정부는 경제 개발에 필요한 자금 마련을 위해 일본과 국교를 재개하고, 미국을 지원하기 위해 베트남에 병력을 파견하였다. 1960년대의 빠른 경제 성장을 바탕으로 대통령의 3선 집권에 성공하였다. 이에 만족하지 않고 1972년에는 유신 헌법을 제정하여 장기 집권을 시도하였다.

오답피하기
ㄴ. 동학 농민군과 조선 정부는 청군과 일본군의 파병에 충격을 받아 전주 화약을 체결하고 군사 충돌을 중단하였다. 하지만 일본군이 철수를 거부하고 경복궁을 침입하자, 같은 해 가을에 동학 농민군은 2차 봉기를 일으켰다.
ㄹ. 서울 올림픽은 노태우 정부 시기인 1988년에 개최되었다.

25 정답 ①

제2차 세계 대전이 끝나고 일본군은 연합국 최고 사령관의 통치를 받았다. 이때 발표된 법령 중 제677호에는 일본의 영토에서 제주도, 울릉도, 독도가 제외된다는 내용이 기록되어 있다. 즉, 전후 처리 과정에서 독도는 한국의 영토로 국제 사회로부터 인정받았다.

도덕 2023년 기출문제

제2회 정답

01 ③	02 ①	03 ③	04 ④	05 ①
06 ④	07 ④	08 ②	09 ③	10 ②
11 ②	12 ①	13 ③	14 ①	15 ③
16 ④	17 ③	18 ②	19 ①	20 ②
21 ④	22 ①	23 ④	24 ②	25 ④

01 정답 ③

규범 윤리학은 '사람이 어떻게 행동해야 할 것인가?'에 관한 보편적인 원리를 연구하는 학문으로, 이론 윤리학과 실천 윤리학으로 구분할 수 있다.

• 기술 윤리학은 도덕적 풍습 또는 관습에 관해 단순히 묘사하거나 기술(記述)을 하는 윤리학이다.

02 정답 ①

유교에서는 자기 수양을 통해 도덕적으로 완성된 사람을 이상적 인간상으로 보는데, 이를 군자(君子) 또는 성인(聖人)이라고 한다.

오답피하기

② 불교, ③ 도교, ④ 플라톤

03 정답 ③

가상 공간에서는 개인 정보 유출로 인한 사생활 침해 문제, 상대방이 원하지 않는 언어나 사진 등으로 피해를 주는 사이버 폭력 문제 등이 일어날 수도 있다.

04 정답 ④

윤리적인 삶을 살기 위해서는 자신의 삶 전체를 반성하고 통찰하는 윤리적 성찰이 필요하다. 윤리적 성찰은 자신이 가진 인간관, 가치관, 세계관 등을 전체적으로 검토하고 반성하는 과정이다.

오답피하기

④ 우리는 잘못된 전제나 근거, 아집이나 편견 등을 바탕으로 도덕적 지식을 도출하는지, 도덕적 판단이 사회의 공익에 반하는지 등을 살펴보아야 한다.

05 정답 ①

덕 윤리에서는 의무론과 공리주의가 특정한 도덕 원리나 규칙을 근거로 행위 자체를 평가하는 것을 비판한다. 어떤 행위자가 그릇된 행위를 했다고 하더라도 그 행위자는 그릇된 사람이 아닐 수 있으므로 행위 자체가 아니라 행위자의 성품을 평가해야 한다고 보는 것이다.

06 정답 ④

국민의 알 권리 보장을 위한 매체의 정보 전달이 특정 개인의 명예나 사생활 및 인격권을 침해할 수 있다. 따라서, 매체는 정보를 전달할 때 국민의 알 권리를 보장하려고 노력하되, 그 정보가 개인의 인격권을 침해하고, 공익 증진을 해치는지 등을 검토해 보아야 한다.

07 정답 ④

전통적인 가족 윤리를 바탕으로 현대 사회에 적합한 가족 윤리를 모색해 볼 수 있다.

08 정답 ②

싱어는 고통과 쾌락의 감수 능력을 지닌 존재를 도덕적 고려의 대상으로 간주하여 동물에 대한 권리를 인정하였다.

09 정답 ③

플라톤(Platon)은 각 계층에 속한 사람들이 고유한 덕(德)을 발휘하여 직분에 충실하면 정의로운 국가가 된다고 주장하였다.

10 정답 ②

양성평등은 모든 영역에서 남녀가 서로 차별하지 않고 동등하게 대우하며, 평등한 권리와 이익을 누려야 하는 원칙이다.

11 정답 ②

의무론을 대표하는 사상가인 칸트는 욕구에 의한 명령을 가언 명령, 이성에 의한 명령을 정언 명령이라고 하였다. 특히, 정언 명령은 우연성을 배제한 필연성을 가지는 도덕적 의무이며, 행위의 결과와 상관없이 행위 그 자체가 선(善)이므로 무조건 수용해야 하는 도덕적 명령이라고 보았다.

12 정답 ①

안락사를 찬성하는 관점은 권리를 강조하는 입장과 사회의 이익을 강조하는 입장으로 나눌 수 있다. 안락사를 반대하는 관점에서는 죽음은 인간이 선택할 수 있는 대상이 아니라고 주장한다. 또한, 죽음을 인위적으로 앞당기는 안락사는 자연의 질서에 어긋나며, 생명의 존엄성을 훼손하는 것이라고 본다.

13 정답 ③

전문직과 공직자의 행위는 다른 직업 종사자보다 사회에 미치는 영향력이 크다. 그러므로 이들은 매우 높은 수준의 도덕성과 청렴의 의무를 지녀야 한다.

14 정답 ①

윤리적 상대주의는 행위에 대한 옳고 그름의 기준은 사람이나 사회마다 다르고, 보편적으로 인정할 수 있는 도덕적 기준은 없다고 보는 관점이다.

15 정답 ③

문화의 다양성은 지속 가능한 발전을 위한 필수 요건이다. 바람직한 문화 정체성을 유지하기 위해선 자신의 문화를 소중히 여기고 다른 문화도 존중하는 문화 상대주의적 태도를 지녀야 한다.

16 정답 ④

원효가 제시한 화쟁 사상(和諍思想)은 부처의 진리에서 모든 다양한 이론이 나왔으므로 편견과 집착을 넘어 대립을 극복할 수 있다는 사상이다.

오답피하기

① 겸애 : 차별 없는 사랑
② 덕치 : 통치자는 덕을 함양하고 천하를 다스리는 일
③ 무위 : 인위적인 가식과 위선에서 벗어나 어린아이와 같은 자연 그대로의 순진한 모습대로 살아갈 것

17 정답 ③
부정부패는 불신 풍조를 조장하고, 사회 통합과 안정을 위협하여 국가의 발전을 저해하는 요인이 될 수 있다.

오답피하기

ㄱ. 국가 신용도가 낮아져 국외 자본의 국내 투자는 낮아진다.
ㄹ. 국민 간 위화감이 커지며 사회 갈등이 발생한다.

18 정답 ②
노직(Nozick, R., 1938~2002)은 해외 원조를 하려고 개인에게 세금을 부과하는 것은 국가가 개인의 자유와 권리를 침해하는 것이므로 약소국에 대한 해외 원조는 개인의 자유에 맡겨야 한다고 보았다.

19 정답 ①
유전자 치료는 돌연변이 또는 유해(有害) 유전자로 발생한 질병을 유전자 공학을 이용하여 치료하는 것이다. 유전자 치료는 질병의 원인인 유전자를 찾고, 그것을 치료하는 방식으로 이루어지므로 유전적 결함으로 발생하는 난치병을 치료하는 데 도움을 줄 수 있다.

20 정답 ②
분단 비용 : 분단 상태가 지속하여 발생하는 경제적·경제 외적 비용의 총체
- 경제적 비용 : 국방 비용, 외교 비용, 이념 교육 비용 등
- 경제 외적 비용 : 전쟁 가능성에 대한 공포, 이산가족의 고통, 이념적 갈등과 대립, 국토의 불균형 발전 등

21 정답 ④
소수자 우대 정책은 '공정한 기회 균등'의 차원에서 사회적 약자에게 일정한 몫을 우선 보장하려는 정책이다. 예를 들어, 농·어촌 자녀의 특례 입학, 지역 균형 선발, 여성 할당, 장애인 의무 고용 등이 이에 해당한다.

22 정답 ①
현실주의적 관점에서는 국제 관계에서 국가는 자국의 이익만을 추구한다고 보고, 국가 간 힘의 논리를 강조한다. 그래서 자국의 이익만을 추구하는 외교 정책으로 인해 국제 분쟁이 발생한다고 본다. 따라서, 현실주의적 관점에서는 국제 분쟁을 해결하려면 국가 간 세력 균형을 이루어야 한다고 주장한다.

23 정답 ④
시민 불복종은 민주 시민으로서 국가의 법을 준수하려는 태도를 지니되, 부정의 한 법이나 정책을 개선하려는 노력도 사회 정의 실현에 필요한 일이라는 점을 알아야 한다.

24 정답 ②
적극적 평화는 사회의 구조적 차원이나 문화적 차원에서 폭력을 묵인하거나 정당화하는 것도 폭력으로 규정한다. 그래서 직접적 폭력은 물론 가난, 굶주림, 차별 등 간접적 폭력도 사라져 인간다운 삶을 누릴 수 있는 상태를 평화로 간주한다. 갈퉁은 이러한 적극적 평화를 실현하기 위해 노력해야 한다고 강조하였다.

25 정답 ④
생태 중심주의는 생태계를 온전히 유지하기 위한 노력을 중시하여, 생태계 전반의 포괄적 가치를 강조한다. 이러한 전일론적 관점의 생태 중심주의는 동식물 외에 무생물도 도덕적 고려의 대상으로 삼는다.

2023년 제1회 정답 및 해설

국어 2023년 기출문제

제1회 정답

01 ③	02 ①	03 ④	04 ③	05 ②
06 ④	07 ④	08 ③	09 ④	10 ②
11 ④	12 ②	13 ①	14 ④	15 ①
16 ③	17 ①	18 ②	19 ①	20 ②
21 ②	22 ③	23 ①	24 ③	25 ④

01 정답 ③

'부추'를 지역마다 다른 이름으로 부르는 것으로 '지역 방언'을 나타낸다.

오답피하기

①, ②, ④는 모두 사회 방언을 나타낸다.

02 정답 ①

- '발 없는 말이 천 리 간다.'는 속담은 '말은 순식간에 멀리까지 퍼져 나가므로 말을 삼가야 함'을 의미한다.
- '화살은 쏘고 주워도, 말은 하고 못 줍는다.'는 속담은 '한번 내뱉은 말은 수습할 수 없으니 말을 삼가.'라는 의미이다.
- '가루는 칠수록 고와지고, 말은 할수록 거칠어진다.'는 속담은 '말이 많아지면 오해를 불러일으키기 쉬우므로 말을 아끼라'는 의미이다.

이러한 속담에서 강조하는 담화 관습은 '말을 신중하게 해야 한다.'이다.

03 정답 ④

'그가 친구에게 사실을 밝혔다.'는 주어인 '그가' '사실을 알게 했다'는 의미의 사동 표현이다.

04 정답 ③

'닭을'은 '닭'의 겹받침 중 뒤엣것을 뒤 음절 첫소리로 옮겨 발음하여 [달글]로 발음해야 한다.

05 정답 ②

'선생님께서는 우리를 사랑하신다.'는 주어인 '선생님'을 높이는 주체 높임법이 실현된 문장으로, 주격 조사 '-께서'와 주체 높임 선어말 어미 '-시-'가 쓰였다.

오답피하기

① 목적어인 '어머니'를 높이기 위해 특수 어휘 '모시다'가 사용된 객체 높임법이다.
③ 부사어인 '아버지'를 높이기 위해 부사격 조사 '-께'와 특수 어휘 '여쭙다'가 사용된 객체 높임법이다.
④ 목적어인 '할아버지'를 높이기 위해 특수 어휘 '찾아뵙다'가 사용된 객체 높임법이다.

06 정답 ④

글의 초고에는 설문 조사의 결과가 제시되지 않았다.

오답피하기

① 매점에서 식품을 사 먹고 배탈이 난 경험을 제시하였다.
② '교내 식품 안전 지킴이' 제도 도입을 해결 방안으로 제시하고 있다.
③ 건의 내용이 받아들여진다면 학생들이 안전한 먹거리를 섭취하고 바람직한 식습관을 형성할 수 있을 것이라는 예상 효과를 제시하고 있다.

07 정답 ④

㉣ '하지만'의 앞 문장과 뒤 문장은 서로 반대의 내용이므로 바꿀 필요가 없다.

오답피하기

① ㉠ '먹을'은 문맥의 의미상 과거를 나타내는 '먹은'으로 고쳐야 한다.
② ㉡에 해당하는 문장은 학교 매점의 위생 문제와는 관련이 없는 것이므로 삭제한다.
③ ㉢ '들이려고'는 '(물건 따위를) 안으로 들이다'의 뜻이므로 '드리려고'로 바꿔야 한다.

08 정답 ③

㉠<u>孔·공子·ᄌᆡ</u>曾증子·ᄌᆞ드·려닐·러ᄀᆞᄅᆞ·샤·ᄃᆡ·몸·이며얼굴·이며머·리털·이·며·ᄉᆞᆯ·ᄒᆞᆫ㉡<u>父·부母:모·ᄭᅴ</u>받ᄌᆞ·온거·시·라敢:감·히헐·워샹히·오·디아·니:홈·이:효·도·ᄋᆡ비·르·소미·오·몸·을셰·워道:도·를行ᄒᆡᇰᄒᆞ·야㉢<u>일:홈·을</u>後:후世:셰·예:베퍼·ᄡᅥ㉣<u>父·부母:모ᄅᆞᆯ</u>:현·뎌케:홈·이 :효·도·ᄋᆡᄆᆞ·ᄎᆞᆷ·이니·라

– 『소학언해(小學諺解)』(1587) –

현대어 풀이

공자가 증자에게 일러 말씀하시길, 몸이며 얼굴이며 머리털이며 살은 부모께 받은 것이라, 감히 헐어 상하지 않게 함이 효도의 비롯함이오, 몸을 세워 도를 행하여 이름을 후세에 알림으로써 부모를 현저하게 함이 효도의 마침이니라.

㉢ '일:홈·을'은 체언과 조사를 구분하여 적은 끊어 적기로 표기되었다.

오답피하기

① '공ᄌᆞ' 뒤에 주격 조사 'ㅣ'가 결합한 것이다.
② 'ᄭᅴ'의 초성에는 자음 두 개가 한 번에 쓰이는 어두 자음군이 사용되었다.
④ '父·부母:모'가 양성 모음으로 끝났으므로 양성 모음 목적격 조사 'ᄅᆞᆯ'이 결합되었다.

[9~11] 이육사, 〈절정〉

갈래 | 자유시, 서정시
성격 | 의지적, 지사적
주제 | 극한적 상황을 초극하려는 의지
특징 |
- 현재형 시제를 사용하여 긴장감을 유발함.
- 남성적 어조로 강인한 의지를 표출함.
- 역설적 표현을 통해 주제를 강조함.

09 정답 ④

㉣ '무지개'는 '희망'을 상징하는 시어로 화자가 처한 극한의 고난과 역경을 상징하는 시어인 '매운 계절', '북방', '고원'과는 이질적인 시어이다.

10 정답 ②

이 시는 '매운 계절'이라는 시어를 통해 일제 강점기의 혹독한 현실을 상징하고 있다. 또한 '북방', '고원'을 통해 극한에 달한 고달픈 현실을 나타내지만 화자는 성찰을 통해 '겨울'이라는 혹독한 시기를 '강철로 된 무지개'로 인식함으로써 고난 속에서 희망을 발견하게 된다.
이와 같이 다양한 상징적 시어를 통해 화자가 처한 현실과 의지의 태도를 강조한다.

11 정답 ④

제시된 내용을 통해 작품을 감상하는 표현론적 감상의 관점으로 이 시를 감상하였을 때, 극한의 상황에서도 꺾이지 않는 작가의 항일 의지를 알 수 있다.

[12~14] 김유정, 〈봄 · 봄〉

갈래 | 현대 소설, 단편 소설, 농촌 소설
성격 | 해학적, 토속적
배경 | 1930년대 봄, 강원도 산골 마을
주제 |
- 어수룩한 데릴사위와 장인 사이의 갈등
- 산골 남녀의 순박한 사랑

특징 |
- 비속어와 사투리, 인물의 희극적 행동을 통해 해학성을 유발함.
- 시간의 흐름이 순차적이지 않고 과거와 현재를 오가는 역순행적 구성을 사용함.

12 정답 ②

이 글은 작품 속 주인공인 어수룩한 '나'에 의해 사건이 전개되어 해학성이 두드러지고 있다.

오답피하기

① 장인과 '나', 구장과의 대화를 통해 사건이 전개된다.
③ 주인공인 '나'의 어리숙한 모습이 해학성을 드러낸다.
④ 농촌을 배경으로 당시 데릴사위 제도와 마름과 소작농의 모습 등을 드러내고 있다.

13 정답 ①

구장은 “자네 말두 하기야 옳지.”라며 ‘나’의 상황에 공감하는 이야기로 대화를 시작하고 있다.

14 정답 ④

‘뭉태’는 상황을 제대로 파악하고 ‘나’에게 객관적인 사실을 전달하지만 어리숙한 ‘나’는 뭉태의 말을 믿지 않는다.

[15~16] 정극인, 〈상춘곡〉

갈래 | 가사, 양반 가사
성격 | 묘사적, 예찬적
주제 | 봄 경치에 대한 감상과 안빈낙도
특징 |
- 다양한 표현 방법을 통해 봄의 아름다움을 나타냄.
- 공간의 이동에 따른 봄의 감상을 드러냄.
- 자연을 벗 삼아 살아가는 삶에 대한 자부심을 드러내고 있음.

15 정답 ①

가사는 4음보 연속체의 정형 시가로서, 이 작품도 4음보의 율격이 주로 나타난다.

예 속세에V묻힌 분들V이내 생애V어떠한가(4음보)

오답피하기

② 후렴구를 사용하여 연을 구분하는 것은 민요나 고려 가요이다.
③ 4구체, 8구체, 10구체의 형식은 향가이다.
④ 초장, 중장, 종장의 3장으로 구성되는 것은 시조이다.

16 정답 ③

이 글의 ‘초가집 몇 칸을 푸른 시내 앞에 두고 송죽 울창한 곳에 풍월주인 되었구나.’라는 시구를 통해 화자가 자연에 묻혀 소박한 삶을 즐기고 있다는 것을 알 수 있다. 이 시구에서 ‘풍월주인’은 ‘신선’을 나타내는 것으로 자연에서의 삶에 만족하는 화자의 모습을 나타낸 것이다.

[17~19] 작자 미상, 〈춘향전〉

갈래 | 고전 소설, 판소리계 소설
성격 | 해학적, 풍자적
주제 |
- 신분을 초월한 남녀 간의 사랑
- 불의한 지배 계층에 대한 서민의 항거
특징 |
- 해학과 풍자로 주제가 강조됨.
- 판소리의 영향으로 운문체와 산문체가 혼합됨.

17 정답 ①

판소리계 소설로 판소리로 가창되기도 하였다.

오답피하기

② 판소리와 판소리계 소설은 민간에서 주로 향유되었다.
③ 조선 시대 다양한 계층에 의해 향유되었다.
④ 구전되다가 한글로 기록되었다.

18 정답 ②

소리나 모양을 흉내 내는 음성 상징어는 드러나지 않는다.

오답피하기

① ‘~고, ~고’ 등 유사한 문장 구조를 반복하고 있다.
③ 본관 사또의 모습을 ‘멍석 구멍 생쥐 눈 뜨듯’이라는 비유적 표현으로 희화화하고 있다.
④ ‘문 들어온다 바람 닫아라. 물 마르다 목 들여라.’는 ‘바람 들어온다 문 닫아라. 목 마르다 물 들여라.’라는 문장 단어의 위치를 의도적으로 뒤바꾸어 웃음을 유발하는 언어유희이다.

19 정답 ①

춘향의 절개를 시험하는 어사또의 수청 제안에 춘향은 ‘그런 분부 마옵시고 어서 바삐 죽여 주오.’라며 거절하고 있다.

[20~22] 이훈길, 〈도시를 걷다〉

갈래 | 논설문
성격 | 논리적, 분석적
주제 | 사회적 약자들도 동등하게 이용할 수 있는 도시공원
특징 |
- 도시공원의 정의를 밝힘.
- 사회적 약자들을 배려하지 못한 도시공원의 한계점을 분석적으로 제시함.

20 정답 ②

(나)는 사회적 약자가 접근하기에는 한계를 지닌 도시공원의 상황을 드러내고 있다. 그러므로 '사회적 약자가 선호하는 도시 시설'이라는 중심 내용은 적절하지 않다.

21 정답 ②

㉠ '찾는'은 앞에 나온 '공원을'과 함께 쓰여 '어떠한 장소로 가다.'의 의미로 쓰인 것이다. 가장 유사한 의미로 쓰인 것은 '산을 찾는 사람들이 늘고 있다.'의 '찾는'으로 '산으로 가다'라는 의미로 쓰인 것이다.

오답피하기

① '국산품을 찾는 손님이 많다.'의 '찾는'은 '어떤 것을 구하다.'의 의미이다.
③ '떨어진 바늘을 찾는 일은 어렵다.'의 '찾는'은 '현재 주변에 없는 것을 얻기 위해 여기저기를 뒤지거나 살피다.'의 의미이다.
④ '마음의 안정을 찾는 것이 좋겠다.'의 '찾는'은 '원상태를 회복하다.'의 의미이다.

22 정답 ③

본문에서 알 수 있는 공원을 이용할 때 사회적 약자들의 불편한 점은 대중교통을 이용해서 가기 어렵다는 점, 동선이 복잡하거나 안내 표시가 없어서 불편한 점 등이 있다. 그러나 공원 내에 사회적 약자와 일반인의 공간을 분리해야 한다는 내용은 없다. 오히려 공원은 소통을 할 수 있는 공간이 되어야 한다고 글쓴이는 강조하고 있다.

[23~25] 윤용아, 〈잊힐 권리와 알 권리〉

갈래 | 논설문
성격 | 논리적
제재 | '잊힐 권리'의 법적 보장 문제
주제 | '잊힐 권리'를 법적으로 보장해야 한다.
특징 |
- 철학자의 말을 인용하여 자신의 의견을 뒷받침함.
- 자신의 의견과 다른 의견에 대한 반론을 제시하여 설득력을 드러냄.

23 정답 ①

이 글에 나타난 '잊힐 권리'에 대한 핵심 내용을 요약하는 것은 독자 자신이 글을 이해하는 수준의 소극적 읽기이다.

24 정답 ③

㉮는 "잊힐 권리의 보장으로 '알 권리'라고 하는 또 다른 권리가 침해된다고 주장하는 사람들"로 '잊힐 권리'보다는 '알 권리'를 우선시하는 입장이다. 이러한 입장으로 보면 '잊힐 권리'를 인정하면 정보 비공개로 인해 그 정보를 알고자 하는 사람들의 '알 권리', 즉 공익이 저해될 것을 우려하고 있다고 할 수 있다.

25 정답 ④

㉣ '확실하게'는 '틀림없이' 등으로 바꿀 수 있다.

수학 2023년 기출문제

제1회 정답

01 ④	02 ①	03 ③	04 ②	05 ①
06 ④	07 ①	08 ①	09 ②	10 ④
11 ③	12 ④	13 ②	14 ②	15 ②
16 ③	17 ①	18 ②	19 ③	20 ④

01 정답 ④

| 풀이 |

$A=x^2+2x$, $B=2x^2-x$이므로

$A+B=(x^2+2x)+(2x^2-x)$

$=x^2+2x^2+2x-x$ ← 동류항끼리 정리

$=(1+2)x^2+(2-1)x$ ← 동류항끼리 계산

$=3x^2+x$

따라서 정답은 ④이다.

참고

다항식의 덧셈과 뺄셈은 동류항끼리 계산한다.
이때, 동류항의 계산은 계수끼리 분배법칙을 이용하여 다음과 같이 계산한다.

계수끼리 계산

$3x^2-2x^2=3\times x^2-2\times x^2=(3-2)\times x^2=1x^2=x^2$

동류항끼리!

02 정답 ①

| 풀이 |

x에 대한 항등식이므로 동류항의 계수가 같음을 이용하여 a, b의 값을 구할 수 있다.
좌변의 일차항의 계수는 a이고 우변의 일차항의 계수는 5이므로, $a=5$이다.
또한 상수항을 비교하면, 좌변의 상수항은 3이고 우변의 상수항은 b이므로, $b=3$이다.
그러므로 $a-b=5-3=2$이다.
따라서 정답은 ①이다.

참고

항등식은 좌변과 우변이 항상 같은 식으로,
$ax^2+bx+c=dx^2+ex+f$가 x에 대한 항등식이면,
$a=d$, $b=e$, $c=f$이다.

예

$ax^2+bx+c=x^2+3x-2$

$\Rightarrow a\,x^2+b\,x+c=1\,x^2+3\,x-2$

동류항끼리 비교

$a=1$

$b=3$

$c=-2$

03 정답 ③

| 풀이 |

다항식 $2x^3+3x^2-1$을 $P(x)$라 하면,
$P(x)=2x^3+3x^2-1$이다.
$P(x)$를 $x-1$로 나눈 나머지는 나머지 정리에 의해 (나머지)$R=P(1)$이다.
→ $P(1)=2\times1^3+3\times1^2-1=2+3-1=4$
따라서 정답은 ③이다.

참고

다항식 $P(x)$를

$x-a$로 나눈 나머지는 $P(a)$와 같다.

나누는 식 $x-a=0$이 되는 x의 값 $x=a$를 대입한다.

04 정답 ②

| 풀이 |

인수분해 공식 $x^3-3x^2y+3xy^2-y^3=(x-y)^3$의 계수가 되므로,
공식을 이용하기 위해 y의 자리에 2를 대입하여 표현하면,
$x^3-3x^2\times2+3x\times(2)^2-(2)^3=(x-2)^3$이 된다.
좌변을 정리하여 식을 간단히 하면,
$x^3-6x^2+12x-8=(x-2)^3$이다.

그러므로 $a=2$임을 알 수 있다.
따라서 정답은 ②이다.

| 다른 풀이 |
다항식을 인수분해한 식의 결과는 원래의 식과 같으므로, 다음과 같이 등호로 연결할 수 있다.
$x^3-6x^2+12x-8=(x-a)^3$
a를 구하기 위해 양변에 $x=0$을 대입하면,
$-8=-a^3$ ➜ $a^3=8$
그러므로 $a=2$임을 알 수 있다.

05 정답 ①

| 풀이 |
켤레복소수는 허수부분의 부호를 반대로 바꾼 수를 말한다.
복소수 $5+4i$의 실수부분은 5, 허수부분은 4이므로, $5+4i$의 허수부분의 부호를 반대로 바꾸어 켤레복소수를 구하면, $5-4i$가 된다.
$\therefore a=5,\ b=-4$
$a+b=5+(-4)=1$
따라서 정답은 ①이다.

참고 켤레복소수

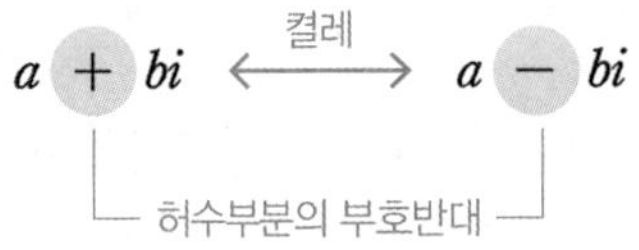

06 정답 ④

| 풀이 |
근과 계수와의 관계 공식을 이용하여 문제를 해결할 수 있다.
$x^2-7x+a=0$에서 두 근을 α, β라 할 때,
공식에 의해, $\alpha+\beta=7$, $\alpha\beta=a$이다.
두 근이 3과 4이므로 대입하면,
$3\times4=a$ ➜ $a=12$
따라서 정답은 ④이다.

참고 근과 계수와의 관계

$ax^2+bx+c=0$

$\alpha+\beta=$ 합 $=-\dfrac{b}{a}$ $\qquad$ $\alpha\beta=$ 곱 $=\dfrac{c}{a}$

| 다른 풀이 |
이차방정식의 근의 성질을 이용하여 a의 값을 구할 수 있다.
$x^2-7x+a=0$의 근이 3과 4이므로, 두 근 중 한 근을 식에 대입하면 식이 성립한다.
$x=3$을 대입하면 ➜ $3^2-7\times3+a=0$이므로,
$9-21+a=0$ ➜ $a=12$이다.

07 정답 ①

| 풀이 |
구간이 제한된 이차함수의 최댓값과 최솟값은 꼭짓점과 구간의 양 끝값을 이용하여 구한다.

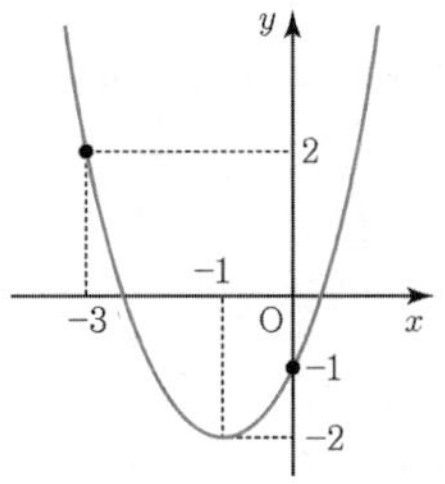

$f(x)=x^2+2x-1\ (-3\le x\le 0)$이라 놓으면,
구간의 양 끝값은 $f(0)=-1$, $f(-3)=2$이고,
꼭짓점이 $(-1, -2)$이므로,
$f(-1)=-2$이다.
이때, 이들 중 가장 작은 값인 -2가 최솟값이 된다.
따라서 정답은 ①이다.

참고 이차함수의 최대, 최소

[x의 범위에 꼭짓점이 포함된 경우]
구간의 양 끝 함숫값과 꼭짓점의 y좌표 중 가장 큰 값을 최댓값, 가장 작은 값을 최솟값이라고 한다.

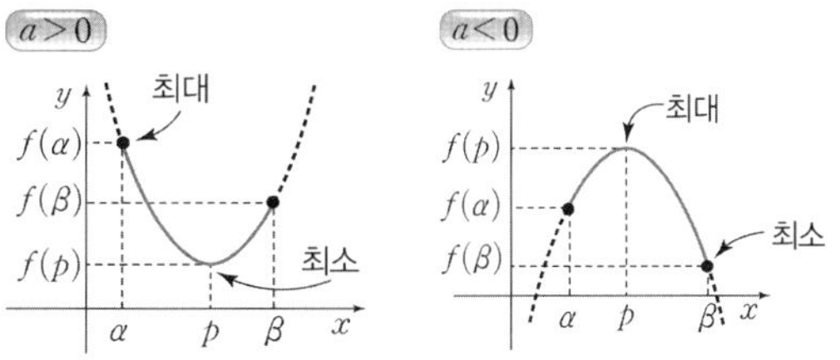

08 정답 ①

| 풀이 |

방정식의 근은 식에 대입하면 식을 참이 되게 하는 값이므로

$x^4+2x^2+a=0$에 $x=1$을 대입하면,

식이 참이 되어 a의 값을 구할 수 있다.

$1^4+2\times1^2+a=0$ ➜ $1+2+a=0$ ➜ $a=-3$

따라서 정답은 ①이다.

참고

방정식의 해 = 등식을 참이 되게 하는 미지수의 값

$x=1$ $x=0$

$2x+1=3$

$2\times1+1=3$ 해

$2\times0+1\neq3$ 해가 아니다.

09 정답 ②

| 풀이 |

연립방정식의 해는 두 식을 동시에 만족시키는 미지수의 값이므로 식에 대입하면 모두 참이 된다.

$\begin{cases} x+y=6 & \cdots\cdots ㉠ \\ xy=a & \cdots\cdots ㉡ \end{cases}$이라 놓고,

$x=4,\ y=b$를 두 식에 각각 대입하면,

㉠ $x+y=6$ ➜ $4+b=6$이므로 $b=2$

㉡ $xy=a$ ➜ $4\times b=a$

위에서 구한 b의 값을 식에 대입하면,

$4\times2=a$ ➜ $a=8$

$\therefore a+b=8+2=10$

따라서 정답은 ②이다.

참고 연립방정식의 해

두 개 이상의 식을 동시에 만족시키는 x, y의 값 또는 그 순서쌍 $(x,\ y)$

10 정답 ④

| 풀이 |

이차부등식 $(x-a)(x-b)\geq0$의 해는

$a<b$일 때, $x\leq a$ 또는 $x\geq b$이다.

주어진 이차부등식은 $(x+3)(x-2)\geq0$이므로,

$a=-3,\ b=2$이다.

그러므로 해는 $x\leq-3$ 또는 $x\geq2$가 된다.

따라서 정답은 ④이다.

(만약, $b<a$인 경우는 $x\leq b$ 또는 $x\geq a$이고,

$a=2,\ b=-3$이 된다.

그러나 해를 구하면 $x\leq-3$ 또는 $x\geq2$로 같기 때문에 둘 중 한 가지로 놓고 풀어도 관계없다.)

참고 이차부등식의 해

$a<b$일 때,	그림	해
$(x-a)(x-b)<0$	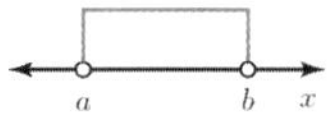	$a<x<b$
$(x-a)(x-b)\leq0$	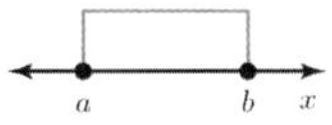	$a\leq x\leq b$
$(x-a)(x-b)>0$	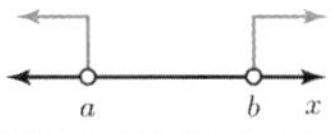	$x<a$ 또는 $x>b$
$(x-a)(x-b)\geq0$	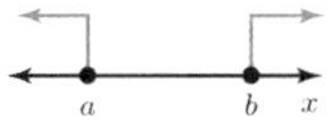	$x\leq a$ 또는 $x\geq b$

11 정답 ③

| 풀이 |

수직선 위의 두 점 $A(x_1)$, $B(x_2)$에 대하여

선분 AB를 $m:n$ $(m>0,\ n>0)$으로

내분하는 점의 좌표는 $x=\dfrac{mx_2+nx_1}{m+n}$이다.

이 공식을 이용하여 좌표를 구하면,

$x=\dfrac{3\times5+1\times1}{3+1}=\dfrac{15+1}{4}=4$

따라서 정답은 ③이다.

참고 수직선 위에서의 내분점과 외분점 공식

수직선 위의 두 점 $\mathrm{A}(x_1)$, $\mathrm{B}(x_2)$에 대하여
선분 AB를 $m : n$ $(m>0, n>0)$으로

내분하는 점 $x=\dfrac{mx_2+nx_1}{m+n}$,

외분하는 점 $x=\dfrac{mx_2-nx_1}{m-n}$ $(m \neq n)$

12 정답 ④

| 풀이 |

기울기가 3이므로, $y=3x+b$이고,
점 $(-2,\ 1)$을 지나므로 식에 대입하면,
$1=3\times(-2)+b$ ➜ $1=-6+b$ ➜ $b=7$
그러므로 직선의 방정식은 $y=3x+7$이 된다.
따라서 정답은 ④이다.

| 다른 풀이 |

한 점 $(x_1,\ y_1)$을 지나고, 기울기가 m인 직선의 방정식은
$y-y_1=m(x-x_1)$임을 이용하여 공식에 대입하면,
$x_1=-2$, $y_1=1$, $m=3$이므로,
$y-1=3(x+2)$
➜ $y=3x+7$이다.

참고

- 기울기와 y절편이 주어진 직선의 방정식

$y = a x + b$
(a ↑ 기울기, b ↑ y절편)

- $(x_1,\ y_1)$을 지나고, 기울기가 m인 직선의 방정식은
➜ $y-y_1=m(x-x_1)$

13 정답 ②

| 풀이 |

중심이 점 $(2, 1)$이고 y축에 접하므로 반지름의 길이가 2이다.
중심이 점 (a, b)이고 반지름의 길이가 r인 원의 방정식은
$(x-a)^2+(y-b)^2=r^2$임을 이용하면,
$(x-2)^2+(y-1)^2=2^2$
➜ $(x-2)^2+(y-1)^2=4$가 된다.
따라서 정답은 ②이다.

참고 원의 방정식 표준형

중심의 좌표가 (a, b)이고 반지름의 길이가 r인 원의 방정식은 ➜ $(x-a)^2+(y-b)^2=r^2$

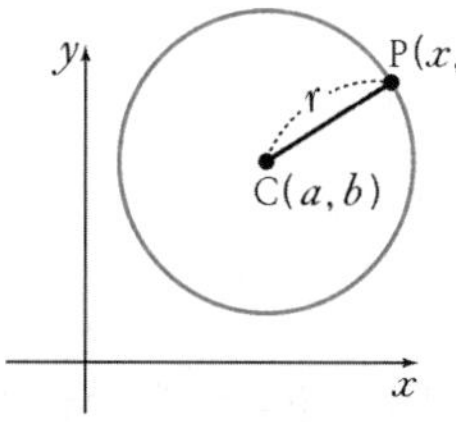

14 정답 ②

| 풀이 |

점 $(2, 4)$를 y축에 대하여 대칭이동하면, x좌표의 부호가 반대로 바뀌므로 $(-2, 4)$가 된다.
(음수 ➜ 양수, 양수 ➜ 음수)
따라서 정답은 ②이다.

참고 y축 대칭

점 $\mathrm{P}(x, y)$를 y축에 대하여 대칭이동한 점을 P_2라 하면, $\mathrm{P}_2(-x, y)$가 된다.

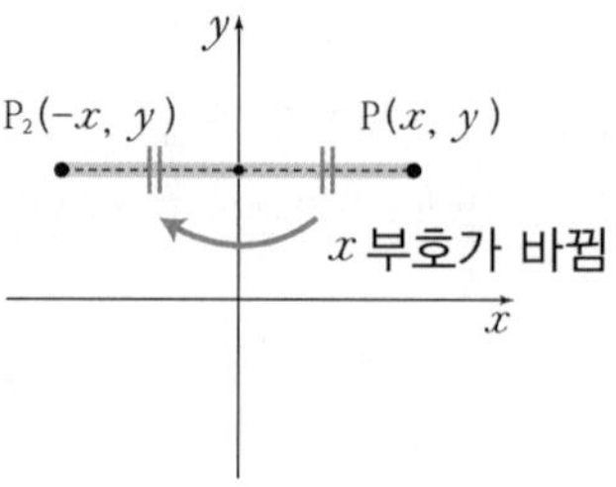

15 정답 ②

| 풀이 |

두 집합의 원소가 모두 같을 때 두 집합은 서로 같은 집합이라 한다.
그러므로 $a-1=3$이고, $a+1=5$이어야
$A=B$이므로, $a=4$
따라서 정답은 ②이다.

16 정답 ③

| 풀이 |

주어진 명제 '평행사변형이면 사다리꼴이다.'에서 가정과 결론을 각각 구하면,
[가정(p) : 평행사변형이다.], [결론(q) : 사다리꼴이다.]
와 같다.
[가정의 부정($\sim p$) : 평행사변형이 아니다.],
[결론의 부정($\sim q$) : 사다리꼴이 아니다.]
명제의 대우는 가정과 결론을 부정하여 순서를 바꾼 것으로, '사다리꼴이 아니면 평행사변형이 아니다.'가 된다.
따라서 정답은 ③이다.

참고 명제의 역과 대우

$p \to q$

↕ 대우

$\sim q \to \sim p$

17 정답 ①

| 풀이 |

$(g \circ f)(3)=g(f(3))$이다.
그림을 보고 $f(3)$을 먼저 구하면, c가 됨을 알 수 있으므로, $(g \circ f)(3)=g(f(3))=g(c)$
$g(c)$ 역시 그림을 보면 5가 된다.
그러므로 $(g \circ f)(3)=g(f(3))=g(c)=5$
따라서 정답은 ①이다.

18 정답 ②

| 풀이 |

$y=\frac{1}{x-2}-1$의 점근선은 $x=2$, $y=-1$이고,

$y=\frac{1}{x}$의 점근선은 $x=0$, $y=0$이므로

유리함수 $y=\frac{1}{x}$의 그래프를 x축의 방향으로 2만큼, y축의 방향으로 -1만큼 평행이동한 그래프는

$y=\frac{1}{x-2}-1$임을 알 수 있다.

$\therefore a=2,\ b=-1 \rightarrow a+b=2+(-1)=1$
따라서 정답은 ②이다.

| 다른 풀이 |

도형의 평행이동을 이용하여 유리함수 $y=\frac{1}{x}$을 x축의 방향으로 a만큼, y축의 방향으로 b만큼 평행이동하면, $y=\frac{1}{x-a}+b$가 되고, 주어진 식은 $y=\frac{1}{x-2}-1$이므로, $a=2$, $b=-1$임을 알 수 있다.

오답피하기

$y=\frac{1}{x-2}-1$의 그래프가 $y=\frac{1}{x}$의 그래프를 x축의 방향으로 -2만큼, y축의 방향으로 -1만큼 평행이동한 것이라 실수하기 쉬우니 주의해야 한다.

19 정답 ③

| 풀이 |

3명 중 2명을 골라 신문의 1면과 2면에 각각 싣는 경우의 수는 3가지 중 2가지를 순열로 택하는 경우의 수와 같으므로
${}_3P_2=3\times2=6$가지이다.
따라서 정답은 ③이다.

| 다른 풀이 |

3명 중 2명을 모두 골라 신문의 1면과 2면에 각각 싣는 경우의 수는 3×2로 6가지이다.
이때, 정확히 구했는지 다음과 같이 수형도를 그려 확인할 수 있다.

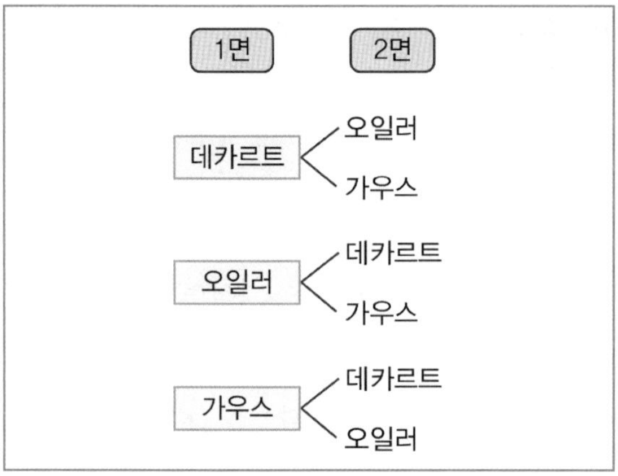

20 정답 ④

| 풀이 |

4종류의 과목 중에서 서로 다른 2종류의 과목을 선택하는 경우의 수는

$\frac{4\times3}{2\times1}=6$이므로, 6가지이다.

[이때, 2×1로 나누는 이유는 책을 2가지 선택하였을 때, 순서가 바뀌어도 같은 결과로 보기 때문이다.]

따라서 정답은 ④이다.

| 다른 풀이 |

4종류의 과목 중에서 서로 다른 2종류의 과목을 선택하는 경우의 수는 과목을 선택하는 순서가 바뀌어도 같은 결과이기 때문에 조합을 이용하여 구할 수 있다.

따라서 ${}_4C_2=\frac{4\times3}{2!}=\frac{4\times3}{2\times1}=6$이므로,

경우의 수는 6가지이다.

영어 2023년 기출문제

제1회 정답

01 ③	02 ③	03 ①	04 ①	05 ④
06 ③	07 ②	08 ③	09 ②	10 ③
11 ①	12 ②	13 ①	14 ④	15 ①
16 ②	17 ②	18 ④	19 ④	20 ④
21 ①	22 ②	23 ④	24 ④	25 ③

01 정답 ③

해석 일요일마다 집에서 쓰레기를 버리는 것이 내 의무(임무)이다.

어휘
- duty 의무, 임무
- take out 버리다
- trash 쓰레기

02 정답 ③

해석 사람들은 팀으로 일할 때 서로에게 의존할 필요가 있다.

어휘
- depend on ~에 의존하다
- each other 서로

03 정답 ①

해석 난 네 덕분에 많은 좋은 사람들을 만났다.

어휘
- thanks to ~ 덕분에, ~ 때문에

04 정답 ①

해석 어떤 나라에서 <u>예의 바른</u> 제스처가 다른 나라에서는 <u>무례한</u> 행동일 수 있다.

① 똑똑한 – 현명한　② 옳은 – 틀린
③ 안전한 – 위험한　④ 같은 – 다른

해설 ②, ③, ④는 반의어 관계인데 ①은 동의어 관계이다.

어휘
- polite 예의 바른
- gesture 제스처
- rude 무례한

05 정답 ④

해석 2023년 K팝 콘서트
8팀의 세계적으로 유명한 K팝 그룹이 공연을 한다!
날짜 : 2023년 6월 8일 (목요일)
장소 : 월드컵 경기장
시간 : 저녁 7시 30분 – 저녁 9시 30분

어휘
- concert 콘서트
- world-famous 세계적으로 유명한
- perform 공연하다, 연주하다
- location 위치, 장소
- stadium 경기장

06 정답 ③

해석
- 우리는 더 잘 보기 위해서 일어서야 했다.
- 난 공공장소에서 규칙을 지키지 않는 사람들을 참을 수가 없어.

어휘
- stand 일어서다, 참다
- can't stand ~을 참을 수 없다.

07 정답 ②

해석
- 진수, 내일 어느 박물관을 방문할 거니?
- 사전은 단어 설명을 해 주는 책이다.

해설 어느, 어떤 = which, 사물 선행사 + which 관계대명사로 공통으로 들어가기에 적절한 것은 which이다.

어휘
- museum 박물관
- dictionary 사전
- explanation 설명
- word 단어, 말

08 정답 ③

해석
- 내 입맛(취향)은 너와 다르다.
- 영어 단어는 다양한 출처(기원)에서 유래한다(온다).

어휘
- be different from ~와 다르다
- come from ~에서 유래하다
- taste 입맛, 취향
- a [wide] variety of 다양한
- source 출처

09 정답 ②

해석 A : 이것 좀 봐, 준호야. 나 수학 시험에 마침내 A를 받았어.
B : 시험 정말 잘 쳤구나. 비결이 뭐니?
A : 심지어 주말에도 늦게까지 안 자고 매일 수학 공부를 했어.
B : 네가 '수고가 없으면 얻는 것도 없다.'는 말의 좋은 사례구나.

어휘
- finally 마침내
- math exam 수학 시험
- secret 비결, 비밀
- stay up late 늦게까지 깨어 있다
- even 심지어

10 정답 ③

해석 A : 비가 억수같이 오네.
B : 비가 억수같이 온다고? 그게 무슨 뜻이니?
A : 그것은 비가 매우 심하게(많이) 온다는 의미야.
B : 정말? 난 표현의 기원에 관심이 있어.

해설 be interested in ~에 관심이(흥미가) 있다란 의미로 ③이 적절하다.

어휘
- rain cats and dogs 비가 억수같이 오다
- mean 의미하다
- heavily 심하게
- origin 기원
- expression 표현

11 정답 ①

해석 A : 좋은 아침입니다, 어떻게 도와드릴까요?
B : 와우, 여기 냄새가 정말 좋군요.
A : 예, 빵이 오븐에서 방금 나왔거든요.
B : 이 방금 구운 빵을 살게요.

해설 빵을 사고파는 제과점이 적절한 장소이다.

어휘
- smell 냄새가 나다
- bread 빵
- oven 오븐
- freshly baked (신선하게) 방금 구운

12 정답 ②

해석 웃는 것은 스트레스를 줄이고 혈압을 낮추며 우리의 신체 건강에 기여한다. 웃는 것은 또한 좋은 운동이 주는 같은 방식으로 기분을 좋게 하는 호르몬의 양을 증가시킨다. 그리고 무엇보다, 웃음은 다른 사람들과 우리가 어떻게 관계를 갖는지에 영향을 준다.

어휘
- reduce 줄이다
- stress 스트레스
- lower 낮추다
- blood pressure 혈압
- contribute to ~에 기여하다
- physical well-being 신체 건강
- increase 증가시키다
- amount 양
- hormone 호르몬
- exercise 운동
- most of all 무엇보다
- influence 영향(을 미치다)
- relate to ~와 (사회적) 관계를 갖다

13 정답 ①

해석 A : 맷, ① 우리 어디를 먼저 갈까?
B : N서울타워는 어때? 우리는 그 타워에서 도시 전체를 볼 수 있어.
A : 그 후에는, 서울 한양도성을 따라 걷자.
B : 완벽해! 자, 서울 탐험을 하러 가자.
② 당신은 생계를 위해 무엇을 하나요(직업이 뭔가요)?
③ 당신은 얼마나 자주 이곳에 오나요?
④ 왜 당신은 배우가 되기를 원하나요?

어휘
- whole 전체의
- along ~을 따라서
- explore 탐험하다

14 정답 ④

해석 A : 친구를 더 만들려면 무엇을 해야 할까?
B : ④ 네 주변 사람들에게 친절하게 대하는 것이 중요해.
① 쉽게 화를 내는 것
② 지금 네 주문을 취소하는 것
③ 예약을 확인하는 것

어휘
- important 중요한
- get angry 화를 내다
- cancel 취소하다
- order 명령, 주문
- reservation 예약

15 정답 ①

해석 A : 넌 쇼핑 팁 좀 나누어 줄 수 있어?
B : 물론이지. 먼저, 항상 예산을 명심해.
A : 좋은 지적이야. 다른 것은?
B : 또한, 단지 세일(할인)한다고 물건을 사지는 마.
A : 고마워! 그것들은 멋진 팁이네.

어휘
- share 공유하다, 함께 나누다
- tip 조언, 팁
- point 요점, 핵심

16 정답 ②

해석 많은 사람들이 조언해 줄 누군가를 찾는 것을 힘들어한다. 여러분은 약간의 개인적인 문제가 있을 수도 있고 그것에 관해 부모님 또는 친구들에게 말하고 싶지 않을 수도 있다. 우리 온라인 협력 단체와 함께 하는 것은 어떤가? 우리는 여러분을 돕기 위해 이곳에 있다.

해설 협력 단체 가입을 권하는 목적으로 쓴 글이다.

어휘
- have difficulty -ing ~하는 데 어려움을 겪다
- advice 조언, 충고
- personal 개인적인
- online support group 온라인 협력 단체

17 정답 ②

해석 판매
특징 : 6줄 기타입니다.
상태 : 중고지만 좋은 상태입니다.
가격 : 150달러 (원래 가격은 350달러)
연락 : 질문이 있으시면, 014-4365-8704로 전화주세요.

해설 새것이 아니라 중고이므로 ②가 일치하지 않는다.

어휘 • sale 판매
• feature 특징
• string 줄
• condition 상태
• used 사용한, 중고의
• original 원래의
• contact 연락, 접촉

18 정답 ④

해석 지구의 시간 캠페인에 동참하는 것은 어떤가? 그 캠페인은 2007년 호주 시드니에서 시작되었다. 요즘은 전 세계 7,000개 이상의 도시들이 참여하고 있다. 지구의 시간 캠페인은 3월 마지막 주 토요일에 열린다. 그날에 사람들은 저녁 8시 30분에서 9시 30분까지 전등을 끈다.

해설 하루 종일이 아닌 저녁에 1시간 전등을 끈다.

어휘 • Earth Hour 어스아워, 지구촌 불끄기 캠페인
• participate 참가하다
• take place 개최되다, 열리다
• turn off 끄다
• light 전등

19 정답 ④

해석 최근 연구는 성공한 사람들이 아침에 어떻게 시간을 보내는지를 보여 준다. 그들은 일찍 일어나 조용한 시간을 즐긴다. 그들은 규칙적으로 운동을 한다. 게다가, 그들은 그날 해야 할 것들의 목록을 작성한다. 작은 습관들이 성공을 위한 큰 차이를 만들 수 있다.

어휘 • recent 최근의
• research 연구, 조사
• successful 성공한
• spend 보내다, 쓰다
• exercise 운동하다
• regularly 규칙적으로
• habit 습관
• difference 차이

20 정답 ④

해석 자신을 발전시키는 사람들은 그들이 무엇을 잘못했는지 이해하려고 노력하고, 그래서 그들은 다음에 더 잘할 수 있다. 실수에서 배우는 그 과정은 그들을 더 똑똑하게 만든다. 그들에게, 모든 <u>실수</u>는 더 나은 곳으로 향하는 단계이다.

어휘 • improve 발전시키다, 향상시키다
• process 과정
• step 계단, 단계

21 정답 ①

해석 난 <u>애완동물</u>로 앵무새를 키우고 싶다. 네게 그 이유를 말해줄게. 첫째, 앵무새는 내 말을 따라 한다(반복한다). 내가 앵무새에게 "안녕"이라고 말하면, 그 녀석은 나에게 "안녕"이라 말할 것이다. 다음은, 멋지고 화려한 깃털을 가지고 있어서 그것을 보는 것이 나를 행복하게 만들 것이다. 마지막으로, 앵무새는 집에서 키우는 대부분의 다른 동물들보다 더 오래 산다.

어휘 • parrot 앵무새
• repeat 반복하다
• gorgeous 멋진
• feather 깃털
• keep 키우다

22 정답 ②

해석 플라스틱은 매우 유용한 물질이다. 그 유용성은 플라스틱이 싸고, 가볍고, 그리고 강하다는 사실에서 나온다. (하지만, 그 유용성에도 불구하고, 플라스틱은 환경을 심하게 오염시킨다.) 예를 들어, 플라스틱은 쓰레기 매립지에 수백 또는 심지어 수천 년 동안 남아서, 토양을 오염시킨다. 이 문제의 가장 좋은 해결책은 플라스틱의 친환경적인 대안을 만드는 것이다.

어휘 • despite ~에도 불구하고
• usefulness 유용성
• plastic 플라스틱
• pollute 오염시키다
• environment 환경
• severely 심하게
• useful 유용한

• material 물질
• fact 사실
• lightweight 가벼운
• remain 남아 있다
• landfill 쓰레기 매립지
• result in ~라는 결과를 낳다
• soil pollution 토양 오염
• solution 해결책
• create 만들다
• eco-friendly 친환경적인
• alternative 대안

23 정답 ④

해석 콩은 수천 년 동안 우리와 함께 있어왔다. 콩은 어디서나 키우기 쉽다. 더 중요한 것은, 콩은 단백질이 많고 지방은 적다. 이 요인들이 콩을 전 세계 가장 위대한 슈퍼푸드 중 하나로 만든다. 이제, 콩이 전 세계에서 어떻게 다양하게 요리되는지를 배워 보자.

해설 이 글 뒤에 콩의 다양한 요리법이 이어지는 것이 적절하다.

어휘 • bean 콩
• grow 기르다, 키우다
• protein 단백질
• fat 지방
• factor 요인
• superfood 슈퍼푸드, 훌륭한 음식
• a variety of 다양한

24 정답 ④

해석 자원봉사를 하는 것은 당신에게 건강한 정신을 준다. 한 설문조사에 따르면, 자원봉사자의 96%가 자원봉사를 한 후 더 행복함을 느낀다고 한다. 만약 당신이 지역사회에서 다른 사람들을 돕는다면, 당신은 자신에 대해 더 좋게 느낄 것이다. 또한 그것은 당신이 일상생활에서 당신을 도울 수 있는 더 많은 에너지를 가지고 살 수 있는 동기를 줄 수 있다. 그러므로, 당신은 삶에 더 ④ 긍정적인 관점을 가지게 될 것이다.
① 부끄러운, ② 쓸모없는, ③ 불행한

어휘 • volunteer 자원봉사를 하다, 자원봉사자
• healthy 건강한
• mind 마음, 정신
• according to ~에 따르면
• survey 설문조사
• report 보고하다, ~라고 (말)하다
• community 지역사회
• motivate 동기를 부여하다
• in one's ordinary daily life 일상생활에서
• therefore 그러므로
• view 관점, 보기

25 정답 ③

해설 자원봉사의 이점에 관한 글이다.

사회 2023년 기출문제

제1회 정답

01 ④	02 ③	03 ③	04 ①	05 ②
06 ②	07 ①	08 ①	09 ②	10 ④
11 ③	12 ③	13 ④	14 ②	15 ③
16 ④	17 ③	18 ①	19 ②	20 ④
21 ②	22 ①	23 ④	24 ③	25 ①

01 정답 ④

헌법은 국민의 기본적 인권과 국가 운영 원리를 규정한 국가의 최고상위법이다. 인권을 국민의 기본권으로 명시하여 헌법에서 보장한다.

오답피하기

① 명령은 법률에 따라 행정기관이 제정하는 규범이다.
② 법률은 국회에서 제정한 규범이다.
③ 조례는 지방의회에서 제정하는 규범이다.

02 정답 ③

청구권은 국가에 대해 일정한 행위를 청구할 수 있는 권리로 다른 기본권을 보장하기 위한 수단적 권리이다. 청구권에는 청원권, 재판 청구권, 국가 배상 청구권이 있다.

오답피하기

① 자유권은 가장 오래된 기본권으로 국가로부터 개인의 자유로운 생활을 간섭받지 않을 권리이다.
② 참정권은 국가의 의사 결정 과정에 참여할 수 있는 권리이다.
④ 평등권은 성별, 종교, 사회적 신분 등에 의해 불합리한 차별을 받지 않을 권리이며 다른 기본권 보장의 전제 조건이다.

03 정답 ③

㉠은 인권이다. 인권은 인간 존엄성을 유지하며 살아갈 수 있도록 모든 사람이 누려야 하는 기본적인 권리이다. 천부성, 보편성, 불가침성, 항구성을 특성으로 한다.

04 정답 ①

편익은 어떤 대안을 선택함에 따라 얻을 수 있는 만족이나 이득이다.

오답피하기

② 희소성은 인간의 욕구는 무한한 데 비해 이를 충족시켜 줄 자원이 부족한 상태를 의미한다.
③ 금융 자산은 주식이나 채권, 예금 등을 가리킨다.
④ 암묵적 비용은 실제로 지불한 것은 아니지만 어떤 대안을 선택함에 따라 얻을 수 있었으나 포기한 경제적 이익이다.

05 정답 ②

두 나라 이상의 국가들의 합의에 의해 만들어진 국제협력체를 국제기구라 한다.
다문화 사회는 사회 현상으로 국제기구와 관련이 없다.

오답피하기

① 유럽 연합(EU)은 유럽 여러 나라가 세계 시장에서 경쟁력을 높이기 위해 결성한 기구이다.
③ 세계 무역 기구(WTO)는 무역 자유화를 통해 세계적인 경제발전을 목적으로 하는 기구이다.
④ 경제 협력 개발 기구(OECD)는 경제발전과 세계 무역 촉진을 위하여 형성된 국제기구이다.

06 정답 ②

독과점 문제, 외부 효과, 공공재 부족은 시장 실패 사례이다. 시장 실패는 시장에서 자원의 배분이 효율적으로 이루어지지 못하는 상태이다. 시장 실패의 해결을 위해 시장에 정부가 개입하는 수정 자본주의가 등장하였다.

오답피하기

① 남초 현상은 한 집단 내에서 남성의 수가 여성의 수보다 많은 상태를 말한다.

③ 규모의 경제는 생산 규모의 확대에 따라 원료 대량 구입으로 생산비가 절감되는 현상을 말한다.

④ 소비자 주권은 소비자가 재화와 서비스의 생산 형태나 수량 등을 결정하는 데 결정적인 권한을 가지고 있음을 의미한다.

07 정답 ①

헌법 제3장 제40조는 국회, 제4장 제66조는 정부, 제5장 제101조는 법원의 내용이다. 이를 통해 국회, 정부, 법원이 서로 견제하는 권력 분립 제도가 적절함을 알 수 있다.

오답피하기

② 사회 보장 제도는 어려움에 처한 사회 구성원들의 생활을 사회 정책을 통하여 해결해 주는 복지제도이다.

③ 위헌 법률 심판은 국회에서 정한 법률이 헌법에 위반되는지 여부를 헌법 재판소가 심판하는 일이다.

④ 헌법 소원 심판은 국가의 공권력 행사나 불행사로 국민의 기본권이 침해된 경우에 국민이 헌법 재판소에 이의 구제를 직접 청구하고 헌법 재판소가 심판하는 제도이다.

08 정답 ①

공공 부조는 국가가 전액 지원하여 저소득 계층의 최저 생활을 보장하는 제도이다. 공공 부조의 종류로는 국민 기초 생활 보장 제도, 기초 연금, 의료 급여 등이 있다.

오답피하기

④ 지리적 표시제는 농산물 및 그 가공품의 특징이 지리적 특성에 기인하는 경우 그 지역의 특산품임을 인증하는 제도이다.

09 정답 ②

자산 관리의 원칙은 안전성, 수익성, 유동성이 있다. 원금에 비해 얻을 수 있는 이익의 정도는 수익성을 말한다. 안전성은 금융 상품의 원금과 이자가 보전될 수 있는 정도, 유동성은 필요할 때 쉽게 현금으로 전환할 수 있는 정도이다.

10 정답 ④

문화의 이해 태도는 문화를 평가의 대상으로 보는 자문화 중심주의와 문화 사대주의, 문화를 이해의 대상으로 보는 문화 상대주의가 있다.

ㄷ. 문화 사대주의는 다른 사회의 문화가 우월하며 자신의 문화를 열등하다고 여기는 태도이다.

ㄹ. 자문화 중심주의는 자기 사회의 문화는 우수하며 다른 사회의 문화는 열등하다고 여기는 태도이다.

오답피하기

ㄱ. 문화 상대주의는 다른 사회의 문화를 해당 사회의 맥락에서 이해하는 태도이다.

ㄴ. 자유 방임주의는 국가 권력의 간섭을 최소한도로 제한하고 사유재산과 기업의 자유를 강조하는 이론이다.

11 정답 ③

로컬 푸드 운동과 공정 무역 제품을 소비하는 것은 윤리적 소비에 해당한다. 윤리적 소비란 소비자가 윤리적인 가치 판단에 따라 상품이나 서비스를 구매하는 것이다. 로컬 푸드는 장거리 운송을 거치지 않은, 가까운 지역에서 생산되는 농산물을 의미한다.

오답피하기

① 뉴딜 정책은 실업 구제 사업과 대규모 공공사업 등을 통해 유효 수요를 늘리려는 정부 정책이다.

② 유리 천장이란 투명한 유리로 가로막혀 있어서 충분한 능력을 갖춘 구성원, 특히 여성이 조직 내에서 고위직으로 승진하지 못하는 상황을 비유적으로 표현한 것이다.

④ 샐러드 볼 이론은 다양한 문화들이 동등한 상태에서 조화를 이루는 다문화주의를 말한다.

12 정답 ③

세계 인권 선언은 2차례의 세계 대전 이후 국제 연합 총회에서 채택된 인권에 관한 세계 선언이다.

오답피하기

① 권리 장전은 영국의 명예 혁명의 결과로 이루어진 권리 선언이다.
② 바이마르 헌법은 1919년 바이마르 공화국의 헌법으로 사회권이 최초로 규정된 헌법이다.

13 정답 ④

둘 이상의 다른 문화가 장기간 접촉하여 문화 변화 등이 일어나는 현상을 문화 접변이라 한다. 문화 접변의 결과 문화 동화, 문화 병존, 문화 융합이 나타나며 문화가 다른 문화에 흡수되어 소멸되는 현상을 문화 동화라 한다.

오답피하기

③ 문화 병존은 다른 사회의 문화 요소와 기존의 문화 요소가 각각의 고유한 문화적 특성을 유지하며 한 사회에서 함께 공존하는 현상이다.

14 정답 ②

한대 기후는 평균 기온 10℃ 미만이다. 무수목 기후로 순록의 유목과 사냥을 통해 식량을 공급한다. 의복은 가축의 털로 만든 옷을 입고, 주 생활은 얼음집 이글루를 짓는다.

오답피하기

ㄴ, ㄹ. 이동식 화전 농업과 통풍을 위한 큰 창문은 열대 우림 지역에서 나타난다.

15 정답 ③

바다에서 급격한 지각 변동으로 높은 파도가 해안으로 밀려와 많은 물적·인적 자원의 피해를 주는 것은 지진 해일이다.

오답피하기

① 가뭄은 오랫동안 비가 내리지 않아 발생하며 식수 부족, 농업용수 부족으로 식물이 말라 죽는다.
② 폭설은 많은 눈이 단시간에 집중해서 내리는 현상으로 교통 혼잡, 비닐하우스 붕괴 등의 피해가 나타난다.
④ 열대 저기압은 강한 바람과 많은 강수를 동반하여 재산과 인명 피해를 유발한다. 지역에 따라 태풍, 허리케인, 사이클론 등 다양한 명칭으로 불린다.

16 정답 ④

㉠ 석탄은 산업 혁명의 동력 자원이며 고생대 지층에 매장되어 있다.
㉡ 석유는 동력 자원과 석유 화학의 원료로 사용되며 세계에서 소비량이 가장 많은 화석 연료이다. 신생대 지층에 매장되어 있다.

오답피하기

천연가스는 액화 기술의 발달로 사용량이 증가하고 있다. 오염물질 배출이 적으며 가정용으로 많이 사용된다. 신생대 지층에 매장되어 있다.

17 정답 ③

이슬람은 돼지고기와 술을 금기시하며 전통 의복으로 히잡, 니캅, 차도르, 부르카 등이 있다.

오답피하기

① 몽골은 건조 기후 지역으로 주로 유목을 하며 이동식 가옥인 게르가 나타난다.
② 판초는 기다란 천 가운데에 있는 구멍에 머리를 들이밀어 입는 옷으로 남미 지역의 전통 의상이다.
④ 마타도르는 투우사를 의미하는 이름의 칵테일이다.

18 정답 ①
교통의 발달로 교외화 현상이 나타나며 대도시의 영향력이 확대되면서 형성되는 생활권을 대도시권이라 한다.

오답피하기
② 누리 소통망(SNS)은 온라인상에서 다른 사람들과 교류할 수 있는 서비스이다.
③ 커뮤니티 매핑은 사람들이 특정 주제와 관련한 지도를 만드는 제작 활동이다.
④ 지리 정보 시스템(GIS)은 지리 정보를 분석 가공하여 활용하는 시스템이다.

19 정답 ②
열섬 현상은 도시 내 콘크리트나 아스팔트로 포장된 면적 증가, 인공 열 증가로 도시의 평균 기온이 주변 지역보다 높아지는 현상이다.

오답피하기
① 낡고 오래된 주택들이 모여 있는 곳으로 슬럼(slum)이라고 한다.
③ 접근성이 좋은 대도시가 주변의 중소 도시, 농촌의 경제력을 흡수하여 지역 격차가 심화되는 현상을 빨대 효과라 한다.
④ 외국인을 혐오하는 심리 상태를 제노포비아라 한다.

20 정답 ④
인구 분포의 사회적 요인으로 산업, 교통, 문화 등이 있으며 자연적 요인으로는 기후와 지형이 있다.

오답피하기
①, ②, ③은 자연적 요인에 해당한다.

21 정답 ②
인도와 파키스탄의 분쟁 지역인 카슈미르는 B지역에 해당한다.

오답피하기
① A지역은 카스피해이다. 카스피해는 많은 양의 석유와 천연가스가 매장되어 있으며 카스피해를 바다로 보자는 입장과 호수로 보자는 입장의 갈등 지역이다.
③ C지역은 난사 군도이다. 이 지역은 중국, 필리핀, 베트남, 말레이시아, 브루나이, 타이완 등이 영유권을 주장하고 있다.
④ D지역은 쿠릴 열도이다. 1905년 러・일 전쟁 이후 일본의 영토로 편입되었고 제2차 세계 대전 이후 소련이 점령함으로써 영토 분쟁이 발생되었다.

22 정답 ①
정보 통신의 발달로 원격 진료나 원격 교육, 전자 상거래가 가능해지면서 생활의 많은 부분이 변화되었다. 정보화로 인해 시공간의 제약이 약화되었지만 완전히 사라진 것은 아니다.

23 정답 ④
농업 중심의 사회에서 공업, 서비스업 중심으로 변화하는 현상을 산업화라 한다. 산업화와 함께 도시화가 나타나기 때문에 녹지 면적은 감소된다. 농업 사회에서 산업사회로 변화되면서 다양한 직업이 등장하였다.

24 정답 ③
정부 기관 또는 민간에서 대규모 개발 사업 계획을 수립할 때 개발 사업이 환경에 미치는 영향을 미리 예측하고 평가하는 제도를 환경 영향 평가라 한다.

오답피하기
① 비주류 문화를 주류 문화로 편입시키는 것을 용광로 이론이라 한다.
② 공적 개발 원조는 개발도상국의 경제, 사회, 복지 증진을 목적으로 하는 정부 개발 원조이다.
④ 비핵보유국이 새로 핵무기를 보유하는 것을 금지하는 조약을 핵 확산 금지 조약이라 한다.

25 정답 ①
그린피스(Greenpeace)는 비정부 기구로 1971년에 설립된 국제 환경 보호 단체이다.

오답피하기
② 브렉시트(Brexit)는 영국의 유럽 연합(EU) 탈퇴를 뜻하는 말이다.
③ 국제통화기금(IMF)은 세계무역 안정을 목적으로 설립한 국제금융기관이다.
④ 세계 보건 기구(WHO)는 보건 분야의 국제적인 협력을 위하여 설립한 국제 연합(UN)의 전문 기구이다.

과학 2023년 기출문제

제1회 정답

01 ④	02 ②	03 ④	04 ①	05 ④
06 ②	07 ③	08 ②	09 ④	10 ②
11 ①	12 ④	13 ③	14 ④	15 ②
16 ③	17 ④	18 ①	19 ②	20 ③
21 ①	22 ①	23 ③	24 ③	25 ①

01 정답 ④
핵발전은 우라늄이 핵분열할 때 발생하는 열로 물을 끓이고 이때 발생하는 수증기로 터빈을 돌려 전기 에너지를 생산한다.

02 정답 ②
열효율은 공급된 열량 중 열기관이 한 일의 비율을 말한다.

$$열효율 = \frac{한\ 일의\ 양}{공급된\ 열량} \times 100$$이므로

$$20\% = \frac{열기관이\ 한\ 일}{100J} \times 100$$이다.

따라서 열기관이 한 일은 20J이다.

03 정답 ④
자유 낙하 운동은 물체가 중력만 받아 낙하하는 운동으로 1초마다 9.8m/s씩 일정하게 증가하는 등가속도 운동이다.
④ 중력의 방향은 모두 지구 중심 방향(연직 아래 방향)으로 같다.

오답피하기
① 가속도는 물체의 단위 시간당 속도 변화량으로 자유 낙하 운동은 1초마다 일정한 빠르기로 증가하므로 가속도가 일정하다.
② 자유 낙하 운동은 점점 빠르기가 빨라지는 운동이므로 속도가 증가한다.
③ 자유 낙하 운동은 중력을 받아 낙하하는 운동을 말한다.

04 정답 ①
운동량은 운동하는 물체가 갖는 물리량으로 물체의 질량과 속도의 곱으로 계산한다.
물체 A와 B의 운동량의 크기가 같으므로
A의 운동량 3kg × 1m/s는 B의 운동량이 된다.
따라서 3kg · m/s = 1kg × (B의 속도)가 된다.
이를 계산하면 B의 속도는 3m/s이다.

05 정답 ④
탄소 나노 튜브는 신소재 중 하나로 그래핀이 원통 튜브 모양으로 말려 있는 구조이다. 탄소 나노 튜브는 열과 전기 전도성이 높고 강철보다 강도가 뛰어난 특징을 갖는다.

06 정답 ②
ㄷ. 염화 나트륨(NaCl)은 이온 결합 물질로 물에 잘 녹고 물에 녹아 양이온과 음이온으로 나뉘어 전기가 통한다.

오답피하기
ㄱ, ㄴ. 설탕은 공유 결합 물질로 물에 잘 녹지만 물에 녹아 이온으로 나뉘지 않으므로 전류가 흐르지 않는다.

07 정답 ③
③ 전력 수송 과정에서 전류가 흐를 때 저항에 의해 전기 에너지의 일부가 열에너지로 전환되어 전력 손실이 발생한다.

오답피하기
① 발전은 발전소에서 전기 에너지를 생산하는 것으로 발전소에서는 전기 에너지가 생산된다.
② 변전은 전압을 높이거나 낮추는 과정이다.
④ 주상 변압기를 통해 높은 전압을 낮추어 가정으로 전기 에너지를 공급한다.

08 정답 ②
네온은 가장 바깥 전자껍질의 전자 수가 8개로 안정한 비활성 기체이다. 산소는 가장 바깥 전자껍질의 전자 수가 6개 있으므로 네온과 같은 전자 배치를 갖기 위해서는 2개의 전자가 더 필요하다.

09 정답 ④
전자를 얻거나 산소를 잃는 반응을 환원이라고 한다. 은 이온은 전자를 얻었으므로 환원되어 은이 된다.

오답피하기
① **산화** : 전자를 잃거나 산소를 얻는 반응
② **연소** : 물질이 산소와 결합하여 빛과 열을 내며 타는 현상
③ **중화** : 산과 염기가 반응하여 물을 생성하는 반응

10 정답 ②
붉은색 리트머스 종이를 푸른색으로 변하게 하는 것은 염기로 염기의 공통 성질은 염기가 물에 녹아 내놓는 수산화 이온(OH^-)에 의해 나타난다.
② KOH(수산화 칼륨)은 물에 녹아 수산화 이온(OH^-)을 내놓는 염기이다.

오답피하기
① HCl, ③ HNO_3, ④ H_2SO_4은 모두 물에 녹아 수소 이온(H^+)을 내놓는 산이다.

11 정답 ①
산의 수소 이온(H^+)과 염기의 수산화 이온(OH^-)이 반응하여 물이 생성될 때 수소 이온(H^+)과 수산화 이온(OH^-)은 1 : 1의 개수비로 반응한다.

12 정답 ④
단백질의 단위체는 아미노산으로 20가지가 있다. 이 같은 아미노산이 펩타이드 결합을 통해 폴리펩타이드를 형성하고 입체 구조를 형성하면서 단백질이 형성된다.

13 정답 ③

하나의 종에서 나타나는 유전자의 다양한 정도를 유전적 다양성이라고 한다. 유전적 다양성이 높으면 급격한 환경 변화가 일어났을 때 멸종될 확률이 낮아진다.

오답피하기

① **군집** : 일정한 지역에서 서로 관계를 맺고 살아가는 여러 개체군의 집단이다.
② **개체군** : 일정한 지역에 같은 종의 개체가 무리를 이루는 것이다.
④ **생태계 다양성** : 생물 서식지의 다양한 정도를 의미한다.

14 정답 ④

물질대사는 생명체 내에서 일어나는 화학 반응으로 물질을 합성하는 동화 작용과 물질을 분해하는 이화 작용으로 구분할 수 있다. 물질대사 과정에는 에너지 출입이 일어나 에너지 대사라고도 한다.

오답피하기

① **삼투** : 세포막을 경계로 농도가 낮은 용액에서 농도가 높은 용액으로 물이 이동하는 현상이다.
② **연소** : 물질이 빛과 열을 내며 타는 것을 말한다.
③ **확산** : 입자가 스스로 운동하여 농도가 높은 쪽에서 낮은 쪽으로 퍼져나가는 현상을 말한다.

15 정답 ②

광합성은 식물의 엽록체에서 이산화 탄소, 물을 이용하여 포도당과 산소가 생성되는 반응으로 빛에너지가 화학에너지로 전환되는 과정이다.

오답피하기

① **핵** : 생명 활동의 중심으로 유전 물질이 저장되어 있다.
③ **세포막** : 물질 출입 조절에 관여한다. 선택적 투과성이 있다.
④ **미토콘드리아** : 세포 호흡이 일어나는 장소이다.

16 정답 ③

유전 정보의 전달 과정은 생명 중심 원리에 따른다. 생명 중심 원리는 DNA의 유전 정보를 RNA에 전달하고 RNA를 이용하여 단백질이 합성되는 흐름이다. 전사는 DNA의 유전 정보를 ㉠ RNA로 전달하는 과정이고, 번역은 RNA에 유전 정보에 따라 ㉡ 단백질이 합성되는 과정이다.

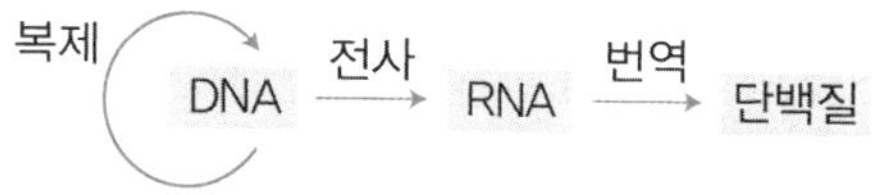

17 정답 ④

DNA는 이중 나선 구조로 유전 정보를 저장하는 역할을 한다. DNA의 구성 염기는 A(아데닌), G(구아닌), T(타이민), C(사이토신)이다.

18 정답 ①

생태계의 구성 요소 중 생물적 요인은 역할에 따라 생산자, 소비자, 분해자로 구분된다.
A는 생산자로 스스로 양분을 만들 수 있는 벼와 같은 식물이 대표적인 예이다.

오답피하기

②, ③ 토끼, 독수리는 다른 생물을 먹이로 하여 양분을 얻는 소비자이다.
④ 곰팡이는 다른 생물의 사체나 배설물을 분해하여 양분을 얻는 분해자이다.

19 정답 ②

공룡은 중생대의 표준 화석이다. 중생대의 표준 화석은 공룡, 암모나이트가 있다.

20 정답 ③

A : 지각 B : 맨틀 C : 외핵 D : 내핵
지구 내부의 층상 구조 중 외핵(C)만 액체 상태이다.

21 정답 ①

판과 판이 멀어지는 발산형 경계는 맨틀 상승에 의해 새로운 판이 생성되는 경계를 말한다. 발산형 경계에 발달하는 지형은 해령과 열곡이다.

오답피하기

②, ③ 해구와 호상 열도는 맨틀이 하강하며 판이 소멸되는 수렴형 경계에 발달하는 지형이다.

④ 변환 단층은 판과 판이 어긋나는 보존형 경계에서 나타나는 지형으로 판의 생성과 소멸은 없다.

22 정답 ①

화산 활동은 지권에서 일어나는 현상이고 대기 중으로 방출되는 것은 기권에 영향을 주는 것이므로 기권과 지권 사이의 상호 작용인 A가 해당한다.

23 정답 ③

엘니뇨는 평상시보다 무역풍이 약해지면서 적도 부근의 따뜻한 해수가 동쪽으로 이동하여 동태평양은 평상시보다 표층 수온이 높아져 홍수나 폭우가 나타나고, 서태평양은 평상시보다 수온이 낮아져 수증기 증발이 감소하여 날씨가 건조해지고 가뭄, 산불이 자주 발생하는 것을 말한다.

24 정답 ③

스펙트럼은 빛이 분광기를 통과할 때 파장에 따라 나누어져 나타나는 색의 띠를 말한다.

ㄱ. 불연속적이며 특정한 파장에 대해 선 형태로 나타나는 스펙트럼을 선 스펙트럼이라고 한다.

ㄴ. 가시광선이란 눈으로 볼 수 있는 영역의 빛으로 맨눈으로 관찰한 결과이므로 가시광선 영역에 속한다.

오답피하기

ㄷ. 원소의 종류에 따라 스펙트럼의 선의 위치와 개수가 모두 다르므로 헬륨의 스펙트럼은 다르다.

25 정답 ①

질량이 태양 정도인 별의 중심부에서는 핵융합을 통해 헬륨, 탄소, 산소까지 만들어질 수 있다. ㉠은 수소 핵융합 반응에 의해 형성된 헬륨이고, 별의 중심부로 갈수록 온도가 높아지면서 헬륨의 핵융합 반응이 일어나 헬륨보다 무거운 탄소나 산소까지 만들어진다.

오답피하기

③ 철은 질량이 태양의 10배 이상인 별의 중심부에서 만들어질 수 있다.

④ 우라늄, 금과 같이 무거운 원소는 별의 중심부가 아닌 초신성 폭발을 통해 만들어진다.

한국사 2023년 기출문제

제1회 정답

01 ③	02 ①	03 ④	04 ②	05 ②
06 ③	07 ②	08 ②	09 ④	10 ①
11 ①	12 ④	13 ①	14 ③	15 ④
16 ③	17 ④	18 ③	19 ②	20 ④
21 ①	22 ②	23 ①	24 ④	25 ④

01 정답 ③

③ 우리나라 신석기 시대의 대표적인 토기로는 빗살무늬 토기가 있다.

오답피하기

① 상평통보는 조선 후기에 전국적으로 유통된 동전이다.

② 비파형 동검은 청동기 시대에 제작되었다.

④ 불국사 3층 석탑은 석굴암과 더불어 통일 신라의 대표적인 불교 문화재이다.

02 정답 ①

① 법흥왕은 6세기의 신라 왕으로, 불교를 공인하고 율령을 반포하였으며 금관가야를 정복하였다.

오답피하기

② 훈민정음은 조선 세종 때 창시되었다.

③ 고려 태조는 호족 통제를 위해 사심관 제도를 마련하였다.

④ 고려 공민왕은 전민변정도감을 설치하여 권문세족이 불법적으로 소유한 토지를 원주인에게 돌려주고 억울하게 노비가 된 사람을 해방시켰다.

03 정답 ④

④ 신라 촌락 문서(민정 문서라고도 함)는 통일 신라의 경제 상황을 알려주는 귀한 문서이다. 이 문서에는 4개 마을의 인구와 토지, 가축 수, 과일나무 수 등이 상세히 기록되어 있다.

오답피하기

① 공명첩은 '이름이 비어 있는 임명장'으로 조선 후기에 신분제 동요의 원인이 되었다.

② 시무 28조는 고려 성종 때 최승로가 왕에게 올린 개혁안이다.

③ 영남 만인소는 개화기 때 경상도 유생들이 '조선책략' 유포와 개화 정책에 반대하며 올린 상소문이다. 위정 척사 운동의 대표적인 사례이다.

04 정답 ②

② 나·당 동맹군은 백제와 고구려를 순차적으로 무너뜨렸다. 하지만 당이 신라와의 약속을 어기고 한반도 전체를 지배하려 하자 적대적 관계가 되었다. 신라는 매소성 전투와 기벌포 전투에서 당군을 몰아내고 삼국 통일을 완성하였다.

오답피하기

① 귀주 대첩에서 고려 강감찬은 거란 3차 침입을 물리쳤다.

③ 봉오동 전투에서 홍범도가 이끄는 대한 독립군은 일본군을 격파하였다.

④ 한산도 대첩에서 조선 이순신이 이끄는 수군이 일본군을 격파하였다.

05 정답 ②

② 의천은 고려 중기의 승려로, 교종을 중심으로 선종을 통합하여 해동 천태종을 창시하였다. 이를 위해 교관겸수를 주장하였다.

오답피하기

① 김구는 1931년에 한인 애국단을 조직하고, 1940년부터는 대한민국 임시 정부의 주석을 맡았다.

③ 안중근은 1909년 만주 하얼빈에서 이토 히로부미를 사살하였다.

④ 전태일은 노동 여건 개선을 요구하며 1970년에 분신자살하였다.

06 정답 ③

③ 1895년에 을미사변과 단발령에 반발하여 최초로 의병이 조직되었다. 이를 을미의병이라 한다.

오답피하기

① 갑신정변은 1884년에 급진적인 정치 개혁을 시도한 사건이다.
② 병자호란은 조선 중기에 청 태종의 침입으로 일어난 전쟁이다.
④ 무신 정변은 고려 무신이 문벌 귀족을 몰아내고 권력을 장악한 사건이다.

07 정답 ②

② 고려 광종은 왕권 강화를 위해 호족과 대립하였다. 이 과정에서 노비안검법과 과거제를 시행하였다.

오답피하기

① 신문지법은 1907년에 일제가 대한제국의 언론 자유를 탄압하기 위해 제정하였다. 이로 인해 대한매일신보, 제국신문, 황성신문 등이 폐간되었다.
③ 치안 유지법은 1925년에 일제가 사회주의 세력과 독립 운동가를 탄압하기 위해 제정하였다.
④ 국가 총동원법은 1938년에 일제가 전쟁 수행에 필요한 인적, 물적 자원을 동원하기 위해 제정하였다. 이로 인해 공출제가 시행되고, 많은 남성들이 징병과 징용으로 고통받았다.

08 정답 ②

② 19세기에는 세도 정치로 인해 정치가 타락하고 민생이 피폐해졌다. 특히 탐관오리로 인해 삼정의 문란이 심각하였다. 이로 인해 농민들이 홍경래의 난과 임술 농민 봉기에 대거 참여하였다.

오답피하기

① 권문세족은 고려 후기의 지배층이다.
③ 진골 귀족은 통일 신라 말(신라 하대)에 왕위 다툼을 빈번하게 일으켰다.
④ 일제는 1940년대에 들어 한국인을 전쟁에 동원하기 위해 황국 신민화 정책을 추진하였다.

09 정답 ④

④ 향, 부곡, 소는 고려의 특수 행정 구역으로, 이곳에 사는 사람들은 양인임에도 불구하고 일반 농민에 비해 더 많은 세금을 부과받았다. 명학소의 난을 일으킨 망이, 망소이가 대표적인 인물들이다.

오답피하기

② 향리는 고려와 조선의 하층 관리로, 이들은 수령을 도와 지방 행정을 담당하였다.

10 정답 ①

① 서원은 조선 중기부터 설립된 사립 기관으로, 유학자에 대한 제사와 지방 양반 자제의 교육을 담당하였다.

오답피하기

② 광혜원은 개화기에 설립된 최초의 서양식 의료 기관이다.
③ 우정총국은 개화기에 설립된 최초의 우편 사무국으로, 1884년 갑신정변이 일어난 장소이기도 하다.
④ 1920년대 초에 민립 대학 설립 운동이 전개되자, 일본은 이를 무마시키기 위해 경성 제국 대학을 세웠다.

11 정답 ①

① 조선은 3사를 세워 권력을 견제하였다. 3사에는 관리 감찰을 맡은 사헌부, 간쟁을 담당하는 사간원, 왕의 자문에 응대하는 홍문관이 있다.

오답피하기

② 비변사는 조선 중기에 긴급한 국방 문제를 처리하기 위해 조직된 임시 기구이다. 왜란을 거치면

서 국정 전반을 총괄하는 최고 조직이 되었고, 이로 인해 의정부의 위상이 약해졌다.
③ 식목도감은 도병마사와 더불어 고려의 귀족 회의 기구이다.
④ 군국기무처는 1차 갑오개혁을 이끈 기관이다.

12 정답 ④
④ 병인양요 과정에서 프랑스군은 강화도에 있던 외규장각 도서를 약탈하였다.

오답피하기
① 공민왕은 쌍성총관부를 몰아내고 원이 지배하고 있던 철령 이북 지역을 탈환하였다.
② 신라와 백제는 고구려를 공동 견제하기 위해 5세기에 나·제 동맹을 맺었다.
③ 조선과 청은 국경선 문제를 논의한 후, 백두산 정계비를 건립하였다.

13 정답 ①
① 집강소는 동학 농민군이 전주를 점령한 후 자체적인 개혁을 진행하기 위해 설립한 조직이다. 전라도 일대에 50여 개가 있었다.

오답피하기
③ 국문 연구소는 개화기에 한글 연구를 위해 국가에서 설립한 기관이다. 이곳에서 주시경 등이 활동하였다.

14 정답 ③
③ 1926년은 순종이 사망한 해로, 이를 계기로 6·10 만세 운동이 일어났다. 반면 1919년은 고종이 사망한 해로, 3·1 운동이 일어났다.

오답피하기
① 새마을 운동은 1970년대에 전개된 농촌 재건 운동이다.
② 고려 중기에 묘청과 서경 세력은 수도를 개경에서 서경으로 옮기고자 하였으나, 김부식과 개경 세력의 반발로 실패하였다.
④ 1980년에 전두환이 이끄는 신군부의 집권에 반발하여 5·18 민주화 운동이 광주에서 일어났다.

15 정답 ④
④ 일제는 1910년대에 헌병을 앞세운 무단 통치를 실시하였다.

오답피하기
② 전두환 정부는 삼청 교육대를 조직해 강압적 통치를 실시하였다.
③ 이승만 정부는 대통령의 장기 집권을 위해 2차 개헌인 사사오입 개헌을 단행하여 초대 대통령의 중임 제한을 없앴다.

16 정답 ③
③ 한인 애국단의 윤봉길은 1932년에 중국 상하이에서 의거를 일으켰다. 이 사건을 계기로 중국 국민당 정부는 대한민국 임시 정부의 항일 운동을 본격적으로 지원하였다.

오답피하기
① 일연은 고려 후기의 승려로, '삼국유사'를 집필하였다.
② 김유신은 김춘추와 더불어 신라의 삼국 통일을 이끈 주역이다.

17 정답 ④
④ 일제는 1920년대 들어 쌀 부족이 심각해지자, 조선에서 식량을 조달받기 위해 산미 증식 계획을 실시하였다.

오답피하기

① 대동법은 조선 후기의 조세 제도로, 현물로 내던 공물을 폐지하고 쌀(1결당 12두)로 납부하게 하였다.
② 영조와 정조는 탕평책을 통해 왕권 강화를 시도하였다.
③ 세종과 성종은 의정부의 위상을 강화한 의정부 서사제를 운영하였다. 반면 태종과 세조는 왕이 국정을 장악하는 6조 직계제를 실시하였다.

18 정답 ③

③ 방정환은 어린이를 우리 민족의 미래로 보고 아동 운동을 전개하여 어린이날을 제정하였다.

오답피하기

① 현량과는 조선 중종 때 조광조의 건의로 실시된 관리 추천제이다.
② 고려 중기 때 김부식은 『삼국사기』를 저술하였다. 이 책은 현존하는 우리나라 역사서 중 가장 오래되었다.
④ 안중근에 해당한다.

19 정답 ②

② 1987년에 일어난 6월 민주 항쟁은 대통령 직선제를 요구한 시민들이 주도하였다.

오답피하기

① 3·1 운동은 고종의 서거, 민족자결주의의 유행, 2·8 독립 선언 등에 영향을 받아 일어났다.
③ 국채 보상 운동은 1908년에 일제의 경제 침탈에 반발하여 일어났다. 갑자기 증가한 국가의 빚을 시민들이 대신 갚아주자는 운동이다.
④ 금 모으기 운동은 1997년에 일어난 외환 위기를 극복하는 과정에서 일어났다.

20 정답 ④

④ 1945년 겨울에 모스크바에서 미국, 영국, 소련의 대표가 모여 한반도 문제를 논의하였다. 여기에서 '미·소 공동 위원회 설치, 신탁 통치 실시' 등이 합의되었다.

오답피하기

① 신민회는 1907년에 조직된 비밀 결사 단체로, 안창호, 양기탁 등이 주도하였다.
② 신라 화백 회의는 고구려 제가 회의, 백제 정사암 회의와 더불어 삼국 시대에 존재한 귀족 회의이다.
③ 조선 물산 장려회는 1920년대 초에 물산 장려 운동을 이끈 단체로, 일본 상품 유입에 대응하여 국산품 애용 운동을 전개하였다.

21 정답 ①

① 제시문은 6·25 전쟁에 관한 것인 반면에, 강화도 조약은 1876년에 일본과의 사이에 체결된 개항 조약이다.

22 정답 ②

② 박정희 정부는 1972년 10월에 국회를 해산하고 유신 헌법을 제정하였다.

오답피하기

① 고종은 강화도 조약 체결 직후에 통리기무아문을 조직하여 개화를 총괄하게 하였다. 통리기무아문은 별기군이라는 신식 군대를 조직하였다.
③ 독서삼품과는 통일 신라 원성왕 때 실시된 관리 선발 방법으로, 국학 학생을 대상으로 유학 능력을 평가하였다.
④ 2002년에 한·일 월드컵 대회가 개최되었다.

23 정답 ①

① 이승만 정부는 6·25 전쟁 이후 미국으로부터 밀, 원당, 목화를 원조받았다. 이를 가공하는 과정에서 삼백 산업이 발달하였다.

24 정답 ④

④ 1940년대에 중국에서 활동한 대표적인 독립군으로는 임시 정부의 한국 광복군과 조선 독립 동맹의 조선 의용군이 있다.
한국 광복군에서는 지청천, 이범석, 김원봉 등이 활약하였다.

오답피하기

① 별무반은 여진족 토벌을 위해 고려 중기 때 조직된 특수군이다.
② 삼별초는 최우가 조직한 특수군으로, 대몽 항쟁 때 활약하였다.
③ 장용영은 정조 때 조직된 중앙군이다.

25 정답 ④

④ 김영삼 정부는 정권 초기에 금융 실명제를 실시하여 자본의 투명한 거래를 유도하고, WTO에 가입하여 자유 무역을 확대하였다. 하지만 정권 말기인 1997년에 외환 위기로 인해 IMF에 구제를 요청하였다.

오답피하기

① 당백전은 흥선 대원군이 경복궁 건립에 필요한 자금을 마련하기 위해 발행한 고액 화폐이다.
② 개화기에 일본으로의 과도한 곡물 유출로 국내 식량 사정이 어려워지자, 지방관은 방곡령을 발표하였다.
③ 진대법은 고구려 고국천왕 때 가난한 백성을 구휼하기 위해 마련되었다.

도덕 2023년 기출문제

제1회 정답

01 ①	02 ②	03 ④	04 ②	05 ④
06 ①	07 ②	08 ③	09 ④	10 ③
11 ④	12 ①	13 ④	14 ①	15 ③
16 ②	17 ③	18 ③	19 ①	20 ③
21 ②	22 ③	23 ②	24 ④	25 ①

01 정답 ①

메타 윤리학은 도덕적 언어의 의미를 분석하고 도덕적 추론의 타당성 입증을 주된 목표로 하는 윤리학이고, 기술 윤리학은 도덕적 풍습 또는 관습에 대한 묘사나 객관적 기술(記述)을 주된 목표로 하는 윤리학이다.

02 정답 ②

노자는 도가 사상의 창시자로 춘추 시대에 활동한 인물로 알려져 있다. 도교에서는 사람의 힘이 더해지지 않은 자연 그대로의 질서를 따르는 무위자연(無爲自然)에 따라 살아갈 것을 강조한다. 도교에서는 이를 근거로 당시의 위정자나 사상가들을 인위적이라고 비판하였다.

03 정답 ④

도덕적 탐구는 도덕적 가치와 규범을 토대로 도덕 판단이나 행위의 정당화에 초점을 둔다. 도덕적 탐구는 논리적 사고, 합리적 사고, 비판적 사고와 같은 이성적 사고와 공감, 배려 등의 정서적 측면이 함께 고려되어야 한다.

04 정답 ②

불교에서는 모든 존재와 현상이 다양한 원인[因]과 조건[緣], 즉 인연에 의해 생겨난다는 연기론을 주장한다. 연기론에 따르면 만물은 독립적으로 존재할 수 없으며 서로 연결되어 상호 의존하고 있다.

05 정답 ④
오늘날 공리주의는 유용성의 원리를 개별적인 행위에 적용하는지 아니면 행위 규칙에 적용하는지에 따라 행위 공리주의와 규칙 공리주의로 나누어진다. 규칙 공리주의는 "어떤 규칙이 최대의 유용성을 가져오는가?"를 중시하면서 개별적인 행위의 결과가 아니라 일반적으로 최대의 행복을 가져오는 행위의 규칙을 따라야 한다고 본다.

06 정답 ①
인간 중심주의 윤리는 인간을 자연과 구별되는 유일한 존재로 여기고 인간만이 도덕적 가치를 지닌다고 보는 입장이다. 자연을 인간의 이익과 욕구 충족을 위한 수단으로 삼는 '도구적 자연관'을 지닌다.

07 정답 ②
시민 불복종은 '법이나 정부의 정책에 변화를 가져올 목적으로 행해지는 공공적이고 비폭력적이며 양심적이기는 하지만 법에 반하는 정치적 행위'를 의미한다. 시민 불복종은 부정의한 법과 정책에 저항하는 것이기 때문에 개인의 양심이나 사회 정의의 문제와 밀접한 관련이 있다.

08 정답 ③
요나스가 말하는 과학 기술 연구의 한계는 더 이상 진행되어서는 안 되는 과학 기술 연구를 의미한다. 현재가 아닌 미래를, 인간 중심에서 벗어나 자연의 목적을 고려하며 과학 기술을 발전시켜야 한다는 것이다. 따라서 위험한 예측 결과 앞에서 연구와 영향력 행사를 포기할 줄 아는 겸손한 자세가 필요하므로 과학 기술 연구의 한계를 주장한 것이다.

09 정답 ④
대중문화에 대한 성찰과 문제의식 없이 주어진 문화를 감각적으로 수용하는 데 만족한다면 우리는 그저 대중문화의 소비자에 불과할 것이다. 자신과 더불어 공동체의 삶을 더욱 풍요롭게 고양하는 것이 좋은 문화의 전제 조건임을 인식하고, 대중문화에 대한 비판적 시각을 길러야 한다.

10 정답 ③
통일은 평화와 인권, 인도주의적 차원에서 보편적 가치를 실현하기 위해 필요하다. 남북 분단은 전쟁의 위협에 대한 불안감을 높여 과도한 군비 경쟁으로 이어지고, 이는 다시 전쟁의 위험성을 높이는 악순환을 야기하고 있다. 따라서 통일은 전쟁의 공포를 없애고 한반도의 평화를 정착시키는 지름길이며, 세계 평화에도 기여할 것이다.

11 정답 ④
결혼이 지니는 윤리적 의미는 자연스럽게 부부간의 윤리와 연결된다. 현대 사회에서 부부간의 윤리는 양성평등의 관점에서 바라보아야 한다. 왜냐하면 부부간 사랑의 약속과 완전한 사랑의 연합은 서로를 동등하게 대우할 때 성립할 수 있기 때문이다.

12 정답 ①
용광로 이론은 여러 가지 금속을 용광로 안에 넣고 하나의 새로운 금속을 만든다는 것으로, 다양한 문화를 섞어서 하나의 새로운 문화로 만든다는 관점이다. 이러한 모델은 1960년대 미국에서 백인 주류 문화를 중심으로 소수 민족의 문화를 통합하려 했다는 비판을 받았다.

13 정답 ④
롤스는 선천적으로 주어진 재산, 뛰어난 능력, 좋은 재능 등 임의적인 요소들에 의해 한 인간의 삶이 결정된다면 그것은 부정의라고 본다. 따라서 이러한 선천적 임의성을 제거하기 위해 사회적 재화의 배분에 있어서 사회적 최소 수혜자들을 우선 배려하는 것은 정의롭다고 할 수 있다. 이들의 삶의 수준이나 목표가 개선되지 못하는 사회는 부정의한 사회이다.

14 정답 ①
칸트에 따르면 이성적이고 자율적인 인간은 보편적인 도덕 법칙을 인식할 수 있다. 그는 감정이나 욕구가 아니라 도덕 법칙을 존중하려는 의무에서 비롯된 행위만 도덕적 가치를 지닌다고 보았다.

오답피하기

ㄹ. 공리주의의 입장이다.

15 정답 ③

인공 임신 중절 반대의 근거

- **잠재성 근거** : 태아는 임신 순간부터 성인으로 발달할 잠재성이 있으므로 인간의 지위를 지닌다.
- **존엄성 근거** : 모든 인간의 생명은 존엄하기 때문에 태아의 생명도 존엄하다.
- **무고한 인간의 신성불가침 근거** : 잘못이 없는 인간을 해치는 행위는 도덕적으로 옳지 않다. 태아는 무고한 인간이므로 해쳐서는 안 된다.

16 정답 ②

합리적 소비의 한계를 인식하고 이를 보완하는 과정에서 윤리적 소비가 등장하였다. 윤리적 소비는 소비자의 영향력 확대와 다양한 사회 문제에 대한 관심 속에서 도덕적 가치에 따라 재화나 서비스를 구매하고 사용하며 처리하는 소비이다.

17 정답 ③

도덕주의는 도덕적 가치가 미적 가치보다 우위에 있으므로 예술은 윤리의 인도를 받아야 한다는 견해이다. 도덕주의에 의하면 예술의 목적은 올바른 품성을 기르고 도덕적 교훈이나 모범을 제공하는 것이다. 또한 예술은 사회의 도덕적 성숙에 도움이 되어야 하며 더 좋은 사회가 되게 할 때 가치를 지닌다고 본다.

오답피하기

ㄱ, ㄷ은 예술 지상주의에 대한 설명이다.

18 정답 ③

하버마스는 담론을 통해 합의된 규범이 정당성을 지닌 원리가 되기 위해서는 대화 당사자들이 서로의 표현을 제대로 이해할 수 있다는 것을 전제로 다음과 같은 담론의 타당성이 요구된다고 본다.

- **진리성** : 대화 당사자들의 말하는 내용이 참이어야 한다.
- **정당성** : 대화 당사자들은 논쟁의 절차를 준수하여 정당성을 확보해야 한다.
- **진실성** : 대화 당사자들은 기만하거나 속이려는 의도 없이 말하는 바를 진실하게 표현해야 한다.

19 정답 ①

전문직은 고도의 전문적 교육과 훈련을 거쳐서 일정한 자격 또는 면허를 취득해야만 종사할 수 있는 직업을 말한다. 이들의 직무는 대개 사회 공익적 성격을 띠며, 일반인이 모르는 지식이나 정보를 이용하여 쉽게 부당한 이익을 취할 수 있으므로 더욱 높은 수준의 직업윤리가 요구된다.

20 정답 ③

사이버 폭력 문제를 해결하기 위해서는

- 정보를 자의적으로 해석하거나 왜곡해서는 안 된다.
- 객관성과 공정성을 가져야 한다.
- 시민의 알 권리를 충족하는 과정에서 특정 개인의 명예나 사생활, 인격권을 침해하지 않도록 유의해야 한다.
- 가상 공간에서 간접적으로 만나는 상대방을 배려해야 한다.

21 정답 ②

공리주의적 관점에서 처벌은 고통을 가한다는 점에서 해악이며, 모든 형벌은 그 자체로 악이다. 하지만 처벌이 더욱 큰 악을 제거하거나 사회의 이익을 증진할 수 있다면 정당화될 수 있다.

22 정답 ③

동양의 유교에서는 윤리적 성찰의 방법으로 마음을 한 곳으로 모아 흐트러짐이 없이 하는 거경(居敬)의 수양 방법을 중시한다. 거경의 주된 예로 신독(愼獨)을 들 수 있는데, 이는 홀로 있을 때도 도리에 어긋나지 않도록 몸과 마음을 바르게 하고, 언행을 신중하게 하는 것을 의미한다.

또한 증자(曾子)의 일일삼성의 가르침은 하루의 삶을 성찰하는 지침이 될 수 있다.

23 정답 ②
보수주의자들은 사랑하는 남녀가 결혼이라는 합법적 테두리 내에서 출산과 양육에 대한 책임을 질 수 있는 성만을 도덕적으로 정당하다고 인정한다. 이와 달리 급진적인 자유주의자들은 성이 그 자체로 쾌락을 가져다주고 쾌락은 그 자체로 추구할 만한 목적을 지니고 있다고 본다. 그래서 사랑과 성을 결부하여 성적 자유를 제한하는 것은 옳지 않다고 주장한다.

24 정답 ④
기후 변화란 자연적 요인 또는 인간 활동의 결과로 장기적으로 기후가 변하는 현상으로, 이는 인류의 생존을 위협하고 지구 생태계를 파괴한다.

25 정답 ①
칸트는 분쟁 관계에서 국가는 도덕성을 고려해야 하며, 국가의 이익보다 인간의 존엄성, 자유, 평등 등 보편적인 가치를 우선하여 달성해야 한다고 주장한다. 그는 국제기구, 국제법, 국제규범 등 제도의 개선으로 집단 안보가 형성되면 국제 분쟁을 해결할 수 있다고 본다.

EBS 교육방송교재 고졸 검정고시

기출을 보면 합격이 보인다!

2022 기출문제

- 국어
- 수학
- 영어
- 사회
- 과학
- 한국사
- 도덕

EBS 교육방송교재

고졸 검정고시 기출문제집

국어

정답 및 해설 p. 81

01 다음 대화에서 '영준'의 말하기 방식에 대한 설명으로 적절한 것은?

> 정우 : 어제 친구랑 싸웠는데 친구가 화해할 생각이 없어 보여.
> 영준 : 그랬구나. 마음이 복잡하겠네. 그 친구도 시간이 지나면 화가 풀려서 괜찮아질 거야.

① 상대의 요청을 수용하며 말하고 있다.
② 전문가의 말을 인용하여 말하고 있다.
③ 통계 자료를 활용하여 설득하고 있다.
④ 상대의 기분을 고려하여 위로하고 있다.

02 ㉠에 들어갈 말로 가장 적절한 것은?

> **겸양의 격률 : 자신에 대한 칭찬은 최소화하여 표현한다.**
>
> **〈사례〉**
> 민아 : 나래야, 이번 발표 자료 정말 잘 만들었더라!
> 나래 : (㉠)

① 응, 다음에 만들 발표 자료도 기대해 줘.
② 당연하지. 내가 뭐 못하는 것 본 적 있니?
③ 아니야, 부족한 점이 많았는데 좋게 봐 줘서 고마워.
④ 그렇지? 내가 봐도 이번 자료는 참 잘 만든 것 같아.

03 다음 '표준 발음법' 규정이 적용되지 <u>않는</u> 것은?

> [제17항] 받침 'ㄷ, ㅌ(ㄾ)'이 조사나 접미사의 모음 'ㅣ'와 결합되는 경우에는, [ㅈ, ㅊ]으로 바꾸어서 뒤 음절 첫소리로 옮겨 발음한다.

① 일이 많아 <u>끝이</u> 보이지 않는다.
② 그는 <u>굳이</u> 따라가겠다고 졸랐다.
③ 한옥 대문이 <u>여닫이</u>로 되어 있다.
④ 그는 <u>밭이랑</u>에 농작물을 심었다.

04 밑줄 친 부분이 '한글 맞춤법'에 맞게 쓰인 것은?

① 내가 너보다 먼저 <u>갈게</u>.
② 오늘은 <u>웬지</u> 기분이 좋다.
③ 그렇게 마음대로 하면 <u>어떻해</u>.
④ 날씨가 얼마나 <u>덥든지</u> 땀이 났다.

05 (가)에서 설명하는 시제가 드러나 있는 것을 (나)의 ㉠~㉣에서 고른 것은?

(가) 사건이 일어나는 시점과 말하는 시점이 일치하는 시제
(나) 오랜만에 비가 ㉠ 내린다. 긴 가뭄으로 ㉡ 근심하던 농부는 드디어 활짝 ㉢ 웃는다. 내일부터는 비가 자주 내린다니 앞으로 가뭄 걱정이 ㉣ 없겠다.

① ㉠, ㉡ ② ㉠, ㉢
③ ㉡, ㉣ ④ ㉢, ㉣

[6~7] (나)는 (가)를 토대로 작성한 글이다. 물음에 답하시오.

(가)

제목 : 떡볶이의 어제와 오늘
Ⅰ. 처음 : 떡볶이의 유래에 대한 호기심 유발
Ⅱ. 중간
 1. 떡볶이의 유래인 조선 시대 궁중 떡볶이
 2. [ⓐ]
Ⅲ. 끝 : 세계적으로 인기를 얻고 있는 떡볶이

(나)

떡볶이는 우리나라 사람들이 가장 사랑하는 음식 중 하나이다. 떡볶이는 언제 처음 만들어졌을까?

떡볶이는 본래 조선 시대 궁궐에서 만들어 먹던 요리였다. 조선 시대의 떡볶이는 궁중 요리인 잡채와 유사한 음식이었다. 당면 대신 쌀떡을 넣고, 쇠고기와 각종 나물을 넣어 간장으로 양념을 한 것이다. ㉠ 떡볶이 외에도 조선 시대 궁중 요리로 유명한 것은 신선로가 있다.

궁중 요리였던 떡볶이는 1950년대부터 시중에 팔리면서 대중 음식이 되었다. 그 후로도 떡볶이에 시대상이 반영되면서 떡볶이는 여러 차례 변모했다. 가스가 ㉡ 공급하기 시작한 1970년대부터는 즉석에서 요리할 수 있어 길거리에서도 떡볶이를 팔기 시작했다. 2000년대에는 프랜차이즈 시스템이 등장하여 떡볶이에도 상표가 ㉢ 달렸는데, 다양한 소스・메뉴가 개발되면서 떡볶이는 한국을 대표하는 먹거리가 되었다.

떡볶이는 이제 한국인의 ㉣ 입맛 뿐 아니라 세계인의 입맛도 사로잡고 있다. 떡볶이는 비빔밥, 김치와 더불어 한식의 대표 주자로 전 세계의 한식 열풍을 이끌고 있다. 떡볶이가 앞으로도 계속 발전하여 세계인의 입맛을 사로잡기를 기대해 본다.

06 (나)의 내용을 고려할 때, (가)의 ⓐ에 들어갈 내용으로 가장 적절한 것은?

① 시대에 따른 떡볶이의 변모 과정
② 1950년대 떡볶이의 인기 요인 분석
③ 떡볶이 프랜차이즈화의 장점과 단점
④ 길거리에서 파는 떡볶이의 종류와 특징

07 ㉠~㉣의 고쳐쓰기 방안으로 적절하지 않은 것은?

① ㉠ : 글 전체의 내용과 상관없는 문장이므로 삭제한다.
② ㉡ : 주어와의 호응을 고려하여 '공급되기'로 바꾼다.
③ ㉢ : 문맥을 고려하여 '달렸지만'으로 바꾼다.
④ ㉣ : 띄어쓰기가 잘못되어 있으므로 '입맛뿐'으로 고친다.

08 ㉠~㉣에 나타난 중세 국어의 특징으로 적절하지 <u>않은</u> 것은?

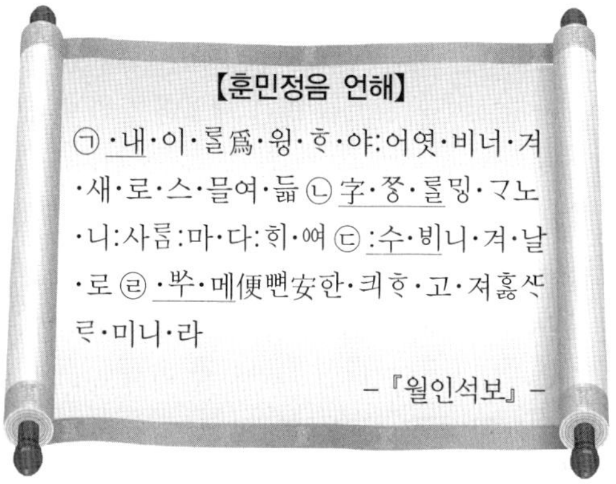

【훈민정음 언해】

㉠ ·내·이·ᄅᆞᆯ爲·윙·ᄒᆞ·야:어엿·비너·겨
·새·로·스·믈여·듧 ㉡ 字·ᄍᆞᆼ·ᄅᆞᆯᄆᆡᇰ·ᄀᆞ노
·니:사ᄅᆞᆷ:마·다:ᄒᆡ·ᅇᅧ ㉢ :수·ᄫᅵ니·겨·날
·로 ㉣ ·ᄡᅮ·메便뼌安한·킈ᄒᆞ·고·져ᄒᆞᇙᄯᆞ
ᄅᆞ·미니·라

－『월인석보』－

① ㉠ : 모음 뒤에서 주격 조사 ‘ㅣ’가 쓰였다.
② ㉡ : 모음 조화가 잘 지켜지고 있었다.
③ ㉢ : 현대 국어에 쓰이지 않는 ‘ㅸ’이 사용되었다.
④ ㉣ : 단어의 첫머리에 한 개의 자음만 올 수 있었다.

[9~11] 다음 글을 읽고 물음에 답하시오.

나는 이제 너에게도 슬픔을 주겠다.
사랑보다 소중한 슬픔을 주겠다.
겨울밤 거리에서 귤 몇 개 놓고
살아온 추위와 떨고 있는 ㉠ 할머니에게
귤값을 깎으면서 기뻐하던 너를 위하여
나는 슬픔의 평등한 얼굴을 보여 주겠다.
내가 어둠 속에서 너를 부를 때
단 한 번도 평등하게 웃어 주질 않은
가마니에 덮인 ㉡ 동사자가 다시 얼어 죽을 때
가마니 한 장조차 덮어 주지 않은
무관심한 ㉢ 너의 사랑을 위해
흘릴 줄 모르는 너의 눈물을 위해
나는 이제 너에게도 기다림을 주겠다.
이 세상에 내리던 함박눈을 멈추겠다.
보리밭에 내리던 봄눈들을 데리고
추워 떠는 ㉣ 사람들의 슬픔에게 다녀와서
눈 그친 눈길을 너와 함께 걷겠다.
슬픔의 힘에 대한 이야기를 하며
기다림의 슬픔까지 걸어가겠다.

－ 정호승, 「슬픔이 기쁨에게」 －

09 윗글에 대한 설명으로 가장 적절한 것은?

① 미각적 심상을 사용하여 대상을 표현하고 있다.
② 역설적 표현을 활용하여 주제를 드러내고 있다.
③ 이국적 소재를 나열하여 시상을 전개하고 있다.
④ 청유형 문장을 반복하여 운율을 형성하고 있다.

10 윗글의 화자가 추구하는 삶의 모습과 가장 가까운 것은?

① 이웃과 더불어 사는 삶
② 자연을 동경하며 즐기는 삶
③ 현실에 만족하는 소박한 삶
④ 미래를 예측하여 대비하는 삶

11 ㉠~㉣ 중 시적 의미가 가장 이질적인 것은?

① ㉠　② ㉡
③ ㉢　④ ㉣

[12~14] 다음 글을 읽고 물음에 답하시오.

[앞부분 줄거리] '나'의 어머니는 다리 수술 후유증으로 6·25 전쟁 중 인민군에게 죽임을 당한 오빠에 관한 환각에 시달리고 오랫동안 탈진 상태로 지낸다.

나는 어머니에게로 조심스럽게 다가갔다. 어머니의 손이 내 손을 잡았다. 알맞은 온기와 악력이 나를 놀라게도 서럽게도 했다.

"나 죽거든 행여 묘지 쓰지 말거라."

어머니의 목소리는 평상시처럼 잔잔하고 만만치 않았다.

"네? 다 들으셨군요?"

"그래, 마침 듣기 잘했다. 그렇잖아도 언제고 꼭 일러두려 했는데. 유언 삼아 일러두는 게니 잘 들어 뒀다 어김없이 시행토록 해라. 나 죽거든 내가 느이 오래비한테 해 준 것처럼 해 다오. 누가 뭐래도 그렇게 해 다오. 누가 뭐라든 상관하지 않고 그럴 수 있는 건 너밖에 없기에 부탁하는 거다."

"오빠처럼요?"

"그래, 꼭 그대로, 그걸 설마 잊고 있진 않겠지?"

"잊다니요. 그걸 어떻게 잊을 수가……."

어머니의 손의 악력은 정정했을 때처럼 아니, 나를 끌고 농바위 고개를 넘을 때처럼 강한 줏대와 고집을 느끼게 했다.

오빠의 시신은 처음엔 무악재 고개 너머 벌판의 밭머리에 가매장했다. 행려병사자[1] 취급하듯이 형식과 절차 없는 매장이었지만 무정부 상태의 텅 빈 도시에서 우리 모녀의 가냘픈 힘만으로 그것 이상은 가능한 일이 아니었다.

서울이 수복(收復)되고 화장장이 정상화되자마자 어머니는 오빠를 화장할 것을 의논해 왔다. 그때 우리와 합하게 된 올케는 아비 없는 아들들에게 무덤이라도 남겨 줘야 한다고 공동묘지로라도 이장할 것을 주장했다. 어머니는 오빠를 죽게 한 것이 자기 죄처럼, 젊어 과부 된 며느리한테 기가 죽어 지냈었는데 그때만은 조금도 양보할 기세가 아니었다. 남편의 임종도 못 보고 과부가 된 것도 억울한데 그 무덤까지 말살하려는 시어머니의 모진 마음이 야속하고 정떨어졌으련만 그런 기세 속엔 거역할 수 없는 위엄과 비통한 의지가 담겨있어 종당엔 올케도 순종을 하고 말았다.

오빠의 살은 연기가 되고 뼈는 한 줌의 가루가 되었다. 어머니는 앞장서서 강화로 가는 시외버스 정류장으로 갔다. 우린 묵묵히 뒤따랐다. 강화도에서 내린 어머니는 사람들에게 묻고 물어서 멀리 개풍군 땅이 보이는 바닷가에 섰다. 그리고 지척으로 보이되 갈 수 없는 땅을 향해 그 한 줌의 먼지를 훨훨 날렸다. 개풍군 땅은 우리 가족의 선영[2]이 있는 땅이었지만 선영에 못 묻히는 한을 그런 방법으로 풀고 있다곤 생각되지 않았다. 어머니의 모습엔 운명에 순종하고 한을 지그시 품고 삭이는 약하고 다소곳한 여자 티는 조금도 없었다. 방금 출전하려는 용사처럼 씩씩하고 도전적이었다.

어머니는 ㉠ <u>한 줌의 먼지와 바람</u>으로써 너무도 엄청난 것과의 싸움을 시도하고 있었다. 어머니에게 그 한 줌의 먼지와 바람은 결코 미약한 게 아니었다. 그야말로 어머니를 짓밟고 모든 것을 빼앗아 간, 어머니가 도저히 이해할 수 없는 분단이란 괴물을 홀로 거역할 수 있는 유일한 수단이었다.

어머니는 나더러 그때 그 자리에서 또 그 짓을 하란다. 이젠 자기가 몸소 그 먼지와 바람이 될 테니 나더러 그 짓을 하란다. 그 후 30년이란 세월이 흘렀건만 그 괴물을 무화(無化)시키는 길은 정녕 그 짓밖에 없는가?

"너한테 미안하구나, 그렇지만 부탁한다."

어머니도 그 짓밖에 물려줄 수 없는 게 진정으로 미안한 양 표정이 애달프게 이지러졌다.

아아, 나는 그 짓을 또 한 번 할 수밖에 없을 것 같다.

어머니는 아직도 투병 중이시다.

– 박완서, 「엄마의 말뚝 2」 –

1) 행려병사자 : 떠돌아다니다가 타향에서 병들어 죽은 사람.
2) 선영 : 조상의 무덤.

12 윗글에 대한 설명으로 가장 적절한 것은?

① 배경 묘사를 통해 인물의 심리를 암시하고 있다.
② 과거 회상을 통해 인물의 상황을 서술하고 있다.
③ 공간의 이동에 따라 인물 간 갈등이 심화되고 있다.
④ 다양한 인물의 경험을 삽화 형식으로 나열하고 있다.

13 윗글을 통해 알 수 있는 내용으로 적절하지 <u>않은</u> 것은?

① '어머니'는 자신의 뼛가루를 개풍군 땅이 보이는 곳에 뿌려달라고 한다.
② '어머니'는 자신의 유언을 지킬 수 있는 사람은 '나'밖에 없다고 생각한다.
③ '올케'는 자신의 아들들을 생각해서 '오빠'를 공동묘지로 이장하자고 주장했다.
④ '올케'는 '오빠'의 죽음을 자신의 탓이라고 생각해 '어머니'와 합하는 것을 반대했다.

14 '어머니'에게 ㉠의 의미로 가장 적절한 것은?

① 자신의 운명에 대한 순종
② 분단의 비극에 맞서려는 의지
③ 자신의 질병 치유에 대한 염원
④ 가족의 선영에 묻히지 못하는 회한

[15~16] 다음 글을 읽고 물음에 답하시오.

동짓달 기나긴 밤을 한 허리를 베어 내어
춘풍(春風) 이블 아래 서리서리 넣었다가
어론 님[1] 오신 날 밤이어든 굽이굽이 펴리라

– 황진이 –

1) 어론 님 : 사랑하는 임.

15 윗글에 대한 설명으로 가장 적절한 것은?

① 추상적 대상을 구체화하여 표현하고 있다.
② 우의적 표현을 통해 대상을 비판하고 있다.
③ 후렴구의 반복을 통해 운율을 형성하고 있다.
④ 자연과 인간을 대비하여 정서를 강조하고 있다.

16 윗글의 화자에 대한 설명으로 가장 적절한 것은?

① 자신에게 돌아오지 않는 임을 원망하고 있다.
② 임과 이별했던 순간을 떠올리며 자책하고 있다.
③ 임과 함께 더 많은 시간을 보내기를 소망하고 있다.
④ 임과의 추억을 떠올리며 현재의 삶에 만족하고 있다.

[17~19] 다음 글을 읽고 물음에 답하시오.

집에 오래 지탱할 수 없이 퇴락한 행랑채[1] 세 칸이 있어서 나는 부득이 그것을 모두 수리하게 되었다. 이때 그중 두 칸은 비가 샌 지 오래됐는데, 나는 ㉮ 그것을 알고도 어물어물하다가 미처 수리하지 못하였고, 다른 한 칸은 ㉠ 한 번밖에 비를 맞지 않았기에 급히 기와를 갈게 하였다.

그런데 수리하고 보니, 비가 샌 지 오래된 것은 서까래[2] · 추녀[3] · 기둥 · 들보[4]가 모두 썩어서 못 쓰게 되었으므로 경비가 많이 들었고, 한 번밖에 비를 맞지 않은 것은 재목들이 모두 완전하여 다시 쓸 수 있었기 때문에 경비가 적게 들었다.

나는 여기에서 이렇게 생각한다. 사람의 몸도 마찬가지다. ㉡ 잘못을 알고도 곧 고치지 않으면 몸이 패망[5]하는 것이 나무가 썩어서 못 쓰게 되는 이상으로 될 것이고, ㉢ 잘못이 있더라도 고치기를 꺼려하지 않으면 다시 좋은 사람이 되는 것이 집 재목이 다시 쓰일 수 있는 이상으로 될 것이다.

이뿐만 아니라, 나라의 정사[6]도 이와 마찬가지다. 모든 일에서, ㉣ 백성에게 심한 해가 될 것을 머뭇거리고 개혁하지 않다가, 백성이 못살게 되고 나라가 위태하게 된 뒤에 갑자기 변경하려 하면, 곧 붙잡아 일으키기가 어렵다. 삼가지 않을 수 있겠는가?

– 이규보, 「이옥설」 –

1) 행랑채 : 대문간 곁에 있는 집채.
2) 서까래 : 마룻대에서 도리 또는 보에 걸쳐 지른 나무.
3) 추녀 : 네모지고 끝이 번쩍 들린, 처마의 네 귀에 있는 큰 서까래.
4) 들보 : 칸과 칸 사이의 두 기둥을 건너지른 나무.
5) 패망 : 싸움에 져서 망함.
6) 정사 : 정치 또는 행정상의 일.

17 윗글에 대한 설명으로 가장 적절한 것은?

① 타인에게 들은 이야기를 전달하고 있다.
② 옛 문헌을 인용하여 신뢰성을 높이고 있다.
③ 구체적인 역사적 사건에 대한 견해를 제시하고 있다.
④ 글쓴이의 체험과 깨달음을 통해 교훈을 드러내고 있다.

18 ㉮와 의미가 유사한 것을 ㉠~㉣에서 고른 것은?

① ㉠, ㉡ ② ㉠, ㉢
③ ㉡, ㉣ ④ ㉢, ㉣

19 윗글을 읽은 독자의 반응으로 적절하지 않은 것은?

① '쇠뿔도 단김에 빼라.'라는 말처럼 나쁜 습관을 발견하면 바로 고쳐야겠군.
② 나쁜 습관을 바로 고치지 않으면 '호미로 막을 것을 가래로 막는다.'라는 말처럼 되겠군.
③ '까마귀 날자 배 떨어진다.'라는 말처럼 나쁜 습관이 우연히 좋은 결과를 가져오기도 하는군.
④ 사소하더라도 나쁜 습관을 방치하면 '가랑비에 옷 젖는 줄 모른다.'라는 말처럼 상황이 점점 안 좋아지겠군.

[20~22] 다음 글을 읽고 물음에 답하시오.

마을은 지역 사회를 기반으로 사람들 사이의 관계가 형성되어 있어야 하고, 물리적으로는 개인의 공간과 공공의 공간 사이에 중간적 성격의 공간이 있어야 한다. 이러한 공간을 '사이 공간'이라 하는데, 이는 통행을 목적으로 하는 공간이라기보다 주민들 사이에 사적 관계를 형성하는 공동의 영역이라 할 수 있다.

과거에는 개인이 생활을 하는 집과 일을 하는 장소가 멀리 떨어져 있지 않았다. [㉠] 사람들은 매일 두 공간 사이를 오가며 그곳에서 다양한 일을 경험했다. 개인의 집과 집 사이의 거리도 가까워서 이웃과 친밀한 사회적 관계를 형성할 수 있었다.

방에서 나오면 마당이 있고, 대문을 열면 골목길을 만나며, 길을 돌다 보면 굳이 의도하지 않더라도 사람들의 만남과 모임이 곳곳에서 발생하였다. 그래서 이웃과 친해질 기회가 많았다. 집의 형태는 독립적이지만 집 안팎을 살펴보면 모여 살 수 있는 구조였다.

아파트로 대표되는 오늘날의 주거 형태는 전통적 주거 형태와는 다른 특징을 보인다. 아파트는 하나의 건물 내에 수평적, 혹은 수직적으로 균일한 주거 공간이 밀집해 있고, 그곳에 거주자가 모여 사는데, 이는 현대의 한국식 공동 주택이 지닌 특징이라 할 수 있다.

이러한 공동 주택의 등장은 공동체적 관계를 변화시켰다. 아파트에는 '사이 공간'이 없다. 아파트에 사는 사람들은 공동의 현관을 통과한 후 승강기나 복도를 거쳐 곧바로 각자의 공간으로 들어가 버린다. 자연스럽게 이웃과 친해질 기회가 사라진 것이다. 주택의 형태나 외관만 보면 모두 같은 공간에 사는 유사한 집단으로 보이지만, 그 안에서의 생활 모습은 공유할 만한 것이 거의 없다.

– 전남일, 「공간이 달라지면 사는 풍경도 달라질까」 –

20 윗글의 내용 전개 방식으로 가장 적절한 것은?

① 대조를 통해 대상 간의 차이를 드러내고 있다.
② 질문을 통해 독자의 호기심을 유발하고 있다.
③ 통계 자료를 제시하여 내용을 뒷받침하고 있다.
④ 문제 상황과 이에 대한 해결 방안을 제시하고 있다.

21 윗글의 내용으로 적절하지 않은 것은?

① '사이 공간'은 통행보다 친분을 목적으로 한다.
② 과거에는 공동의 영역에서 사회적 관계를 형성했다.
③ 아파트는 '사이 공간'의 부재로 이웃과 친해지기 어렵다.
④ 아파트 주민들은 유사한 집단으로 생활 모습을 공유하고 있다.

22 ㉠에 들어갈 말로 가장 적절한 것은?

① 그래서　② 그런데
③ 그러나　④ 왜냐하면

[23~25] 다음 글을 읽고 물음에 답하시오.

인공지능은 컴퓨터 프로그램을 활용해 인간과 비슷한 인지적 능력을 구현한 기술을 말한다. 인공지능이 인간의 말을 알아듣고 명령을 실행하는 똑똑한 기계가 되는 것은 반길 일인가, 아니면 주인과 노예의 관계를 ㉠ 역전시키는 재앙이라고 경계해야 할 일인가? 세계적 물리학자 스티븐 호킹은 "인공지능은 결국 의식을 갖게 되어 인간의 자리를 대체할 것"이라고 말했다. '생각하는 기계'가 축복이 될지 재앙이 될지는 알 수 없으나, 분명한 것은 인류가 이제껏 고민해 본 적이 없는 문제와 마주했다는 점이다.

인공지능 발달이 우리에게 던지는 새로운 과제는 두 갈래다. 첫째는, 인류를 위협할지도 모를 강력한 인공지능을 우리가 어떻게 ㉡ 통제할 것인가의 문제이다. 로봇에 대응하기 위해 입법적 차원에서 로봇이 지켜야 할 도덕적 기준을 만들어 준수하게 하는 것이 방법이 될 수 있다. 또한 기술적 차원에서 다양한 상황에 관한 사회적 합의를 담은 알고리즘을 만들어 사회적 규약을 벗어나지 않는 범위에서 로봇이 작동하게 하는 방법을 모색할 수 있다.

둘째는, 생각하는 기계가 ㉢ 모방할 수 없는 인간의 특징을 찾아 인간의 가치를 높이는 것이다. 인공지능이 마침내 인간의 의식 현상을 구현해 낸다고 하더라도 인간과 인공지능은 여전히 구분될 것이다. 인간에게는 감정과 의지가 있기 때문이다. 감정은 비이성적이고 비효율적이지만 인간됨을 ㉣ 규정하는 본능이며, 인류의 역사와 문명은 결핍과 고통에서 느낀 감정을 동력으로 발달해 온 고유의 생존 시스템이다. 처음 마주하는 위험과 결핍은 두렵고 고통스러웠지만, 인류는 놀라운 유연성과 창의성으로 대응해 왔다. 이것은 기계에 가르칠 수 없는 속성이다. 여기에 ㉮ 인공지능 시대 우리가 가야 할 사람의 길이 있다.

– 구본권, 「로봇 시대, 인간의 일」 –

23 윗글의 내용으로 적절하지 <u>않은</u> 것은?

① 인공지능의 발달이 인간에게 축복이 될지 재앙이 될지는 알 수 없다.
② 입법적 차원과 기술적 차원에서 인공지능을 통제할 방법을 생각할 수 있다.
③ 인공지능이 인간의 의식 현상을 구현하면 인간과 인공지능은 구분될 수 없다.
④ 인류의 역사와 문명은 결핍과 고통에서 느낀 감정을 동력으로 발달해 왔다.

24 ㉠~㉣의 사전적 의미로 적절하지 <u>않은</u> 것은?

① ㉠ : 형세가 뒤집힘. 또는 형세를 뒤집음.
② ㉡ : 힘으로 으르고 협박함.
③ ㉢ : 다른 것을 본뜨거나 본받음.
④ ㉣ : 내용이나 성격, 의미 따위를 밝혀 정함.

25 ㉮에 해당하는 것으로 가장 적절한 것은?

① 인간을 위협하는 인공지능을 없앤다.
② 인간의 자리를 인공지능으로 대체한다.
③ 인간이 가진 감정을 인공지능에 부여할 방법을 찾는다.
④ 인간 고유의 속성을 발휘하여 인공지능 시대에 대응한다.

2022 제 2 회

수학

01 두 다항식 $A=2x^2+x$, $B=x+1$에 대하여 $A-B$는?

① x^2+1 ② x^2-x
③ $2x^2-1$ ④ $2x^2+x$

02 등식 $x^2+ax-2=x^2+5x+b$가 x에 대한 항등식일 때, 두 상수 a, b에 대하여 $a+b$의 값은?

① 1 ② 2
③ 3 ④ 4

03 다항식 x^3+3x+4를 $x-1$로 나누었을 때, 나머지는?

① 2 ② 4
③ 6 ④ 8

04 다항식 $x^3+6x^2+12x+8$을 인수분해한 식이 $(x+a)^3$일 때, 상수 a의 값은?

① 2 ② 4
③ 6 ④ 8

05 복소수 $3-2i$의 켤레복소수가 $3+ai$일 때, 실수 a의 값은?
(단, $i=\sqrt{-1}$)

① 1 ② 2
③ 3 ④ 4

06 이차방정식 $x^2+5x+4=0$의 두 근을 α, β라 고 할 때, $\alpha\beta$의 값은?

① -2 ② 0
③ 2 ④ 4

07 $-1 \le x \le 2$일 때, 이차함수 $y=-(x-1)^2+3$의 최댓값은?

① 1
② 2
③ 3
④ 4

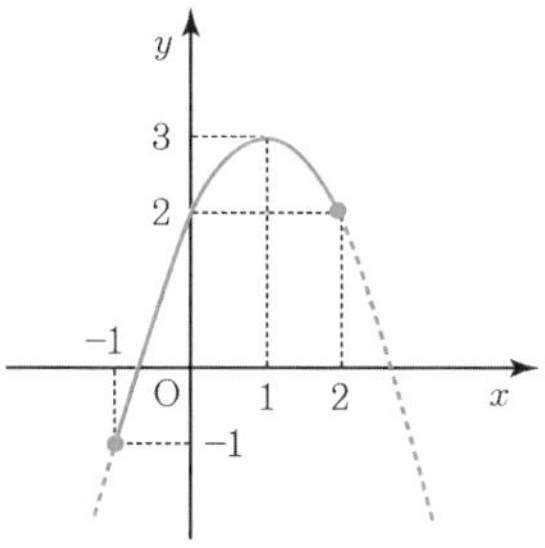

08 삼차방정식 $x^3+ax^2-3x-2=0$의 한 근이 1일 때, 상수 a의 값은?

① 3 ② 4
③ 5 ④ 6

09 연립방정식 $\begin{cases} x+y=4 \\ x^2-y^2=a \end{cases}$의 해가 $x=3$, $y=b$일 때, 두 상수 a, b에 대하여 $a+b$의 값은?

① 3 ② 5
③ 7 ④ 9

10 그림은 부등식 $|x-3| \le 3$의 해를 수직선 위에 나타낸 것이다. 상수 a의 값은?

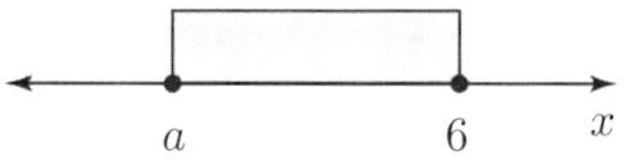

① 0 ② 1
③ 2 ④ 3

11 좌표평면 위의 두 점 $A(-3, -2)$, $B(1, 4)$에 대하여 선분 AB의 중점의 좌표는?

① $(-2, 1)$
② $(-1, 1)$
③ $(1, -1)$
④ $(2, -1)$

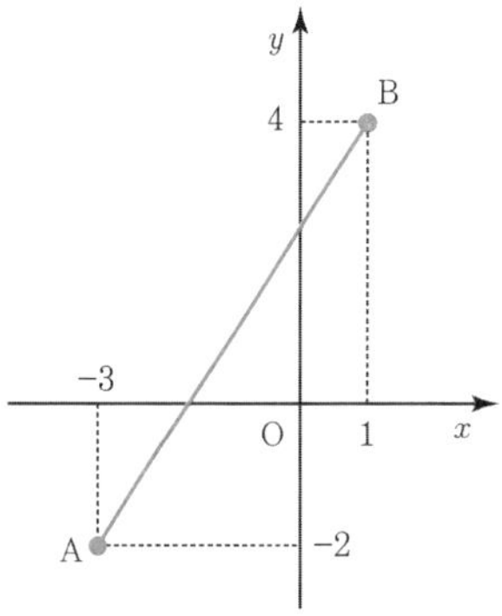

12 직선 $y=x-1$에 수직이고, 점 $(0, 3)$을 지나는 직선의 방정식은?

① $y=-x+1$ ② $y=-x+3$
③ $y=x+1$ ④ $y=x+3$

13 중심이 $(3, -1)$이고 원점을 지나는 원의 방정식은?

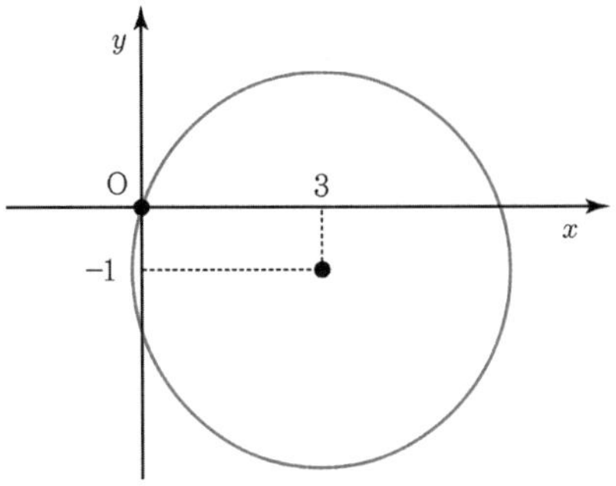

① $(x+3)^2+(y+1)^2=10$
② $(x+3)^2+(y-1)^2=10$
③ $(x-3)^2+(y+1)^2=10$
④ $(x-3)^2+(y-1)^2=10$

14 좌표평면 위의 점 $(3, 4)$를 x축의 방향으로 -1만큼, y축의 방향으로 -3만큼 평행이동한 점의 좌표는?

① $(2, 1)$ ② $(2, 7)$
③ $(4, 1)$ ④ $(4, 7)$

15 두 집합 $A=\{1, 2, 3, 4\}$, $B=\{3, 4, 6\}$에 대하여 $n(A-B)$의 값은?

① 1 ② 2
③ 3 ④ 4

16 명제 '$x=2$이면 $x^3=8$이다.'의 대우는?

① $x=2$이면 $x^3 \neq 8$이다.
② $x \neq 2$이면 $x^3=8$이다.
③ $x^3=8$이면 $x=2$이다.
④ $x^3 \neq 8$이면 $x \neq 2$이다.

17 함수 $f: X \rightarrow Y$가 그림과 같을 때, $f^{-1}(5)$의 값은? (단, f^{-1}는 f의 역함수이다.)

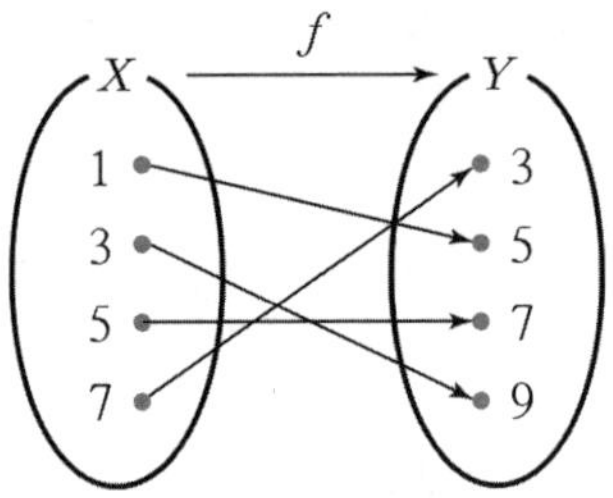

① 1 ② 3
③ 5 ④ 7

18 유리함수 $y=\frac{1}{x-1}$ 의 그래프는 유리함수 $y=\frac{1}{x}$ 의 그래프를 x축의 방향으로 a만큼 평행이동한 것이다. 상수 a의 값은?

① -1　　② 0
③ 1　　④ 2

19 그림과 같이 4점의 작품이 있다. 이 중에서 서로 다른 3점의 작품을 택하여 일렬로 나열하는 경우의 수는?

① 15　　② 18
③ 21　　④ 24

20 그림과 같이 5개의 방과 후 프로그램이 있다. 이 중에서 서로 다른 3개의 프로그램을 선택하는 경우의 수는?

① 8　　② 10
③ 12　　④ 14

2022 제2회 영어

[1~3] 다음 밑줄 친 부분의 뜻으로 가장 적절한 것을 고르시오.

01

To speak English well, you need to have <u>confidence</u>.

① 논리력　② 자신감
③ 의구심　④ 창의력

02

The country had to <u>deal with</u> its food shortage problems.

① 생산하다　② 연기하다
③ 처리하다　④ 확대하다

03

Sunlight comes in through the windows and, <u>as a result</u>, the house becomes warm.

① 그 결과　② 사실은
③ 예를 들면　④ 불행하게도

04 다음 밑줄 친 두 단어의 의미 관계와 <u>다른</u> 것은?

Patience is <u>bitter</u>, but its fruit is <u>sweet</u>.

① new – old　② clean – dirty
③ fine – good　④ easy – difficult

05 다음 축제 안내문에서 언급되지 <u>않은</u> 것은?

Gimchi Festival

Place : Gimchi Museum

Events :

- Learning to make gimchi
- Tasting various gimchi

Entrance Fee : 5,000 won

Come and taste traditional Korean food!

① 날짜　② 장소
③ 행사 내용　④ 입장료

[6~8] 다음 빈칸에 공통으로 들어갈 말로 가장 적절한 것을 고르시오.

06

- Let's ______ in front of the restaurant at 2 o'clock.
- The hotel manager did his best to ______ guests' needs.

① dive　② meet
③ wear　④ happen

07

- Jim, _____ are you going to come home?
- Listening to music can be helpful _____ you feel bad.

① how　② who
③ what　④ when

08

- Welcome. What can I do _______ you, today?
- I've spent almost an hour waiting ______ the bus.

① up ② for
③ out ④ with

09 다음 대화에서 밑줄 친 표현의 의미로 가장 적절한 것은?

A : I want to do something to help children in need.
B : That's great. Do you have any ideas?
A : I will sell my old clothes and use the money for the children. But it's not going to be easy.
B : Don't worry. <u>A journey of a thousand miles starts with a single step</u>.

① 모든 일에는 원인이 있다.
② 몸이 건강해야 마음도 건강하다.
③ 친구를 보면 그 사람을 알 수 있다.
④ 어려운 일도 일단 시작해야 이룰 수 있다.

10 다음 대화에서 알 수 있는 B의 심정으로 가장 적절한 것은?

A : Is this your first time to do bungee jumping?
B : Yes, it is. And I'm really nervous.
A : Bungee jumping is perfectly safe. You'll be fine.
B : That's what I've heard, but I'm still not sure if I want to do it.

① 만족 ② 불안
③ 실망 ④ 행복

11 다음 대화가 이루어지는 장소로 가장 적절한 것은?

A : Hello, I'm looking for a dinner table for my house.
B : Come this way, please. What type would you like?
A : I'd like a round one.
B : Okay. I'll show you two different models.

① 세탁소 ② 가구점
③ 도서관 ④ 체육관

12 다음 글에서 밑줄 친 It(it)이 가리키는 것으로 가장 적절한 것은?

> A donation is usually done for kind and good-hearted purposes. It can take many different forms. For example, it may be money, food or medical care given to people suffering from natural disasters.

① donation ② nature
③ people ④ suffering

[13~14] 다음 대화의 빈칸에 들어갈 말로 가장 적절한 것을 고르시오.

13

> A : Mary's birthday is coming. _______?
> B : Good idea. What about giving her a phone case?
> A : She just got a new one. How about a coffee mug?
> B : Perfect! She likes to drink coffee.

① What is it for
② Where did you get it
③ Why don't we buy her a gift
④ What do you usually do after school

14

> A : What do you do for a living?
> B : ________________________.

① I prefer winter to summer
② That wasn't what I wanted
③ I teach high school students
④ It'll take an hour to get to the beach

15 다음 대화의 주제로 가장 적절한 것은?

> A : I don't know what career I'd like to have in the future.
> B : Why don't you get experience in different areas?
> A : Hmm... how can I do that?
> B : How about participating in job experience programs? I'm sure it will help.

① 자원 개발의 필요성
② 진로 선택을 위한 조언
③ 자존감을 높이는 방법
④ 자원봉사 활동의 어려움

16 다음 글을 쓴 목적으로 가장 적절한 것은?

> We would like to ask you to put trash in the trash cans in the park. We are having difficulty keeping the park clean because of the careless behavior of some visitors. We need your cooperation. Thank you.

① 요청하려고　② 사과하려고
③ 거절하려고　④ 칭찬하려고

17 다음 캠프 안내문의 내용과 일치하지 <u>않는</u> 것은?

> ***Summer Sports Camp***
> • Fun and safe sports programs for children aged 7-12
> • From August 1st to August 7th
> • What you will do : Badminton, Basketball, Soccer, Swimming
> * Every child should bring a swim suit and lunch each day.

① 7세부터 12세까지 어린이들을 대상으로 한다.
② 기간은 8월 1일부터 8월 7일까지이다.
③ 네 가지 스포츠 활동을 할 수 있다.
④ 매일 점심이 제공된다.

18 다음 학교 신문 기자 모집에 대한 설명과 일치하지 <u>않는</u> 것은?

> We're looking for reporters for our school newspaper. If you're interested, please submit three articles about school life. Each article should be more than 500 words. Our student reporters will evaluate your articles. The deadline is September 5th.

① 학교 생활에 관한 기사를 세 편 제출해야 한다.
② 각 기사는 500단어 이상이어야 한다.
③ 담당 교사가 기사를 평가한다.
④ 마감일은 9월 5일이다.

19 다음 글의 주제로 가장 적절한 것은?

> Gestures can have different meanings in different countries. For example, the OK sign means "okay" or "all right" in many countries. The same gesture, however, means "zero" in France. French people use it when they want to say there is nothing.

① 세계의 음식 문화
② 예술의 교육적 효과
③ 다문화 사회의 특징
④ 국가별 제스처의 의미 차이

[20~21] 다음 글의 빈칸에 들어갈 말로 가장 적절한 것을 고르시오.

20

Many power plants produce energy by burning fossil fuels, such as coal or gas. This causes air pollution and influences the ________. Therefore, try to use less energy by choosing energy-efficient products. It can help save the earth.

① environment ② material
③ product ④ weight

21

The Internet makes our lives more convenient. We can pay bills and shop on the Internet. However, personal information can be easily stolen online. There are ways to ________ your information. First, set a strong password. Second, never click on unknown links.

① cancel ② destroy
③ protect ④ refund

22 글의 흐름으로 보아 다음 문장이 들어가기에 가장 적절한 곳은?

But nowadays maps are more accurate because they are made from photographs.

(①) Thousands of years ago, people made maps when they went to new places. (②) They drew maps on the ground or on the walls of caves, which often had incorrect information. (③) These photographs are taken from airplanes or satellites. (④)

23 다음 글의 바로 뒤에 이어질 내용으로 가장 적절한 것은?

Sometimes we hurt others' feelings, even if we don't mean to. When that happens, we need to apologize. Then, how do we properly apologize? Here are three things you should consider when you say that you are sorry.

① 규칙 준수의 중요성
② 대화를 시작하는 방법
③ 효과적인 암기 전략의 종류
④ 사과할 때 고려해야 할 것들

[24~25] 다음 글을 읽고 물음에 답하시오.

Many people have trouble falling asleep, thus not getting enough sleep. It can have ________ effects on health like high blood pressure. You can prevent sleeping problems if you follow these rules. First, do not have drinks with caffeine at night. Second, try not to use your smartphone before going to bed. These will help you go to sleep easily.

24 윗글의 빈칸에 들어갈 말로 가장 적절한 것은?

① harmful ② helpful
③ positive ④ calming

25 윗글의 주제로 가장 적절한 것은?

① 스마트폰의 변천사
② 운동 부족의 위험성
③ 카페인 중독의 심각성
④ 수면 문제를 예방하는 방법

2022 제2회 사회

01 질 높은 정주 환경을 위한 조건으로 가장 적절한 것은?

① 빈곤의 심화
② 불평등의 증가
③ 안락한 주거 환경
④ 생활 시설의 부족

02 인권에 대한 설명으로 적절하지 <u>않은</u> 것은?

① 영구히 보장되어야 할 권리이다.
② 타인에게 양도할 수 있는 권리이다.
③ 인간으로서 당연히 누려야 할 권리이다.
④ 모든 사람이 차별 없이 누려야 할 권리이다.

03 ㉠에 들어갈 용어로 옳은 것은?

> **1. 문화를 이해하는 태도**
>
> 가. (㉠)
> - 개념 : 합리적인 이유 없이 자기 사회의 문화는 우월하고 다른 사회의 문화는 열등하다고 여기는 태도
> - 장점 : 자기 문화에 대한 자부심이 높아져 사회 통합에 기여함.
> - 단점 : 다른 사회의 문화를 배척하는 태도로 이어질 수 있음.

① 문화 사대주의
② 문화 상대주의
③ 자문화 중심주의
④ 극단적 문화 상대주의

04 ㉠에 들어갈 용어로 가장 적절한 것은?

> 인종, 성별, 장애, 종교, 사회적 출신 등을 이유로 다른 사회 구성원으로부터 소외와 차별을 받는 사람들을 (㉠)(이)라고 한다.

① 소호
② 바우처
③ 사회적 소수자
④ 사물인터넷

05 다음에서 설명하는 기관은?

> 법원의 제청에 의한 법률의 위헌 여부 심판과 법률이 정하는 헌법 소원에 관한 심판 등을 관장한다.

① 정당 ② 행정부
③ 지방 법원 ④ 헌법 재판소

06 **다음 설명에 해당하는 것은?**

> 어떤 것을 선택함으로써 포기하게 되는 대안 중 가장 가치가 큰 것으로 명시적 비용과 암묵적 비용으로 구성됨.

① 편익 ② 기회비용
③ 매몰비용 ④ 물가 지수

07 **㉠에 해당하는 것은?**

> (㉠)은/는 모든 사람이 대가를 지불하지 않고 공동으로 이용할 수 있는 재화나 서비스를 의미한다.

① 공공재 ② 비교 우위
③ 외부 효과 ④ 기업가 정신

08 **다음에서 설명하는 금융 자산은?**

> - 주식회사가 사업 자금 조달을 위해 발행한다.
> - 시세차익과 배당수익을 통해 이익을 실현할 수 있다.

① 대출 ② 주식
③ 국민연금 ④ 정기예금

09 **다음에서 설명하는 사회 복지 제도로 옳은 것은?**

> - 의미 : 국가가 국민에게 발생하는 사회적 위험을 사전에 대비하여 건강과 소득을 보장하는 제도로, 일정액의 보험료를 개인과 정부, 기업이 분담함.
> - 종류 : 국민 건강 보험, 고용 보험, 국민 연금 등

① 개인 보험 ② 공공 부조
③ 기초 연금 ④ 사회 보험

10 **다음 설명에 해당하는 것은?**

> 문화 변동의 내재적 요인 중 하나로, 기존에 없던 새로운 문화 요소를 만들어 내는 것이다.

① 발견 ② 발명
③ 간접 전파 ④ 직접 전파

11 **㉠, ㉡에 들어갈 용어로 가장 적절한 것은?**

> 일부 재화 및 서비스 생산의 경우에는 생산량이 (㉠)할수록 평균비용이 (㉡)하는 현상이 나타나는데 이를 규모의 경제라고 한다.

	㉠	㉡
①	증가	감소
②	증가	증가
③	감소	감소
④	감소	증가

12 퀴즈에 대한 정답으로 옳은 것은?

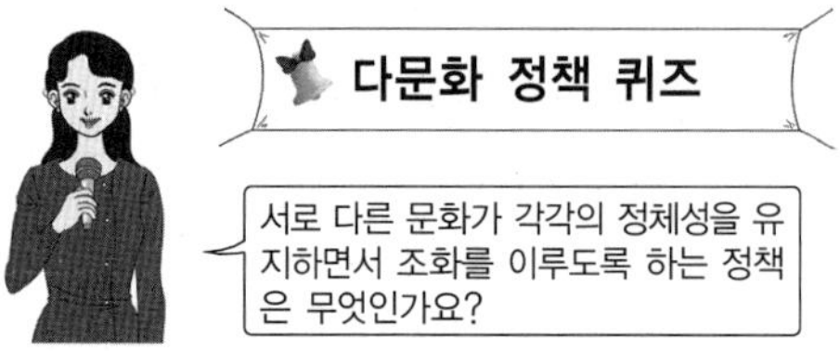

① 뉴딜 정책 ② 셧다운 정책
③ 용광로 정책 ④ 샐러드 볼 정책

13 자유주의적 정의관에 관한 설명으로 적절하지 <u>않은</u> 것은?

① 국가와 사회보다 개인이 우선한다.
② 개인은 독립적이고 자율적인 존재이다.
③ 개인의 자유를 가장 소중한 가치로 본다.
④ 국가가 개인의 삶의 목적과 방식을 결정한다.

14 다음에 해당하는 지역을 지도의 A~D에서 고른 것은?

> - '지구의 허파'라 불리는 열대림 지역
> - 무분별한 열대림 개발로 동식물의 서식지가 파괴되어 생물 종 다양성이 감소

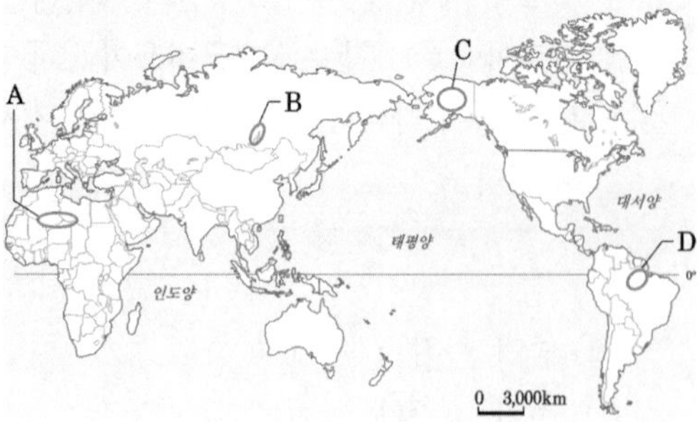

① A ② B
③ C ④ D

15 다음 현상의 사례로 적절하지 <u>않은</u> 것은?

> 도시에 거주하는 사람들과 도시 수가 빠르게 증가하면서 도시적 생활 양식과 도시 경관이 확대되는 현상

① 농경지 증가
② 상업 시설 증가
③ 인공 건축물 증가
④ 지표의 포장 면적 증가

16 ㉠에 들어갈 종교로 옳은 것은?

> **종교의 특징을 반영하는 무역 전략 수립**
> - 제품 판매 전략 : (㉠)와 관련된 상품
> - 제품 기능 : 종교 성지인 메카 방향과 모스크의 위치를 알려주는 기능

① 불교 ② 힌두교
③ 이슬람교 ④ 크리스트교

17 열대 기후 지역의 전통 생활 모습으로 옳은 것을 〈보기〉에서 고른 것은?

> **보기**
> ㄱ. 순록 유목
> ㄴ. 오아시스 농업
> ㄷ. 얇고 간편한 의복
> ㄹ. 개방적인 가옥 구조

① ㄱ, ㄴ ② ㄱ, ㄷ
③ ㄴ, ㄷ ④ ㄷ, ㄹ

18 다음에서 설명하는 지역은?

- 미국, 캐나다, 러시아, 덴마크, 노르웨이에 접해 있어 영유권 갈등이 있음.
- 기후 변화로 빙하가 녹으면서 접근이 용이해져 석유, 천연가스 등의 자원 개발 가능성이 커짐.

① 기니만 ② 북극해
③ 남중국해 ④ 카슈미르

19 다음 설명에 해당하는 것은?

- 의미 : 미래 세대가 필요로 하는 자원과 환경을 훼손하지 않으면서 현재를 살아가는 우리의 욕구를 동시에 충족시키는 것
- 채택 : 1992년 국제연합 환경 개발 회의의 '의제 21'

① 유비쿼터스 ② 플랜테이션
③ 성장 거점 개발 ④ 지속 가능한 발전

20 다음에서 설명하는 것은?

- 의미 : 인간과 자연환경이 조화를 이루며 공생할 수 있는 체계를 지향하는 도시
- 사례 : 브라질의 쿠리치바, 스웨덴의 예테보리 등

① 슬럼 ② 생태 도시
③ 성곽 도시 ④ 고산 도시

21 ㉠, ㉡에 들어갈 자연관으로 옳은 것은?

- (㉠) 자연관 : 자연은 영혼이 없는 물질로, 인간이 마음대로 이용하고 지배할 수 있는 대상이다.
- (㉡) 자연관 : 모든 생명체가 자연의 일부이며, 인간도 자연을 구성하는 일부이다.

	㉠	㉡
①	생태 중심주의	자원 민족주의
②	자원 민족주의	인간 중심주의
③	인간 중심주의	생태 중심주의
④	생태 중심주의	인간 중심주의

22 밑줄 친 ㉠, ㉡에 대한 설명으로 옳은 것은?

에너지 자원은 각종 산업의 원료이며 일상생활과 경제활동에 필요한 에너지를 생산하는 데 이용된다. 에너지 자원에는 ㉠ 석유, ㉡ 태양광 등이 있다.

① ㉠은 화석 에너지 자원이다.
② ㉡은 18세기 산업 혁명의 원동력이 되었다.
③ ㉠은 ㉡에 비해 고갈 위험이 낮다.
④ ㉡은 ㉠보다 세계 에너지 소비 비중이 높다.

23 ㉠에 해당하는 내용으로 가장 적절한 것은?

> **(㉠) 문제 해결 정책**
> - 양육 및 보육 시설 확충
> - 육아 비용 지원 및 가족 친화적 문화 확산

① 열섬
② 저출산
③ 사생활 침해
④ 개인 정보 유출

24 ㉠, ㉡에 해당하는 자연 재해로 옳은 것은?

> - (㉠) : 강한 바람과 많은 비를 동반하여 피해를 주는 열대 저기압
> - (㉡) : 지각판의 경계에서 주로 발생하고, 땅이 갈라지고 흔들리면서 도로 등이 붕괴됨.

	㉠	㉡		㉠	㉡
①	태풍	지진	②	화산	한파
③	황사	태풍	④	황사	지진

25 다음 설명에 해당하는 사례는?

> 주권 국가들을 구성원으로 하고 있으며, 다양한 국제 사회의 문제를 조정하는 역할을 하는 정부 간 국제기구

① 국제연합
② 그린피스
③ 다국적 기업
④ 국경 없는 의사회

2022 제2회 과학

01 그림은 수평 방향으로 던져진 공의 위치를 같은 시간 간격으로 나타낸 것이다. 공의 운동에 대한 설명으로 옳지 않은 것은? (단, 공기 저항은 무시한다.)

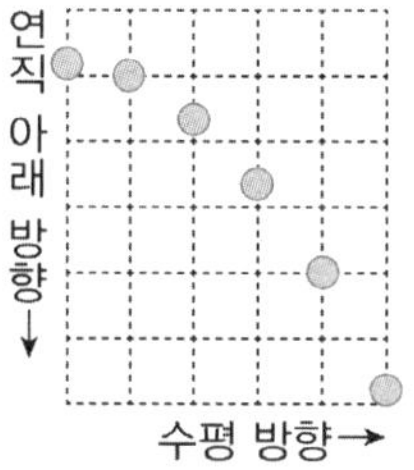

① 수평 방향의 속력은 일정하다.
② 수평 방향으로 힘이 계속 작용한다.
③ 연직 아래 방향의 속력은 증가한다.
④ 연직 아래 방향으로 힘이 계속 작용한다.

02 표는 어떤 물체가 운동 방향으로 힘을 받았을 때 처음 운동량과 나중 운동량을 나타낸 것이다. 이 물체가 받은 충격량(N·s)은?

처음 운동량(kg·m/s)	1
나중 운동량(kg·m/s)	4

① 1 ② 2
③ 3 ④ 4

03 어떤 열기관에 공급된 열이 200J이고 이 열기관이 외부에 한 일이 40J일 때, 이 열기관의 열효율(%)은?

① 20 ② 40
③ 60 ④ 80

04 전력 수송 과정에 대한 설명으로 옳은 것만을 〈보기〉에서 모두 고른 것은?

보기
ㄱ. 변전소에서 전압을 변화시킨다.
ㄴ. 송전 전압을 낮추면 전력 손실을 줄일 수 있다.
ㄷ. 송전선에서 열이 발생하여 전기 에너지의 일부가 손실된다.

① ㄱ ② ㄴ
③ ㄱ, ㄷ ④ ㄴ, ㄷ

05 그림과 같은 원자로를 사용하는 핵발전에 대한 설명으로 옳은 것만을 〈보기〉에서 모두 고른 것은?

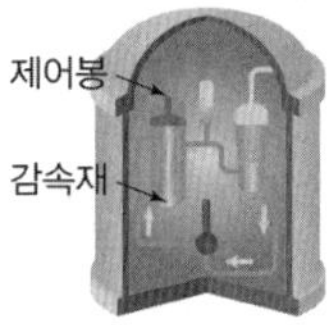

보기
ㄱ. 발전 과정에서 방사성 폐기물이 발생한다. ㄴ. 핵분열에서 발생하는 열에너지를 이용하여 발전한다. ㄷ. 발전 과정에서 배출되는 이산화 탄소의 양이 화력 발전보다 많다.

① ㄱ　② ㄷ
③ ㄱ, ㄴ　④ ㄴ, ㄷ

06 다음 중 태양 전지를 이용하여 태양의 빛에너지를 전기 에너지로 직접 전환하는 발전 방식은?

① 수력 발전　② 풍력 발전
③ 화력 발전　④ 태양광 발전

07 그림은 주기율표의 일부를 나타낸 것이다. 원소 (가), (나)에 대한 설명으로 옳은 것은?

주기＼족	1	2			17	18
1						
2	(가)				(나)	

① (가)와 (나)는 같은 족이다.
② (가)와 (나)는 같은 주기이다.
③ 원자 번호는 (가)가 (나)보다 크다.
④ (가)는 비금속 원소, (나)는 금속 원소이다.

08 소금의 주성분인 염화 나트륨(NaCl)에 대한 설명으로 옳은 것만을 〈보기〉에서 모두 고른 것은?

보기
ㄱ. 공유 결합 물질이다. ㄴ. 고체 상태에서 전기가 잘 흐른다. ㄷ. 물에 녹으면 양이온과 음이온으로 나누어진다.

① ㄱ　② ㄷ
③ ㄱ, ㄴ　④ ㄴ, ㄷ

09 그래핀에 대한 설명으로 옳은 것만을 〈보기〉에서 모두 고른 것은?

보기
ㄱ. 규소(Si) 원자로 이루어져 있다. ㄴ. 한 층으로 이루어진 평면 구조이다. ㄷ. 전기 전도성이 있다.

① ㄱ　② ㄷ
③ ㄱ, ㄴ　④ ㄴ, ㄷ

10 다음 화학 반응식은 마그네슘(Mg)과 산소(O_2)의 반응을 나타낸 것이다.

$$2Mg + O_2 \rightarrow 2MgO$$

이 반응에 대한 설명으로 옳은 것은?

① MgO은 생성물이다.
② 반응물의 종류는 1가지이다.
③ Mg은 환원된다.
④ O_2는 전자를 잃는다.

11 다음 중 물에 녹아 산성을 나타내는 물질은?

① HCl　　② KOH
③ NaOH　　④ $Ca(OH)_2$

12 단백질에 대한 설명으로 옳지 않은 것은?

① 항체의 주성분이다.
② 단위체는 포도당이다.
③ 세포막의 구성 성분이다.
④ 단위체가 펩타이드 결합으로 연결된 물질이다.

13 그림은 식물 세포의 구조를 나타낸 것이다. A~D 중 빛에너지를 흡수하여 포도당을 합성하는 것은?

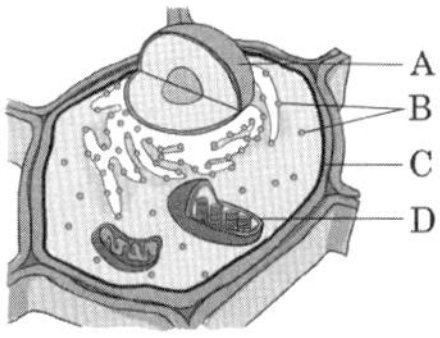

① A
② B
③ C
④ D

14 물질대사에 대한 설명으로 옳은 것만을 〈보기〉에서 모두 고른 것은?

보기
ㄱ. 세포 호흡은 물질대사에 속한다.
ㄴ. 에너지의 출입이 일어나지 않는다.
ㄷ. 효소는 물질대사에서 반응 속도를 변화시킨다.

① ㄱ　　② ㄴ
③ ㄱ, ㄷ　　④ ㄴ, ㄷ

15 그림은 두 가닥으로 구성된 DNA와 이 DNA에서 전사된 RNA를 나타낸 것이다. ㉠과 ㉡에 해당하는 염기는?

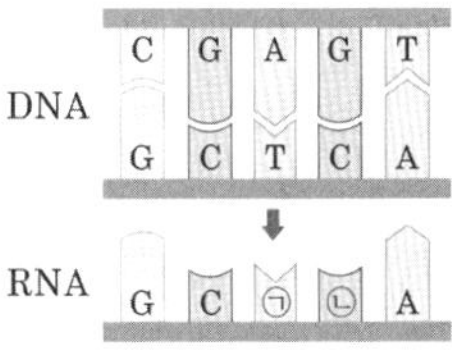

	㉠	㉡
①	T	A
②	T	C
③	U	A
④	U	C

16 생물 다양성에 대한 설명 중 옳은 것만을 〈보기〉에서 모두 고른 것은?

보기
ㄱ. 종 다양성은 동물에서만 나타난다.
ㄴ. 생태계 다양성은 종 다양성에 영향을 주지 않는다.
ㄷ. 유전적 다양성은 개체군 내에 존재하는 유전자의 변이가 다양한 정도를 말한다.

① ㄱ　　② ㄷ
③ ㄱ, ㄴ　　④ ㄴ, ㄷ

17 다음은 어떤 환경 요인에 대한 생물의 적응 현상이다. 이 환경 요인은?

사막여우는 북극여우에 비해 몸집은 작고, 몸의 말단 부위인 귀가 크다.

① 물　　② 공기
③ 온도　　④ 토양

18 그림은 안정된 생태계의 생태 피라미드를 나타낸 것이다. 이에 대한 설명으로 옳은 것은?

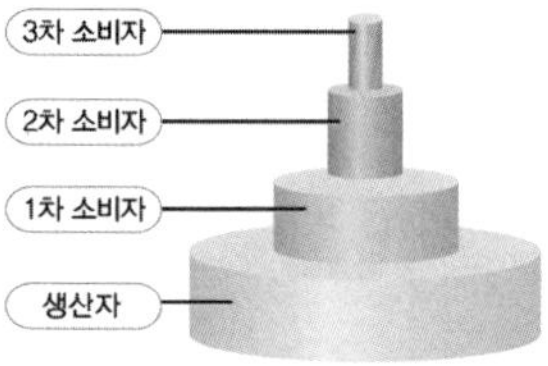

① 식물은 1차 소비자에 해당한다.
② 생물량은 2차 소비자가 가장 많다.
③ 초식 동물은 3차 소비자에 해당한다.
④ 상위 영양 단계로 갈수록 에너지양은 줄어든다.

19 별의 진화 과정에서 원소의 생성에 대한 설명으로 옳은 것만을 〈보기〉에서 모두 고른 것은?

보기
ㄱ. 헬륨의 핵융합 반응으로 탄소가 생성된다.
ㄴ. 초신성 폭발로 철보다 무거운 원소가 생성된다.
ㄷ. 질량이 태양과 비슷한 별의 중심에서 철이 생성된다.

① ㄱ　　② ㄷ
③ ㄱ, ㄴ　　④ ㄴ, ㄷ

20 식물이 이산화 탄소를 대기로부터 흡수하는 과정에서 상호 작용하는 지구 시스템의 구성 요소는?

① 수권과 기권
② 수권과 지권
③ 생물권과 기권
④ 생물권과 지권

21 그림은 지질 시대 A~D의 길이를 상대적으로 나타낸 것이다. A~D 중 삼엽충이 번성한 시기는?

① A　　② B
③ C　　④ D

22 그림은 지각과 맨틀의 일부를 나타낸 것이다. A~D에 대한 설명으로 옳은 것은?

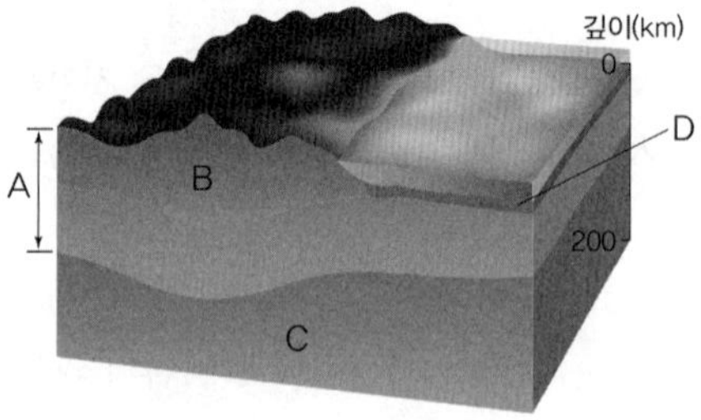

① A는 암석권이다.
② B는 맨틀이다.
③ C는 유동성이 없다.
④ D는 대륙 지각이다.

23 그림은 어떤 지역의 해수 깊이에 따른 수온 분포를 나타낸 것이다. 이에 대한 설명으로 옳은 것만을 〈보기〉에서 모두 고른 것은?

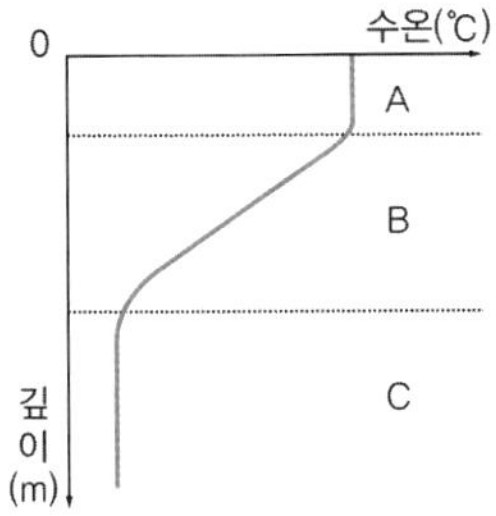

보기

ㄱ. A에서는 바람에 의해 해수가 잘 섞인다.
ㄴ. B는 수온 약층이다.
ㄷ. 수온은 A에서가 C에서보다 낮다.

① ㄱ　　② ㄷ
③ ㄱ, ㄴ　　④ ㄴ, ㄷ

24 빅뱅 우주론에 따른 우주의 생성 과정에 대한 설명으로 옳은 것만을 〈보기〉에서 모두 고른 것은?

보기

ㄱ. 우주가 팽창하면서 우주의 온도가 낮아진다.
ㄴ. 수소 원자가 수소 원자핵보다 먼저 만들어졌다.
ㄷ. 헬륨 원자핵이 수소 원자핵보다 먼저 만들어졌다.

① ㄱ　　② ㄴ
③ ㄱ, ㄷ　　④ ㄴ, ㄷ

25 지구 온난화로 인한 최근의 지구 환경 변화로 옳은 것만을 〈보기〉에서 모두 고른 것은?

보기

ㄱ. 지구의 평균 기온 하강
ㄴ. 해수면의 평균 높이 상승
ㄷ. 대륙 빙하의 분포 면적 증가

① ㄱ　　② ㄴ
③ ㄱ, ㄷ　　④ ㄴ, ㄷ

2022 제2회 한국사

01 다음에서 설명하는 유물은?

> • 구석기 시대를 대표하는 뗀석기임.
> • 사냥을 하거나 가죽을 벗기는 용도로 사용함.

①

주먹도끼

②

이불병좌상

③

비파형 동검

④

빗살무늬 토기

02 다음에서 설명하는 왕은?

> • 신라를 도와 왜를 격퇴함.
> • '영락'이라는 독자적 연호를 사용함.
> • 4세기 말 즉위 후 고구려의 영토를 크게 넓힘.

① 세종　　② 고이왕
③ 공민왕　　④ 광개토 대왕

03 다음에서 설명하는 기구는?

> • 국방에 관계된 일을 회의로 결정함.
> • 식목도감과 함께 고려의 독자적인 정치 기구임.
> • 원 간섭기에 도평의사사로 명칭과 권한을 변경함.

① 집사부　　② 정당성
③ 도병마사　　④ 군국기무처

04 다음에서 ㉠에 들어갈 내용으로 옳은 것은?

> 〈조선 성종의 정책〉
> • 경연 활성화
> • 홍문관 설치
> • [㉠]

① 경국대전 반포
② 기인 제도 실시
③ 삼청 교육대 운영
④ 전민변정도감 설치

05 다음에서 설명하는 문화유산은?

> 문화유산 카드
> • 위치 : 경상북도 토함산
> • 특징 : 불국사와 함께 불국토의 이상 세계를 표현한 통일신라 시기의 대표적 건축물

① 경복궁　② 무령왕릉
③ 수원 화성　④ 경주 석굴암

06 다음에서 ㉠에 들어갈 내용으로 옳지 않은 것은?

> 〈수행평가 계획서〉
> 주제 : 흥선 대원군이 주도한 정책
> • 1모둠 : 경복궁 중건
> • 2모둠 : [㉠]

① 서원 정리　② 당백전 발행
③ 호포제 시행　④ 훈민정음 창제

07 다음에서 설명하는 화폐는?

> 조선 후기에 주조된 화폐로 17세기 말 전국적으로 유통되면서 물품 구입이나 세금납부 수단으로 사용되었다.

① 호패　② 명도전
③ 상평통보　④ 독립 공채

08 다음에서 ㉠에 해당하는 지역은?

> [㉠]는 군사 전략 요충지로 큰 역할을 해 왔다. 고려 시대에는 몽골의 침입을 피해 이곳으로 수도를 옮긴 적이 있었고, 조선 시대에는 이곳에서 병인양요가 발발하였다.

① 강화도　② 거문도
③ 울릉도　④ 제주도

09 다음에서 설명하는 신문은?

> • 한글판과 영문판으로 발행됨.
> • 서재필 등이 정부의 지원을 받아 창간함.
> • 국민을 계몽하고 국내 사정을 외국인에게도 전달함.

① 독립신문　② 동아일보
③ 조선일보　④ 한성순보

10 다음에서 ㉠에 들어갈 내용으로 옳은 것은?

> 〈다큐멘터리 기획안〉
> • 제목 : 녹두장군의 꿈!
> • 의도 : 동학 농민군 지도자 전봉준의 삶을 조명한다.
> • 내용 : 1부 고부 농민 봉기를 주도하다.
> 　　　2부 [㉠]

① 거중기를 제작하다.
② 신민회를 조직하다.
③ 천리장성을 축조하다.
④ 황토현 전투에서 승리하다.

11 다음 질문에 대한 답으로 옳은 것은?

① 새마을 운동
② 위정척사 운동
③ 국채 보상 운동
④ 서경 천도 운동

12 다음에서 ㉠ 시기에 들어갈 사건은?

1945. 8. 15. 광복	→	㉠	→	1948. 8. 15. 대한민국 정부 수립

① 기묘사화
② 5·10 총선거
③ 오페르트 도굴 사건
④ 6·15 남북 공동 선언 발표

13 다음에서 설명하는 일제 식민 정책은?

> 1910년대 일제가 시행한 경제 정책으로, 토지 소유권자가 정해진 기간 내에 직접 신고하여 소유지로 인정받는 신고주의 원칙에 따라 진행되었다.

① 균역법
② 노비안검법
③ 토지 조사 사업
④ 경부 고속 국도 개통

14 다음 대화 내용에 해당하는 단체는?

① 삼별초　② 신간회
③ 통신사　④ 화랑도

15 다음에서 설명하는 사건은?

> 1919년에 일어난 일제 강점기 최대 규모의 민족 운동이다. 일제의 통치 방식이 바뀌는 계기가 되었으며, 대한민국 임시 정부 수립에 영향을 주었다.

① 3·1 운동
② 제주 4·3 사건
③ 임술 농민 봉기
④ 12·12 군사 반란

16 다음에서 ㉠에 들어갈 내용으로 옳은 것은?

> 한국사 묻고 답하기　답변 : 2　조회 : 80
> 질문 갑오개혁에 대해 알려 주세요.
> └ 답변
> 　└ 1894년부터 추진되었습니다.
> 　└ ㉠

① 별무반이 창설되었습니다.
② 신분제가 폐지되었습니다.
③ 척화비가 건립되었습니다.
④ 세도 정치가 시작되었습니다.

17 다음 밑줄 친 ㉠에 해당하는 것은?

> 일제는 한국인을 전쟁에 효율적으로 동원하고 일왕에 충성하는 백성으로 만들고자 ㉠ 황국 신민화 정책을 실시하였다.

① 골품제 실시
② 사사오입 개헌
③ 신사 참배 강요
④ 사심관 제도 시행

18 다음 대본에서 ㉠에 들어갈 말로 가장 적절한 것은?

> 장면 #27 평화 시장에서 시위하는 모습
> 전태일 : 우리 노동자들은 열악한 작업 환경에서 장시간 노동으로 고통받고 있다. 우리는 기계가 아니다!
> [㉠]

① 신탁 통치를 반대한다!
② 근로 기준법을 준수하라!
③ 군사력을 강화하여 청을 정벌하자!
④ 교조 최제우의 억울함을 풀어 주시오!

19 다음에서 설명하는 정부는?

> - 금융 실명제를 실시함.
> - 지방 자치제를 전면적으로 시행함.
> - 국제 통화 기금(IMF)에 구제 금융 지원을 요청함.

① 김영삼 정부　② 박정희 정부
③ 이승만 정부　④ 전두환 정부

20 다음에서 설명하는 것은?

> - 국제 사회가 한국의 독립을 처음으로 약속함.
> - 1943년 미·영·중 정상들이 모여 전후 처리를 논의함.

① 팔관회　② 화백 회의
③ 만민 공동회　④ 카이로 회담

21 다음에서 ㉠에 해당하는 사건으로 옳은 것은?

① 자유시 참변
② 6·10 만세 운동
③ 5·18 민주화 운동
④ 제너럴 셔먼호 사건

22 다음에서 설명하는 종교는?

> 나철 등을 중심으로 단군 신앙을 내세웠으며, 중광단을 조직하여 독립운동을 전개하였다.

① 도교　② 기독교
③ 대종교　④ 천주교

23 다음에서 ㉠에 해당하는 사건은?

〈6 · 25 전쟁의 전개 과정〉

북한의 남침 → 인천 상륙 작전 → 서울 수복(1950. 9. 28.) → [㉠] → 정전 협정 체결

① 1 · 4 후퇴　　② 명량 대첩
③ 무신 정변　　④ 아관 파천

24 다음에서 설명하는 단체는?

- 1919년 만주에서 김원봉 등이 주도하여 결성함.
- 신채호의 「조선 혁명 선언」을 활동 지침으로 삼음.

① 별기군　　② 의열단
③ 교정도감　　④ 조선어 학회

25 다음에서 ㉠에 해당하는 것은?

1972년, 서울과 평양에서 [㉠]이/가 동시에 발표되었다. 이는 분단 후 남북한이 통일과 관련하여 최초로 합의한 것이며, 자주 · 평화 · 민족 대단결의 통일 원칙을 명시하였다.

① 시무 28조
② 전주 화약
③ 4 · 13 호헌 조치
④ 7 · 4 남북 공동 성명

2022 제 2 회

도덕

01 다음 설명에 해당하는 윤리학은?

- 도덕 원리를 구체적 상황에 적용하여 도덕 문제에 대한 해결 방안을 제시하는 것을 주된 목표로 삼음.
- 예 : 생명 윤리, 정보 윤리, 환경 윤리 등

① 기술 윤리학 ② 메타 윤리학
③ 실천 윤리학 ④ 진화 윤리학

02 (가)에 들어갈 윤리 사상가는?

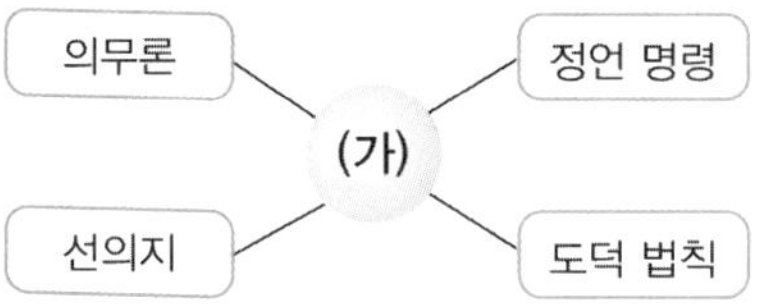

① 밀 ② 칸트
③ 플라톤 ④ 데카르트

03 다음에서 설명하는 사상으로 가장 적절한 것은?

- 무위자연(無爲自然)의 삶을 강조함.
- 이상적 인간으로 지인(至人), 진인(眞人) 등이 있음.

① 유교 ② 불교
③ 도가 ④ 법가

04 다음에서 동물 실험을 반대하는 관점에만 '✔'를 표시한 학생은?

관점 \ 학생	A	B	C	D
동물 실험은 신약 개발을 위해 반드시 필요하다.	✔			✔
동물 실험 과정에서 동물이 부당하게 고통을 겪고 있다.		✔		✔
동물은 인간의 이익을 위해 사용되는 수단에 불과하다.			✔	

① A ② B
③ C ④ D

05 공리주의의 입장에 대한 설명으로 옳은 것은?

① 유용성의 원리에 따른 행위를 강조한다.
② 행위의 결과보다는 행위의 동기를 중시한다.
③ 행위의 효용보다 행위자 내면의 품성을 강조한다.
④ 사회 전체의 행복보다 개인의 행복 추구를 중시한다.

06 (가)에 들어갈 성과 사랑의 관계에 대한 관점은?

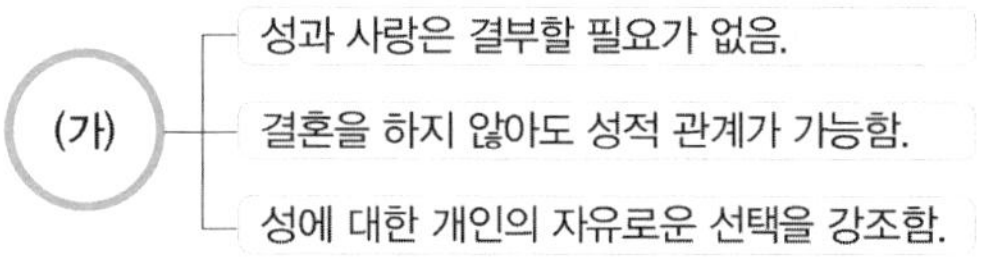

① 자유주의 ② 보수주의
③ 도덕주의 ④ 중도주의

07 **시민에 대한 국가의 의무로 옳지 <u>않은</u> 것은?**

① 시민의 복지를 증진해야 한다.
② 시민의 인권을 보호해야 한다.
③ 시민의 인간다운 삶을 보장해야 한다.
④ 시민의 정당한 요구에 무관심해야 한다.

08 **㉠에 공통으로 들어갈 용어는?**

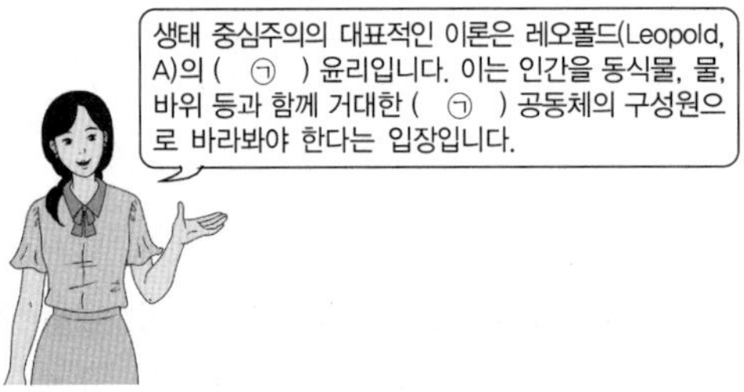

① 대지　　② 과학
③ 문화　　④ 사회

09 **사형 제도의 찬성 근거로 가장 적절한 것은?**

① 오판의 가능성이 있다.
② 정치적으로 악용될 수 있다.
③ 응보적 정의 실현을 위한 수단이다.
④ 생명권을 침해하는 비인도적인 제도이다.

10 **㉠에 들어갈 내용으로 옳지 <u>않은</u> 것은?**

① 남을 돕는 데 진심을 다했는지 살피는 거야.
② 마음을 흐트러짐이 없게 하고 몸가짐을 삼가는 거야.
③ 어른들의 말씀은 무조건 비판 없이 받아들이는 거야.
④ 끊임없는 질문을 통해 자신의 무지를 스스로 깨우치는 거야.

11 **다음 사상가가 강조하는 덕목은?**

> 백성을 사랑하는 근본은 검소함과 자신의 사사로운 이익은 추구하지 않음에 있다. 이는 목민관이 가장 먼저 힘써야 할 일이다.
> – 정약용, 『목민심서』 –

① 욕망　　② 집착
③ 독선　　④ 청렴

12 교사의 질문에 대한 대답으로 적절하지 않은 것은?

① 학생 1　② 학생 2
③ 학생 3　④ 학생 4

13 통일과 관련된 개념에 대한 설명으로 옳지 않은 것은?

	개념	설명
①	분단 비용	남북한 분단이 지속되어 발생하는 비용
②	평화 비용	남북한 평화 유지와 정착을 위해 필요한 비용
③	통일 편익	통일로 얻게 되는 경제적 · 경제 외적인 손상 및 피해
④	통일 비용	남북한 격차 해소와 이질적 요소 통합에 필요한 비용

14 예술 지상주의의 입장에 대한 설명으로 가장 적절한 것은?

① 예술의 사회성만을 강조한다.
② 예술을 위한 예술을 주장한다.
③ 예술가에게 도덕적 공감이 중요함을 강조한다.
④ 예술에 대한 윤리적 규제의 필요성을 주장한다.

15 ㉠에 들어갈 내용으로 가장 적절한 것은?

도 덕 신 문　2022년 ○월 ○일

㉠ 의 윤리적 쟁점

불치병으로 극심한 고통을 겪고 있는 환자의 요구에 따라 인위적으로 생명을 단축하는 행위의 허용 문제는 논란이 될 수 있다. 왜냐하면 이 문제는 생명의 존엄성과 심각한 윤리적 문제를 발생시킬 수 있기 때문이다.

① 안락사　② 대리모
③ 장기 이식　④ 배아 복제

16 다음 설명에 해당하는 정의관으로 가장 적절한 것은?

- 공정한 과정을 통해 발생한 결과는 정당하다는 정의관
- 분배의 결과보다는 분배를 위한 공정한 순서나 방법을 강조하는 관점

① 결과적 정의　② 교정적 정의
③ 산술적 정의　④ 절차적 정의

17 시민 불복종의 사례를 〈보기〉에서 고른 것은?

보기
ㄱ. 중세의 십자군 전쟁
ㄴ. 나치의 유대인 집단 학살
ㄷ. 소로의 세금 납부 거부
ㄹ. 간디의 소금법 폐지 행진

① ㄱ, ㄴ　② ㄱ, ㄷ
③ ㄴ, ㄹ　④ ㄷ, ㄹ

18 다음에서 소개하는 윤리 사상가는?

도덕 인물 카드

- 영국의 철학자로 공리주의를 주장함.
- '최대 다수의 최대 행복'을 도덕 원리로 제시함.
- 저서 : 『도덕과 입법의 원리 서설』

① 레건　　② 벤담
③ 아퀴나스　　④ 매킨타이어

19 다음 설명에 해당하는 권리는?

> 정보 주체가 온라인상에서 개인이 원하지 않는 자신의 정보에 대해 삭제 또는 확산 방지를 요구할 수 있는 권리를 의미한다.

① 알 권리　　② 공유 권리
③ 상속 권리　　④ 잊힐 권리

20 다음 설명에 해당하는 이상 사회는?

> • 공자가 제시한 모두가 더불어 잘 사는 사회
> • 인륜(人倫)이 실현된 사회로서 누구에게나 기본적인 삶이 보장되는 도덕 공동체

① 공산 사회　　② 소국과민
③ 대동 사회　　④ 철인 통치 국가

21 그림 (가)와 (나)에서 주장하는 내용으로 옳은 것은?

	(가)	(나)
①	합리적 소비	윤리적 소비
②	합리적 소비	과시적 소비
③	윤리적 소비	합리적 소비
④	윤리적 소비	과시적 소비

22 불교의 죽음관으로 가장 적절한 것은?

① 죽음 이후의 세계는 존재하지 않는다.
② 죽음을 통해 영혼은 이데아의 세계로 들어간다.
③ 죽음이란 다음 생으로 이어지는 윤회의 한 과정이다.
④ 죽음은 개별 원자로 흩어져 영원히 소멸되는 것이다.

23 다음 설명에 해당하는 직업 윤리는?

> • 자신의 직업에 자부심을 가지고 사회적 책임을 다하려는 직업의식
> • 자기 일에 긍지를 가지고 평생 전념하거나 한 가지 기술에 정통하려고 노력하는 것

① 장인 정신　② 특권 의식
③ 비판 의식　④ 관용 정신

24 다음은 서술형 평가 문제와 학생 답안이다. 밑줄 친 ㉠~㉣ 중 옳지 <u>않은</u> 것은?

> **문제 : 국제 관계를 바라보는 관점에 대해서 서술하시오.**
>
> 〈답안〉
> 현실주의는 ㉠ <u>국가가 자국의 이익을 최우선적으로 추구한다고 보기 때문에</u> ㉡ <u>국가 간의 힘의 논리를 통한 세력 균형보다 소통과 대화를 중시한다</u>. 반면에 이상주의는 ㉢ <u>국가가 이성적이고 합리적 행동이 가능하다고 보기 때문에</u> ㉣ <u>국제법, 국제 규범 등을 통한 국제 분쟁의 방지를 강조한다</u>.

① ㉠　② ㉡
③ ㉢　④ ㉣

25 공직자가 지녀야 할 바람직한 자세로 옳은 것은?

① 공익보다 사익을 우선시해야 한다.
② 국민을 위한 봉사의 자세를 지녀야 한다.
③ 개인은 재산을 일절 소유하지 말아야 한다.
④ 친한 친구의 개인적인 청탁은 당연히 받아야 한다.

memo

2022 제1회

국어

정답 및 해설 p. 110

01 다음 중 '준수'의 말하기의 문제점으로 적절하지 않은 것은?

> 준수 : 야! 너 색연필 있지? 줘 봐!
> 민우 : 어쩌지? 미안하지만 지금은 나도 써야 해.
> 준수 : 내가 먼저 쓸 거야! 바로 줄 건데 뭘 그러냐? 색연필 빌려 주는 게 그렇게 아깝냐!

① 상대방의 상황을 무시하고 있다.
② 상대방에게 막무가내로 요구하고 있다.
③ 상대방의 기분이 상하게 표현하고 있다.
④ 상대방이 이해하지 못하는 관용 표현을 사용하고 있다.

02 다음 중 [A]에 대한 설명으로 가장 적절한 것은?

> 은희 : 축제를 앞두고 우리 춤 동아리에서 리허설을 하려고 하는데, 앞으로 축제 때까지 무대가 있는 강당을 우리가 사용하면 안 될까?
> 민수 : 그건 어렵겠어. 우리 뮤지컬 동아리도 춤추는 장면이 있는데, 전체 동작이 서로 맞지 않아서 강당에서 연습을 더 해야 해.
> 은희 : 그런 어려움이 있구나. 그러면 춤 동작은 우리가 도와줄 테니 이번 주만이라도 강당을 우리가 쓰도록 해 주면 좋겠어. [A]
> 민수 : 그래, 괜찮네. 이번 주는 너희가 쓰고 다음 주는 우리가 쓸게.

① 일방적으로 자신의 입장을 강요하고 있다.
② 자신의 의도를 숨기고 상대방을 비난하고 있다.
③ 상대방의 처지에 공감하며 요구 사항을 전하고 있다.
④ 상대방의 의견을 반박하며 자신의 주장을 강조하고 있다.

03 다음 규정에 따라 발음하지 않는 것은?

> **표준 발음법**
>
> [제19항] 받침 'ㅁ, ㅇ' 뒤에 연결되는 'ㄹ'은 [ㄴ]으로 발음한다.

① 강릉 ② 담력
③ 송년 ④ 항로

04 다음의 높임법을 활용한 문장으로 볼 수 없는 것은?

> 주체 높임법은 문장의 주체를 높이는 방법이다.

① 아버지께서는 늘 음악을 들으신다.
② 어머니께서는 지금 집에서 주무신다.
③ 선배는 선생님께 공손히 인사를 드렸다.
④ 할아버지께서는 어제 죽을 드시고 계셨다.

05 다음 중 끊어적기에 해당하지 <u>않는</u> 것은?

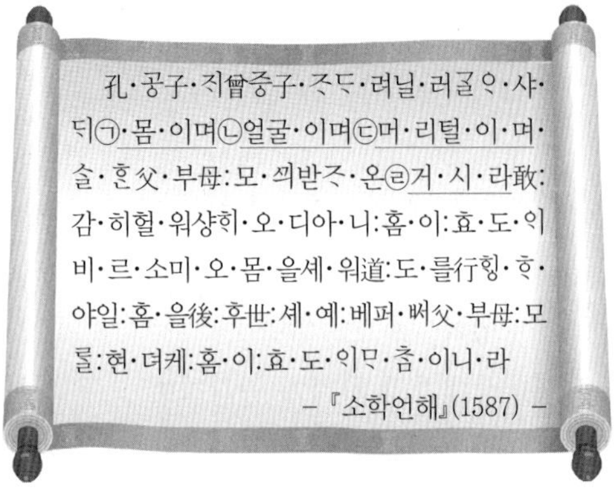

① ㉠　② ㉡
③ ㉢　④ ㉣

06 밑줄 친 부분이 '한글 맞춤법'에 맞지 <u>않는</u> 것은?

① 집에서 보약을 <u>다리다</u>.
② 가난으로 배를 <u>주리다</u>.
③ 그늘에서 땀을 <u>식히다</u>.
④ 아들에게 학비를 <u>부치다</u>.

07 〈조건〉을 모두 고려하여 만든 광고 문구로 가장 적절한 것은?

조건

- '고운 말을 사용하자.'는 주제를 드러낼 것
- 비유법, 대구법을 모두 활용할 것

① 지금 바로 말하세요. 안 하면 모릅니다.
② 봄날처럼 따뜻한 말씨, 보석처럼 빛나는 세상!
③ 마음을 멍들게 하는 상처의 말은, 이제 그만!
④ 대화는 관계의 시작! 말로 마음의 문을 여실 거죠?

08 ㉠~㉣을 고쳐 쓴 것으로 적절하지 <u>않은</u> 것은?

한지는 바람이 잘 통하고 습도 조절이 잘 되는 종이라서 창호지로도 많이 쓰인다. ㉠ <u>창문이</u> 닫아도 한지는 바람이 잘 통하고 습기를 잘 흡수해서 습도 조절 역할까지 한다. ㉡ <u>그러나</u> 한지에 비해 양지는 바람이 잘 통하지 않고 습기를 잘 흡수하지 못한다. ㉢ <u>최근 물가 상승으로 한지의 가격이 2배 이상 올랐다</u>. 한지가 살아 숨쉬는 ㉣ <u>종이라도</u>, 양지는 뻣뻣하게 굳어 있는 종이라고 할 수 있다.

① ㉠ : 잘못된 조사를 사용했으므로 '창문을'로 바꾼다.
② ㉡ : 잘못된 접속어를 사용했으므로 '그러므로'로 바꾼다.
③ ㉢ : 글의 통일성을 해치는 문장이므로 삭제한다.
④ ㉣ : 문맥을 고려하여 '종이라면'으로 바꾼다.

[9~11] 다음 글을 읽고 물음에 답하시오.

> 산모퉁이를 돌아 논가 외딴 우물을 홀로 찾아가선 가만히 들여다봅니다.
>
> 우물 속에는 달이 밝고 구름이 흐르고 하늘이 펼치고 파아란 바람이 불고 가을이 있습니다.
>
> 그리고 한 사나이가 있습니다.
> 어쩐지 ㉠ <u>그 사나이가 미워져 돌아갑니다.</u>
>
> 돌아가다 생각하니 그 사나이가 가엾어집니다.
> 도로 가 들여다보니 사나이는 그대로 있습니다.
>
> 다시 그 사나이가 미워져 돌아갑니다.
> 돌아가다 생각하니 그 사나이가 그리워집니다.
>
> 우물 속에는 달이 밝고 구름이 흐르고 하늘이 펼치고 파아란 바람이 불고 가을이 있고 추억(追憶)처럼 사나이가 있습니다.
>
> – 윤동주, 「자화상(自畵像)」 –

09 윗글의 표현상의 특징으로 적절하지 <u>않은</u> 것은?

① 오고 가는 행위의 반복을 통해 시상을 전개하고 있다.
② '-ㅂ니다'의 반복적 사용을 통해 운율을 형성하고 있다.
③ 설의적 표현을 사용하여 비판적 인식을 드러내고 있다.
④ 시각적 심상을 사용하여 대상을 선명하게 나타내고 있다.

10 윗글에 대한 설명으로 적절하지 <u>않은</u> 것은?

① 1연에서 우물에 비친 자신의 모습을 들여다보고 있다.
② 2연에서 우물 속 풍경을 보며 비정한 현실에 분노하고 있다.
③ 4연에서 화자는 '사나이'에게 연민을 느끼고 있다.
④ 5연에서 미움의 감정이 그리움으로 변화하고 있다.

11 다음과 관련하여 윗글을 감상할 때, ㉠의 이유로 가장 적절한 것은?

> '자화상'은 일제 강점기를 살았던 시인의 이상적 삶의 태도가 잘 드러나 있는 작품으로, 치열한 자아 성찰의 산물인 부끄러움과 암울한 시대에 대한 극복 의지가 담겨 있다.

① 이상적 가치를 이미 실현했기 때문에
② 경제적으로 안정된 삶을 추구하기 때문에
③ 현실에 저항하지 못하는 자신이 부끄럽기 때문에
④ 삶의 고통을 극복한 자신에게 당당함을 느끼기 때문에

[12~14] 다음 글을 읽고 물음에 답하시오.

[앞부분의 줄거리] 원미동에 터를 잡고 사는 강 노인은 자신의 마지막 남은 땅에 밭농사를 지으며 그 땅을 팔지 않으려 하고 있다.

서울 것들이란. 강 노인은 끙끙거리다 토막 난 욕설을 내뱉어 놓았다. 강 노인이 괭이를 내던지고 밭 끄트머리로 걸어가는 사이 언제 나왔는지 부동산의 박 씨가 알은체를 하였다. 자그마한 체구에 검은 테 안경을 쓰고, 머리는 기름 발라 착 달라붙게 빗어 넘긴 박 씨의 면상을 보는 일이 강 노인으로서는 괴롭기 짝이 없었다. 얼굴만 마주쳤다 하면 땅을 팔아보지 않겠느냐고 은근히 회유를 거듭하더니 지난 겨울부터는 임자가 나섰다고 숫제 집까지 찾아와서 온갖 감언이설을 다 늘어놓는 박 씨였다.

〈중략〉

"영감님, 유 사장이 저 심곡동 쪽으로 땅을 보러 다니나 봅디다. ㉠ <u>영감님은 물론이고 우리 동네의 발전을 위해서 그렇게 애를 썼는데…….</u>"

박 씨가 짐짓 허탈한 표정을 지으며 말하고 있는데 뒤따라 나온 동업자 고흥댁이 뒷말을 거든다.

"참말로 이 양반이 지난 겨울부터 무진 애를 썼구만요. 우리사 셋방이나 얻어 주고 소개료 받는 것으로도 얼마든지 살 수 있지라우. 그람시도 그리 애를 쓴 것이야 다 한동네 사는 정리로다가 그런 것이지요."

강 노인은 가타부타 말이 없고 이번엔 박 씨가 나섰다.

"아직도 늦은 것은 아니고, 한 번 더 생각해 보세요. 여름마다 똥 냄새 풍겨 주는 밭으로 두고 있느니 평당 백만 원 이상으로 팔아넘기기가 그리 쉬운 일입니까. 이제는 참말이지 더 이상 땅값이 오를 수가 없게 돼 있다 이 말씀입니다. 아, 모르십니까. 팔팔 올림픽 전에 북에서 쳐들어올 확률이 높다고 신문 방송에서 떠들어 쌓으니 이삼천짜리 집들도 매기[1]가 뚝 끊겼다 이 말입니다."

"영감님도 욕심 그만 부리고 이만한 가격으로 임자 나섰을 때 후딱 팔아 치우시요. 영감님이 아무리 기다리셔도 인자 더 이상 오르기는 어렵다는디 왜 못 알아들으실까잉. 경국이 할머니도 팔아 치우자고 저 야단인디……."

고흥댁은 이제 강 노인 마누라까지 쳐들고 나선다. 강 노인은 아무런 대꾸도 없이 일하던 자리로 돌아가 버린다. 그 등에 대고 박 씨가 마지막으로 또 한마디 던졌다.

"아직도 유 사장 마음은 이 땅에 있는 모양이니께 금액이야 영감님 마음에 맞게 잘 조정해 보기로 하고, 일단 결정해 뿌리시요!"

– 양귀자, 「마지막 땅」 –

1) 상품을 사려는 분위기 또는 살 사람들의 인기

12 윗글에 대한 설명으로 가장 적절한 것은?

① 작품 속 서술자가 자신의 이야기를 들려주고 있다.

② 대화를 통해 인물 간 화해의 과정을 드러내고 있다.

③ 비현실적인 배경을 제시하여 신비로운 분위기를 보여 주고 있다.

④ 인물의 외양 묘사를 통해 인물에 대한 강 노인의 못마땅함을 보여 주고 있다.

13 윗글을 통해 알 수 있는 내용으로 적절한 것은?

① 유 사장은 강 노인의 땅을 마음에 두고 있다.

② 고흥댁은 받지 못한 소개료 때문에 생활고를 겪고 있다.

③ 신문 방송의 영향으로 집을 사려는 분위기가 고조되고 있다.

④ 박 씨는 강 노인에게 땅을 팔라고 말한 것을 후회하고 있다.

14 ㉠에 드러난 말하기 방식으로 가장 적절한 것은?

① 상대방의 지난 잘못을 들추며 비난하고 있다.
② 땅값이 앞으로는 오르지 않을 것이라 협박하고 있다.
③ 동네 발전에 애쓴 것을 언급하며 상대방을 회유하고 있다.
④ 상대방의 침묵에 대해 불쾌감을 드러내며 질책하고 있다.

[15~16] 다음 글을 읽고 물음에 답하시오.

생사(生死) 길은
예 있으매 머뭇거리고,
나는 간다는 말도
못다 이르고 어찌 갑니까.
어느 가을 이른 바람에
이에 저에 떨어질 잎처럼,
한 가지에 나고
가는 곳 모르온저.
아아, ㉠ 미타찰(彌陀刹)에서 만날 나
도(道) 닦아 기다리겠노라.

– 월명사, 「제망매가(祭亡妹歌)」 –

15 다음을 참고하여 윗글을 탐구한 내용으로 가장 적절한 것은?

> 이 작품은 10구체 향가이다. 1~4행, 5~8행, 9~10행의 세 부분으로 나눌 수 있는데, 그중 마지막 부분이 낙구이다.

① 낙구는 감탄사로 시작되고 있군.
② 세 부분은 각각 연으로 구분되어 있군.
③ 10구체 향가는 후렴구로 마무리되고 있군.
④ 세 부분의 첫 어절은 각각 3음절로 시작되고 있군.

16 ㉠에 나타난 화자의 태도로 가장 적절한 것은?

① 대상과 재회를 염원하고 있다.
② 자신의 처지를 한탄하고 있다.
③ 대상의 업적을 예찬하고 있다.
④ 이별한 대상을 원망하고 있다.

[17~19] 다음 글을 읽고 물음에 답하시오.

심청이 들어와 눈물로 밥을 지어 아버지께 올리고, 상머리에 마주 앉아 아무쪼록 진지 많이 잡수시게 하느라고 자반도 떼어 입에 넣어 드리고 김쌈도 싸서 수저에 놓으며,

"진지를 많이 잡수서요."

심 봉사는 철도 모르고,

"야, 오늘은 반찬이 유난히 좋구나. 뉘 집 제사 지냈느냐?"

그날 밤에 [꿈]을 꾸었는데, 부자간은 천륜지간(天倫之間)이라 꿈에 미리 보여주는 바가 있었다.

"아가 아가, 이상한 일도 있더구나. 간밤에 꿈을 꾸니, 네가 큰 수레를 타고 한없이 가 보이더구나. 수레라 하는 것이 귀한 사람이 타는 것인데 우리 집에 무슨 좋은 일이 있을란가보다. 그렇지 않으면 장 승상 댁에서 가마 태워 갈란가 보다."

심청이는 저 죽을 꿈인 줄 짐작하고 둘러대기를,

"그 꿈 참 좋습니다."

하고 진짓상을 물려 내고 담배 태워 드린 뒤에 밥상을 앞에 놓고 먹으려 하니 간장이 썩는 눈물은 눈에서 솟아나고, 아버지 신세 생각하며 저 죽을 일 생각하니 정신이 아득하고 몸이 떨려 밥을 먹지 못하고 물렸다. 그런 뒤에 심청이 사당에 하직하려고 들어갈 제, 다시 세수하고 사당문을 가만히 열고 하직 인사를 올렸다.

"못난 여손(女孫) 심청이는 아비 눈 뜨기를 위하여 인당수 제물로 몸을 팔려 가오매, 조상 제사를 끊게 되오니 사모하는 마음을 이기지 못하겠습니다."

울며 하직하고 사당문 닫은 뒤에 아버지 앞에 나와 두 손을 부여잡고 기절하니, 심 봉사가 깜짝 놀라,

"아가 아가, 이게 웬일이냐? 정신 차려 말하거라."

심청이 여쭙기를,

"제가 못난 딸자식으로 아버지를 속였어요. 공양미 삼백 석을 누가 저에게 주겠어요. 남경 뱃사람들에게 인당수 제물로 몸을 팔아 오늘이 떠나는 날이니 저를 마지막 보셔요."

심 봉사가 이 말을 듣고,

[A] "참말이냐, 참말이냐? 애고 애고, 이게 웬 말인고? 못 가리라, 못 가리라. 네가 날더러 묻지도 않고 네 마음대로 한단 말이냐? 네가 살고 내가 눈을 뜨면 그는 마땅히 할 일이나, 자식 죽여 눈을 뜬들 그게 차마 할 일이냐? 너의 어머니 늦게야 너를 낳고 초이레 안에 죽은 뒤에, 눈 어두운 늙은 것이 품 안에 너를 안고 이집 저집 다니면서 구차한 말 해 가면서 동냥젖 얻어 먹여 이만치 자랐는데, 내 아무리 눈 어두우나 너를 눈으로 알고, 너의 어머니 죽은 뒤에 걱정 없이 살았더니 이 말이 무슨 말이냐? 마라 마라, 못 하리라. 아내 죽고 자식 잃고 내 살아서 무엇하리? 너하고 나하고 함께 죽자. 눈을 팔아 너를 살 터에 너를 팔아 눈을 뜬들 무엇을 보려고 눈을 뜨리?"

– 작자 미상, 완판본 「심청전」 –

17 윗글의 내용과 일치하지 <u>않는</u> 것은?

① 심청은 자신이 떠나야 하는 까닭을 아버지에게 밝혔다.
② 심청은 아버지에게 하직 인사를 하기 위해 사당으로 들어갔다.
③ 심 봉사는 자신을 위해 제물이 되려는 심청의 결정을 만류하고 있다.
④ 심청은 자신이 떠난 후 조상의 제사를 지내지 못하는 것을 안타까워하고 있다.

18 [꿈]의 기능으로 가장 적절한 것은?

① 심청의 영웅적 능력을 드러낸다.
② 심청의 앞날에 일어날 일을 암시한다.
③ 심 봉사와 심청의 갈등 해소의 계기가 된다.
④ 심청이 겪었던 과거의 위기 상황을 보여 준다.

19 [A]에 대한 설명으로 적절한 것은?

① 설의적 표현을 통해 삶의 희망을 드러내고 있다.
② 의인화를 통해 현실을 우회적으로 비판하고 있다.
③ 해학적 표현을 통해 슬픔을 웃음으로 승화하고 있다.
④ 반복적인 표현을 통해 인물의 안타까운 심정을 드러내고 있다.

[20~22] 다음 글을 읽고 물음에 답하시오.

글을 잘 읽으려면 읽기 목적에 맞는 읽기 방법을 선택해야 한다. 읽기의 방법은 매우 다양한데, 이는 다음과 같이 몇 가지로 나누어 볼 수 있다.

첫째, 글을 읽을 때 소리를 내는지에 따라 음독(音讀)과 묵독(默讀)으로 나뉜다. 음독은 글을 소리 내어 읽는 방법이며, 묵독은 글을 소리 내지 않고 속으로 읽는 방법이다. 음독은 근대 이전에 보편적으로 사용된 읽기 방법으로, 요즘에는 개인이 혼자 글을 읽을 때 대체로 묵독을 사용한다. [㉠] 잘 이해되지 않는 부분의 뜻을 파악하거나 두 사람 이상이 함께 읽을 때는 음독이 사용되기도 한다.

둘째, 글을 읽는 속도에 따라 속독(速讀)과 지독(遲讀)으로 나뉜다. 속독은 중요한 내용을 중심으

로 글을 빠르게 읽는 방법이며, 지독은 뜻을 새겨 가며 글을 천천히 읽는 방법이다. 속독은 주로 가벼운 내용이 담긴 글을 읽거나, 글을 읽을 시간이 부족하여 대강의 내용을 먼저 파악하고자 할 때 사용된다. 반면 깊이 있는 내용이나 전문적인 내용이 담긴 글을 읽을 때는 대체로 지독이 사용된다. 이때 전문 서적을 읽을 때처럼 글의 세부 내용을 자세하게 파악하며 읽는 것을 정독(精讀)이라고 하고, 문학 작품이나 고전을 읽을 때처럼 내용과 형식, 표현 등을 차를 우려내듯 여유롭게 음미하며 읽는 것을 미독(味讀)이라고 한다.

셋째, 글을 읽는 범위에 따라 통독(通讀)과 발췌독(拔萃讀)으로 나뉜다. 통독은 글 전체를 처음부터 끝까지 훑어 읽는 방법이며, 발췌독은 글에서 필요한 부분만 찾아 읽는 방법이다. 통독은 주로 글 전체의 내용이나 줄거리를 파악하고자 할 때 사용되며, 발췌독은 필요한 부분만 선별하여 특정 정보를 찾을 때 사용된다.

20 윗글에 대한 설명으로 적절하지 <u>않은</u> 것은?

① 읽기 방법을 기준에 따라 제시하고 있다.
② 다양한 읽기 방법의 개념을 설명하고 있다.
③ 비유적 표현을 통해 읽기 방법을 설명하고 있다.
④ 서로 다른 읽기 방법을 절충하여 새로운 읽기 방법을 보여 주고 있다.

21 ㉠에 들어갈 말로 가장 적절한 것은?

① 그러나 ② 따라서
③ 예컨대 ④ 왜냐하면

22 ㉮와 ㉯에 들어갈 읽기 방법으로 적절한 것은?

	㉮	㉯
①	속독	통독
②	속독	발췌독
③	지독	통독
④	지독	발췌독

[23~25] 다음 글을 읽고 물음에 답하시오.

우리 눈에 보이는 것들은 정말 '눈에 보이는 대로'만 존재할까? 신경과학 분야의 국제 학술지에 「우리 가운데에 있는 고릴라」라는 제목의 논문이 ㉠ <u>게재</u>됐다. 하버드 대학교 심리학과 연구자들은 흰 옷과 검은 옷을 입은 학생들을 두 조로 나누어 같은 조끼리만 농구공을 주고받게 하고 그 장면을 동영상으로 찍었다. 연구자들은 이 영상을 사람들에게 보여주면서 검은 옷을 입은 조는 무시하고, 흰 옷을 입은 조의 패스 횟수만 세어 달라고 요구하였다. 실제 이 영상에는 고릴라 의상을 입은 학생이 가슴을 치고 퇴장하는 장면이 있는데, 그들의 절반은 이것을 전혀 인지하지 못했다. ㉮ <u>도대체 이들은 왜 고릴라를 보지 못했을까?</u> 이것은 '무주의 맹시' 때문이다. 이는 시각이 ㉡ <u>손상</u>되어 물체를 보지 못하는 것과 달리 물체를 보면서도 주의를 기울이지 않아서 인지하지 못하는 경우를 말한다.

인간은 눈을 통해 빛을 감지하고 사물을 보지만 눈 자체로 세상을 ㉢ <u>인식</u>하는 것은 아니다. 눈으로 들어온 빛이 망막의 시각 세포에 의해 전기적 신호로 변환되고 이 신호가 시신경을 통해 뇌의 시각 피질로 들어올 때 세상을 본다고 느끼는 것이다. 시각 피질은 약 30개의 영역으로 구성된 복합적인 영역으로, 물체의 기본적인 이미지를 구분하는 영역, 형태를 구성하는 영역, 색을 담당하는 영역, 운동을 ㉣ 감지하는 영역 등 다양한 영역이 조합되어 종합적으로 사물을 인지한다. 예를 들어 시각 피질의 영역이 제 기능을 하지 못하면 세상이 흑백으로 보이며, 운동을 감지하는 영역이 손상되면 질주하는 자동차도 느리게 움직이는 것처럼 보인다.

이처럼 감각 기관으로 들어오는 정보를 고스란히 받아들이지 않고 제 입맛에 맞는 부분만 편식하는 것은 뇌의 보편적인 특성이다. 뇌의 많은 영역이 시각이라는 감각에 배정되어 있음에도 눈으로 받아들이는 모든 정보를 보이는 그대로 뇌가 빠짐없이 처리하기는 어렵다. 우리의 뇌는 선택과 집중, 적당한 무시의 과정을 거쳐 세상을 보기 때문에 있어도 보지 못하거나 잘못 보는 경우도 많은 것이다.

– 이은희, 「고릴라를 못 본 이유」 –

23 **윗글에 대한 설명으로 적절한 것을 〈보기〉에서 고른 것은?**

보기

ㄱ. 사례를 통해 내용을 설명하고 있다.
ㄴ. 질문을 통해 독자의 호기심을 유발하고 있다.
ㄷ. 시대에 따라 변화하는 통념을 보여 주고 있다.
ㄹ. 서로 다른 실험 결과를 대비하여 가설을 증명하고 있다.

① ㄱ, ㄴ　② ㄱ, ㄷ
③ ㄴ, ㄷ　④ ㄷ, ㄹ

24 **㉮의 이유로 가장 적절한 것은?**

① 망막의 시각 세포는 흰색에만 반응하기 때문에
② 시신경이 손상되어 물체를 보지 못했기 때문에
③ 눈으로 들어오는 빛은 전기적 신호로 변환되지 못하기 때문에
④ 눈으로 들어오는 모든 정보를 처리하기 어려운 뇌의 특성 때문에

25 **㉠~㉣의 사전적 의미로 적절하지 않은 것은?**

① ㉠ : 글이나 그림 따위를 신문이나 잡지 따위에 실음.
② ㉡ : 자기도 모르는 사이에 물건 따위를 잃어버림.
③ ㉢ : 사물을 분별하고 판단하여 앎.
④ ㉣ : 느끼어 앎.

2022 제 1 회

수학

01 두 다항식 $A=x^2+2x$, $B=2x^2-1$에 대하여 $A+B$는?

① $x-1$

② x^2+2

③ x^2+x-3

④ $3x^2+2x-1$

02 등식 $(x+1)(x-1)=x^2+a$가 x에 대한 항등식일 때, 상수 a의 값은?

① -2　② -1

③ 0　④ 1

03 다음은 조립제법을 이용하여 다항식 x^3-2x^2-x+5를 일차식 $x-1$로 나누어 몫과 나머지를 구하는 과정이다. 이때, 몫은?

1	1	-2	-1	5
		1	-1	-2
	1	-1	-2	3

① $x+2$

② $2x+1$

③ x^2-x-2

④ $2x^2+x+1$

04 다항식 $x^3-9x^2+27x-27$을 인수분해한 식이 $(x-a)^3$일 때, 상수 a의 값은?

① 1　② 2

③ 3　④ 4

05 $2-i+i^2=a-i$일 때, 실수 a의 값은? (단, $i=\sqrt{-1}$)

① -2 ② -1
③ 0 ④ 1

06 이차방정식 $x^2+3x-4=0$의 두 근을 α, β라고 할 때, $\alpha+\beta$의 값은?

① -3 ② -1
③ 1 ④ 3

07 $0 \le x \le 2$일 때, 이차함수 $y=x^2+2x-3$의 최댓값은?

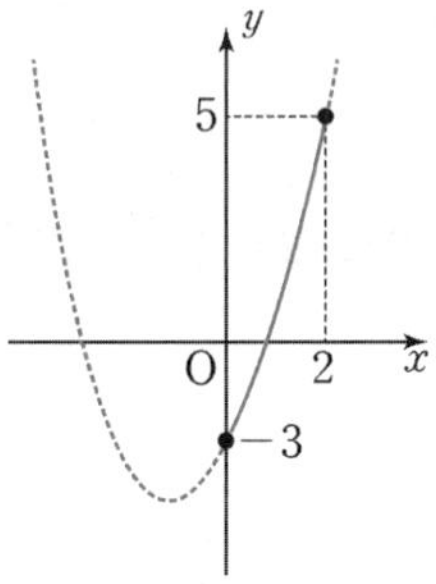

① 1
② 3
③ 5
④ 7

08 삼차방정식 $x^3-2x+a=0$의 한 근이 2일 때, 상수 a의 값은?

① -4 ② -3
③ -2 ④ -1

09 연립방정식 $\begin{cases} x+y=3 \\ x^2-y^2=a \end{cases}$ 의 해가 $x=2,\ y=b$일 때, 두 상수 $a,\ b$에 대하여 $a+b$의 값은?

① 2　　② 4
③ 6　　④ 8

10 이차부등식 $(x+3)(x-1) \le 0$의 해는?

① $x \le -3$
② $x \ge 1$
③ $-3 \le x \le 1$
④ $x \le -3$ 또는 $x \ge 1$

11 좌표평면 위의 두 점 $A(1,2)$, $B(3,-4)$에 대하여 선분 AB의 중점의 좌표는?

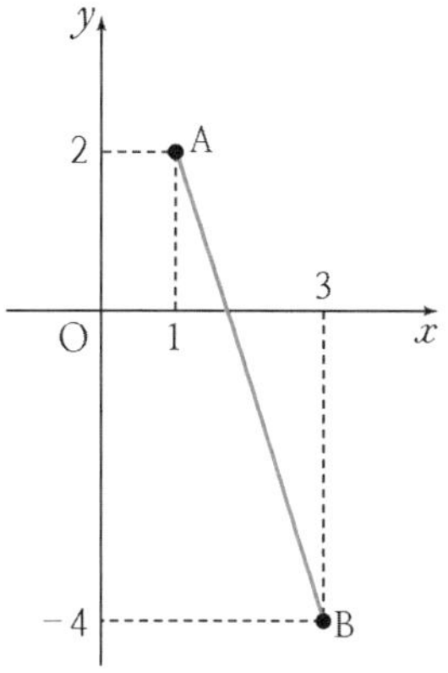

① $(-2,1)$
② $(-1,2)$
③ $(1,-2)$
④ $(2,-1)$

12 직선 $y=-2x+5$에 평행하고 점 $(0,1)$을 지나는 직선의 방정식은?

① $y=-2x-3$　　② $y=-2x+1$
③ $y=\dfrac{1}{2}x-3$　　④ $y=\dfrac{1}{2}x+1$

13 중심의 좌표가 $(2, 1)$이고 반지름의 길이가 3인 원의 방정식은?

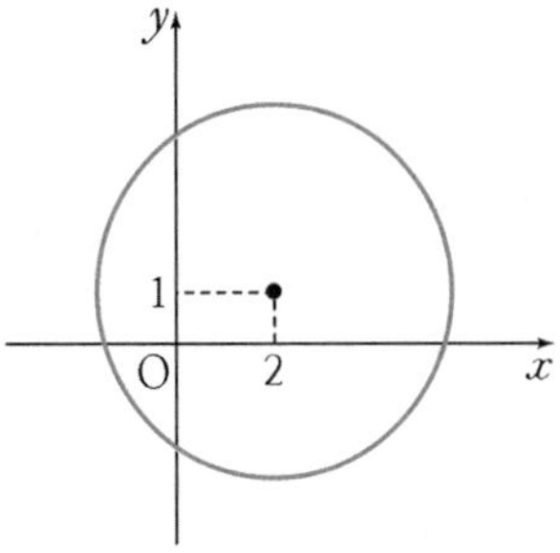

① $(x+2)^2+(y+1)^2=9$
② $(x+2)^2+(y-1)^2=9$
③ $(x-2)^2+(y+1)^2=9$
④ $(x-2)^2+(y-1)^2=9$

14 좌표평면 위의 점 $(-2, 1)$을 원점에 대하여 대칭이동한 점의 좌표는?

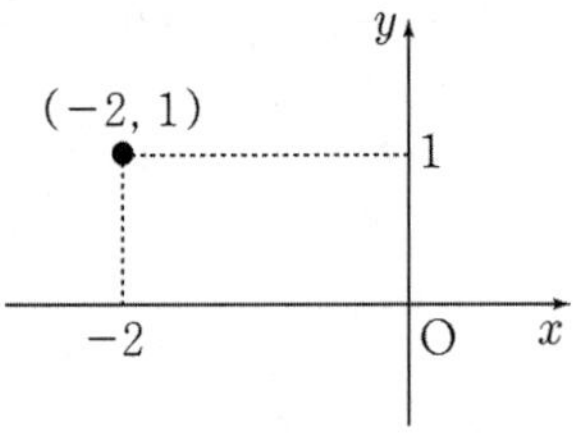

① $(-2, -1)$ ② $(-1, -2)$
③ $(1, -2)$ ④ $(2, -1)$

15 두 집합 $A=\{1, 3, 4, 5\}$, $B=\{2, 4\}$에 대하여 $A-B$는?

① $\{1\}$ ② $\{3, 4\}$
③ $\{1, 3, 5\}$ ④ $\{1, 3, 4, 5\}$

16 명제 '정삼각형이면 이등변삼각형이다.'의 역은?

① 이등변삼각형이면 정삼각형이다.
② 정삼각형이면 이등변삼각형이 아니다.
③ 정삼각형이 아니면 이등변삼각형이다.
④ 이등변삼각형이 아니면 정삼각형이 아니다.

17 함수 $f: X \to Y$가 그림과 같을 때, $f^{-1}(4)$의 값은? (단, f^{-1}는 f의 역함수이다.)

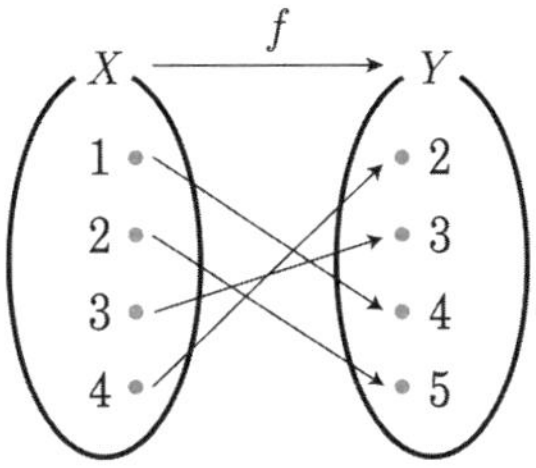

① 1　② 2　③ 3　④ 4

18 무리함수 $y=\sqrt{x-a}+b$의 그래프는 무리함수 $y=\sqrt{x}$의 그래프를 x축의 방향으로 2만큼, y축의 방향으로 3만큼 평행이동한 것이다. 두 상수 a, b에 대하여 $a+b$의 값은?

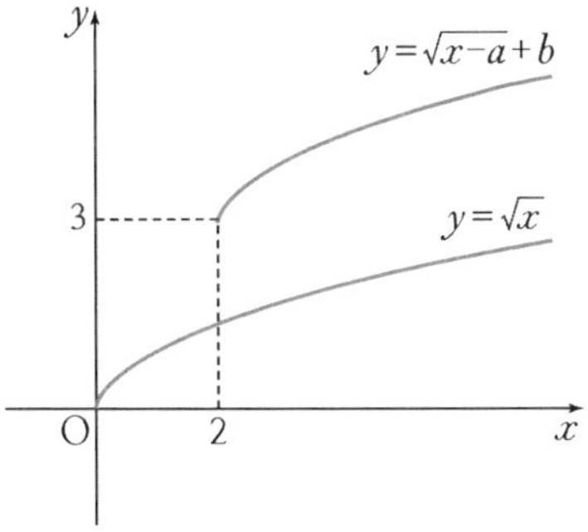

① 1　② 3　③ 5　④ 7

19 그림과 같이 3곳을 모두 여행하는 계획을 세우려고 한다. 여행 순서를 정하는 경우의 수는? (단, 한 번 여행한 곳은 다시 여행하지 않는다.)

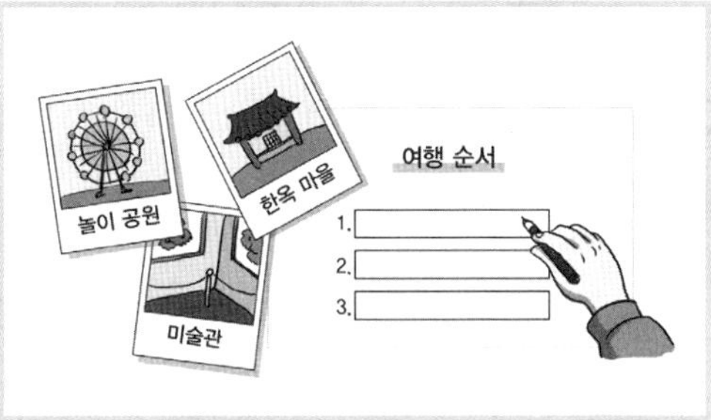

① 4　② 6　③ 8　④ 10

20 그림과 같이 4종류의 꽃이 있다. 이 중에서 서로 다른 3종류의 꽃을 선택하는 경우의 수는?

① 4　② 5　③ 6　④ 7

2022 제 1 회 영어

[1~3] 다음 밑줄 친 부분의 뜻으로 가장 적절한 것을 고르시오.

01

> For children, it is important to encourage good behavior.

① 행동 ② 규칙
③ 감정 ④ 신념

02

> She had to put off the trip because of heavy rain.

① 계획하다 ② 연기하다
③ 기록하다 ④ 시작하다

03

> Many online lessons are free of charge. Besides, you can watch them anytime and anywhere.

① 마침내 ② 게다가
③ 그러나 ④ 예를 들면

04 다음 밑줄 친 두 단어의 의미 관계와 다른 것은?

> While some people say that a glass is half full, others say that it's half empty.

① high − low ② hot − cold
③ tiny − small ④ fast − slow

05 다음 포스터에서 언급되지 않은 것은?

> ***Happy Earth Day Event***
>
> When : April 22, 2022
> Where : Community Center
> What to do :
> • Exchange used things
> • Make 100% natural shampoo

① 참가 자격 ② 행사 날짜
③ 행사 장소 ④ 행사 내용

[6~8] 다음 빈칸에 공통으로 들어갈 말로 가장 적절한 것을 고르시오.

06

> • When you ______ the train, make sure you take all your belongings.
> • Please ______ the book on the table after reading it.

① open ② learn
③ leave ④ believe

07

> • Minsu, ______ are you going to do this weekend?
> • No one knows exactly ______ happened.

① what ② that
③ who ④ if

08

- Dad's heart is filled _______ love for me.
- Alice was satisfied ___________ her performance.

① at ② in
③ for ④ with

09 다음 대화에서 밑줄 친 표현의 의미로 가장 적절한 것은?

A : What are you doing, Junho?
B : I'm trying to solve this math problem, but it's too difficult for me.
A : Let's try to figure it out together.
B : That's a good idea. <u>Two heads are better than one</u>.

① 수고 없이 얻는 것은 없다.
② 사공이 많으면 배가 산으로 간다.
③ 겉모습만으로 사람을 판단해서는 안 된다.
④ 혼자보다 두 명이 함께 생각하는 것이 낫다.

10 다음 대화에서 알 수 있는 B의 심정으로 가장 적절한 것은?

A : Did you get the results for the English speech contest?
B : Yeah, I just got them.
A : So, how did you do?
B : I won first prize. It's the happiest day of my life.

① 행복 ② 실망
③ 분노 ④ 불안

11 다음 대화가 이루어지는 장소로 가장 적절한 것은?

A : Good morning. How may I help you?
B : Hi, I'd like to open a bank account.
A : All right. Please fill out this form.
B : Thanks. I'll do it now.

① 은행 ② 경찰서
③ 미용실 ④ 체육관

12 다음 글에서 밑줄 친 It이 가리키는 것으로 가장 적절한 것은?

One day, Michael saw an advertisement for a reporter in the local newspaper. <u>It</u> was a job he'd always dreamed of. So he made up his mind to apply for the job.

① actor ② teacher
③ reporter ④ designer

[13~14] 다음 대화의 빈칸에 들어갈 말로 가장 적절한 것을 고르시오.

13

A : ______________________________?
B : I'm going to teach Korean to foreigners.
A : Great. Remember you should volunteer with a good heart.
B : I'll keep that in mind.

① When is your birthday
② What did you do last Friday
③ What do you think about Korean food
④ What kind of volunteer work are you going to do

14

A : Have you decided which club you're going to join this year?

B : ______________________.

① I left Korea for Canada
② I went to see a doctor yesterday
③ I've decided to join the dance club
④ I had spaghetti for dinner last night

15 다음 대화의 주제로 가장 적절한 것은?

A : Doctor, my eyes are tired from working on the computer all day. What can I do to look after my eyes?

B : Make sure you have enough sleep to rest your eyes.

A : Okay. Then what else can you recommend?

B : Eat fruits and vegetables that have lots of vitamins.

① 비타민의 부작용
② 눈 건강을 돌보는 방법
③ 수면 부족의 원인
④ 시력 회복에 도움 되는 운동

16 다음 글을 쓴 목적으로 가장 적절한 것은?

This is an announcement from the management office. As you were informed yesterday, the electricity will be cut this afternoon from 1 p.m. to 2 p.m. We're sorry for any inconvenience. Thank you for your understanding.

① 공지하려고　　② 불평하려고
③ 거절하려고　　④ 문의하려고

17 다음 박물관에 대한 안내문의 내용과 일치하지 않는 것은?

Shakespeare Museum

Hours

- Open daily : 9:00 a.m. - 6:00 p.m.

Admission

- Adults : $12
- Students and children : $8
- 10% discount for groups of ten or more

Photography

- Visitors can take photographs.

① 오전 9시부터 오후 6시까지 개방한다.
② 어른은 입장료가 12달러이다.
③ 10명 이상의 단체는 입장료가 10% 할인된다.
④ 모든 사진 촬영은 금지된다.

18 다음 2022 Science Presentation Contest에 대한 설명과 일치하지 않는 것은?

> The 2022 Science Presentation Contest will be held on May 20, 2022. The topic is global warming. Contestants can participate in the contest only as individuals. Presentations should not be longer than 10 minutes. For more information, see Mr. Lee at the teachers' office.

① 5월 20일에 개최된다.
② 발표 주제는 지구 온난화이다.
③ 그룹 참가가 가능하다.
④ 발표 시간은 10분을 넘지 않아야 한다.

19 다음 글의 주제로 가장 적절한 것은?

> I'd like to tell you about appropriate actions to take in emergency situations. First, when there is a fire, use the stairs instead of taking the elevator. Second, in the case of an earthquake, go to an open area and stay away from tall buildings because they may fall on you.

① 지진 발생 원인
② 에너지 절약의 필요성
③ 환경 보호 실천 방안
④ 비상사태 발생 시 대처 방법

[20~21] 다음 글의 빈칸에 들어갈 말로 가장 적절한 것을 고르시오.

20

> These days, many people make reservations at restaurants and never show up. Here are some tips for restaurants to reduce no-show customers. First, ask for a deposit. If the customers don't show up, they'll lose their money. Second, call the customer the day before to ________ the reservation.

① cook ② forget
③ confirm ④ imagine

21

> Weather forecasters _______ the amount of rain, wind speeds, and paths of storms. In order to do so, they observe the weather conditions and use their knowledge of weather patterns. Based on current evidence and past experience, they decide what the weather will be like.

① ignore ② predict
③ violate ④ negotiate

22 글의 흐름으로 보아 다음 문장이 들어가기에 가장 적절한 곳은?

> To overcome this problem, soap can be made by volunteer groups and donated to the countries that need it.

> (①) Washing your hands with soap helps prevent the spread of disease. (②) In fact, in West and Central Africa alone, washing hands with soap could save about half a million lives each year. (③) However, the problem is that soap is expensive in this region. (④) This way, we can help save more lives.

23 다음 글의 바로 뒤에 이어질 내용으로 가장 적절한 것은?

> In the future, many countries will have the problem of aging populations. We will have more and more old people. This means jobs related to the aging population will be in demand. So when you're thinking of a job, you should consider this change. Now, I'll recommend some job choices for a time of aging populations.

① 노령화와 기술 발전
② 성인병을 관리하는 방법
③ 노화 예방 운동법 소개
④ 노령화 시대를 위한 직업 추천

[24~25] 다음 글을 읽고 물음에 답하시오.

> Do you know flowers provide us with many health benefits? For example, the smell of roses can help _______ stress levels. Another example is lavender. Lavender is known to be helpful if you have trouble sleeping. These are just two examples of how flowers help with our health.

24 윗글의 빈칸에 들어갈 말로 가장 적절한 것은?

① insist ② reduce
③ trust ④ admire

25 윗글의 주제로 가장 적절한 것은?

① 고혈압에 좋은 식품
② 충분한 수면의 필요성
③ 꽃이 건강에 주는 이점
④ 아름다운 꽃을 고르는 방법

2022 제1회 사회

01 **다음에서 강조하는 행복한 삶을 실현하기 위한 조건으로 가장 적절한 것은?**

> 민주주의가 성숙한 나라일수록 국민의 인권이 존중되어 국민 각자가 원하는 삶의 방식을 자유롭게 추구할 수 있다. 독재 국가나 권위주의적 정치 체제에서는 국민의 의사가 자유롭게 표출되거나 정책으로 산출되기 어렵기 때문이다.

① 과밀화된 주거 환경
② 참여 중심의 정치 문화
③ 타인을 위한 무조건적인 희생
④ 분배를 지양한 경제적 효율성

02 **참정권에 대한 설명으로 옳은 것은?**

① 국가 권력의 간섭을 받지 않을 권리이다.
② 국가의 의사 결정 과정에 참여할 권리이다.
③ 기본권을 침해당했을 때, 이를 구제하기 위한 권리이다.
④ 차별받지 않고 동등한 인격체로서 대우받을 권리이다.

03 **다음에서 설명하는 제도는?**

> • 의미 : 국가 권력을 서로 다른 국가 기관이 나누어 행사하도록 함.
> • 목적 : 국가 기관 간의 견제와 균형을 통한 권력 남용 방지

① 권력 분립 제도
② 계획 경제 제도
③ 시장 경제 제도
④ 헌법 소원 심판 제도

04 **다음 내용에 해당하는 것은?**

> • 양심적이고 비폭력적이며 공공성을 가진 행위이다.
> • 잘못된 법이나 정책을 바로잡기 위해 의도적으로 법을 위반하는 행위이다.

① 선거 ② 국민 투표
③ 민원 제기 ④ 시민 불복종

05 **다음에서 설명하는 근로자의 권리는?**

> 사용자와 분쟁이 발생한 경우 근로자들이 주장을 관철하기 위해 업무의 정상적인 운영을 저해할 수 있는 권리이다.

① 청원권 ② 재판권
③ 단체 행동권 ④ 공무 담임권

06 시장 실패의 사례에 해당하는 것을 〈보기〉에서 고른 것은?

> **보기**
> ㄱ. 기회비용의 발생
> ㄴ. 규모의 경제 발생
> ㄷ. 독과점 문제 발생
> ㄹ. 공공재의 공급 부족 발생

① ㄱ, ㄴ　　② ㄱ, ㄷ
③ ㄴ, ㄹ　　④ ㄷ, ㄹ

07 다음에서 설명하는 자산 관리의 원칙은?

> 돈이 필요할 때 금융 자산을 현금으로 쉽게 바꿀 수 있는 정도를 의미하며 '환금성'이라고도 한다.

① 유동성　　② 안전성
③ 수익성　　④ 보장성

08 수정 자본주의에 대한 옳은 설명을 〈보기〉에서 고른 것은?

> **보기**
> ㄱ. 정부의 시장 개입을 강조한다.
> ㄴ. 대공황을 계기로 1930년대에 등장하였다.
> ㄷ. 절대 왕정의 중상주의로 인해 발달하였다.
> ㄹ. 개인의 경제적 자유를 최대한 보장해야 한다고 본다.

① ㄱ, ㄴ　　② ㄱ, ㄷ
③ ㄴ, ㄹ　　④ ㄷ, ㄹ

09 퀴즈에 대한 정답으로 옳은 것은?

> 도움이 필요한 국민에게 노인 돌봄, 장애인 활동 지원, 가사·간병 방문 지원 등 비금전적인 서비스를 제공하는 사회 복지 제도는 무엇일까요?

① 공공 부조
② 사회 보험
③ 사회 서비스
④ 적극적 우대 조치

10 ㉠에 들어갈 정의의 실질적 기준은?

> 타고난 신체적 조건에 따라 능력과 업적에 차이가 나타날 수 있으므로 기본적 (㉠)에 따른 분배를 위하여 사회적 약자에 대한 다양한 지원 정책을 확대해야 한다.

① 신뢰　　② 필요
③ 종교　　④ 관습

11 ㉠에 들어갈 것으로 가장 적절한 것은?

> 〈 ㉠ 의 사례〉
> - 우리나라에 전래된 불교와 전통 토착 신앙이 결합하여 만들어진 새로운 산신각
> - 아프리카 흑인의 고유 음악과 서양의 악기가 결합하여 만들어진 새로운 재즈 음악

① 발명　　② 발견
③ 문화 소멸　　④ 문화 융합

12 다음에서 설명하는 것으로 가장 적절한 것은?

> 인류의 보편적 가치에 어긋나는 식인 풍습, 명예 살인 등의 문화까지도 해당 사회에서 고유한 의미와 가치가 있다는 이유로 인정하는 태도

① 문화 절대주의
② 문화 사대주의
③ 자문화 중심주의
④ 극단적 문화 상대주의

13 다음에서 설명하는 국제 사회의 행위 주체는?

> - 의미 : 개인이나 민간단체를 회원으로 하는 국제 사회의 행위 주체
> - 역할 : 국제 사회의 보편적 가치와 관련된 다양한 활동을 함.

① 정당
② 국가 원수
③ 국제 비정부 기구
④ 정부 간 국제기구

14 다음 사례에 나타난 자연관은?

> - 인간이 만든 시설물 때문에 야생 동물의 서식지가 파괴되는 것을 막기 위해 조성한 길
> - 인간과 자연환경이 조화를 이루며 공생할 수 있는 지속 가능한 체계를 갖춘 도시 설계

① 인간 중심주의
② 생태 중심주의
③ 개인주의 가치관
④ 이분법적 세계관

15 도시화가 가져온 변화로 옳지 않은 것은?

① 상업 시설 증가
② 인공 구조물 증가
③ 직업의 다양성 증가
④ 1차 산업 종사자 비율 증가

16 다음과 같은 생활 모습이 나타나게 된 원인은?

> - 전자 상거래와 원격 근무의 활성화
> - 누리 소통망(SNS)의 보편화로 인한 정치 참여 기회 확대

① 정보화　　② 공정 무역
③ 윤리적 소비　　④ 공간적 분업

17 다음에서 설명하는 지역을 지도에서 고르면?

> - 자연 환경 : 겨울이 길고 몹시 추운 날씨
> - 전통 생활양식 : 순록 유목, 털가죽 의복, 폐쇄적 가옥 구조

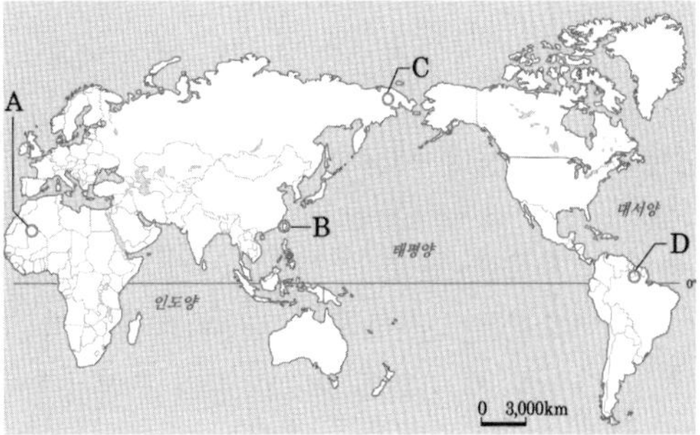

① A　　② B
③ C　　④ D

18 ㉠에 들어갈 검색어로 적절한 것은?

> ㉠ [검색]
>
> • 종류 : 태양광, 풍력, 연료 전지, 지열 등
> • 정의 : 기존의 석유, 석탄, 천연가스 등의 연료를 변환하여 이용하거나 햇빛, 물, 바람 등을 이용하는 에너지

① 사물 인터넷
② 브렉시트(Brexit)
③ 신·재생 에너지
④ 지리 정보 시스템(GIS)

19 다음 설명에 해당하는 자연재해는?

> • 분포 : 판과 판의 경계에서 자주 발생됨.
> • 피해 사례 : 건물이 무너지고, 땅이 흔들림.

① 가뭄 ② 지진
③ 황사 ④ 산성비

20 다음 내용에 해당하는 종교는?

> • 수많은 신들이 새겨진 사원
> • 소를 신성시하여 소고기 식용을 금기시 함.
> • 죄를 씻기 위해 갠지스 강에 모여든 사람들

① 유대교 ② 힌두교
③ 이슬람교 ④ 크리스트교

21 ㉠, ㉡에 들어갈 내용으로 옳은 것은?

> • (㉠) : 자원이 지구상에 고르게 분포하지 않고 특정한 지역에 치우쳐 분포한다.
> • (㉡) : 자민족이나 자국의 이익을 위해 보유하고 있는 자원을 전략적으로 사용하는 것이다.

	㉠	㉡
①	편재성	자원 민족주의
②	희소성	연고주의
③	유한성	지역 이기주의
④	가변성	다원주의

22 ㉠에 들어갈 용어로 가장 적절한 것은?

> (㉠)
> • 정의 : 특정 지역이 그 지역의 고유한 전통이나 특성을 살려 세계적인 경쟁력을 갖추려고 노력함.
> • 사례 : 지리적 표시제, 장소 마케팅, 지역 브랜드화

① 교외화 ② 도시화
③ 지역화 ④ 산업화

23 다음 내용에 해당하는 지역은?

> 이스라엘과 주변 이슬람교 국가들 간의 민족·종교·영토 등의 문제가 얽힌 분쟁지역

① 난사 군도 ② 쿠릴 열도
③ 카슈미르 ④ 팔레스타인

24 ㉠, ㉡에 들어갈 인구 문제는?

> • (㉠)을/를 해결하기 위해 정년 연장, 노인 복지시설 확충, 노인 연금 제도 등이 필요하다.
> • (㉡)을/를 해결하기 위해 출산과 양육 지원, 양성 평등을 위한 고용 문화 확산 등이 필요하다.

	㉠	㉡
①	고령화	노인빈곤
②	저출산	노인빈곤
③	남초현상	이촌향도
④	고령화	저출산

25 다음 조약의 체결 목적으로 가장 적절한 것은?

> • 몬트리올 의정서
> • 파리 기후 변화 협약

① 난민 문제 해결
② 국제 테러 방지
③ 국제 환경 문제 해결
④ 생산자 서비스 기능 확대

기출을 보면 합격이 보인다!

2022 제1회

과학

01 다음 설명에 해당하는 것은?

- 특정 온도 이하에서 전기 저항이 0이 된다.
- 초전도 현상이 나타날 때 자석 위에 뜰 수 있다.

① 고무 ② 나무
③ 유리 ④ 초전도체

02 태양광 발전의 특징으로 옳은 것만을 〈보기〉에서 모두 고른 것은?

보기
ㄱ. 태양 전지를 이용한다.
ㄴ. 날씨의 영향을 받는다.
ㄷ. 우라늄을 연료로 사용한다.

① ㄱ ② ㄷ
③ ㄱ, ㄴ ④ ㄴ, ㄷ

03 표는 수평 방향으로 던진 물체의 수평 방향 속도와 연직 방향 속도를 시간에 따라 나타낸 것이다. ㉠ + ㉡의 값은? (단, 중력 가속도는 $10m/s^2$이고, 공기 저항은 무시한다.)

시간(s)	속도(m/s)	
	수평 방향	연직 방향
1	5	10
2	㉠	20
3	5	㉡
4	5	40

① 35 ② 40
③ 45 ④ 50

04 그림과 같이 자석을 코일 속에 넣었다 뺐다 하면 검류계의 바늘이 움직인다. 이 현상에 대한 설명으로 옳은 것만을 〈보기〉에서 모두 고른 것은?

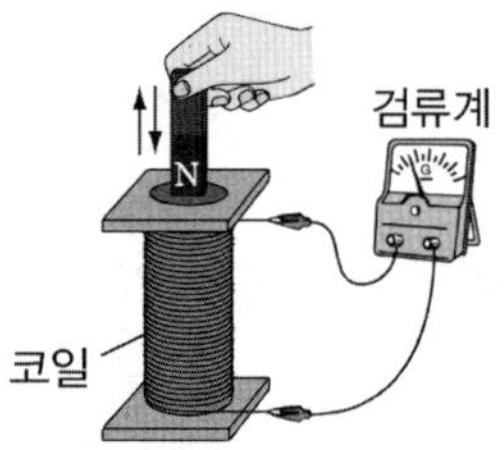

보기
ㄱ. 코일에 유도 전류가 흐른다.
ㄴ. 검류계의 바늘은 한 방향으로만 움직인다.
ㄷ. 발전기는 이러한 현상을 이용한다.

① ㄱ ② ㄴ
③ ㄱ, ㄷ ④ ㄴ, ㄷ

05 그림과 같이 수평면에서 질량이 3kg인 물체가 4m/s의 일정한 속도로 운동하다가 벽에 충돌하여 정지했다. 물체가 벽으로부터 받은 충격량의 크기는 몇 N·s인가? (단, 모든 마찰은 무시한다.)

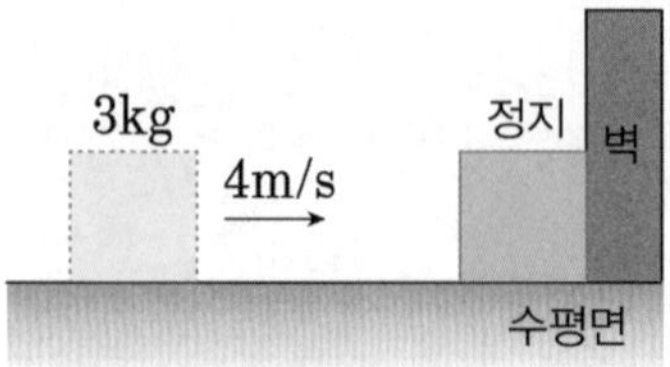

① 11 ② 12
③ 13 ④ 14

06 다음 중 수소와 산소의 화학 반응을 이용한 연료 전지에서의 에너지 전환은?

① 소리 에너지 → 열에너지
② 운동 에너지 → 핵에너지
③ 파동 에너지 → 빛에너지
④ 화학 에너지 → 전기 에너지

07 다음 중 소금을 구성하는 알칼리 금속 원소는?

① 수소　　② 질소
③ 나트륨　　④ 아르곤

08 다음 화학 반응식에서 산화되는 반응 물질은?

$$2Ag^{+} + Cu \rightarrow 2Ag + Cu^{2+}$$

① Ag^{+}　　② Cu
③ Ag　　④ Cu^{2+}

09 다음은 몇 가지 산의 이온화를 나타낸 것이다. 산의 공통적인 성질을 나타내는 이온은?

- $HCl \rightarrow H^{+} + Cl^{-}$
- $H_2SO_4 \rightarrow 2H^{+} + SO_4^{2-}$
- $CH_3COOH \rightarrow H^{+} + CH_3COO^{-}$

① 수소 이온(H^{+})
② 염화 이온(Cl^{-})
③ 황산 이온(SO_4^{2-})
④ 아세트산 이온(CH_3COO^{-})

10 그림은 플루오린 원자(F)의 전자 배치를 나타낸 것이다. 가장 바깥 전자 껍질에 들어 있는 전자의 개수는?

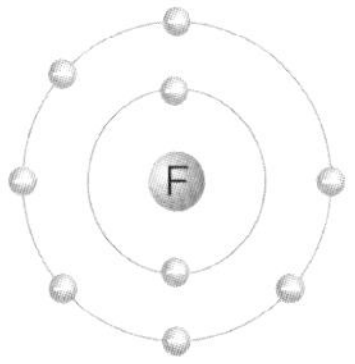

① 5개　　② 6개
③ 7개　　④ 8개

11 다음은 수소(H_2)의 연소 반응을 나타낸 화학 반응식이다. ㉠에 해당하는 것은?

$$2H_2 + \boxed{\text{㉠}} \rightarrow 2H_2O$$

① O_2　　② F_2
③ Cl_2　　④ N_2

12 그림은 주기율표의 일부를 나타낸 것이다. 임의의 원소 A~D 중 화학적 성질이 비슷한 원소끼리 짝지은 것은?

주기＼족	1	2	17	18
1	A			
2			B	
3		C	D	

① A, C　　② A, D
③ B, C　　④ B, D

13 다음 중 생명체 내에서 화학 반응에 관여하는 생체 촉매는?

① 물　　② 녹말
③ 효소　　④ 셀룰로스

14 그림은 세포막의 구조와 세포막을 통한 물질의 이동을 나타낸 것이다. 이에 대한 설명으로 옳은 것만을 〈보기〉에서 모두 고른 것은?

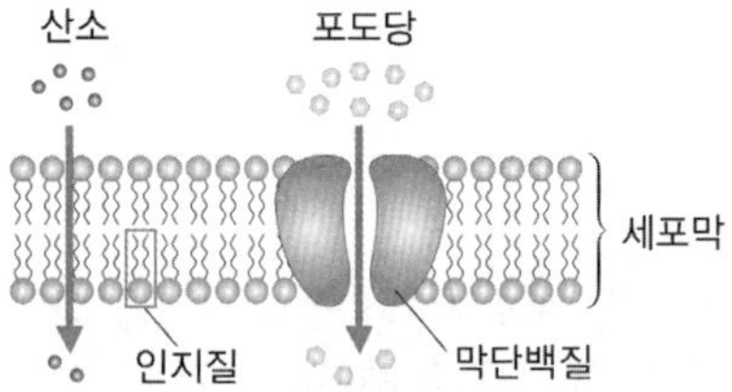

보기
ㄱ. 세포막은 인지질로만 구성되어 있다.
ㄴ. 산소는 인지질 2중층을 직접 통과한다.
ㄷ. 포도당은 막단백질을 통해 이동한다.

① ㄱ　　② ㄷ
③ ㄱ, ㄴ　　④ ㄴ, ㄷ

15 그림은 어떤 동물 세포의 구조를 나타낸 것이다. A~D 중 유전 물질인 DNA가 들어있는 것은?

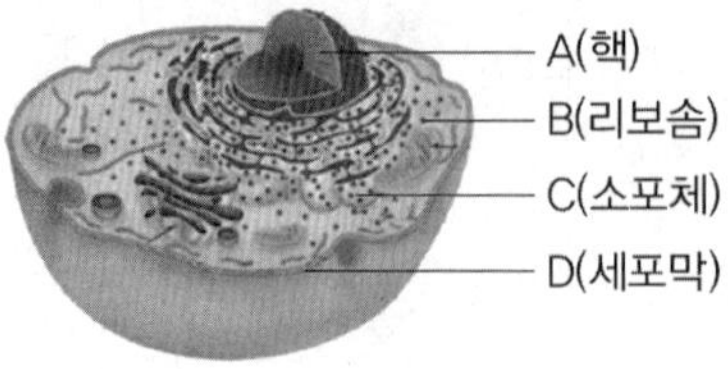

① A　　② B
③ C　　④ D

16 그림은 지각을 구성하는 규산염 광물의 기본 구조(SiO_4)를 나타낸 것이다. ㉠에 해당하는 원소는?

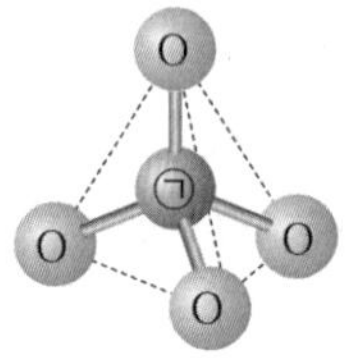

① Mg
② Si
③ Ca
④ Fe

17 다음은 지구 시스템 각 권의 상호 작용에 의한 자연 현상이다. 이와 관련된 지구 시스템의 구성 요소는?

- 지하수의 용해 작용으로 석회 동굴이 형성되었다.
- 파도의 침식 작용으로 해안선의 모양이 변하였다.

① 기권, 외권　　② 수권, 지권
③ 외권, 생물권　　④ 지권, 생물권

18 그림은 어느 해양 생태계의 에너지 피라미드를 나타낸 것이다. 다음 중 ㉠에 해당하는 생물은?

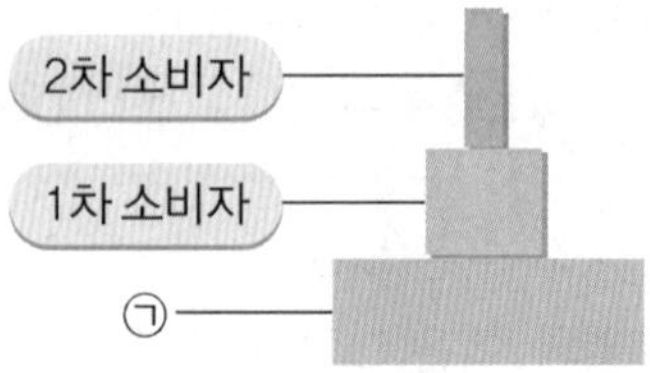

① 멸치　　② 상어
③ 오징어　　④ 식물 플랑크톤

19 다음 중 생물 다양성 보전을 위한 노력으로 적절한 것은?

① 폐수 방류
② 서식지 파괴
③ 무분별한 벌목
④ 멸종 위기종 보호

20 그림은 모든 핵융합 반응을 마친 어느 별의 내부 구조를 나타낸 것이다. 다음 중 중심부 ㉠에 생성된 금속 원소는? (단, 별의 질량은 태양의 10배이다.)

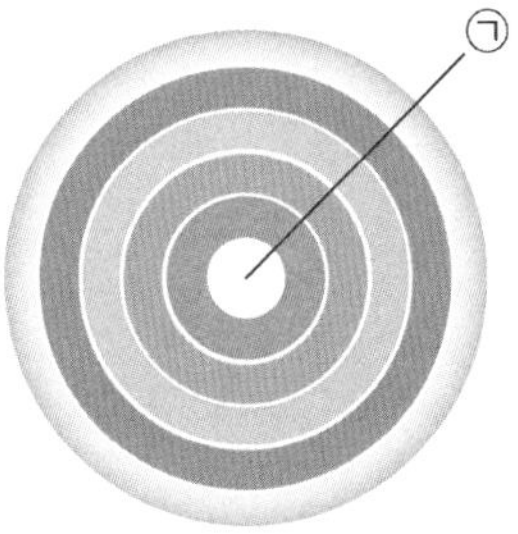

① 철　　② 산소
③ 염소　　④ 질소

21 다음 설명에 해당하는 지질 시대는?

- 판게아가 분리되었다.
- 다양한 공룡이 번성하였다.

① 선캄브리아 시대
② 고생대
③ 중생대
④ 신생대

22 다음 설명에 해당하는 물질은?

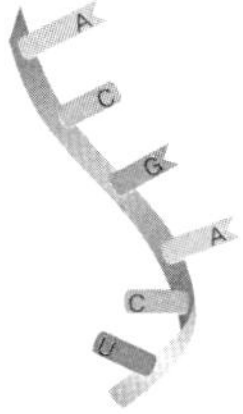

- 핵산의 한 종류이다.
- 염기로 아데닌(A), 구아닌(G), 사이토신(C), 유라실(U)을 가진다.

① RNA　　② 지방
③ 단백질　　④ 탄수화물

23 다음 설명에 해당하는 것은?

- 특정한 지역 또는 지구 전체에 존재하는 생태계의 다양한 정도를 뜻한다.
- 사막, 숲, 갯벌, 습지, 바다 등 생물이 살아가는 서식 환경의 다양함을 뜻한다.

① 내성　　② 개체군
③ 분해자　　④ 생태계 다양성

24 그림은 지권의 층상 구조를 나타낸 것이다. A~D 중 다음 설명에 해당하는 것은?

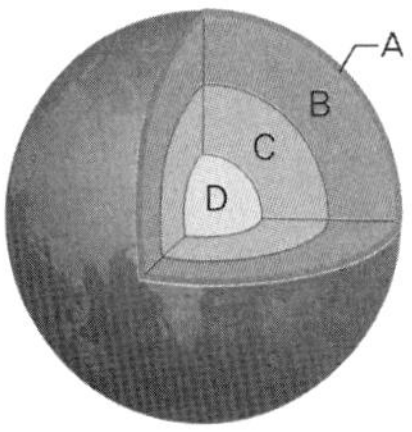

- 맨틀 대류가 일어난다.
- 지권 전체 부피의 대부분을 차지한다.

① A　　② B
③ C　　④ D

25 그림은 수소 핵융합 반응을 나타낸 것이다. 헬륨 원자핵 1개가 생성될 때 융합하는 수소 원자핵의 개수는?

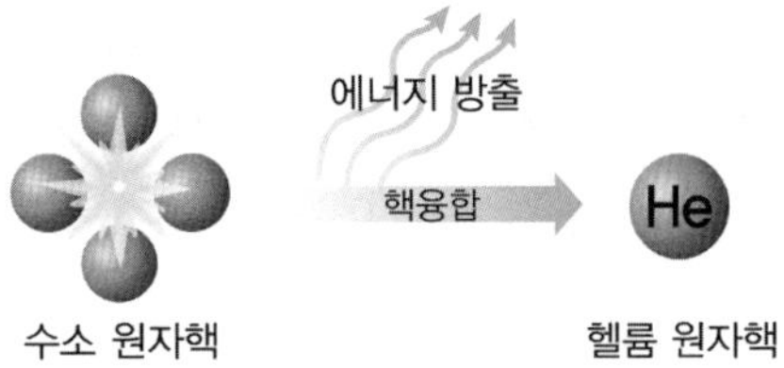

① 2개 ② 4개
③ 8개 ④ 16개

2022 제1회

한국사

01 다음 유물이 처음으로 제작된 시대는?

〈탁자식 고인돌〉

비파형 동검과 함께 만주와 한반도 북부에 집중적으로 분포한다. 이를 통해 고조선의 문화 범위를 추정할 수 있다.

① 구석기 시대 ② 신석기 시대
③ 청동기 시대 ④ 철기 시대

02 다음에서 설명하는 신라의 인물은?

- 아미타 신앙을 전파하여 불교 대중화에 기여함.
- 여러 종파의 대립을 없애고자 화쟁 사상을 주장함.

① 원효 ② 일연
③ 김부식 ④ 정약용

03 다음에서 설명하는 정치세력은?

- 고려 말 권문세족의 부정부패를 비판함.
- 성리학을 바탕으로 사회 모순을 개혁하고자 함.
- 대표적 인물로는 조준, 정도전, 정몽주 등이 있음.

① 6두품 ② 보부상
③ 독립 협회 ④ 신진 사대부

04 다음에서 ㉠에 해당하는 내용으로 적절한 것은?

〈임오군란〉
- 배경 : [㉠]
- 전개 : 군란 발생 → 흥선 대원군 재집권 → 청군 개입
- 영향 : 청의 내정 간섭, 제물포 조약 체결

① 평양 천도
② 신사 참배 강요
③ 금의 군신 관계 요구
④ 구식 군인에 대한 차별

05 다음에서 설명하는 사건은?

일본의 도요토미 히데요시가 조선을 침략하자, 각지에서 의병이 일어나 일본군에게 타격을 주었다. 한편, 이순신이 이끄는 수군은 해전에서 여러 차례 일본군에 승리하였다.

① 임진왜란 ② 살수 대첩
③ 만적의 난 ④ 봉오동 전투

06 다음에서 ㉠에 해당하는 조선의 제도는?

① 골품제　② 대동법
③ 단발령　④ 진대법

07 다음에서 ㉠에 해당하는 것은?

> 신미양요 이후 흥선 대원군은 전국 각지에 ㉠ 을/를 세워 서양과의 통상을 거부한다는 의지를 널리 알렸다.

① 규장각　② 독립문
③ 척화비　④ 임신서기석

08 다음에서 설명하는 조약은?

> • 조선이 외국과 맺은 최초의 근대적 조약임.
> • 조약 체결의 결과로 부산 외 2개 항구를 개항함.
> • 해안 측량권과 영사 재판권을 인정한 불평등 조약임.

① 간도 협약　② 전주 화약
③ 톈진 조약　④ 강화도 조약

09 다음에서 ㉠에 해당하는 문화유산은?

> 역사 유물 카드
> • 명칭 : ㉠
> • 소재지 : 경남 합천 해인사
> • 내용 : 몽골의 침입을 부처의 힘으로 물리치고자 제작하였으며, 고려의 뛰어난 목판 인쇄술을 보여줌.

① 석굴암　② 경국대전
③ 무령왕릉　④ 팔만대장경판

10 다음에서 ㉠에 해당하는 통치 기구는?

① 삼별초　② 집현전
③ 통감부　④ 화랑도

11 다음에서 설명하는 지역은?

> • 안용복이 일본에 건너가 조선의 영토임을 확인함.
> • 일본이 「태정관 지령」으로 조선의 영토로 인정함.
> • 대한 제국은 「칙령 제41호」를 통해 울도군의 관할로 둠.

① 진도　② 독도
③ 벽란도　④ 청해진

12 다음에서 설명하는 시설은?

- 우리나라 최초의 근대식 병원임.
- 1885년에 선교사 알렌의 제안으로 설립함.
- 제중원을 거쳐 세브란스 병원으로 개칭함.

① 서원 ② 향교
③ 광혜원 ④ 성균관

13 다음과 같이 주장한 일제 강점기의 사회 운동은?

① 병인박해 ② 형평 운동
③ 거문도 사건 ④ 서경 천도 운동

14 다음에서 설명하는 1910년대 일제의 식민 지배 방식은?

- 헌병 경찰로 일상생활을 감시함.
- 「조선 태형령」으로 한국인을 탄압함.
- 학교 교원에게도 제복을 입히고 칼을 차게 함.

① 선대제 ② 기인 제도
③ 무단 통치 ④ 나·제 동맹

15 다음에서 ㉠에 해당하는 사건은?

〈 ㉠ 다큐멘터리 기획안〉
- 주요 장면
  - 장면 1. 독립 선언서를 준비하는 33인의 민족 대표
  - 장면 2. 아우내 장터에서 만세 운동을 벌이는 유관순

① 3·1 운동 ② 무신 정변
③ 이자겸의 난 ④ 임술 농민 봉기

16 다음 대화에 해당하는 무장 투쟁은?

① 명량 대첩 ② 청산리 대첩
③ 홍경래의 난 ④ 6·10 만세 운동

17 다음에서 ㉠에 해당하는 내용으로 적절한 것은?

〈전시 동원 체제와 인력 수탈〉
- 일제가 1938년에 「국가 총동원법」을 공포함.
- 지원병제와 징병제로 청년을 침략 전쟁에 투입함.
- 근로 정신대와 ㉠ 등으로 여성을 강제 동원함.

① 정미의병 ② 금융 실명제
③ 서울 올림픽 ④ 일본군 '위안부'

18 다음 설명에 해당하는 것은?

- 1948년에 김구와 김규식 등이 추진함.
- 김구 일행이 38도선을 넘어 평양으로 감.
- 남북의 지도자들이 통일 정부 수립을 결의함.

① 남북 협상　② 아관 파천
③ 우금치 전투　④ 쌍성총관부 공격

19 다음에서 ㉠에 해당하는 것은?

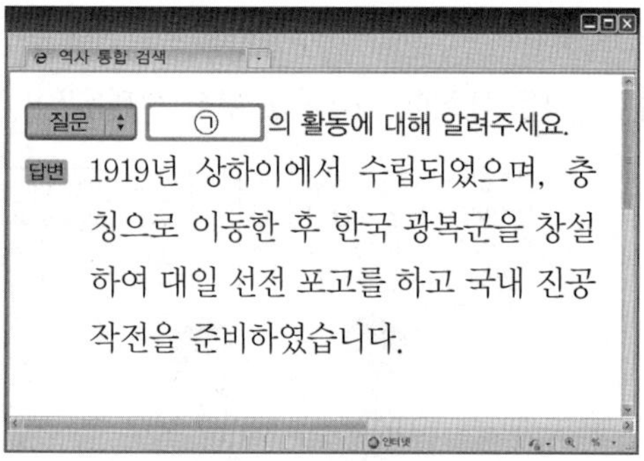

① 9산 선문
② 급진 개화파
③ 대한민국 임시 정부
④ 동양 척식 주식회사

20 다음에서 ㉠에 해당하는 내용으로 적절한 것은?

〈반민족 행위 특별 조사 위원회〉
- 설치시기 : 1948년 이승만 정부 시기
- 설치근거 : 반민족 행위 처벌법
- 설치목적 : ㉠

① 과거제 실시　② 친일파 청산
③ 황무지 개간　④ 방곡령 시행

21 다음에서 ㉠에 해당하는 사건으로 적절한 것은?

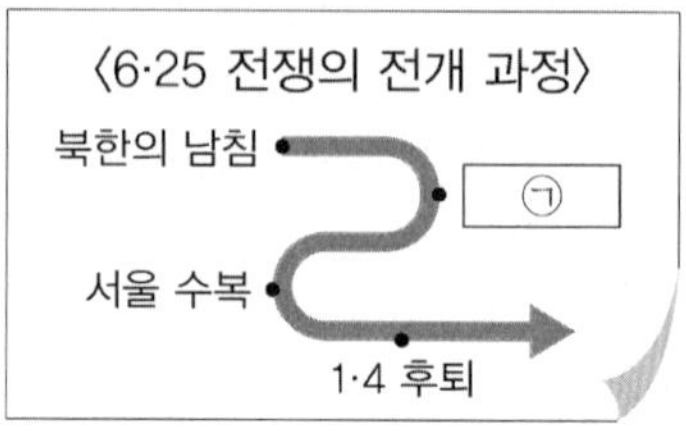

① 녹읍 폐지　② 후삼국 통일
③ 자유시 참변　④ 인천 상륙 작전

22 다음에서 설명하는 사건은?

- 배경 : 3·15 부정선거(1960)
- 과정 : 전국에서 시위 발생, 대학교수단 시국 선언
- 결과 : 이승만 대통령 하야

① 4·19 혁명
② 제주 4·3 사건
③ 12·12 사태
④ 5·18 민주화 운동

23 다음에서 설명하는 정부는?

- 경제개발 5개년 계획을 추진함.
- 근면·자조·협동 정신을 강조한 새마을 운동을 시작함.
- 전태일 사건, YH 무역 사건 등의 노동 문제에 직면함.

① 장면 정부　② 박정희 정부
③ 김영삼 정부　④ 김대중 정부

24 다음에서 ㉠에 해당하는 내용으로 적절한 것은?

> 〈수행 평가 보고서〉
> - 주제 : 6월 민주 항쟁
> - 조사 내용
>   - 인물 탐구 : 박종철, 이한열
>   - 항쟁 결과 : ㉠

① 집강소 설치
② 정전 협정 체결
③ 노비안검법 실시
④ 대통령 직선제 개헌

25 다음에서 ㉠에 해당하는 것은?

① 외환 위기
② 베트남 파병
③ 원산 총파업
④ 서울 진공 작전

2022 제 1 회 도덕

01 다음 설명에 해당하는 윤리학은?

> 도덕적 관습 또는 풍습에 대한 묘사나 객관적 서술을 주된 목표로 하는 윤리학

① 규범 윤리학 ② 기술 윤리학
③ 메타 윤리학 ④ 실천 윤리학

02 칸트(Kant, I.)의 의무론에 대한 설명으로 옳은 것은?

① 가언 명령의 형식을 중시한다.
② 행위의 동기보다는 결과를 강조한다.
③ 공리의 원리에 따른 행동을 강조한다.
④ 보편적 윤리의 확립과 인간 존엄성을 중시한다.

03 윤리적 소비에 대한 설명으로 옳은 것을 〈보기〉에서 고른 것은?

> **보기**
> ㄱ. 생태계 보존을 생각하는 소비이다.
> ㄴ. 자신의 재력을 과시하기 위한 소비이다.
> ㄷ. 많은 상품을 충동적으로 구매하는 소비이다.
> ㄹ. 노동자의 인권과 복지를 고려하는 소비이다.

① ㄱ, ㄴ ② ㄱ, ㄹ
③ ㄴ, ㄷ ④ ㄷ, ㄹ

04 다음 설명에 해당하는 것은?

> • 맹자가 주장한 것으로 모든 인간이 본래부터 가지고 있는 선한 마음
> • 측은지심, 수오지심, 사양지심, 시비지심

① 사단(四端) ② 삼학(三學)
③ 정명(正名) ④ 삼독(三毒)

05 다음 설명에 해당하는 도덕 원리 검사 방법은?

> 도덕 원리가 다른 사람의 처지에서도 받아들여질 수 있는지 다른 사람의 입장을 취해보고 검토하는 것이다.

① 포섭 검사 ② 역할 교환 검사
③ 반증 사례 검사 ④ 사실 판단 검사

06 (가)에 들어갈 내용으로 가장 적절한 것은?

> 주제 : 종교 갈등의 극복 방안
> − 다른 종교에 대한 관용의 태도
> − (가)
> ⋮

① 특정한 종교의 교리 강요
② 종교 간 적극적인 대화와 협력
③ 타 종교에 대한 무조건적 비난과 억압
④ 종교적 신념을 내세운 비윤리적 행위의 강행

07 ㉠에 들어갈 용어로 적절한 것은?

■ 프롬(Fromm, E.) 사랑의 4요소 ■

㉠	책임	이해	보호

(㉠)은 지배하고 소유하는 것이 아니라 상대를 있는 그대로 보는 것

① 존경　② 집착
③ 단절　④ 금욕

08 시민 불복종의 특징으로 적절하지 <u>않은</u> 것은?

① 시민 불복종은 최후의 수단이어야 한다.
② 시민 불복종은 처벌을 감수하는 행위이다.
③ 시민 불복종은 개인의 이익만을 충족시켜야 한다.
④ 시민 불복종은 정의 실현을 위한 의도적 위법행위이다.

09 다음 내용과 관련된 노자의 사상은?

- "으뜸이 되는 선(善)은 물과 같다."
- "도(道)는 자연을 본받아 어긋나지 않는다."

① 충서(忠恕)　② 무위(無爲)
③ 열반(涅槃)　④ 효제(孝弟)

10 정보 공유를 강조하는 입장으로 옳은 것을 〈보기〉에서 고른 것은?

보기
ㄱ. 정보에 대한 자유로운 접근을 허용해야 한다.
ㄴ. 정보를 공동의 이익을 위해서 사용해야 한다.
ㄷ. 정보에 대한 사적 소유 권리를 강화해야 한다.
ㄹ. 정보 창작이 이루어지는 분야를 축소해야 한다.

① ㄱ, ㄴ　② ㄱ, ㄷ
③ ㄴ, ㄹ　④ ㄷ, ㄹ

11 ㉠에 들어갈 용어로 적절한 것은?

〈 ㉠ 〉 윤리
- 보편타당한 도덕법칙이 존재함.
- "선을 행하고 악을 피하라."라는 핵심 명제를 강조함.
- 자연의 원리에 의해 도출된 의무에 따르는 행위를 옳은 행위로 봄.

① 배려　② 담론
③ 자연법　④ 이기주의

12 **다음 설명에 해당하는 윤리적 관점은?**

> • 요나스(Jonas, H.)가 과학 기술 시대의 새로운 윤리적 관점으로 제시함.
> • 인과적 책임뿐만 아니라 미래의 결과에 대한 책임까지 강조되어야 한다고 보는 관점임.

① 책임 윤리　② 전통 윤리
③ 신경 윤리　④ 가족 윤리

13 **생명 중심주의의 관점으로 가장 적절한 것은?**

① 자연은 인간을 위한 수단일 뿐이다.
② 도덕적 고려의 범위에 무생물이 포함된다.
③ 이성적 존재만이 도덕적 존중의 대상이다.
④ 살아있는 모든 존재는 내재적 가치를 지닌다.

14 **다음에서 소개하는 윤리 사상가는?**

◈ 도덕 인물 카드 ◈

• 중국 춘추시대 사상가로 유교를 체계화함.
• 도덕성 회복을 위해 인(仁)과 예(禮)의 실천을 강조함.
• 제자들이 엮은 『논어』에 그의 사상이 잘 나타남.

① 공자　② 장자
③ 순자　④ 묵자

15 **우대 정책이 반영된 제도로 옳지 <u>않은</u> 것은?**

① 지역 균형 선발 제도
② 장애인 의무 고용 제도
③ 농어촌 특별 전형 제도
④ 음식점 원산지 표시 제도

16 **기업가가 지녀야 할 윤리적 자세로 적절하지 <u>않은</u> 것은?**

① 경제적 이윤을 정당한 방식으로 추구해야 한다.
② 근로자의 정당한 권리를 훼손하지 말아야 한다.
③ 윤리 경영은 사회 발전과 무관함을 명심해야 한다.
④ 공익적 가치 실현을 위해 사회적 책임을 다해야 한다.

17 **다음에서 동물 중심주의 사상가인 싱어(Singer, P.)의 관점에만 '✔'를 표시한 학생은?**

관점 / 학생	A	B	C	D
인간은 도덕적 행위 능력을 지닌다.	✔		✔	✔
동물의 고통을 무시하는 행위는 '종 차별주의'이다.	✔	✔	✔	
생태계 전체가 도덕적으로 고려해야 하는 대상이다.	✔	✔		✔

① A　② B
③ C　④ D

18 공리주의 관점에서 볼 때, 도덕적 행위로 옳지 않은 것은?

① 최대의 유용성을 가져오는 행위
② 사회 전체의 이익을 증대시키는 행위
③ 결과와 상관없이 무조건적 의무에 따르는 행위
④ 최대 다수의 최대 행복의 원리에 부합하는 행위

19 ㉠, ㉡에 들어갈 말을 짝지은 것으로 옳은 것은?

- 석가모니는 죽음을 수레바퀴가 구르는 것과 같이 다음 생으로 이어지는 (㉠)의 한 과정으로 본다.
- 장자는 죽음을 (㉡)의 흩어짐으로 정의하여 생사를 사계절의 운행과 같은 자연의 순환 과정 중 하나로 본다.

	㉠	㉡
①	윤회(輪廻)	기(氣)
②	윤회(輪廻)	해탈(解脫)
③	해탈(解脫)	오륜(五倫)
④	오륜(五倫)	기(氣)

20 롤스(Rawls, J.)의 해외 원조에 대한 설명으로 옳은 것은?

① 국제 사회에서 결코 정당화될 수 없다.
② 의무가 아니라 단순한 자선에 불과하다.
③ 정의로운 시민들은 절대 실천하지 않는다.
④ 대상국이 질서 정연한 사회가 되도록 돕는 것이다.

21 다음 설명에 해당하는 예술에 대한 관점은?

- 미적 가치와 윤리적 가치의 관련성을 강조한다.
- 예술은 도덕적 교훈이나 모범을 제공해야 한다고 본다.

① 도구주의　　② 도덕주의
③ 상업주의　　④ 예술 지상주의

22 교사의 질문에 대한 대답으로 적절하지 않은 것은?

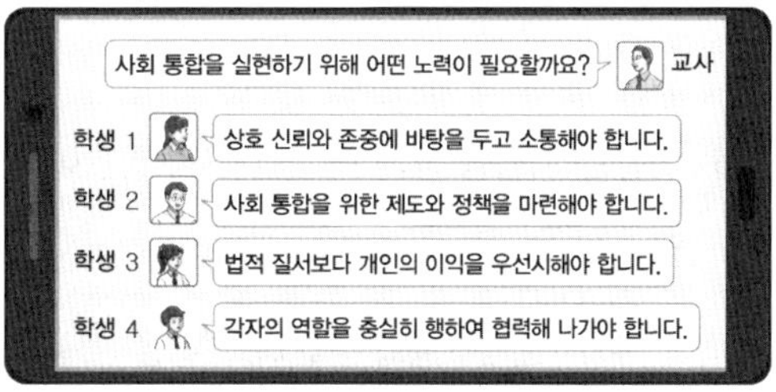

① 학생 1　　② 학생 2
③ 학생 3　　④ 학생 4

23 다음 설명에 해당하는 다문화 이론은?

- 다양한 문화의 공존을 위해서는 주류 문화의 역할이 중요하다는 입장
- 주재료인 면 위에 고명을 얹어 맛을 내듯이 주류 문화를 중심으로 비주류 문화가 공존해야 한다는 입장

① 용광로 이론
② 동화주의 이론
③ 샐러드 볼 이론
④ 국수 대접 이론

24 **하버마스(Habermas, J.)가 강조한 소통과 담론의 윤리로 가장 적절한 것은?**

① 상대방이 이해할 수 없는 언어로 표현해야 한다.
② 외부 기관의 감시하에서만 소통을 진행해야 한다.
③ 대화 당사자들은 자유롭고 평등하게 참여해야 한다.
④ 해당 영역의 전문가만이 의사결정권을 행사해야 한다.

25 **다음은 서술형 평가 문제와 학생 답안이다. 밑줄 친 ㉠~㉣ 중 옳지 않은 것은?**

> **문제 : 분단 비용과 통일 비용, 통일 편익에 대해 설명하시오.**
>
> 〈답안〉
>
> ㉠ 분단 비용은 분단으로 인해 남북한이 부담하는 유·무형의 모든 비용을 의미한다. ㉡ 분단 비용은 분단이 계속되는 한 지속적으로 발생하는 소모적 비용이다. 한편 ㉢ 통일 비용은 통일 이후 남북한 격차를 해소하고 이질적 요소를 통합하기 위한 비용이며, ㉣ 통일 편익은 통일 직후에만 발생하는 단기적 이익이다.

① ㉠ ② ㉡
③ ㉢ ④ ㉣

2022년 제2회 정답 및 해설

국어 2022년 기출문제

제2회 정답

01 ④	02 ③	03 ④	04 ①	05 ②
06 ①	07 ③	08 ④	09 ②	10 ①
11 ③	12 ②	13 ④	14 ②	15 ①
16 ③	17 ④	18 ③	19 ③	20 ①
21 ④	22 ①	23 ③	24 ②	25 ④

01 정답 ④

'영준'은 정우의 이야기를 경청하고, 정우의 입장에서 마음을 헤아리며 위로하고 있다.

02 정답 ③

'겸양의 격률'은 자신에 대해 칭찬은 최소화하여 겸손하게 대화에 임해야 하는 대화의 방법이다. 그러므로 민아의 칭찬에 대해 나래는 자신을 낮추어 겸손하게 답해야 한다.

03 정답 ④

'표준 발음법 제17항'은 '구개음화'에 대한 설명이다.

④ '밭이랑'의 '이랑'은 논이나 밭을 갈아 골을 타서 두두룩하게 흙을 쌓아 만든 곳으로 '실질 형태소'이다. 그러므로 '구개음화'가 적용되지 않는다.
밭이랑 : 'ㄴ'첨가 [밭니랑] – 음절의 끝소리 규칙 [받니랑] – 비음화 현상 [반니랑]

오답피하기

① 끝이[끄치]
② 굳이[구지]
③ 여닫이[여다지]

04 정답 ①

'갈게'는 [갈께]로 발음되더라도 '갈게'로 적는 것이 맞다.

오답피하기

② 웬지 → 왠지
왠지는 '왜인지'의 줄임말로 부사어로 쓰인다.
'웬'은 관형사로 '웬 떡이야'처럼 명사를 꾸며주는 역할로 쓰인다.

③ 어떻게 → 어떡해
'어떡해'는 '어떻게 해'의 줄임말로 서술어로 쓰인다.
'어떻게'는 부사어로 뒤에 꾸밈을 받는 용언이 와야 한다.

④ 덥든지 → 덥던지
'–던지'는 과거의 경험을 나타내는 어미이다.
'–든지'는 선택을 나타내는 어미로 '먹든지 말든지' 등으로 쓰인다.

05 정답 ②

(가)는 '현재' 시제를 나타내는 것이다.

㉠ 내린다 – 현재를 나타내는 선어말 어미 '–ㄴ–'을 활용한 현재 시제이다.
㉡ 근심하던 – 과거의 경험을 나타내는 관형사형 전성어미 '–던'을 활용한 과거 시제이다.
㉢ 웃는다 – 현재를 나타내는 선어말 어미 '–는–'을 활용한 현재 시제이다.
㉣ 없겠다 – 미래를 나타내는 선어말 어미 '–겠–'을 활용한 미래 시제를 나타낸 표현이다.

06 정답 ①

본문 (나)의 3문단 내용을 보면 1950년대, 1970년대, 2000년대에 걸친 떡볶이의 변모 과정을 나타내고 있으므로 개요의 중간 2 부분에 들어가기에 적절한 내용은 '시대에 따른 떡볶이의 변모 과정'이다.

07 정답 ③

㉢은 전환의 의미를 나타내는 연결 어미를 활용한 이어진 문장으로, 앞뒤 내용을 적절하게 연결하였으므로 고쳐쓰지 않는 것이 적절하다.

오답피하기

① 이 글의 중심 소재는 '떡볶이'이므로 신선로에 대한 문장은 주제와 상관없는 것으로 삭제하는 것이 좋다.

② '공급하기'와 호응하는 주어는 '가스가'이므로 피동 표현인 '공급되기'로 바꾸어 쓰는 것이 적절하다.

④ '입맛 뿐'의 '뿐'은 조사이므로 붙여쓰기를 하여 '입맛뿐'으로 쓰는 것이 적절하다.

08 정답 ④

[훈민정음 언해]

㉠ ·내·이·ᄅᆞᆯ爲·윙·ᄒᆞ·야:어엿·비너·겨·새·로·스·믈여·듧 ㉡ 字·ᄍᆞᆼ·ᄅᆞᆯᄆᆡᇰ·ᄀᆞ노·니: 사ᄅᆞᆷ:마·다:ᄒᆡᅇ·여 ㉢ :수·ᄫᅵ니·겨·날·로 ㉣ ·ᄡᅳ·메便뼌安한·킈ᄒᆞ·고·져ᄒᆞᇙᄯᆞᄅᆞ·미니·라

현대어 풀이

내가 이를 위하여 불쌍히 여겨 새로 스물 여덟 자를 만드니 사람마다 하여금 쉽게 익혀 날마다 씀에 편하게 할 따름이니라.

㉣ ᄡᅳ·메 : 어두자음군이 쓰인 단어로 단어의 첫머리에 두 개 이상의 자음이 올 수 있음을 알 수 있다.

오답피하기

㉠ 내 : '나'에 주격 조사 'ㅣ'가 결합된 것으로서 모음 뒤에서 주격 조사 'ㅣ'가 결합됨을 알 수 있다.

㉡ ᄍᆞᆼ · ᄅᆞᆯ : 앞의 체언의 양성 모음에 맞춰 조사 '를/ᄅᆞᆯ' 중 양성 모음으로 이루어진 'ᄅᆞᆯ'이 쓰인 것이므로 모음 조화가 잘 지켜지고 있음을 알 수 있다.

㉢ 수 · ᄫᅵ : 'ㅸ'(순경음 비읍)은 지금은 쓰이지 않는 자음이다.

[9~11] 정호승, 〈슬픔이 기쁨에게〉

갈래 | 자유시, 서정시

성격 | 교훈적, 비판적, 의지적

주제 | 이기적인 삶에 대한 반성과 더불어 사는 삶의 추구

특징 |

- 추상적 개념(기쁨, 슬픔)을 의인화하여 말을 건네는 방식으로 시상을 전개함.
- 역설적 표현(사랑보다 소중한 슬픔)을 활용하여 주제를 효과적으로 드러냄.

09 정답 ②

역설법은 모순적인 표현을 통해 의미를 강조하는 표현법이다. 이 시의 '사랑보다 소중한 슬픔'은 슬픔이 사랑보다 소중하다는 모순적인 표현을 통해 '타인을 배려하는 사랑'의 소중함을 강조하고 있다.

10 정답 ①

이 시의 '너'는 추운 겨울 밤 귤 몇 개 파는 할머니에게 귤값을 깎으면서 기뻐하는 이기적인 모습을 보이고 있다. 이러한 '너'에게 타인을 배려하는 사랑의 소중함과 타인의 슬픔을 함께 나누는 가치를 알게 하겠다는 의지를 보이고 있다. 그러므로 이 글의 화자는 '이웃과 더불어 사는 삶'을 추구하고 있음을 알 수 있다.

11 정답 ③

㉠ '할머니', ㉡ '동사자'(얼어 죽은 사람), ㉣ '사람들'은 모두 우리 사회의 소외 계층으로 따뜻한 관심과 위로가 필요한 계층이다.

㉢ '너'는 이러한 소외 계층에게 무관심하고 이기적인 시적 대상이다.

[12~14] 박완서, 〈엄마의 말뚝 2〉

갈래 | 사실주의 소설, 세태소설

성격 | 자전적, 회고적, 사실적, 비극적

배경 | 6 · 25 전쟁 당시의 서울, 현재

주제 | 전쟁의 상처로 인한 고통, 분단극복 의지

특징 |

- 현재 시점에서 과거를 회상하는 역순행적 구조
- 과거의 비극이 현재까지 이어지고 있음.
- 가족의 고통과 슬픔에서 엄마의 사랑을 느낌.

인물 |

- 나 : 현재까지 남은 유일한 엄마의 일촌으로 엄마가 겪는 고통을 눈앞에서 지켜봄.
- 엄마 : 큰 사고를 당해 수술을 하고, 약의 부작용으로 과거의 고통스러운 일을 겪게 됨.
- 오빠 : 가족들을 위해 열심히 살았지만 끝내 전쟁의 피해로 인해 죽는 인물.

12 정답 ②

'어머니'가 '오빠'를 화장하고 갈 수 없는 고향을 향해 오빠의 유골을 뿌리던 모습을 회상함으로써, 임종을 앞둔 어머니가 '나'에게 한 유언의 의미와 상황을 드러내고 있다.

13 정답 ④

'어머니'는 '오빠'의 죽음을 자신의 탓이라고 생각해 합해 살고 있는 '올케'에게 늘 기가 죽어 있었으나, 오빠의 화장 문제에 대해서는 강하게 의견을 주장하였다.

오답피하기

① '어머니'는 자신의 뼛가루를 개풍군(북한의 고향)이 보이는 곳에 뿌려달라고 부탁함으로써, 분단의 아픔에 저항하려는 의지를 드러낸다.
② '어머니'는 자신의 뜻을 이해하고 유언을 지킬 수 있는 사람은 '나'밖에 없다고 생각하고 '나'의 손을 강하게 잡고 뜻을 남기고 있다.
③ '올케'는 아들들에게 아버지의 빈자리를 대신할 '무덤'이라도 남겨줘야 한다고 생각해서 공동묘지로 이장하자고 주장했다.

14 정답 ②

6.25 전쟁으로 아들을 잃은 어머니는 자신이 죽고 나서 화장한 유골의 재를 북한의 고향을 향해 날려 보냄으로써 분단의 역사를 거슬러 저항하고자 하는 의지를 보이고 있다.

[15~16] 황진이, 〈동짓달 기나긴 밤을 ~〉

갈래 | 시조, 평시조
성격 | 낭만적, 서정적, 애상적
제재 | 동짓달의 긴 밤, 임에 대한 연정
주제 | 임에 대한 기다림과 사랑
특징 |

- 추상적 개념을 구체적으로 형상화하여 참신하게 표현함.
- 음성 상징어를 활용하여 우리말의 묘미를 살림.
- 대조적인 시구(동짓달 기다긴 밤 ↔ 어론 님 오신 밤)를 사용하여 임에 대한 그리움을 강조함.

15 정답 ①

이 시조에서는 '동짓달 기나긴 밤'이라는 외로운 시간을 자르고, 넣었다가, 펼 수 있는 사물처럼 표현하고 있다. 즉, 시간이라는 추상적인 관념을 구체적인 사물처럼 표현하고 있으므로 '추상적 대상을 구체화'한 것이다.

16 정답 ③

이 시조의 화자는 홀로 외로운 시간인 '동짓달 기다긴 밤'을 아껴두었다가 '사랑하는 임'이 오신날 밤에 펼쳐 쓰고 싶다는 창의적인 표현을 사용하고 있다. 이를 통해 임과 재회하게 되었을 때 더 많은 시간을 보내기를 소망하고 있다는 것을 알 수 있다.

[17~19] 이규보, 〈이옥설〉

갈래 | 고전 수필, 한문 수필, 설(說)
성격 | 교훈적, 예시적, 체험적
구성 | 경험 → 유추를 통한 교훈 도출
주제 | 잘못을 알고 바로 고쳐 나가는 것의 중요성
특징 |

- 실생활의 체험을 예로 들어 주제를 드러냄.
- 작자의 경험과 깨달음을 고백적 어조로 서술함.
- 자신의 경험(집을 고침) → 사람의 경우 → 정치 : 의미를 점차 확장하고 강조함.

17 정답 ④

이 글의 글쓴이는 '집을 수리하는 경험'을 통해 잘못된 것을 알고도 바로 고치지 않으면 수리하기가 어렵지만, 한 번 잘못되었을 때 바로 고치면 고치기가 어렵지 않다는 것을 깨닫게 된다. 그리고 이러한 깨달음을 '사람'과 '정사(정치)'에 적용하여 교훈을 드러내고 있다.

18 정답 ③

㉮ '그것을 알고도 어물어물하다가 미처 수리하지 못하였고'는 잘못을 알았지만 바로 고치지 않은 상황을 나타내는 것이다. 사람에 있어서도 ㉡ '잘못을 알고도 곧 고치지 않는 것'이 이러한 상황과 같고, 정사(정치)에 있어서도 ㉣ '백성에게 심한 해가 될 것을 머뭇거리고 개혁하지 않다가'도 잘못을 알았지만 바로 고치지 않은 상황과 같다.

19 정답 ③

③ '까마귀 날자 배 떨어진다.'라는 말은 '우연히 때가 같아 어떤 관계가 있는 것처럼 의심을 받게 됨'을 의미한다. 그러므로 나쁜 습관이 우연히 좋은 결과를 가져온다는 풀이는 적절하지 않다. 또한 이 글의 교훈은 나쁜 습관은 바로 고쳐야 한다는 것이므로 이 속담과의 연결이 적절하지 않다.

오답피하기

① '쇠뿔도 단김에 빼라' – 무슨 일을 하려고 하면 망설이지 말고 곧 행동으로 옮겨야 함.
② '호미로 막을 것을 가래로 막는다. – 쉽게 해결되었을 일을 방치하여 나중에 큰 힘을 들이게 됨.
④ '가랑비에 옷 젖는다.' – 아무리 사소한 일이라도 반복되면 무시하지 못할 정도로 크게 됨.

[20~22] 전남일, 〈공간이 달라지면 사는 풍경도 달라질까〉

갈래 | 설명문
성격 | 비판적, 성찰적
주제 | 삶과 공간의 관계에 대한 고민의 이유
특징 |
- 과거의 주거 공간과 현대의 주거 공간을 비교하여 설명함.
- 현대의 주거 문화를 비판적 시각으로 바라봄.

20 정답 ①

개인의 공간과 일을 하는 장소가 멀리 떨어져 있지 않아 친밀한 공동체 사회를 형성할 수 있었던 과거의 주거 형태와 공동체 사회의 성격이 약화된 '아파트'로 대표되는 현대의 주거 형태가 대조적으로 드러나고 있다.

21 정답 ④

아파트는 수평적, 수직적으로 균일한 주거 공간이 밀집해 있어 겉으로 보면 유사한 집단으로 보이지만, 그 안의 구조는 승강기나 복도를 통해 사적인 공간으로 바로 들어가 버리므로 이웃과 공유하는 생활 모습은 거의 없는 것이 특징이다.

22 정답 ①

'과거에는 개인이 생활을 하는 집과 일을 하는 장소가 멀리 떨어져 있지 않았다.'는 '사람들은 매일 두 공간 사이를 오가며 그곳에서 다양한 일을 경험했다.'라는 내용의 원인이다. 두 문장은 인과 관계로 연결될 수 있으므로 '그래서'라는 연결어를 넣어야 한다.

[23~25] 구본권, 〈로봇 시대, 인간의 일〉

갈래 | 설명문
성격 | 사실적, 인과적, 설득적
주제 | 로봇 시대에 나타날 일자리 감소 문제와 그 해결 방안
특징 |
- 로봇 시대의 현상을 다양한 구체적 사례를 통해 보여 주고 있음.
- 로봇 시대에 대한 전망과 로봇 시대가 야기하는 문제에 대한 해결 방안을 제시하고 있음.

23 정답 ③

이 글의 인공지능이 인간의 의식을 갖게 되어 인간의 자리를 대체하게 될 것에 대한 우려를 드러내고 있기는 하지만, 3문단을 통해 인간과 인공지능은 여전히 구분될 것임을 알 수 있다.

오답피하기

① 1문단을 통해 이 글이 제시하는 문제임을 알 수 있다.
② 2문단을 통해 인공지능을 통제하는 방법 중 하나라는 것을 알 수 있다.
④ 3문단을 통해 기계가 모방할 수 없는 인간만의 특징이라는 것을 알 수 있다.

24 정답 ②

통제(統制) : 일정한 방침이나 목적에 따라 행위를 제한하거나 제약함.

25 정답 ④

'인공지능 시대 우리가 가야 할 사람의 길'은 인간만이 가지고 있는 '감정과 의지'라는 속성을 발휘하여 유연성과 창의성을 갖고 대응하는 것이다.

수학 2022년 기출문제

제2회 정답

01 ③	02 ③	03 ④	04 ①	05 ②
06 ④	07 ③	08 ②	09 ④	10 ①
11 ②	12 ②	13 ③	14 ①	15 ②
16 ④	17 ①	18 ③	19 ④	20 ②

01 정답 ③

$A=2x^2+x$, $B=x+1$이므로

$A-B=(2x^2+x)-(x+1)$ ← 괄호풀기

$=2x^2+x-x-1$ ← 동류항끼리 정리

$=2x^2+(1-1)x-1$ ← 동류항끼리 계산

$=2x^2-1$

따라서 정답은 ③이다.

참고

다항식의 덧셈과 뺄셈은 동류항끼리 계산한다.
이때, 동류항의 계산은 계수끼리 분배법칙을 이용하여 다음과 같이 계산한다.

계수끼리 계산

$$3x+2x=3\times x+2\times x=(3+2)\times x=5x$$

동류항끼리!

02 정답 ③

x에 대한 항등식이므로 좌변과 우변의 동류항끼리 같음을 이용하여 a, b의 값을 구할 수 있다.
좌변의 일차항의 계수는 a이고 우변의 일차항의 계수는 5이므로, $a=5$이다.
또한 상수항을 비교하면, 좌변의 상수항은 -2이고 우변의 상수항은 b이므로,
$b=-2$이다.
그러므로 $a+b=5+(-2)=3$이다.
따라서 정답은 ③이다.

참고

항등식은 좌변과 우변이 항상 같은 식으로,
$ax^2+bx+c=dx^2+ex+f$이 x에 대한 항등식이면,
$a=d$, $b=e$, $c=f$이다.

동류항끼리 비교

$x^2+ax-2=x^2+5x+b$
$\Rightarrow x^2+ a x -2 = x^2+ 5 x+ b$

$a=5$ $b=-2$

03 정답 ④

다항식 x^3+3x+4를 $P(x)$라 하면, $P(x)=x^3+3x+4$이다.

$P(x)$를 $x-1$로 나눈 나머지는 나머지 정리에 의해 (나머지) $R=P(1)$이다.

→ $P(1)=1^3+3\times1+4=1+3+4=8$

따라서 정답은 ④이다.

참고

다항식 $P(x)$를

$x-a$로 나눈 나머지는 $P(a)$와 같다.

나누는 식 $x-a=0$이 되는 x의 값 $x=a$를 대입한다.

04 정답 ①

인수분해 공식 $x^3+3x^2y+3xy^2+y^3=(x+y)^3$에서 $y^3=8$이므로, y의 자리에 2를 대입하여 표현하면, $x^3+3x^2\times2+3x\times(2)^2+(2)^3=(x+2)^3$이 된다.

좌변을 정리하여 식을 간단히 하면,

$x^3+6x^2+12x+8=(x+2)^3$이다.

그러므로 $a=2$임을 알 수 있다.

따라서 정답은 ①이다.

05 정답 ②

켤레복소수는 허수부분의 부호를 반대로 바꾼 수를 말한다.

복소수 $3-2i$의 실수부분은 3, 허수부분은 -2이므로, $3-2i$의 허수부분의 부호를 반대로 바꾸어 켤레복소수를 구하면, $3+2i$가 된다.

$\therefore a=2$

따라서 정답은 ②이다.

참고 켤레복소수

$a+bi \xleftrightarrow{\text{켤레}} a-bi$

허수부분의 부호반대

06 정답 ④

근과 계수와의 관계 공식을 이용하여 문제를 해결할 수 있다.

$x^2+5x+4=0$에서 두 근을 α, β라 할 때, 공식에 대입하면, $\alpha+\beta=-5$, $\alpha\beta=4$이다.

따라서 정답은 ④이다.

참고 근과 계수와의 관계

$ax^2+bx+c=0$

$\alpha+\beta=\text{합}=-\dfrac{b}{a}$　　$\alpha\beta=\text{곱}=\dfrac{c}{a}$

| 다른 풀이 |

이차식의 인수분해를 통해 이차방정식의 두 근을 구할 수 있다.

$x^2+5x+4=0$ → $(x+1)(x+4)=0$이므로,

$x+1=0$ 또는 $x+4=0$이 된다.

[$AB=0$이면, $A=0$ 또는 $B=0$에 의해]

그러므로 $x=-1$ 또는 $x=-4$이다.

이때, $\alpha=-1$, $\beta=-4$라 하고, 두 근의 곱을 구하면, $\alpha\beta=4$이다.

07 정답 ③

구간이 제한된 이차함수의 최댓값과 최솟값은 꼭짓점과 구간의 양 끝값을 이용하여 구한다.

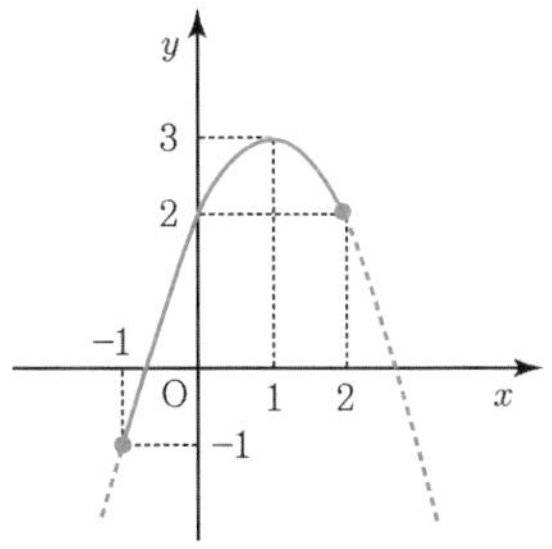

$f(x)=-(x-1)^2+3\ (-1\le x\le 2)$라 놓으면,
구간의 양끝값은 $f(-1)=-1$, $f(2)=2$이고,
꼭짓점의 좌표가 $(1, 3)$이므로, $f(1)=3$이다.
이들 중 가장 큰 값은 3이므로 최댓값은 3이다.
따라서 정답은 ③이다.

참고

이차함수의 최대, 최소 [x의 범위에 꼭짓점이 포함된 경우]
구간의 양 끝 함숫값과 꼭짓점의 y좌표 중 가장 큰 값을 최댓값, 가장 작은 값을 최솟값이라고 한다.

$a>0$

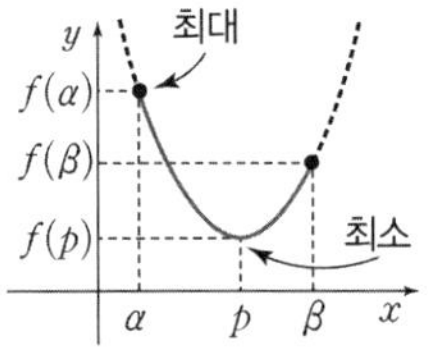

$a<0$

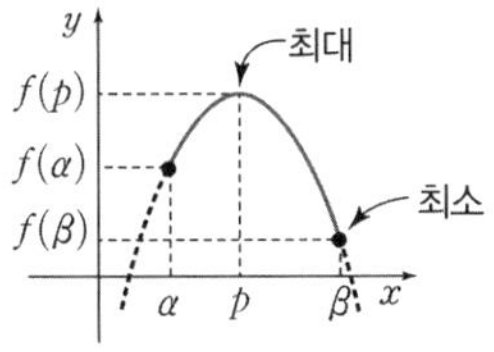

08 정답 ②

방정식의 근은 식에 대입하면 식을 참이 되게 하는 미지수의 값이므로
$x^3+ax^2-3x-2=0$에 $x=1$을 대입하면, 식이 참이 되어 a의 값을 구할 수 있다.
$1^3+a\times 1^2-3\times 1-2=0 \rightarrow 1+a-3-2=0 \rightarrow a=4$
따라서 정답은 ②이다.

참고

방정식의 해 = 등식을 참이 되게 하는 미지수의 값

$x=1$ → $2x+1=3$ ← $x=0$

$2\times 1+1=3$: 해

$2\times 0+1\neq 3$: 해가 아니다.

09 정답 ④

연립방정식의 해는 두 식을 동시에 만족시키는 미지수의 값이므로 식에 대입하면 두 식 모두 참이 된다.

$\begin{cases} x+y=4 & \cdots\cdots ㉠ \\ x^2-y^2=a & \cdots\cdots ㉡ \end{cases}$ 라 놓고, $x=3$, $y=b$를 두 식에 각각 대입하면,

㉠ $x+y=4 \rightarrow 3+b=4$이므로 $b=1$

㉡ $x^2-y^2=a \rightarrow 3^2-b^2=a$이므로 위에서 구한 b의 값을 식에 대입하면,
$3^2-1^2=a \rightarrow 9-1=a \rightarrow a=8$

$\therefore a+b=8+1=9$
따라서 정답은 ④이다.

참고 연립방정식의 해

두 개 이상의 식을 동시에 만족시키는 x, y의 값 또는 그 순서쌍 (x, y)

10 정답 ①

절댓값을 포함한 일차부등식은 상수 a에 대하여
① $|x|\le a$의 해는 $-a\le x\le a$
② $|x|\ge a$의 해는 $x\le -a$ 또는 $x\ge a$이다.
이 성질을 이용하여 부등식 $|x-3|\le 3$을 풀면,
$-3\le x-3\le 3$ 모든 변에 $+3$을 하면,
$\rightarrow 0\le x\le 6$
이므로 이것을 수직선에 나타내면,

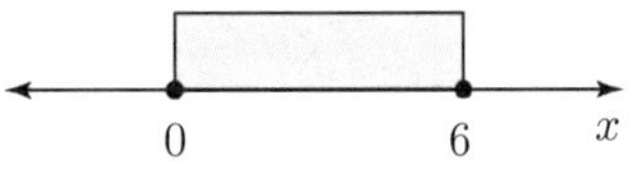

$\therefore\ a=0$이다.
따라서 정답은 ①이다.

11 정답 ②

두 점 $A(x_1, y_1)$, $B(x_2, y_2)$를 양 끝으로 하는 선분 AB의 중점의 좌표는 $\left(\frac{x_1+x_2}{2}, \frac{y_1+y_2}{2}\right)$이다.

이것을 대입하기 쉽게 생각하면,
선분 AB의 중점 M의 좌표는
$\left(\frac{x \text{ 좌표의 합}}{2}, \frac{y \text{ 좌표의 합}}{2}\right)$이라 할 수 있다.
즉, 주어진 두 점 $A(-3, -2)$, $B(1, 4)$에서
$\frac{x \text{ 좌표의 합}}{2} = \frac{-3+1}{2} = \frac{-2}{2} = -1$이고,
$\frac{y \text{ 좌표의 합}}{2} = \frac{-2+4}{2} = \frac{2}{2} = 1$이므로,
중점의 좌표는 $(-1, 1)$이다.
따라서 정답은 ②이다.

12 정답 ②

수직인 두 직선의 기울기의 곱이 -1임을 이용하면,
직선 $y=x-1$에 수직인 직선의 기울기는 -1이고, 이 직선은 점 $(0,3)$을 지나므로 y절편이 3인 직선의 방정식이다.
기울기가 a이고, y절편이 b인 직선의 방정식은 $y=ax+b$임을 이용하여 식을 구하면,
$y=-x+3$이다.
따라서 정답은 ②이다.

참고

- 수직인 두 직선
  두 직선 $y=mx+n$, $y=m'x+n'$이 수직일 때, 기울기의 곱 $m \times m' = -1$이다.
- 기울기와 y절편이 주어진 직선의 방정식

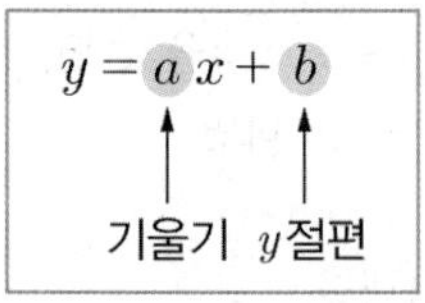

13 정답 ③

중심이 점 $(3, -1)$이고, 반지름의 길이가 r인 원의 방정식은 $(x-3)^2+(y+1)^2=r^2$이다.
이때, 이 원이 원점을 지나므로, 원의 방정식에 $(0, 0)$을 대입하면,
$(0-3)^2+(0+1)^2=r^2 \rightarrow r^2=10$
그러므로 중심이 $(3, -1)$이고, 원점을 지나는 원의 방정식은 $(x-3)^2+(y+1)^2=10$이다.
따라서 정답은 ③이다.

오답피하기

중심이 (a, b)이고, 반지름의 길이가 r인 원의 방정식이 $(x+a)^2+(y+b)^2=r^2$라고 착각하여 ②로 답을 구하기 쉬우니 주의하도록 한다.

참고 원의 방정식 표준형

중심의 좌표가 (a, b)이고 반지름의 길이가 r인
원의 방정식은 $\rightarrow (x-a)^2+(y-b)^2=r^2$

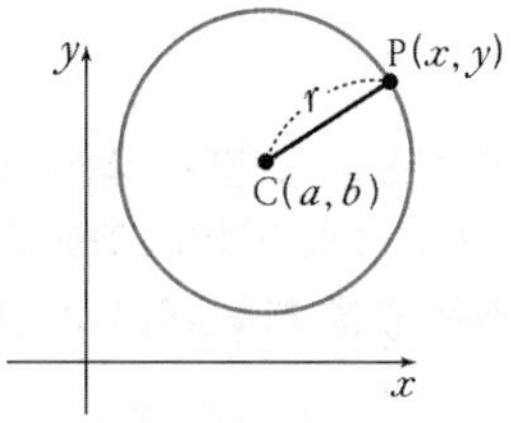

14 정답 ①

점 $(3, 4)$를 x축의 방향으로 -1만큼 y축의 방향으로 -3만큼 평행이동한 점의 좌표는
$(3-1, 4-3)=(2, 1)$
따라서 정답은 ①이다.

참고 점의 평행이동

점 $P(x, y)$를 평행이동한 점을 $P'(x', y')$라고 하면 $x'=x+a$, $y'=y+b$이다.
따라서 점 P'의 좌표는 $(x+a, y+b)$이다.
$(x, y) \xrightarrow[y\text{축의 방향으로 } b\text{만큼}]{x\text{축의 방향으로 } a\text{만큼}} (x+a, y+b)$

15 정답 ②

$A-B=\{x \mid x \in A, x \notin B\}$이다.
즉, A에는 포함되고, B에는 포함되지 않는 원소를 구하면 된다. 집합 A의 원소 1, 2, 3, 4 중 B와 공통인 교집

합의 원소는 3, 4이므로 $A-B=\{1, 2\}$이다.

$\therefore\ n(A-B)=2$

따라서 정답은 ②이다.

참고 차집합

집합 A에는 속하지만 집합 B에는 속하지 않는 모든 원소로 이루어진 집합($A-B$ = 집합 A의 원소 중 A에만 속하는 원소들로 이루어진 집합)

➜ 기호 : $A-B$

➜ $A-B=\{x|x\in A$ 그리고 $x\notin B\}$이다.

➜ $A-B=A\cap B^C$

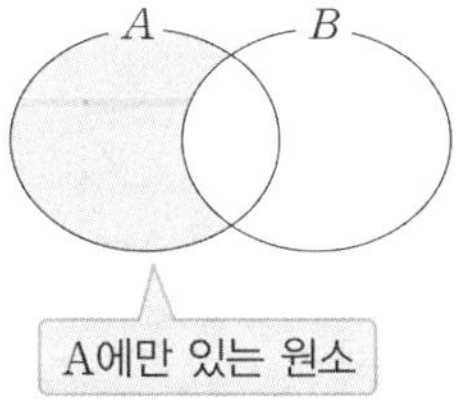

참고 집합의 원소의 개수

집합 A의 원소의 개수 ➜ 기호 : $n(A)$와 같이 나타낸다.

차집합의 원소의 개수 : $n(A-B)$

16 정답 ④

주어진 명제 '$x=2$이면 $x^3=8$이다.'에서 가정과 결론을 각각 구하면,

[가정(p) : $x=2$이다.],

[결론(q) : $x^3=8$이다.]와 같다.

[가정의 부정($\sim p$) : $x\neq 2$이다.],

[결론의 부정($\sim q$) : $x^3\neq 8$이다.]

명제의 대우는 가정과 결론을 부정하여 순서를 바꾼 것으로, '$x^3\neq 8$이면 $x\neq 2$이다.'가 된다.

따라서 정답은 ④이다.

참고 명제의 역과 대우

$p\to q$

↕ 대우

$\sim q\to\sim p$

17 정답 ①

$f^{-1}(5)=a$라 놓고, 역함수의 성질을 이용하면,

$f^{-1}(5)=a$이면 $f(a)=5$이다.

$f:\mathrm{X}\to\mathrm{Y}$에서 1에 대응하는 Y의 원소가 5이므로 $a=1$이다.

그러므로, $f^{-1}(5)=1$이 된다.

따라서 정답은 ①이다.

오답피하기

$f^{-1}(5)$의 값을 구할 때, $f(5)$로 생각하여 $f(5)=7$과 같이 풀지 않도록 주의해야 한다.

참고 명

역함수의 정의에 의해 다음이 성립한다.

$f(a)=b$ ➜ $f^{-1}(b)=a$

18 정답 ③

유리함수 $y=\dfrac{1}{x}$의 그래프를 x축의 방향으로 a만큼, y축의 방향으로 b만큼 평행이동한 그래프는

$y=\dfrac{1}{x-a}+b$이므로 $y=\dfrac{1}{x-1}$의 그래프는 $y=\dfrac{1}{x}$를 x축의 방향으로 1만큼 평행이동한 것임을 알 수 있다.

$\therefore\ a=1$

따라서 정답은 ③이다.

| 다른 풀이 |

도형의 평행이동을 이용하여 유리함수 $y=\dfrac{1}{x}$을 x축의 방향으로 a만큼 평행이동하면, $y=\dfrac{1}{x-a}$이 되고, 주어진 식은 $y=\dfrac{1}{x-1}$이므로, $a=1$임을 알 수 있다.

오답피하기

$y=\dfrac{1}{x-1}$의 그래프가 $y=\dfrac{1}{x}$ 그래프를 x축의 방향으로 -1만큼 평행이동한 것이라 실수하기 쉬우니 주의해야 한다.

19 정답 ④

4점의 작품 중 서로 다른 3점의 작품을 택하여, 일렬로 나열하는 경우의 수는 $4 \times 3 \times 2$로 24가지이다.
위와 같이 연속적으로 일어나는 사건은 동시에 일어날 수 있으므로, 곱의 법칙을 사용한다.
따라서 정답은 ④이다.

| 다른 풀이 |

서로 다른 4개 중 3개를 골라 일렬로 나열하는 경우의 수는 순열로 계산할 수 있다.
따라서 ${}_4P_3 = 4 \times 3 \times 2 = 24$가지이다.

20 정답 ②

서로 다른 5개의 방과 후 프로그램 중에서 3개를 선택하는 경우의 수이므로 $\frac{5 \times 4 \times 3}{3 \times 2 \times 1} = 10$가지이다. 이때, $3 \times 2 \times 1$로 나누어주는 이유는 선택된 3개의 순서가 바뀌면 겹치는 경우가 생기기 때문이다.

예 기타, 댄스, 드럼 = 댄스, 기타, 드럼 = 기타, 드럼, 댄스 등

따라서 정답은 ②이다.

| 다른 풀이 |

서로 다른 5개의 방과 후 프로그램 중에서 3개를 선택하는 경우의 수는 ${}_5C_3 = \frac{5 \times 4 \times 3}{3 \times 2 \times 1} = 10$이다.
선택하는 순서가 다르다고 해도 다른 사건으로 구별하지 않으므로 조합으로 계산한다.

영어 2022년 기출문제

제2회 정답

01 ②	02 ③	03 ①	04 ③	05 ①
06 ②	07 ④	08 ②	09 ④	10 ②
11 ②	12 ①	13 ③	14 ③	15 ②
16 ①	17 ④	18 ③	19 ④	20 ①
21 ③	22 ③	23 ④	24 ①	25 ④

01 정답 ②

해석 영어를 잘하기 위해서, 당신은 자신감이 필요하다.

해설 confidence는 '자신감, 확신'이란 뜻이다.

02 정답 ③

해석 그 나라는 식량 부족 문제를 처리해야 한다.

어휘 • shortage 부족

해설 deal with는 '다루다, 처리하다'란 뜻이다.

03 정답 ①

해석 햇빛이 창문을 통해 들어와서, 그 결과, 그 집은 따뜻해진다.

어휘 • sunlight 햇빛
• become warm 따뜻해지다

해설 as a result는 '그 결과'란 뜻이다.

04 정답 ③

해석 인내는 쓰지만, 그 열매는 달다.
① 새로운 – 오래된, ② 깨끗한 – 더러운
③ 좋은 – 좋은, ④ 쉬운 – 어려운

어휘 • bitter 쓴
• sweet 단, 달콤한
• patience 인내, 참을성
• fruit 과일, 열매

해설 제시문은 반의어 관계인데 ③은 동의어 관계이다.

05 정답 ①

해석 김치 축제
장소: 김치 박물관

행사: 김치 만드는 것 배우기, 다양한 김치 맛보기
입장료: 5천원
오셔서 전통 한국 음식을 맛보세요!

어휘
- festival 축제
- place 장소
- event 행사
- learn 배우다
- taste 맛보다
- various 다양한
- entrance fee 입장료
- traditional 전통적인

해설 날짜는 언급되지 않았다.

06 정답 ②

해석 식당 앞에서 2시에 만나자.
그 호텔 매니저는 고객의 욕구를 충족시키기 위해서 최선을 다했다.

어휘
- meet 만나다, 충족시키다
- restaurant 식당
- manager 매니저
- do one's best 최선을 다하다
- guest 고객, 손님
- need 욕구, 필요

해설 두 문장에 공통으로 들어갈 단어는 '만나다'와 '충족시키다'의 뜻을 함께 갖고 있는 meet가 적합하다.

07 정답 ④

해석 짐, 넌 언제 집에 올 예정이니?
당신이 기분이 나쁠 때 음악을 듣는 것은 도움이 될 수 있다.

어휘
- when 언제, ~할 때
- helpful 도움이 되는

해설 when에는 '언제'와 '~할 때'라는 뜻이 함께 있다.

08 정답 ②

해석 환영합니다. 오늘 당신을 위해 무엇을 해드릴까요(무엇을 도와드릴까요)?
나는 버스를 기다리는 데 거의 한 시간을 썼다.

어휘
- spend - spent + 시간 ~ing ~하는 데 시간을 쓰다

해설 'for you'는 '당신을 위해', 'wait for'는 '~를 기다리다'의 뜻으로 사용되었으므로, 공통으로 들어갈 단어는 for가 된다.

09 정답 ④

해석 A: 난 어려움에 처한 아이들을 돕기 위해 뭔가를 하고 싶어.
B: 좋은데. 어떤 아이디어라도 있니?
A: 내 오래된 옷을 팔아서 아이들에게 그 돈을 사용하고 싶어. 하지만 쉽지는 않을 것 같아.
B: 걱정하지 마. 천리 길도 한 걸음부터야.

어휘
- in need 궁핍한, 어려움에 처한
- clothes 옷
- journey 여행
- thousand 1000, 천
- single 하나
- single step 한 걸음

해설 밑줄 친 문장은 천 마일의 여행도 한 걸음으로 시작한다. 즉, '천리 길도 한 걸음부터'라는 의미다. 따라서, 일단 시작을 해야 뭔가를 이룰 수 있다는 ④가 적절하다.

10 정답 ②

해석 A: 번지점프가 이번이 처음이니?
B: 응. 나 정말 긴장 돼.
A: 번지점프는 완벽하게 안전해. 너 괜찮을 거야.
B: 그 말을 내가 듣긴 했는데, 하지만 내가 그것(번지점프)을 하고 싶은지 아닌지 여전히 확실하지가 않아(여전히 잘 모르겠어).

어휘
- bungee jumping 번지점프
- nervous 긴장된, 불안한
- perfectly 완벽하게
- safe 안전한
- what ~한 것
- if ~인지 아닌지, 만약 ~한다면

해설 번지점프가 처음이어서 긴장되고 불안한 심정이다.

11 정답 ②

해석 A: 안녕하세요, 집에 놓을 식탁을 사러 왔어요.
B: 이쪽으로 오세요. 어떤 종류를 원하세요?
A: 둥근 것이 좋겠어요.
B: 알겠습니다. 제가 2개의 다른 모델을 보여드리겠습니다.

어휘 • look for 찾다
• round 둥근
• different 다른
• model 모델

해설 식탁을 구매하려는 장소로 가구점이 적절하다.

12 정답 ①

해석 기부는 보통 친절하고 마음 따뜻한 목적으로 이루어진다. 그것은(기부는) 다양한 형태를 가질 수 있다. 예를 들어, 기부는 자연 재해로 고생하는 사람들에게 주어지는 돈, 음식, 또는 의료가 될 수도 있다.
① 기부, ② 자연, ③ 사람들, ④ 고생

어휘 • donation 기부, 기증품
• good-hearted 마음 따뜻한
• purpose 목적
• different forms 다양한 형태
• medical care 의료, 치료
• suffer from ~를 겪다, 고생하다
• natural disaster 자연 재난, 재해

해설 it은 기부를 가리킨다.

13 정답 ③

해석 A: 메리 생일이 오고 있어. 그녀에게 선물을 사주는 것이 어때?
B: 좋은 생각이야. 휴대폰 케이스는 어때?
A: 새것을 산지 얼마 안 돼. 머그잔은 어때?
B: 완벽해! 그녀는 커피를 좋아하거든.
① 이건 뭐야?
② 그거 어디서 났어?
③ 그녀에게 선물을 사주는 것이 어때?
④ 방과후에 주로 뭘 하니?

어휘 • why don't we ~ 하는 게 어때?
• phone case 휴대폰 케이스
• mug 머그잔

해설 A가 메리의 생일을 이야기하고, 이어진 질문에 B가 좋은 생각이라며 선물이 될 만한 것을 제시하였으므로, 빈칸에는 메리를 위한 선물을 사자고 제안하는 내용이 적절하다.

14 정답 ③

해석 A: (생계로, 직업으로) 무엇을 하시나요?
B: 저는 고등학생을 가르칩니다.
① 난 여름보다 겨울이 더 좋아요.
② 그것은 내가 원한 것이 아니었어요.
③ 저는 고등학생을 가르칩니다.
④ 그 해변으로 가는 데 1시간 걸립니다.

어휘 • do for a living 생계로 ~을 하다

해설 무엇으로 생계를 꾸리는지, 즉 직업이 무엇인지를 물어보았으므로, 빈칸에는 직업의 내용이 될 수 있는 것이 들어와야 한다.

15 정답 ②

해석 A: 난 장래에 어떤 직업을 갖고 싶은지 모르겠어.
B: 다양한 분야에서 경험을 해보는 것이 어때?
A: 음... 어떻게 할 수 있지?
B: 직업 체험 프로그램에 참가해 보는 것은 어때? 확실히 그것이 도움이 될 거야.

어휘 • career 경력, 직업
• experience 경험, 경험하다
• area 분야, 영역, 지역
• participate in ~에 참가하다, 참여하다

해설 장래의 직업을 선택하기 위하여 직업 체험 프로그램에 참가해 보라는 제안은, 진로 선택을 위한 조언에 해당된다.

16 정답 ①

해석 우리는 여러분들에게 쓰레기를 공원 쓰레기통에 넣어 달라고 부탁하고 싶습니다. 우리는 몇몇 방문객들의 부주의한 행동 때문에 공원을 깨끗하게 유지하기가 힘듭니다. 우리는 여러분들의 협력이 필요합니다. 고맙습니다.

어휘 • trash 쓰레기
• trash can 쓰레기통
• have difficulty ~ing ~하는 데 어려움을 겪다
• careless 부주의한
• behavior 행동
• visitor 방문객
• cooperation 협동, 협력

해설 도움을 요청하는 목적으로 쓴 글이다.

17 정답 ④

해석 여름 스포츠 캠프

- 7~12세 아이들을 위한 재미있고 안전한 스포츠 프로그램
- 8월 1일부터 8월 7일까지
- 할 수 있는 것: 배드민턴, 농구, 축구, 수영

* 모든 아이들은 수영복과 점심식사를 매일 가져와야 합니다.

어휘
• aged 나이가 ~세인
• swim suit 수영복

해설 점심은 제공되지 않고 가져와야 한다.

18 정답 ③

해석 우리는 학교 신문 기자를 모집하고 있습니다. 만약 관심이 있으시면, 학교 생활에 관한 기사 세 편을 제출해주세요. 각각의 기사는 500자 이상이어야 합니다. 학생 기자들이 당신의 기사를 평가할 것입니다. 마감일은 9월 5일입니다.

어휘
• reporter 기자
• submit 제출하다
• article 기사
• word 단어
• evaluate 평가하다
• deadline 마감일

해설 담당 교사가 아닌 학생 기자들이 평가한다.

19 정답 ④

해석 제스처는 다른 나라에서 다른 의미를 가질 수 있다. 예를 들어, OK 사인은 많은 나라에서 "좋아" 또는 "괜찮아"를 의미한다. 하지만, 같은 제스처가 프랑스에서는 "숫자 영(또는 쓸모없는 것)"을 의미한다. 프랑스 사람들은 그들이 아무것도 없다고 말하고 싶을 때 그것을 사용한다.

어휘
• gesture 제스처
• meaning 의미
• sign 기호, 사인, 표시

해설 OK 사인의 경우 다른 나라들과 프랑스에서 의미하는 것이 서로 다르다는 것을 예시하고 있으므로, 국가별 제스처의 의미 차이가 이 글의 주제이다.

20 정답 ①

해석 많은 발전소들이 석탄 또는 (천연)가스 같은 화석 연료를 태워서 에너지를 생산한다. 이것은 공기 오염을 유발하고 환경에 영향을 미친다. 그러므로, 에너지 효율적인 제품을 선택해서 에너지를 더 적게 사용하려고 노력해라. 그것이 지구를 살리는 데 도움이 될 수 있다.
① 환경, ② 물질, 재료
③ 제품, ④ 무게

어휘
• power plant 발전소
• produce 생산하다
• burn 태우다
• fossil fuel 화석 연료
• coal 석탄
• cause 유발하다
• pollution 오염
• influence 영향을 미치다
• choose 선택하다
• efficient 효율적인
• product 제품

해설 화석 연료의 사용은 공기 및 환경에 영향을 미친다.

21 정답 ③

해석 인터넷은 우리 삶을 더 편리하게 만든다. 우리는 인터넷에서 쇼핑을 하고 계산을 한다. 하지만, 온라인에서는 개인 정보가 쉽게 도난당할 수 있다. 당신의 (개인) 정보를 보호하는 방법이 있다. 첫째, 풀기 힘든 암호를 설정하라. 둘째, 모르는 링크는 클릭하지 마라.
① 취소하다, ② 파괴하다
③ 보호하다, ④ 환불하다

어휘
• Internet 인터넷
• convenient 편리한
• pay bills (계산서를) 지불하다
• personal information 개인 정보
• steal 훔치다

• be stolen 도난당하다
• password 암호, 패스워드
• click 클릭하다
• unknown link 모르는 링크

해설 풀기 힘든 암호 설정, 모르는 링크 클릭하지 않기 등의 행동은 정보를 보호하기 위한 방법이다.

22 정답 ③

해석 수천 년 전에는, 사람들이 새로운 장소를 갈 때 지도를 만들었다. 그들은 땅에 또는 동굴 벽에 지도를 그렸고, 그것은 종종 부정확한 정보를 가지고 있었다.(하지만 요즘은 지도를 사진으로 만들기 때문에 더 정확하다.) 이 사진들은 비행기 또는 인공위성에서 찍힌다.

어휘 • accurate 정확한
• photograph 사진
• place 장소
• draw - drew 그리다
• wall 벽
• cave 동굴
• incorrect 부정확한
• information 정보
• be taken 찍히다
• satellite 인공위성

해설 제시된 문장은 지도가 예전보다 더 정확하다는 내용으로, 지도의 정보가 부정확했다는 내용 바로 뒤인 ③에 들어가는 것이 가장 적절하다.

23 정답 ④

해석 비록 우리가 의도하지는 않았지만, 가끔 우리는 다른 사람들의 감정을 다치게 한다. 그런 일이 발생할 때, 우리는 사과를 할 필요가 있다. 그렇다면, 우리는 어떻게 적절하게 사과를 하는가? 여기에 우리가 사과할 때 고려해야 할 세 가지가 있다.

어휘 • hurt 다치게 하다, 상처주다
• mean to ~할 의도이다
• apologize 사과하다
• properly 적절하게
• consider 고려하다, 생각하다

해설 사과할 때 고려해야 할 세 가지가 뒤에 이어지는 것이 적절하다.

24 정답 ①

해석 많은 사람들이 잠드는 데 어려움을 겪는다, 그래서 충분히 잠을 자지 못한다. 그것은 고혈압 같은 건강에 부정적인(해로운) 영향을 가질 수 있다. 만약 이 규칙을 따른다면 당신은 수면 문제를 예방할 수 있다. 첫째, 밤에 카페인 음료를 마시지 마라. 둘째, 자기 전에 스마트폰을 사용하지 않도록 노력하라. 이것들이 쉽게 잠들 수 있게 하는 데 도움이 될 것이다.
① 해로운, ② 도움이 되는
③ 긍정적인, ④ 차분한

어휘 • have trouble ~ing ~하는 데 어려움을 겪다
• fall asleep 잠들다
• thus 그래서
• effect 효과
• health 건강
• high blood pressure 고혈압
• prevent 예방하다
• follow 따르다
• caffeine 카페인

해설 고혈압은 건강에 해로운 영향을 준다. 따라서 빈칸에 들어갈 단어로는 harmful이 적절하다.

25 정답 ④

해설 이 글은 건강에 해로운 수면 문제를 예방하는 방법들을 제시하고 있으므로, 이것이 글의 주제이다.

사회 2022년 기출문제

제2회 정답

01 ③	02 ②	03 ③	04 ③	05 ④
06 ②	07 ①	08 ②	09 ④	10 ②
11 ①	12 ④	13 ④	14 ④	15 ①
16 ③	17 ④	18 ②	19 ④	20 ②
21 ③	22 ①	23 ②	24 ①	25 ①

01 정답 ③

행복한 삶을 실현하기 위한 조건으로 질 높은 정주 환경 조성, 경제적 안정, 민주주의의 발전 및 도덕적 실천이 필요하다.
질 높은 정주 환경을 위한 조건으로 도심 내 녹지 공간 확대, 문화·예술·체육·복지 등의 생활 시설, 안전한 주거 환경이 필요하다.

02 정답 ②

인권은 모든 사람이 누려야 하는 기본적인 권리이다. 특징으로 태어나면서 하늘로부터 부여받은 자연적 권리인 천부성, 나이·인종·성별·사회적 신분 등과 관계없이 모든 인간이 누려야 할 권리인 보편성, 타인이 함부로 빼앗거나 양도할 수 없는 권리인 불가침성, 일정 기간에만 보장받는 것이 아니라 영원히 보장되는 권리인 항구성이 있다.
② 불가침성은 타인에게 양도할 수 없는 권리이다.

오답피하기

① 항구성에 대한 설명이다.
③ 인권의 의미이다.
④ 보편성에 대한 설명이다.

03 정답 ③

문화를 이해하는 태도에는 자문화 중심주의, 문화 사대주의, 문화 상대주의가 있다.
제시된 내용은 자문화 중심주의에 대한 내용이다. 자문화 중심주의는 자기 사회의 문화는 우수하며 다른 사회의 문화는 열등하다고 여기는 태도이다.

오답피하기

① 문화 사대주의는 다른 사회의 문화가 우월하며 자신의 문화를 열등하다고 여기는 태도이다.
② 문화 상대주의는 다른 사회 문화를 해당 사회의 맥락에서 이해하는 바람직한 문화이해 태도이다.
④ 극단적 문화 상대주의는 인류의 보편적 가치를 무시하는 모든 문화를 인정하는 태도로 식인 문화, 명예 살인 등을 인정하는 태도이다.

04 정답 ③

사회적 소수자란 신체적 또는 문화적 특징 때문에 사회의 다른 구성원에게 차별을 받기 쉬우며, 차별받는 집단에 속해 있다는 의식을 가진 사람들을 말한다. 장애인, 이주 외국인, 북한 이탈 주민 등이 대표적이다.

오답피하기

① 소호(SOHO)란 소규모 개인 사업을 의미한다.
② 바우처(Voucher)제도란 소비자에게 지급하는 쿠폰을 의미한다.
④ 사물인터넷은 사물, 사람, 장소 등이 연결된 것을 의미한다.

05 정답 ④

헌법 재판소는 위헌 법률 심판 제도나 헌법 소원 심판 제도, 탄핵 심판, 정당해산 심판, 권한쟁의 심판 등을 관장한다.

오답피하기

① 정당은 정치적인 견해가 같은 사람들이 정권 획득을 통해 정치적 이상을 실현하기 위한 단체이다.
② 행정부는 행정을 맡아보는 국가 기관이다.
③ 지방 법원은 특정 지역의 민사, 형사 소송을 처리하는 1심법원이다.

06 정답 ②
기회비용은 어떤 것을 선택함으로써 포기한 것들 가운데 가장 가치가 큰 것으로 명시적 비용과 암묵적 비용을 합한 값이다.

오답피하기
① 편익은 어떤 대안을 선택함에 따라 얻을 수 있는 만족이나 이득이다.
③ 매몰비용은 이미 지불하여 회수할 수 없는 비용으로, 합리적 선택을 함에 있어 고려해서는 안 되는 비용이다.
④ 물가지수는 물가의 변동을 파악하기 위해 작성되는 지수이다.

07 정답 ①
공공재는 대가를 지불하지 않은 사람도 사용할 수 있는 재화나 서비스로, 비배제성·비경합성의 특징을 지닌다. 때문에 무임승차 문제가 발생하여 시장에서 충분히 공급되지 못하고 공공재 부족 문제가 발생한다.

오답피하기
② 비교 우위는 국가 간 무역 발생의 원리를 설명한 이론으로 다른 국가에 비해 상대적으로 더 작은 기회 비용으로 상품을 생산할 수 있을 때 비교 우위를 가진다고 한다.
③ 외부 효과는 금전적 거래 없이 다른 주체에게 영향을 미치는 현상을 말한다.
④ 기업가 정신이란 혁신과 창의성을 바탕으로 새로운 상품 개발, 새로운 시장 개척을 통해 이윤을 추구하는 기업가의 자세를 말한다.

08 정답 ②
주식은 기업이 사업 자금 조달을 위해 발행하는 것으로 자금을 투자한 사람에게 그 대가로 회사 소유권의 일부를 지급하는 증서이다.

오답피하기
① 대출이란 돈이나 물건을 빌려주거나 빌리는 것을 말한다.
③ 국민 연금은 국가에서 시행하는 사회 보장 제도로 소득 획득 능력이 없어졌을 때 생활 보장을 위해 정기적으로 지급하는 금액이다.
④ 정기예금은 일정 금액을 일정 기간 동안 금융 기관에 맡기고 정한 기한 안에는 찾지 아니하겠다는 것을 약속으로 하는 예금이다.

09 정답 ④
사회 보험은 개인과 정부, 기업이 보험료를 분담하여 사회적 위험에 대비하는 제도이다.

오답피하기
① 개인 보험은 개개인이 각자의 생명·재산 등에 관한 경제적 보장을 위해 이용하는 보험이다.
② 공공부조는 국가가 전액 지원하여 저소득 계층의 최저 생활을 보장하는 제도이다.
③ 기초 연금은 국민이 노후에 최소한의 기본적인 생활을 유지할 수 있도록 국가가 주는 연금이다.

10 정답 ②
문화 변동의 내재적 요인으로 발명과 발견이 있다. 기존에 존재하지 않았던 새로운 문화 요소를 만들어 내는 것을 발명이라 한다.

오답피하기
① 기존에 존재하고 있었지만 알려지지 않았던 것을 찾아내는 것을 발견이라 한다.
③ 인쇄물이나 인터넷, TV 등과 같은 매개체를 통해 이루어지는 전파를 간접 전파라 한다.
④ 서로 다른 구성원과의 직접적인 교류를 통해 새로운 문화 요소가 전파되는 것을 직접 전파라 한다.

11 정답 ①

규모의 경제는 생산량이 늘어남에 따라 제품 단위당 평균 생산비가 하락하는 것을 말한다. 기업이 원료를 대량으로 구입할 때에 좀더 저렴하게 구입할 수 있어 생산비가 하락하게 된다.

12 정답 ④

샐러드 볼 정책은 각각의 문화의 정체성을 유지하면서 조화를 이루도록 하는 정책이다.

오답피하기

① 뉴딜 정책은 미국의 루즈벨트 대통령이 세계 대공황을 극복하기 위해 실업 구제 사업과 대규모 공공사업 등을 통해 유효 수요를 늘리려고 한 정부 정책이다.
② 셧다운 정책은 한국에 있는 청소년이 자정부터 오전 6시까지 인터넷 게임을 할 수 없도록 시행한 정책이다.
③ 용광로 정책은 비주류 문화를 주류 문화에 편입시켜야 한다는 정책이다.

13 정답 ④

자유주의적 정의관은 개인의 권리와 사익을 중시하며, 개인의 자유롭고 평등한 기본권을 보장하는 것을 우선으로 한다.

④ 공동체주의적 정의관은 공동체가 개인의 정체성을 형성하고 삶의 방향을 설정하는 기반이라고 본다.

14 정답 ④

지구의 허파라 불리는 열대림은 브라질에 위치한 아마존이다. 최근 과도한 벌목으로 열대림이 파괴되고 생물 종 다양성이 감소되고 있다.

오답피하기

① A는 사하라 사막이다.
② B는 러시아 남부 지역이다.
③ C는 알래스카이다.

15 정답 ①

제시된 내용은 도시화에 대한 설명이다. 도시화는 도시 인구 증가, 상업 시설 증가, 인공 건축물 증가, 지표의 포장 면적 증가 등의 현상이 나타난다.

① 농경지 증가는 도시화에 대한 현상이 아니며, 오히려 도시화로 인해 농경지 면적이 감소하고 있다.

16 정답 ③

이슬람교의 성지는 메카이며, 알라를 유일신으로 믿는다. 돼지고기와 술을 금기하며 율법에 어긋나지 않고 무슬림에게 허용된 할랄 식품을 먹는다.

오답피하기

① 불교의 성지는 부다가야이다.
② 힌두교는 인도의 민족 종교이며 소를 신성시 한다.
④ 크리스트교의 성지는 예루살렘이다.

17 정답 ④

열대 기후는 주로 적도 주변에 분포하며 최한월 평균기온이 18℃ 이상이다. 일 년 내내 기온이 높고 강수량이 많다. 의복은 통풍을 위해 얇고 간편한 옷을 입고, 고상가옥 또는 수상가옥이 나타난다.

ㄱ. 순록 유목은 한대 기후인 툰드라 기후에서 나타난다.
ㄴ. 오아시스 농업은 건조 기후에서 이루어진다.

18 정답 ②

'미국, 캐나다, 러시아, 덴마크, 노르웨이에 접해 있다. 기후 변화로 빙하가 녹으면서 접근이 용이해진다'라는 설명을 통해 북극해인 것을 알 수 있다.

북극해는 많은 석유와 천연가스가 매장되어 있어 주변 국가들의 분쟁이 나타난다.

오답피하기

① 기니만은 아프리카에 위치해 있다.
③ 남중국해는 베트남과 중국의 영토 분쟁 지역이다.
④ 카슈미르는 인도와 파키스탄의 분쟁 지역이다.

19 정답 ④

현재와 미래 세대의 삶이 원활하게 유지될 수 있는 범위 내에서 현재 세대의 필요를 충족시키는 개발과 발전 방식을 '지속 가능한 발전'이라 한다.

오답피하기

① 어디서나 접속 가능한 정보통신 환경을 유비쿼터스라 한다.
② 선진국의 자본과 기술, 원주민의 노동력을 바탕으로 열대 기후에서 이루어지는 농업방식을 플랜테이션이라 한다.
③ 성장 가능성이 높은 지역을 집중적으로 개발하는 방식을 성장 거점 개발이라 한다.

20 정답 ②

사람과 자연환경 및 문화가 조화를 이루는 친환경적인 도시를 생태 도시라 한다.

오답피하기

① 도시의 불량 주택이 형성되는 지역을 슬럼이라 한다.
③ 성벽으로 둘러싸인 도시를 성곽 도시라 한다.
④ 적도 주변에서 해발고도가 높은 산지에 발달한 도시가 고산 도시이다.

21 정답 ③

㉠ 인간 중심주의 자연관은 인간을 다른 자연적 존재들보다 가치 있는 존재로 여기고, 인간의 이익이나 행복을 먼저 고려하는 관점이다.
㉡ 생태 중심주의는 자연 그 자체의 가치를 인정하고 무생물을 포함한 자연 전체를 도덕적 고려 대상으로 여기는 관점이다.

22 정답 ①

① 석유, 석탄, 천연가스는 화석 에너지이다.

오답피하기

② 18세기 산업 혁명의 원동력은 석탄이다.
③ 석유는 유한하며 태양광은 재생 가능한 에너지이기 때문에 석유가 고갈 위험이 높다.
④ 석유가 세계 에너지 소비 비중이 가장 높다.

23 정답 ②

저출산 문제를 해결하기 위해 육아 비용 지원, 양육 및 보육 시설 확충이 필요하다.

오답피하기

① 인공열 증가로 도시의 평균 기온이 주변 지역보다 높아지는 현상을 열섬 현상이라 한다.
③, ④ 정보화 시대에 나타날 수 있는 문제점으로 사생활 침해, 개인 정보 유출 등이 있다.

24 정답 ①

㉠은 태풍, ㉡은 지진에 해당한다.
열대성 저기압인 태풍은 강한 바람과 많은 비를 동반하여 인적, 물적 피해를 준다. 지진은 지형 재해로 지각판과 판의 충돌로 건축물과 도로 등이 붕괴된다.

25 정답 ①

국제 기구는 세계의 각 국가를 구성원으로 하는 국제 사회 행위 주체로 국가 간 이해관계 조정, 국가 간 분쟁 중재, 국가의 행위를 규제하는 국제 규범 정립 등의 역할을 담당한다. 대표적인 국제 기구는 국제 연합(UN), 국제 통화 기금(IMF)이 있다.

오답피하기

③ 다국적 기업은 여러 나라에 계열 회사를 확보하여 상품을 생산·판매하는 기업이다.
②, ④ 비정부 기구인 그린피스와 국경 없는 의사회는 개인이나 민간단체 주도로 만들어진 국제 사회 행위 주체이다.

과학 2022년 기출문제

제2회 정답

01 ②	02 ③	03 ①	04 ③	05 ③
06 ④	07 ②	08 ②	09 ④	10 ①
11 ①	12 ②	13 ④	14 ③	15 ④
16 ②	17 ③	18 ④	19 ③	20 ③
21 ②	22 ①	23 ③	24 ①	25 ②

01 정답 ②

수평 방향으로 던진 공의 운동은 수평 방향으로는 힘이 작용하지 않아 등속 운동을 하고 연직 방향으로는 중력이 작용하여 속력이 일정하게 증가하는 운동을 한다.

02 정답 ③

충격량은 운동량의 변화량과 같다. 운동량의 변화량은 나중 운동량 − 처음 운동량이므로 충격량은 4kg・m/s − (1kg・m/s) = 3N・s이다.

03 정답 ①

열기관의 열효율은 $\frac{\text{열기관이 한 일}}{\text{열기관에 공급된 열}} \times 100$이므로, $\frac{40J}{200J} \times 100 = 20\%$이다.

04 정답 ③

ㄱ. 변전은 전력 수송 과정에서 전압을 높이거나 낮추는 것을 말한다.

ㄷ. 전력 손실은 송전 과정에서 송전선의 저항 때문에 열이 발생하여 전기 에너지의 일부가 열에너지로 전환되면서 발생한다.

오답피하기

ㄴ. 손실 전력의 크기는 송전선에 흐르는 전류의 세기가 셀수록, 송전선의 저항이 클수록 크다. 따라서 전력 손실을 줄이기 위해서는 전압을 높여 송전 전류의 세기를 낮춘다.

05 정답 ③

핵발전은 핵분열 과정에서 발생하는 열에너지로 증기를 만들어 터빈을 돌려 전기 에너지를 생산하는 것으로 에너지 효율이 높지만 발전 과정에서 발생하는 방사성 폐기물의 처리가 어려운 단점이 있다.

오답피하기

ㄷ. 핵발전 과정에서는 이산화 탄소를 거의 배출하지 않는다.

06 정답 ④

태양광 발전은 태양의 빛에너지를 전기 에너지로 직접 전환하는 발전 방식이다.

오답피하기

① **수력 발전** : 물의 퍼텐셜 에너지 ➜ 전기 에너지

② **풍력 발전** : 바람의 역학적 에너지(운동 에너지) ➜ 전기 에너지

③ **화력 발전** : 연료의 화학 에너지 ➜ 전기 에너지

07 정답 ②

주기율표에서 세로줄은 족, 가로줄은 주기를 나타내므로 (가)는 1족 2주기 원소, (나)는 17족 2주기 원소로 (가)와 (나)는 같은 주기이다.

오답피하기

③ 주기율표는 원자번호 순으로 원소를 배열하므로 (가)의 원자 번호보다 (나)의 원자번호가 더 크다.

④ (가)는 1족 알칼리 금속, (나)는 17족 할로젠 원소로 비금속이다.

08 정답 ②

이온 결합 물질은 물에 녹아 양이온과 음이온으로 나눠지며, 이온들이 물속에서 자유롭게 이동하여 전기 전도성을 갖는다.

오답피하기

ㄱ. 염화 나트륨(NaCl)은 나트륨 이온과 염화 이온이 정전기적 인력으로 결합된 이온 결합 물질이다.

ㄴ. 고체 상태에서 양이온과 음이온이 강하게 결합하고 있어 전기 전도성이 없다.

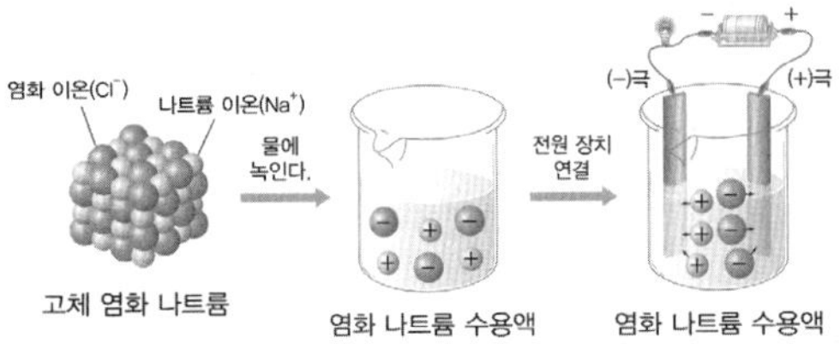

09 정답 ④

그래핀은 흑연에서 한 층을 분리해 낸 것으로 탄소 원자들이 육각형 형태로 배열되어 한 겹의 얇은 평면 막 구조를 이룬다. 그래핀은 전기 전도성, 열전도성이 뛰어나서 휘어지는 디스플레이 등을 만드는 데 사용할 수 있다.

10 정답 ①

화학 반응식은 화살표(→)를 기준으로 왼쪽에 반응물, 오른쪽에 생성물을 쓰며 반응물이나 생성물이 2개 이상인 경우 (+)로 연결한다. 마그네슘(Mg)과 산소(O_2)의 반응 결과 산화 마그네슘(MgO)이 형성되는 화학 반응식에서 마그네슘(Mg)과 산소(O_2)는 반응물, 산화 마그네슘(MgO)은 생성물이다.

오답피하기

② 마그네슘(Mg)과 산소(O_2)는 반응물이므로 반응물의 종류는 2가지이다.

③ 환원은 물질이 산소를 잃거나 전자를 얻는 반응으로 마그네슘(Mg)은 산화 마그네슘(MgO)이 되었으므로 산소를 얻어 산화되었다.

④ 산화 마그네슘(MgO)은 마그네슘 양이온(Mg^{2+})과 산화 이온(O^{2-})인 음이온의 결합으로 생성된 이온 결합 물질이다. 따라서 산소(O_2)는 산화 이온(O^{2-})이 되면서 전자를 얻었으므로 환원되었다.

11 정답 ①

물에 녹아 수소 이온을 내놓아 산성을 나타내는 물질을 산이라고 한다.

① HCl은 물에 녹아 수소 이온을 내놓는 산이다.

오답피하기

② 수산화 칼륨(KOH), ③ 수산화 나트륨(NaOH), ④ 수산화 칼슘($Ca(OH)_2$)은 모두 물에 녹아 수산화 이온(OH^-)을 내놓는 염기이다.

12 정답 ②

단백질의 단위체는 아미노산이다. 아미노산이 펩타이드 결합으로 연결된 폴리펩타이드가 입체 구조를 형성하면서 단백질의 특성이 결정된다. 단백질은 항체, 세포막, 효소 호르몬의 구성 성분이 된다.

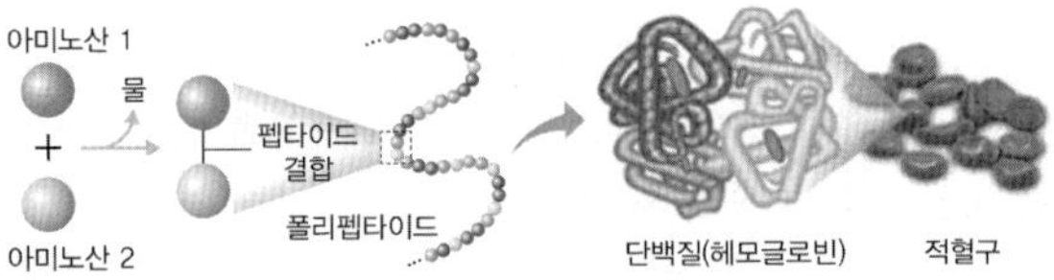

13 정답 ④

A : 핵, B : 리보솜, C : 세포막, D : 엽록체

식물 세포의 엽록체에서 빛에너지를 흡수하여 포도당이 합성되는 광합성이 일어난다.

오답피하기

① A : 핵 – 생명 활동의 중심으로 유전 물질인 DNA를 포함한다.

② B : 리보솜 – DNA의 유전 정보에 따라 단백질을 합성한다.

③ C : 세포막 – 인지질과 단백질로 이루어져 있으며 물질 출입을 조절한다.

14 정답 ③

물질대사는 생물체 내에서 일어나는 화학 반응이다.

ㄱ. 세포 호흡과 같이 고분자 물질이 저분자 물질로 나뉘는 것을 이화 작용이라고 하고 물질대사에 해당한다.

ㄷ. 효소는 화학 반응이 일어나기 위한 최소한의 에너지인 활성화 에너지 크기를 조절하여 반응 속도를 변화시킬 수 있다.

오답피하기

ㄴ. 물질대사는 에너지 출입을 동반하여 에너지 대사라고도 한다. 동화 작용은 흡열 반응, 이화 작용은 발열 반응이다.

15 정답 ④

전사는 이중 나선으로 되어있는 DNA의 한 가닥을 기준으로 하여 상보적 염기를 갖는 RNA가 생성되는 것을 말한다. 전사된 RNA의 염기를 보았을 때 CGAGT 염기를 가진 가닥을 기준으로 RNA가 전사되었음을 알 수 있다. 따라서 ㉠은 A의 상보적인 U, ㉡은 G에 상보적인 C가 전사된다.

▶ 염기의 상보적 관계

DNA 염기	A	G	C	T
↓(전사)	↓	↓	↓	↓
RNA 염기	U	C	G	A

16 정답 ②

생물 다양성은 생물의 다양한 정도를 나타내는 것으로 유전적 다양성, 종 다양성, 생태계 다양성을 포함한다.

ㄷ. 유전적 다양성은 어떤 종의 개체군(같은 종의 집단)이 가지고 있는 모든 유전자의 변이(차이)이다. 같은 생물종이라도 서로 다른 유전자를 가지고 있어 다양한 형질이 나타난다.

오답피하기

ㄱ. 종 다양성은 특정 지역에 얼마나 많은 생물종이 고르게 분포하여 살고 있는지를 나타낸 것으로 동물, 식물 모두 포함한다.

ㄴ. 생태계 다양성은 생물 서식지의 다양한 정도로 생태계가 다양성이 높을수록 종 다양성과 유전적 다양성도 높아진다.

17 정답 ③

기온이 높은 지역에 사는 사막여우는 몸집이 작고 큰 귀를 가짐으로써 열을 잘 내보낼 수 있다.

18 정답 ④

생태 피라미드는 먹이 사슬에서 각 영양 단계에 속하는 생물의 에너지양, 생물량, 개체 수를 하위 영양 단계부터 상위 영양 단계로 쌓아 올린 것으로 상위 영양 단계로 갈수록 생물의 개체 수, 생물량, 에너지양이 줄어드는 피라미드 형태로 나타난다.

오답피하기

① 식물은 광합성을 통해 스스로 양분을 합성할 수 있는 생산자에 해당한다.
② 생물량은 생산자가 가장 많다.
③ 초식 동물은 1차 소비자에 해당한다.

19 정답 ③

ㄱ. 헬륨의 핵융합 반응으로 탄소가 생성된다.

ㄴ. 초신성 폭발로 철보다 무거운 철과 우라늄과 같은 원소가 생성된다.

오답피하기

ㄷ. 질량이 태양과 비슷한 별의 중심에서는 탄소, 산소까지 만들어질 수 있다. 철은 태양보다 질량이 10배 이상인 별의 내부에서 생성된다.

20 정답 ③

생물권에 속하는 식물이 기권에 해당하는 대기로부터 이산화 탄소를 흡수하는 과정에는 생물권과 기권의 구성 요소를 볼 수 있다.

21 정답 ②

A : 선캄브리아 시대, B : 고생대, C : 중생대, D : 신생대
삼엽충은 고생대에 번성한 생물이다.

22 정답 ①

A : 암석권, B : 대륙 지각, C : 연약권, D : 해양 지각

① 암석권은 고체 상태의 지각과 상부 맨틀로 이루어진 부분으로 두께는 약 100km이다.

오답피하기

② B는 대륙 지각이다.
③ C는 연약권으로 암석권 아래에 위치하며, 고온의 고체 상태인 맨틀이 부분적으로 녹아 맨틀의 대류가 나타난다.
④ D는 해양 지각이다.

23 정답 ③

A : 혼합층, B : 수온 약층, C : 심해층

ㄱ. 햇빛에 의해 표층이 가열되어 수온이 높고 바람에 의해 혼합되어 깊이에 관계없이 수온이 거의 일정한 층이다.
ㄴ. 수온 약층으로 수심이 깊어짐에 따라 수온이 급격하게 낮아지는 해수층이다.

오답피하기

ㄷ. 심해층은 수온이 가장 낮고 수온 변화가 거의 나타나지 않는다.

24 정답 ①

팽창하는 우주로 인해 온도가 낮아지면서 '기본 입자 → 양성자, 중성자 → 원자핵 → 원자 → 별, 은하'의 순으로 생성되었다.

ㄱ. 대폭발이 일어난 후 우주가 팽창하면서 우주의 온도가 점차 낮아지면서 물질들이 생성되었다.

오답피하기

ㄴ. 수소 원자핵이 만들어지고 우주의 온도가 낮아지면서 수소 원자가 만들어졌다.
ㄷ. 수소 원자핵은 양성자 1개와 같으므로 양성자 생성 시기에 이미 생성되었고, 양성자 2개와 중성자 2개가 모여 생성된 헬륨 원자핵은 수소 원자핵보다 나중에 만들어진다.

25 정답 ②

지구 온난화는 온실 효과가 강화되어 지구 표면 평균 기온이 상승하는 현상으로 평균 기온 상승으로 인해 해수의 열팽창이 일어나고 빙하가 녹아 해수면의 평균 높이가 상승한다.

오답피하기

ㄱ. 지구의 평균 기온이 높아지는 현상이 지구 온난화이다.
ㄷ. 빙하가 녹기 때문에 대륙 빙하의 분포 면적은 감소한다.

한국사 2022년 기출문제

제2회 정답

01 ①	02 ④	03 ③	04 ①	05 ④
06 ④	07 ③	08 ①	09 ①	10 ④
11 ③	12 ②	13 ③	14 ②	15 ①
16 ②	17 ③	18 ②	19 ①	20 ④
21 ③	22 ③	23 ①	24 ②	25 ④

01 정답 ①

구석기 시대의 대표적인 유물로는 주먹도끼, 찍개, 슴베찌르개 등이 있다.

오답피하기

② 이불병좌상은 발해 시대에 제작되었다.
③ 비파형 동검은 청동기 시대에 제작되었다.
④ 빗살무늬 토기는 신석기 시대에 제작되었다.

02 정답 ④

광개토 대왕은 우리 역사상 최초로 연호를 사용했으며, 신라에 침입한 왜를 격퇴하여 신라에 정치적 영향력을 행사했다.

03 정답 ③

고려의 정치 조직 중 도병마사와 식목도감은 국가의 중대사를 논의하는 회의 기구이다. 이 중 도병마사는 군사적 목적으로 운영되었다.

오답피하기

① 집사부는 신라 중기에 설치된 조직으로, 특히 무열왕 이후로 왕권 강화에 기여하였다.
② 정당성은 발해 최고의 정치 조직으로 왕명을 집행하였다.
④ 군국기무처는 조선 후기 1차 갑오개혁을 추진하기 위해 설치된 임시 기구이다.

04 정답 ①

경국대전은 세조 때 편찬이 시작되었고, 성종 때 완성되었다.

오답피하기

② 기인 제도는 고려 태조가 호족을 견제하기 위해 그들의 자식을 수도에 머물게 한 제도이다.
③ 삼청 교육대는 전두환 정부 때 설치되었다. 부랑자, 조직 폭력배 등의 관리를 위해 운영하였다고 했으나, 심각한 인권 침해를 일으켰다.
④ 전민변정도감은 고려 공민왕이 권문세족의 불법성을 해소하기 위해 설치하여 토지와 노비에 대한 조사를 추진하였다.

05 정답 ④

불국사와 석굴암은 통일신라 시대의 대표적인 불교 문화유산이다.

오답피하기

① 경복궁은 조선의 정궁으로, 정도전이 건설을 주도했다.
② 무령왕릉은 백제의 왕릉으로, 벽돌무덤으로 조성된 점이 특이하다.
③ 수원 화성은 정조가 축조하였으며, 정약용이 설계와 건설에 참여하였다.

06 정답 ④

흥선 대원군은 왕권을 강화하기 위해 경복궁을 중건하였으며, 필요한 경비를 마련하기 위해 당백전이라는 고액화폐를 발행하였다. 또한 국가 재정을 확충하기 위해 서원을 정리하고 호포제를 시행하였다.
④는 세종 시기에 해당한다.

07 정답 ③

조선 후기 이전에도 화폐 유통을 시도한 적이 있으나 일시적이었다. 조선 후기에는 상품 화폐 경제가 발달함에 따라 상평통보가 전국적으로 유통될 수 있었다.

오답피하기

① 호패는 조선 태종 때부터 제작된 남성의 신분증이다.
② 명도전은 중국 고대의 화폐로, 고조선 시기에 중국과의 교류 과정에서 한반도로 유입되었다.
④ 독립 공채는 대한민국 임시 정부가 독립 운동의 자금을 마련하기 위해 발행하였다.

08 정답 ①

강화도는 대몽 항쟁 기간 동안 임시 수도였다. 최우는 몽골군이 수전에 약하다고 판단하여 장기 항전을 위해 강화도로 천도하였다.

09 정답 ①

서재필은 갑신정변 직후 미국으로 이주하였고, 10여 년 후에 조선으로 돌아왔다. 그는 민중 계몽을 위해 한글로 된 독립신문을 발행하였다.

오답피하기

②, ③ 동아일보와 조선일보는 일제 강점기에 발행되었다.
④ 한성순보는 우리 민족 최초의 근대 신문으로, 정부가 개화 정책을 알리기 위해 박문국을 통해 발행하였다.

10 정답 ④

동학 농민 봉기의 대표적인 전투로는 황토현 전투, 황룡촌 전투, 우금치 전투 등이 있다. 황토현 전투와 황룡촌 전투는 농민군이 정부군을 격퇴하고 승리했으며, 우금치 전투는 일본군에 패배하였다.

오답피하기

① 정약용은 화성을 축조하는 과정에서 거중기를 제작하였다.
② 안창호, 양기탁 등은 1907년에 신민회를 조직하였다.
③ 고구려는 당의 침입에 대비하기 위해 천리장성을 축조하였다. 연개소문이 책임자로 참여하였다.

11 정답 ③

국채 보상 운동은 일본 정부에 진 빚을 국민이 대신 갚자고 국민들에게 호소한 경제적 구국 운동이다. 단기간에 큰 호응을 불러일으켰으나, 통감부의 방해로 중단되었다.

오답피하기

② 보수적인 유생들이 성리학적 질서를 수호하고, 서구적 사상과 문물을 몰아내기 위해 위정척사 운동을 일으켰다.
④ 묘청과 정지상 등은 서경으로의 수도 이전을 주장하였다.

12 정답 ②

1948년 5월 10일에 치러진 총선거를 통해 1대 국회의원이 선출되었다. 이들이 헌법을 제정했다는 의미에서 이때의 국회를 ‘제헌 국회’라고 부른다. 7월 17일에 헌법을 발표하였으며, 8월 15일에는 대한민국 정부가 출범하였다.

오답피하기

④ 2000년에 김대중 대통령은 북한을 방문하여 최초의 남북 정상 회담을 성사시켰다. 회담 결과를 6·15 남북 공동 선언에 담아 발표하였다.

13 정답 ③

일제 총독부는 조선 통치에 필요한 자금을 마련하기 위해 ‘토지 조사 사업’을 벌여 토지 소유자에게 조세를 징수하였다.

오답피하기

① 균역법은 조선 영조가 군포 부담을 기존 2필에서 1필로 줄여준 제도이다.
② 노비안검법은 고려 광종 때 시행되었다.
④ 경부 고속 국도는 박정희 정부 시기인 1970년에 개통되었다.

14 정답 ②

신간회는 비타협적 민족주의자들과 사회주의자들이 의기투합하여 조직한 단체로, 일제 강점기 중에 활동한 단체 중 최대 규모였다. 전국 각지에 지부를 운영하였으며, 연설회를 개최하고, 광주 학생 항일 운동을 확대하는 데 기여하였다.

오답피하기

③ 왜란이 끝난 후 조선은 일본의 요청을 받아들여 통신사를 일본에 파견하였다.

15 정답 ①

일제는 3·1 운동을 계기로 무단 통치를 중단하고 문화 통치로 변경하였다.

오답피하기

② 제주 4·3 사건은 남한 단독 선거에 반대하여 1948년에 일어났다.
③ 세도 정치로 인해 삼정의 문란이 심화되자 '홍경래의 난'과 '임술 농민 봉기'가 일어났다.
④ 전두환과 신군부는 1979년에 '12·12 사태'를 일으켜 정권을 장악하였다.

16 정답 ②

갑오개혁으로 신분제와 과거제가 폐지되고, 중국식 연호 사용을 중단하였다.

오답피하기

① 별무반은 고려 중기 때 여진족 토벌을 위해 윤관의 건의로 조직된 군대이다.
③ 흥선 대원군은 신미양요 직후에 척화비를 설치하였다.
④ 조선 순조 때부터 세도 정치가 시행되었다.

17 정답 ③

일제는 1930년대부터 민족 말살 통치를 시행하였다. 일본식 이름 강요, 황국 신민 서사 암송 강요, 신사 참배 강요 등을 통해 한국인의 정체성을 말살하고 한국인을 전쟁에 동원하고자 하였다.

오답피하기

① 골품제는 신라 시대의 신분제도로 혈통의 높고 낮음에 따라 신분을 구분한 제도이다.
② 이승만 정부는 초대 대통령의 임기 제한을 없애는 내용을 주요 내용으로 하는 2차 개헌을 추진하였다. 이 과정에서 소숫점을 반올림하여 개헌안을 통과시켰기 때문에 사사오입 개헌이라 부른다.
④ 고려 태조는 대호족을 사심관으로 임명하여 중소 호족을 통제하는 사심관 제도를 운영하였다.

18 정답 ②

제시문의 전태일은 노동 여건 개선을 요구하며 노동 운동을 전개하였다. 당시 우리나라는 수출 지향 경제 정책을 추진하였기 때문에 노동자의 저임금과 장시간 노동이 만연하였다. 이러한 상황을 개선하기 위해 박정희 대통령에게 편지를 보냈고, 근로 기준법 준수를 외치며 분신 자살하였다.

오답피하기

① 신탁 통치안은 1945년에 개최된 모스크바 3국 외상 회의에서 제기되었다. 국내에 이 소식이 알려지자 전국적인 반탁 운동이 전개되었다.
③ 조선 시대 효종은 병자호란의 치욕을 되갚아 주자며 북벌을 준비하였다.
④ 동학 교도들은 1890년대 초반에 교조 신원 운동(최제우의 억울함을 밝혀달라고 주장함)을 일으켰다.

19 정답 ①

김영삼 정부는 '금융 실명제'를 전격 시행하여 자본의 투명한 거래를 유도했으며, '지방 자치제'를 확대 시행하여 중앙 권력을 지방으로 분산시켰다. 하지만 급격한 외화 유출로 인해 외환 위기를 겪었다.

20 정답 ④

2차 대전 막바지였던 1943년에 카이로에서 강대국 정상들이 모여 회담을 개최했다. 그곳에서 한반도의 독립을 보장하자는 내용이 최초로 합의되었다. 이를 '카이로 회담'이라고 한다.

오답피하기

① 팔관회는 국가의 안녕을 기원하며 토속신에게 제사를 올린 행사이다.

③ 독립협회는 1898년에 만민 공동회와 관민 공동회를 개최하였다.

21 정답 ③

전두환과 신군부는 1979년 12월 12일에 정권을 탈취하고, 전국에 계엄령을 발표하였다. 이에 광주 시민들은 신군부 퇴진과 계엄령 폐지를 요구하며 5·18 민주화 운동을 일으켰다.

오답피하기

① 만주의 독립군은 일제의 탄압을 피해 1921년에 소련의 자유시로 이동하였으나, 그곳에서 큰 피해를 입었다. 이를 '자유시 참변'이라 부른다.

② 1926년에 순종이 사망하자 독립 만세 운동을 일으켰다. 이를 '6·10 만세 운동'이라 부른다.

22 정답 ③

대종교는 단군 신앙을 바탕으로 하여 단군교로 불렸다. 만주 일대에서 크게 유행하였으며, 중광단 등의 무장 단체를 운영하였다.

23 정답 ①

국군과 유엔군은 인천 상륙 작전을 계기로 반격에 나섰다. 서울을 수복하고 38도선을 넘어 북한의 압록강 일대까지 진격하였다. 하지만 중국군의 대규모 참전으로 인해 수세에 몰리게 되어 서울을 다시 빼앗기기도 하였다. 이를 '1·4 후퇴'라고 부른다.

24 정답 ②

의열단의 대표적인 단원으로는 김원봉(의열단 설립), 김익상(조선 총독부에 투탄), 김상옥(종로 경찰서에 투탄), 나석주(동양 척식 주식회사에 투탄) 등이 있다.

오답피하기

① 개화기에 조선 정부는 신식 군대인 별기군을 조직하고, 개화 총괄 기구로 통리기무아문을 설치하였다.

③ 고려 무신인 최충헌은 교정도감을 설치하여 국정을 총괄하였다.

25 정답 ④

박정희 정부는 1972년에 '7·4 남북 공동 성명'을 발표하였다. 이는 북한과 최초로 합의한 통일 원칙이다.

오답피하기

① 고려 성종 때 최승로는 '시무 28조'의 개혁안을 건의하였다.

② 동학 농민군은 정부와 전주 화약에 합의한 후, 전라도 일대에 집강소를 설치하여 자체 개혁을 실시하였다.

③ 전두환 정부는 시민들이 대통령 직선제로의 개헌을 요구하자, 헌법 개정을 반대한다는 입장을 분명히 하였다. 이를 '4·13 호헌 조치'라 부른다. 이에 전국적인 시민 운동인 '6월 민주 항쟁'이 일어났다.

도덕 2022년 기출문제

제2회 정답

01 ③	02 ②	03 ③	04 ②	05 ①
06 ①	07 ④	08 ①	09 ③	10 ③
11 ④	12 ②	13 ③	14 ②	15 ①
16 ④	17 ④	18 ②	19 ④	20 ③
21 ①	22 ③	23 ①	24 ②	25 ②

01 정답 ③

제시문은 이론 윤리학을 현대 사회의 여러 구체적 윤리 문제에 적용하여 이를 해결하는 데 초점을 두는 실천(응용) 윤리학에 대한 설명이다.

02 정답 ②

의무론은 언제 어디서나 우리가 따라야 할 보편타당한 법칙이 존재하며, 우리의 행위가 이 법칙을 따르면 옳고 따르지 않으면 그르다고 판단한다. 이와 같은 의무론의 대표적인 윤리 사상으로는 칸트 윤리가 있다.

03 정답 ③

노자는 "도(道)는 자연을 본받아 어긋나지 않는다."라고 하여, 천지 만물의 근원인 도의 특성이 인위적으로 강제하지 않고 자연스러움을 따르는 무위자연(無爲自然)이라고 주장하였다. 따라서 도가 윤리에 대한 설명이다.

04 정답 ②

신약 개발을 위해 동물 실험이 필요하다고 주장하는 것과 동물을 수단으로 바라보는 관점은 모두 동물 실험 찬성의 입장이다.

05 정답 ①

공리주의는 행동을 평가할 때 그 행동이 결과적으로 얼마나 많은 쾌락과 행복을 산출해 냈는지를 주목한다.

오답피하기

② 의무론, ③ 덕 윤리에 대한 설명이다.

06 정답 ①

자유주의 입장은 자발적인 동의 중심의 성 윤리를 제시한다. 이 입장은 성숙한 성인의 자발적 동의에 따라 이루어지는 성적 관계를 옹호하며, 성에 관한 개인의 자유로운 선택을 중시한다.

07 정답 ④

국가는 시민의 자유와 권리를 보호하고 시민의 사회 보장과 복지 증진을 위해 노력해야 한다. 따라서 시민의 정당한 요구에 즉각 반응하여 권리를 보호하기 위해 노력해야 한다.

08 정답 ①

생태 중심주의는 무생물을 포함한 생태계 전체를 도덕적 고려의 대상으로 여긴다. 대표적인 사상가로는 대지 윤리를 주장한 레오폴드와 심층적 생태주의를 주장한 네스가 있다.

09 정답 ③

사형 제도를 찬성하는 입장에서는 피해자의 생명을 앗아간 범죄자의 생명권을 제한해야 하며, 사형 제도가 극악한 범죄에 관한 처벌로서 적합하다고 주장한다.

오답피하기

①, ②, ④는 사형제도에 반대하는 입장이다.

10 정답 ③

윤리적 성찰은 생활 속에서 자신의 마음가짐, 행동 또는 그 속에 담긴 자신의 정체성과 가치관에 관하여 윤리적 관점에서 깊이 있게 반성하고 살피는 태도이다. 따라서 어른들의 말씀을 무조건 비판 없이 받아들이는 태도는 바람직하지 않다.

11 정답 ④

정약용은 『목민심서』에서 "수령 노릇을 잘하려는 자는 반드시 자애로워야 하고, 자애로워지려는 자는 반드시 청렴해야 한다."라고 하여 청렴의 중요성을 주장하였다.

12 정답 ②
과학 기술 지상주의는 과학 기술의 긍정적인 면만 강조하고 있다. 학생 2의 경우 과학 기술의 부정적인 면에만 주목하는 과학 기술 혐오주의에 대한 설명이다. 과학 기술의 바람직한 발달을 위해서는 긍정적인 면을 발전시키고, 부정적인 면을 비판적으로 바라보고 최소화해야 한다.

13 정답 ③
분단 비용은 분단이 계속되는 한 지속적으로 발생하며, 민족 구성원 모두의 손해로 이어지는 소모적인 성격의 비용이다. 그러나 통일 비용은 통일 과정 및 통일 이후에 한시적으로 발생하는 비용이며, 통일 한국의 번영을 위한 투자적인 성격의 비용으로 다양한 통일 편익으로 이어질 수 있다.

14 정답 ②
예술 지상주의는 미적 가치와 윤리적 가치의 관련성을 낮게 본다. 이 입장에서는 예술이 미적 가치를 추구하는 것이라고 강조하며, 윤리적 가치를 기준으로 예술을 판단하려는 태도는 잘못이라고 본다.

오답피하기
①, ③, ④는 도덕주의에 대한 입장이다.

15 정답 ①
안락사는 불치병으로 극심한 고통을 겪고 있는 환자의 요구에 따라 의료진이 인위적으로 개입하여 생명을 단축하는 행위이다. 안락사를 허용하는 국가가 차츰 증가하고 있지만, 안락사를 허용할지에 대한 윤리적 논쟁은 지속되고 있다.

16 정답 ④
절차적 정의는 공정한 분배를 위한 절차를 강조하는 입장이다. 이 입장에서는 절차나 과정이 공정하면 결과의 공정성도 보장된다고 보고, 분배 방식을 결정할 때 특정한 분배의 기준이 아니라 논의의 절차와 과정이 합리적으로 마련되고 준수되었느냐는 것을 중요하게 여긴다.

17 정답 ④
시민 불복종은 시민 참여의 한 형태로, 정의롭지 못한 법을 개정하거나 정부 정책을 변혁하려는 목적으로 행하는 의도적인 위법 행위이다. 여성의 참정권 획득을 위한 미국과 영국의 시민 운동, 베트남 전쟁 반대 운동, 간디의 비폭력 불복종 운동, 마틴 루서 킹의 흑인 민권 운동 등이 있다.

18 정답 ②
대표적인 공리주의자인 벤담은 쾌락을 산출하고 고통을 피하는 결과를 낳는 행위가 선(善)이라고 보았다. 그는 사회가 개인의 집합체이므로 개인의 행복과 사회 전체의 행복은 연결되어 있으며 더 많은 사람이 행복을 누리는 것이 좋은 일이라고 보고, '최대 다수의 최대 행복'이라는 도덕 원리를 제시하였다. 또한 그는 모든 쾌락은 질적으로 같으며 양적인 차이만 있다고 가정하고 쾌락을 계산할 수 있다고 보았다.

19 정답 ④
'잊힐 권리(right to be forgotten)'는 인터넷에서 생성·저장·유통되는 개인의 사진이나 거래 정보 또는 개인의 성향과 관련된 정보에 대해 소유권을 강화하고 이에 대해 유통기한을 정하거나 이를 삭제, 수정, 영구적인 파기를 요청할 수 있는 권리 개념을 말한다.

20 정답 ③
유교 윤리에서는 도덕적 공동체의 실현을 위해 통치방법과 관련하여 형벌이나 무력보다는 도덕과 예의로써 백성들을 교화하며, 백성들이 도덕적인 마음을 잃지 않도록 기본적인 생활을 보장해 주어야 한다는 점을 강조한다. 이를 통해 유교 윤리는 모두가 더불어 잘 사는 '대동 사회(大同社會)'라는 이상 사회를 이룩할 수 있다고 본다.

21 정답 ①
(가)는 합리적 소비의 입장, (나)는 윤리적 소비의 입장이다. 과시적 소비는 부를 과시하는 것을 의식하면서 행하는 소비를 말한다.

22 정답 ③

불교에서는 죽음을 또 다른 세계로 윤회하는 것이며, 윤회 과정에서 인간의 선행과 악행은 죽음 이후의 삶을 결정한다고 보았다.

23 정답 ①

우리나라에서는 전통적으로 장인(匠人) 정신을 중요하게 여겨 왔다. 장인 정신이란 자기 일에 긍지를 가지고 전념하거나 한 가지 기술에 정통하려고 노력하는 것을 말한다. 최고의 물건을 만들기 위해 평생 한 가지 일에 헌신해 온 장인의 정신은 오늘날까지 강조되는 직업 윤리라고 할 수 있다.

24 정답 ②

현실주의는 국가는 이기적인 인간들로 구성되어 자국의 이익만을 추구한다고 보았다. 또한 자국의 이익만을 추구하는 외교 정책으로 국제 분쟁이 발생한다고 보았다. ㉡은 이상주의에 대한 설명이다.

25 정답 ②

공직자는 국민을 위해 봉사하는 자세를 가져야 한다. 공직자는 국민을 위해 존재하는 것이다. 따라서 공직자는 국민으로부터 위임받은 권한을 남용하지 말고 국민을 위해 봉사하는 자세로 공적 임무를 수행해야 한다.

2022년 제1회 정답 및 해설

국어 2022년 기출문제

제1회 정답

01 ④	02 ③	03 ③	04 ③	05 ④
06 ①	07 ②	08 ②	09 ③	10 ②
11 ③	12 ④	13 ①	14 ③	15 ①
16 ①	17 ②	18 ②	19 ④	20 ④
21 ①	22 ②	23 ①	24 ④	25 ②

01 정답 ④

'준수'는 '민우'의 상황을 고려하지 않고, 일방적으로 색 연필을 빌려달라고 요구하여, 상대방의 기분을 상하게 하고 있다.

02 정답 ③

강당을 사용하고 싶다는 은희의 부탁에 민수는 사정을 설명하며 어렵다고 답하고 있다. 이에 은희는 민수의 말에 공감을 표현하고 해결 방안을 제시하며 요구 사항을 전하고 있다.

03 정답 ③

'송년[송년]'은 음운의 변동 없이 그대로 발음된다.

오답피하기

① '강릉[강능]'으로 'ㅇ' 뒤에 연결되는 'ㄹ'이 [ㄴ]으로 발음된다.
② '담력[담녁]'으로 'ㅁ' 뒤에 연결되는 'ㄹ'이 [ㄴ]으로 발음된다.
④ '항로[항노]'로 'ㅇ' 뒤에 연결되는 'ㄹ'이 [ㄴ]으로 발음된다.

04 정답 ③

'선배는 선생님께 공손히 인사를 드렸다.'는 부사어 '선생님'을 조사 '께'와 특수 어휘 '드리다'를 통해 높이는 객체 높임법이 드러나 있다.

오답피하기

① '아버지께서는 늘 음악을 들으신다.' : 주어인 '아버지'를 높이기 위해 조사 '께서'와 선어말 어미 '-시-'를 활용한 주체 높임법이 쓰이고 있다.
② '어머니께서는 지금 집에서 주무신다.' : 주어인 '어머니'를 높이기 위해 조사 '께서'와 특수 어휘 '주무시다'를 활용한 주체 높임법이 쓰이고 있다.
④ '할아버지께서는 어제 죽을 드시고 계셨다.' : 주어인 '할아버지'를 높이기 위해 조사 '께서'와 특수 어휘 '드시다', '계시다'를 활용한 주체 높임법이 쓰이고 있다.

05 정답 ④

孔·공子·지曾증子·ᄃᆞ·려닐·러ᄀᆞᆯᄋᆞ·샤·ᄃᆡ ㉠ ·몸·이며 ㉡ 얼굴·이며 ㉢ 머·리털·이·며·ᄉᆞᆯ·ᄒᆞᆫ父·부母:모·ᄭᅴ 받ᄌᆞ·온 ㉣ 거·시·라 敢:감·히헐·워샹히·오·디아·니 :홈·이 :효·도·ᄋᆡ 비·르·소미·오·몸·을세·워道:도·를行ᄒᆡᇰᄒᆞ·야일:홈·을後:후世:셰·예 :베퍼 ·뻐 父·부母:모ᄅᆞᆯ :현·뎌케 :홈·이 :효·도·ᄋᆡᄆᆞ·ᄎᆞᆷ·이니·라.

– 『소학언해(小學諺解)』(1587) –

현대어 풀이

공자가 증자에게 일러 말씀하시길, 몸이며, 얼굴이며, 머리털이며 살은 부모께 받은 것이라. 감히 헐어 상하지 않게 함이 효도의 비롯함이오. 몸을 세워 도를 행하여 이름을 후세에 알림으로써 부모를 현저하게 함이 효도의 마침이니라.

㉣ '거시라'는 현대의 '것이라'로서 체언과 조사를 소리나는 대로 이어적기 한 것이다.

오답피하기

① ㉠ '몸이며' – 체언과 명사를 끊어적기 한 것이다.
② ㉡ '얼굴이며' – 체언과 명사를 끊어적기 한 것이다.
③ ㉢ '머리털이며' – 체언과 명사를 끊어적기 한 것이다.

06 정답 ①

'다리다'는 '옷이나 천 따위의 주름이나 구김을 펴고 줄을 세우기 위해 다리미나 인두로 문지르다.'는 의미로서, '보약을 다리다.'는 알맞지 않은 표현이다.
'약재 따위에 물을 부어 우러나도록 끓이다.'라는 의미의 단어는 '달이다'로서 '보약을 달이다.'가 적절한 표현이다.

오답피하기

② '배를 <u>주리다</u>.' – 제대로 먹지 못하여 배를 곯다.
③ '땀을 <u>식히다</u>.' – 땀을 말리거나 더 흐르지 아니하게 하다.
④ '아들에게 학비를 <u>부치다</u>.' – 편지나 물건 따위를 일정한 수단이나 방법을 써서 상대에게 보내다.

07 정답 ②

'봄날처럼 따뜻한 말씨, 보석처럼 빛나는 세상!'은 직유법을 사용하여 고운 말씨와 고운 말씨로 인한 세상을 표현하고 있다. 또한 '봄날처럼 따뜻한 말씨'와 '보석처럼 빛나는 세상'은 유사한 문장 구조가 반복되는 대구법이 쓰인 것이다.

08 정답 ②

㉡ '그러나' 앞 문장은 습도 조절까지 하는 한지의 특징이고, 뒤 문장은 바람이 잘 통하지 않는 양지의 특징이므로 대조적인 내용이다. 그러므로 접속어 '그러나'가 적절하다.

[9~11] 윤동주, 〈자화상〉

갈래 | 자유시, 서정시
성격 | 성찰적, 고백적
주제 | 자아 성찰과 자신에 대한 바람직한 자아의 발견
특징 |
• 평서문을 사용하여 산문적으로 표현함.
• 구체적 행동을 통해 화자의 심리 변화를 형상화 함.

09 정답 ③

설의적 표현은 의문형 문장을 통해 화자의 정서나 의도를 강조하는 표현 방법으로 이 시에서는 드러나지 않는다.

오답피하기

① 우물을 들여다 보고 돌아갔다가 다시 들여다보는 행위를 반복하는 것을 통해 시상을 전개하고 있다.
② 각 연 끝에서 '–ㅂ니다'의 반복적 표현을 통해 운율을 형성하고 있다.
④ 2연의 '우물 속에서 달이 밝고 구름이 흐르고 하늘이 펼치고 파아란 바람이 불고 가을이 있습니다.'는 우물을 통해 바라본 이상적인 국토의 모습으로 시각적 심상을 나타내고 있다.

10 정답 ②

2연은 이상적인 우리 국토의 모습을 형상화 시키는 것으로서 우리가 추구하는 모습을 드러내고 있다.

11 정답 ③

이 시의 화자는 '우물'을 바라보는 행위를 통해 자신의 모습을 성찰하고 있다. 그러나 자신이 추구하는 이상적인 우리 국토의 모습과는 다른 자신의 모습을 '미워져'라고 표현하고 있다. 이는 이상적 모습을 회복하기 위해 현실에 저항하지 못하는 자신에 대한 부끄러움의 표현으로 볼 수 있다.

[12~14] 양귀자, 〈마지막 땅〉

갈래 | 사실주의 소설, 세태소설
성격 | 사실적, 현실 비판적
배경 | 1980년대
주제 |
• 급속한 도시화로 인한 전통적 가치관의 몰락
• 땅의 가치에 대한 옹호와 물질만능주의 비판
특징 |
• '땅'을 둘러싼 인물들의 갈등이 잘 드러남.
• 전통적 '땅'의 의미와 산업화 시대의 '땅'의 의미가 대조적으로 드러남.
인물 | 강노인 : 땅에 근원을 둔 정신적 가치를 지키려고 하는 인물
서울 것들, 원미동 사람들(박 씨, 고흥댁 등) : 이익 창출의 수단(물질적 가치)

12 정답 ④

'자그마한 체구에 검은 테 안경을 쓰고, 머리는 기름을 발라 착 달라붙게 빗어 넘긴 박 씨'라는 외양 묘사를 통해 박 씨를 향한 강 노인의 못마땅한 태도를 드러내고 있다.

오답피하기
① 이 글은 전지적 작가 시점으로 작품 밖 서술자가 등장인물의 내면까지 서술하고 있다.
② 이 글은 대화를 통해 인물 간의 땅을 둘러싼 갈등을 드러내고 있다.
③ 1980년대의 현실적인 배경과 사건을 보여 준다.

13 정답 ①

유 사장은 박 씨와 고흥댁을 통해 강 노인의 땅을 구입하려는 인물로 이 땅을 마음에 두고 있음을 알 수 있다.

오답피하기
② 고흥댁이 생활고를 겪는 내용은 나오지 않는다.
③ 당시 집을 사려는 분위기가 끊겼다는 내용을 박 씨를 통해 알 수 있다.
④ 박 씨는 강 노인에게 땅을 팔 것을 회유, 설득하고 있다.

14 정답 ③

강 노인의 땅을 사려는 유 사장이 동네의 발전을 위해 애를 쓴 사람임을 드러내며 땅을 파는 것이 동네 발전을 위해서도 의미 있는 일이 될 것임을 나타내며 강 노인을 회유하고 있다.

[15~16] 월명사, 〈제망매가〉

갈래 | 향가(10구체 향가)
성격 | 서정적, 애상적, 추모적
주제 | 누이의 죽음에 대한 슬픔과 극복
특징 |
• 4-4-2의 3단 구성을 보임.
• 마지막 2구의 첫 부분에 '아아'라는 감탄사가 고정되어 나타남(이러한 감탄사를 '낙구'라고 함)
• 누이의 죽음을 다양한 비유적 표현을 통해 드러냄

15 정답 ①

이 작품의 9~10행을 낙구라고 하며, 그 첫 부분에 '아아'라는 감탄사가 드러나고 있다.

오답피하기
② 10구체 향가는 연의 구분이 없다.
③ 10구체 향가에는 후렴구가 없다.
④ 낙구의 첫 감탄사를 제외하고는 고정되어 있는 글자 수는 없다.

16 정답 ①

㉠ '미타찰(彌陀刹)에서 만날 나 도(道) 닦아 기다리겠노라.' – 화자가 '미타찰', 즉 '극락 세계'에서 누이를 만날 것을 확신하고 도를 닦으며 기다리겠다는 재회에 대한 확신과 염원이 담겨 있다.

[17~19] 작자 미상, 〈심청전〉

갈래 | 고전 소설, 판소리계 소설
성격 | 교훈적, 비현실적, 우연적
주제 | 부모에 대한 지극한 효성
특징 |

- '심청가'가 소설로 정착된 판소리계 소설임.
- 다양한 설화가 모티프가 됨.

이 글의 구성 |

- 발단 : 심청의 출생과 성장 과정
- 전개 : 심청이 아버지를 봉양하면서 하는 고생과 아버지의 눈을 뜨게 하기 위해 몸을 팔게 됨.
- 위기 : 심청이 인당수에 몸을 던짐.
- 절정 : 다시 살아나 왕후가 됨.
- 결말 : 아버지를 만나고, 심 봉사는 눈을 뜨게 됨.

17 정답 ②

심청은 사당에 들어가 조상들에게 자신이 아비를 위해 인당수 제물로 팔려 가게 되었다는 말을 하며 하직 인사를 하고 나와 심청의 아버지에게 사실을 말한다. 그러므로 심청이 아버지에게 하직 인사를 하기 위해 사당으로 들어갔다는 것은 적절하지 않다.

18 정답 ②

심 봉사의 '꿈'은 심청이가 큰 수레를 타고 좋은 곳으로 가는 것인데, 이는 제물로 팔려 가는 심청이의 처지와 대비되어 비극적인 정서를 고조시킨다. 하지만 이후에 심청이가 황후가 되어 다시 돌아온다는 뒷이야기(본문에는 나오지 않음)와 관련지어 볼 때 심청의 앞날을 암시한다고 할 수 있다.

19 정답 ④

'참말이냐, 참말이냐? 애고 애고, 이게 웬 말인고? 못 가리라, 못 가리라'와 같이 반복적인 표현을 통해 딸을 잃게 된 아버지의 안타깝고 애절한 심정을 표현하고 있다.

[20~22] 〈글을 잘 읽으려면~〉

갈래 | 설명문
성격 | 예시적, 분류적
주제 | 다양한 기준에 따른 글 읽기 방법
특징 |

- 글 읽기 방법을 분류하고 비교 분석하여 설명함.
- 글 읽기 방법에 따른 적절한 예를 들어 설명함.

20 정답 ④

이 글은 다양한 기준을 바탕으로 읽기의 종류를 나누어 설명하고 있는 글로서, 서로 다른 읽기 방법을 절충하고 있지는 않다.

오답피하기

① 글을 읽는 방법을 '소리를 내는지에 따라', '속도에 따라', '범위에 따라' 분류하고 있다.
② 음독과 묵독, 속독과 지독, 정독과 미독, 통독과 발췌독의 개념을 설명하고 있다.
③ '미독(味讀)'을 차를 우려내는 것에 빗대어 여유롭게 음미하며 읽는 것이라고 설명하고 있다.

21 정답 ①

㉠의 앞 문장은 개인이 혼자 글을 읽을 때 대체로 사용하는 묵독에 대한 설명이고, 뒤의 문장은 두 사람 이상이 함께 읽을 때 사용하는 음독에 대한 설명이다. 앞 뒤 문장은 서로 의미가 대조적이므로 역접의 의미를 나타내는 접속어 '그러나'가 들어가는 것이 가장 적절하다.

오답피하기

② '따라서' – 뒤에 결과가 이어지는 접속어이다.
③ '예컨대' – 뒤에 구체적인 예시가 이어지는 접속어이다.
④ '왜냐하면' – 뒤에 원인이 이어지는 접속어이다.

22 정답 ②

본문을 통해 볼 때, 빠르게 글을 읽는 것은 '속독', 필요한 것만 찾아 읽는 것은 '발췌독'이다. 그러므로 (가)와 (나)

에 들어갈 말을 순서대로 짝지은 것은 ② '속독과 발췌독'이다.

[23~25] 이은희, 〈고릴라를 못 본 이유〉

갈래 | 설명문
성격 | 사실적, 과학적
제재 | 뇌의 정보 처리 방식
주제 | 주의 집중한 시각적 정보만 받아들이는 뇌의 특성
특징 |
- 핵심 개념과 관련된 실험을 소개하여 독자의 이해를 도움.
- 적절한 예와 비유를 활용하여 어려운 과학적 개념을 쉽게 풀이함.

23 정답 ①
이 글의 앞부분에서는 '우리 눈에 보이는 것들은 정말 눈에 보이는 대로만 존재할까?'라는 질문을 통해 독자의 호기심을 유발하고 있다. 또한 뇌의 다양한 영역이 조합되어 종합적으로 사물을 인지한다는 것을 구체적인 예를 들어 설명하고 있다.

24 정답 ④
실험에서 장면 속 지나간 고릴라를 보지 못한 이유는 '무주의 맹시' 때문이다. 이는 시각이 손상되어서가 아니라 주의를 기울이지 않은 정보는 인지하지 못하는 우리의 뇌의 특성 때문이다.

25 정답 ②
ⓛ '손상'은 '병이 들거나 다침.'이라는 의미이다.

수학 2022년 기출문제

제1회 정답

01 ④	02 ②	03 ③	04 ③	05 ④
06 ①	07 ③	08 ①	09 ②	10 ③
11 ④	12 ②	13 ④	14 ④	15 ③
16 ①	17 ①	18 ③	19 ②	20 ①

01 정답 ④
$A=x^2+2x$, $B=2x^2-1$이므로
$A+B=(x^2+2x)+(2x^2-1)$
$=x^2+2x^2+2x-1$ ← 동류항끼리 정리
$=(1+2)x^2+2x-1$ ← 동류항끼리 계산
$=3x^2+2x-1$
따라서 정답은 ④이다.

참고
다항식의 덧셈과 뺄셈은 동류항끼리 계산한다.
이때, 동류항의 계산은 계수끼리 분배법칙을 이용하여 다음과 같이 계산한다.

계수끼리 계산

$3x+2x=3\times x+2\times x=(3+2)\times x=5x$

동류항끼리!

02 정답 ②
x에 대한 항등식이므로 x에 대해 정리한 후 동류항끼리의 계수를 비교하여 좌변과 우변을 같게 하면, 항등식이 성립한다.
좌변을 전개하여 간단히 하면,
$(x+1)(x-1)=x^2-x+x-1=x^2-1$이고,
$x^2-1=x^2+a$에서
좌변과 우변의 상수항은 각각 -1과 a이므로 $a=-1$
따라서 정답은 ②이다.

참고

항등식은 좌변과 우변이 항상 같은 식으로,
$ax^2+bx+c=dx^2+ex+f$가 x에 대한 항등식이면,
$a=d,\ b=e,\ c=f$이다.

예

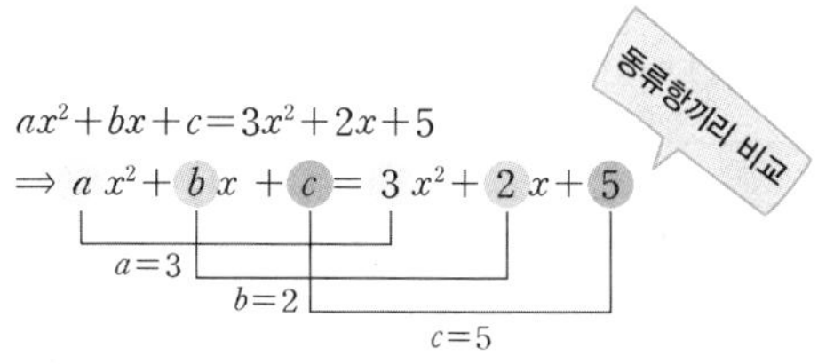

03 정답 ③

조립제법을 이용하여 다항식 x^3-2x^2-x+5를 $x-1$로 나누면 가장 아랫줄의 수인 1, -1, -2는 몫을 뜻하는 다항식의 계수가 되며, 3차식을 1차식으로 나누었으므로 몫은 2차식이 되어, 차례로 2차항의 계수, 1차항의 계수, 상수항이 된다. 그러므로 몫은 x^2-x-2이다. 또한, 나머지는 마지막의 숫자인 3이 된다.
따라서 정답은 ③이다.

참고

조립제법을 이용한 나눗셈에서 몫과 나머지 읽기

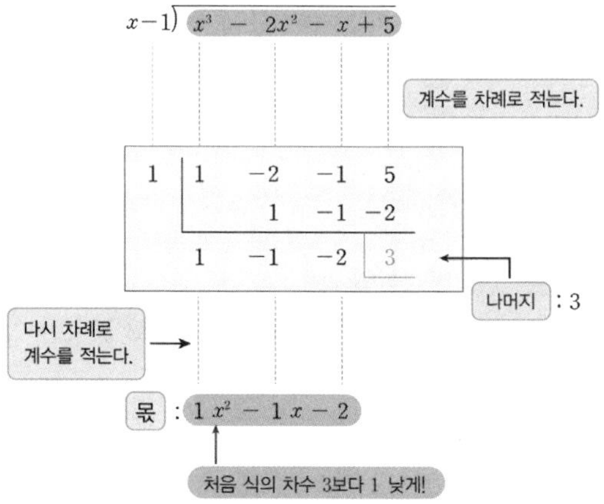

04 정답 ③

인수분해 공식 $x^3-3x^2y+3xy^2-y^3=(x-y)^3$을 이용하기 위해 y의 자리에 3을 대입하여 표현하면,
$x^3-3x^2\times3+3x\times(3)^2-(3)^3=(x-3)^3$이 된다.
좌변을 정리하여 식을 간단히 하면,
$x^3-9x^2+27x-27=(x-3)^3$이다.
그러므로 $a=3$임을 알 수 있다.
따라서 정답은 ③이다.

05 정답 ④

복소수의 계산은 실수부분과 허수부분을 나누어 계산해야 하므로 먼저 좌변의 식을 간단히 정리한다.
이때 $i^2=(\sqrt{-1})^2=-1$임을 이용하여 정리하면,
좌변$=2-i+i^2=2-i-1=2-1-i=1-i$가 되고,
양변을 간단히 나타내면, $1-i=a-i$이다.
복소수가 서로 같으려면, 실수부분과 허수부분이 각각 같아야 한다.
좌변의 실수부분은 1, 우변의 실수부분은 a이고,
좌변의 허수부분은 -1, 우변의 허수부분은 -1이므로 각각 같음을 이용하면, $a=1$이다.
따라서 정답은 ④이다.

참고

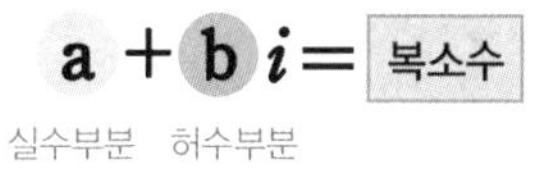

06 정답 ①

근과 계수와의 공식을 이용하여 문제를 해결할 수 있다.
$x^2+3x-4=0$에서 두 근을 α, β라 할 때, 공식에 의해 $\alpha+\beta=-3,\ \alpha\beta=-4$이다.
따라서 정답은 ①이다.

오답피하기

근과 계수와의 관계 공식은
이차방정식 $ax^2+bx+c=0$의 두 근을 α, β라 할 때,
$\alpha+\beta=-\dfrac{b}{a}$이다. 이때, 공식의 부호를 혼동하여,
$\alpha+\beta=\dfrac{b}{a}$로 생각하여 $\dfrac{3}{1}=3$과 같이 구하지 않도록 주의한다.

참고 근과 계수와의 관계

$a x^2 + b x + c = 0$

$\alpha + \beta =$ 합 $= -\dfrac{b}{a}$, $\alpha\beta =$ 곱 $= \dfrac{c}{a}$

| 다른 풀이 |

인수분해를 통해 이차방정식의 두 근을 구할 수 있다.

$x^2+3x-4=0 \rightarrow (x-1)(x+4)=0$이므로,

$x-1=0$ 또는 $x+4=0$이 된다.

[$AB=0$이면, $A=0$ 또는 $B=0$에 의해]

그러므로 $x=1$ 또는 $x=-4$이다.

이때, $\alpha=1$, $\beta=-4$라 하고, 두 근의 합을 구하면,

$\alpha+\beta=1-4=-3$이다.

07 정답 ③

구간이 제한된 이차함수의 최댓값과 최솟값은 꼭짓점과 구간의 양 끝값을 이용하여 구한다. 그러나 주어진 그래프의 꼭짓점이 구간에 포함되지 않으므로, 이 경우, 구간의 양 끝값이 최대, 최소가 된다.

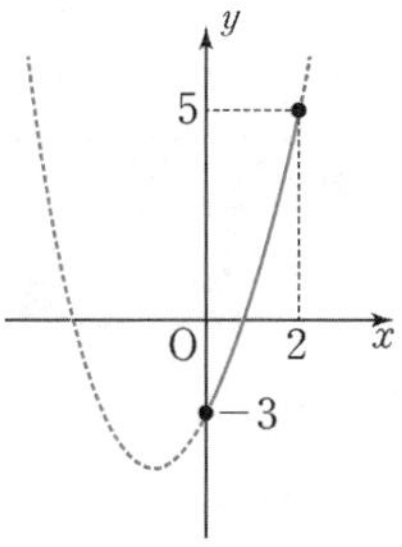

$f(x)=x^2+2x-3$ ($0 \le x \le 2$)

라 놓으면,

구간의 양 끝값은

$f(0)=-3$, $f(2)=2^2+2\times2-3=4+4-3=5$이다.

이때, 구간의 양 끝값 중 큰 값인 5가 최댓값이 된다.

따라서 정답은 ③이다.

참고

이차함수의 최대, 최소 [x의 범위에 꼭짓점이 포함되지 않은 경우]

구간의 양 끝 함숫값 중 가장 큰 값을 최댓값, 가장 작은 값을 최솟값이라고 한다.

$a>0$

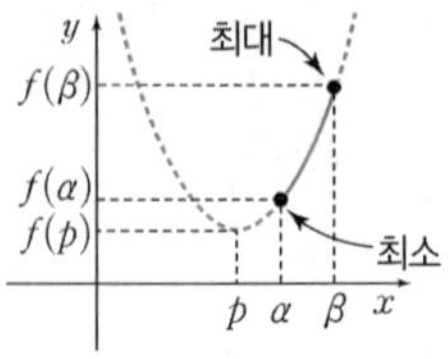

$a<0$

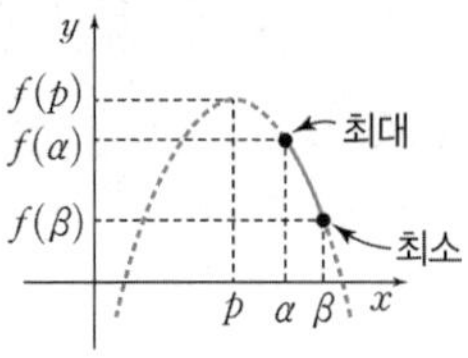

08 정답 ①

방정식의 근은 식에 대입하면 식을 참이 되게 하는 값이므로 $x^3-2x+a=0$에 $x=2$를 대입하면, 식이 참이 되어 a의 값을 구할 수 있다.

$2^3-2\times2+a=0 \rightarrow 8-4+a=0 \rightarrow a=-4$

따라서 정답은 ①이다.

참고

방정식의 해 = 등식을 참이 되게 하는 미지수의 값

$x=1$ ↘ $2x+1=3$ ↙ $x=0$

$2\times1+1=3$ 해

$2\times0+1\neq3$ 해가 아니다.

09 정답 ②

연립방정식의 해는 두 식을 동시에 만족시키는 미지수의 값이므로 식에 대입하면 모두 참이 된다.

$\begin{cases} x+y=3 & \cdots\cdots ㉠ \\ x^2-y^2=a & \cdots\cdots ㉡ \end{cases}$ 라 놓고,

$x=2$, $y=b$를 두 식에 각각 대입하면,

㉠ $x+y=3 \rightarrow 2+b=3$이므로 $b=1$

㉡ $x^2-y^2=a \rightarrow 2^2-b^2=a$이므로 위에서 구한 b의 값을 식에 대입하면,

$2^2-1^2=a \rightarrow 4-1=a \rightarrow a=3$

$\therefore a+b=3+1=4$

따라서 정답은 ②이다.

참고 연립방정식의 해

두 개 이상의 식을 동시에 만족시키는 x, y의 값 또는 그 순서쌍 (x, y)

10 정답 ③

이차부등식 $(x-a)(x-b) \le 0$의 해는 $a<b$일 때, $a \le x \le b$이다.

주어진 이차부등식은 $(x+3)(x-1) \le 0$이므로,

$a=-3$, $b=1$이다. 그러므로 해는 $-3 \le x \le 1$이 된다.

(만약, $b<a$인 경우는 $b \le x \le a$이고, $a=1$, $b=-3$이

된다. 그러나 해를 구하면 $-3 \le x \le 1$로 같기 때문에 둘 중 한 가지로 놓고 풀어도 관계없다.)

참고 이차부등식의 해

$a<b$일 때,	그림	해
$(x-a)(x-b)<0$	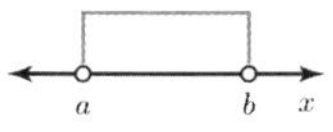	$a<x<b$
$(x-a)(x-b)\le 0$	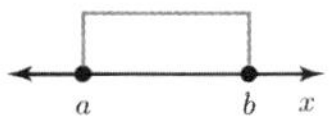	$a\le x\le b$
$(x-a)(x-b)>0$		$x<a$ 또는 $x>b$
$(x-a)(x-b)\ge 0$		$x\le a$ 또는 $x\ge b$

11 정답 ④

두 점 $A(x_1, y_1)$, $B(x_2, y_2)$를 양 끝으로 하는 선분 AB의 중점의 좌표는 $\left(\frac{x_1+x_2}{2}, \frac{y_1+y_2}{2}\right)$이다.

이것을 대입하기 쉽게 생각하면,

선분 AB의 중점 M의 좌표는

$\left(\frac{x \text{ 좌표의 합}}{2}, \frac{y \text{ 좌표의 합}}{2}\right)$이라 할 수 있다.

즉, 주어진 두 점 $A(1, 2)$, $B(3, -4)$에서

$\frac{x \text{ 좌표의 합}}{2} = \frac{1+3}{2} = \frac{4}{2} = 2$이고,

$\frac{y \text{ 좌표의 합}}{2} = \frac{2+(-4)}{2} = \frac{-2}{2} = -1$이므로,

중점의 좌표는 $(2, -1)$이다.

따라서 정답은 ④이다.

12 정답 ②

직선 $y=-2x+5$에 평행하므로, 기울기가 -2이고, 점 $(0, 1)$을 지나므로 y절편이 1인 직선의 방정식이다.

기울기가 a이고, y절편이 b인 직선의 방정식은 $y=ax+b$임을 이용하여 식을 구하면, $y=-2x+1$이다.

따라서 정답은 ②이다.

참고

- 평행한 두 직선
  두 직선 $y=mx+n$, $y=m'x+n'$이 평행하면, $m=m'$, $n\ne n'$이다.
- 기울기와 y절편이 주어진 직선의 방정식

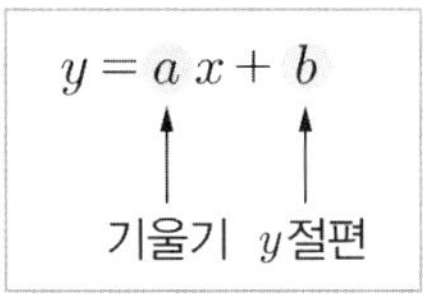

13 정답 ④

중심이 점 $(2, 1)$이고 반지름의 길이가 3이므로, 중심이 (a, b)이고, 반지름의 길이가 r인 원의 방정식이 $(x-a)^2+(y-b)^2=r^2$과 같음을 이용하면, $(x-2)^2+(y-1)^2=3^2$, 즉 $(x-2)^2+(y-1)^2=9$가 된다.

오답피하기

중심이 (a, b)이고, 반지름의 길이가 r인 원의 방정식이 $(x+a)^2+(y+b)^2=r^2$이라고 착각하여 ①로 답을 구하기 쉬우니 주의하도록 한다.

참고 원의 방정식 표준형

중심의 좌표가 (a, b)이고 반지름의 길이가 r인 원의 방정식은 ➜ $(x-a)^2+(y-b)^2=r^2$

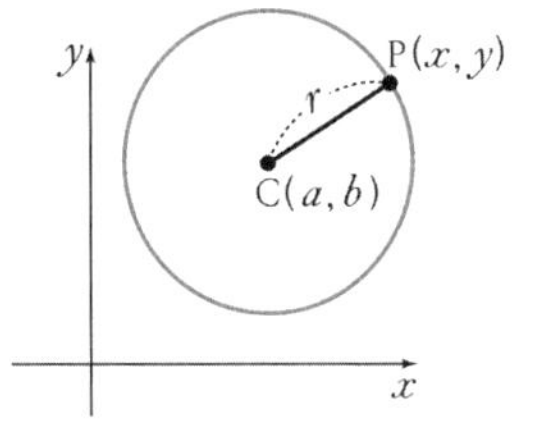

14 정답 ④

점 $(-2, 1)$을 원점에 대하여 대칭이동하면, x와 y좌표의 부호가 모두 반대로 바뀌므로 $(2, -1)$이 된다. (음수 ➜ 양수, 양수 ➜ 음수)

따라서 정답은 ④이다.

참고 원점 대칭

점 $P(x, y)$를 원점에 대해 대칭이동한 점을 P_3라 하면, $P_3(-x, -y)$가 된다.

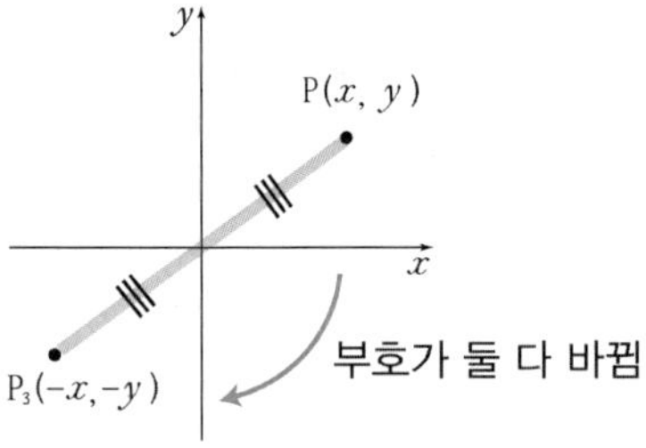

15 정답 ③

$A-B=\{x \mid x \in A,\ x \not\in B\}$이다. 즉, A에는 포함되고, B에는 포함되지 않는 원소를 구하면 된다. 집합 A의 원소 1, 3, 4, 5 중 B와 공통인 교집합의 원소는 4이므로 $A-B=\{1, 3, 5\}$이다.
따라서 정답은 ③이다.

참고 차집합

집합 A에는 속하지만 집합 B에는 속하지 않는 모든 원소로 이루어진 집합($A-B$ = 집합 A의 원소 중 A에만 속하는 원소들로 이루어진 집합)
➜ 기호 : $A-B$
➜ $A-B=\{x|x \in A$ 그리고 $x \not\in B\}$이다.
➜ $A-B=A \cap B^C$

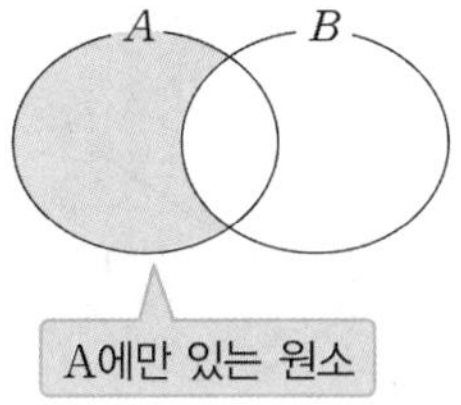

16 정답 ①

명제 $p \to q$에 대하여 가정 p와 결론 q의 위치를 바꾼 명제 $q \to p$를 명제의 역이라 한다.
주어진 명제 '정삼각형이면 이등변삼각형이다.'에서 가정과 결론을 각각 구하면,
[가정(p) : 정삼각형이다.], [결론(q) : 이등변삼각형이다.]와 같다.
가정과 결론의 위치를 바꾸어 역을 구하면 '이등변삼각형이면 정삼각형이다.'가 된다.
따라서 정답은 ①이다.

참고 명제의 역

$p \to q$ ←—역—→ $q \to p$

17 정답 ①

$f^{-1}(4)=a$라 놓고, 역함수의 성질을 이용하면,
$f^{-1}(4)=a$이면 $f(a)=4$이다.
$f: X \to Y$에서 1 대응하는 Y의 원소가 4이므로 $a=1$이다. 그러므로, $f^{-1}(4)=1$이 된다.
따라서 정답은 ①이다.

오답피하기

$f^{-1}(4)$의 값을 구할 때, $f(4)$로 생각하여 $f(4)=2$와 같이 풀지 않도록 주의해야 한다.

참고

역함수의 정의에 의해 다음이 성립한다.

$f(a)=b$ ➜ $f^{-1}(b)=a$

18 정답 ③

무리함수 $y=\sqrt{x-a}+b$의 그래프는 함수 $y=\sqrt{x}$의 그래프를 x축의 방향으로 a만큼, y축의 방향으로 b만큼 평행이동한 것이다.
문제에서 $y=\sqrt{x}$의 그래프를 x축의 방향으로 2만큼, y축의 방향으로 3만큼 평행이동하였다고 했으므로,
$a=2, b=3$ ➜ $a+b=5$가 된다.
따라서 정답은 ③이다.

오답피하기

$y=\sqrt{x}$ 의 그래프를 x축의 방향으로 '$-a$'만큼, y축의 방향으로 b만큼 평행이동하여 $y=\sqrt{x-a}+b$가 된다고 실수하기 쉬우니 주의해야 한다.

참고

$y=\sqrt{x}$ 의 그래프를 x축의 방향으로 m만큼, y축의 방향으로 n만큼 평행이동하면,
$y=\sqrt{x-m}+n$이 된다.

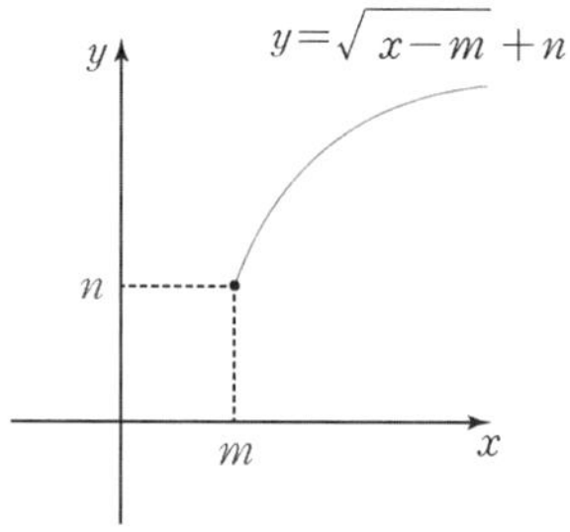

19 정답 ②

서로 다른 3곳의 여행 순서를 정하는 경우의 수는 $3\times2\times1$로 6가지이다. 이때, 정확히 구했는지 다음과 같이 수형도를 그려 확인할 수 있다.

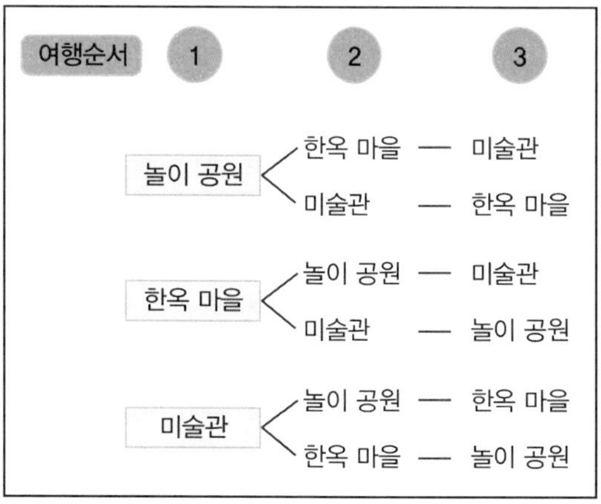

| 다른 풀이 |

서로 다른 3곳 중 3곳을 모두 골라 여행하는 경우의 수는 순열로 계산할 수 있다.
따라서 ${}_3P_3=3!=3\times2\times1=6$가지이다.

20 정답 ①

4종류의 꽃 중에서 서로 다른 3종류의 꽃을 선택하는 경우의 수는 $\frac{4\times3\times2}{3\times2\times1}=4$로, 4가지이다.

[이때, $3\times2\times1$로 나누는 이유는 꽃을 3가지 선택하였을 때, 순서가 바뀌어도 같은 결과로 보기 때문이다.]

따라서 정답은 ①이다.

| 다른 풀이 |

4종류의 꽃 중에서 서로 다른 3종류의 꽃을 선택하는 경우의 수는 꽃을 선택하는 순서가 바뀌어도 같은 결과이기 때문에 조합을 이용하여 구할 수 있다.

따라서 ${}_4C_3=\frac{4\times3\times2}{3!}=\frac{4\times3\times2}{3\times2\times1}=4$로, 경우의 수는 4가지이다.

| 다른 풀이 |

직접 세는 방법으로 경우의 수를 구할 수 있다. 선택한 꽃 3종류를 순서쌍으로 나타내면, "(백합, 장미, 튤립), (백합, 장미, 프리지어), (백합, 튤립, 프리지어), (장미, 튤립, 프리지어)"로 총 4가지이다.

영어 2022년 기출문제

제1회 정답

01 ①	02 ②	03 ②	04 ③	05 ①
06 ③	07 ①	08 ④	09 ④	10 ①
11 ①	12 ③	13 ④	14 ③	15 ②
16 ①	17 ④	18 ③	19 ④	20 ③
21 ②	22 ④	23 ④	24 ②	25 ③

01 정답 ①

해석 아이들에게, 좋은 행동을 권장하는 것은 중요하다.

어휘 • behavior 행동
• encourage 권장하다, 장려하다

해설 good behavior는 좋은 행동이라는 의미로 사용되었다.

02 정답 ②

해석 그녀는 폭우 때문에 여행을 연기해야 했다.

어휘 • put off 연기하다
• heavy rain 폭우

해설 put off는 (여행을) 연기했다는 의미로 사용되었다.

03 정답 ②

해석 많은 온라인 수업이 무료다. 게다가, 언제 어디서나 볼 수 있다.

어휘 • besides 게다가
• online lesson 온라인 수업
• free of charge 공짜인, 무료의

해설 besides는 게다가로 해석하는 것이 적절하다.

04 정답 ③

해석 몇몇은 잔이 절반이 찼다고 말하는 반면, 다른 몇몇은 절반이 비었다고 말한다.
① 높은 – 낮은, ② 더운 – 추운
③ 아주 작은 – 작은, ④ 빠른 – 느린

해설 모두 반의어 관계인데 ③만 동의어 관계이다.

05 정답 ①

해석 행복한 지구의 날 행사
언제: 2022년 4월 22일
어디서: 시민 문화 회관
무엇을 하나: 중고품 교환, 100% 천연 샴푸 만들기

어휘 • community center 시민 회관
• exchange 교환하다
• used thing 중고품
• natural 천연의

해설 참가 자격은 언급되지 않았다.

06 정답 ③

해석 당신이 기차에서 떠날 때, 모든 소지품을 챙기세요.
책은 읽은 후 테이블 위에 두세요.

어휘 • make sure 반드시 ~하다
• belongings 소지품

해설 leave 남겨놓다, 떠나다란 의미로 빈칸에 공통으로 들어가기 적절하다.

07 정답 ①

해석 민수야, 주말에 <u>무엇을</u> 할 거야?
누구도 정확히 <u>무슨 일이</u> 발생할지는 알지 못한다.

어휘 • exactly 정확히

해설 무엇을, 또는 무슨 일을 뜻하는 표현으로는 what이 적절하다.

08 정답 ④

해석 아빠의 마음은 나를 사랑하는 마음으로 가득하다.
앨리스는 그녀의 공연(성과, 연기)에 만족했다.

어휘 • performance 공연, 성과, 연기

해설 be filled with ~로 가득하다
be satisfied with ~에 만족하다

09 정답 ④

해석 A: 준호야, 뭐 하고 있어?
B: 이 수학 문제 풀려고 하는데, 나에게 너무 어려워.
A: 함께 풀어보자.
B: 좋은 생각이야. <u>머리 2개가 하나보단 낫겠지.</u>

어휘 • solve 풀다
• figure out 풀다, 해결하다

해설 머리 2개, 즉 두 명이 생각하는 게 한 명보다 더 낫다는 뜻으로 사용된 표현이다.

10 정답 ①

해석 A: 영어 말하기 대회 결과 나왔어?
B: 응, 방금 받았어.
A: 그래서, 어떻게 됐어?
B: 1등 했어. 오늘이 내 인생 가장 행복한 날이야.

어휘 • result 결과
• speech 말하기, 연설
• first prize 1등

해설 해석에서 알 수 있듯이 B는 행복한 심정을 표현하고 있다.

11 정답 ①

해석 A: 좋은 아침입니다. 어떻게 도와드릴까요?
B: 안녕하세요. 은행 계좌 하나 만들고 싶어요.
A: 좋아요. 이 양식을 작성해 주세요.
B: 고마워요. 지금 작성할게요.

어휘 • bank account 은행 계좌
• fill out 작성하다
• form 서류, 양식

해설 은행에서 계좌를 만들려고 하는 내용이다.

12 정답 ③

해석 어느 날, 마이클은 지역 신문사에 기자 광고를 봤다. 그 일은 그가 늘 꿈꾸던 직업이었다. 그래서 그는 지원하기로 결심을 했다.

어휘 • advertisement 광고
• reporter 기자
• local 지역의
• dream of ~에 관해 꿈을 꾸다
• make up one's mind 결심하다
• apply for 신청하다, 지원하다

해설 지문 속 It은 마이클이 꿈꾸던 직업인 기자에 해당한다.

13 정답 ④

해석 A: 어떤 종류의 자원봉사 일을 할 예정이니?
B: 한국어를 외국인들에게 가르칠 예정이야.
A: 멋지다. 좋은 마음으로 지원해야 하는 것 명심해.
B: 명심할게.
① 생일이 언제니?
② 지난 주 금요일에 뭐했어?
③ 한국 음식에 대해 어떻게 생각해?
④ 어떤 종류의 자원봉사 일을 할 예정이니?

어휘 • foreigner 외국인
• volunteer 자원봉사의
• keep in mind 명심하다

해설 be going to로 묻고 be going to로 답한 것으로 빈칸의 질문 내용은 ④가 가장 적절하다.

14 정답 ③

해석 A: 올해 어느 동아리에 가입하기로 결정했니?
B: 댄스 동아리에 가입하기로 결정했어.
① 한국을 떠나 캐나다로 향했어.
② 어제 진찰받으러 갔어.
③ 댄스 동아리에 가입하기로 결정했어.
④ 어제 저녁으로 스파게티 먹었어.

어휘 • decide 결심하다, 결정하다
• club 동아리, 클럽
• see a doctor 진찰받다
• spaghetti 스파게티

해설 어느 동아리(club)에 들어갈지(join)에 대한 답변이므로, dance club에 대한 내용이 들어오는 것이 자연스럽다.

15 정답 ②

해석 A: 의사 선생님, 하루 종일 컴퓨터 작업을 해서 눈이 피곤해요. 눈을 돌보기 위해 무엇을 할 수 있나요?
B: 눈을 쉬게 하기 위해 꼭 충분한 수면을 취하세요.
A: 좋아요. 추천해 줄 다른 것은요?
B: 비타민 많은 과일과 야채를 드세요.

어휘 • look after 돌보다
• make sure 꼭 ~하다
• rest 쉬게 하다

- recommend 추천하다
- vegetable 야채

해설 눈 건강을 돌보는 방법에 관한 대화를 나누고 있다.

16 정답 ①

해석 이곳 관리사무실에서 공지할 것이 있습니다. 어제 통지된 것과 같이, 오후 1시에서 2시까지 단전이 될 것입니다. 불편을 드려 죄송합니다. 이해해주셔서 고맙습니다.

어휘
- announcement 공고, 알림
- management office 관리사무실
- inform 알리다, 통지하다
- electricity 전기
- inconvenience 불편

해설 단전을 공지하려고 쓴 글이다.

17 정답 ④

해석 셰익스피어 박물관, 시간: 매일 오전 9시에서 오후 6시까지, 입장료: 성인 12달러, 학생과 아이들 8달러, 10명 이상 단체는 10% 할인, 사진 촬영: 방문객은 사진 촬영을 할 수 있습니다.

어휘
- adult 성인, 어른
- discount 할인
- photography 사진 촬영

해설 사진 촬영은 가능하다.

18 정답 ③

해석 2022년 과학 발표대회가 5월 20일에 개최됩니다. 주제는 지구 온난화입니다. 참가자들은 개인으로만 참가가 가능합니다. 발표는 10분보다 더 길면 안 됩니다. 더 많은 정보가 필요하시면, 교무실에서 Mr. Lee 선생님을 만나보세요.

어휘
- presentation 발표, 프레젠테이션
- be held 개최되다
- topic 주제
- global warming 지구 온난화
- participate in ~에 참가하다
- individual 개인

해설 그룹이 아닌 개인 참가만 가능하다.

19 정답 ④

해석 비상사태 발생 시 취해야 하는 적절한 조치에 대해 말하겠습니다. 첫째, 화재가 난 경우, 승강기 대신 계단을 이용하세요. 둘째, 지진이 난 경우, 낙하물이 있을 수 있으니 높은 건물은 피하고 개방된 곳으로 가세요.

어휘
- appropriate 적절한
- take actions 조치를 취하다
- stair 계단
- instead of ~대신에
- elevator 승강기
- in case of ~하는 경우에
- earthquake 지진

해설 화재나 지진 등 비상사태 발생 시 대처 방안에 대하여 설명하고 있다.

20 정답 ③

해석 요즘, 많은 사람들이 식당에 예약을 하고 나타나지 않는다. 여기에 식당에 나타나지 않는 고객들을 줄이기 위한 팁이 있다. 첫째, 예치금을 요구하라. 만약 고객들이 나타나지 않으면, 그들은 그 돈을 잃는 것이다. 둘째, 예약을 <u>확인하기</u> 위해 전날에 고객들에게 전화를 해라.

① 요리하다, ② 잊다, ③ 확인하다, ④ 상상하다

어휘
- make reservations 예약하다
- show up 나타나다
- tip 팁
- reduce 줄이다
- customer 고객
- deposit 예치금

해설 예약을 확인한다는 의미이므로 confirm이 적절하다.

21 정답 ②

해석 일기 예보관들은 비의 양, 바람의 속도, 그리고 폭풍의 방향을 <u>예측한다</u>. 그렇게 하기 위해서, 그들은 날씨 상태를 관찰하고 날씨 패턴에 관한 지식을 이용한다. 현재의 증거와 과거의 경험을 바탕으로, 그들은 날씨가 어떻게 될 것인지 결정하게 된다.

① 무시하다, ② 예측하다, ③ 위반하다, ④ 협상하다

어휘 • weather forecaster 일기 예보관
• amount 양
• path 길, 방향
• observe 관찰하다
• knowledge 지식
• pattern 패턴
• based on ~에 근거하여
• current 현재의
• evidence 증거
• experience 경험

해설 날씨를 예측한다는 내용으로 predict가 적절하다.

22 정답 ④

해석 비누로 손을 씻는 것은 질병 확산을 막는 데 도움이 된다. 사실, 서아프리카와 중앙아프리카에서만, 비누로 손을 씻는 것으로 매년 50만 명의 목숨을 구할 수 있다. 하지만, 문제는 이 지역에서 비누가 비싸다는 것이다. (④ 이 문제를 극복하기 위해, 비누는 자원봉사자들에 의해 만들어져서 필요한 나라에 기부될 수 있다.) 이런 식으로, 우리는 더 많은 목숨을 구하는 데 도움을 줄 수 있다.

어휘 • overcome 극복하다
• volunteer 자원봉사의
• donate 기부하다
• prevent 막다, 예방하다
• spread 퍼짐, 확산
• disease 질병
• in fact 사실은
• life-lives 목숨

해설 주어진 문장은 문제(problem)를 극복하기 위한 방법이므로, 비누가 비싸다는 문제가 제시된 문장 뒤인 ④에 들어가는 것이 적절하다.

23 정답 ④

해석 미래에, 많은 국가가 노령화 인구 문제를 가지게 될 것이다. 우리는 점점 더 많은 노령 인구를 가지게 된다. 이것은 노령화 인구와 관련된 직업의 수요가 있을 것이라는 것을 의미한다. 그래서 당신이 직업을 생각할 때, 이런 변화를 고려해야 한다. 자 이제, 난 노령화 인구 시대를 위한 직업 선택 몇 가지를 추천할 것이다.

어휘 • aging population 노령화 인구
• mean 의미하다
• related to ~와 관련된
• in demand 수요가 있는
• recommend 추천하다
• choice 선택

해설 노령화 시대를 위한 직업을 추천한다고 했으므로 ④의 내용이 뒤에 이어질 내용으로 적절하다.

24 정답 ②

해석 꽃이 우리에게 많은 건강상의 이점을 준다는 것을 알고 있는가? 예를 들어, 장미향은 스트레스 수준을 낮추는(줄이는) 도움을 줄 수 있다. 다른 예로 라벤더가 있다. 라벤더는 수면에 문제가 있다면 도움이 되는 것으로 알려져 있다. 이것들이 꽃이 어떻게 우리 건강에 도움이 되는지의 2가지 예이다.

어휘 • provide 제공하다, 주다
• health 건강
• benefit 이점, 혜택
• smell 냄새, 향
• stress level 스트레스 수준, 스트레스 수치
• helpful 도움이 되는
• have trouble ~ing ~하는 데 문제가 있다, 어려움을 겪다
• example 예

해설 스트레스 수준을 낮춘다는 해석이므로 빈칸에 reduce가 들어가는 것이 적절하다.

25 정답 ③

해설 꽃이 우리의 건강에 주는 이점에 대하여 설명하는 글이다.

사회 2022년 기출문제

제1회 정답

01 ②	02 ②	03 ①	04 ④	05 ③
06 ④	07 ①	08 ①	09 ③	10 ②
11 ④	12 ④	13 ③	14 ②	15 ④
16 ①	17 ③	18 ③	19 ②	20 ②
21 ①	22 ③	23 ④	24 ④	25 ③

01 정답 ②

행복한 삶을 실현하기 위한 조건으로 질 높은 정주 환경 조성, 경제적 안정, 민주주의의 발전 및 도덕적 실천이 필요하다. 제시된 내용에서 독재 국가나 권위주의적 정치 체제에서는 국민의 의사가 자유롭게 표출되거나 정책으로 산출되기 어렵다는 내용을 통해 행복한 삶을 실현하기 위해 시민들이 자신의 권리와 의무를 이해하고, 주인의식을 바탕으로 적극적으로 정치에 참여하는 정치 문화 형성이 필요하다는 것을 알 수 있다.

오답피하기

① 행복한 삶을 실현하기 위해 질 높은 정주 환경이 필요하다.
③ 타인을 위한 무조건적인 희생은 행복한 삶을 위해 적절하지 않다.
④ 지양이란 어떤 것을 하지 아니함을 뜻한다. 경제적 효율성뿐만 아니라 정당한 분배를 지향해야 행복한 삶을 실현할 수 있다.

02 정답 ②

참정권이란 국가의 의사 결정 과정에 참여할 수 있는 권리로 능동적 권리이다. 참정권으로는 선거권, 공무 담임권, 국민 투표권이 있다.

오답피하기

① 자유권에 대한 설명이다.
③ 다른 기본권을 보장하기 위한 수단적 권리인 청구권에 대한 설명이다.
④ 다른 기본권 보장의 전제 조건인 평등권에 대한 설명이다.

03 정답 ①

인권 보장을 위해 국가 권력을 입법부, 사법부, 행정부로 나누어 서로 견제하고, 균형을 이루게 하는 것을 권력 분립 제도라 한다.

오답피하기

② 계획 경제란 중앙 정부의 통제 또는 국가의 통제에 의해 재화의 생산·분배·소비가 계획되고 관리되는 경제를 말한다.
③ 자유 경쟁의 원칙에 의해 시장에서 가격이 형성되는 경제이다.
④ 인권 보장을 위해 국가 기관에 의한 개인의 침해를 구제하는 제도로 헌법 소원 제도가 있다. 헌법 소원 심판 제도를 통해 법률이나 공권력이 개인의 기본권을 침해했는지를 판단하여 구제한다.

04 정답 ④

정의롭지 못한 법이나 정책을 변혁시키려는 목적으로 행하는 의도적인 위법 행위를 시민 불복종이라 한다. 시민 불복종의 정당화 조건으로는 공익성, 공개적, 비폭력, 처벌 감수, 최후의 수단 등이 있다.

오답피하기

① 선거는 국민의 가장 기본적인 정치 참여 방법이다.
② 국가의 중요한 일을 국민에게 물어 결정하기 위한 투표를 국민 투표라 한다.
③ 주민이 행정 기관에 원하는 바를 요구하는 일을 민원 제기라 한다.

05 정답 ③

근로자의 권리로 단결권, 단체 교섭권, 단체 행동권이 있다. 단결권은 노동조합을 결성할 수 있는 권리, 단체 교섭권은 노동조합이 사용자와 교섭할 수 있는 권리, 단체 행동권은 근로자의 권리를 위해 파업, 태업 등의 쟁의 행위를 할 수 있는 권리이다.

오답피하기

① 청원권은 국민의 바람이나 어려움을 해결해 달라고 문서로 신청할 수 있는 권리이다.
② 재판권은 기본권을 보장하기 위해 국가에 재판을 청구하는 권리이다.
④ 공무 담임권은 공직을 맡을 수 있는 권리이다.

06 정답 ④

시장은 자유로운 경제 활동을 통해 자원의 효율적 배분을 가능하게 한다. 시장 실패의 사례로 독과점 문제, 공공재 공급 부족, 외부 효과가 있다. 독과점 문제는 시장에 하나 또는 소수의 공급자만 존재하여 생산 가격을 임의로 조정하여 소비자에게 피해를 끼친다. 공공재는 대가를 지불하지 않은 사람도 사용할 수 있는 무임승차 문제로 시장에서 충분히 공급되지 못하여 공공재 부족 문제가 발생한다. 외부 효과는 경제 활동 중 의도치 않게 타인에게 이익을 주거나(외부 경제), 의도치 않게 피해를 입히고 대가를 치르지 않는 현상(외부 불경제)으로 시장 실패의 사례이다.

오답피하기

ㄱ. 기회 비용은 어떤 것을 선택함으로써 포기한 것들 가운데 가장 가치가 큰 것으로 명시적 비용과 암묵적 비용을 합한 값이다.
ㄴ. 규모의 경제란 생산량이 늘어남에 따라 제품 단위당 평균 생산비가 하락하는 것을 말한다.

07 정답 ①

자산 관리 원칙으로 안전성, 수익성, 유동성이 있다. 필요할 때 쉽게 현금으로 전환할 수 있는 정도를 유동성이라 한다.

오답피하기

② 금융 상품의 원금과 이자가 보전될 수 있는 정도를 안전성이라 한다.
③ 금융 상품의 가격 상승이나 이자 수익을 기대할 수 있는 정도를 수익성이라 한다.

08 정답 ①

수정 자본주의는 1929년 대공황으로 발생한 시장 실패를 해결하기 위해 정부의 적극적 시장 개입이 필요하다는 케인스의 경제 이론이다.

오답피하기

ㄷ. 절대 왕정의 중상주의로 인해 상업 자본주의가 발전하였다.
ㄹ. 산업 자본주의는 자유방임주의를 추구하며 개인의 경제적 자유를 최대한 보장한다.

09 정답 ③

정의로운 사회를 위해 사회 복지 제도가 필요하다. 사회 복지 제도의 유형으로 사회 보험, 공공 부조, 사회 서비스가 있다. 사회 서비스는 비금전적 지원을 원칙으로 도움이 필요한 모든 국민을 대상으로 다양한 서비스 혜택을 지원하는 제도이다.
예 노인 돌봄 서비스, 가사·간병 서비스 등

오답피하기

① 공공 부조는 금전적 지원을 원칙으로 국가가 전액 지원하여 저소득 계층의 최저 생활을 보장하는 제도이다. 예 국민 기초 생활 보장 제도, 기초 연금, 의료 급여
② 사회 보험은 금전적 지원을 원칙으로 개인과 정부, 기업이 보험료를 분담하여 사회적 위험에 대비하는 제도이다. 예 국민 건강 보험, 고용 보험, 국민 연금, 산업 재해 보상 보험
④ 사회적 약자를 우대함으로써 그들이 경험하는 불평등을 적극적으로 개선하려는 제도를 적극적 우대 조치라 한다. 예 여성 할당제, 장애인 의무 고용 제도 등

10 정답 ②

필요는 인간다운 삶을 보장하기 위해 사람들의 필요에 따라 분배하는 것이다. 구성원들의 인간다운 삶을 보장할 수 있고 사회적 불평등을 완화시킬 수 있는 장점이 있다. 하지만 한정된 자원으로 모두의 필요를 충족시키기 어렵고, 기여도와 상관없이 분배가 이루어져 생산 동기를 약화시킨다는 한계가 있다.

11 정답 ④

다른 사회 문화 요소가 전통문화 요소와 결합하여 제3의 새로운 문화 요소가 만들어지는 현상을 문화 융합이라 한다.

오답피하기

① 기존에 존재하지 않았던 새로운 문화 요소를 만들어 내는 것을 발명이라 한다.
② 기존에 존재하고 있었지만 알려지지 않았던 것을 찾아내는 것을 발견이라 한다.

12 정답 ④

극단적 문화 상대주의는 인류의 보편적 가치를 무시하는 문화까지도 인정하는 태도로 인류의 보편적 가치를 훼손하며 사회적 혼란을 야기할 수 있다.

오답피하기

① 문화 사대주의와 자문화 중심주의와 같이 문화 평가 기준이 존재하는 태도를 문화 절대주의라고 한다.
② 문화 사대주의는 다른 사회의 문화가 우월하며 자신의 문화를 열등하다고 여기는 태도이다.
③ 자문화 중심주의는 자기 사회의 문화는 우수하며 다른 사회 문화는 열등하다고 여기는 태도이다.

13 정답 ③

개인이나 민간단체 주도로 만들어진 국제 사회 행위 주체이며 국제 사회의 보편적 가치인 환경 보호, 인권 보장 등을 위해 노력하는 국제 사회 주체는 국제 비정부 기구이다.

예 국경 없는 의사회(MSF), 그린피스(Greenpeace), 국제 사면 위원회(AI)

오답피하기

① 정치적인 견해가 같은 사람들이 정권 획득을 통해 정치적 이상을 실현하기 위한 단체를 정당이라 한다.
② 국가의 최고 지도자이자 자국을 대표하는 주체를 국가 원수라 한다.
④ 세계의 각 국가를 구성원으로 하는 국제 사회 행위 주체를 정부 간 국제기구라 한다.

14 정답 ②

제시된 내용은 생태 중심주의 관점에 해당한다. 생태 중심주의는 자연 그 자체의 가치를 인정하고 무생물을 포함한 자연 전체를 도덕적 고려 대상으로 여기는 관점이다.

오답피하기

① 인간 중심주의는 인간을 다른 자연적 존재들보다 가치 있는 존재로 여기고, 인간과 자연의 관계에서 인간의 이익이나 행복을 먼저 고려하는 관점이다.
③ 개인주의는 국가나 사회보다 개인이 우선한다는 사상이다.
④ 이분법적 세계관은 한 가지 특징을 기준으로 두 개의 범위로 나누는 것이다.

15 정답 ④

한 국가 내에서 도시 거주 인구 비율이 높아지고 도시적 생활 양식과 도시적 경관이 확대되는 현상을 도시화라 한다. 산업화가 진행되면서 촌락에서 도시로의 인구 이동이 활발해져 도시화의 가속화에 영향을 준다. 도시화로 인해 2・3차 산업이 발달하여 상업 시설과 인공 구조물 증가, 직업의 다양성이 증가한다.

오답피하기

④ 농촌이 1차 산업 종사자 비율이 높다.

16 정답 ①

과학 기술의 발달로 컴퓨터, 인터넷, 인공위성 등을 이용한 신속, 정확한 정보 수집이 가능해지고, 지식과 정보가 부의 원천이 되는 사회를 정보화 사회라 한다. 정보화 사회 생활 모습은 누리 소통망(SNS)을 이용하여 선거 운동, 인터넷 게시판을 활용한 여론 형성 등 시민의 정치적 참여가 확대되며 재택 근무를 통한 효율적인 업무, 전자 상거래를 통한 소비 생활, 유비쿼터스 구축으로 온라인 교육·진료 서비스가 확대된다.

오답피하기

② 개발 도상국에서 생산하는 제품에 정당한 가격을 지급하여, 생산자가 경제적으로 자립할 수 있도록 해주는 무역 방식을 공정 무역이라 한다.
③ 소비자가 윤리적인 가치 판단에 따라 상품이나 서비스를 구매하는 것을 윤리적 소비라 한다.
④ 다국적 기업의 본사, 연구소, 생산 공장이 각각 유리한 입지에 따라 분산되는 현상을 공간적 분업이라 한다.

17 정답 ③

한대 기후는 일 년 내내 기온이 낮기 때문에 보온을 위해 동물의 가죽·털로 만든 두꺼운 옷을 입는다. 순록 유목을 하며 날고기·날생선 등의 육류를 섭취한다. 가옥은 폐쇄적 구조가 나타나며, 이글루가 대표적이다.

18 정답 ③

제시된 내용은 신·재생 에너지의 종류와 정의이다. 신·재생 에너지는 태양광, 풍력, 수력, 지열 등의 재생 에너지와 연료 전지, 수소 에너지 등의 신에너지의 합성어이다.

오답피하기

① 사물 인터넷은 자동차, 냉장고와 같은 사물에 센서와 통신 기능을 내장하여 인터넷에 연결하는 기술을 의미한다.
② 브렉시트(Brexit)는 영국의 유럽연합 탈퇴를 뜻하는 용어이다.
④ 지리 정보 시스템(GIS)은 지리 정보를 수치화하여 컴퓨터에 입력·저장하고, 이를 다양한 방법으로 분석·종합하여 제공하는 시스템이다.

19 정답 ②

자연재해 중 지진은 지형 재해에 해당한다. 땅이 갈라지고 흔들리면서 건축물과 도로 등이 붕괴되고 바다 밑에서 지진이 발생하면 대규모의 지진 해일이 일어난다.

오답피하기

① 가뭄은 기상 재해로 오랫동안 비가 내리지 않아 발생한다. 식수 부족, 농업용수 부족으로 식물이 말라 죽는 피해가 나타난다.
③ 황사는 주로 봄철 중국 내륙에서 발생한 흙먼지로 편서풍을 타고 우리나라로 이동한다. 황사는 호흡기와 안구 질환의 유발, 정밀기계 오작동의 피해를 준다.
④ 산성비는 공장, 자동차 등에서 나오는 황산화물과 질소 산화물이 원인이 되어 삼림 파괴, 구조물 및 건축물의 부식을 일으킨다.

20 정답 ②

힌두교는 인도의 민족 종교이다. 소를 신성시하며, 갠지스 강에서 종교의식으로 목욕을 한다.

오답피하기

① 유대교는 유대인의 민족 종교이다. 유일신을 믿으며, 돼지고기를 금기한다.
③ 이슬람교는 돼지고기와 술을 금기하며, 할랄 식품을 먹는다.
④ 크리스트교는 십자가를 세운 성당이나 교회, 크리스마스가 특징이다.

21 정답 ①

자원은 특정 지역에 편중되어 분포하는 편재성이 나타난다. 자원 민족주의는 자원을 많이 보유하고 있는 개발 도상국들이 자원을 국유화하여 국제 정치적으로 무기화하려는 현상을 말한다.

오답피하기

② 인간의 욕구는 무한한 데 비해 이를 충족시켜 줄 자원은 부족한 상태를 희소성이라 한다.
혈연, 지연, 학연과 같이 대부분 자연 발생적으로 주어진 인간관계를 우선시하는 사고 방식을 연고주의라 한다.

③ 대부분 자원의 매장량은 한정되어 있다. 이러한 특징을 유한성이라 한다.
지역 이기주의란 지역갈등의 한 양상으로, 자기 지역의 이익을 배타적으로 추구하는 것을 말한다.

④ 기술·경제·문화적 조건 등에 따라 자원의 의미와 가치가 달라지는 특징을 가변성이라 한다.
다원주의란 각 개인이나 집단이 갖고 있는 가치관, 이념, 추구하는 목표 등이 서로 다를 수 있다는 것을 인정하는 견해이다.

22 정답 ③

다양한 차원의 지역들이 세계를 움직이는 주요 단위로 성장하면서 지역의 독특한 사회·문화적 특성이 세계적 가치를 지니게 되는 현상을 지역화라 한다.

오답피하기

① 교통의 발달로 중심 도시의 기능이 주변 지역으로 확산되는 현상을 교외화라 한다.

② 한 국가 내에서 도시 거주 인구 비율이 높아지고 도시적 생활 양식과 도시적 경관이 확대되는 현상을 도시화라 한다.

④ 농업 중심의 사회에서 공업, 서비스업 중심으로 변화하는 현상을 산업화라 한다.

23 정답 ④

제2차 세계 대전 이후 팔레스타인 지역에 이스라엘을 건국한 유대인(유대교)과 팔레스타인 지역에 거주하던 아랍인(이슬람교) 간의 영토분쟁 지역이다.

오답피하기

① 난사 군도는 중국, 필리핀, 베트남, 말레이시아, 브루나이, 타이완 등이 영유권을 주장하는 영토 분쟁 지역이다.

② 쿠릴 열도는 러시아와 일본의 영토 분쟁 지역이다.

③ 카슈미르 지역은 힌두교(인도 중심)와 이슬람교(파키스탄의 지원) 사이의 영토 분쟁이 일어나는 지역이다.

24 정답 ④

㉠은 고령화의 해결 방안, ㉡은 저출산의 해결 방안이다.

오답피하기

③ 여성이 100명일 때 남성이 100보다 많을 경우 남초라 한다.
이촌 향도 현상은 농촌인구가 일자리를 찾아 도시로 향하는 것을 말한다.

25 정답 ③

오존층 파괴 현상에 대한 대책으로 몬트리올 의정서를 국제 협약으로 채택하였고, 지구 온난화 현상에 대한 대책으로 파리 기후 변화 협약을 체결하였다.

과학 2022년 기출문제

제1회 정답

01 ④	02 ③	03 ①	04 ③	05 ②
06 ④	07 ③	08 ②	09 ①	10 ③
11 ①	12 ④	13 ③	14 ④	15 ①
16 ②	17 ②	18 ④	19 ④	20 ①
21 ③	22 ①	23 ④	24 ②	25 ②

01 정답 ④

특정 온도 이하에서 전기 저항이 0이 되고 초전도 현상이 나타나는 물질을 초전도체라고 한다.

02 정답 ③

태양광 발전은 태양의 빛에너지를 전기 에너지로 전환하는 발전 방식으로 태양광이 태양 전지에 닿아 흡수되면 전류가 흐른다. 자원 고갈의 염려가 없고 발전 과정에서 환경 오염이 없는 장점이 있지만, 초기 설치 비용이 많이 들고 계절과 날씨의 영향을 많이 받는 단점이 있다.

오답피하기

ㄷ. 우라늄을 원료로 사용하는 발전은 핵발전에 해당한다.

03 정답 ①

수평 방향으로 던진 물체의 운동은 수평 방향으로는 등속 운동, 연직 방향으로는 등가속도 운동을 한다. 따라서 수평 방향의 속도 ㉠은 시간이 지나도 5m/s로 모두 같다. 연직 방향은 등가속도 운동으로 시간이 지남에 따라 속도가 일정하게 증가하는데 중력 가속도가 $10m/s^2$이므로 1초당 10m/s씩 증가한다. 따라서 ㉡은 3초가 지났으므로 30이다. ㉠ + ㉡ = 5 + 30 = 35이다.

04 정답 ③

자석을 코일 속에 넣었다 뺐다 하면 코일을 통과하는 자기장이 변하면서 코일에 전류가 유도되어 흐르는 전자기 유도 현상이 나타나고 검류계 바늘이 움직인다.

ㄱ. 전자기 유도에 의해 발생하는 전류를 유도 전류라고 한다.

ㄷ. 발전기는 전자기 유도를 이용하여 전기를 생산한다.

오답피하기

ㄴ. 유도 전류의 방향은 코일을 통과하는 자기장의 변화를 방해하는 방향으로 생기므로 자석을 넣을 때와 뺄 때 유도전류의 방향이 달라지면서 검류계 바늘이 반대로 움직인다.

05 정답 ②

충격량은 물체가 받은 충격의 정도를 나타내는 양으로 운동량의 변화량과 같다. 따라서 충격량 = 운동량의 변화량 = 나중 운동량 − 처음 운동량으로 계산할 수 있다. 운동량은 질량 × 속도로 계산할 수 있고 물체가 정지했으므로 나중 운동량은 0이 된다. 따라서 충격량은 (3kg × 0) − (3kg × 4m/s)= −12kg · m/s이므로 12N · s가 된다.

06 정답 ④

연료 전지는 수소와 산소의 화학 반응에 의해 전기 에너지가 생산되는 장치로 화학 에너지가 전기 에너지로 전환된다.

07 정답 ③

소금은 염화 나트륨으로 알칼리 금속인 나트륨과 비금속 원소인 염소가 이온 결합하여 형성된다.

08 정답 ②

산화는 산소를 얻거나 전자를 잃는 반응을 말한다. 구리(Cu)는 전자를 잃고 구리 이온(Cu^{2+})이 되었으므로 산화되었다.

오답피하기

① 은이온(Ag^+)은 전자를 얻고 은(Ag)이 되었으므로 환원되었다.

09 정답 ①

산의 공통적인 성질인 산성은 수소 이온(H^+)에 의해 나타난다. 산의 종류에 따라 성질의 차이가 나는 것은 산의 음이온 때문이다.

10 정답 ③

원자는 원자핵과 전자로 이루어져 있고 전자는 원자핵에 가까운 전자 껍질부터 차례로 배치된다. 첫 번째 전자 껍질에는 최대 2개, 두 번째와 세 번째 전자 껍질에는 최대 8개가 배치된다. 플루오린은 전자가 총 9개가 있으며 첫 번째 전자 껍질에 2개, 두 번째 전자 껍질에 7개가 채워진다.

11 정답 ①

연소는 물질이 산소와 결합하여 빛과 열을 내는 현상으로 수소의 연소 반응에 산소가 결합한다.

오답피하기

② F_2 : 플루오린 기체

③ Cl_2 : 염소 기체

④ N_2 : 질소 기체

12 정답 ④

주기율표는 원소들을 원자 번호 순으로 배열하여 화학적 성질이 비슷한 원소들을 같은 세로줄에 배치하고 같은 세로줄을 족이라고 말한다. 따라서 화학적 성질이 비슷한 원소들은 같은 세로줄에 위치한 B, D이다.

오답피하기

주기율표의 가로줄은 주기이고 전자 껍질수가 같다. 따라서 C와 D는 전자 껍질수가 같다.

13 정답 ③

효소는 생명체 내에서 합성되어 물질대사를 촉진하는 물질로 생체 촉매라고 부른다. 효소는 화학 반응이 일어나는 데 필요한 최소한의 에너지인 활성화 에너지를 감소시켜 반응 속도를 증가시킨다.

오답피하기

① **물** : 생물을 구성하는 비율이 가장 높다. 체온 조절, 물질 운반에 관여한다.

②, ④ **녹말, 셀룰로스** : 탄수화물의 한 종류로 포도당이 규칙적으로 반복 결합한 탄소 화합물이다.

14 정답 ④

세포막을 통한 물질의 이동 중 확산을 나타낸 것으로 물질의 농도가 높은 곳에서 낮은 곳으로 이동한다. 물질의 크기나 성질에 따라 인지질 2중층이나 막단백질을 통해 확산이 일어난다.

ㄴ. 산소와 같이 크기가 매우 작은 기체 분자는 인지질 2중층을 통해 확산된다.

ㄷ. 포도당과 같이 비교적 크기가 큰 수용성 물질은 인지질 2중층을 통과하지 못하고 막단백질을 통해 이동한다.

오답피하기

ㄱ. 세포막은 인지질 2중층에 단백질이 파묻히거나 관통하는 구조를 하고 있다.

15 정답 ①

유전물질 DNA는 핵 안에 들어있다.

오답피하기

② B : 리보솜은 DNA의 유전 정보에 따라 단백질이 합성되는 장소이다.

③ C : 소포체는 리보솜에서 만든 물질을 골지체나 세포의 다른 부위로 운반한다.

④ D : 세포막은 세포 모양 유지 및 세포 안팎의 물질의 출입을 조절한다.

16 정답 ②

규산염 광물은 규소와 산소를 주성분으로 하여 만들어진 것으로 규소(Si)를 중심으로 주변에 산소 4개가 결합한다. 따라서 중심의 ㉠은 Si(규소)이다.

17 정답 ②

지하수와 파도는 수권에 해당하고 석회 동굴과 해안선의 모양 변화는 지권의 변화에 해당한다. 따라서 수권과 지권의 상호 작용이다.

18 정답 ④

에너지 피라미드는 하위 영양 단계에서 상위 영양 단계의 에너지양을 쌓아 올린 형태이므로 1차 소비자보다 아래에 위치하는 것은 생산자에 해당한다. 식물 플랑크톤은 광합성을 할 수 있는 독립 영양 생물 생산자이다.

19 정답 ④

멸종 위기종 보호를 통해 생물 다양성 보전을 할 수 있다.

오답피하기

① 폐수 방류를 통한 환경 오염은 생물 다양성 감소를 유발한다.
② 서식지 파괴는 생물 다양성 감소의 가장 큰 원인이다.
③ 무분별한 벌목은 생물 서식지를 감소시킨다.

20 정답 ①

질량이 태양의 10배 이상인 별의 중심부에서는 헬륨, 탄소, 산소, 규소 등이 핵융합 반응을 거쳐 매우 안정한 원소인 철까지 만들어진다. 핵융합 반응을 마친 별이므로 ㉠은 철이다.

21 정답 ③

판게아가 분리되고 파충류인 공룡이 번성한 시대는 중생대이다.

오답피하기

① 선캄브리아 시대는 지질 시대 중 가장 긴 시기로 생물에 껍질이나 뼈 등 단단한 부분이 없고 지각 변동을 많이 받아 화석이 드물게 발견된다.
② 고생대 말기에 판게아가 형성된다. 이 시기 표준 화석은 삼엽충, 갑주어 등이 있다.
④ 신생대는 포유류의 시대로 최초의 인류가 출현하고 매머드, 화폐석이 표준 화석이다.

22 정답 ①

핵산은 DNA와 RNA가 있고 RNA는 폴리뉴클레오타이드 한 가닥으로 구성된 단일 가닥구조이다. RNA의 염기는 아데닌(A), 구아닌(G), 사이토신(C), 유라실(U)이 있다.

오답피하기

② **(중성)지방** : 지질의 한 종류로 1g당 9kcal를 낼 수 있는 에너지원이다.
③ **단백질** : 생명체의 구성 성분이자 에너지원이다. 단위체는 아미노산이다.
④ **탄수화물** : 주 에너지원으로 몸을 구성하는 비율이 낮다. 포도당, 녹말, 글리코젠, 셀룰로스 등이 해당한다.

23 정답 ④

생물 다양성은 유전적 다양성, 종다양성, 생태계 다양성으로 구분할 수 있다. 생태계 다양성은 생태계의 다양한 정도, 서식 환경의 다양함을 뜻하며, 생태계 다양성이 높을수록 종다양성과 유전적 다양성도 높다.

오답피하기

① **내성** : 약물 등의 반복적인 사용에 의해 효과가 저해되어 이전과 동일한 효과를 얻기 위해 사용량이나 강도를 높여야 하는 것을 말한다.
② **개체군** : 일정한 지역에 사는 같은 종의 개체들의 무리를 말한다.
③ **분해자** : 스스로 양분을 합성하지 못해 죽은 동물의 사체나 배설물을 분해하여 살아가는 생태계의 구성 요소 중 하나이다.

24 정답 ②

A : 지각, B : 맨틀, C : 외핵, D : 내핵

맨틀(B)은 지권 전체 부피의 약 80%를 치지하므로 부피가 가장 크고 일부 유동성이 있어 대류가 일어난다.

25 정답 ②
수소 핵융합 반응은 4개의 수소 원자핵이 융합하여 헬륨 원자핵 1개로 변하는 과정이다. 이 반응에서 질량이 감소하는데 감소한 질량에 해당하는 만큼 에너지가 생성되어 방출된다.

한국사 2022년 기출문제

제1회 정답

01 ③	02 ①	03 ④	04 ④	05 ①
06 ②	07 ③	08 ④	09 ④	10 ③
11 ②	12 ③	13 ②	14 ③	15 ①
16 ②	17 ④	18 ①	19 ③	20 ②
21 ④	22 ①	23 ②	24 ④	25 ①

01 정답 ③
비파형 동검과 고인돌은 청동기 시대에 제작되었으며, 고조선의 대표적인 유물과 유적이다.

02 정답 ①
원효는 신라가 삼국을 통일하는 시기의 승려이다. 당시 불교는 삼국에 따라 특징이 달랐는데, 원효는 화쟁 사상을 주장하며 불교 통합을 시도하였다. 또한 이전까지의 불교가 귀족 중심이었던 점을 극복하기 위해서, "나무아미타불"을 외우면 누구나 극락왕생할 수 있다는 아미타 신앙을 보급해 불교를 평민층까지 보급하였다.

오답피하기
② 일연은 고려 후기의 승려로, 『삼국유사』를 집필하였다.
③ 김부식은 고려 중기의 유학자로 『삼국사기』 편찬을 주도했으며, 묘청의 서경 천도를 반대하였다.
④ 정약용은 조선 후기의 실학자로, 수원 화성 건설을 주도하고, '여전론'과 같은 토지 개혁을 주장하였다.

03 정답 ④
정도전, 정몽주 등 신진 사대부는 고려 말에 권문세족과 갈등을 빚었다. 성리학을 받아들인 이들은 개혁을 시도하였고, 이 중 정도전과 조준은 이성계와 연합하여 조선을 건국하였다.

오답피하기

① 6두품은 신라 골품제에 따르면 성골과 진골에 이어 귀족 서열 3위에 해당한다. 신라 말에 이르러 진골이 권력을 독점하자 호족과 연합하여 새로운 사회 건설을 시도하였다.
② 보부상은 장시를 돌아다니는 상인으로, 조선 후기 때 급증하였다.
③ 독립 협회는 민중 계몽을 시도한 시민 단체로, 1896~1898년에 활동하였다.

04 정답 ④

개항 이후 별기군이 조직되고 구식 군인의 월급이 제때 지급되지 않자, 구식 군인들은 개화를 반대하며 임오군란을 일으켰다.

오답피하기

① 고구려 장수왕은 평양으로 천도한 후에 남진 정책을 추진하였다.
② 일제는 1940년대 들어서 신사 참배를 강요하며 우리 민족의 정체성을 말살하려 하였다.
③ 고려 중기에 금(여진족)이 급성장하자, 당시 권력자였던 이자겸은 금의 사대 요구를 받아들였다.

05 정답 ①

임진왜란은 고졸 검정고시에 자주 출제되는 주제이다. 이순신은 한산도 대첩, 명량 대첩, 노량 해전 등에서 활약하였다.

오답피하기

② 을지문덕은 고구려의 장수로 살수 대첩에서 수나라 군대를 격퇴하였다.
③ 만적은 고려 중기의 인물로, 개경의 사노비들을 모아 신분 해방 운동을 준비하였다.
④ 1920년에 만주에서 활동하던 홍범도의 대한 독립군은 봉오동에서 일본군을 격파하였다.

06 정답 ②

방납이란 대리업자를 통해 국가에 물품을 내던 방식이다. 과도한 수수료와 방납업자의 횡포로 백성들의 삶이 어려워지자, 광해군은 물품을 거두던 방식을 버리고 쌀을 걷는 대동법을 시행하였다.

오답피하기

① 신라의 귀족을 서열화시킨 제도를 골품제라고 한다.
③ 일제는 1895년 을미개혁을 통해 단발령을 강요하였다.
④ 진대법은 가난한 백성에게 곡식을 빌려주고 가을에 되받는 제도로, 고구려 고국천왕 때 시행되었다.

07 정답 ③

흥선 대원군은 병인양요, 오페르트 도굴 사건, 신미양요를 겪으며 서양에 대한 적대감을 느꼈다. 이에 척화비를 전국에 세워 통상 수교 거부 의지를 널리 알렸다.

오답피하기

① 규장각은 왕실 도서관으로, 정조 때 핵심 기구로 성장하였다.
② 독립협회는 청과 관련 있던 영은문을 허물고 독립문을 설립하였다.
④ 임신서기석은 신라의 두 화랑이 유학 공부를 맹세한 내용을 기록하고 있다. 이를 통해 신라에 유학이 보급되었음을 알 수 있다.

08 정답 ④

조선은 일본과 강화도 조약을 체결하고 최초로 문호를 개방했다. 하지만 미숙한 대처로 인해 해안 측량권과 영사 재판권 등 불평등한 조항을 일본에게 허용하였다.

오답피하기

① 일제는 1909년 청에 간도를 넘기는 대신 만주에 철도를 설립하는 권리를 받았다. 이러한 내용이 간도 협약에 명시되어 있다.
② 동학 농민군과 정부군은 전주 화약을 체결하며 잠시 휴전을 했으며, 청군과 일본군에게 조선에서 나가줄 것을 요구하였다.

③ 갑신정변이 진압된 후에, 청과 일본은 톈진 조약을 체결하였다. 이로써 조선에 파병할 시에는 두 나라가 서로에게 사전 통보할 것을 약속하였다.

09 정답 ④

고려는 거란 격퇴를 기원하며 초조대장경을 조판하였으나 몽골 침입으로 소실되었다. 이에 몽골 격퇴를 염원하며 팔만대장경을 제작하였다.

오답피하기

① 석굴암은 통일 신라 때 건설되었다.
② 경국대전은 조선 세조 때 시작해서 성종 때 완성한 법전이다.
③ 무령왕릉은 백제 무령왕의 무덤으로, 우리나라에서 보기 드문 벽돌무덤이다. 중국 남조와 교류하는 과정에서 벽돌무덤 양식이 전래된 것으로 보고 있다.

10 정답 ③

을사늑약으로 대한 제국은 외교권을 빼앗기고, 통감부의 간섭을 받게 되었다.

오답피하기

① 삼별초는 최우가 설립한 군대로, 대몽 항쟁 과정에서 강화도, 진도, 제주도를 옮겨가며 저항하였다.
② 집현전은 세종 때의 학술 연구 기관이다.
④ 화랑도는 신라 청소년 조직으로, 진흥왕 때 설립되었다.

11 정답 ②

독도는 빈출 주제 중 하나이다. 조선 숙종 때 안용복이 일본에 건너가 일본 정부로부터 독도가 우리 땅임을 인정받았다. 태정관은 일본의 최고 행정 기관으로, 내부 지침에서 울릉도와 독도가 조선 영토임을 공식적으로 명시하였다. 대한 제국은 1900년에 칙령 41호를 발표하여 울릉도를 울도군으로 승격시키고 독도를 관할하게 하였다.

오답피하기

① 삼별초는 진도에서 대몽 항쟁을 이어갔다.
③ 벽란도는 고려 최대의 무역항으로, 개경 인근의 예성강 하류에 위치하였다.
④ 청해진은 완도에 설치된 해상 기지로, 통일 신라 말기에 장보고가 설치하였다.

12 정답 ③

광혜원은 우리나라 최초의 서양 병원으로, 갑신정변 때 민영익을 살려준 게 계기가 되어 알렌에게 운영을 맡겼다.

오답피하기

① 서원은 조선 시대에 각 지방에 설치된 사립 교육 기관으로, 유학자 제사와 유학 교육 등을 담당했다.
② 향교는 조선 시대에 각 지방에 설치된 공립 교육 기관이다.
④ 성균관은 조선 최고의 유학 교육 기관이다.

13 정답 ②

1894년 갑오개혁 때 신분제가 폐지되었으나, 일상 생활에서의 차별은 완전히 사라지지 않았다. 특히 백정 출신에 대한 차별은 오래 지속되어, 1920년대에 형평 운동을 야기시켰다.

오답피하기

① 병인박해는 흥선 대원군이 1866년에 천주교 신자와 프랑스 신부를 처형한 사건을 말한다. 천주교 박해 중 가장 희생자가 많았다.
③ 영국은 러시아의 남하를 견제한다는 명목을 내세워 1885~1887년 동안 남해에 있는 거문도를 불법 점령하였다.
④ 묘청과 정지상 등은 개경 중심의 체제에 반대하여 서경으로의 천도를 시도했다. 하지만 김부식 일파의 반대로 실패하였다.

14 정답 ③

일제는 1910년대에는 무단 통치를, 1920년대에는 문화 통치를, 1930년대 중반 이후부터는 민족 말살 통치를 실시했다.

오답피하기

① 선대제는 상인이 수공업자에게 자금을 지원한 후 제품을 생산했던 방식으로, 조선 후기에 상업 자본이 성장하면서 나타났다.
② 고려 태조는 호족 견제를 위해 호족의 자제를 일정 기간 동안 수도에 머물게 하는 기인 제도를 시행했다.
④ 고구려가 평양성으로 천도하자 신라와 백제는 군사 동맹을 맺고 고구려를 견제하였다. 이를 나・제 동맹이라 한다.

15 정답 ①

3・1 운동은 빈출 주제 중 하나이다. 민족 대표 33인이 태화관에서 독립 선언을 했으며, 유관순은 고향으로 내려가 아우내 장터에서 만세 운동을 이끌었다.

오답피하기

② 고려 중기에 무신(정중부 등)은 차별 대우에 불만을 품고 정변을 일으켰다.
③ 이자겸은 고려 중기의 인물로, 대표적인 문벌 귀족이다. 그의 권한이 막강해지자 인종과 갈등을 빚었고, 이 과정에서 궁궐이 불탔다. 이를 이자겸의 난이라 한다.
④ 임술 농민 봉기가 일어난 임술년은 1862년으로, 당시 조선은 세도 정치로 인한 사회 모순이 누적되어 있었다. 이러한 시기에 진주에서 농민 봉기가 일어나자 순식간에 전국적으로 확산되었다.

16 정답 ②

봉오동 전투에서 패한 일본군은 더 많은 병력을 이끌고 독립군을 압박하였다. 이때 김좌진이 이끄는 북로군정서군과 여러 독립군 부대는 백두산 인근의 백운평, 어랑촌 등지에서 일본군을 상대로 대승을 거두었다. 이를 청산리 대첩이라 한다.

오답피하기

① 이순신은 정유재란 때 명량 대첩을 승리로 이끌며, 전쟁의 판세를 뒤집었다.
③ 홍경래의 난은 19세기 농민 봉기의 대표적인 사례로, 삼정의 문란과 평안도에 대한 차별 대우가 원인이 되어 일어났다.
④ 1926년 순종의 장례식 즈음에 학생들은 6・10 만세 운동을 일으켰다. 이는 3・1 운동 이후 침체된 만세 운동을 재기했다는 점에서 의의를 찾을 수 있다.

17 정답 ④

일제는 조선의 남성을 징병과 징용의 이름으로 끌고 갔으며, 조선의 여성을 근로 정신대와 군 위안부 등으로 강제 동원했다.

오답피하기

① 1908년에 고종이 강제 퇴위되고, 한・일 신협약으로 군대마저 해산당하자 정미의병이 봉기하였다. 해산된 군인의 합류로 전투력이 더 강해졌다.
② 김영삼 정부는 금융의 투명성을 높이기 위해 금융 거래시에 반드시 실명을 사용하도록 '금융 실명제'를 시행하였다.
③ 노태우 정부 시기인 1988년에 서울 올림픽이 열렸다.

18 정답 ①

5・10 총선거가 남한 단독 선거로 한정되자, 김구와 김규식은 통일 국가 수립을 논의하기 위해 북한에 다녀왔다. 이를 남북 협상이라 한다.

오답피하기

② 고종은 을미사변으로 명성황후가 시해당하자 이듬해인 1896년에 러시아 공사관으로 거처를 옮겼다. 이를 아관 파천이라 한다.
③ 동학 농민군은 일본군 타도를 시도했으나, 우금치 전투에서 일본군과 관군에 패했다. 얼마 지나지 않아 전봉준까지 체포되자 동학 농민 운동은 중단되었다.

④ 공민왕은 쌍성총관부를 폐지하여 원이 오랫동안 점령하고 있던 철령 이북의 땅을 되찾았다.

19 정답 ③

대한민국 임시 정부는 3·1 운동 직후에 수립되어, 국내외 독립 운동을 이끌었다. 초기에는 상하이에서 활동했으나 일본군이 상하이를 점령하자 중국 내륙으로 이동하였고, 1940년부터는 충칭에서 활동하였다.

오답피하기

① 신라 말 선종이 유행하면서 9개의 종파를 구축하였는데, 이를 9산 선문이라 한다.
② 개화파 중에서도 일본식 개화를 시도했던 김옥균, 박영효 등을 급진 개화파라 부른다.
④ 일제는 식민지 경제 약탈을 위해 1908년에 동양 척식 주식회사를 설립하였고, 특히 1910년대에 토지 조사 사업으로 빼앗은 많은 토지를 동양 척식 주식회사에 헐값으로 넘겨주었다.

20 정답 ②

대한민국이 수립되고 가장 우선적으로 처리된 법안이 "반민족 행위 처벌법"이다. 이 법은 친일 행위를 한 사람의 권리를 제한하고 재산을 몰수한다는 내용을 담고 있다. 하지만 이승만 정부의 소극적 대응과 친일파들의 반발로 1년 만에 관련 활동이 중단되었다.

오답피하기

① 우리나라는 고려 광종 때 처음으로 과거제를 실시하였다.
③ 황무지란 개간하지 않고 버려진 땅을 말한다. 고려, 조선은 황무지 개간을 장려했으며, 보안회는 일제가 황무지 개간권을 요구하자 이를 저지시켰다.
④ 방곡령은 해외로의 곡물 유출을 중단하는 제도로, 강화도 조약 이후 일본으로 수출되는 곡물이 지나치게 많아 국내의 식량 부족이 야기되자 이를 막기 위해 제정되었다. 하지만 방곡령을 선포하는 과정에서 행정상 착오로 일본에게 배상금을 물어주기도 하였다.

21 정답 ④

6·25 전쟁 초반의 참패로 대한민국은 낙동강 전선까지 밀려났다. 하지만 국군과 유엔군이 인천 상륙 작전을 성공하면서 서울을 수복하며 전세를 역전하였다.

오답피하기

① 통일신라의 신문왕은 관료전을 지급하고 녹읍을 폐지하는 경제 개혁을 추진하였다.
② 왕건은 고려를 건국하고 후삼국을 통일하였다.
③ 만주에서 활동하던 독립군은 간도 참변 직후에 자유시로 이동했으나, 그곳에서 러시아(소련)와의 갈등으로 다수의 사망자와 실종자가 발생했다. 이를 자유시 참변이라 한다.

22 정답 ①

이승만 정부가 부통령 후보자 이기붕의 당선을 위해 선거에 개입했다. 이를 3·15 부정 선거라고 한다. 이에 전국에서 학생과 시민들이 이승만 정부 퇴진을 요구하며 4·19 혁명에 참여하였다.

오답피하기

② 1948년 5·10 총선거가 남한 단독 시행으로 결정되자, 제주도에 있던 좌익 세력들이 단독 선거 반대를 주장하며 봉기하였다. 이들을 진압하는 과정에서 다수의 민간인 피해자가 발생하였는데, 이를 제주 4·3 사건이라 부른다.
③ 12·12 사태란 전두환과 신군부가 군사력을 동원해 정권을 장악한 사건을 말한다.
④ 12·12 사태 이후 계엄령이 확산되자 광주 시민들은 '계엄 철폐와 신군부 퇴진'을 요구하며 5·18 민주화 운동을 일으켰다.

23 정답 ②

박정희 정부는 1962년부터 5년 단위로 경제 개발 계획을 추진하며 경제 성장을 이끌었다. 하지만 저임금 정책으로 인해 노동자의 삶은 쉽게 나아지지 않았다. 이로 인해 근로기준법 준수를 요구했던 전태일 사건과 회사의 폐업에 항의하던 YH 무역 사건 등의 노동 문제가 발생하였다.

24 정답 ④

1987년은 전두환 정부의 마지막 해로, 시민들은 대통령 직선제로의 개헌을 강력히 요구했다. 이 과정에서 박종철, 이한열 등이 사망했고, 그해 6월 전국적인 민주화 운동이 일어났다. 이를 6월 민주 항쟁이라 부른다.

오답피하기

① 집강소는 동학 농민군이 설립한 자치 개혁 기구이다.
② 유엔과 북한, 중국은 1953년에 6·25 전쟁을 중단하며 정전 협정을 체결했다.
③ 고려 광종은 호족의 경제력을 약화시키기 위해 그들이 보유하고 있던 노비를 조사하여 억울함이 있는 경우 양인으로 풀어줬다.

25 정답 ①

김영삼 정부는 외화 부족으로 경제 위기가 도래하자 1997년에 국제 통화 기금(IMF)에 긴급 자금을 요청했다. 이후 국제 통화 기금이 제시한 각종 요구에 맞춰 경제를 개방하고, 강력한 구조 조정을 실시하여 외환 위기를 극복했다.

오답피하기

② 박정희 정부는 미군을 지원하기 위해 1960년대 중반부터 베트남에 우리 군을 파병했다.
③ 1929년 원산 지역 노동자들은 '조선인 노동자 차별 반대, 8시간 노동제' 등을 요구하며 파업했다.
④ 1909년 13도 창의군은 서울 수복을 위해 서울 진공 작전을 전개하였으나, 일본군의 반격으로 실패했다.

도덕 2022년 기출문제

제1회 정답

01 ②	02 ④	03 ②	04 ①	05 ②
06 ②	07 ①	08 ③	09 ②	10 ①
11 ③	12 ①	13 ④	14 ①	15 ④
16 ③	17 ③	18 ③	19 ①	20 ④
21 ②	22 ③	23 ④	24 ③	25 ④

01 정답 ②

제시문은 도덕 현상과 문제의 명확한 기술, 기술된 현상들 간의 인과 관계를 설명하는 데 관심을 두는 기술 윤리학에 대한 설명이다.

오답피하기

① **규범 윤리학** : 인간이 어떻게 행위를 해야 하는가에 대한 보편적 원리의 탐구를 주된 목표로 하는 윤리학으로 이론 규범 윤리학과 실천 규범 윤리학으로 나뉨.
② **(분석)메타 윤리학** : 도덕적 언어의 의미 분석과 논리 분석에 관심을 둠.

02 정답 ④

칸트는 도덕 법칙을 무조건 따라야 하는 정언 명령의 형태로 제시하였다.

오답피하기

②, ③은 공리주의에 대한 설명이다.

03 정답 ②

윤리적 소비란 윤리적 가치 판단과 신념에 따라 환경, 인권, 노동, 빈곤 등 각종 사회 문제에 접근하여 상품을 선택하는 소비 행위를 말한다.

오답피하기

ㄴ. 베블런 효과(과시적 소비)에 대한 설명이다.
ㄷ. 충동 구매에 대한 설명이다.

04 정답 ①
맹자의 사단(四端)
- 측은지심(惻隱之心) : 남을 불쌍히 여기는 마음
- 수오지심(羞惡之心) : 옳지 못함을 부끄러워하고 착하지 못함을 미워하는 마음
- 사양지심(辭讓之心) : 겸손하여 양보하는 마음
- 시비지심(是非之心) : 옳고 그름을 가릴 줄 아는 마음

오답피하기
② 삼학(三學) – 불교
③ 정명(正名) – 유교(공자)
④ 삼독(三毒) – 불교

05 정답 ②
제시문은 윤리적 문제 상황에서 타인의 입장에서 도덕 원리를 검토하는 방법이다.

오답피하기
① 포섭 검사 : 더 포괄적인 도덕 원리에 포섭시킴으로써 정당화하는 검사(무임승차를 해서는 안 된다. → 불법 행위를 해서는 안 된다.)
③ 반증 사례 검사 : 반증 사례를 사용하여 상대방의 원리 근거를 반박함(모든 거짓말은 나쁘다. → 선의의 거짓말은?)

06 정답 ②
종교 간 갈등의 원인은 타 종교에 대한 배타적 태도와 타 종교에 대한 무지와 편견, 그리고 교리 해석의 차이로 인해 발생할 수 있다.

07 정답 ①
프롬은 사랑의 요소로 책임, 이해, 존경, 보호를 주장하였다.

오답피하기
②, ③, ④는 사랑과 관련이 없다.

08 정답 ③
시민 불복종은 사회의 정의롭지 않은 법률이나 정책 또는 명령을 의도적으로 거부하는 시민 저항 운동이다. 시민 불복종은 특정 개인이나 집단의 이익이 아닌 보편적 도덕 가치를 추구해야 한다.

09 정답 ②
제시문은 억지로 하지 않고 자연스러운 도(道)의 흐름에 맡기는 무위자연(無爲自然)의 삶을 추구하는 도가의 특징이다.

오답피하기
①, ④는 유교, ③은 불교의 특징이다.

10 정답 ①
정보 공유론(copyleft)은 정보의 공공재적 성격을 중시하며, 더 많은 사람이 쉽게 사용하도록 정보를 공유해야 한다는 입장이다.

오답피하기
ㄷ. 정보 사유론(copyright)에 대한 설명이다.
ㄹ. 정보 공유론, 정보 사유론 모두 관련이 없다.

11 정답 ③
자연법 윤리는 보편타당한 법칙인 자연법이 존재하고 인간은 누구나 이성을 통해 이를 파악할 수 있다고 보았다. 즉, '선을 행하고 악을 피하라'라는 자연법의 기본 원리를 바탕으로 자연법에 부합하는 행위는 옳다고 보았다.

12 정답 ①
요나스는 책임의 범위를 현 세대로 한정하는 기존의 전통적 윤리관은 과학 기술 시대에 발생하는 문제를 해결하는 데 한계가 있다고 주장하며 인간뿐만 아니라 자연, 미래 세대까지 윤리적 책임의 범위를 확대해야 한다고 보았다.

13 정답 ④
생명 중심주의는 도덕적 고려의 범위를 모든 생명체로 확장해야 한다고 주장하였다. 따라서 모든 생명체의 고유한 가치를 인정하고 도덕적 고려의 범위를 모든 생명체까지 확장하고 생명을 존중하는 태도를 강조한다.

오답피하기
①, ③ 인간 중심주의, ② 생태 중심주의

14 정답 ①
제시된 도덕 인물은 공자에 대한 설명이다.

오답피하기
② 노자, 장자 : 도가
③ 순자 : 유교(성악설)
④ 묵자 : 묵가(차별 없는 사랑 – 겸애)

15 정답 ④
우대 정책은 특정 집단이 겪어 온 부당한 차별을 바로잡기 위해 평등을 위한 차별을 한시적으로 허용하는 정책을 말한다. ④는 우대 정책과는 관련이 없다.

16 정답 ③
기업가가 지켜야 할 윤리
- 합법적인 범위 내에서 건전한 이윤 추구
- 소비자에게 좋은 제품을 판매하고 근로자의 권리를 존중한다.
- 기업 윤리를 지키며 투명하고 공정한 윤리 경영에 힘쓴다.
- 공익적 가치를 실현할 수 있도록 사회적 책임 이행

17 정답 ③
동물 중심주의 사상가인 싱어는 공리주의에 근거하여 '동물 해방론'을 주장하였고 도덕적 고려의 기준은 쾌고 감수 능력으로 동물도 쾌락과 고통을 느끼므로 도덕적 고려의 대상이며, 고통에서 해방되어야 한다고 주장하였다. 또한 '이익 평등 고려의 원칙'에 근거해 인간을 차별하고 동물을 차별하는 태도를 종 차별주의라고 비판하였다.

18 정답 ③
쾌락과 행복을 증진하는 유용성(공리)의 원리에 따라 행위의 옳고 그름을 판단하는 공리주의는 쾌락이나 행복을 가져다주는 행위는 옳고, 고통이나 불행을 가져다주는 행위는 그르다고 보았다. ③은 의무론에 대한 설명이다.

19 정답 ①
죽음에 대한 동양 사상 중 ㉠은 불교의 윤회(輪廻)에 대한 설명이고 ㉡은 장자의 기(氣)에 대한 설명이다.
- **해탈(解脫)** : 불교(모든 번뇌와 속박에서 벗어난 상태)
- **오륜(五倫)** : 유교(부자유친, 군신유의, 부부유별, 장유유서, 붕우유신)

20 정답 ④
롤스는 약소국에 대한 해외 원조는 윤리적 의무라고 주장한다. 질서 정연한 사회에 살고 있는 국민들이 불리한 여건으로 고통받는 사회의 국민들을 도와주어야 한다는 것이다.

오답피하기
② 해외 원조에 대한 노직(Nozick, R)의 입장이다.

21 정답 ②
제시문은 예술에 대한 도덕주의 입장이다. 도덕주의는 윤리적 가치가 미적 가치보다 우위에 있고 예술은 인간의 올바른 품성 함양을 목적으로 하거나 도덕적 교훈을 제공해야 한다고 본다.

오답피하기
④ 예술 지상주의(심미주의)는 윤리적 가치와 미적 가치는 무관하고 예술은 '예술을 위한 예술'로 미적 가치 추구만이 목적이라고 본다.

22 정답 ③
사회 통합은 사회 내 개인이나 집단이 상호 작용을 통해 하나로 통합되는 과정을 의미한다. ③ 개인의 이익을 우선하는 것은 다른 사람의 이익 혹은 사회 전체의 이익과 충돌할 때 갈등을 유발할 수 있기 때문에 잘못된 태도이다.

23 정답 ④
제시문은 민족이나 문화의 다양성을 인정하고 고유한 문화를 유지할 수 있도록 하는 다문화 모델 중 국수 대접 이론(문화 다원주의)에 대한 설명이다.

오답피하기
③ 샐러드 볼 이론 또한 다문화 모델에 포함되지만 한 국가 또는 사회 안에 살고 있는 다양한 문화를 평등하게 인정하는 것이 차이점이다.

24 정답 ③
하버마스는 담론 윤리에서 이상적 대화 상황의 조건으로 이해 가능성, 정당성, 진리성, 진실성 등을 제시하였다.

25 정답 ④
통일 편익은 통일로 얻게 되는 이익과 혜택으로 단기적이 아닌 지속적으로 발생하는 이익을 말한다.

EBS 교육방송교재 고졸 검정고시

기출을 보면 합격이 보인다!

2021 기출문제

- ☑ 국어
- ☑ 수학
- ☑ 영어
- ☑ 사회
- ☑ 과학
- ☑ 한국사
- ☑ 도덕

EBS 교육방송교재

고졸 검정고시 기출문제집

2021 제 2 회

국어

기출을 보면 합격이 보인다!

정답 및 해설 p. 76

01 다음 대화에서 영호의 말하기에 대한 설명으로 적절한 것은?

> 선생님 : 영호야, 이번에 낸 소감문 정말 잘 썼더라.
> 영호 : 아닙니다. 아직 여러모로 부족합니다.

① 자신을 낮추어 겸손하게 말하고 있다.
② 상대방의 의견에 동의하며 말하고 있다.
③ 대화 맥락에서 벗어난 내용을 말하고 있다.
④ 상대방의 기분을 고려하여 칭찬을 하고 있다.

02 다음 대화에서 손녀의 말하기의 문제점으로 적절한 것은?

> 손녀 : 할머니, 저 편의점 가서 혼밥* 하고 올게요.
> 할머니 : 혼밥이 뭐니?
> * 혼밥 : '혼자 먹는 밥'의 의미로 쓰임.

① 생소한 지역 방언을 사용하였다.
② 직접 언급하기 꺼려하는 말을 사용하였다.
③ 맥락에 맞지 않는 관용 표현을 사용하였다.
④ 상대방이 이해하기 어려운 줄임말을 사용하였다.

03 다음 〈표준 발음법〉 규정에 따라 발음하지 <u>않는</u> 것은?

> **표준 발음법**
>
> [제20항] 'ㄴ'은 'ㄹ'의 앞이나 뒤에서 [ㄹ]로 발음한다.

① 경주는 <u>신라</u>의 서울이다.
② 새로운 <u>논리</u>를 전개했다.
③ <u>설날</u> 아침에 세배를 했다.
④ 어제 그를 <u>종로</u>에서 만났다.

04 밑줄 친 부분이 한글 맞춤법에 맞게 쓰인 것은?

① 그 약속은 <u>반듯이</u> 지키겠다.
② 우체국에서 부모님께 편지를 <u>붙였다</u>.
③ 정답을 <u>맞힌</u> 사람에게 선물을 주겠다.
④ 김장을 하려고 배추를 소금물에 <u>저렸다</u>.

05 (가)에서 설명하는 시제가 드러나 있는 것을 (나)의 ㉠~㉣에서 고른 것은?

> (가) 사건이 일어나는 시점이 말하는 시점인 현재보다 앞서 일어난 사건의 시제
> (나) 어제 학교에서 책을 ㉠ <u>읽었다</u>. 오늘은 가까운 도서관에 와서 책을 ㉡ <u>읽는다</u>. 예전에 ㉢ <u>읽은</u> 책이 눈에 띄어 다시 보고 있다. 앞으로도 책을 많이 ㉣ <u>읽어야겠다</u>.

① ㉠, ㉡　　　② ㉠, ㉢

③ ㉡, ㉢　　　④ ㉢, ㉣

06 ㉠~㉣에 나타난 중세 국어의 특징으로 적절하지 <u>않은</u> 것은?

> 불·휘 기·픈 남·ᄀᆞᆫ ㉠ᄇᆞᄅᆞ·매 아·니 :뮐·ᄊᆡ
> 곶:됴·코 여·름 ㉡·하ᄂᆞ·니
> ㉢:ᄉᆡ·미 기·픈 ㉣·므·른 ·ᄀᆞᄆᆞ·래 아·니
> 그·츨·ᄊᆡ :내·히 이·러 바·ᄅᆞ·래·가ᄂᆞ·니
>
> – 「용비어천가」 제2장 –

① ㉠ : 모음 조화를 지키고 있다.

② ㉡ : ‘ㆍ(아래아)’를 사용하고 있다.

③ ㉢ : 주격 조사가 생략되어 있다.

④ ㉣ : 이어 적기로 표기하고 있다.

07 다음 개요의 ㉠에 들어갈 내용으로 적절하지 <u>않은</u> 것은?

> **주제 : 공원 내 쓰레기 불법 투기를 근절하자.**
> Ⅰ. 서론 : 공원 내 쓰레기 불법 투기 실태
> Ⅱ. 본론
> 1. 공원 내 쓰레기 불법 투기의 원인
> 가. 공중도덕 준수에 대한 시민 의식 부족
> 나. 쓰레기 불법 투기에 대한 공원 측 관리 소홀
> 2. 공원 내 쓰레기 불법 투기의 해결 방안
> [㉠]
> Ⅲ. 결론 : 공원 내 쓰레기 불법 투기 근절을 위한 실천 촉구

① 공원 내 목줄 미착용 반려견 출입 제한

② 공중도덕 준수를 위한 시민 대상 캠페인 실시

③ 쓰레기 불법 투기 계도를 위한 지도 요원 배치

④ 공원 내 CCTV 증설을 통한 쓰레기 불법 투기 단속

08 ㉠~㉣에 대한 고쳐쓰기 방안으로 적절하지 <u>않은</u> 것은?

> 인터넷 게임 중독자는 일상생활에 ㉠ 적응하거나 불편을 겪는 경우가 많다. 왜냐하면 인터넷 게임 중독은 뇌 기능을 저하시켜 의사 결정 및 충동 조절 능력을 ㉡ 떨어뜨리기 때문이다. ㉢ 인터넷은 정보 교환을 하기 위해 연결한 통신망이다. 인터넷 게임 중독의 문제를 명확히 인식하고, 이에 대한 경각심을 가져야 ㉣ 할것이다.

① ㉠ : 문맥을 고려하여 ‘적응하지 못하거나’로 바꾼다.

② ㉡ : ‘왜냐하면’과 호응하도록 ‘떨어뜨린다’로 바꾼다.

③ ㉢ : 글의 통일성을 해치는 문장이므로 삭제한다.

④ ㉣ : 띄어쓰기가 잘못되어 있으므로 ‘할 것이다’로 고친다.

[9~11] 다음 글을 읽고 물음에 답하시오.

흔들리는 나뭇가지에 꽃 한번 피우려고
눈은 ㉠ 얼마나 많은 도전을 멈추지 않았으랴

㉡ 싸그락 싸그락 두드려 보았겠지
난분분[1] 난분분 춤추었겠지
㉢ 미끄러지고 미끄러지길 수백 번,

㉣ 바람 한 자락 불면 휙 날아갈 사랑을 위하여
햇솜[2] 같은 마음을 다 퍼부어 준 다음에야
마침내 피워 낸 저 황홀 보아라

봄이면 가지는 그 한 번 덴 자리에
세상에서 ⓐ 가장 아름다운 상처를 터뜨린다

– 고재종, 「첫사랑」 –

1) 난분분 : 눈이나 꽃잎 따위가 흩날리어 어지럽게.
2) 햇솜 : 당해에 새로 난 솜.

09 윗글의 표현상 특징으로 적절하지 않은 것은?

① 자연 현상을 통해 시상을 전개하고 있다.
② 청유형 문장을 통해 화자의 정서를 드러내고 있다.
③ 감각적 이미지를 활용하여 대상을 구체화하고 있다.
④ 비유적 표현을 활용하여 시적 의미를 형상화하고 있다.

10 다음과 관련하여 윗글을 감상할 때, ㉠~㉣ 중 시적 의미가 가장 이질적인 것은?

나뭇가지에 쌓이는 눈꽃을 피우기 위한 '눈'의 노력

① ㉠ ② ㉡
③ ㉢ ④ ㉣

11 ⓐ의 시적 의미와 표현 방법으로 적절한 것은?

시적 의미	표현 방법
① 성숙한 사랑의 가치	역설법
② 첫사랑에 대한 그리움	대구법
③ 미래에 대한 불길한 예감	역설법
④ 지나간 사랑에 대한 미련	대구법

[12~14] 다음 글을 읽고 물음에 답하시오.

[앞부분의 줄거리] '나'의 집에 세 살던 권 씨는 아내의 수술비를 빌리고자 하지만 나는 거절한다. 뒤늦게 나는 권 씨 아내의 수술비를 마련해 주지만, 권 씨는 그 사실을 모른 채 그날 밤 강도로 들어온다.

얌전히 구두까지 벗고 양말 바람으로 들어온 강도의 발을 나는 그때 비로소 볼 수 있었다. 내가 그렇게 염려를 했는데도 강도는 와들와들 떨리는 다리를 옮기다가 그만 부주의하게 동준이의 발을 밟은 모양이었다. 동준이가 갑자기 칭얼거리자 그는 질겁을 하고 엎드리더니 녀석의 어깨를 토닥거리는 것이었다. 녀석이 도로 잠들기를 기다려 그는 복면 위로 칙칙하게 땀이 밴 얼굴을 들고 일어나서 내 위치를 흘끔 확인한 다음 본격적인 작업에 들어갔다. 터지려는 웃음을 꾹 참은 채 강도의 애교스러운 행각을 시종 주목하고 있던 나는 살그머니 상체를 움직여 동준이를 잠재울 때 이부자리 위에 떨어뜨린 식칼을 집어 들었다.

"연장을 이렇게 함부로 굴리는 걸 보니 당신 경력이 얼마나 되는지 알 만합니다."

내가 내미는 칼을 보고 그는 기절할 만큼 놀랐다. 나는 사람 좋게 웃어 보이면서 칼을 받아 가라는 눈짓을 보였다. 그는 겁에 질려 잠시 망설이다가 내 재촉을 받고 후닥닥 달려들어 칼자루를 낚아채 가지고는 다시 내 멱을 겨누었다. 그가 고의로 사람을 찌를 만한 위인이 못 되는 줄 일찍이 간파했기 때문에 나는 칼을 되돌려준 걸 조금도 후회하지 않았다. 아니나 다를까, 그는 식칼을 옆구리 쪽 허리띠에 차더니만 몹시 자존심이 상한 표정이 되었다.

"도둑맞을 물건 하나 제대로 없는 주제에 이죽거리긴!"

"그래서 경험 많은 친구들은 우리 집을 거들떠도 안 보고 그냥 지나치죠."

"누군 뭐 들어오고 싶어서 들어왔나? 피치 못할 사정 땜에 어쩔 수 없이……."

나는 강도를 안심시켜 편안한 맘으로 돌아가게 만들 절호의 기회라고 판단했다.

"그 피치 못할 사정이란 게 대개 그렇습디다. 가령 식구 중의 누군가가 몹시 아프다든가 빚에 몰려서……."

그 순간 강도의 눈이 의심의 빛으로 가득 찼다. ㉠ 분개한 나머지 이가 딱딱 마주칠 정도로 떨면서 그는 대청마루를 향해 나갔다. 내 옆을 지나쳐 갈 때 그의 몸에서는 역겨울 만큼 술 냄새가 확 풍겼다. 그가 허둥지둥 끌어안고 나가는 건 틀림없이 갈기갈기 찢어진 한 줌의 자존심일 것이었다. 애당초 의도했던 바와는 달리 내 방법이 결국 그를 편안케 하긴커녕 외려 더욱더 낭패케 만들었음을 깨닫고 나는 그의 등을 향해 말했다.

– 윤흥길, 「아홉 켤레의 구두로 남은 사내」 –

12 윗글에 대한 설명으로 적절한 것은?

① 공간의 대비를 통해 주제를 강조하고 있다.
② 과거 회상을 통해 갈등의 원인을 보여 주고 있다.
③ 작품 속 인물의 시각으로 사건을 서술하고 있다.
④ 계절적 배경을 묘사하여 인물의 심리를 암시하고 있다.

13 윗글에 나타난 '나'의 심리로 가장 적절한 것은?

① '강도'의 행위에 대해 두려워하지 않고 있다.
② '강도'에 대해 분노와 적대감을 느끼고 있다.
③ '강도'가 자신의 집에 들어온 까닭을 궁금해하고 있다.
④ '강도'에게 한 자신의 우호적인 말에 끝까지 만족하고 있다.

14 ㉠의 이유로 가장 적절한 것은?

① 수술비를 마련해 준 것을 알게 되어서
② 주인 가족에 대한 미안한 마음이 들어서
③ 자신을 배려해 준 것에 고마운 마음이 들어서
④ 자신의 정체를 들킨 것 같아 자존심이 상해서

[15~16] 다음 글을 읽고 물음에 답하시오.

가시리 가시리잇고 나ᄂᆞᆫ
ᄇᆞ리고 가시리잇고 나ᄂᆞᆫ
  위 증즐가 대평셩ᄃᆡ(大平盛代)

날러ᄂᆞᆫ 엇디 살라 ᄒᆞ고
ᄇᆞ리고 가시리잇고 나ᄂᆞᆫ
  위 증즐가 대평셩ᄃᆡ(大平盛代)

잡ᄉᆞ와 두어리마ᄂᆞᄂᆞᆫ
선ᄒᆞ면 아니 올셰라
  위 증즐가 대평셩ᄃᆡ(大平盛代)

셜온 님 보내ᄋᆞᆸ노니 나ᄂᆞᆫ
가시ᄂᆞᆫ ᄃᆞᆺ 도셔 오쇼셔 나ᄂᆞᆫ
  위 증즐가 대평셩ᄃᆡ(大平盛代)

– 작자 미상, 「가시리」 –

15 윗글에 대한 설명으로 적절한 것은?

① 후렴구의 반복을 통해 운율을 형성하고 있다.
② 선경후정을 통해 주제 의식을 강조하고 있다.
③ 자연과 인간을 대비하여 정서를 드러내고 있다.
④ 계절의 변화에 따라 대상의 속성을 드러내고 있다.

16 윗글의 화자에 대한 설명으로 적절하지 않은 것은?

① 1연 : 이별의 상황을 안타까워함.
② 2연 : 임에 대한 헌신과 순종을 다짐함.
③ 3연 : 임을 붙잡고 싶어 함.
④ 4연 : 임과의 재회를 간절히 소망함.

[17~19] 다음 글을 읽고 물음에 답하시오.

[앞부분의 줄거리] 옥영과 혼인하려던 최척은 왜병의 침입을 막기 위해 의병으로 전쟁에 나가게 된다. 전쟁에서 돌아온 최척은 옥영과 혼인해 행복하게 살지만, 또 다른 전란의 발생으로 옥영과 다시 헤어진다.

최척은 홀로 선창(船窓)에 기대 자신의 신세를 생각하다가, 짐 꾸러미 안에서 통소를 꺼내 슬픈 곡조의 노래를 한 곡 불어 가슴속에 맺힌 슬픔과 원망을 풀어 보려 했다. 최척의 통소 소리에 바다와 하늘이 애처로운 빛을 띠고 구름과 안개도 수심에 잠긴 듯했다. 뱃사람들도 그 소리에 놀라 일어나 모두들 서글픈 표정을 지었다. 그때 문득 일본 배에서 염불하던 소리가 뚝 그쳤다. 잠시 후 조선말로 시를 읊는 소리가 들렸다.

[A]
왕자교(王子喬) 통소 불 제 달은 나지막하고
바닷빛 파란 하늘엔 이슬이 자욱하네.
푸른 난새 함께 타고 날아가리니
봉래산 안개 속에서도 길 잃지 않으리.

시 읊는 소리가 그치더니 한숨 소리, 쯧쯧 혀 차는 소리가 들려왔다. 최척은 시 읊는 소리를 듣고는 깜짝 놀라 얼이 빠진 사람 같았다. 저도 모르는 새 통소를 땅에 떨어뜨리고 마치 죽은 사람처럼 멍하니 서 있었다. 송우가 말했다.

"왜 그래? 왜 그래?"

거듭 물어도 대답이 없었다. 세 번째 물음에 이르러서야 비로소 최척은 뭔가 말을 하려 했지만 목이 막혀 말을 하지 못하고 눈물만 하염없이 흘렸다. 최척은 잠시 후 마음을 진정시킨 뒤 이렇게 말했다.

"저건 내 아내가 지은 시일세. 우리 부부 말곤 아무도 알지 못하는 시야. 게다가 방금 시를 읊던 소리도 아내 목소리와 흡사해. 혹 아내가 저 배에 있는 게 아닐까? 그럴 리 없을 텐데 말야."

그러고는 자기 일가가 왜적에게 당했던 일의 전말을 자세히 말했다. 배 안에 있던 사람들이 모두 놀랍고 희한한 일로 여겼다.

〈중략〉

옥영은 어젯밤 배 안에서 최척의 퉁소 소리를 들었다. 조선 가락인 데다 귀에 익은 곡조인지라, 혹시 자기 남편이 저쪽 배에 타고 있는 것이 아닐까 의심하여 시험 삼아 예전에 지었던 시를 읊어 본 것이었다. 그러던 차에 밖에서 최척이 말하는 소리를 듣고는 허둥지둥 엎어질 듯이 배에서 뛰어내려 왔다.

최척과 옥영은 마주 보고 소리치며 얼싸안고 모래밭을 뒹굴었다. 기가 막혀 입에서 말이 나오지 않았다. 눈물이 다하자 피눈물이 나왔으며 눈에 아무것도 보이지 않았다.

– 조위한, 「최척전」 –

17 윗글에 대한 설명으로 적절한 것은?

① 동물을 의인화하여 풍자 효과를 높이고 있다.
② 꿈과 현실을 교차하여 사건을 입체적으로 나타내고 있다.
③ 자연물에 감정을 이입하여 작품의 분위기를 드러내고 있다.
④ 인물의 행위에 대한 작가의 부정적 평가가 직접적으로 제시되어 있다.

18 [A]의 기능으로 가장 적절한 것은?

① 왜적에 대한 복수를 결심하는 계기
② 전란으로 헤어졌던 인물들이 재회하는 계기
③ 부귀를 누렸던 인물이 과거를 회상하는 계기
④ 사건의 전모를 깨달은 인물이 신분을 밝히는 계기

19 윗글의 인물에 대한 설명으로 가장 적절한 것은?

① '최척'은 자신의 처지를 떠올리며 통소를 불고 있다.
② '옥영'은 시를 지어서 '송우'의 물음에 화답하고 있다.
③ '옥영'은 염불 소리를 듣고 '최척'이 일본 배에 타고 있음을 확인하고 있다.
④ '최척'은 배 안의 사람들이 왜적에게 당했던 일의 전말을 듣고 망연자실하고 있다.

[20~22] 다음 글을 읽고 물음에 답하시오.

외부 효과란 누군가의 행동이 타인에게 이익이나 손실을 발생시키는 것을 말한다. 외부 효과가 타인에게 이익을 주면 긍정적 외부 효과인 외부 경제, 반대로 손실을 끼치면 부정적 외부 효과인 외부 불경제가 된다. 예컨대 꽃집에서 화사한 화분을 진열해 놓은 모습을 보면 기분이 좋아지지만, 낡은 트럭에서 내뿜는 시커먼 매연은 불편을 ㉠ <u>초래</u>한다. 꽃집은 타인에게 외부 경제를, 매연을 내뿜는 트럭은 외부 불경제를 제공한 것이다.

누이 좋고 매부 좋은 외부 경제는 권장할 일이다. 그러나 본인에게는 좋지만 타인에게는 해를 끼치는 외부 불경제는 심각한 갈등과 비용을 ㉡ <u>유발</u>하기에 늘 사회적 관심사가 된다. 따라서 외부 불경제를 법으로 규제하거나 부정적 외부 효과를 시정하기 위해 ㉢ <u>고안</u>된 세금인 '피구세'를 물리기도 한다. 피구세는 첫 제안자인 영국의 경제학자 아서 피구의 이름을 딴 것으로, 외부 불경제를 유발한 당사자에게 세금을 물림으로써 외부 효과를 내부화, 즉 본인 부담이 되게끔 만드는 것이다.

한편 피구세 중에서도 국민 건강과 복지에 나쁜 영향을 끼치는 특정 품목의 소비를 억제하기 위해 물리는 세금을 죄악세라고 한다. 일부 국가에서 ㉣ 논의되었던 설탕세(당 함유 제품에 부과하는 세금)가 이에 해당한다. 설탕은 본인의 건강을 해치는 것은 물론 사회적으로도 의료 수요 증가, 건강 보험 재정 악화 등의 부정적 외부 효과를 유발하므로 이를 억제하고자 세금을 부과하는 것이다.

– 오형규, 「외부 효과와 죄악세」 –

20 윗글에 대한 설명으로 적절하지 않은 것은?

① 개념을 풀이하며 화제를 제시하고 있다.
② 전문가의 이론을 시대순으로 설명하고 있다.
③ 구체적인 사례를 활용하여 이해를 돕고 있다.
④ 속담을 활용하여 설명 대상의 특성을 제시하고 있다.

21 윗글의 내용과 일치하는 것은?

① 외부 경제를 유발한 당사자에게는 피구세를 물린다.
② 낡은 트럭에서 내뿜는 매연은 외부 경제로 볼 수 있다.
③ 외부 불경제는 사회적 관심이 높으므로 규제하지 못한다.
④ 죄악세는 부정적 외부 효과를 억제하기 위해 물리는 세금이다.

22 ㉠~㉣의 사전적 의미로 적절하지 않은 것은?

① ㉠ : 일의 결과로서 어떤 현상을 생겨나게 함.
② ㉡ : 어떤 것이 다른 일을 일어나게 함.
③ ㉢ : 참고로 비교하고 대조하여 봄.
④ ㉣ : 어떤 문제에 대하여 서로 의견을 내어 토의함.

[23~25] 다음 글을 읽고 물음에 답하시오.

ㅇㅇ 지역 신문 칼럼 20ㅇㅇ년 ㅇ월 ㅇ일

심폐 소생술을 배우자

텔레비전을 함께 보던 가족이 갑자기 의식을 잃고 쓰러졌을 때, 우리가 할 수 있는 일은 무엇일까요? 바로 심폐 소생술입니다.

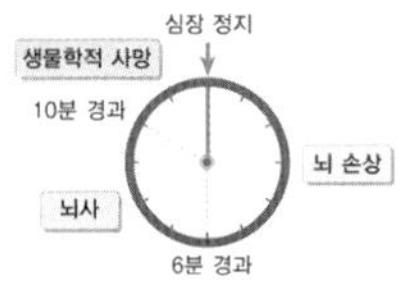

일반적으로 심장 정지 후 뇌가 손상되기 시작하고, 6분이 지나면 뇌사 상태가 됩니다. 이후 불과 10분 만에 사람은 생물학적 사망에 이르게 됩니다. 이를 통해 심정지 발생 후 초기 대응 시간이 환자의 생사를 좌우한다는 것을 알 수 있습니다. 따라서 심정지 환자를 발견하면 즉시 응급 처치를 해야 하는데, 이 때 필요한 것이 심폐 소생술입니다.

하지만 많은 사람들이 심폐 소생술이 무엇인지, 이를 어떻게 해야 하는지 모를뿐더러 일부 사람들은 오히려 자신의 응급 처치가 환자에게 해를 끼칠지도 모른다고 걱정합니다. 이러한 걱정을 떨쳐 버릴 수 있는 가장 좋은 방법은 심폐 소생술을 배우는 것입니다. 실제와 유사한 상황에서 실습 위주의 심폐 소생술 교육을 받고 반복적으로 연습하면, 실제 상황이 발생했을 때 당황하지 않고 심폐 소생술을 실행할 수 있을 것입니다.

응급 상황은 예고 없이 찾아옵니다. 그럴 때 도울 방법을 몰라 응급 환자를 보고만 있을 수밖에 없다면 그 안타까움은 이루 말할 수 없을 것입니다. 소중한 생명을 ㉠ 지키기 위해 심폐 소생술을 배우고 익힙시다.

23 **윗글의 서술상 특징으로 가장 적절한 것은?**

① 묻고 답하는 방법으로 중심 화제를 제시하고 있다.
② 다양한 관점에서 문제 해결 방법을 소개하고 있다.
③ 대립되는 의견을 절충하여 결론을 제시하고 있다.
④ 중심 화제의 한계를 제시하며 글을 마무리하고 있다.

24 **윗글에서 알 수 있는 내용으로 적절하지 않은 것은?**

① 심정지 환자 발생 시 되도록 빨리 응급 처치를 해야 한다.
② 실습 위주의 심폐 소생술 교육은 실제 상황 발생 시 유용하다.
③ 심정지의 발생 원인을 제거하기 위해 심폐 소생술 교육을 실시하고 있다.
④ 심폐 소생술 교육은 자신의 응급 처치가 환자에게 해가 될까 우려하는 사람들에게 도움이 된다.

25 **밑줄 친 부분이 ㉠과 가장 유사한 의미로 쓰인 것은?**

① 개는 집을 잘 지키는 동물이다.
② 경찰이 정문을 지키고 서 있었다.
③ 우리는 등교 시간을 꼭 지켜야 한다.
④ 누구든지 건강은 젊어서 지켜야 한다.

2021 제 2 회

수학

01 두 다항식 $A=2x^2+x$, $B=x^2-x$에 대하여 $A-B$는?

① x^2-2x ② x^2-x
③ x^2+x ④ x^2+2x

02 등식 $x^2+3x-7=x^2+ax+b$가 x에 대한 항등식일 때, 두 상수 a, b에 대하여 $a+b$의 값은?

① -5 ② -4
③ -3 ④ -2

03 다항식 x^3-2x+a가 $x-1$로 나누어떨어질 때, 상수 a의 값은?

① 1 ② 2
③ 3 ④ 4

04 다항식 x^3+3^3을 인수분해한 식이 $(x+3)(x^2-3x+a)$일 때, 상수 a의 값은?

① 1 ② 3
③ 6 ④ 9

05 $i(1+2i)=a+i$일 때, 실수 a의 값은? (단, $i=\sqrt{-1}$)

① -2 ② -1
③ 1 ④ 2

06 이차방정식 $x^2-4x-5=0$의 두 근을 α, β라 고 할 때, $\alpha+\beta$의 값은?

① 2 ② 3
③ 4 ④ 5

07 $-1\leq x\leq 2$일 때, 이차함수 $y=x^2-3$의 최솟값은?

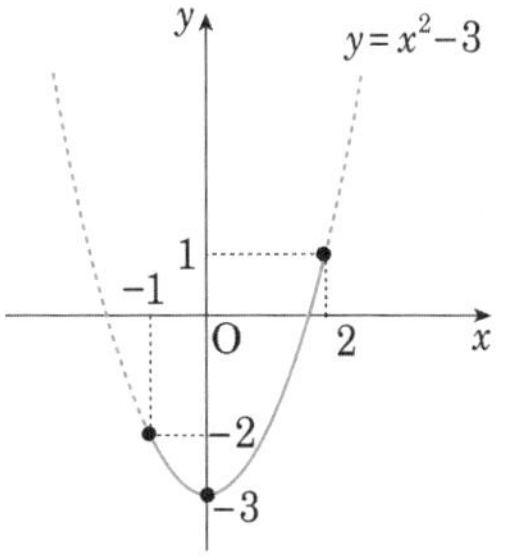

① -3
② -2
③ -1
④ 0

08 삼차방정식 $x^3+ax^2-2x-1=0$의 한 근이 1일 때, 상수 a의 값은?

① 1 ② 2
③ 3 ④ 4

09 연립부등식 $\begin{cases} 3x < 2x+5 \\ 4x > 3x-1 \end{cases}$ 의 해가 $-1 < x < a$일 때, 상수 a의 값은?

① 5　　② 6
③ 7　　④ 8

10 그림은 부등식 $|x-2| \le 2$의 해를 수직선 위에 나타낸 것이다. 상수 a의 값은?

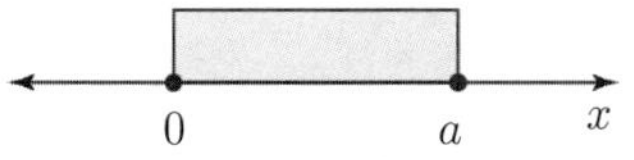

① 4　　② 5
③ 6　　④ 7

11 좌표평면 위의 두 점 A$(-2,\ 1)$, B$(2,\ 4)$ 사이의 거리는?

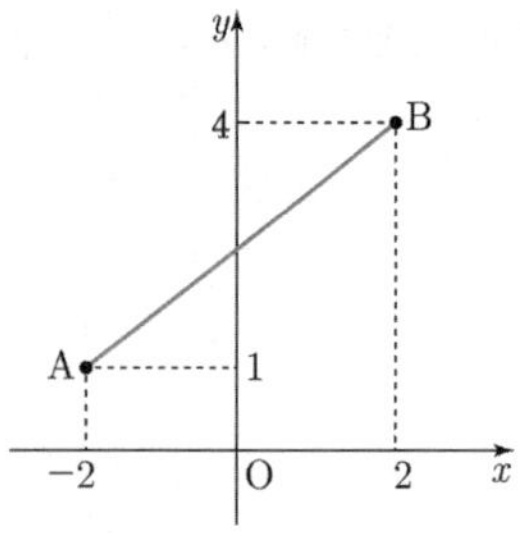

① 3
② 4
③ 5
④ 6

12 직선 $y=2x+3$에 평행하고, 점 $(0,\ 6)$을 지나는 직선의 방정식은?

① $y=\frac{1}{2}x+1$　　② $y=\frac{1}{2}x+6$
③ $y=2x+1$　　④ $y=2x+6$

13 두 점 A$(-1,\ -1)$, B$(3,\ 3)$을 지름의 양 끝점으로 하는 원의 방정식은?

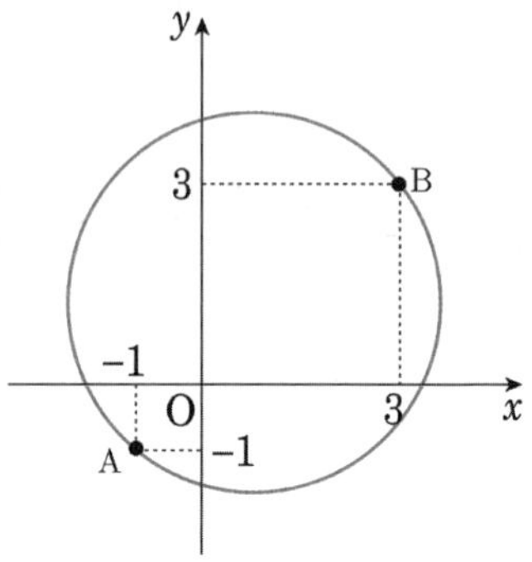

① $(x+1)^2+(y+1)^2=8$
② $(x+1)^2+(y-1)^2=8$
③ $(x-1)^2+(y+1)^2=8$
④ $(x-1)^2+(y-1)^2=8$

14 좌표평면 위의 점 $(2,\ 5)$를 x축에 대하여 대칭이동한 점의 좌표는?

① $(-2,\ -5)$　　② $(-2,\ 5)$
③ $(2,\ -5)$　　④ $(5,\ 2)$

15 두 집합 $A=\{1,2,3,6\}$, $B=\{1,2,4,8\}$에 대하여 $n(A\cap B)$의 값은?

① 2　　② 4
③ 6　　④ 8

16 명제 '$x=1$이면 $x^3=1$이다.'의 역은?

① $x=1$이면 $x^3 \neq 1$이다.
② $x \neq 1$이면 $x^3=1$이다.
③ $x^3=1$이면 $x=1$이다.
④ $x^3 \neq 1$이면 $x \neq 1$이다.

17 함수 $f: X \rightarrow Y$가 그림과 같을 때, $(f \circ f)(2)$의 값은?

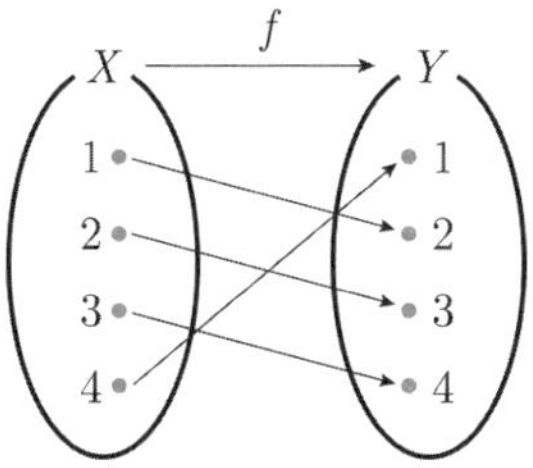

① 1
② 2
③ 3
④ 4

18 유리함수 $y=\dfrac{1}{x-a}+4$의 그래프의 점근선은 두 직선 $x=3,\ y=4$이다. 상수 a의 값은?

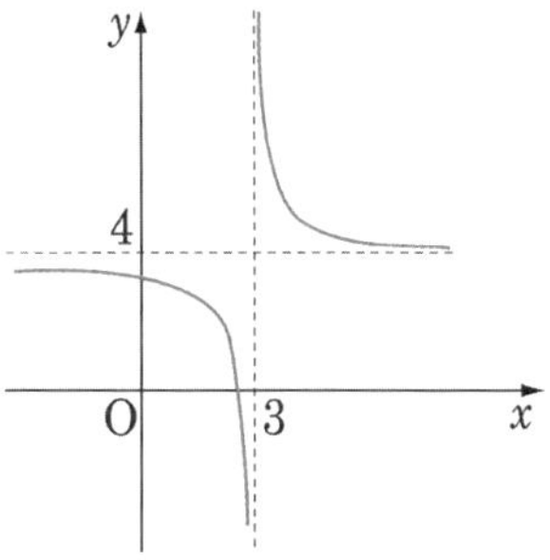

① 1
② 3
③ 5
④ 7

19 그림은 어느 하계 올림픽 경기 종목 중 4개의 종목을 나타낸 것이다. 이 4개의 종목에서 서로 다른 2개의 종목을 택하여 일렬로 나열하는 경우의 수는?

① 12
② 15
③ 18
④ 21

20 그림과 같이 5개의 정다면체가 있다. 이 5개의 정다면체에서 서로 다른 2개의 정다면체를 선택하는 경우의 수는?

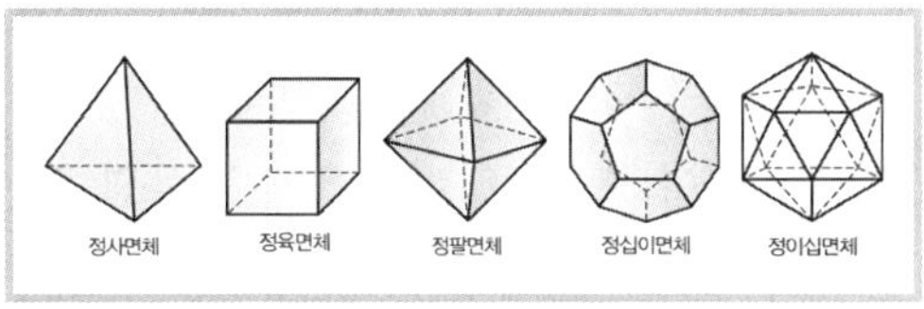

① 8
② 10
③ 12
④ 14

2021 제2회 영어

[1~3] 다음 밑줄 친 부분의 뜻으로 가장 적절한 것을 고르시오.

01

Science has brought many <u>benefits</u> to the world.

① 규칙 ② 목표
③ 의미 ④ 혜택

02

I will <u>get along with</u> my classmates better this year.

① 감탄하다 ② 어울리다
③ 실망하다 ④ 경쟁하다

03

<u>After all</u>, the news turned out to be true.

① 결국 ② 만약에
③ 적어도 ④ 예를 들면

04 다음 밑줄 친 두 단어의 의미 관계와 <u>다른</u> 것은?

When people ask me about my favorite <u>food</u>, I always answer that it is <u>pizza</u>.

① animal – horse
② danger – safety
③ vegetable – onion
④ emotion – happiness

05 다음 자선 달리기 행사 안내문에서 언급되지 <u>않은</u> 것은?

CHARITY RUN

Come out and show your support for cancer patients!

- Date : September 24th
- Time : 9 a.m. - 4 p.m.
- Place : Asia Stadium

* Free T-shirts for participants

① 행사 날짜 ② 행사 시간
③ 행사 장소 ④ 행사 참가비

[6~8] 다음 빈칸에 공통으로 들어갈 말로 가장 적절한 것을 고르시오.

06

- She has a big smile on her ______.
- You should learn to ______ your problem.

① face ② heat
③ meet ④ walk

07

- Tom, _______ are you planning to go?
- There is a safe place _______ we can stay.

① who ② what
③ where ④ which

08

- Please calm _______ and listen to me.
- Could you turn _______ the volume?

① down ② for
③ into ④ with

09 다음 대화에서 밑줄 친 표현의 의미로 가장 적절한 것은?

A : I'm going to Germany next week. Any advice?
B : Remember to cut your potato with a fork, not a knife.
A : Why is that?
B : That's a German dining custom. <u>When in Rome, do as the Romans do</u>.

① 기회가 왔을 때 잡아야 한다.
② 진정한 배움에는 지름길이 없다.
③ 사귀는 친구를 보면 그 사람을 알 수 있다.
④ 다른 나라에 가면 그 나라의 풍습을 따라야 한다.

10 다음 대화에서 알 수 있는 B의 심정으로 가장 적절한 것은?

A : How do you like your new job?
B : It's a lot of work, but I like it very much.
A : Really? That's great.
B : Thanks. I'm very satisfied with it.

① 불안하다 ② 실망하다
③ 만족하다 ④ 지루하다

11 다음 대화가 이루어지는 장소로 가장 적절한 것은?

A : I'd like to get a refund for this jacket.
B : May I ask you what the problem is?
A : It's too big for me.
B : Would you like to exchange it for a smaller size?
A : No, thank you.

① 옷 가게 ② 경찰서
③ 은행 ④ 가구점

12 다음 글에서 밑줄 친 it이 가리키는 것으로 가장 적절한 것은?

One day in math class, Mary volunteered to solve a problem. When she got to the front of the class, she realized that <u>it</u> was very difficult. But she remained calm and began to write the answer on the blackboard.

① blackboard ② classroom
③ problem ④ school

[13~14] 다음 대화의 빈칸에 들어갈 말로 가장 적절한 것을 고르시오.

13

A : ________________________?
B : Sure, Mom. What is it?
A : Can you pick up some eggs from the supermarket?
B : Okay. I'll stop by on my way home.

① Why are you so upset
② Will you teach me how
③ Can you do me a favor
④ How far is the bus stop

14

A : How long have you been skating?
B : ________________________.

① I went skiing last month
② I have been skating since I was 10
③ I will learn how to skate this winter
④ I want to go skating with my parents

15 다음 대화의 주제로 가장 적절한 것은?

A : What can we do to save electricity?
B : We can switch off the lights when we leave rooms.
A : I see. Anything else?
B : It's also a good idea to use the stairs instead of the elevator.

① 조명의 중요성
② 전기 절약 방법
③ 대체 에너지의 종류
④ 엘리베이터 이용 수칙

16 다음 글을 쓴 목적으로 가장 적절한 것은?

I want to express my thanks for writing a recommendation letter for me. Thanks to you, I now have a chance to study in my dream university. I will never forget your help and kindness.

① 감사하려고
② 거절하려고
③ 사과하려고
④ 추천하려고

17 다음 수영장 이용 규칙에 대한 안내문의 내용과 일치하지 않는 것은?

SWIMMING POOL RULES

You must :
- take a shower before entering the pool.
- always wear a swimming cap.
- follow the instructions of the lifeguard.

* Diving is not permitted.

① 수영 후에는 샤워를 해야 한다.
② 항상 수영모를 착용해야 한다.
③ 안전 요원의 지시를 따라야 한다.
④ 다이빙은 허용되지 않는다.

18 다음 International Mango Festival에 대한 설명과 일치하지 않는 것은?

The International Mango Festival, which started in 1987, celebrates everything about mangoes. It is held in India in summer every year. It has many events such as a mango eating competition and a quiz show. The festival provides an opportunity to taste more than 550 kinds of mangoes for free.

① 1987년에 시작되었다.
② 매년 여름 인도에서 열린다.
③ 망고 먹기 대회가 있다.
④ 망고를 맛보려면 돈을 내야 한다.

19 다음 글의 주제로 가장 적절한 것은?

The increasing amount of food trash is becoming a serious environmental problem. Here are some easy ways to decrease the amount of food trash. First, make a list of the food you need before shopping. Second, make sure not to prepare too much food for each meal. Third, save the food that is left for later use.

① 분리수거 시 유의 사항
② 장보기 목록 작성 요령
③ 음식물 쓰레기를 줄이는 방법
④ 올바른 식습관 형성의 필요성

[20~21] 다음 글의 빈칸에 들어갈 말로 가장 적절한 것을 고르시오.

20

The students at my high school have ____________ backgrounds. They are from different countries such as Russia, Thailand, and Chile. I am quite happy to be in a multicultural environment with my international classmates.

① close ② diverse
③ negative ④ single

21

Tate Modern is a museum located in London. It used to be a power station. After the station closed down in 1981, the British government decided to ________ it into a museum instead of destroying it. Now this museum holds the national collection of modern British artwork.

① balance ② forbid
③ prevent ④ transform

22 글의 흐름으로 보아 다음 문장이 들어가기에 가장 적절한 곳은?

What if your favorite flavor is strawberry?

Do you love ice cream? (①) Like most people, I love ice cream very much. (②) According to a newspaper article, your favorite ice cream flavor could show what kind of person you are. (③) For example, if your favorite flavor is chocolate, it means that you are very creative and enthusiastic. (④) It means you are logical and thoughtful.

23 다음 글의 바로 뒤에 이어질 내용으로 가장 적절한 것은?

As you know, many young people these days suffer from neck pain. This is because they spend many hours per day leaning over a desk while studying or using smartphones. But don't worry. We have some exercises that can help prevent and reduce neck pain. This is how you do them.

① 현대인들의 목 통증의 원인
② 목 통증을 유발하기 쉬운 자세
③ 목 통증을 예방하고 줄일 수 있는 운동법
④ 스마트폰 사용 시간과 목 통증의 상관관계

[24~25] 다음 글을 읽고 물음에 답하시오.

When comparing tennis with table tennis, there are some similarities and differences. First, they are both racket sports. Also, both players hit a ball back and forth across a net. _______, there are differences, too. While tennis is played on a court, table tennis is played on a table. Another difference is that a much bigger racket is used in tennis compared to table tennis.

24 윗글의 빈칸에 들어갈 말로 가장 적절한 것은?

① Finally　② However
③ Therefore　④ For example

25 윗글의 주제로 가장 적절한 것은?

① 탁구와 테니스의 경기 방법
② 탁구와 테니스의 운동 효과
③ 탁구와 테니스의 라켓 사용법
④ 탁구와 테니스의 유사점과 차이점

2021 제2회

기출을 보면 합격이 보인다!

사회

01 ㉠에 들어갈 것은?

- 모든 국민은 인간으로서의 존엄과 가치를 가지며, (㉠)을/를 추구할 권리를 가진다. …….

– 헌법 제10조 –

- 아리스토텔레스는 (㉠)을/를 인간 존재의 목적이고 이유라고 하였다.

① 복지 ② 봉사
③ 준법 ④ 행복

02 (가)~(다)는 인권 보장과 관련된 사건이다. 발생 시기가 이른 순서대로 나열한 것은?

(가) 영국의 권리 장전 승인
(나) 독일의 바이마르 헌법 제정
(다) 국제 연합[UN]의 세계 인권 선언 채택

① (가) – (나) – (다)
② (가) – (다) – (나)
③ (나) – (가) – (다)
④ (나) – (다) – (가)

03 다음에서 설명하는 것은?

- 의미 : 비슷한 상품을 생산하는 기업들끼리 생산량과 가격을 사전에 협의하여 결정하는 것
- 영향 : 시장의 자유로운 경쟁 제한, 소비자의 선택권 침해

① 신용 ② 예금
③ 담합 ④ 채권

04 ㉠에 들어갈 것은?

경 제 신 문 ○○○○년 ○○월 ○○일

대공황 극복의 길을 열다!

1933년 미국의 루스벨트 대통령은 (㉠)으로 대공황 극복에 나섰다. (㉠)은 실업 구제 사업과 대규모 공공사업 등을 통해 유효 수요를 늘리려는 의도로 시작되었다.

① 뉴딜 정책 ② 석유 파동
③ 시민 불복종 ④ 보이지 않는 손

05 다음에서 설명하는 것은?

국가가 보유한 생산 요소를 특정 상품 생산에 집중 투입하여 전문성과 생산성을 높이는 생산 방식이다.

① 화폐 ② 펀드
③ 편익 ④ 특화

06 다음은 권력 분립 제도와 관련된 헌법 조항이다. ㉠, ㉡에 들어갈 말을 알맞게 짝지은 것은?

> **제40조** 입법권은 (㉠)에 속한다.
> **제66조** 제4항 (㉡)은 대통령을 수반으로 하는 정부에 속한다.

	㉠	㉡		㉠	㉡
①	법원	사법권	②	법원	행정권
③	국회	사법권	④	국회	행정권

07 바람직한 생애 주기별 금융 설계에 대한 설명으로 적절한 것을 〈보기〉에서 고른 것은?

> **보기**
> ㄱ. 생애 주기 전체를 고려하여 설계한다.
> ㄴ. 생애 주기별 과업을 바탕으로 재무 목표를 설정한다.
> ㄷ. 중・장년기에는 저축하지 않고 수입 전액을 지출한다.
> ㄹ. 미래 소득은 제외하고 현재 소득만을 고려하여 설계한다.

① ㄱ, ㄴ　② ㄱ, ㄷ
③ ㄴ, ㄹ　④ ㄷ, ㄹ

08 다음에서 설명하는 문화 변동의 양상은?

> • 의미 : 한 사회 내에 기존의 문화 요소와 전파된 다른 사회의 문화 요소가 각각 나란히 존재하는 것
> • 사례 : 필리핀 사람들은 미국에서 전파된 영어와 자국의 필리핀어를 공용어로 사용함.

① 문화 갈등　② 문화 융합
③ 문화 성찰　④ 문화 병존

09 퀴즈에 대한 정답으로 옳은 것은?

① 가상 현실　② 유리 천장
③ 사이버 범죄　④ 소비자 주권

10 문화 사대주의에 대한 설명으로 옳은 것은?

① 문화의 우열을 평가하지 않는다.
② 자기 문화를 가장 우수한 것으로 생각한다.
③ 자기 문화를 기준으로 다른 문화를 부정적으로 본다.
④ 다른 문화를 자기 문화보다 우월한 것으로 믿고 동경한다.

11 ㉠에 들어갈 것으로 가장 적절한 것은?

> **(㉠)의 사례**
> • ○○기업은 오염 물질을 배출하여 사람들에게 피해를 주지만 어떠한 보상도 해 주지 않는다.
> • 양봉업자가 과수원 주변에 꿀벌을 쳐서 과수원 주인은 더 많은 과일을 수확할 수 있게 되었지만 양봉업자에게 그 대가를 지급하지 않는다.

① 외부 효과　② 공정 무역
③ 규모의 경제　④ 윤리적 소비

12 다음에서 설명하는 것은?

> 여러 민족의 다양한 문화를 하나로 녹여 그 사회의 주류 문화에 동화시키고자 하는 다문화 정책이다.

① 용광로 정책
② 샐러드 볼 정책
③ 고용 보험 정책
④ 샐러드 볼 정책

13 자유주의적 정의관에 대한 설명으로 옳은 것은?

① 개인보다 국가나 사회가 우선한다.
② 개인의 자유에 최고의 가치를 부여한다.
③ 개인의 이익 추구보다 공동선의 달성을 중시한다.
④ 인간의 삶에서 개인보다 공동체가 가지는 의미를 중시한다.

14 다음과 같은 특징이 나타나는 기후 지역은?

> - 기후 : 강수량이 적음.
> - 농업 : 오아시스나 외래 하천 부근에서 관개 시설을 이용해 밀, 대추야자 등을 재배함.
> - 전통 가옥 : 지붕이 평평한 흙벽돌집

① 열대 기후 지역
② 건조 기후 지역
③ 온대 기후 지역
④ 한대 기후 지역

15 다음에서 설명하는 자연재해는?

> - 저위도의 열대 해상에서 발생하여 우리나라에 영향을 미치는 열대 저기압
> - 강한 바람에 많은 비를 동반하여 큰 피해를 유발함.

① 가뭄 ② 지진
③ 태풍 ④ 폭설

16 ㉠에 들어갈 내용으로 적절하지 <u>않은</u> 것은?

> 도시에서는 인공 구조물과 아스팔트, 콘크리트 등의 포장 면적이 증가하여 (㉠).

① 녹지 면적이 감소한다.
② 농경지 확보가 유리해진다.
③ 도심에 열섬 현상이 나타난다.
④ 빗물이 토양에 잘 흡수되지 않는다.

17 다음에서 설명하는 에너지 자원은?

> - 화석 연료이며, 연소 시 대기 오염 물질의 배출이 적음.
> - 냉동 액화 기술의 발달과 수송선이 개발되면서 소비량이 증가함.

① 석유 ② 석탄
③ 원자력 ④ 천연가스

18 다음에서 설명하는 것은?

> • 의미 : 온라인상에서 사람과 사람을 연결해 주어 정보를 공유할 수 있는 서비스
> • 영향 : 인간관계 방식의 다양화와 정치 참여 기회의 확대

① 브렉시트(Brexit)
② 누리 소통망[SNS]
③ 인플레이션(inflation)
④ 배리어 프리(barrier free)

19 다음에서 설명하는 종교는?

> • 모스크에서 예배하며, 돼지고기와 술을 금기시한다.
> • 라마단 기간에 단식을 한다.

① 불교　② 힌두교
③ 이슬람교　④ 크리스트교

20 다음에서 설명하는 문화권은?

> • 역사 : 에스파냐와 포르투갈의 진출로 유럽 문화가 전파됨.
> • 언어 및 종교 : 에스파냐어와 포르투갈어, 가톨릭교
> • 인종(민족) : 원주민(인디오), 백인, 흑인, 혼혈인

① 북극 문화권
② 동아시아 문화권
③ 오세아니아 문화권
④ 라틴 아메리카 문화권

21 다음에서 설명하는 도시는?

> 다국적 기업의 본사, 생산자 서비스 기능, 금융 업무 기능 등이 집중되어 있고, 뉴욕, 런던, 도쿄 등이 대표적인 도시이다.

① 공업 도시　② 생태 도시
③ 세계 도시　④ 슬로 시티

22 ㉠에 들어갈 것으로 가장 적절한 것은?

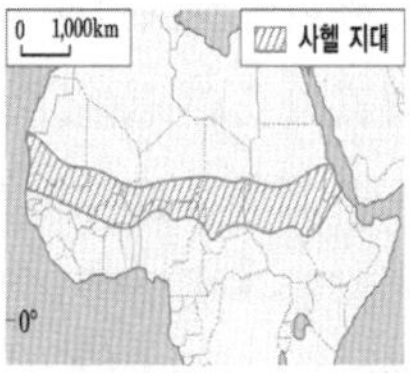

> (㉠)는 극심한 가뭄이나 인간의 과도한 농경 및 목축으로 인해 토지가 황폐화되는 현상으로, 사헬 지대에서 대표적으로 나타난다.

① 사막화　② 산성비
③ 열대림 파괴　④ 폐기물 해양 투기

23 다음에 해당하는 갈등 지역은?

> • 갈등 당사국 : 중국, 필리핀, 브루나이, 말레이시아, 베트남 등
> • 내용 : 원유 및 천연가스 매장지 영유권 분쟁

① 기니만　② 카슈미르
③ 난사 군도　④ 쿠릴 열도

24 **다음에 해당하는 인구 문제는?**

- 원인 : 결혼 및 자녀에 대한 가치관 변화와 여성의 사회 진출 증가
- 영향 : 향후 노동력 부족 및 인구 감소

① 저출산　② 성차별
③ 인구 과잉　④ 인종 갈등

25 **다음에서 설명하는 것은?**

- 두 개 이상의 주권 국가로 구성되어 국제법상 독자적인 지위를 갖는 조직이다.
- 유럽 연합[EU], 국제 통화 기금[IMF] 등이 해당한다.

① 정당　② 국제기구
③ 이익 집단　④ 비정부 기구

2021 제 2 회

과학

01 다음 중 질량이 있는 물체 사이에서 항상 당기는 방향으로 작용하는 힘은?

① 중력 ② 마찰력
③ 자기력 ④ 전기력

02 다음 중 바람의 운동 에너지를 전기 에너지로 전환하는 발전 방식은?

① 수력 발전 ② 풍력 발전
③ 화력 발전 ④ 태양광 발전

03 다음 물체 A~D 중 운동량이 가장 큰 것은?

물체	질량(kg)	속도(m/s)
A	2	1
B	2	2
C	3	1
D	3	2

① A ② B
③ C ④ D

04 그림과 같이 코일에 자석을 가까이 할 때 발생하는 유도 전류의 세기를 크게 하는 방법으로 옳은 것만을 〈보기〉에서 모두 고른 것은?

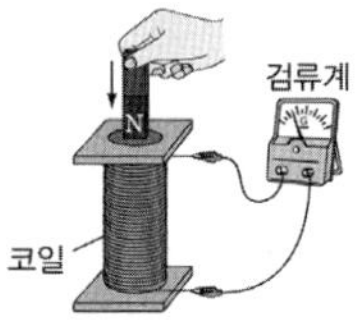

보기

ㄱ. 더 강한 자석을 사용한다.
ㄴ. 자석의 움직임을 더 빠르게 한다.
ㄷ. 단위 길이당 코일의 감은 수를 적게 한다.

① ㄱ ② ㄷ
③ ㄱ, ㄴ ④ ㄴ, ㄷ

05 그림은 변압기의 구조를 나타낸 것이다. 1차 코일과 2차 코일에 걸리는 전압 크기의 비 $V_1 : V_2$는? (단, 도선과 변압기에서 에너지 손실은 무시한다.)

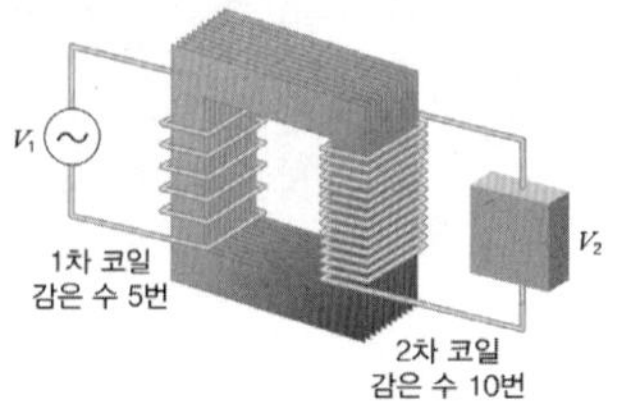

① 1 : 1
② 1 : 2
③ 2 : 1
④ 3 : 1

06 그림은 자유 낙하 하는 물체 A의 운동을 1초 간격으로 촬영한 것이다. ㉠ 구간의 거리는? (단, 공기 저항은 무시하고, 중력 가속도는 $10m/s^2$으로 한다.)

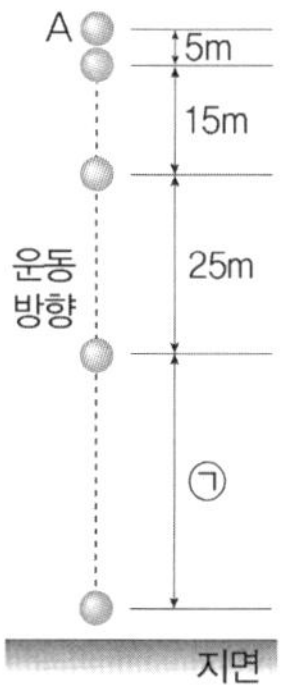

① 30m
② 35m
③ 40m
④ 45m

07 그림은 탄소의 원자 모형을 나타낸 것이다. 이에 대한 설명으로 옳은 것만을 〈보기〉에서 모두 고른 것은?

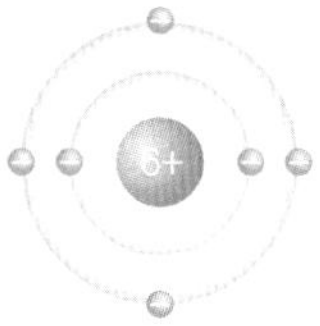

보기

ㄱ. 전기적으로 중성이다.
ㄴ. 원자 번호는 6번이다.
ㄷ. 원자가 전자는 5개이다.

① ㄱ ② ㄷ
③ ㄱ, ㄴ ④ ㄴ, ㄷ

08 표는 몇 가지 원소의 가장 바깥쪽 전자 껍질에 배치되어 있는 전자 수를 나타낸 것이다. 이 중 주기율표에서 같은 족에 속하는 원소를 고른 것은?

원소	가장 바깥쪽 전자 껍질의 전자 수
He	2개
Li	1개
Na	1개
Cl	7개

① Li, Cl ② He, Cl
③ Li, Na ④ He, Na

09 다음 중 인체의 약 70%를 차지하며, 수소 원자 2개와 산소 원자 1개가 공유 결합하여 생성된 물질은?

① 물(H_2O)
② 암모니아(NH_3)
③ 염화 나트륨(NaCl)
④ 수산화 나트륨(NaOH)

10 다음 신소재의 공통적인 구성 원소는?

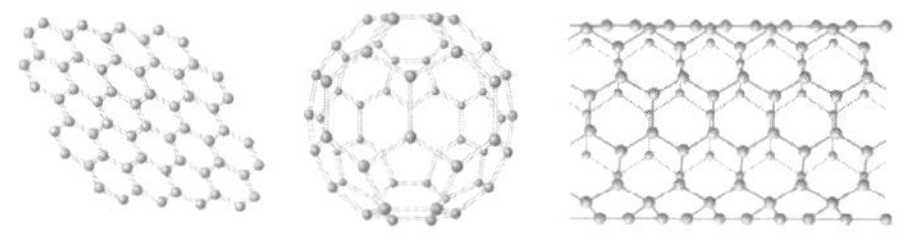

① 수소 ② 염소
③ 질소 ④ 탄소

11 다음은 몇 가지 염기의 이온화를 나타낸 것이다. 염기의 공통적 성질을 나타내는 이온은?

- $KOH \rightarrow K^+ + OH^-$
- $NaOH \rightarrow Na^+ + OH^-$
- $Ca(OH)_2 \rightarrow Ca^{2+} + 2OH^-$

① 칼륨 이온(K^+)
② 칼슘 이온(Ca^{2+})
③ 나트륨 이온(Na^+)
④ 수산화 이온(OH^-)

12 다음 중 산과 염기의 중화 반응 사례가 <u>아닌</u> 것은?

① 속이 쓰릴 때 제산제를 먹는다.
② 철이 공기 중의 산소와 만나 녹슨다.
③ 생선 요리에 레몬이나 식초를 뿌린다.
④ 산성화된 토양에 석회 가루를 뿌린다.

13 다음 설명에 해당하는 물질은?

- 기본 단위체인 아미노산의 다양한 조합으로 형성된 고분자 물질이다.
- 근육과 항체의 구성 물질이다.

① 핵산　② 단백질
③ 지방산　④ 셀룰로스

14 그림과 같이 물질을 종류에 따라 선택적으로 이동시키는 세포막의 특성은?

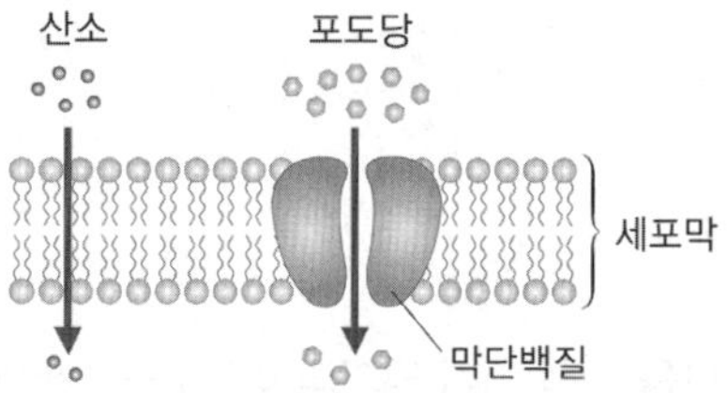

① 내성　② 주기성
③ 종 다양성　④ 선택적 투과성

15 다음 중 생명체 내에서 물질이 분해되거나 합성되는 모든 화학 반응은?

① 물질대사　② 부영양화
③ 먹이 그물　④ 유전적 다양성

16 그림은 세포 내 유전 정보의 흐름을 나타낸 것이다. 물질 ㉠은?

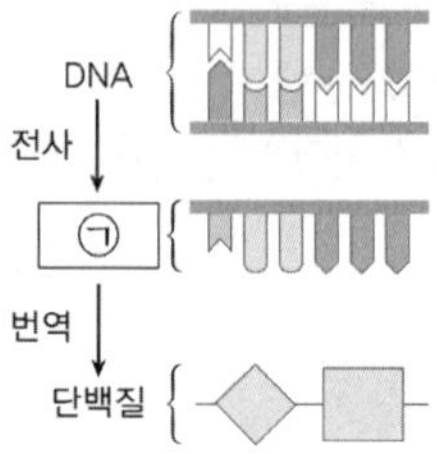

① RNA
② 인지질
③ 글리코젠
④ 중성 지방

17 그림은 식물 세포의 구조를 나타낸 것이다. A~D 중 세포막 바깥쪽에 있는 단단한 구조물로서 세포의 형태를 유지하는 역할을 하는 것은?

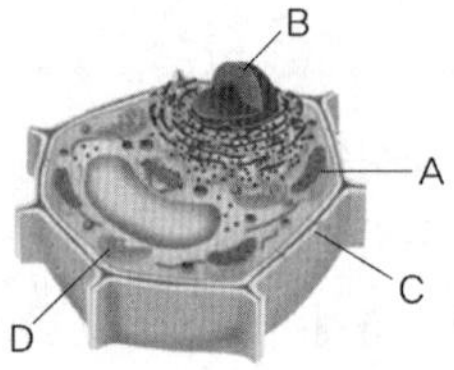

① A
② B
③ C
④ D

18 다음 중 벼, 메뚜기, 개구리 세 개체군이 살고 있는 지역의 안정된 생태계 평형 상태를 나타낸 것은? (단, 각 영양 단계의 면적은 생물량을 나타낸다.)

①

②

③
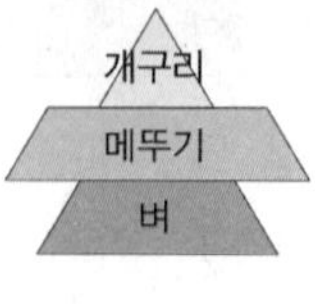

④

19 다음 중 생태계의 비생물적 요인은?

① 세균 ② 온도
③ 곰팡이 ④ 식물 플랑크톤

20 그림은 태양과 비슷한 질량을 가진 어느 별의 내부 구조이다. 다음 중 이 별에서 핵융합 반응으로 만들어진 원소는?

① 납
② 철
③ 구리
④ 헬륨

21 다음 중 밑줄 친 ㉠에서 상호 작용하는 지구 시스템의 구성 요소는?

수온이 따뜻한 열대 해상에서 ㉠ 해수가 활발히 증발해 대기로 공급된 수증기가 응결하여 태풍이 발생한다.

① 수권과 기권 ② 수권과 지권
③ 외권과 지권 ④ 기권과 생물권

22 그림은 남아메리카판과 아프리카판의 경계와 두 판의 이동 방향을 화살표로 나타낸 것이다. 다음 중 발산형 경계 A에서 나타나는 지형은?

① 해구
② 해령
③ 습곡 산맥
④ 호상 열도

23 그림은 물의 순환을 나타낸 것이다. 다음 중 이 현상을 일으키는 지구 시스템의 주된 에너지원은?

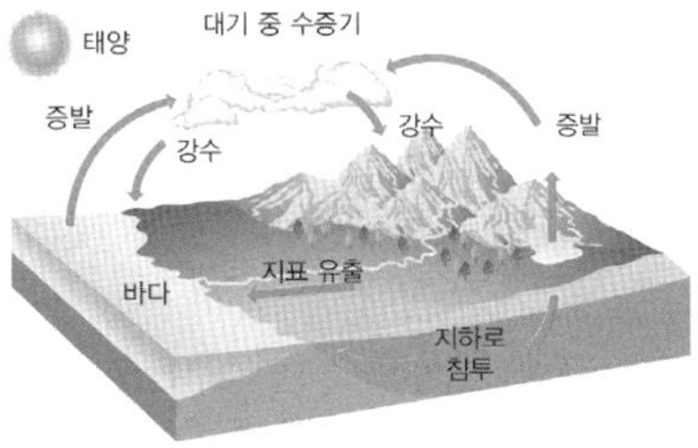

① 전기 에너지 ② 조력 에너지
③ 태양 에너지 ④ 지구 내부 에너지

24 그림은 높이에 따른 기권의 기온 분포를 나타낸 것이다. A~D 중 자외선을 흡수하는 오존층이 있으며 대류가 일어나지 않는 안정된 층은?

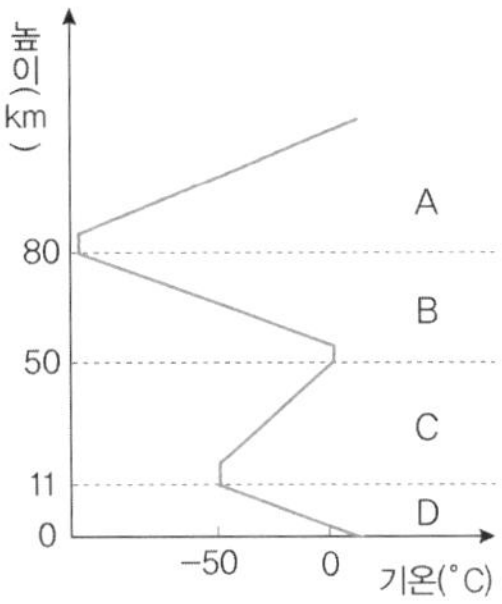

① A
② B
③ C
④ D

25 다음 설명에 해당하는 표준 화석은?

- 신생대에 번성하였다.
- 육지에 살았던 생물이다.

① 매머드 ② 삼엽충
③ 화폐석 ④ 암모나이트

2021 제 2 회 한국사

01 다음 유물이 처음으로 제작된 시대의 생활 모습으로 옳은 것은?

〈빗살무늬 토기〉

① 민화가 유행하였다.
② 불교를 받아들였다.
③ 농경과 목축을 시작하였다.
④ 철제 농기구를 사용하였다.

02 다음에서 ㉠에 들어갈 나라는?

〈 ㉠ 의 8조법〉
- 사람을 죽인 자는 즉시 죽인다.
- 남에게 상처를 입힌 자는 곡식으로 갚는다.
- 도둑질을 한 자는 노비로 삼는다.

① 마한 ② 백제
③ 신라 ④ 고조선

03 다음에서 ㉠에 들어갈 사건은?

〈고구려와 수 · 당의 전쟁〉
- ㉠ : 수나라의 침입을 을지문덕이 물리침.
- 안시성 싸움 : 당나라의 침입을 성주와 백성들이 결사적으로 저항하여 물리침.

① 기묘사화 ② 신미양요
③ 무신 정변 ④ 살수 대첩

04 다음 중 발해에 대한 설명으로 옳은 것을 〈보기〉에서 고른 것은?

보기
ㄱ. 고구려 계승 의식을 내세웠다.
ㄴ. 당으로부터 해동성국이라 불리었다.
ㄷ. 화랑도를 국가적 조직으로 정비하였다.
ㄹ. 이성계가 건국한 후 한양으로 천도하였다.

① ㄱ, ㄴ ② ㄱ, ㄷ
③ ㄴ, ㄹ ④ ㄷ, ㄹ

05 다음에서 설명하는 고려의 왕은?

- 쌍성총관부를 공격하여 철령 이북의 영토를 수복함.
- 신돈을 등용하여 전민변정도감을 설치함.

① 성왕 ② 공민왕
③ 장수왕 ④ 진흥왕

06 다음에서 ㉠에 들어갈 내용으로 가장 적절한 것은?

> 〈수행 평가 계획서〉
>
> 주제 : [㉠]
>
> - 1모둠 : 전시과 제도의 정비 과정에 대해 조사하기
> - 2모둠 : 공음전, 군인전의 특징에 대해 조사하기

① 고려의 토지 제도
② 삼국의 문물 교류
③ 조선의 대외 관계
④ 통일 신라의 신분 제도

07 다음에서 설명하는 고려의 공예품은?

> - 신라와 발해의 전통과 기술을 토대로 송의 자기 제작 기술을 받아들여 만들어짐.
> - 귀족 사회의 전성기인 11세기에 만들어진 비색의 자기임.

① 청자　② 활구
③ 거중기　④ 신기전

08 다음에서 설명하는 고려의 인물은?

> 역사 인물 카드
>
> - 생몰 연도 : 1158~1210
> - 주요 활동
>   - 수선사 결사 조직
>   - 수행 방법으로 정혜쌍수, 돈오점수 제시
>   - 선·교 일치의 사상 체계 정립

① 계백　② 지눌
③ 김유신　④ 김좌진

09 다음에서 설명하는 조선의 법전은?

> - 세조 때 편찬을 시작하여 성종 때 완성함.
> - 조선의 기본 법전으로 이·호·예·병·형·공전의 6전으로 구성됨.

① 경국대전　② 농사직설
③ 목민심서　④ 삼국사기

10 다음에서 ㉠에 들어갈 내용으로 옳은 것은?

> 〈정조의 정책〉
>
> - 규장각 운영
> - 장용영 설치
> - [㉠]

① 대가야 정벌　② 훈민정음 창제
③ 수원 화성 건설　④ 노비안검법 실시

11 다음에서 설명하는 사건은?

- 배경 : 청의 군신 관계 요구를 조선이 거절함.
- 전개 : 청 태종이 침략하자 인조가 남한산성으로 피신하여 항전하였으나 삼전도에서 항복함.
- 결과 : 조선은 청과 군신 관계를 맺음.

① 방곡령　② 병자호란
③ 을미사변　④ 홍경래의 난

12 다음에서 ㉠에 들어갈 조선의 수취 제도는?

학생 : (㉠)에 대해 알려주세요.

교사 : 조선 영조 때 군역 부담을 줄여 주기 위하여 실시된 수취 제도로 1년에 2필을 내던 군포를 1필로 줄였습니다.

① 과전법　② 균역법
③ 진대법　④ 호패법

13 다음에서 설명하는 사건은?

OOOO년 OO월 OO일

개화당, 새로운 세상을 꿈꾸다

개화당의 김옥균, 박영효, 홍영식, 서재필 등은 우정총국 개국 축하연을 기회로 변란을 일으켜 근대 국가를 건설하고자 하였다.

① 갑신정변　② 묘청의 난
③ 삼별초 항쟁　④ 위화도 회군

14 다음에서 설명하는 종교는?

- 경주의 몰락 양반인 최제우가 창시함.
- 인내천 사상을 바탕으로 인간의 평등을 강조함.
- 1894년 전봉준, 손화중 등 교도들이 농민 운동에 참여함.

① 도교　② 동학
③ 대종교　④ 원불교

15 다음 퀴즈의 정답으로 옳은 것은?

〈한국사 퀴즈〉

문제 : 다음 힌트를 듣고 정답을 말해 주세요.

- 힌트 1 – 흥선 대원군이 왕실의 권위를 높이기 위해 실시한 정책입니다.
- 힌트 2 – 필요 경비를 마련하려고 당백전을 발행하였습니다.

① 경복궁 중건　② 우산국 정복
③ 삼국유사 편찬　④ 독서삼품과 실시

16 밑줄 친 ㉠의 회원들이 벌인 활동으로 옳은 것은?

1907년 안창호, 양기탁 등이 설립한 ㉠ <u>비밀 결사 단체</u>로 교육 진흥과 국민 계몽을 강조하고 해외에 독립운동 기지를 건설하였다.

① 강동 6주 개척
② 대동여지도 제작
③ 남북 기본 합의서 채택
④ 대성 학교와 오산 학교 설립

17 다음에서 설명하는 자주 국권 운동을 전개한 단체는?

> **대한 사람 모두 모이시오!**
> **만민 공동회는 남녀노소 누구나 참여할 수 있습니다.**
> • 일자 : 1898년 ○월 ○○일
> • 취지 : 러시아 내정 간섭과 이권 요구 규탄
> • 운영 방법 : 토론회와 강연회

① 의열단
② 독립 협회
③ 북로 군정서
④ 미・소 공동 위원회

18 다음에서 설명하는 것은?

> 1919년 3・1 운동을 계기로 상하이에서 수립되었으며, 민주 공화제를 지향하고 연통제와 교통국을 조직하여 활동하였다.

① 삼정이정청
② 통리기무아문
③ 문맹 퇴치 운동
④ 대한민국 임시 정부

19 다음에서 일제 강점기 국가 총동원법이 적용된 시기의 상황으로 옳은 것은?

① 공출 제도가 실시되었다.
② 만적의 난이 발생하였다.
③ 강화도 조약이 체결되었다.
④ 전국에 척화비가 세워졌다.

20 다음에서 설명하는 단체는?

> • 어려운 독립운동 상황을 극복하기 위해 김구의 주도하에 조직됨.
> • 대표적인 활동으로 이봉창 의거와 윤봉길 의거가 있음.

① 별기군　　② 교정도감
③ 한인 애국단　　④ 조선어 학회

21 다음에서 ㉠에 들어갈 내용으로 가장 적절한 것은?

> **〈다큐멘터리 기획안〉**
> • 제목 : 일제의 역사 왜곡에 맞선 신채호
> • 기획 의도 : 역사학자 신채호의 활동을 조명한다.
> • 내용 : 1부 대한매일신보에 '독사신론'을 연재하다.
> 2부 [　　㉠　　]

① 동의보감을 편찬하다.
② 임오군란을 주도하다.
③ 해동 천태종을 창시하다.
④ 민족주의 사학을 연구하다.

22 다음 정책을 실시한 정부 시기에 일어난 사건은?

> • 유신 헌법 제정
> • 새마을 운동 실시
> • 한・일 협정 체결
> • 경제 개발 5개년 계획 추진

① 서원 철폐　　② 자유시 참변
③ 베트남 파병　　④ 금난전권 폐지

23 다음 대화 내용에 해당하는 민족 운동은?

① 형평 운동
② 서경 천도 운동
③ 물산 장려 운동
④ 좌·우 합작 운동

24 다음에서 설명하는 사건은?

> 1980년 5월, 비상계엄을 전국으로 확대한 신군부에 맞서 광주의 학생과 시민들은 '광주 시민 궐기문'을 발표하고 격렬하게 저항하였다. 당시의 관련 기록물은 2011년 유네스코 세계 기록 유산으로 등재되었다.

① 병인박해
② YH 무역 사건
③ 교조 신원 운동
④ 5·18 민주화 운동

25 다음에서 ㉠에 들어갈 내용으로 옳은 것은?

> ㉠
>
> - 2000년에 개최된 남북 정상 회담의 결과로 발표됨.
> - 이산가족 방문, 개성 공단 건설 등 남북 교류에 합의함.

① 홍범 14조
② 교육입국 조서
③ 6.15 남북 공동 선언
④ 조·청 상민 수륙 무역 장정

2021 제 2 회 도덕

01 다음 쟁점들을 다루는 실천 윤리 분야로 가장 적절한 것은?

- 사회 참여는 시민의 의무인가?
- 사회적 가치의 공정한 분배 기준은 무엇인가?

① 생명 윤리　② 사회 윤리
③ 과학 윤리　④ 환경 윤리

02 다음에 해당하는 사랑과 성의 관계에 대한 관점은?

- 결혼을 통해 이루어지는 성적 관계만이 옳다.
- 배우자가 아닌 다른 사람과의 성적 관계는 부도덕하다.

① 자유주의　② 중도주의
③ 보수주의　④ 공리주의

03 ㉠에 들어갈 내용으로 옳은 것은?

① 가치 전도　② 특권 의식
③ 윤리적 성찰　④ 이기적 실천

04 덕 윤리의 특징으로 옳은 것을 〈보기〉에서 고른 것은?

보기
ㄱ. 도덕적 실천 가능성을 강조한다.
ㄴ. 공동체의 전통과 역사를 중시한다.
ㄷ. 인간의 감정과 인간관계를 무시한다.
ㄹ. 공리의 원칙에 따른 행위만을 중시한다.

① ㄱ, ㄴ　② ㄱ, ㄷ
③ ㄴ, ㄹ　④ ㄷ, ㄹ

05 (가), (나)에 들어갈 내용으로 적절하지 않은 것은?

주제 : 동물 복제를 허용해야 하는가?

찬성 논거	반대 논거
(가)	(나)
⋮	⋮

① (가) : 희귀 동물을 보호할 수 있다.
② (가) : 우수한 품종을 개발할 수 있다.
③ (나) : 자연의 고유한 질서에 어긋난다.
④ (나) : 동물 종의 다양성 보존에 기여한다.

06 다음 설명에 해당하는 처벌에 대한 관점은?

> 처벌의 본질을 범죄 행위에 대해 응당한 보복을 가하는 것으로 본다.

① 예방주의　② 공리주의
③ 응보주의　④ 실용주의

07 다음을 주장한 사상가의 입장으로 옳은 것은?

> 〈정의의 두 원칙〉
> • 제1원칙 : 평등한 자유의 원칙
> 모든 사람은 다른 사람과 유사한 자유와 양립할 수 있는 가장 광범위한 기본적 자유에 대하여 동등한 권리를 가져야 한다.
> • 제2원칙 : 공정한 기회균등의 원칙, 차등의 원칙

① 개인의 기본적 자유를 보장해야 한다.
② 사회 구성원의 기본적 자유는 평등하지 않다.
③ 사회 전체의 이익을 위한 소수의 희생은 정당하다.
④ 부유층의 기본권이 빈곤층의 기본권보다 중요하다.

08 다음 설명에 해당하는 것은?

> • 유교에서 말하는 기본적인 인간관계에서 지켜야 할 다섯 가지 도덕규범
> • 부자유친, 군신유의, 부부유별, 장유유서, 붕우유신

① 오륜(五倫)　② 충서(忠恕)
③ 삼학(三學)　④ 좌망(坐忘)

09 (가)에 들어갈 용어로 적절한 것은?

> (가)
> - 남녀 모두의 인권을 동등하게 보장함.
> - 성별에 따른 차별, 편견, 비하, 폭력이 없음.
> - 남녀의 차이를 인정하고 다양성과 개성을 존중함.

① 성차별　② 성폭력
③ 양성평등　④ 성 상품화

10 다음 중 시민 불복종의 정당화 조건으로 옳지 않은 것은?

① 처벌 감수　② 공동선 추구
③ 최후의 수단　④ 폭력적 방법 사용

11 다음 제도가 강조하는 덕목은?

> • 부패 방지법
> • 내부 공익 신고 제도
> • 부정 청탁 및 금품 수수 금지에 관한 법률

① 배려　② 관용
③ 청렴　④ 자선

12 다음에서 소개하는 윤리 사상가는?

> 도덕 인물 카드
>
> 
>
> • 고대 그리스의 철학자
> • "너 자신을 알라."라는 말을 강조함.
> • 반성적으로 검토하는 삶이 중요하다고 주장함.

① 밀　② 베이컨
③ 데카르트　④ 소크라테스

13 다음 중 과학 기술자의 윤리적 자세로 옳지 <u>않은</u> 것은?

① 연구 과정에서 표절이나 위조를 해서는 안 된다.
② 연구 및 실험 대상을 윤리적으로 대우해야 한다.
③ 연구 과정에서 부당한 저자 표기를 해서는 안 된다.
④ 연구 결과를 자신의 이익만을 위해 공개해야 한다.

14 다음에서 생태 중심주의 관점에만 '✔'를 표시한 학생은?

관점 \ 학생	A	B	C	D
인간은 자연보다 우월한 존재이다.	✔		✔	
동물은 인간을 위한 수단일 뿐이다.	✔			✔
자연 전체가 도덕적 고려의 대상이다.		✔		✔

① A　　② B
③ C　　④ D

15 다음 설명에 해당하는 정보 사회의 윤리적 문제점은?

> 교육, 소득 수준, 성별, 지역 등의 차이로 정보에 대한 접근과 이용에 차별이 발생하고, 그 결과 사회적·경제적 불평등이 초래되는 현상

① 정보 격차　　② 사생활 침해
③ 저작권 침해　　④ 사이버 스토킹

16 (가)에 들어갈 사상은?

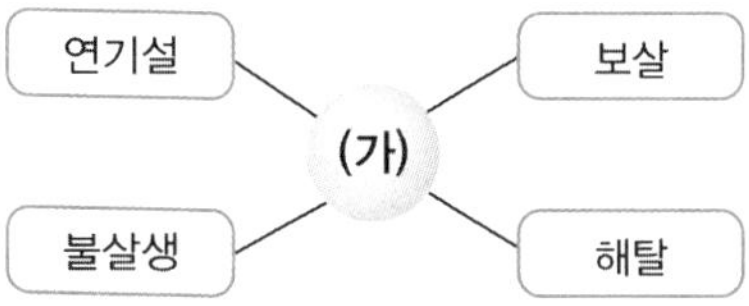

① 유교　　② 불교
③ 도교　　④ 기독교

17 예술의 상업화를 반대하는 입장으로 옳은 것을 〈보기〉에서 고른 것은?

> **보기**
> ㄱ. 예술을 일반 대중들도 누릴 수 있게 해 준다.
> ㄴ. 예술가에게 예술 활동의 경제적 기반을 마련해 준다.
> ㄷ. 예술의 미적 가치와 윤리적 가치를 훼손할 수 있다.
> ㄹ. 예술 작품이 돈을 벌기 위한 투기 수단으로 사용된다.

① ㄱ, ㄴ　　② ㄱ, ㄷ
③ ㄴ, ㄹ　　④ ㄷ, ㄹ

18 다음은 서술형 평가 문제와 학생 답안이다. 밑줄 친 ㉠~㉣ 중 옳지 않은 것은?

> 문제 : 뉴 미디어(new media)의 의미와 특징을 서술하시오.
>
> 〈학생 답안〉
>
> 뉴 미디어는 ㉠ 정보 통신 기술이 발달하면서 등장한 새로운 전달 매체이다. 뉴 미디어는 ㉡ 송신자와 수신자 간의 쌍방향 정보 교환이 불가능하지만, ㉢ 수신자가 원하는 시간에 정보를 볼 수 있게 해 주고, ㉣ 정보를 디지털화함으로써 신속하고 정확하게 처리하는 것이 가능하다.

① ㉠　　② ㉡

③ ㉢　　④ ㉣

19 다음에 해당하는 윤리 사상가는?

> • 도덕성을 판단할 때 행위의 결과보다 동기를 중시함.
> • 도덕 법칙은 정언 명령의 형식으로 제시됨을 주장함.

① 벤담　　② 칸트

③ 플라톤　　④ 에피쿠로스

20 ㉠, ㉡에 들어갈 말이 옳게 짝지어진 것은?

(㉠) 소비	소비자가 자신의 경제력 내에서 가장 큰 효용과 만족을 주는 상품을 구매하는 것
(㉡) 소비	소비자가 윤리적인 가치 판단의 신념에 따라 상품을 구매하는 것

	㉠	㉡		㉠	㉡
①	윤리적	합리적	②	충동적	윤리적
③	합리적	충동적	④	합리적	윤리적

21 ㉠에 들어갈 용어로 가장 적절한 것은?

> [㉠] 윤리
>
> 〈대표 사상가〉
>
> 
>
> 하버마스(Habermas, J.)
>
> 〈특징〉
>
> 의사소통의 합리성 실현을 강조하며, 시민이 사회 문제 해결에 적극 참여하는 주체가 되어야 한다고 주장함.

① 담론　　② 배려

③ 의무　　④ 책임

22 다음에 해당하는 다문화 이론은?

> • 다른 맛을 가진 채소와 과일들이 그릇 안에서 서로 조화를 이루듯이 다양한 문화가 평등하게 조화를 이루어야 함.
> • 여러 인종, 여러 민족이 각자의 문화적 특성을 유지하며 조화를 이루어야 함.

① 샐러드 볼 이론

② 동화주의 이론

③ 국수 대접 이론

④ 자문화 중심주의 이론

23 다음 설명에 해당하는 인간의 특성으로 가장 적절한 것은?

> 인간은 시간과 공간의 한계를 넘어서기를 갈망하며, 그러한 한계를 극복하기 위해 신(神)과 같은 초월적 존재와 연관을 맺고자 하는 존재이다.

① 감각적 존재　② 종교적 존재
③ 윤리적 존재　④ 이기적 존재

24 ㉠에 들어갈 용어로 가장 적절한 것은?

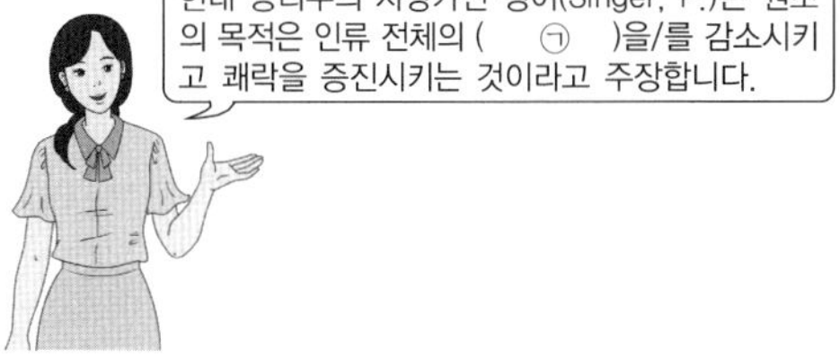

① 이익　② 행복
③ 고통　④ 복지

25 다음 중 남북통일 실현을 위한 올바른 자세가 아닌 것은?

① 주변국과 긴밀히 협력한다.
② 열린 마음으로 소통하고 배려를 실천한다.
③ 북한을 동반자가 아니라 경계 대상으로만 본다.
④ 국민적 합의에 근거하여 통일의 방법을 모색한다.

memo

2021 제1회 국어

정답 및 해설 p. 103

01 다음 대화 상황에 어울리는 속담은?

① 모기도 모이면 천둥소리 난다.
② 사촌이 땅을 사면 배가 아프다.
③ 털어서 먼지 안 나는 사람 없다.
④ 가는 말이 고와야 오는 말이 곱다.

02 다음 대화에서 '소윤'의 말하기 태도에 나타난 문제점은?

> 은영 : 지난번 너의 말에 상처를 받았어.
> 소윤 : (기분 나쁜 표정으로) 미안해. 내가 잘못했다고 치자.
> 은영 : (화난 목소리로) 너 그렇게밖에 말 못 하니?

① 진정성 없는 사과를 했다.
② 혼자서만 말을 길게 했다.
③ 지나친 비속어를 사용했다.
④ 과도한 줄임말을 사용했다.

03 다음 〈표준 발음법〉 규정에 따라 발음하지 않는 것은?

> **표준 발음법**
>
> **[제24항]** 어간 받침 'ㄴ(ㄵ), ㅁ(ㄻ)' 뒤에 결합되는 어미의 첫소리 'ㄱ, ㄷ, ㅅ, ㅈ'은 된소리로 발음한다.

① 의자에 앉지 마시오.
② 아빠가 아기를 안고 있다.
③ 짐을 옮기고 이곳에 모여라.
④ 머리를 감고서 세수를 했다.

04 밑줄 친 부분 중 피동 표현이 아닌 것은?

① 불길이 바로 잡혔다.
② 막냇동생의 신발 끈이 풀렸다.
③ 철수가 다친 친구를 등에 업었다.
④ 그림을 그릴 때에는 붓이 사용된다.

05 높임 표현이 잘못 사용된 문장은?

① (기자가 시민에게) 잠시 인터뷰하실 시간있으세요?
② (점원이 손님에게) 여기 주문하신 음료 나오셨습니다.
③ (엄마가 아들에게) 할머니를 모시고 병원에 다녀오렴.
④ (형이 동생에게) 아버지께서 요즘 고민이 있으신 것 같아.

06 다음 ㉠~㉣에 나타난 중세 국어의 특징으로 적절하지 <u>않은</u> 것은?

[훈민정음 언해]

㉠ <u>나·랏:말ᄊᆞ·미</u>中듕國·귁·에달·아
文문字·ᄍᆞᆼ·와·로서르ᄉᆞᄆᆞᆺ·디아·니ᄒᆞᆯ·ᄊᆡ·
이런젼·ᄎᆞ·로어·린百·ᄇᆡᆨ姓·셩·이니르·
고·져㉡ <u>·ᄒᆞᇙ</u>·배이·셔·도ᄆᆞ·ᄎᆞᆷ:내제㉢ <u>·ᄠᅳ·
들</u>시·러펴·디:몯ᄒᆞᇙ㉣ <u>·노·미</u>하·니·라

– 『월인석보(月印釋譜)』 –

① ㉠ : 방점을 사용하여 소리의 높낮이를 표시하였다.
② ㉡ : 'ㆆ'이 표기에 사용되었다.
③ ㉢ : 어두 자음군이 존재하였다.
④ ㉣ : 끊어 적기로 표기하였다.

07 다음 개요의 ㉠에 들어갈 내용으로 가장 적절한 것은?

주제문 : 온라인 공간에서 '잊힐 권리'를 법적으로 허용하자.
Ⅰ. 서론 : 온라인 공간에서의 무분별한 개인 정보 노출 실태
Ⅱ. 본론 : '잊힐 권리'를 법적으로 허용해야 하는 이유
1. 개인이 일일이 정보를 삭제하기 힘들다.
2. 정보가 한번 유출되면 회수하기가 어렵다.
3. [㉠]
Ⅲ. 결론 : 온라인 공간에서 '잊힐 권리'의 법적 허용 촉구

① 정보에 대한 개인의 판단을 억압한다.
② 지나친 정보의 통제로 '알 권리'가 침해된다.
③ 공공의 이익을 위한 정보까지 삭제될 수 있다.
④ 개인 정보의 지속적 노출이 정신적 피해를 준다.

08 다음 글에서 ㉠~㉣을 고쳐 쓰기 위한 방안으로 적절하지 <u>않은</u> 것은?

칭찬의 대화란 상대방의 좋은 점을 일컬어 기리기 위한 대화를 뜻한다. ㉠ <u>남에</u> 칭찬하면 자신도 즐겁고 상대방도 즐거워한다. 또한 칭찬은 삶의 ㉡ <u>활녁소</u>로 기능을 한다. ㉢ <u>강도 높은 거절을 '거부'라고 한다</u>. 칭찬에 인색하지 않고 칭찬을 ㉣ <u>효과적</u>으로 잘할 줄 아는 사람은 많은 사람들의 사랑과 존경을 받는다.

① ㉠ : 잘못된 조사 사용이므로 '남을'로 바꾼다.
② ㉡ : 맞춤법에 어긋난 표현이므로 '활력소'로 고친다.
③ ㉢ : 글의 흐름과 상관없는 내용이므로 삭제한다.
④ ㉣ : 적절한 단어 사용이 아니므로 '권위적'으로 수정한다.

[9~11] 다음 글을 읽고 물음에 답하시오.

㉠ 눈은 살아 있다
떨어진 눈은 살아 있다
㉡ 마당 위에 떨어진 눈은 살아 있다

기침을 하자
젊은 시인(詩人)이여 기침을 하자
눈 위에 대고 기침을 하자
눈더러 보라고 마음 놓고 마음 놓고
기침을 하자

눈은 살아 있다
㉢ 죽음을 잊어버린 영혼(靈魂)과 육체(肉體)를 위하여
눈은 새벽이 지나도록 살아 있다

기침을 하자
젊은 시인(詩人)이여 기침을 하자
눈을 바라보며
밤새도록 고인 가슴의 ㉣ 가래라도
마음껏 뱉자

– 김수영, 「눈」 –

09 윗글의 표현상 특징으로 가장 적절한 것은?

① 시구를 반복하여 시적 의미를 강조하고 있다.
② 설의적 표현을 사용하여 독자의 공감을 유도하고 있다.
③ 문장을 명사형으로 종결하여 시적 대상에 주목하게 한다.
④ 미각적 심상을 사용하여 주제를 생생하게 표현하고 있다.

10 ㉠~㉣ 중 '순수한 생명력을 지닌 존재'를 표현한 시어는?

① ㉠ ② ㉡
③ ㉢ ④ ㉣

11 다음 설명을 참고할 때 화자가 추구하는 삶의 모습과 가장 가까운 것은?

> 시인은 4·19 혁명을 계기로 현실 비판 의식을 바탕으로 한 참여시를 발표하였다.

① 현실에 만족하는 삶
② 불의에 저항하는 삶
③ 육체적 건강을 유지하는 삶
④ 자연을 관찰하고 즐기는 삶

[12~14] 다음 글을 읽고 물음에 답하시오.

[앞부분의 줄거리] 공사판을 떠돌아다니며 일을 하던 영달은 우연히 정 씨를 만난다. 두 사람은 삼포로 가는 기차를 타러 역으로 가던 중 일하던 곳에서 도망친 백화를 만나 함께 기차역에 가게 된다.

대합실에서 정 씨가 영달이를 한쪽으로 끌고 가서 속삭였다.
"여비 있소?"
"빠듯이 됩니다. 비상금이 한 천 원쯤 있으니까."
㉠ "어디루 가려오?"
"일자리 있는 데면 어디든지……."
스피커에서 안내하는 소리가 웅얼대고 있었다. 정 씨는 대합실 나무 의자에 피곤하게 기대어 앉은 백화 쪽을 힐끗 보고 나서 말했다.
"같이 가시지. 내 보기엔 좋은 여자 같군."
"그런 거 같아요."

㉡ "또 알우? 인연이 닿아서 말뚝 박구 살게 될지. 이런 때 아주 뜨내기 신셀 청산해야지."

영달이는 시무룩해져서 역사 밖을 멍하니 내다보았다. 백화는 뭔가 쑤군대고 있는 두 사내를 불안한 듯이 지켜보고 있었다. 영달이가 말했다.

㉢ "어디 능력이 있어야죠."

"삼포엘 같이 가실라우?"

"어쨌든……."

영달이가 뒷주머니에서 꼬깃꼬깃한 오백 원짜리 두 장을 꺼냈다.

"저 여잘 보냅시다."

영달이는 표를 사고 빵 두 개와 찐 달걀을 샀다. 백화에게 그는 말했다.

"우린 뒤차를 탈 텐데……. 잘 가슈."

영달이가 내민 것들을 받아 쥔 백화의 눈이 붉게 충혈되었다. 그 여자는 더듬거리며 물었다.

"아무도…… 안 가나요?"

㉣ "우린 삼포루 갑니다. 거긴 내 고향이오."

영달이 대신 정 씨가 말했다. 사람들이 개찰구로 나가고 있었다. 백화가 보퉁이를 들고 일어섰다.

[가] "정말, 잊어버리지…… 않을게요."

백화는 개찰구로 가다가 다시 돌아왔다. 돌아온 백화는 눈이 젖은 채로 웃고 있었다.

"내 이름 백화가 아니에요. 본명은요…… 이점례예요."

여자는 개찰구로 뛰어나갔다. 잠시 후에 기차가 떠났다.

– 황석영, 「삼포 가는 길」 –

12 윗글에 대한 설명으로 적절한 것은?

① 대화를 통해 인물들이 처한 상황을 나타내고 있다.
② 외양 묘사를 통해 영웅적 인물의 모습을 표현하고 있다.
③ 비현실적인 소재를 통해 현실 극복 의지를 드러내고 있다.
④ 작품 안 서술자를 통해 서로 불신하는 현실을 비판하고 있다.

13 ㉠~㉣ 중 '정 씨'의 말이 <u>아닌</u> 것은?

① ㉠　　② ㉡
③ ㉢　　④ ㉣

14 윗글의 [가]에 나타난 '백화'의 심정으로 가장 적절한 것은?

① 기차역을 떠나게 되어 억울해 하고 있다.
② 두 사람과 헤어지는 것을 아쉬워하고 있다.
③ 기차가 아직 도착하지 않아 언짢아하고 있다.
④ 이름을 속인 것을 들키지 않아 안도하고 있다.

[15~16] 다음 글을 읽고 물음에 답하시오.

내 버디 몃치나 ᄒᆞ니 수석(水石)과 송죽(松竹)이라
동산(東山)의 ᄃᆞᆯ 오르니 그 더옥 반갑고야
두어라 이 다ᄉᆞᆺ 밧긔 또 더ᄒᆞ야 머엇ᄒᆞ리

(제1수)

㉠ 구룸 빗치 조타 ᄒᆞ나 검기를 ᄌᆞ로[1] ᄒᆞᆫ다
㉡ ᄇᆞ람 소ᄅᆡ ᄆᆞᆰ다 ᄒᆞ나 그칠 적이 하노매라[2]
조코도 그츨 뉘[3] 업기는 ㉢ ᄆᆞᆯ뿐인가 ᄒᆞ노라

(제2수)

더우면 곳 퓌고 치우면 ㉣ 닙 디거ᄂᆞᆯ
솔아 너ᄂᆞᆫ 얻디 눈 서리를 모ᄅᆞᄂᆞᆫ다
구천(九泉)[4]의 블희[5] 고ᄃᆞᆫ 줄을 글로 ᄒᆞ야 아노라

(제4수)

– 윤선도, 「오우가(五友歌)」 –

1) ᄌᆞ로 : 자주.
2) 하노매라 : 많구나.
3) 뉘 : 세상이나 때.
4) 구천 : 땅속 깊은 밑바닥.
5) 블희 : 뿌리가.

15 윗글에 대한 설명으로 가장 적절한 것은?

① 후렴구를 유사하게 반복하고 있다.
② 종장의 첫 음보를 3음절로 맞추고 있다.
③ '기-승-전-결'의 4단 구조로 내용을 전개하고 있다.
④ 3·3·2조를 기본으로 한 3음보 율격을 사용하고 있다.

16 ㉠~㉣ 중 다음에서 설명하는 자연물로 적절한 것은?

이 작품은 **자연물**에서 사대부들이 추구하던 윤리적 가치를 발견하고 이들을 예찬하는 마음을 노래하고 있다.

① ㉠ ② ㉡
③ ㉢ ④ ㉣

[17~19] 다음 글을 읽고 물음에 답하시오.

수오재(守吾齋), 즉 '나를 지키는 집'은 큰형님이 자신의 서재에 붙인 이름이다. 나는 처음 그 이름을 보고 의아하게 여기며, "나와 단단히 맺어져 서로 떠날 수 없기로는 '나'보다 더한 게 없다. 비록 지키지 않는다 한들 '나'가 어디로 갈 것인가. 이상한 이름이다."라고 생각했다.

장기로 귀양 온 이후 나는 홀로 지내며 생각이 깊어졌는데, 어느 날 갑자기 이러한 의문점에 대해 환히 깨달을 수 있었다. 나는 벌떡 일어나 다음과 같이 말했다.

[가] 천하 만물 중에 지켜야 할 것은 오직 ㉠ '나' 뿐이다. 내 밭을 지고 도망갈 사람이 있겠는가? 그러니 밭은 지킬 필요가 없다. ㉡ 내 집을 지고 달아날 사람이 있겠는가? 그러니 집은 지킬 필요가 없다. 내 동산의 ㉢ 꽃나무와 과실나무들을 뽑아 갈 수 있겠는가? 나무뿌리는 땅속 깊이 박혀 있다. 내 책을 훔쳐 가서 없애 버릴 수 있겠는가? ㉣ 성현(聖賢)의 경전은 세상에 널리 퍼져 물과 불처럼 흔한데 누가 능히 없앨 수 있겠는가. 내 옷과 양식을 도둑질하여 나를 궁색하게 만들 수 있겠는가? 천하의 실이 모두 내 옷이 될 수 있고, 천하의 곡식이 모두 내 양식이 될 수 있

다. 도둑이 비록 훔쳐 간다 한들 하나둘에 불과할 터, 천하의 모든 옷과 곡식을 다 없앨 수는 없다. 따라서 천하 만물 중에 꼭 지켜야만 하는 것은 없다.

그러나 유독 이 '나'라는 것은 그 성품이 달아나기를 잘하며 출입이 무상하다. 아주 친밀하게 붙어 있어 서로 배반하지 못할 것 같지만 잠시라도 살피지 않으면 어느 곳이든 가지 않는 곳이 없다. 이익으로 유혹하면 떠나가고, 위험과 재앙으로 겁을 주면 떠나가며, 질탕한 음악 소리만 들어도 떠나가고, 미인의 예쁜 얼굴과 요염한 자태만 보아도 떠나간다. 그런데 한번 떠나가면 돌아올 줄 몰라 붙잡아 만류할 수 없다. 그러므로 천하 만물 중에 잃어버리기 쉬운 것으로는 '나'보다 더한 것이 없다. 그러니 꽁꽁 묶고 자물쇠로 잠가 '나'를 굳게 지켜야 하지 않겠는가?

– 정약용, 「수오재기(守吾齋記)」 –

17 윗글의 갈래에 대한 설명으로 적절한 것은?

① 행과 연으로 내용을 구분하고 있다.
② 글쓴이의 경험과 깨달음을 전달한다.
③ 등장인물, 대사, 행동이 주된 구성 요소이다.
④ 현실을 반영하여 있을 법한 이야기를 꾸며 낸다.

18 [가]의 내용을 고려할 때 ㉠~㉣ 중 성격이 <u>다른</u> 하나는?

① ㉠　　② ㉡
③ ㉢　　④ ㉣

19 윗글에 드러난 글쓴이의 주된 관점으로 가장 적절한 것은?

① '나'는 나와 맺어져 있어 떠날 수 없다.
② 천하엔 '나'보다 지켜야 할 소중한 것이 많다.
③ 나는 '나'와 타인을 위해서 독서를 해야 한다.
④ 나는 '나'를 잃어버리지 않게 잘 지켜야 한다.

[20~22] 다음 글을 읽고 물음에 답하시오.

미세 플라스틱이 사람들의 눈길을 ㉠ <u>끌기</u> 시작한 것은 오래되지 않았다. 불과 십몇 년 전까지만 해도 사람들은 버려진 그물에 걸리거나 떠다니는 비닐봉지를 먹이로 잘못 알고 삼켰다가 죽은 해양 생물의 불행에만 주로 관심이 있었다. 그러다 2004년 세계적인 권위를 지닌 과학 잡지 『사이언스』에 영국 플리머스 대학의 리처드 톰슨 교수가 바닷속 미세 플라스틱이 1960년대 이후 계속 증가해 왔다는 내용의 논문을 발표했다. 그 후로 미세 플라스틱이 해양 생태계에 끼치는 영향을 규명하려는 후속 연구들이 이어졌다.

해양 생물들이 플라스틱 조각을 먹이로 알고 먹으면, 포만감을 주어 영양 섭취를 저해하거나 장기의 좁은 부분에 걸려 문제를 일으킬 수 있다. 또한 플라스틱은 제조 과정에서 첨가된 잔류성 유기 오염 물질을 포함하고 있으며 바다로 흘러들어 간 후에는 물속에 녹아 있는 다른 유해 물질까지 끌어당긴다. 미세 플라스틱을 먹이로 착각하고 먹은 플랑크톤을 작은 물고기가 섭취하고, 작은 물고기를 다시 큰 물고기가 섭취하는 먹이 사슬 과정에서 농축된 미세 플라스틱의 독성 물질은 해양 생물의 생식력을 떨어뜨릴 수 있다.

미세 플라스틱은 인간에게도 위협이 될 수 있다. 한국 해양과학 기술원의 실험 결과, 양식장 부표로 사용하는 발포 스티렌은 나노(10억분의 1) 크기까지 쪼개지는 것으로 확인되었다. 나노 입자는 생체의 주요 장기는 물론 뇌 속까지 침투할 수 있는 것으로 알려져 있다. 내장을 제거하지 않고 통째로 먹는 작은 물고기나 조개류를 즐기는 이들은 수산물의 체내에서 미처 배출되지 못한 미세 플라스틱을 함께 섭취할 위험이 높아지는 셈이다.

– 김정수, 「바닷속 미세 플라스틱의 위협」 –

20 윗글의 서술 방식으로 가장 적절한 것은?

① 미세 플라스틱의 장단점을 비교하고 있다.
② 미세 플라스틱의 위협에 대한 해결책을 나열하고 있다.
③ 미세 플라스틱의 제조 과정을 순차적으로 제시하고 있다.
④ 미세 플라스틱 증가를 뒷받침하는 정보의 출처를 밝히고 있다.

21 윗글의 내용과 일치하지 <u>않는</u> 것은?

① 미세 플라스틱에 대해 사람들이 관심을 가지기 시작한 것은 오래되지 않았다.
② 플라스틱이 바다로 흘러들어 간 후에는 물속에 녹아 있는 유해 물질을 끌어당긴다.
③ 미세 플라스틱에 오염된 해양 생물을 인간이 섭취해도 유해 물질은 모두 몸 밖으로 배출된다.
④ 먹이 사슬 과정에서 미세 플라스틱에 농축된 독성 물질은 해양 생물의 생식력을 떨어뜨릴 수 있다.

22 밑줄 친 부분이 ㉠과 같은 의미로 쓰인 것은?

① 상자가 무거워 들거나 <u>끌기</u> 힘들다.
② 이 제품의 디자인은 관심을 <u>끌기</u> 힘들다.
③ 눈이 많이 내려서 자동차를 <u>끌기</u> 힘들다.
④ 더 이상 할 얘기가 없어 시간을 <u>끌기</u> 힘들다.

[23~25] 다음 글을 읽고 물음에 답하시오.

"어떻게 살 것인가?"라는 질문에 쉽게 답을 내릴 수 있는 사람은 없습니다. 그래서 저는 이 무거운 질문을 "어떤 삶을 살고 싶은가?"로 살짝 바꾸어 보았습니다. 그랬더니 "오늘 저녁에 뭐 먹을까?"라는 질문처럼 조금 가볍게 느껴지더군요. 이 질문에 대해서 여러분마다 각자 ㉠ <u>추구하는</u> 바가 있을 텐데요. 저는 그 답을 여러 심리학자의 연구를 바탕으로 세 가지로 정리했습니다.

첫 번째는 '신나게 살기'입니다. 재미있는 삶, 지루하지 않은 삶, 즐거운 삶을 사는 것이지요. 노벨상을 받은 사람들의 공통점은 ㉡ <u>심오하고</u> 심각해서 ㉢ <u>접근하기</u> 어려운 사람인 줄 알았는데 알고 보니 모두 재미있는 사람이더라는 것입니다. 우리가 꿈꾸는 삶 중에 하나는 죽는 순간까지 장난기를 잃지 않는 것입니다.

두 번째는 '의미 있게 살기'입니다. 가치 있는 삶, 헌신하는 삶, 목적이 이끄는 삶을 사는 것이지요. 남아프리카 공화국 최초의 흑인 대통령이자 인권 운동가였던 넬슨 만델라는 "인생의 가장 큰 영광은 넘어지지 않는 게 아니라 넘어질 때마다 다시 일어난 것에 있다."라고 했습니다. 감각적인 즐거움은 덜하더라도 ㉣ <u>원대한</u> 목표를 위해 헌신하는 것 또한 매우 의미 있는 삶이 될 것입니다.

세 번째 삶의 형태는 '몰두하며 살기'입니다. 자신이 좋아하고 잘하고 의미 있는 일에 미친 듯이 몰

> 두하는 것이지요. 물론 하루 스물네 시간을 그렇게 살라는 게 아닙니다. 그렇게 살아서도 안 되고요. 다만 가끔 무언가에 미친 듯이 몰두하는 경험은 우리의 삶을 좀 더 긍정적인 방향으로 안내합니다.
>
> – 최인철, 「행복은 몸에 있다」 –

23 윗글의 내용 전개 방식으로 가장 적절한 것은?

① 시간적 순서에 따라 내용을 서술하고 있다.
② 질문에 대한 답을 세 가지로 나누어 제시하고 있다.
③ 대상의 차이점을 중심으로 그 특성을 제시하고 있다.
④ 서로 다른 관점을 절충하여 새로운 이론을 제시하고 있다.

24 ㉠~㉣의 뜻풀이로 적절하지 않은 것은?

① ㉠ : 목적을 이룰 때까지 뒤쫓아 구하는
② ㉡ : 사상이나 이론 따위가 깊이가 있으며 오묘하고
③ ㉢ : 어떤 기준점에서 멀어지기
④ ㉣ : 계획이나 희망 따위의 장래성과 규모가 큰

25 윗글에서 알 수 있는 내용이 아닌 것은?

① "어떻게 살 것인가"의 답을 찾기란 쉽지 않다.
② 장난기를 잃지 않고 사는 것은 신나게 사는 것이다.
③ 감각적인 즐거움만을 위해 사는 삶은 의미 있는 삶이다.
④ 몰두하는 경험은 우리의 삶을 긍정적으로 이끈다.

2021 제 1 회

수학

01 두 다항식 $A=x^2+1$, $B=x+2$에 대하여 $A+B$는?

① x^2+2 ② x^2+x
③ x^2-x-1 ④ x^2+x+3

02 등식 $x^2+ax+2=x^2+3x+b$가 x에 대한 항등식일 때, 두 상수 a, b에 대하여 $a+b$의 값은?

① 3 ② 5
③ 7 ④ 9

03 다항식 $2x^2+4x-3$을 $x-1$로 나누었을 때, 나머지는?

① 1 ② 3
③ 5 ④ 7

04 다항식 x^3-2^3을 인수분해한 식이 $(x-a)(x^2+2x+4)$일 때, 상수 a의 값은?

① 2 ② 4
③ 6 ④ 8

05 다음 등식을 만족시키는 실수 x, y의 값은? (단, $i=\sqrt{-1}$)

$$(x-2)+yi=1+4i$$

① $x=1$, $y=1$
② $x=1$, $y=4$
③ $x=3$, $y=1$
④ $x=3$, $y=4$

06 이차방정식 $x^2-3x+2=0$의 두 근을 α, β라고 할 때, $\alpha\beta$의 값은?

① -2 ② -1
③ 1 ④ 2

07 $-1 \le x \le 2$일 때, 이차함수 $y=-x^2+5$의 최댓값은?

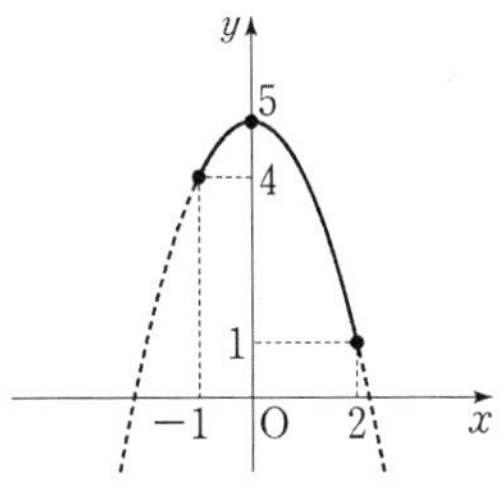

① 1 ② 3
③ 5 ④ 7

08 삼차방정식 $x^3-2x^2+ax+4=0$의 한 근이 2일 때, 상수 a의 값은?

① -2　　② 0

③ 2　　④ 4

09 연립부등식 $\begin{cases}3x>6\\x<10-x\end{cases}$ 의 해가 $2<x<a$일 때, 상수 a의 값은?

① 5　　② 6

③ 7　　④ 8

10 부등식 $|x+1|\leq 2$의 해를 수직선 위에 나타낸 것이 그림과 같을 때, 상수 a의 값은?

① 1　　② 2

③ 3　　④ 4

11 좌표평면 위의 두 점 $A(-1,\ 2)$, $B(1,\ 4)$ 사이의 거리는?

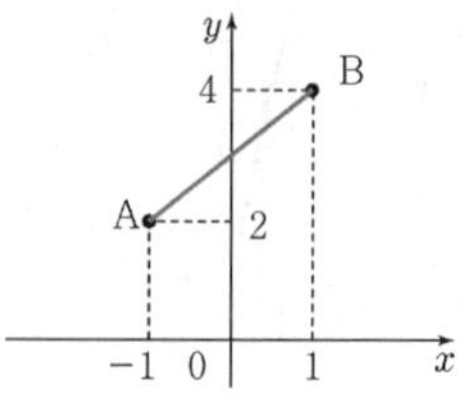

① $\sqrt{5}$

② $\sqrt{6}$

③ $\sqrt{7}$

④ $2\sqrt{2}$

12 직선 $y=x+1$에 수직이고, 점 $(0,\ 2)$를 지나는 직선의 방정식은?

① $y=-x+1$　　② $y=-x+2$

③ $y=\frac{1}{2}x+1$　　④ $y=\frac{1}{2}x+2$

13 중심이 $(-2,\ 1)$이고 원점을 지나는 원의 방정식은?

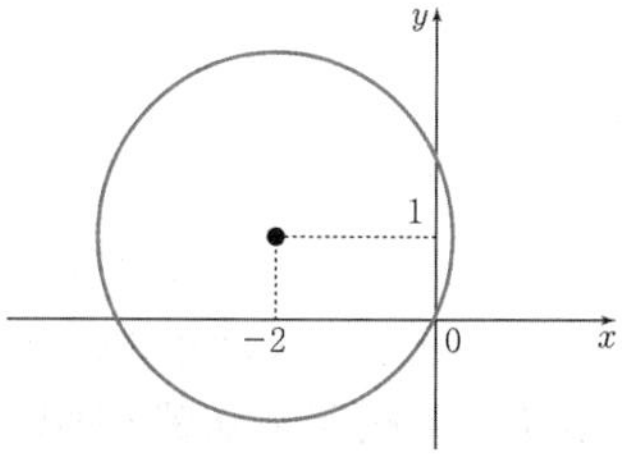

① $(x-1)^2+(y-2)^2=5$

② $(x-1)^2+(y+2)^2=5$

③ $(x+2)^2+(y-1)^2=5$

④ $(x+2)^2+(y+1)^2=5$

14 좌표평면 위의 점 $(2,\ 1)$을 x축의 방향으로 -2만큼, y축의 방향으로 2만큼 평행이동한 점의 좌표는?

① $(0,\ 1)$　　② $(0,\ 3)$

③ $(2,\ 1)$　　④ $(2,\ 3)$

15 두 집합 $A=\{1,\ 3,\ 4\}$, $B=\{2,\ 4,\ 5\}$에 대하여 $n(A\cup B)$의 값은?

① 3　　② 4

③ 5　　④ 6

16 명제 '$x=2$이면 $x^2=4$이다.'의 대우는?

① $x=2$이면 $x^2 \neq 4$이다.
② $x \neq 2$이면 $x^2=4$이다.
③ $x^2 \neq 4$이면 $x=2$이다.
④ $x^2 \neq 4$이면 $x \neq 2$이다.

17 두 함수 $f: X \to Y$, $g: Y \to Z$가 그림과 같을 때, $(g \circ f)(2)$의 값은?

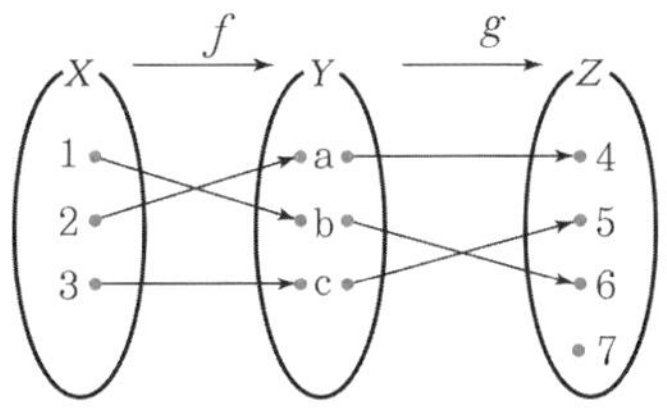

① 4 ② 5
③ 6 ④ 7

18 무리함수 $y=\sqrt{x-1}+a$의 그래프가 그림과 같을 때, 상수 a의 값은?

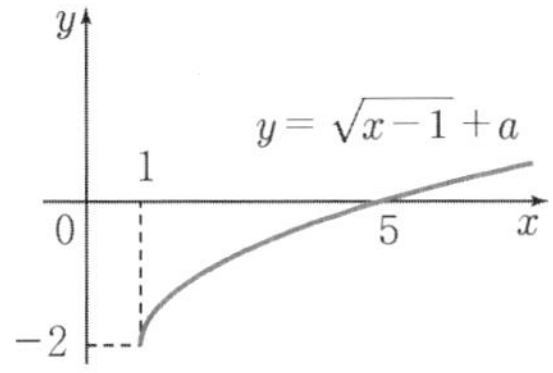

① −2 ② 0
③ 2 ④ 4

19 그림과 같이 3장의 글자 카드가 있다. 이 중에서 서로 다른 2장의 카드를 택하여 일렬로 나열하는 경우의 수는?

① 4 ② 6
③ 8 ④ 10

20 그림과 같이 4개의 민속놀이가 있다. 이 중에서 서로 다른 2개의 민속놀이를 선택하는 경우의 수는?

연날리기 제기차기 그네 타기 팽이치기

① 2 ② 4
③ 6 ④ 8

2021 제1회 영어

[1~3] 다음 밑줄 친 부분의 뜻으로 가장 적절한 것을 고르시오.

01

> I can help you <u>decorate</u> the house with flowers.

① 구하다 ② 꾸미다
③ 나누다 ④ 옮기다

02

> It is so kind of you to <u>take care of</u> my cat.

① 돌보다 ② 미루다
③ 여행하다 ④ 의지하다

03

> <u>In fact</u>, the smartphone has replaced the computer in many ways.

① 갑자기 ② 다행히
③ 사실상 ④ 처음에

04 다음 밑줄 친 두 단어의 의미 관계와 <u>다른</u> 것은?

> Even though it's <u>dark</u> outside, our house is <u>bright</u>.

① equal – same
② hard – soft
③ positive – negative
④ wide – narrow

05 다음 전시회 안내문에서 언급되지 <u>않은</u> 것은?

> **Art Exhibition**
> Date : November 12th - 25th
> Time : 10 a.m. - 6 p.m.
> Place : Central Art Museum
> Tickets : Adults $15, Students $10
> We are closed on Tuesdays.

① 전시 기간 ② 환불 규정
③ 티켓 가격 ④ 휴관일

[6~8] 다음 빈칸에 공통으로 들어갈 말로 가장 적절한 것을 고르시오.

06

- I go for a ________ every morning.
- His parents ________ a small coffee shop.

① carry ② have
③ matter ④ run

07

- I have a friend ____________ lives in America.
- Dad, __________ won the tennis match last night?

① how ② what
③ when ④ who

08

- There are large trees __________ front of the house.
- Many people are interested __________ South Korea.

① at ② for
③ in ④ to

09 다음 대화에서 밑줄 친 표현의 의미로 가장 적절한 것은?

A : Did you know that today is Children's Day?
B : Yeah. I can't believe that it's May already.
A : It seems like just yesterday that we celebrated New Year's Day.
B : I know. My mom says to value every moment because <u>time flies like an arrow</u>.

① 세 살 버릇 여든까지 간다.
② 시간은 쏜살같이 지나간다.
③ 뜻이 있는 곳에 길이 있다.
④ 욕심이 지나치면 화가 된다.

10 다음 대화에서 알 수 있는 B의 심정으로 가장 적절한 것은?

A : How are you feeling today?
B : I'm so happy. I feel on top of the world!
A : That's great. What happened?
B : I just saw my favorite singer in person!

① 섭섭하다 ② 속상하다
③ 외롭다 ④ 행복하다

11 다음 대화가 이루어지는 장소로 가장 적절한 것은?

A : Hello. I'd like to check out these books.
B : Okay. Are you going to borrow all three of them?
A : Well, now that I think about it, I only need these two.
B : No problem.

① 도서관 ② 세탁소
③ 약국 ④ 은행

12 다음 글에서 밑줄 친 It이 가리키는 것으로 가장 적절한 것은?

All animals and plants depend on water to live. Our body is about 60 to 70 percent water. We can go weeks without food. But without water, we would die in a few days. It is very important for our lives.

① animal ② body
③ plant ④ water

[13~14] 다음 대화의 빈칸에 들어갈 말로 가장 적절한 것을 고르시오.

13

A : Everything on the menu looks so delicious!
B : Yeah. This is one of my favorite restaurants.
A : Great! ______________________?
B : How about the spaghetti with cream sauce? It's one of their best dishes.

① Can you recommend a dish for me
② What is your favorite restaurant
③ Why do you like Italian fashion
④ Have you ever been to Italy

14

A : ______________________?
B : It's because we have to save the environment.

① Why do we have to recycle
② How long have you lived here
③ What does your luggage look like
④ When was the best moment of your life

15 다음 대화의 주제로 가장 적절한 것은?

A : I think writing by hand has many advantages.
B : Really? Like what?
A : For one, it helps us memorize things.
B : I can see that. What else?
A : It can also add a personal touch to a letter.

① 암기의 중요성
② 손으로 쓰기의 장점
③ 편지지 고르는 방법
④ 논리적 사고의 필요성

16 다음 글을 쓴 목적으로 가장 적절한 것은?

I'm writing this email to say sorry to you because of what I did the last couple of days. I thought you and Jessica were ignoring me on purpose, so I treated you unkindly. Now I know I have misunderstood you. I want to say I'm really sorry.

① 거절하려고 ② 문의하려고
③ 사과하려고 ④ 소개하려고

17 다음 관광 안내문의 내용과 일치하지 않는 것은?

Saturday Tour to Tongyeong
What you will do :
- ride a cable car on Mireuksan
- visit the undersea tunnel and Jungang Market

Lunch is provided.
You must reserve the tour by Thursday.

① 케이블카를 탄다.
② 해저 터널과 시장을 방문한다.
③ 점심은 각자 준비한다.
④ 목요일까지 관광 예약을 해야 한다.

18 다음 Lascaux 동굴에 대한 설명과 일치하지 않는 것은?

The Lascaux cave is located in southwestern France. It contains ancient paintings of large animals. No one knew about the cave until 1940. Four teenagers accidentally discovered it while running after their dog. In 1963, in order to preserve the paintings, the cave was closed to the public.

① 프랑스 남서부에 있다.
② 커다란 동물의 그림이 있다.
③ 십대 청소년 네 명이 발견하였다.
④ 1963년에 대중에게 개방되었다.

19 다음 글의 주제로 가장 적절한 것은?

Walking can be just as beneficial to your health as more intense exercise. A physical benefit of walking is that it can reduce body fat. It also has a mental health benefit because it can help reduce stress. So get up and walk!

① 걷기의 장점
② 부상 예방 방법
③ 스트레스의 위험
④ 운동 시 주의 사항

[20~21] 다음 글의 빈칸에 들어갈 말로 가장 적절한 것을 고르시오.

20

Cars should be able to endure the strong impact that they receive when they crash into another car or object. Thus, the bodies of cars are designed to absorb heavy shocks. The goal is to _________ drivers and passengers in case of serious car accidents.

① describe ② encourage
③ increase ④ protect

21

Soft drink companies attract consumers by adding bright colors to their products. Most of these colors, however, are not _____________. They are man-made. For example, the artificial color Yellow No. 6, used in some pineapple juices, adds nothing to the taste. It is just there to make the drink look pretty.

① convenient ② frightened
③ innovative ④ natural

22 글의 흐름으로 보아 다음 문장이 들어가기에 가장 적절한 곳은?

However, I think science does us more good than harm.

Some people argue that science can be dangerous. (①) They say the atomic bomb is the perfect example of the dangers of science. (②) For instance, science helps make better medicine. (③) It definitely improves the quality of our lives. (④) I believe that science will continue to make a better world for us.

23 다음 글의 바로 뒤에 이어질 내용으로 가장 적절한 것은?

If you go to South Africa or Madagascar, you can see huge and strange-looking trees, called baobobs. Known as "upside-down trees," their branches look like their roots are spreading towards the sky. Why do you think the baobob tree has this unique shape? Let's find out.

① 바오바브나무의 유익한 성분
② 바오바브나무를 재배하는 방법
③ 바오바브나무의 모습이 특이한 이유
④ 바오바브나무가 생태계에 미치는 영향

[24~25] 다음 글을 읽고 물음에 답하시오.

Do you know how to invent new things? A good method is inventing by addition. This means inventing something by adding a new element to something that already exists. ________, Hyman Lipman became a great U.S. inventor by attaching an eraser to the top of a pencil. Now that you know how to invent something, try to make an invention.

24 윗글의 빈칸에 들어갈 말로 가장 적절한 것은?

① For example
② Instead
③ In contrast
④ Nevertheless

25 윗글의 주제로 가장 적절한 것은?

① 전기 자동차의 미래
② 체중 조절에 대한 조언
③ 새로운 것을 발명하는 방법
④ 좋은 학용품을 사용하는 이유

2021 제1회 사회

01 다음에서 설명하는 것은?

> • 공정한 분배의 기준이 되며 옳음, 공정성, 공평성 등과 유사한 의미를 가지고 있다.
> • '같은 것은 같게, 다른 것은 다르게 대우하는 것', '각자에게 각자의 몫을 주는 것' 등으로 표현된다.

① 소비　② 정의
③ 종교　④ 통일

02 행복한 삶을 위한 조건으로 적절하지 <u>않은</u> 것은?

① 질 높은 정주 환경
② 시민 참여가 제한된 사회
③ 삶의 질을 유지할 수 있는 경제적 안정
④ 바람직한 삶에 대한 성찰을 바탕으로 한 도덕적 실천

03 다음에서 설명하는 것은?

> 시간의 흐름에 따라 변해 가는 삶의 모습을 단계별로 나타낸 것으로, 각 단계에는 달성해야 할 과업이 있다.

① 가치 판단　② 비교 우위
③ 생애 주기　④ 매몰 비용

04 퀴즈에 대한 정답으로 옳은 것은?

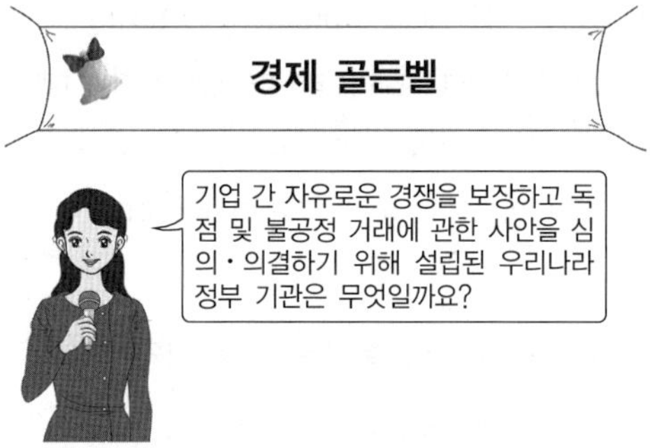

① 국제 사면 위원회
② 국가 인권 위원회
③ 공정 거래 위원회
④ 선거 관리 위원회

05 다음에서 설명하는 것으로 가장 적절한 것은?

> • 한 국가나 사회 안에 서로 다른 문화를 가진 인종이나 민족 등이 함께 살고 있는 사회를 의미한다.
> • 국가 간 인구 이동이 활발해지면서 더욱 심화되어 나타난다.

① 감시 사회　② 생태 도시
③ 사회 계약설　④ 다문화 사회

06 우리나라의 사회 복지 제도에 해당하지 <u>않는</u> 것은?

① 담합　　② 공공 부조
③ 사회 보험　　④ 사회 서비스

07 다음에서 설명하는 국제 사회의 행위 주체는?

> 일정한 영역과 국민을 바탕으로 주권을 가진 국제 사회의 가장 기본적이고 대표적인 행위 주체이다.

① 개인　　② 국가
③ 이익 집단　　④ 비정부 기구

08 ㉠~㉢에 들어갈 문화 변동의 요인을 알맞게 짝지은 것은? (단, ㉠~㉢은 각각 발명, 발견, 문화 전파 중 하나이다.)

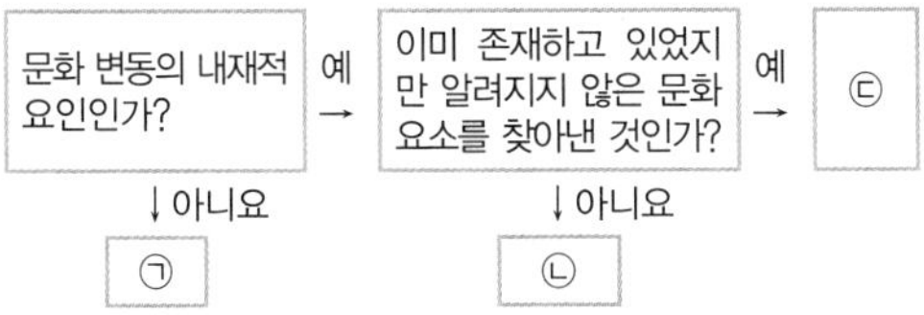

	㉠	㉡	㉢
①	발견	발명	문화 전파
②	발견	문화 전파	발명
③	문화 전파	발견	발명
④	문화 전파	발명	발견

09 다음 중 금융 자산은?

① 건물　　② 예금
③ 토지　　④ 자동차

10 대화를 통해 알 수 있는 개념으로 가장 적절한 것은?

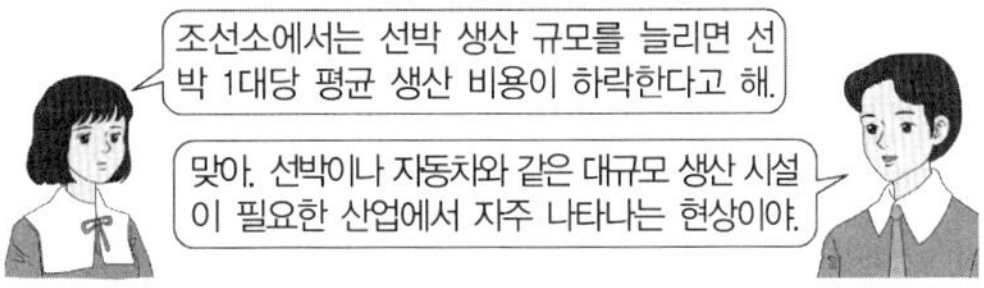

① 시장 실패
② 소득 재분배
③ 규모의 경제
④ 스태그플레이션

11 ㉠에 들어갈 것은?

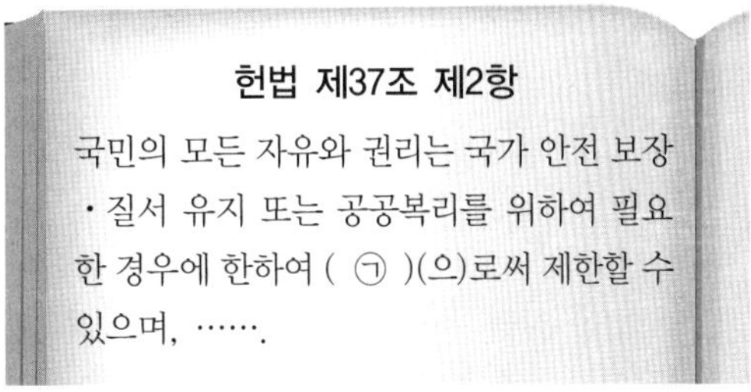
헌법 제37조 제2항

국민의 모든 자유와 권리는 국가 안전 보장·질서 유지 또는 공공복리를 위하여 필요한 경우에 한하여 (㉠)(으)로써 제한할 수 있으며, …….

① 관습　　② 규칙
③ 법률　　④ 조례

12 신자유주의에 대한 설명으로 적절한 것을 〈보기〉에서 고른 것은?

보기

ㄱ. 케인스(Keynes, J. M.)가 지지하였다.
ㄴ. 1930년대 대공황이 발생하면서 등장하였다.
ㄷ. 대표적인 정책으로 복지 축소, 공기업 민영화 등이 있다.
ㄹ. 정부의 지나친 시장 개입을 비판하고 민간의 자유로운 경제활동을 옹호한다.

① ㄱ, ㄴ　　② ㄱ, ㄷ
③ ㄴ, ㄹ　　④ ㄷ, ㄹ

13 인권에 대한 설명으로 적절하지 않은 것은?

① 보편성, 항구성, 불가침성 등의 특성이 있다.
② 인간으로서 마땅히 누려야 할 기본적 권리이다.
③ 현대 사회에서는 과거에 비해 인권의 영역이 축소되고 있다.
④ 국가의 법으로 보장되기 이전부터 자연적으로 주어진 권리이다.

14 다음과 같은 전통적 생활양식을 볼 수 있는 지역의 기후는?

- 열기와 습기를 피하기 위해 집을 지면에서 띄워 짓는다.
- 토양이 척박하여 주기적으로 이동하며 불을 질러 밭을 만든 후 작물을 재배한다.

① 열대 기후　　② 건조 기후
③ 온대 기후　　④ 한대 기후

15 열섬 현상의 원인으로 옳지 않은 것은?

① 녹지 면적의 증가
② 아스팔트 도로의 증가
③ 콘크리트 건물의 증가
④ 자동차의 배기가스 배출 증가

16 ㉠에 들어갈 것은?

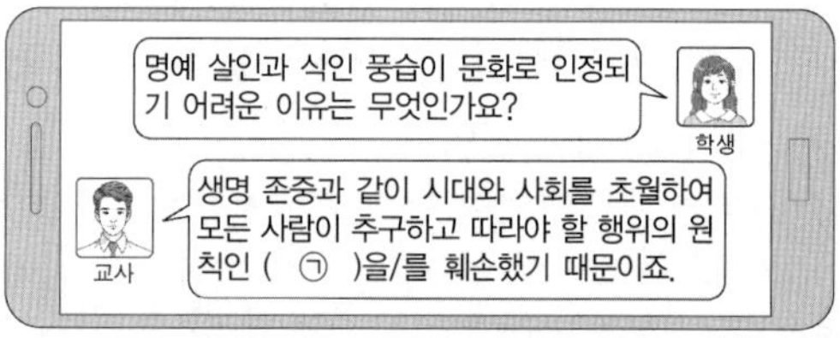

① 공정 무역　　② 보편 윤리
③ 권력 분립　　④ 외부 효과

17 다음에서 설명하는 것으로 가장 적절한 것은?

산업화로 생산 과정의 자동화가 이루어졌지만 이로 인해 인간을 마치 기계의 부속품처럼 여기게 되어 노동에서 얻는 만족감이나 성취감이 약화되는 현상을 의미한다.

① 연고주의
② 인간 소외
③ 공간 불평등
④ 계층의 양극화

18 ㉠에 들어갈 것으로 적절하지 <u>않은</u> 것은?

> 세계화에 따라 지역 간 교류와 협력이 강화되면서 뉴욕, 런던, 도쿄, 파리 등과 같이 전 세계적으로 중심지 역할을 하는 세계 도시들이 등장하였다. 이들 세계 도시는 (㉠) 등이 집중되어 있다.

① 플랜테이션 농장
② 다국적 기업의 본사
③ 생산자 서비스 기능
④ 국제 금융 업무 기능

19 다음에서 설명하는 자원은?

> - 자동차 보급이 확산되면서 수요가 급증하였다.
> - 현재 세계에서 가장 소비량이 많은 에너지 자원이다.

① 풍력　　② 석탄
③ 석유　　④ 천연가스

20 지도에 표시된 (가) 문화권에 대한 설명으로 옳은 것은?

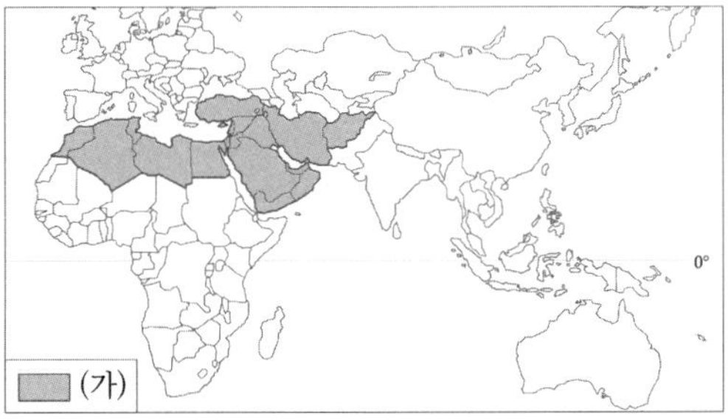

① 한자를 주로 사용한다.
② 크리스트교의 비율이 높다.
③ 계절풍의 영향으로 벼농사가 발달하였다.
④ 전통적으로 유목과 오아시스 농업이 발달하였다.

21 ㉠에 들어갈 것으로 가장 적절한 것은?

> **(㉠) 문제 해결 정책**
> - 정년 연장
> - 노인 복지 시설 확충
> - 노인 연금 제도

① 고령화　　② 성차별
③ 동물 복지　　④ 환경 오염

22 정보화로 인한 문제점으로 적절하지 <u>않은</u> 것은?

① 사생활 침해
② 인터넷 중독
③ 개인 정보 유출
④ 공간적 제약의 완화

23 다음 글에 나타나는 자연에 대한 관점은?

레오폴드
(Leopold, A.)

> 바람직한 대지 이용을 오직 경제적 문제로만 생각하지 말라. 윤리적, 심미적으로 무엇이 옳은가의 관점에서 검토하라. 생명 공동체의 통합성과 안정성 그리고 아름다움의 보전에 이바지한다면, 그것은 옳다. 그렇지 않다면 그르다.

① 물질 만능주의　　② 생태 중심주의
③ 수정 자본주의　　④ 인간 중심주의

24 **다음에서 설명하는 국제 환경 협약은?**

> - 2015년 12월에 195개국이 참여하여 2050년까지 온실 가스 배출량을 '0'으로 하겠다는 목표를 설정함.
> - 기후 변화에 따른 피해에 취약한 국가를 돕고자 함.

① 런던 협약
② 바젤 협약
③ 람사르 협약
④ 파리 기후 협약

25 **세계 시민 의식을 갖춘 사람의 자세로 적절하지 않은 것은?**

① 인류의 보편적 가치를 중시한다.
② 세계의 공존과 공익을 추구한다.
③ 문화의 차이를 인정하고 다양성을 존중한다.
④ 이산화 탄소 배출을 증가시켜 탄소 발자국을 늘린다.

과학

01 다음 설명에 해당하는 신소재는?

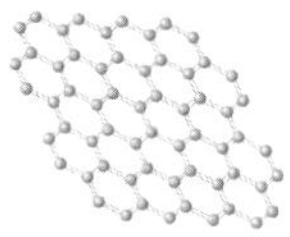

- 탄소 원자가 육각형 벌집 모양의 구조를 이루고 있다.
- 휘어지는 투명한 디스플레이의 소재로 사용되고 있다.

① 그래핀
② 초전도체
③ 네오디뮴 자석
④ 형상 기억 합금

02 그림과 같이 핵분열로 발생한 열에너지로 터빈을 돌려 전기에너지를 생산하는 발전 방식은?

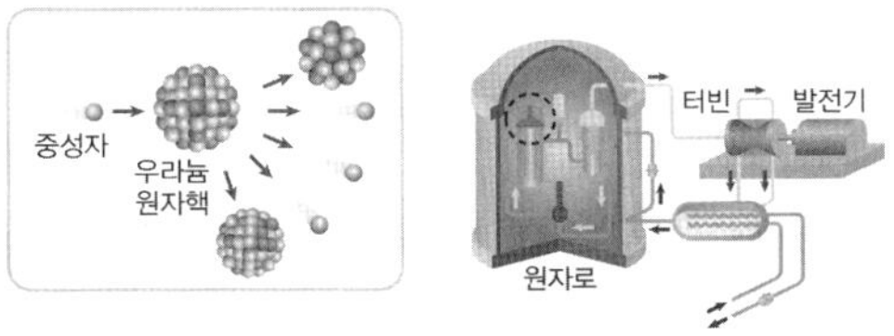

① 핵발전
② 파력 발전
③ 풍력 발전
④ 태양광 발전

03 표는 같은 직선상에서 운동하는 물체 A~C의 처음과 나중 운동량을 나타낸 것이다. 물체 A~C가 모두 같은 크기의 충격량을 받아 운동량이 증가하였을 때 ㉠의 값은?

운동량(kg·m/s) / 물체	처음 운동량	나중 운동량
A	3	6
B	4	7
C	5	㉠

① 6 ② 7
③ 8 ④ 9

04 그림과 같이 코일에 자석을 가까이 가져갈 때 검류계의 바늘이 왼쪽으로 움직였다. 다음 중 검류계의 바늘이 오른쪽으로 움직이는 경우는? (단, 다른 조건은 모두 같다.)

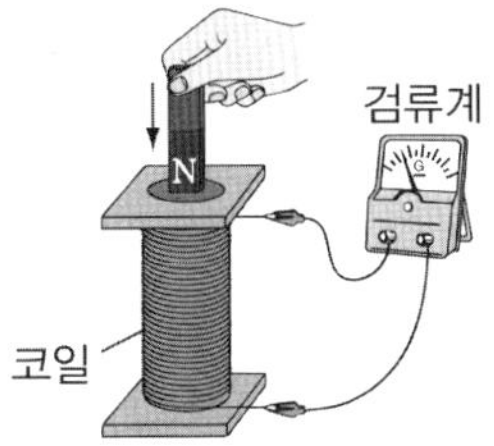

① 더 강한 자석을 사용한다.
② 코일의 감은 수를 늘린다.
③ 자석을 더 빠르게 가까이 한다.
④ 자석을 코일에서 멀어지게 한다.

05 그림은 주기율표의 일부를 나타낸 것이다. 임의의 원소 A~D 중 2주기 2족 원소는?

주기＼족	1	2	17	18
1	A			
2		B	C	
3				D

① A　② B
③ C　④ D

06 다음 화학 반응식에서 산소와 결합하여 산화되는 물질은?

$$2CuO + C \rightarrow 2Cu + CO_2$$

① CuO　② C
③ Cu　④ CO_2

07 다음 중 전기가 잘 통하며 광택이 있는 금속 원소는?

① 구리　② 염소
③ 헬륨　④ 브로민

08 그림은 탄소 원자(C)의 전자 배치를 나타낸 것이다. 가장 바깥 전자 껍질에 들어 있는 전자의 개수는?

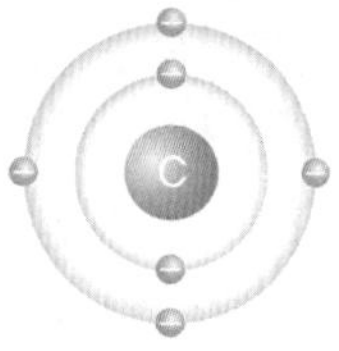

① 1개
② 2개
③ 3개
④ 4개

09 다음은 염산(HCl)과 수산화 나트륨(NaOH) 수용액의 중화 반응을 나타낸 화학 반응식이다. ㉠에 해당하는 물질은?

$$HCl + NaOH \rightarrow \boxed{\text{㉠}} + NaCl$$

① H_2O　② KCl
③ KOH　④ HNO_3

10 다음 설명에 해당하는 물질은?

- 같은 원자 2개가 공유 결합을 이루고 있다.
- 동물과 식물의 호흡에 이용되는 기체이다.

① 산소(O_2)
② 암모니아(NH_3)
③ 염화 칼슘($CaCl_2$)
④ 질산 칼륨(KNO_3)

11 일정한 지역 내에 살고 있는 생물종의 다양한 정도를 나타낸 것은?

① 개체 수
② 소비자
③ 영양 단계
④ 종 다양성

12 그림은 식물 세포의 구조를 나타낸 것이다. A~D 중 작은 알갱이 모양이며 단백질을 합성하는 세포 소기관은?

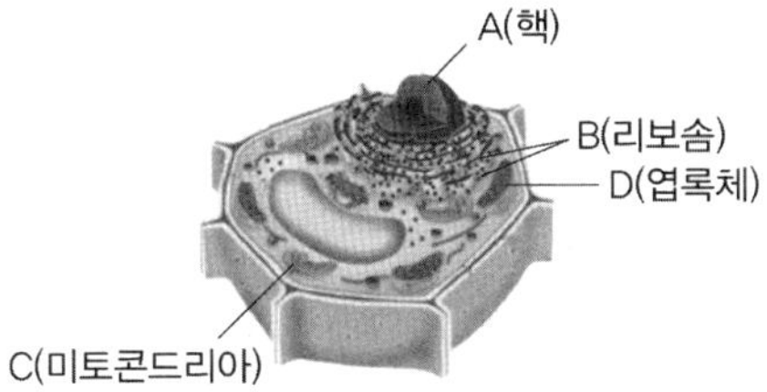

① A ② B
③ C ④ D

13 다음 설명의 ㉠에 해당하는 것은?

> 생태계를 구성하는 생물의 종류와 개체 수, 에너지의 흐름이 급격히 변하지 않아 생태계가 안정적으로 유지되는 상태를 [㉠](이)라고 한다.

① 생산자
② 서식지
③ 생태계 평형
④ 유전적 다양성

14 그림은 세포막의 구조와 세포막을 통한 물질의 이동을 나타낸 것이다. 이에 대한 설명으로 옳은 것만을 〈보기〉에서 모두 고른 것은?

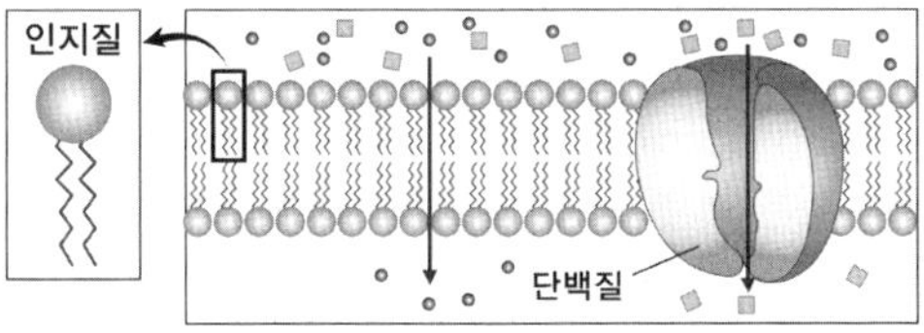

> **보기**
> ㄱ. 인지질이 2중층으로 배열되어 있다.
> ㄴ. 모든 물질은 단백질을 통해 이동한다.
> ㄷ. 세포막의 주성분은 단백질과 인지질이다.

① ㄱ ② ㄴ
③ ㄱ, ㄷ ④ ㄴ, ㄷ

15 생명체를 구성하는 물질 중 지질, 단백질, 핵산은 탄소 화합물이다. 이 탄소 화합물들을 이루는 기본 골격의 중심 원소는?

① 산소 ② 수소
③ 질소 ④ 탄소

16 그림은 DNA의 염기 서열 중 일부를 나타낸 것이다. ㉠에 해당하는 염기는? (단, 돌연변이는 없다.)

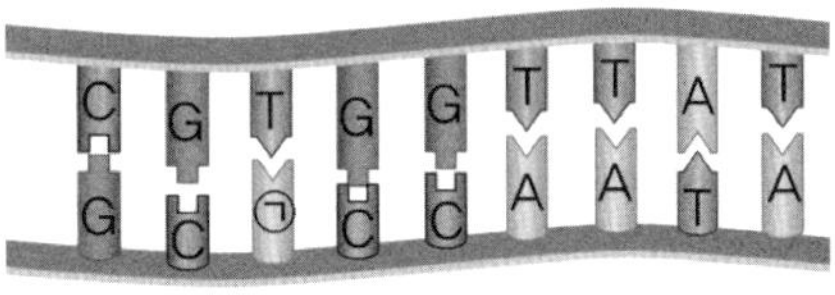

① A ② C
③ G ④ T

17 다음 설명에 해당하는 지질 시대는?

> • 삼엽충이 번성하였다.
> • 초대륙인 판게아가 형성되었다.

① 선캄브리아 시대 ② 고생대
③ 중생대 ④ 신생대

18 다음 중 탄소의 순환 과정에서 화석 연료가 연소되어 기체가 발생할 때 상호 작용하는 지구 시스템의 권역은?

① 기권과 수권
② 지권과 기권
③ 수권과 생물권
④ 외권과 생물권

19 다음은 별의 진화 과정에서 발생하는 어떤 현상을 설명한 것이다. ㉠에 해당하는 것은?

> 태양과 질량이 비슷한 별의 내부에서 중심부의 온도가 충분히 높아지면 수소 원자핵이 융합하여 헬륨 원자핵으로 바뀌는 [㉠] 이/가 발생한다.

① 빅뱅　　② 핵분열
③ 핵융합　　④ 우주 배경 복사

20 그림은 단층이 존재하는 판의 경계를 모식적으로 나타낸 것이다. 이 경계에서 발달하는 지형은?

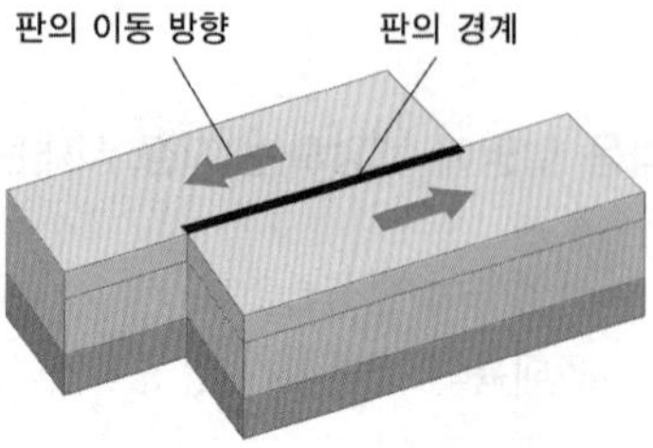

① 해구　　② 변환 단층
③ 습곡 산맥　　④ 호상 열도

21 다음 설명에 해당하는 지구 시스템의 에너지원은?

화산 폭발

- 화산 활동을 일으킨다.
- 지구 내부의 물질로부터 나오는 에너지이다.

① 조력 에너지
② 풍력 에너지
③ 바이오 에너지
④ 지구 내부 에너지

22 다음 설명에 해당하는 현상은?

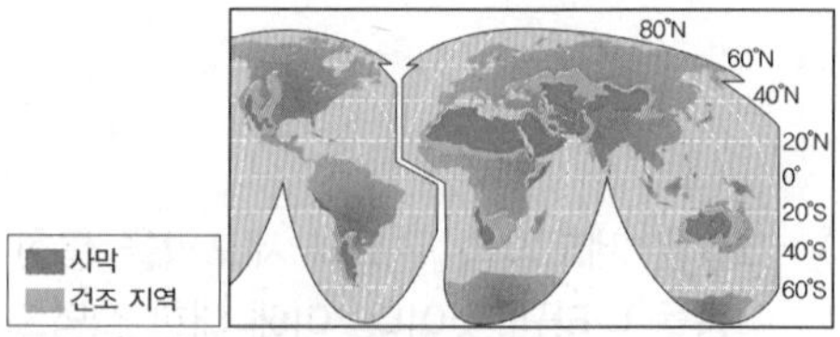

- 건조한 지역일수록 발생하기 쉽다.
- 무분별한 삼림 벌채 등과 같은 인위적 원인에 의해 심화되고 있다.

① 장마　　② 라니냐
③ 사막화　　④ 엘니뇨

23 그림은 규산염 광물의 기본 구조인 규산염 사면체를 나타낸 것이다. 규산염 사면체가 독립적으로 존재할 때 규소(Si) 원자 1개와 결합된 산소(O) 원자의 개수는?

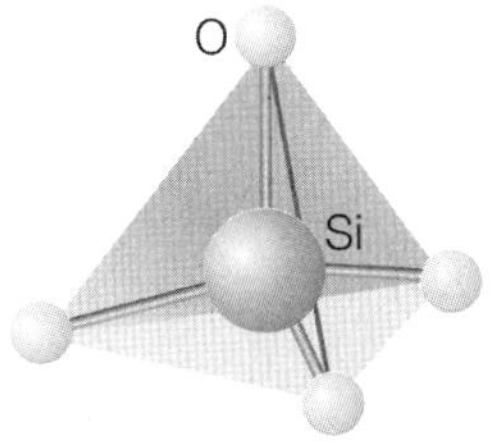

① 1개　　② 2개
③ 3개　　④ 4개

24 그림은 열기관의 1회 순환 과정을 나타낸 것이다. 이에 대한 설명으로 옳은 것만을 〈보기〉에서 모두 고른 것은? (단, 열기관이 흡수한 열은 Q_1, 방출한 열은 Q_2, 한 일은 W이다.)

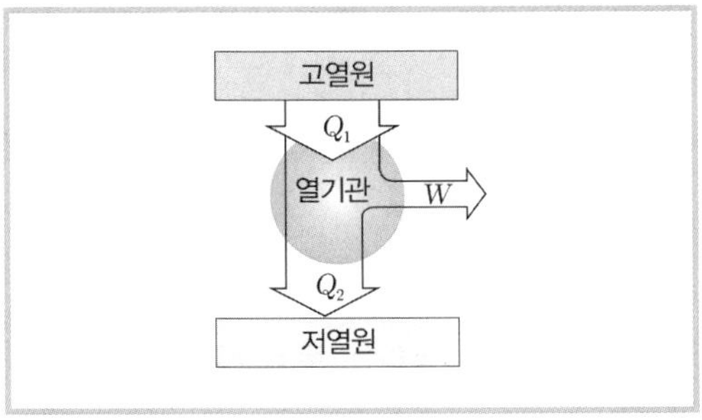

보기

ㄱ. $Q_1 > Q_2$
ㄴ. $W = Q_1 + Q_2$
ㄷ. W가 클수록 열효율이 크다.

① ㄱ　　② ㄴ
③ ㄱ, ㄷ　　④ ㄴ, ㄷ

25 그림은 수평 방향으로 10m/s의 속도로 던져진 공의 운동을 나타낸 것이다. 공이 2초 후 지면에 도달할 때 A~D 중 공의 도달 지점은? (단, 모든 마찰은 무시하고, 인접한 두 점선 사이의 거리는 10m이다.)

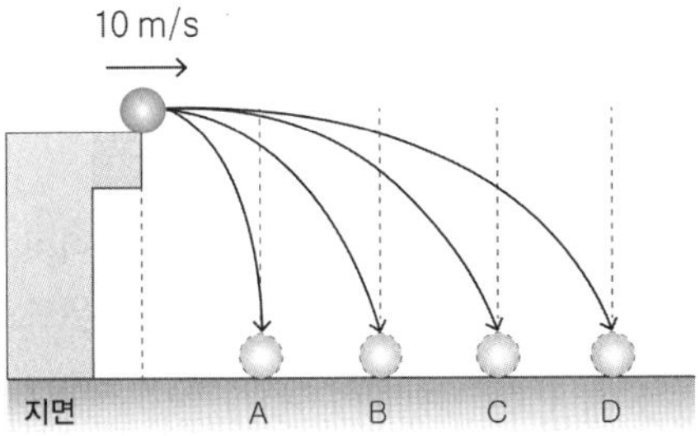

① A　　② B
③ C　　④ D

2021 제 1 회

한국사

01 다음 유물이 처음으로 제작된 시대는?

- 명칭 : 주먹도끼
- 용도 : 짐승을 사냥하고 가죽을 벗기는 등 다양한 용도로 사용

① 구석기 시대 ② 신석기 시대
③ 청동기 시대 ④ 철기 시대

02 다음에서 ㉠에 들어갈 내용으로 가장 적절한 것은?

〈삼한의 사회 모습〉
- 신지, 읍차 등의 군장 세력이 성장함.
- ㉠.
- 5월과 10월에 계절제를 지냄.

① 진대법을 실시함
② 성리학이 발달함
③ 상감 청자를 제작함
④ 천군이 제사를 주관함

03 다음에서 설명하는 신라의 조직은?

- 원시 사회의 청소년 집단에서 기원하여, 진흥왕 때 국가적 조직으로 개편함.
- 원광의 세속 5계를 행동 규범으로 삼음.

① 5군영 ② 별무반
③ 화랑도 ④ 군국기무처

04 조선 세종의 정책으로 옳은 것을 〈보기〉에서 고른 것은?

보기
ㄱ. 집현전 설치
ㄴ. 『경국대전』 완성
ㄷ. 훈민정음 창제
ㄹ. 노비안검법 실시

① ㄱ, ㄴ ② ㄱ, ㄷ
③ ㄴ, ㄹ ④ ㄷ, ㄹ

05 다음에서 설명하는 문화 유산은?

공주에서 발견된 백제 고분으로 중국 남조의 영향을 받아 만들어진 벽돌무덤이다. 또한 출토된 묘지석을 통해 무덤에 묻힌 왕이 누구인지 알 수 있다.

① 천마총 ② 장군총
③ 강서대묘 ④ 무령왕릉

06 다음에서 ㉠에 들어갈 고려의 군사 조직은?

> ■ 답사 계획 ■
> 주제 : [㉠]의 대몽 항쟁 흔적을 찾아서
> - 1일차 : 강화도 강화산성
> - 2일차 : 진도 용장성
> - 3일차 : 제주도 항파두리성

① 삼별초　　② 장용영
③ 훈련도감　　④ 대한 독립군

07 다음에서 설명하는 고려의 신분은?

> - 최하층 신분인 천민의 대부분을 차지함.
> - 매매·증여·상속의 대상으로 주인에게 예속됨.

① 향리　　② 노비
③ 귀족　　④ 6두품

08 다음에서 ㉠에 들어갈 역사서는?

> 학생　「 (가) 」에 대해 알려주세요.
>
> 교사　고려 후기 승려 일연이 저술한 것으로, 단군의 건국 이야기를 기록하고 있습니다.

① 동의보감　　② 농사직설
③ 삼국유사　　④ 향약집성방

09 다음에서 설명하는 고려의 정치 기구는?

> - 관리의 비리를 감찰하는 기구임.
> - 중서문하성의 낭사와 함께 대간으로 불림.

① 어사대　　② 집사부
③ 제가 회의　　④ 통리기무아문

10 다음에서 ㉠에 들어갈 정치 세력은?

> 〈신라 말의 사회〉
> - 중앙 귀족들 사이에 왕위 쟁탈전 전개
> - 지방에서는 [㉠] 이/가 성장하여 지배권 행사
> - 선종과 풍수지리설의 유행

① 사림　　② 호족
③ 권문세족　　④ 신진 사대부

11 다음에서 설명하는 조선의 사절단은?

> 왜란 이후, 에도 막부의 요청에 의해 19세기 초까지 일본에 12차례 파견되었다. 외교 사절의 의미를 넘어 일본에 조선의 문화를 전파하는 역할도 하였다.

① 영선사　　② 보빙사
③ 통신사　　④ 연행사

12 다음에서 설명하는 조선 후기 농민 봉기는?

> 1811년 순조 때 평안도에서 지역 차별과 세도 정치에 저항하여 일어난 농민 봉기이다. 이는 19세기에 일어난 대규모 농민 봉기의 시작이었다.

① 만적의 난
② 홍경래의 난
③ 부・마 민주 항쟁
④ 암태도 소작 쟁의

13 다음에서 ㉠에 들어갈 조선 후기의 화가는?

> [㉠]은 중국의 것을 모방하던 기존의 산수화에서 벗어나 우리나라의 산천을 사실대로 묘사하는 진경 산수화를 그렸다. 대표적인 작품으로 '금강전도', '인왕제색도' 등이 있다.

① 담징　② 안견
③ 정선　④ 강희안

14 다음에서 설명하는 흥선 대원군의 정책은?

> • 군정의 폐단을 시정하기 위함.
> • 상민에게만 거두던 군포를 양반에게도 징수함.

① 태학 설립
② 호포제 실시
③ 『칠정산』 편찬
④ 수원 화성 건설

15 다음에서 ㉠에 들어갈 사건은?

> 〈[㉠]의 전개 과정〉
>
> 고부 농민 봉기 ➡ 제1차 봉기 ➡ 전주성 점령
> ⬇
> 우금치 전투 패배 ⬅ 제2차 봉기 ⬅ 전주 화약

① 병자호란
② 김흠돌의 난
③ 이자겸의 난
④ 동학 농민 운동

16 다음 대화 내용에 해당하는 사건은?

① 임오군란　② 갑신정변
③ 갑오개혁　④ 을미사변

17 다음에서 ㉠에 들어갈 단체는?

> 〈[㉠]의 활동〉
>
> • 독립문 건립
> • 만민 공동회 개최
> • 러시아의 절영도 조차 요구 저지

① 신민회　② 근우회
③ 독립 협회　④ 조선 형평사

18 다음에서 설명하는 단체는?

> - 일제 강점기에 한글을 지키려는 노력을 전개하여 한글 맞춤법 통일안을 제정하였다.
> - 『우리말 큰사전』 편찬을 시도하였으나 일제의 방해로 성공하지 못하였다.

① 황국 협회
② 한국 광복군
③ 한인 애국단
④ 조선어 학회

19 일제의 식민지 경제 정책으로 옳지 <u>않은</u> 것은?

① 영정법 실시
② 남면북양 정책 추진
③ 산미 증식 계획 시행
④ 토지 조사 사업 실시

20 다음에서 설명하는 민족 운동은?

> - 민족 자결주의와 2·8 독립 선언의 영향을 받아 일어남.
> - 대한민국 임시 정부 수립의 계기가 됨.

① 3·1 운동
② 새마을 운동
③ 문자 보급 운동
④ 서경 천도 운동

21 1948년 제정된 '반민족 행위 처벌법'의 목적으로 옳은 것은?

① 친일파 청산
② 신분제 폐지
③ 삼정 문란 해결
④ 외환 위기 극복

22 다음에서 설명하는 인물은?

■ 이달의 독립운동가 ■

- 생몰 연도 : 1879년~1910년
- 주요 활동
  - 1909년 하얼빈에서 이토 히로부미 처단
  - 뤼순 감옥에서 '동양 평화론' 집필

① 서희　② 안중근
③ 정약용　④ 최승로

23 다음에서 ㉠에 들어갈 내용으로 옳은 것은?

〈4·19 혁명〉

- 배경 : ㉠
- 과정 : 학생, 시민들의 전국적인 시위 전개
- 결과 : 이승만의 대통령직 사임

① 브나로드 운동
② 농촌 진흥 운동
③ 3·15 부정 선거
④ 민족 유일당 운동

24 **의열단에 대한 설명으로 옳지 <u>않은</u> 것은?**

① 1919년 만주에서 김원봉이 주도하여 조직하였다.
② 조선 총독부, 종로 경찰서 등에 폭탄을 투척하였다.
③ 신채호의 '조선 혁명 선언'을 행동 강령으로 삼았다.
④ 쌍성총관부를 공격하여 철령 이북의 땅을 회복하였다.

25 **다음에서 ㉠에 들어갈 내용으로 옳은 것은?**

> **〈노태우 정부의 정책〉**
> - 북방 외교 추진
> - 남북한 유엔 동시 가입
> - [㉠]

① 교정도감 설치
② 관수관급제 실시
③ 개성 공단 건설
④ 남북 기본 합의서 채택

2021 제1회 도덕

01 생명 윤리 영역의 윤리적 쟁점으로 가장 적절한 것은?

① 안락사를 허용해야 하는가?
② 예술과 도덕은 갈등할 수밖에 없는가?
③ 직업을 통해 어떻게 행복한 삶을 영위할 수 있는가?
④ 정보 사회에서 표현의 자유는 어디까지 허용해야 하는가?

02 ㉠, ㉡에 들어갈 용어로 알맞은 것은?

〈칸트(Kant, I.)의 도덕 법칙〉
• 네 의지의 준칙이 언제나 동시에 (㉠) 입법의 원리가 되도록 행위하라.
• 너 자신이나 다른 사람의 인격을 언제나 동시에 (㉡)으로 대우하라.

	㉠	㉡
①	상대적	수단
②	보편적	목적
③	보편적	수단
④	상대적	목적

03 공리주의 관점으로 옳은 것을 〈보기〉에서 고른 것은?

보기
ㄱ. 행위의 동기 강조
ㄴ. 유용성의 원리 강조
ㄷ. 보편타당한 도덕 법칙 추구
ㄹ. 최대 다수의 최대 행복의 원리 추구

① ㄱ, ㄴ ② ㄱ, ㄷ
③ ㄴ, ㄹ ④ ㄷ, ㄹ

04 통일 한국이 지향하는 보편적 가치가 아닌 것은?

① 평화 ② 인권
③ 차별 ④ 자유

05 (가), (나)에 들어갈 내용으로 적절하지 않은 것은?

〈인간 개체 복제의 윤리적 쟁점〉

찬성 논거	반대 논거
(가)	(나)
⋮	⋮

① (가) : 가족 관계를 명확하게 할 수 있다.
② (가) : 불임 부부의 고통을 해소할 수 있다.
③ (나) : 인간의 존엄성을 훼손할 수 있다.
④ (나) : 자연의 고유한 질서를 해칠 수 있다.

06 다음에서 설명하는 사상은?

- 도덕적 인격 완성 강조
- 대동 사회(大同社會)를 이상 사회로 제시
- 이상적 인간상으로 성인(聖人), 군자(君子)를 제시

① 유교 ② 도가
③ 법가 ④ 불교

07 ㉠에 들어갈 성(性)의 가치로 적절한 것은?

생식적 가치	성(性)은 새로운 생명을 탄생시키는 원천이다.
㉠	성(性)은 남녀 상호 간의 존중과 배려를 실현해 준다.

① 교환적 가치 ② 인격적 가치
③ 수단적 가치 ④ 물질적 가치

08 교사의 질문에 대한 대답으로 적절하지 않은 것은?

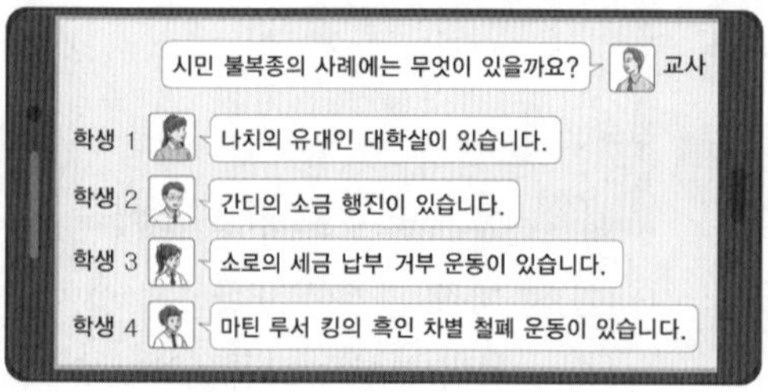

① 학생 1 ② 학생 2
③ 학생 3 ④ 학생 4

09 부부간의 바람직한 윤리적 자세를 〈보기〉에서 고른 것은?

보기

ㄱ. 서로 존중하고 협력해야 한다.
ㄴ. 배려하며 부족함을 보완해야 한다.
ㄷ. 능력 차이를 인정하여 위계 질서를 세워야 한다.
ㄹ. 경제 활동은 남성이, 육아는 여성이 담당해야 한다.

① ㄱ, ㄴ ② ㄱ, ㄷ
③ ㄴ, ㄹ ④ ㄷ, ㄹ

10 다음 내용과 관련된 공자의 사상은?

"임금은 임금다워야 하고, 신하는 신하다워야 하며, 부모는 부모다워야 하고, 자식은 자식다워야 한다."

① 겸애(兼愛) ② 정명(正名)
③ 무위(無爲) ④ 해탈(解脫)

11 예술에 대한 도덕주의 입장으로 가장 적절한 것은?

① 순수 예술론을 지지한다.
② 예술의 독립성만을 강조한다.
③ 예술에 대한 윤리적 규제를 반대한다.
④ 예술은 교훈적인 본보기를 제공해야 한다.

12 다음에서 소개하는 윤리 사상가는?

도덕 인물 카드

- 미국의 신학자로 사회 윤리를 강조함.
- 사회 구조와 제도 개선의 필요성을 강조함.
- 저서 : 『도덕적 인간과 비도덕적 사회』

① 노직　② 벤담
③ 니부어　④ 슈바이처

13 다음 사례와 관련 있는 롤스(Rawls, J.)의 정의의 원칙은?

- 여성 고용 할당
- 지역 균형 선발
- 국가 유공자 특별 대우
- 농어촌 자녀 특례 입학

① 차등의 원칙　② 교정의 원칙
③ 취득의 원칙　④ 경쟁의 원칙

14 (가)에 들어갈 개념은?

(가)
- 증자 : 일일삼성(一日三省)
- 소크라테스 : 반성하지 않는 삶은 살 가치가 없다.
- 실천 방법 : 일기 쓰기, 좌우명 만들기 등

① 사실 판단　② 윤리적 성찰
③ 가치 전도　④ 쾌락의 역설

15 다음에 해당하는 정보 윤리의 기본 원칙은?

- 정보화 혜택의 차별 없는 분배
- 사이버 공간에서의 규칙과 법 준수

① 정의　② 갈등
③ 익명성　④ 무관심

16 대중문화에 대한 윤리적 규제를 반대하는 입장을 〈보기〉에서 고른 것은?

보기

ㄱ. 성의 상품화를 예방할 수 있다.
ㄴ. 자율성과 표현의 자유를 중시한다.
ㄷ. 대중은 다양한 대중문화를 즐길 권리가 있다.
ㄹ. 대중의 정서에 미칠 부정적 영향을 방지한다.

① ㄱ, ㄴ　② ㄴ, ㄷ
③ ㄴ, ㄹ　④ ㄷ, ㄹ

17 과학 기술 지상주의의 관점으로 가장 적절한 것은?

① 과학 기술의 발전을 비관적으로 본다.
② 과학 기술이 역기능만을 유발한다고 본다.
③ 과학 기술의 여러 혜택과 성과를 부정한다.
④ 과학 기술이 모든 문제를 해결할 수 있다고 본다.

18 공직자가 지녀야 할 바람직한 자세로 적절하지 <u>않은</u> 것은?

① 공익을 실현하기 위해 노력해야 한다.
② 위임받은 권한을 남용하지 말아야 한다.
③ 국민을 위해 봉사하는 자세를 지녀야 한다.
④ 대가성 없는 뇌물은 온정으로 받아야 한다.

19 ㉠에 들어갈 내용으로 적절하지 <u>않은</u> 것은?

주제 : 지속 가능한 발전의 특징과 실천 방법

1. 특징
   - 미래 세대도 현세대만큼 잘살 수 있게 하는 범위에서 경제 성장과 환경 보전의 조화를 추구하는 발전
2. 실천 방법
   - 온실 가스 배출 규제, (　㉠　)
   - 환경 문제에 대한 국제 공조 체제 마련

① 에너지 절약
② 쓰레기 재활용
③ 친환경 에너지 개발
④ 일회용품 사용 권장

20 다음에서 인간 중심주의 윤리의 관점에만 '✔'를 표시한 학생은?

관점 \ 학생	A	B	C	D
자연은 인간의 이익을 위한 도구이다.		✔		
모든 생명체는 내재적 가치를 지닌다.			✔	✔
인간과 자연을 동등하게 고려해야 한다.	✔		✔	

① A　　② B
③ C　　④ D

21 싱어(Singer, P.)가 주장하는 해외 원조에 대한 입장으로 가장 적절한 것은?

① 질서 정연한 사회의 구성원이 되도록 원조한다.
② 원조는 개인과 국가의 자율적 선택의 문제이다.
③ 고통을 감소시키고 쾌락을 증진하는 것은 인류의 의무이다.
④ 원조를 통해 재화를 똑같이 나누는 것은 국제적 정의이다.

22 종교 갈등 해결을 위한 바람직한 자세로 적절한 것을 〈보기〉에서 고른 것은?

> **보기**
> ㄱ. 자신이 믿는 종교만을 맹신한다.
> ㄴ. 타인에게 자신의 믿음을 강요한다.
> ㄷ. 대화를 통해 다른 종교에 대한 이해를 높인다.
> ㄹ. 사랑, 평화와 같은 가치를 실천하고자 노력한다.

① ㄱ, ㄴ　　② ㄴ, ㄷ
③ ㄴ, ㄹ　　④ ㄷ, ㄹ

23 다음은 어느 학생의 서술형 평가 답안이다. 밑줄 친 ㉠~㉣ 중 옳지 않은 것은?

> **문제 : 윤리적 소비의 특징과 실천 방법을 서술하시오.**
>
> 〈학생 답안〉
> 윤리적 소비는 ㉠ 이웃을 고려하고 자연 환경까지 생각하는 소비 형태이다. 그리고 그 유형으로는 ㉡ 인권 향상을 고려하는 착한 소비, ㉢ 대량 소비와 과시적 소비 등이 있다. 이를 생활 속에서 실천하기 위해서는 ㉣ 환경 마크나 공정 무역 마크가 부착된 제품을 구입한다.

① ㉠　　② ㉡
③ ㉢　　④ ㉣

24 다문화 사회의 시민 의식으로 적절하지 않은 것은?

① 문화적 편견을 극복해야 한다.
② 서로 다름과 차이를 인정한다.
③ 보편적 가치를 위협하는 문화를 수용해야 한다.
④ 인권과 평화를 위해 책임 있는 행동을 지향한다.

25 하버마스(Habermas, J.)의 이상적 담화 조건을 〈보기〉에서 고른 것은?

> **보기**
> ㄱ. 타인의 주장을 배척한다.
> ㄴ. 자신의 오류 가능성을 인정하지 않는다.
> ㄷ. 대화의 내용을 서로 이해할 수 있어야 한다.
> ㄹ. 논의에 참여한 사람들은 진실성을 가지고 발언한다.

① ㄱ, ㄴ　　② ㄱ, ㄷ
③ ㄴ, ㄹ　　④ ㄷ, ㄹ

2021년 제2회 정답 및 해설

국어 2021년 기출문제

제2회 정답

01 ①	02 ④	03 ④	04 ③	05 ②
06 ③	07 ①	08 ②	09 ②	10 ④
11 ①	12 ③	13 ①	14 ④	15 ①
16 ②	17 ③	18 ②	19 ①	20 ②
21 ④	22 ③	23 ①	24 ③	25 ④

01 정답 ①

영호는 선생님의 칭찬에 겸손하게 답하고 있다. 이는 자신을 낮추어 겸손하게 말하는 겸양의 격률이라고 한다.

02 정답 ④

손녀는 청소년들이 많이 사용하는 줄임말을 사용하고 있어 할머니와의 의사소통에 어려움을 겪고 있다.

03 정답 ④

표준 발음법 제20항은 유음화를 설명하는 것이다. 그러나 '종로[종노]'는 비음 'ㅇ'과 유음 'ㄹ'이 만나 유음이 비음 'ㄴ'으로 바뀐 비음화의 예이다.

오답피하기

① '신라' – [실라]로 유음화 현상이 드러난다.
② '논리' – [놀리]로 유음화 현상이 드러난다.
④ '설날' – [설랄]로 유음화 현상이 드러난다.

04 정답 ③

'옳은 답을 고르다'의 의미로 사용할 때는 '맞히다'가 적절하다. '맞히다'와 구분해야 할 단어로는 '맞추다'가 있는데, 이는 '채점하다'의 의미로 사용할 수 있다.

오답피하기

① '반듯이' – '반듯하다'의 부사형
'반드시' – '틀림없이 꼭'의 의미
② '붙이다' – '맞닿아 떨어지지 않게 하다.'의 의미
'부치다' – '편지나 물건 따위를 일정한 수단이나 방법을 써서 상대에게로 보내다.'의 의미
④ '저리다' – '몸의 일부가 오래 눌려서 피가 잘 통하지 못하여 감각이 둔하고 아리다.'의 의미
'절이다' – '푸성귀나 생선 따위를 소금기나 식초, 설탕 따위에 담가 간이 배어들게 하다.'의 의미

05 정답 ②

(가)는 '과거 시제'에 대한 설명이다. (나)의 ㉠ '읽었다'는 '과거', ㉡ '읽는다'는 현재, ㉢ '읽은'은 과거, ㉣ '읽어야겠다'는 '미래'를 나타낸다. 그러므로 '과거 시제'를 나타내는 표현은 ㉠과 ㉢이다.

06 정답 ③

'ᄉᆡᆷ·미'는 'ᄉᆡᆷ'에 주격조사 '이'가 붙은 'ᄉᆡᆷ이'가 '이어적기'로 표기된 것이다. 그러므로 주격조사가 생략되지 않았다.

오답피하기

① ㉠ 'ᄇᆞᄅᆞ매' → 'ᄇᆞᄅᆞᆷ+애'로 'ㆍ'와 'ㅐ'가 양성모음으로 모음조화를 이루고 있다.
② ㉡ 'ᄆᆞ·ᄂᆞ·니'에 아래 아(ㆍ)가 쓰이고 있다.
④ ㉣ '므른' → '믈+은'이 이어적기 된 것이다.

현대어 풀이

뿌리 깊은 나무는 바람에 아니 흔들리므로
꽃 좋고 열매 많으니
샘이 깊은 물은 가뭄에 아니 그치므로
내에 이르러 바다에 이르니

07 정답 ①

㉠에 들어갈 내용은 '공원 내 쓰레기 불법 투기의 해결 방안'을 구체적으로 나타낸 내용이어야 한다. 그러나 '공원 내 목줄 미착용 반려견 출입 제한'은 해당 문단의 중심 내용에서 벗어난 내용이다.

08 정답 ②

㉡ '떨어뜨리기 때문이다'는 이 문장 앞의 '왜냐하면'과 호응하는 서술어이므로 바꾸지 않아도 된다.

[9~11] 고재종, 〈첫사랑〉

갈래 | 자유시, 서정시
성격 | 낭만적, 회화적, 사색적
주제 | 인내와 헌신으로 이뤄낸 아름다운 사랑의 결실
특징 |
- 시간의 흐름에 따라 시상을 전개함.
- 자연 현상에서 사랑의 의미를 발견함.
- 역설적 표현을 통해 주제를 효과적으로 전달함.

09 정답 ②

청유형 문장은 '~자'라는 어미로 끝맺는 것으로서, 이 시에서는 찾아볼 수 없다.

오답피하기

① 꽃이 피고 지는 자연 현상을 통해 시상이 전개되고 있다.
③ 다양한 시각적 심상과 비유적 표현 등 감각적 이미지가 사용되고 있다.
④ 의인법, 직유법, 은유법이 드러나 있다.

10 정답 ④

㉣ '바람 한 자락 불면'은 '사랑'을 날아가게 할 수 있는 조건으로 '사랑'의 속성이 가벼운 것임을 나타내는 것이다.

오답피하기

㉠, ㉡, ㉢은 모두 '사랑'을 이루기 위한 '눈'의 노력을 의미한다.

11 정답 ①

역설법은 모순적인 표현을 통해 진실을 강조하는 표현법으로, '가장 아름다운 상처'는 '아름다운'과 '상처'라는 어울리지 않는 모순적인 표현을 통해 첫사랑을 통한 정신적 성숙의 가치를 강조하고 있다.

[12~14] 윤흥길, 〈아홉 켤레의 구두로 남은 사내〉

갈래 | 사실주의 소설, 세태소설
성격 | 사실적, 현실 비판적
배경 | 1970년대 후반
주제 | 산업사회에서 소외된 계층의 어려운 삶
특징 |
- 과거와 현재가 교차됨.
- 상징적 사물을 통해 인물의 내면 심리를 표현함.

인물 |
- 권 씨 : 선량한 소시민이었으나 시위 사건 주동자로 몰려 경찰의 감시대상이 되어 도시 빈민으로 전락함. 가난한 생활 속에서도 늘 구두를 깨끗이 닦아 놓으며 끝까지 자존심을 잃지 않으려고 노력함.
- '나'(오선생) : 셋방살이를 하다가 어렵게 집을 마련한 학교 교사. 이 작품의 서술자로 온건한 성격의 소유자임. 주변의 소외된 이웃을 외면하지 못하면서도 자신의 안락한 삶도 유지하고 싶어함.

12 정답 ③

이 소설은 1인칭 관찰자 시점으로서, 소설 속 등장인물인 '나(오선생)'의 시선으로 주인공인 '권 씨'와 그에 대한 사건을 서술하고 있다.

13 정답 ①

'나'는 강도가 신발을 벗고 들어오는 모습, 아이가 칭얼거리자 토닥이는 모습 등을 보고 터지려는 웃음을 꾹 참는다. 이것으로 보아 '나'는 강도의 정체가 '권 씨'라는 것을 알아차리고 그의 행동을 지켜보고 있는 것을 알 수 있다.

14 정답 ④

'나'가 '도둑(권 씨)'을 안심시키기 위해 한 말에 '도둑(권 씨)'은 분개한 모습을 보인다. '나'는 이러한 모습이 '권 씨'가 자신의 정체를 들킨 것에 대해 자존심이 상한 것에 대한 분노였음을 알고, '권 씨'를 안심시키기 위해 쓴 방법을 후회한다.

[15~16] 작자 미상, 〈가시리〉

갈래 | 고려 가요
성격 | 서정적, 민요적, 애상적
주제 | 이별의 정한
특징 |
- 3·3·2조 3음보의 율격이 드러남.
- 간결한 형식과 소박한 시어를 사용하여 이별의 감정을 표현함.
- 여성 화자를 통해 이별의 상황에서 느끼는 화자의 애절하고 복합적인 감정을 진솔하게 드러냄.

현대어 풀이

가시겠습니까? 가시겠습니까?
버리고 가시겠습니까?
위 증즐가 대평성대

나는 어찌 살라 하고
버리고 가십니까?
위 증즐가 대평성대

붙잡아 두고 싶지만
서운하면 아니 올까 두렵습니다.
위 증즐가 대평성대

서러운 임 보내옵나니
가시는 듯 돌아오십시오.
위 증즐가 대평성대

15 정답 ①

각 연 뒤에 '위 증즐가 대평성대(大平盛代)'라는 후렴구가 반복되어 운율을 형성한다.

16 정답 ②

2연은 '나는 어찌 살라 하고 버리고 가십니까'라는 내용으로 자신을 버리고 떠나는 임을 원망하는 화자의 마음이 담겨 있다.

[17~19] 조위한, 〈최척전〉

갈래 | 고전 소설, 한문 소설, 전쟁 소설
성격 | 우연적, 사실적
주제 | 이산가족의 고통과 가족애를 통한 재회
특징 |
- 실제 일어났던 전쟁을 배경으로 하여 당시 백성들의 고통을 사실적으로 표현함.
- 조선뿐 아니라 중국, 일본, 베트남 등으로 작품의 배경이 확장됨.

이 글의 구성 |
- 발단 : 최척과 옥영이 약혼하나 최척의 의병 종군으로 이별함.
- 전개 : 최척과 옥영이 재회하여 결혼하나 정유재란으로 가족이 모두 흩어짐.
- 위기 : 최척과 옥영이 안남에서 재회하나 최척이 명나라 군사로 출전하였다가 포로가 됨.
- 절정 : 최척이 포로수용소에서 맏아들 몽석을 만나 조선으로 탈출하고, 옥영도 아들 내외와 조선으로 돌아옴.
- 결말 : 조선에서 일가가 해후하여 행복하게 살아감.

17 정답 ③

'최척의 퉁소 소리에 바다와 하늘이 애처로운 빛을 띠고 구름과 안개도 수심에 잠긴 듯했다.'라는 표현에서 바다와 하늘에 최척의 서글픈 감정이 이입된 표현이 드러나 있다.

18 정답 ②

[A]는 '옥영'이 읊은 시로서 최척과 옥영만 아는 시이다. 옥영 역시 '최척'의 퉁소 소리를 듣고 남편의 소리인지 시험해 보기 위해 이 시를 읊은 것으로 두 사람이 서로를 확인하는 계기가 된다.

19 정답 ①
'최척'은 자신의 신세를 생각하다가 가슴속에 맺힌 슬픔과 원망을 풀어 내어 통소를 불었다.

오답피하기
② '옥영'은 통소 소리를 듣고 남편인 '최척'의 통소 소리인지 시험하기 위해 시를 읊은 것이다.
③ '옥영'은 통소 소리를 듣고 남편이 있을 것임을 기대하였다.
④ '최척'이 배 안의 사람들에게 왜적에게 당했던 일의 전말을 말하였다.

[20~22] 오형규, 〈외부 효과와 죄악세〉

갈래 | 설명문
성격 | 예시적, 분류적
주제 | 외부 효과의 개념과 외부 불경제를 규제하는 방법
특징 |
- 구체적 예시를 통해 개념을 쉽게 설명함.
- 외부 효과를 외부 경제와 외부 불경제로 분류하여 설명하고, 개념을 쉽게 표현함.

20 정답 ②
이 글에 나온 '아서 피구'는 외부 불경제를 규제하기 위한 세금을 처음으로 제안한 사람으로서, 전문가의 이론이 시대순으로 제시되었다고 할 수 없다.

오답피하기
① 첫 번째 문단에서 '외부 효과'에 대한 개념을 정의하고 있다.
③ 첫 번째 문단에서 '외부 경제'와 '외부 불경제'의 예시를 제시하고 있다.
④ 두 번째 문단에서 '누이 좋고, 매부 좋은'이라는 속담을 통해 '외부 경제'를 표현하고 있다.

21 정답 ④
3문단을 통해 '죄악세'는 국민 건강과 복지에 나쁜 영향을 끼치는 품목, 즉 부정적 외부 효과를 억제하기 위해 물리는 세금이라는 것을 알 수 있다.

오답피하기
① 피구세는 '외부 불경제'를 유발한 당사자에게 물린다.
② 낡은 트럭에서 내뿜는 매연은 '외부 불경제'이다.
③ 외부 불경제는 사회적 관심이 높으므로 법이나 세금으로 규제할 수 있다.

22 정답 ③
㉢ '고안'은 '연구하여 새로운 안을 생각해 냄'이라는 의미이다.

[23~25] 지역 신문 칼럼

갈래 | 칼럼, 수필
성격 | 논리적, 주관적
제재 | 심폐 소생술
주제 | 실습 위주의 심폐 소생술 교육을 반복적으로 연습하자.
특징 |
- 구체적인 수치를 활용하여 설득력을 높임.
- 그림 자료를 활용하여 객관적 자료를 쉽게 드러냄.

23 정답 ①
1문단에서 '우리가 할 수 있는 일은 무엇일까요? 바로 심폐 소생술입니다.'라고 묻고 답하는 '문답법'이 쓰이고 있다.

24 정답 ③
'심폐 소생술 교육'은 심정 정지와 같은 응급 상황을 대비한 것이지 심정지의 발생 원인을 제거할 수 있는 것은 아니다.

25 정답 ④

㉠ '지키다'는 '생명을 지키다'로서 '재산, 이익, 안전 따위를 잃거나 침해당하지 아니한다.'는 의미로 쓰인 것이다. 이러한 의미로 쓰인 것은 '건강을 지키다'이다.

오답피하기

① '집을 지키다' : '길목이나 통과 지점 따위를 주의를 기울여 살피다.'라는 의미이다.

② '정문을 지키다.' : '길목이나 통과 지점 따위를 주의를 기울여 살피다.'라는 의미이다.

③ '등교 시간을 지키다.' : '규정, 약속, 법 예의 따위를 어기지 아니하고 따르다.'라는 의미이다.

수학 2021년 기출문제

제2회 정답

01 ④	02 ②	03 ①	04 ④	05 ①
06 ③	07 ①	08 ②	09 ①	10 ①
11 ③	12 ④	13 ④	14 ③	15 ①
16 ③	17 ④	18 ②	19 ①	20 ②

01 정답 ④

$A=2x^2+x$, $B=x^2-x$이므로 동류항끼리 묶어 계산하면 다음과 같다.

$$\begin{aligned}A-B&=(2x^2+x)-(x^2-x)\\&=2x^2+x-x^2+x\\&=(2x^2-x^2)+(x+x)\\&=x^2+2x\end{aligned}$$

따라서 정답은 ④이다.

02 정답 ②

계수비교법을 통해 a와 b의 값을 구한다.

$x^2+3x-7=x^2+ax+b$이므로 $a=3$, $b=-7$이다.

따라서 $a+b=3+(-7)=-4$

정답은 ②이다.

03 정답 ①

나머지 정리를 이용하여 문제를 해결한다. $(x-1)$로 나누어떨어진다고 하였으므로 나머지 정리를 이용하기 위해 $f(x)=x^3-2x+a$라 하면 $f(1)=0$이며 이를 이용하여 문제를 해결한다. 따라서

$f(1)=1^3-2\times1+a=0$

$a=1$, 정답은 ①이다.

04 정답 ④

인수분해 공식을 이용하여 a의 값을 찾는다.

$x^3+y^3=(x+y)(x^2-xy+y^2)$이므로 y에 3을 대입하면 다음과 같다.

$x^3+3^3=(x+3)(x^2-3x+9)$

이므로 $a=9$임을 확인할 수 있다. 따라서 정답은 ④이다.

05 정답 ①

복소수 상등을 이용하여 문제를 해결한다.
좌변을 우선 정리하면 다음과 같다.
$i(1+2i)=i+2i^2=i-2$이므로 $i-2=a+i$
실수부분과 허수부분이 각각 같아야 하므로 $a=-2$임을 확인할 수 있다.
따라서 정답은 ①이다.

06 정답 ③

이차방정식의 근과 계수의 관계를 이용하여 문제를 해결한다.
이차방정식이 $ax^2+bx+c=0$이라 주어졌을 때, 두 근을 α, β라 하면 $\alpha+\beta=-\dfrac{b}{a}$이므로
주어진 문제에서 $x^2-4x-5=0$이면 $-\dfrac{(-4)}{1}=4$임을 확인할 수 있다. 따라서 정답은 ③이다.

07 정답 ①

주어진 범위 $-1 \le x \le 2$에서 최솟값은 그래프 상으로 꼭짓점에서 갖는다. 따라서 꼭짓점의 y좌표가 이차함수 $y=x^2-3$의 최솟값이다. 꼭짓점은 $x=0$에서 가지므로 최솟값은 -3임을 확인할 수 있다. 따라서 정답은 ①이다.

08 정답 ②

삼차방정식의 한 근이 1이라 하였으므로 주어진 식에 1을 대입하면 주어진 식을 만족함을 이용하여 문제를 해결한다.
$1^3+a\times1^2-2\times1-1=1+a-2-1=0$을 계산하면 $a=2$임을 확인할 수 있다. 따라서 정답은 ②이다.

09 정답 ①

연립부등식을 풀어서 a값을 찾는다.
$\begin{cases} 3x < 2x+5 \\ 4x > 3x-1 \end{cases}$ 에서 차례대로 부등식을 해결한다.
$3x < 2x+5 \rightarrow x < 5$
$4x > 3x-1 \rightarrow x > -1$이므로 공통범위를 표현하면 $-1 < x < 5$이다. 따라서 $a=5$이며 정답은 ①이다.

10 정답 ①

절댓값을 포함한 부등식을 해결하는 문제이다.
$|A| \le k \rightarrow -k \le x \le k$를 이용하여 문제를 해결한다.
$|x-2| \le 2 \rightarrow -2 \le x-2 \le 2 \rightarrow 0 \le x \le 4$이므로 $a=4$임을 확인할 수 있다. 따라서 정답은 ①이다.

11 정답 ③

좌표평면상에서 떨어진 두 점 사이의 거리를 묻는 문제이다.
공식은 두 점이 $(x_1,\ y_1)$, $(x_2,\ y_2)$로 주어졌을 때 $d=\sqrt{(x_2-x_1)^2+(y_2-y_1)^2}$ 이므로 숫자를 대입하여 답을 찾는다.
$d=\sqrt{(2-(-2))^2+(4-1)^2}=\sqrt{4^2+3^2}=\sqrt{25}=5$
이므로 거리는 5이다. 따라서 정답은 ③이다.

12 정답 ④

직선 $y=2x+3$에 평행하다 하였으므로 기울기는 2임을 확인할 수 있다. 또한 한 점 $(0,\ 6)$을 지나는데 이 점이 y절편에 해당하므로 직선 $y=2x+3$과 평행하고 $(0,\ 6)$을 지나는 직선의 방정식은 $y=2x+6$임을 확인할 수 있다. 따라서 정답은 ④이다.

13 정답 ④

두 점 $A(-1,-1)$, $B(3,\ 3)$이 지름의 양 끝이라 하였으므로 A, B의 중점이 원의 중심임을 알 수 있다. 원의 중심을 C라 하면 C의 좌표는
$C\left(\dfrac{-1+3}{2}, \dfrac{-1+3}{2}\right)=C(1,1)$임을 확인할 수 있다.
중심에서 A 또는 B까지의 거리가 반지름이므로 반지름
$r=\sqrt{(1-(-1))^2+(1-(-1))^2}=\sqrt{2^2+2^2}$
$=\sqrt{8}=2\sqrt{2}$ 이므로
주어진 그림의 원의 방정식은 $(x-1)^2+(y-1)^2=8$이다. 따라서 정답은 ④이다.

14 정답 ③

점 $(2,\ 5)$를 x축에 대칭이동한다고 하였으므로 $(x,\ y) \rightarrow (x,\ -y)$가 됨을 이용하여 정답을 찾는다.
$(2,\ 5) \rightarrow (2,\ -5)$이므로 정답은 ③이다.

15 정답 ①

집합의 원소의 개수를 정확히 찾는 문제이다.

$A\cap B=\{1,2\}$이므로 $n(A\cap B)=2$임을 확인할 수 있다. 따라서 정답은 ①이다.

16 정답 ③

주어진 명제 "$x=1$이면 $x^3=1$이다"의 역은 가정과 결론을 뒤바꾸면 된다.

따라서 주어진 명제의 역은 "$x^3=1$이면 $x=1$이다"이며 정답은 ③이다.

17 정답 ④

합성함수의 함숫값을 찾는 문제이다.

$f(2)=3$, $f(3)=4$임을 이용하면

$f\circ f(2)=f(f(2))=f(3)=4$임을 확인할 수 있다.

따라서 정답은 ④이다.

18 정답 ②

유리함수의 그래프를 이용하여 유리함수의 식을 구하는 문제이다. $x=p$, $y=q$를 점근선으로 하는 유리함수는

$y=\dfrac{k}{x-p}+q$임을 이용한다.

주어진 문제에서는 $x=3$, $y=4$가 점근선이라고 하였으므로 $y=\dfrac{k}{x-3}+4$임을 알 수 있는데 k값은 문제에서 1로 주어진 상황이다. 따라서 주어진 유리함수의 그래프의 식은 $y=\dfrac{1}{x-3}+4$임을 알 수 있고 $a=3$임을 확인할 수 있다. 따라서 정답은 ②이다.

19 정답 ①

순열을 이용하여 문제를 해결한다. 서로 다른 4개의 종목에서 2가지를 선택하여 나열한다 하였으므로

${}_4P_2=4\times3=12$임을 확인할 수 있다. 따라서 정답은 ①이다.

20 정답 ②

조합을 이용하여 문제를 해결한다. 서로 다른 5가지의 정다면체에서 2개를 선택하라 하였으므로

${}_5C_2=\dfrac{5\times4}{2\times1}=10$이다. 따라서 정답은 ②이다.

참고

조합을 계산할 때에는 ${}_nC_r=\dfrac{{}_nP_r}{r!}=\dfrac{n!}{(n-r)!r!}$을 이용하여 계산한다.

따라서 ${}_5C_2=\dfrac{{}_5P_2}{2!}=\dfrac{5\times4}{2\times1}=10$으로 계산되는 것을 확인할 수 있다.

영어 2021년 기출문제

제2회 정답

01 ④	02 ②	03 ①	04 ②	05 ④
06 ①	07 ③	08 ①	09 ④	10 ③
11 ①	12 ③	13 ③	14 ②	15 ②
16 ①	17 ①	18 ④	19 ③	20 ②
21 ④	22 ④	23 ③	24 ②	25 ④

01 정답 ④

해석 과학은 세상에 많은 혜택을 가져왔다.

해설 • benefit 이익, 이점, 혜택

02 정답 ②

해석 나는 올해 반 친구들과 더 잘 어울릴 거야.

해설 • get along with ~와 사이좋게 지내다, 어울리다

03 정답 ①

해석 결국, 뉴스는 사실로 판명되었다.

해설 • after all 결국
• turn out to be ~으로 판명되다
• true 사실의

04 정답 ②

해석 사람들이 나에게 내가 가장 좋아하는 음식을 물을 때, 나는 항상 피자라고 대답한다.
① 동물 – 말, ② 위험 – 안전, ③ 야채 – 양파, ④ 감정 – 행복

해설 음식 속에 피자가 속하는 관계이며 ②는 위험 – 안전이란 뜻으로 반의어 관계이다.
• favorite 가장 좋아하는
• answer 대답하다

05 정답 ④

해석 자선 달리기, 와서 암환자들에게 당신이 후원한다는 것을 보여주세요!
날짜: 9월 24일, 시간: 오전 9시 ~ 오후 4시, 장소: 아시아 스타디움(경기장), 참가자들에게 무료 티셔츠를 드립니다.

해설 행사 참가비는 언급되지 않았다.
• charity 자선
• support 지원, 후원
• cancer patient 암환자
• date 날짜
• place 장소
• stadium 경기장
• free 공짜의, 무료의, 자유로운
• participant 참가자

06 정답 ①

해석 그녀는 얼굴에 큰 미소를 띠고 있다.
넌 네 문제에 맞서는 것을 배워야 해.

해설 • face 얼굴, 맞서다, 직면하다, 향하다
• learn to ~하는 것을 배우다
• problem 문제

07 정답 ③

해석 톰, 넌 어디를 갈 계획이니?
우리가 머무를 수 있는 안전한 장소가 있어.

해설 장소를 묻고, 선행사를 장소로 사용하는 관계부사는 where가 적절하다.

08 정답 ①

해석 진정하고 내 말을 들어봐.
볼륨을 낮춰 줄 수 있나요?

해설 • calm down 진정하다
• turn down 소리를 줄이다, 거절하다
• volume 볼륨

09 정답 ④

해석 A: 나 다음 주에 독일 가. 조언이라도?
B: 감자를 포크로 잘라야 해 기억해, 칼로 하지 말고.
A: 왜?
B: 그게 독일 식사 풍습이야. 로마에선 로마법을 따라야지.

해설 밑줄 친 부분은 다른 나라에서는 그 나라 풍습을 따르라는 의미다.
- Germany 독일
- advice 조언, 충고
- remember 기억하다
- potato 감자
- fork 포크
- knife 칼
- German 독일의
- dining custom 식사 풍습
- Rome 로마
- Roman 로마의, 로마인

10 정답 ③

해석 A: 새 직장 마음에 들어?
B: 일이 많아, 하지만 너무 좋아.
A: 정말? 잘됐다.
B: 고마워. 난 만족해.

해설 B는 새 직장에 만족하고 있다.
- be satisfied with ~에 만족하다

11 정답 ①

해석 A: 이 자켓 환불하고 싶어요.
B: 문제가 뭔지 물어봐도 되나요?
A: 나에게 너무 커요.
B: 좀 더 작은 사이즈로 교환해드릴까요?
A: 아니요, 고맙지만 괜찮습니다.

해설 옷 가게에서 옷을 환불하고 있는 내용이다.
- refund 환불
- jacket 상의, 자켓
- problem 문제
- exchange 교환하다

12 정답 ③

해석 어느 날 수학 시간에, 매리는 문제를 풀겠다고 지원했다. 그녀가 교실 앞으로 갔을 때, 그 문제가 어렵다는 것을 깨달았다. 그러나 그녀는 차분함을 유지하며 칠판에 답을 쓰기 시작했다.

해설 it은 내용상 a problem인 것을 알 수 있다.
- one day 어느 날
- math 수학
- volunteer to 자진하여 ~하다, 지원하다
- solve 풀다, 해결하다
- get to ~로 가다
- realize 깨닫다
- difficult 어려운
- remain calm 차분함을 유지하다
- begin – began 시작하다
- write 쓰다
- answer 답
- blackboard 칠판

13 정답 ③

해석 A: 부탁 좀 들어줄래?
B: 물론이죠, 엄마. 뭔데요?
A: 슈퍼마켓 가서 계란 좀 사올래?
B: 네. 집에 오는 길에 들릴게요.
① 넌 왜 그렇게 화가 났니?
② 방법 좀 가르쳐 줄래?
③ 부탁 좀 들어줄래?
④ 버스정거장이 얼마나 머나요?

해설 A는 필요한 물품을 부탁하려 한다.
- pick up 사가지고 오다, 집어 들다, 태워주다

14 정답 ②

해석 A: 넌 얼마나 스케이트를 탔니?
B: 10살 이후로 죽 탔어.
① 난 지난달에 스키 타러 갔어.
② 난 10살 이후로 죽 스케이트를 타왔어.
③ 난 이번 겨울에 스케이트 타는 법을 배울 거야.
④ 난 부모님과 스케이트를 타러 가고 싶어.

해설 스케이트를 얼마나 오래 탔는지를 묻고 있다.
- how long 얼마나 오랫동안
- skate 스케이트를 타다
- learn 배우다

15 정답 ②

해석 A: 전기를 절약하기 위해 우리는 무엇을 할 수 있을까?
B: 우리가 방을 나갈 때 불을 끌 수 있지.

A: 알겠어. 다른 것은?
B: 엘리베이터 대신 계단을 사용하는 것도 또한 좋은 생각이야.

해설 전기 절약 방법에 관한 대화이다.

- save 절약하다
- electricity 전기
- switch off 스위치를 끄다
- light 전등
- leave 떠나다
- stair 계단
- instead of ~대신에
- elevator 엘리베이터

16 정답 ①

해석 저를 위해 추천서를 써주신 것에 대해 감사를 표현하고 싶어요. 선생님 덕분에, 저는 지금 꿈의 대학교에서 공부할 기회를 가지게 되었어요. 저는 선생님의 도움과 친절을 결코 잊지 못할 겁니다.

해설 추천서를 써 주신 선생님이나 어떤 분에게 감사하려고 쓴 글이다.

- want to ~하고 싶다
- express 표현하다
- thanks 감사
- recommendation letter 추천서
- thanks to ~덕분에
- chance 기회
- university 대학교
- forget 잊다
- kindness 친절

17 정답 ①

해석 수영장 규칙, 수영장에 들어가기 전에 샤워를 해야 한다. 항상 수영모를 착용해야 한다. 안전요원의 지시를 따라야 한다. 다이빙은 허용되지 않는다.

해설 수영 후가 아닌 수영 전에 샤워를 해야 한다.

- rule 규칙
- take a shower 샤워를 하다
- enter 들어가다
- wear 착용하다
- swimming cap 수영모
- follow 따르다
- instruction 지시
- lifeguard 수영장 구조원, 안전요원
- diving 다이빙
- permit 허락하다

18 정답 ④

해석 1987년에 시작된 국제 망고 축제는 망고에 관한 모든 것을 경축한다. 그 축제는 매년 여름마다 인도에서 열린다. 망고 먹기 대회와 퀴즈쇼와 같은 많은 행사가 있다. 그 축제는 550 종류 이상의 망고를 무료로 맛볼 수 있는 기회를 제공한다.

해설
- International 국제적인
- festival 축제
- start 시작하다
- celebrate 경축하다, 기리다
- mango 망고
- be held 열리다
- event 이벤트, 행사
- such as ~와 같은
- competition 대회, 시합
- quiz show 퀴즈쇼
- provide 제공하다
- opportunity 기회
- taste 맛보다
- kind 종류
- for free 공짜로

19 정답 ③

해석 증가하고 있는 음식물 쓰레기는 심각한 환경 문제가 되고 있다. 여기에 음식물 쓰레기를 줄이는 몇 가지 방법이 있다. 첫째, 쇼핑하기 전에 필요한 음식 목록을 만들어라. 둘째, 식사를 위해 너무 많은 음식을 준비하지 않도록 해라. 셋째, 나중에 사용할 수 있도록 음식을 절약해라.

해설 음식물 쓰레기를 줄이는 방법 3가지에 관한 글이다.

- increasing 증가하는
- amount 양

• food trash 음식물 쓰레기
• serious 심각한
• environmental problem 환경 문제
• way 방법
• decrease 줄이다
• make sure 반드시 ~하다
• prepare 준비하다
• meal 식사
• save 절약하다
• for later use 나중에 사용하기 위해서

20 정답 ②

해석 나의 고등학교 학생들은 다양한 배경을 가지고 있다. 그들은 러시아, 태국, 칠레 같은 다양한 나라에서 왔다. 나의 국제적인 반친구들과 함께 하는 다문화 환경 속에 있다는 것이 너무 행복하다.
① 가까운, ② 다양한, ③ 부정적인, ④ 하나의

해설 다양한 나라에서 온 학생들은 다양한 배경을 가지고 있다.
• background 배경
• different 다른, 다양한
• such as ~와 같은
• quite 꽤, 상당히
• multicultural 다문화의
• environment 환경
• international 국제적인
• classmate 반친구

21 정답 ④

해석 테이트 모던은 런던에 위치한 미술관(박물관)이다. 그곳은 예전에 발전소였다. 발전소가 1981년에 문을 닫고, 영국 정부는 그곳을 부수는 대신 미술관(박물관)으로 바꾸기로 결정했다. 지금 이 미술관은 현대 영국 미술품의 국립 소장품을 가지고 있다.
① 균형을 맞추다, ② 금지하다
③ 막다, ④ 바꾸다, 변형시키다

해설 발전소가 미술관으로 바뀌었다.
• located in ~에 위치한
• used to (예전에) ~였었다 (지금은 아니지만)
• power station 발전소
• close down 문을 닫다
• government 정부
• transform Ⓐ into Ⓑ A를 B로 바꾸다, 변형시키다
• instead of ~대신에
• destroy 부수다, 파괴하다
• hold 가지고 있다, 보관하다

22 정답 ④

해석 아이스크림을 좋아하는가? 대부분 사람처럼, 난 아이스크림을 굉장히 좋아한다. 신문 기사에 따르면, 당신이 가장 좋아하는 아이스크림 맛이 당신이 어떤 사람인지를 보여줄 수 있다고 한다. 예를 들어, 가장 좋아하는 맛이 초콜릿이면, 그것은 당신이 매우 창의적이고 열정적인 사람이란 것을 의미한다. (가장 좋아하는 것이 딸기 맛이면 어떨까?) 그것은 당신이 논리적이고 생각이 깊다는 의미이다.

해설 좋아하는 맛에 따라 사람의 특징이 구분된다는 내용을 예를 들어 제시하고 있다.
• what if ~라면 어떨까?
• favorite 가장 좋아하는
• flavor 맛
• strawberry 딸기
• ice cream 아이스크림
• like ~처럼
• according to ~에 따르면, 의하면
• article 기사
• kind 종류
• person 사람
• chocolate 초콜릿
• creative 창의적인
• enthusiastic 열정적인
• logical 논리적인
• thoughtful 생각이 깊은

23 정답 ③

해석 당신도 알다시피, 요즘 많은 젊은 사람들이 목 통증으로 고생을 한다. 이것은 그들이 하루에 많은 시간을 공부나 스마트폰을 사용하며 책상 위로 몸을 구부리기 때

문이다. 그러나 걱정하지 마라. 우리는 목 통증을 예방하고 줄이는 데 도움을 줄 수 있는 몇 가지 운동이 있다. 이것이 당신이 그 운동을 하는 방법이다.

해설 글의 마지막 내용에 따르면 목 통증을 예방하고 줄이는 데 도움을 주는 방법이라고 했으니 ③이 뒤에 이어지는 것이 가장 적절하다.

- as you know 당신도 알다시피
- these days 요즘
- suffer from ~로 고생하다
- neck pain 목 통증
- This is because ~ 때문이다
- spend (돈이나 시간을) 보내다, 쓰다
- lean over ~위로 기대다, 몸을 구부리다
- exercise 운동
- prevent 막다, 예방하다
- reduce 줄이다
- This is how ~ 이것이 ~하는 방법이다

24 정답 ②

해석 테니스와 탁구를 비교할 때, 몇 가지 유사점과 차이점이 있다. 첫째, 둘 다 라켓을 사용하는 스포츠다. 또한, 선수 둘 다 네트를 왔다갔다 하게 공을 친다. 그러나, 또한 차이점도 있다. 테니스는 코트에서 경기를 하지만, 탁구는 테이블 위에서 한다. 다른 차이점은 탁구와 비교하면 테니스는 훨씬 더 큰 라켓이 사용된다는 것이다.

① 마침내, ② 그러나, 하지만

③ 그러므로, ④ 예를 들면

해설 빈칸 앞은 유사점, 빈칸 뒤는 차이점을 예시하고 있다. 따라서 빈칸에는 However가 들어가는 것이 적절하다.

- compare Ⓐ with Ⓑ A와 B를 비교하다
- tennis 테니스
- table tennis 탁구
- similarity 유사점
- difference 차이점
- both 둘 다
- racket 라켓
- back and forth 앞뒤로, 왔다갔다
- net 그물, 네트
- court 경기장, 코트
- compared to ~와 비교하면

25 정답 ④

해설 탁구와 테니스의 유사점과 차이점에 관한 글이다.

사회 2021년 기출문제

제2회 정답

01 ④	02 ①	03 ③	04 ①	05 ④
06 ④	07 ①	08 ④	09 ②	10 ④
11 ①	12 ①	13 ②	14 ②	15 ③
16 ②	17 ④	18 ②	19 ③	20 ④
21 ③	22 ①	23 ③	24 ①	25 ②

01 정답 ④

㉠에 들어갈 것은 행복이다. 헌법 제10조에는 인간의 존엄과 가치 및 행복 추구권이 명시되어 있다. 아리스토텔레스는 인간의 목적을 행복이라고 하였다.

02 정답 ①

제시된 사건을 순서대로 나열해 보면, (가) 영국의 권리 장전이 1689년에 발생하였고, (나) 독일의 바이마르 헌법은 1919년, (다) 세계 인권 선언 채택은 1948년에 발생하였다.

03 정답 ③

유사한 제품을 생산하는 기업끼리 가격, 판매 지역 등에 관한 협정을 맺어 서로 경쟁을 제한하는 것을 담합이라 한다. 담합은 대표적인 시장 실패로 기업이 생산량이나 가격을 임의로 조정하여 소비자에게 피해를 끼칠 수 있다.

04 정답 ①

1929년 대공황으로 기업이 도산하고 실업자가 증가함에 따라 정부의 시장 개입이 필요하다는 케인스의 수정 자본주의가 등장하였다. 미국은 수정 자본주의에 입각하여 루스벨트 대통령이 1933년 뉴딜 정책을 실시하였다.

오답피하기

② 1970년대 석유의 생산량이 급감하여 석유 파동이 일어났다.

③ 정의롭지 못한 법이나 정책을 변혁시키려는 목적으로 행하는 의도적인 위법 행위를 시민 불복종이라 한다.

④ '보이지 않는 손'은 애덤 스미스가 사용한 말로 개인의 이기심이 자연적으로 조화를 이룬다는 시장 경제의 자율작동 원리이다.

05 정답 ④

④ 어떠한 부분에 전문화하는 것을 특화라 한다.

오답피하기

① 화폐란 상품 교환을 원활하게 하기 위한 일반적인 교환수단 내지 유통수단이다.

② 펀드는 금융 기관에 돈을 맡겨서 대신 투자하도록 하는 금융 상품이다.

③ 편익이란 어떤 대안을 선택함에 따라 얻을 수 있는 만족이나 이득을 말한다.

06 정답 ④

권력 분립 제도란 국가 권력을 입법부, 사법부, 행정부로 나누어 서로 견제하고, 균형을 이루어 인권을 보장하기 위한 제도이다. 입법권은 국회에 속하며, 행정권은 정부에, 사법권은 법원에 속한다.

07 정답 ①

소비는 평생에 걸쳐 이루어지고, 소득은 일정 기간에만 발생하기 때문에 제한된 소득을 활용하여 평균 수명 연장에 따른 은퇴 이후 삶에 대한 대비가 필요하다. 바람직한 생애 주기별 금융 설계는 생애 주기 전체를 고려하며, 생애 주기별 과업을 바탕으로 재무 목표를 설정한다. 중·장년기에는 자녀 양육과 노후 대비를 위해 저축을 해야 하며, 미래 소득도 당연히 고려해서 설계해야 한다.

08 정답 ④

문화 병존은 다른 사회의 문화 요소와 기존의 문화 요소가 각각의 고유한 문화 특성을 유지하며 한 사회에서 함께 공존하는 현상이다. 우리나라에 불교, 천주교 등이 종교 문화로 함께 존재하는 것이 대표적인 사례이다.

오답피하기

② 문화 융합은 다른 사회 문화 요소가 전통문화 요소와 결합하여 제3의 새로운 문화 요소가 만들어지는 현상이다.

09 정답 ②

'유리 천장'은 여성과 소수자의 승진을 제한하는 보이지 않는 장벽을 의미하며 성차별이 직장 고위층에 팽배해 있음을 나타내는 용어이다. '유리 천장 지수'는 여성 차별 수준을 나타낸 지수로, 지수가 낮을수록 여성 차별이 심하다는 의미이다.

10 정답 ④

문화 사대주의는 다른 사회의 문화가 우월하고 자신의 문화를 열등하다고 여기는 태도이다.
장점으로는 선진 문물 수용, 자기 문화를 개선하는 데 기여하며, 단점으로는 자문화의 주체성을 상실할 우려가 있다.

11 정답 ①

외부 효과란 경제 주체가 경제 활동을 하는 과정에서 의도치 않게 타인에게 이익을 주거나, 의도치 않게 피해를 입히고도 대가를 치르지 않는 현상을 말한다. 제시된 첫 번째 내용은 외부 불경제, 두 번째 내용은 외부 경제의 사례이다.

오답피하기

② 공정 무역이란 개발 도상국에서 생산하는 제품에 정당한 가격을 지급하여, 생산자가 경제적으로 자립할 수 있도록 해주는 무역 방식이다.
③ 규모의 경제는 생산량이 늘어남에 따라 제품 단위당 평균 생산비가 하락하는 것을 말한다.
④ 윤리적 소비란 소비자가 윤리적인 가치 판단에 따라 상품이나 서비스를 구매하는 것이다.

12 정답 ①

비주류 문화를 주류 문화에 동화시키고자 하는 문화 정책을 용광로 정책이라 한다. 용광로 정책은 문화의 다양성을 침해한다.

오답피하기

④ 하나의 샐러드 그릇에 여러 재료를 넣더라도 각 재료 고유의 특성은 살아 있다. 이처럼 다양한 문화가 각각의 정체성을 유지하며 조화를 이루어야 한다는 정책이 샐러드 볼 정책이다.

13 정답 ②

자유주의적 정의관은 개인의 자유롭고 평등한 기본권을 보장하는 것이 최고의 가치이고, 개인선의 추구를 통해 공동선이 달성될 수 있다는 입장이다.

오답피하기

①, ③, ④는 공동체주의에 대한 설명이다.

14 정답 ②

건조 기후의 강수량은 매우 적다(연 강수량 500mm 미만). 사막에서는 오아시스 농업과 관개 농업을, 초원에서는 유목을 한다. 가옥은 초원은 이동식 가옥 게르, 사막은 평평한 지붕, 작은 창문, 두꺼운 벽의 흙집이 나타난다.

15 정답 ③

제시된 설명의 자연재해는 태풍이다. 태풍은 필리핀 동쪽 해상에서 발생하며, 우리나라에 강한 바람과 많은 비를 동반하여 피해를 유발한다. 지역마다 태풍, 허리케인, 사이클론 등 다양한 명칭으로 불리고 있다.

16 정답 ②

산업화와 도시화에 따라 녹지 면적이 감소하고, 콘크리트와 같은 인공 구조물이 증가하여 빗물이 토양에 잘 흡수되지 않아 홍수 발생 위험이 증가한다.

오답피하기

③ 인공열 증가로 도시의 평균 기온이 주변 지역보다 높아지는 열섬 현상이 나타난다.

17 정답 ④

천연가스는 신생대 제3기층에 석유와 함께 매장되어 있다. 에너지 효율이 높고 오염 물질의 배출이 적은 청정 에너지이다. 주로 가정용으로 이용하며 냉동 액화 기술과 파이프라인 건설 등으로 저비용 수송과 저장이 가능해지면서 이용이 증가하고 있다.

18 정답 ②

누리 소통망(SNS)은 온라인을 통해 인적 관계망을 연결하여 시간이나 장소에 제약받지 않고, 자유롭게 의사소통을 할 수 있다.

오답피하기

④ 배리어 프리(barrier free)는 고령자나 장애인들도 살기 좋은 사회를 만들기 위해 물리적・제도적 장벽을 허물자는 운동이다.

19 정답 ③

이슬람교는 돼지고기와 술을 금기시 하며, 이마를 땅에 대고 절하는 곳이란 의미의 예배하는 건물인 모스크가 있다. 이슬람의 5대 의무로는 신앙고백, 하루에 다섯 번 기도, 기부, 라마단 기간에 금식, 성지순례가 있다. 여성들은 얼굴과 몸을 가리는 베일을 착용한다.

20 정답 ④

라틴 아메리카 문화권은 남부 유럽의 영향으로 주로 에스파냐어와 포르투갈어를 사용하며 종교는 가톨릭이다. 원주민, 백인, 흑인의 다양한 문화가 나타나며, 혼혈 인종이 많다.

오답피하기

① 북극 주민들은 주로 순록의 유목 및 수렵 생활을 한다.

② 한국, 일본, 중국이 포함된 동아시아는 유교와 불교문화가 발달하였고 젓가락 사용과 한자를 공통으로 사용한다.

③ 오세아니아 문화권은 북서 유럽 문화의 전파로 영어를 사용하며, 개신교 비중이 높다.

21 정답 ③

세계 도시는 경제・정치・문화 등 다양한 측면에서 전세계적으로 중심지 역할을 하는 도시를 말한다. 대표적인 세계 도시는 뉴욕, 런던, 도쿄, 파리 등이 있다.

오답피하기

② 사람과 자연, 혹은 환경이 조화되며 공생할 수 있는 도시의 체계를 갖춘 도시를 생태 도시라 한다.

④ 느림의 철학을 바탕으로 자연 생태 환경과 전통문화를 지키는 지역민 중심의 공동체를 슬로 시티라 한다.

22 정답 ①

사헬 지대는 사막화가 나타나는 대표적인 지역이다. 사막화는 사막 주변의 장기간 가뭄, 인간의 과도한 방목・개간으로, 식량 생산 감소, 황사 현상 심화 등이 나타난다. 이를 방지하기 위해 사막화 방지 협약을 체결하였다.

23 정답 ③

난사 군도는 원유 및 천연가스 매장지 영유권 분쟁 지역으로 중국, 필리핀, 베트남, 말레이시아, 브루나이, 타이완 등이 영유권을 주장하고 있다.

오답피하기

② 카슈미르 분쟁 지역은 힌두교(인도 중심)와 이슬람교(파키스탄의 지원) 사이의 갈등이 나타난다.

④ 쿠릴 열도는 1905년 러・일 전쟁 이후 일본의 영토로 편입되었고, 제2차 세계 대전 이후 소련이 점령함으로써 영토 분쟁이 발생한 지역이다.

24 정답 ①
저출산 문제는 결혼 및 출산에 대한 가치관 변화로 나타나는 현상이다. 저출산은 노동력 부족 문제, 성장률 하락 등의 문제가 나타나며, 해결 방안으로는 출산 및 육아 비용의 사회적 지원 강화, 남녀 가사와 양육 분담 등이 있다.

25 정답 ②
국제기구는 주권을 가진 국가들 중 2개 이상의 국가들이 합의에 의해 만든 국제협력체이다. 국제기구는 국제적인 갈등을 해결하고 평화를 위협하는 나라나 단체를 제재한다.

오답피하기
① 정치적인 견해가 같은 사람들이 정권 획득을 통해 정치적 이상을 실현하기 위한 단체를 정당이라 한다.
③ 자신들의 특수 이익을 실현하기 위해 모인 단체를 이익 집단이라 한다.
④ 지역, 국가, 국제적으로 조직된 자발적인 비영리 시민 단체를 비정부 기구(NGO)라 한다.

과학 2021년 기출문제

제2회 정답

01 ①	02 ②	03 ④	04 ③	05 ②
06 ②	07 ③	08 ③	09 ①	10 ④
11 ④	12 ②	13 ②	14 ④	15 ①
16 ①	17 ③	18 ④	19 ②	20 ④
21 ①	22 ②	23 ③	24 ③	25 ①

01 정답 ①
중력은 지표 부근에 있는 물체를 지구의 중심 방향으로 끌어당기는 힘으로 질량이 있는 모든 물체 사이에서 상호 작용하는 힘이다.

오답피하기
② **마찰력** : 물체의 접촉면에서 물체의 운동을 방해하는 힘이다.
③ **자기력** : 자석과 철로 만든 물체 사이에서 서로 밀거나 당기는 힘이다.
④ **전기력** : 전기를 띤 물체 사이에서 서로 밀거나 당기는 힘이다.

02 정답 ②
풍력 발전은 바람을 이용하여 터빈을 돌려 전기를 얻는 발전 방식이다.

오답피하기
① **수력 발전** : 물이 가지고 있는 위치 에너지를 운동 에너지로 변환시켜 전기를 생산하는 발전 방식이다.
③ **화력 발전** : 석유, 석탄, 가스 등 화석 연료의 연소에 의한 열에너지를 터빈에 의해 운동 에너지로 바꾸고, 다시 발전기를 회전시켜서 전기 에너지로 변환시키는 발전 방식이다.
④ **태양광 발전** : 태양의 빛 에너지를 변화시켜 전기 에너지를 생산하는 방식이다.

03 정답 ④

운동량(P)은 물체의 운동 정도를 나타내는 물리량으로, 물체의 질량(m)과 속도(v)의 곱으로 표시한다.

운동량(kg·m/s) = 질량(kg) × 속도(m/s)

운동량의 단위는 kg·m/s이며, 물체의 질량(kg)과 속도(m/s)의 곱으로 표시한다. 따라서 주어진 A~D 중에서 운동량이 가장 큰 것은 질량과 속도의 값을 곱한 값이 가장 큰 것이 운동량이 가장 크므로, D이다.

04 정답 ③

전자기 유도 현상은 코일 근처에서 자석을 움직이거나 자석 근처에서 코일을 움직일 때 코일에 전류가 흐르는 현상이다. 이때, 자석의 세기가 셀수록, 자석을 빨리 움직일수록 유도 전류의 세기가 더 커진다.

오답피하기

ㄷ. 단위 길이당 코일의 감은 수가 많을수록 유도 전류의 세기가 더 커진다.

05 정답 ②

변압기는 1차 코일과 2차 코일의 감은 수를 조절하여 전압을 변화시킨다. 따라서 다음과 같은 관계식을 갖는다.

$$\frac{V_1}{V_2} = \frac{N_1}{N_2} = \frac{I_2}{I_1}$$

그림에서 1차 코일과 2차 코일의 감은 수를 대입해보면, $\frac{V_1}{V_2} = \frac{N_1}{N_2} = \frac{5번}{10번}$ 이므로 전압 크기의 비는 $V_1 : V_2 = 1 : 2$이다.

06 정답 ②

중력 가속도는 중력에 의해 운동하는 물체가 지니는 가속도이다. 중력 가속도는 9.8m/s^{2}이지만 반올림하여 문제에서는 10m/s^{2}으로 주어져 있다. 따라서 지구상에서 물체가 자유 낙하할 때 질량에 관계없이 1초마다 속도가 10m/s씩 증가하므로 1초 간격으로 증가하는 거리인 10m를 기준으로 ㉠ 구간에서는 25m + 10m = 35m 임을 알 수 있다.

07 정답 ③

탄소 원자 모형에서 양성자 수는 6이고, 전자 수는 6이므로 전기적으로 중성 상태이다.

중성 원자에서 양성자 수는 전자 수와 같으며, 이것이 원자번호이므로 원자 번호는 6이다.

오답피하기

ㄷ. 원자가 전자는 화학결합에 참여하는 원자의 최외각에 존재하는 전자이므로 탄소의 원자가 전자는 4이다.

08 정답 ③

주기율표에서 같은 세로열에 있는 원소들의 집합을 족이라고 한다. 같은 족에 있는 원소들은 원자의 전자배열이 유사하기 때문에 화학적·물리적 성질이 어느 정도 비슷하다. 주어진 표에서 같은 족은 가장 바깥쪽 전자 껍질의 전자 수가 일치하는 Li(리튬)과 Na(나트륨)이다. 원자가 전자가 1개인 Li(리튬)과 Na(나트륨)은 1족 원소이다.

오답피하기

He(헬륨)은 18족 원소이며, Cl(염소)는 17족 원소이다.

09 정답 ①

물(H_2O)은 수소 원자 2개와 산소 원자 1개로 이루어진 공유 결합 화합물로, 순수한 물은 색깔·냄새·맛이 없다. 물은 지구에 살고 있는 모든 생물에게 없어서는 안 될 중요한 물질이며, 사람 몸의 약 70%를 차지한다.

오답피하기

② 암모니아는 질소 원자 1개와 수소 원자 3개가 공유 결합한 물질이다.

③ 염화 나트륨은 염화 이온과 나트륨 이온이 결합한 이온 결합 물질이다.

10 정답 ④

그래핀은 탄소 원자들이 모여 육각형의 벌집 모양의 평면 구조를 이룬다. 풀러렌(C_{60})은 탄소 원자들이 12개의 정오각형과 20개의 정육각형을 이루며 축구공 형태를 띤다. 탄소 나노 튜브는 그래핀이 튜브 형태를 이룬 것이다. 따라서 이 셋의 공통 구성 원소는 탄소이다.

11 정답 ④
염기는 수용액에서 이온화하여 수산화 이온(OH^-)을 내는 물질이다. 염기의 예로는 수산화 나트륨, 수산화 칼륨, 수산화 칼슘, 암모니아 등이 있다.

오답피하기
칼륨 이온, 칼슘 이온, 나트륨 이온은 염기성을 나타내는 음이온인 수산화 이온과 만나 염기의 종류마다 다른 특이성을 나타내는 양이온이다.

12 정답 ②
철이 공기 중의 산소와 만나서 녹스는 것은 산화철이 되는 산화 반응이다.

오답피하기
① 산성인 위산을 염기성인 제산제로 중화시킨다.
③ 생선 요리(염기성)에 레몬즙(산성)을 뿌리는 것은 중화 반응이다.
④ 산성화된 토양(산성)에 석회 가루(염기성)를 뿌리는 것은 중화 반응이다.

13 정답 ②
단백질은 세포의 원형질을 구성하며, 아미노산으로 연결된 고분자 물질이다.

오답피하기
④ 셀룰로스는 식물 세포막의 주성분으로 종이, 화학 섬유의 원료이다.

14 정답 ④
세포막의 주성분은 인지질과 단백질이며, 세포막의 구조는 인지질 2중층에 단백질이 박혀 있는 모습이다. 세포막은 물질의 종류에 따라 물질을 선택적으로 통과시키는 특성이 있다.

오답피하기
종 다양성은 특정 지역 내의 생물들이 보여주는 종들의 다양한 정도를 의미하며, 생물종이 매우 다양하고 복잡해야 생태계는 더욱 안정해진다.

15 정답 ①
물질대사는 생명 활동을 유지하기 위해 물질을 합성·분해하는 모든 활동이다. 물질대사는 화학 변화로 이루어지므로 반드시 에너지 출입이 따르고 생체 촉매인 효소가 관여한다.

오답피하기
부영양화 : 비료, 하수 등에 포함된 오염 물질이 하천을 통해 호수나 연못 등으로 유입되어 영양분이 과다하게 집적되는 현상이다. 물속에 영양분이 과다하게 많으면 산소를 고갈시켜 생물들을 대대적으로 죽이는 녹조 현상을 일으킬 수 있다.

16 정답 ①
유전 정보가 저장된 DNA에서 필요한 정보를 RNA에 복사하여 단백질로 합성하는 유전 정보의 흐름이다.

참고
- 전사 : DNA의 유전 정보는 RNA에 전달된다.
- 번역 : 전사된 RNA가 세포질로 이동하여 RNA의 유전 정보에 따라 단백질이 합성된다.

17 정답 ③
③ C는 세포벽으로 식물세포의 형태를 유지하고, 세포를 보호한다.

오답피하기
① A(엽록체) : 식물세포의 광합성 장소이다.
② B(핵) : 세포의 생명활동을 조절하고, 유전물질을 포함한다.
④ D(미토콘드리아) : 생명활동에 필요한 에너지 생성, 세포 호흡의 장소이다.

18 정답 ④

생태계 평형은 생태계 내의 각 영양 단계의 생물 군집의 종류와 개체 수, 물질의 양이 균형을 이루는 안정된 상태로 생태 피라미드 구조를 이루고 있다.

> **참고 영양 단계**
> 생물 군집의 같은 먹이 그물에서 에너지를 얻는 생물 집단이다.

19 정답 ②

비생물적 요인은 생물을 둘러싸고 있는 모든 요인으로, 생물에게 필요한 물질을 제공하며 생물에게 영향을 준다.
예 빛, 온도, 물, 토양, 공기 등

> **오답피하기**
> 생태계의 생물적 요인은 식물, 동물, 세균 등 생태계에 존재하는 모든 생물을 의미하며, 역할에 따라 생산자, 소비자, 분해자로 구분한다.

20 정답 ④

질량이 태양 정도인 별은 주계열성 단계에서 수소 핵융합 반응으로 헬륨(He) 원자핵을 생성하고, 적색 거성 단계에서 탄소의 핵이 형성된다.

> **오답피하기**
> 질량이 태양보다 큰 별은 별의 중심부 온도가 충분히 높기 때문에 초거성으로 진화하며, 중심부에 철이 생성된다. 핵융합이 끝나고 초신성이 폭발할 때 순간적으로 매우 높은 온도에 도달하며, 철보다 무거운 원소를 만든다.

21 정답 ①

수권(해수)이 기권(대기)에 작용하여 태풍이 발생한다.

> **참고 태풍의 원인**
> 바닷물이 가열되면서 증발이 일어나고 상승기류가 발생하여 적란운이 형성된다. 이때 대기압이 낮아지면서 주변 공기가 빨려 들어가고 적란운과 함께 소용돌이가 일어난다.

22 정답 ②

그림은 남아메리카와 아프리카를 갈라놓은, 대서양 중앙 해령이다. 판의 발산형 경계에서 발달한다.

> **오답피하기**
> ① **해구** : 판과 판이 만나는 경계인 해구는 상대적으로 무거운 해양판이 가벼운 대륙판 아래로 침강하는 곳에서 발달한다. 예 일본 해구
> ③ **습곡 산맥** : 두 개의 대륙판이 만나는 충돌 경계에서 형성된다. 예 히말라야 산맥
> ④ **호상 열도** : 판의 수렴형 경계에서 섬들이 해구와 나란하게 활 모양으로 길게 배열되어 있는 지형이다. 예 일본 열도

23 정답 ③

태양 에너지를 흡수한 수권에서는 물이 증발하여 수증기가 되면서 기권으로 이동한다. 수증기는 응결하여 구름이 되었다가 비나 눈의 형태로 다시 수권으로 되돌아간다.

> **오답피하기**
> ② **조력 에너지** : 조석에 따라 조류의 방향이 주기적으로 변해서 생기는 에너지이다.
> ④ **지구 내부 에너지** : 고온의 지구 내부에서 방사성 원소의 붕괴열이 지표로 이동하는 것이다. 지각 변동으로 화산 활동과 지진이 동반된다.

24 정답 ③

성층권은 오존층이 있어 태양에서 나오는 자외선을 흡수하며 높이 올라갈수록 기온이 올라간다. 또한 대기가 안정하여 대류가 일어나지 않아 비행기의 항로로 이용된다.

오답피하기

① A(열권) : 공기가 희박하며 오로라와 전리층이 존재한다.
② B(중간권) : 대류 현상은 있지만 수증기가 없어서 기상 현상은 없다.
④ D(대류권) : 대류 현상이 있고 구름, 바람, 비·눈 등의 기상 현상도 있다.

25 정답 ①

그림은 매머드이며 신생대의 표준 화석이다. 신생대는 최초의 인류가 출현하고 속씨식물이 번성하였다.

오답피하기

② 삼엽충은 고생대의 표준 화석이다.
③ 화폐석은 신생대의 표준 화석이다.
④ 암모나이트는 중생대의 표준 화석이다.

한국사 2021년 기출문제

제2회 정답

01 ③	02 ④	03 ④	04 ①	05 ②
06 ①	07 ①	08 ②	09 ①	10 ③
11 ②	12 ②	13 ①	14 ②	15 ①
16 ④	17 ②	18 ④	19 ①	20 ③
21 ④	22 ③	23 ③	24 ④	25 ③

01 정답 ③

빗살무늬 토기는 신석기 시대의 대표적인 토기이다. 신석기 시대에는 농경과 목축 생활을 시작하였고, 간석기로 농기구를 제작하였다.

오답피하기

① 조선 후기에 민화가 유행하였다.
② 4~5세기 경에 삼국은 불교를 받아들였다.
④ 철기를 수용한 후로 철제 무기와 철제 농기구를 제작하였다.

02 정답 ④

고조선의 8조법 중 현재 3개 조항이 전해지고 있다. 여기에는 살인, 상해, 도둑질을 처벌하는 내용이 담겨 있다.

03 정답 ④

수의 양제가 대규모 군대를 동원하여 고구려를 침공하였으나, 살수에서 을지문덕이 이끄는 고구려 군대에 패하였다.

오답피하기

① 기묘사화는 조광조가 개혁을 추진하다 훈구파에게 밀려 숙청당한 사건이다.
② 흥선 대원군 시기에 미국은 제너럴 셔먼호 사건을 계기로 강화도를 침공하였다. 어재연 부대가 이들과 싸웠는데, 이를 신미양요라고 한다.
③ 1170년에 고려의 무신들이 쿠데타를 일으켜 정권을 장악하였다. 이를 무신 정변이라 한다.

04 정답 ①

ㄱ. 발해는 고구려 유민들이 주도하여 건국한 나라고 고구려 계승 의식을 가지고 있었다.

ㄴ. 발해는 선왕 시기에 당으로부터 해동성국이라 불렸다.

오답피하기

ㄷ. 화랑도는 신라의 청소년 단체로, 진흥왕 시기에 조직되었다.

ㄹ. 이성계는 조선을 건국한 후 2년 뒤에 한양으로 천도하였다.

05 정답 ②

공민왕은 원의 세력이 약화되자 반원 자주 정책을 펼쳤다. 변발을 금지하고 군대를 보내 쌍성총관부가 관리하던 철령 이북의 영토를 되찾았다. 또한 권문세족을 약화시켜 왕권을 강화하였다. 권문세족이 불법적으로 차지한 토지와 노비를 되돌리기 위해 전민변정도감을 설치하였다.

오답피하기

① 성왕은 백제 6세기의 왕으로, 국호를 '남부여'로 변경하고 수도를 '사비'로 천도하였다.

③ 장수왕은 고구려 5세기의 왕으로, 백제를 몰아내고 한강 하류를 점령하였다.

④ 진흥왕은 신라 6세기의 왕으로, 한강 일대를 차지하고 대가야를 정복했으며 함경도 지역까지 영토를 확장하였다. 이로써 신라는 삼국 통일의 기반을 마련할 수 있었다.

06 정답 ①

고려의 토지 제도를 전시과라 한다. 문무 관리에게 토지를 나눠주고 조세를 징수할 수 있도록 하였다. 이때 5품 이상의 관리에게는 공음전을, 중앙 군인에게는 군인전을 지급하였다.

07 정답 ①

고려의 대표적인 도자기는 청자이다. 처음에는 순청자를 제작하였으며, 이후 상감 기법을 도입한 상감청자를 만들었다.

오답피하기

② 고려에서 제작된 호리병 모양의 은화를 활구라 한다.

③ 정약용은 수원 화성을 건립하는 과정에서 거중기를 제작하였다. 덕분에 무거운 물건을 손쉽게 들어 올릴 수 있었다.

④ 신기전은 조선 초기에 제작된 무기로, 먼 거리까지 날아가는 로켓형 화살이다.

08 정답 ②

지눌은 고려 중기의 승려로, 당시 불교계의 세속적인 문제를 비판하며 수선사라는 단체를 조직하였다. 또한 선종을 중심으로 교종을 통합한 조계종을 이끌었다.

오답피하기

① 계백은 백제 말기의 장수로, 황산벌 전투에서 백제를 지키기 위해 끝까지 싸웠으나 결국 패배했다.

③ 김유신은 황산벌 전투에서 계백에게 승리를 거둬 백제를 정복하였다. 신라가 삼국 통일을 하는 데 크게 기여하였다.

④ 김좌진은 일제 강점기에 간도, 만주 일대에서 활약한 독립운동가이다. 그가 이끈 북로 군정서군이 청산리 전투에서 일본군을 크게 격파하였다.

09 정답 ①

『경국대전』은 조선의 기본 법전으로, 성종 때 완성되었다.

오답피하기

② 『농사직설』은 세종 때 편찬된 농서이며, 각 지방의 농부들에게 농사법을 배워 정리한 책이다.

③ 정약용은 지방관(수령)이 지켜야 할 원칙을 정리한 『목민심서』를 집필하였다.

④ 김부식은 왕명을 받고 『삼국사기』를 편찬하였다. 이 책은 현재 전해오는 역사책 중에 가장 오래되었다.

10 정답 ③
정조는 수원에 화성을 건설하여 개혁 정치의 중심지로 만들고자 하였다.

오답피하기
① 신라 법흥왕은 금관가야를 정복하고, 진흥왕은 대가야를 복속하였다.
② 조선 세종은 훈민정음을 창제하여 민족 문화 발달에 기여하였다.
④ 고려 광종은 호족이 불법적으로 차지한 노비를 풀어주기 위해 노비안검법을 실시하였다.

11 정답 ②
여진족은 조선 중기에 2번에 걸쳐 침략하였다. 첫 번째를 정묘호란, 두 번째를 병자호란이라 한다. 병자호란 때는 청 태종이 직접 군대를 이끌고 내려왔으며, 인조는 남한산성에서 항전하였으나 끝내 삼전도에서 항복하였다.

오답피하기
① 개화기 시기에 일본으로 곡물이 지나치게 유출되자 이를 막기 위해 방곡령을 발표하였다.
③ 일제는 삼국간섭 이후 조선에서 영향력이 약화되자 이를 만회하기 위해 명성황후를 시해하였다. 이를 을미사변이라 한다.
④ 홍경래는 순조 시기에 평안도 지방민을 이끌고 난을 일으켰다. 세도 정치로 인한 삼정의 문란과 평안도에 대한 차별에 저항하며 봉기하였으나 끝내 관군에 진압되었다.

12 정답 ②
조선 후기에는 영정법, 대동법, 균역법을 실시해 조세 징수의 문제점을 시정하고자 하였다. 이중 균역법은 백성의 군포 부담을 줄여주기 위한 것으로, 기존에 2필 내던 것을 1필로 줄여주었다.

오답피하기
① 조선 시대의 토지 제도를 과전법이라고 한다. 문무 관리에게 수조권을 나눠주었다.
③ 고구려의 고국천왕은 봄에 곡식을 빌려주고 가을에 되돌려 받는 진대법을 시행하였다. 이것은 이후 고려에서 의창, 조선에서 환곡으로 변화되었다.
④ 조선 태종은 모든 남성에게 호패를 나눠주고 조세와 병역을 부과하였다.

13 정답 ①
임오군란 이후 청의 간섭이 심해지고 개화 정책이 지지부진해지자, 급진 개화파는 갑신정변을 일으켰다.

오답피하기
② 묘청은 개경 세력이 정치적, 사회적 권력을 독점하는 상황에 반발하여 서경으로의 천도를 시도하였다. 이것이 개경 세력의 반발로 중단되자 독자적인 국호를 내세우며 난을 일으켰다. 이를 묘청의 서경 천도 운동이라고 한다.
③ 삼별초는 개경으로 돌아가기를 거부하며 강화도에서 대몽 항전을 계속하였다. 이후 진도와 제주도로 거처를 옮기며 투쟁하였으나 결국 진압되었다.

14 정답 ②
최제우는 유교, 불교, 도교를 바탕으로 민간 신앙을 융합하여 동학을 창시하였다. 개항 이후 많은 세금과 탐관오리의 수탈, 외국 상인들의 경제 침탈로 백성의 생활이 매우 어려워지자 평등사상과 외세 배척을 내세우는 동학이 농민들 사이에 널리 퍼졌다.

오답피하기
① 도교는 고구려의 사신도, 조선의 소격서 등과 관련 있다.
③ 나철은 단군 숭배를 내세우며 대종교를 창시하였다.
④ 박중빈은 일제 강점기에 원불교를 창시하였다.

15 정답 ①

왕실의 권위를 세우기 위해 경복궁을 중건하였는데, 비용을 마련하기 위해 원납전을 징수하고 당백전을 발행하여 혼란을 초래하였다.

오답피하기

② 신라 지증왕은 이사부를 보내 우산국(현 울릉도)을 정복하였다.
③ 일연은 원 간섭기에 『삼국유사』를 집필하였다. 이 책에는 단군신화가 최초로 수록되어 있다.
④ 신라 원성왕은 국학의 학생을 대상으로 독서삼품과를 실시하여 인재를 선발하였다.

16 정답 ④

㉠은 1907년에 조직된 신민회이다. 인재 양성을 위해 대성 학교와 오산 학교를 설립하였고, 자기 회사와 태극 서관을 운영하여 민족 자본을 육성하였다.

오답피하기

① 서희는 거란족을 외교 담판으로 물리치고 강동 6주를 획득하였다.
② 김정호는 우리나라의 산맥, 하천, 도로망 등을 정밀하게 표시한 '대동여지도'를 제작하였다.
③ 노태우 정부 시기에 남북 기본 합의서가 채택되었다.

17 정답 ②

독립 협회는 민중 계몽을 목적으로 여러 차례 토론회와 연설회를 개최하였다. 러시아의 내정 간섭과 열강의 이권 침탈을 막기 위해 종로 일대에서 일종의 민중 집회인 만민 공동회를 열어 자주 국권 운동을 전개하였다.

오답피하기

① 김원봉은 만주에서 의열단을 조직하여 '매국노 암살, 식민 통치 기관의 파괴' 등을 활동 목표로 삼았다.
③ 김좌진의 북로 군정서군 등 독립군 연합 부대는 일대 반격을 가해 청산리 일대에서 일본군을 크게 무찔렀다.
④ 광복 이후에 미국과 소련은 임시 정부 수립을 논의하기 위해서 2차례에 걸쳐 공동 위원회를 개최하였다.

18 정답 ④

대한민국 임시 정부는 우리나라 최초의 민주 공화제 체제이다. 또한 연통제와 교통국을 통해 국내와 긴밀하게 연락하였으며, 독립운동 자금을 마련하기 위하여 독립 공채를 발행하는 등 다양한 독립 운동을 전개하였다.

오답피하기

① 19세기에 임술 농민 봉기가 일어나자 정부는 삼정의 문제를 시정하기 위해 삼정이정청을 설치하였다.
② 통리기무아문은 강화도 조약 이후에 조직된 정부 기관으로, 개화 정책을 전담하였다.
③ 조선일보와 동아일보는 일제 강점기에 문맹 퇴치 운동을 전개하였다.

19 정답 ①

일제는 중일 전쟁을 일으킨 직후인 1938년에 국가 총동원법을 제정하여 본격적으로 인력과 물자를 수탈하였다. 공출이라는 이름으로 군량미를 마련하기 위해 쌀을 거두어 가고, 무기를 만들기 위해 절이나 교회의 종, 가정의 놋그릇과 숟가락까지 빼앗아 갔다.

오답피하기

② 만적은 최충헌의 사노비로, 신분 해방을 시도하다 체포되었다.
③ 조선은 1876년에 일본과 강화도 조약을 맺고 3곳의 항구를 개방하였다.
④ 흥선 대원군은 병인양요와 신미양요를 거친 후에 전국 곳곳에 척화비를 건립하였다.

20 정답 ③

1920년대 후반 대한민국 임시 정부가 일제의 감시와 탄압, 내부 분열 등으로 침체에 빠지자, 김구는 이러한 상황을 극복하기 위해 한인 애국단을 결성하였다.

오답피하기

① 별기군은 개항 초기에 조직된 신식 군대로, 구식 군인들은 이들과의 차별에 반대하여 임오군란을 일으켰다.
② 교정도감은 최충헌이 설립한 정치 조직으로, 최씨 무신 정권의 정치적 기반이 되었다.
④ 조선어 학회는 1930년대에 조직되어 한글 맞춤법 통일안과 표준어를 제정하였다.

21 정답 ④

신채호와 박은식은 일제 강점기에 활동한 역사학자이다. 이들은 우리 역사가 독자적이고 자주적으로 발전하였음을 강조하는 민족주의 사학을 발전시켰다.

오답피하기

① 허준은 『동의보감』을 편찬하였다.
② 구식 군인은 별기군과의 차별에 항의하며 임오군란을 일으켰다.
③ 의천은 교종을 중심으로 선종을 통합하여 해동 천태종을 창시하였다.

22 정답 ③

제시된 정책은 박정희 정부 시기와 관련 있다. 이 시기에는 미국을 도와 베트남에 군대를 파병했으며, 경제 개발 5개년 계획이 추진되었다.

오답피하기

① 흥선 대원군은 전국 47곳을 제외한 나머지 서원을 철폐하였다.
② 청산리 대첩 이후 독립군은 소련의 자유시로 이동하여 재정비를 시도하였으나, 오히려 소련의 공격으로 피해를 입었다. 이를 자유시 참변이라 한다.
④ 금난전권은 시전 상인들이 난전을 금지시킬 수 있는 권한이다. 정조는 시전 상인들이 금난전권을 지나치게 행사하며 자유로운 상행위를 방해하자, 금난전권을 폐지하였다.

23 정답 ③

1920년대 들어 일본 기업의 한국 진출이 활발해지자, 자급자족·국산품 애용 등을 통해 한국인의 산업을 보호하고 민족 자본을 육성하기 위한 물산 장려 운동이 전개되었다.

오답피하기

① 백정 출신에 대한 차별을 반대하며 1920년대에 형평 운동이 일어났다.
④ 제1차 미·소 공동 위원회가 결렬되고, 이승만이 남한 단독 정부 수립을 주장하자 여운형 등은 통일 정부 수립을 위해 좌·우 합작 운동을 전개하였다.

24 정답 ④

전두환의 신군부가 쿠데타를 일으키고 비상계엄을 전국으로 확대하자 광주 시민들은 이들에 맞서 5·18 민주화 운동을 일으켰다.

오답피하기

① 흥선 대원군은 병인년에 천주교도들을 박해하였다. 이 사건이 빌미가 되어 병인양요가 일어났다.
② 박정희 정부 말기에 회사의 불법 폐업에 항의하는 과정에서 노동자 한 명이 사망한 사건을 YH 무역 사건이란 한다. 이 사건은 당시 야당 총재였던 김영삼 의원의 제명으로 이어졌고, 부산과 마산에서는 정부에 반대하는 시위가 일어났다.
③ 동학교도들은 최제우의 억울함을 풀어달라는 교조 신원 운동을 1890년대 초반에 일으켰다.

25 정답 ③

2000년에 제1차 남북 정상 회담이 열렸고, 회담 결과 경제 협력 강화를 약속한 6·15 남북 공동 선언이 발표되었다.

오답피하기

① 홍범 14조는 갑오개혁의 성과를 담은 개혁안이다.
② 고종은 신식 교육의 중요성을 강조한 교육입국 조서를 1895년에 발표하였다. 이후 많은 소학교가 건립되었다.
④ 청은 임오군란을 진압한 후에 조선 정부를 압박하여 조·청 상민 수륙 무역 장정을 체결하였다. 이로써 청 상인들은 한성과 내륙에 진출할 수 있게 되었다.

도덕 2021년 기출문제

제2회 정답

01 ②	02 ③	03 ③	04 ①	05 ④
06 ③	07 ①	08 ①	09 ③	10 ④
11 ③	12 ④	13 ④	14 ②	15 ①
16 ②	17 ④	18 ②	19 ②	20 ④
21 ①	22 ①	23 ②	24 ③	25 ③

01 정답 ②

사회 윤리와 관련된 주제에는 공정한 분배 기준, 우대 정책과 역차별 문제, 사형 제도의 존폐 문제 등이 있다.

02 정답 ③

사랑과 성에 대한 다양한 관점 중 보수주의는 성적 행위의 전제를 결혼에, 중도주의는 사랑에, 자유주의는 상호 간 동의에 둔다.

03 정답 ③

윤리적 성찰은 자신의 불완전함을 지속적으로 보완하며 올바른 가치관과 인격 형성에 도움을 주고 좀 더 나은 삶을 살기 위한 삶의 의미와 방향을 재정립할 수 있다.

04 정답 ①

덕 윤리는 옳고 선한 행위를 하려면 인간의 품성을 닦아 덕성을 함양해야 하는 것을 강조한 이론 윤리학으로 현대 덕 윤리는 의무론과 공리주의가 특정한 도덕 원리나 규칙을 근거로 행위 자체를 평가하는 것을 비판한다.

05 정답 ④

동물 복제에 대한 찬반 입장

〈찬성〉

- 우수한 품종의 개발이 가능함.
- 치료용 생체 물질 생산이 가능함.
- 희귀 동물 보존, 멸종 동물 복원이 가능함.

〈반대〉

- 자연의 질서를 위배함.

• 종(種)의 다양성을 훼손함.
• 동물의 생명을 수단화함.

06 정답 ③
교정적 정의의 관점 중 응보주의는 처벌이 위법 행위에 대한 '응분의 대가'로 시행될 때 사회 정의가 실현된다고 본다. 하지만 범죄 예방과 범죄자의 교화에 무관심하다는 비판을 받는다.

07 정답 ①
제시된 자료는 롤스의 분배적 정의에 대한 설명으로 정의의 제1원칙과 제2원칙을 제시하였다. ①의 내용은 제1원칙인 평등한 자유의 원칙에서 그 내용을 찾을 수 있다.

08 정답 ①
맹자의 오륜(五倫)
• 부자유친(父子有親) : 어버이와 자식 사이에는 친함이 있어야 한다.
• 군신유의(君臣有義) : 임금과 신하 사이에는 의로움이 있어야 한다.
• 부부유별(夫婦有別) : 부부 사이에는 구별이 있어야 한다.
• 장유유서(長幼有序) : 어른과 아이 사이에는 차례와 질서가 있어야 한다.
• 붕우유신(朋友有信) : 친구 사이에는 믿음이 있어야 한다.

09 정답 ③
남녀 간의 바람직한 윤리는 각자의 주체성과 자유를 존중하고 양성평등을 추구하여 남녀의 차이를 인정하고 다양성과 개성을 존중해야 한다.

10 정답 ④
시민 불복종의 정당화 조건
• 기존 사회 질서와 법질서를 존중하는 것을 전제로 한다.
• 합법적인 방법이 효과가 없을 때 고려하는 최후의 수단
• 특정 개인이나 집단 이익이 아닌 보편적 도덕 가치 추구
• 폭력 행위에 가담하지 않고 비폭력적으로 전개
• 위법 행위에 대한 처벌을 감수 → 기존 법질서 존중

11 정답 ③
제시문은 청렴을 위한 제도적 노력으로 청렴도 측정 제도, 청렴 계약제, 부정 청탁 및 금품 수수의 금지에 관한 법률 제정, 내부 공익 신고제도 운영, 시민 단체의 감시 활동 강화 등이 있다.

12 정답 ④
제시된 윤리 사상가는 고대 그리스의 철학자인 소크라테스로 성찰을 통해 무지를 자각하고 자신의 내면에 있는 참된 앎을 깨우칠 것을 강조하였다.

13 정답 ④
과학 기술자의 윤리적 책임에는 연구 과정에서 조작, 변조, 표절 등 비윤리적 행위를 해서는 안 되며 연구 윤리의 준수·연구 목적을 설정하거나 연구 결과를 적용할 때 윤리적 성찰이 필요하다. 또한 자신의 연구가 사회에 미칠 영향력을 인식하고 연구 결과에 대한 사회적 책임을 다해야 하며 사회적으로 해로운 결과가 예상되는 연구는 위험성을 알리고 연구를 중단해야 한다.

14 정답 ②
생태 중심주의는 생태계 전체를 도덕적 고려의 대상으로 삼고, 개체론적 환경 윤리로는 환경 문제를 해결하기 힘들기 때문에 생태계 전체의 유기적 관계와 상호 의존성을 강조하는 전일론(全一論)적 관점을 주장한다.

15 정답 ①
정보 격차는 정보 기술의 활용이나 정보 처리 능력이 어려운 정보 소외 계층과 그렇지 않은 계층 간의 사회·경제적 격차가 발생할 수 있다.

16 정답 ②
제시된 연기설, 보살, 불살생, 해탈은 모두 불교 윤리를 설명하는 단어들이다. 불교 윤리는 생로병사의 끊임없는 삶의 고통에서 벗어나 열반의 상태에 도달하기 위한 깨달음을 강조한다.

17 정답 ④
예술 상업화의 영향
〈긍정적 영향〉
- 일부 부유층이 누리던 예술을 대중도 누리게 됨.
- 대중의 취향과 가치를 반영한 다양한 예술 분야가 발달함.
- 예술가에게 경제적 이익은 물론 예술 활동을 할 수 있는 기반을 마련해 줌으로써 창작 의욕을 높여 줌.

〈부정적 영향〉
- 예술 작품을 단지 하나의 상품이자 부의 축적 수단으로 바라보게 함(예술의 본질 왜곡).
- 경제적 가치만을 중시한 나머지 예술 작품의 미적 가치와 윤리적 가치를 간과함. ➜ 상품성이 높은 예술만을 생산하여 예술의 규격화, 획일화, 몰개성화의 문제를 가져올 수 있음.

18 정답 ②
뉴 미디어는 정보 생산 주체와 소비 주체의 쌍방향적 의사소통이 가능하고, 광범위한 사회적 연결망을 형성하여 정보를 수집·전달하는 속도가 신속하다. 또한 다수의 정보 이용자들이 정보의 제공 및 감시의 역할을 수행할 수 있다. 예로 인터넷 신문, 전자책, IPTV, 위성 방송 등이 있다.

19 정답 ②
칸트는 도덕 법칙을 무조건 따라야 하는 정언 명령의 형태로 제시하고 도덕 법칙에 따르는 의무 의식과 선의지에 근거한 행위만이 도덕적 가치를 지닌다고 보았다.

20 정답 ④
합리적 소비는 소비자가 상품의 가격, 품질 등을 따져 경제적 효용을 극대화하고 최대의 만족을 추구하는 소비이고 윤리적 소비는 윤리적 가치 판단과 신념에 따라 환경, 인권, 노동, 빈곤 등 각종 사회 문제에 접근하여 상품을 선택하는 소비 행위를 말한다.

21 정답 ①
하버마스는 사회 통합을 위한 소통과 담론의 필요성을 주장하였는데, 담론이란 갈등이나 문제를 해결하기 위한 의사소통 행위로 주로 토론의 형태로 이루어진다.

22 정답 ①
샐러드 볼 이론(다문화주의)이란 한 국가 또는 사회 안에 살고 있는 다양한 문화를 평등하게 인정하여 소수자의 문화를 존중하고 문화 간 다양성을 확보할 수 있는 장점을 가지고 있고 사회적 연대감이나 결속력이 부족하여 사회적 통합을 이루기 어려운 단점을 가지고 있다.

23 정답 ②
종교학자 엘리아데는 종교적 지향성을 인간의 근본적 성향이라고 보면서 인간을 '종교적 존재'로 규정하였다. 인간은 삶의 불안과 불완전성에 직면할 때, 초월적 존재에 의지함으로써 위안을 얻는다는 뜻이다.

24 정답 ③
싱어는 공리주의 관점에서 해외 원조의 의무를 강조하였다. 싱어는 고통과 쾌락을 느낄 수 있는 모든 존재를 고려해야 하므로 다른 사회 구성원을 배제하는 것은 공리주의 원칙에 어긋나기 때문에 해외 원조는 빈곤으로 고통받는 사람들의 고통을 줄여주는 것이므로 적극적으로 해외 원조에 임하는 것은 윤리적 의무임을 주장하였다.

25 정답 ③
남북통일을 위한 개인적 노력에는 남북이 열린 마음으로 적극적인 대화를 통해 서로를 이해하도록 노력해야 하고 북한을 경계의 대상이자 동반자라는 양면성의 측면에서 이해해야 한다.

2021년 제1회 정답 및 해설

국어 2021년 기출문제

제1회 정답

01 ④	02 ①	03 ③	04 ③	05 ②
06 ④	07 ④	08 ④	09 ①	10 ①
11 ②	12 ①	13 ③	14 ②	15 ②
16 ③	17 ②	18 ①	19 ④	20 ④
21 ③	22 ②	23 ②	24 ③	25 ③

01 정답 ④
고객이 고마움을 표현하자 수리 직원은 겸손하게 대응하였다. 고객과 수리 직원 모두 바람직한 대화의 표현 양상을 보여 주고 있으므로 '가는 말이 고와야 오는 말이 곱다'라는 속담이 가장 잘 어울린다.

오답피하기
① 아무리 힘없는 것이라도 많이 모이면 큰 힘을 낼 수 있다.
② 가까운 사람이 잘되면 시기하고 질투한다.
③ 누구나 결점을 찾으려고 뜯어보면 조금도 허물이 없는 사람은 없다.

02 정답 ①
소윤이는 '사과하기'에 어울리지 않는 태도로 진심이 느껴지지 않는 사과를 했기 때문에 소윤이의 사과를 받은 은영이가 오히려 화를 내고 있는 것이다.

사과하기의 요령
- 진정성이 있어야 한다.
- 사과의 내용이 구체적이어야 한다.
- 사과하기에 알맞은 준언어적·비언어적 표현을 사용해야 한다.

03 정답 ③
'옮기고[옴기고]'는 어간 '옮기-'에 어미 '-고'가 결합한 것으로서 된소리되기 현상이 일어나지 않는다.

오답피하기
① '앉지' : [안찌]로 발음함.
② '안고' : [안꼬]로 발음함.
④ '감고서' : [감꼬서]로 발음함.

04 정답 ③
'철수가 다친 친구를 등에 업었다.'는 주어인 '철수'의 의지로 서술어의 동작이 이루어졌음을 나타내는 능동문이다. 그러므로 '업었다'는 능동 표현을 나타내는 서술어이다.

오답피하기
① '불길이 바로 잡혔다.'는 주어 '불길이'가 서술어의 동작을 당했음을 나타내는 피동문이다. 그러므로 서술어 '잡혔다'는 '잡았다'에 피동 접미사 '-히-'가 결합된 피동 서술어이다.
② '막냇동생의 신발 끈이 풀렸다.'는 주어 '끈'이 서술어의 동작을 당했음을 나타내는 피동문이다. 그러므로 서술어 '풀었다'에 피동 접미사 '-리-'가 결합된 피동 서술어이다.
④ '그림을 그릴 때에는 붓이 사용된다.'는 주어 '붓이'가 서술어의 동작을 당했음을 나타내는 피동문으로 접미사 '-되다'가 결합된 서술어가 사용되었다.

05 정답 ②
'여기 주문하신 음료 나오셨습니다.'는 '음료'를 높이는 표현으로 불필요한 높임 표현이 쓰인 문장이다. 그러므로 '여기 주문하신 음료 나왔습니다.'로 고쳐야 한다.

06 정답 ④
㉣ '노미'는 현재의 표기법 '놈이'를 소리나는 대로 '이어 적기' 한 것이다. 현재는 단어의 원형을 밝혀 적는 '끊

어 적기'를 원칙으로 한다.

오답피하기

① 방점은 글자 왼쪽에 찍는 점으로서 소리의 높낮이를 표시한다.
② 현재에는 사라진 'ㆆ(여린히읗)'이 쓰이고 있다.
③ 'ㅽ'이 초성에 쓰이는 '어두 자음군'이 쓰이고 있다.

07 정답 ④

㉠에 들어갈 내용은 '잊힐 권리'를 법적으로 허용해야 하는 이유이므로 온라인 공간에서의 무분별한 개인 정보 노출로 인한 폐해를 드러내야 한다. 그러므로 '개인 정보의 지속적 노출이 정신적 피해를 준다.'가 가장 적절하다.

오답피하기

①, ②, ③은 모두 온라인 상에서 '잊힐 권리'를 법적으로 허용하지 말아야 하는 이유이다.

08 정답 ④

㉣ '권위적'은 '칭찬을 잘하다'라는 문장에 잘 어울리지 않기 때문에 원래 표현된 '효과적'을 수정하지 않아야 한다.

[9~11] 김수영, 〈눈〉

갈래 | 자유시, 참여시
성격 | 의지적, 참여적
주제 | 순수하고 정의로운 삶에 대한 소망과 부정적인 현실에 대한 극복 의지
특징 |
- 일상적 언어와 청유형의 문장을 통해 주제를 효과적으로 드러냄.
- 긍정적 의미의 시어와 부정적 의미의 시어를 대립하여 의미를 강조함.

09 정답 ①

'눈은 살아 있다', '기침을 하자'의 반복을 통해 순수하고 정의로운 삶에 대한 소망과 부정적인 현실에 대한 극복 의지를 강조하고 있다.

10 정답 ①

㉠ '눈'은 '순수한 생명력을 지닌 존재'를 의미하는 시어로서 하늘에서 내리는 눈(雪)으로 순수하고 정의로운 삶에 대한 의지를 나타내기도 하고 부정적인 현실을 비판적으로 바라보는 정의로운 눈(目)의 의미를 지니기도 한다.

오답피하기

㉡ '마당' – '눈'이 떨어진 장소로 우리 사회 또는 삶을 의미함.
㉢ '죽음' – '절망'을 의미함.
㉣ '가래' – 가슴 속에 쌓인 울분 또는 부조리함을 의미함.

11 정답 ②

시인의 현실 비판 의식과 당시 시대적 상황을 보았을 때, 이 시는 민주주의를 탄압하는 독재 정권에 대한 비판과 자유를 억압하는 불의에 저항하는 태도를 드러낸 것이다.

[12~14] 황석영, 〈삼포 가는 길〉

갈래 | 사실주의 소설, 여로형 소설
성격 | 사실적
배경 | 1970년대의 겨울날
주제 | 산업화 과정에서 소외된 하층민들의 애환과 연대 의식
특징 |
- '정 씨'가 고향을 찾아가는 여정을 중심으로 사건이 전개됨.
- 여운을 남기는 방식으로 결말을 처리함.

인물 |
- 정 씨 : 교도소에서 출감한 후 공사장에서 노동하며 살아가는 인물. 고향인 삼포로 돌아가려 하지만 고향이 변해버린 까닭에 돌아갈 곳을 상실함.
- 영달 : 일자리를 찾아 객지를 정처 없이 떠도는 노동자. 무뚝뚝해 보이지만 마음은 따뜻함.
- 백화 : 술집 작부로 산전수전을 다 겪으며 세상을 살아온 인물. 인정이 많음.

12 정답 ①
'정 씨'와 '영달', '백화'의 대화를 통해 경제적 능력이 없어 '백화'와 함께 하지 못하는 안타까운 '영달'의 처지, '정 씨'나 '영달'과 헤어지기 아쉬워하며 고향으로 가는 '백화', 고향인 삼포로 향하는 '정 씨'의 처지를 알 수 있다.

13 정답 ③
ⓒ은 영달의 말로, 백화와 함께 하라는 '정 씨'의 권유에 마음은 있지만 경제적 능력이 없어 포기하는 상황임을 알 수 있다.

14 정답 ②
'정 씨'와 '영달'에게 잊지 않겠다며 자신의 본명을 밝히는 '백화'의 모습을 통해 두 사람과의 이별을 안타까워하는 것을 알 수 있다.

[15~16] 윤선도, 〈오우가〉

갈래 | 연시조
성격 | 서정적, 자연친화적
제재 | 수(水), 석(石), 송(松), 죽(竹), 월(月)
주제 | 자연(물, 바위, 소나무, 대나무, 달)이 지닌 덕목을 예찬함.
특징 |
- 다섯 벗의 특성을 예찬한 전 6수의 연시조임.
- 자연물을 의인화하여 그 속성을 인간이 가져야 할 덕목으로 표현함.
- 우리말의 아름다움을 비교적 잘 살린 작품으로 평가받음.

현대어 풀이

내 벗이 몇인가 하니 수석(水石)과 송죽(松竹)이라.
동산(東山)의 달 오르니 그 더욱 반갑구나.
두어라 이 다섯밖에 또 더하여 무엇하리. [제1수]

구름 빛이 좋다 하나 검기를 자주 한다.
바람 소리 맑다 하나 그칠 적이 많구나.
좋고도 그칠 때 없기는 물뿐인가 하노라. [제2수]

더우면 꽃 피고 추우면 잎 지거든
솔아 너는 어찌 눈 서리를 모르는가
구천(九泉)의 뿌리가 곧은 줄을 그것으로 하여 아노라. [제4수]

15 정답 ②
시조의 종장의 첫 음보는 3음절로 고정되어 있다. 그러므로 제1수의 '두어라', 제2수의 '조코도', 제4수의 '구천의'는 모두 3음절로 표현되어 있다.

16 정답 ③
ⓒ '물'은 좋고도 그치지 않는 것으로 '불변함'을 윤리적 가치로 여기던 이들의 덕목이 반영된 시어이다.

오답피하기
㉠ '구름' – 빛이 좋으나 자주 검게 변하는 가변적인 존재임.
㉡ '바람' – 소리가 맑으나 자주 그치는 가변적인 존재임.
㉣ '잎' – 추워지면 나무에서 떨어지는 것으로 나무의 가변적인 속성을 보여주는 소재임.

[17~19] 정약용, 〈수오재기〉

갈래 | 한문 수필, 기(記)
성격 | 교훈적, 성찰적, 회고적
주제 | 참된 '나'를 지키는 일의 중요성
특징 |
- 전통적인 한문 양식인 기(記)의 형식을 취하고 있음.
- 경험과 사색, 자문자답을 통해 사물의 의미를 밝히고, 성찰의 과정을 보여줌.
- 의문에서 출발하여 깨달음을 얻어 가는 과정을 통해 독자의 공감을 유도함.

17 정답 ②
이 글의 글쓴이는 귀양 온 후 큰형님의 서재에 붙인 이름인 '수오재(守吾齋)'의 이름을 깨닫게 된 과정과 의미를 전달하고 있다.

18 정답 ①

㉠ '나'는 천하 만물 중 꼭 지켜야 하는 것으로 '본질적 자아'를 의미한다.

오답피하기

㉡ '내 집', ㉢ '꽃나무와 과실나무들', ㉣ '성현의 경전'은 모두 물질적인 것으로 움직일 수 없어 다른 사람이 훔쳐갈 수 없거나, 세상에 흔한 것이므로 굳이 지킬 필요가 없는 것들이다.

19 정답 ④

'나'는 '본질적 자아'의 의미로 작은 유혹에도 잃기 쉬운 것이기 때문에 지키기 위해 노력해야 한다는 것이 글쓴이의 관점이다.

[20~22] 김정수, 〈바닷속 미세 플라스틱의 위협〉

갈래 | 기사문
성격 | 비판적, 성찰적
주제 | 미세 플라스틱의 문제점 및 해결책
특징 |
- 미세 플라스틱 생성 과정 및 현황, 문제점을 사실적으로 서술함.
- 미세 플라스틱의 피해를 해양 생물과 인간으로 나누어 설명하고 있음.

20 정답 ④

미세 플라스틱의 증가는 2004년 세계적인 권위를 지닌 과학 잡지 『사이언스』에 영국 플리머스 대학의 리처드 톰슨 교수가 게재한 논문에서 발표되었다. 이를 통해 정보의 출처를 알 수 있다.

21 정답 ③

수산물의 체내에서 미처 배출되지 못한 미세 플라스틱을 함께 섭취하게 된 이들은 이러한 미세 플라스틱이 생체의 주요 장기는 물론 뇌 속까지 침투할 위험이 있다.

22 정답 ②

㉠ '끌기'는 '남의 관심 따위를 쏠리게 하다.'라는 의미로 ② '관심을 <u>끌기</u> 힘들다.'와 같은 의미로 쓰였다.

오답피하기

① '바닥에 댄 채로 잡아당기다.'라는 의미이다.
③ '바퀴 달린 것을 움직이게 하다.'라는 의미이다.
④ '시간이나 일을 늦추거나 미루다.'라는 의미이다.

[23~25] 최인철, 〈행복은 몸에 있다〉

갈래 | 수필
성격 | 체계적, 구체적
제재 | 행복한 삶
주제 | 구체적인 행동의 변화를 통해 심리적 행복을 느낄 수 있다.
특징 |
- 질문과 답변의 형식으로 삶의 태도를 서술함.
- 대화를 하는 듯한 어조로 쉽고 편하게 자신의 생각을 서술함.

23 정답 ②

"어떻게 살 것인가?"라는 질문에 대해 '신나게 살기', '의미 있게 살기', '몰두하며 살기'의 세 가지로 나누어 제시하고 있다.

24 정답 ③

㉢ '접근하기'는 '가까이 다가가기'라는 의미이다.

25 정답 ③

'의미 있게 살기'를 제시하는 문단을 보면, 감각적인 즐거움은 덜하더라도 원대한 목표를 위해 헌신하는 것 또한 의미 있는 삶이라고 표현하고 있다.

수학 2021년 기출문제

제1회 정답

01 ④	02 ②	03 ②	04 ①	05 ④
06 ④	07 ③	08 ①	09 ①	10 ①
11 ④	12 ②	13 ③	14 ②	15 ③
16 ④	17 ①	18 ①	19 ②	20 ③

01 정답 ④

$A=x^2+1$, $B=x+2$에서 동류항끼리 묶어 계산하면 $A+B=x^2+x+3$이다.

02 정답 ②

$x^2+ax+2=x^2+3x+b$는 항등식이므로 계수비교를 통해 a, b의 값을 구한다.

ax는 $3x$와 같아야 하므로 $a=3$, b는 상수이므로 $b=2$임을 알 수 있다. 따라서 $a+b=5$이다.

03 정답 ②

나머지 정리를 이용하여 문제를 해결한다. 주어진 조건을 식으로 나타내면 $2x^2+4x-3=(x-1)Q(x)+r$이므로 나머지를 구하기 위해 양변에 $x=1$을 대입하면 나머지를 구할 수 있다. 따라서 $r=3$이다.

04 정답 ①

인수분해 공식을 이용하여 문제를 해결한다. 주어진 문제의 인수분해는 다음 공식을 이용한다.

$a^3-b^3=(a-b)(a^2+ab+b^2)$을 이용하면 b의 자리에 2를 대입하여 찾는다.

따라서 $x^3-2^3=(x-2)(x^2+2x+4)$이므로 $a=2$임을 확인할 수 있다.

> **참고**
> 전개해서 식이 같아야 하므로 상수항을 전개하면 $-4a=-8$을 이용하여 a의 값을 구해도 좋다.

05 정답 ④

복소수의 상등을 이용하여 문제를 해결한다.

실수부분과 허수부분을 정확히 구분하여 등식을 세우면 다음과 같다.

- 실수부분 : $x-2=1$이므로 $x=3$
- 허수부분 : $y=4$

06 정답 ④

근과 계수의 관계를 이용하여 문제를 해결한다.

$ax^2+bx+c=0$에서 두 근의 곱 $\alpha\beta=\frac{c}{a}$로 구할 수 있으므로 $x^2-3x+2=0$에서 $\alpha\beta=\frac{2}{1}=2$이다.

07 정답 ③

주어진 이차함수는 제한된 범위 $-1\le x\le 2$에서 대칭축인 $x=0$에서 최댓값을 가지므로 $x=0$에서의 함숫값을 찾아주면 된다. 따라서 최댓값은 5이다.

08 정답 ①

$x^3-2x^2+ax+4=0$에서 한 근이 $x=2$라 하였으므로 대입하여 식이 성립함을 이용한다. 주어진 식에 $x=2$를 대입하면

$2^3-2\times 2^2+a\times 2+4=0$

$8-8+2a+4=0$

$2a=-4$

$a=-2$

따라서 $a=-2$이다.

09 정답 ①

주어진 부등식의 해를 각각 구하고 공통된 범위를 찾아 정답을 찾는다.

$3x>6 \rightarrow x>2$

$x<10-x \rightarrow 2x<10 \rightarrow x<5$이므로 공통된 범위는 $2<x<5$이다. 따라서 $a=5$이다.

10 정답 ①

절댓값으로 표현된 부등식의 해를 찾는 문제이다. 절댓값이 포함된 부등식은 다음과 같은 방법으로 해결한다.
$|A| \leq k \rightarrow -k \leq A \leq k$를 이용한다.
$|x+1| \leq 2 \rightarrow -2 \leq x+1 \leq 2 \rightarrow -3 \leq x \leq 1$이다.
따라서 a의 값은 1이다.

11 정답 ④

공식을 이용하여 거리를 구한다. $A(-1,2)$, $B(1,4)$의 거리는
$\overline{AB} = \sqrt{\{1-(-1)\}^2+(4-2)^2} = \sqrt{2^2+2^2} = \sqrt{8} = 2\sqrt{2}$
이다.

12 정답 ②

$y=x+1$에 수직이라 하였으므로 수직인 직선의 기울기의 곱은 -1을 이용하면 수직인 직선의 기울기는 -1임을 알 수 있다. 점 $(0,2)$를 지나므로
$y=-(x-0)+2=-x+2$임을 알 수 있다.

> **참고**
> 기울기와 y절편을 알고 있으므로 바로 $y=-x+2$라 찾아도 된다.

13 정답 ③

중심이 $(-2,1)$이므로 원의 방정식은
$(x+2)^2+(y-1)^2=r^2$으로 나타낼 수 있다. 반지름은 중심과 원 위의 한 점인 원점과의 거리로 구할 수 있으므로 원점과 중심의 거리를 구하면
$r=\sqrt{(-2)^2+1^2}=\sqrt{5}$ 임을 알 수 있다. 따라서 원의 방정식은 $(x+2)^2+(y-1)^2=5$이다.

14 정답 ②

점의 평행이동은 이동시킨 만큼 좌표에 그대로 연산해서 찾는다. $(2,1)$에서 x축의 방향으로 -2만큼 움직인다 하였으므로 이동시킨 x좌표는 $2+(-2)=0$이며 y축의 방향으로 2만큼 움직인다 하였으므로 이동시킨 y좌표는 $1+2=3$이다. 따라서 이동시킨 점의 좌표는 $(0,3)$이다.

15 정답 ③

합집합을 구하고 원소의 개수를 찾는다. $A=\{1,3,4\}$, $B=\{2,4,5\}$이므로 $A\cup B=\{1,2,3,4,5\}$이다. 따라서 합집합의 원소의 개수는 5이다.

16 정답 ④

주어진 명제 '$x=2$이면 $x^2=4$이다.'의 대우는 '$x^2 \neq 4$이면 $x \neq 2$이다.'이다.

17 정답 ①

주어진 대응을 순차적으로 찾아가서 정답을 찾는다.
$f(2)=a$이며 $g(a)=4$이다.
따라서 $(g \circ f)(2)=g(a)=4$이다.

18 정답 ①

무리함수의 식 $y=\sqrt{x-1}+a$에 $(1,-2)$를 대입하면 $-2=a$임을 찾을 수 있다. 따라서 $a=-2$이다.

> **참고**
> 꼭짓점이 $(1,-2)$임을 알고 있으므로 a가 꼭짓점의 y좌표임을 이용하면 바로 $a=-2$임을 알 수 있다.

19 정답 ②

서로 다른 3장의 카드에서 2장을 뽑아 나열하는 방법의 수를 말하므로 순열로 문제를 해결한다.
따라서 ${}_3P_2=3\times2=6$이다.

20 정답 ③

서로 다른 4개의 민속놀이에서 2개를 뽑는 방법의 수이므로 조합으로 문제를 해결한다.
${}_4C_2=\dfrac{4\times3}{2\times1}=6$이다.

영어 2021년 기출문제

제1회 정답

01 ②	02 ①	03 ③	04 ①	05 ②
06 ④	07 ④	08 ③	09 ②	10 ④
11 ①	12 ④	13 ①	14 ①	15 ②
16 ③	17 ③	18 ④	19 ①	20 ④
21 ④	22 ②	23 ③	24 ①	25 ③

01 정답 ②

해석 나는 집을 꽃으로 꾸미도록 널 도와줄 수 있어.

어휘 • decorate 꾸미다, 장식하다

02 정답 ①

해석 네가 내 고양이를 돌봐주다니 정말 친절하다.

어휘 • take care of 돌보다

03 정답 ③

해석 사실상, 스마트폰은 여러 면에서 컴퓨터를 대체했다.

어휘 • in fact 사실상, 사실은

• replace 대체하다

04 정답 ①

해석 밖은 비록 어둡지만, 집은 밝다.

① 동등한 – 같은

② 단단한 – 부드러운

③ 긍정적인 – 부정적인

④ 넓은 – 좁은

해설 ①은 동의어 관계이고 나머지는 반의어 관계이다.

05 정답 ②

해석 미술 전시회

• 날짜: 11월 12일 ~ 25일

• 시간: 오전 10시 ~ 오후 6시

• 장소: 중앙 미술관(또는 미술 박물관)

• 티켓: 성인 15달러, 학생 10달러

우리는 화요일에 문을 닫습니다.

어휘 • exhibition 전시(회)

• adult 성인, 어른

• be closed 문을 닫다

해설 환불에 관한 내용은 언급되지 않았다.

06 정답 ④

해석 나는 매일 아침 달리기를 하러 간다.

그의 부모님은 작은 커피샵을 운영한다.

어휘 • go for a run 달리기를 하러 가다

• run a shop 가게를 운영하다

07 정답 ④

해석 나는 미국에 사는 친구가 있다.

아빠, 어젯밤 테니스 시합 누가 이겼어?

해설 사람 선행사(a friend)를 수식하는 관계대명사, 누구라는 의미의 의문사는 who가 공통으로 알맞다.

08 정답 ③

해석 집 앞에 많은 나무들이 있다.

많은 사람들이 한국에 관심을 가지고 있다.

어휘 • in front of ~앞에

• be interested in ~에 관심을 가지다

09 정답 ②

해석 A: 오늘이 어린이 날인 것은 아니?

B: 응. 벌써 5월인 게 믿기지 않네.

A: 새해 기념한 것이 막 어제 같은데.

B: 알아. 엄마가 시간이 빨리 흘러가니 모든 순간을 소중히 여기라고 말씀하셨지.

해설 Time flies like an arrow는 시간이 참 빠르다는 표현이다.

10 정답 ④

해석 A: 오늘 기분이 어때?

B: 너무 행복해. 세상 제일 높은 곳에 있는 느낌이야(기분 엄청 좋아)!

A: 잘됐다. 무슨 일 있었는데?

B: 내가 가장 좋아하는 가수를 직접 봤어.

해설 happy라는 심정이 대화에 담겨 있다.

11 정답 ①

해석 A: 안녕하세요. 이 책들을 대출하고 싶어요.
B: 좋아요. 세 권 모두 빌릴 건가요?
A: 글쎄요, 생각해보니, 이 두 권만 필요하네요.
B: 알겠습니다.

어휘 • check out 대출하다
• borrow 빌리다
• now that ~이니까

해설 책을 빌리는 도서관이 적절하다.

12 정답 ④

해석 모든 동식물은 살기 위해 물에 의존한다. 우리 몸은 대략 60~70%가 물이다. 우리는 음식 없이 몇 주를 살 수 있다. 그러나 물 없이는, 며칠이면 죽을 것이다. 물은(= It) 우리 삶에 매우 중요하다.

어휘 • plant 식물
• depend on ~에 의존하다
• important 중요한
• life - lives 삶, 생활

해설 물의 중요성에 대한 글이다.

13 정답 ①

해석 A: 메뉴 모든 것이 맛있어 보인다!
B: 응. 이곳은 내가 가장 좋아하는 식당 중에 하나야.
A: 잘됐다. 나에게 요리 좀 추천해 줄 수 있어?
B: 크림소스 스파게티는 어때? 그들의 최고 요리 중에 하나야.
① 나에게 요리 좀 추천해 줄 수 있어?
② 네가 가장 좋아하는 식당이 무엇이니?
③ 왜 이탈리아 패션이 좋으니?
④ 이탈리아 가봤어?

어휘 • delicious 맛있는
• restaurant 식당
• recommend 추천하다

해설 스파게티를 추천해주는 대답으로 알 수 있듯이 음식 추천이 빈칸에 적절하다.

14 정답 ①

해석 A: 우리가 왜 재활용을 해야 하니?
B: 그것은 환경을 보호해야 하기 때문이야.
① 우리가 왜 재활용을 해야 하니?
② 얼마나 오랫동안 이곳에 살았니?
③ 네 짐(가방)은 어떻게 생겼니?
④ 네 삶의 최고의 순간은 언제였니?

해설 Why? 이유를 묻고 It's because~로 이유를 답하는 것이 적절하다.

15 정답 ②

해석 A: 내 생각에 손으로 쓰기는 많은 장점이 있어.
B: 정말? 예를 들면?
A: 하나는, 우리가 일들을 기억(암기)하는 데 도움이 돼.
B: 알았어. 다른 건?
A: 그것은 또한 개인적인 손길도 편지에 더할 수 있지.

어휘 • advantage 장점
• Like what? 예를 들면?
• memorize 기억하다, 암기하다
• add 더하다
• personal touch 개인적인 손길

해설 손으로 쓰기의 장점에 대한 주제의 글이다.

16 정답 ③

해석 지난 며칠 전에 내가 했던 짓 때문에 당신에게 사과하려고 이 이메일을 씁니다. 난 당신과 제시카가 고의로 나를 무시한다고 생각했고, 그래서 난 당신에게 불친절하게 대했습니다. 이제 내가 당신을 오해했다는 것을 알게 되었습니다. 난 정말 미안하다고 말하고 싶어요.

어휘 • ignore 무시하다
• on purpose 고의로
• treat 대하다
• unkindly 불친절하게
• misunderstand 오해하다

해설 사과가 목적인 글이다.

17 정답 ③

해석 통영 토요 관광
당신이 할 일: 미륵산 케이블카 타기, 해저 터널과 중앙 시장 방문
점심은 제공됩니다.
목요일까지 여행을 예약해야 합니다.

어휘
• cable car 케이블카
• undersea 해저
• provide 제공하다
• reserve 예약하다

해설 점심은 제공되므로 ③이 일치하지 않는 내용이다.

18 정답 ④

해석 라스코 동굴은 프랑스 남서부에 위치하고 있다. 그곳에 고대의 커다란 동물 그림이 있다. 1940년까지는 그 동굴에 대해 아무도 알지 못했다. 4명의 십대들이 우연히 개를 쫓다가 발견하게 되었다. 1963년, 그림을 보존하기 위해, 동굴은 대중에게 폐쇄되었다.

어휘
• be located in ~에 위치하다
• contain 담고 있다, 포함하다
• accidentally 우연히
• discover 발견하다
• in order to ~하기 위해서
• preserve 보존하다
• the public 대중

해설 1963년에 대중에게 폐쇄되었다.

19 정답 ①

해석 걷기는 더 격렬한 운동보다 건강에 이로울 수 있다. 걷기의 신체적 이점은 체지방을 줄일 수 있다. 또한 스트레스를 줄이는 데 도움을 줄 수 있기 때문에 정신 건강의 이점이 있다. 그러니 일어서서 걸으세요!

어휘
• beneficial 이로운
• health 건강
• intense 격렬한
• physical 물리적인, 신체적인
• benefit 이점, 혜택
• reduce 줄이다
• body fat 체지방
• mental 정신적인

해설 걷기의 장점에 관한 글이다.

20 정답 ④

해석 차는 다른 차나 물체와 충돌 시 받는 강한 충격을 견딜 수 있어야 한다. 그래서, 차체는 심한 충격을 흡수하게 디자인되어 있다. 목적은 심각한 차 사고가 나는 경우에 대비하여 운전자와 승객을 보호하는 것이다.

어휘
• endure 견디다
• impact 충격
• crash into ~와 충돌하다
• object 물체
• be designed to ~하기로 디자인되다
• absorb 흡수하다
• passenger 승객
• in case of ~하는 경우(를 대비해서)
• serious 심각한

해설 차가 승객을 보호하는 것이 목적이라는 내용으로 빈칸에 ④가 적절하다.

21 정답 ④

해석 음료수 회사는 제품에 밝은 색소를 첨가해서 소비자의 마음을 끈다. 그러나 이 색소들 대부분은 천연 물질이 아니다. 그것들은 인공 물질이다. 예를 들어, 파인애플 주스에 사용되는 인공색소 황색 6호는 맛에는 어떤 것도 첨가하지 않는다(맛에 변화는 없다). 그 음료수를 단지 예쁘게 보이게 그것에 넣는다.
① 편리한, ② 겁먹은, ③ 혁신적인, ④ 천연의

해설 natural 천연 물질이 아닌 man-made 인공 물질이란 내용이 적절하다.

22 정답 ②

해석 몇몇 사람들은 과학이 위험할 수 있다고 주장한다. 그들은 과학의 위험성으로 원자폭탄이 완벽한 예라고 말한다. (하지만, 난 과학이 해보다 이로움이 더 많다고 생각한다.) 예를 들어, 과학은 더 좋은 약을 만드는데 도움을 준다. 명확히 삶의 질을 개선시켜 준다. 난 과학이 우리 세상을 더 좋게 계속 만들어 줄 거라 믿는다.

어휘 • do good 이롭게 하다
• do harm 해를 끼치다
• argue 주장하다
• dangerous 위험한
• atomic bomb 원자폭탄
• perfect 완벽한
• example 예
• danger 위험
• medicine 약
• definitely 명확히
• improve 개선시키다, 향상시키다
• quality 질, 품질

해설 과학의 위험성 뒤에 과학의 이로움이 이어지므로 주어진 문장의 위치는 ②가 적절하다.

23 정답 ③

해석 만약 남아프리카나 마다가스카르에 간다면, 거대하고 이상하게 생긴 바오바브라 불리는 나무를 볼 수 있을 것이다. 뒤집어진 나무로 알려져 있는, 그들의 나뭇가지는 뿌리가 하늘로 뻗어가는 것처럼 보인다. 바오바브 나무가 왜 이런 독특한 모양을 가지게 되었다고 생각하는가? 알아보자.

어휘 • huge 거대한
• strange 이상한
• known as ~로 알려진
• branch 가지
• root 뿌리
• spread 벌리다, 펴다, 펼치다
• unique 독특한
• shape 모양

해설 마지막 문장에 모습이 특이한 이유를 알아보자고 한 것으로 그 내용이 이어지는 것이 적절하다.

24 정답 ①

해석 새로운 것을 발명하는 방법을 알고 있는가? 좋은 방법 하나는 더해서(추가해서) 발명하는 것이다. 이것은 이미 존재하는 것에 새로운 요소 하나를 더해서 어떤 것을 발명하는 것을 의미한다. 예를 들어, Hyman Lipman은 연필 끝에 지우개를 붙여 미국의 위대한 발명가가 되었다. 이제 어떤 것을 발명하는 법을 알게 되었으니, 발명 하나 해보도록 노력해보자.
① 예를 들면, ② 대신에
③ 대조적으로, ④ 그럼에도 불구하고

어휘 • invent 발명하다
• method 방법
• addition 더함, 추가
• element 요소
• exist 존재하다
• attach 붙이다
• eraser 지우개
• make an invention 발명하다

해설 발명에 대한 예를 들어 설명하고 있다.

25 정답 ③

해설 새로운 것을 발명하는 방법에 대한 내용이다.

사회 2021년 기출문제

제1회 정답

01 ②	02 ②	03 ③	04 ③	05 ④
06 ①	07 ②	08 ④	09 ②	10 ③
11 ③	12 ④	13 ③	14 ①	15 ①
16 ②	17 ②	18 ①	19 ③	20 ④
21 ①	22 ④	23 ②	24 ④	25 ④

01 정답 ②

제시된 내용은 정의에 대한 설명이다. 정의는 사회를 구성하고 유지하는 공정하고 올바른 도리로서, 개인이나 사회가 추구해야 할 기본적이고 핵심적인 덕목이다. '같은 것은 같게, 다른 것은 다르게 대우하는 것'은 아리스토텔레스의 정의에 해당한다.

02 정답 ②

행복한 삶을 위한 조건으로는 질 높은 정주 환경, 경제적 안정, 민주주의 실현, 도덕적 실천과 성찰 등이 있다. 민주주의 사회는 국민의 의사가 정책적으로 반영되기 때문에 국민들의 삶에 대한 만족감과 행복감이 높다. 시민 참여가 제한된 독재 또는 권위주의적 사회는 인간의 존엄성을 보장받기 어렵기 때문에 삶에 대한 행복감을 느끼기 어렵다.

03 정답 ③

시간의 흐름에 따른 인간 삶의 변화를 나타낸 것을 생애 주기라 한다. 아동기, 청년기, 중장년기, 노년기에 따라 달성해야 할 과업이 있다.

04 정답 ③

시장 경제의 참여자는 정부, 기업, 노동자, 소비자가 있다. 기업 간 자유로운 경쟁을 보장하고 불공정 거래 행위를 규제하는 정부의 기관은 공정 거래 위원회이다.

오답피하기

① 국제 사면 위원회는 국가권력에 의해 처벌당하고 억압받는 각국 정치범들을 구제하기 위하여 설치된 국제기구이다.
② 국가 인권 위원회는 인간의 존엄과 가치를 구현하고 민주적 기본 질서를 확립하기 위한 국가 독립 기관이다.
④ 선거 관리 위원회는 선거와 국민 투표의 공정한 관리 및 정당에 관한 사무를 처리하는 국가 독립 기관이다.

05 정답 ④

교통 · 통신 수단의 발달로 언어 · 인종 · 종교 등 문화적 배경이 서로 다른 다양한 집단이 하나의 공동체를 구성함으로써 문화 다양성이 나타나는 사회를 다문화 사회라 한다.

오답피하기

① 개인이나 집단에 대한 정보를 광범위하게 수집 및 저장하고 분석하여 활용하는 사회를 감시 사회라 한다.
② 사람과 자연이 조화되며 공생할 수 있는 도시를 생태 도시라 한다.
③ 사회의 설립을 개인들 간의 계약으로 보는 이론이 사회 계약설이다.

06 정답 ①

담합이란 시장 실패의 한 유형으로 소수의 기업들이 협정을 맺어 생산량이나 가격을 임의로 조정하여 경쟁을 제한하는 것을 말한다.
우리나라의 사회 복지 제도의 유형으로 사회 보험, 공공 부조, 사회 서비스가 있다.

07 정답 ②

국제 사회의 행위 주체에는 국가, 국제 기구, 비정부 기구, 다국적 기업, 국가 내의 지방 정부, 국제적 영향력이 강한 개인 등이 있다. 영토와 국민을 바탕으로 주권을 가진 국제 사회의 행위 주체는 국가이다.

오답피하기

③ 자신들의 특수 이익 추구를 위해 조직된 집단을 이익집단이라 한다.

08 정답 ④

문화 변동의 요인으로 내재적 요인은 발명과 발견이 있고 외재적 요인은 직접 전파, 간접 전파, 자극 전파가 있다. 발명은 기존에 존재하지 않았던 새로운 문화 요소를 만들어 내는 것이며, 발견은 기존에 존재하고 있었지만 알려지지 않았던 것을 찾아내는 것이다. 직접 전파는 서로 다른 구성원과의 직접적인 교류를 통해 새로운 문화 요소가 전파되는 것이며, 간접 전파는 인터넷, TV 등과 같은 매개체를 통해 이루어지는 전파이다. 자극 전파는 다른 사회 문화 요소에서 아이디어를 얻어 새로운 문화 요소가 발명되는 것이다.

09 정답 ②

자산은 실물 자산과 금융 자산으로 나눌 수 있다. 토지, 건물, 자동차 등은 실물 자산에 해당하며 금융 자산으로는 예금, 주식, 채권, 펀드, 보험, 연금 등이 있다.

10 정답 ③

규모의 경제란 생산량이 늘어남에 따라 제품 단위당 평균 생산비가 하락하는 것을 말한다.

오답피하기

④ 스태그플레이션은 석유 파동으로 인해 석유 가격 상승에 의한 원료 공급 부족으로 발생하였다. 경기 침체와 물가 상승이 함께 나타나는 현상을 말한다.

11 정답 ③

우리나라는 기본권을 헌법으로 보장하고 있다. 하지만 기본권의 행사가 타인의 기본권을 침해하거나 공익에 해를 끼치지 않도록 국가가 개인의 기본권 행사의 범위에 일정한 제한을 둔다. 그 제한은 국회에서 정한 법률로써 가능하다.

12 정답 ④

정부의 시장 개입으로 비효율이 초래되고 1970년대 석유 파동으로 스태그플레이션이 발생한다. 이에 대한 대책으로 정부의 역할을 제한, 시장의 자유로운 경제 활동을 강조, 복지 축소를 주장하는 신자유주의가 등장하였다.

오답피하기

ㄱ, ㄴ. 1930년대 대공황이 발생하여 정부의 시장 개입을 주장한 것은 케인스가 주장한 수정 자본주의이다.

13 정답 ③

인권이란 인간 존엄성을 유지하며 살아갈 수 있도록 모든 사람이 누려야 하는 기본적인 권리이다. 인권의 특징으로 천부성, 보편성, 불가침성, 항구성이 있으며 현대 사회에서 인권은 환경권, 주거권, 안전권, 문화권, 잊혀질 권리 등으로 확장되고 있다.

14 정답 ①

열대 기후는 일 년 내내 기온이 높고 강수량이 많다. 의복은 통풍을 위해 얇고 간편한 옷을 입고, 농목업은 이동식 화전 농업 또는 플랜테이션, 벼농사를 한다. 음식은 기름에 볶는 요리와 향신료를 많이 사용한다.

15 정답 ①

열섬 현상은 도시 내 콘크리트나 아스팔트로 포장된 면적 증가, 인공열 증가로 도시의 평균 기온이 주변 지역보다 높아지는 현상을 말한다. 열섬 현상을 줄일 수 있는 방법은 녹지 면적을 증가시키고 바람길을 조성하는 것이다.

16 정답 ②

보편 윤리란 시대와 사회를 초월하여 모든 사람이 존중하고 따라야 하는 윤리를 말한다. 인간의 존엄성에 위배되는 명예 살인이나 식인 풍습은 보편 윤리 관점에서 문화로 인정되기 어렵다.

오답피하기

④ 외부 효과란 경제 주체가 경제 활동을 하는 과정에서 의도치 않게 타인에게 이익을 주거나 의도치 않게 피해를 입히고도 대가를 치르지 않는 현상을 말한다.

17 정답 ②

인간 소외 현상은 노동 과정에서 인간이 도구나 기계로 전락하여 소외되는 현상이다.

오답피하기

① 연고주의는 혈연, 지연, 학연이라는 전통적 관계를 우선시하거나 중요하게 여기는 사고방식을 가리키는 사회현상이다.

18 정답 ①

세계 도시는 경제·정치·문화 등 다양한 측면에서 전 세계적으로 중심지 역할을 하는 도시를 말한다.

오답피하기

① 플랜테이션은 선진국의 자본과 기술, 원주민의 노동력을 바탕으로 열대 기후에서 이루어지는 농업 방식이다.

19 정답 ③

석유는 신생대 제3기층 배사 구조에 주로 매장되어 있다. 19세기 후반 내연 기관의 발명으로 수요가 급증하였으며 세계에서 가장 많이 소비되는 에너지가 석유이다. 세계 에너지 소비 구조는 '석유>석탄>천연가스'로 나타난다.

20 정답 ④

(가)는 북부 아프리카, 서남아시아, 중앙아시아의 건조 기후 지역으로, 건조 문화권이 나타난다. 주민 대부분이 이슬람교를 믿고 아랍어를 사용하며 유목과 오아시스 농업이 발달한다.

오답피하기

① 아시아 문화권은 한자, 젓가락 사용, 유교·불교 문화가 나타난다.

21 정답 ①

총인구 중에서 65세 이상 노년층 인구가 차지하는 비율이 높아지는 현상을 고령화 현상이라 한다. 고령화 문제를 해결하기 위한 정책으로 정년 연장, 복지 시설 확충, 노인 연금 제도 등이 있다.

22 정답 ④

정보화에 따른 문제점으로 인터넷 중독, 사생활 침해, 사이버 범죄, 정보 격차 등이 있다. 공간적 제약의 완화는 정보화 시대의 문제점으로 적절하지 않다.

23 정답 ②

레오폴드는 생태 중심주의의 대표적인 사상가이다. 생태 중심주의는 자연 그 자체의 가치를 인정하고 무생물을 포함한 자연 전체를 도덕적 고려 대상으로 여기는 관점이다.

오답피하기

④ 인간 중심주의는 인간을 다른 자연적 존재들보다 가치 있는 존재로 여기고, 인간과 자연의 관계에서 인간의 이익이나 행복을 먼저 고려하는 관점이다.

24 정답 ④

파리 기후 협약은 지구 온난화 현상을 극복하기 위한 국제 협약이다.

오답피하기

① 런던 협약은 폐기물 투기에 의한 해양오염방지에 관한 협약이다.
② 바젤 협약은 유해폐기물의 국가 간 이동 및 처리에 관한 국제 협약이다.
③ 람사르 협약은 중요 습지를 보호하기 위해 국제적인 협력으로 맺은 조약이다.

25 정답 ④
탄소 발자국은 개인 또는 기업, 국가 등의 단체가 활동이나 상품을 생산하고 소비하는 전체 과정을 통해 발생시키는 이산화 탄소의 총량을 의미한다. 이산화 탄소 배출을 증가시키는 것은 지구 온난화를 가속화시키는 행위로 세계 시민의 자세로 적절하지 않다.

과학 2021년 기출문제

제1회 정답

01 ①	02 ①	03 ③	04 ④	05 ②
06 ②	07 ①	08 ④	09 ①	10 ①
11 ④	12 ②	13 ③	14 ③	15 ④
16 ①	17 ②	18 ②	19 ③	20 ②
21 ④	22 ③	23 ④	24 ③	25 ②

01 정답 ①
그래핀은 탄소 원자들이 모여 육각형의 벌집 모양의 평면 구조를 이룬다. 그래핀은 두께가 얇아서 빛을 대부분 통과시키기 때문에 투명하다. 또한 휘어지거나 면적이 늘어나더라도 전기적 성질이 변하지 않는다.

오답피하기
② **초전도체** : 임계온도에서 초전도 현상이 나타나는 물체이다.
③ **네오디뮴 자석** : 다른 금속과의 합금 형태로 강력한 자성을 나타낸다.
④ **형상 기억 합금** : 변형시킨 후에 열을 가하면 원래 형상으로 되돌아오는 특성을 가진 특수합금이다.

02 정답 ①
핵발전은 우라늄 원자핵이 핵분열할 때 발생하는 열에너지로 만든 증기를 이용하여 터빈을 돌려 전기에너지를 생산하는 방식이다.

오답피하기
② **파력 발전** : 파도가 칠 때 해수면의 움직임을 이용하여 전기 에너지를 생산한다.
③ **풍력 발전** : 바람을 이용하여 터빈을 돌려 전기를 얻는다.
④ **태양광 발전** : 태양의 빛 에너지를 변화시켜 전기를 생산하는 방식이다.

03 정답 ③

물체가 받은 충격량은 물체의 운동량의 변화량과 같다.

> 충격량(I) = 운동량의 변화량(Δp)
> = 나중 운동량 − 처음 운동량

물체 A~C가 모두 같은 크기의 충격량을 받았다고 했으므로 표에서 주어진 나중 운동량에서 처음 운동량을 빼면 3이 된다. 물체 C의 나중 운동량 − 처음 운동량 = 3이 되려면 ㉠은 8이 된다.

04 정답 ④

전자기 유도 현상은 코일 근처에서 자석을 움직이거나 자석 근처에서 코일을 움직일 때 코일에 전류가 흐르는 현상이다. 자석의 운동 방향을 반대로 하거나 자석의 극을 바꾸면 유도 전류의 방향이 반대가 된다.

오답피하기

유도 전류의 세기 : 코일이 많이 감겨 있을수록, 자석을 빨리 움직일수록, 자석의 세기가 셀수록 유도 전류가 더 많이 흐른다.

05 정답 ②

주기는 주기율표의 가로줄을 의미하며 같은 주기 원소는 전자껍질 수가 같다.

족은 주기율표의 세로줄을 의미하며 같은 족 원소들은 화학적 성질이 비슷하다.

2주기 2족 원소는 Be(베릴륨)이다.

오답피하기

① 1주기 1족 원소이다.
③ 2주기 17족 원소이다.
④ 3주기 18족 원소이다.

06 정답 ②

산화는 물질이 산소를 얻는 반응이다.

탄소는 산소와 결합하여 산화된다.

오답피하기

① 산화 구리는 산소를 잃고 환원되어 구리가 된다.

07 정답 ①

금속 원소는 주기율표상 왼쪽에 위치하며 상온에서 대부분 고체 상태이다. 전기가 잘 통하며 광택이 있는 구리는 금속 원소이다.

오답피하기

② 염소는 비금속 원소이다.
③ 헬륨은 비금속 원소이다.
④ 브로민은 비금속 원소이다.

08 정답 ④

탄소는 원자가 전자가 4개이므로, 탄소 원자 1개와 최대 4개의 다른 원자가 공유 결합을 형성할 수 있다.

09 정답 ①

중화반응은 산의 수소 이온(H^+)과 염기의 수산화 이온(OH^-)이 반응하여 중성의 물(H_2O)이 되는 반응이다.

$$H^+ + OH^- \rightarrow H_2O$$

오답피하기

② 염화 칼륨
③ 수산화 칼륨
④ 질산

10 정답 ①

산소 원자 2개가 공유 결합하여 산소 분자를 이룬다.

오답피하기

② **암모니아** : 질소 원자 1개에 수소 원자 3개가 공유 결합한다.
③ **염화 칼슘** : 이온 결합 물질이다.
④ **질산 칼륨** : 이온 결합 물질이다.

11 정답 ④
종 다양성은 특정 지역 내의 생물들이 보여주는 종들의 다양한 정도를 의미하며 생물종이 매우 다양하고 복잡해야 생태계는 더욱 안정해진다.

오답피하기
① **개체 수** : 모든 생물(미생물, 동물, 식물 등)이 일정한 범위 내에 생존(존재)하고 있는 숫자이다.
② **소비자** : 스스로 양분을 만들지 못하고 다른 생물을 먹이로 하여 살아가는 생물이다.
③ **영양 단계** : 생물 군집에서 같은 먹이 그물에서 에너지를 얻는 생물 집단이다.

12 정답 ②
리보솜은 막으로 둘러싸여 있지 않은 작은 알갱이 모양으로 DNA의 유전 정보에 따라 단백질을 합성한다.

오답피하기
① **핵** : 세포의 생명활동을 조절하고, 유전물질을 포함한다.
③ **미토콘드리아** : 생명활동에 필요한 에너지 생성, 세포 호흡의 장소이다.
④ **엽록체** : 식물 세포의 광합성 장소이다.

13 정답 ③
생태계 평형은 생태계 내의 각 영양 단계의 생물 군집의 종류와 개체 수, 물질의 양이 균형을 이루는 안정된 상태이다.

오답피하기
① **생산자** : 살아가는 데 필요한 양분을 스스로 만드는 식물이다.
② **서식지** : 생물체 또는 생물체의 군집이 사는 곳이다.
④ **유전적 다양성** : 어떤 생물학적 종의 개체군이 지닌 유전자의 종류, 종 내의 유전자 변이를 말한다.

14 정답 ③
세포막의 주성분은 인지질과 단백질이며 세포막의 구조는 인지질 2중층에 단백질이 박혀 있는 모습이다.

오답피하기
ㄴ. 세포막은 물질의 종류에 따라 물질을 선택적으로 통과시키는 특성이 있다.

15 정답 ④
탄소(C)가 수소(H), 산소(O), 질소(N) 등과 공유 결합하여 이루어진 탄수화물, 단백질, 지질 등의 탄소 화합물은 생명체를 구성한다.

16 정답 ①
DNA가 이중 가닥을 형성할 때, 한 가닥의 염기 아데닌(A)은 맞은 편 가닥의 염기 타이민(T)과 결합하고 마찬가지로 염기 구아닌(G)은 염기 사이토신(C)과 짝을 이뤄 상보적 결합을 한다.

17 정답 ②
흩어져 있던 대륙들이 모여 고생대 말기에 판게아가 형성되었다. 삼엽충은 고생대의 표준 화석으로, 고생대는 최초의 육상 생물이 출현하고 양치식물이 번성하였다.

오답피하기
① **선캄브리아 시대** : 바다에서 최초의 생명체가 출현하였고 광합성을 하는 남세균의 출현으로 산소가 증가하였다.
③ **중생대** : 공룡, 파충류, 겉씨식물이 번성하였다.
④ **신생대** : 최초의 인류가 출현하고 속씨식물이 번성하였다.

18 정답 ②
지권 → 기권 : 화석 연료의 연소를 통해 생성된 이산화탄소 기체가 대기 중으로 방출된다.

19 정답 ③

별 중심부의 온도가 1,000만 K 이상으로 높아지면 4개의 수소(H) 원자핵이 융합하여 1개의 헬륨(He) 원자핵을 만드는 수소 핵융합 반응이 일어나 에너지가 생성된다.

오답피하기

① **빅뱅** : 지금의 우주가 하나의 점에서 대폭발하여 이루어졌다는 이론이다.
② **핵분열** : 하나의 원자핵이 여러 개의 작은 핵들로 쪼개지는 현상이다.
④ **우주 배경 복사** : 빅뱅 이후 약 38만 년이 되어 우주의 온도가 약 3,000K이 되었을 때 처음으로 원자가 형성되면서 빛은 자유롭게 진행할 수 있었다. 이때 맨 처음으로 우주 공간을 가득 채운 빛을 우주 배경 복사라고 한다.

20 정답 ②

변환 단층은 판 구조론에서 판이 서로 엇갈리며 움직이고 있는 경계이다. 예 산안드레아스 단층

오답피하기

① **해구** : 판이 만나는 경계인 해구는 상대적으로 무거운 해양판이 가벼운 대륙판 아래로 침강하는 곳에서 발달한다. 예 일본 해구
③ **습곡 산맥** : 두 개의 대륙판이 만나는 충돌 경계에서 형성된다. 예 히말라야 산맥
④ **호상 열도** : 판의 수렴형 경계에서 섬들이 해구와 나란하게 활 모양으로 길게 배열되어 있는 지형이다. 예 일본 열도

21 정답 ④

지구 내부 에너지는 고온의 지구 내부에서 방사성 원소의 붕괴열이 지표로 이동하는 것이다. 지각 변동으로 화산 활동과 지진이 동반된다.

오답피하기

① **조력 에너지** : 조석에 따라 조류의 방향이 주기적으로 변해서 생기는 에너지이다.
② **풍력 에너지** : 풍차를 이용하여 자연의 바람 에너지를 기계 에너지로 변환시켜 얻는 에너지이다.
③ **바이오 에너지** : 나무, 작물, 해조류 같은 유기체나 음식물 쓰레기, 폐식용유 같은 유기성 폐기물 등을 이용해 만든 연료에서 얻는 에너지이다.

22 정답 ③

사막화는 자연적인 기후 변동이나 인간 활동에 의해 기존의 사막이 확대되는 현상이다.

오답피하기

① **장마** : 6월 하순에서 7월 하순 사이에 지속적으로 내리는 비이다.
② **라니냐** : 엘니뇨의 반대 현상으로 평상시보다 남동무역풍이 강해지면서 따뜻한 해수가 서쪽으로 많이 이동하고 적도 부근 동태평양의 표층 수온이 낮아지는 현상이다.
④ **엘니뇨** : 무역풍이 약해지면서 적도 부근 동태평양의 표층 수온이 높아지는 현상이다.

23 정답 ④

규산염 사면체의 화학식은 SiO_4^{4-}이며 그림에서 규소 원자 1개와 결합된 산소 원자는 4개이다.

24 정답 ③

$$\text{열효율}(e) = \frac{\text{한 일의 양}}{\text{공급된 열량}} = \frac{W}{Q_1} = \frac{Q_1 - Q_2}{Q_1}$$

$$= 1 - \frac{Q_2}{Q_1} < 1$$

열기관이 흡수한 Q_1에 비해서 방출한 Q_2의 값이 작을수록 열기관의 효율이 크다. 즉, W가 클수록 열효율이 크다.

오답피하기

ㄴ. 열기관에서 Q_1(공급한 열)−Q_2(방출한 열)=W(한 일)이다.

25 정답 ②

수평 방향으로 던져진 공이 2초 후 중력에 의해 지면에 도착한다. 수평방향으로 받는 힘이 없어 등속운동을 하며 10m/s의 속력으로 2초 이동했으므로 10m/s × 2초 = 20m이다. 두 점선 사이의 거리가 각 10m이므로 공의 도달 지점은 B이다.

한국사 2021년 기출문제

제1회 정답

01 ①	02 ④	03 ③	04 ②	05 ④
06 ①	07 ②	08 ③	09 ①	10 ②
11 ③	12 ②	13 ③	14 ②	15 ④
16 ①	17 ③	18 ④	19 ①	20 ①
21 ①	22 ②	23 ③	24 ④	25 ④

01 정답 ①

① 주먹도끼와 찍개, 슴베찌르개는 대표적인 구석기 시대의 뗀석기이다.

오답피하기

② 신석기 시대의 대표적인 간석기로는 돌보습, 돌도끼, 갈돌과 갈판 등이 있다.

02 정답 ④

④ 삼한의 군장은 신지와 읍차로 불렸다. 이 나라들은 남부 지역에 위치하여 일찍부터 벼농사가 발달하였고, 5월과 10월 두 번에 걸쳐 계절제를 지냈다.

오답피하기

① 고구려 고국천왕은 진대법을 실시하여 춘궁기 때 가난한 백성에게 곡식을 빌려주었다.
② 성리학은 고려 말에 전래되어, 조선 시대에 발달하였다.
③ 상감 청자는 고려 중기에 제작되었다.

03 정답 ③

③ 신라 진흥왕은 청소년 수련 단체인 화랑도를 조직하였다. 이들은 신라의 삼국 통일에 든든한 군사 기반이 되었다.

오답피하기

① 5군영은 임진왜란 이후 조직된 조선 후기의 중앙 군이다.
② 고려의 윤관은 여진족 견제를 위해 별무반이라는 특수군을 편성하였다.
④ 군국기무처는 갑오개혁을 위해 설치된 임시 기구이다.

04 정답 ②

② ㄱ. 집현전은 세종이 학문 연구와 정책 제안을 위해 설치한 왕실 학술 조직이다.
ㄷ. 세종은 훈민정음을 창제하여 백성의 문자 생활을 가능케 하였다.

오답피하기

ㄴ. 『경국대전』은 세조 때 편찬을 시작하여, 성종 때 완성된 법전이다.
ㄹ. 고려 광종은 노비안검법을 실시하여 호족이 불법적으로 차지한 노비들을 양민으로 해방시켰다.

05 정답 ④

④ 무령왕릉은 백제 성왕 시기에 축조된 무덤으로, 우리나라에서 흔하지 않은 벽돌 무덤 양식으로 조성되었다. 무령왕 시기에 중국 남조의 양나라와 외교 관계를 굳건히 하여, 중국의 벽돌 제작 기술을 도입할 수 있었다. 또한 무덤의 주인이 무령왕과 왕비임을 알려주는 묘지석이 발견되어 백제 왕릉 중 유일하게 주인이 밝혀졌다.

오답피하기

① 천마총은 신라 왕의 무덤으로, 천마도가 발견된 돌무지 덧널 무덤이다.
② 장군총은 고구려 왕의 무덤으로, 돌무지 무덤이다.
③ 강서대묘는 고구려 무덤으로, 굴식 돌방무덤 안에 사신도가 그려져 있다.

06 정답 ①

① 삼별초는 마지막까지 대몽 항쟁을 전개했다. 이들은 무신 정권이 몽골과 강화를 맺고 개경으로 천도하자, 이를 거부하고 강화도에서 저항을 지속하였다. 강화도가 함락당할 위기에 처하자 진도와 제주도로 옮겨가며 약 3년 동안 몽골에 저항하였다.

오답피하기

② 장용영은 정조가 조직한 국왕 호위 부대이다.
③ 훈련도감은 조선 후기 중앙군의 핵심 부대로, 삼수병으로 조직되었다.
④ 대한 독립군은 홍범도가 이끄는 독립군 부대로, 봉오동 전투에서 승리하였다.

07 정답 ②

② 고려의 신분은 귀족 – 중류층 – 평민 – 천민으로 구분되며, 이 중 천민의 대부분을 차지하는 사람들은 노비였다.

오답피하기

① 향리는 현재의 지방 공무원에 해당하며, 이들은 중류층에 속했다. 과거를 통해 귀족이나 신진 사대부로 성장하기도 했다.

08 정답 ③

③ 일연은 고려 말 충렬왕 시기에 『삼국유사』를 집필하였다. 이전에 편찬된 『삼국사기』에 빠진 불교사와 야사를 주로 수록했으며, 특히 단군의 건국 이야기를 최초로 기록했다.

오답피하기

① 『동의보감』은 조선 광해군 때 편찬된 의학 서적이다.
② 『농사직설』은 조선 세종 때 편찬된 농법서로, 우리가 독자적으로 편찬한 최초의 농법서이다.
④ 『향약집성방』은 우리 땅에서 나는 약재와 그 사용법을 정리한 책으로, 조선 세종 때 편찬되었다.

09 정답 ①

① 관리 감찰 기구로는 고려의 어사대와 조선의 사헌부가 있다. 이 기관의 관리들은 대간으로 불리며, 왕이 관리를 임명할 때 서경권(임명 동의권)을 행사하며 왕권의 남용을 견제하였다.

오답피하기

② 집사부는 신라의 중앙 정치 기구로, 왕명을 집행하는 기관이다.
③ 제가 회의는 고구려의 귀족 회의이다.
④ 통리기무아문은 강화도 조약 체결 직후에 설립된 조직으로, 개화를 전담하는 기구이다.

10 정답 ②

② 통일 신라 말 중앙 정치가 불안정해지자, 지방에서 호족 세력이 성장하였다. 이들은 독자적인 군사를 보유하며 세력을 키웠고, 선종 승려를 후원하며 새로운 사회 건설을 시도하였다. 대표적인 인물로는 궁예, 견훤, 왕건이 있다.

오답피하기

① 사림은 온건파 사대부를 계승한 양반 세력으로, 16세기에 훈구와 정치적 갈등을 빚었다.
③ 권문세족은 원 간섭기에 권력을 장악한 세력이다.
④ 신진 사대부는 고려 말 성리학을 수용한 세력으로, 고려의 통치 방향을 둘러싸고 권문세족과 대립하였다. 이 중 급진파 사대부는 조선을 건국하였다.

11 정답 ③

③ 왜란 이후 조선은 일본의 국교 재개 요청을 받아들여 통신사를 파견하였다.

오답피하기

① 영선사는 강화도 조약 체결 후 청에 보낸 사절단으로, 이들은 청의 무기 제조 공장 등을 시찰했다.
② 보빙사는 조·미수호통상조약 체결 후 미국에 파견한 사절단이다.
④ 연행사는 병자호란 이후 청에 정기적으로 파견한 사절단으로, 박지원은 그 일행으로 참여한 경험을 바탕으로 '열하일기'를 집필하였다.

12 정답 ②

② 홍경래는 평안도에 대한 지역 차별과 세도 정치에 반발하여 1811년에 봉기하였다. 평안도의 중소상인과 농민, 빈농, 광부 등 다양한 계층이 참여하였다.

오답피하기

① 만적은 무신 정권기에 신분 해방을 주장하였다.
③ 부·마 민주 항쟁은 부산과 마산을 중심으로 일어난 시민 운동으로, 이 사건을 계기로 박정희 정권은 몰락하였다.
④ 고율의 소작료에 반발한 암태도 소작농들은 1923년 암태도 소작 쟁의를 일으켰다.

13 정답 ③

③ 정선은 진경 산수화를 탄생시킨 인물로, 풍속화가인 김홍도, 신윤복과 더불어 조선 후기의 대표적인 화가이다.

오답피하기

① 담징은 고구려의 승려이자 화가로, 일본에 건너가 호류사의 금당 벽화를 그렸다.
② 안견은 조선 전기 화원으로, '몽유도원도'를 그렸다.
④ 강희안은 조선 전기의 문인으로 그림에도 능통했다. 그가 그린 작품으로 '고사관수도'가 있다.

14 정답 ②

② 흥선대원군 이전까지 군역과 군포 납부는 평민의 몫이었다. 군포 부담으로 백성들이 도망을 갈 정도로 고통을 받자, 흥선 대원군은 양반에게도 군포를 징수하여 백성의 부담을 낮춰주었다. 이를 호포제라 부른다.

오답피하기

① 태학은 고구려의 중앙 교육 기관이다.
③ '칠정산'은 조선 세종 때 한양을 기준으로 제작된 역법이다.
④ 정조는 사도세자의 무덤을 옮기는 과정에서 수원 화성을 건설하였다.

15 정답 ④

④ 전봉준과 농민들은 고부 군수 조병갑의 폭정에 항의하며 고부 농민 봉기를 일으켰다. 이것이 확대되어 동학 농민 운동으로 발전하였으나, 우금치 전투에서 일본군에 패하며 종료되었다.

오답피하기

② 통일 신라의 신문왕은 왕권 강화 과정에서 진골의 대표적인 인물이었던 김흠돌을 숙청하였다.
③ 이자겸은 고려 예종과 인종 시기의 대표적인 문벌 귀족으로, 왕권에 도전하며 인종 때 난을 일으켰다.

16 정답 ①

① 개화 추진 과정에서 별기군이 설립되자 기존의 군인들은 월급이 밀리는 등의 차별 대우를 받았다. 이로 인해 1882년에 임오군란이 일어났다.

오답피하기

② 파격적인 개화를 원하던 김옥균, 박영효 등 급진 개화파는 민씨 정권에 대항하여 1884년 갑신정변을 일으켰다.
③ 1894년 최초의 근대적 개혁인 갑오개혁이 추진되어, 신분제와 과거제 등이 폐지되었다.
④ 을미사변은 일본에 의해 명성황후가 시해된 사건으로 1895년에 일어났다.

17 정답 ③

③ 서재필이 독립 협회를 조직할 당시, 고종은 러시아 공사관에서 머물고 있었으며 이권은 헐값에 열강으로 넘어가고 있었다. 조선의 자주성이 위협받는 상황에서 독립 협회는 민중 계몽과 자주 독립을 위해 다양한 활동을 전개하였다. 종로에서 민중 집회인 만민 공동회를 개최한 것은 최대의 성과 중 하나이다.

오답피하기

① 신민회는 1907년에 조직된 비밀 결사 단체다. 공화정 수립을 최초로 주장하고, 만주 삼원보에 한국인 마을을 설립하여 신흥 학교를 운영하였다.
② 근우회는 1927년에 조직된 여성 운동 단체이다.
④ 조선 형평사는 백정 출신이 중심이 되어 조직한 단체로, 이들에 대한 차별 폐지를 주장하였다.

18 정답 ④

④ 조선어 학회는 일제의 우리 말 탄압에 맞서 한글 수호 운동을 전개하였다. 하지만 1942년 일제의 탄압으로 조직이 와해되어, 당시 준비 중이던 '우리말 큰사전'은 제작이 중단되었다.

오답피하기

① 황국 협회는 보부상이 만든 단체로, 독립 협회와 갈등을 빚었다.
② 대한민국 임시 정부는 1940년 중국 충칭에서 한국 광복군을 창설하였다.
③ 김구는 1931년 한인 애국단을 조직하여, 이봉창과 윤봉길의 의거를 지휘했다.

19 정답 ①

① 영정법은 인조가 조세를 1결당 4두로 고정시킨 제도이다.

오답피하기

② 일제는 1930년대 한반도의 남부 지방에서 면화를 재배하고, 북부 지방에서 양을 키워 양모를 획득하는 남면북양 정책을 추진하였다.
③ 일제는 자국의 식량이 부족하자, 한반도에서 쌀 생산을 늘려 일본으로 가져가는 산미 증식 계획을 추진하였다.
④ 일제는 조세 징수를 늘리고 토지를 약탈하기 위해 1910년대에 토지 조사 사업을 실시하였다.

20 정답 ①

① 3・1 운동이 실패로 끝나자, 독립 운동을 조직적이고 체계적으로 이끌기 위해 대한민국 임시 정부를 수립하였다.

오답피하기

② 새마을 운동은 1970년대 전개된 농촌 재건 운동이다.
③ 조선일보는 문맹 퇴치를 위해 문자 보급 운동을 전개하였다.
④ 묘청과 서경 세력은 개경 세력을 견제하기 위해 서경으로의 천도를 시도하였다.

21 정답 ①

① 1948년 대한민국 정부가 수립된 직후, 국회에서는 친일파 처벌을 위해 '반민족 행위 처벌법'을 제정하였다.

오답피하기

② 신분제는 1894년 1차 갑오개혁 때 폐지되었다.
③ 철종은 삼정의 문란을 해결하기 위해 삼정이정청을 설치하였다.
④ 1997년의 경제 위기를 외환 위기라 부른다.

22 정답 ②

② 안중근은 을사늑약을 주도했던 이토 히로부미를 만주 하얼빈에서 사살하였다. 그는 서양을 몰아내기 위해서는 한, 중, 일 3국이 연합해야 하는데, 일본이 을사늑약으로 이를 배신해 동양의 평화를 위협한다고 생각했다. 이러한 그의 생각이 「동양 평화론」에 수록되어 있다.

오답피하기

① 서희는 고려의 관리로, 거란의 1차 침입을 외교 담판으로 막아냈다.
③ 정약용은 조선 후기의 대표적인 실학자이다.
④ 최승로는 고려 성종에게 시무 28조를 건의하였다.

23 정답 ③

③ 이승만 정부의 독재가 장기화 되고, 4대 대통령과 부통령 선거(3・15 부정 선거)에서 심각한 부정이 자행되자 학생과 시민들은 이승만 대통령의 퇴진을 요구하며 4・19 혁명을 일으켰다.

오답피하기

① 브나로드 운동은 1931년에 동아일보에서 추진한 문맹 퇴치 운동이다.
② 일제는 농촌 사회의 불만과 불안정을 해소하기 위해 1930년대에 농촌 진흥 운동을 일으켰다. 농촌의 가난을 일제 탓이 아니라 농민의 게으름과 무지 탓으로 돌렸다.
④ 1920년대 독립 운동이 민족주의 계열과 사회주의 계열로 분화되자 이를 극복하고자 민족 유일당 운동이 추진되었다. 그 결과 1927년에 신간회가 조직되었다.

24 정답 ④

④ 공민왕은 원나라가 100여 년 동안 장악하고 있던 철령 이북의 땅을 수복하기 위해 쌍성총관부를 공격하였다.

오답피하기

① 의열단은 만주에서 조직되어, 국내와 해외에서 다양한 의거 활동을 전개하였다.
② 김익상은 조선 총독부에, 김상옥은 종로 경찰서에 폭탄을 투척하였다.
③ 신채호는 「조선 혁명 선언」에서 폭력과 민중 혁명으로만 일제를 몰아낼 수 있다고 주장하며, 의열단의 활동을 뒷받침하였다.

25 정답 ④

④ 노태우 정부 시기에 전 세계적으로 공산권 국가가 붕괴되고 냉전 체제가 종식되었다. 이러한 국제 정세에 힘입어 남북 관계에서 다양한 합의가 이뤄졌다. 1991년 남북이 동시에 유엔에 가입하였으며, 상호 체제 인정과 불가침을 약속한 남북 기본 합의서가 채택되었다.

오답피하기

① 최충헌은 교정도감을 설치해 국정을 장악하였다.
② 조선은 관수관급제를 실시해 관리가 백성으로부터 직접 조세를 걷는 것을 금지시켰다.
③ 노무현 정부 시기 남북은 개성 공단을 건설하여 남북 간 경제 협력을 강화하였다.

도덕 2021년 기출문제

제1회 정답

01 ①	02 ②	03 ③	04 ③	05 ①
06 ①	07 ②	08 ①	09 ①	10 ②
11 ④	12 ③	13 ①	14 ②	15 ①
16 ②	17 ④	18 ④	19 ④	20 ②
21 ③	22 ④	23 ③	24 ③	25 ④

01 정답 ①

생명 윤리는 인공 임신 중절, 자살, 안락사, 뇌사, 생명 복제, 유전자 치료, 동물 실험 등의 주제를 다룬다.

오답피하기

② 문화 윤리, ③ 직업 윤리, ④ 정보 윤리

02 정답 ②

칸트는 도덕 법칙을 무조건 따라야 하는 정언 명령의 형태로 제시하였다. 칸트가 제시한 정언 명령의 예로 '네 의지의 준칙이 언제나 동시에 보편적 입법의 원리가 되도록 행위하라.', '너 자신과 다른 모든 사람들을 결코 한낱 수단으로서가 아니라, 항상 동시에 목적 그 자체로서 대하도록 행위하라.'가 있다.

03 정답 ③

공리주의적 접근은 쾌락과 행복을 증진하는 유용성(공리)의 원리에 따라 행위의 옳고 그름을 판단한다. 따라서 행위의 결과가 얼마나 많은 쾌락을 가져왔는지에 따라 옳고 그름이 판단되기 때문에 행위의 결과를 중시한다.

오답피하기

ㄱ, ㄷ은 의무론에 대한 설명이다.

04 정답 ③

통일 한국이 지향해야 할 가치에는 인권, 자유, 정의, 평화 등이 있다. 차별은 지양해야 하는 가치이다.

05 정답 ①
인간 개체 복제는 복제한 배아를 착상시켜 완전한 인간 개체를 태어나게 하는 것으로 국제적으로 금지되고 있다. 찬성 논거에는 불임 부부의 고통을 덜어 줄 수 있고, 반대 논거에는 인간의 존엄성과 고유성을 위협하고 자연스러운 출산 과정에 위배된다는 것이다.

06 정답 ①
제시문은 유교 사상에 대한 설명이다.

오답피하기
② 도가는 이상적인 사회상으로 소국과민, 이상적 인간상으로 지인, 신인을 제시한다.
④ 불교는 이상적인 사회상으로 불국정토, 이상적 인간상으로 부처, 보살을 제시한다.

07 정답 ②
성의 가치에는 생식적 가치, 쾌락적 가치, 인격적 가치가 있다. ㉠은 성의 인격적 가치에 대한 설명이다.
- 생식적 가치 : 출산으로 가족을 형성하고 양육을 책임짐. ➜ 책임 있는 행동이 요구됨.
- 쾌락적 가치 : 감각적 쾌락을 제공함. ➜ 쾌락의 적절한 향유와 절제 있는 행동이 요구됨.
- 인격적 가치 : 평등한 인격체로서 교류하고 상호 존중하게 함. ➜ 사랑하는 사람에 대한 인격 존중이 요구됨.

08 정답 ①
간디의 소금 행진, 소로의 세금 납부 거부 운동, 마틴 루서 킹의 흑인 차별 철폐 운동은 정의롭지 않은 법률이나 정책 또는 명령에 의도적으로 거부하는 시민 불복종의 사례가 맞으나 나치의 유대인 대학살은 인류의 보편적 가치를 훼손한 인권 침해의 사례이다.

09 정답 ①
부부간의 바람직한 윤리는 각자의 주체성과 자유를 존중하고 양성평등을 추구하는 것 등이 있고, 가정에서 부부의 역할을 고정적으로 구별하는 것은 지양해야 한다.

10 정답 ②
제시문은 공자의 정명 사상의 '[君君(군군)臣臣(신신)父父(부부)子子(자자)].'라는 글귀로 자기의 맡은 바 직분에 충실해야 함을 나타낸다.

오답피하기
① 겸애(묵자), ③ 무위(도가), ④ 해탈(불교)

11 정답 ④
예술에 대한 도덕주의 입장은 윤리적 가치가 미적 가치보다 우위에 있어, 예술은 인간의 올바른 품성 함양을 목적으로 하거나 도덕적 교훈을 제공해야 함을 강조하는 참여 예술론을 지지한다.

오답피하기
①, ②, ③은 심미주의(예술 지상주의)에 대한 설명이다.

12 정답 ③
니부어는 개인의 도덕성이나 양심만으로 해결할 수 없는 윤리 문제가 발생하는 것에 대해 부도덕하고 불공정한 사회 구조나 사회제도 때문이라고 주장하며 개인의 도덕성뿐만 아니라 사회 구조와 제도의 개선을 통해 윤리 문제를 해결할 것을 강조하였다.

13 정답 ①
제시문은 롤스의 분배적 정의 제2원칙 중 차등의 원칙과 관계된 사례이다.

오답피하기
②, ③ 노직의 분배적 정의 원칙이다.

14 정답 ②
제시된 증자와 소크라테스, 일상생활에서의 실천 방안은 모두 윤리적 성찰에 대해 설명하고 있다.

15 정답 ①
정보 윤리의 기본 원칙에는 인간존중, 책임의식, 정의, 해악 금지 등이 있다.

16 정답 ②
대중문화에 대한 윤리적 규제를 반대하는 입장은 자율성과 표현의 자유를 중시하는 입장으로 다양한 대중문화를 즐길 수 있는 대중의 권리를 중시하는 입장이다.

오답피하기
ㄱ, ㄹ은 규제가 필요하다고 보는 입장이다.

17 정답 ④
과학 기술이 모든 문제를 해결할 수 있다고 보는 과학 기술 지상주의의 관점은 과학 기술의 부정적 측면을 간과하고 인간의 반성적 사고 능력을 훼손하는 한계를 지닌다.

오답피하기
①, ②, ③은 과학 기술 혐오(비관) 주의에 대한 설명이다.

18 정답 ④
공직자는 위임받은 권한을 남용하지 않으며 공익을 실현하기 위해 노력하고 국민을 위해 봉사하는 자세를 지녀야 한다.

19 정답 ④
일회용품 사용을 권장하는 것은 지속 가능한 발전의 실천 방법이라고 볼 수 없다.

20 정답 ②
인간 중심주의는 인간과 자연을 분리하여 바라보며 인간이 자연보다 우월하다고 본다. 또한 이성을 가진 인간만이 도덕적 지위를 가지기 때문에 동식물을 포함한 자연은 그 자체로 가치 있는 것이 아니라, 인간의 풍요로운 삶을 위한 도구에 불과하다고 본다.

21 정답 ③
싱어는 공리주의 관점에서 해외 원조의 의무를 주장하였으며 고통과 쾌락을 느낄 수 있는 모든 존재를 고려해야 하고 다른 사회 구성원을 배제하는 것은 공리주의 원칙에 어긋나기 때문에 적극적인 해외 원조에 임하는 것은 윤리적 의무라고 주장하였다.

22 정답 ④
종교 간의 갈등을 해결하려면 타 종교에 대한 자율성을 인정하고 이해하는 태도와 다른 종교인은 물론 종교를 갖지 않은 사람에게도 관용의 자세를 가져야 하며 사랑과 자비, 평등과 평화 같은 보편적 가치를 바탕으로 협력하고자 하는 종교 간의 노력이 필요하다.

23 정답 ③
윤리적 소비에는 로컬 푸드, 슬로 패션, 공정 무역을 통해 생산된 제품의 소비, 공정 여행, 친환경적 소비 등이 있다.

24 정답 ③
다문화 사회의 시민은 다른 나라의 문화를 보편적 가치에 비추어 바라보며 다문화에 대한 존중과 관용에도 한계가 있음을 인식해야 한다.

25 정답 ④
하버마스의 이상적 담화 조건에는 이해가능성, 정당성, 진리성, 진실성 등이 있다.

EBS 교육방송교재 고졸 검정고시

기출을 보면 합격이 보인다!

2020 기출문제

- ☑ 국어
- ☑ 수학
- ☑ 영어
- ☑ 사회
- ☑ 과학
- ☑ 한국사
- ☑ 도덕

EBS 교육방송교재

고졸 검정고시 **기출문제집**

2020 제2회 국어

정답 및 해설 p. 85

01 **'형'의 말하기에 나타난 문제점으로 가장 적절한 것은?**

> 동생 : 형, 배구 경기가 언제 시작하지?
> 형 : 어제 모든 프로 축구 경기는 취소되었어.

① 대화 맥락에 어긋나는 정보를 제공하고 있다.
② 상대의 이익을 우선하며 대화에 참여하고 있다.
③ 통계 자료를 과도하게 해석하며 상대를 설득하고 있다.
④ 아직 일어나지 않은 일을 사실인 것처럼 전달하고 있다.

02 **다음은 '원자력 발전소 건설'에 대한 토론의 일부이다. ㉠에 들어갈 내용으로 가장 적절한 것은?**

> 찬성: 경제적 이익을 위해서 원자력 발전소는 계속 건설되어야 합니다. 원자력 에너지가 다른 에너지에 비해 전력생산 비용이 저렴하기 때문입니다.
> 반대: 저는 오히려 경제적 부담 때문에 원자력 발전소 건설을 반대합니다. 왜냐하면 원자력 발전소는 ___㉠___

① 에너지를 안정적으로 공급해 주기 때문입니다.
② 핵폐기물을 안전하게 처리할 수 있기 때문입니다.
③ 건설을 위한 초기 투자 비용이 많이 들기 때문입니다.
④ 친환경적이어서 유지 비용을 절약할 수 있기 때문입니다.

03 **밑줄 친 단어 중, 다음 규정을 적용한 예가 <u>아닌</u> 것은?**

> **한글 맞춤법**
>
> [제6항] 'ㄷ, ㅌ' 받침 뒤에 종속적 관계를 가진 '-이(-)'나 '-히-'가 올 적에는 그 'ㄷ, ㅌ'이 'ㅈ, ㅊ'으로 소리 나더라도 'ㄷ, ㅌ'으로 적는다.

① 하늘에 별이 <u>숱하게</u> 있다.
② 친구와 <u>같이</u> 사업을 했다.
③ 우리는 <u>해돋이</u>를 기다린다.
④ 이제 구름은 말짱히 <u>걷혀</u> 버렸다.

04 다음에 대한 설명으로 적절하지 않은 것은?

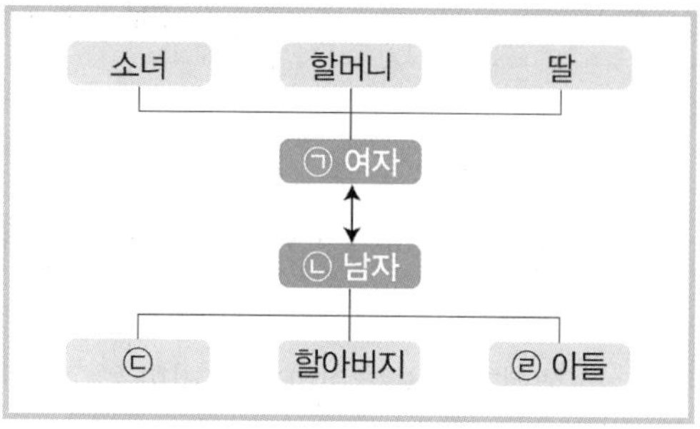

① ㉠과 ㉡은 의미적으로 서로 대립한다.
② ㉠과 ㉣은 반의 관계이다.
③ ㉢에는 '소년'이라는 단어를 넣을 수 있다.
④ ㉣은 의미 관계로 보아 ㉡에 포함된다.

05 ㉠~㉢의 밑줄 친 부분에 대한 설명으로 적절하지 않은 것은?

> ㉠ 너와 나는 왜 다를까?
> ㉡ 그는 방에서 빵을 먹고 있다.
> ㉢ 밤[夜]에 밤[栗]을 먹을 때는 벌레를 조심하렴.

① ㉠의 '너'와 '나'의 모음은 혀의 높낮이가 서로 다르다.
② ㉠의 '왜'는 발음하는 동안 입술 모양이 달라지지 않는다.
③ ㉡의 '방'과 '빵'의 'ㅂ'과 'ㅃ'은 조음 위치가 같다.
④ ㉢의 '밤[夜]'과 '밤[栗]'은 소리의 길이가 서로 다르다.

06 다음 중 밑줄 친 문장 성분만으로 이루어진 문장은?

> 국어의 문장 성분은 크게 주성분, 부속 성분, 독립 성분으로 나눌 수 있다.

① 우아, 우리가 이겼다.
② 친구가 책을 읽고 있다.
③ 그 사람이 우유를 마셨다.
④ 동생이 드디어 가수가 되었다.

07 ㉠에 들어갈 내용으로 적절하지 않은 것은?

> **주제: 당류 섭취량을 줄이자.**
> Ⅰ. 서론 : 우리 국민의 과도한 당류 섭취량
> Ⅱ. 본론
> 1. 우리 국민의 당류 섭취량이 많은 이유
> 가. 당류 과다 섭취의 부작용에 대한 인식 부족
> 나. 당류 함유량이 높은 음식을 선호하는 식습관
> 다. 하루에 섭취해야 할 적정 당류량에 대한 정보 부족
> 2. 당류 섭취량을 줄이기 위한 방안
> ㉠
> Ⅲ. 결론 : 당류 섭취량을 줄여 우리 국민의 건강을 지키자.

① 1일 당류 권장량에 대한 홍보 포스터 게시
② 당류 선호 식습관 개선을 위한 캠페인 실시
③ 당류 함유량이 높은 음식에 대한 가격 인하
④ 과도한 당류 섭취의 부작용을 알리는 광고 배포

08 ㉠~㉣을 고쳐 쓴 것으로 적절하지 않은 것은?

> 저는 지역 발전을 위한 토론회에서 사회자가 ㉠ 돼어 토론을 진행했습니다. 그 토론회에서 저는 토론 상황을 정확히 파악하고 ㉡ 그에게 맞는 판단을 신속하게 내렸습니다. 그래서 토론을 무사히 ㉢ 맞혔습니다. ㉣ 칭찬을 통해 타인과의 관계가 발전할 수 있었습니다.

① ㉠ : 맞춤법에 어긋난 표현이므로 '되어'로 수정한다.
② ㉡ : 잘못된 조사 사용이므로 '그에서'로 바꾼다.
③ ㉢ : 정확한 단어 사용이 아니므로 '마쳤습니다'로 고친다.
④ ㉣ : 통일성을 해치는 내용이므로 삭제한다.

[09~11] 다음 글을 읽고 물음에 답하시오.

넓은 벌 동쪽 끝으로
㉠ 옛이야기 지줄대는 실개천이 회돌아 나가고,
얼룩백이 황소가
해설피 ㉮ 금빛 게으른 울음을 우는 곳,

– 그곳이 차마 꿈엔들 잊힐 리야.

질화로에 재가 식어지면
비인 밭에 밤바람 소리 말을 달리고,
엷은 졸음에 겨운 늙으신 아버지가
㉡ 짚베개를 돋아 고이시는 곳,

– 그곳이 차마 꿈엔들 잊힐 리야.

흙에서 자란 내 마음
파아란 하늘빛이 그리워
㉢ 함부로 쏜 화살을 찾으려
풀섶 이슬에 함추름 휘적시던 곳,

– 그곳이 차마 꿈엔들 잊힐 리야.

전설(傳說) 바다에 춤추는 밤물결 같은
검은 귀밑머리 날리는 어린 누이와
㉣ 아무렇지도 않고 예쁠 것도 없는
사철 발 벗은 아내가
따가운 햇살을 등에 지고 이삭 줍던 곳,

– 그곳이 차마 꿈엔들 잊힐 리야.

하늘에는 성근 별
알 수도 없는 모래성으로 발을 옮기고,
서리 까마귀 우지짖고 지나가는 초라한 지붕,
흐릿한 불빛에 돌아앉아 도란도란거리는 곳,

– 그곳이 차마 꿈엔들 잊힐 리야.

– 정지용, 「향수」 –

09 윗글에 대한 설명으로 적절하지 않은 것은?

① 후렴구를 반복하여 운율을 형성하고 있다.
② 설의법을 사용하여 화자의 정서를 강조하고 있다.
③ 향토적 소재를 활용하여 토속적 분위기를 드러내고 있다.
④ 청자를 표면에 내세우며 부끄러운 현실을 고백하고 있다.

10 ㉮에 사용된 감각적 이미지와 가장 가까운 것은?

① 싸늘한 가을바람이 불어
② 향기로운 꽃냄새에 이끌려
③ 소태같이 쓴 맛의 풀잎을 씹고
④ 푸른 휘파람 소리가 귓가에 맴도는데

11 ㉠~㉣ 중 다음 설명에 해당하는 것으로 가장 적절한 것은?

> 사람이 아닌 것을 사람에 빗대어 사람이 행동하는 것처럼 표현하는 기법

① ㉠　　② ㉡
③ ㉢　　④ ㉣

[12~14] 다음 글을 읽고 물음에 답하시오.

[앞부분의 줄거리] 한평생 북을 치며 방랑하던 민 노인은 아들 민대찬의 집에 얹혀살게 되면서 아들 내외의 반대로 북 치는 것을 마음대로 하지 못한다. 그러던 중, 손자 성규의 부탁으로 대학생들과 함께한 탈춤 공연에서 북을 치게 된다.

[A] 민 노인의 북은 요긴한 대목에서 둥둥 울렸다. 째지는 소리를 내는 꽹과리며 장구에 파묻혀 제값을 하지는 못해도, 민 노인에게는 전혀 괘념할 일이 아니었다. 그전에도 그랬던 것처럼, 공연 전에 마신 술기운도 가세하여, 탈바가지들의 손끝과 발목에 한 치의 오차도 없이 그의 북소리는 턱턱 꽂혔다. 그새 입에서는 얼씨구! 소리도 적시에 흘러나왔다. 아무 생각도 없었다. 가락과 소리와, 그것을 전체적으로 휩싸는 달착지근한 장단에 자신을 내맡기고만 있었다.

그날 밤, 민 노인은 근래에 흔치 않은 노곤함으로 깊은 잠을 잤다. 춤판이 끝나고 아이들과 어울려 조금 과음한 까닭도 있을 것이었다. 더 많이는 오랜만에 돌아온 자기 몫을 제대로 해냈다는 느긋함이 꿈도 없는 잠을 거쳐 상큼한 아침을 맞게 했을 것으로 믿었는데 그런 흐뭇함은 오래가지 않았다. 다 저녁때가 되어 외출에서 돌아온 ㉠ <u>며느리</u>는 집 안에 들어서자마자 성규를 찾았고, 그가 안 보이자 민 노인의 방문을 밀쳤다.

"아버님, 어저께 성규 학교에 가셨어요?"

예사로운 말씨와는 달리, 굳어 있는 표정 위로는 낭패의 그늘이 좍 깔려 있었다. 금방 대답을 못 하고 엉거주춤한 형세로 며느리를 올려다보는 민 노인의 면전에서, ㉡ <u>송 여사</u>의 한숨 섞인 물음이 또 떨어졌다.

"북을 치셨다면서요."

"그랬다. 잘못했니?"

우선은 죄인 다루듯 하는 며느리의 힐문에 부아가 꾸역꾸역 치솟고, 소문이 빠르기도 하다는 놀라움이 그 뒤에 일었다.

"아이들 노는 데 구경 가시는 것까지는 몰라도, 걔들과 같이 어울려서 북 치고 장구 치는 게 나이 자신 어른이 할 일인가요?"

"하면 어때서. 성규가 지성으로 청하길래 응한 것뿐이고, 나는 원래 그런 사람 아니니. 이번에도 내가 늬들 체면 깎았냐."

"아시니 다행이네요."

송 여사는 후닥닥 문을 닫고 나갔다. 일은 그것으로 끝나지 않았다. 며느리는 퇴근한 남편을 붙들고, 밖에 나갔다가 성규와 같은 과 학생인 ㉢ <u>진숙이 어머니</u>한테서 들었다는 얘기를 전했다. 진숙이 어머니는 민 노인이 가면극에 나왔다는 귀띔에 잇대어, ㉣ <u>성규 어머니</u>는 그렇게 멋있는 ㉤ <u>시아버지</u>를 두셔서 참 좋겠다며 빈정거리더라는 말도 덧붙였다.

– 최일남, 「흐르는 북」 –

12 [A]의 서술 방식으로 가장 적절한 것은?

① 대화 상황을 통해 갈등을 제시하고 있다.
② 특정 인물을 중심으로 내용을 전개하고 있다.
③ 고사를 인용하여 인물의 가치관을 나타내고 있다.
④ 의성어를 활용하여 암울한 상황을 드러내고 있다.

13 '민 노인'에 대한 며느리의 태도로 가장 적절한 것은?

① 물질적인 가치를 추구하는 민 노인을 비판한다.
② 무리하게 북을 치는 민 노인의 건강을 걱정한다.
③ 민 노인이 북을 친 것에 대해 불편함을 드러낸다.
④ 성규를 위해 공연에 참석한 민 노인에게 고마워한다.

14 ㉠~㉤ 중, 가리키는 대상이 같은 것만을 모두 고른 것은?

① ㉠, ㉢ ② ㉡, ㉤
③ ㉠, ㉡, ㉣ ④ ㉢, ㉣, ㉤

[15~16] 다음 글을 읽고 물음에 답하시오.

> 뎨 가ᄂᆞᆫ 뎌 각시 본 듯도 ᄒᆞᆫ뎌이고
> 텬샹(天上) ᄇᆡᆨ옥경(白玉京)을 엇디ᄒᆞ야 니별(離別)ᄒᆞ고
> ᄒᆡ 다 뎌 져믄 날의 눌을 보라 가시ᄂᆞᆫ고
> 어와 네여이고 이내 ᄉᆞ셜 드러 보오
>
> 〈중략〉
>
> 져근덧 녁진(力盡)ᄒᆞ야 픗ᄌᆞᆷ을 잠간 드니
> 졍셩(精誠)이 지극ᄒᆞ야 ㉠ ᄭᅮᆷ의 님을 보니
> 옥(玉) ᄀᆞ튼 얼구리 반(半)이 나마 늘거셰라
> ᄆᆞᄋᆞᆷ의 머근 말ᄉᆞᆷ 슬ᄏᆞ장 ᄉᆞᆲ쟈 ᄒᆞ니
> 눈믈이 바라 나니 말ᄉᆞᆷ인들 어이 ᄒᆞ며
> 졍(情)을 못 다ᄒᆞ여 목이조차 메여 ᄒᆞ니
> 오뎐된 ㉡ 계셩(鷄聲)의 ᄌᆞᆷ은 엇디 ᄭᆡ돗던고
> 어와 허ᄉᆞ(虛事)로다 이 님이 어ᄃᆡ 간고
> 결의 니러 안자 창(窓)을 열고 ᄇᆞ라보니
> 어엿븐 그림재 날 조출 ᄲᅮᆫ이로다
> 출하리 싀여디여 ㉢ 낙월(落月)이나 되야이셔
> 님 겨신 창(窓) 안ᄒᆡ 번드시 비최리라
> 각시님 ᄃᆞᆯ이야ᄏᆞ니와 ㉣ 구ᄌᆞᆫ비나 되쇼셔
>
> – 정철, 「속미인곡」 –

15 윗글에 대한 설명으로 가장 적절한 것은?

① 여러 개의 연으로 나누어져 있다.
② 3음보의 행이 제한 없이 나열되어 있다.
③ 노래로 불렀기 때문에 후렴구가 발달되어 있다.
④ 두 명의 화자가 대화하는 형식으로 구성되어 있다.

16 ㉠~㉣에 대한 설명으로 적절하지 않은 것은?

① ㉠ : 임과의 만남이 이루어지는 공간
② ㉡ : 임과의 만남이 중단되는 계기
③ ㉢ : 임을 그리는 마음을 나타내는 소재
④ ㉣ : 임의 소식을 전해 주는 매개체

[17~19] 다음 글을 읽고 물음에 답하시오.

이 대장은 힘없이 말했다.

"사대부들이 모두 조심스럽게 예법(禮法)을 지키는데, 누가 변발(辮髮)을 하고 호복(胡服)을 입으려 하겠습니까?"

허생은 크게 꾸짖어 말했다.

[A] "소위 사대부란 것들이 무엇이란 말이냐? 오랑캐 땅에서 태어나 자칭 사대부라 뽐내다니 이런 어리석을 데가 있느냐? 의복은 흰옷을 입으니 그것이야말로 상인(喪人)이나 입는 것이고, 머리털을 한데 묶어 송곳같이 만드는 것은 남쪽오랑캐의 습속에 지나지 못한데, 대체 무엇을 가지고 예법이라 한단 말인가? 번오기(樊於期)는 원수를 갚기 위해서 자신의 머리를 아끼지 않았고, 무령왕(武靈王)은 나라를 강성하게 만들기 위해서 되놈의 옷을 부끄럽게 여기지 않았다. 이제 대명(大明)을 위해 원수를 갚겠다 하면서, 그까짓 머리털 하나를 아끼고, 또 장차 말을 달리고 칼을 쓰고 창을 던지며 활을 당기고 돌을 던져야 할 판국에 소매 넓은 옷을 고쳐 입지 않고 딴에 예법이라고 한단 말이냐? 내가 세 가지를 들어 말하였는데, 너는 한 가지도 행하지 못한다면서 그래도 신임받는 신하라 하겠는가? 신임받는 신하라는 게 참으로 이렇단 말이냐? 너 같은 자는 칼로 목을 잘라야 할 것이다."

하고 좌우를 돌아보며 칼을 찾아서 찌르려 했다. 이 대장은 놀라서 일어나 급히 뒷문으로 뛰쳐나가 도망쳐서 돌아갔다.

㉠ 이튿날, 다시 찾아가 보았더니, 집이 텅 비어 있고, 허생은 간 곳이 없었다.

– 박지원, 「허생전」 –

17 윗글에 대한 설명으로 가장 적절한 것은?

① 인간 세상을 자연에 빗대어 풍자하였다.
② 인물의 정서를 3·4조 운율로 표현하였다.
③ 인물 간의 대립을 통하여 이야기를 전개하였다.
④ 무대 상연을 목적으로 대화에 초점을 두어 서술하였다.

18 [A]에 나타난 '허생'의 말하기에 대한 설명으로 적절하지 않은 것은?

① 실리를 부정하며 상대의 의견을 반박하고 있다.
② 상대의 의견에 반론을 제기하며 상대를 꾸짖고 있다.
③ 역사적 인물을 내세워 상대의 태도를 비판하고 있다.
④ 상대의 무능한 태도에 분노하며 상대를 위협하고 있다.

19 ㉠에 대한 설명으로 가장 적절한 것은?

① 결말을 열어 두어 상상의 여지를 남겼다.
② 과거 회상을 통하여 역순행적 구성을 완성하였다.
③ 비극적 결말로 마무리하여 권선징악의 교훈을 주었다.
④ 인물의 현실 순응적 모습을 통해 주제 의식을 강조하였다.

[20~22] 다음 글을 읽고 물음에 답하시오.

전형적인 서양의 풍경화를 눈여겨보면, 설령 화폭에 인물이 그려지지 않은 경우라 할지라도 화면 밖에 반드시 한 사람의 관찰자가 있어서 이젤 앞에 못 박힌 듯이 서서 주위 풍경을 측량하듯이 바라보는 차갑고 단조로운 시선을 느낄 수 있다. 자연 풍경을 그렸다고는 하지만 어디까지나 그 앞에 인간이 있으며, 그 인간이 바로 모든 풍경의 기준점이 되어 있다. 그러므로 풍경화 속의 부분 부분은 한결같이 작품 밖에서 그것을 바라보는 한 개인, 즉 객관적인 관찰자와의 관계 속에서 투시법적으로 형태가 결정되어 그려진다.

이와는 달리, 우리 옛 산수화에서는 어디까지나 ㉠ 산수 자체가 주인공이다. 사람은 주인공인 산을 소중하게 한가운데 모셔 두고서 치켜다 보고, 내려다보고, 비껴 보고, 휘둘러 봄으로써 산수의 다양한 실제 모습에 접근하려 한다. 산수화의 목적이 자연의 ㉡ 형상뿐만 아니라 거기서 우러나는 기운까지 담아내는 것이라고 할 때, 서양의 일점투시는 일견 과학적인 듯 보이지만 카메라 앵글처럼 포용력이 부족한 관찰 방식이다. 일점투시는 인간 중심주의적 사고의 ㉢ 산물인 까닭에 자연의 살아 있는 모습을 따라잡는 데는 실로 많은 어려움을 드러낸다. 애초에 산이란 것이 하나의 숨 쉬는 생명체라면 그것은 자연과 인간의 상호 양보를 ㉣ 전제로 하는 동양의 고차원적 인본주의, 즉 회화적으로는 삼원법에 의해서만 충분히 표현된다.

〈중략〉

옛 그림의 삼원법, 즉 고원, 심원, 평원의 다양한 시각이 어떻게 「몽유도원도」라는 한 화면 속에 무리 없이 소화되고 있는가? 그 점을 눈여겨보는 것이 사실 옛 산수화를 보는 재미의 가장 커다란 부분의 하나다. 얼핏 생각하기에 다양한 시각이 뒤섞여 있으니 작품 전체가 매우 이상하게 보임 직한데, 오히려 옛 산수화를 보면 마음이 평온하기 그지없다. 그것은 서양의 투시 원근법상의 논리로부터 슬그머니 도망쳐 나온, 수없이 많은 자잘한 여백들이 경물과 경물 사이를 매개하기 때문이다.

– 오주석, 「옛 그림의 원근법」 –

20 윗글의 서술상 특징이 아닌 것은?

① 「몽유도원도」를 예로 들어 독자의 이해를 돕고 있다.
② 일점투시의 역사적 변화를 단계적으로 진술하고 있다.
③ 전형적인 서양 풍경화와 우리 옛 산수화의 차이점을 서술하고 있다.
④ 옛 산수화를 볼 때 눈여겨볼 만한 점을 질문의 형식을 활용하여 제시하고 있다.

21 윗글의 내용으로 적절하지 않은 것은?

① 일점투시는 자연의 살아 있는 모습을 포용력 있게 가장 잘 구현하는 방법이다.
② 전형적인 서양 풍경화에서는 화면 밖 관찰자의 차갑고 단조로운 시선이 느껴진다.
③ 산수화의 목적은 산수의 형상과 더불어 그 기운도 화폭에 표현하는 것으로도 볼 수 있다.
④ 인간이 풍경의 기준이 되는 전형적인 서양의 풍경화와 달리 우리 옛 산수화는 산수가 주인공이 된다.

22 ㉠~㉣의 사전적 의미로 적절하지 않은 것은?

① ㉠ : 산과 물이라는 뜻으로 경치를 이르는 말
② ㉡ : 사물의 생긴 모양이나 상태
③ ㉢ : 그릇되어 이치에 맞지 않는 일
④ ㉣ : 어떠한 사물이나 현상을 이루기 위하여 먼저 내세우는 것

[23~25] 다음 글을 읽고 물음에 답하시오.

(가) 국가가 ㉠ 경제 논리에서 벗어나서 당장 기술 개발과 상대적으로 무관해 보이는 기초 과학 연구까지도 지원해야 하는 데에는 다음과 같은 두 가지 이유가 있다. 우선 과학은 과학 문화로서 가치가 있다. 과학 문화는 과학적 세계관을 고양하고, 합리적 비판 정신을 높게 사며, 현대 사회가 만들어 내는 여러 문제들에 대해 균형 잡힌 전문가를 키우는 데 결정적으로 중요하다. 우주론, 진화론, 입자물리학과 이론과학의 연구는 우리 세계관을 형성하며, 권위에 맹목적으로 의존하지 않고 새로움을 높게 사는 과학의 정신은 합리성의 원천이 된다. 토론을 통해서 오류를 제거하고 합의에 이르는 과학의 의사소통 과정은 바람직한 전문성의 모델을 제공한다. 이러한 훈련은 과학을 전공하는 학생만이 아니라 인문학이나 사회과학을 전공하는 학생 모두에게 폭넓게 제공되어야 한다.

(나) 둘째, 기초 연구는 (㉮)을/를 위해서 중요하다. 대학에서 즉각적으로 ㉡ 기술과 산업에 필요한 내용만을 교육한다면, 이런 지식은 당장은 쓸모가 있겠지만 미래기술의 발전과 변화에 무력하다. 결국 과학 기술이 빠르게 발전할수록 학생들에게 과학의 근본에 대해서 깊이 생각하게 하고 이를 바탕으로 창의적인 연구 결과를 내는 경험을 하도록 만드는 것이 중요하다. 남이 해 놓은 것을 조금 개량하는 데에서 머무르지 않고 정말 새롭고 혁신적인 것을 만들기 위해서는, 결국 지식의 기반 수준에서 창의적일 수 있는 교육이 이루어져야 한다. 이러한 교육은 기초 과학연구가 제공할 수 있다.

(다) ㉢ 기초 과학과 기초 연구가 왜 중요한가? 토대이기 때문이다. 창의적 기술, 문화, 교육이 ㉯ 그 위에 ㉣ 굳건한 집을 지을 수 있는.

– 홍성욱, 「기초 과학의 진정한 가치」 –

23 **(가)~(다)에 대한 설명으로 가장 적절한 것은?**

① (가) : 단어의 어원을 밝히며 개념을 정의하고 있다.
② (나) : 공간 이동에 따라 관찰한 내용을 서술하고 있다.
③ (다) : 묻고 답하는 방식으로 중심 내용을 드러내고 있다.
④ (가), (나), (다) : 직접 실험하여 가설을 입증하고 있다.

24 **(나)의 문맥으로 보아, ㉮에 들어갈 말로 가장 적절한 것은?**

① 교육 ② 기술
③ 문화 ④ 산업

25 **㉠~㉣ 중 ㉯가 지시하는 것으로 가장 적절한 것은?**

① ㉠ ② ㉡
③ ㉢ ④ ㉣

2020 제 2 회 수학

01 두 다항식 $A=x^2-x$, $B=-x^2+1$에 대하여 $2A+B$는?

① x^2-2x+1 ② x^2-x-1
③ x^2+x+3 ④ x^2+2x-3

02 다음 등식 중 x에 대한 항등식은?

① $x=5$
② $x+2=0$
③ $(x+1)^2=x+1$
④ $x^2-1=(x+1)(x-1)$

03 다음은 조립제법을 이용하여 다항식 x^3-2x+1을 일차식 $x-2$로 나누어 몫과 나머지를 구하는 과정이다. 이때, 몫은?

2	1	0	−2	1
		2	4	4
	1	2	2	5

① 2 ② 5
③ $x+5$ ④ x^2+2x+2

04 다음 등식을 만족하는 실수 x, y의 값은? (단, $i=\sqrt{-1}$)

$$(x-1)+(y+2)i=2+3i$$

① $x=2$, $y=1$ ② $x=2$, $y=5$
③ $x=3$, $y=1$ ④ $x=3$, $y=5$

05 다음 이차방정식 중에서 서로 다른 두 실근을 갖는 것은?

① $x^2+3=0$
② $x^2+x-2=0$
③ $x^2+2x+1=0$
④ $x^2+3x+5=0$

06 $1 \le x \le 4$일 때, 이차함수 $y=(x-2)^2-3$의 최댓값은?

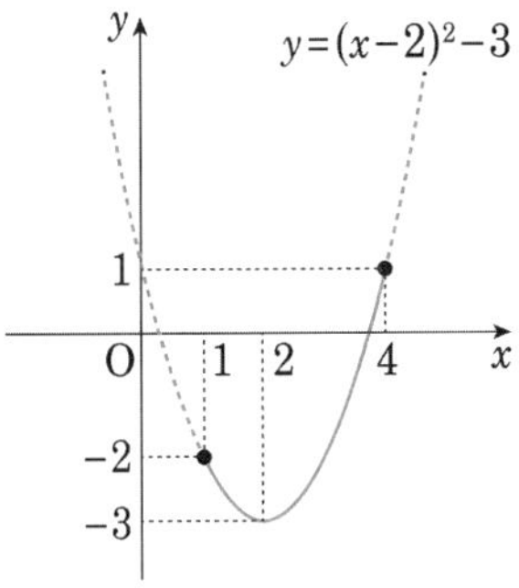

① -3　② -1
③ 1　④ 3

07 삼차방정식 $x^3-x^2+3x+a=0$의 한 근이 1일 때, 상수 a의 값은?

① -5　② -3
③ -1　④ 1

08 좌표평면 위의 두 점 $A(-1,\ 1)$, $B(2,\ 3)$ 사이의 거리는?

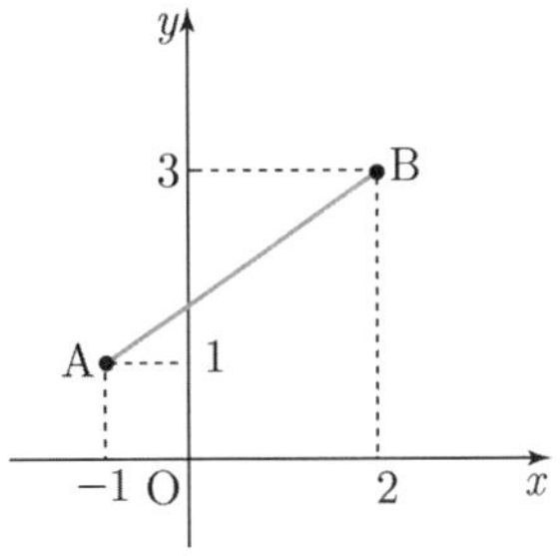

① $\sqrt{11}$　② $2\sqrt{3}$
③ $\sqrt{13}$　④ $\sqrt{14}$

09 직선 $y=-\frac{1}{3}x+2$에 수직이고 점 $(0,\ 1)$을 지나는 직선의 방정식은?

① $y=-\frac{1}{3}x$　② $y=-\frac{1}{3}x+1$
③ $y=3x$　④ $y=3x+1$

10 중심이 원점이고 점 $(3,\ 4)$를 지나는 원의 방정식은?

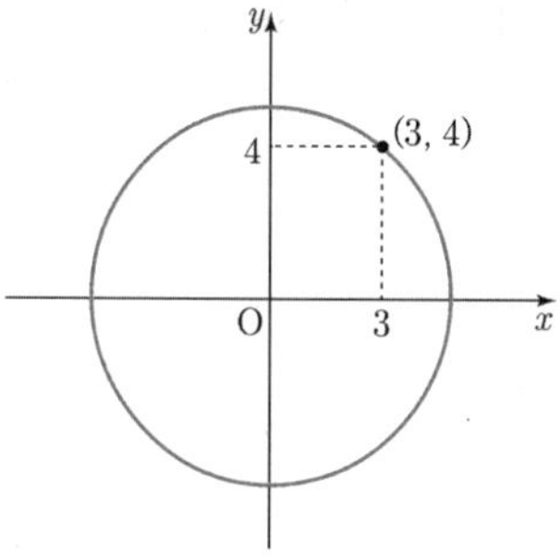

① $x^2+y^2=1$

② $x^2+y^2=25$

③ $(x-3)^2+(y-4)^2=1$

④ $(x-3)^2+(y-4)^2=25$

11 좌표평면 위의 점 $(-1,\ 2)$를 x축의 방향으로 3만큼, y축의 방향으로 -2만큼 평행이동한 점의 좌표는?

① $(-4,\ 0)$ ② $(0,\ -4)$

③ $(0,\ 2)$ ④ $(2,\ 0)$

12 다음 중 집합인 것은?

① 아름다운 꽃의 모임

② 정수 중 큰 수의 모임

③ 10보다 작은 자연수의 모임

④ 기부를 많이 하는 사람들의 모임

13 명제 '$x^2 \neq 1$이면 $x \neq 1$이다.'의 대우는?

① $x=1$이면 $x^2=1$이다.

② $x=1$이면 $x^2 \neq 1$이다.

③ $x^2=1$이면 $x \neq 1$이다.

④ $x^2 \neq 1$이면 $x=1$이다.

14 그림과 같은 함수 $f: X \to Y$에 대한 설명으로 옳지 않은 것은?

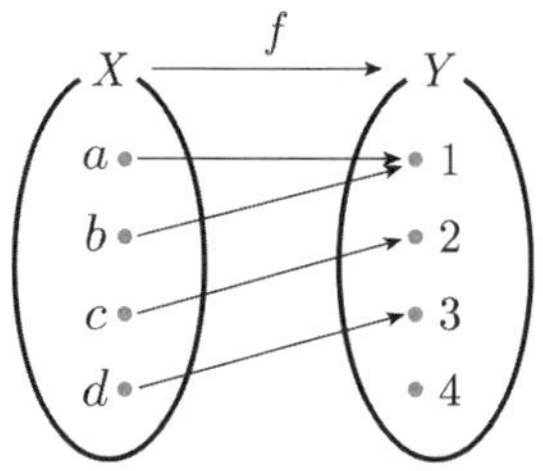

① 정의역은 $\{a, b, c, d\}$이다.
② 공역은 $\{1, 2, 3, 4\}$이다.
③ 치역은 $\{1, 2, 3\}$이다.
④ $f(a) = 2$이다.

15 유리함수 $y = \frac{1}{x-1} + a$의 그래프가 그림과 같을 때, 상수 a의 값은?

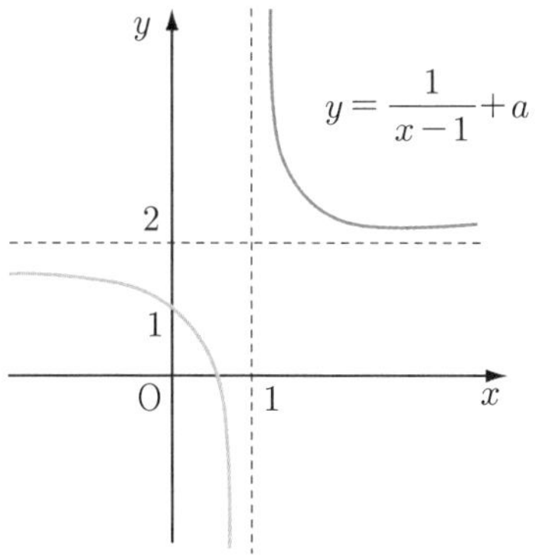

① 1　② 2
③ 3　④ 4

☒ 2015 개정 교육과정에서 제외된 문제

16 첫째항이 1, 공차가 2인 등차수열의 첫째항부터 제5항까지의 합은?

① 20　② 25
③ 30　④ 35

☒ 2015 개정 교육과정에서 제외된 문제

17 $\sum_{k=1}^{10} a_k = 5$, $\sum_{k=1}^{10} b_k = 10$일 때, $\sum_{k=1}^{10} (2a_k + b_k)$의 값은?

① 20　② 30
③ 40　④ 50

☒ 2015 개정 교육과정에서 제외된 문제

18 수열 $\{a_n\}$이

$$\begin{cases} a_1 = 1 \\ a_{n+1} = 2a_n \ (n = 1,\ 2,\ 3,\ \cdots) \end{cases}$$

을 만족할 때, a_4의 값은?

① 8　　② 9
③ 10　　④ 11

☒ 2015 개정 교육과정에서 제외된 문제

19 $5^3 \times 5^{-2}$을 간단히 한 것은?

① 1　　② 3
③ 5　　④ 7

☒ 2015 개정 교육과정에서 제외된 문제

20 표는 상용로그표의 일부분이다. 이를 이용하여 $\log 2.03$의 값을 구하면? (단, $\log N = \log_{10} N$이다.)

수	0	1	2	3	⋯	8	9
1.0	.0000	.0043	.0086	.0128	⋯	.0334	.0374
1.1	.0414	.0453	.0492	.0531	⋯	.0719	.0755
⋮	⋮	⋮	⋮	⋮	⋮	⋮	⋮
2.0	.3010	.3032	.3054	.3075	⋯	.3181	.3201
2.1	.3222	.3243	.3263	.3284	⋯	.3385	.3404

① 0.3010　　② 0.3032
③ 0.3054　　④ 0.3075

2020 제 2 회 영어

[1~3] 다음 중 밑줄 친 부분의 뜻으로 가장 적절한 것을 고르시오.

01

It's not easy to change an old habit.

① 책임 ② 직업
③ 권리 ④ 습관

02

I'll participate in the Seoul Marathon next year.

① 노력하다 ② 성공하다
③ 개최하다 ④ 참가하다

03

After driving for two hours, we arrived home at last.

① 우선 ② 마침내
③ 요약하면 ④ 예를 들면

04 다음 중 두 단어의 의미 관계가 나머지 셋과 다른 것은?

① big－large
② fast－slow
③ polite－rude
④ expensive－cheap

05 광고문에서 언급되지 않은 것은?

HOT SUMMER SALE
All music CDs 30% off!

- Great opportunity to buy CDs at a discounted price
- From July 15 to July 29, 2020
- Open Monday ~ Saturday, 10 a.m. to 9 p.m.

① 할인율
② 매장 위치
③ 할인 판매 기간
④ 영업 요일과 영업 시간

[6~8] 빈칸에 공통으로 들어갈 말로 가장 적절한 것을 고르시오.

06

- You need to ______ your ticket to Busan as soon as possible.
- I borrowed this ______ from our school library.

① name ② room
③ book ④ uniform

07

- I used to go hiking ______ Saturdays.
- Could you turn ______ the light?

① of ② in
③ on ④ with

08

- He doesn't know _______ old she is.
- I want to learn _______ to make spaghetti.

① who ② how
③ when ④ where

09 다음 중 밑줄 친 표현의 의미로 가장 적절한 것은?

A : I've always wanted to travel across the United States.
B : What's stopping you? Just go for it!
A : But I can't speak English.
B : <u>It's never too late to learn</u>. You can start learning English today.

① 배움에 늦은 때는 없다.
② 정직이 최선의 방책이다.
③ 끝이 좋으면 모두 다 좋다.
④ 어려울 때 도와주는 친구가 진정한 친구다.

10 다음 대화에서 알 수 있는 B의 심정으로 가장 적절한 것은?

A : Susan, you look down.
B : My sister went to Canada last month, so I'm living by myself.
A : Why did she go to Canada?
B : To study. I feel so lonely these days. I miss her.

① 행복한 ② 외로운
③ 부끄러운 ④ 만족스러운

11 다음 중 대화가 이루어지는 장소로 가장 적절한 것은?

A : Can I have tickets for two adults?
B : Here you are. Do you have swimming caps?
A : Yes, we do.
B : Please make sure you take a shower before you go into the swimming pool.

① 도서관 ② 수영장
③ 박물관 ④ 스케이트장

12 다음 중 밑줄 친 it(It)이 가리키는 것으로 가장 적절한 것은?

We need <u>it</u> when it rains. <u>It</u> keeps our body and clothes from getting wet. <u>It</u> has many colors and sizes. <u>It</u> has a long stick with a folding frame covered in cloth or other material.

① book ② fork
③ umbrella ④ computer

[13~14] 다음 대화의 빈칸에 들어갈 말로 가장 적절한 것을 고르시오.

13

A : ____________________?
B : I've decided to learn how to play the electric guitar.
A : Why the electric guitar?
B : Because I've always wanted to join the school band.

① Can I have some water, please
② Do you know where my pen is
③ How would you like your steak
④ Do you have any plans for this year

14

A : What's the purpose of your visit to New Zealand?
B : ____________________.

① I'm on a business trip
② That sounds like a good idea
③ You can take the bus to get there
④ The subway station is across the street

15 다음 글을 쓴 목적으로 가장 적절한 것은?

To get to my office from Central Station, take line number 1 to 36th Street. Get out at exit 5 and cross the road. Turn right and walk 3 blocks. Our company building is next to the post office. My office is on the sixth floor.

① 길 안내　② 환불 요청
③ 제품 홍보　④ 학교 소개

16 주어진 말에 이어질 두 사람의 대화를 〈보기〉에서 찾아 순서대로 가장 적절하게 배열한 것은?

You look upset. What's wrong?

보기
(A) Thanks. We'll do our best.
(B) That's too bad. But don't worry. You'll do better next time.
(C) Our soccer team lost 1:4 in last night's game.

① (B) – (A) – (C)
② (B) – (C) – (A)
③ (C) – (A) – (B)
④ (C) – (B) – (A)

17 다음 중 숙소 이용 안내문의 내용과 일치하지 않는 것은?

Home Sweet Home Guesthouse

• Location : Close to Itaewon Station
• Price : $30 a night
• Contact : sweethome77@kmail.com
** Free Internet provided **

① 위치가 이태원역과 가깝다.
② 하룻밤에 30달러이다.
③ 숙소는 전화로만 연락이 가능하다.
④ 인터넷이 무료로 제공된다.

18 다음 중 Tom에 관한 설명에서 언급되지 않은 것은?

> Tom is one of my best friends. He is very friendly and likes talking to people. He is majoring in English and wants to be an English teacher. He lives in Seoul with his family.

① 성격　　② 장래 희망
③ 사는 도시　　④ 가족 수

19 다음 글의 주제로 가장 적절한 것은?

> The Internet has both positive and negative effects on people's lives. It provides people with the information they need. It also helps people learn new things easily. On the other hand, if people spend too much time online, they may end up spending less and less time with their family and friends.

① 학생들의 작문 능력을 향상하기 위한 방법
② 인터넷 사용의 긍정적인 면과 부정적인 면
③ 학생들의 진로 선택을 위한 학교 교육의 역할
④ 환경 보호를 위해 우리가 실천할 수 있는 방안

[20~21] 다음 중 글의 빈칸에 들어갈 말로 가장 적절한 것을 고르시오.

20

> Hello, my name is Sejun Lee. I would like to be a ________ because I really like making food. I feel happy when my family and friends eat the food I make. I'm especially interested in Chinese food. I would like to go to Jin's College in China and learn how to make Chinese food.

① cook　　② dancer
③ soldier　　④ teacher

21

> Three years ago I was a government employee. The job was really boring because I had to read hundreds of documents every day. I wanted to do something new and creative, so I ________ the job. Now I run my own business. It's not easy, but I'm happy because now I'm doing what I really want. I love my new life!

① quit　　② existed
③ spread　　④ prevented

22 다음 글의 바로 뒤에 이어질 내용으로 가장 알맞은 것은?

> You may burn your hand or other parts of your body while cooking in the kitchen. Most burns are not serious and will heal on their own, but they can still be painful. Take the following steps to quickly heal a burn.

① 화재를 예방하는 방법
② 화상을 치료하는 방법
③ 성인병을 관리하는 방법
④ 지진 발생 시 대응 방법

23 글의 흐름으로 보아, 다음 문장이 들어가기에 가장 적절한 곳은?

> These women are called Haenyeo, professional female divers on Jeju Island.

> (①) When I was living on Jeju Island, I spent a lot of time just watching the ocean beat against the cliffs. (②) The rocks and water, together with Jeju's traditional houses, formed a very beautiful scene. (③) I could even see a group of Korean women in diving suits standing on the rocks. (④) They were diving into the sea without using oxygen tanks and coming back with seafood.

[24~25] 다음 글을 읽고 물음에 답하시오.

> You can have healthy skin without spending a lot of time and money. Here are some helpful ________. First, getting enough sleep every night really makes a difference to your skin. Second, drink enough water. Third, always use sunscreen when you go outside. Last, wash your face every night before going to bed.

24 윗글의 빈칸에 들어갈 말로 가장 적절한 것은?

① tips ② risks
③ sales ④ societies

25 윗글에서 건강한 피부를 갖기 위한 방법으로 언급되지 <u>않은</u> 것은?

① 충분한 수면을 취한다.
② 물을 충분히 마신다.
③ 단백질을 충분히 섭취한다.
④ 매일 밤 자기 전에 얼굴을 씻는다.

2020 제2회 사회

01 다음에서 설명하는 기본권으로 가장 적절한 것은?

- 국가 권력으로부터 간섭받지 않고 자유롭게 생활할 권리
- 외부의 구속과 강제를 받지 않고 자신의 의지에 따라 스스로 선택할 수 있는 권리

① 사회권　② 자유권
③ 참정권　④ 청구권

⊠ 2015 개정 교육과정에서 제외된 문제

02 다음에서 설명하는 개념은?

- 개인 또는 집단이 사회생활을 하면서 서로 주고받는 행위이다.
- 협동, 경쟁, 갈등 등으로 유형화 할 수 있다.

① 가치관　② 실업률
③ 다국적 기업　④ 사회적 상호 작용

03 다음 중 ㉠에 들어갈 말로 가장 적절한 것은?

〈'여성 고용 할당제'에 대한 찬반 토론〉

① 과소비　② 역차별
③ 익명성　④ 텔레뱅킹

04 가치 판단에 해당하는 것을 〈보기〉에서 고른 것은?

보기

ㄱ. 경복궁은 서울에 있다.
ㄴ. 영희는 고등학교 2학년이다.
ㄷ. 겨울철 눈 덮인 한라산은 아름답다.
ㄹ. 환경 보호가 경제 발전보다 더 중요하다.

① ㄱ, ㄴ　② ㄱ, ㄷ
③ ㄴ, ㄹ　④ ㄷ, ㄹ

⊠ 2015 개정 교육과정에서 제외된 문제

05 다음 중 ㉠, ㉡에 해당하는 것을 알맞게 짝지은 것은?

경 제 신 문　○○○○년 ○○월 ○○일

원 / 달러 환율 급등 !

어제 1달러당 1,100원이던 원/달러 환율이 오늘은 1달러당 1,300원으로 급등했다. 이러한 환율 상승은 달러화 대비 원화 가치 (㉠)을 의미한다. 예컨대 어제는 2달러와 2,200원이 교환되었다면, 오늘은 2달러와 (㉡)이 교환된다.

	㉠	㉡
①	상승	2,600원
②	상승	3,900원
③	하락	2,600원
④	하락	3,900원

06 다음 중 '근로 3권'에 해당하는 것은?

① 단결권　　② 선거권
③ 공무 담임권　　④ 재판 청구권

07 다음에서 설명하는 것은?

- 일정 금액의 돈을 일정 기간 금융 기관에 맡기는 것이다.
- 정해진 이자 수익이 있으며, 특정 한도 내에서 원금을 보호하는 제도가 있다.

① 예금　　② 신용
③ 직업　　④ 채무

08 다음 중 ㉠에 들어갈 말로 가장 적절한 것은?

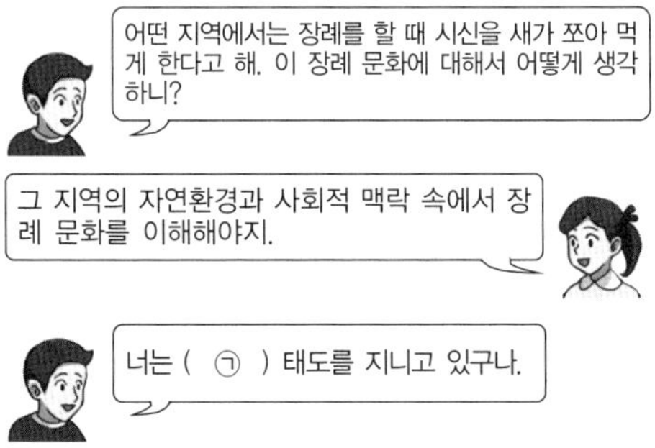

① 문화 상대주의
② 문화 사대주의
③ 문화 절대주의
④ 자문화 중심주의

09 자료에 대한 해석으로 옳은 것은?

〈20○○년 지역별 정당 지지율〉

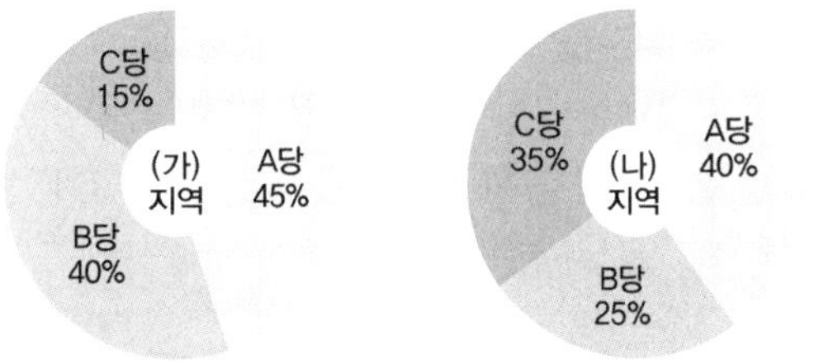

① (가), (나)지역 모두 A당 지지율이 가장 낮다.
② B당 지지율은 (가)지역이 (나)지역보다 더 높다.
③ C당 지지율은 (나)지역이 (가)지역의 3배 이상이다.
④ 시간의 흐름에 따른 지역별 정당 지지율 변화를 알 수 있다.

10 다음 중 ㉠에 해당하는 것으로 옳은 것은?

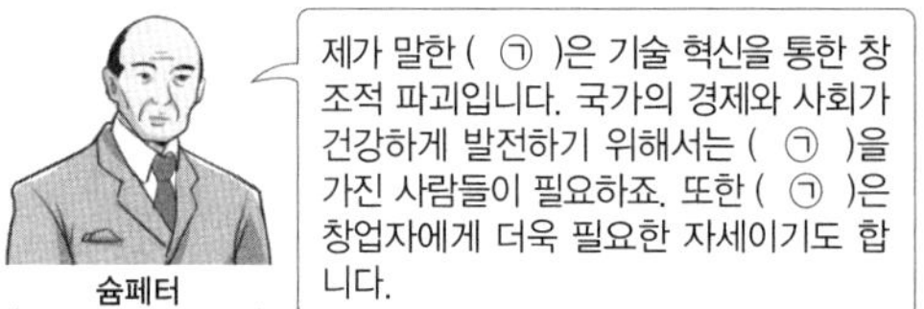

슘페터
(Schumpeter, J.A)

① 임금 체불　　② 특권 의식
③ 기업가 정신　　④ 애그플레이션

11 **다음에서 설명하는 투자 개념으로 가장 적절한 것은?**

> • 투자의 안전성을 위해 포트폴리오를 구성하여 다양한 금융 자산에 투자하는 것이다.
> • '계란을 한 바구니에 모두 담지 마라'는 말로 비유한다.

① 분산 투자 ② 벤처 투자
③ 집중 투자 ④ 충동 투자

12 **다음 중 개인의 권리와 국가 정책 간의 갈등을 해결하기 위한 방안으로 적절하지 않은 것은?**

① 정책을 시행하기 전에 충분한 협의 절차를 거친다.
② 서로 다른 이해관계를 조정하려는 타협의 자세를 가진다.
③ 국가는 물리적 강제력을 내세워 개인의 권리를 최대한 제한한다.
④ 정책 시행으로 손해를 입게 된 개인에게 적절한 보상 대책을 강구한다.

13 **다음에서 설명하는 것은?**

> • 일상에서 정신적, 신체적, 경제적, 사회적으로 느끼는 행복한 정도를 의미한다.
> • 고용 안정, 복지 제도, 깨끗한 환경 등의 보장으로 높일 수 있다.

① 삶의 질 ② 역할 갈등
③ 하우스 푸어 ④ 상대적 박탈감

14 **다음 중 교통과 통신의 발달로 나타나는 특징으로 적절하지 않은 것은?**

① 인간의 공간 인식이 확대된다.
② 지역 간의 상호 작용이 활발해진다.
③ 많은 양의 정보를 주고받을 수 있다.
④ 산업 구조의 중심이 2차에서 1차 산업으로 바뀐다.

15 **다음에서 설명하는 자원은?**

> • 18세기 산업 혁명의 원동력으로 증기 기관의 연료로 사용되었다.
> • 주로 고생대 지층에 매장되어 있으며 제철 공업의 원료로 이용되는 화석 연료이다.

① 구리 ② 석탄
③ 희토류 ④ 천연가스

16 다음에서 설명하는 것은?

- 자유 무역의 확대와 세계 교역을 촉진하는 역할을 수행함.
- 관세 인하 요구 및 통상 분쟁 조정 등의 법적인 구속력을 가지고 있음.

① 소호(SOHO)
② 비정부 기구(NGO)
③ 유네스코(UNESCO)
④ 세계 무역 기구(WTO)

17 다음 중 ㉠, ㉡에 해당하는 식량 자원으로 가장 적절한 것은?

- (㉠) : 아시아 계절풍 지역의 대표적인 주식 작물로 이 지역이 대소비지이다.
- (㉡) : 사료 작물과 바이오 연료의 원료로 이용되고, 주로 아메리카 대륙에서 생산된다.

	㉠	㉡		㉠	㉡
①	밀	쌀	②	쌀	옥수수
③	옥수수	쌀	④	밀	옥수수

18 개발 제한 구역을 설정한 목적으로 옳은 것을 〈보기〉에서 고른 것은?

보기
ㄱ. 도시 녹지 환경 보전
ㄴ. 도시 내 시가지 개발
ㄷ. 도시의 무분별한 팽창 방지
ㄹ. 도시 내 각종 산업 시설 용지 확보

① ㄱ, ㄴ　② ㄱ, ㄷ
③ ㄴ, ㄹ　④ ㄷ, ㄹ

19 다음에서 설명하는 개념은?

지하철역, 행정 기관 등과 같이 지역 발전에 도움이 되는 시설을 자기 지역에 유치하려는 현상

① 열섬 현상
② 님비(NIMBY) 현상
③ 핌피(PIMFY) 현상
④ 바나나(BANANA) 현상

20 다음에서 설명하는 것으로 가장 적절한 것은?

> • 원리 : 인공위성에서 보내온 신호를 종합하여 현재의 위치 측정
> • 활용 : 길 찾기, 자동차의 자동 항법 장치, 해발 고도 파악

① 로하스(LOHAS)
② 바우처(VOUCHER)
③ 유비쿼터스(Ubiquitous)
④ 위치 정보 시스템(GPS)

21 다음 중 ㉠에 들어갈 국제 환경 협약은?

> 〈 ㉠ 〉
> • 1992년 브라질의 리우데자네이루에서 개최함.
> • 지구 온난화를 방지하기 위해 온실 가스 감축에 합의함.

① 런던 협약
② 바젤 협약
③ 람사르 협약
④ 기후 변화 협약

22 다음 내용에 공통으로 해당하는 인구 이동의 요인은?

> • 개발 도상국에서 더 높은 소득을 위해 선진국으로 이동한다.
> • 라틴 아메리카 사람들이 일자리를 찾아 미국 서남부 지역으로 이동한다.

① 경제적 요인　　② 정치적 요인
③ 종교적 요인　　④ 자연환경 요인

23 다음 내용에 해당하는 사례로 가장 적절한 것은?

> 우리 선조들의 풍습에는 '고수레'가 있다. 야외에서 식사를 할 때 '고수레'라고 외치며 첫 숟가락의 음식을 자연의 생물들과 나눠 먹는 것이 자연에 대한 예의라고 여겼다.

① 농경지 확보를 위해 벌목했다.
② 작물 재배를 위해 숲에 불을 질렀다.
③ 공업 단지 조성을 위해 갯벌을 메워 간척지를 만들었다.
④ 야생 동물 서식지를 보호하기 위해 생태 통로를 만들었다.

24 지도에 ◌ 로 표시된 지역에서 영토 분쟁 중인 두 나라는?

① 중국 – 러시아
② 중국 – 필리핀
③ 이란 – 이라크
④ 일본 – 러시아

25 다음 중 ㉠에 들어갈 용어로 가장 적절한 것은?

〈 ㉠ 〉
- 정의 : 국가 간의 상호 의존성이 높아지고 국경을 초월하여 하나의 지구촌으로 통합되어 가는 과정이다.
- 사례 : K-Pop이 유럽에서 유행하고 있다. 베트남 쌀국수를 우리나라에서 접할 수 있다.

① 도시화 ② 양극화
③ 세계화 ④ 지역화

2020 제 2 회 과학

01 다음 설명에 해당하는 법칙은?

> • 정지해 있는 물체는 외부로부터 힘이 작용하지 않으면 계속 정지해 있다.
> • 운동하는 물체는 외부로부터 힘이 작용하지 않으면 계속 등속 직선 운동을 한다.

① 관성의 법칙
② 가속도의 법칙
③ 만유인력의 법칙
④ 작용 반작용의 법칙

☒ 2015 개정 교육과정에서 제외된 문제

02 다음 설명에 해당하는 파동은?

> • 탄성파의 한 종류이다.
> • 지구 내부에서 발생한 에너지가 지구를 이루는 물질을 통해 전달되는 파동이다.

① X선　② 자외선
③ 지진파　④ 가시광선

☒ 2015 개정 교육과정에서 제외된 문제

03 디지털 신호와 아날로그 신호에 대한 설명으로 옳은 것만을 〈보기〉에서 모두 고른 것은?

> **보기**
> ㄱ. 디지털 신호는 0과 1로 표시되는 신호이다.
> ㄴ. 자연에서 발생하는 소리는 모두 디지털 신호이다.
> ㄷ. 아날로그 신호는 연속적으로 변화하는 신호이다.

① ㄱ　② ㄴ
③ ㄱ, ㄷ　④ ㄱ, ㄴ, ㄷ

04 그림은 어떤 고체의 가전자 띠와 전도 띠를 나타낸 것이다. 다음 중 그림과 같은 에너지 띠 구조를 갖는 고체는?

① 고무　② 구리
③ 나무　④ 유리

05 **다음 중 사용 중인 전기 기구에서의 에너지 전환에 대한 설명으로 옳지 <u>않은</u> 것은?**

① 전등에서 전기 에너지가 빛에너지로 전환된다.

② 다리미에서 전기 에너지가 열에너지로 전환된다.

③ 전열기에서 운동 에너지가 전기 에너지로 전환된다.

④ 선풍기에서 전기 에너지가 운동 에너지로 전환된다.

06 **다음 설명에 해당하는 재생 에너지는?**

- 고구마, 사탕수수 등의 유기물을 이용해 만든 연료로부터 에너지를 얻는다.
- 대규모로 에너지를 얻는 과정에서 농작물의 가격이 상승하고, 환경오염을 일으킬 수 있다.

① 풍력 에너지

② 바이오 에너지

③ 태양광 에너지

④ 핵융합 에너지

07 **화학 반응 속도를 증가시킬 수 있는 방법으로 옳은 것만을 〈보기〉에서 모두 고른 것은?**

보기

ㄱ. 정촉매를 첨가한다.

ㄴ. 반응물의 농도를 감소시킨다.

ㄷ. 단위 시간당 반응 입자의 충돌 횟수를 감소시킨다.

① ㄱ ② ㄷ

③ ㄱ, ㄴ ④ ㄴ, ㄷ

08 **그림 (가)와 (나)는 각각 수소(H_2)와 물(H_2O)의 전자 배치를 나타낸 것이다. 이에 대한 설명으로 옳은 것만을 〈보기〉에서 모두 고른 것은?**

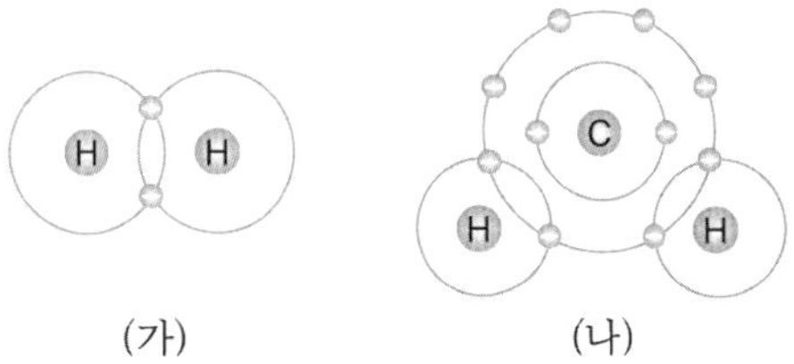

(가) (나)

보기

ㄱ. (가)에서 공유 전자쌍은 2쌍이다.

ㄴ. (나)에서 수소 원자와 산소 원자는 공유 결합을 한다.

ㄷ. 공유 전자쌍의 수는 (가)보다 (나)에서 많다.

① ㄱ ② ㄴ

③ ㄱ, ㄷ ④ ㄴ, ㄷ

09 다음은 수소의 연소 반응을 화학 반응식으로 나타낸 것이다. 이에 대한 설명으로 옳은 것만을 〈보기〉에서 모두 고른 것은?

$$\boxed{㉠}\ H_2 + O_2 \rightarrow 2H_2O$$

보기

ㄱ. 반응물의 종류는 2가지이다.
ㄴ. ㉠의 값은 2이다.
ㄷ. 반응 전과 후의 산소 원자의 개수는 같다.

① ㄱ　② ㄱ, ㄴ
③ ㄴ, ㄷ　④ ㄱ, ㄴ, ㄷ

10 다음 설명에 해당하는 물질은?

- 단위체는 아미노산이다.
- 탈수 축합 중합 반응으로 만들어진다.

① 녹말　② DNA
③ 단백질　④ 암모니아

11 다음 사례 중 파력 에너지를 이용하는 것은?

① 태양열을 이용하여 난방을 한다.
② 경유를 자동차의 연료로 이용한다.
③ 파도의 운동을 이용하여 전기를 생산한다.
④ 지구 내부의 열로 데워진 지하수를 가정에서 이용한다.

☒ 2015 개정 교육과정에서 제외된 문제

12 다음 설명의 ㉠에 해당하는 것은?

(㉠)은/는 병원체에 의한 질병을 예방하기 위해 접종하는 것으로 접종 이후 병원체에 대한 기억 세포가 체내에 생성된다.

① 백신　② 비타민
③ 포도당　④ 항생제

13 다음 중 원핵생물에 대한 설명으로 옳은 것은?

① 핵막이 있다.
② 유전 물질을 가지고 있다.
③ 진핵생물보다 나중에 출현했다.
④ 막으로 둘러싸인 세포 소기관이 발달되어 있다.

14 그림은 DNA에서 단백질이 만들어지는 과정을 나타낸 것이다. (가)와 (나)에 해당하는 것은?

	(가)	(나)
①	복제	전사
②	전사	번역
③	전사	복제
④	번역	복제

15 그림은 어떤 사람의 염색체 일부를 나타낸 것이다. 이에 대한 설명으로 옳은 것만을 〈보기〉에서 모두 고른 것은?

보기

ㄱ. 이 사람은 남자이다.
ㄴ. (가)는 상염색체이다.
ㄷ. (나)는 어머니로부터 물려받은 것이다.

① ㄱ　　② ㄱ, ㄴ
③ ㄴ, ㄷ　　④ ㄱ, ㄴ, ㄷ

16 다음 중 영양소에 대한 설명으로 옳지 않은 것은?

① 단백질은 효소의 주성분이다.
② 탄수화물은 인체의 주된 에너지원이다.
③ 무기 염류는 인체의 생리 작용을 조절한다.
④ 지방은 인체의 에너지원으로 사용되지 않는다.

☒ 2015 개정 교육과정에서 제외된 문제

17 다음 중 질병 진단 검사에 대한 설명으로 옳은 것은?

① MRI 검사는 화학적 진단 검사이다.
② 초음파 검사는 X선을 이용한 검사이다.
③ 소변 검사는 컴퓨터 단층 촬영을 이용한 검사이다.
④ 위 내시경 검사는 위의 내부를 관찰하는 검사이다.

18 다음은 식물의 광합성 과정을 나타낸 것이다. ㉠에 해당하는 것은?

$$6CO_2 + 6H_2O \xrightarrow[\text{엽록체}]{\text{빛에너지}} C_6H_{12}O_6 + 6\boxed{㉠}$$

(이산화 탄소) (물) 엽록체 (포도당)

① H_2　　② N_2
③ O_2　　④ CO_2

19 다음 중 고생대의 표준 화석에 해당하는 것은?

①

삼엽충

②

암모나이트

③

공룡

④

매머드

☒ 2015 개정 교육과정에서 제외된 문제

20 다음 중 지구가 태양 주위를 공전할 때 근일점과 원일점이 나타나는 원인은?

① 달의 공전
② 지구의 자전
③ 태양의 자전
④ 지구의 타원 궤도 공전

21 다음 중 외부 은하까지의 거리와 외부 은하의 후퇴 속도에 관한 허블 법칙을 나타낸 그래프로 옳은 것은?

①
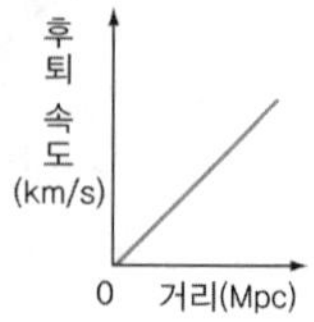

②
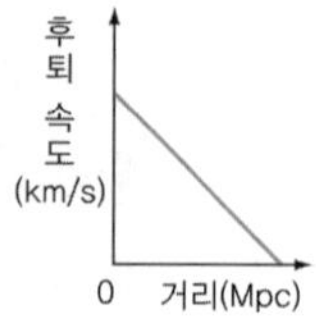

③
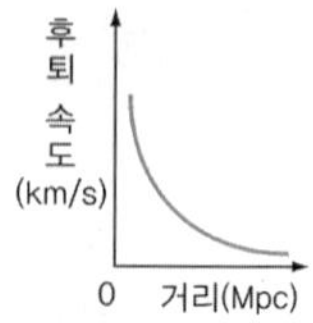

④
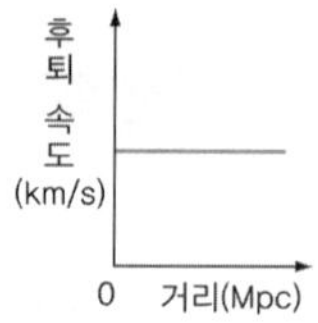

22 그림은 질량이 태양의 15배인 별의 진화 단계 중 일부(Ⅰ~Ⅲ)를 나타낸 것이다. 이에 대한 설명으로 옳은 것만을 〈보기〉에서 모두 고른 것은?

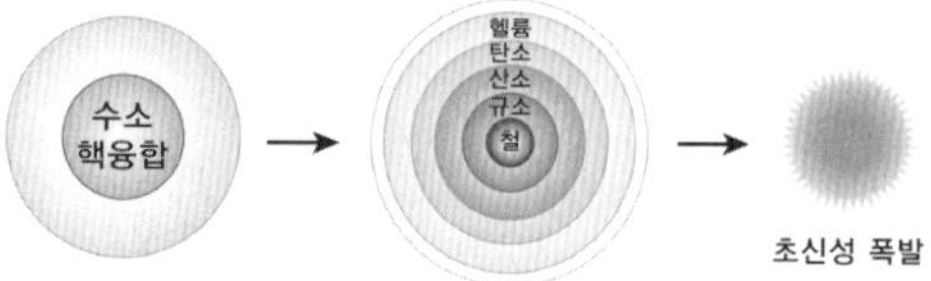

Ⅰ Ⅱ Ⅲ

보기

ㄱ. Ⅰ에서 중심부에 헬륨이 생성된다.
ㄴ. Ⅱ에서 중심부에 철이 생성된다.
ㄷ. Ⅲ에서 철보다 무거운 원소가 생성된다.

① ㄱ ② ㄴ
③ ㄱ, ㄷ ④ ㄱ, ㄴ, ㄷ

☒ 2015 개정 교육과정에서 제외된 문제

23 그림은 일식 때 태양-달-지구가 일직선상에 위치한 모습을 나타낸 것이다. 이때 A~D 중 개기 일식이 일어나는 지역은?

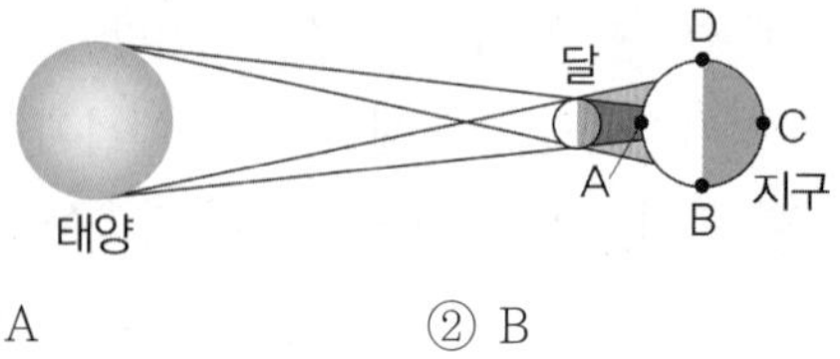

① A ② B
③ C ④ D

24 다음 설명에 해당하는 온실 기체는?

- 화석 연료 연소 과정에서 탄소가 산화되어 생성되는 기체이다.
- 화석 연료 사용의 증가로 인해 지구 대기로 배출되는 양이 증가하여 지구 온난화를 가속시키는 기체이다.

① 산소 ② 수소
③ 헬륨 ④ 이산화 탄소

☒ 2015 개정 교육과정에서 제외된 문제

25 표는 광상의 생성 과정과 광상에서 산출되는 광물 자원의 예를 나타낸 것이다. 이에 대한 설명으로 옳은 것만을 〈보기〉에서 모두 고른 것은? (단, A, B는 각각 화성 광상, 퇴적 광상 중 하나이다.)

광상	생성 과정	광물 자원의 예
A	마그마의 냉각	금, 은, 구리
B	암석의 풍화, 운반, 퇴적	(가)

보기

ㄱ. 광상은 광물 자원이 밀집되어 있는 곳이다.
ㄴ. A는 퇴적 광상이다.
ㄷ. 정장석이 풍화되어 생기는 고령토는 (가)에 해당한다.

① ㄱ ② ㄱ, ㄷ
③ ㄴ, ㄷ ④ ㄱ, ㄴ, ㄷ

한국사

01 사진의 유물을 처음 제작했던 시대의 생활 모습으로 가장 적절한 것은?

비파형 동검

① 한글 소설이 유행하였다.
② 철제 농기구를 사용하였다.
③ 빈부 격차와 계급이 발생하였다.
④ 서옥제라는 혼인 풍습이 있었다.

02 다음에서 설명하는 나라는?

- 12월에 영고라는 제천 행사를 열었다.
- 마가, 우가, 구가, 저가 등이 사출도를 다스렸다.

① 가야　② 부여
③ 발해　④ 고조선

03 다음 중 ㉠에 들어갈 왕은?

고구려의 발전
- 소수림왕 : 불교 수용, 율령 반포
- ㉠ : 신라를 도와 왜 격퇴, 요동 지역 확보
- 장수왕 : 평양 천도, 한강 유역 차지

① 세종　② 법흥왕
③ 의자왕　④ 광개토 대왕

04 다음에서 설명하는 책은?

- 통일 신라의 승려 혜초가 지은 책이다.
- 당을 거쳐 인도와 중앙아시아를 순례한 뒤 각 지역의 지리와 역사, 풍속을 기록하였다.

① 칠정산　② 동의보감
③ 조선왕조실록　④ 왕오천축국전

05 다음에서 설명하는 신라의 제도는?

- 진골, 6두품, 5두품, 4두품 등으로 구분하였다.
- 혈통에 따라 개인의 정치·사회적 활동 범위를 결정하였다.

① 골품제　② 과거제
③ 균역법　④ 진대법

06 고려 공민왕의 업적으로 옳은 것을 〈보기〉에서 고른 것은?

보기
ㄱ. 서원 정리
ㄴ. 훈민정음 창제
ㄷ. 쌍성총관부 탈환
ㄹ. 전민변정도감 설치

① ㄱ, ㄴ　　② ㄱ, ㄷ
③ ㄴ, ㄹ　　④ ㄷ, ㄹ

07 다음 중 ㉠에 들어갈 고려의 신분은?

[㉠]은 주로 일반 군현에 살면서 농업이나 상공업에 종사하였다. 이 중 대부분은 백정이라 불리는 농민이었고, 조세, 공납, 역을 부담하였다.

① 귀족　　② 중류층
③ 양민　　④ 천민

08 다음 중 ㉠에 들어갈 내용으로 옳은 것은?

거란의 침략을 물리친 고려의 인물
– 서희 : [㉠]
– 강감찬 : 귀주 대첩에서 승리

① 별기군 창설　　② 22담로 설치
③ 강동 6주 획득　　④ 명량 해전 승리

09 다음 중 ㉠에 들어갈 조선의 건축물은?

역사 통합 검색
질문 [(가)]에 대해 알려주세요.
답변 1395년에 완성된 조선의 정궁으로서 임진왜란 시기에 불탄 것을 고종 때 흥선 대원군이 왕실의 권위를 되찾기 위해 중건하였습니다.

① 경복궁　　② 대화궁
③ 행주산성　　④ 수원 화성

10 다음에서 설명하는 문화유산은?

송나라의 자기 제작 기술을 받아들인 이후 고려의 독창적인 기술을 적용하여 만든 비취색의 자기이다.

①

호우명 그릇

②

청자 상감 운학문 매병

③

명도전

④

빗살무늬 토기

11 다음 중 ㉠에 들어갈 내용으로 가장 적절한 것은?

① 군대를 해산했기 때문입니다.
② 단발령을 강요했기 때문입니다.
③ 아관 파천이 일어났기 때문입니다.
④ 을사늑약이 체결되었기 때문입니다.

12 다음 중 ㉠에 들어갈 내용으로 옳은 것은?

> **조선 전기의 대외 관계**
> - 일본과의 관계 : 교린 정책
>   – 회유책 : 제한적 무역 허락(3포 개항)
>   – 강경책 : [㉠]

① 대마도 정벌　② 북벌론 추진
③ 동북 9성 설치　④ 천리장성 축조

13 다음에서 설명하는 제도는?

> - 조선 광해군 때 경기도에서 처음 실시하였다.
> - 집집마다 부과하던 토산물을 토지 결수에 따라 쌀, 면포, 동전 등으로 납부하게 하였다.

① 대동법　② 타조법
③ 호패법　④ 연분9등법

14 조선 후기 실학에 대한 설명으로 옳은 것을 〈보기〉에서 고른 것은?

> **보기**
> ㄱ. 대표적인 학자로 정약용, 박제가 등이 있다.
> ㄴ. '사람이 곧 하늘'이라는 인내천 사상을 내세웠다.
> ㄷ. 토지 제도의 개혁, 상공업 진흥 등을 주장하였다.
> ㄹ. 산천 숭배나 신선 사상과 결합하여 불로장생을 추구하였다.

① ㄱ, ㄴ　② ㄱ, ㄷ
③ ㄴ, ㄹ　④ ㄷ, ㄹ

15 다음 중 ㉠에 들어갈 사건은?

> [㉠]
> - 인물 : 김옥균, 박영효, 홍영식, 서광범 등
> - 장소 : 우정총국, 경우궁 등
> - 내용 : 1884년 급진 개화파들이 일으킨 변란(3일 천하)

① 갑신정변　② 기묘사화
③ 병자호란　④ 만적의 난

16 다음 중 ㉠에 들어갈 내용으로 옳은 것은?

> 전주성을 점령한 농민군은 외국 군대 철수와 폐정 개혁을 조건으로 정부와 [㉠]을/를 체결한 뒤 해산하였다. 이후 호남 각지에 자치적 민정 기구인 집강소를 설치하여 행정과 치안을 담당하였다.

① 헌의 6조 ② 전주 화약
③ 톈진 조약 ④ 대한국 국제

17 다음에서 설명하는 민족 운동은?

> • 조만식을 중심으로 평안도 사람들이 '내 살림 내 것으로'라는 구호를 내걸고 민족 운동을 전개하였다.
> • 자작회, 토산 애용 부인회 등의 단체들이 활발하게 참여하면서 전국적으로 확산되었다.

① 형평 운동
② 문맹 퇴치 운동
③ 물산 장려 운동
④ 민립 대학 설립 운동

18 다음 중 ㉠에 들어갈 내용으로 옳은 것은?

> ■ 이달의 독립운동가 김구 ■
>
> 
>
> • 생몰 연도 : 1876년~1949년
> • 주요 활동
> - [㉠]
> - 대한민국 임시 정부 주석 역임
> - 남북 협상 참여

① 대종교 창시 ② 열하일기 저술
③ 유신 헌법 제정 ④ 한인 애국단 조직

19 다음 중 흥선 대원군이 척화비를 세운 배경으로 적절하지 않은 것은?

① 병인양요 ② 신미양요
③ 묘청의 난 ④ 오페르트 도굴 사건

20 다음에서 설명하는 일제의 식민지 지배 정책은?

> • 한국인을 일본 '천황'에게 충성하는 백성으로 동화시키려 하였다.
> • 소학교의 명칭을 국민학교로 바꿨다.

① 남진 정책
② 화폐 정리 사업
③ 토지 조사 사업
④ 황국 신민화 정책

21 다음에서 설명하는 단체는?

- 1927년에 비타협적 민족주의자들과 사회주의자들이 협력하여 조직하였다.
- 광주 학생 항일 운동이 일어나자 진상 조사단을 파견하였다.

① 신간회 ② 황국 협회
③ 헌정 연구회 ④ 조선어 학회

22 다음에서 설명하는 사건은?

- 독립 협회가 주최한 근대적 민중 대회이다.
- 러시아의 내정 간섭과 이권 요구를 규탄하였다.

① 광무개혁 ② 영남만인소
③ 만민 공동회 ④ 원산 총파업

23 다음에서 설명하는 민주화 운동은?

1987년 1월, 대학생 박종철이 경찰의 고문으로 사망하였다. 시민들은 이 사건에 분노하여 전국적으로 시위를 벌이고 대통령 직선제 개헌을 요구하였다.

① 3·1 운동
② 4·19 혁명
③ 6월 민주 항쟁
④ 한·일 회담 반대 시위

24 다음 질문에 대한 답으로 옳은 것은?

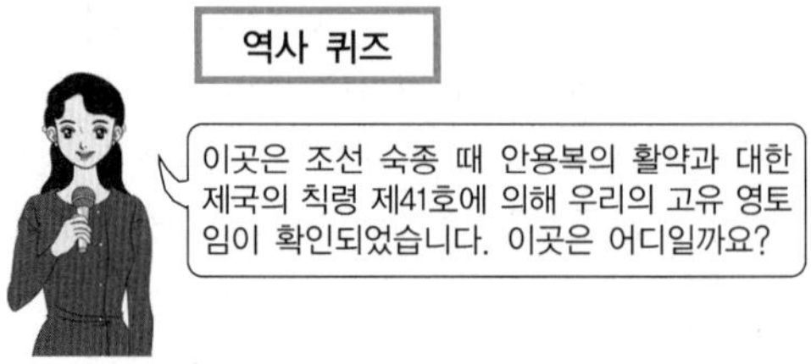

① 간도 ② 독도
③ 강화도 ④ 거문도

25 다음에서 설명하는 정부는?

- 2000년에 최초의 남북 정상 회담을 성사시켰다.
- 2001년에 국제 통화 기금(IMF)의 지원금을 상환하였다.

① 이승만 정부 ② 박정희 정부
③ 김영삼 정부 ④ 김대중 정부

2020 제2회 도덕

01 다음 중 응용 윤리 분야에서 다루는 주제로 적절하지 않은 것은?

① 생명 윤리 – 자살, 안락사
② 문화 윤리 – 전쟁, 핵 문제
③ 환경 윤리 – 오존층의 파괴, 기후 변화
④ 사회 윤리 – 공정한 분배, 처벌의 문제

02 덕(德) 윤리에 대한 내용으로 옳은 것을 〈보기〉에서 고른 것은?

보기
ㄱ. 유덕한 성품 강조
ㄴ. 행위의 결과 중시
ㄷ. 공동체 구성원으로서의 삶 강조
ㄹ. 최대 다수의 최대 행복 원리 추구

① ㄱ, ㄴ　　② ㄱ, ㄷ
③ ㄴ, ㄹ　　④ ㄷ, ㄹ

03 다음 중 ㉠에 공통으로 들어갈 말로 가장 적절한 것은?

- (㉠)에 입각하여 빈곤으로 인해 고통받고 있는 약소국에 대한 원조의 필요성을 강조하였다.
- 고통이 그 자체로 나쁜 것이므로 감소시켜야 한다는 (㉠)에 근거하여 동물 해방론을 주장하였다.
- 대표적인 학자로 싱어(Singer, P.)가 있다.

① 공리주의　　② 사실주의
③ 신비주의　　④ 현실주의

04 다음 내용에 해당하는 설명으로 옳지 않은 것은?

"네 의지의 준칙이 언제나 동시에 보편적 입법의 원리가 되도록 행위하라."

① 의무론적 접근이다.
② 정언 명령의 형식으로 제시된다.
③ 칸트에 의해 제시된 도덕 법칙이다.
④ 관계와 상황의 특수한 맥락을 고려한다.

05 그림의 ㉠에 들어갈 용어로 가장 적절한 것은?

(㉠)은 상대방과 가깝고 정서적으로 연결되어 있는 것처럼 느껴지는 감정

① 집착　　② 편견
③ 무관심　　④ 친밀감

06 다음 중 부패의 문제점만을 〈보기〉에서 모두 고른 것은?

보기
ㄱ. 준법 의식 약화
ㄴ. 정의 사회 실현
ㄷ. 상대적 박탈감 조성
ㄹ. 국가 신인도 하락

① ㄱ, ㄴ　　② ㄴ, ㄷ
③ ㄱ, ㄷ, ㄹ　　④ ㄴ, ㄷ, ㄹ

07 다음 중 ㉠, ㉡에 들어갈 말을 짝지은 것으로 옳은 것은?

- 유교에서는 인간과 자연이 조화를 이루는 (㉠)의 경지를 추구하였다.
- 불교에서는 우주 만물이 (㉡)의 원리에 따라 생겨난다고 보았다.

	㉠	㉡
①	연기(緣起)	자비(慈悲)
②	자비(慈悲)	연기(緣起)
③	자비(慈悲)	천인합일(天人合一)
④	천인합일(天人合一)	연기(緣起)

08 그림 (가)와 (나)에서 주장하는 내용으로 알맞은 것은?

	(가)	(나)
①	도덕주의	심미주의
②	도덕주의	예방주의
③	심미주의	도덕주의
④	심미주의	예방주의

09 **다음 설명에 해당하는 분배의 기준으로 가장 적절한 것은?**

> • 사회 구성원 간의 차이를 고려하지 않고 모든 사람에게 동일하게 분배함.
> • 사회 구성원 모두에게 기회 및 혜택을 제공하는 장점을 지님.

① 시간 ② 업적
③ 희생 ④ 절대적 평등

10 **다음 중 ㉠에 들어갈 내용으로 가장 적절한 것은?**

> **주제 : 한민족 네트워크 구축의 어려움**
> • 문제점 : 재외 동포들이 오랜 타국 생활로 인해 민족정체성을 점차 잃어 가고 있다.
> • 해결 방법 : (㉠   )

① 재외 동포들의 참정권을 제한한다.
② 재외 동포들의 국적 취득 자격을 엄격하게 제한한다.
③ 재외 동포들이 거주국의 문화에 흡수되도록 돕는다.
④ 재외 동포들에게 한국의 언어, 역사, 교육의 기회를 확대한다.

11 **다음 중 관용에 대한 설명으로 옳지 않은 것은?**

① 관용은 무제한으로 베풀어야 한다.
② 남의 잘못을 너그럽게 용서하는 마음이다.
③ 자신과 다른 생각을 지닌 사람의 권리를 인정한다.
④ 보편적 가치를 침해하지 않는 범위 내에서 적용한다.

12 **다음 중 정보 이해 및 표현 능력을 갖추기 위한 노력으로 옳은 것을 〈보기〉에서 고른 것은?**

> **보기**
> ㄱ. 정보의 무비판적 수용
> ㄴ. 정보를 분석 및 창조하는 능력 함양
> ㄷ. 존중, 책임, 해악 금지, 정의의 원칙 준수
> ㄹ. 다른 사람의 저작물을 무단으로 공유 사이트에 올림

① ㄱ, ㄴ ② ㄱ, ㄹ
③ ㄴ, ㄷ ④ ㄷ, ㄹ

13 그림의 내용과 같은 주장을 한 철학자는?

① 밀(Mill, J. S.)
② 롤스(Rawls, J.)
③ 레건(Regan, T.)
④ 나딩스(Noddings, N.)

14 다음 중 ㉠에 들어갈 말로 가장 적절한 것은?

> 요나스(Jonas, H.)는 "네 행위의 결과가 미래에 지구상에서 인간이 살아갈 수 있는 가능성을 파괴하지 않도록 행위하라."라고 말하면서 미래 세대를 고려하는 (㉠)윤리를 강조하였다.

① 책임 ② 진화
③ 논쟁 ④ 기술

15 다음 중 ㉠에 들어갈 토론의 주제로 가장 적절한 것은?

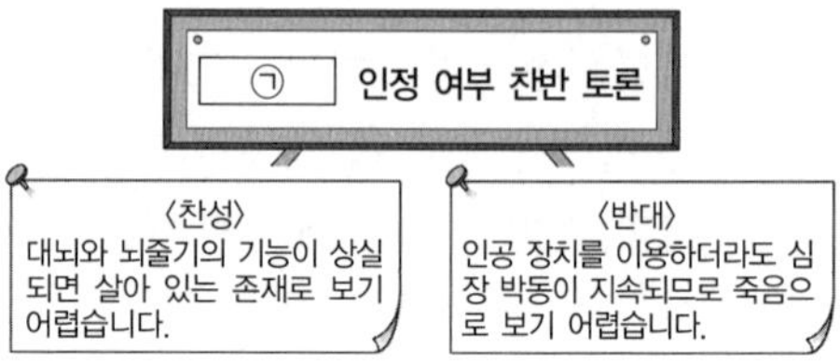

① 낙태 ② 뇌사
③ 인간 복제 ④ 유전자 조작

16 다음 설명에 해당하는 것은?

> • 평화 유지 및 정착을 위하여 사용되는 비용
> • 남북 경제 협력과 대북 지원 등에 소요되는 모든 형태의 비용

① 갈등 비용 ② 과시 비용
③ 전쟁 비용 ④ 평화 비용

17 고령화 사회에서 발생할 수 있는 가족 윤리 문제에 해당하는 것을 〈보기〉에서 고른 것은?

> **보기**
> ㄱ. 노인 복지 시설의 확충
> ㄴ. 노인 공경 정신의 약화
> ㄷ. 대가족 형태의 가족 증가
> ㄹ. 부모 부양에 대한 책임 의식의 약화

① ㄱ, ㄴ ② ㄱ, ㄷ
③ ㄴ, ㄹ ④ ㄷ, ㄹ

18 다음 중 기업가의 사회적 책임으로 적절하지 <u>않은</u> 것은?

① 건전한 이윤 추구
② 기업의 세습 경영
③ 근로자의 권리 존중
④ 기업 이윤의 사회적 환원

19 표에서 시민 불복종의 정당화 조건에만 '✔'를 표시한 학생은?

조건 \ 학생	A	B	C	D
공개적으로 저항	✔	✔		✔
비폭력적인 방법으로 전개	✔		✔	✔
온갖 수단과 방법을 동원하여 목적을 달성		✔	✔	✔

① A　② B
③ C　④ D

20 다음 설명에 해당하는 윤리적 관점으로 가장 적절한 것은?

- 의사소통의 합리성 실현을 강조함.
- 참되고, 옳고, 진실하고, 이해할 수 있는 말로 의사소통함.

① 담론 윤리　② 정보 윤리
③ 직업 윤리　④ 과학기술 윤리

21 다음 중 ㉠에 공통으로 들어갈 말로 가장 적절한 것은?

- "생에 대해 모르는데 (㉠)에 대해 어떻게 알겠느냐?"
  – 공자 –
- 살아 있는 동안은 아직 (㉠)을 경험하지 못하고 (㉠)의 상태에서는 더는 우리의 의식이 살아 활동할 수 없다.
  – 에피쿠로스(Epicouros) –

① 삶　② 고난
③ 죽음　④ 희망

22 다음 중 ㉠, ㉡에 들어갈 정의의 종류가 옳게 짝지어진 것은?

(㉠) 정의	사회적 이익과 부담을 공정하게 분담하는 것
(㉡) 정의	국가가 법 집행을 통하여 불법 행위나 부정의를 바로 잡는 것

	㉠	㉡
①	교정적	절차적
②	분배적	교정적
③	절차적	형식적
④	형식적	분배적

23 다음 내용과 가장 관련이 깊은 것은?

- 인간만이 도덕적 권리를 행사할 수 있음.
- 사상가 : 베이컨(Bacon, F.), 데카르트(Descartes, R.) 등

① 동물 중심주의
② 생명 중심주의
③ 인간 중심주의
④ 생태 중심주의

24 다음에서 소개하는 인물은?

도덕 인물 카드

- '청렴은 수령의 본래 직무로 모든 선(善)의 원천이고 모든 덕(德)의 근본'이라고 말했다.
- 저서 : 『목민심서』

① 이이　　② 이황
③ 박지원　　④ 정약용

25 다음 설명에 해당하는 내용으로 가장 적절한 것은?

- 레오폴드(Leopold, A.)가 주장하였음.
- 토양, 물, 식물과 동물뿐만 아니라 생태계 전체를 도덕적으로 고려해야 할 대상으로 봄.

① 대지 윤리　　② 인간 윤리
③ 종교 윤리　　④ 평화 윤리

2020 제1회 국어

정답 및 해설 p. 113

01 ㉠에 들어갈 공감적 듣기로 가장 적절한 것은?

① (등을 돌리며) 네가 감당해야지.
② (곁눈질하며) 힘들다니 말도 안 돼.
③ (고개를 끄덕이며) 그래, 많이 힘들었구나.
④ (다른 곳을 바라보며) 나는 너보다 더 힘들어.

02 다음 말하기에 해당하는 사례로 가장 적절한 것은?

> 문제를 자신의 탓으로 돌리는 표현을 하여 상대방이 이 문제를 너그럽게 받아들이도록 하는 말하기

① 오늘은 영하의 날씨래. 창문 좀 닫아 줘.
② 맛이 굉장히 독특하네. 음식점을 내도 되겠는데?
③ 지난번에 운이 좋아서 시험을 잘 봤어. 이번에는 모르겠다.
④ 잠깐 딴생각을 하느라 못 들었어. 한 번만 더 말해 줄래?

03 다음 문장과 동일한 오류가 드러난 것은?

> 나의 바람은 네가 잘되었으면 좋겠어.

① 그는 아름다운 소녀의 노래를 들었다.
② 그들은 환경 문제에 대한 회의를 가졌다.
③ 내가 말하고자 하는 것은 너는 마음씨가 곱다.
④ 우리는 먹고 남은 잔반을 다시 쓰지 않습니다.

04 밑줄 친 단어 중 한글 맞춤법 규정을 잘못 적용한 것은?

> **한글 맞춤법**
>
> [제19항] 어간에 '–이'나 '–음/–ㅁ'이 붙어서 명사로 된 것과 '–이'나 '–히'가 붙어서 부사로 된 것은 그 어간의 원형을 밝히어 적는다.
>
> 다만, 어간에 '–이'나 '–음/–ㅁ'이 붙어서 명사로 바뀐 것이라도 그 어간의 뜻과 멀어진 것은 원형을 밝히어 적지 아니한다.

① 그녀는 굳이 따지려 들지 않았다.
② 그는 노름으로 전 재산을 날렸다.
③ 어름이 녹은 비탈에 새싹이 났다.
④ 먼 데서 다듬이 두드리는 소리가 들렸다.

05 ㉠에 들어갈 말로 알맞은 것은?

> '물, 불, 풀, 뿔'은 [㉠]이/가 바뀜으로써 뜻이 달라진 단어들이다.

① 자음　　② 모음
③ 소리의 고저　　④ 소리의 길이

06 향찰은 한자의 음과 뜻을 빌려 우리말을 표기한 방법이다. ㉠, ㉡에 해당하는 표기 방법으로 알맞은 것은?

표기할 우리말 : 선화 공주님은						
향찰 표기	善	化	公	主	㉠主	㉡隱
음[소리]	선	화	공	주	주	은
훈[뜻]	착하다	되다	귀인	님	님	숨다

	㉠	㉡		㉠	㉡
①	음차	음차	②	음차	훈차
③	훈차	음차	④	훈차	훈차

[7~8] 다음 개요를 읽고 물음에 답하시오.

> 주제 : 기부 문화의 확산
> Ⅰ. 서론 : 기부 참여도가 낮은 사회 현상 제시
> Ⅱ. 본론
> 1. 기부 참여도가 낮은 원인
> 가. 기부의 중요성에 대한 이해 부족
> 나. 기부 실천에 대한 경험 부족
> 다. 기부 방법에 대한 정보 부족
> 2. 해결 방안
> [㉠]
> Ⅲ. 결론 : 행동으로 실천하는 기부 문화 확산

07 ㉠에 들어갈 내용으로 적절하지 <u>않은</u> 것은?

① 기부의 중요성 홍보
② 기부 경험 사례의 공유
③ 과소비 현상에 대한 비판
④ 기부 방식에 대한 자료 제공

08 위 주제로 캠페인 문구를 만들 때, 〈조건〉을 만족하는 것은?

> **조건**
> 대구법과 비유법을 모두 활용하여 주제를 강조할 것

① 나 하나의 기부 실천, 우리 모두의 행복 물결!
② 건강한 사회를 위한 첫걸음, 지금 시작하세요.
③ 기부는 생명의 물, 올해도 가득 채워 주실 거죠?
④ 천 원으로 만드는 행복, 기부하는 당신을 응원합니다.

[9~11] 다음 글을 읽고 물음에 답하시오.

> 산 너머 고운 노을을 보려고
> 그네를 힘차게 차고 올라 발을 굴렀지
> 노을은 끝내 ㉠ 어둠에게 잡아먹혔지
> 나를 태우고 날아가던 그넷줄이
> 오랫동안 ㉡ 삐걱삐걱 떨고 있었어
>
> 어릴 때는 나비를 쫓듯
> 아름다움에 취해 땅끝을 찾아갔지
> 그건 아마도 끝이 아니었을지 몰라
> 그러나 살면서 몇 번은 땅끝에 서게도 되지
> ㉢ 파도가 끊임없이 땅을 먹어 들어오는 막바지
> 에서
> 이렇게 뒷걸음질 치면서 말야
>
> 살기 위해서는 이제
> 뒷걸음질만이 허락된 것이라고
> 파도가 아가리를 쳐들고 달려드는 곳
> 찾아 나선 것도 아니었지만
> 끝내 발 디디며 서 있는 땅의 끝,
> 그런데 이상하기도 하지
> 위태로움 속에 아름다움이 스며 있다는 것이
> ㉣ 땅끝은 늘 젖어 있다는 것이
> 그걸 보려고
> 또 몇 번은 여기에 이르리라는 것이
>
> – 나희덕, 「땅끝」 –

09 윗글에 대한 설명으로 가장 적절한 것은?

① 역설을 활용하여 주제를 드러내고 있다.
② 후렴구를 반복하여 정서를 드러내고 있다.
③ 후각적 이미지로 상황을 역동적으로 그려내고 있다.
④ 처음과 마지막 행에 같은 구절을 사용하여 의미를 강조하고 있다.

10 윗글의 화자에 대한 설명으로 가장 적절한 것은?

① 1연 : '노을'을 보려고 노력하였다.
② 1연 : '그네'를 타고 이상향에 정착하였다.
③ 2연 : '나비'를 두려운 존재로 여긴다.
④ 3연 : '그런데' 이후 분노를 드러낸다.

11 ㉠~㉣ 중 다음에 해당하는 시어로 가장 적절한 것은?

> 부정적 상황이지만 삶의 희망을 품고 있는 상태

① ㉠　　② ㉡
③ ㉢　　④ ㉣

[12~14] 다음 글을 읽고 물음에 답하시오.

> 소년은, 드디어, 그렇게도 동경하여 마지않던 서울로 올라오고야 말았다. 청량리를 들어서서 질편한 거리를 달리는 승합자동차의 창 너머로, 소년이 우선 본 것은 전차라는 물건이었다. 시골 '가평'서는 결코 볼 수 없었던 것이, 그야, 전차 한 가지가 아니다. 그래도 그는, 지금 곧, 우선 저 전차에 한 번 올라타 보았으면 한다. 그러나 아버지는 어린 아들의 감격을 일일이 아랑곳하지 않고, 동관 앞 자동차부에서 차를 내리자, 그대로 그를 이끌어 종로로 향한다.
>
> 소년은 행길 한복판을 거의 쉴 사이 없이 달리는 전차에가, 신기하지도 아무렇지도 않은 듯싶게 올라타고 있는 수많은 사람들의 얼굴에, 머리에, 등

덜미에, 잠깐 동안 부러움 가득한 눈을 주었다.

"아버지. 우린, 전차, 안 타요?"

"아, 바루 저긴데, 전찬 뭣하러 타니?"

아무리 '바루 저기'라도, 잠깐 좀 타 보면 어떠냐고, 소년은 적이 불평이었으나, 다음 순간, ㉠ 그는 언제까지든 그것 한 가지에만 마음을 주고 있을 수 없게, 이제까지 시골구석에서 단순한 모든 것에 익숙하여 온 그의 어린 눈과 또 귀는 어지럽게도 바빴다.

[A] 전차도 전차려니와, 웬 자동차며 자전거가 그렇게 쉴 새 없이 뒤를 이어서 달리느냐. 어디 '장'이 선 듯도 싶지 않건만, 사람은 또 웬 사람이 그리 거리에 넘치게 들끓느냐. 이 층, 삼 층, 사 층…… 웬 집들이 이리 높고, 또 그 위에는 무슨 간판이 그리 유난스레도 많이 걸려 있느냐. 시골서, '영리하다', '똑똑하다', 바로 별명 비슷이 불려 온 소년으로도, 어느 틈엔가, 제 풀에 딱 벌려진 제 입을 어쩌는 수 없이, 마분지[1] 조각으로 고깔을 만들어 쓰고, 무엇인지 종잇조각을 돌리고 있는 ㉡ 사나이 모양에도, 그의 눈은, 쉽사리 놀라고, 수많은 깃대잡이 아이놈들이 앞장을 서서, ㉢ 몽당수염 난 이가 신 나게 부는 날라리 소리에도, ㉣ 어린 이의 마음은 걷잡을 수 없게 들떴다.

몇 번인가 아버지의 모양을 군중 속에 잃어버릴 뻔하다가는 찾아내고, 찾아내고 한 소년은, 종로 네거리 굉대한[2] 건물 앞에 이르러, 마침내, 아버지의 팔을 잡았다.

– 박태원, 「천변 풍경」 –

1) 마분지 : 종이의 하나. 주로 짚을 원료로 하여 만드는데, 빛이 누렇고 질이 낮다.
2) 굉대(宏大)한 : 어마어마하게 큰

12 '소년'과 '아버지'에 대한 설명으로 가장 적절한 것은?

① 아버지는 소년의 마음을 일일이 헤아리고 있다.
② 아버지와 소년은 종로에서 청량리로 이동하였다.
③ 소년은 서울에서 내내 아버지의 손을 잡고 다녔다.
④ 소년은 전차를 타지 못한 것을 못마땅하게 여겼다.

13 [A]에 대한 설명으로 가장 적절한 것은?

① 인물 간의 대화를 통해 갈등을 유발하고 있다.
② 작품 밖 서술자가 인물의 심리를 드러내고 있다.
③ 우의적 표현을 활용하여 주제 의식을 강화하고 있다.
④ 구체적인 시간을 제시하여 사건의 개연성을 높이고 있다.

14 ㉠~㉣ 중 가리키는 대상이 같은 것끼리 묶인 것은?

① ㉠, ㉡ ② ㉠, ㉣
③ ㉡, ㉢ ④ ㉢, ㉣

[15~16] 다음 글을 읽고 물음에 답하시오.

한숨아 세(細) 한숨아, 네 어느 틈으로 들어오느냐.

고모장지[1] 세살장지 들장지 열장지에 암돌쩌귀[2] 수톨쩌귀 배목 걸쇠 뚝딱 박고 크나큰 자물쇠로 깊숙이 채웠는데 병풍이라 덜컥 접고 족자라 대그르르 말고 네 어느 틈으로 들어 오느냐.

아마도 너 온 날 밤이면 잠 못 들어 하노라.

– 작자 미상 –

1) 장지 : 방과 방 사이, 또는 방과 마루 사이에 칸을 막아 끼우는 문

2) 돌쩌귀 : 문짝을 문설주에 달아 여닫는 데 쓰는 두 개의 쇠붙이. 암짝은 문설주에, 수짝은 문짝에 박아 맞추어 꽂는다.

15 윗글의 표현상 특징으로 적절하지 않은 것은?

① 대상을 의인화하여 해학성을 드러내고 있다.
② 의태어를 활용하여 상황을 실감 나게 표현하고 있다.
③ 유사한 시어의 반복을 통하여 리듬감을 살리고 있다.
④ 청유형 문장을 사용하여 화자의 의지를 강조하고 있다.

16 윗글에 나타난 화자의 심정으로 가장 적절한 것은?

① 자연과 함께하고 싶은 마음
② 힘든 세상사에서 느끼는 시름
③ 사랑하는 사람을 만났다는 안도감
④ 목표를 위해 시련을 견디는 굳센 의지

[17~19] 다음 글을 읽고 물음에 답하시오.

흥부 이 말을 듣고 형의 집에 건너갈 제, 치장을 볼작시면, 편자[1] 없는 헌 망건에 박 쪼가리 관자[2] 달고, 물렛줄로 당끈 달아 대가리 터지게 동이고, 깃만 남은 중치막 동강 이은 헌 술띠를 흉복통에 눌러 띠고, 떨어진 헌 고의에 청올치[3]로 대님 매고, 헌 짚신 감발하고[4] 세살부채 손에 쥐고, 서 홉들이 오망자루[5] 꽁무니에 비슥 차고, 바람맞은 병인같이 잘 쏘는 사수같이 어슥비슥 건너 달아 형의 집에 들어가서 전후좌우 바라보니, 앞 노적[6], 뒤 노적, 멍에 노적 담불 담불 쌓였으니, 흥부 마음 즐거우나 놀부 심사 무거하여[7] 형제끼리 내외하여 구박이 태심하니, 흥부 하릴없이 뜰 아래서 문안하니, 놀부가

묻는 말이,

"네가 뉜고?"

"내가 흥부요."

"흥부가 뉘 아들인가?"

"애고 형님 이것이 웬 말이오? 비나이다, 형님 전에 비나이다. 세끼 굶어 누운 자식 살려 낼 길 전혀 없으니, 쌀이 되나 벼가 되나 양단간에 주시면 품을 판들 못 갚으며 일을 한들 공할쏜가. 부디 옛일을 생각하여 사람을 살려 주오."

〈중략〉

탄식하고 돌아오니, 흥부 아내 거동 보소. 흥부 오기를 기다리며 우는 아기 달래 올 제 물레질하며,

"아가 아가 우지 마라. 어제저녁 김 동지 집 용정방아 찧어 주고 쌀 한 되 얻어다가 너희들만 끓여 주고 우리 양주[8] 어제 저녁 이때까지 그저 있다."

"잉잉잉."

"너 아버지 저 건너 아주버니 집에 가서 돈이 되나 쌀이 되나 양단간에 얻어 오면, 밥을 짓고 국을 끓여 너도 먹고 나도 먹자. 우지 마라."

"잉잉잉."

아무리 달래어도 악 치듯 보채는구나. 흥부 아내

하릴없어 흥부 오기 기다릴 제, 의복 치장 볼작시면, 깃만 남은 저고리, 다 떨어진 누비바지 몽당치마 떨쳐입고, 목만 남은 헌 버선에 뒤축 없는 짚신 신고, 문밖에 썩 나서며 머리 위에 손을 얹고 기다릴 제, 칠년대한[9] 가문 날에 비 오기 기다리듯, 장마 진데 볕 나기 기다리듯, 제갈량 칠성단에 ㉠ 동남풍 기다리듯, ㉡ 강태공 위수상에 시절을 기다리듯, 만 리 전장에 승전하기 기다리듯, 어린아이 경풍에 ㉢ 의원을 기다리듯, 독수공방에 ㉣ 낭군 기다리듯, 춘향이 죽게 되어 이 도령 기다리듯, 과년한 노처녀 시집가기 기다리듯, 삼십 넘은 노도령 장가가기 기다리듯, 장중에 들어가서 과거 하기 기다리듯, 세끼 굶어 누운 자식 흥부 오기 기다린다.

– 작자 미상, 「흥부전」 –

1) 편자 : 망건을 졸라매기 위하여 아래 시울에 붙여 말총으로 좁고 두껍게 짠 띠
2) 관자 : 망건에 달아 당줄을 꿰는 작은 단추 모양의 고리
3) 청올치: 칡덩굴의 속껍질. 베를 짤 수도 있고 노를 만드는 재료로도 쓴다.
4) 감발하고 : 발에 발감개를 하고
5) 오망자루 : 볼품없이 생긴 자그마한 자루
6) 노적 : 곡식 따위를 한데에 수북이 쌓음. 또는 그런 물건
7) 무거하여 : 성질이 말할 수 없이 흉측하여
8) 양주 : 바깥주인과 안주인이라는 뜻으로, '부부'를 이르는 말
9) 칠년대한 : 칠 년 동안이나 내리 계속되는 큰 가뭄

17 윗글에 대한 설명으로 가장 적절한 것은?

① 영웅의 일대기를 그리고 있다.
② 주로 과거형 시제로 서술하고 있다.
③ 비슷한 구조의 어구를 나열하고 있다.
④ 아버지와 아들 간의 갈등을 다루고 있다.

18 윗글의 인물에 대한 설명으로 적절하지 않은 것은?

① 흥부는 초라한 행색으로 놀부를 찾아간다.
② 흥부의 아내는 놀부의 도움을 바라고 있다.
③ 흥부는 잘못을 반성하며 용서를 구하고 있다.
④ 놀부는 흥부의 방문을 탐탁지 않게 생각하고 있다.

19 ㉠~㉣ 중 '흥부'를 비유하지 않은 것은?

① ㉠　② ㉡
③ ㉢　④ ㉣

[20~22] 다음 글을 읽고 물음에 답하시오.

우리는 너무나 당연한 것처럼 해가 뜨는 시각에 잠을 깨고 해가 지면 자연스럽게 잠자리에 든다. 머릿속에 진짜 시계가 들어 있는 것도 아닌데 태곳적부터 그러한 리듬에 따라서 살아왔다. 이러한 사실은 우리 몸에 시간을 ㉠ 측정하는 시계 같은 기관이 있다는 것을 말해 준다. 이 시계가 우리 몸에 내재되어 있다는 사실은 오래전부터 경험적으로 알려져 왔으며, 생체 시계의 위치를 찾기 위해 과학자들은 지난 100여 년간 많은 노력을 해 왔다. 그렇다면 우리 몸의 생체 시계는 과연 어디에 있는 것일까?

모든 신체 기관이 주기적인 운동을 하니 그 자체로 시계일 수도 있다. 하지만 대부분은 생체 시계를 따라 움직이는 것일 뿐이다. 이렇게 생체의 일주기[1] 운동을 ㉡ 관장하는 생체 시계를 '중앙 통제 시계'라고도 한다. 따라서 모든 신체 기관은 이 주인 시계에 맞춰 생리적 변화를 일으킨다는 점에서 부수적인 시계인 셈이다. 이 주인 시계를 찾는 가장 좋은 방법은 신체 기관의 각 영역을 하나씩 망가뜨려 보면서, 그래도 일주기 운동이 살아남아 있는지를 관찰하는 것이다.

그래서 결국 찾은 곳이 바로 뇌에 있는 시교차상핵이다. 빛이 눈으로 들어온 뒤 가게 되는 뇌의 좌우 신경이 교차하는 곳, 즉 시교차 위에 있어 시교차상 핵이라 불리는 곳인데, 이곳은 생체 시계가 빛의 영향을 받다 보니 오랫동안 가장 그럴듯한 생체 시계 후보로 ㉢ 간주됐다. 시교차상 핵은 2만여 개의 신경 세포로 ㉣ 구성돼 있다. 살아 있는 쥐의 시교차상 핵에 전극을 꽂아 신경 세포들의 전기 신호를 측정해 보면, 24시간을 주기로 사인파[2]에 아주 가까운 파형을 그린다. 그리고 바로 이곳을 망가뜨리면 체내 대부분의 기관이 보이던 24시간 주기적 양상이 사라진다. 시교차상 핵이 바로 진정한 의미의 중앙 통제 시계인 것이다.

– 정재승, 「우리 몸의 생체 시계」 –

1) 일주기(日週期) : 하루를 주기로 하여 나타나는 생물 활동이나 이동의 변화 현상
2) 사인파(sine波) : 파형을 삼각함수의 사인 곡선으로 표시하는 파동

20 윗글의 읽기 전략으로 적절하지 않은 것은?

① 배경지식을 활용하여 읽는다.
② 사실과 의견을 구분 없이 읽는다.
③ 핵심 개념과 정보를 파악하며 읽는다.
④ 제시된 정보의 신뢰성을 판단하며 읽는다.

21 '시교차상 핵'에 대한 설명으로 가장 적절한 것은?

① 뇌에 존재하는 중앙 통제 시계이다.
② 작동하지 않아도 일주기 운동이 일어난다.
③ 인간이 아닌 다른 동물에는 존재하지 않는다.
④ 주인 시계에 맞춰 움직이는 부수적인 시계이다.

22 글의 흐름으로 보아, ㉠~㉣을 바꿔 쓸 수 있는 말로 적절하지 않은 것은?

① ㉠ : 재는
② ㉡ : 막는
③ ㉢ : 여겨졌다
④ ㉣ : 이루어져

[23~25] 다음 글을 읽고 물음에 답하시오.

길을 걷다가 중학생 또래의 청초하고 해맑은 아이들 입에서 거친 욕설이 줄줄이 흘러나오는 것을 보고 경악했다는 어른이 많다. 더구나 요즘 청소년 사이에 만연한 욕은 그것이 욕설이라는 것조차 의식하지 못하는, 습관화된 언어폭력이라고 할 정도이다. 욕을 안 쓰면 대화가 안 될 정도로 욕설이 일상화된 현실은 우리 사회가 심각하게 반성할 문제이다.

욕설이나 비속어는 아니지만 사회적·문화적 차별 의식을 담고 있는 표현들이 있다. 몇몇 직업에 대한 호칭이 바뀐 이유는 그러한 차별을 없애기 위해서이다. 예컨대 옛날의 '식모'는 요즈음 '가정부', 나아가 '가사 도우미'로 불린다. '우체부'는 '집배원', '청소부'는 '환경미화원', '간호원'은 '간호사'로 바뀌었다. ㉠ 직업에 따른 차별을 없애고 좀 더 격(格)을 높여 직업적 자부심을 부추기는 방향으로 변한 것이다. 이와 비슷한 차별적 표현에는 '미혼모', '여의사', '출가외인', '사내 녀석이 그것도 못해?'와 같은 ㉡ 성차별적 표현이 있고, '절름발이 행정', '장님 코끼리 더듬기', '꿀 먹은 벙어리' 같은 ㉢ 신체 차별적 표현도 있다. '유색 인종', '혼혈아' 같은 표현들은 ㉣ 인종에 따른 차별 표현으로, 한때 '살색'이라고 부르던 색을 '살구색'으로 바꾼 것은 이러한 표현에 담긴 차별 의식을 없애기 위해서이다.

〈중략〉

말과 글은 어떻게 쓰느냐에 따라 남을 즐겁게도 기분 상하게도 한다. 따라서 말을 요령 있게 사용하면 자신의 의도를 더 잘 달성할 수 있으며, 사회 전체의 언어문화도 바꿀 수 있다. 이때 제일 먼저 생각해야 할 것은 역시 상대방에 대한 배려와 존중이다. 『논어』에 나오는 '내가 싫어하는 것은 남에게도 베풀지 말라.'라는 구절은 입을 열고 펜을 들기 전에 한 번쯤 되뇌어 볼 만한 명구이다. 언어폭력은 언어폭력을 부르며, 결국은 심리적인 상처나 물리적인 충돌로 번진다. 내 입에서 나가는 말 한마디, 내가 종이에 적는 글 한 구절이 나 자신의 품격뿐 아니라 공동체 전체의 행복과도 직결된다는 점을 의식하며 바람직한 의사소통 문화를 형성해야 한다.

– 노재현, 「말이 세상을 아름답게 한다」 –

23 윗글에 대한 설명으로 가장 적절한 것은?

① 예상되는 반론을 제시하여 이를 반박하고 있다.

② 묻고 답하기의 방식으로 주장을 강화하고 있다.

③ 설문 조사의 결과를 주장의 근거로 제시하고 있다.

④ 구체적 현실을 제시하여 문제 상황을 드러내고 있다.

24 윗글의 중심 내용으로 가장 적절한 것은?

① 서로를 배려하는 의사소통 문화를 형성해야 한다.

② 어휘력의 향상을 위해서 독서 습관을 길러야 한다.

③ 한글 맞춤법에 맞는 언어 사용을 생활화해야 한다.

④ 한글의 우수성을 세계에 알리기 위해 노력해야 한다.

25 ㉠~㉣ 중 〈보기〉의 밑줄 친 부분과 가장 관련이 깊은 것은?

> **보기**
> - 그녀는 여류 소설가가 되는 게 꿈이다.
> - 그는 30세에 접어들어 비로소 처녀작을 발표했다.

① ㉠ ② ㉡
③ ㉢ ④ ㉣

2020 제 1 회 수학

01 두 다항식 $A=x^2-x+2$, $B=2x^2$에 대하여 $2A-B$는?

① $-2x-4$　　② $-2x-2$
③ $-2x+2$　　④ $-2x+4$

02 등식 $x^2+2x-1=(x-1)^2+4x+a$가 x에 대한 항등식일 때, 상수 a의 값은?

① -2　　② -1
③ 0　　④ 1

03 다음은 다항식 $2x^2+x-3$을 일차식 $x+1$로 나누어 몫과 나머지를 구하는 과정이다. (가)에 알맞은 식은?

$$\begin{array}{r|l} & \quad 2x-1 \\ x+1 & \overline{)\,2x^2+x-3} \\ & \quad 2x^2+2x \\ \hline & \quad \boxed{(\text{가})} \\ & \quad -x-1 \\ \hline & \quad -2 \end{array}$$

① $-x-3$　　② $-x-2$
③ $x-3$　　④ $x-2$

04 $(5-2i)-(1-4i)=4+ai$일 때, 실수 a의 값은? (단, $i=\sqrt{-1}$)

① -6　　② -2
③ 2　　④ 6

05 이차방정식 $x^2-5x+4=0$의 두 근을 α, β라고 할 때, $\alpha+\beta$의 값은?

① -5　② -1
③ 1　④ 5

06 부등식 $|x-3|\le 1$을 만족하는 정수 x의 개수는?

① 1　② 2
③ 3　④ 4

07 $1\le x\le 4$일 때, 이차함수 $y=x^2-4x+3$의 최솟값은?

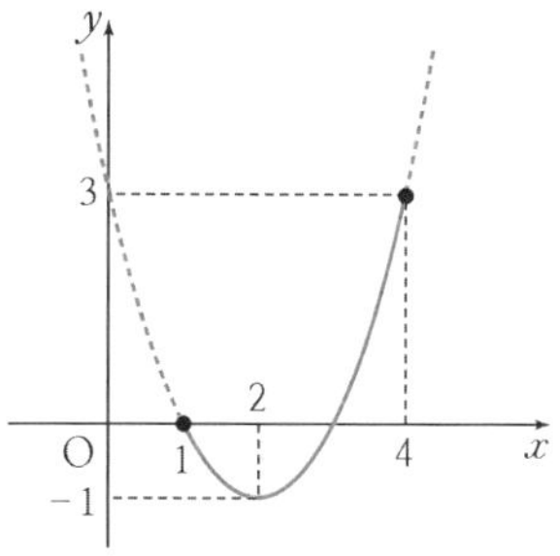

① -3　② -1
③ 1　④ 3

08 좌표평면 위의 두 점 $\mathrm{A}(1,-2)$, $\mathrm{B}(4,2)$ 사이의 거리는?

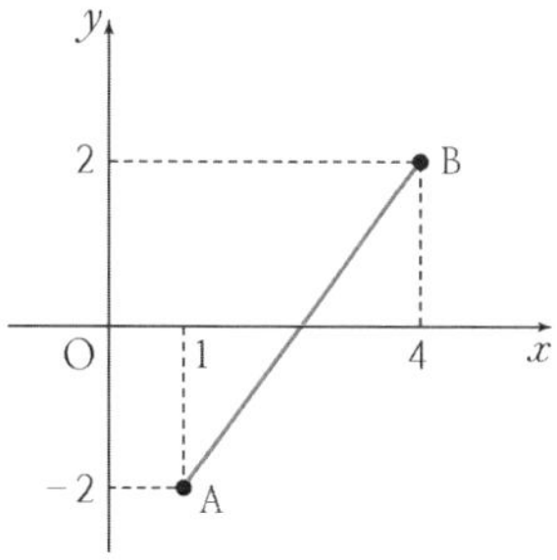

① 1　② 3
③ 5　④ 7

09 직선 $y=3x-2$에 평행하고, 점 $(0, -1)$을 지나는 직선의 방정식은?

① $y=-\frac{1}{3}x-1$　② $y=-\frac{1}{3}x+1$

③ $y=3x-1$　④ $y=3x+1$

10 두 점 $(-1, 0)$, $(3, 0)$을 지름의 양 끝점으로 하는 원의 방정식은?

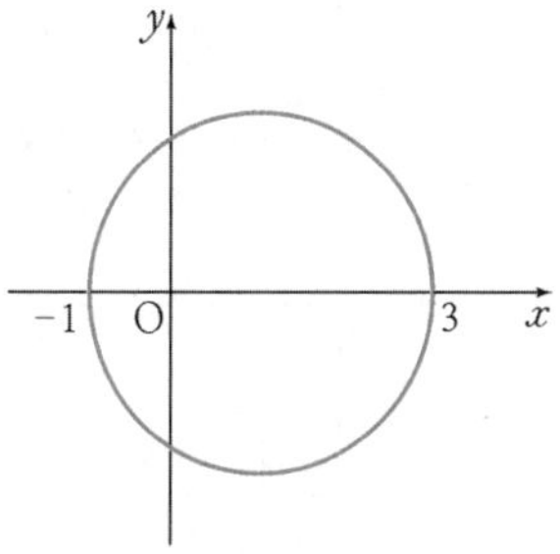

① $(x-1)^2+y^2=2$

② $(x-1)^2+y^2=4$

③ $x^2+(y-1)^2=2$

④ $x^2+(y-1)^2=4$

☒ 2015 개정 교육과정에서 제외된 문제

11 연립부등식 $\begin{cases} y \le x \\ x^2+y^2 \le 1 \end{cases}$ 의 영역을 좌표평면 위에 알맞게 색칠한 것은? (단, 경계선은 포함한다.)

①
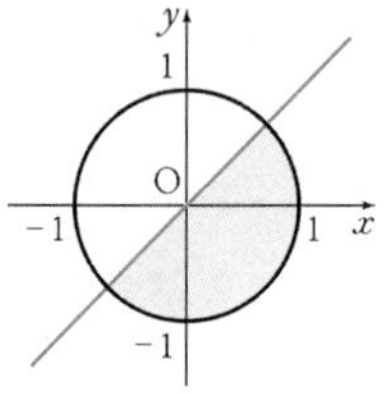

②
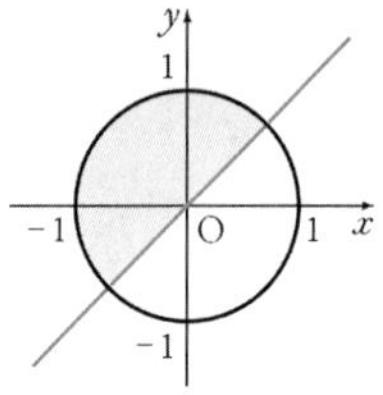

③
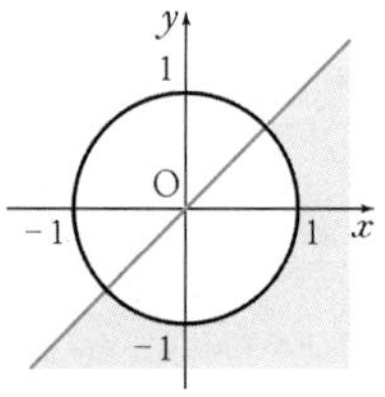

④
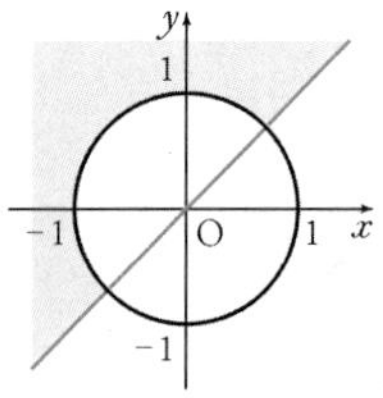

12 전체집합 $U=\{1, 2, 3, 4, 5, 6\}$의 두 부분집합 $A=\{x \mid x\text{는 6의 약수}\}$, $B=\{2, 3\}$에 대하여 $A-B$는?

① $\{1, 2\}$　② $\{2, 3\}$

③ $\{3, 6\}$　④ $\{1, 6\}$

13 명제 '$x=0$'이면 '$x^2=0$이다.'의 역은?

① $x^2=0$이면 $x=0$이다.
② $x=0$이면 $x^2 \neq 0$이다.
③ $x^2 \neq 0$이면 $x=0$이다.
④ $x \neq 0$이면 $x^2 \neq 0$이다.

14 무리함수 $y=\sqrt{x-1}+2$의 그래프는 함수 $y=\sqrt{x}$의 그래프를 x축 방향으로 a만큼, y축 방향으로 b만큼 평행이동한 것이다. $a+b$의 값은?

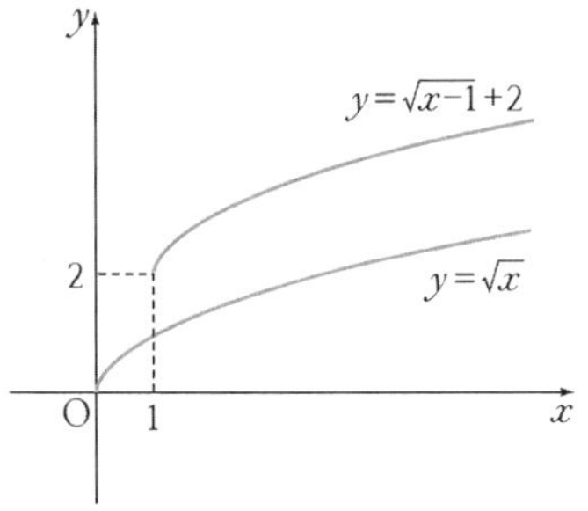

① -3　　② -1
③ 1　　④ 3

15 집합 $X=\{1,2,3,4\}$, $Y=\{a,b,c,d\}$, $Z=\{5,6,7,8\}$에 대하여 함수 $f:X \to Y$, $g:Y \to Z$가 그림과 같을 때, $(g \circ f)(2)$의 값은?

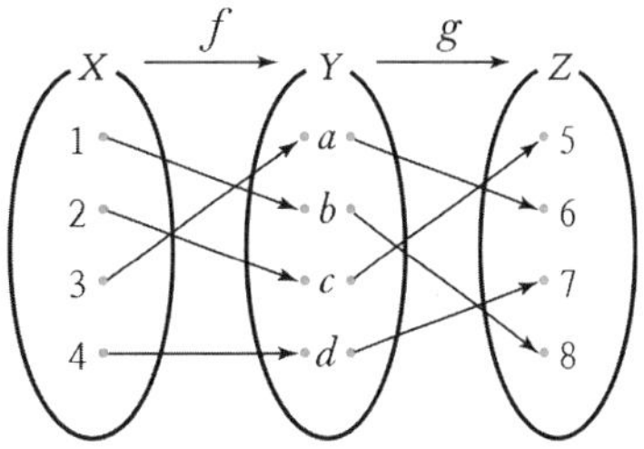

① 5　　② 6
③ 7　　④ 8

☒ 2015 개정 교육과정에서 제외된 문제

16 다음 수열이 등비수열일 때, 상수 a의 값은?

$$1,\ 3,\ 9,\ a,\ 81,\ \cdots$$

① 12　　② 27
③ 39　　④ 67

☒ 2015 개정 교육과정에서 제외된 문제

17 $\sum_{k=1}^{3}(k+2)$의 값은?

① 3　② 6　③ 9　④ 12

☒ 2015 개정 교육과정에서 제외된 문제

18 수열 $\{a_n\}$이 $\begin{cases} a_1=1,\ a_2=1 \\ a_{n+2}=a_{n+1}+a_n\ (n=1, 2, 3, \cdots) \end{cases}$ 을 만족할 때, a_4의 값은?

① 1　② 2　③ 3　④ 4

☒ 2015 개정 교육과정에서 제외된 문제

19 $16^{\frac{1}{4}}$의 값은?

① 1　② 2　③ 4　④ 8

☒ 2015 개정 교육과정에서 제외된 문제

20 다음은 로그의 성질을 이용하여 상용로그의 값을 구하는 과정이다. $\log 3140$의 값은?

(단, $\log \mathrm{N} = \log_{10}\mathrm{N}$이다.)

> $\log 3.14 = 0.1553$일 때,
> $\log 31.4 = \log 10 + \log 3.14$
> $= 1 + 0.1553 = 1.1553$이고,
> $\log 314 = \log 100 + \log 3.14$
> $= 2 + 0.1553 = 2.1553$이다.

① 3.1553　② 4.1553　③ 5.1553　④ 6.1553

2020 제1회 영어

[1~3] 다음 중 밑줄 친 부분의 뜻으로 가장 적절한 것을 고르시오.

01

> When you set a goal, try to imagine it in detail.

① 권리　　② 목표
③ 화해　　④ 모험

02

> I like pizza and ice cream, so it's not easy to lose weight.

① 역기를 들다　　② 기억을 잃다
③ 무게를 재다　　④ 체중을 줄이다

03

> According to the weather forecast, it'll rain this afternoon.

① ~ 없이　　② ~ 대신에
③ ~에 따르면　　④ ~을 제외하고

04 다음 중 두 단어의 의미 관계가 나머지 셋과 다른 것은?

① job － nurse
② animal － cat
③ color － yellow
④ summer － winter

05 마스크 판매 안내문에서 언급되지 않은 것은?

> **Information about mask sales**
>
> Each person can buy two masks per week.
>
> ○ Time : 9 a.m. － 8 p.m.
> ○ Place : at any pharmacy
> ○ Price : 1,500 won each

① 판매 시간
② 판매 장소
③ 구입 시 준비 서류
④ 마스크 개당 가격

[6~8] 빈칸에 공통으로 들어갈 말로 가장 적절한 것을 고르시오.

06

- I _______ travelling by train.
- She looks _______ a model.

① like ② make
③ catch ④ carry

07

- Let's meet _______ 10 o'clock.
- He is good _______ playing tennis.

① at ② of
③ for ④ with

08

- _______ don't we go hiking this weekend?
- _______ do you want to join the soccer club?

① Why ② How
③ What ④ Where

09 다음 중 밑줄 친 표현의 의미로 가장 적절한 것은?

A: Are you still writing your novel?
B: Yes, I'm still working on it. It takes a long time.
A: When do you think you will finish it?
B: In about 2 or 3 years.
A: <u>Rome was not built in a day</u>.

① 자신의 집보다 편한 곳은 없다.
② 하루아침에 이루어지는 일은 없다.
③ 외모로 사람을 판단해서는 안 된다.
④ 오해받을 행동은 하지 말아야 한다.

10 다음 대화에서 알 수 있는 B의 심정으로 가장 적절한 것은?

A: Did you get the T-shirt you ordered?
B: Yes. I got it this morning.
A: Do you like it?
B: Yes, I love it. It really looks good on me.

① 슬픈 ② 만족한
③ 속상한 ④ 무서운

11 다음 중 대화가 이루어지는 장소로 가장 적절한 것은?

> A: Your hair is done! How do you like your haircut?
> B: It's okay, but still a bit too long.
> A: Do you want me to make it shorter?
> B: Yes, can you cut a little more on the sides?
> A : Sure.

① 제과점 ② 미용실
③ 편의점 ④ 독서실

12 다음 중 밑줄 친 It(it)이 가리키는 것으로 가장 적절한 것은?

> It is a traditional Korean house. It is made out of natural materials, such as clay, wood, and stone, so it is eco-friendly. Rooms in it have an *ondol* heating system.

① 한과 ② 한복
③ 한옥 ④ 한지

[13~14] 대화의 빈칸에 들어갈 말로 가장 적절한 것을 고르시오.

13

> A: There's a problem with my computer.
> B: ______________________?
> A: The power button doesn't work.
> B: Okay. I'll take a look at it.

① What's the matter
② What is your dream job
③ What do you do for a living
④ What is he going to do next year

14

> A: Why are you moving to Incheon?
> B: Because ____________________.

① she is on a diet
② I got a job there
③ I'm taller than him
④ you should always wash your hands

15 다음 글을 쓴 목적으로 가장 적절한 것은?

> **Come to Ocean Aquarium**
> Come and enjoy many strange, beautiful and fascinating sea creatures. When you move through the amazing underwater world of Ocean Aquarium, you will see everything from starfish to sharks.

① 거절하기 ② 사과하기
③ 위로하기 ④ 홍보하기

16 주어진 말에 이어질 두 사람의 대화를 〈보기〉에서 찾아 순서대로 가장 적절하게 배열한 것은?

> What are you doing here?

보기

(A) Yes, I am. I've always been interested in them.
(B) I'm watching a grasshopper. Oh, look, it's jumping!
(C) Yeah, it can jump really high. Are you interested in insects?

① (A) – (B) – (C)
② (A) – (C) – (B)
③ (B) – (A) – (C)
④ (B) – (C) – (A)

17 다음 중 학교 도서관 이용에 관한 안내문 내용과 일치하지 <u>않는</u> 것은?

> **School Library**
> - All students can use the library.
> - The library is open from 9a.m. to 5p.m.
> - Students can borrow up to two books at a time.
> - Food is not allowed in the library.

① 모든 학생들이 이용할 수 있다.
② 오전 9시부터 오후 5시까지 개방한다.
③ 한 번에 최대 다섯 권의 책을 대출할 수 있다.
④ 음식 반입이 금지된다.

18 경주 여행에 관한 다음 글에서 언급되지 <u>않은</u> 것은?

> I went to Gyeongju with my family last fall. We stayed at a hotel for three days. While staying there, we visited historical places such as Cheomseongdae and Bulguksa. It was fantastic to actually see them. The trip was exciting and unforgettable for me.

① 나는 지난 가을에 경주에 갔었다.
② 나는 경주에서 특산품을 사 왔다.
③ 나와 가족들은 역사적 장소를 방문했다.
④ 나에게는 잊지 못할 여행이었다.

19 다음 글의 주제로 가장 적절한 것은?

> Seoul has one of the best subway systems in the world. It's clean, convenient, and efficient. The subway lines are well connected, not only within the city, but also to neighboring cities. Also, it's easy to transfer between the subway and the bus.

① 서울 지하철의 장점
② 물을 아끼기 위한 실천 방법
③ 서울 지하철 요금이 싼 이유
④ 에너지 소비 효율을 높이는 방법

[20~21] 다음 중 글의 빈칸에 들어갈 말로 가장 적절한 것을 고르시오.

20

> It is important to stay healthy. To keep your body healthy, you must exercise regularly. Healthy activities ________ running, biking, swimming, and walking. It's recommended you exercise for at least 30 minutes a day.

① stop　② regret
③ borrow　④ include

21

> Some foods have a special meaning in particular cultures. For example, noodles are considered to be a(n) ________ of long life in Asia, because noodles are long. Therefore, Asian people eat noodles on birthdays and other special occasions to live a longer life.

① symbol　② honesty
③ prevention　④ difficulty

22 다음 글의 바로 뒤에 이어질 내용으로 가장 적절한 것은?

> Think of the food you ate yesterday. How many colors did your food consist of? Food scientists say eating fruits and vegetables of several different colors every day is important for a healthy life. There are many reasons for this.

① 제철 과일과 채소를 건강하게 조리하는 방법
② 다양한 색깔의 과일과 채소를 재배하는 방법
③ 제철 과일과 채소를 신선하게 보관해야 하는 이유
④ 다양한 색깔의 과일과 채소를 섭취해야 하는 이유

23 글의 흐름으로 보아 다음 문장이 들어가기에 가장 적절한 곳은?

> However, there are problems with online shopping as well.

> Do you shop online often? (①) If your answer to this question is yes, why do you like online shopping? (②) Many people say that they like online shopping because it is convenient and it saves time. (③) The biggest problems are late deliveries and orders sent to the wrong address. (④)

[24~25] 글을 읽고 물음에 답하시오.

> Tomorrow will be a car-free day downtown. All the streets will be ________ to cars from 7 a.m. to 9 p.m. If you plan to go downtown, please leave your car at home and use public transportation. On the car-free streets, you can walk or ride bikes. Various free events, such as dance and music performances, will be held.

24 윗글의 빈칸에 들어갈 말로 가장 적절한 것은?

① told ② needed
③ closed ④ eaten

25 윗글의 주제로 가장 적절한 것은?

① 대중교통 이용 시 단점
② 재활용품 분리배출 방법
③ 효율적인 자동차 관리법 소개
④ 차 없는 날 행사에 대한 안내

2020 제1회 사회

01 다음에서 설명하는 기본권은?

> • 국가로부터 최소한의 인간다운 생활을 보장받을 권리이다.
> • 교육권, 환경권 등이 해당한다.

① 사회권 ② 자유권
③ 참정권 ④ 청구권

☒ 2015 개정 교육과정에서 제외된 문제

02 ㉠, ㉡에 들어갈 사회적 상호 작용은?

> • (㉠) : 마을 주민 모두가 힘을 합쳐 마을 텃밭을 가꾸고 있다.
> • (㉡) : 태권도 대회에서 금메달을 획득하기 위해 상대방과 겨루고 있다.

	㉠	㉡
①	경쟁	갈등
②	경쟁	협동
③	교환	협동
④	협동	경쟁

03 ㉠에 들어갈 민수의 대답으로 가장 적절한 것은?

> 〈밴드왜건 효과의 사례〉
> 수진 : 어제 최신 스마트폰을 샀어. 너도 살 거니?
> 민수 : ______㉠______

① 나는 미래의 소비를 위해 저축하겠어.
② 나도 유행에 질 수 없지. 당장 사러 가야겠어.
③ 나는 너와 달라 보이고 싶기 때문에 사지 않겠어.
④ 나는 지금 가지고 있는 스마트폰을 더 사용할 거야.

04 자문화 중심주의에 대한 설명으로 옳은 것은?

① 다양한 문화를 존중하는 태도이다.
② 다른 문화의 관점에서 자신의 문화를 비하한다.
③ 문화 간에 열등함과 우월함을 평가하지 않는다.
④ 자기 문화를 기준으로 다른 문화를 낮게 평가한다.

05 자료에 대한 분석으로 옳지 않은 것은?

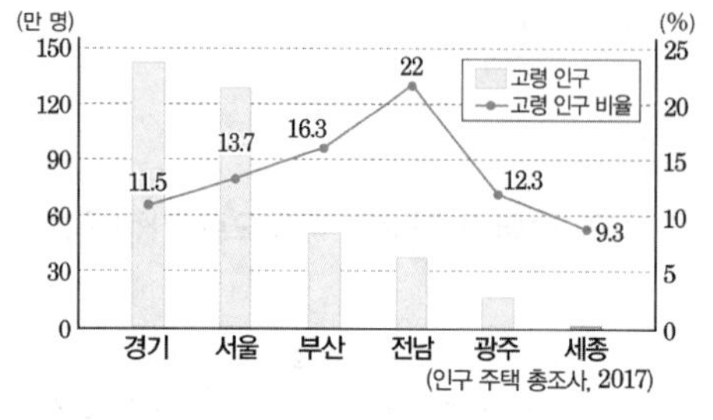

① 고령 인구가 가장 많은 곳은 경기이다.
② 서울보다 전남의 고령 인구가 더 많다.
③ 고령 인구 비율이 가장 낮은 곳은 세종이다.
④ 광주보다 부산의 고령 인구 비율이 더 높다.

06 다음에서 설명하는 것은?

- 주로 교육이나 고용 분야에서 차별받아 온 집단의 구성원에게 우선적으로 기회를 주는 것이다.
- 대입 농어촌 학생 특별 전형, 여성 고용 할당제 등이 해당한다.

① 셧다운제
② 부당 노동 행위
③ 환경 영향 평가제
④ 적극적 우대 조치

07 다음 대화의 ㉠에 해당하는 법은?

① 근로 기준법
② 노인 복지법
③ 다문화 가족 지원법
④ 독점 규제 및 공정 거래에 관한 법

☒ 2015 개정 교육과정에서 제외된 문제

08 다음에서 설명하는 것은?

- 다른 사람과 구별되는 자신만의 독특한 모습이다.
- '나는 누구인가'라는 물음에 대답하는 과정에서 발견된다.

① 규범 ② 문화
③ 자아 ④ 유비쿼터스

09 사실 판단에 해당하는 것은?

① 무궁화는 아름다운 꽃이다.
② 우리나라 애국가는 4절로 되어 있다.
③ 현행 대학 입시 제도를 개선해야 한다.
④ 어려운 친구를 잘 도와주는 학생은 착하다.

10 다음에서 설명하는 것은?

> • 재화나 서비스의 차입을 전제로 부담한 금전상의 의무이며, 빚 또는 채무라고 한다.
> • 자신의 상환 능력을 고려하지 않고 과소비를 할 때 발생할 수 있다.

① 현금　② 소득
③ 예금　④ 부채

☒ 2015 개정 교육과정에서 제외된 문제

11 환율에 대한 설명으로 옳지 않은 것은?

① 서로 다른 두 나라 화폐 간의 교환 비율을 의미한다.
② 환율 변동은 자국 화폐의 상대적 가치 변화를 의미한다.
③ 우리나라는 국가가 환율을 결정하여 환율이 변동하지 않는다.
④ 1달러당 1,000원이던 환율이 1달러당 1,200원이 되면 '환율이 상승했다'고 표현한다.

12 다음에 해당하는 것은?

> • 개인이나 집단이 사업 아이디어를 가지고 새로운 기업을 설립하는 것이다.
> • 혁신적 사고를 바탕으로 하는 기업가 정신이 중요하다.

① 소비　② 여가
③ 창업　④ 취업

13 다음에서 설명하는 것은?

> 시민이 주권자로서 사회에 참여하는 일반적인 방법으로, 국민의 대표를 선출하는 기능이 있다.

① 기부　② 선거
③ 청원　④ 사회봉사

14 인구 분포에 영향을 미치는 자연적 요인으로 옳은 것은?

① 온화한 기후　② 발달한 산업
③ 풍부한 일자리　④ 교육 문화 시설

15 다음에 해당하는 종교는?

> • 히잡과 부르카 등의 복식 문화가 있다.
> • 카슈미르 지역에서 힌두교와 갈등이 있다.
> • 무함마드가 창시자이며 쿠란이라는 경전을 사용한다.

① 불교　② 유대교
③ 이슬람교　④ 크리스트교

16 ㉠, ㉡에 해당하는 것은?

> • (㉠) 현상은 화장장, 하수 처리장 등의 혐오 시설이 자기가 사는 지역에 설치되는 것을 반대하는 것이다.
> • (㉡) 현상은 지하철역, 행정 기관과 같이 지역 발전에 도움이 되는 시설을 자기 지역에 유치하려는 것이다.

	㉠	㉡
①	교외화	도시화
②	도시화	교외화
③	핌피(PIMFY)	님비(NIMBY)
④	님비(NIMBY)	핌피(PIMFY)

17 다음과 같은 표어 변화의 원인으로 가장 적절한 것은?

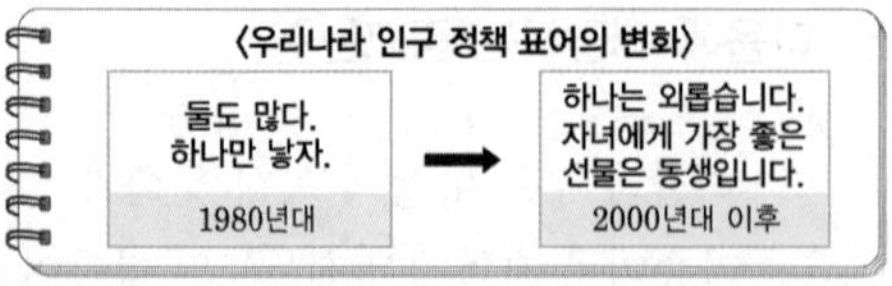

① 저출산
② 국제결혼 감소
③ 농어촌 인구 집중
④ 여성의 사회 진출 감소

18 ㉠, ㉡에 들어갈 지역 개발 방식은?

> • 중앙 정부 중심의 계획과 집행 : (㉠) 개발
> • 지방 자치 단체와 지역 주민이 주도 : (㉡) 개발

	㉠	㉡		㉠	㉡
①	상향식	균형	②	상향식	하향식
③	거점	하향식	④	하향식	상향식

19 3대 곡물 자원인 옥수수에 대한 설명으로 옳지 <u>않은</u> 것은?

① 식량과 사료로 소비된다.
② 국가 간에 거래되지 않는다.
③ 바이오 에너지의 원료로 이용된다.
④ 라틴 아메리카에서 유럽으로 전파되었다.

20 다음에서 설명하는 지역을 지도에서 고르면?

> • 사하라 사막 남부의 사헬 지대이다.
> • 오랜 가뭄과 인구·가축의 증가로 사막화가 진행되고 있다.

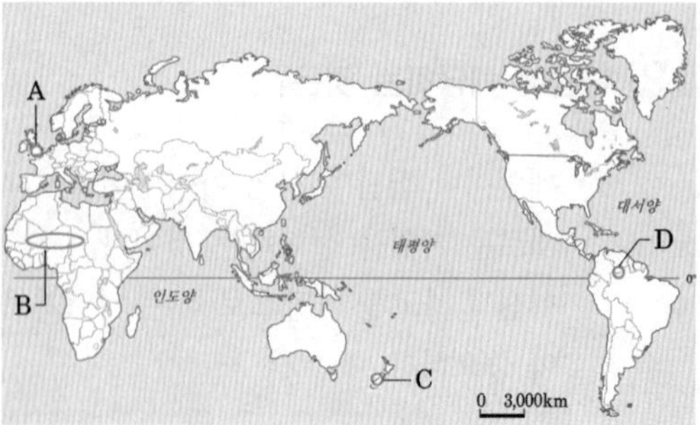

① A ② B
③ C ④ D

21 교통의 발달이 가져온 변화로 옳지 않은 것은?

① 생활권이 축소되었다.
② 지역 간 교류가 활성화되었다.
③ 지역 간 상호 의존성이 높아졌다.
④ 이동의 공간적 범위가 확대되었다.

22 두 지역에서 발생하는 공통적인 갈등으로 가장 적절한 것은?

• 북극해	• 카스피해

① 자원을 둘러싼 갈등
② 남북문제에 의한 갈등
③ 크리스트교와 불교의 종교 갈등
④ 네덜란드어와 프랑스어의 언어 갈등

23 자연환경과 인간의 공존을 위한 노력으로 옳은 것을 〈보기〉에서 고른 것은?

보기

ㄱ. 야생 동물의 생태 통로를 만들어 준다.
ㄴ. 환경을 보호하면서도 경제 성장을 도모한다.
ㄷ. 물질적 풍요를 얻기 위한 도구로서 자연을 대한다.
ㄹ. 자연 훼손을 고려하지 않고 자원과 동력을 최대한 사용한다.

① ㄱ, ㄴ ② ㄱ, ㄷ
③ ㄴ, ㄹ ④ ㄷ, ㄹ

☒ 2015 개정 교육과정에서 제외된 문제

24 프톨레마이오스의 지도(또는 톨레미의 지도)에 대한 설명으로 옳은 것은?

① 중국에서 제작된 지도이다.
② 세계 인구 수를 알 수 있다.
③ 아메리카 대륙이 누락되었다.
④ 위성 사진을 이용하여 제작되었다.

25 다음에서 설명하는 것은?

• 정부의 간섭 없이 시민 개개인이나 민간단체가 중심이 되어 만들어진 조직이다.
• 환경과 평화를 위하여 활동하는 그린피스 등이 있다.

① 소호(SOHO)
② 국제 연합(UN)
③ 비정부 기구(NGO)
④ 세계 무역 기구(WTO)

2020 제1회 과학

☒ 2015 개정 교육과정에서 제외된 문제

01 다음 설명에 해당하는 전자기파는?

- 가시광선보다 파장이 짧다.
- 살균 작용이 있어 소독에 사용된다.

① 전파 ② 자외선
③ 지진파 ④ 물결파

☒ 2015 개정 교육과정에서 제외된 문제

02 다음 설명에 해당하는 것은?

- 어떤 물체가 행성의 중력을 벗어나 우주 공간으로 날아갈 수 있는 최소한의 속도이다.
- 행성의 질량과 반지름에 따라 달라진다.

① 등속도 ② 면적 속도
③ 반응 속도 ④ 행성의 탈출 속도

03 다음에 해당하는 태양계의 행성은?

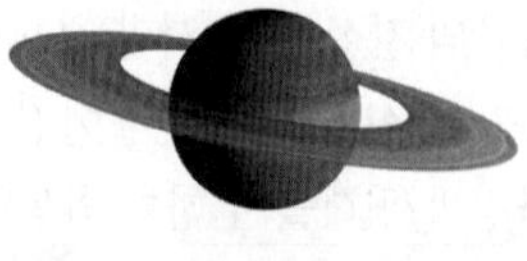

- 고리가 있다.
- 대기의 주요 성분은 수소와 헬륨이다.
- 태양계 행성 중에서 밀도가 가장 작다.

① 수성 ② 금성
③ 화성 ④ 토성

☒ 2015 개정 교육과정에서 제외된 문제

04 그림은 행성이 태양 주위를 공전하는 모습을 나타낸 것이다. 이에 대한 설명으로 옳은 것만을 <보기>에서 모두 고른 것은?

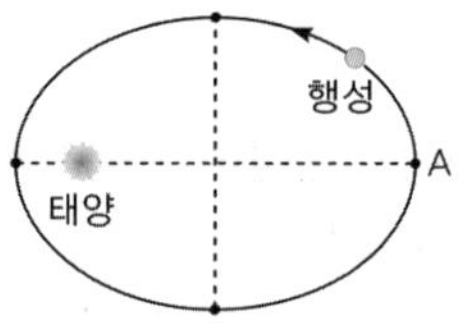

보기

ㄱ. 공전 궤도는 타원이다.
ㄴ. A의 위치는 근일점이다.
ㄷ. 공전 속도의 크기는 항상 일정하다.

① ㄱ ② ㄴ
③ ㄷ ④ ㄱ, ㄴ

05 다음에서 설명하는 초전도체의 특성을 이용한 것은?

- 임계 온도 이하에서 저항이 0이다.
- 초전도 상태에서 자석을 뜨게 할 수 있다.

① 자전거 ② 텔레비전
③ 신용카드 ④ 자기 부상 열차

06 **다음 중 고체의 전기적 성질에 대한 설명으로 옳지 않은 것은?**

① 철과 구리는 부도체이다.
② 도체는 전류가 잘 흐르는 물질이다.
③ 부도체는 전류가 잘 흐르지 못하는 물질이다.
④ 반도체의 전기적 성질은 도체와 부도체의 중간 정도이다.

07 **그림은 산소 분자(O_2)의 전자 배치를 나타낸 것이다. 이에 대한 설명으로 옳은 것만을 〈보기〉에서 모두 고른 것은?**

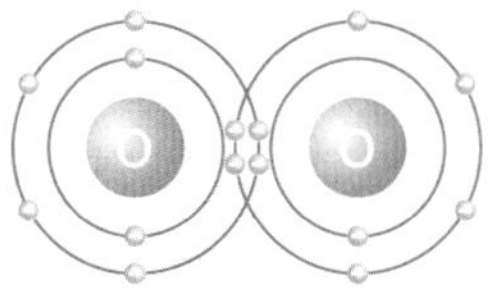

보기
ㄱ. 2원자 분자이다.
ㄴ. 공유 결합 화합물이다.
ㄷ. 3쌍의 전자를 공유한다.

① ㄱ　　② ㄷ
③ ㄱ, ㄴ　　④ ㄴ, ㄷ

08 **그림은 몇 가지 원자의 전자 배치를 나타낸 것이다. 1족 원소끼리 옳게 짝지은 것은?**

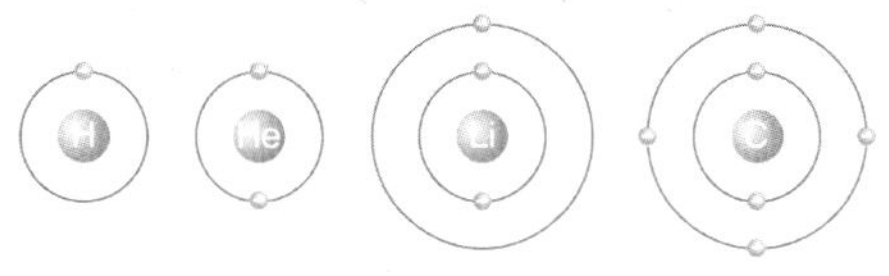

① H, He　　② H, Li
③ He, C　　④ Li, C

09 **다음 설명에 해당하는 물질은?**

- 분자량이 10,000 이상으로 매우 크다.
- 나일론과 합성 고무는 이 물질에 포함된다.
- 많은 수의 작은 분자가 반복적으로 결합하여 만들어진다.

① 금속　　② 고분자
③ 반도체　　④ 중수소

☒ 2015 개정 교육과정에서 제외된 문제

10 **다음 중 의약품의 주요 효능으로 옳지 않은 것은?**

	의약품	주요 효능
①	해열제	체온을 높인다.
②	진통제	몸의 통증을 덜 느끼게 해 준다.
③	제산제	과다하게 분비된 위산을 중화한다.
④	항생제	몸속의 세균 증식을 억제하거나 죽인다.

11 **다음 중 화석 연료에 대한 설명으로 옳지 않은 것은?**

① 매장량이 한정되어 있다.
② 연소할 때 산소 기체가 주로 발생한다.
③ 생물체의 유해가 땅속에 묻혀 생성된다.
④ 석탄, 석유, 천연가스는 대표적인 화석 연료이다.

12 ㉠에 들어갈 말로 가장 적절한 것은?

> 생태계, 생물 종, 생물의 유전자가 다양하게 존재하는 것을 (㉠)이라고 한다. 종자 은행의 설립은 이를 보전하기 위한 방법 중 하나이다.

① 외래종　　② 먹이사슬
③ 생물 다양성　　④ 생태계 교란 종

13 다음 설명에 해당하는 영양소는?

> • 주요 에너지원으로 쓰인다.
> • 1g당 약 4kcal의 열량을 낸다.
> • 밥, 국수, 빵 등에 많이 포함되어 있다.

① 지방　　② 비타민
③ 탄수화물　　④ 무기염류

14 다음 설명에 해당하는 것은?

> • 염색사가 응축된 형태이다.
> • 유전 정보를 저장하는 DNA를 포함한다.

① 항체　　② 효소
③ 세포막　　④ 염색체

15 그림에서 딸이 가지는 염색체의 구성은? (단, 교차와 돌연변이는 없다.)

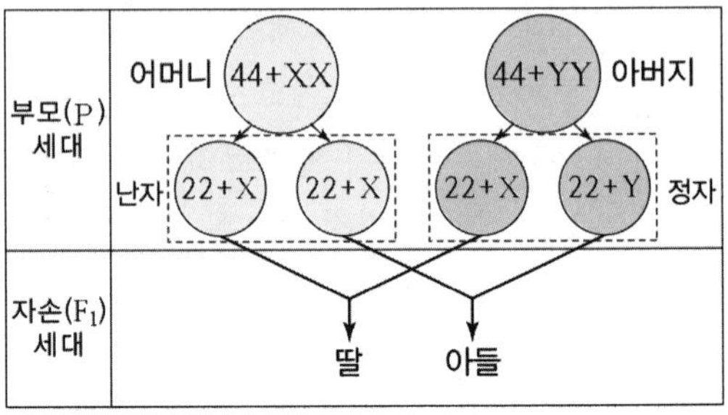

① 22+X　　② 22+Y
③ 44+XX　　④ 44+XY

☒ 2015 개정 교육과정에서 제외된 문제

16 다음 설명에 해당하는 병원체는?

> • 숙주 세포 밖에서는 스스로 물질대사를 할 수 없다.
> • 독감과 사스 등의 질병을 유발한다.

① 세균　　② 곰팡이
③ 바이러스　　④ 원생생물

17 그림은 녹색식물의 광합성 과정을 나타낸 것이다. 이에 대한 설명으로 옳은 것은?

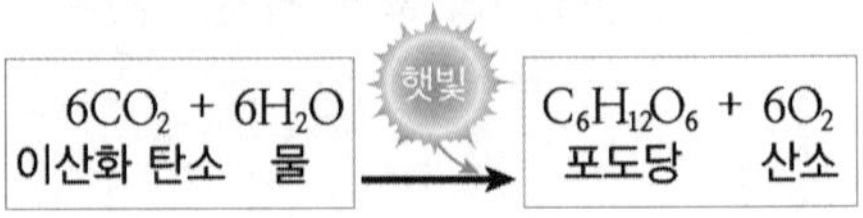

① 질소 순환 과정이다.
② 엽록체에서 일어난다.
③ 포도당을 분해하는 반응이다.
④ 화학 에너지가 빛에너지로 전환된다.

18 다음 중 에너지 대사에 대한 설명으로 옳지 않은 것은?

① 활동 대사량은 활동 강도와 시간에 따라 달라진다.

② 기초 대사량은 나이와 성별 등에 따라 개인차가 있다.

③ 기초 대사량은 생명 유지에 필요한 최소한의 에너지이다.

④ 에너지 소비가 섭취보다 지속적으로 많으면 체지방이 증가한다.

19 다음에 해당하는 은하는?

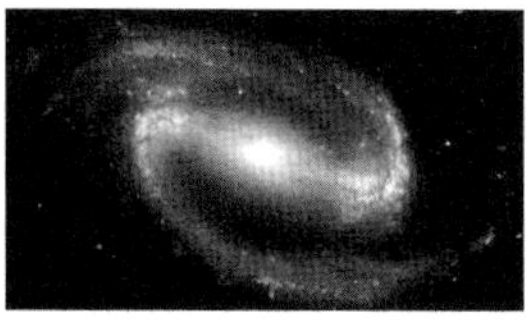

- 중심부에는 막대 구조가 있다.
- 나선팔에는 성간 물질이 많다.

① 타원 은하

② 불규칙 은하

③ 막대 나선 은하

④ 정상 나선 은하

20 그림은 지구 대기 대순환을 나타낸 것이다. 이에 대한 설명으로 옳은 것만을 〈보기〉에서 모두 고른 것은?

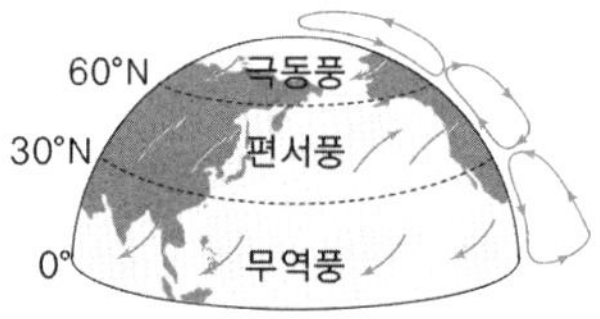

보기

ㄱ. 무역풍과 극동풍의 방향은 서로 반대이다.

ㄴ. 30°N 지표 부근에는 상승 기류가 발달한다.

ㄷ. 30°N~60°N에서는 주로 편서풍의 영향을 받는다.

① ㄱ　　② ㄷ

③ ㄱ, ㄴ　　④ ㄴ, ㄷ

21 그림은 빅뱅 우주론을 나타낸 것이다. 이에 대한 설명으로 옳은 것은?

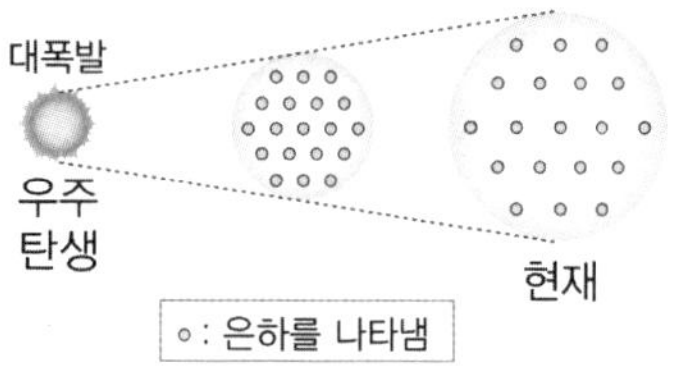

① 우주는 팽창한다.

② 우주의 총질량은 감소한다.

③ 우주 전체의 평균 밀도는 증가한다.

④ 우주 전체의 평균 온도는 높아진다.

22 다음 설명에 해당하는 것은?

> 구급차가 관측자에게 다가올 때는 사이렌 소리가 높게 들리고, 구급차가 관측자로부터 멀어질 때는 사이렌 소리가 낮게 들린다.

① 광전 효과　　② 열섬 효과
③ 온실 효과　　④ 도플러 효과

☒ 2015 개정 교육과정에서 제외된 문제

23 그림은 달이 지구 주위를 공전하는 모습을 나타낸 것이다. 달이 A에 있을 때 지구에서 볼 수 있는 달의 모양은? (단, 월식은 일어나지 않았다.)

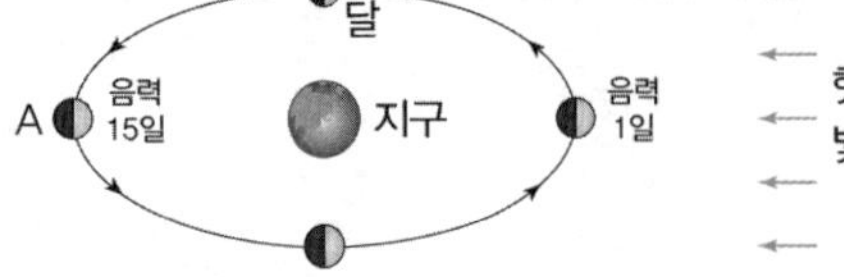

① 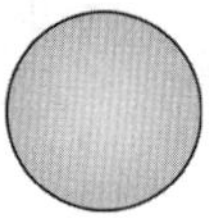　② 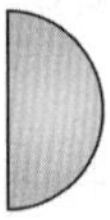
③ 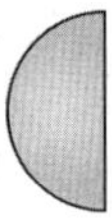　④ 

24 그림은 우리나라 어느 퇴적층에서 발견된 공룡 발자국 화석을 나타낸 것이다. 이 퇴적층이 생성된 지질 시대는?

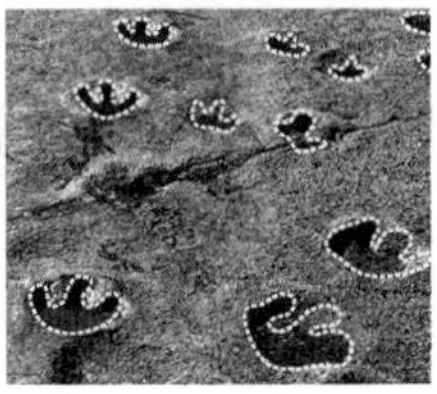

① 선캄브리아대
② 고생대
③ 중생대
④ 신생대

25 지구 대기 중에 온실 기체가 증가하여 현재 나타나는 현상으로 옳은 것은?

① 해수면이 높아진다.
② 지구의 평균 기온이 낮아진다.
③ 빙하의 분포 면적이 넓어진다.
④ 바다의 평균 수온이 낮아진다.

2020 제1회 한국사

01 ㉠ 시기에 처음으로 제작되었던 유물은?

구석기 시대 → ㉠ → 청동기 시대 → 철기 시대

①

명도전

②

주먹도끼

③

빗살무늬 토기

④

거친무늬 거울

02 다음에 해당하는 국가는?

- 우리 민족 최초의 국가로 8조의 법을 운영함.
- 비파형 동검과 탁자식 고인돌로 문화 범위를 추정함.

① 부여 ② 동예
③ 삼한 ④ 고조선

03 다음에 해당하는 고구려의 왕은?

- 남진 정책을 추진함.
- 평양으로 수도를 옮김.
- 백제의 수도 한성을 점령함.

① 장수왕 ② 진흥왕
③ 문무왕 ④ 근초고왕

04 ㉠에 들어갈 국가에 대한 설명으로 옳은 것은?

> ㉠ 은/는 대조영이 건국하였으며 고구려 계승 의식을 내세웠다. 중앙 정치 조직은 당의 3성 6부를 받아들였으나 그 명칭과 운영 방식은 독자적이었다.

① 후삼국을 통일하였다.
② 해동성국으로 불렸다.
③ 성리학을 도입하였다.
④ 수원 화성을 축조하였다.

05 다음에 해당하는 제도는?

- 고구려 고국천왕 때 농민 몰락 방지를 위해 실시함.
- 봄에 곡식을 빌려 주었다가 가을에 추수한 것으로 갚도록 함.

① 음서제 ② 진대법
③ 골품제 ④ 과전법

06 ㉠에 들어갈 인물은?

제○○호 **한국사 신문** ○○○○년 ○○월 ○○일

서경 천도 운동, 반란으로 이어지다!

고려의 [㉠] 은 풍수지리설을 내세워 서경으로 도읍을 옮길 것과 칭제 건원, 금국 정벌을 주장하였다. 그러나 자신의 주장이 받아들여지지 않자 서경에서 반란을 일으켰다.

① 담징 ② 이익
③ 묘청 ④ 이황

07 다음 설명에 해당하는 사건은?

청나라는 조선에 군신 관계를 맺을 것을 요구하면서 대군을 이끌고 침입해 왔다. 인조는 남한산성으로 피란하여 청나라 군대에 맞섰으나, 결국 청나라에 굴복하고 말았다.

① 병자호란 ② 병인양요
③ 임진왜란 ④ 청·일 전쟁

08 다음 설명에 해당하는 제도는?

고려 때 직위에 따라 18등급으로 나누어, 관직 복무와 직역의 대가로 곡물을 수취할 수 있는 전지와 땔감을 얻을 수 있는 시지를 주었다.

① 녹읍 ② 전시과
③ 독서삼품과 ④ 관수 관급제

09 ㉠의 신분에 해당하는 사람으로 옳지 않은 것은?

귀족
㉠
양민
천민

〈고려의 신분 구성〉

[㉠] 은/는 고려 때 새롭게 등장한 신분 계층으로, 주로 지배 기구의 말단 행정 실무를 담당하였다.

① 서리 ② 향리
③ 노비 ④ 남반

10 ㉠에 들어갈 내용으로 옳은 것은?

〈세종의 정책〉

- 정치 : 집현전 설치, 의정부 서사제 운영
- 문화 : 훈민정음 창제, 『칠정산』 편찬
- 국방 : [㉠], 대마도 정벌

① 4군 6진 설치 ② 강동 6주 획득
③ 동북 9성 축조 ④ 천리장성 축조

11 두 사람의 대화 내용에 해당하는 민족 운동은?

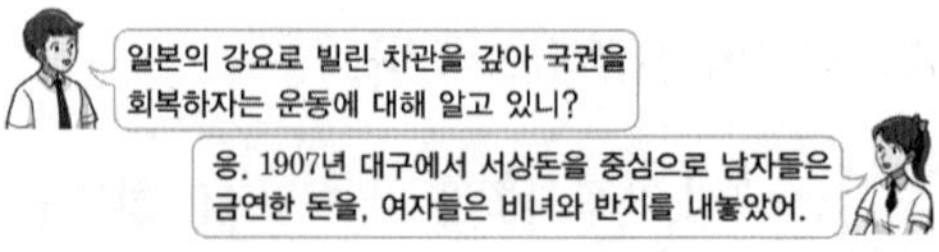

① 새마을 운동
② 브나로드 운동
③ 국채 보상 운동
④ 신탁 통치 반대 운동

12 **다음 설명에 해당하는 제도는?**

> • 조선 영조 때 군역 부담을 줄여 주기 위해 실시함.
> • 농민들이 납부할 군포를 1년에 1필로 줄여 줌.

① 호패법　　② 영정법
③ 균역법　　④ 대동법

13 **㉠에 들어갈 내용으로 옳지 <u>않은</u> 것은?**

> **〈수행 평가 계획서〉**
> • 주제 : 통일을 위한 남과 북의 협력 과정
> • 조사할 내용 : 남북 기본 합의서, [㉠]

① 방곡령
② 금강산 관광 사업
③ 남북한 UN 동시 가입
④ 6·15 남북 공동 선언

14 **흥선 대원군의 정책으로 옳은 것을 〈보기〉에서 고른 것은?**

> **보기**
> ㄱ. 서원 철폐　　ㄴ. 경복궁 중건
> ㄷ. 22담로 설치　　ㄹ. 노비안검법 실시

① ㄱ, ㄴ　　② ㄱ, ㄹ
③ ㄴ, ㄷ　　④ ㄷ, ㄹ

15 **㉠에 해당하는 군대의 명칭은?**

> 개항 이후 정부는 개화 정책을 추진하면서 신식 군대인 [㉠]을/를 창설하고, 구식 군대의 규모를 축소하였다. 이런 상황에서 구식 군인들은 밀린 급료로 받은 쌀에 겨와 모래가 섞여 있자 분노하여 봉기하였다.

① 별기군　　② 삼별초
③ 화랑도　　④ 한국 광복군

16 **㉠에 해당하는 사건은?**

> **〈 [㉠]의 역사적 의의 〉**
> 양반 중심의 신분 질서를 개혁하려는 반봉건적 성격과 일본을 비롯한 외세의 침략을 물리치려는 반침략적 성격을 띠고 있다.

① 무신 정변
② 나·당 전쟁
③ 동학 농민 운동
④ 민립 대학 설립 운동

17 다음 작품들이 제작된 시기의 모습으로 옳은 것은?

김홍도 〈서당〉

신윤복 〈단오풍정〉

① 신라는 왜에 조선술을 전해 주었다.
② 한글 소설을 비롯한 서민 문화가 발달하였다.
③ 송의 기술을 받아들여 고려청자의 제작이 시작되었다.
④ 몽골을 물리치려는 염원으로 팔만대장경을 제작하였다.

18 일제의 식민지 지배 정책으로 옳지 않은 것은?

① 회사령
② 금융 실명제
③ 산미 증식 계획
④ 토지 조사 사업

19 다음 설명에 해당하는 것은?

- 3·1 운동 이후 여러 지역의 독립운동 단체가 통합되어 수립됨.
- 삼권 분립에 기초한 민주 공화제를 채택함.
- 연통제와 교통국을 조직하여 독립운동을 전개함.

① 집강소
② 독립 협회
③ 조선어 연구회
④ 대한민국 임시 정부

20 ㉠에 들어갈 사건은?

〈이승만 정부의 붕괴 과정〉

3·15 부정 선거 → ㉠ → 이승만 대통령 하야

① 10월 유신
② 4·19 혁명
③ 6월 민주 항쟁
④ 5·18 민주화 운동

21 다음 내용에 해당하는 사건은?

1929년 열차에서 조선 여학생을 희롱한 일본 학생과 이를 말리던 조선 학생이 충돌하였다. 경찰이 이 사건을 일본 학생에게만 유리하게 처리하자, 조선 학생들은 민족 차별 중지, 식민지 교육 제도 철폐 등을 요구하며 시위를 벌였다.

① 을미사변
② 갑신정변
③ 물산 장려 운동
④ 광주 학생 항일 운동

22 자료에 해당하는 인물은?

■ 이달의 역사 인물 ■

- 생몰 연도 : 1868년~1943년
- 활동 : 대한 독립군 총사령관으로 봉오동 전투를 승리로 이끌었다. …(중략)… 이후 중앙아시아로 강제 이주되어 사망하였다.

① 김구　② 김옥균
③ 홍범도　④ 서재필

23 ㉠에 들어갈 기관은?

제헌 국회는 광복 이후 친일파 청산이라는 국민의 열망에 따라 [㉠]을/를 설치하였다. 그러나 반공 우선의 정책을 추구하던 이승만 정부의 비협조로 친일파 청산이 제대로 이루어지지 못하였다.

① 비변사
② 조선 총독부
③ 통리기무아문
④ 반민족 행위 특별 조사 위원회

24 ㉠에 들어갈 사건은?

① 6・25 전쟁　② 베트남 전쟁
③ 청산리 대첩　④ 매소성 전투

25 ㉠에 들어갈 내용으로 옳은 것은?

학습 주제 : 을사조약(을사늑약)의 결과
- 통감부 설치
- ㉠
- 초대 통감으로 이토 히로부미 부임

① 척화비 건립
② 조선 통신사 파견
③ 관민 공동회 개최
④ 대한 제국의 외교권 박탈

2020 제 1 회 도덕

01 다음 주제들을 다루는 응용 윤리 분야로 가장 적절한 것은?

> • 자연은 개발의 대상인가, 보전의 대상인가?
> • 탄소 배출 방안과 관련된 윤리적 쟁점은 무엇인가?

① 성 윤리　　② 환경 윤리
③ 정보 윤리　　④ 문화 윤리

02 벤담(Bentham, J.)이 제시한 쾌락의 산출 기준이 아닌 것은?

① 인종　　② 순수성
③ 지속성　　④ 파급 범위

03 ㉠에 들어갈 용어로 옳은 것은?

> 칸트(Kant, I.)는 도덕 법칙을 "너의 의지의 준칙이 언제나 동시에 보편적 법칙이 될 수 있도록 행위하라."라는 (㉠)의 형식으로 제시하였다.

① 가언 명령　　② 정언 명령
③ 연역 논리　　④ 귀납 논리

04 ㉠에 들어갈 용어로 적절한 것은?

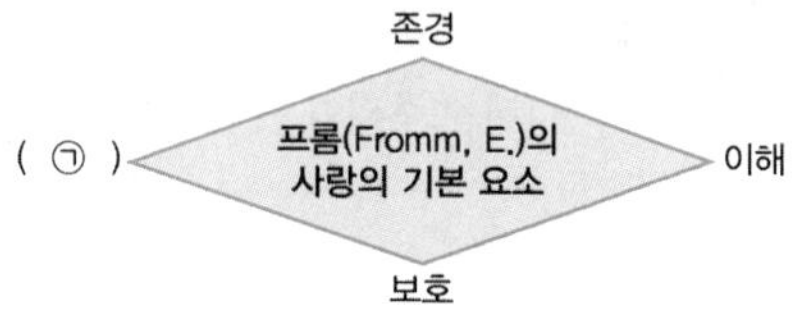

① 소유　　② 집착
③ 책임　　④ 무관심

05 요나스(Jonas, H.)의 책임 윤리에 대한 설명으로 옳은 것은?

① 과거 지향적인 인과적 책임만을 강조한다.
② 선한 동기만으로 도덕성을 평가해야 한다고 본다.
③ 책임의 범위를 생태계 전체까지 확대해야 한다고 본다.
④ 의도하지 않은 행위는 책임질 필요가 없다고 주장한다.

06 **정의로운 사회 구현을 위한 조건으로 옳은 것만을 〈보기〉에서 모두 고른 것은?**

보기

ㄱ. 기본권 보장
ㄴ. 공권력의 남용
ㄷ. 사회적 약자 배려
ㄹ. 공정한 분배 실현

① ㄱ, ㄴ
② ㄴ, ㄷ
③ ㄱ, ㄴ, ㄷ
④ ㄱ, ㄷ, ㄹ

07 **다음 두 사상가의 공통된 입장으로 가장 적절한 것은?**

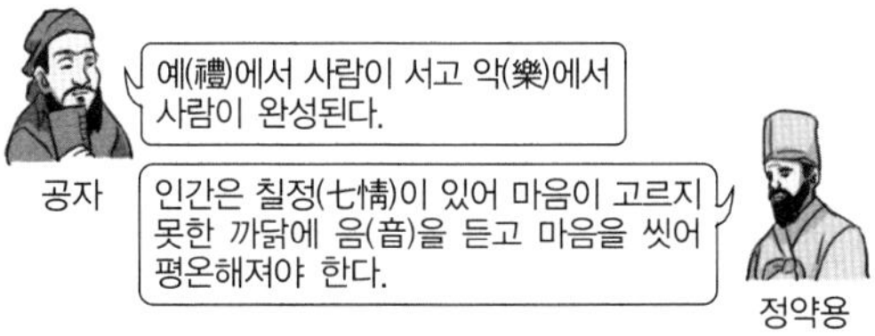

① 예술은 사회에 영향을 미칠 수 없다.
② 예술은 미적 가치만을 추구해야 한다.
③ 예술은 도덕성 함양에 기여할 수 있다.
④ 예술은 인간의 도덕적 삶과 관련이 없다.

08 **지구촌 시대에 지녀야 할 자세로 옳지 않은 것은?**

① 다문화 이웃을 배려한다.
② 문화의 차이를 인정한다.
③ 열린 민족주의의 자세를 갖는다.
④ 배타적 민족 정체성을 고집한다.

09 **다음에서 생명 중심주의 윤리의 관점에만 '✔'를 표시한 학생은?**

관점 \ 학생	A	B	C	D
자연은 인간에게 편리한 도구이다.		✔		✔
동물만이 삶을 영위할 권리를 가진다.		✔	✔	
자연의 모든 생명체는 내재적 가치를 지닌다.	✔		✔	

① A
② B
③ C
④ D

10 **도가(道家)의 자연관에 대한 설명으로 가장 적절한 것은?**

① 생명을 존중하기 위해 인위적 규범을 따라야 한다고 본다.
② 모든 생명에 대해 인(仁)을 베풀어야 한다고 본다.
③ 연기설에 따라 자비를 실천해야 한다고 본다.
④ 무위자연(無爲自然)을 추구해야 한다고 본다.

11 ㉠에 들어갈 용어로 적절한 것은?

〈 ㉠ 〉
- 보편적 행위의 도덕 원리
- 역지사지(易地思之)의 자세
- "네가 남에게 바라는 대로 남에게 해 주어라."

① 황금률 ② 변증법
③ 이분법 ④ 유물론

12 다음 내용이 설명하는 직업윤리 의식은?

- 신으로부터 부름받은 자기 몫의 일에 충실함.
- 개인의 위치에서 주어진 일에 최선을 다하려는 의식임.

① 소명 의식 ② 특권 의식
③ 평등 의식 ④ 경쟁 의식

13 다음에서 소개하는 윤리 사상가는?

◈ 도덕 인물 카드 ◈

- "아는 것이 힘이다."라고 강조함.
- 인간은 자연을 정복해야 한다고 주장함.
- 저서로 『뉴 아틀란티스』가 있음.

① 흄 ② 밀
③ 베이컨 ④ 슈바이처

14 사이버 따돌림을 예방하기 위한 노력으로 적절한 것을 〈보기〉에서 고른 것은?

보기
ㄱ. 타인의 정보를 무단으로 유포하기
ㄴ. 장난으로 특정 학생에게 모욕 주기
ㄷ. 사이버 따돌림이 폭력임을 분명히 인식하기
ㄹ. 가해자를 공정하게 처벌하는 법과 제도 마련하기

① ㄱ, ㄴ ② ㄱ, ㄹ
③ ㄴ, ㄷ ④ ㄷ, ㄹ

15 (가)에 들어갈 용어로 가장 적절한 것은?

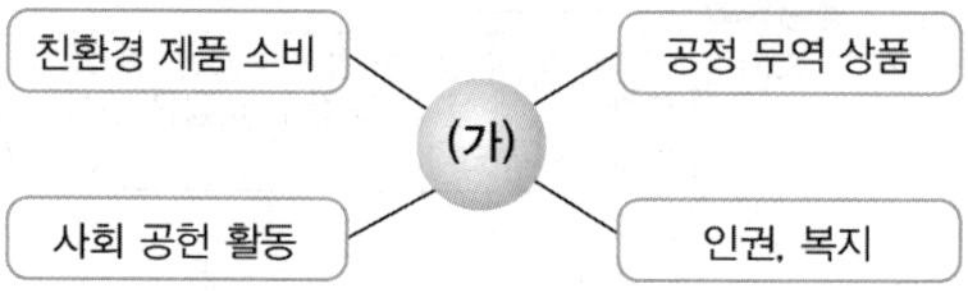

① 배타적 소비 ② 윤리적 소비
③ 충동적 소비 ④ 과시적 소비

16 다음 설명에 해당하는 용어는?

- 고통과 갈등이 없는 안정된 마음의 상태
- 테러, 범죄, 전쟁과 같은 폭력이 없는 상태

① 평화 ② 봉사
③ 역차별 ④ 불복종

17 **인권에 대한 설명으로 옳은 것은?**

① 영구히 보장될 필요가 없는 권리이다.
② 사익을 위해 침범할 수 있는 권리이다.
③ 모든 인간이 누려야 할 기본적 권리이다.
④ 후천적 노력에 의해서만 획득되는 권리이다.

18 **(가), (나)에 들어갈 내용으로 적절하지 <u>않은</u> 것은?**

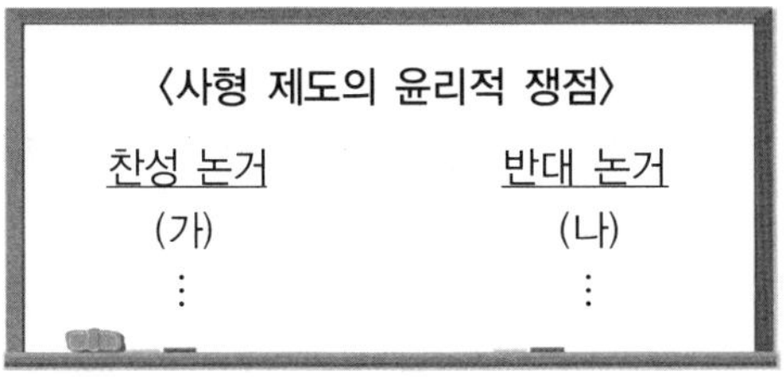

① (가) : 범죄 억제 효과가 있다.
② (가) : 사회 정의 실현에 기여할 수 있다.
③ (나) : 범죄자의 생명권을 침해할 수 있다.
④ (나) : 판결의 오류 가능성이 절대로 없다.

19 **다음 사상가의 입장으로 가장 적절한 것은?**

> 개인적 이기심은 개별적으로 점잖게 나타나지만, 집단적 이기심으로 나타날 때에는 더욱 이기적인 모습으로 나타난다.
>
> – 니부어(Niebuhr, R.) –

① 집단의 도덕성은 개인의 도덕성보다 항상 높다.
② 개인의 선한 의지만으로 사회 정의를 실현할 수 있다.
③ 사회 문제 해결을 위해 사회 제도의 개선이 필요하다.
④ 개인의 도덕성은 사회의 도덕성에 영향을 받지 않는다.

20 **㉠에 들어갈 가장 적절한 말은?**

• **체크 리스트를 통해 자신의 (㉠)을 점검해 보자.**

번호	항목	O	×
1	지인에게 청탁하는 행동은 괜찮다.		
2	가족의 이익을 위해서는 직위를 남용해도 된다.		
3	성의 표시의 돈은 액수에 상관없이 받아도 된다.		

① 청렴 의식　　② 진로 의식
③ 선민 의식　　④ 양성평등 의식

21 다음 설명에 해당하는 비용은?

> 통일 이후에 남북한의 경제 격차를 해소하고 이질적인 요소들을 통합하는 데 소요되는 유형·무형의 비용을 의미한다.

① 분단 비용 ② 전쟁 비용
③ 갈등 비용 ④ 통일 비용

22 친구 관계에서 지켜야 할 덕목이 아닌 것은?

① 신의(信義) ② 예의(禮義)
③ 권면(勸勉) ④ 차별(差別)

23 ㉠, ㉡에 들어갈 윤리적 관점으로 적절한 것은?

㉠	개별 생명체가 아니라 무생물을 포함한 생태계 전체가 도덕적 고려의 대상이다.
㉡	인간과 마찬가지로 동물들도 쾌락과 고통을 느낄 수 있는 존재이므로 도덕적 고려의 대상이다.

	㉠	㉡
①	동물 중심주의	인간 중심주의
②	생태 중심주의	동물 중심주의
③	생명 중심주의	생태 중심주의
④	인간 중심주의	동물 중심주의

24 다음 롤스(Rawls, J.)의 주장에서 밑줄 친 ㉠에 해당하지 않는 것은?

> 원초적 입장에서 사람들은 ㉠ 정의의 원칙들에 합의할 것이다. 그 원칙들에 입각하여 기본적 자유가 보장되고, 최소 수혜자를 포함한 모든 구성원의 이익이 증대되어야 한다.

① 차등의 원칙
② 유용성의 원칙
③ 평등한 자유의 원칙
④ 공정한 기회균등의 원칙

25 다음에 해당하는 상부상조의 전통으로 가장 적절한 것은?

> • 향촌 사회의 자치 규약
> • 덕업상권(德業相勸), 과실상규(過失相規), 환난상휼(患難相恤), 예속상교(禮俗相交)

① 계 ② 향약
③ 두레 ④ 품앗이

2020년 제2회 정답 및 해설

국어 2020년 기출문제

제2회 정답

01 ①	02 ③	03 ①	04 ②	05 ②
06 ②	07 ③	08 ②	09 ④	10 ④
11 ①	12 ②	13 ③	14 ③	15 ④
16 ④	17 ③	18 ①	19 ①	20 ②
21 ①	22 ③	23 ③	24 ①	25 ③

01 정답 ①

동생은 '배구 경기'에 대해 질문하지만, 형은 '축구 경기'에 대한 정보를 주고 있다. 그러므로 형은 동생과의 대화 맥락에서 어긋나는 정보를 제공하고 있다.

대화에서의 '협력의 원리'

- **양의 격률** : 주고받는 대화에 필요한 양만큼만 정보를 제공하라.
- **질의 격률** : 거짓말을 하지 않고, 진실만을 말하라.
- **관련성의 격률** : 대화의 목적이나 주제와 관련된 것을 말하라.
- **태도의 격률** : 모호하거나 중의적인 표현을 피하고, 간결하고 조리 있게 말하라.

02 정답 ③

주어진 토론에서는 찬성 측은 '경제적 이익을 위해서 원자력 발전소가 계속 건설되어야 한다.'라는 입장을 제시하고 있다. 그러므로 반대 측은 경제적 측면을 근거로 원자력 발전소 건설을 반대해야 하므로, 건설을 위한 초기 투자 비용이 많이 들기 때문에 경제적이지 않다는 근거가 적합하다.

03 정답 ①

한글 맞춤법 제6항은 음운의 변동 중 '구개음화'에 대한 개념을 소개하고, 표기를 할 때는 원형을 밝혀 적는 원칙을 제시하고 있다. '숱하게[수타게]'는 먼저 음절의 끝소리 규칙에 의해 '[숟하게]'로 발음되고, 다시 [수타게]로 음운의 축약이 일어난다. 그러므로 '구개음화'는 적용되지 않는다.

오답피하기

② 같이[가치] : 'ㅌ'이 뒤에 오는 'ㅣ'와 만나 'ㅊ'으로 소리나는 구개음화가 적용된다.

③ 해돋이[해도지] : 'ㄷ'이 뒤에 오는 'ㅣ'와 만나 'ㅈ'으로 소리나는 구개음화가 적용된다.

④ 걷혀[거쳐] : 'ㄷ'과 'ㅎ'이 합쳐져 'ㅌ'으로 소리나는 음운 축약 현상 후 'ㅌ'과 반모음 'ㅣ'가 만나 'ㅊ'으로 소리나는 구개음화가 적용된다.

04 정답 ②

소녀, 할머니, 딸은 상의어인 '여자'에 포함되는 하의어이고, 할아버지와 아들은 상의어인 '남자'에 포함되는 하의어이다. 또한 '여자'와 '남자'는 의미적으로 대립되는 반의어 관계이다. ㉢에는 '남자'에 포함되는 하의어가 들어가야 하므로 '소년'이 적절하다.

㉠ '여자'와 ㉣ '아들'은 대립적인 의미가 성별과 가족 관계 두 가지이기 때문에 반의 관계가 될 수 없다. 반의 관계는 대립적인 의미가 오직 하나일 때만 성립한다.

05 정답 ②

㉠의 '왜'는 단모음 'ㅗ'와 'ㅐ'가 결합된 이중모음으로 발음하는 동안 입술이나 혀의 모양이 달라진다.

오답피하기

① ㉠의 '너'와 '나'의 모음인 'ㅓ'는 혀의 높이가 중간인 중모음이고 'ㅏ'는 저모음이다.

③ ㉡의 '방'과 '빵'의 자음인 'ㅂ'과 'ㅃ'은 입술소리로 조음 위치는 같으나, 'ㅂ'은 예사소리, 'ㅃ'은 된소리로 소리를 내는 방식이 다르다.

④ ㉢의 '밤[夜]'은 짧게 발음하고, '밤[栗]'은 길게 발음한다.

06 정답 ②

문장의 주성분은 '주어, 목적어, 보어, 서술어'로 이루어져 있다. ② '친구가 책을 읽고 있다.'는 '주어+목적어+서술어'로 구성되어 있으므로 주성분만으로 이루어진 문장이다.

오답피하기

① '우아, 우리가 이겼다.' - '독립어 + 주어 + 서술어'
③ '그 사람이 우유를 마셨다.' - '관형어 + 주어 + 목적어 + 서술어'
④ '동생이 드디어 가수가 되었다.' - '주어 + 부사어 + 보어 + 서술어'

07 정답 ③

㉠에 들어갈 내용은 '당류 섭취량을 줄이기 위한 방안'이 구체적으로 제시되어야 하며, '우리 국민의 당류 섭취량이 많은 이유'와 대응하는 내용으로 짜임새 있게 구성되어야 한다. 그러나 ③ '당류 함유량이 높은 음식에 대한 가격 인하'는 주어진 문단 '당류 섭취량을 줄이기 위한 방안'과 어울리지 않으므로 적절하지 않다.

오답피하기

① '1일 당류 권장량에 대한 홍보 포스터 게시'는 '본론 1의 다'와 대응되는 내용으로 적절하다.
② '당류 선호 식습관 개선을 위한 캠페인 실시'는 '본론 1의 나'와 대응되는 내용으로 적절하다.
④ '과도한 당류 섭취의 부작용을 알리는 광고 배포'는 '본론 1의 가'와 대응되는 내용으로 적절하다.

08 정답 ②

㉡ '그에게'의 '-에게'는 문맥에 적절한 부사격 조사이므로 바꾸지 않아야 한다.

오답피하기

① '돼어'는 '되어+어'의 형태이므로 '되어'로 수정해야 한다.
③ '맞혔습니다.'는 '맞다'의 사동 형태이므로, 문맥상 '끝났다'의 의미인 '마쳤습니다'로 수정해야 한다.
④ '칭찬을 통해 타인과의 관계가 발전할 수 있었습니다.'는 '토론을 통한 문제 해결'이라는 주제에서 어긋나는 내용이므로 삭제해야 한다.

[09~11] 정지용, 〈향수〉

갈래 | 자유시, 서정시
성격 | 감각적, 묘사적, 향토적
주제 | 고향에 대한 그리움
특징 |
- 감각적 이미지로 고향을 표현함.
- 후렴구 반복을 통해 화자의 정서 강조

09 정답 ④

이 시에는 '청자'가 드러나지 않는다. 또한 고향에 대한 그리움을 노래하고 있는 것이지, 부끄러운 현실을 고백하지 않는다.

오답피하기

① '그곳이 차마 꿈엔들 잊힐 리야.'라는 후렴구의 반복으로 운율을 형성한다.
② '꿈엔들 잊힐 리야.'는 설의법을 통해 화자가 느끼는 고향에 대한 그리움을 강조하고 있다.
③ 실개천, 황소, 질화로 등 향토적 소재가 쓰이고 있다.

10 정답 ④

㉮ '금빛 게으른 울음'은 청각의 시각화로 공감각적 심상이다. ④ '푸른 휘파람 소리가 귓가에 맴도는데' 역시 청각의 시각화로 공감각적 심상이 드러난다.

오답피하기

① '싸늘한 가을바람이 불어' - 촉각적 심상
② '향기로운 꽃냄새에 이끌려' - 후각적 심상
③ '소태같이 쓴 맛의 풀잎을 씹고' - 미각적 심상

11 정답 ①

'사람이 아닌 것을 사람에 빗대어 사람이 행동하는 것처럼 표현하는 기법'은 의인법이다.

㉠ '옛이야기 지줄대는 실개천'은 사람이 아닌 '실개천'이 마치 사람이 옛이야기를 말하는 것처럼 표현하였기 때문에 의인법이 쓰인 부분이다.

[12~14] 최일남, 〈흐르는 북〉

갈래 | 가족사 소설

성격 | 사실적, 비판적

배경 | 1980년대, 서울의 중산층 가정

제재 | 북

주제 | 예술혼과 인간의 본원적 삶에 대한 세대 간의 가치관 차이

특징 |

- 갈등의 해소를 제시하지 않음으로써 여운을 주는 결말
- 중심 소재를 통해 세대 간의 갈등 양상을 드러냄.

12 정답 ②

[A]는 '민 노인'이 공연을 대하는 태도와 공연에 몰입되는 모습을 묘사하고 있다. 그러므로 '민 노인'을 중심으로 한 서술이라는 설명이 적절하다.

13 정답 ③

'민 노인'의 며느리는 '민 노인'이 '성규'의 학교에서 연주한 것을 따지듯 묻고 있으며, 다른 사람이 빈정거리는 평가도 신경을 쓰고 있다. 이런 것으로 보아 '민 노인'이 북을 친 것에 대해 불편한 마음을 가지고 있다는 것을 알 수 있다.

14 정답 ③

㉠ '며느리', ㉡ '송 여사', ㉣ '성규 어머니'는 모두 '민 노인'의 며느리를 가리키는 말이다. ㉢ '진숙이 어머니'는 '성규'의 같은 과 친구의 어머니이고 ㉤ '시아버지'는 '민 노인'을 가리키는 말이다.

[15~16] 정철, 〈속미인곡〉

갈래 | 양반 가사, 서정 가사, 정격 가사

성격 | 서정적, 여성적, 충신연주지사

제재 | 임에 대한 그리움

주제 | 임금을 향한 그리움, 연군지정(戀君之情)

특징 |

- 3(4)·4조, 4음보 연속체
- 대화 형식으로 내용 전개
- 순우리말을 절묘하게 구사함.

현대어 풀이

저기 가는 저 각시 본 듯도 하구나.
천상 백옥경을 어찌하여 이별하고
해 다 저문 날에 누구를 보러 가시는가?
아, 너로구나. 내 사정 이야기 들어 보오.
〈중략〉
잠깐 동안에 힘이 다하여 풋잠을 잠깐 드니
정성이 지극하여 꿈에 임을 보니,
옥 같던 모습이 반 넘게 늙었구나.
마음에 먹은 말씀 실컷 아뢰고자 하니
눈물이 계속 나니 말인들 어찌하며,
정을 못다 풀어 목마저 메니,
방정맞은 닭소리에 잠은 어찌 깨었던가?
아, 헛된 일이로구나. 이 임이 어디 갔는가?
꿈결에 일어나 앉아 창을 열고 바라보니
가엾은 그림자만이 나는 따를 뿐이로다.
차라리 죽어 없어져 지는 달이나 되어서
임 계신 창 안에 환하게 비치리라.
각시님 달은 물론이거니와 궂은 비나 되소서.

15 정답 ④

이 시가는 '갑녀'와 '을녀'의 대화를 통해 임과 이별한 '을녀'의 사연을 실감나게 전달하고 있다.

오답피하기

① 이 시는 '연'의 구분이 드러나지 않는다.
② 가사는 4음보 연속체의 운율을 지닌다.
③ 각 연의 끝에 반복되는 후렴구가 드러나지 않는다.

16 정답 ④

㉣ '궂은비'는 화자를 대신해 화자의 마음을 전하는 '화자의 분신'으로서, 임을 향한 화자의 일편단심의 태도를 드러낸다.

오답피하기

① ㉠ '꿈'에서 화자는 임과 만났으므로, 임과의 만남이 이루어지는 공간이다.
② ㉡ '계성'은 화자의 잠을 깨우는 소재로서 임과의 만남이 중단되는 계기이다.
③ ㉢ '낙월'은 '화자의 분신'으로 임을 향한 화자의 일편단심을 드러내는 소재이다.

[17~19] 박지원, 〈허생전〉

갈래 | 한문 소설, 풍자 소설
성격 | 풍자적, 현실 비판적
주제 | 지배층인 사대부의 무능과 허위의식 비판 및 각성 촉구
특징 |
- 실학사상을 바탕으로 당대 사회의 모습을 풍자함.
- 실존 인물을 등장시켜 작품에 현실성을 부여함.
- 일반적인 고전 소설과는 달리 미완의 열린 결말 구조를 취함.

17 정답 ③

이 글은 '허생'과 '이 대장'의 의견 대립을 통해 무능한 지배계층을 비판하는 주제를 드러내고 있다.

18 정답 ①

[A]에서 '허생'은 조선의 실리를 위해 허례허식과 권위의식을 버려야 한다고 주장하고 있다. 그러므로 실리를 부정하며 상대의 의견을 반박하고 있다는 설명은 적절하지 않다.

오답피하기

② '허생'은 예법을 중시하는 '이 대장'의 의견에 실리를 위해서는 허례허식을 버려야 한다는 반론을 제기하며 상대를 꾸짖고 있다.
③ 국가의 실리를 위해 자신을 희생한 역사적 인물인 '번오기'와 '무령왕'을 내세워 상대방을 비판하고 있다.
④ 무능한 사대부를 대표하는 '이 대장'의 태도에 분노하며 칼로 상대를 위협하고 있다.

19 정답 ①

이 소설은 '허생'과 '이 대장'의 갈등을 통해 무능력한 지배 계층을 비판하는 '허생'의 태도를 드러내고, 이후 '허생'이 사라지는 결말을 통해 '허생'의 의견이 현실에 반영되었는지에 대해서는 알 수 없는 '열린 결말'의 형태를 취하고 있다.

[20~22] 오주석, 〈옛 그림의 원근법〉

갈래 | 설명문
성격 | 객관적, 해설적
제재 | 옛 그림(옛 그림의 원근법)
주제 | 옛 그림의 원근법이 지닌 특징과 그 의미
특징 |
- 동양과 서양의 그림을 대조적으로 설명함.
- 구체적인 그림을 예시로 들어 이해하기 쉽게 설명함.

이 글의 구조 |

구분	서양의 풍경화	우리 옛 산수화
원근법	일점투시도법	삼원법
특징	인간 중심주의	산수가 주인공임.
	움직이지 않는 시선 차갑고 단조로운 공간	움직이는 시선 살아 있는 공간
	자연의 참모습을 담아내지 못함.	자연의 형상뿐만 아니라 기운까지 담아냄.

20 정답 ②

이 글에서는 서양의 풍경화에 사용된 '일점투시'와 우리 옛 산수화에 사용된 '삼원법'의 비교를 통해 우리가 자연을 대하는 태도와 우리 옛 산수화의 특징을 설명하고 있다. 일점투시의 역사적 변화는 드러나지 않는다.

21 정답 ①

'일점투시'는 서양의 풍경화에 쓰이는 표현법으로 한 사람의 관찰자가 주위 풍경을 바라보는 차갑고 단조로운 시선을 드러낸다. 자연의 살아 있는 모습을 포용력 있게 나타내는 방법은 우리 옛 산수화에 사용된 기법인 '삼원법'이다.

22 정답 ③

㉢ '산물(產物)'은 '어떤 것에 의하여 생겨나는 사물이나 현상을 비유적으로 이르는 말'을 의미한다.

[23~25] 최재천, 〈더불어 사는 공생인으로 거듭나기〉

갈래 | 논설문
성격 | 구체적, 논리적, 설득적
제재 | 기초 과학
주제 | 국가가 경제 논리에서 벗어나 기초 과학을 지원해야 한다.
특징 |
- 구체적 예를 들어 의견을 뒷받침함.
- 주장을 뒷받침하는 근거를 체계적으로 제시하고 있음.

23 정답 ③

(다)에는 '기초 과학과 기초 연구가 왜 중요한가?'라는 글쓴이의 질문에 스스로 답하는 '문답법'의 형식으로 중심 내용이 드러나고 있다.

24 정답 ①

(나)는 기초 과학 연구를 지원해야 하는 두 번째 근거를 제시하고 있다. 본문의 내용으로 보아 과학의 근본에 대해 깊이 생각하고 창의적인 연구 결과를 얻기 위해서는 기초 과학 연구에 대한 교육이 필요하다고 강조하고 있다. 그러므로 ㉮에 들어가기에 적절한 말은 '교육'이다.

25 정답 ③

이 글은 기초 과학과 기초 연구에 대한 지원의 중요성을 주장하고 있다. (가)와 (나)를 보았을 때 과학 문화와 교육의 바탕이 되는 것은 ㉢ '기초 과학과 기초 연구'라는 것을 알 수 있다.

수학 2020년 기출문제

제2회 정답

01 ①	02 ④	03 ④	04 ③	05 ②
06 ③	07 ②	08 ③	09 ④	10 ②
11 ④	12 ③	13 ①	14 ④	15 ②
16 ②	17 ①	18 ①	19 ③	20 ④

01 정답 ①

다항식의 연산을 정확히 해야 하는 문제이다.

$$\begin{array}{rcrrr} & 2A & = & 2x^2 & -2x & \\ + & B & = & -x^2 & & +1 \\ \hline & 2A+B & = & x^2 & -2x & +1 \end{array}$$

따라서, 정답은 ①임을 확인할 수 있다.

02 정답 ④

항등식을 정확히 구분하는 문제이다.

① $x=5$는 x값에 따라 식의 참과 거짓이 달라지므로 항등식으로 볼 수 없다.

② $x+2=0$는 x값에 따라 식의 참과 거짓이 달라지므로 항등식으로 볼 수 없다.

③ $(x+1)^2=x+1$은 좌변을 전개하면 x^2+2x+1이므로 우변과 식이 다르다. 따라서 항등식으로 볼 수 없다.

④ $x^2-1=(x+1)(x-1)=x^2-1$이므로 좌변과 우변이 모두 같음을 확인할 수 있다.

따라서, 주어진 보기에서 항등식은 ④이다.

03 정답 ④

조립제법을 정확하게 이해하는지를 묻는 문제이다

$$\begin{array}{c|cccc} 2 & 1 & 0 & -2 & 1 \\ & & 2 & 4 & 4 \\ \hline & 1 & 2 & 2 & \boxed{5} \end{array}$$

에서 몫에 해당하는 부분은 1 2 2가 있는 부분이다.

x^2+2x+2로 쓸 수 있음을 확인하면 정답은 ④임을 확인할 수 있다.

04 정답 ③

복소수의 상등을 확인하는 문제이다.
우변의 실수부분 2와 좌변의 실수부분 $x-1$이 같아야 하고, 우변의 허수 부분 $y+2$와 좌변의 허수부분 3이 같아야 등식이 성립함을 알 수 있다.
따라서,
$\begin{cases} x-1=2 \rightarrow x=3 \\ y+2=3 \rightarrow y=1 \end{cases}$ 이므로 정답은 ③이다.

05 정답 ②

이차방정식의 근의 판별을 정확하게 할 수 있는지를 묻는 문제이다.
주어진 이차방정식의 인수분해가 힘든 경우에는 판별식을 사용하여 근의 개수에 대해 판단하는 것이 편하다.
각 보기에서 판별식을 사용하여 근의 개수를 판단한다.
$D=b^2-4ac$에 해당하는 수를 대입하여 확인한다.
① $D=0^2-4\times1\times3=-12$ 음수이므로 실근을 갖지 않는다.
② $D=1^2-4\times1\times(-2)=9$ 양수이므로 서로 다른 두 실근을 갖는다.
③ $D=2^2-4\times1\times1=0$ 0이므로 중근을 갖는다.
④ $D=3^2-4\times1\times5=-17$ 음수이므로 실근을 갖지 않는다.
따라서, 정답은 ②이다.

06 정답 ③

제한된 범위에서 이차함수의 최대 최소를 찾을 수 있는지를 묻는 문제이다.
그림에서 최댓값은 y의 값이 가장 큰 값을 찾을 수 있어야 한다. 주어진 범위 $1\le x\le 4$에서 최대가 되는 x의 값은 4일 때를 확인할 수 있으므로 $f(4)$의 값인 1이 정답임을 알 수 있다.
따라서, 정답은 ③이다.

07 정답 ②

방정식과 근의 관계를 정확하게 이해하고 있는지를 평가하는 문제이다.
주어진 방정식의 근이 $x=1$이라 하였으므로 1을 대입하였을 때, 주어진 식이 성립을 해야 한다.
따라서, $1^3-1^2+3\times1+a=0$이며 $3+a=0\rightarrow a=-3$임을 확인할 수 있다. 따라서 정답은 ②이다.

08 정답 ③

점과 점 사이의 거리를 정확하게 구할 수 있는지를 평가하는 문제이다.

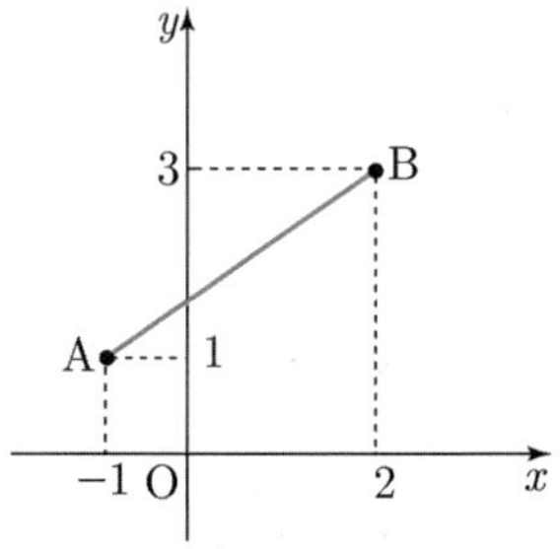

점과 점 사이의 공식을 정확하게 기억을 하고 대입하여 답을 찾는다. $\overline{AB}$의 길이를 l이라 하면
$l=\sqrt{(x_1-x_2)^2+(y_1-y_2)^2}$ 임을 이용한다.
$A(-1,1)$, $B(2,3)$을 식에 대입한다. 따라서
$l=\sqrt{(2-(-1))^2+(3-1)^2}=\sqrt{9+4}=\sqrt{13}$
따라서, 정답은 ③이다.

09 정답 ④

직선의 방정식을 정확하게 찾을 수 있는지를 묻는 문제이다.
문제의 직선의 기울기는 $-\frac{1}{3}$이므로 수직인 직선의 기울기는 3임을 알 수 있다(수직인 두 직선의 기울기의 곱은 -1임을 이용). 따라서 수직인 직선의 기울기는 3이며 한 점 $(0,1)$을 지나가므로 수직인 직선의 방정식은 $y=3x+1$임을 알 수 있다.
따라서, 정답은 ④이다.

10 정답 ②

원의 방정식을 정확하게 찾을 수 있는지를 확인하는 문제이다.

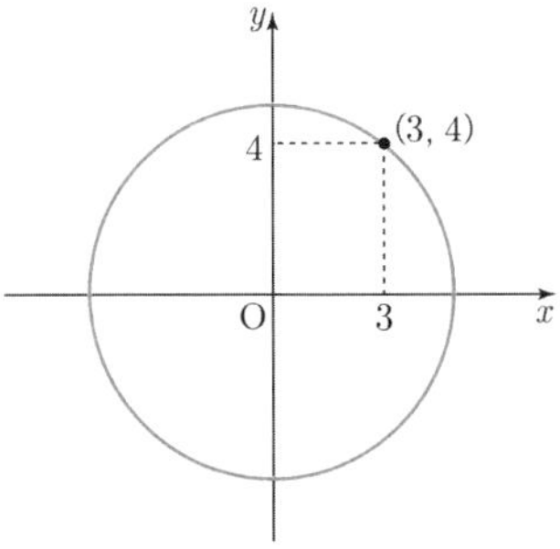

중심은 $(0, 0)$이며 중심에서 $(3, 4)$까지의 거리가 반지름이 되므로 반지름을 r이라 하면

$r=\sqrt{(3-0)^2+(4-0)^2}=5$임을 알 수 있다.

따라서, 중심이 원점이고 반지름이 5인 원의 방정식은 ②임을 알 수 있다.

11 정답 ④

점의 평행이동을 정확하게 할 수 있는지를 묻는 문제이다. 점 $(-1, 2)$를 x축의 방향으로 3만큼, y축의 방향으로 -2만큼 평행이동하였다고 하였으므로 주어진 점의 x, y 좌표에 각각 $3, -2$를 더해주면 된다.

따라서, $(-1, 2) \to \{-1+3, 2+(-2)\} \to (2, 0)$이므로 정답은 ④이다.

12 정답 ③

집합은 조건에 의해 대상을 분명하게 정할 수 있는 대상들의 모임을 말한다. 그러므로 대상을 정확하게 구분할 수 없는 조건들로는 집합을 구성할 수 없다.

① 아름다운 꽃의 기준이 없기 때문에 적절한 조건이라 볼 수 없다.

② 큰 수의 기준이 없기 때문에 적절한 조건이라 볼 수 없다.

③ 10보다 작은 자연수는 $\{1, 2, 3, 4, 5, 6, 7, 8, 9\}$이므로 집합임을 알 수 있다.

④ 기부를 많이 하는 기준이 없기 때문에 적절한 조건이라 볼 수 없다.

따라서, 정답은 ③이다.

13 정답 ①

명제의 대우를 정확하게 찾을 수 있는지를 평가하는 문제이다.

명제 $p \to q$의 대우는 $\sim q \to \sim p$이다. 따라서 '$x^2 \neq 1$이면 $x \neq 1$이다'의 대우는 '$x=1$이면 $x^2=1$이다'임을 알 수 있다.

따라서, 정답은 ①이다.

14 정답 ④

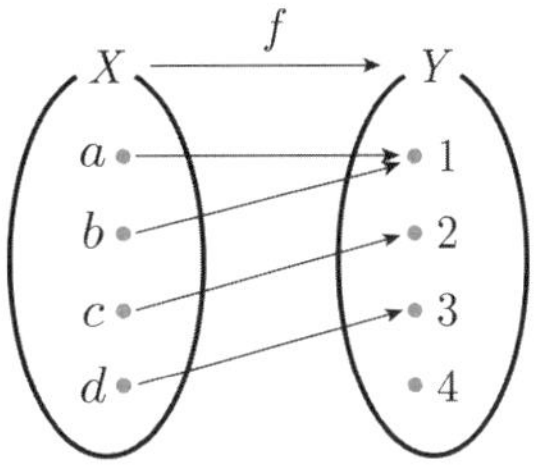

함수의 용어들을 정확하게 이해하고 있는지를 묻는 문제이다.

주어진 그림에서 X는 정의역을 말하며, Y는 공역을 말한다.

또한 X의 원소에 대응이 된 Y의 원소들은 치역이라 말한다.

① 정의역은 X의 원소들을 말하므로 $\{a, b, c, d\}$임을 알 수 있다.

② 공역은 Y의 원소들을 말하므로 $\{1, 2, 3, 4\}$임을 알 수 있다.

③ 치역은 공역에서 X의 원소에 대응된 값들을 말하므로 $\{1, 2, 3\}$임을 알 수 있다.

④ $f(a)$는 2가 아니라 1임을 확인할 수 있다.

따라서, 정답은 ④이다.

15 정답 ②

유리함수에 대한 용어와 약속을 정확히 알고 있는지를 평가하는 문제이다.

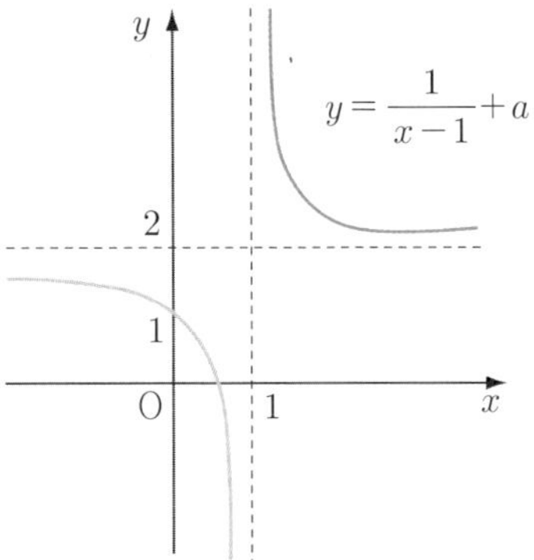

주어진 식 $y=\dfrac{1}{x-1}+a$에서 a는 수평으로 그은 점근선의 값을 알려 준다. 따라서 $a=2$임을 알 수 있다. 분모가 0이 되는 1은 수직으로 그은 점근선임을 주의한다.
따라서, 정답은 ②이다.

16 정답 ②

등차수열을 정확하게 이해하고 있는지를 묻는 문제이다. 첫째항이 1이고 공차가 2이므로 조건에 맞게 항들을 나열하면 1, 3, 5, 7, 9임을 알 수 있고 이 다섯 개의 수의 합은 $1+3+5+7+9=25$임을 알 수 있다.
따라서, 정답은 ②이다.

> **참고**
> 등차수열의 합 공식을 이용하여 문제를 해결할 수도 있다.
> 초항이 1이고 공차가 d이므로 합을 S_n이라고 하면
> $S_n = \dfrac{n(2a+(n-1)d)}{2}$임을 알고 있으므로
> n에 5, a에 1, d에 2를 대입하여 계산하면 정답을 얻을 수 있다.
> 따라서, $S_5 = \dfrac{5(2+4\times 2)}{2} = \dfrac{5\times 10}{2} = 25$임을 확인할 수 있다.

17 정답 ①

수열의 합의 성질을 정확하게 이용할 수 있는지를 묻는 문제이다.

$\sum_{k=1}^{10} a_k = 5$, $\sum_{k=1}^{10} b_k = 10$을 이용하여 $\sum_{k=1}^{10}(2a_k+b_k)$의 값을 구한다.

$$\sum_{k=1}^{10}(2a_k+b_k) = \sum_{k=1}^{10}2a_k + \sum_{k=1}^{10}b_k = 2\sum_{k=1}^{10}a_k + \sum_{k=1}^{10}b_k$$
$$=2\times 5+10=20$$

이므로 정답은 ①임을 알 수 있다.

18 정답 ①

주어진 조건에 따라서 원하는 항의 정보를 찾을 수 있는지를 묻는 문제이다.

주어진 조건의 식을 변형을 해보면 $\dfrac{a_{n+1}}{a_n}=2$이므로 주어진 수열 a_n은 등비수열임을 알 수 있다. 그리고 초항이 1에서 시작하므로 1, 2, 4, 8, … 등을 얻을 수 있음을 확인할 수 있다.
따라서, a_4항은 8이므로 정답은 ①이다.

19 정답 ③

지수의 계산을 정확히 할 수 있는지를 묻는 문제이다. 지수법칙을 정확히 적용하여 문제의 답을 구한다.
$5^3\times 5^{-2} = 5^{3+(-2)} = 5^1 = 5$이므로 정답은 ③임을 알 수 있다.

20 정답 ④

상용로그 표를 정확히 읽을 수 있는지를 묻는 문제이다. 세로의 2.0에서 가로로 줄을 긋고 3에서 세로로 줄을 그어 만나는 곳의 수를 읽어주면 원하는 상용로그의 값을 찾을 수 있다.
따라서, 0.3075이므로 정답은 ④이다.

수	0	1	2	3	…	8	9
1.0	.0000	.0043	.0086	.0128		.0334	.0374
1.1	.0414	.0453	.0492	.0531		.0719	.0755
⋮	⋮			⋮		⋮	⋮
2.0	.3010	.3032	.3054	.3075		.3181	.3201
2.1	.3222	.3243	.3263	.3284	…	.3385	.3404

영어 2020년 기출문제

제2회 정답

01 ④	02 ④	03 ②	04 ①	05 ②
06 ③	07 ③	08 ②	09 ①	10 ②
11 ②	12 ③	13 ④	14 ①	15 ①
16 ④	17 ③	18 ④	19 ②	20 ①
21 ①	22 ②	23 ④	24 ①	25 ③

01 정답 ④

해석 오래된 습관을 바꾸는 것은 쉽지 않다.

어휘 • change 바꾸다

해설 habit은 습관이란 뜻이다.

02 정답 ④

해석 난 내년에 서울 마라톤 대회에 참가할거야.

어휘 • marathon 마라톤

해설 participate in은 참가하다, 참여하다란 뜻이다.

03 정답 ②

해석 두 시간 운전을 한 후, 우리는 마침내 집에 도착했다.

어휘 • drive 운전하다

• arrive 도착하다

해설 at last는 마침내란 뜻이다.

04 정답 ①

해석 ① 큰 – 큰, ② 빠른 – 느린, ③ 예의바른 – 무례한, ④ 비싼 – 싼

해설 모두 반의어 관계인데 ①은 동의어 관계이다.

05 정답 ②

해석 핫 여름 세일, 모든 음악 CD 30% 할인! 할인된 가격에 CD를 살 수 있는 좋은 기회, 2020년 7월 15일부터 7월 29일까지, 월요일부터 토요일 오전 10시부터 오후 9시까지

해설 ②의 매장 위치는 언급되지 않았다.

06 정답 ③

해석 당신은 가능한 빨리 부산 티켓을 예약할 필요가 있어요. / 난 이 책을 학교 도서관에서 빌렸다.

어휘 • as soon as possible 가능한 빨리

• borrow 빌리다

해설 book이 예약하다와 책이란 의미를 가지고 있어 공통으로 알맞은 말이다.

07 정답 ③

해석 난 토요일마다 하이킹을 가곤 했다. / 불 좀 켜주실래요?

어휘 • used to ~하곤 했다

• light 불, 빛, 전등

해설 on + 요일, turn on 켜다의 의미로 공통으로 들어갈 말로는 on이 적절하다.

08 정답 ②

해석 그는 그녀가 몇 살인지 모른다. / 난 스파게티 만드는 법을 알고 싶다.

어휘 • spaghetti 스파게티

해설 how old 몇 살, how to ~하는 방법의 의미로 공통으로 들어갈 말로는 how가 적절하다.

09 정답 ①

해석 A: 난 항상 미국 전역을 여행하고 싶었어.

B: 무엇이 널 막고 있니? 그냥 가!

A: 하지만 난 영어를 못해.

B: 배움에 늦은 때는 없다. 넌 오늘이라도 영어 공부를 시작할 수 있어.

어휘 • travel across ~가로질러 여행하다, 전역을 여행하다

해설 It's never too late to learn은 배움에는 늦은 때는 없다란 의미다.

10 정답 ②

해석 A: 수잔, 너 우울해 보여.

B: 내 여동생이 지난달 캐나다에 갔고, 그래서 혼자 살고 있어.

A: 그녀는 왜 캐나다에 갔니?

B: 공부하러. 요즘 외롭다. 그녀가 그리워.

어휘 • look down 우울해 보이다
• by oneself 혼자
• lonely 외로운
• these days 요즘
• miss 그리워하다

해설 B는 여동생이 캐나다 유학을 가서 혼자 살고 있어 외로운 심정이다.

11 정답 ②

해석 A: 성인표 2장 있나요?
B: 여기 있어요. 수영 모자 있나요?
A: 예, 있어요.
B: 수영장에 들어가시기 전에 꼭 샤워 부탁드립니다.

어휘 • adult 성인, 어른
• swimming cap 수영 모자
• make sure 꼭 ~하다, 반드시 ~하다
• take a shower 샤워하다
• swimming pool 수영장

해설 수영장에서 이루어지는 대화이다.

12 정답 ③

해석 우리는 비가 올 때 그것이 필요하다. 그것은 우리 몸과 옷을 젖지 않게 막아 준다. 그것은 많은 색과 크기가 있다. 그것은 천이나 다른 재료로 덮인 접는 뼈대를 가진 긴 막대기 같은 물건을 가지고 있다.

어휘 • keep Ⓐ from Ⓑ A를 B에서 막아주다
• clothes 옷
• get wet 젖다
• stick 막대
• fold 접다
• frame 뼈대, 프레임
• cover 덮다
• cloth 천
• material 재료

해설 비가 올 때 우리를 비에 젖지 않게 막아주는 우산을 가리키는 것이 적절하다.

13 정답 ④

해석 A: 올해 어떤 계획 있어?
B: 전기 기타를 배울 결심을 했어.
A: 왜 전기 기타야?
B: 나 학교 밴드에 항상 들어가고 싶었어.

어휘 • decide 결심하다, 결정하다
• electric guitar 전기 기타
• join 가입하다, 함께 하다

해설 올해 계획을 묻고 전기 기타를 배우겠다는 계획을 답하는 것이 적절하다.

14 정답 ①

해석 A: 뉴질랜드 방문 목적이 뭔가요?
B: 사업차 왔습니다.

어휘 • purpose 목적
• visit 방문, 방문하다
• be on a business trip 사업차 오다, 출장가다

해설 뉴질랜드 방문 목적을 묻고 답하는 내용이 적절하다.

15 정답 ①

해석 센트럴역에서 내 사무실에 도착하기 위해서는, 36번가에서 1호선을 타. 5번 출구에서 내려서 길을 건너. 우회전해서 3블록 걸어. 회사 건물이 우체국 옆에 있어. 내 사무실은 6층이야.

어휘 • get to 도착하다
• get out 내리다
• exit 출구

해설 사무실 길 안내를 하기 위한 목적의 글이다.

16 정답 ④

해석 속상해 보이네. 무슨 일이야?
(C) 우리 축구팀이 어제 경기에서 1:4로 졌어.
(B) 너무 안됐다. 하지만 걱정 마. 다음엔 더 잘할 거야.
(A) 고마워. 최선을 다할 거야.

어휘 • upset 속상한, 화난

해설 (C)-(B)-(A) 순서가 적절하다.

17 정답 ③

해석 홈 스윗 홈 게스트하우스(숙소)
위치: 이태원역에서 가까움
가격: 하룻밤에 30달러

연락처: sweethome77@kmail.com(이메일)
공짜 인터넷이 제공됨.

어휘 • guesthouse 숙소, 여관
• location 위치
• contact 연락, 연락처
• free 공짜의, 무료의
• provide 제공하다

해설 숙소 연락처는 전화가 아닌 이메일이다.

18 정답 ④

해석 톰은 내 절친 중에 한명이다. 그는 매우 다정하고 사람들과 이야기하는 것을 좋아한다. 그는 영어를 전공하고 있고 영어 선생님이 되길 원한다. 그는 가족과 서울에 산다.

어휘 • friendly 다정한, 우호적인
• major in ~을 전공하다

19 정답 ②

해석 인터넷은 사람들의 삶에 긍정적이고 부정적인 효과를 둘 다 가지고 있다. 인터넷은 사람들이 필요한 정보를 제공한다. 또한 사람들이 새로운 것을 쉽게 배울 수 있게 도와준다. 반면에, 만약 사람들이 온라인에 시간을 너무 많이 사용하게 되면, 그들은 결국 가족이나 친구들과의 시간을 점점 더 적게 쓰게 될 지도 모른다.

어휘 • both Ⓐ and Ⓑ A와 B 둘 다
• positive 긍정적인
• negative 부정적인
• effect 효과
• provide 제공하다
• information 정보
• on the other hand 반면에
• spend 시간이나 돈을 쓰다
• end up ~ing 결국 ~하게 되다
• little - less 적은 – 더 적은

해설 인터넷의 긍정적이고 부정적인 면을 주제로 다루고 있다.

20 정답 ①

해석 안녕, 난 이세준이야. 난 음식 만드는 것이 정말 좋아서 요리사가 되고 싶어. 난 가족들과 친구들이 내가 만든 음식을 먹을 때 행복해. 난 특히 중국 음식에 관심이 있어. 난 중국에 있는 Jin's College에 가서 중국 음식 만드는 법을 배우고 싶어.

어휘 • would like to ~하고 싶다
• cook 요리사, 요리하다
• be interested in ~에 관심을 가지다
• especially 특히 • college 대학

해설 음식 만드는 것이 좋아 요리사가 되고 싶어 빈칸에 cook 요리사가 적절하다.

21 정답 ①

해석 3년 전 나는 공무원이었다. 매일 수백 장의 서류를 읽어야 해서 그 일은 너무 따분했다. 나는 새롭고 창의적인 어떤 것을 하고 싶었다, 그래서 나는 그 일을 그만뒀다. 지금은 내 사업체를 운영하고 있다. 그것은 쉽지 않지만, 하지만 내가 원하는 것을 하고 있기 때문에 나는 행복하다. 나의 새로운 삶이 좋다!

어휘 • government employee 공무원
• boring 따분한, 지루한
• document 문서, 서류
• creative 창의적인
• run 운영하다
• business 사업
• quit 그만두다
• exist 존재하다
• spread 퍼지다
• prevent 막다, 예방하다

해설 공무원을 그만두고(quit) 새로운 일을 시작했다는 글의 내용이다.

22 정답 ②

해석 부엌에서 요리하며 손이나 몸의 다른 부분에 화상을 입을지도 모른다. 대부분 화상은 심각하지 않고 스스로 치료가 될 것이다, 하지만 화상은 여전히 아프다. 화상을 빠르게 치료하기 위해 다음과 같은 조치를 취해봐라.

어휘 • burn 태우다, 화상
• serious 심각한
• heal 치료하다, 치유하다
• on one's own 스스로
• painful 고통스러운
• take steps 조치를 취하다
• following 다음의

해설 이어질 내용으로 알맞은 것은 빠른 화상 치료 조치에 관한 글이다.

23 정답 ④

해석 내가 제주도에 살았을 때, 난 많은 시간을 바다가 절벽을 치는 모습을 봤다. 제주도 전통 가옥과 함께 바위와 물은 매우 아름다운 장면을 만들었다. 난 심지어 잠수복을 입고 바위에 서 있는 한 그룹의 한국 여성들도 볼 수 있었다. (이 여성들은 제주도에서 전문 여성 다이버들인 해녀라고 불린다.) 그들은 산소 탱크를 사용하지 않고 바다로 잠수를 해서 해산물을 가지고 다시 돌아왔다.

해설 a group of Korean women이 these women이므로 ④에 들어가는 것이 적절하다.

24 정답 ①

해석 당신은 많은 시간과 돈을 들이지 않고 건강한 피부를 가질 수 있다. 여기에 몇 가지 도움이 되는 팁(조언)이 있다. 첫째, 매일 밤 충분히 자는 것은 당신 피부에 차이를 만든다. 둘째, 충분한 물을 마셔라. 셋째, 외출할 때 항상 자외선 차단제를 발라라. 마지막으로, 자기 전에 매일 세수를 해라.

어휘 • healthy 건강한
• skin 피부
• spend 시간이나 돈을 쓰다
• make a difference 차이를 만들다
• sunscreen 자외선 차단제
• risk 위험
• sale 판매
• society 사회

해설 도움이 되는 팁을 설명하고 있으므로 tips가 빈칸에 적절하다.

25 정답 ③

해설 단백질과 관련된 내용은 언급되지 않았다.

사회 2020년 기출문제

제2회 정답

01 ②	02 ④	03 ②	04 ④	05 ③
06 ①	07 ①	08 ①	09 ②	10 ③
11 ①	12 ③	13 ①	14 ④	15 ②
16 ④	17 ②	18 ②	19 ③	20 ④
21 ④	22 ①	23 ④	24 ④	25 ③

01 정답 정답 ②

② 자유권은 국가의 간섭을 받지 않고 자신의 의지에 따라 행동할 수 있는 권리로 소극적 권리, 포괄적 권리이다.

오답피하기

① 사회권은 국가로부터 인간다운 생활을 보장받을 수 있는 권리로 적극적 권리이다.
③ 참정권은 국가의 의사 결정 과정에 참여할 수 있는 권리로 적극적 권리, 능동적 권리이다.
④ 청구권은 국가에 대하여 일정한 행위를 요구할 수 있는 권리로 기본권 보장을 위한 기본권이며, 수단적 권리이자 적극적 권리이다.

02 정답 ④

사회적 상호 작용은 개인 또는 집단이 사회생활을 하면서 서로 주고받는 행위이다. 사회적 상호 작용의 유형으로는 협동, 경쟁, 갈등이 있다.
협동은 동일한 목표를 달성하기 위하여 여러 사람이 힘을 합쳐 함께 노력하는 것이며, 경쟁은 동일한 목표를 서로 먼저 차지하기 위하여 노력하는 것이다. 갈등은 목표나 이해관계가 충돌하여 서로 적대시하거나 상대방을 굴복시키려는 것이다.

03 정답 ②

여성 고용 할당제는 적극적 우대 조치로 사회적 차별을 줄이기 위해 사회적 약자에게 우선적으로 기회를 부여해 주는 것이다. 하지만 여성 고용 할당제에 대한 반대 측 입장처럼 여성 채용 비율이 지나치게 높아 오히려 남성들이 불이익을 받는 역차별이 발생할 수도 있다.

04 정답 ④

사실 판단은 진위가 경험적으로 검증될 수 있는 명제들을 말한다. 가치 판단은 사실 판단에 대한 규범적 판단으로 '좋다, 나쁘다, 옳다, 그르다' 식으로 서술한다.
ㄱ, ㄴ은 참과 거짓 구분이 가능하므로 사실 판단에 해당하며, ㄷ, ㄹ은 가치 판단에 해당한다.

05 정답 ③

환율은 서로 다른 화폐 간의 교환 비율이다. 환율이 상승하면 원화의 가치가 하락하고, 수출 상품의 가격 경쟁력이 강화되어 수출 증가가 나타난다. 환율이 하락하면 원화의 가치가 상승하고 수출품의 표시 가격이 올라 수출 감소가 나타난다. 제시문에서 1달러당 1,100원이던 원/달러 환율이 1달러당 1,300원으로 환율이 상승했기 때문에 원화 가치는 하락하고, 2달러는 2,600원과 교환된다.

06 정답 ①

근로 3권에는 단결권, 단체 교섭권, 단체 행동권이 있다. 단결권은 근로자가 근로 조건의 유지·개선을 위해 단체를 결성할 수 있는 권리이고, 단체 교섭권은 근로자 단체가 사용자와 근로 조건의 유지·개선에 대해 교섭할 수 있는 권리이다. 단체 행동권은 근로자가 근로조건을 위해 사용자에 대항하여 단체 행동을 할 수 있는 권리이다. 이러한 근로 3권은 모두 헌법에 보장된 권리이다.

07 정답 ①

제시된 설명은 예금에 대한 내용이다. 예금은 정해진 이자를 기대하고 금융 기관에 돈을 맡기는 것으로, 예금자 보호법으로 안전적으로 수익을 얻을 수 있으나, 수익성이 낮다.

08 정답 ①

제시된 대화는 문화 이해 태도 중 문화 상대주의에 대한 내용이다. 문화 상대주의는 한 사회의 문화를 그들이 처한 환경과 역사적 맥락 속에서 바로 보고 이해하려는 태도이다.

오답피하기

② 문화 사대주의는 다른 사회의 문화를 우월하다고 평가하고, 자신의 문화를 낮게 평가하는 태도이다.
③ 문화 절대주의는 문화를 이해의 대상이 아닌 평가의 대상으로 바라보는 태도로 문화 사대주의와 자문화 중심주의가 있다.
④ 자문화 중심주의는 자기 문화의 우수성만을 내세우고 상대방 문화를 무시하는 문화 이해 태도이다.

09 정답 ②

② B당의 지지율은 (가)지역 40%, (나)지역 25%로 (가)지역이 (나)지역보다 더 높다.

오답피하기

① (가), (나)지역 모두 A당의 지지율이 가장 높다.
③ C당의 지지율은 (나)지역이 35%, (가)지역이 15%로 (나)지역이 (가)지역보다 3배 이상이 아닌 약 2.3배 더 높다.
④ 제시된 정당 지지율은 시간 흐름이 아닌 지역별 정당 지지율을 파악할 수 있다.

10 정답 ③

기업가 정신은 기업이 혁신과 창의성을 바탕으로 이윤을 얻기 위해 위험을 무릅쓰고 도전하는 자세를 말한다. 빠르게 변화하는 사회 변화에 대처, 소비자의 욕구 충족을 위해 기업가에게 필요한 자세이다.

오답피하기

④ 애그플레이션은 곡물가격의 상승으로 인하여 일반 물가가 상승하는 현상을 말한다.

11 정답 ①

'계란을 한 바구니에 모두 담지 마라'는 말은 한곳에 집중 투자를 하는 것이 아니라 분산 투자를 하여 위험을 줄이는 투자 개념으로 사용된다.

12 정답 ③

개인의 권리와 국가 정책 간의 갈등을 해결하기 위한 방안으로 대화와 타협이 중요하다.
국가가 물리적 강제력을 내세워 개인의 권리를 제한하는 것은 올바른 갈등 해결 방안으로 볼 수 없다.

13 정답 ①

삶의 질은 경제적 안정을 바탕으로 정신적, 사회적으로 느끼는 행복한 정도를 의미한다. 고용 안정, 복지 제도, 쾌적한 환경 등의 보장으로 삶의 질을 높일 수 있다.

오답피하기

② 지위에 해당하는 역할이 충돌할 때 역할 갈등이 발생한다.
③ 하우스 푸어란 집을 보유하고 있지만 무리한 대출로 인한 이자 부담때문에 빈곤하게 사는 사람들을 가리키는 말이다.
④ 상대적 박탈감이란 다른 대상과 자신의 상황을 비교함으로써 자신이 불리하다는 것을 느끼는 것을 말한다.

14 정답 ④

교통・통신의 발달로 농업 중심의 1차 산업에서 2・3차 산업으로 바뀌어 가고 있다. 교통・통신의 발달로 지역 간의 상호 작용이 활발해지며, 인간의 공간 인식이 확대된다.

15 정답 ②

제시된 설명은 석탄에 대한 내용이다. 석탄은 산업 혁명 시기에 동력 자원으로 사용되었고, 주로 고생대 지층에 매장되어 있다. 역청탄에서 생산되는 코크스를 이용해 제철 공업에 사용된다.

오답피하기

③ 희토류는 매장량이 많지 않아 희귀한 금속으로 첨단 산업의 원료로 사용된다.
④ 천연가스는 화석연료이지만 오염 물질 배출이 적은 청정연료이다.

16 정답 ④
세계 무역 기구(WTO)는 모든 회원국에게 최혜국 대우를 보장해 주는 다자주의를 원칙으로 하는 무역 기구이다. 관세 인하 요구 및 통상 분쟁 조정 등의 법적 구속력을 가지고 있다.

오답피하기
① 소호(SOHO)는 가정에서 인터넷 등과 같은 컴퓨터 통신망을 이용하여 사업을 하는 직업 형태이다.
② 비정부 기구(NGO)는 공동의 이해를 가진 사람들에 의해 자발적으로 조직된 비영리 시민단체이다.
③ 유네스코(UNESCO)는 교육·과학·문화의 보급 및 교류를 통하여 국가 간의 협력 증진을 목적으로 설립된 국제 연합 전문 기구이며, 인류가 보존해야 할 문화와 자연유산을 세계유산으로 지정하여 보호한다.

17 정답 ②
㉠ 쌀은 아시아 계절풍 기후 지역에서 주로 생산되며, 생산지와 소비지가 일치하여 국제적 이동량이 적다.
㉡ 옥수수의 생산량 1위 국가는 미국이다. 옥수수는 사료 작물로 이용되지만 최근 바이오 연료의 원료로 많이 이용되고 있다.

18 정답 ②
개발 제한 구역(greenbelt)은 도시의 무질서한 팽창을 막고, 도시 주변의 자연환경을 보전하기 위해 설치되었다.

19 정답 ③
핌피(PIMFY) 현상은 자기 동네에 이득이 되는 시설을 유치하기 위한 지역 이기주의 현상으로, "Please in my front yard"의 각 단어의 앞 철자만 따와서 만든 용어이다.

오답피하기
① 인구와 건물이 밀집되어 있는 도심지는 일반적으로 다른 지역보다 온도가 높게 나타난다. 이러한 현상을 열섬 현상이라 한다.
② 님비(NIMBY) 현상은 "Not In My Back Yard"의 앞 철자만 따와서 만든 용어로, '우리 뒷마당에는 안 된다'는 뜻이다. 즉, 혐오 시설인 분뇨 처리장, 쓰레기 매립장 등을 집 또는 마을 인근에 건설되는 것을 반대하는 현상을 말한다.
④ 바나나(BANANA) 현상은 'Build Absolutely Nothing Anywhere Near Anybody'의 첫 글자로 이루어진 신조어로, '환경적으로 보아 혐오적인 시설을 자기 지역권 내에 설치하는 것을 반대하는 현상'을 말한다.

20 정답 ④
제시된 내용은 위치 정보 시스템(GPS)에 대한 설명이다. 위치 정보 시스템은 인공위성이 정해진 지구 궤도를 돌며 GPS 수신기로 신호를 보내 위치를 알려 주는 기술로, GPS 수신기만 있으면 지구 어디서나 경·위도, 해발 고도와 같은 정보를 얻을 수 있다.

오답피하기
① 로하스(LOHAS)는 'Lifestyle Of Health And Sustainability'의 약자로, 개인의 건강뿐만 아니라 사회의 지속 성장을 추구하고 환경을 생각하는 생활 스타일을 뜻한다.
② 바우처(VOUCHER)란 정부가 수요자에게 쿠폰을 지급하여 재정을 지원하는 방식이다.
③ 유비쿼터스(Ubiquitous)란 장소나 시간에 구애받지 않고 자유롭게 네트워크에 접속할 수 있는 환경을 말한다.

21 정답 ④
제시된 내용은 지구 온난화를 방지하기 위해 온실 가스 감축에 합의한 리우 협약 또는 기후 변화 협약에 대한 것이다.

오답피하기
① 런던 협약은 폐기물을 해양에 함부로 버리는 것을 막기 위한 협약이다.
② 바젤 협약은 유해 폐기물의 국가 간 이동 및 처리에 관한 국제 협약이다.
③ 람사르 협약은 습지 보호 협약이다.

22 정답 ①
인구 이동의 요인으로 경제적 요인, 정치적 요인, 자연환경 요인 등이 있다. 더 높은 소득을 위해 개발 도상국에서 선진국으로 이동하는 것은 경제적 요인에 해당한다.

23 정답 ④
우리 선조들의 풍습인 '고수레'는 인간과 자연의 조화를 강조하는 사례로 볼 수 있다. 야생 동물 서식지를 보호하기 위해 생태 통로를 만드는 것 역시 인간과 자연의 조화를 강조하는 모습으로 볼 수 있다.

24 정답 ④
쿠릴 열도는 1905년 러・일 전쟁 이후 일본의 영토로 편입되었으나, 제2차 세계 대전 이후 소련이 점령함으로써 러시아와 일본의 영토 분쟁이 발생한 지역이다.

25 정답 ③
세계화는 교통・통신의 발달과 세계 무역 기구(WTO)의 출범으로 국제 사회의 상호 의존성이 증가하면서 세계가 하나로 통합되는 현상을 말한다.

과학 2020년 기출문제

제2회 정답

01 ①	02 ③	03 ③	04 ②	05 ③
06 ②	07 ①	08 ④	09 ④	10 ③
11 ③	12 ①	13 ②	14 ②	15 ②
16 ④	17 ④	18 ③	19 ①	20 ④
21 ①	22 ④	23 ①	24 ④	25 ②

01 정답 ①
관성의 법칙은 외부로부터 힘이 작용하지 않으면 물체의 운동 상태는 변하지 않는다는 법칙이다. 이것은 뉴턴의 운동 제1법칙이다.

오답피하기

② **가속도의 법칙** : 운동하는 물체의 가속도는 힘이 작용하는 방향으로 일어나며, 그 힘의 크기에 비례한다는 뉴턴의 운동 제2법칙이다.
③ **만유인력의 법칙** : 1687년 뉴턴이 발견한 것으로, 모든 물체 사이에 작용하는 인력은 두 물체의 질량의 곱에 비례하고 거리의 제곱에 반비례한다는 법칙이다.
④ **작용 반작용의 법칙** : 모든 작용에는 항상 반대로 작용하는 같은 크기의 반작용이 있다. 이것은 뉴턴의 운동 제3법칙이다.

02 정답 ③
지진파는 지진이 발생할 때 에너지가 지각으로 전달되는 파동으로 탄성파의 한 종류이며, 지진파를 이용해 지구 내부 구조에 대한 정보를 얻을 수 있다.

오답피하기

X선, 자외선, 가시광선은 전자기파이다. 전자기파는 전기장과 자기장의 세기가 주기적으로 변하면서 매질이 없이 공간을 통해 전달되는 파동이다.

03 정답 ③

• 디지털 신호는 컴퓨터가 인식하는 0 또는 1의 2진수로 표시되는 신호로, 불연속적으로 변하는 신호이다.
• 아날로그 신호는 자연계에서 발생하는 대부분의 신호로, 시간에 따라 연속적인 값으로 나타난다.

오답피하기

ㄴ. 자연에서 발생하는 신호는 대부분 아날로그 신호이다.

04 정답 ②

그림에서 전도 띠와 가전자 띠 사이에 에너지 간격이 없으므로 도체를 의미한다. 도체는 금, 구리, 철 등 대부분의 금속으로 전자의 이동이 쉬워서 전류가 잘 흐른다.

오답피하기

부도체는 전류가 잘 흐르지 못하는 물질로 고무, 나무 등이 있다.
① **고무** : 부도체이다.
③ **나무** : 부도체이다.
④ **유리** : 부도체이다.

05 정답 ③

전열기는 저항선에 전류를 통하게 하여 열을 발생시키거나 전기 에너지를 열에너지로 전환하는 발열기이다.

참고

조리용 전열기구로는 전기밥솥, 전기오븐, 토스터 등이 있고, 난방용 전열기구에는 전기난로, 전기담요, 전기장판 등이 있다.

06 정답 ②

바이오 에너지는 나무, 고구마, 사탕수수, 해조류 등과 같은 유기체나 종이, 음식물 쓰레기, 폐식용유와 같은 유기계 폐기물을 이용하여 만든 연료에서 얻는 에너지이다.

오답피하기

① **풍력 에너지** : 풍력 에너지는 바람의 운동 에너지이며, 바람의 운동 에너지를 회전력으로 전환하여 전기 에너지를 만드는 것이 풍력 발전이다.
③ **태양광 에너지** : 태양의 빛을 이용해 얻는 에너지이다.
④ **핵융합 에너지** : 수소나 중수소와 같은 가벼운 원자의 핵이 2개 이상 결합하여 하나의 원자핵을 만드는 핵융합 반응을 할 때 막대한 에너지가 발생한다.

07 정답 ①

화학 반응 속도는 화학 반응이 진행되는 속도이다. 단위 시간당 소모된 반응물의 양이나 생성된 생성물의 양으로 반응 속도를 나타낸다. 화학 반응 속도는 정촉매를 첨가할 때 빨라진다.

오답피하기

ㄴ. 반응물의 농도가 증가할 때 반응 속도가 빨라진다.
ㄷ. 단위 시간당 반응 입자의 충돌 횟수가 증가할 때 반응 속도가 빨라진다.

08 정답 ④

(나)에서 물 분자를 형성할 때, 수소 원자와 산소 원자는 공유 결합을 한다. 물 분자에서 산소 원자 1개가 수소 원자 2개와 각각 전자쌍을 공유함으로써, 물 분자는 2쌍의 공유 전자쌍을 갖는다.

오답피하기

ㄱ. (가)에서 2개의 수소 원자는 각각 1개의 전자를 내놓아 만든 1쌍의 공유 전자쌍을 동시에 공유함으로써 안정한 전자 배치를 가지게 되는 수소 분자를 형성한다.

09 정답 ④

ㄱ. 주어진 화학 반응식에서 반응물은 수소와 산소이므로 반응물의 종류는 2가지이다.

ㄴ. $2H_2 + O_2 \rightarrow 2H_2O$
ㄷ. 화학 반응식에서 반응 전 화학 물질의 총 원자수와 반응 후 화학 물질의 총 원자수는 같으므로 반응 전과 후의 산소 원자의 개수는 같다.

10 정답 ③
단백질의 단위체는 아미노산이며, 탈수 축합 중합 반응으로 만들어진다. 단백질은 세포, 효소 등 생명체를 구성하는 주성분이다.

오답피하기
① 녹말 : 단위체가 포도당이다.
② DNA : 기본 단위체는 뉴클레오타이드(nucleotide)이다.
④ 암모니아 : 질소와 수소로 이루어진 자극적인 냄새가 나는 무색의 기체 분자이다.

11 정답 ③
바닷물이 오르내리는 파도가 가진 에너지를 파력 에너지라고 한다.

오답피하기
① 태양열 에너지를 이용한 것이다.
② 화학 에너지를 이용한 것이다.
④ 지열 에너지를 이용한 것이다.

12 정답 ①
백신을 인위적으로 투여하면 우리 몸이 그 미생물에 저항할 수 있는 항체를 만들어내 나중에 동일한 미생물에 감염되었을 때 면역을 갖게 된다.

오답피하기
항생제는 세균의 발육을 억제하거나 죽이는 의약품이다.

13 정답 ②
원핵생물은 핵막, 미토콘드리아, 엽록체 등의 복잡한 세포 소기관이 없다. 세균과 남조류가 대표적인 원핵생물이다.

오답피하기
① 원핵생물은 핵막이 없다.
③ 원핵생물이 먼저 출현하고 진핵생물은 나중에 출현했다.
④ 원핵생물은 막으로 둘러싸인 세포 소기관이 발달되지 않았다.

14 정답 ②
DNA의 유전 정보가 먼저 RNA로 전사된 후 아미노산으로 번역되는 과정을 거쳐 단백질이 합성된다. 전사는 DNA의 유전 정보가 RNA로 전달되는 과정이다. 번역은 RNA의 유전 정보에 따라 단백질이 합성되는 과정이다.

15 정답 ②
ㄱ. 성염색체가 XY이므로 성별은 남자이다. 성염색체는 남녀에 따라 모양이 다르므로 성별을 구분하는 염색체이다.
ㄴ. (가)는 남녀 공통으로 가지는 염색체로 상염색체이다.

오답피하기
ㄷ. (나)에서 Y는 남자의 성염색체에서 볼 수 있는 것이므로 아버지로부터 물려받은 것이다.

16 정답 ④
지방은 1g에 9kcal의 열량을 낸다. 지방을 많이 함유하고 있는 식품에는 콩, 땅콩, 호두, 버터 등이 있다.

오답피하기
① 단백질 : 효소의 주성분이며 1g에 4kcal의 열량을 낸다.
② 탄수화물 : 가장 먼저 사용되는 인체의 주된 에너지원으로 1g에 4kcal의 열량을 낸다. 쌀, 보리, 밀 등의 곡류와 감자, 고구마, 옥수수 등에 탄수화물이 들어 있다.
③ 무기 염류 : 칼슘, 인, 철, 황, 마그네슘 등의 무기질 영양소이며, 인체의 생리 작용을 조절한다.

17 정답 ④

내시경은 빛의 전반사 원리를 이용해서 장기의 내부를 직접 관찰하는 기구이다.

오답피하기

① **자기 공명 영상 장치(MRI) 검사** : 자기장과 고주파를 이용하여 근육, 연골, 신경 등의 단면을 영상으로 보여 주는 장치이다.
② **초음파 검사** : 사람이 들을 수 없는 초음파를 이용하여 인체 내부의 영상을 보여 주는 장치이다.
③ **소변 검사** : 오줌 성분을 분리하고 농도를 측정하여 몸에서 일어나는 물질 대사의 잔유물을 통해 건강 상태를 확인한다.

18 정답 ③

광합성은 빛에너지를 이용하여 이산화 탄소와 물을 재료로 포도당과 같은 유기물을 합성하고 산소를 방출하는 반응이다. 이때, 엽록체는 식물세포의 광합성 장소이다.

19 정답 ①

삼엽충은 고생대의 표준 화석으로, 고생대는 최초의 육상 생물이 출현하고 양치 식물이 번성하였다.

오답피하기

② **암모나이트** : 중생대의 표준 화석이다.
③ **공룡** : 중생대의 표준 화석이다.
④ **매머드** : 신생대의 표준 화석이다.

20 정답 ④

지구가 태양 주위를 공전할 때 타원 궤도로 공전하기 때문에 근일점과 원일점이 나타난다. 이때, 행성의 공전 궤도상에서 태양과 행성 사이의 거리가 가장 가까운 곳을 근일점, 가장 먼 곳을 원일점이라고 한다.

참고

케플러 제1법칙(타원 궤도 법칙)에 따라 모든 행성은 태양을 하나의 초점으로 하는 타원 궤도를 따라 공전한다.

21 정답 ①

허블 법칙을 나타내는 그래프는 외부 은하의 거리가 멀수록 후퇴 속도가 빠르므로 비례 그래프이다.

참고

거리가 먼 은하일수록 빨리 멀어진다는 것은 우주 팽창을 의미한다.

22 정답 ④

ㄱ. 수소 핵융합 반응으로 헬륨이 생성된다.
ㄴ. 태양보다 질량이 매우 큰 별은 별의 중심부 온도가 높기 때문에 탄소, 산소, 규소 등의 원소가 차례로 핵융합 반응을 일으킨다. 이때, 가장 중심부에는 안정한 원소인 철이 생성된다.
ㄷ. 마지막 핵융합이 끝나면 중력 수축이 일어나면서 강력한 폭발이 일어나고 초신성이 폭발할 때, 순간적으로 철보다 무거운 원소를 만든다.

23 정답 ①

개기 일식은 태양-달-지구가 일직선으로 놓이면서 지구가 달의 그림자 속으로 들어가 태양이 완전히 가려지는 현상이다.

24 정답 ④

연소는 물질이 공기 속의 산소와 반응하여 빛과 열을 내며 타는 현상이다. 화석 연료를 연소시키면 탄소가 산화되어 이산화 탄소 기체가 생성된다. 온실 기체는 지구의 대기 속에 존재하여 온실효과를 일으키는 기체로 이산화 탄소, 메테인 등이 있다.

오답피하기

① **산소** : 연소할 때 필요한 반응물이다.
② **수소** : 가장 가벼운 기체로, 수소는 작은 불꽃만 대어 주어도 폭발할 정도로 불이 잘 붙는다.
③ **헬륨** : 공기보다 가볍고 수소보다 폭발성이 작다.

25 정답 ②

광상은 유용한 광물이 많이 모여 있는 곳이다. 정장석이 풍화되어 생긴 고령토는 퇴적 광상의 예이다.

오답피하기

A는 마그마가 식으면서 마그마 속에 포함된 유용한 원소들이 모이는 화성 광상이다. B는 암석이 풍화, 침식, 운반, 퇴적되는 과정에서 유용한 광물이 집중적으로 쌓이는 퇴적 광상이다.

한국사 2020년 기출문제

제2회 정답

01 ③	02 ②	03 ④	04 ④	05 ①
06 ④	07 ③	08 ③	09 ①	10 ②
11 ②	12 ①	13 ①	14 ②	15 ①
16 ②	17 ③	18 ④	19 ③	20 ④
21 ①	22 ③	23 ③	24 ②	25 ④

01 정답 ③

제시된 사진 속 유물은 비파형 동검으로, 청동기 시대의 대표 유물이다.

빈부 격차와 계급이 (처음) 발생한 시대는 청동기 시대이다.

오답피하기

① 한글 소설이 유행한 것은 조선 후기이다.
② 철제 농기구를 사용한 것은 초기 철기 시대이다.
④ 서옥제라는 혼인 풍습이 있었던 것은 초기 국가, 고구려이다. 철기 시대에 해당한다.

02 정답 ②

제시된 자료에 '12월에 영고라는 제천 행사를 열었다'는 내용이 나와 있다. 이어 다음 자료에는 '마가, 우가, 구가, 저가 등이 사출도를 다스렸다'는 내용이 나와 있다. 이를 통해 제시된 자료가 설명하는 나라는 초기 국가, 부여임을 알 수 있다.

03 정답 ④

'고구려의 발전'이라는 제목하에 소수림왕이 '불교 수용, 율령 반포'한 내용이 나와 있다. 이어 ㉠이 '신라를 도와 왜 격퇴, 요동 지역 확보'라는 내용이 나와 있다. 마지막으로 장수왕이 '평양 천도, 한강 유역 차지'라는 내용이 나와 있다. 이를 통해 제시된 ㉠은 고구려의 제19대 왕인 광개토 대왕(재위 391~413)임을 알 수 있다.

04 정답 ④

제시된 자료에 '통일 신라의 승려 혜초가 지은 책이다'는 내용이 나와 있다. 이어 다음 자료에는 '당을 거쳐 인도와 중앙아시아를 순례한 뒤 각 지역의 지리와 역사, 풍속을 기록하였다'는 내용이 나와 있다. 이를 통해 제시된 자료가 가리키는 책은 『왕오천축국전』임을 알 수 있다(727, 성덕왕 26).

오답피하기

① 『칠정산』은 조선 시대의 역법서(1444, 세종 26)
② 『동의보감』은 조선 시대의 의학서(1610, 광해군 2)
③ 『조선왕조실록』은 조선 시대의 역사서

05 정답 ①

제시된 자료에 '진골, 6두품, 5두품, 4두품 등으로 구분하였다'는 내용이 나와 있다. 이어 다음 자료에는 '혈통에 따라 개인의 정치·사회적 활동 범위를 결정하였다'는 내용이 나와 있다. 이를 통해 제시된 자료는 신라 고유의 신분 제도인 골품제를 가리키는 것임을 알 수 있다.

오답피하기

② 과거제는 고려와 조선 시대에 관리를 뽑기 위해 시행된 시험 제도이다.
③ 균역법은 조선 후기에 군역의 부담을 경감하기 위하여 만든 세법이다(1750, 영조 26).
④ 진대법은 춘궁기에 국가가 농민에게 양곡을 대여해 주고 수확기에 갚게 한 고구려의 구휼 제도이다(194, 고국천왕 16).

06 정답 ④

고려 공민왕의 업적을 찾는 문제이다.
ㄱ. 서원이 정리된 것은 조선 영조 대와 고종 대(흥선 대원군)의 일이다.
ㄴ. 훈민정음이 창제된 것은 조선 세종 25년인 1443년의 일이다.
ㄷ. 쌍성총관부를 탈환한 것은 고려 공민왕 5년인 1356년의 일이다.
ㄹ. 전민변정도감이 설치된 것은 고려 공민왕 15년인 1366년의 일이다.

따라서 〈보기〉 중 고려 공민왕의 업적으로는 'ㄷ과 ㄹ'이 해당한다.

07 정답 ③

'㉠은 자주로 일반 군현에 살면서 농업이나 상공업에 종사하였다'는 내용이 나와 있다. 이어 '이 중 대부분은 백정이라 불리는 농민이었고, 조세, 공납, 역을 부담하였다'는 내용이 나와 있다. 이를 통해 제시된 자료 속 ㉠은 고려의 양민을 가리키는 것임을 알 수 있다(고려의 신분에 대해 묻고 있음).

08 정답 ③

'거란의 침략을 물리친 고려의 인물'이라는 제목하에 서희와 강감찬이 나와 있다. 강감찬의 경우는 '귀주 대첩에서 승리'한 것으로 나와 있다. 서희의 경우는 거란의 제1차 침입 시 적장 소손녕과의 담판으로 강동 6주를 획득한 것을 들 수 있다.

오답피하기

① 별기군이 창설된 것은 조선 후기의 일이다(1881, 고종 18).
② 22담로가 설치된 것은 백제 무령왕 대(재위 501~523)의 일이다.
④ 명량 해전에서 이순신이 이끄는 조선의 수군이 승리한 것은 1597년(선조 30)의 일이다.

09 정답 ①

답변에 '1395년에 완성된 조선의 정궁으로서 임진왜란 시기에 불탄 것을 고종 때 흥선 대원군이 왕실의 권위를 되찾기 위해 중건하였다'는 내용이 나와 있다. 조선의 정궁[법궁]인 경복궁임을 알 수 있다.

오답피하기

② 대화궁은 고려 시대에 묘청 등 서경 천도 세력이 서경(지금의 평양)에 세운 궁궐이다(12세기 전반).
③ 행주산성은 경기도 고양시에 있는 삼국 시대의 토축 산성이다.

④ 수원 화성은 경기도 수원시에 있는 조선 시대의 성곽이다(조선 정조 대 건설).

10 정답 ②

'송나라의 자기 제작 기술을 받아들인 이후 고려의 독창적인 기술을 적용하여 만든 비취색의 자기이다'는 내용이 나와 있다. 고려 청자, 그중에서도 12세기 중반경에 크게 발달한 상감 청자를 가리킴을 알 수 있다. 청자 상감 운학문 매병은 대표적인 고려의 상감 청자이다.

오답피하기

① 호우명 그릇은 고구려 광개토 대왕의 공적을 기리기 위하여 만들어진 그릇이다(고구려가 제작한 그릇).
③ 명도전은 중국 전국시대의 화폐이다.
④ 빗살무늬 토기는 신석기 시대의 대표 토기이다.

11 정답 ②

맨왼쪽 말풍선에는 '을미의병이 일어난 배경은 무엇일까'는 질문이 나와 있다. 이어 맨오른쪽 말풍선에는 '명성황후 시해 사건에 분노했기 때문'이라는 대답이 나와 있다. 을미의병이 일어난 또다른 배경은 당시 을미개혁의 일환으로 단행된 단발령에 대한 반발 때문이었다(1895).

오답피하기

① 군대의 해산으로 인해 일어난 의병은 정미의병이다(1907).
③ 아관 파천이 일어난 것은 1896년(고종 33) 2월의 일이다. 이로 인해 을미개혁이 중단되었다.
④ 을사늑약이 체결된 것은 1905년(고종 42) 11월의 일이다. 을사늑약이 체결된 것이 아니라 체결이 강요되었다고 하는 것이 더욱 정확한 표현이다.

12 정답 ①

'조선 전기의 대외 관계'라는 제목하에 일본에 대한 회유책[제한적 무역 허락(3포 개항)]과 강경책[㉠]이 제시되어 있다. 조선 시대에서 대마도 정벌이 있었던 것은 세종 원년인 1419년의 일이다(이종무).

오답피하기

② 북벌론이 추진된 것은 조선 효종 대(재위 1649~1659)의 일로 대상은 일본이 아니라 청나라였다.
③ 동북 9성이 설치된 것은 고려 예종 2년인 1107년의 일로, 대상은 여진(족)이었다.
④ 우리나라에서 천리장성이 축조된 것은 2차례인데, 고구려 때는 당의 공격에 대비하기 위해서였고(631~647), 고려 때는 거란의 침략에 대비하기 위해서였다(1033~ 1044).

13 정답 ①

제시된 자료에 '조선 광해군 때 경기도에서 처음 실시하였다'는 내용이 나와 있다. 이어 다음 자료에는 '집집마다 부과하던 토산물을 토지 결수에 따라 쌀, 면포, 동전 등으로 납부하게 하였다'는 내용이 나와 있다. 이를 통해 제시된 제도는 대동법임을 알 수 있다(1608, 광해군 즉위년).

오답피하기

② 타조법은 지주가 농지를 대여해 준 대가로 수확량의 절반을 징수하던 소작 제도를 말한다. 병작 반수제 또는 지주 전호제라고도 부른다.
③ 호패법은 16세 이상의 양인 남자에게 일종의 신분 증명서인 호패를 가지고 다니게 하던 제도이다(조선 태종 대 처음 시행).
④ 연분9등법은 농사의 풍흉을 아홉 등급으로 나눠 전세를 부과한 수취 제도이다(조선 세종 대 시행).

14 정답 ②

조선 후기 실학에 대한 옳은 설명을 찾는 문제이다.
ㄱ. 대표적인 학자로 정약용, 박제가 등이 있다. 옳은 설명이다.
ㄴ. '사람이 곧 하늘'이라는 인내천 사상을 내세웠다. 동학에 대한 설명이다.

ㄷ. 토지 제도의 개혁, 상공업 진흥 등을 주장하였다. 옳은 설명이다.
ㄹ. 산천 숭배나 신선 사상과 결합하여 불로장생을 추구한 것은 도교에 대한 설명이다.

따라서 조선 후기 실학에 대한 옳은 설명으로는 'ㄱ과 ㄷ'이 해당한다.

15 정답 ①

'김옥균, 박영효, 홍영식, 서광범 등'의 인물과 관련이 있고, '우정총국, 경우궁 등'의 장소와도 관련이 있는 사건, 특히 '1884년 급진 개화파들이 일으킨 변란'으로 '3일 천하'로 끝난 사건은 갑신정변이다.

오답피하기

② 기묘사화가 일어난 것은 조선 중종 14년인 1519년의 일이다.
③ 병자호란이 일어난 것은 조선 인조 14년인 1636년의 일이다.
④ 만적의 난이 일어난 것은 고려 신종 원년인 1198년의 일이다.

16 정답 ②

'전주성을 점령한 농민군은 외국 군대 철수와 폐정 개혁을 조건으로 정부와 ㉠을/를 체결한 뒤 해산하였다'는 내용이 나와 있다. 이어 '이후 호남 각지에 자치적 민정 기구인 집강소를 설치하여 행정과 치안을 담당하였다'는 내용이 나와 있다.

동학 농민 운동 당시 동학 농민군과 정부가 체결한 것은 '전주 화약'이다(1894.5.8).

오답피하기

① 헌의 6조가 채택된 것은 관민 공동회 때의 일이다(1898.10).
③ (갑신정변 후 청과 일본 사이에) 톈진 조약이 체결된 것은 1885년 4월의 일이다.
④ 대한국 국제가 반포된 것은 1898년(고종 36) 8월의 일이다.

17 정답 ③

제시된 자료에 '조만식을 중심으로 평안도 사람들이 내 살림 내 것으로라는 구호를 내걸고 민족 운동을 전개하였다'는 내용이 나와 있다. 이어서 '자작회, 토산 애용 국민회 등의 단체들이 활발하게 참여하면서 전국적으로 확산되었다'는 내용이 나와 있다. 이를 통해 제시된 자료 속 민족 운동은 1920년부터 시작된 물산 장려 운동임을 알 수 있다.

오답피하기

① 형평 운동은 백정(白丁)에 대한 사회적 차별 철폐를 요구한 백정들의 신분 해방 운동으로 1923년 4월 경남 진주에서 처음 시작되었다(조선 형평사).
② 문맹 퇴치 운동은 조선일보의 주도로 1929년에 처음 시작되었다(~1934).
④ 민립 대학 설립 운동은 조선 민립 대학 설립 기성회의 주도로 1922년부터 시작되었다.

18 정답 ④

'이달의 독립운동가 김구'라는 제목하에 주요 활동으로 '㉠'과 '대한민국 임시 정부 주석 역임', '남북 협상 참여'가 제시되어 있다.

백범 김구의 주요 활동으로 제시된 선지 중에서는 한인애국단을 조직한 것을 들 수 있다(1931.10, 중국 상하이에서 결성).

오답피하기

① 대종교를 창시한 인물은 나철(1863~1916)이다(1909).
② 『열하일기』를 저술한 인물은 연암 박지원(1737~1805)이다. 『열하일기』는 정조 4년인 1780년에 박지원이 청나라 건륭제의 칠순연(七旬宴)을 축하하기 위하여 사행하는 삼종형 박명원을 수행하여 청나라 고종의 피서지인 열하를 여행하고 돌아와서 기록한 연행일기이다.
③ 유신 헌법이 확정된 것은 박정희 정부 시기인 1972년 11월의 일이다.

19 정답 ③

흥선 대원군이 척화비를 세운 배경으로는 병인양요(1866, 고종 3), 오페르트 도굴 사건(1868, 고종 5), 신미양요(1871, 고종 8)와 같은 외세의 침략 또는 도발 사건을 들 수 있다. 묘청의 난이 일어난 것은 고려 인종 13년인 1135년의 일이다.

20 정답 ④

제시된 자료에 '한국인을 일본 천황에게 충성하는 백성으로 동화시키려 하였다'는 내용이 나와 있다. 이어 '소학교의 명칭을 국민학교로 바꿨다'는 내용이 나와 있다. 일제가 강점기 말에 시행한 황국 신민화 정책에 대한 것임을 알 수 있다. 신사 참배 강요, 황국 신민 서사 암송 강요, 궁성 요배, 애국저축 및 일본어 상용 강요, 창씨 개명 시행 등을 들 수 있다. 소학교의 명칭을 국민학교로 바꾼 것은 제3차 조선 교육령 일부 개정 때의 일이다(1941.3).

오답피하기

① 남진 정책은 고구려 장수왕이 추진한 적이 있다(평양 천도, 427).
② 화폐 정리 사업이 추진된 것은 1905년의 일이다(~1909).
③ 토지 조사 사업이 추진된 것은 1910년의 일이다(~1918).

21 정답 ①

제시된 자료에 '1927년에 비타협적 민족주의자들과 사회주의자들이 협력하여 조직하였다'는 내용이 나와 있다. 이어 '광주 학생 항일 운동이 일어나자 진상 조사단을 파견하였다'는 내용이 나와 있다. 이를 통해 자료에서 가리키는 단체는 민족 협동 전선 운동의 일환으로 조직된 신간회임을 알 수 있다.

오답피하기

② 황국 협회가 결성된 것은 1898년 6월의 일이다. 독립 협회에 대항하기 위해 정부의 주도하에 보부상이 중심이 되어 결성되었다.
③ 헌정 연구회가 결성된 것은 1905년 5월의 일이다.
④ 조선어 학회가 결성된 것은 1931년 12월의 일이다. 조선어 연구회에서 개칭하였다.

22 정답 ③

제시된 자료에 '독립 협회가 주최한 근대적 민중 대회'라는 내용이 나와 있다. 이어 '러시아의 내정 간섭과 이권 요구를 규탄하였다'는 내용이 나와 있다. 이를 통해 제시된 자료는 1898년 독립 협회 주도로 열린 만민 공동회와 관련이 있음을 알 수 있다(1898.3~12).

오답피하기

① 광무개혁은 대한 제국 수립과 동시에 시작된 황실 주도의 개혁이다(1897~1904).
② 영남만인소는 영남 유생들의 개화 반대 상소이다(『조선책략』 반대, 1881.2). 참고로 '영남 만인소'가 아니라 '영남만인소'로 붙여 써야 한다.
④ 원산 총파업이 일어난 것은 1929년 1월의 일이다(~4월까지 진행).

23 정답 ③

'1987년 1월, 대학생 박종철이 경찰의 고문으로 사망하였다'는 내용이 나와 있다. 이어 '시민들은 이 사건에 분노하여 전국적으로 시위를 벌이고 대통령 직선제 개헌을 요구하였다'는 내용이 나와 있다. 이를 통해 제시된 자료에서 가리키는 민주화 운동은 1987년에 일어난 6월 민주항쟁임을 알 수 있다.

오답피하기

① 3·1 운동이 일어난 것은 1919년의 일이다.
② 4·19 혁명이 일어난 것은 1960년의 일이다.
④ 한·일 회담 반대 시위가 일어난 것은 1964년의 일이다(6·3 시위). 학생들이 시위를 주도하였다.

24 정답 ②

'이곳은 조선 숙종 때 안용복의 활약과 대한 제국 칙령 제41호에 의해 우리의 고유 영토임이 확인되었다'는 내용이 나와 있다. 독도를 가리킴을 알 수 있다. 안용복이 활약한 것은 조선 숙종 19년인 1693년과 숙종 22년인 1696년의 일이다(두 차례). 또 대한 제국 칙령 제41호가 관보에 게재된 것은 1900년 10월의 일이다.

25 정답 ④

제시된 자료에 '2000년에 최초의 남북 정상 회담을 성사시켰다'는 내용이 나와 있다. 이어 다음 자료에는 '2001년에 국제 통화 기금(IMF)의 지원금을 상환하였다'는 내용이 나와 있다. 이를 통해 제시된 자료의 정부는 김대중 정부임을 알 수 있다(김대중 정부 시기, 1998.2~2002.2). 최초의 남북 정상 회담이 열린 것은 2000년 6월의 일이고(6·15 남북 공동 선언), 국제 통화 기금의 지원금을 (조기) 상환한 것은 2001년 8월의 일이다(IMF 관리 체제에서 벗어남).

도덕 2020년 기출문제

제2회 정답

01 ②	02 ②	03 ①	04 ④	05 ④
06 ③	07 ④	08 ③	09 ④	10 ④
11 ①	12 ③	13 ②	14 ①	15 ②
16 ④	17 ③	18 ②	19 ①	20 ①
21 ③	22 ②	23 ③	24 ④	25 ①

01 정답 ②

문화 윤리에서 다루는 주제는 예술과 외설의 구분 기준, 의식주와 윤리의 관계, 문화 다양성 존중과 보편 윤리의 양립 가능성 등이 있다. 전쟁과 핵 문제는 평화 윤리에서 다루는 주제로 볼 수 있다.

02 정답 ②

덕(德) 윤리는 아리스토텔레스의 사상적 전통을 계승하여 행위자의 품성과 덕성을 중시하였고, 덕행을 습관화하여 유덕한 성품을 기르고 지속적·자발적으로 선한 행위의 실천을 강조하였다.

오답피하기

ㄴ, ㄹ은 공리주의 입장이다.

03 정답 ①

부유한 나라의 약소국에 원조의 윤리적 근거로 의무의 관점을 지닌 대표 학자로 칸트와 싱어가 있다. 싱어는 공리주의자로 동물 해방론을 주장하였고 공리주의에 입각하여 원조의 필요성을 강조하였다.

04 정답 ④

제시문은 행위의 결과와 상관없이 무조건적인 법칙, 즉 정언명령에 근거해야 한다는 칸트의 의무론적 윤리에 대한 설명이다.

④는 관계의 중요성을 강조하고 배려의 상호성을 중시하는 배려 윤리에 대한 설명이다.

05 정답 ④
미국의 심리학자 로버트 스턴버그(Robert Sternberg)는 다양한 사랑의 형태를 삼각형의 모양과 크기로 구분할 수 있다고 주장한다. 삼각형의 세 꼭짓점을 이루는 친밀감, 열정, 헌신을 모두 충족하면 사랑의 형태는 정삼각형에 가까워진다.
㉠은 친밀감에 대한 설명이다.

06 정답 ③
부패란 금전적·사회적 이득을 얻거나 또는 다른 사람이 그것을 얻도록 돕는 일탈 행위로 경제적 손실, 시민 의식 발달 저해(준법 의식 약화), 상대적 박탈감 조성, 국가 신인도 하락 등의 문제점이 나타난다.

07 정답 ④
㉠은 동양의 자연관 중 인간과 자연이 하나가 되는 천인합일(天人合一)의 유교적 자연관을 의미하고, ㉡은 동양의 자연관 중 우주 만물의 상호 의존성을 깨닫고 모든 생명을 소중히 여기는 불교의 자연관인 연기(緣起)를 의미한다.

08 정답 ③
(가)는 심미주의로 예술은 그 자체나 아름다움을 추구하는 것으로 예술의 자율성을 강조하는 순수 예술론을 지지한다. 즉, 미적 가치와 도덕적 가치는 무관하여 윤리가 예술에 관여할 수 없다고 본다.
(나)는 도덕주의로 예술은 인간의 올바른 품성 함양과 도덕적 교훈이나 본보기를 제공해야 한다고 주장하며 예술의 사회성을 강조하는 참여 예술론을 지지한다.

09 정답 ④
제시문은 분배의 기준 중에서 사회 구성원 간의 차이를 인정하지 않고 모든 사람에게 동일하게 분배하는 절대적 평등의 기준을 설명하는 것으로 사회 구성원 모두에게 같은 기회와 혜택을 제공하는 장점을 지닌다.

10 정답 ④
재외 동포들이 오랜 타국 생활로 인해 민족 정체성을 점차 잃어 가고 있는 상황에서의 해결책으로 재외 동포들에게 한국의 언어, 역사, 교육의 기회를 확대하여 민족 정체성 교육을 강화해야 한다.

오답피하기
①, ②, ③은 모두 문제점을 더욱 심화시킬 수 있는 내용들이다.

11 정답 ①
관용을 무제한적으로 허용하면 관용 자체를 부정하는 사상이나 태도까지 인정하게 되어 인권을 침해하고 사회 질서가 무너지는 현상인 관용의 역설이 나타날 수 있다.

12 정답 ③
올바른 정보 이해 및 표현 능력이란 정보를 검색하고 소비하는 사용자도 정보를 올바르게 다루는 태도와 능력이 요구된다.

오답피하기
ㄱ. 정보의 진위 여부를 판단하여 옳은 정보를 수용할 수 있는 비판적 사고 능력이 요구된다.
ㄹ. 타인의 지적 재산권을 존중하여 타인의 저작물을 마음대로 복제하거나 배포하면 안 된다.

13 정답 ②
제시문은 롤스의 절차적 정의에 대한 설명으로 정의로운 공동체를 구성하기 위해 모인 상호 무관심한 합리적 계약 당사자로 구성된 가상의 상황에서 자신의 재능이나 지위, 재산 등에 대해 모른다고 가정하는 무지의 베일을 통해 자신이 최소 수혜자가 될 것을 우려하여 최소 수혜자에게 최대 이익이 되는 원칙에 동의한다.

14 정답 ①
요나스는 책임의 범위를 현 세대로 한정하는 기존의 전통적 윤리관은 과학 기술 시대에 발생하는 문제를 해결하는 데 한계가 있다고 지적하고 인간뿐만 아니라 자연, 미래 세대까지 윤리적 책임의 범위를 확대해야 한다고 주장하였다.

15 정답 ②
뇌사란 심폐 기능이 정지되지 않았더라도 정신 기능을 주관하는 뇌 기능이 정지된 순간을 기준으로 사망을 판단하는 것이다. 〈찬성〉은 뇌사를 지지하는 입장으로 뇌 기능이 정지하면 인간으로서의 고유한 활동을 더 이상 수행할 수 없기 때문에 뇌사를 인정하고, 〈반대〉의 입장은 뇌 기능이 정지했더라도 인공적으로 호흡하고 심장이 박동하므로 뇌사는 죽음이 아니라고 보는 심폐사를 지지하는 입장이다.

16 정답 ④
평화 비용이란 통일 이전에 한반도의 평화 유지 및 정착을 위해 사용하는 비용으로, 분단 비용과 통일 비용을 절감하게 해주고 한반도 평화 정착에 기여하여 다양한 통일 편익으로 이어질 수 있는 비용이다.

17 정답 ③
고령화 사회에서 발생할 수 있는 가족 윤리 문제로는 지식 정보 사회에서 역할 상실로 노인의 소외감이 커지는 노인 공경 의식 약화 문제와 부모 부양에 대한 책임 의식의 약화로 노인의 경제적 어려움의 가중 등이 있다.

오답피하기
ㄱ. 해결책에 대한 설명이다.
ㄷ. 핵가족 형태의 가족 증가로 바꾸어야 옳은 설명이 된다.

18 정답 ②
기업가의 사회적 책임
- 경제적 책임 : 기업의 목적에 부합하는 본질적 책임
  예 재화와 서비스를 생산, 일자리 창출
- 법적 책임 : 법을 지키며 경제 활동을 해야 함.
  예 환경 오염, 독과점, 담합, 탈세 등의 법을 어기지 않도록 조심해야 함.
- 윤리적 책임 : 사회의 기대치에 맞는 윤리적 행동을 해야 함.
  예 자발적 리콜, 고객에 대한 친절, 근로자의 복지 향상 등
- 자선적 책임 : 사회의 공익을 위한 기부 행위 등을 전개할 책임
  예 기부, 복지시설 운영 등

19 정답 ①
시민 불복종의 정당화 조건에는 행위 목적의 정당성, 공개적 행위, 비폭력, 최후의 수단, 처벌 감수 등이 있다. 따라서 공개적으로 저항, 비폭력적인 방법으로 전개에만 표시를 한 A학생이 바르게 표시한 학생이다.

20 정답 ①
제시문은 서로 다른 의견과 갈등, 폭력 등을 극복하기 위해 합리적인 의사소통이 필요하다는 하버마스의 담론 윤리에 대한 설명이다. 하버마스의 담론 윤리에서 이상적 대화 상황의 조건에는 이해 가능성, 정당성, 진리성, 진실성 등이 있다.

21 정답 ③
제시문은 모두 죽음에 대한 동서양의 견해로 공자는 죽음 이후의 세계에 대해서는 관심을 갖지 않고, 도덕적 삶에 최선을 다해야 한다고 주장하였고, 에피쿠로스는 죽음은 모든 감각이 사라지는 것이기 때문에 두려움의 대상이 아니라고 주장하였다.

22 정답 ②
㉠은 사회적 이익과 부담을 공정하게 분배하는 분배적 정의에 대한 설명으로 그 기준은 절대적 평등, 업적, 능력, 필요 등이 있다.
㉡은 잘못에 대한 처벌이나 보상을 공정하게 하는 교정적 정의로 국가의 법 집행으로 불법 행위나 부정의를 바로 잡음으로써 실현될 수 있다.

23 정답 ③
제시문은 자연을 바라보는 서양의 관점 중에서 오직 인간만이 이성을 지닌 존재라는 점에서 도덕적 지위를 지닌다고 보는 인간 중심주의에 대한 설명이다. 인간 중심주의 관련 사상가들은 아리스토텔레스, 아퀴나스, 베이컨, 데카르트, 칸트 등이 있다.

24 정답 ④
목민심서는 조선 후기 실학자 정약용이 목민관, 즉 수령이 지켜야 할 지침을 밝히면서 관리들의 폭정을 비판한 저서로 청백리 정신, 견리사의(見利思義)의 자세와 같이 청렴의 정신을 잘 설명하고 있다.

25 정답 ①
제시문은 생태 중심주의 사상가 중 도덕 공동체의 범위를 식물, 동물, 토양과 물을 포함하는 대지까지 확장하자고 주장한 레오폴드의 대지 윤리에 대한 설명이다. 레오폴드는 인간은 자연의 지배자가 아니라 구성원에 불과하며, 생태계의 안정을 유지할 의무가 있어 생명 공동체의 온전성, 안정성, 아름다움에 기여하는 것이 바람직하다고 주장하였다.

2020년 제1회 정답 및 해설

국어 2020년 기출문제

제1회 정답

01 ③	02 ④	03 ③	04 ③	05 ①
06 ③	07 ③	08 ①	09 ①	10 ①
11 ④	12 ④	13 ②	14 ②	15 ④
16 ②	17 ③	18 ③	19 ②	20 ②
21 ①	22 ②	23 ④	24 ①	25 ②

01 정답 ③

공감적 듣기는 상대방의 말을 잘 듣고 있음을 나타내는 준언어, 비언어적 표현과 함께 상대방의 마음에서 이야기를 듣고, 반응하는 것을 말한다. 그러므로 '고개를 끄덕이며'라는 준언어적 동작을 통해 상대방의 말에 공감한다는 표현을 하고, 동시에 위로의 말을 전한 ③이 가장 적절한 공감적 듣기의 예이다.

02 정답 ④

문제를 자신의 탓으로 돌리고 상대방이 이 문제를 너그럽게 받아들이도록 하는 말하기는 대화의 격률 중 '관용의 격률'에 대한 설명이다.

④ '잠깐 딴생각을 하느라 못 들었어.'는 다시 부탁을 하게 된 원인을 자신의 탓으로 돌리고, 상대방에게 공손하게 한 번 더 말해줄 것을 부탁하는 것이므로 관용의 격률에 따른 말하기로 가장 적절한 예이다.

오답피하기

① '창문 좀 닫아 줘'는 상대방에게 부담을 주는 말하기로 상대방의 부담을 줄이기 위해서는 '창문 좀 닫아 줄 수 있겠니?'라고 표현하는 것이 적절하다.

② 상대방을 칭찬하는 말하기로서 '찬동의 격률'의 예이다.

③ 시험을 잘 본 것에 대해 겸손하게 말하는 '겸양의 격률'이다.

03 정답 ③

〈보기〉는 주어와 서술어의 호응이 맞지 않는 문장으로, '나의 바람은 네가 잘되었으면 좋겠다는 것이다.'로 수정해야 한다.

③ 주어와 서술어의 호응이 맞지 않는 문장으로, '내가 말하고자 하는 것은 너는 마음씨가 곱다는 것이다.'로 수정해야 한다.

오답피하기

① 수식의 범위가 모호한 문장으로 수식어의 위치를 옮겨 중의성을 해소할 수 있다.
→ 그는 소녀의 아름다운 노래를 들었다.

② 지나친 외국어식 표현으로 비문이다.
→ 그들은 환경 문제에 대해 회의를 했다.

④ 한자어와 고유어의 의미 중복으로 인한 비문이다.
→ 우리는 먹고 남은 반찬을 다시 쓰지 않습니다.

04 정답 ③

'어름'은 어간 '얼-'에 '-음'이 붙어서 명사가 된 것이고, 원형의 뜻에서 멀어지지 않았으므로 원형을 밝혀 적어야 한다. 그러므로 '얼음'이라고 표기해야 맞다.

오답피하기

① 어간 '굳-'에 '-이'가 붙어 부사가 된 것으로 원형을 밝혀 적어야 한다.

② 어간 '놀-'에 '-음'이 붙어서 명사가 된 것이지만, 어간의 의미인 '놀다'에서 그 뜻이 멀어졌으므로 원형을 밝혀 적지 않아도 된다.

④ 어감 '다듬-'에 '-이'가 붙어 명사가 된 것으로 원형을 밝혀 적어야 한다.

05 정답 ①

'물, 불, 풀, 뿔'은 각각 자음 'ㅁ, ㅂ, ㅍ, ㅃ'으로 인해 단어의 뜻이 달라진 것으로 자음이 음운의 하나임을 설명하는 예이다.

06 정답 ③

향찰은 한자를 이용해 우리말을 적으려는 주체적인 노력이 보이는 표기법이다. 그러므로 우리말의 소리 중 '실질 형태소(실질적인 의미를 갖고 있는 부분)'는 뜻에서 소리를 빌려 쓰는 '훈차'를 하고, '형식 형태소(문법적 의미를 갖고 있는 부분)'는 음에서 소리를 빌려 쓰는 '음차'를 한다.

㉠ '主(님 주)'는 실질 형태소인 '님'이라는 소리를 위해 빌려 쓴 한자이므로 훈차를 한 것이고, ㉡ '隱(숨다 은)'은 조사인 형식 형태소 '은'을 위해 빌려 쓴 한자이므로 음차를 한 것이다.

07 정답 ③

개요는 글의 구조를 작성한 것으로 각 부분이 체계적으로 연결되어야 한다. 이 개요를 보면 〈본론 1〉에서 기부 참여도가 낮은 원인을 세 가지로 분석했고, 〈본론 2〉에서는 이에 대응하는 해결 방안이 들어가야 일관성 있고 짜임새 있는 글을 완성할 수 있다. 이것으로 보아 '과소비 현상에 대한 비판'은 기부 참여도가 낮은 원인에 대한 해결 방안이 아니므로 〈본론 2〉에 들어갈 내용으로 적절하지 않다.

08 정답 ①

개요에 드러난 주제는 '기부 문화의 확산'이다. 대구법은 각 구절들이 형식이나 내용의 짝을 이루는 표현 방법이고, 비유법은 표현하고자 하는 대상을 다른 대상에 빗대어 표현하는 방법이다. 이러한 방법을 사용하여 표현한 것은 ① '나 하나의 기부 실천, 우리 모두의 행복 물결'로 이 문장은 '기부 실천'을 '행복 물결'에 빗대어 표현하였고, 앞 구절과 뒷 구절이 대구를 이루는 형식을 취하였으므로 주어진 조건에 맞는 적절한 문장이다.

⊗ 오답피하기

② '건강한 사회를 위한 첫걸음, 지금 시작하세요'는 기부 문화를 '첫걸음'에 빗대어 표현하였으나, 대구법이 쓰이지 않았다.

③ '기부는 생명의 물, 올해도 가득 채워 주실 거죠?'는 기부 문화를 '생명의 줄'에 빗대어 표현하였지만, 대구법이 쓰이지 않았다.

④ '천 원으로 만드는 행복, 기부하는 당신을 응원합니다.'는 기부 문화를 '행복'에 빗대어 표현하였지만, 대구법은 쓰이지 않았다.

[09~11] 나희덕, 〈땅끝〉

갈래 | 자유시, 서정시
성격 | 회상적, 의지적, 고백적, 역설적
제재 | 땅끝
주제 | 절망 속에서 깨달은 삶의 희망
특징 |
- 역설적 인식을 통해 삶의 의지 표현
- 과거 회상을 통한 시상 전개
- 감각적 이미지 사용

09 정답 ①

'역설법'은 모순적인 표현을 통해 진리를 강조하는 표현법이다. 이 시의 시구 '위태로움 속에 아름다움이 스며 있다는 것'은 '위태로움'과 '아름다움'이라는 모순적인 표현을 통해 '절망 속에 발견한 희망의 아름다움'이라는 진리를 강조하고 있다. 그러므로 역설을 활용하여 주제를 드러내고 있다는 설명이 적절하다.

10 정답 ①

1연은 노을의 아름다움을 보기 위해 그네를 탔던 화자의 과거를 회상하고 있다.

⊗ 오답피하기

② 노을을 보기 위해 그네를 차고 발을 굴렀지만, 노을이 어둠에게 잡아먹히는 모습에 절망하는 화자의 모습을 드러내고 있다.

③ '나비'는 아름다움과 희망을 상징하는 존재이다.

④ '땅끝'에서 절망을 느끼던 화자는 '그런데' 이후 희망을 발견하고 있다.

11 정답 ④
'땅끝'에서 삶의 절망을 느끼던 화자는 '땅끝'이 젖어 있다는 것을 발견하고 바다가 시작하는 곳으로서의 의미인 '희망'을 깨닫는다. 그러므로 부정적 상황이지만 삶의 희망을 품고 있는 의미의 시어는 '땅끝'이다.

[12~14] 박태원, 〈천변 풍경〉

갈래 | 현대 소설, 세태 소설
성격 | 사실적, 관찰적
주제 | 1930년대 서울의 모습과 변화된 세태
특징 |
- '소년'의 관점에서 서울의 모습을 묘사
- '소년'과 '아버지'의 태도를 대조하여 드러냄.

12 정답 ④
이 글의 '소년'은 서울의 화려한 모습에 호기심을 느끼며 '전차'를 타보고 싶어 하지만, '아버지'는 소년의 호기심에는 관심이 없다. 그러므로 소년은 전차를 타지 못한 것에 아쉬움을 느끼고 있다.

13 정답 ②
이 글은 작품 밖 서술자가 사건과 등장인물의 심리를 모두 서술하는 '3인칭 전지적 작가 시점'이다. [A]는 서울의 화려한 풍경과 그에 대한 호기심을 느끼는 '소년'의 내면을 서술하고 있다.
- **우의적 표현** : 주제를 직접적으로 말하는 것이 아니라, 돌려 말하는 방식을 뜻한다.
- **개연성** : 사건과 현실과의 자연스러운 연관성을 뜻한다.

14 정답 ②
㉠ '그'는 서울의 낯선 풍경에 눈과 귀가 어지러운 '아들'을 의미한다.
㉡ '사나이'와 ㉢ '몽당수염 난 이'는 재미있는 행동과 모습으로 '아들'의 눈을 사로잡는 사람들이다.
㉣ '어린 이'는 서울의 흥미로운 광경에 마음을 뺏긴 '아들'을 의미한다.
그러므로 가리키는 대상이 같은 것은 ㉠과 ㉣이다.

[15~16] 작자 미상, 〈한숨아 세 한숨아〉

갈래 | 사설 시조
성격 | 애상적, 해학적
제재 | 한숨
주제 | 삶의 고뇌와 비애
특징 |
- 중장의 길이가 길어진 사설 시조의 형태
- 구체적인 사물을 열거
- '한숨'을 아무리 막으려 해도 자꾸 찾아오는 사람처럼 표현

15 정답 ④
이 시는 설의법, 열거법 등을 활용하여 한숨이 나는 답답한 상황을 해학적으로 표현하고 있다.

ⓧ 오답피하기
① '한숨'을 문을 꼭꼭 잠가도 몰래 들어오는 사람처럼 표현하였다.
② '뚝딱', '덜컥', '대그르르'와 같은 의태어를 통해 한숨이 들어오지 못하도록 문을 닫는 화자의 모습을 표현하고 있다.
③ '한숨아', '~장지', '~쩌귀' 등의 시어를 반복하여 리듬감을 형성하고 있다.

16 정답 ②
이 시의 화자는 한숨이 들어오지 못하게 아무리 노력하여도 한숨을 쉴 수밖에 없는 답답한 현실을 해학적으로 표현하고 있다.

[17~19] 작자 미상, 〈흥부전〉

갈래 | 고전 소설, 판소리계 소설
성격 | 해학적, 풍자적, 교훈적
배경 | 시간적 - 조선 후기
공간적 - 경상도와 전라도의 경계
시점 | 3인칭 전지적 작가 시점
주제 | 형제간의 우애와 권선징악(勸善懲惡)
특징 |
- 4·4조의 유사한 구절의 반복으로 운율을 형성
- 과장된 표현으로 흥부와 흥부 아내의 애절한 모습을 드러냄.

17 정답 ③
흥부가 형의 집에 갈 때의 모습을 묘사하는 부분에서 '헌 짚신 감발하고, 세살부채 손에 쥐고'와 같이 '4.4'조의 유사한 문장 구조를 통해 운율을 살리고 있다.

오답피하기
① 이 글의 흥부는 '영웅'적 인물은 아니다.
② '흥부 오기 기다린다'와 같은 현재형 시제의 서술을 통해 생동감을 주고 있다.
④ 도움을 청하러 형의 집을 찾아간 '흥부'와 동생에게 인색한 형 '놀부'의 갈등이 드러나고 있다.

18 정답 ③
이 글에는 흥부가 놀부에게 애절하게 도움을 요청하는 장면과 애타는 마음으로 흥부를 기다리는 흥부 아내의 모습이 드러나고 있다. 잘못을 반성하며 용서를 구하는 흥부의 모습은 드러나지 않는다.

19 정답 ②
이 글의 마지막 단락은 애타는 마음으로 흥부를 기다리는 흥부 아내의 모습을 다양한 고사에 빗대어 표현하고 있다.
㉠ '동남풍'은 제갈량이 간절히 기다리는 대상이므로 '흥부'를 의미한다.
㉡ '강태공'은 '위수상에 시절'을 기다리는 인물로 '흥부 아내'를 의미한다.
㉢ '의원'은 아픈 어린아이가 간절히 기다리는 대상이므로 '흥부'를 의미한다.
㉣ '낭군'은 '독수공방' 처지의 여인이 간절히 기다리는 대상이므로 '흥부'를 의미한다.
그러므로 '흥부'를 의미하는 것이 아닌 것은 ㉡ '강태공'이다.

[20~22] 정재승, 〈우리 몸의 생체 시계〉

갈래 | 설명문
성격 | 논리적, 체계적
제재 | 우리 몸의 생체 시계
주제 | 시교차상 핵은 우리 몸의 중앙 통제 시계의 역할을 한다.
특징 |
- 우리 몸의 중앙 통제 시계를 찾는 실험을 제시
- 시교차상 핵이 중앙 통제 시계의 역할을 하는 원리를 체계적으로 설명

20 정답 ②
이 글은 '우리 몸의 생체 시계'에 대해 설명하고 있는 '설명문'이므로, 사실과 의견을 구분하여 정확한 정보를 파악하며 읽어야 한다.

21 정답 ①
3문단을 통해 뇌에 있는 '시교차상 핵'은 빛을 통해 24시간 주기적 양상을 보이는 중앙 통제 시계라는 것을 알 수 있다.

오답피하기
② '시교차상 핵'이 작동해야 24시간 주기의 규칙적인 체내 기관의 운동을 알 수 있다.
③ '쥐'를 이용한 실험으로 '시교차상 핵'을 발견했으므로 이러한 '중앙 통제 시계'는 동물에도 존재한다는 것을 알 수 있다.
④ '시교차상 핵'은 주된 중앙 통제 시계이다.

22 정답 ②

'관장하는'은 '어떤 일을 맡아 주관하다'라는 의미로 '이끄는' 또는 '주도하는'으로 바꿀 수 있다.

[23~25] 노재현, 〈말이 세상을 아름답게 한다〉

갈래 | 수필

성격 | 비유적, 교훈적, 비판적

제재 | 우리 사회 언어 습관

주제 | 우리 사회의 바른 언어 습관을 위해서는 상대방을 배려하는 태도를 가져야 한다.

특징 |

- 구체적인 예시를 통해 우리 사회의 차별적인 언어 습관을 설명하고 있음.
- '논어'의 구절을 인용하여 올바른 언어 습관을 위해 남을 배려하는 습관이 중요하다는 점을 강조

23 정답 ④

이 글은 우리 사회의 습관화된 언어폭력을 '차별적 표현'을 예를 들어 설명하고 있다.

24 정답 ①

'식모', '우체부', '미혼모', '여의사', '꿀 먹은 벙어리' 등은 우리 사회에서 습관적으로 쓰이는 차별적 언어 표현이다. 그러므로 이러한 사회적 문제를 해결하기 위해서는 서로를 배려하는 의사소통 문화의 형성이 필요하다.

25 정답 ②

'여류 소설가'는 남성 소설가를 '남류 소설가'로 부르지 않는 것과 대조적인 표현으로 성차별적 표현이다. 또한 '처녀작'은 작가의 '첫 작품'을 나타내는 것으로 ㉡의 '성차별적 표현'에 속한다.

수학 2020년 기출문제

제1회 정답

01 ④	02 ①	03 ①	04 ③	05 ④
06 ③	07 ②	08 ③	09 ③	10 ②
11 ①	12 ④	13 ①	14 ④	15 ①
16 ②	17 ④	18 ③	19 ②	20 ①

01 정답 ④

다항식의 연산을 정확히 한다.

A에 정확하게 2배를 하고 B를 뺀다.

따라서, $2A-B=2(x^2-x+2)-2x^2$

$=2x^2-2x+4-2x^2=-2x+4$

02 정답 ①

수치대입법을 이용하여 주어진 문제를 해결한다.

$x=1$을 대입하면 a의 값을 얻을 수 있다.

$1^2+2\times1-1=(1-1)^2+4\times1+a$

$\therefore a=-2$

03 정답 ①

다항식의 나눗셈을 정확하게 한다.

$$\begin{array}{r|rrr} & 2x & -1 & \\ \hline x+1 & 2x^2 & x & -3 \\ & 2x^2 & 2x & \\ \hline & & \boxed{-x} & \boxed{-3} \\ & & -x & -1 \\ \hline & & & -2 \end{array}$$

따라서, (가)는 $-x-3$이다.

04 정답 ③

복소수의 상등을 이용하여 문제를 해결한다.

실수부분은 실수부분끼리, 허수부분은 허수부분끼리 서로 같음을 이용한다.

- **실수부분** : 좌변 $5-1=4$, 우변 4
- **허수부분** : 좌변 $-2i+4i=2i$, 우변 ai이므로
  따라서, $a=2$

05 정답 ④
이차방정식의 근과 계수의 관계를 이용하여 문제를 해결한다.

$\alpha+\beta=-\frac{b}{a}$ 이므로 주어진 이차방정식의 계수에서 a, b를 대입하여 답을 찾는다.

$\therefore -\frac{b}{a}=-\frac{-5}{1}=5$

06 정답 ③
절댓값을 포함한 부등식을 해결한다.
$|x|<a$ ➜ $-a<x<a$이므로
$|x-3|\le 1$ ➜ $-1\le x-3\le 1$ ➜ $2\le x\le 4$
따라서, 만족하는 정수는 2, 3, 4 총 3개이다.

07 정답 ②
제한된 범위 내에서 이차함수의 최대, 최소를 정확하게 찾는다.
주어진 범위가 $1\le x\le 4$이고 이차함수의 꼭짓점의 x좌표가 2, 이차항의 계수가 1이므로 아래로 볼록한 이차함수가 되며 최솟값은 꼭짓점에서 찾을 수 있다.
따라서, 주어진 이차함수의 최솟값은 $x=2$일 때이며 그래프에서 -1의 값을 찾을 수 있다.

08 정답 ③
점과 점 사이 거리 공식을 이용하여 정확하게 답을 찾는다.
$A(1,\ -2)$, $B(4,\ 2)$를 공식에 대입한다.

$$\therefore \sqrt{(x_2-x_1)^2+(y_1-y_2)^2}=\sqrt{(4-1)^2+\{2-(-2)\}^2}$$
$$=\sqrt{3^2+4^2}=5$$

09 정답 ③
직선의 방정식을 조건에 맞게 정확하게 찾는다.
직선 $y=3x-2$에 평행하다고 하였으므로 평행한 직선의 기울기는 3임을 확인할 수 있다. 기울기와 지나는 한 점 $(0,\ -1)$을 알고 있으므로 공식에 대입하여 답을 찾는다.
$\therefore\ y=3x-1$

10 정답 ②
원의 방정식을 정확하게 찾는다.
원의 지름의 양 끝의 점의 좌표가 나와 있으므로 중점이 원의 중심임을 이용하여 원의 방정식을 찾는다.
$(-1,0)$, $(3,0)$의 중점인 $(1,0)$이 원의 중심이며 반지름은 중심에서부터 각 점까지의 거리인 2임을 알 수 있다.
따라서, 원의 방정식은 $(x-1)^2+y^2=4$이다.

11 정답 ①
주어진 식의 범위를 정확하게 영역으로 표시한다.
$y\le x$의 영역은 $y=x$ 아래쪽의 영역을 의미하며, $x^2+y^2\le 1$의 영역은 원의 내부를 의미한다. 따라서 이 두 가지를 종합하여 영역을 표시하면 아래 그림과 같다.

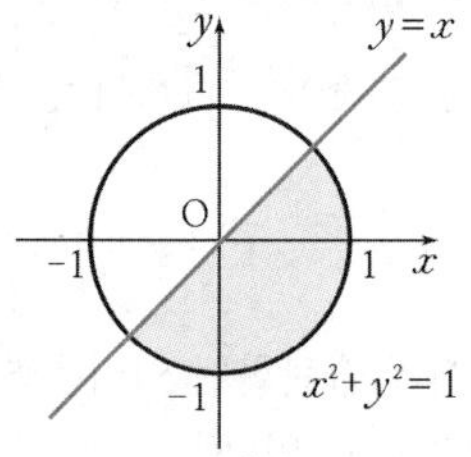

12 정답 ④
차집합의 원소를 정확하게 찾아낸다.
각 집합의 원소를 나열하여 정리하면 $A=\{1,2,3,6\}$, $B=\{2,3\}$이므로 $A-B$는 A에서 B의 원소를 뺀 나머지 원소들을 나열하면 된다.
$\therefore\ A-B=\{1,6\}$

13 정답 ①
주어진 명제의 역을 찾는다. 가정과 결론을 뒤바꾸면 되므로, ①이 정답이다.
$x^2=0$이면 $x=0$이다.

14 정답 ④
무리함수의 그래프의 평행이동에 관한 문제이다.
무리함수 전체를 움직이지 말고 꼭짓점이 얼마만큼 이동했는지를 통해 이동된 정보를 얻는다.
이동 전 무리함수의 꼭짓점은 $(0,\ 0)$이고, 이동 후 꼭짓점의 좌표는 (1, 2)이므로 x축으로 1만큼, y축으로 2만큼 움직였다.
따라서, $a=1$, $b=2$이므로 $a+b=3$

15 정답 ①

합성함수의 값을 정확히 찾는다.
$(g \circ f)(2)$의 값은 $f(2)=c$에서 다시 한번 g에 대응시켜 찾는다. 화살표 순서대로 찾아가면 편하다.
$\therefore (g \circ f)(2)=g(f(2))=g(c)=5$

16 정답 ②

주어진 수열이 등비수열이므로 공비를 찾는다.
공비는 인접한 두 항의 관계에서 찾을 수 있다. 공비는 $\frac{3}{1}=3$임을 확인할 수 있고, 상수 a의 값은 9에 3을 곱하면 되므로 27임을 확인할 수 있다.

17 정답 ④

수열의 합을 정확하게 계산할 수 있는가를 묻는 문제이다. 공식을 암기하여 대입한다.

$$\sum_{k=1}^{3}(k+2)=\sum_{k=1}^{3}k+\sum_{k=1}^{3}2=\frac{3\times 4}{2}+2\times 3=12$$

참고

직접 나열해도 편하다. $k=1$일 때 항은 3, $k=2$일 때 항은 4, $k=3$일 때 항은 5이므로 다 더하면 12를 얻을 수 있다.

18 정답 ③

수열의 점화식을 통해 원하는 항의 정보를 찾는다.
$a_1=1$, $a_2=1$이므로 n의 값에 수를 집어넣어 찾아본다.
$a_3=a_2+a_1=1+1=2$
$a_4=a_3+a_2=2+1=3$을 얻을 수 있다.

19 정답 ②

지수법칙을 정확하게 적용하여 문제를 해결한다.

$$(16)^{\frac{1}{4}}=(2^4)^{\frac{1}{4}}=2^{4\times\frac{1}{4}}=2^1=2$$

20 정답 ①

로그의 성질을 이용하여 문제를 해결한다.
log3140의 값은 다음과 같이 구할 수 있다.

$$\begin{aligned}\log 3140&=\log(3.14\times 10^3)=\log 3.14+\log 10^3\\&=\log 3.14+3\log 10=0.1553+3=3.1553\end{aligned}$$

영어 2020년 기출문제

제1회 정답

01 ②	02 ④	03 ③	04 ④	05 ③
06 ①	07 ①	08 ①	09 ②	10 ②
11 ②	12 ③	13 ①	14 ②	15 ④
16 ④	17 ③	18 ②	19 ①	20 ④
21 ①	22 ④	23 ③	24 ③	25 ④

01 정답 ②

해석 우리가 목표를 세울 때, 상세하게 그것을(목표를) 마음속에 그리려고 노력해야 한다.

어휘 • set a goal 목표를 세우다
• try to ~하려고 노력하다
• in detail 상세하게

02 정답 ④

해석 나는 피자와 아이스크림을 좋아하고, 그래서 살을 빼는 것이 쉽지 않다.

어휘 • lose weight 살을 빼다, 체중을 줄이다

03 정답 ③

해석 일기 예보에 따르면, 오늘 오후에 비가 내릴 것이다.

어휘 • according to ~에 따르면, 의하면
• weather forecast 날씨 예보, 일기 예보

04 정답 ④

해석 ① 직업 – 간호사, ② 동물 – 고양이, ③ 색 – 노란, ④ 여름 – 겨울

해설 모두 왼쪽 단어에 포함되는 관계인데 ④는 대등한 관계(계절의 종류)이다.

05 정답 ③

해석 마스크 판매에 관한 정보. 각 개인은 1주일당 마스크 2장을 구매할 수 있다.
• 시간: 오전 9시~오후 8시
• 장소: 모든 약국에서
• 가격: 1장에 1,500원

어휘 • information 정보
• sale 판매
• each 각각

해설 구입 시 필요한 준비 서류에 관한 내용은 언급되지 않았다.

06 정답 ①

해석 • 나는 기차 여행을 좋아한다.
• 그녀는 모델처럼 보인다.

어휘 • look like ~처럼 보이다

해설 make, catch, carry는 동명사를 목적어로 사용할 수 없다. like는 동명사와 to부정사 둘 다 목적어로 사용할 수 있다.

07 정답 ①

해석 • 10시에 만나자.
• 그는 테니스를 잘 친다.

해설 at + 시간, be good at ~을 잘하다

08 정답 ①

해석 • 이번 주말에 하이킹(도보 여행) 가는 건 어때?
• 왜 너는 축구 동아리에 가입하길 원하니?

어휘 • go hiking 도보 여행을 가다, 하이킹을 가다
• want to ~하고 싶다, ~하기를 원하다
• join 가입하다, 함께 하다
• soccer club 축구 동아리, 축구 클럽

해설 why don't you ~? ~하는 건 어때?, 그리고 동아리 가입 이유를 묻는 표현으로 공통으로 why가 적절하다.

09 정답 ②

해석 A: 넌 여전히 소설을 쓰고 있니?
B: 응, 아직도 작업 중이야. 오랜 시간이 걸려.
A: 언제 끝날 것 같니?
B: 대략 2~3년 후에.
A: 로마는 하루아침에 지어지는 것이 아니지.

어휘 • still 아직도, 여전히
• novel 소설
• work on ~을 (노력, 연구)하다, 작업하다

• take a long time 오랜 시간이 걸리다
• finish 끝마치다
• in + 시간 지금부터 ~후에

해설 밑줄 친 속담은 '로마는 하루아침에 만들어지지 않았다'라는 뜻이다.

10 정답 ②

해석 A: 네가 주문한 티셔츠는 받았니?
B: 응. 오늘 아침에 받았어.
A: 마음에 들어?
B: 응. 마음에 들어. 나한테 정말 잘 어울려.

어휘 • get 받다, 얻다
• order 주문하다
• look good on ~에게 잘 어울리다

해설 옷이 잘 어울려 만족하는 심정이다.

11 정답 ②

해석 A: 머리 다 됐습니다! 머리는 마음에 드세요?
B: 괜찮은데, 하지만 아직 약간 길어요.
A: 더 짧게 해 드릴까요?
B: 예, 옆을 조금만 더 쳐주실래요?
A: 그럼요.

어휘 • be done 끝마치다
• haircut 이발, 커트
• on the sides (양) 옆에

해설 머리 손질을 하는 미용실에서 이루어지는 대화로 적절하다.

12 정답 ③

해석 그것은 한국 전통 집이다. 그것은 찰흙, 나무 그리고 돌과 같은 천연 재료로 만들어지고, 그래서 친환경적이다. 그 안의 방들은 온돌 난방 시스템을 가지고 있다.

어휘 • traditional 전통적인
• natural material 천연 재료
• such as ~와 같은
• clay 찰흙
• wood 나무
• eco-friendly 친환경적인
• heating system 난방 시스템

해설 한국 전통 집인 한옥에 관한 글이다.

13 정답 ①

해석 A: 내 컴퓨터에 문제가 있어.
B: 뭐가 문제인데?
A: 전원 버튼이 작동을 하지 않아.
B: 알았어. 내가 한번 볼게.

어휘 • problem 문제
• power button 전원 버튼
• work 작동하다
• take a look at ~을 보다
• do for a living 생계로 하다

해설 무엇이 문제인지 묻는 표현이 적절하다.

14 정답 ②

해석 A: 왜 인천으로 이사를 가니?
B: 그곳에 직장을 얻었어.

어휘 • move to ~로 이동하다, 이사가다
• be on a diet 다이어트를 하다
• get a job 일을 얻다, 직장을 얻다

해설 인천으로 이사가는 이유를 답한 것은 ②이다.

15 정답 ④

해석 Ocean Aquarium에 오세요. 와서 신기하고, 아름답고, 매혹적인 바다 생물들을 즐기세요. Ocean Aquarium의 놀라운 수중 세계를 지나며 이동할 때, 당신은 불가사리부터 상어까지 모든 것을 볼 것입니다.

어휘 • aquarium 수족관
• strange 신기한, 이상한
• fascinating 매혹적인
• creature 생물
• amazing 놀라운
• underwater 수중의
• starfish 불가사리
• shark 상어

16 정답 ④

해석 여기서 뭐해? ➜ (B) 메뚜기를 보고 있어. 오, 봐, 점프해! ➜ (C) 응, 정말 높이 뛸 수 있네. 곤충에 관심 있구나? ➔ (A) 응. 난 항상 곤충에 관심을 가져 왔지.

어휘 • be interested in ~에 관심이 있다
• grasshopper 메뚜기
• insect 곤충

해설 이어질 글로 (B)-(C)-(A)가 자연스럽다.

17 정답 ③

해석 학교 도서관. 모든 학생들이 도서관을 이용할 수 있다. 도서관은 오전 9시부터 오후 5시까지 개방한다. 학생들은 한 번에 두 권까지 빌릴 수 있다. 도서관에 음식 반입은 허락되지 않는다.

어휘 • library 도서관
• from A to B A부터 B까지
• borrow 빌리다
• up to ~까지
• at a time 한 번에
• be allowed 허락되다

해설 한 번에 2권까지 빌릴 수 있다.

18 정답 ②

해석 나는 작년 가을 가족들과 경주에 갔었다. 우리는 3일 동안 호텔에서 머물렀다. 그곳에 머무는 동안, 우리는 첨성대와 불국사 같은 역사적 장소를 방문했다. 그것들을 실제로 봐서 환상적이었다. 그 여행은 신났고 나에겐 잊을 수 없었다.

어휘 • stay 머무르다
• historical 역사의, 역사적인
• such as ~와 같은
• fantastic 환상적인
• actually 사실상, 실제로
• unforgettable 잊을 수 없는

19 정답 ①

해석 서울은 전 세계의 최고 지하철 시스템 중에 하나를 가지고 있다. 깨끗하고, 편리하고 그리고 효율적이다. 지하철 호선은 도시 안뿐만 아니라 인접한 도시들까지 잘 연결되어 있다. 또한, 지하철과 버스를 갈아타기도 쉽다.

어휘 • convenient 편리한
• efficient 효율적인
• be connected 연결되다
• not only A but also B A뿐만 아니라 B도
• within ~안에
• neighboring 이웃의, 인접한
• transfer 갈아타다

해설 서울 지하철의 장점에 관한 글이다.

20 정답 ④

해석 건강을 유지하는 것은 중요하다. 당신 몸의 건강을 유지하기 위해서, 당신은 규칙적으로 운동을 해야 한다. 건강한 활동은 달리기, 자전거타기, 수영, 그리고 걷기를 포함한다. 매일 적어도 30분은 당신이 운동하기를 권장한다.

어휘 • stay healthy 건강을 유지하다
• exercise 운동하다
• regularly 규칙적으로
• activity 활동
• recommend 권하다, 추천하다
• at least 적어도

해설 건강한 활동은 멈추거나 후회하거나 빌리는 것이 아니라 달리기 같은 활동을 포함하는 것이다.

21 정답 ①

해석 몇몇 음식들은 특정 문화에서 특별한 의미를 가진다. 예를 들어, 국수는 아시아에서 장수의 상징으로 여겨진다, 왜냐하면 면이 길기 때문이다. 그러므로, 아시아 사람들은 생일과 다른 특별한 날에 장수를 하기 위해 국수를 먹는다.

어휘 • meaning 의미
• particular 특정한
• culture 문화
• noodle 국수, 면
• consider 생각하다, 여기다
• long life 장수
• occasion 경우, 특별한 날
• symbol 상징
• honesty 정직

• prevention 예방
• difficulty 어려움

해설 국수(면)가 장수의 상징이라는 표현이 자연스럽다.

22 정답 ④

해석 당신이 어제 먹은 음식을 생각해봐라. 당신의 음식은 몇 개의 색으로 구성되어 있는가? 식품 과학자들은 매일 다양한 색의 과일과 채소를 먹는 것이 건강한 삶에 중요하다. 이것에 대한 많은 이유들이 있다.

어휘 • think of ~을 생각하다, 생각해 내다
• consist of ~으로 구성되다
• vegetable 야채, 채소
• several 몇몇
• reason 이유

해설 다양한 색의 과일과 채소를 먹어야 하는 이유들이 뒤에 이어져야 글이 자연스럽다.

23 정답 ③

해석 당신은 온라인 쇼핑을 자주 하나요? 만약 이 질문에 예스라면 왜 온라인 쇼핑이 좋은가요? 많은 사람들은 편하고 시간을 절약하기 때문에 온라인 쇼핑을 좋아한다고 말을 한다. (하지만, 또한 온라인 쇼핑에 문제도 있다.) 가장 큰 문제는 늦은 배송과 잘못된 주소로 보내지는 주문한 상품들이다.

어휘 • as well 또한, 역시
• online 온라인으로
• convenient 편리한
• save time 시간을 절약하다
• delivery 배달, 배송
• order 주문, 주문한 상품

해설 ③의 앞은 온라인 쇼핑의 장점이고 ③의 뒤는 단점을 말하는 시작이므로 그곳에 들어가야 적절하다.

24 정답 ③

해석 내일은 시내에 차 없는 날이 될 것이다. 모든 거리는 오전 7시부터 오후 9시까지 차에 대해 폐쇄가 될 것이다. 만약 시내로 갈 계획이라면, 집에 차를 두고 대중교통을 이용해 주세요. 차 없는 날에, 당신은 걷거나 자전거를 탈 수 있다. 춤과 음악 공연 같은 다양한 무료 이벤트가 있을 것이다.

어휘 • car-free day 차 없는 날
• downtown 시내에
• closed to ~에 대해 폐쇄가 된
• plan to ~할 계획이다
• leave 남겨 놓다
• public transportation 대중교통
• various 다양한
• free event 무료 이벤트
• such as ~와 같은
• performance 공연
• be held 열리다

해설 모든 거리에 차가 폐쇄되는 날이므로 closed to cars가 자연스럽다.

25 정답 ④

해설 차 없는 날 행사에 대한 안내 글이다.

사회 2020년 기출문제

제1회 정답

01 ①	02 ④	03 ②	04 ④	05 ②
06 ④	07 ①	08 ③	09 ②	10 ④
11 ③	12 ③	13 ②	14 ①	15 ③
16 ④	17 ①	18 ④	19 ②	20 ②
21 ①	22 ①	23 ①	24 ③	25 ③

01 정답 ①
국가로부터 최소한의 인간다운 생활을 보장받을 권리는 사회권에 해당한다. 사회권은 교육권, 환경권, 주거권, 안전권, 문화권 등이 해당된다.

오답피하기
② 자유권은 소극적이며 가장 오래된 기본권이다. 신체의 자유가 대표적이다.
③ 국민이 정치에 참여할 수 있는 권리로 선거권, 피선거권이 대표적인 참정권이다.
④ 국가에 의해 기본권이 침해받았을 때 국가에게 청구, 청원할 수 있는 권리이다. 수단적이며 적극적 권리이다.

02 정답 ④
사회적 상호 작용으로는 협동, 경쟁, 갈등이 있다. 협동은 공통의 목표를 두고 서로 도와 달성하는 상호 작용이며, 경쟁은 규칙을 따르며 공동의 목표를 상대방보다 먼저 도달하려는 상호 작용이다. 갈등은 경쟁이 심화되면 나타나는 상호 작용이다. 갈등이 발생하면 사회가 혼란해지며 사회 문제가 발생하지만 원만한 해결이 이루어지면 사회가 발전한다.

03 정답 ②
합리적 소비란 자신이 필요한 물건을 만족감과 비용을 계산하여 소비하는 것을 말한다.
밴드왜건 효과는 대표적인 비합리적 소비이다. 밴드왜건 효과는 유행 추구 현상으로 유명 연예인이나 유명인이 구입한 물건을 무비판적으로 소비하는 현상을 말한다.

오답피하기
③ 스노브 효과에 해당한다. 이러한 소비도 역시 비합리적 소비이다. 스노브 효과는 다른 사람이 소비한 물건은 구매하지 않는 소비 형태를 말한다.

04 정답 ④
문화를 이해하는 태도는 자문화 중심주의, 문화 사대주의, 문화 상대주의가 있다.
자문화 중심주의는 자신의 문화를 중심으로 타문화를 낮게 평가하는 태도이다. 이러한 문화 이해 태도는 자문화를 지킬 수 있지만 자문화의 우월성을 강조하여 국수주의, 문화 제국주의 현상이 나타날 수 있다.

오답피하기
① 문화 상대주의에 해당한다.
② 문화 사대주의 특징이다.
③ 문화 상대주의 특징이다.

05 정답 ②
서울보다 전남의 고령 인구 비율은 높지만 고령 인구는 서울이 더 많다.
고령 인구와 고령 인구 비율을 구분하는 문제이다. 고령 인구 비율은 전체 인구 중 고령 인구가 차지하는 비중을 의미한다.

06 정답 ④
적극적 우대 조치란 과거에 차별받아 온 집단에게 우선적으로 기회를 주는 것을 말한다. 대표적인 예로 농어촌 전형, 여성 고용 할당제 등이 이에 해당한다.

07 정답 ①
근로 기준법은 근로자의 기본적 생활을 보장하기 위해 최저 임금, 근로 시간, 휴일, 유급 휴가 등의 최저 근로 조건을 정한 법이다.

오답피하기

④ 독점 규제 및 공정 거래에 관한 법률은 사업자의 시장지배적 지위의 남용과 과도한 경제력의 집중을 방지하고, 부당한 공동행위 및 불공정 거래행위를 규제하기 위한 법률이다.

08 정답 ③

자아란 다른 사람과 구별되는 자신만의 독특한 모습이다. 이러한 자신의 모습을 일관되게 인식하는 것을 자아 정체성이라고 한다.

09 정답 ②

참과 거짓의 구분이 가능한 진술을 사실 판단이라 한다. 우리나라 애국가는 4절로 되어 있다는 확인이 가능한 사실 판단에 해당한다.

10 정답 ④

재화나 서비스의 차입을 전제로 부담한 금전상의 의무이며 빚, 또는 채무를 부채라고 한다.

오답피하기

② 경제 활동의 대가로 얻은 돈을 소득이라 한다.
③ 일정한 계약에 의하여 은행이나 우체국 따위에 돈을 맡기는 일을 예금이라 한다.

11 정답 ③

우리나라는 환율을 일정 비율에 고정하지 아니하고 외환 시장의 수요와 공급에 맡겨 자유롭게 변동하는 변동 환율을 사용한다.

오답피하기

④ 1달러당 1,000원이던 환율이 1달러당 1,200원이 되면 환율이 상승하였고 원화의 가치는 하락한 것이다.

12 정답 ③

창업은 개인이나 집단이 사업 아이디어를 가지고 새로운 기업을 설립하는 것이다. 기업가 정신이란 새로운 상품 개발, 새로운 시장 개척 등 새로움에 도전하는 정신이며 창업에 필요한 자세이다.

13 정답 ②

국민의 가장 기본적인 정치 참여 방법은 선거이다. 선거는 국민의 대표를 선출하는 것으로 민주주의의 축제라 할 수 있다.

오답피하기

③ 청원은 국가에 요구하는 것으로 청구권에 해당한다.

14 정답 ①

인구 분포에 영향을 미치는 자연적 요인으로는 온화한 기후, 넓은 평야 등이 있다. 인문적 요인으로는 발달한 산업, 풍부한 일자리, 교육 문화 시설, 교통 발달 등이 있다.

15 정답 ③

'히잡과 부르카의 의복 문화', '무함마드가 창시자이며 쿠란이라는 경전을 사용한다.'를 통해 이슬람교인 것을 알 수 있다. 카슈미르 지역은 인도(힌두교)와 파키스탄(이슬람 종교)의 분쟁 지역에 해당한다.

16 정답 ④

화장장, 하수 처리장 등의 혐오 시설이 자기가 사는 지역에 설치되는 것을 반대하는 것을 님비(NIMBY) 현상이라 한다. 이와 반대로 자기 지역에 생활에 편리한 시설의 유치를 요구하는 것을 핌피(PIMFY) 현상이라 한다. 님비 현상과 핌피 현상 모두 지역 이기주의에 해당한다.

17 정답 ①

'둘도 많다. 하나만 낳자.'라는 1980년대 표어는 급격한 인구 증가를 완화시키기 위한 인구 감소 정책으로 볼 수 있다. '하나는 외롭습니다. 자녀에게 가장 좋은 선물은 동생입니다.'는 2000년대 이후 등장한 표어로 저출산 문제를 해결하기 위한 출산 장려 정책이다.

18 정답 ④
중앙 정부 중심의 개발 개획을 거점 개발 방식이라 한다. 거점 개발 방식은 효율성이 높은 거점을 선정하여 중앙 정부 주도로 개발하는 하향식 개발 방식을 말한다. 균형 개발은 지방 정부와 시민 주도로 지역의 특성에 맞게 개발하는 방식으로 상향식 개발 방식이라 한다. 균형 개발은 개발의 효율성보다 형평성, 즉 국토의 균형 있는 개발을 지향한다.

19 정답 ②
3대 식량 자원은 쌀, 밀, 옥수수이다. 옥수수는 라틴 아메리카에서 유럽으로 전파되었으며 옥수수는 식량 사료와 바이오 에너지의 원료로 사용된다. 옥수수 생산량 1위는 미국이며 수출 국가 1위 역시 미국이다. 미국의 옥수수가 국가 간에 많이 거래되고 있다.

20 정답 ②
사하라 사막 남부의 사헬 지대는 인간의 과도한 농경과 목축으로 점차 사막화 되고 있는 지역이다.
사막화 현상은 주로 건조 기후 주변 지역에서 나타난다.

21 정답 ①
교통 발달로 인해 1일 생활권의 범위가 넓어졌다. 지역 간의 교류가 활성화되었으며, 지역 간 상호 작용, 의존성이 높아졌다.

22 정답 ①
북극해에서 석유와 천연가스가 발견되면서 북극 주변 국가들이 이를 차지하기 위한 분쟁이 발생되고 있다. 카스피해 역시 석유와 천연가스를 차지하기 위해 카스피해를 호수로 봐야 한다는 입장과 바다로 봐야 한다는 입장으로 나뉘어져 갈등이 나타나는 지역이다.

23 정답 ①
물질적 풍요를 얻기 위해 도구로서 자연을 대한다면 환경파괴가 더욱 심해질 것이다. 자연 훼손을 하지 않고 자원과 동력을 최대한 절약하며 사용해야 자연환경과 인간의 공존이 가능하다.

24 정답 ③
프톨레마이오스 지도는 고대 그리스에서 제작된 지도이다. 이 지도는 경위선망을 설정하였고, 투영도법을 사용하여 제작하였다. 이 지도는 지중해 연안에서 북서 유럽에 이르는 지역은 비교적 정확하고 상세하게 그려져 있으나, 그 밖의 세계는 현재의 지도와 상당한 차이를 보인다. 고대 시대에 제작되었기 때문에 신대륙은 누락되어 있다.

25 정답 ③
정부의 간섭 없이 시민 개개인이나 민간단체가 중심이 되어 만들어진 조직을 비정부 기구(NGO)라 한다. 비정부 기구는 세계 환경과 평화를 위해 활동하는 기구이다.

오답피하기

① 소호(SOHO)란 소규모 사무실, 가정 사무실의 머리글자를 따서 만든 신조어로서, 작은 사무실에서 하는 사업을 뜻하는 의미로 쓰인다.
② 국제 연합(UN)은 전쟁 방지와 평화 유지를 위해 설립된 국제 기구이다.
④ 세계 무역 기구(WTO)는 자유무역을 통한 전 세계적인 경제 발전을 목적으로 하는 기구이다.

과학 2020년 기출문제

제1회 정답

01 ②	02 ④	03 ④	04 ①	05 ④
06 ①	07 ①	08 ②	09 ②	10 ①
11 ②	12 ③	13 ③	14 ④	15 ③
16 ③	17 ②	18 ④	19 ③	20 ②
21 ①	22 ④	23 ①	24 ③	25 ①

01 정답 ②

전자기파는 전기장과 자기장의 세기가 주기적으로 변하면서 매질이 없이 공간을 통해 전달되는 파동으로 횡파이다. 자외선은 살균, 소독 등의 화학 작용이 많은 화학선이다.

오답피하기

① **전파** : 휴대전화, 라디오 등 통신 정보를 나타낸다.
③ **지진파** : 지진이 발생할 때 에너지가 지각으로 전달되는 파동이며, 지진파를 이용해 지구 내부 구조에 대한 정보를 얻을 수 있다.
④ **물결파** : 매질의 진동을 통해 에너지가 전달되는 탄성파이며, 물결파의 매질은 물이다.

02 정답 ④

탈출 속도는 어떤 물체가 행성의 중력을 이기고, 그 행성을 벗어나기 위해서 필요한 최소한의 초기 속도이다.

$$탈출\ 속도\ v=\sqrt{\frac{2GM}{R}}$$

(G: 만유인력 상수, M: 행성의 질량, R: 행성의 반지름)

오답피하기

① **등속도** : 물체의 속력과 이동 방향이 모두 일정한 경우이다.
② **면적 속도** : 어떤 점이 평면 위에서 원점 주위를 운동할 때, 그 점과 원점을 잇는 선분이 단위 시간에 그리는 도형 면적의 크기로 나타내는 운동 속도이다.
③ **반응 속도** : 화학 반응이 진행되는 속도이다. 단위 시간당 소모된 반응물의 양이나 생성된 생성물의 양으로 반응 속도를 나타낸다.

03 정답 ④

토성은 평균 밀도가 가장 작고 선명한 아름다운 고리가 있다. 또한 가장 많은 위성을 가지고 있다.

오답피하기

① **수성** : 중력이 작아 대기가 거의 존재하지 않으므로 낮과 밤의 온도 차이가 심하다.
② **금성** : 이산화 탄소 대기가 많아 온실 효과가 매우 크므로 행성 중 표면 온도가 최대이다.
③ **화성** : 대기가 희박한 붉은색 사막이 있고 과거에 물이 흘렀던 흔적과 화산 활동의 흔적이 있다.

04 정답 ①

케플러의 제1법칙(타원 궤도 법칙)에 따르면 모든 행성은 태양을 하나의 초점으로 하는 타원 궤도를 따라 공전한다.

오답피하기

ㄴ. 그림에서 A는 태양과 행성이 먼 원일점이다.
ㄷ. 케플러의 제2법칙(면적 속도 일정 법칙)에 따르면 행성과 태양을 연결한 직선이 같은 시간 동안에 휩쓸고 지나가는 면적은 항상 일정하다. 그러므로 그림처럼 행성이 태양의 타원 궤도를 공전할 때 태양과 가까워지면 공전 속도가 빨라지고 태양과 멀어지면 공전 속도가 느려진다.

05 정답 ④

초전도체는 매우 낮은 온도에서 전기 저항이 0에 이르러 초전도 현상이 나타나는 도체이다. 초전도체 위에 자석을 두면 초전도체가 자기장을 밀어내어 자석이 초전도체 위로 떠 있게 된다. 이런 현상을 이용한 것이 자기 부상 열차이다.

> **참고** 마이스너 효과
>
> 전도체가 외부 자기장을 밀어내면 외부 자기장이 초전도체 내부를 통과하지 못한다. 따라서 초전도체 내부의 자기장이 0이 된다.

06 정답 ①

철과 구리는 도체이다. 부도체는 전기 저항이 커서 전류가 잘 흐르지 못하는 물질이다.

오답피하기

② 도체는 전류가 잘 흐르는 물질로 대부분 금속이다.

③ 부도체는 전류가 잘 흐르지 못하는 물질로 고무, 나무 등이 있다.

④ 반도체는 도체와 절연체의 중간 정도의 전기 전도성을 갖는 물질이다.

07 정답 ①

산소 분자는 산소 원자 2개가 결합하여 분자를 이룰 때, 전자쌍 2개를 공유하는 결합이다. 산소 원자 2개가 산소 분자를 이루고 있어 2원자 분자이다.

오답피하기

ㄴ. 전자를 공유하므로 공유 결합 물질은 맞지만 화합물이 아닌 홑원소 물질이다. 홑원소 물질이란 한 가지 원소로 이루어진 순물질을 의미한다. 산소 분자는 산소라는 한 가지 원소로 이루어진 홑원소 물질이다.

ㄷ. 2쌍의 전자를 공유한다.

> **참고**
>
> 물질의 분류는 중학교 교육과정상 화학편에 해당한다.

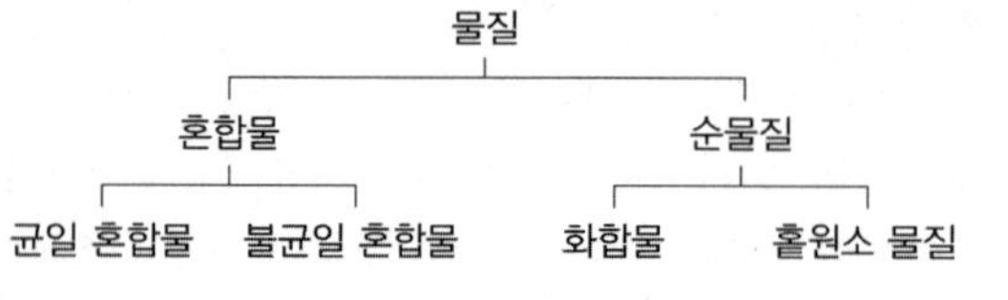

08 정답 ②

족은 주기율표의 세로줄에 위치하며 1족~18족까지 존재한다. 같은 족의 원소들은 최외각 전자의 수가 같아서 화학적 성질이 비슷하다. 단, 수소는 예외적으로 1족의 다른 원소와 화학적 성질이 다르다.

오답피하기

① 수소는 1족, 헬륨은 18족 원소이다.

③ 헬륨은 18족, 탄소는 14족 원소이다.

④ 리튬은 1족, 탄소는 14족 원소이다.

09 정답 ②

고분자는 단위체가 결합하여 만들어진 물질로, 분자량이 10,000 이상인 물질이다.

오답피하기

① 금속 : 열이나 전기를 잘 전도하고, 펴지고 늘어나는 성질이 풍부하며, 특유의 광택을 가진 물질이다.

③ 반도체 : 전기를 전하는 성질이 도체와 부도체의 중간 정도인 물질이다.

④ 중수소 : 수소의 동위 원소 중 하나이다. 양성자 한 개와 중성자 한 개로 구성된 원자핵을 가진 수소 원자이다.

10 정답 ①

해열제는 체온이 올라갈 때 열을 내리기 위해 사용하는 의약품이다. 해열과 동시에 진통・최면 작용을 하는 것이 많다. 아스피린은 최초의 합성 의약품으로, 주로 해열 진통제로 쓰인다.

오답피하기

② 진통제 : 두통이나 치통, 생리통과 같은 통증을 완화시키는 의약품이다.

③ 제산제 : 위산을 중화시키고 위산에 의한 복통을 완화하는 데 사용하는 의약품이다.

④ 항생제 : 세균의 발육을 억제하거나 죽이는 의약품이다.

11 **정답 ②**

화석 연료는 연소 과정에서 이산화 탄소를 생성하여 지구 온난화를 일으키고 환경오염 물질을 만든다.

오답피하기

① 화석 연료는 매장량에 한계가 있기 때문에 고갈될 수 있다.
③ 화석 연료는 동물이나 식물의 사체가 땅속에 오랜 시간 동안 묻혀 만들어진다.
④ 높은 열과 압력을 받아서 만들어진 석탄, 석유, 천연가스는 대표적인 화석 연료이다.

12 **정답 ③**

생물 다양성에는 유전적 다양성, 종 다양성, 생태계 다양성 등이 있다. 생물 다양성과 유전자원 확보를 위해 종자은행이 설립되었다.

오답피하기

① **외래종** : 원래의 서식지가 아닌 장소에서 이동하여 생활을 계속하는 종을 뜻하며 일반적으로 외국에서 들어온 생물을 말한다.
② **먹이사슬** : 먹이사슬은 생물 사이의 먹고 먹히는 관계가 마치 사슬처럼 연결되어 있는 것이다.
④ **생태계 교란 종** : 외국에서 들여온 동물의 경우 천적이 없기 때문에 생태계를 마구 교란하게 된다. 우리나라에서는 뉴트리아를 생태계 교란 종으로 지정하였다.

13 **정답 ③**

탄수화물은 탄소, 수소, 산소로 구성된 화합물이다. 생물체의 구성 성분이자 가장 먼저 사용되는 에너지원으로 1g에 4kcal의 열량을 낸다. 쌀・보리・밀 등의 곡류와 감자・고구마・옥수수 등에 탄수화물이 들어있다.

오답피하기

① **지방** : 지방을 많이 함유하고 있는 식품에는 콩・땅콩・호두・버터 등이 있다. 우리 몸에서는 내장・근육 등에 많이 포함되어 있으며, 또 피하 지방으로도 저장되어 있다.
② **비타민** : 인체의 정상적인 기능과 성장 및 유지를 위해 미량을 섭취해야 하는 필수적인 유기물질이다.
④ **무기염류** : 칼슘, 인, 철, 황, 마그네슘 등의 무기질 영양소이다.

14 **정답 ④**

염색체는 세포 분열 시 핵 속에서 관찰되는 물질로 DNA와 단백질로 구성되어 있다.

오답피하기

① **항체** : 외부에서 침입한 항원에 대항하여 이를 제거하기 위해 생성되는 물질이다.
② **효소** : 세포에서 만들어지는 생체촉매이다.
③ **세포막** : 세포질을 둘러싼 얇은 막으로 물질의 출입을 조절한다.

15 **정답 ③**

44 + XX는 상염색체 44 + 성염색체 XX(여자)이므로 딸이다. 상염색체는 남녀 공통으로 가지는 염색체이다. 성염색체는 남녀에 따라 모양이 다르므로 성별을 구분하는 염색체이다.

오답피하기

④ 44 + XY는 상염색체 44 + 성염색체 XY(남자)이므로 아들이다.

16 **정답 ③**

바이러스는 세균보다 크기가 훨씬 작으며 생물과 무생물의 중간 형태이다. 효소가 없어서 숙주 세포 내에서만 물질대사와 증식을 하며 돌연변이 속도가 매우 빠르다.

오답피하기

① 세균 : 스스로 효소를 합성하여 물질대사와 증식이 가능하다.
② 곰팡이 : 포자로 번식하며 어둡고 습한 곳에서 자라난다.
④ 원생생물 : 원생생물은 주로 수중 생활을 하거나 습기가 있는 육상에서 서식한다.

17 정답 ②

엽록체는 식물 세포의 광합성 장소이다.

오답피하기

① 녹색식물의 광합성 과정은 탄소 순환에 해당한다.
③ 포도당을 생성하는 반응이다.
④ 빛에너지가 화학 에너지로 전환된다.

18 정답 ④

에너지 소비가 섭취보다 지속적으로 많으면 체지방이 감소한다.

오답피하기

① 활동 대사량은 기초 대사량 이외에 여러 가지 일상생활이나 운동을 하는 데 필요한 에너지양이다.
② 기초 대사량은 나이와 성별에 따라 다르다.
③ 기초 대사량은 생명 과정에 필요한 최소한의 에너지이다. 휴식 상태에서도 뇌의 활동, 심장 박동, 간의 생화학 반응 및 신체의 생명 활동 기능을 유지하기 위해서 필요한 에너지의 양을 말한다.

19 정답 ③

나선 은하는 성간 물질이 많고, 나선팔에 성운과 젊은 별들이 주로 분포한다. 중심에 막대 모양이 나타나는 것을 막대 나선 은하라고 한다.

오답피하기

① 타원 은하 : 붉은색을 띠고 있으며, 나선팔이 없는 타원체 모양이다.
② 불규칙 은하 : 대칭적이거나 규칙적인 형태를 가지지 못한 은하이다.
④ 정상 나선 은하 : 나선 은하 중에서 막대가 없는 은하이다.

20 정답 ②

- 북위 60°~90° 부근에서는 극동풍이 분다.
- 북위 30°~60° 부근에서는 편서풍이 분다.
- 북위 0°~30° 부근에서는 무역풍이 분다.

오답피하기

ㄱ. 무역풍과 극동풍의 바람 방향은 같은 방향이다.
ㄴ. 북위 30° 부근에는 하강 기류가 발달한다.

21 정답 ①

빅뱅은 온도와 밀도가 매우 높은 상태로 모든 물질과 에너지가 모인 한 점에서 거대한 폭발이 일어나는 것이다. 폭발과 함께 물질뿐만 아니라 시간, 공간, 에너지가 생겨나면서 우주가 형성되었다.

오답피하기

② 빅뱅 우주론에 따르면 우주의 총질량은 일정하다.
③ 우주가 계속 팽창하므로 시간이 지남에 따라 우주의 밀도가 점점 감소한다.
④ 우주가 팽창함에 따라 열이 식기 때문에 우주의 온도가 점점 낮아진다.

22 정답 ④

도플러 효과는 소리나 빛을 내는 물체가 관측자에게서 멀어지거나 다가올 때, 파장이 실제 파장보다 길거나 짧게 관측되는 현상이다.

오답피하기

① **광전 효과** : 금속에 빛을 쪼일 때 전자가 튀어나오는 현상이다.
② **열섬 효과** : 도심의 온도가 대기오염이나 인공열 등의 영향으로 주변 지역보다 높게 나타나는 현상이다.
③ **온실 효과** : 대기 중의 온실 기체가 지표에서 방출되는 적외선을 흡수하여 기온을 높이는 현상이다.

23 정답 ①

달이 지구 주위를 공전하면서 상대적 위치에 따라 태양의 빛이 반사된 달의 밝은 부분이 달라지기 때문에 달의 모양이 달라진다.

A(망)는 달이 태양 반대쪽에 있어 음력 15일경 보름달로 보인다.

달의 모양 변화 순서 : 삭 → 초승달 → 상현달 → 망(보름달) → 하현달 → 그믐달 → 삭

오답피하기

② **상현달** : 오른쪽 반달 형태로 음력 7~8일경 관측된다.
③ **하현달** : 왼쪽 반달 형태로 음력 22~23일경 관측된다.
④ **초승달** : 눈썹 모양의 달로 음력 3~4일경 관측된다.

24 정답 ③

중생대는 공룡, 파충류, 겉씨식물이 번성하였다.

오답피하기

① **선캄브리아대** : 지질 시대 중 가장 긴 시대로 원시 생물이 최초로 출현하였다.
② **고생대** : 최초의 육상 생물이 출현하고 양치식물이 번성하였다.
④ **신생대** : 최초의 인류가 출현하고 속씨식물이 번성하였다.

25 정답 ①

온실 기체의 증가로 인한 지구 온난화 현상으로 해수의 열팽창이 증가하고 극지방의 빙하가 녹아 평균 해수면이 높아진다.

오답피하기

② 지구의 평균 기온이 높아진다.
③ 극지방의 빙하가 녹기 때문에 빙하의 분포 면적이 좁아진다.
④ 바다의 평균 수온이 높아진다.

참고 **해수의 열팽창**

기온 상승으로 인하여 바닷물의 부피가 늘어나는 현상이다.

한국사 2020년 기출문제

제1회 정답

01 ③	02 ④	03 ①	04 ②	05 ②
06 ③	07 ①	08 ②	09 ③	10 ①
11 ③	12 ③	13 ①	14 ①	15 ①
16 ③	17 ②	18 ②	19 ④	20 ②
21 ④	22 ③	23 ④	24 ①	25 ④

01 정답 ③

제시된 자료를 살펴보면, 구석기 시대와 청동기 시대 사이에 '㉠'이 위치해 있다. 따라서 '㉠'은 신석기 시대임을 알 수 있다. ③의 빗살무늬 토기는 신석기 시대에 처음으로 제작되었던 유물로, 신석기 시대를 대표하는 유물이기도 하다.

오답피하기

① 명도전은 중국 전국 시대의 화폐로, 철기 시대의 유물이다.
② 주먹도끼는 구석기 시대의 뗀석기 중 하나이다(구석기 시대의 대표 유물).
④ 거친무늬 거울은 청동기 시대에 처음으로 제작된 청동 거울이다(청동기 시대의 유물).

02 정답 ④

자료에 '우리 민족 최초의 국가로 8조의 법을 운영'하였다는 내용과 '비파형 동검과 탁자식 고인돌로 문화 범위를 추정'한다는 내용이 차례로 나와 있다. 이를 통해 우리 민족 최초의 국가인 고조선에 대한 것임을 알 수 있다. 8조법은 8개 조항으로 된 고조선의 법률이며, 비파형 동검과 탁자식 고인돌 역시 고조선의 대표 유물이다.

03 정답 ①

자료에 '남진 정책을 추진'하였다는 내용, '평양으로 수도를 옮긴' 내용, '백제의 수도 한성을 점령'한 내용이 차례로 나와 있다. 모두 고구려의 제20대 왕인 장수왕(재위 413~491)과 관련된 사실들이다. 장수왕의 남진 정책으로 말미암아 백제와 신라는 고구려의 위협에 대처하기 위해 나제 동맹(433)을 결성하였다. 평양 천도는 장수왕 15년인 427년의 일이며, 백제의 수도 한성을 점령한 것은 장수왕 63년인 475년의 일이다(이 때문에 백제는 개로왕이 전사하고 웅진으로 천도).

04 정답 ②

자료에 대조영이 건국하였으며 고구려 계승 의식을 내세웠다는 내용이 나와 있다. 이어 중앙 정치 조직은 당의 3성 6부를 받아들였으나 그 명칭과 운영 방식은 독자적이었다는 내용이 나와 있다. 이를 통해 제시된 ㉠은 698년에 건국된 발해임을 알 수 있다. 발해의 중앙 정치 조직은 2성 6부이다. 발해는 선왕 대에 이르러 영토를 최대로 넓혔고, 중국(당)에서는 발해를 바다 동쪽에서 번성한 나라라 해서 '해동성국'이라고 불렀다.

오답피하기

① 후삼국을 통일한 국가는 고려이다(936).
③ 성리학을 도입한 국가는 고려이다(고려 충렬왕 대).
④ 수원 화성을 축조한 것은 조선 정조 대이다.

05 정답 ②

자료에 '고구려 고국천왕 때 농민 몰락 방지를 위해 실시'하였다는 내용이 나와 있다. 이어 '봄에 곡식을 빌려 주었다가 가을에 추수한 것으로 갚도록 한' 내용이 차례로 나와 있다. 이를 통해 고구려 고국천왕 16년인 194년에 처음 시행된 진대법이라는 구휼 제도임을 알 수 있다.

오답피하기

① 음서제는 고려와 조선 시대에 공을 세운 신하나 지위가 높은 관리의 자손을 과거를 치르지 아니하고 관리로 채용하던 제도이다.
③ 골품제는 성분에 따라 골과 품으로 등급을 나누는 신라의 독특한(폐쇄적 성격이 강한) 신분 제도이다.
④ 과전법은 고려 공양왕 3년(1391)에 귀족들의 대토지 소유에 따른 국가 재정의 고갈 문제를 해결하기 위하여 이성계를 비롯한 조준 등 신진 사대부들이 주동이 되어 실시한 토지 제도이다.

06 정답 ③

자료에 '서경 천도 운동, 반란으로 이어지다'는 제목이 나와 있다. 이어 '고려의 ㉠이 풍수지리설을 내세워 서경으로 도읍을 옮길 것과 칭제 건원, 금국 정벌을 주장하였다'는 내용이 나와 있다. 이를 통해 제시된 자료 속 ㉠에 해당하는 인물은 묘청(?~1135)임을 알 수 있다.

오답피하기

① 담징(579~631)은 고구려의 승려이자 화가이다.
② 이익(1681~1763)은 조선 후기의 중농학파(경세치용학파) 실학자이다(『성호사설』).
④ 이황(1501~1570)은 이이와 더불어 조선을 대표하는 성리학자이다.

07 정답 ①

자료에 '청나라가 조선에 군신 관계를 맺을 것을 요구하면서 대군을 이끌고 침입해 왔다'는 내용이 나와 있다. 이어 '인조가 남한산성으로 피란하여 청나라 군대에 맞섰으나, 결국 청나라에 굴복하고 말았다'는 내용이 나와 있다. 이를 통해 제시된 자료는 조선 인조 14년인 1636년 12월에 발발하여 이듬해 1월까지 전개된 병자호란과 관련된 것임을 알 수 있다. 조선은 결국 청에게 굴복하여 군신 관계를 맺을 것을 약속하였다(삼전도의 굴욕).

오답피하기

② 병인양요가 일어난 것은 1866년(고종 3)의 일이다.
③ 임진왜란이 일어난 것은 1592년(선조 25)의 일이다.
④ 청·일 전쟁이 일어난 것은 1894년(고종 31)의 일이다.

08 정답 ②

자료에 '고려 때 직위에 따라 18등급으로 나누어, 관직 복무와 직역의 대가로 곡물을 수취할 수 있는 전지와 땔감을 얻을 수 있는 시지를 주었다'는 내용이 나와 있다. 이에 해당하는 제도로는 고려 전기의 토지 제도인 전시과이다. 고려의 관료들은 국가로부터 지급받은 전지와 시지(이상 수조지)에서 '조세'를 거두었다(수조권 행사).

오답피하기

① 녹읍은 신라 및 고려 초기에 관료들에게 직무의 대가로 지급한 특정 지역의 논밭이다. 관료들은 이곳에서 경제적 수취를 할 수 있었다.
③ 독서삼품과는 신라 원성왕 때 설치된 관리 등용 제도이다(788). 골품보다 학력에 의해 관리를 채용하려던 제도로, 태학감에서 수학한 학생들의 성적에 따라 상·중·하 3등급으로 나누어 등용하였다.
④ 관수 관급제는 조선 시대 성종 때 시행된 토지 분급 제도이다. 국가가 직접 토지를 관리하고, 관리에게는 녹봉을 지급하였다.

09 정답 ③

자료에 〈고려의 신분 구성〉이라는 제목과 함께 '㉠은/는 고려 때 새롭게 등장한 신분 계층으로, 주로 지배 기구의 말단 행정 실무를 담당하였다'는 내용이 나와 있다. 이를 통해 제시된 ㉠은 중간 계층 또는 중류층을 가리킴을 알 수 있다. 고려 시대의 중류층으로는 중앙과 지방의 각 관아(관청)에서 근무하던 서리, 지방 관아(관청)의 행정 실무를 처리하던 향리, 궁궐에서 일하던 내료인 남반, 하급 장교 등이 있었다.
노비는 최하층 신분인 천민에 속하였다.

10 정답 ①

자료에 〈세종의 정책〉이라는 제목이 나와 있고, 정치와 문화, 국방 분야에서의 각 정책들이 제시되어 있다. 특히 국방 정책에서는 ㉠과 대마도 정벌이 나와 있는데 제시된 선지 중에서는 '4군 6진 설치'가 해당함을 알 수 있다. 4군 6진은 세종이 여진족을 몰아낸 뒤 군사적인 목적으로 만든 행정 구역으로 4군은 평안도 지역에, 6진은 함경도 지역에 두었다.

오답피하기

② (평안북도에 위치한) 강동 6주를 획득한 것은 고려 성종 대의 일이다(서희의 담판, 993).
③ (윤관의 별무반을 통해 여진족을 정벌하고) 동북 9성을 축조한 것은 고려 예종 대의 일이다(1107).

④ (우리 역사에서) 천리장성을 축조한 것은 두 차례이다. 첫 번째 고구려 때는 당의 침입에 대비하여 쌓은 것이 있다(631~647). 두 번째 고려 때는 강감찬의 건의로 거란을 비롯한 북방 민족의 침입에 대비해 쌓았다(1033~1044).

11 정답 ③

왼쪽 말풍선에는 '일본의 강요로 빌린 차관을 갚아 국권을 회복하자는 운동'이라는 내용이 나와 있다. 오른쪽 말풍선에는 '1907년 대구에서 서상돈을 중심으로 남자들은 금연한 돈을, 여자들은 비녀와 반지를 내놓았'다는 내용이 나와 있다. 이를 통해 제시된 대화 내용은 1907년 대구에서 시작되어 전국으로 퍼진 국채 보상 운동에 대한 것임을 알 수 있다.

오답피하기

① 새마을 운동이 시작된 것은 박정희 정부 시기인 1970년이다.
② (동아일보의 주도로) 브나로드 운동이 시작된 것은 1931년이다(~1934).
④ 신탁 통치 반대 운동이 벌어진 것은 1946년 초의 일이다.

12 정답 ③

자료에 '조선 영조 때 군역 부담을 줄여 주기 위해 실시'했다는 내용이 나와 있다. 이어 '농민들이 납부할 군포를 1년에 1필로 줄여 준' 내용이 나와 있다. 이를 통해 조선 영조 26년인 1750년에 시행된 균역법에 대한 자료임을 알 수 있다.

오답피하기

① 호패법은 조선 시대에 16세 이상의 양인 남자에게 일종의 신분 증명서인 호패를 가지고 다니게 하던 제도이다.
② 영정법은 조선 인조 13년인 1635년에 제정된 전세 징수법이다. 토지 1결당 미곡 4두로 고정하였다.
④ 대동법은 공납의 문제점을 시정하기 위해 공물(貢物, 특산물)을 쌀로 통일하여 바치게 한 수취(납세) 제도이다.

13 정답 ①

자료에 주제로 '통일을 위한 남과 북의 협력 과정'이 나와 있고, 조사할 내용으로 '남북 기본 합의서, ㉠'이 나와 있다. 이를 통해 제시된 ㉠은 남북 기본 합의서와 같이 통일을 위해 남과 북이 '협력'한 내용이 제시되어야 함을 알 수 있다. 남북 기본 합의서는 노태우 정부 시기인 1991년 12월에 나왔다.

방곡령이 발포된 것은 19세기 후반 고종 때의 일이다.

오답피하기

② 금강산 관광 사업이 시작된 것은 김대중 정부 시기의 일이다(1998).
③ 남북한 UN 동시 가입은 같은 노태우 정부 시기인 1991년 9월에 있었던 일이다.
④ 6·15 남북 공동 선언이 있었던 것은 김대중 정부 시기의 일이다(2000).

14 정답 ①

흥선 대원군이 추진한 정책들을 찾는 문제이다.

ㄱ. 흥선 대원군은 집권 후 붕당 정치와 농민 수탈의 근거지로 작용하던 전국의 서원을 47개를 제외하고는 모두 철폐하였다(600여 곳).
ㄴ. 또한 흥선 대원군은 왕실의 권위를 높이기 위해 임진왜란 때 불탄 경복궁을 중건하는 일을 벌였다(당백전 발행, 원납전 징수).

오답피하기

ㄷ. 22담로를 설치한 것은 백제 제25대 왕인 무령왕대(재위 501~523)의 일이다.
ㄹ. (노비가 된 사람을 안검하여 방량하게 한) 노비안검법을 실시한 것은 고려 제4대 왕인 광종 대(재위 949~ 975)이다(956, 광종 7).

15 정답 ①

자료에 '개항 이후 정부가 개화 정책을 추진하면서 신식 군대인 ㉠을 창설하고, 구식 군대의 규모를 축소하였다'는 내용이 나와 있다. 이어 '구식 군인들이 밀린 급료로 받은 쌀에 겨와 모래가 섞여 있자 분노하여 봉기하였다'는 내용이 나와 있다(1882년에 발생한 임오군란). 이를 통해 제시된 ㉠은 1881년에 창설된 별기군임을 알 수 있다.

오답피하기

② 삼별초는 고려 때 최씨 무신 정권이 고용한 특수 군대이다.
③ 화랑도는 신라 때 화랑을 우두머리로 한 청소년 수련 단체이다. 전시에는 군사 조직화되어 참전하기도 하였다.
④ (한국) 광복군은 1940년에 창설된 대한민국 임시 정부 산하의 군대이다.

16 정답 ③

자료에 '양반 중심의 신분 질서를 개혁하려는 반봉건적 성격'과 '일본을 비롯한 외세의 침략을 물리치려는 반침략적 성격'을 띠고 있다는 내용이 나와 있다. 또 제목으로 '㉠의 역사적 의의'가 나와 있는 바 이를 통해 제시된 ㉠은 1894년에 일어난 동학 농민 운동임을 알 수 있다.

오답피하기

① 무신 정변이 일어난 것은 고려 의종 24년인 1170년의 일이다.
② (신라와 당의 전쟁인) 나・당 전쟁이 일어난 것은 670년에서 676년 사이의 일이다.
④ 민립 대학 설립 운동이 펼쳐진 것은 1920년대 초이다.

17 정답 ②

자료에 김홍도의 〈서당〉이라는 그림과 신윤복의 〈단오풍정〉이라는 그림이 나와 있다. 이들 작품들은 조선 후기의 풍속화이다. 춘향전, 심청전 등 한글 소설을 비롯한 서민 문화가 발달한 것 역시 조선 후기의 일이다.

오답피하기

① 신라가 왜에 조선술을 전해 준 것은 삼국 시대, 남북국 시대의 일이다.
③ 송의 기술을 받아들여 고려청자의 제작이 시작된 것은 고려 시대 초의 일이다.
④ 몽골을 물리치려는 염원으로 팔만대장경[판]을 제작한 것은 고려 시대의 일이다. 구체적으로는 고려 고종 대의 일이다(1236~1251).

18 정답 ②

금융 실명제는 금융 기관과 거래를 할 때 가명이나 차명이 아닌 본인의 실지 명의, 즉 실명으로 거래해야 하는 제도로, 김영삼 정부 시기인 1993년 8월부터 전격 시행되었다.

오답피하기

① 일제는 1910년 회사령을 공포하여 우리 민족 기업의 성장과 발전을 억압하였다.
③ 일제는 우리나라를 자국의 식량 공급 기지로 만들기 위해 1920년부터 (일종의 '쌀 증식 정책'인) 산미 증식 계획을 추진하였다(~1934).
④ 일제는 식민지적 토지 제도를 확립할 목적으로 1910년에서 1918년까지 대규모의 토지 조사 사업을 실시하였다.

19 정답 ④

'3・1 운동 이후 여러 지역의 독립운동 단체가 통합되어 수립된' 자료, '삼권 분립에 기초한 민주 공화제를 채택한' 자료, '연통제와 교통국을 조직하여 독립운동을 전개한' 자료가 차례로 제시되어 있다. 이를 통해 제시된 자료는 모두 1919년 9월 통합된 대한민국 임시 정부에 대한 것임을 알 수 있다.

오답피하기

① 집강소는 동학 농민 운동 때 농민군이 호남 지방의 각 군현에 설치하였던 농민 자치 기구이다.
② 독립 협회가 설립된 것은 1896년이다. 서재필, 이상재, 윤치호 등이 우리나라의 자주독립과 내정 개혁을 위하여 조직하였다.
③ 조선어 연구회는 조선어 학회의 전신으로 국어를 연구하고 보급·선전할 목적으로 조직된 학술 단체이다(1921).

20 정답 ②

〈이승만 정부의 붕괴 과정〉과 관련된 문제이다. 3·15 부정 선거와 이승만 대통령 하야 사이에 ㉠이 위치하고 있다. 3·15 부정 선거가 일어난 것은 1960년 3월 15일(제4대 대통령 및 제5대 부통령 선거)이고, 이승만 대통령이 하야한 것은 1960년 4월 26일이다(하와이 망명). 그 사이에 1960년 4월 19일 학생과 시민들이 독재에 반대하여 일어난 '4·19 혁명'이 있었다. 이승만 대통령 하야는 4·19 혁명의 결말인 셈이다.

오답피하기

① 10월 유신이 있었던 것은 박정희 정부 시기인 1972년 10월의 일이다.
③ 6월 민주 항쟁이 벌어진 것은 전두환 정부 시기인 1987년 6월의 일이다.
④ 5·18 민주화 운동이 벌어진 것은 최규하 정부 시기인 1980년 5월의 일이다.

21 정답 ④

자료에 '1929년 열차에서 조선 여학생을 희롱한 일본 학생과 이를 말리던 조선 학생이 충돌하였다'는 내용이 나와 있다. 이어 '경찰이 이 사건을 일본 학생에게만 유리하게 처리하자, 조선 학생들이 민족 차별 중지, 식민지 교육 제도 철폐 등을 요구하며 시위를 벌였다'는 내용이 나와 있다. 이를 통해 제시된 자료는 1929년 11월 3일에 발생하여 전국으로 퍼진 광주 학생 항일 운동에 대한 것임을 알 수 있다.

오답피하기

① 을미사변이 일어난 것은 1895년의 일이다.
② 갑신정변이 일어난 것은 1884년의 일이다.
③ 물산 장려 운동이 일어난 것은 1920년대 초의 일이다.

22 정답 ③

자료에 생몰 연도가 1868년에서 1943년이고, 대한 독립군 총사령관으로 봉오동 전투(1920)를 승리로 이끌었다는 내용이 나와 있다. 이어 '중앙아시아로 강제 이주되어 사망하였다'는 내용이 나와 있다. 사진도 나와 있는 바 이를 통해 제시된 자료는 홍범도에 대한 것임을 알 수 있다.

오답피하기

① 김구(1876~1949)는 대한민국 임시 정부의 주석으로, 독립운동가이다.
② 김옥균(1851~1894)은 급진 개화파의 리더로, 갑신정변을 일으킨 주역이다.
④ 서재필(1864~1951)은 급진 개화파의 일원으로, 독립 협회를 세우고 독립신문을 창간하였다. 미국 시민권을 획득하였고, 의사로 활약하였다.

23 정답 ④

자료에 '제헌 국회가 광복 이후 친일파 청산이라는 국민의 열망에 따라 ㉠을/를 설치하였다'는 내용이 나와 있다. 이어 '그러나 반공 우선의 정책을 추구하던 이승만 정부의 비협조로 친일파 청산이 제대로 이루어지지 못하였다'는 내용이 나와 있다. 이를 통해 제시된 자료 속 ㉠은 대한민국 정부 수립 직후인 1948년 10월에 설치된 '반민족 행위 특별 조사 위원회'(줄여서 '반민특위')를 가리키는 것임을 알 수 있다.

오답피하기

① 비변사는 처음 군사와 관련된 임시 군무 협의 기구로 설치되었다가 조선 후기에 이르러 국정 전반을 총괄하는 실질적인 최고 관청으로 기능하였다.
② 조선 총독부는 일제가 대한 제국을 식민지화한 후 설치한 최고 식민 통치 기구이다(1910).

③ 통리기무아문은 고종이 개화 정책을 추진하기 위해 설치한 기구로 군국 기밀과 일반 정치를 총괄하였다(1880).

24 **정답** ①

왼쪽 말풍선에는 '㉠에 참전하셨다고 들었는데 그 당시 기억에 남는 순간은 언제였는지'를 묻는 내용이 나와 있다. 오른쪽 말풍선에는 '인천 상륙 작전으로 서울을 되찾았던 순간이 가장 기억에 남는다'는 내용이 나와 있다. 이를 통해 제시된 내용은 1950년에 발생한 6·25 전쟁과 관련된 것임을 알 수 있다. 참고로 인천 상륙 작전은 1950년 9월 15일에 있었고 동년 9월 28일 국군과 유엔군이 서울을 수복하였다.

오답피하기

② 베트남 전쟁은 베트남의 통일 과정에서 베트남이 미국과 벌인 전쟁이다(1960~1975).

③ 청산리 대첩은 1920년 10월 김좌진이 지휘하는 북로 군정서군과 홍범도가 이끄는 대한 독립군 등을 주력으로 한 독립군 부대가 독립군 토벌을 위해 간도에 출병한 일본군을 청산리 일대에서 10여 회의 전투 끝에 대파한 전투이다.

④ 매소성 전투는 나·당 전쟁 중이었던 675년(문무왕 15)에 신라가 당의 20만 군대를 맞아 매소성에서 싸워 큰 승리를 거둔 전투이다. 신라가 나·당 전쟁을 승리로 이끄는 데 결정적 계기가 된 전투이기도 하다.

25 **정답** ④

자료에 '을사조약(을사늑약)의 결과'라는 학습 주제가 제시되어 있다. 이어 '통감부 설치, ㉠, 초대 통감으로 이토 히로부미 부임'이라는 내용이 제시되어 있다. 을사늑약 체결이 강요된 것은 1905년 11월의 일이고, 여기서 규정한 통감부가 실제로 설치된 것은 이듬해인 1906년 2월의 일이다. 이토 히로부미가 초대 통감으로 부임한 것은 3월이다(그동안 한국 주차군 사령관 하세가와가 대리). 제2차 한일 협약이라고 부르는 을사늑약 체결을 일제가 강요한 목적은 대한 제국의 외교권을 빼앗기 위한 것이다(대한 제국의 외교권 박탈).*

* 참고로 1905년 11월에서 1906년 3월 사이에 청국·영국·미국·독일·프랑스·이탈리아 등의 주한 외국 공관이 대한 제국에서 철수해 영사관으로 대체되었다. 뒤이어 일제는 12월 15일자로 한국의 재외 공관마저 폐쇄시켰다. 이로써 모든 외교적 방법이 단절되어 대한 제국은 국제적으로 완전히 고립되었다. 이에 따라 대한 제국의 외교 사무를 담당하였던 외부(外部)는 1906년 1월 17일자로 폐지되고 의정부 외사국(外事局)으로 격하되었다. 또 1905년 12월 20일 통감부 및 이사청관제가 공포되어 주한 일본 공사관은 1906년 1월 31일로 자연히 폐쇄되었다.

오답피하기

① (흥선 대원군에 의해 전국 각지에) 척화비가 건립된 것은 1871년(고종 8)의 일이다.

② 조선 통신사가 (일본에 본격적으로) 파견되기 시작한 것은 임진왜란 후인 조선 후기의 일이다.

③ (독립 협회 주도의) 관민 공동회가 개최된 것은 1898년(고종 35) 10월의 일이다(~11월).

도덕 2020년 기출문제

제1회 정답

01 ②	02 ①	03 ②	04 ③	05 ③
06 ④	07 ③	08 ④	09 ①	10 ④
11 ①	12 ①	13 ③	14 ④	15 ②
16 ①	17 ③	18 ④	19 ③	20 ①
21 ④	22 ④	23 ②	24 ②	25 ②

01 정답 ②

제시된 내용은 자연에 대한 인간의 올바른 인식과 환경 문제를 위한 대안 마련에 주목하고 인간 중심주의가 환경에 미친 영향과 탄소 배출 방안과 관련된 윤리적 쟁점 등을 주제로 하는 환경 윤리에 대한 설명이다.

02 정답 ①

벤담은 쾌락의 경험과 고통의 경험은 그 경험의 7가지 측면, 즉 강도, 지속성, 확실성, 근접성, 다산성, 순수성, 파급범위를 총합하여 양적으로 점수화한다.

03 정답 ②

정언 명령 : 행위의 결과와 상관없이 행위 자체가 선이므로 무조건 받아들여야 하는 도덕적 명령

- **제1정언 명령** ➔ "네 의지의 준칙이 항상 동시에 보편적 입법의 원리로서 타당할 수 있도록 행위하라."
- **제2정언 명령** ➔ "너 자신의 인격이나 다른 모든 사람의 인격에 있어서 인간성을 결코 한낱 수단으로서만 대하지 말고 항상 동시에 목적으로 대우하라."

04 정답 ③

에리히 프롬은 사랑의 기본 요소로 보호, 책임, 존경, 이해 등을 제시하였다.

05 정답 ③

요나스(Jonas, H.)는 기존의 전통적 윤리관은 과학 기술 시대에 발생하는 문제를 해결하는 데 한계가 있음을 자각하고 인간뿐만 아니라 자연, 미래 세대까지 윤리적 책임의 범위를 확대해야 한다고 주장하였다.

오답피하기

② 칸트의 의무론, ④ 과학 기술 자체의 책임만 강조하는 오펜하이머와 관련 있다.

06 정답 ④

정의롭지 못한 사회 구조나 제도는 구성원의 기본권을 침해하고 개인 간, 집단 간의 갈등을 일으키기 때문에 사회 정의가 필요하다. 사회적 정의, 즉 분배적 정의와 교정적 정의가 실현될 때 정의로운 사회가 될 수 있다.

오답피하기

ㄴ. 공권력의 남용은 국민의 기본권을 침해할 수 있기 때문에 옳지 않다.

07 정답 ③

공자와 정약용은 예술의 자율성을 인정하면서도 윤리와의 상호 연관성을 함께 고려해야 한다고 주장하였다.

오답피하기

②, ④는 심미주의에 대한 설명이다.

08 정답 ④

지구촌 시대에 지녀야 할 자세는 다문화주의, 열린 민족주의, 관용, 문화 상대주의 등이 있다.

④ 배타적 민족 정체성을 고집하는 것은 세계화 시대에 알맞지 않은 태도이다.

09 정답 ①

생명 중심주의는 도덕적 지위를 갖는 기준이 생명이며 도덕적 고려 범위를 모든 생명체로 확대해야 한다고 주장한다. 즉, 모든 생명은 그 자체로 고유한 가치를 지니므로 모든 생명체를 도덕적으로 대우해야 한다고 주장한다.

- "자연은 인간에게 편리한 도구이다." ➔ 도구적 자연관은 베이컨의 주장이다.

10 정답 ④
도가는 인간은 자연의 한 부분으로서 자연에 순응하는 무위자연(無爲自然)을 강조하였고 자연을 인위적으로 지배하려 해서는 안 되며 인간과 자연이 함께 조화를 이루어야 한다고 주장하였다.

오답피하기
② 유교, ③ 불교

11 정답 ①
• "네가 남에게 바라는 대로 남에게 해 주어라."
→ 그리스도 윤리의 근본 원리인 황금률을 의미한다.

12 정답 ①
칼뱅 → 직업은 신이 부여한 소명(召命)에 따라 행하는 것이고 직업적 성공으로 부를 축적하는 것은 신의 축복이라고 주장하였다.

13 정답 ③
도구적 자연관을 주장한 베이컨은 인간이 자연을 지배·정복할 수 있는 권한과 능력이 있다고 보았다. 즉, 자연을 이용할 수 있는 지식이 곧 힘이다.

14 정답 ④
사이버 따돌림을 예방하기 위한 노력
• **개인적 차원** → 사이버 따돌림이 폭력임을 인식하고 공감의 자세를 지녀야 한다.
• **사회적 차원** → 사이버 따돌림을 예방할 수 있는 법적·제도적 장치를 마련해야 한다.

15 정답 ②
상품이나 서비스를 구매할 때 윤리적 가치 판단에 따라 올바른 소비를 하는 것을 윤리적 소비라고 한다.

16 정답 ①
제시문은 평화에 대한 설명이다. 전쟁과 테러, 범죄와 같은 직접적 폭력이 없는 상태를 소극적 평화라고 하고, 직접적 폭력뿐만 아니라 간접적 폭력도 사라져 인간다운 삶을 누릴 수 있는 상태를 적극적 평화라고 한다.

17 정답 ③
인권의 특징
• **보편성** → 인종, 성별, 종교, 사회적 신분 등에 상관없는 보편적 권리
• **천부성** → 사람이면 누구나 처음부터 가지고 태어나는 권리
• **항구성** → 박탈당하지 않고 영구히 보장되는 권리
• **불가침성** → 누구도 침범할 수 없는 권리

18 정답 ④
사형 제도의 찬성 논거에는 응보주의, 범죄 예방, 사회 방위론, 시기상조론, 평등의 논리 등이 있고 반대 논거에는 인도주의, 범죄 억제 미흡, 응보주의 비판, 오판 가능성, 정치적 악용 등이 있다.

19 정답 ③
니부어(Niebuhr, R.)는 개인적으로는 양심적이고 도덕적일지라도 개인이 만든 사회는 이기적이며 비도덕적일 수 있다고 강조하고 개인의 도덕성뿐만 아니라 사회 구조와 제도의 개선을 통한 윤리 문제 해결을 주장하였다.

20 정답 ①
청렴은 사전적으로는 성품과 품행이 맑고 깨끗하며, 탐욕을 부리지 않는다는 의미이며, 포괄적으로는 반부패, 투명성, 공정성, 책임성 등을 포함하는 단어이다.

21 정답 ④
남북 경제 협력이나 대북 지원 등에 쓰는 평화 비용은 통일 비용과 함께 통일을 위한 선(先) 투자비용의 성격을 지니는 비용이다.

오답피하기
① **분단 비용** : 한 나라의 분단 체제를 유지하고 관리하는 데 소요되는 비용

22 정답 ④

친구 관계의 덕목

- 예의(禮意) → 친구 간에 지켜야 하는 기본적 자세
- 신의(信義) → 친구 사이에 믿음과 의리를 지켜야 함.
- 권면(勸勉) → 자신의 본분을 자각하고 해야 할 일을 열심히 하도록 돕는 것

23 정답 ②

㉠은 도덕적 고려의 범위를 무생물을 포함한 생태계 전체로 보는 전일론적 입장의 생태 중심주의로 레오폴드의 대지 윤리와 네스의 심층 생태주의가 대표적이다. ㉡은 고통과 쾌락의 감수 능력을 지닌 존재를 도덕적 고려의 대상으로 간주하는 동물 중심주의로 싱어의 동물 해방론과 레건의 동물 권리론이 대표적이다.

24 정답 ②

롤스의 정의의 원칙

- 제1원칙 → 각 개인은 기본적 자유에서 평등한 권리를 가져야 한다(평등한 자유의 원칙).
- 제2원칙
  → 최소 수혜자에게 최대의 이익을 보장하도록 이루어져야 한다(차등의 원칙).
  → 공정한 기회균등의 조건 아래 모든 사람에게 개방된 직책이나 직위와 결부되도록 배정되어야 한다(기회균등의 원칙).

② 공리주의에 대한 설명이다.

25 정답 ②

제시문은 향약에 대한 설명이다.

- 덕업상권(德業相勸) → 좋은 일은 서로 권한다.
- 과실상규(過失相規) → 잘못은 서로 교훈하고 고쳐준다.
- 환난상휼(患難相恤) → 어려움을 당하면 서로 돕는다.
- 예속상교(禮俗相交) → 사람을 교제할 때는 예를 다한다.

EBS 교육방송교재